KB042292

故 淸江 류지태 선생 10주기 기념

현대 행정법의 이해

故 류지태 교수 10주기 추모논문집 간행위원회

박영사

• 故 류지태 교수님 근영

• 1991년 충북대학교 재직시절

• 1987년 레겐스부르크 유학시절

간 행 사

　　"현대 행정법의 이해"를 출간하게 되어 제자로서 기쁘고 다행입니다. 류지태 교수님께서 2008년 3월에 작고하신지 만 10년이 되었습니다. 지금처럼 차가운 겨울이 가고 봄의 기운이 싹트던 때였습니다. 만감이 교차합니다. 이 책이 출간되기까지 바쁘신 가운데에도 논문을 투고해주시고 도와주신 여러 교수님들과 동료, 선후배님들의 노고에 대하여 진심으로 감사드립니다.

　　"현대 행정법의 이해"는 류지태 교수님이 생전에 출판한 "행정법의 이해(2006)"를 모티브로 간행위원회 의견을 모아서 정한 것입니다. 고 류지태 교수님은 '理解(Verstand/ understanding/ ratio)라는 표현을 매우 의미깊은 단어로 생각하셨습니다. 어떤 대상을 정밀하게 검토하고 개념적으로 분석하여 결론을 얻는다고 하는 토마스 아퀴나스의 '이해'라는 개념정의를 근거로 하여, 학자의 인생은 학문적 주제를 '이해'하려는 노력에 최선을 다하는 데서 보람을 찾아야 한다고 하셨습니다. 이러한 인식은 교수님 개인의 학문적 지향점이면서 바람을 담고 있습니다. 류지태 교수님의 이러한 생각은 우리 제자들의 게으름을 깨우쳐주고 학자로서의 자세를 일깨워 줍니다.

　　이러한 말씀을 실천하기라도 하시는 듯이 평소에 선생님은 거의 매일 아침 일찍 연구실에 나와서 밤늦게까지 연구에 매진하였습니다. 부끄러운 이야기지만 1998-2000년 초반에 선생님의 조교였던 저는 아침 9시에 출근하여 오후 6시면 퇴근하였는데, 선생님 연구실은 아침 7시면 불이 켜지고 밤 10시-11시가 되어서야 불이 꺼졌습니다.

　　연구에 열심인 한편으로 교수님은 대외활동도 활발히 하셨습니다. 국무총리행정심판위원회 위원(2001.4-2003.4)과 대법원 행정소송법개정위원회 위원(2002.4-2004.10), 서울특별시 토지수용위원회 위원(2003.8-2008.3), 정보통신윤리위원회 위원(2005.4-2007.4), 서울특별시 제2인사위원회 위원(2007.2-2008.3) 등 각종위원회 활동을 하셨고 돌아가시기 직전까지도 위원회 일정을 소화할 정도였습니다. 학자로서 학회활동도 열심히 하셨습니다. 한국토지공법학회에서 총무이사와 기획이사, 공법학회, 지방자치법학회, 환경법학회의 이사를 맡아 소임을 다하였고 2006년부터는 정보통신법포럼을 창립하여 작고하시기전까지 대표를 맡으셨습니다. 학회의 발표와 토론에 참여할 때도 늘 깊이 고민하고 성실하게 준비하셨고 법학자로서의 치밀함과 예리함을 보여주셨습니다.

　　선생님은 한독법률학회에도 열심히 참여하셨는데, 제가 독일에 있을 때인 2004년과

2005년에 한독법률학회 학술대회에 참석하기 위하여 독일에 오신 적이 있습니다. 저는 두 번 다 뵈었는데 한번은 튀빙엔에서, 한번은 만하임에서 뵈었습니다. 한독학회 당시 독일학자들과 같이 했던 학술대회에서 교수님은 발표시간을 정확하게 엄수하면서 차분하고도 여유있게 발표하고 토론하셨습니다. 그 전날 발표준비를 하고 원고를 읽으면서 시간체크까지 하는 모습을 옆에서 지켜보면서 선생님의 학문에 대한 열정을 느낄 수 있었습니다. 당일 발표가 인상적이었던지 나중에 독일의 쉔케 교수님이 류 교수님의 글을 독일 잡지에 기고했으면 한다는 뜻을 전해왔습니다. 이후 그 글은 좀 다듬어진 후에 2006년 Verwaltungsarchiv(S. 541 ff.)에 실리게 됩니다.

류지태 교수님은 학생들에게도 명 강의로 인기가 높았습니다.

당시에 류지태 교수님께 강의를 들었던 학생들은 손으로 직접 쓴 편지나 쪽지를 많이 보내왔습니다. 그 때 보내온 편지들에는 선생님에 대한 감사와 존경을 표하는 후기들이 많습니다. 명쾌한 강의에 대한 경이로움, 듣는 내내 즐거웠고 행정법 공부에 자신감이 생겼다는 글들도 있습니다. 조교로 있던 어느 날 보니 중간고사 문제지에 유쾌한 만화가 그려져 있었는데 이것을 보여 주었더니 타 전공의 박사과정 학생이 엄지손가락을 척하고 드는 것을 보았습니다. 당시 선생님 교과목의 중간고사와 기말고사 시험은 어렵기도 하였거니와 성적평가도 엄정하였습니다. 당시 긴장할 수밖에 없었던 학생들의 스트레스를 조금이라도 풀어주고자 하였던 배려였습니다. 즐거운 추억입니다. 일종의 여백이자 여유가 있었던 것 같습니다.

류지태 교수님은 그 바쁘신 와중에도 학생들의 문학회 동아리 지도교수로서 학생들과 문학작품을 같이 읽고 토론도 하고 작문을 하기도 하셨습니다. 법학자이면서도 남다른 문학적 감수성을 가지고 계셨던 선생님께서는 문학에 대한 애정과 열정을 가지고 학생들과 함께 하셨고 저명 문학자들을 초대하여 강의도 듣고 토론하는 시간을 갖기도 하였습니다. 생전에 그 바쁜 시간을 쪼개어 틈틈이 쓰신 시가 남아 있습니다. 이 책에 시 두 편을 소개한 이유이기도 합니다.

간행사를 준비하면서 류지태 선생님에 대해 모르는 것이 너무 많다는 것을 알았습니다. 학문적으로 한창 왕성하게 꽃피울 시기에 학자로서 너무나도 짧은 나이에 돌아가셨기에 선생님을 더 가까이 알아볼 수 있는 기회를 많이 갖지 못하였습니다. 분당에 사실 때 어느 날 제자들이 새해 인사를 갔던 것 같습니다. 그날 호수 공원을 산책하면서 제자들과의 친밀했던 기억이 너무나도 생생합니다. 자유로움, 창의, 상상력, 여유가 느껴졌던 하루였습니다. 일상의 기억입니다. 이것을 생각할 때, 지금 살아계셨더라면 얼마나 즐거운 추억을 많이 쌓고 학문적으로도 깊이 있게 토론하였을까 생각하면 스승의 부재에 가슴이 매어집니다.

교수님의 유학시절 독일에서 아데나워 재단의 장학금을 지원하던 때의 일화를 들은 적이 있습니다. 교수님은 1985년 당시 결혼 직후 가지고 있던 얼마 되지 않은 자금을 가지고 독일 유학을 떠나게 됩니다. 당시 류 교수님 입장에서는 반드시 장학금을 받아야만 독일에서 공부를 할 수 있는 상황이었습니다. 그리하여 아데나워재단에 장학금을 신청하였고 재단이 있는 곳에 가서 인터뷰를 하게 되었다고 합니다. 당시 인터뷰 도중 독일 측 심사위원은 류 교수님에게 "독일 기본법(GG) 제16a조에 근거하여 독일 난민법(Asylrecht) 상 제한없이 인정되고 있는 박해받는 자의 권리에 대하여 어떻게 생각하느냐"고 질문하였습니다. 독일은 당시 외국인들의 난민과 망명이 증가하여 골머리를 앓던 시기였는데, 류 교수님은 당당하게도 "제2차 세계대전 당시에 독일은 수백만의 유태인을 학살했다. 독일은 박해받는 자들에 대하여 무한책임을 져야 한다"는 취지의 답변을 하였고 심사위원과의 사이에 옥신각신하다가 심사위원이 "당신도 외국인인데 독일의 현실을 모르고 하는 소리다. 우리 재단은 당신 같은 사람을 원하지 않는다"고 까지 하였다고 합니다. 심사장을 나온 류교수님은 실망하여 같이 간 한국 사람에게 장학금을 못 받을 것 같다고 말하였고 장학금이 되리라고 생각지도 않았다고 합니다. 그런데 뜻밖에도 이후 아데나워재단 장학금의 지원을 받게 되었다고 하면서 신기해 하셨다고 후일담이 전해집니다. 가난한 유학생입장에서 비록 궁박한 처지에 있을지라도 의기를 잃지 않고 당당하게 행동했던 일화라고 할 수 있습니다.

선생님은 유학을 마치고 귀국한 이후에도 학문적으로 끊임없이 탐구하고 자신만의 독자적인 생각을 행정법학에 반영하려고 노력하셨습니다. 기존의 입장을 그대로 따르려 하지 않고 늘 고민하고 분석하여 새롭게 이론구성을 하려고 하였습니다. 이것은 교과서인 행정법신론에 잘 드러나는데 재량행위나 하자승계론, 부관론, 국가배상법, 손실보상법, 행정심판과 행정소송법 등 총론뿐만 아니라 각론의 여러 분야를 읽다보면 체계적으로 분석하고 고민한 흔적이 곳곳에 드러납니다. 이러한 노력은 선생님의 논문을 통해서도 엿볼 수 있습니다. 재량행위이론의 이해(2006.6); 생활보상 논의의 비판적 검토(2005.12); 행정입법의 형식성 논의의 헌법적 평가(2005.2); 공익사업을 위한 토지 등의 취득 및 보상법제의 개편에 관한 검토(2002.4); 행정법 방법론 소고(2002.4); 공물법 체계의 재검토(2001.10); 행정행위의 하자승계 논의(1995.7); 개별공시지가의 법적 성질논의(1995.4); 행정법에 있어서의 위해와 위험(1992.3); 행정심판의 대상으로서의 부당한 처분(1992.2); 재량행위론의 재고(1990.12) 등의 글이 대표적이라고 할 수 있는데, 이들 논문에서도 기존의 이론과 실무를 그대로 수용하기 보다는 독자적이고 체계적으로 분석하고 재검토하는 노력을 하였습니다. 그밖에 환경법과 통신법 분야에도 각별한 관심을 가지고 그에 관한 책과 글을 발표한 바 있습니다. 환경법(2005)과 독일 정보통신법(2007)이 그 결과물입니다.*

　　선생님은 자신이 가진 학문적인 견해는 관철하려고 노력하셨지만 한편으로 다른 학자들이나 제자들과 학문적인 견해나 생각이 다른 점에 대하여는 상당히 관대하셨던 것 같습니다. 학문적인 견지에서 자신의 의견과 다를 경우에는 결코 타협하지 않으면서도 일상적인 일에 있어서는 관대함을 잃지 않으셨고 제자들의 진로에 대해서도 항상 열린 자세로 친절하게 대해주셨습니다. 제자들의 어려움을 기꺼이 걱정해주시고 진로에 대하여도 구체적인 도움을 주려고 애쓰셨습니다. 그 덕분에 제자들이 오늘에까지 이르렀다고 생각합니다.

　　글을 쓰는 지금도 눈시울이 뜨거워집니다. 어느 날 꿈속에서 선생님을 뵈온 적이 있습니다. 책상에 앉아 연구에 열중인 저를 지켜보고 계셨습니다. 조금 뒤에 선생님에게 인사를 드리자 악수를 해주시면서 무슨 말씀을 하시는데 소리는 들리지 않고 너무나 마른 모습에 눈물이 앞을 가렸습니다. 일어서서 가자고 하시는데 커다란 가죽 가방을 가져오셨기에 제가 그 가방을 들고 따라 갔습니다. 옛날 법대건물이었습니다. 문으로 들어가시는데 밖은 비가 오고 있었고 선생님은 우산을 쓰고 쪽문으로 가시고 나는 쪽문 옆의 문으로 들어갔습니다. 쪽문에 우산이 걸리지 않을까 걱정되었습니다. 앞서서 가시는 선생님 뒷모습이 뼈만 남았고 런닝셔츠를 입고 그 위에 셔츠를 어깨까지 내려입으시는데 런닝셔츠에 하얗게 비치는 뼈만 남은 모습에 가슴이 아팠습니다. 그렇게 얼마쯤 따라가니 문구점 같은데서 제자들을 위해 선물을 사서 포장지 위에 빨강색 펜으로 일일이 이름을 적어주시는 것이 보였습니다. 제자 중의 누군가 다가와서 제 등을 토닥이기에 돌아보다가 꿈에서 깨었습니다. 너무나 생생했습니다. 일어나자마자 잊어먹지 않기 위해 바로 노트북을 켰습니다. 노트북에 적으면서 또다시 눈시울이 뜨거워졌습니다.

　　고 류지태교수님의 호(號) '청강(淸江)'은 맑은 물이 흐르는 강입니다. 지금 생각하면 탁한 강물이 아니라 깨끗하고 맑은 강물을 닮고자 하였던 선생님의 그 곧은 정신이 몸을 지치게 하였고 몸이 버티지 못하였던 것이 아닌가 생각이 들어 너무나도 안타깝습니다.

　　10년 전 제자들은 급작스럽게 병환으로 작고하신 선생님을 위하여 아무것도 하지 못하고 하릴없이 보내드리고 말았습니다. 그 생각에 지난 10년 동안 저희들은 커다란 마음의 빚을 가지고 있었습니다. 매년 스승의 날이 되어 제자들끼리 모이게 되면 10주기에는 선생님을 추모하는 의미있는 행사를 하자는 등의 제안이 있었습니다만 구체화되지 못

---

* 편의상 출처와 해당 면수를 생략함. 류지태교수님의 논문과 책의 출처 등에 관하여 자세한 것은 연보를 참조하시기 바랍니다.

하였습니다. 2017년 봄이 되어서야 드디어 10주기 추모행사를 하기로 의견을 모았습니다. 이제 마음의 빚을 다소 덜었다는 생각이 들지만 여기서 끝나지 않고 제자들은 앞으로도 학계와 실무계에서 각자 최선을 다하기로 다짐합니다.

　제자들도 벌써 중년을 넘어서고 있습니다. 추모논문집을 준비하면서 치열하게 분석하고 사고하였던 스승의 학문에 대한 열정과 노력을 깨닫게 되었습니다. 가난한 제자가 진로를 고민하면서 방황하고 있을 때 모든 것을 이해하고 기꺼이 학문의 길로 인도해주셨던 그 깊은 은혜를 생각해봅니다. 인간은 영원으로부터 와서 유한을 살다 영원으로 가는 존재라고 합니다. 우리는 그저 우리에게 주어진 것을 하고 우리 앞에 놓인 빈 공간을 채워갈 뿐입니다. 스승께서 못 다 채운 빈 공간을 저희 제자들이 채워가겠습니다. 이제 편히 쉬시길 바랍니다.

　고 류지태 교수님의 10주기 추모논문집에 흔쾌히 글을 투고해 주시고 지원을 아끼지 않으신 교수님들과 동료, 선후배님들께 다시 한번 고개 숙여 깊이 감사드립니다. 그리고 그동안 마음고생이 크셨을 유족들, 특히 사모님과 두 아드님, 형원, 형일의 앞날에도 늘 건강과 평화가 함께 하시기를 기원합니다.

2018년 3월 23일
간행위원회 위원장 문병효, 정탁교

故 류지태 교수 연보

1. 생년월일

1958년 12월 19일(충청북도 옥천 출생) ~ 2008년 3월 4일

2. 가족

부인 박영애, 장남 류형원, 차남 류형일

3. 주요 학력

1977년 3월 ~ 1981년 2월 : 고려대학교 법과대학 법학사
1981년 3월 ~ 1983년 2월 : 고려대학교 법과대학 법학석사
1985년 3월 ~ 1989년 6월 : 독일 레겐스부르크대학교 법과대학 법학박사

4. 주요 경력

1990년 3월 ~ 1993년 2월 : 충북대학교 법과대학 교수
1993년 2월 ~ 2008년 3월 : 고려대학교 법과대학 교수
1991년 : 한국공법학회 학술장려상 수상
1995년 7월 ~ 2006년 6월 : 한국토지공법학회 회원, 총무이사 및 기획이사
1997년 6월 ~ 2008년 3월 : 사법시험(제39회, 제42회, 제45회)·행정고시(제43회)
　　　　　　　　　　　　　 출제위원, 입법고시·지방고시·감정평가사·관세사·
　　　　　　　　　　　　　 변리사·기술고시 시험위원
2001년 4월 ~ 2003년 4월 : 국무총리행정심판위원회 위원
1989년 9월 ~ 2008년 3월 : 한국공법학회 회원 및 이사
2001년 6월 ~ 2008년 3월 : 한국지방자치법학회 회원 및 이사
2001년 5월 ~ 2006년 5월 : 한국환경법학회 회원 및 이사
2002년 4월 ~ 2004년 10월: 대법원 행정소송법개정위원회 위원
2003년 7월 ~ 2004년 6월 : 한국토지공법학회 기획이사
2003년 8월 ~ 2008년 3월 : 서울시 토지수용위원회 위원

2005년 4월 ~ 2007년 4월 : 제6기 정보통신윤리위원회 위원

2006년 1월 ~ 2008년 3월 : 정보통신법 포럼 대표

2007년 2월 ~ 2008년 3월 : 서울특별시 제2인사위원회 위원

5. 연구 업적

저술 및 연구 활동: 단행본 행정법신론 외 7권, 논문 재량행위론의 이해 외 다수

* 저작목록 참조

故 류지태 교수 저작목록

I. 저서목록

1. 행정법신론, 博英社 (2009; 2010; 2011; 2016)

2. 행정법신론, 新英社 (1995; 1997; 1999; 2000; 2002; 2003; 2004; 2005; 2006; 2007; 2008)

3. 독일 통신법 : 정보통신법 포럼, 法元社 (2007) (공역)

3. 行政法의 理解 : 행정법 연구를 위한 기본 이론서, 法文社 (2006)

4. 環境法, 法元社 (2005) (공저)

5. 稅法, 法文社 (1998) (공저)

6. 新法學槪論, 法文社 (1991) (공저)

7. Nachholen der Begründung, Nachschieben von Gründen und Konversion von Verwaltungsakten : Versuch einer Abgrenzung dieser Rechtsfiguren im Rahmen des Bundesverwaltungs— verfahrensgesetzes, 論文資料社 (1989)

II. 논문목록

1. 자치사무에 대한 감독권 행사의 사법적 심사기준, 고려법학 제48호, 37－58면 (2007.4)

2. 통신행정상 사업자의 지위, 공법연구 제35권 제3호, 289－314면 (2007.2)

3. 지방자치와 직접 민주제, 법제 통권 제582호, 5－18면 (2006.6)

4. 裁量行爲理論의 理解, 공법연구 제34집 제4호, 357－391면 (2006.6)

5. 판례법의 한계, 고려법학 제46호, 37－55면 (2006.4)

6. 원고적격논의의 비판적 검토, 법제 통권 제577호, 5－10면 (2006.1)

7. 생활보상 논의의 비판적 검토, 감정평가연구 제15집 제2호, 127－152면 (2005.12)

8. 行政立法의 形式性 論議의 憲法的 評價, 토지공법연구 제25집, 417－456면 (2005.2)

9. 언론중재위원회의 발전방향, 고려법학 제43호, 93－119면 (2004.11)

10. 언론중재위원회의 성격과 발전 방향, 언론중재 제24권 제3호, 20－34면 (2004.9)

11. 옴부즈만 類似 權益救濟機關 현황과 평가, 법학연구 제15권 1호, 577-601면 (2004.8)

12. 댐건설을 위한 법적·제도적 개선방안 : 지속가능한 댐, 한국수자원학회지 제37권 제4호, 63-69면 (2004.7)

13. 행정법상 분쟁조정제도의 비교연구, 고려법학 제42호, 1-19면 (2004.4)

14. 行政行爲 取消의 取消, 행정판례연구 제9집, 65-85면 (2004.6)

15. 行政法의 工夫方法論 : communicate, response and conclude!, 考試界 제49권 제3호, 4-12면 (2004.3)

16. 行政法에서의 危險管理 : 司法審査의 基準을 중심으로, 공법연구 제32권 제3호, 457-491면 (2004.2)

17. 의료법의 개정방안, 의료정책포럼 제1권 제4호, 125-135면 (2003.10)

18. 프랑스 행정법에 비추어 본 행정소송법 개정논의, 고려법학 제40호, 97-133면 (2003.6)

19. 通信法의 體系, 법제연구 제24호, 107-125면 (2003.6)

20. 의료행위의 개념, 고려법학 제39호, 61-88면 (2002.11)

21. 한국의 외국 IT기업에 대한 법적 규율, 공법연구 제31집 제1호, 193-209면 (2002.11)

22. 行政秩序罰의 體系, 考試界 제47권 제11호, 64-82면 (2002.11)

23. 현행 토지계획법제의 평가, 부동산연구 제12집 제2호, 53-68면 (2002.9)

24. 行政訴訟에서의 和解, 請求抛棄 및 請求認諾, 考試界 제47권 제5호, 68-77면 (2002.5)

25. 공익사업을 위한 토지등의 취득 및 보상법제의 개편에 관한 검토, 토지공법연구 제15집, 63-78면 (2002.4)

26. 行政法 方法論 小考, 고려법학 제38집, 85-104면 (2002.4)

27. 지방자치단체장에 대한 주민의 법적 통제제도, 시민과변호사 통권 제85호, 61-66면 (2001.2)

28. 지방자치단체장의 선임방안 : 정당공천제 문제를 중심으로, 지방자치법연구 제1권 제2호, 37-49면 (2001.12)

29. 국가배상법과 자동차손해배상보장법의 관계, 토지공법연구 제14집, 103-117면 (2001.12)

30. 通信行政에서의 國家의 役割, 공법연구 제30집 제2호, 93-141면 (2001.12)

31. 公物法 體系의 再檢討, 고려법학 제37집, 61－94면 (2001.10)

32. 情報化社會에 있어서의 行政法的 對應方案, 토지공법연구 제12집, 313－362면 (2001.5) (공저)

33. 現行 國有財産管理의 法的 文題, 고려법학 제36집, 67－83면 (2001.4)

34. 지방자치단체의 장의 재의요구와 선결처분, 자치행정 통권 제146호, 28－31면 (2000.5)

35. 국가배상법 제6조의 해석, 판례연구 제9권, 81－105면 (1998.5)

36. 행정소송에서의 이른바 재결주의의 인정가능성, 법학논집 제33권, 33－50면 (1997.8)

37. 法治主義 觀點에서 본 不淨腐敗防止 論議, 공법연구 제24권 제3호, 189－198면 (1996. 6)

38. 國家에 의한 承認留保의 法的 考察, 考試界 제371권, 90－103면 (1996.5)

39. 개별공시지가결정행위의 하자승계논의, 감정평가논집 제6집, 93－117면 (1996.1)

40. 행정작용 당사자의 법적 지위보장을 위한 제도개선논의－현행 행정절차법안과 행정정보 공개법안의 문제점을 중심으로－, 법학논집 제32권, 27－52면 (1996)

41. 行政行爲의 瑕疵承繼 論議, 고시연구 제256권, 214－221면 (1995.7)

42. 개별공시지가의 법적 성질논의, 토지공법연구 제1집, 37－54면 (1995.4)

43. 행정상 손실보상 근거법률규정의 공백, 법학논집 제31권, 161－181면 (1995)

44. 영조물의 하자로 인한 국가배상책임, 법학논집 제30권, 87－102면 (1994.12)

45. 현행 환경관련 법제의 문제점 소고, 민주사회를위한변론 제4권, 40－57면 (1994.12)

46. 環境紛爭調整制度의 諸問題, 인권과 정의 제219권, 34－62면 (1994.11)

47. 傳統的 强制手段에 의한 確保方案, 自治行政 제77권, 20－27면 (1994.8)

48. 公示地價의 法的 性質, 判例研究 제6권, 191－209면 (1994.6)

49. 個別公示地價의 處分性, 사법행정 제400권, 31－38면 (1994.4)

50. 行政法上의 事實行爲論, 고시계 제446권, 18－79면 (1994.4) (공저)

51. 敎育自治의 觀點에서 본 集權과 分權, 自治研究 제4권, 79－82면 (1994)

52. 한국에서의 原子力에너지利用에 관한 法的 問題, 환경법연구 제16권, 91－109면 (1994)

53. 地方自治의 制度的 保障論 小考, 법학논집 제29권, 433－471면 (1993.12)

54. 假行政行爲의 槪念, 月刊考試 제238권, 85－98면 (1993.11)

55. 제2移動通信事業의 事業權返納과 관련한 法的 問題, 안암법학 제1권, 204－228면 (1993.9)

56. 不當한 裁量行爲와 權利侵害, 考試界 제438권, 87－96면 (1993.8)

57. 行政訴訟에서의 行政行爲 根據變更에 관한 大法院 判例分析, 司法行政 제34권 제6호, 63－74면 (1993.6)

58. 行政訴訟의 判決의 效力, 考試界 제435호, 87－102면 (1993.4)

59. 環境利用과 국민의 權利保護, 저스티스 제25권 제2호, 227－243면 (1992.12)

60. 條例의 形式에 의한 異議申請制度;淸州市 情報公開條例의 경우를 중심으로, 考試研究, 605－614면 (1992.12)

61. 事實行爲와 權利保護, 법학연구 제33권, 47－56면 (1992.11)

62. 環境行政法과 環境刑法, 환경법연구 제14권, 61－73면 (1992.9)

63. 환경책임법 입법론, 공법연구 제20권, 295－317면 (1992.7)

64. 環境責任과 관련된 論點, 考試研究 제219권, 69－84면 (1992.6)

65. 한국과 독일의 行政上 損害賠償制度, 考試界 제422호, 47－64면 (1992.4)

66. 行政法에 있어서의 危害와 危險, 한국화재소방학회논문지 제6권 제1호, 11－16면 (1992.3)

67. 行政審判의 對象으로서의 不當한 處分, 司法行政 제374권, 56－63면 (1992.2)

68. 先入見 있는 行政主體에 의한 行政決定, 考試研究 제215권, 75－83면 (1992.2)

69. 蘇聯의 行政訴訟制度, 法曹 제424권, 50－66면 (1992.1)

70. 環境利用과 국민의 權利保護, 저스티스 제25권 제2호, 227－243면 (1992)

71. 行政法에 있어서의 危險의 槪念, 法學研究 제3권, 151－162면 (1991.12)

72. 行政法에 있어서의 危險의 槪念, 考試界 제416호, 110－121면 (1991.10)

73. 裁量行爲論의 再考 : 行政法의 基本問題研究, 考試研究 제201호, 99－118면 (1990.12)

74. Das Nachschieben von Gründen bei Planungsentscheidungen unter besonderer Berücksichtigung von Bebauungsplänen, 法學研究. 283－305면 (1990.11)

75. 住宅權의 法理에 관한 研究, 法學研究, 199－244 (1990.11) (공저)

76. 행정행위의 전환에 관한 법리(2), 사법행정 제31권 제2호, 100－103면 (1990)

77. 행정행위의 전환에 관한 법리(1), 사법행정 제31권 제1호, 94－98면 (1990)

78. 行政訴訟에 있어서의 司法的 審査의 限界, 考試研究 제189호 (1989.12)

79. 行政節次에 있어서의 權利保護機能과 그 限界, 저스티스 제22권, 16－27면 (1989)

III. 해외논문 및 번역논문

1. 류지태 譯, "1998년 개정된 건축법에 따른 건축상세계획의 변화", 토지공법연구, 제7호, 17－29면 (1999)

2. Die Rolle des Staates in der Telekommunikation, Verwaltungsarchiv, 541－572 (2006)

나의 기도

류 지 태

1.

바람속에 있어도
바람에 흔들리지 않게 하소서.

바람속에 흩어져가는
사랑하는 사람들의 눈물을
기억하게 하시고

너무 아픈 사랑도
잊혀진 사랑만큼
크나 큰 사랑임을 느끼게 하소서

2.

설령
바람에 흔들린다 하여도
결코 쓰러지지 않게 하소서

참을 수만 있다면
이 고통과 더불어
지낼 수 있도록 해주시고

내가 사는 이 땅에
더 오래 붙어있을 수 있도록
바람이 약하게 느껴지게 하여주시고
내 스스로 강한 바람이 되게 하소서

3.

힘들어
바람에 쓰러져도
너무 멀리 가지 않게 하소서

가까이서
아주 가까이서
길모퉁이에서라도
내 사람들을 지켜보게 하소서

잃은 것보다는
아직 품고 있는 것이
너무 많음을 느끼게 하시고

살아있었음이
내 사람들에게
위안이 되게 하소서

恋 歌

류 지 태

해가 지는 시간에는 눈을 감자.
아스라한 시간의 여운 속에서
침전되어 쌓여오는 그리운 이의 모습을
두 손을 모아 고이 챙겨두자.

빠알간 추억을 뒤쫓는 순례자의 행렬이
긴 그림자 되어 늘어서는 시간에는
바람마저 미루나무 위에 머물고
초라한 이 세상이
내 작은 창가에서 산산이 부서지는 시간.

어느 비 오는 날
전봇줄에 걸린 연을 바라보는
아이들의 눈에서 고이 영그는 눈물의 기억처럼
그렇게 찬란한 어두움으로
다가오는 님의 모습을

모든 것이 休息하는 이 시간에는
모두 떨쳐버리고
나의 님 곁으로 가자.

고인을 추모하며

미망인 박영애

류 교수님께서 우리의 곁을 떠나가신지 어느 덧 10년의 세월이 흘러갔다.

고인의 눈물임에 틀림이 없는 커다란 눈송이가 대지를 뒤덮으며 내리던 그날 이후, 끝이 보이지 않는 어두운 터널을 두려움과 슬픔에 휩싸여 웅크리고 걷고 또 걸었다. 길가 풀 섶의 이름 없는 꽃들도 해마다 다시 피는데 왜 그 사람은 돌아오지 않는지 왜 우리한테 이런 일이 일어났는지 고인이 남기고 간 빈자리와 연민과 아픔에 고개를 떨구었다.

그리고 ...

아물지 않을 것 같았던 상처가 언제부터인가 무디어져가고 고통스런 기억들도 조금씩 희석되며 웃음을 되찾아가는 이 시간이 오기까지. 늘 따뜻한 인사로 기억해주며 걱정해주고 여러 면에서 일어설 수 있도록 용기를 북돋워 준 고인의 제자 분들에게 진심어린 깊은 감사를 드린다. 더불어 고인의 갑작스런 떠나가심으로 각자의 진로에서 고군분투하였을 제자 분들에게 미안함을 전한다.

특히 고인께서 사랑하시던 제자 박종수 교수에게는 고마움을 전해야 할 일이 너무도 많다. 고인이 생전에 큰 애정을 쏟은 「行政法新論」의 개정판을 수년 동안 출간해준 노고와 온정, 남겨진 제자들의 구심점에 서서 학문적인 토대가 흔들리지 않도록 애써주고 있는 것 등 커다란 고마움을 전한다.

고인께서 사랑하시던 제자 문병효 교수, 임현 교수, 정탁교 변호사, 서보국 교수, 김재선 교수에게도 감사의 마음을 전한다. 또한 일일이 열거하지 못하는 고인이 사랑하시던, 고인을 기억하는 제자 분들과 학생들에게도 감사드린다.

오늘에 이르기까지 미쳐 감사의 마음을 전하지 못한 고려대학교 법학전문 대학원 명순구 원장님, 고인의 선후배 교수님들과 동료 교수님들, 모교의 관계자 여러분들께도 감사를 드린다.

고인의 은사님이신 桂禧悅교수님과 가족들, 독일의 슈타이너(Herr Prof. Dr. Udo Steiner) 교수님과 그 가족들에게도 변함없는 감사와 존경의 마음을 전해드린다.

류 교수님은 우리가 볼 수 없는 먼 곳에 계시지만, 고인이 지니셨던 학자의 열정, 학생들과 소통하며 나누고자 했던 정신은 그 카랑카랑한 목소리의 여운 속에 사랑하는 모교의 연구실과 강의실, 캠퍼스 곳곳에 언제나 살아있으며 기억되기를 소망한다.

고인의 불꽃같았던 삶의 열정과 온기가 우리 두 아이들 형원·형일의 가슴 깊은 곳에 비옥한 자양분으로 뿌리 내리고 있음을 믿으며, 고인과 함께 했던 시간에 감사하고 그리움으로 고인을 추모한다.

추모의 글
- 고 류지태교수 추모논문집의 출간에 즈음하여 -

계 희 열

　　슬픔과 안타까움 속에서 故 류지태 교수를 떠나보낸 지 엊그제 같은데 벌써 10년이 되었다니, 새삼 세월의 빠른 흐름에 놀라지 않을 수 없다. 그러나 유가족에게는 지난 10년이 얼마나 고통스럽고 힘든 긴 시간이었겠는가를 생각하면 너무나 마음이 아프기만 하다.

　　故 류지태 교수의 10주기를 맞아 제자들과 동료교수들이 그를 추모하며 논문집을 펴낸 것은 고인에게만이 아니라 우리 학계에도 매우 뜻 깊은 일이다. 우리는 회갑이나 진갑 또는 정년을 맞는 학자나 실무계 인사 등을 위한 기념논문집을 흔히 볼 수 있다. 그러나 이미 세상을 떠나간 사람을 추모하는 추모논문집은 우리나라는 물론 외국에서도 흔히 찾아볼 수 있는 것이 아니다. 고인과 같이 너무도 일찍 우리 곁을 떠난 사람에 대해서는 더욱 그러하다. 이런 점에서 볼 때 고인을 위한 추모논문집이 출간되었다는 그 자체만으로도 매우 의미 있는 일이지만 고인의 무엇을 추모하며 논문집을 출간하게 되었는가를 생각할 때 그 의미는 매우 특별하며 고인에게만이 아니라 학계에도 매우 뜻 깊은 일이라고 하겠다.

　　추모논문집의 출간에 참여한 많은 분들이 가진 고인에 대한 추모의 동기나 내용은 각기 다르겠지만 모두가 공감하는 고인에 대한 추모의 마음은 그가 오로지 학문만을 위해 살다가 너무 일찍 세상을 떠났다는데 대한 아쉬움, 아까움 또한 안타까움의 마음일 것이다. 고인을 아는 사람들은 그의 학문에 대한 열정이 얼마나 강했고 또한 학문적 성취욕이 얼마나 컸는가를 잘 알고 있다. 그러기에 이미 그 나이에 많은 사람들이 평생을 통해서도 이루기 힘든 학문적 업적을 남겼다. 그런데 한창 왕성하게 학문적 활동을 하고 학문적으로 더욱 성숙한 성과를 거둘 나이에 고인은 너무 일찍 세상을 떠나고 말았다. 그가 만약 그렇게 일찍 우리와 헤어져 세상을 떠나가지 않았더라면 얼마나 더 많은 업적

---

* 고려대 법학전문대학원 명예교수

을 남겼을지, 행정법학의 발전에 얼마나 크게 기여했을 지를 생각해보면 너무 아쉽고 아까운 생각을 지울 수 없다. 생각할수록 안타깝기 그지없다. 바로 이런 아쉽고 안타까운 마음으로, 오로지 학문만을 위해 살다가 너무도 일찍 우리 곁을 떠난 고인을 추모하며 펴낸 이 논문집은 그 어떤 다른 논문집들과 비교할 수 없는 특별한 의미를 지닌 귀중하고 값진 논문집이라고 하겠다.

이 논문집만으로는 고인이 생전에 학문적으로 미처 이루지 못한 것들을 다 채워주지 못할 것이다. 나아가 그의 학문에 대한 강렬한 열정과 성취욕을 표상하기에도 여전히 미흡하기만 할 것이다. 그럼에도 이 논문집의 출간은 고인이 미처 다 성취하지 못하고 남겨 놓고 간 것들을 동료학자들과 후학들 모두가 함께 그리고 앞으로도 계속 이루어가겠다는 마음이 담긴, 참으로 뜻 깊은 업적이 아닐 수 없다. 이 귀중한 추모논문집의 출간이 우리 학계에도 신선한 바람을 일으키는 계기가 되기를 기대해 본다.

추 모 사

류지태 교수!

류교수께서 우리 곁을 떠나신지 벌써 10년이 되었습니다.

2008년 3월 4일 류교수께서 우리 곁을 떠나신 것은 아무도 예상하지 못한 청천벽락과 같은 충격이었으며, 한국 법학계 특히 공법학계에서는 젊고 유능한 행정법학자를 잃어 버리는 큰 손실이라는 점에서 모두 함께 비통해 빠졌습니다. 류교수와 필자가 함께 계획하였던 한국 행정법학 및 한국토지공법학회의 발전에 관한 구상들은 모두 무위가 되고 말았습니다. 비통하고 안타까운 일입니다. 세월이 흘러도 류교수에 대한 추모의 정은 변하지 않고 있습니다.

류교수의 10주기를 맞이하여 추모사를 쓸줄이야, 정말 착잡하고 애통한 심정입니다. 요즘과 같은 100세 시대에 류교수께서는 어찌하여 50세의 젊은 나이에 요절하셨는지요? 운명은 재천이라고 하지만, 왜 하나님은 그리도 빨리 류교수를 불러 가셨는지 안타깝고 원망스럽습니다.

류지태 교수를 추모하는 한국토지공법학회는 회원들의 추모의 뜻을 모아 류교수의 2주기때 기관지 "토지공법연구" 제48집(2010.2.25., 635쪽)을 故 柳至泰 敎授 追募 記念號로 발간하였습니다. 김해룡 교수(한국외국어대)의 추모사에 이어 26명의 회원들의 추모논문을 게재하였습니다. 이광윤 교수(성균관대), 신봉기 교수(경북대), 정남철 교수(숙명여대), 이헌석 교수(서월대), 이중교 교수(연세대), 오준근 교수(경희대), 신평우 교수(남서울대), 채우석 교수(숭실대), 이순자 박사(고려대 강사), 김영조 교수(상명대), 류하백 소장(수용보상제도연구소), 김용창 교수(서울대), 장교식 교수(건국대), 구형근 박사(조선대 강사), 김민호 교수(성균관대), 정준현 교수(고려대), 변해철 교수(한국외대), 임현 교수(단국대), 김해룡 교수(한국외대), 최철호

---

[*] 사단법인 한국토지공법학회 회장, 사단법인 한국공법학회 제21대 회장

교수(청주대), 서정범 교수(국립경찰대), 백승주 박사(C&C 국토개발행정연구소), 정극원 교수(대구대), 이부하 교수(영남대), 지성우 교수(단국대), 소재선 교수(경희대) 등이 추모호에 기고하였습니다.

류교수와 저와의 인연은 사제지간도 아님에도 불구하고 1984년 어느 날 독일로 유학간다면서 인사차 저의 연구실을 방문했던 때에 맺어 졌으며, 독일 Regensburg대학교에서 법학박사 학위를 취득하여 1991년 충북대학교에 전임으로 재직할 때 학회 활동을 하면서 인연은 계속되었습니다. 저 역시 독일에서 유학하였기 때문에 독일의 유학후배로 각별한 애정과 관심을 가지고 지켜 보면서 교류를 하였습니다.

우리는 도그마틱 내지 이론법학에 빠진 행정법학의 문제에 대하여 서로 공감하면서 살아 있는 실무법학의 정립에 관심을 가지면서 그 방법의 하나로 실무, 특히 관학 내지는 산학에 중점을 둔 연구를 수행할 학술단체의 창립이 필요하다고 보았습니다. 저의 실무법학 정립의 필요성에 류교수께서는 크게 공감하여 저에게 힘을 실어 주었습니다. 이에 따라 우리는 함께 1994년 8월 20일 웨스틴 조선호텔에서 63명의 발기인이 참석하여 한국토지공법학회 창립 총회를 개최하여 학회를 창립하였으며, 제1회 학술대회에서 류교수께서는 "공시지가의 법적 성질"을 주제로 발제를 하였습니다. 이후 제11회 학술대회(1997.11.22. 조선호텔 코스모스룸 개최)에서도 "토지수용소송의 법적 문제", 제24회 학술대회(2001.3.2. 대한상공회의소 제3회의실 개최)에서도 "국유부동산관라의 법적 문제점", 제30회 학술대회(2002.4.20. 전국경제인연합회 회관 특회의실에서 개최)에서도 "보상법제의 개편에 관한 검토"를 주제로 발제를 하였습니다.

류교수께서는 1995년 7월부터 2003년 6월까지 한국토지공법학회 총무이사를 역임하였으며, 한국공법학회 총무이사를 맡은 2003년 7월부터 2004년 6월까지는 두 개의 학술단체의 총무이사를 겸임하는 것에 무리가 있어 한국토지공법학회에서는 기획이사로 재임하였고, 2004년 7월부터 2006년 6월까지 다시 한국토지공법학회 총무이사로 봉사하였습니다. 류교수께서 토지공법학회 운영에 적극적으로 참여하는 동안 학회 발전의 기틀을 다지셨으며, 이에 힘입어 한국토지공법학회는 2017년말 기준으로 108회의 학술대회를 개최하였으며, 한국토지공법학회의 기관지인 "토지공법연구"는 한국학술진흥재단의 등재후보학술지(1999.1.1.~2003.12.31.)로 평가되다가 2004년 12월 31일자로 등재지로 인정되어 제25집(2005년 2월 25일 발간)부터는 등재지로 발간하게 되었습니다. 이에 따라 본회기관지는 공법학 분야에서 한국학술진흥재단(현재는 한국연구재단)으로부터 '등재지'로 공인된 최초의 학술지가 되었습니다. 토지공법연구 제25집부터 제80집까지는 등재지로 출간되었으며, 기관지에 게재된 연구논문의 수는 1,500여 편에 이르고 있습니다.

또한 2018년 1월 기준으로 한국토지공법학회의 회원은 정회원 839명, 단체회원 22개, 일반회원 3,338명 등 모두 4,199명에 달하는 거대한 학술단체로 성장·발전하였습니다. 이와 같은 토지공법학회의 발전에 류교수의 활동과 참여가 밑거름이 되었기에 류교수가 우리 곁에 없음을 더욱 안타깝게 생각하며 류교수를 추모하게 됩니다.

류교수께서 우리 곁에 계신다면 어느 누구보다도 더 기쁘고 자랑스럽게 생각할 일이기 때문입니다. 게다가 류교수께서 발제자로 참여하였던 2005년 독일 만하임대학교에서 개최한 제1회 한독비교행정법 국제학술대회는 그 이후 정기학술대회가 되어 한국과 독일에서 매년 번갈아 개최하게 되었으며, 2018년 3월 15일에 제8회 학술대회를 성균관대학교에서 개최할 예정에 있습니다. 제1회 한독국제학술대회는 「한국과 독일에 있어서의 국가의 고권행위에 대한 권리구제」(Rechtsschutz gegen staatliche Hohietsakte in Deutschland und Korea)를 대주제로 삼아, 한국교수 8명(석종현, 조홍석, 김해룡, 김춘환, 류지태, 김희곤, 송동수, 강현호)이 발제자로 참여하였습니다. 제1회 한독국제학술대회의 경비는 한국학술진흥재단이 지원하였습니다.

류교수께서는 한국에서의 원고적격(Die Klagebefugnis)을 주제로 발표하였고, 독일교수들과 활발한 토론을 하였습니다. 발제와 토론은 모두 독일어로 진행되었으며, 류교수는 물론 한국측 발제교수들은 모두 훌륭하게 발제하고 토론에 참가하여 성공적으로 학술대회를 마무리하였습니다. 한국학자들의 우수한 발표와 토론 수준에 참여 독일교수들도 감탄하여 한국과 독일의 공법학에 대한 비교법적 연구와 교류가 매우 유익하다는 평가를 받게 되었으며, 이것이 계기가 되어 한독국제학술대회의 개최를 정례화하게 되었습니다. 특히 주목할 사실은 독일교수들이 한국의 공법학이론이나 법제도에서 무언가 배울게 있다는 인식을 갖게 되었다는 점입니다. 저는 한독국제학술대회와 관련하여 주제와 발제자 선정 등과 관련하여 류교수와 일일이 협의하고 상의하였습니다. 이 점에서 류교수는 한독국제학술대회 개최에 초석을 놓고 견인하였다는 평가를 할 수 있으며, 한독학술교류에 대한 관심은 류교수의 유지라 할 수 있는데, 우리 학회는 정기 학술대회로 개최하는 등 이를 잘 지켜 유지하고 있습니다. 독일 교수들 역시 류교수의 작고 소식에 매우 애통해하면서 추모의 뜻을 표하기도 하였습니다.

류교수께서는 저명한 독일공법학 학술지인 Verwaltungsarchiv(97. Jahrgang 3-4, 2006, S. 541-572)애 "Die Rolle des Staates in der Telekommunikation"라는 주제의 연구논문을 기고하여 게재되었고, 저 역시 "Die Enteignung zu Gunsten des privaten Unternehmers in Korea"(VerwArch. 97 Jahrgang 3-4, 2006, S.611-625)라는 주제의 연구논문을 기고하여 게재되었습니다. 한국의 행정법학자의 연구논문이 위 학술지에 게재된 것은 최초의 일이며, 한국과 독일 학술교류에 새로운 전기를 마련한 것이라 매우 의미있다는 평가를 할 수 있습니다. 참고로 독일교수들도 위 학술지에 연구논문을 투고해도 게재하기 까지는 보통 1년 내지 2년을 기다리는 것이 보통이라고 합니다.

류지태 교수께서는 한국토지공법학회가 1998년 2월 주택산업연구원으로부터 수탁한 「토지거래허가제의 법적 문제와 개선방안」 연구용역에 공동연구원으로 참여하여 용역을 성공적으로 수행하였습니다.

또한 한국토지공법학회는 1999년 건설교통부로부터 '공공용지취득 및 손실보상제도 개선방안 연구'라는 용역연구를 수탁하였으며, 류지태 교수께서는 공동연구원으로 참여하였습니다. 이 연구는 손실보상에 관한 이원적 보상법체계(토지수용법과 공공용지의 취득 및 손실보상에 관한 특례법)가 지닌 문제점을 검토하고 통합법의 제정필요성을 논증하고 통합법안을 제안함에 있었습니다. 연구성과품으로 제출된 통합법안은 2002년 2월 4일 「공익사업을 위한 토지등의 취득 및 보상에 관한 법률」(법률 제6656호)로 제정되어 2003년 1월 1일부터 시행되고 있습니다. 한국토지공법학회와 류교수를 포함한 토지공법학자들이 보상제도의 법제개선에 주도적으로 참여한 것은 본회의 설립목적인 실무법학의 정착에 기여한 것이라는 점에서 매우 의미가 크며, 법학사에서도 평가받아야 할 주목받을 일이었습니다. 당시만 하더라도 법학자들이 행정실무나 법제도에 관한 연구를 제대로 수행할 수 있을지에 대해서 행정관료들은 의문을 제기하는 분위기였기 때문에 건설교통부는 실무기관의 공동참여를 요청해 한국토지공사와 한국감정평가협회가 공동연구자로 참여시켰었습니다.

류지태 교수께서는 한국토지공법학회가 한국토지공사로부터 수탁받은 「한국토지공사의 미래핵심사업영역확보에 따른 공사의 법적·제도적 지위정립 등에 관한 연구」(연구

기간: 2002년 8월 26일−2003년 2월 26일), 한국자산관리공사로부터 수탁한 「국유재산관리체계
의 개편에 관한 연구」(연구기간: 2004년 10월−2004년 12월), 건설교통부로부터 수탁한 「민간
복합도시 개발에 따른 토지수용권 검토 연구」(연구기간: 2004년 11월 17일−2004년 12월 31일),
한국감정원으로부터 수탁받은 「한국감정원의 보상업무강화방안」 연구(연구기간: 2005년 6월
−2006년 1월) 용역에 연구원으로 참여하였습니다.

　　류교수께서는 1990년 3월부터 충북대학교 법과대학 전임교수로 근무하다가 1993년
모교인 고려대학교 법과대학에 봉직하는 등 18년간의 법학교수로서의 재임기간 동안 6
명의 박사 제자 및 50명의 석사 제자(일반대학원 21명, 법무대학원 15명, 교육대학원 14명)를 양성
하여 배출하였습니다. 석사 제자 중에서 독일 또는 미국에서 법학박사 학위를 취득하고
귀국하여 여러 명이 현직 교수로 활동을 하고 있습니다. 예를 들면 박종수 교수(고려대),
문병효 교수(강원대), 임현 교수(고려대), 서보국 교수(충남대), 계인국 박사(사법정책연구원),
김재선 교수(한경대) 등이며, 석사 제자(논문지도를 마쳤으나, 논문제출학기에 소천하여 박종수 교수
가 지도교수의 지위를 승계하였음)로 고려대학교에서 법학박사 학위를 취득한 제자로는 석호
영 박사(2017년, 한국법제발전연구소 연구위원)가 있습니다.

　　류지태 교수의 박사 제자로는 백승주 박사(2003년), 박주원 박사(2003년), 윤수진 박사
(2004년), 이순자 박사(2004년), 정탁교 박사(2004년), 이상훈 박사(2008년) 등이 있으며, 이들
의 논문 심사에 저 역시 심사위원으로 참여하였습니다.

　　류교수께서는 왕성한 연구와 저술활동을 하셨으며, 2000년 감평행정법을 부동산연
구사에서, 감정평가 및 보상법규를 새롬에서, 2003년에 감정평가 행정법을 회경사에서,
2004년에 지방자치법 주해(공저) 및 주석 행정소송법(공저)을 박영사에서, 2009년 행정법
신론을 박영사에서 출간하였습니다. 이 책은 류교수의 사후에 박종수 교수와 공저로 해
서 2016년에는 제16판이 발간되는 정평있는 행정법저서로 자리 매김을 하고 있습니다.
2007년에는 공역서로 독일통신법 : 정보통신법 포럼을 법지사에서 출간하였으며, 2006년
에는 행정법의 이해 : 행정법 연구를 위한 기본 이론서를 법문사에서 출간하였으며,
2005년에는 공저로 환경법을 법문사에서 출간하였으며, 1998년에 공저로 세법을 법문사
에서 출간하였고, 1991년에는 공저로 신법학개론을 출간하였습니다.

　　류교수의 주요 논문으로는 개별공시지가의 법적 성질 논의(토지공법연구 제1집(1995),

37−54면), 환경책임법 입법론(공법연구 제20권(1992.7.), 295−317면), 행정소송에서의 이른바 재결주의의 인정가능성(법학논집 제33권(1997.8.), 33−50면) 등 78편이 있습니다.

이와 같은 류교수의 연구실적은 한국공법학회에서 높게 평가되어 1991년에 사단법인 한국공법학회가 수여하는 학술장려상을 수상하게 되었습니다.

류지태 교수!
큰 뜻을 품고 왕성한 학문활동을 하시던 류교수께서 비록 젊은 나이에 하늘의 부름을 받으셨지만, 류교수의 모교인 고려대학교에서 길러낸 수많은 제자들이 류교수의 학문적 대를 잇고 있어 우리 공법학계는 큰 위안이 됩니다. 류교수의 학문적 명성과 유지가 류교수를 추모하는 제자들의 학문활동을 통해 여전히 우리 곁에 살아 있습니다.
비록 류교수의 육신은 우리 곁을 떠났지만, 류교수가 쌓은 학문적 업적들과 학문적 유지는 여전히 우리 토지공법학계와 회원들에게 남아 계승되고 있습니다.

류지태교수의 10주기를 맞이하여 류교수의 제자들이 중심이 되어 추모논문집을 발간하는 것은 그 예입니다.

저의 역삼동 연구실에는 2005년 제1회 한독국제학술대회를 마치고 독일 Heidelberg 성에서 학술대회참가자들이 함께 찍은 단체사진이 걸려 있으며, 그 사진에 있는 류교수의 생전의 모습을 매일 보면서 생활하고 있습니다.

제가 가장 애끼고 신뢰하였던 후학 류교수께서 먼저 우리 곁을 떠난지 10년이 지났습니다. 후배 류지태 교수의 10주기를 맞아 추모사를 써야 하다니 너무나 가슴이 아프며, 착잡한 심정입니다.

삼가 류지태 교수의 영원한 안식과 명복을 비옵니다.

2018. 3월

石 琮 顯 謹慕

고인을 기리며

정 재 황[*]

I. 서언

　　류지태 교수님께서 우리 곁을 떠나가신지도 벌써 10년이 되었다. 추모논문집 간행위원회에서 졸고를 부탁해왔다. 공법학의 현안에 대한 이론적인 글을 헌정할 수도 있겠으나 다른 필자들께서 공법이론들에 관한 옥고들로 추념할 것으로 사료되어 필자는 고인과의 인연, 업적을 기리는 글을 헌정하고자 한다.

II. 회상과 발자취

1. 조우

　　고인과 필자는 비슷한 시기에 비록 간 곳은 독일과 프랑스로 각각 달랐으나 유학을 마치고 학자로서, 교수로서 생활을 시작하였다. 그런데 이전에는 고인을 잘 몰랐던 필자로서 매우 신선하게 다가온 것은 바로 전공에 관한 우리의 이력 때문이었다. 고인은 독일에서 행정법으로 박사학위를 취득하였지만 사실은 이전에 헌법학을 연구해 오다가 행정법학에 더 많은 관심을 기울이게 되었다는 사실이다. 그런 이력은 행정법의 지도원리를 헌법에서 탐구하려는 고인의 학문적 연구자세에 많은 영향을 미쳤음은 충분히 짐작함직하다고 할 것이다. 그러면서 행정법에 대한 애정과 열정이 대단하였다. 필자도 석사학위를 헌법재판에 관해서 작성하고 박사학위 논문에서 행정법학적인 부분을 많이 고찰하였다. 행정행위의 이유부기를 통해 국민의 행정권력에 대응한 기본권보장을 어떻게 강화시켜나갈 수 있을 것인가. 더 나아가 적법절차원칙에서 출발하여 박사논문을 위한 천착에 진력하였다. 이후 박사학위를 취득하고 1989년 필자는 프랑스 유학을 마치고 귀국하여 운좋게 홍익대학교에 채용되어 교편생활을 시작할 수 있었다. 그 채용조건이 행정법강의도 맡아서 하는 것이었다. 그리하여 13년이 넘도록 행정법강의도 함께 했었다. 유럽

---

*　성균관대학교 법학전문대학원 교수

에서는 헌법학강의를 담당하시는 교수님들께서 행정법학, 경제학, 정치학의 연구경력을
가지시고 반대로 행정법학강의를 담당하시는 교수님들 중에는 행정법학 뿐아니라 헌법
학 연구논문을 내시고 함께 연구하시는 분들이 많다. 대표적으로 조르쥬 브델(Georges
Vedel)교수님은 행정법교과서도 쓰신 분인데 1993년 무렵인가에는 당시 프랑스 대통령이
었던 프랑수와 미테랑(François Mitterand)의 부탁으로 헌법개정자문위원회 위원장을 역임한
분으로서 그 위원회 보고서가 두고 두고 이후의 헌법개정논의에 참고가 되고 있다.

흔히 우리 행정법과 헌법의 학자들이 많이 하는 말로 "행정법은 헌법의 구체화법"
이라는 말이 있다. 행정재판, 헌법재판이 활성화된 1980년대 말에도 더욱 절실해졌다. 추
상적 법규범인 헌법이 기본권을 찾아서 이를 보장하고 그 제한에 대한 한계를 설정하는
원리를 설정하는 역할을 수행하지만 그 기본권을 구체적으로 어떻게 실현하느냐 하는 실
천방안은 행정법이 구체화법으로서 수행해 나가야 할 부분이 많다. 나아가 행정법에서
말하는 공권이 기본권과 어떠한 차이가 있는지 하는 등의 담론도 많이 제기되곤 하였던
것에서 보듯이 헌법과 행정법의 보다 근본적인 질문들이 제기되기도 하여 양자 간에 관
계연구가 활발하여 한국의 공법이론의 발달을 촉진한 것이다.

고인도 헌법과 행정법의 끈끈한 관계를 얘기하면서 헌법의 구체화를 위한 행정법의
역할을 강조해온 터라 비슷한 우리 둘의 이력에 의미가 큰 만남이었다.

그때 우리는 같은 77년 학번으로 새로이 민주화의 시대를 열어가는 80년대말, 90년
대 한국의 공법연구를 위해 매진하자는 책무의식을 공감하였다. 우리가 유학을 마치고
이른바 새내기 학자생활을 시작할 때 한국은 주지하시다시피 1987년 새로운 헌정체제가
출범하였다. 여러 가지 새로운 공법제도들에 대한 논의가 활발하였다. 특히 지방자치단
체를 출범시키기 위한 노력들이 열심히 이루어졌다. 그런데 당시 지방자치를 본격적으로
실시하지 않으려는 정부의 꼼수 내지 주저가 있었다. 단적으로 노태우 정부에서 지방자
치단체의 지방의회선거는 치루면서도 지방자치단체 장 선거는 미루고 있었다. 당시 대통
령의 지방자치단체의 장 선거를 연기하는 결정에 대해 헌법소원심판까지 제기가 된 바
있었다. 헌법재판소는 그뒤 실시연기를 위한 법률이 통과되었다는 사실을 들어 권리보호
이익이 없다고 하여 결국 각하는 결정을 하였는데 이는 헌법재판소가 적기에 위헌 여부
판단과 선언을 해 주지 않을 경우에 그 역할에 대해 회의를 심어준 사건이라 비판이 가
해졌다.

2. 인연 – 비슷한 출발

1980년대 말 고인과 필자가 막 유학을 마치고 귀국하니 당시 한국공법학회에서 때
마침 처음으로 정기총회 학술발표회 외에 월례발표회 제도를 두어 출범하였는데 우리들

은 박사학위를 한국에 소개하는 발표를 한 바 있다. 시기적으로 류교수의 발표가 먼저 있었고 필자가 이후 발표를 하였다(류교수는 제2회 때, 필자는 제10회 때로 기억한다). 이 월례발 표회는 당시 한국공법학회의 회장이시던 김남진 교수님께서 창안하셔서 매달 중요한 공 법학 연구논문들의 결과를 소개하는 시간이었다.

당시만 해도 공법적 쟁점들이 새로운 헌법, 새로운 정부의 출범으로 많이 제기되었 고 박사학위를 취득한 지 얼마되지 않는 젊고 왕성한 법학자들도 적지 않았기에 월례로 하더라도 발표참여가 적지 않았던 것으로 기억된다. 특히 당시에 처음 출범한 헌법재판 에 대한 쟁점들이 월례발표회를 뜨겁게 달구었던 기억이 물씬 난다. 법규명령에 대한 헌 법소원심판을 허용할 것인가 하는 헌법재판소와 법원 간 관할문제, 행정소송의 대상 문 제 등 큰 파급효과를 가진 쟁점이었으니 어찌 그렇지 않을 것인가.

그런데 가히 놀라운 인연은 월례발표회에서의 류교수의 발표주제가 '행정절차의 하 자와 그 치유 − 이유부기제도를 중심으로 −'였는데 본 필자의 월래발표회의 주제도 '한 국법에 있어서 행정행위 이유부기제도개선에 관한 연구'였다. 정말 소장학자로서 발을 내딛는, 그리고 한국공법학회에 신고(?)하는 발표의 주제가 비슷한 것이라는 점에 어찌 그 인연이 남다르다 하지 않을 것인가. 필자는 그의 발표를 듣지는 못했으나 독일의 행 정절차법상 이유부기제도에 대해 주로 다루었고 필자는 프랑스의 경우를 주로 다루었다. 당시 행정처분 등으로 기본권을 제한받는 시민들에게 행정절차가 중요한 것이었고 따라 서 행정절차법의 내가 발표할 때 한국의 젊은 교수들도 많이 참여하고 질문을 해왔다. 나는 행정이유의 부기제도에 대해 발표를 하였는데 필자가 유학을 시작하던 그 약간 이 전이나 상당히 근간이었던 1979년에 프랑스가 이유부기제도를 집중적으로 규율하는 법 률을 제정하였다. 당시 우리나라에서는 행정절차법이 없었던 시절이라 행정절차제도의 하나로서 이유부기제도에 대한 프랑스법의 소개는 상당한 관심들을 끌만하였다. 프랑스 에서는 당시 개별적 제도에 따라 개별적 법률을, 예를 들어 이유부기제도에 관해서는 하 나의 법률을 제정하는 식이었고 독일은 행정절차를 행정행위의 기초법리부터 해서 행정 절차법에 망라하여 규정하고 있다. 이유부기제도는 단순히 행정절차로서만이 아니라 행 정행위의 기초이론(하자이론 등)에 연관되어 매우 관심들이 많았다. 그리고 당시 한국에 서는 이에 관한 판례도 아주 드물었다. 반면 프랑스에서는 이유제시의 정도, 그 이유제시 의 정도를 채우지 못한 경우의 행정행위에 미치는 법적 효과 등에 대해 비교적 상세히 규정하는 법규정을 두고 있었다. 당시에 우리나라에서도 이유부기제도, 청문절차 등 행 정절차제도를 도입함으로써 국민의 기본권을 행정작용에서부터 충실히 보장하려는 노력 과 연구가 있었으므로 필자의 연구는 그러한 노력과 연구에 힘을 보태고 우리 법에 행정절차법제정에 도움을 주고자 하였다. 프랑스의 경우애 이유부기제도에 대한 법규정의 형성은 사실 이전의 판례가 축적된 것에 큰 도움을 받았다는 사실에서도 살제적 경험이 주효했고 따라서 외국의 경험이 도움이 되었던 것이다. 세월은 흘러 흘러 프랑스의 행정행위 이유부기제도는 법전화(codification)되면서 1979년 행정행위 이유부기법은 폐지되는 변화를 볼 수 있을 정도이다.

　　필자는 첫 임지인 홍익대학교에서 행정법 강의도 오래 담당했었다. 프랑스가 행정행위이론의 출발지이고 공공서비스(Service public) 정신이 공법의 뿌리가 되게 법리를 발전시킨 국가라서 행정법이론을 많이 접하게 되었던 결과이기도 하다. 헌법강의는 물론이고 행정법총론 뿐아니라 각론 강의도 오래 하였다.

　　이처럼 헌법과 행정법을 함께 교감하는 공법학의 연구와 교육을 생각하면 행정법학 나아가 여러 법영역에 대한 연구에 열정을 쏟은 고인과 정신적 교감을 이룰 수 있었지 않았을까 생각한다.

3. 기초이론의 천착과 새로운 행정법각론에 대한 진취적 학풍고취

　　당시 행정법의 연구가 기초이론의 정립이나 재검토도 행정법학자들에게 중요한 과제였는데 아울러 그 과제에 대한 천착과 더불어 이제는 개별행정법적 연구에 주력하기도 해야 한다는 요구도 나타났다. 고인 본인도 행정법각론을 주시하여 많은 연구실적을 보여주었다. 그래서 여기서 특기할 점은 제자들을 다양하게 양성하였다는 점이다. 강원대학교 로스쿨의 문병효 교수님, 고려대학교 박종수 교수는 재무행정법에 주력하여 많은 연구성과를 내었고 오늘날 강원대학교, 고려대학교에서 세법강의를 맡아서 하고 재정법 분야의 중요한 역할도 하고 있는데 그러한 예가 큰 업적이기도 하다. 임현 교수는 행정학과의 교수가 되어 고대로 돌아왔다. 행정학적인 연구가 행정법연구에도 큰 도움이 되고 기초가 된다. 그 귀감이 되어주길 기대해 본다.

4. 학회활동

　　고인은 필자와 학회활동을 같이 하기도 하였다. 한국공법학회에서 함께 연구위원으로서 활동하는 것을 본격적인 시작으로 하여 김남진 고문님께서 학회장을 맡으신 1989년부터인가 학회활동은 무척 활발하였다. 당시 위에서 언급한 월례발표회가 시작되고 점차 정착되어 자주 학술발표회가 이루어졌다. 당시 월례발표회는 젊은 학자들이 박사학위를 취득한 뒤 학회 회원들에게 보고를 하는 기회이기도 하였다. 앞서 언급한 대로 고인은 본 필자 보다도 박사학위를 약간 먼저 취득, 월례발표회에서 우수한 발표로 많은 회원들의 관심을 이끌었던 기억이 난다. 2001년에 출범한 제21대 한국공법학회 석종현 회

장이 이끌어간 시기에는 고인은 기획이사를, 필자는 연구이사를 담당하였다. 사실 연구
이사를 맡게 된 것은 고인이 필자를 강력히 연구이사로 천거한 때문이기도 하다는 후일
담을 들은 바 있다.

　　한국공법학회는 헌법학자들과 행정법학자들이 함께 활동한 공법의 기간학회였는데
석종현회장께서 필자가 헌법교수라는 점을 고려하여 고인이 기획업무를 담당하면서도
행정법 영역 회원들의 학문적 활동 관심을 전달하고 아우를 수 있도록 그야말로 학회운
영을 기획하신 결과이기도 하나 사실 고인이 연구이사를, 필자가 기획이사를 맡아도 될
일이었고 우리는 서로를 돕고 의지하면서 의미있는 학술연구활동과 그 보조역할을 할려
고 노력하였다. 우리는 그렇게 컴비를 이루어 학회활동을 왕성하게 펼쳐갔다. 당시 석종
현 회장을 중심으로 자주 만나고 학회발전을 위한 아이디어를 구상하고 나누어 갔다. 당
시는 고려대학교 재직 중이라 학회 학술활동에 대한 논의를 위해 고려대학교를 찾아갔고
맛있는 점심을 대접받았던 기억이 나는데 필자의 입장에서 한번 제대로 대접을 하지 못
한 것이 두고두고 아쉽다. 언제나 바빴던 우리 둘, 그리 빨리 고인이 될 줄 몰랐던 터라
늘 만나겠지 하면서 공식적으로 여러 다른 사람들과 만나서 식사를 한 적은 많았는데 좀
더 자주 만났더라면 하는 아쉬움이 없지 않다.

5. 대외활동

　　고인과 나는 학외적 학술활동을 함께 하기도 하였다. 그 학외적이란 의미는 학자로
서 관련성이 없는 활동이란 의미가 결코 아니라 관련성있는 가운데의 대외적 활동을 의
미한다. 그러한 활동으로서 대표적으로 기억이 생생한 것은 한국법제연구원의 연구자문
위원회에서 같은 자문위원으로서 오래 같이 활동한 것이다. 현재도 그러하겠지만 한국법
제연구원의 연구방향이나 연구주제들에 대해 조언을 해주는 연구자문위원회에서 필자는
헌법분야에서 고인은 물론 행정법적 분야에서 자문활동을 하였다.

　　고인은 국무총리 소속 중앙행정심판위원회에서의 행정심판 그리고 토지보상분야 등
전형적인 행정법적용의 활동 뿐아니라 정보통신분야에서도 활동을 활발히 해서 그 기여
의 폭이 넓었다.

　　사법시험 위원은 물론이고 행정고시, 지방고시, 입법고시 등 각종 국가시험의 시험
출제위원으로서 한국의 인재들을 배출하는 중요한 시험에 참여하였다.

6. 교육자로서의 고인

　　고인은 1990년 2월에 교육자로서 충북대학교 법과대학에서 교수로서의 첫발을 내딛
고 3년 후 모교인 고려대학교로 옮겨 후학양성에 힘을 기울이게 된다. 충북대 재직 중이

던 때 무렵쯤으로 기억된다. 어느 날 고인이 필자를 연구실에까지 찾아와 행정법과 헌법에 대한 이런저런 얘기를 나누었다. 두 사람 사이에 연구에 대한 고민도 있었고 교육자로서의 삶에 대한 이런 저런 생각을 공유하였다.

고인은 1993년에 모교로 자리를 옮겨 15년 정도의 모교에서의 교편생활로 많은 제자들을 양성하고 특히 석박사과정의 제자들을 육성하였다. 학문후속세대의 양성을 더 할 수 있었다는 아쉬움이 고인이 육성한 제자들을 보면 더욱더 배어난다.

7. 폭넓은 연구지평

고인은 행정법 기초이론에 대한 것 뿐아니라 법기초이론의 강의로 법학개론 책도 집필하였고, 행정법교과서 집필 뿐아니라 통신법 분야, 조세법의 저서를 발간하는 등 그 연구의 지평이 넓었다. 지방자치제도에 대한 연구도 많은 논문을 내놓았고 중요한 업적이다. 환경법에서의 연구업적, 나아가 의료법, 언론중재제도 분야에까지 넓은 연구분야에서 업적을 보여주었다.

나아가 행정법학의 방법론 등 후학들을 위한 연구방법론에도 관심을 보여 일찍이 고인이 되지 아니하였다면 더 많은 학문적 기여를 했을 것이라는 아쉬움이 남는다.

고인이 학자로서 학위취득 이후 이른 시기에 교수가 되었고 학자로서 학계에 중심적 연구자로서 활동하여 필자보다 일찍 1991년에 한국공법학회로부터 학술상을 받기도 하여 많은 기대를 모았기에 더욱 그러하다.

8. 제자들의 육성, 제자들의 활약

고인의 이른 타계를 애석하게 하는 또 다른 중요한 이유는 모교에서 더 많은 학문후속 학자들을 양성하지 못하는 되었다는 점이다. 그러나 모교에서의 15년 기간 동안 그 기간에 비해 많은 제자들이 배출되었다고 보는 것이 맞을 것이다. 어떻게 보면 스승의 이른 부재가 역설적으로 제자들의 분발을 가져왔다고도 할 수 있을 것이다. 필자도 고인과의 인연으로 고인의 제자들과도 깊은 학연을 맺게 되었는데 고인이 일찍 떠나심으로 해서 그 관계가 더 가까워졌다고 할 수 있지 않을까 하는 생각이 없지 않다. 위에서 언급한 문병효, 박종수, 임현 교수 등 제자들께서 학회활동에 매우 적극적이었다. 문병효 교수는 독일 유학으로 학위취득 그리고 귀국 후 한국공법학회에서 학술행사 등에 큰 기여를 했고 재정법학회의 건립에도 큰 기여를 했다. 박종수 교수는 한국공법학회에서 필자가 이사일 때 열심히 도와 간사역할을 잘 해주었다. 임현 교수도 필자가 한국공법학회 편집위원장 시절에 출판간사로서 정말 힘든 일들을 많이 해주어 회원들의 연구성과를 빛나게 해주었다. 서보국 교수도 독일 박사학위 취득 후 헌법재판연구원에서 열심히 연구를 거듭하면서 필자가 한국공법학회장 시절에 성심껏 도와주었고 현재는 충남대학교 교수로 맹활약 중이다. 김재선 교수는 필자가 고문이 되고 나서야 만났지만 한국공법학회 총무간사로서 고문 교수님들, 회장 등 찾아다니면서 학회 등기업무 등을 수행하느라 정말 고생이 많았고 그 처리과정에서 만난 이래 노고가 많음을 보고 늘 고마움을 느끼는 교수이다.

　　제자분들 중에 거명이 안되어 섭섭한 분이 계실까 저어하긴 하지만 고인을 추모하는 지면이라 아래에 파악된 분들을 거명해 본다. 먼저 석사, 박사를 류지태 교수님의 지도를 받은 제자들이 많다. 백승주 국토개발행정연구소 소장님, 문병효 강원대학교 법학전문대학원 교수, 정탁교 법무법인 동인 변호사, 이순자 한국법제발전연구소 기후환경연구실 실장, 박종수 고려대학교 법학전문대학원 교수, 서보국 충남대학교 법학전문대학원 부교수, 임현 고려대학교 정경대학 행정학과 부교수, 윤수진 전 서울특별시인재개발원 전임교수, 이은선 헌법재판연구소 헌법연구관보, 계인국 사법정책연구원 연구위원, 이재훈 한국법제연구원 부연구위원 등이다.

　　석사지도를 류지태 교수님으로부터 받고 고인의 타계 이후 박사는 박종수 교수의 지도를 받아 학위를 취득한 제자들도 있다. 이상훈 명지전문대학교 교수, 김지훈 한국법제연구원 연구위원, 박종준 한국법제연구원 부연구위원, 김재선 한경대학교 법학과 조교수, 석호영 명지전문대학교 강사 등이 열심히 실무나 교직에서 활동하고 있다. 고인의 학부 지도학생이었으면서 이번 추모기념논문집의 간행위원을 맡아준, 실무의 정경근 판사(91학번), 김정곤 판사(91학번)도 중요한 인연의 제자들이다.

Ⅲ. 결어 - 미래를 향한 추모

　　학자로서의 그리 길지 않은 이 세상의 시간이었지만 변화의 역동기에 행정법학의 연구폭을 넓히고 많은 제자들을 배출하신 고인의 학문적 무공이 빛난다. 그의 업적을 10주기에 다시 기린다.

　　전도가 많이 남은 학자가 생을 마감하리라고는, 한동안 지병이 있어서 만남이 뜸하긴 하여 와병을 알곤 있었긴 하였지만 그의 평소 왕성한 연구의욕을 떠올려 보아도 믿기어지지가 않았다.

　　그가 그토록 강조한 공법학의 다변화가 오늘날 얼마나 이루어지고 있는지 하는 물음이 법학연구와 법학교육의 현황에서 얼마나 진전이 있었는지에 대한 물음과 궤를 같이 한다고 할 것이다. 공법학연구를 이끌어갈 학문 후속세대의 육성이 여의치 않아 모두들 걱정이 많은 요즈음 그가 살아있었으면 보다 큰 힘이 되어주지 않았겠나 하는 아쉬움이

든다. 반대로 저 세상에서 우리 공법학계가 얼마나 발전을 위해 노력을 경주하고 있는지 내려다 볼 것을 생각하면 고인에게 빚을 지고 있다는 생각도 떨칠 수 없다.

오늘날 한국에서 공법학은 중요한 임무들을 부여받고 있다. 공공의 이익을 수호하는 것이 본무인 공법이 제대로 정립되고 집행되는 것은 공법이론의 발달을 요구한다. 한국은 이른바 헬조선, 이생망, 급기야 "이게 나라냐"라는 절규에 가까운 젊은 청춘들의 절망에 없애야 할 갑질사회, 사회적·경제적 양극화 등 산적해 있는 국가적 공법적 과제들이 있다. 남은 우리 공법학자들이 국가공동체를 혁신하기 위해 노력하여야 한다. 그러면서도 사법개혁, 법조양성개혁 등에 있어서 얼마나 미래를 크게 내다 보고 논의에 매진하고 있는지, 제대로 진맥을 하고는 있는 것인지 거시적 담론을 공법학자들이 이끌어가야 한다.

법학교육이 전면적인 로스쿨시대에 접어들면서 문제점을 보여주고 있기도 하다. 사법시험이 가지는 문제점을 없애고 전근대적인 법조인 양성제도를 탈피하여 현대화하려는 애초의 도입취지에 얼마나 부합되는 교육이 이루어지는지 의문이다. 변호사시험도 그토록 지적되어 온 사법시험의 문제점을 얼마나 개선하였는지 의문이다. 여전히 암기를 강요하는 시험이라는 비판을 벗어나서 원래의 취지를 발현하는 평가제도로, 사회봉사자로서의 소양을 갖춘 자질있는 변호사로서 자격을 가지는지를 가리는 시험이 되어야 할 것이다.

법학교육제도, 법조양성제도의 개혁 문제는 고인과 필자의 젊었던 당시에도 중요과제였다. 또 고인이 교수를 시작하던 그 시절은 우리 공법학의 도약기였다고도 할 수 있고 격변의 시기이기도 하였다. 그 시대를 살아온 우리 공법학자들, 그리고 후속 세대들이 공법학의 기초이론, 다변화된 다양한 각론 분야에서의 연구에 박차를 가하여 고인에게 부끄럼 없도록 공법학계 발전을 이끌어갈 때이다.

고인은 더 많은 이생의 활동으로 더 많은 업적을 통해 학계와 사회에 공헌할 수 있었음은 당연하지만 어떻게 보면 짧으나 긴 학문적 여정이었다고 할 수 있고 많은 업적들이 진정 짧지 않았음을 보여주었다고도 할 수 있을 것이다. 제자들과 한국의 행정법학 발전에 밑거름으로서 저 세상에서도 이끌어주시고 있음이 분명하다. 고인의 가르침과 한국의 행정법학, 공법학의 발달이라는 염원에 화답하여 열심히 연구하는 것이 진정 고인을 기리는 일이리라.

Worte des Gedenkens

Professor Dr. Udo Steiner[*]

Herr Professor Jee−Tai Ryu ist in den 1980er−Jahren als junger, zielstrebiger, mit sich strenger, hochintelligenter koreanischer Jurist nach Regensburg gekommen, um hier an der Juristischen Fakultät zu promovieren. 1989 hat er die Doktorwürde erhalten. Das Thema seiner mit besonderem Lob bewerteten, von mir betreuten Dissertation hatte er selbst gewählt. Ihr Gegenstand waren zentrale Fragen des deutschen Verwaltungsverfahrensrechts: "Nachholen der Begründung, Nachschieben von Gründen und Konversion von Verwaltungsakten". Aufgrund seiner herausragenden Kompetenz und seiner starken Persönlichkeit hat er in Korea schnell und erfolgreich den akademischen Weg beschritten. Er ist ein eindrucksvolles Beispiel der einzigartigen rechtswissenschaftlichen Verbundenheit zwischen Korea und Deutschland.

Herr Professor Ryu ist mit Deutschland, Regensburg, dessen Juristischer Fakultät und mir eng verbunden geblieben. Seine Frau hat in Regensburg ihren ältesten Sohn Hyung−Won zur Welt gebracht. Aufgrund seiner Einladung durfte ich Korea besuchen, hatte die Ehre, Vorträge zu halten und habe durch ihn und seine Familie eine wunderbare koreanische Gastfreundschaft erfahren. Der Kontakt zu seiner Familie besteht noch heute.

---

[*] Richter des Bundesverfassungsgerichts a.D.

Worte des Gedenkens

Professor Dr. Gerrit Manssen*

Prof. Dr. Jee−Tai Ryu kam im Jahr 1985 im Anschluss an seine juristische Ausbildung an der Juristischen Fakultät der Universität Korea nach Regensburg. Er wurde dort Doktorand bei Prof. Dr. Udo Steiner am Lehrstuhl für Öffentliches Recht, insbesondere deutsches und bayerisches Verwaltungsrecht, wo auch ich als Doktorand und als wissenschaftlicher Mitarbeiter tätig war. Prof. Ryu und ich entwickelten schnell eine intensive persönliche und wissenschaftliche Freundschaft. Wegen seiner besonderen Begabung und seinem überragenden Fleiß wurde er 1986 Stipendiat der "Konrad−Adenauer−Stiftung".

Prof. Ryu hatte ein besonderes Interesse am Verwaltungsverfahrensrecht mit seinen Bezügen zum Verwaltungsprozessrecht und zum Verfassungsrecht. Seine 1989 fertiggestellte Dissertation „Nachholen der Begründung, "Nachschieben von Gründen und Konversion von Verwaltungsakten" wird bis heute von der deutschen Literatur beachtet und zitiert.

Nach der Rückkehr in seine koreanische Heimat im Jahr 1989 machte Prof. Ryu eine beeindruckende akademische Karriere. Der wissenschaftliche Austausch zwischen Korea und Deutschland war ihm stets ein besonderes Anliegen. Mehrere seine Schüler und Schülerinnen kamen nach Regensburg, um im deutschen Recht zu promovieren. Zweimal durfte ich als Gast von Prof. Ryu Korea besuchen und ehrenvolle Vorträge halten, an Universitäten, auf wissenschaftlichen Tagungen und vor Praktikern des Wirtschaftsverwaltungsrecht, insbesondere des Telekommunikations− und Regulierungsrechts. Mit einer hochrangigen Delegation von juristischen Praktikern aus Seoul besuchte er Bayern, um insbesondere das System der deutschen Raum− und Fachplanung kennen zu lernen und seinen Kollegen vorzustellen.

Auch nach seinem Tod blieben die Kontakte fruchtbar. Mittlerweile haben

---

* Fakultät für Rechtswissenschaft, Universität Regensburg

vier Nachwuchswissenschaftler aus seiner "Schule" alleine bei mir am Lehrstuhl promoviert, weitere Promotionen sollen folgen. Auf Einladung seiner Schülerinnen durfte ich ein weiteres Mal nach Korea reisen, regelmäßig besuchen zudem koreanische Wissenschaftlerinnen und Wissenschaftler Regensburg zu Konferenzen oder anderen Forschungsvorhaben. Die Erinnerung an Prof. Jee–Tai Ryu ist Ansporn und Verpflichtung für den weiteren wissenschaftlichen Austausch zwischen Korea und Deutschland.

차 례

[제 1 부 행정작용]

[제 2 부 행정절차 · 정보]

제 1 부

행정작용

현대 행정법학 방법론의 전개양상에 대한 소고[*]
- 조종이론과의 접점을 중심으로 -

계 인 국[**]

Ⅰ. 서 론

1. 종전 방법론 연구의 성과

행정현실의 변화에 적절하게 대응하기 위하여 행정법학이 변화해야하고 나아가 전통적인 행정법 체계 자체에 대한 개혁도 이뤄져야한다는 독일 행정법학계의 "신행정법학(Neue Verwaltungsrechtswissenschaft)" 또는 "일반행정법의 개혁(Reform des allgemeinen Verwaltungsrechts)" 프로젝트는 20세기 중후반부터 활발하게 논의되어왔다. 독일에서 이 프로젝트가 나름의 성과를 보이고 있었으나 아직 국내에서의 논의는 활발하지 않았던 2000년대 초반, 류지태 교수께서는 선도적이라 할 수 있는 연구[1])를 통해 행정법학의 방법론적 문제를 제기하신 바 있다.[2]) 선생께서는 행정법 방법론이 초기 법치국가적 원리의 영향으로 인해 지나치게 규범적 내용에 치우쳐 있었으며 이를 해소하기 위하여 다양한 방법론이 검토될 필요가 있음을 지적하시면서, 새로운 방법론의 전개양상이 "다른 사회과학분야와의 관련성을 의식하여 다른 영역에서 발전하여 온 논의내용들을 일반적·보편성 원리에 근거하여 행정법의 문제해결논의에 도입하려는 시도"가 다소 우월하지만, "이러한 논의가 갖고 있는 일부의 장점은 반영하면서도 행정법의 규율대상의 특성을 반영한 방법론을 모색할 필요가 있다"고 결론을 내시었다.[3])

---

* 이 글은 고려법학 제87호 (2017.12.), 1면 이하에 수록되었으며, 추모기념논집의 형식에 맞게 改稿하였음을 밝혀둔다.
** 법학박사(Dr. jur.). 사법정책연구원 연구위원(Research Fellow, JPRI)
1) 류지태, "행정법 방법론 소고", 고려법학 제38집 (2002. 4.), 85면 이하; 行政法의 理解, 3면 이하.
2) 여담으로, 류지태 교수께서는 당대의 최신 이론을 소개하심에 조금도 주저하심이 없이, 직접적으로 혹은 국내 사정에 맞게 간접적으로 소개하시어 학계의 지평 확대에 크게 공헌하시었다. 예를 들어, 최근에 비로소 논의가 활발히 전개 중인 보장국가(Gewährleistungsstaat) 이론에 대해서도 류지태 교수께서는 10여 년 전인 2007년에 이미 이를 소개하시고 그 가능성을 긍정적으로 전망하신 바 있다. 류지태, "통신행정상 사업자의 지위", 공법연구 제 35집 제 3호 (2007), 289면 (291, 297면).

류지태 교수께서 2000년대 초반에 문제 제기와 함께 여러 제안을 내놓으신지 약 15년이 흘렀다. 비록 과문하나 행정법학 방법론의 전개양상을 정리하고 선생께서 제기하신 문제의식을 토대로 하여 오늘날의 행정법학 방법론에서 제기되는 문제들을 재론하기 위하여 본고를 작성하게 되었다. "어느 정도의 역사성을 갖게 된 행정법이 법의 한 분야로서 더욱 발전하기 위하여는 논의대상이나 내용을 검토하는 방법론에서도 체계성을 유지할 필요가 있을 것이다"[4]라는, 선생의 혜안을 본고의 논지에서도 유지하고자 한다.

2. 행정법학 방법론 연구의 요청과 난맥

행정법학의 방법론은, 그것이 대체 무엇인가의 논의[5]를 일단 차제하고서라도, 행정법의 규율대상의 양적 및 질적 변화에 직접적으로 관련되므로 지속적인 연구가 이뤄져야 한다. 현재 혹은 가까운 미래에 적합한 행정법학 방법론으로 생각될 수 있는 것은 다시 현재 혹은 과거의 방법론과의 관련성 – 그것이 연속관계이든, 대체관계이든 – 하에서 비로소 논의가 가능하기 때문이다.

그러므로 행정법학 방법론의 연구는 주제 및 대상의 한정이 불가피하다. 본고에서는 이른바 "신행정법학" 또는 "일반행정법의 개혁" 프로젝트의 배경이 되는 조종이론과 종전 행정법학 방법론 및 행정법체계가 어떤 접점에 서 있는지를 개관한다. 그러나 독일의 "신행정법학"으로 대표되는 행정법의 개혁 프로젝트와 그 결과로 나타난 보장국가론에만 국한하여 논의를 진행한다고 해도, 이는 2,30여년이 넘도록 독일 공법학계는 물론 인접학문 분과에서까지 연구역량이 총동원되어 진행된 거대한 주제이다. 충분한 논의를 위해서는 이 과정에서 오고 간 견해대립은 물론 그에 앞서 배경이 되는 종전의 방법론적 문제까지 검토해야하므로 이러한 점을 감안하면 한두 편의 논문으로 현대 행정법학 방법론의 전개양상을 간단하게도 정리하고 소개한다는 것은 도저히 가능하지가 않다.

3. 연구의 목적과 대상

종래 국내의 선행연구를 살펴보면, 신행정법학의 중요한 성과라 할 수 있는 보장국가(Gewährleistungsstaat)이론이나 그 전형적 참조영역인 규제법(Regulierungsrecht)이 주로 다뤄져오다가 최근 신행정법학이나 행정법 개혁 프로젝트를 직접 주제로 다루는 연구가 조

---

3) 류지태, "행정법 방법론 소고", 고려법학 제38집 (2002. 4.); 行政法의 理解, 11면 이하, 21면 이하
4) 류지태, "행정법 방법론 소고", 行政法의 理解, 4면.
5) W. Hoffmann–Riem, Methoden einer anwendungsorientierten Verwaltungs wissenschaft, in: Schmidt–Aßmann/ders. (Hrsg.), Methoden der Verwaltungswissenschaft, S. 9 (11 f.); C. Möllers, Methoden, in: GVwR I, § 3, Rn. 18 ff.

금씩 나타나고 있다.[6] 본고에서 중점적으로 다루게 될 조종이론과 그 접점 가능성에 대하여 선행연구는 조종이론의 영향으로 행정작용의 다양화가 나타났다는 점, 행정법학의 관점이 규범제정의 연구로 확대된다는 점, 비공식적 행정작용이 증가한다는 점 등 결과의 측면에 초점을 맞추어왔다. 물론 이러한 연구성과도 큰 의미가 있음은 분명하나, 배경에 대한 논의가 충분히 전개되지 않은 관계로 종종 조종이론이 행정법 도그마를 이미 대체하고 있다거나, 신행정법학 내지 보장행정의 논의가 조종이론의 모태가 된 체계이론에 그대로 대입되는 것으로 이해하는 서술이 발견되곤 한다. 반대로, 체계이론과 행정법학의 간극에 대한 비판이 오히려- 이하에서 보는 바와 같이 - 체계이론의 문제점을 극복하면서 전개된 신행정법학이나 보장행정론에 대해서도 제시되는 오류가 발생하기도 하며, 조종이론의 정치학적 관점이 판례에 대한 법적 비판근거로 곧장 전이되는 모습도 발견된다. 그렇기에 조종이론이 어떤 배경에서 등장하고 전개되었으며 그 과정에서 어떻게 행정법학에 수용될 수 있는지 논의의 출발점을 이루는 연구가 필요하다.

이러한 문제점을 감안하여, 본고는 다음과 같은 내용을 주로 다룬다: (i) 행정법의 체계화 과정 (ⅱ) 신행정법학의 배경으로서 조종이론 (ⅲ) 조종이론의 법학적 수용을 위한 논의의 전개양상. 본고에서는 먼저 종래의 행정법학 방법론과 체계이론의 접점 가능성을 행정법 체계의 형성과정과 변화과정에서 포착할 것이다. 이어서 이른바 신행정법학으로 대표되는 행정법학의 변화 과정에서 중요한 배경이론으로 등장한 조종이론, 특히 대표적인 관점인 자기생산적 체계이론과 행위자중심적 조종이론을 소개하며 이들의 행정법학으로의 수용가능성을 점검한다. 이를 통해 신행정법학 등 행정법의 변화 내지 개혁이라는 일련의 전개양상 가운데에서 행정현실과 인접학문의 논의가 행정법 체계에 어떤 영향을 미쳤으며 다시 어떻게 수용되는지를 조망하고 그 핵심이 되는 구상이 무엇이었으며 상호관계를 통해 어떻게 발전되어왔는지를 총론적으로 개관하는 데에 연구목적이 있다.

---

6) 최근의 예를 들어본다면, 김남진, 제어학으로서 행정법학론, 법연 (2013. 05－06), 26면 이하; 김성수, "독일의 新思潮 행정법학 사반세기 - 평가와 전망", 강원법학 제51권 (2017. 6.), 321면 이하; 同人, "오토 마이어 - 행정법의 아이콘인가 극복의 대상인가", 공법연구 제45집 지2호 (2016. 12.), 231면 이하; 이원우, "21세기 행정환경의 변화와 행정법학방법론의 과제. 행정법연구 제48호 (2017. 2.), 83면 이하.

Ⅱ. 행정법 체계의 성립과 전개

1. 법학방법론과 행정법의 체계화

1) 오토 마이어의 행정법 체계

독일 행정법학의 창시자로 일컬어지는 오토 마이어(Otto Mayer)는 그의 이론적 기반을 법치국가이념, 특히 시민적－자유주의적 법치국가의 이념에 두고 있다. 오토 마이어는 공행정작용이 민주적 정당성을 지닌 법률에 구속되어야 함을 강조하면서, 법률구속이 효율적으로 보장되기 위해 법적 소재들을 지배가능한 상태에 두어야 할 것이므로 행정법은 체계적 행동양식을 필요로 한다고 주장하였다.[7] 한편 시민적－자유주의적 법치국가의 논리와 실증주의적 관점에 의하여 오토 마이어는 국가의 임무가 어디에 놓여 있으며 이를 어떻게 성취할 것인가에 전력해왔던 기존의 국가학적 관점을 행정법학과 분리시켰다.[8] 대신 오토 마이어는 "국가의 목적"을 "자유와 재산권에 대한 침해로부터 시민을 보호함"으로 한정하였고[9] 이 목적을 실현하기 위해 엄격한 법형식을 만들어 내어 그 안에서 법률적합적인 행정작용을 구현하고자 했다.[10] 법형식은 "행정적 행위들의 거대한 홍수"[11] 속에서 확고한 지점을 부여하고 사전에 정해진 틀에 정서시킬 수 있게 하는 장치이다. 이를 통해 점차 전형적인 모습으로 나타난 형식을 통해 각종 행정법상의 개념과 제도가 형성되었으며 이로서 형식론(Formenlehre)은 독일 행정법 체계에서 중추적인 기능을 수행하게 된다.

2) 법행위관련적 관점

오토 마이어가 설정한 행정법학 고유의 체계는 다양한 법적 소재를 법행위(Rechtsakt)에 관련시켜 파악한다는 데에 중요한 특징이 있다. 즉 구체적인 행위를 개념적으로 분해하고 그들 간의 상호관계를 분석하고 공통적인 요소를 분리해내는 것이다. 반복되는 결과나 구조들은 원칙으로 형성되며 이에 따라 상, 하위 원칙과 여기에서 도출되는 각종 지도이념들이 나타난다. 이러한 법기술적 기능은 일반적인 관점에 특정한 내용을 포함시킴으로 법질서의 간소화를 가져오게 되며 법적 안정성을 도모하게 된다. 이러한 소위 법

---

7) A. *Voßkuhle*, Neue Verwaltungsrechtswissenschaft, in: GVwR I, § 1, Rn. 5.

8) C. *Bumke*, Die Entwicklung der verwaltungsrechtswissenschaftlichen Methodik in der Bundesrepublik Deutschland, in: *Schmidt－Aßmann/Hoffmann－Riem* (Hrsg.), Methoden der Verwaltungsrechtswissenschaft, S. 73 (76).

9) P. *Badura*, Verwaltungsrecht im liberalen und im sozialen Staat, Recht und Staat, Heft 328 (1966), S. 9.; R. *Schröder*, Verwaltungsrechtsdogmatik im Wandel, S. 30.

10) R. *Schröder*, Verwaltungsrechtsdogmatik im Wandel, S. 35

11) W. *Hoffmann－Riem*, Rechtsformen, Handlungsformen, Bewirkungsformen, in: GVwR II, § 33, Rn. 1.

행위관련적 관점(rechsaktbezogene Betrachtungsweise)은 실효성과 적법성에 지향되는 개념을 형성하였고 비법학적인 것을 분리해내며 이로서 형성된 법체계에 대하여 일정한 신뢰를 보장해준다. 이에 따라 행정법학은 도그마적 분과로 좁혀지게 되며 이로서 문제해결능력을 보장받게 된다. 이러한 방법의 전형적인 모습이 소위 "법학방법론(Juristische Methode)"[12]인 것이다.[13]

3) 연역적 범주화

법행위관련적 관점과 이를 따르는 전형적인 방법론인 법학방법론은 행정법학의 발전에 있어 중요한 이정표가 된다. 행정의 행위형식이 제공됨으로서 행정의 지배를 세분화시키는 단초가 나타나게 되었고, 행위형식을 중심으로 하여 법적으로 공인된 카논을 만들었으며, 또한 주관적 권리를 통해 시민의 지위를 명확히 하여 행정법학의 규범적인 성격을 확인하게 된 것이다.[14] 오토 마이어 당시 독일 '행정법'의 상황은 독자적인 법영역으로 확고하게 구축되지 못한 상태였으며 나아가 당시만 하여도 합법적이나 의회입법의 구속을 '거부하는' 소위 집행의 '합법적—독재'의 모습이 일상화되어있었기 때문에 행정법의 성문화가 충분한 상태로 진전되지 않고 있었다.[15] 그렇기에 확정적인 성문법의 규정 없이 연역적으로 행정작용의 범주화를 실현하는 것은 한편으로는 필요한 것이기도, 다른 한편 당시 시대적 상황이었기에 가능한 것이기도 했다. 어쨌든, 이러한 연역적 범주화를 통해 구성된 형식론은 행정법 체계의 내적인 완결성(innere Geschlossenheit)을 획득하는 데 결정적인 역할을 하게 된다.[16] 다양한 법적 소재들은 행정법 체계 내의 기준을 통해 범주화되고 정렬될 수 있었으며 이로서 행정법 체계는 체계고유의 논리를 획득하게 된다.[17]

---

12) 이미 오토 마이어 이전에, 다양한 행정법적 소재가 단지 그때마다의 기준이나 관할문제로 설명되는 데 불과할 경우 이미 법학적이지도, 나아가 학문적이지도 않다는 비판이 제기되면서 "법학적인" 방법론이 주장되었다. 행정법의 학문화(Verwissenschaftlichung)를 위해 − F. Mayer가 적절히 표현한 바와 같이 − "개별적인 것들이 일반적인 것으로" 정리되는, 즉 체계화될 필요성이 제기되었고 이러한 법적 구조화, 다시 말해 논리적 연관성의 형성을 위한 방법론이 바로 법학방법론이다. 법학방법론은 오토 마이어의 형식론을 통해 비로소 완성(vollenden)되었다는 평가를 받게 된다. *T. v. Danwitz*, Verwaltungsrechtliches System und europäische Integration, S. 30 ff,; *M. Stolleis*, Entwicklungsstufen der Verwaltungsrechtswissenschaft, in: GVwR I, § 2, Rn. 47.

13) 이와 관련하여, *C. Bumke*, Die Entwicklung der verwaltungswissenachaftlichen Methodik in der BRD, in: *Schmidt−Aßmann/Hoffmann−Riem* (Hrsg.), Methoden der Verwaltungsrechtswissenschaft, 2003, S. 73 (76 f.).; *A. Voßkuhle*, Neue Verwaltungsrechtswissenschaft, in: GVwR I, § 1, Rn. 3. 오토 마이어의 행정법학에 대해 보다 자세한 내용은, 임현, 오토 마이어 행정법학의 현대적 해석, 고려대 석사학위논문 (1998) 참조.

14) *M. Eifert*, Das Verwaltungsrecht zwischen klassischen dogmatischen Verständnis und steuer− ungswissenschaftlichem Anspruch, VVDStRL 67 (2008), S. 286 (292).

15) *J. P. Schaefer*, Die Umgestaltung des Verwaltungsrechts, S. 80.

16) *W. Meyer−Hesemann*, Methodenwandel in der Verwaltungsrechtswissenschaft, S. 27 ff.

반면 연역적 방법론에 따라 행위형식을 중심으로 구조화된 행정법 체계는 국가와 사회의 근본적인 변화들이 감지됨에도 불구하고 쉽사리 변하지 않는 정적인 성격을 가지게 되었다. 부분적으로 새로운 행위형식들이 수용되고 있으며 목적론적 해석의 확대를 통해 행정임무와의 관련성을 주시하려는 시도가 물론 가능할 것이라고 하지만 체계의 속성상 그 변화가 신속하고 동적으로 이뤄지기는 힘들다. 특히 이러한 변화는 종종 인접학문적 논의의 수용이 어느 정도로 이뤄질 수 있는가라는 문제에 부딪히게 된다.

2. 급부적 행위의 발견

1) 행정법 체계와 행정현실

법학방법론에 따라 구축된 행정법 체계는 계속 다양한 행정현실을 접하게 되었고 새로운 행정임무의 출현과 그에 따른 행정작용의 확대도 계속 목도되었다.[18] 그러나, 원칙적으로 목적을 제거한 채 형식론을 통해 범주화를 꾀하는 행정법학 체계를 충실히 유지하게 되면 사회적 현실을 적절하게 고려하기 어렵고[19] 반면, 여전히 행정법은 현대 산업사회에서의 문제를 다루어야만 했다.[20] 그렇기에 플라이너(F. Fleiner)나 발터 옐리네크 (W. Jellinek)는 법학방법론과 오토 마이어의 체계를 지지하면서도[21] 동시에 사회적 관점의 수용을 주장하였다. 마침내 포르스트호프(E. Forsthoff)에 이르러 사회적 관점이 법학방법론 안에서 진지하게 다뤄지게 된다.

2) 포르스트호프의 생존배려이론

오토 마이어의 법학방법론과 행정법 체계가 확립되고 지지되어오던 가운데에 이 체계에 반향을 가져올 수 있을만한 강력한 파문은 바로 포르스트호프의 생존배려이론에 의해 던져졌다. 일단 포르스트호프의 생존배려는 방법론상으로 사회적 현실과 필요의 문제들이 행정법학에 반영되어야 함에 기초한다.[22] "사회적 필요를 이행해야 하는 국가의 책

---

17) *I. Kay*, Regulierung als Erscheinungsform der Gewährleistungsverwaltung, S. 103.

18) *R. Schröder*, Verwaltungsrechtsdogmatik im Wandel, S. 35 ff.; *W. Meyer− Hesemann*, Methodenwandel in der Verwaltungsrechtswissenschaft, S. 47 ff.

19) *P. Badura*, Verwaltungsrecht im liberalen und im sozialen Staat, S. 16.

20) *P. Badura*, Verwaltungsrecht im liberalen und im sozialen Staat, S. 19 f.

21) *R. Schröder*, Verwaltungsrechtsdogmatik im Wandel, S. 36 f.; *W. Meyer− Hesemann*, Methodenwandel in der Verwaltungsrechtswissenschaft, S. 53 ff.

22) 포르스트호프의 생애와 학문적 진전단계, 생존배려개념에 대해 보다 구체적인 국내 문헌으로는, 이은선, "생존배려개념에 관한 연구 – 에른스트 포르스트호프의 이론을 중심으로", 고려대 석사학위논문 (2002); 양천수, "생존배려 개념의 기원 – 법철학의 시각에서 본 포르스트호프의 사회보장법 체계", 영남법학 제26호 (2008. 4.), 101면 이하; 길준규, "포르스트호프의 생애와 생존배려사상", 공법연구 제37집 제4호 (2009. 6.), 257면 이하.

임”으로 표현되는 포르스트호프의 “생존배려(Daseinsvorsorge)”의 개념이 더없이 명확히 이러한 점을 보여준다. 이 사회적 급부는 형식적 법치국가에서 보장하는 권리보호를 통해서는 이행될 수가 없고 이제는 “배분참여(Teilhabe)”가 문제된다는 것이다.[23] 생존배려의 개념과 그 논리적 귀결을 통해 행정법학은 변화하는 행정현실을 실제적으로 분석할 수 있게 되었고 공법인인 배분참여청구권을 형성하였다.[24] 그렇다면 이제 종전의 체계를 완전히 그대로 유지할 수는 없게 된다. 생존배려의 개념을 통해 형성된 급부행정이 폐쇄적 체계 내에서 전통적 질서행정(침해행정)과 곧바로 합치될 수는 없기 때문이다.[25] 사회학적 고찰로부터 추론과 이를 통해 다시 법적 결론을 가져오는 지점[26]을 포르스트호프는 행정법학과 행정현실과 부합할 수 있기 위한 방안으로 보았고[27]은 동시에 포르스트호프의 이론과 오토 마이어의 법학방법론이 대비되는 지점이다.

그러나 포르스트호프의 이론 역시 오토 마이어의 행정법학 체계를 극복하고 대체하려는 시도가 아니라 그 체계 내에서 구현하고 보충하려는 시도였음을 유의하여야 한다. 포르스트호프가 사회적 요청을 도그마적으로 발전시키기 위해 노력한 것은 사실이나, 여전히 전통적 방법에 서 있었으며 오토 마이어가 제시한 출발점을 부정하려 하지는 않았다.[28] 그의 이론과 “생존배려”의 개념 역시 여전히 “형식적－합리적 체계성”[29]을 유지하고 있었던 것을 유의하여야 한다.

3. 체계 속성상의 개방성

오늘날까지 부정될 수 없는 오토 마이어의 공준화 기반인 간소화 기능은 기본적으로 다양한 법소재의 간소화와 법적 안정성의 도모라는 법치국가적 요청을 충족시킴으로 해당 체계, 즉 행정법 체계가 가지는 가치토대의 지속성을 보장한다. 그러나 어떤 참조영역(Referenzgebiet) 혹은 특별 행정법 영역에서 계속적으로 발생하는 변화와 그 중요성이 새로운 이론적 출발점의 가능성을 제공하게 되어 마침내 일반화될 수 있는 여건, 즉 법

---

23) *E. Forsthoff*, Die Verwaltung als Leistungsträger, S. 45 ff.; *W. Meyer－Hesemann*, Methodenwandel in der Verwaltungsrechtswissenschaft, S. 86 ff.

24) *J.－C. Pielow*, Grundstrukturen öffentlicher Versorgung, S. 358 ff.; *H. Schweitzer*, Daseinsvorsorge, service public, Universaldienst, S. 74 ff.

25) *W. Meyer－Hesemann*, Methodenwandel in der Verwaltungsrechtswissenschaft, S. 89.

26) *H. Schweitzer*, Daseinsvorsorge, service public, Universaldienst, S. 77.

27) 소위 제도적－목적론적 개념이 여기에서 나타난다. *W. Mayer－Hesemann*, Methodenwandel in der Verwaltungswissenschaft, S. 82 ff.

28) 포르스트호프가 끝까지 형식적 법치국가이론을 지지했던 것을 감안할 필요가 있다. *E. Forsthoff*, Die Umbildung des Verfassungsgesetzes, in: *ders*. (Hrsg.), Rechtsstaat im Wandel, S. 130 (152).

29) Forsthoff의 이론적 기반은 이 Max Weber의 이론에 놓여있다. 이에 대하여는, *J.－C. Pielow*, Grundstrukturen öffentlicher Versorgung, S. 355.

적 성숙과정(juristischer Reifeprozess)에 이르는 경우, 이 간소화 기능과 지속화 기능은 그 자체로 절대적인 가치가 아님을 아니라는 것을 내보이게 된다.[30] 즉 안정성을 위한 일반화의 경향은 특수성의 원동력과 조화를 이뤄야 하며 이러한 점에서 체계이론적 관점을 일부 차용하여 행정법 도그마를 이해할 때에 – 오토 마이어가 이러한 성격을 의욕했는지 여부와 정도를 차제하고서라도 – 행정법 체계는 체계 고유의 논리를 유지한 채 개방되어있는 체계로 이해될 수 있는 것이다.[31]

4. 행정법학의 변화 혹은 해체?

법학방법론의 시대에서부터 질서적, 침해적 관념을 넘어서는 수많은 단초들이 행정법학에서 인식되어왔던 바, 예를 들어 오토 마이어가 공물법을 언급한 것이라든지, 포르스트호프가 창안한 생존배려 개념에 의한 이후 급부행정의 개요, 그리고 오늘날에 이르러서는 인프라를 행정법 이론에 통합시킨 파버(Faber)에 이르기까지 다양한 예를 찾아볼 수 있다.[32] 그렇기 때문에, 혹은 그럼에도 불구하고, 오토 마이어의 공준화 업적에 대해서는 이하에서 살펴보게 될 신행정법학의 주요 인사인 슈미트–아스만(Schmidt–Aßmann)이나 호프만–림(Hoffmann–Riem), 슈페르트(Schuppert), 포스쿨레(Voßkuhle) 등도 여전히 그 중요성을 인정하고 있는 것이다. 오토 마이어의 실증주의적 태도가 인접학문의 관점이나 행정실무적 측면을 절단시키고 정치적 기원과 관련된 헌법과도 어느 정도 선을 긋게 되었던 반면,[33] 법학방법론을 결코 배격한바 없었던 포르스트호프로부터 시작하여 이후 계획행정이나 리스크행정과 같은 새로운 유형의 발견, 그리고 마침내 신행정법학 프로젝트에 이르는 일련의 방향은 특히 경험적으로 관련된 인접학문분과, 특히 사회학, 정치학에 시선을 두게 된 것이며[34] 다시 이를 오토 마이어가 구축하였던 체계에 수용할 수 있는 방안을 모색하게 된다.

결국 종전의 독일 행정법학 방법론은 – 종종 오해하는 바와 같이 – 철저히 폐쇄적, 배타적이고 탄력성이 결여된 것이 아니며, 어떤 혁명적인 체계 파괴적 현실에 이르러서야 비로소 행정법 체계의 중추이자 출발점인 질서법적 관점을 극복하는 것도 아니다.

---

30) 일련의 논증과정은 T. Groß, Die Beziehung zwischen dem Allgemeinen und dem Besonderen Verwaltungsrecht, DV Beiheft 2 (1999), S. 57 (72 ff.).

31) I. Kay, Regulierung als Erscheinungsform der Gewährleistungsverwaltung, S. 103.; T. Groß, Die Beziehung zwischen dem Allgemeinen und dem Besonderen Verwaltungsrecht, DV Beiheft 2 (1999), S. 57 (73).

32) K. Waechter, Verwaltungsrecht im Gewährleistungsstaat, S. 6.

33) 관련하여, M. Stolleis, Entwicklungsstufen der Verwaltungsrechtswissenschaft, in: GVwR I, § 2, Rn. 49.

34) R. Schröeder, Verwaltungsrechtsdogmatik im Wandel, S. 171.

더더욱 독일의 행정법학 방법론이 소위 인류의 보편적인 인식에 따른 행정법학 발전과정과 동떨어진, 어떤 이질적이고 특수성에 기초한 것이라고 볼 수도 없다.

행정법 체계의 내적 완결성과 폐쇄성, 그리고 - 이들과 일견 모순되어 보이지만 오히려 행정법 체계를 계속적으로 유지하게 하는 또 다른 특성인 - 개방성이 종래 행정법학의 형성과 변화, 발전을 이끌어온 것은 오늘날에도 의미하는 바가 매우 크다. 바로 이 점이 본고가 제기하고자 하는 핵심적인 문제의식이다: 현대 행정법학이 직면하고 있는 '새로운' 행정법학의 필요성이나 '개혁'은 망망대해를 항해하고 있는 행정법학 혹은 행정법 체계라는 배[35]를 해체하고 새로 건축하기 위해 도크로 운반해가자는 것인가, 아니면 계속 항해할 수 있도록 상황에 맞추어보고 개조하자는 것인가?

Ⅲ. 조종학문으로서의 행정법학과 방법론적 전환

1. 방법론적 전환의 배경

1) 개관

법학방법론과 이에 따른 형식론을 중추로 하여 구축된 행정법 체계가 견지하였던 태도에 전환이 요청된다는 것은, 달리 표현하자면 내적 완결성과 폐쇄성을 지니고 있던 행정법 체계에 전보다 더 많은 방법론적 개방성이 요청된다는 것이기도 하다. 앞서 살펴본 바와 같이 생존배려이론을 시작으로 한 급부행정의 논의는 물론 그 외의 새로운 행정 유형의 등장은[36] 종전의 법행위관련적 관점에서 임무관련적 관점으로의 전환을 보여주고 있다.

독일 행정법학계에서는 이미 1970년대부터 행정법 도그마의 현재와 미래에 대한 논의가 재개되었으며[37] 이후 지속적으로 방법론적 전환 또는 개방의 요청이 대두되었다.[38] 1980년대 말부터는 본격적으로 논의가 개진되어 마침내 1990년대 신행정법학의 움직임

---

35) 이 표현은 *I. Appel*, Das Verwaltungsrecht zwischen klassischem dogmatischen Verhältnis und steuerungswissenschaftlichem Anspruch, VVDStRL 67, S. 226 (277)의 비유를 다소 변형시킨 것이다.

36) Bumke는 독일 행정법에서 특히 계획행정과 리스크행정의 예를 통해 이를 구체적으로 설명하고 있다. 계획행정, 리스크행정에 대해서는 이미 많은 선행 연구가 있으므로 여기에서 별도로 일일이 다루지 않을 것이다. *C. Bumke*, Die Entwicklung der verwaltungswissenachaftlichen Methodik in der BRD, in: *Schmidt-Aßmann/Hoffmann-Riem* (Hrsg.), Methoden der Verwaltung-srechtswissen-schaft, 2003, S. 73 (115 ff.) 참조.

37) 예를 들어, *W. Brohm*, Die Dogmatik des Verwaltungsrechts vor den Gegenwartsaufgabe der Verwaltung, VVDStRL 30 (1971), S. 245 ff.

38) 문병효, "행정법 도그마틱의 변화에 관한 시론, 경원법학 제3권 제2호 (2010.11), 139면 (146면 이하) 참조.

이 나타났다. 신행정법학은 전래되어온 일련의 행정법 도그마에 대한 보완 및 수정의 요
청이며[39] 종래 확고히 자리하고 있던 법개념이나 제도의 전면적 혹은 부분적 변화를 촉
구하는 단초는 바로 조종이론(Steuerungstheorie)[40]이라 할 수 있다.[41]

2) 조종의 의미

"조종", "조종이론"이 신행정법학에 영향을 미친 단초라면, 먼저 조종이 대체 무엇
이냐를 정의해야할 것이다. 문제는 조종(제어: Steuerung)이 대체 무엇인지를 일의적으로
정의하기는 어렵다는 데에 있다. 대개는 파슨스(T. Parsons)의 제어 서열(control hierarchy)이나
제어 수단(control media)이 루만(N. Luhmann)의 체계이론에서 각각 조종서열(Steuerungshierarchie)
과 조종수단(Steueurngsmedien)으로 사용되었다고 보인다.[42] 일반적 용법에서 조종은 대상
을 목적된 방향으로 이끌어간다(steering)는 정도의 의미로, 이것만으로는 조종이 어떤 방
법론적 단초를 제시할 것인지 명확히 알 수 없다. 일상적 용어를 배제하고 소위 조종학
문(제어학문: Steuerungswissenschaft)에서 조종개념을 정의하려는 시도로 논의를 국한시킨다
고 하여도 여전히 매우 다양한 의미[43]가 나타난다. 먼저 일상적 용어가 조종이론에서 유
사하게 사용되는 경우로는 과거 "정치적 계획(politische Planung)"의 의미에 따라 계획된
정치적 행위에 의해 목적된 영향력을 미치는 것으로 조종을 이해하는 견해이다. 이러한
조종의 의미는 특히 20세기 초중반 사회주의 국가나 – 매우 예외적인 상황으로서 –
미국의 케인즈주의와 뉴딜 정책에 의해 국가가 경제나 사회 영역에 계획적으로 개입하는
모습을 낙관적으로 묘사하였다.[44] 반대로 계획에 대한 부정적 인식은 정치적 계획에 의
하여 영향력을 행사하는 의미가 아니라 조종과 계획의 집행이 실패하는 소위 조종실패의
모습에서 조종의 의미를 찾게 된다. 조종의 의미에서 나타나는 이와 같은 차이점은 연대

---

39) 이러한 점에서 신행정법학이 과연 '새로운', '행정법의 '개혁(Reform)'이라고 할 수 있는 것인지에 대
    한 논란도 있다. 신행정법학을 주장하는 측에서도 '개혁'이라고 써붙인 "라벨" 자체에 연연하지 말
    것을 주문하기도 한다.
40) 국내에서의 선도적인 연구로는 김남진, 제어학으로서 행정법학론, 법연 (2013. 05-06), 26면 이하.
    조종학문, 조종이론을 제어학문, 제어이론으로 번역함은 중요한 의미를 가지나, 동시에 조종과 제
    어 양자 모두 원어의 의미전달에 있어 한계가 있으므로 이하에서는 일단 Steuerung을 '조종'으로 번
    역하되, 필요한 부분에서 제어라는 번역례를 병기한다.
41) *R. Schmidt*, Die Reform von Verwaltung und Verwaltungsrecht. Reformbedarf – Reformanstöße –
    Reformansätze, VerwArch 91 (2000), S. 149 (151 f.).
42) *R. Mayntz*, Governance Theory als fortentwickelte Steuerungstheorie?, Max–Planck Institut
    Working Papers (2004), S. 2.
43) 이에 대해 자세한 내용은 *R. Mayntz*, Politische Steuerung und gesellschaftliche Steuerungsprobleme,
    S. 188 ff.
44) *G. Pöllmann*, Kooperativer Staat und Parteiendemokratie, S. 140 f.; *J. P. Schaefer*, Die Umgestaltung
    des Verwaltungsrechts, S. 95 f.

기적인 차원, 이념 및 이론의 방향성에 따라 나타나는 것이다. 이러한 이유에서 지금까지
는 조종이 무엇인지 엄격하게 개념화하는 대신, 기본적인 조종의 구상만을 정해두고 이
구상이 법적 조종, 특히 공법에 대해 어떻게 영향을 미칠 것인지로 논의가 전개되곤 했
다.[45] 본고의 핵심적인 논의사항이므로 이하 두 개의 항으로 나누어 서술한다.

2. 조종의 기본구상

본고에서 집중하고자 하는 대상으로서 조종의 기본구상은 소위 계획낙관론
(Planungseuphrie)의 시대를 넘어, 이른바 '후기 산업사회'와 같은 표제어로 대표되는 현대
사회에서 그 급속한 변화에 대응하여 (행정)법이 여전히 현실적합적, 나아가 미래적합적인
법으로 남을 수 있을 것인가에 대한 문제의식이다. 이 논의는 과거의 국가상과, 각 해당
국가상에서 나타나는 법의 관념, 특히 개입국가(Interventionsstaat)와 개입적 법(interventionistisches
Recht), 사회국가(Sozialstaat)와 규제적 법(regulatives Recht)이 나타낸 한계를 포착하면서 본
격화되었다. 또한 이들은 공통적으로 사회국가의 개입적 성격과 그 수단 내지 매개체로
서 법이 처하게 된 조종능력 상실을 논하고 있다.[46]

조종이론에서 말하는 법의 조종능력 저하 또는 상실은 기본적으로 체계이론(Systemtheorie)
의 영향에 서 있다. 사회의 각 영역이 기능적으로 분화되어감에 따라 각각의 영역들은
저마다의 고유한 행위이성을 형성하게 되며 법과 같은 타 행위이성이 분화된 각각의 영
역들을 적절하게 조종할 수 있는 가능성은 점차 희박해질 수밖에 없다는 것이다.[47] 즉,
조종이론의 기본구상은 조종 자체가 무엇인지를 먼저 설명하기 보다는 조종상실(Steuerungsdefizit),
다시 말해 국가의 영향력 상실과 이에 대비되는 비국가적 행위자의 영향력 강화라는 경
험적 분석에서 특히 유래되었다.[48]

이에 따르면, 법규범은 본래 직접적으로 의도했던 효력을 더 이상 가져오지 못한다
는 문제를 드러낸다.[49] 법에 의한 조종이 입법자가 의도하고 예측한 바에 따라 진행되고

---

45) 예를 들어, *G. F. Schuppert*, Verwaltungsrechtswissenschaft als Steuerung— swissenschaft. Zur
Steuerung des Verwaltungshandelns durch Verwaltungsrecht, in: *Hoffmann—Riem/Schmidt—Aßmann/
ders.* (Hrsg.), Reform des Allgemeinen Verwaltungsrechts: Grundfragen, S. 65 (67).
46) 소위 사회국가의 위기, 법의 조종능력 상실 등의 배경에 대해서는 이원우, "21세기 행정환경의 변
화와 행정법학방법론의 과제", 행정법연구 제48호 (2017. 2.), 83면 (86면 이하); 계인국, "보장행정
의 작용형식으로서 규제 – 보장국가의 구상과 규제의미의 한정", 공법연구 제41집 제4호 (2013.
6.), 155면 (163면 이하).
47) 다만 이러한 체계이론의 논리를 일관되게 유지하여 법의 직접적인 체계 조종가능성을 배제하려는
태도는 공법학에 수용되기 어렵다. 이에 대해서는 후술한다.
48) 조종의 구상은 20세기 중반 이후부터 경험적 사실은 물론 다양한 학문영역에서 전개되어왔다. *J. P.
Schaefer*, Die Umgestaltung des Verwaltungsrechts, S. 94 ff.
49) *A. Görlitz*, Zur Steuerbarkeit moderner Industriegesellschaften mit Recht, in: *ders./Voigt*, Grenzen

그에 따라 특정한 결과를 가져올 것이라는 기대가 성취되는 것은 오히려 드문 일이며 대개 예상치 못한 부작용이나 반발을 불러오거나, 법이 투입하는 수단이나 집행기관이 정보나 지식을 충분히 보유하지 못함으로 인해(정보결손: Informationsdefizit) 그 규율대상으로부터 유리되어버리기 때문이다. 그럼에도 사회국가가 부담해야하는 임무가 폭증하게 되면서 법은 그 효력을 계속적으로 상실하게 된다. 이 문제를 해소하기 위한 일차적 방안으로 실제적인 "국가의 후퇴(Rückzug des Staates)"와 탈법제화, 그리고 법문의 추상화를 통해 법적용자 스스로 내용적인 형성을 도모하도록 하는 것이 제시되었다. 이로서 행정은 공식적 행정작용이 아닌 비공식적 행정작용50)이나 사법(私法)관계에서의 문제해결을 점차 확대시키게 되었고 그만큼 행정작용의 법적 결정에 한계가 드러나게 된다. 한편으로는 위와 같은 국가작용의 한계51) 그 자체에서, 다른 한편으로는 한계를 드러낸 법의 조종능력에도 불구하고 무리하게 법이 개입함으로 인해 문제가 더욱 증폭됨52)으로 인해 종전의 행정법 체계와 그 방법론은 반성과 변화를 요청받게 된 것이다.53)

3. 조종이론의 법학적 수용가능성

1) 논의의 필요성

일단 조종이라는 단어가 법학적－비법학적 범주를 넘나들면서 법학, 특히 행정법학에 영향을 미친 것은 분명하며 그 의미 역시 축소할 수 없다. 그러나 행정법학에서 조종

---

des Rechts, S. 17 (24).

50) 신행정법학은 법에 의한 조종의 콘텍스트에서 비공식적 행정작용이 핵심적인 조종기여(Steuerungsbeitrag) 중 하나라고 본다. 비공식적 행정작용(informelles Verwaltungshandeln)의 논의가 두드러진 것이 1980년대 중후반이었으며 그 기저에 1970년대 E. H. Ritter에 의한 협력국가사상, D. Grimm이나 H. Schulze－Fielitz 등에 의한 국가임무론의 재논의, 그리고 이들을 둘러싼 법의 조종능력 문제가 놓여 있었다. M. Fehling, Informelles Verwaltungshandeln, in: GVwR II, § 38, Rn. 1, 43.; A. Voßkuhle, Neue Verwaltungsrechtswissenschaft, in: GVwR I, § 1, Rn. 17 ff.

51) 이러한 상황을 사회학에서는 조종상실(Steuerungsdefizit), 정치학에서는 집행결손(Vollzugsdefizit), 경제학에서는 국가실패(Staatsversagen)로 표현하며 이들은 법학에서도 흔히 사용되고 있다.

52) 대표적으로 규제의 트릴렘마(regulatorisches Trilemma)를 들 수 있다. G. Teubner, Recht als autopoietisches System, S. 78 ff.; 계인국, "현행법상 규제의 의미와 입법평가 － 행정규제기본법에 대한 비판적 평가 －", 입법평가연구 제11호 (2017. 6.), 1면 (15면 이하).

53) "신행정법학" 내지 "행정법의 개혁" 프로젝트는 독일 법학계가 그간 인접학문과의 학제간 연구를 통해 축적해둔 충분한 이론적·실증적 사례 연구를 토대로 하고 있다. 전형적 예시영역인 규제법과 관련하여서는 민영화 문제에서부터 그 대상 산업영역 등 개별사례에 대해서도 방대한 연구가 진행되어왔다. 본고에서 배경지식으로 참조한 예를 일부 들어본다면, J. J. Hesse, Staat, Politik und Bürokratie, in: ders. (Hrsg.), Politikwissenschaft und Verwaltungswissenschaft, (1982); Thiemeyer/ Bohrer/Himmelmann (Hrsg.), Öffentliche Bindung von Unternehmen (1983); König/Benz (Hrsg.), Privatisierung und Staatliche Regulierung, (1997); Gusy (Hrsg.), Privatisierung von Staatsaufgaben, (1998); Reichard u. a. (Hrsg.), Neue Institutionenökonomik－PPP－Gewährleistungsstaat, (2004).

혹은 제어라는 개념이 어떤 배경에서 사용될 수 있을 것인가에 대해서는 주의를 요한다. 특히 조종이라는 단어가 그대로 법학적으로 수용되고 나아가 행정법 도그마를 직접적으로 대체하거나 완전히 새롭게 형성할 것이라고 보는 것에 대해서는, 비록 "조종학문으로서의 행정법학"이라는 표현이 널리 사용됨에도 불구하고, 다소 유보적일 수밖에 없다.

조종의 기본구상에 대한 사회학이나 정치학 등 인접학문에서의 견해는 크게 자기생산적 체계이론(autopoietische Systemtheorie)과 행위자중심적 조종이론(Akteurszentrierte Steuerungstheorie)으로 나누어진다. 이 두 가지 견해는 기본적으로 유사한 출발선상에 있으나, 다른 방향으로 나아간다. 이와 같은 논의가 필요한 이유는 각각의 논의가 일관되게 전개되는 경우 전래되어온 공법 체계에 완전히 모순되는 것은 아닌지, 헌법적으로 정당화될 수 있는지의 문제를 가져오기 때문이다.

2) 자기생산적 체계이론

이미 앞에서도 언급한 바와 같이, 체계이론은 분화된 하부체계에 대한 법적 조종가능성을 부정적으로 인식한다. 체계는 기본적으로 체계 자신이 가지는 고유한 행위이성을 통해 주변세계의 영향력을 수용하는 것이므로 외부로부터의 직접적인 조종은 인정될 수 없다. 만약 외부로부터의 직접적인 조종이 인정된다면 그 체계는 더 이상 자기준거적, 자기생산적 체계로 볼 수 없게 되기 때문이다. 이를 좀 더 자세히 설명하기 위하여는 자기생산적 체계이론에 대한 이해가 필요하다.[54]

(1) 자기생산적 체계

자기생산적 체계이론은 현대사회의 기본적 성향을 하부체계에서의 기능적 자기분화(funktionale Differenzierung)로 본다. 하부체계에서 사회의 기능적 분화는 사회의 발전과 정돈 및 안정성을 위해 핵심적인 전제조건이 되는 복잡성감소(Komplexitätsreduzierung)의 진화적[55] 결과로 나타난다. 기능적 자기분화는 고유한 코드[56]와 자기 체계에 전형적인 자치 프로그램을 보유하고 있는, 기능적으로 특수화된 영역들의 문제이다. 이렇게 기능적으로 특수화된 영역들은 다른 영역들에 비해 비교적 확고한 경계를 가지며 자기 체계가 가지고 있는 구조와 통일성을 체계 구성요소의 도움을 받아 계속적으로 재생산해낸다. 결국 체계는 자기생산 및 자기 재생산이라는 체계 구성요소와의 관계에서 자기준거적(selbstreferentiell) 체계가 된다. 자기생산적, 자기준거적이라는 체계이론의 내용은 체계 외

---

54) 체계이론의 기본적인 내용을 본고에서 일일이 다룰 수 없으므로 부득이 기본이해를 전제로 한 뒤 곧바로 자기생산적 체계이론부터 논의를 전개하고자 한다.
55) 자기생산적 체계이론은 생물학적 관점에서 차용된 Maturana 등이 사용한 자기재생이라는 관념에 따라 사회적 질서의 생성을 설명한다. 이상돈/홍성수, 법사회학, 198면.
56) *N. Luhmann*, Die Wissenschaft der Gesellschaft, S. 174; *ders.*, Die Kunst der Gesellschaft, S. 302 ff.

부의 직접적인 조종을 배제하고 체계 내적인 논리에 의해 질서를 생산하고 재생산하는 일련의 체계 진화 과정을 설명한다. 체계 외적인 조종(예를 들어, 법)은 기능적으로 분화되어 내적으로 완결되고 폐쇄된 체계(예를 들어 특정 사회영역)를 자극하여 자기변화의 동인을 줄 수는 있으되, 직접적인 조종이 이뤄지지는 않는다는 것이다.[57]

(2) 법의 조종에 대한 태도

자기생산적 체계이론은 체계의 내적인 논리에 의해 구조적으로 변화할 수 있을 뿐이라는 전제 하에, 특정 체계의 코드는 그 체계에서만 유효할 뿐이라고 설명한다. 그러므로 기능적으로 분화된 체계로 구성된 사회는 어떤 중심이나 정점을 가지지 않는다.[58] 체계 내적으로도 주체의 속성은 사라지고 구조적인 결정만이 남게 된다. 자기생산적 체계이론에 의할 경우 공법학에서 논의가 되어왔던 국가와 사회의 일원-이원론이라는 견해 대립 역시 새로운 양상을 띠게 된다. 즉, 체계이론에서 사회(Gesellschaft)가 국가(Staat)와 구별되는 것이 아니라, 정치체계(politische System)와 구별되는 것이다. Luhmann에게 있어 국가는 단지 정치체계의 자기묘사를 위한 분절적인 잔재일 뿐이라는 것이다.[59]

이상의 서술을 통해 자기생산적 체계이론이 가지는 국가의 조종능력, 특히 법을 매개로 하는 국가의 조종에 대한 구상은 다음과 같이 나타난다. 첫째, 종전의 개입적, 규제적 법, 나아가 위계적이고 서열적 규범에 의한 조종은 사회의 조종에 있어 더 이상 생산적인 가치를 인정하기 힘들다. 그럼에도 불구하고 만약 국가가 계속적으로 법을 통해 부분체계에 직접적인 영향을 미치려한다면 이는 필연적으로 왜곡된 상황을 야기하거나 규율실패로 나아갈 수밖에 없다. 그러므로 체계이론은 분화된 부분체계의 자기준거성을 이유로 하여 전통적인 법의 조종을 부정하게 되는 반면, 마찬가지로 부분체계의 자기준거성에 의해 자율규제의 관점을 지지할 수 있다. 자기생산적 체계이론은 이러한 점에서 정치체계에 의한 사회의 조종을 부인하며 그 매개체로서 법의 조종, 나아가 국가의 내적 주권에 대한 강력한 도전으로 나아가게 된다. 체계이론에 의하면, 만약 법을 매개로 한 국가의 조종능력이 개입적이고 조건 프로그램을 지향하는 서열적인 집행을 의욕하는 한, 그것은 환상에 불과할 뿐이라는 것이다.[60]

둘째, 종전의 법은 인간의 행위를 중심으로 설계된 것인 반면, 체계이론적 사회는 그러한 주체개념 대신 체계로 구성되는 것이므로 체계의 자율규제를 강화하는 것이 옳은

---

57) G. Teubner, Recht als autopoietisches System, S. 21 ff.
58) N. Luhmann, Politische Theorie im Wohlfahrtsstaat, S. 22.
59) N. Luhmann, Soziologische Aufklärung IV, S. 78.
60) F. Becker, Kooperative und konsensuale Strukturen in der Normsetzung, S. 16. 자기생산적 체계이론에 의해 제시된 Teubner의 반성적 법(reflexives Recht) 역시 본질적으로는 같은 출발점에 있으므로 논지를 일관되게 유지할 경우 아래 체계이론의 한계상황이 동일하게 나타난다.

방향이지 행위에 대한 목적을 제시하여 체계에 개입하려는 것은 실효성도 없고 오히려 자기준거적 절차를 훼손한다고 한다.[61] 따라서 법에 의한 개입적인 국가의 조종은 부분체계에 대한 외적 섭동(external Perturbationen)을 통한 간접적 영향을 주어 체계가 독자적인 문제해결을 이룰 수 있도록 자극하는 것이 적절하다는 것이다.[62] 이로서 국가, 보다 정확히는 정치체계의 조종은 더 이상 중심적인 위치에 서지 않는, 이른바 탈중심적 콘텍스트조종(dezentrale Kontextsteuerung)을 지향한다.[63] 국가는 위계적이고 서열적인 조종을 포기[64]하고 자치적 부분체계의 주변세계로서 개념화된다.

(3) 비판

체계이론의 여러 구상은 특히 법사회학에서 심도 있게 논의되었으며[65] 여러 법학분과에서 검토된 바 있다. 체계이론은 이른바 규제적 법이 사회체계의 조종에 있어 왜 실패하는지, 사회체계의 조종을 위해 왜 적합한 수단이 될 수 없는지에 대한 질문에 의미 있는 답변을 보여주고 있으며 비록 구체적인 대안은 아닐지라도 해결을 위한 다양한 단초를 제공한다. 그러나 - 다른 법영역은 일단 차제로 하고 - 공법학에 있어 체계이론의 구상이 직접 수용될 수 있는지에 대해서는 많은 문제가 있다. 일단 인접학문의 구상이 행정법학의 체계를 함부로 전도시켜서는 안 될 것이라는 우려를 표명해볼 수도 있다. 그러나 이는 지극히 원론적인 서술이며, 서로 다른 학문영역 간의 만남인 학제간 연구의 전제이기도 하다는 점에서 체계이론의 수용여부 그 자체에 대한 의미 있는 비판이 되기는 어렵다.[66]

본격적으로 체계이론에 대한 비판을 소개해본다. 먼저 자기생산적 체계이론의 배경을 살펴보면 이 이론은 사회학적 주권비판의 정점에 서 있으며 그렇기에 내적 주권에 결정적인 의미를 부여하는 국법학의 도그마와 부합하지 않게 된다.[67] 자기생산적 체계이론

---

61) *F. Becker*, Kooperative und konsensuale Strukturen in der Normsetzung, S. 17.
62) *G. Teubner*, Recht als autopoietisches System, S. 21 ff, 96 ff. 토이브너의 '반성적 법(reflexives Recht)' 외에도 간접적 조종의 모습을 '입법적 소란'이나 'order from noise'으로 설명하는 소위 '중개적 법(mediales Recht)'도 유사한 입장에 서 있다. *H. Willke*, Ironie des Staates S. 190 ff.; *A. Görlitz*, Mediales Recht als politisches Steuerungskonzept, in: ders., (Hrsg.), Politische Steuerung sozialer Systeme. Mediales Recht als politisches Steuerungskonzept, S. 13 ff.
63) *H. Willke*, Ironie des Staates, S. 185 ff.
64) 탈중심적 콘텍스트조종은 자율규제는 물론 이후 규제적 자율규제의 컨셉에 영향을 주게 되나, 빌케(Willke) 스스로는 법에 의한 조종의 포기(Verzicht)를 언급하며 매우 한정적으로 법에 의한 조종을 바라보고 있음을 유의할 필요가 있다. *H. Willke*, Ironie des Staates, S. 187 ff.
65) 국내 문헌으로는 특히, 이상돈/홍성수, 법사회학, 189면 이하.
66) 다만, 이하에서 나타나는 체계이론의 문제점을 의식하지 못한 채, 현대 행정법학, 특히 최근의 보장국가론을 곧바로 체계이론에 등치시키는 경우에 있어서는 의미를 가질 수도 있다.
67) *C. Möllers*, Staat als Argument, S. 249.

의 조종회의적, 조종비관론적 관점68)은 법에 대한 부정적인 인식을 전제하고 있으며 이는 미국의 보통법(common law)적 법사상69) 간의 유사점으로도 나타난다. 즉, 보통법과 체계이론 양자는 모두 법을 개입적인 것, 나아가 "훼방꾼(Störenfried)"으로 보는 입장에 서 있다는 것이다.70) 이렇게 보면 사회체계에 대한 정치체계의 의미 있는 조종가능성이나 고전적인 국법의 의미가 일반적으로 부정되어버릴 수 있다는 점이 비판되지 않을 수 없다. 법과 법의 조종에 대한 회의적, 비관적 관점은 비공식적 수단에 의한 조종을 선호하게 되어 결국 행정과 의회간의 거리가 벌어지게 된다. 체계이론의 이러한 관념을 그대로 받아들이는 한 조종이론, 그리고 '조종학문으로서의 행정법학'은 — 렙시우스(O. Lepsius)가 적절히 비판한 바와 같이 — '위장된(camoufliert) 의회주의의 비판'71)을 은닉하게 될 위험에 빠져들게 될 것이다.

체계이론 자체에 대한 문제제기도 이어진다. 체계이론은 분화된 부분체계들의 자기준거성이 법을 매개로 한 정치적 체계의 조종을 허용하지 않기 때문에 결국 조종실패와 조종능력의 상실로 이어진다고 한다. 외부로부터의 조종이 유효한 경우는 "체계형성적 기능분화가 권위적인 수단에 의해 해체됨"을 통해서만 가능하다고 하는데 이는 정치학적으로는 기대하기 힘든 것이며 헌법적으로는 제대로 설명될 수 없는 것이다.72) 다시 말해 이것이 대체 무엇을 말하는지 법적으로 설명하기 어렵다. 더 나아가 경험적으로나 이론적으로 정말 외부로부터의 조종이 효력을 발휘할 수 없는가에 대한 본질적인 반론도 이어질 수밖에 없다. 즉 사회에 대해 정치가 영향을 주기 어렵다고 할 수는 있어도 아예 차단되는 것은 아니고 특정한 여건에서는 가능하다는 것이며,73) 그렇다면 바로 이 '특정한 여건'에 대한 논의가 계속되어야 하는 것이 아닌가라는 비판이 제기된다.74) 게다가 체계이론이 상정하고 있는 법의 조종능력 상실은 사회학적 인과관계의 모델과 달리 규범적 인과관계에 바탕하므로 자연과학적 및 실증주의적 인과관계 이론을 법학에서 작동시킬 수는 없다는 반론75)도 눈여겨보아야 할 것이다

---

68) 이에 대해, *R. Mayntz/F. Scharpf*, Politische Steuerung — Heute?, ZfS, Jg. 34, Heft 3 (2005. 6), S. 236 (237).

69) 미국의 보통법은 미국법 전반에 걸친 사상 내지 이념으로 보는 것이 적절하다. 즉, "(미국의) 보통법은 사례법, 판례법 또는 전통적 법을 초월한다. 보통법은 자기입증의 정당성에 대한, 정치적으로 중립적이고 효율적인 사회의 자기조종에 대한, 사실적합적이고 사안근접적인 문제의 해결에 대한 믿음이다" *O. Lepsius*, Verwaltngsrecht unter dem Common Law — Amerikanische Entwicklung bis zum New Deal, S. 31.

70) *O. Lepsius*, Steuerungsdiskussion, Systemtheorie und Parlamentarismuskritik, S. 41.

71) 이에 대해서는, *O. Lepsius*, Steuerungsdiskussion, Systemtheorie und Parlamentarismuskritik, S. 21 ff..

72) *F. Becker*, Kooperative und konsensuale Strukturen in der Normsetzung, S. 17.

73) *R. Mayntz/F. Scharpf*, Politische Steuerung — Heute?, ZfS, Jg. 34, Heft 3 (2005. 6), S. 236 (236).

74) 이하의 행위자중심적 조종이론은 바로 이 조건을 구하는 데에서 출발한다.

결국, 자기생산적 체계이론은 조종능력의 상실이라는 문제점을 진단하는 데에는 성공하였으나 법학적으로 수용되어 법적 해결책을 제시하려는 데에 이르러서는 이론적으로나 경험적으로나 쉽게 묵인하기 힘든 견해차를 두고 공법학과 충돌하게 된다. 민주국가에서 법은 행정의 결정체계를 위한 중요한 확정요소로 남아 있어야 하므로[76] 체계이론에 의해 비판적으로 분석된 개입적 법 등의 문제는 다양한 조종매체를 통해 보완되어야 할 것이지 완전히 대체될 수는 없으며 이러한 점에서 체계이론이 보여주고 있는 조종비관론이나 의회입법에서 출발하는 민주적 정당성과 행정의 유리, 반(反)자유적 성격[77], 법의 조종 및 조종주체의 소실 문제[78]는 — 적어도 공법학의 관점에서는 — 한계를 가질 수밖에 없다. 현대 공법학이 직면한 여러 문제점에 대한 날카로운 분석과 비판, 그리고 방향성을 명민하게 제시하고 있음에도 불구하고 어떤 조건에서, 어떤 방식으로 공법학에 수용될 연결고리를 찾을 수 없다면 체계이론은 배경적 이론은 될 수 있을지 몰라도 결국 사태관망적인 역할을 하게 될 뿐이다.

3) 행위자중심적 조종이론

(1) 의의

행위자중심적 조종이론은 체계이론과 그 출발점은 유사하다. 행위자중심적 조종이론 역시 국가가 법을 매개로 한 조종능력을 상실하고 있는 원인을 위계적이고 서열적인 조종으로는 더 이상 적합한 사회조종을 이룰 수 없다는 데에서 찾고 있다. 그러나 행위자중심적 조종이론은 앞에서 제기된 자기생산적 체계이론에 대한 비판에서 출발하여 사회체계에 대한 국가조종의 가능성을 보여주고 있다.[79]

(2) 조종주체와 객체

행위자중심적 조종이론은 체계이론에 대한 다음의 두 가지 비판점에서 출발한다: (i) 조종주체의 부재 문제 (ii) 정치체계의 영향력 부정 문제. 체계이론은 탈중심적 사고를 지향하며 이로서 행위의 구체적인 주체가 사라지며 다만 구조적인 결정만을 인정한다. 그러나 이와 같은 극단적인 조종주체의 부재는 이론적·경험적 비판에 직면하게 된

---

75) O. Lepsius, Steuerungsdiskussion, Systemtheorie und Parlamentarismuskritik, S. 33.

76) W. Krebs, Die juristische Methode im Verwaltungsrecht, in: Schmidt — Aßmann/Hoffmann — Riem (Hrsg.), Methoden der Verwaltungsrecht — swissenschaft, S. 213 (219 f.).

77) Lepsius는 Kybernetik과 Mechanik에서 유래된 자기생산적 체계이론이 생활영역의 전체적인 규율가능성이나 결정론에 입각하고 있어, 다분히 반(反)자유적이라고 비판한다. ders., Diskussionsbeitrag, VVDStRL 67 (2008), S. 350.

78) Lepsius는 이를 기능적 분화의 모순적 결과로 표현하며 강력한 비판을 가하고 있다. ders., Steuerungsdiskussion, Systemtheorie und Parlamentarismuskritik, S. 48 ff.

79) R. Mayntz/F. Scharpf, Der Ansatz des akteurzentrierten Institutionismus, in: dies. (Hrsg.), Gesellschaftliche Selbstregulierung und politische Steuerung, S. 39 ff.

다. 행위자중심적 이론은 조종주체를 다시 전면에 부각시키는 데에서 출발하며 여기에서
체계이론과의 중요한 차이를 보이게 된다.[80] 조종행위는 다른 여타의 행위들과 마찬가지
로 주체를 그려낼 수 있어야 한다. 다음으로, 체계이론은 체계 외부로부터의 유효한 조종
을 부정하나 행위자중심적 이론은 경험적으로 인정되는 외적 영향력을 긍정한다. 따라서
조종 주체에 대응되는 객체는 그의 자치적인 역동성과 전개가 조종주체에 의해 특정한
방향으로 이끌어지게 된다.[81] 결국 행위자중심적 이론의 기본적인 구상은 종전의 법이
가지고 있던 기본적인 구상과 같이, 체계 그 자체가 아니라 개인적 그리고 협력적 행위
자의 행위를 중심으로 하며, 조종되는 것은 기능적으로 폐쇄적인 소통체계가 아니라 개
인적 그리고 집단적 행위자이다.

    그러므로 행위자중심적 이론에서 조종주체는 자연인과 행위능력 있는 법인인 다양
한 사회적 집합이며 조종객체는 조종처분을 통해 그의 행위에 영향을 미치게 되는 것들
이 된다. 체계이론의 반성적 법이나 중개적 법과 유사하게, 조종객체는 조종주체의 조종
을 통해 직접적인 변화가 아니라 객체의 자치적(autonome) 동인이 변화됨을 원칙으로 한
다. 이러한 점에서 행위자중심적 이론에서의 조종도 위계적이고 서열적인 측면이 지양되
며, 조종은 조종객체의 체계성향을 감안하는 요점적 개입이 주를 이루게 된다. 조종수단
은 이에 따라 등급화를 이루게 되는데, 예를 들어 전통적인 행정법적 개입수단에서 비공
식적 수단에 이르는 형식이나 자율규제에서 고권적 규제에 이르는 규제전략이 이용되는
것이다.[82] 전통적인 법의 조종이나 자기생산적 체계이론에서의 조종과는 달리 행위중심
적 이론의 조종은 형성 및 금지명령적인 조종와 규범적인 행위지도, 절차적 조종과 비공
식적 조종, 명령적 조종과 촉진적 조종 등 다양한 형태가 나타날 수 있다.[83]

(3) 국가상의 계승과 변형

    행위자중심적 이론은 종전의 위계적, 서열적 조종의 한계를 명확히 하나, 그렇다고
조종을 포기하고 사회체계의 자치만을 기대하지는 않는다. 오히려 중요한 사회적 행위자
와 정치적으로 조직된 이해 및 국가 하부기관 간의 새로운 제도적 협력 - 및 소통형식을
요구함으로 "새로운 국가" 또는 "새로운 국가 아키텍처"를 지지한다.[84] 이러한 새로운

---

80) *R. Mayntz*, Governance Theory als fortentwickelte Steuerungstheorie?, Max-Planck Institut Working
   Papers (2004), S. 2.
81) *R. Mayntz*, Governance Theory als fortentwickelte Steuerungstheorie?, Max-Planck Institut Working
   Papers (2004), S. 2.
82) 보장행정에서 고권적 규제-규제적 자율규제-자율규제로 나누어지는 규제전략의 단계(Skala)에
   대하여는, 계인국, "규제개혁과 행정법 - 규제완화와 혁신, 규제전략 -", 공법연구 제44집 제1호
   (2015.10.), 645면 (667면 이하).
83) *J. P. Schaefer*, Die Umgestaltung des Verwaltungsrechts, S. 97 f.
84) *F. Becker*, Kooperative und konsensuale Strukturen in der Normsetzung, S. 30.

국가상의 단초에는 신제도주의적 관점과 함께 이른바 협력국가(Kooperationsstaat)의 사고
가 자리하고 있다. 행위자중심적 이론은 국가와 사회 간의 제도적 협력 및 소통형식을
중시하는 협력국가로의 전환을 요구하며 이러한 점에서 위계적이고 서열적인 국가의 조
종을 비판하나 다른 한편 체계이론에서와 같은 조종비관론으로 나아가지 않는다.

(4) 사회관계의 공동선지향적 형성

행위자중심적 이론은 종전의 개입국가와 달리 국가의 조종능력을 맹신하지 않으나,
다른 한편 국가의 조종능력을 부정하지도 않는다. 특히 앞서 살펴본 협력국가의 발상을
수용하면서 행위자중심적 이론은 국가의 혹은 정치체계의 조종이 사회체계별로 상
이한 방식으로 나타날 수는 있기 때문에 국가의 '지배'라는 측면보다 국가의 조종이 지향
해야 할 이념, 가치 혹은 방향성에 중점을 둔다. 행위자중심적 이론에서 국가의 조종은 다
양한 사회체계가 지니는 고유한 혹은 개별적 이익을 지배하지도 않으며, 이를 추구하지도
않으나, 다만 공익에 놓여있는 행위로 이해된다.[85] 이러한 관념은 정치학에서는 전통적인
국가상에서 견지되어온 주권국가의 관념을 계승하고 있음은 물론, 법학에서는 협력국가
가 결코 주권의 완전이양이나 포기가 아니라는, 협력의 내재적 한계를 수용하고 있다.[86]

(5) 평가

행위자중심적 이론은 자기생산적 체계이론의 조종비관론을 어느 정도 극복하였으며
경험적으로 나타나는 국가조종의 현실 및 가능성을 인정하였다는 점, 민주적 정당성을
지닌 기관이나 조직에 의한 조종을 지지한다는 점 등 전통적이며 또한 여전히 전개방향
을 설정하고 있는 공법 체계의 근간과의 접점을 시도하였다. 이러한 논의를 정리해보면,
사회학적 조종논의와 공법의 연결에서 발견되는 조종의 의미는 결국 조종의 영역질서이
다. 그렇다면 조종이란, "조종객체에 대한 목적된 영향력 행사로, 이에 따라 모종의 결과
로 나타나야만 하는 것을 위한 입법과 행정의 미래적합적 관점과 이에 상응하는 행위지
도"라고 서술해볼 수 있다.[87] 이로서 행위자중심적 조종이론은 행정법학으로의 수용가능
성에 있어 보다 적합한 것으로 평가할 수 있고 나아가 양자의 접점으로 볼 수 있다. 그러
한 이유로 "신행정법학" 혹은 "일반행정법의 개혁" 프로젝트의 지지자들이 이른바 "조종
학문으로서 행정법학"의 배경 혹은 단초로서 제시하는 이론은 명시적으로 언급하고

85) *R. Mayntz*, Zur Selektivität der steuerungstheoretischen Perspektive, in: *Burth/Görlitz*, Politische Steuerung in Theorie und Praxis, S. 17 (19).; *ders.*, Governance Theory als fortentwickelte Steuerungstheorie?, MaxPlanck Institut Working Papers (2004), S. 2.
86) 이는 이후 보장국가의 분업적 공동선실현에서 더욱 명확하게 나타난다.
87) *R. Mayntz*, Politische Steuerung und gesellschaftliche Steuerungsprobleme, S. 190.; *M. Eifert*, Das Verwaltungsrecht zwischen klassischen dogmatischen Verständnis und steuerungswissenschaftlichem Anspruch, VVDStRL 67 (2008), S. 286 (294)

있지는 않은 경우도 있으나 - 행위자중심적 조종이론이다. 조종학문으로서 행정법학을 주장하는 견해에서는 대부분 조종의 개념요소[88]로 "조종주체(Steuerungssubjekt)"를 전제하고 있으며[89] 이에 따라 조종객체와 조종목적(Steuerungsziel) 역시 상정하고 있고[90] 조종의 개념 역시 이에 따라 "행위의 영향을 분석할 수 있는 목적지향적 행위"[91], "사회적 관계의 공동선 지향적인 형성을 위한 의도적이고 소통적인 행위영향"[92] 등으로 이해한다는 점이 이를 방증한다.[93]

다만 행위자중심적 이론의 경우에도 이를 인접학문의 이해 그대로 이해하려는 경우 문제를 드러내게 된다. 대표적인 문제를 예로 살펴보면, 협력의 문제를 주체와 객체 간 정치적 이해의 일치 내지 합의로 보면서 주체와 객체의 차이가 사라진다고 보는, 정치학적 관점을 그대로 법학적 관점에 가지고 오게 될 경우 국가와 사회, 행정주체와 객체, 나아가 국가기능 간의 구별을 무색케 할 가능성이 있다는 점이다. 실제로 행위자중심적 이론이 위와 같이 이해하는 협력의 모습을 국가－사회 이원론을 해체하는 것으로 간주하는 것이 전형적인 예가 된다. 그러나 협력국가와 보장국가에서 국가와 사회 간의 선택적·누적적인 공동선 기여 가능성은 논리적으로 '국가－사회 이원론'을 전제하여야만 비로소 가능한 것이며 이에 따라 사회적인 자기조종과 국가적 조종이 구별될 수 있다.[94] 조종주체와 객체 간의 정치적 융화와 법적인 지위관계는 구별되어야 할 것이다.[95]

---

88) 행위자중심적 조종이론을 지지하는 견해에서는 조종개념의 구성요소를 "조종주체(Steuerungssubjekt), 조종객체(Steuerungsobjekt), 조종목적(Steuerungsziel), 조종필요(Steuerungsbedürftigkeit), 조종가능성(Steuerbarkeit), 조종능력(Steuerungsfähigkeit)으로 설정하고 있다. 예를 들어, *R. Voigt*, Politische Steuerung aus interdisziplinärer Perspektive, (1991), S. 16.; *G. F. Schuppert.*, Verwaltungsrechtswissenschaft als Steuerungswissenschaft. Zur Steuerung des Verwaltungshandelns durch Verwaltungsrecht, in: *Hoffmann－Riem/Schmdt－Aßmann/ders.* (Hrsg.), Reform des Allgemeinen Verwaltungsrechts: Grundfragen, S. 65 (69).; Voßkuhle의 경우 명시적으로 행위자중심 제도주의를 언급하면서 조종개념의 요소를 조종주체, 조종객체, 조종목적, 그리고 조종수단(Steuerungsinstrument)으로 전제하고 있다. *ders.*, Neue Verwaltungsrechtswissenschaft, in: GVwR I, § 1, Rn. 20.
89) 다시 말하자면, 자기생산적 체계이론에 일관되게 따르는 경우 조종개념의 요소를 이와 같이 설정할 수 없다.
90) 마찬가지로, *E. Schmidt－Aßmann*, Das allgemeine Verwaltungsrecht als Ordnungsidee, S. 19 ff.; *R. Schröder*, Verwaltungsdogmatik im Wandel, S. 192 f.
91) *R. Mayntz*, Governance Theory als fortentwickelte Steuerungstheorie?, Max－Planck Institut Working Papers (2004), S. 2.
92) *König/Dose*, Referenzen staatlicher Steuerung, in: *dies.*, Instrumente und Formen staatlichen Handelns, S. 519 ff.; *F. Becker*, Kooperative und konsensuale Strukturen in der Normsetzung, S. 30.
93) 이러한 점에서 소위 "조종학문으로서 행정법학"에 대한 찬반 양론 모두, 그 내용이 자기생산적 체계이론에 기초하고 있는지, 행위자중심적 이론에 기반한 신행정법학에 대한 비판인지, 양자 모두에 대한 것인지 구별할 필요가 있다.
94) 계인국, "보장행정의 작용형식으로서 규제", 공법연구 제41집 제4호 (2013. 6.), 155면 (159면).
95) 신행정법학의 논의와 이후 보장국가론에서도 국가－사회 이원론은 여전히 확고하게 지지된다.

4. 방법론의 전환과 행정법학

1) 실증주의적 관점의 극복: 조종이론의 수용

엄격한 실증주의적 관념에 기초한 오토 마이어와 그 지지자들의 법학방법론은 행정법학의 관점을 한정하였으나, 신행정법학은 실증주의를 지양하고 행정법학의 관점을 확대하였다. 그 중심에 조종이론이 놓여있는 바, 이미 1970년대 이후 행정법학은 조종이론의 단초를 수용하기 시작했고 80년대에는 보다 본격적인 논의가 이루어졌다. 이는 서구 복지국가에서 나타난 사회국가의 위기현상과 국가의 조종능력상실, 이를 극복하기 위해 대안으로 제시된 규제완화(Deregulierung)나 민영화(Privatisierung) 등의 현상적인 문제의 영향에 의한 것이기도 하다.[96] 전통적인 행정법 도그마는 포르스트호프의 생존배려와 급부행정 이후, 다시금 행정현실에 어떻게 반응할 것인지 도전에 직면하였고, 행정법 체계의 변화를 요구받게 된 것이다.

소위 "조종학문적 전환기"[97]의 행정법학은 한편으로는 개별 제도적인 차원에서, 다른 한편에서는 행정법학의 방법론과 체계의 차원에서 조종이론으로부터 큰 영향을 받게 된다. 초창기 수용과정에서는 조종이론이 무리 없이 법학으로 안착될 것이라고 여겨져, 조종이론의 기본적인 구상을 법학적 관념에 대비하는 작업이 진행되었다.[98] 당시 실정법 상으로도 조종이론의 구상이 실현된 바, 예를 들어 구 연방건축기본법 제1조 제4항 및 5항이 규정한 바와 같은[99] 형량 도그마틱이 조종이론에 부합하는 예이다.[100]

그러나 행정법학계는 전통적인 행정법체계와 법학방법론에 근거하여 비도그마적 요소에 대한 숙고 필요성을 계속적으로 지적하게 된다. 특히 체계이론이 공법학과 충돌하는 부분인 민주적 정당성, 국가-사회 이원론 및 주체-객체의 소실, 법률적합성과 의회입법 및 본질성이론, 국가의 내적 주권에 대한 비관론 등이 나타나면서, 종전의 행정법 체계의 고유한 논리가 조종이론을 통해 대체될 것인가 아니면 조종이론이 일정부분 변형되어 공법학에 수용되어야 할 것인가의 문제가 제기되었다. 앞서 살펴본 바와 같이 행위자중심적 조종이론을 통해 이러한 점들은 일정 정도 해소되었으며 신행정법학으로 대표

---

96) *I. Appel*, Das Verwaltungsrecht zwischen klassischem dogmatischen Verhältnis und steuerungs-wissenschaftlichem Anspruch, VVDStRL 67, S. 226 (242 f.).

97) *W. Hoffmann-Riem*, Risiko- und Innovationsrecht im Verbund, DV 38 (2005), S. 145 (162); *J. P. Schaefer*, Die Umgestaltung des Verwaltungsrechts, S. 106.

98) 대표적인 예로, *A. von Mutius*, Die Steuerung des Verwaltungshandelns durch Haushaltsrecht und Haushaltskontrolle, VVDStRL 42 (1984), S. 147 ff.

99) "건설기본계획은 특히 사회적, 문화적 수요를 지향하며 경제적 수요를 고려해야 한다." 이는 현행 연방건축기본법 제1조 제6항 3호, 5호 8a호에 규정되어있다.

100) *J. P. Schaefer*, Die Umgestaltung des Verwaltungsrechts, S. 106.

되는 현대 행정법학 방법론의 새로운 경향은 행위자중심적 조종이론을 토대로 조종이론을 수용하고 있다.[101]

이후 조종이론이 행정법학에 수용된 모습 중에서, 일일이 거론하기는 힘들지만 가장 대표적으로 법의 개입방식 혹은 전략의 다원화를 예로 들 수 있다. 기존의 위계적이고 서열적인, 즉 고권적인 행정작용은 수평적이고 다원적인 형태를 받아들이게 되었다. 이른바 규제전략(Regulierungsstrategie)의 다층화, 행정법 행위형식의 현대화 요청 등은 조종이론의 영향을 보여준다 할 것이다.

2) 학제간 구상의 법학적 수용

조종이론의 수용은 이어서 소개[102]되는 바와 같은 행정법학에 대한 영향력은 물론 그 자체로도 방법론적 전환, 개방성 혹은 다양성을 보여준다. 일차적으로 조종이론의 수용은 - 그것이 실정법적 수용이든, 배경이론으로서 수용하든 - 행정법 체계가 인접학문에 대한 개방성을 승인하고 있음을 의미한다.[103] 조종학문으로서 행정법학의 중요한 의미는 행정법학 방법론이 적용관련적, 적용지향적인 해석론에서부터 법규제정을 지향하는 행위론 및 결정론으로 논점을 확대시켜가고 있다는 점이다.[104] 행정법학은 사안에 적합한 임무수행을 지향하게 되며 이는 다양한 수단의 형성 및 결합 가능성으로 이어지게 된다. 법학방법론이 행정법의 체계를 연역적으로 선구상하고 각각의 행위에 따라 행정현실에 대응해 왔으며 주관적 권리만을 중시하였다면 조종이론은 귀납적이고 사안관련적이며, 객관법적 내용인 절차나 조직을 중시하게 된다.[105] 결국 신행정법학이 주장하는 조종학문으로서의 행정법학이란 행정법적 사고의 지평확대라고 할 수 있다.[106]

---

101) 앞에서도 잠시 언급한 바와 같이 신행정법학의 논의가 본격화된 이후 법학문헌에서 언급되는 대부분의 조종이론은 문제의 분석에 있어서는 자기생산적 체계이론의 내용을 참고하고 있으나 소위 조종학문으로서 행정법학의 차원에서는 이미 조종개념에서 행위자중심적 조종이론의 관점을 따르고 있다.

102) 다만 조종이론의 수용과 방법론적 전환이 행정법학에 미치는 영향과 결과에 대해 본고에서는 거시적인 측면에 한정하여 개괄적으로만 소개할 것이다.

103) *W. Hoffmann-Riem*, Methoden einer anwendungsorientierten Verwaltungsrechtswissenschaft, in: ders../*Schmidt-Aßmann* (Hrsg.), Methoden der Verwaltungsrechtswissenschaft, S. 9 (61).; *I. Appel*, Das Verwaltungsrecht zwischen klassischem dogmatischen Verhältnis und steuerungswissenschaftlichem Anspruch, VVDStRL 67 (2008), S. 226 (268 f.).

104) *A. Voßkuhle*, Neue Verwaltungsrechtswissenschaft, in: GVwR I, § 1, Rn. 15.; *E. Schmidt-Aßmann*, Das allgemeine Verwaltungsrecht als Ordnungsidee, S. 26 ff.; *I. Appel*, Das Verwaltungsrecht zwischen klassischem dogmatischen Verhältnis und steuerungswissenschaftlichem Anspruch, VVDStRL 67 (2008), S. 226 (243).

105) *M. Eifert*, Das Verwaltungsrecht zwischen klassischen dogmatischen Verständnis und steuerungs-wissenschaftlichem Anspruch, VVDStRL 67 (2008), S. 286 (299).

106) *E. Schmidt-Aßmann*, Verfassungsprinzipien für den Europäischen Verwaltungsverbund, in: GVwR

3) 민사법적 방법론의 한계 지적

신행정법학은 오토 마이어 당시 상황, 즉 성문화된 행정법 규정이 많지 않았던 점, 의회입법에 대한 집행권한의 '합법적 독재'의 성향, 실질적 법치국가 관념의 부재 혹은 배격, 사법적 권리구제 수단의 불충분 등을 대비시켜 Savigny의 사법적 방법론에 기초하여 설계된 행정법학 방법론의 한계를 주장하였다. 이에 따라 먼저 신행정법학은 법학적 인식의 관심을 사비니적인 방법론적 카논으로 축소시키는 것에 반대한다. 다시 말해 민사적 해석프로그램으로의 법학의 동기화(Identifikation)를 반대하는 것이다.[107] 나아가 체계적 해석 및 목적론적 해석의 단순한 하위기준이 아닌 독자적인 법획득을 위한 논증방식을 추구하는 데, 이는 헌법의 해석에 있어 헌법규범의 구체화를 위한 시도들과 유사한 방식을 가질 수 있다.

헌법의 경우, 완결되고 통일적인, 다시 말해 논리적·공리적 또는 위계적인 체계를 포함하고 있지 않기 때문에 규범의 구체화를 위하여 "규범에 구속되는 토픽적(문제변증론적) 절차" 가운데 지도적 관점을 포착하려 하였다.[108] 반면 신행정법학의 경우 행정법의 성문화가 더뎠던 오토 마이어의 시대에 Savigny적 법률해석방법 – 문언적, 논리적, 역사적 및 체계적 해석방법 – 을 토대로 하여 연역적으로 설계된 체계를 한편으로는 유지하면서도 다른 한편으로는 이 체계의 한계를 인식하고 또한 실증주의적 방향으로부터 돌이켜 합목적적성을 보다 추구하기 위해 토픽적 절차를 통해 방법론상의 다원화를 꾀하고 있다고 볼 수 있다.[109] 이러한 다원화는 한편으로는 사회과학적 영역에 대한 행정법학의 개방으로 이어지며 다른 한편으로는 사안적합적 임무수행을 목표로 하는 임무관련적 관점의 채택에서 나타난다.

4) 임무관련적 관점

오늘날 성문화된 행정법 규정이 폭증하고 의회입법의 우위가 헌법이론상 일반적으로 받아들여짐에 따라 이제는 다양한 사안임무를 규율해야할 임무관련적 관점(aufgabenbezogene Betrachtungsweise)이 요청되며 행위형식의 절대적 맹신보다는 비판적인 발전이 필요하게 되었다. 임무관련적 관점은 신행정법학 이전에도 이미 계획행정이나 리스크행정 등의 출현으로 인해 방법론 연구에서 논의되어왔다. 법행위관련적 관점이 절대적으로 유지될 수

I, § 5, Rn. 5.

107) *J. P. Schaefer*, Die Umgestaltung des Verwaltungsrechts, S. 79.

108) *K. Hesse*, Grundzuge des Verfassungsrechts der BRD (계희열 역, 통일독일헌법원론), 20. Aufl., Rn. 67.

109) Schaefer는 토픽적 방법론의 유용성을 긍정하는, 결론에 있어서 동일한 논의를 전개하고 있다 *ders.*, Die Umgestaltung des Verwaltungsrechts, S. 79.

없다는 것은 포르스트호프의 생존배려이론에서부터 출발하여 이와 같은 새로운 행정유형의 발견, 공법상 계약이나 단순행정행위와 같은 새로운 형식의 등장에서 이미 어느 정도 입증된 것이다.

법행위관련적 관점에 기반하는 전통적인 법학방법론과 임무관련적 관점에 기반하는 신행정법학의 - 극명한, 혹은 결국 "종이 위에서의" - 차이는 유형 혹은 체계의 추상성 정도에서 나타난다. 즉, 법학방법론이 목적 해방적으로, 정확히는 지배분야의 목적에 제한된 행위형식으로 매우 높은 추상적 단계에서 작동하는 반면에, 조종이론적 단초에 의한 임무관련성 또는 문제관련성은 유형화 가능성의 추상화를 제한하여 중간 정도의 추상성에서 활동하게 된다.110)

5) 국가임무수행의 변화와 방법론적 전환

현상적인 차원의 영향요소인 규제완화나 민영화는 단순히 행정법학에 양적인 변화, 즉 국가작용의 후퇴나 탈법제화를 넘어 질적인 차원의 변화로 이어지게 되었으며 마침내 새로운 국가상과 행정유형으로 이어지게 되었다. 국가임무에 대한 관념들이 새로이 재편되고 임무론의 한계와 함께 제시된 책임론(Verantwortungslehre)이 널리 승인되면서 국가임무 수행방식의 변화는 행정법학이 행정현실에 반응하는 최신의, 가장 적절한 예시가 되었다.111) 여기에서 조종이론적 구상은 행정의 위계적 조종이 수평적 조종으로, 국가의 독점적 공동선 수행이 국가와 비국가적 수행자 간의 분업적 공동선 실현과 이를 위한 구조적 연결 및 조종으로 변화되는 데에 배경으로 작용한다.

6) 거버넌스 이론과의 연계

조종이론의 또 다른 영향이라면 거버넌스 이론을 법학적으로 설명하기 위한 연결점을 제공하여 행정법학과 거버넌스 이론 간의 관계를 밀접하게 하였다는 데에 있다.112) 사실 거버넌스는 그 개요를 정하기 힘든 개념으로 매우 다양한 의미를 담고 있으나, 앞에서 언급한 국가임무 수행방식의 논의를 통해 나타난 보장국가론은 국가와 사적 수행자의 분업적 공동선실현을 핵심적인 모토로 삼고 있다. 다양한 수행자에 의한 임무수행

---

110) *M. Eifert*, Das Verwaltungsrecht zwischen klassischen dogmatischen Verständnis und steuerungswissenschaftlichem Anspruch, VVDStRL 67 (2008), S. 286 (306).
111) *C. Bumke*, Die Entwicklung der verwaltungswissenachaftlichen Methodik in der BRD, in: *Schmidt-Aßmann/Hoffmann-Riem* (Hrsg.), Methoden der Verwaltungsrechtswissenschaft, 2003, S. 73 (120 ff.).
112) 자세한 내용은, *I. Appel*, Das Verwaltungsrecht zwischen klassischem dogmatischen Verhältnis und steuerungswissenschaftlichem Anspruch, VVDStRL 67 (2008), S. 226 (245 f.); *C. Franzius*, Governance und Regelungsstrukturen, VerwArch 97 (2006), S. 186 (193 ff.); *G. F. Schuppert*, Was ist und wozu Governance?, DV 40 (2007), S. 463 (464 f.)

을 구조화시킨다는 점, 이로 인한 국가상의 변화는 거버넌스의 논의와 연계된다.[113]

Ⅳ. 결 어

　　행정현실의 변화, 새로운 행정유형 및 행위형식의 발견과 체계 재편은 체계 고유의 논리를 보유한 행정법 체계와 이를 지지하는 방법론적 기반에도 변화를 가져오게 된다. 이 변화는 어느 한 순간 일어난 것이라거나 체계파괴적인 혁명적 원인이 아니라 행정법 체계의 개방적 폐쇄성이라는, 모순되어 보이나 양립 가능한 체계 특성에 따라 지속적으로 전개되어온 것이다. 오늘날의 신행정법학이나 행정법의 개혁 프로젝트는 — 이 역시 이미 수십년에 걸쳐 진행되고 있으나 — 비교적 최근의 행정현실의 변화와 누적된 변화 요청에 기인하는 것이며 특히 종전 행정법학 방법론이 고수하던 핵심적인 관점인 법학방법론에 대해 방법론적 다원화라는 도전장을 던졌다는 점에서 종전의 변화와는 달리 "신"행정법학이라는 표제어를 붙이기도 하는 것이다. 그러나 방법론적 다원화는 비단 인접학문적 관점의 지향만을 염두에 두는 것이 아니다. 신행정법학은 어떤 종국적으로 배타적인 방법론에 기초하고 있지는 않고 일련의 다양한 행정법학 방법론의 요소들을 차용하고 있다. 방법론적 다양성, 특히 임무관련적 관점에 의한 방법론은 오직 하나의 판단만이 올바른 해석의 결과이며 적용방식이라는 믿음 대신 행정이 계속적으로 규범을 형성해간다는 점을 강조한다.

　　무엇보다도 방법론적 전환 또는 개방은 기존 행정법학 체계의 파괴나 전면적 대체로 나아가지 않음을 유의할 필요가 있다. 더 나아가 도그마적—비도그마적 요소간의 대립, 인접학문적 지식의 활용, 법률구속의 강약 등은 이미 오토 마이어 이전부터 오늘날까지 계속되는 행정법학 방법론의 견해대립이기도 하다. 조종이론의 수용과정에서도, 현상적 분석의 유용성에도 불구하고 전통적인 공법학의 토대에 비추어 수용가능성 및 적합성이 계속 논의되어왔음을 알 수 있다. 결국 행정법학 체계는 여전히 그 기능을 수행하고 있으되, 전통적 도그마와 행정현실 간의 관계성을 고려하여 변화, 발전하는 것이라고 볼 수 있다.[114]

---

113) 이상의 논의는 Schmidt–Aßmann이 지적한 조종학문으로서 행정법이 맞이하게 될 변화의 내용, 즉 단선적이고 수직적인 영향관계의 변화, 행정조직의 변화, 소송편향적 행정법학의 수정, 사적작용의 개입과도 일맥상통한다. *ders.*, Das allgemeine Verwaltungsrecht als Ordnungsidee, Kap. 1., Rn. 33. S. 18.

114) 독일 국법자대회에서 위 주제로 발제를 담당한 Ivo Appel과 Martin Eifert 역시, 조종이론의 유용성과 수용에 대한 입장차이에도 불구하고 동일하게 행정법학 체계의 계속성과 현대적 가치를 인정하고 있음을 결론으로 제시하고 있다.

[참고문헌]

계인국, "보장행정의 작용형식으로서 규제 - 보장국가의 구상과 규제의미의 한정", 공법연구 제
　　　41집 제4호 (2013. 6.), 155면 이하.

_____, "규제개혁과 행정법 - 규제완화와 혁신, 규제전략 -", 공법연구 제44집 제1호
　　　(2015.10.), 645면 이하.

_____, "현행법상 규제의 의미와 입법평가 - 행정규제기본법에 대한 비판적 평가 - ", 입법
　　　평가연구 제11호 (2017. 6.), 1면 이하.

길준규, "포르스트호프의 생애와 생존배려사상", 공법연구 제37집 제4호 (2009. 6.), 257면 이하.

김남진, 제어학으로서 행정법학론, 법연 (2013. 05-06), 26면 이하.

김성수, "독일의 新思潮 행정법학 사반세기 - 평가와 전망", 강원법학 제51권 (2017. 6.), 321면
　　　이하.

_____, "오토 마이어 - 행정법의 아이콘인가 극복의 대상인가", 공법연구 제45집 제2호
　　　(2016. 12.), 231면 이하.

류지태, "행정법 방법론 소고", 고려법학 제38집 (2002. 4.). 85면 이하.

문병효, "행정법 도그마틱의 변화에 관한 시론, 경원법학 제3권 제2호 (2010.11), 139면 이하.

양천수, "생존배려 개념의 기원 - 법철학의 시각에서 본 포르스트호프의 사회보장법체계", 영
　　　남법학 제26호 (2008. 4.), 101면 이하.

이상돈/홍성수, 법사회학, 박영사 (2000).

이원우, "21세기 행정환경의 변화와 행정법학방법론의 과제. 행정법연구 제48호 (2017. 2.), 83
　　　면 이하.

이은선, "생존배려개념에 관한 연구 - 에른스트 포르스트호프의 이론을 중심으로", 고려대 석
　　　사학위논문 (2002).

임현, 오토 마이어 행정법학의 현대적 해석, 고려대 석사학위논문 (1998).

Appel, Ivo, Das Verwaltungsrecht zwischen klassischem dogmatischen Verhältnis und
　　　steuerungswissenschaftlichem Anspruch, VVDStRL 67 (2008), S. 226 ff.

Badura, Peter, Verwaltungsrecht im liberalen und im sozialen Staat, Recht und Staat, Heft
　　　328, Tübingen 1996.

Becker, Florian, Kooperative und konsensuale Strukturen in der Normsetzung, Tübingen
　　　2005.

Bumke, Christian, Die Entwicklung der verwaltungsrechtswissenschaftlichen Methodik in der
　　　Bundesrepublik Deutschland, in: *Schmidt－Aßmann/Hoffmann－Riem* (Hrsg.), Methoden
　　　der Verwaltungsrechtswissenschaft, S. 73

Brohm, Winfried, Die Dogmatik des Verwaltungsrechts vor den Gegenwartsaufgabe der Verwaltung, VVDStRL 30 (1971), S. 245 ff.

von Danwitz, Thomas, Verwaltungsrechtliches System und europäische Integration, Tübingen 1996.

Eifert, Martin, Das Verwaltungsrecht zwischen klassischen dogmatischen Verständnis und steuerungswissenschaftlichem Anspruch, VVDStRL 67 (2008), S. 286

Fehling, Michael, Informelles Verwaltungshandeln, in: *Hoffmann−Riem,* Wolfgang/*Schmidt−Aßmann,* Eberhard/*Voßkuhle,* Andreas (Hrsg.), Grundlagen des Verwaltungsrechts Band II, (zit. GVwR II), § 38, München 2012.

Forsthoff, Ernst, Die Umbildung des Verfassungsgesetzes, in: ders. (Hrsg.), Rechtsstaat im Wandel, 2. Auflage, München 1976.

Franzius, Claudio, Governance und Regelungsstrukturen, VerwArch 97 (2006), S. 186 ff.

Görlitz, Axel, Mediales Recht als politische Steuerungskonzept, in: *ders.,* (Hrsg.), Politische Steuerung sozialer Systeme. Mediales Recht als politisches Steuerungskonzept, Pfaffenweiler, 1989.

ders., Zur Steuerbarkeit moderner Industriegesellschaften mit Recht, in: *ders./Voigt,* Grenzen des Rechts, Jahrschrift für Rechtspolitologie Band I, S. 17 ff.

Groß, Thomas Die Beziehung zwischen dem Allgemeinen und dem Besonderen Verwaltungsrecht, DV Beiheft 2 (1999), S. 57 ff.

Gusy, Christoph (Hrsg.), Privatisierung von Staatsaufgaben: Kriterien − Grenzen − Folgen, Baden−Baden 1998.

Hesse, Konrad, Grundzuge des Verfassungsrechts der Bundesrepublik Deutschland , 20. Aufl., Heidelberg 1999.

Hesse, Joachim Jens, Staat, Politik und Bürokratie, in: ders. (Hrsg.), Politikwissenschaft und Verwaltungswissenschaft, Sonderheft 13, Opladen 1982.

Hoffmann−Riem, Wolfang, Methoden einer anwendungsorientierten Verwaltungswissenschaft, in: *Schmidt−Aßmann/ders.* (Hrsg.), Methoden, S. 11 f.

ders., Rechtsformen, Handlungsformen, Bewirkungsformen, in: *Hoffmann−Riem,* Wolfgang/*Schmidt Aßmann,* Eberhard/*Voßkuhle,* Andreas (Hrsg.), Grundlagen des Verwaltungsrechts, Band II, (zit. GVwR II), § 33, München 2012.

ders., Risiko− und Innovationsrecht im Verbund, DV 38 (2005), S. 145 ff.

Kay, Inkook, Regulierung als Erscheinungsform der Gewährleistungsverwaltung, Frankfurt a. M 2013.

König, Klaus/Benz, Angelika (Hrsg.), Privatisierung und Staatliche Regulierung, Baden−

Baden 1997.

König, Klaus/*Dose,* Nicolai, (Hrs.), Instrumente und Formen staatlichen Handelns, Köln/
    Bonn/Berlin/München 1993.

Krebs, Walter, Die juristische Methode im Verwaltungsrecht, in: *Schmidt−Aßmann* Eberhard/
    Hoffmann−Riem, Wolfgang, (Hrsg.), Methoden der Verwaltungsrechtswissenschaft, S.
    213 ff.

Lepsius, Oliver, Verwaltngsrecht unter dem Common Law − Amerikanische Entwicklung bis
    zum New Deal, Tübingen 1997.

ders., Steuerungsdiskussion, Systemtheorie und Parlamentarismuskritik,

Luhmann, Niklas, Soziologische Aufklärung IV Opladen 1987.

ders., Die Wissenschaft der Gesellschaft, Frankfurt a. M. 1990.

ders., Politische Theorie im Wohlfahrtsstaat, München 1992.

ders., Die Kunst der Gesellschaft, Frankfurt a. M. 1995.

Meyer−Hesemann, Wolfgang, Methodenwandel in der Verwaltungsrechtswissenschaft, Heidelberg
    1981.

Mayntz, Renate, Politische Steuerung und gesellschaftliche Steuerungsprobleme −
    Anmerkungen zu einem theoretischen Paradigma, in: *Ellwein,* Thomas/*Hesse,* Joachim
    Jens/*dies./Scharpf,* Fritz (Hrsg.), Jahrbuch zur Staats− und Verwaltungswissenschaft,
    Band I (1987) S. 89 ff.

dies., Governance Theory als fortentwickelte Steuerungstheorie?, Max−Planck Institut
    Working Papers (2004)

dies., Zur Selektivität der steuerungstheoretischen Perspektive, in: *Burth,* Hans−Peter/ *Görlitz,*
    Axel (Hrsg.), Politische Steuerung in Theorie und Praxis, S. 17 ff.

R. Mayntz/F. Scharpf, Politische Steuerung − Heute?, Zeitschrift für Soziologie , Jahrgang. 34,
    Heft 3 (2005. 6), S. 236 ff.

dies., Der Ansatz des akteurzentrierten Institutionismus, in: *dies.* (Hrsg.), Gesellschaftliche
    Selbstregulierung und politische Steuerung, S. 39 ff.

Möllers, Christoph, Staat als Argument, München 2000.

ders., Methoden, in: *Hoffmann−Riem,* Wolfgang/*Schmidt−Aßmann,* Eberhard/ *Voßkuhle,*
    Andreas (Hrsg.), Grundlagen des Verwaltungsrechts, Band I (zit. GVwR I), § 3,
    München 2012.

Pielow, Johann−Christian, Grundstrukturen öffentlicher Versorgung, Tübingen 2001.

Reichard u. a. (Hrsg.), Neue Institutionenökonomik−PPP−Gewährleistungsstaat, Berlin 2004.

Schaefer, Jan Philipp, Die Umgestaltung des Verwaltungsrechts, Tübingen 2016.

Schmidt, Reiner, Die Reform von Verwaltung und Verwaltungsrecht. Reformbedarf—
Reformanstöße—Reformansätze, VerwArch 91 (2000), S. 149 ff.

Schmidt—Aßmann, Eberhard, Das allgemeine Verwaltungsrecht als Ordnungsidee, 2. Aufl,
Berlin u. a. 2006.

ders., Verfassungsprinzipien für den Europäischen Verwaltungsverbund, in: *Hoffmann—Riem,*
Wolfgang/*Schmidt—Aßmann,* Eberhard/*Voßkuhle,* Andreas (Hrsg.), Grundlagen des
Verwaltungsrechts, Band I, (zit. GVwR I), § 5, München 2012.

Schröder, Rainer, Verwaltungsrechtsdogmatik im Wandel, Tübingen 2007.

Schuppert, Gunnar Folke, Verwaltungsrechtswissenschaft als Steuerungswissenschaft. Zur
Steuerung des Verwaltungshandelns durch Verwaltungsrecht, in: *Hoffmann
Riem/Schmidt—Aßmann/ders.* (Hrsg.), Reform des Allgemeinen Verwaltungsrechts:
Grundfragen, S. 65 ff.

ders., Was ist und wozu Governance?, DV 40 (2007), S. 463 ff.

Schweitzer, Heike, Daseinsvorsorge, service public, Universaldienst, Baden—Baden 2002.

Stolleis, Michael, Entwicklungsstufen der Verwaltungsrechtswissenschaft, in: *Hoffmann—Riem,*
Wolfgang/*Schmidt—Aßmann,* Eberhard/*Voßkuhle*, Andreas (Hrsg.), Grundlagen des
Verwaltungsrechts, Band I (zit. GVwR I), § 2, München 2012.

Teubner, Gunther, Recht als autopoietisches System, Frankfurt a. M. 1989.

Thiemeyer, Theo/*Bohrer,* Carl/*Himmelmann,* Gerhard (Hrsg.), Öffentliche Bindung von
Unternehmen, Baden—Baden 1983.

Voßkuhle, Andreas, Neue Verwaltungsrechtswissenschaft, in: *Hoffmann—Riem,* Wolfgang/*Schmidt
Aßmann,* Eberhard/ders., (Hrsg.), Grundlagen des Verwaltungsrechts, Band I, (zit.
GVwR I), § 1, München 2012.

Waechter, Kay, Verwaltungsrecht im Gewährleistungsstaat, Tübingen 2008.

Willke, Helmut, Ironie des Staates Frankfurt a. M. 1996.

인간존엄과 행정법

- 인간존엄 실현구조로서의 행정법질서 형성을 위한 시론 -

김 성 수[*]

I. 문제의 제기

인간의 존엄성을 보장하고 실현하는 것이 공동체가 추구하는 최고의 가치와 이념임에도 불구하고[1] 그 역사적, 초실정법적인 연원을 이해하고 헌법규범적 의미를 파악하는 것은 결코 용이한 일이 아니다. 더욱이 일종의 기술법적 성격을 강하게 내포한 행정법질서와 헌법상의 인간존엄성과의 관계설정이 어떻게 이루어질 수 있을 가의 문제에 대하여 아직 학문적으로 구체적인 연구가 이루어지고 있지 못하다. 그럼에도 불구하고 오늘날 특히 헌법재판제도를 통하여 헌법질서와 행정법과의 밀접한 관계가 일반화되고 있는 상황에서 다른 헌법규정과 전반적인 실정법체계를 기속하는 최고의 헌법원리로서 인간존엄성이 행정법질서의 형성에 미치는 영향을 간과하기는 어렵다. 어떻게 보면 아직 탐구되지는 않았지만 인간존엄이 가지는 함의는 부지불식간에 행정법질서의 형성과 발전에 이미 상당한 정도로 투영되어 있으며, 이러한 현상의 결과는 일정 부분 '행정법정신'이라고 부를 수 있는 행정법질서의 핵심적 요체를 구성하고 있을지 모른다.

인간존엄과 행정법이라는 주제를 다루는데 있어서 무엇보다 중요한 것은 헌법상 인간존엄이 가지는 광의적 스펙트럼에도 불구하고 그것이 법규를 해석하고 집행하는 하위

---

[*] 연세대학교 법학전문대학원 교수
[1] 헌법재판소는 우리 헌법질서가 인간으로서의 존엄과 가치, 자유로운 인격발현의 보장을 최고가치 중의 하나로 삼고 있다는 입장이다(헌재 2014. 3. 27. 2010헌가2 등). 헌법재판소가 여기에서 "최고가치 중의 하나"라고 언급한 이유는 우리 헌법은 인간으로서의 존엄과 가치 외에도 헌법전문과 제1조에서 헌법의 최고이념 내지 기본원리로서 국민주권주의와 자유민주주의임을 천명하고 있으며 이는 헌법조문을 비롯한 모든 법령해석의 근거 내지 기준이 되는 부동의 최고원리로 보고 있어서 "복수의 최고가치 내지 원리"가 헌법상 존재한다는 것을 인정하고 있기 때문이다. 그럼에도 불구하고 헌법 제10조 전단이 헌법개정의 한계이며, 기본권 제한입법의 한계라는 점에서 헌법의 최고가치라는 점에 이의를 제기할 수는 없을 것이다. 허영, 한국헌법론, 전정8판, 332면. 독일의 경우에도 인간존엄을 최고의 헌법적 가치(Höchstwert der Verfassung)로 보는 것이 일반적이다. Herdegen, GG Art. 1 Abs. 1, Maunz/Dürig, Grundgesetz-Kommentar 69. Ergänzungslieferung 2013, Randnummer 4.

법률이나 규범에 주는 핵심적이고 기본적인 내용을 파악하는 것이다. 그런데 이러한 작업은 서양에서 시민혁명이 발발하고 권력분립과 의회민주주의가 정착되면서 인간존엄을 개인적 자유의 보장과 동일선상에서 파악하려고 했던 시민적 법치주의 입장을 이해하는 것에서부터 출발하여야 한다. 오늘날도 역시 행정법질서에는 인간존엄을 개인의 자유와 자율성, 자기결정권에 바탕을 둔 인격적 권리로 이해하는 전통이 강하게 온존하고 있다. 이에 따라서 개인의 자유를 제한하는 행정법규에 대한 심사기준으로는 흔히 비례의 원칙이 등장한다.

이에 비하여 사회적 법치국가에서의 인간존엄은 개인의 자유와 더불어 인간다운 생활을 할 권리를 보장함으로서 실현된다. 일용할 양식과 몸을 가릴 옷, 그리고 눕고 생활할 공간을 마련하기 위하여 행정법규는 개인적 자유와 함께 공동체 구성원으로서의 국민이 최소한의 품위유지를 할 수 있는 조건을 마련하여야 한다. 사회적 법치주의의 행정법질서는 모든 국민들에게 인간다운 생활을 보장하기 위하여 생존배려행정을 포함하는 급부활동의 요건과 절차, 내용에 대해서 규율하며 개인의 생명을 존중하고 쾌적한 자연 및 생활환경을 조성하기 위한 구체적인 방식과 보호의 기준을 규정한다. 그러므로 자연스럽게 사회적 법치국가에서 인간존엄을 실현하는 행정법규의 합헌성 심사에는 과소보호금지원칙이 적용되며, 우리나라 헌법재판소가 과소보호금지원칙 위반 여부를 심사하기 위하여 적용하는 명백성 통제가 심사기준으로서 과연 타당한가에 대해서는 심도 깊은 논의가 필요하다.

인간존엄 실현을 위한 자유주의－사회적 법치행정의 원칙과 제도와 함께 최근 새로운 양상으로 나타나는 것이 다원적이며 복잡한 현대 사회에서 개인이 자신의 운명에 중요한 의미를 가지는 공동체의 주요한 행정결정에서 소외되지 않고 주권자로서 개별적 혹은 집단적으로 참여하고 협력하는 집단적 자기결정권이 문제되고 있다. 바꾸어 말하면 오늘날 협치 혹은 협력적 법치주의라는 법치주의의 구조적 변화에 대응하여 행정법질서가 인간존엄의 문제를 보다 새로운 각도에서 이해할 필요가 있다는 것이다. 즉 협력적 법치주의 시대에 인간존엄은 국가가 의도하는 방향으로 일방적으로 개인이 끌려 다니거나 단순히 행정처분의 발령상대방이라는 수동적인 지위에서 벗어나 국가의사결정 과정에 주도적이고 능동적으로 참여하고 이에 파트너로서 참여하는 과정에서 실현된다.[2]

인간존엄에 내재하는 개인의 운명에 대한 자기결정권에는 성적 자기결정권이나[3] 혼

---

[2] 이러한 의미에서 인간존엄을 '자신에 대한 입법자'라고 표현하기도 한다. 한수웅, 헌법 제10조의 인간의 존엄성, 헌법학연구 제13권 제2호, 2007.6. 252면.

[3] 헌법재판소는 여러 차례 결정을 통하여 성적 자기결정권이 사생활의 비밀과 자유, 행복추구권 및 인간으로서의 존엄과 가치에 근거를 두고 있는 것으로 이해하고 있다. 헌재 1990. 9. 10. 89헌마82;

인과 관련된 상대방에 대한 선택권과[4] 같은 개인적 차원의 권리가 포함되는 것은 물론 더 나아가 예를 들어 원전과 군사기지의 건설, 대규모 하천정비사업과 같은 국가의 중요한 행정결정 또는 정책 역시 개인의 운명에 상당한 정도로 영향을 미친다는 점이 고려되어야 한다. 공동체와 개인의 운명에 중대한 영향을 주는 국가의 의사결정은 의회민주주의 하에서 원칙적으로 대의기관인 국회를 통하여 간접적으로 이루어지기 때문에 개인의 참여와 협력은 선거권 행사만으로 그친다고 이해하는 것은 곤란하다. 헌법상 선거권의 보호범위 내지 그 내용으로서 국민 개개인에게 중대한 의미를 가지는 국회의 의결사항에 대해서 영향력을 행사할 수 있는 권리가 포함되는가의 문제는 최근 독일연방헌법재판소에 의하여 제기된바 있는데,[5] 이를 긍정적으로 보면 21세기 인간존엄과 관련된 국민의 참여권 실현에는 의회민주주의와 직접민주주의 간에 절묘한 조화와 운영의 묘가 포함될 수 있을 것이다.

21세기 협력적 법치국가에서 인간이 존엄한 존재로서 처우 받고 행동하며 자신의 운명에 대한 자기결정권을 효과적으로 실현하기 위해서는 참여와 협력을 상시적이며 실효성 있게 보장하는 것이 무엇보다 중요하다. 이를 위한 전제요건으로서 행정을 포함한 공공기관이 보유한 정보에 대한 접근권을 보장하며, 문제가 된 중요한 국가의 행정결정에 대한 사전 통지, 의견개진과 더불어 결정에 대한 근거와 이유를 명시하는 제도가 마련되어야 한다. 개인의 운명에 중대한 영향을 미치는 행정결정에 적법절차원칙이 인간존엄 실현을 위하여 행정법규의 심사기준으로 적용되는 것은 협력적 법치주의에서는 매우 자연스러운 결과이다. 마지막으로 최근 한국사회에서는 공동체와 개인의 생명과 안전에 지대한 영향을 미칠 수 있는 행정위원회의 결정이 정작 국민의 영향력과 목소리를 구조적으로 소외시키고 정책을 밀어붙이는 정부여당과 이익집단의 입장만을 대변하는 경우를 흔히 목격할 수 있다. 이 문제는 원자력안전위원회의 구성을 예로 들어 살펴보고 그 구조적 결함에 대한 시정방안을 협치시대와 인간존엄과 관련시켜 검토하기로 한다.[6] 결국 국가기능이 단순히 안전의 보장을 넘어서서 생활의 보장으로, 그리고 참여의 보장으로 확장됨에 따라, 기본권의 잠재적 침해자로서 국가, 기본권의 보장자로서 국가, 기본권 보장의 협력적 동반자로서 국가의 의미를 인간존엄과 결부시켜 새롭게 발견하고 이를 행정법질서로 실현하는 단초를 발견하는 것이 이 연구의 핵심적 과제이다.

2002. 10. 31. 99헌바40 등; 90헌가70.

4) 헌재 1990.9.10. 89헌마82; 1997.7.16. 95헌가6 등.

5) 대표적으로 BVerfGE 132, 195(239).

6) 앞서 언급한 한수웅교수의 논문도 인간존엄의 문제를 자유권 및 법치국가원리, 사회적 기본권 및 사회국가원리, 참정권 및 민주주의원리라는 구도 하에서 각각 그 의미와 내용을 서술하고 있으나, 그 역사적 맥락과 구체적인 행정법적 실현수단에 대한 언급은 없다. 전게논문(각주 2), 249면.

Ⅱ. 자유주의적 법치국가의 행정법질서와 인간존엄

1. 이념적 기초

서구사회에서 인간존엄은 2천년을 거슬러 올라가는 장구한 역사를 가지고 있다. 이러한 역사 속에서 형성된 인간존엄의 정신사적 유산은 두 가지로 볼 수 있는데, 하나는 이성적 재능을 바탕으로 하는 자기결정능력이며, 다른 하나는 기독교 신앙에 토대를 두고 있는 이해로서 인간을 신의 초상으로 바라보는 시각이다.[7] 여기에 더하여 스콜라 철학에 의하여 전개된 개인으로서의 인간개념과 개인의 윤리적 자율성을 존중하는 계몽주의사상이 결합되어 스토아학파의 인간존엄에 이르게 된다. 특히 계몽주의사상은 모든 인간존재의 윤리적 자기결정을 존중하는 철학적 기초를 확립하여 인간존엄의 문제에 접근한다. 파스칼은 인간존엄의 기초로서 무엇보다 인간이 자기성찰의 능력이 있다는 점에 주목하고 있다. 푸펜도르프 역시 인간이 존엄하다는 의미를 인간이 가지고 있는 불멸의 영혼과 통찰력, 그리고 판단능력에서 찾고 있다. 그런데 푸펜도르프는 특이하게도 인간존엄과 평등권을 상호 연계시키고 있다는 점에서 일종의 '연대적 인간존엄'(solidarische Menschenwürde)이라는 개념을 제시하고 있다고 평가할 수 있다. 다시 말하자면 인간이 다른 인간을 존중하는 성품이 우리 속에 내재하고 있다는 의미에서 인간존엄은 상호적이라는 의미이다. 따라서 모든 인간은 자신과 동등한 다른 인간을 배려하고 존중하여야 하는 의무를 지게 된다.[8]

오늘날 독일 기본법을 비롯하여 우리헌법상의 인간존엄의 의미와 해석에 결정적인 영향을 미친 것은 칸트의 도덕철학이다. 칸트는 인간의 존재를 목적론의 세계에서 볼 때 그 존재에 가치를 부여하는 인간존엄을 화폐나 가격으로 평가되어 다른 무엇인가와 교환할 수 있는 재화와 구별하였다. 칸트는 윤리적인 주체로서 자기결정을 할 수 있는 인간의 자유와 이성적 존재로서의 절대적이며 독자적인 가치를 부여받은 개인의 존재 자체를 인간존엄의 기초로서 이해하였다. 특히 자유를 바탕으로 하는 인간의 자율성은 인간존엄과 모든 이성적 성품의 바탕을 이룬다. 이성이라는 축복으로 존재하게 된 인간은 그 자체가 목적으로서 존재한다.[9]

이러한 칸트의 인간존엄관은 인간의 존재 자체에 독자적인 의미를 부여하고 다음과 같은 실천적 이성의 명제를 성립시킨다. 그러므로 칸트의 정언 중 하나인 "너를 하나의

---

7) 이에 대한 상세한 논의는 Josef Isensee 교수 논문선집, 언어와 헌법 그리고 국가, 이덕연·강태수 편역, 133면 이하(특히 191면 이하).

8) Herdegen, a.a.O., (FN 1), Randnummer 11.

9) 이덕연·강태수 편역, 전게서, 212면.

인간으로 보고 행동하는 것과 마찬가지로 다른 사람 역시 너와 같은 인간으로 대우하라. 다른 사람을 어느 순간에나 그 자체의 목적으로 존재하는 것을 인정하고 수단으로 생각하지 말아라”라는 테제인 것이다.[10) 이는 위에서 언급한 푸펜도르프의 인간존엄사상과 같이 다른 사람들과의 평등 내지 연대성 원칙하에 인간존엄을 상호간의 존중과 배려라는 공동체 윤리로서 확장하는 효과를 발생시키는 것이다.

2. 실현수단

1) 법률유보와 침해유보설

계몽주의 시대를 거쳐서 권력분립이라는 거대한 자유주의 통치담론이 정착되었지만, 통치권과 행정권의 구분이 명확하지 않는 시대에서 여전히 행정권력은 시민적 자유에 대한 위협으로 인식되었다. 앞서 언급한 바와 같이 자유주의시대와 시민적 법치주의를 풍미한 인간존엄의 키워드는 자유, 자율성, 자기결정권, 이성적 존재로서의 인간 등으로 요약할 수 있다. 그렇다면 강력한 국가권력의 행사로부터 시민의 자유와 자율성을 보장하고 자신의 운명에 대하여 스스로 결정할 수 있는 권능을 유지하기 위해서는 행정권을 통제하는 원리가 필요하였다. 우선 국가의 강력한 행정권 행사로부터 개인이 자신을 스스로를 보호한다는 것은 기대하기 어려우며, 마치 헌법상 권력분립원칙과 같이 이를 제도화하는 것이 무엇보다 중요하였다.

당시는 물론 현재에도 국가공권력은 도처에서 다양한 형태로 행사되지만 가장 전형적인 것은 국가의 과세권과 형벌권 발동이다. 그러한 이유 때문에 자연스럽게 개인은 자신의 재산권과 신체의 자유를 보장받기 위하여 자신을 대표하는 기관인 의회에게 과세권과 형벌권을 통제하는 제도를 요구하였으며, 그 결과로 성립한 것이 “대표 없이 과세 없다”는 조세법률주의와 “법률 없이 형벌 없다”는 죄형법정주의원칙이라고 할 수 있다. 조세법률주의와 죄형법정주의는 이후에 개인이 요구하는 자유와 재산의 범위와 내용이 확장되면서 행정권력이 침해적 성격을 갖는 경우에는 개인의 대표기관인 의회가 제정한 법

---

10) 인간존재의 목적성 자체가 인간존엄의 근거라는 철학적이고 사변적인 논의와는 별도로 독일에서는 9.11. 미국의 테러사태를 교훈으로 개정된 항공안전법 제14조 제3항에 대한 헌법소원에서 연방헌법재판소는 이 조항이 테러의 표적이 된 탑승객을 테러방지의 수단으로 취급하며 생명과 존엄을 침해하는 것으로서 위헌으로 결정하였다. 항공안전법 제14조 제3항은 테러의 목적으로 사용되는 항공기가 타인의 생명을 위태롭게 하는 경우에는 연방군에게 이를 격추시킬 수 있는 권한을 부여하였다. 연방헌법재판소는 이 결정에서 전원일치로 위 조항이 기본법 제2조 제2항의 생명권과 제1조 제1항의 인간존엄을 침해하는 것으로서 위헌결정을 내린 것이다. 물론 이 결정에 대해서는 이후에 상당한 비판이 제기되고 논란이 계속되기는 하였지만 국가가 비행기에 탑승한 개인을 국가적 목적 달성을 위한 단순한 대상 내지 객체로 취급하고 있다는 점에서 인간의 주체성은 상실되고 인간존엄에 정면으로 반한다는 것이다. BVerfGE 115, 118.

률적 근거를 요구하는 일반적인 법률유보원칙(Gesetzesvorbehalt)으로 발전하였다. 특히 당시에는 이와 같이 개인의 자유와 권리를 제한하는 과세권이나 형벌권과 같은 침해적 행정권 발동에 대해서만 법적 근거를 요구하였다는 점에서 오늘날 침해유보(Eingriffsvorbehalt)로 설명하기도 한다.[11]

　　물론 법률유보원칙은 행정부가 입법권을 행사하는 의회의 권한을 존중한다는 의미에서 직접적으로는 권력분립원칙에서 유래하는 것이지만 개인의 자유와 존엄을 국민의 대표기관인 의회에 의탁하였다는 점은 의회민주주의와 대의제에 대한 낙관론에서 기인하는 것이다. 이미 언급한 바와 같이 성숙한 시민사회는 구성원 모두가 타인의 자유와 존엄을 자신의 것처럼 존중하고 보호하는 共同善에 기초하고 있기 때문에 시민의 대표인 의회 역시 동일한 윤리칙과 도덕률을 존중한다. 따라서 공동체의 구성원인 시민은 강대한 국가권력에 대항하여 스스로의 자유와 존엄을 지키는 것 보다는 보다 집합적이고 대표적인 형태인 의회의 권능과 지위에 의존하는 것이 보다 효과적이다. "우리의 의지와 힘으로 당신을 지킬 것이다. 다만, 우리가 당신에게 요구하는 부분에 대해서는 동의하라"라는 것이 행정법도그마가 발전시킨 법률유보이론이며, 개인들은 법률로서 동의하는 부분 이외의 영역에서 자유와 존엄을 유지할 수 있었다.

2) 과잉금지의 원칙
(1) 개념과 유래

　　법학분야에서 과잉금지원칙의 내용을 본격적으로 체계화한 P. Lerche교수에 따르면 오늘날 우리가 일반적으로 논의하는 비례의 원칙(Der Grundsatz der Verhältnismäßigkeit)은 일정한 공적 목적을 달성하기 위하여 적합한 수단(angemessenes Mittel)을 사용하여야 한다는 원칙을 말한다. 이에 비하여 필요성원칙(Der Grundsatz der Erforderlichkeit)은 목적을 달성하기 위한 여러 적절한 수단 중에서 당사자의 권리침해를 최소한으로 유발하는 수단이 선택되어야 한다는 것을 의미한다.[12] 물론 비례성원칙의 경우 수단의 적합성만을 의미하

---

11) 물론 법률유보원칙은 시대의 변천과 법치주의의 발전에 따라 그 범위와 내용에 상당한 변화가 있었다. 독일의 영향을 받아 우리나라의 경우에도 학설과 헌법재판소가 본질사항유보 내지 중요사항유보라는 법률유보이론을 실제 사건에서 일반화시키고 있다. 이에 대한 상세한 논의는 김성수, 헌법은 존속하고 행정법은 변화한다. 공법연구 제41집 제4호, 한국공법학회, 68면 이하. 이러한 법률유보의 범위와 규율의 밀도에 대한 학설과 판례의 변화에도 불구하고 침해유보설은 헌법 제37조 제2항에 따라서 법률유보의 최소한으로서의 의미는 여전히 가지고 있으며, 헌법재판소의 판례는 횡적인 법률적 근거로서의 침해유보와 종적인 규율의 밀도로서의 본질사항유보를 결합시키고 있다. (헌재 2009. 2. 26. 2008헌마370 등; 1999. 5. 27. 98헌바70 ; 2008. 2. 28. 2006헌바70 등 참조).

12) Peter Lerche, Übermass und Verfassungsrecht. Zur Bindung des Gesetzgebers an die Grundsätze der Verhältnismäßigkeit und der Erforderlichkeit, 2. Aufl., S. 19.

는 것이 아니라 이러한 수단은 정당한 공익목적을 수행하기 위한 수단으로서의 의미를 가지기 때문에 정당한 목적제한성(Zweckbegrenzheit)를 전제로 하고 있다. 그에 따르면 비례성원칙과 필요성원칙은 일종의 상위개념인 과잉금지원칙(Übermaßverbot)으로 포괄할 수 있다.

비례의 원칙 내지 과잉금지의 원칙은 행정법 영역 중 개인의 재산과 신체에 대한 위해를 흔하게 야기할 수 있는 경찰법 분야에서 성립하고 발전한 것으로 볼 수 있다. 이른바 경찰비례의 원칙은 프로이센고등행정법원(Das Preußische Oberverwaltungsgericht)의 판례를 통하여 정착되고 프로이센경찰법을 비롯한 각주의 경찰법에 명문으로 수용되었다.[13] 이와 같이 과잉금지의 원칙은 기본적으로 국가권력 행사의 제한원리로서 국민의 재산권이나 자유를 제한하기 위해서 국가는 목적과 수단 모두에 대하여 이를 정당화하는 사유를 상대방에게 반드시 제시해야 한다.

따라서 과잉금지의 원칙은 자유주의적, 시민적 법치주의 시대정신의 산물이며, 앞서 언급한 바와 같이 자유와 자율성을 중심원리로 하는 인간의 존엄을 실현하기 위한 도구개념으로서 궁극적인 의미를 가지는 것으로 볼 수 있다. 물론 이후에 과잉금지의 원칙은 침해적 행정작용을 주류를 이루는 경찰법분야에 국한되지 않고 급부행정 분야에서도 이른바 '과잉급부 금지의 원칙'과 같은 형태로 발전하였으며, 오늘날 헌법재판소와 법원이 법률을 비롯한 하위규범의 위헌·위법성을 심사하는 기준으로까지 발전하였다는 점을 간과할 수 없다.[14] 이러한 의미에서 과잉금지의 원칙이 모든 공법분야에서 일반적으로 적용되는 위법성 심사기준으로 수용되는 것은 사실이지만 그 유래와 연원은 역시 자유주의 시대의 정신적 유산임을 부인하기는 어렵다.

(2) 인간존엄과의 관계

비례성원칙 내지 과잉금지의 원칙의 근거를 인간존엄성을 규정한 헌법규정에서 찾으려는 시도가 없었던 것은 아니다. 다만, 이와 관련하여서는 인간존엄 규정의 추상성과 과잉금지원칙의 구도가 목적과 수단 간의 비교를 불가피하게 전제하는 것이므로 배타적인 목적 그 자체로서의 인간존엄과 배치될 수 있다는 점에서 부정적인 견해가 우세하였다. 이와 관련하여 일부 견해는 인간존엄을 비례성원칙과 결부시키는 경우 국가가 공익목적을 실현하기 위하여 인간을 수단으로 취급하여 그 격을 떨어뜨리게 될 것이라고 경

---

13) Peter Lerche, a.a.O., (FN 12), S. 24. 우리나라 경찰관직무집행법 제1조 제2항에 규정하는 "이 법에 규정된 경찰관의 직권은 그 직무수행에 필요한 최소한도 내에서 행사되어야 하며 이를 남용하여서는 아니된다"는 내용 역시 이러한 역사적으로 성립한 경찰비례의 원칙을 확인하는 규정으로 이해할 수 있다.
14) 김성수, 일반행정법 － 행정법이론의 헌법적 원리 －, 홍문사, 제7판, 93면.

고하고 있다. 그에 의하면 과잉금지원칙은 인간을 비인격화 하는 정도에 따라서 국가적 목적을 위한 수단과 도구로 취급될 뿐이라고 보고 있다.[15] 이에 대해서 P. Lerche는 실정법 질서에 반하는 모든 행위는 결과적으로 헌법상 인간의 존엄에 반하는 것이기 때문에 특정한 개별 사안에서 질적으로 비례성원칙과 필요성원칙에 반하는 행위는 동시에 헌법상 기본권으로서 인간존엄이 보호하는 영역을 침해할 수 있는 것으로 보고 있다.[16]

　　물론 비례성원칙 내지 과잉금지의 원칙에는 항상 목적과 수단 간의 관계가 기본구도로 등장하는 것은 사실이다. 그럼에도 불구하고 비례성원칙을 적용함에 있어서는 국가의 특정한 공익목적을 달성하기 위하여 일정한 수단이 적법한 것인지, 그 공익목적은 정당한 것인지, 목적달성을 위하여 불가피하며 상대방의 권익침해를 최소화하는 수단인지, 법익의 균형성은 유지되는 것인지를 정당화 하거나 형량하는 과정이지 여기에 인간존엄이 형량의 요소로서 고려되는 것은 결코 아니다. 오히려 민주적 법치국가에서 실현되는 공익목적의 최고 정점에는 인간존엄이 위치하고 있으며, 특정 수단이 인간존엄의 실현을 위하여 적절하지 않거나 과도한 경우에는 그 위헌·위법성을 판단하는 기준으로 작용한다. 다시 말하자면 비례의 원칙에서 인간존엄은 형량요소가 아닌 판단의 종국적인 기준이라는 의미이다. 이렇게 본다면 비례성원칙과 인간존엄의 연관성을 부인하는 견해는 인간존엄의 의미를 비례성원칙에서 목적과 수단의 관계를 형식적 구도에서 이해하려고 한다는 점에서 비판의 여지가 있으며, 비례성원칙이 궁극적으로 지향하는 목표가 인간존엄이라는 점을 간과하고 있는 것이다.

(3) 수단(방법)의 적합성과 합리성(Reasonableness)

　　앞서 언급한 바와 같이 일반적으로 수단 내지 방법의 적합성원칙은 특정한 공익목적의 달성을 위하여 적절하고 적합한 수단만이 비례성원칙에 부합한다는 의미로 이해되고 있다. 그러나 헌법재판 등 실제에 있어서 그 내용적 모호성으로 인하여 심사기준으로서 목적의 정당성과 함께 공권력 기능을 실효적으로 수행하지 못하고 있는 것이 사실이다. 다시 말하자면 재판실무상 법규범을 비롯한 국가 공권력 행사에 대하여 목적의 정당성과 방법의 적절성은 일단 전제된 것으로 보고 침해의 최소성과 법익의 균형성 여부에 심사의 비중이 실리는 것이 현실이다. 그런데 특정한 공익목적의 달성을 위하여 수단 내지 방법이 적절하다는 것은 구체적으로 무엇을 의미하는 것인가? 일단 방법이 목적 달성에 적절하다는 의미는 부적절한 수단을 배제하는 것이고, 부적절이라는 의미는 인간의 상식으로 이해할 때 일정한 목적의 실현을 위하여 누구나 쉽기 예측하기 어려운 기상천

---

15) Ralf Poscher, Die Würde des Menschen ist unantastbar. JZ 2004, S. 756; Manfred Baldus, Menschenwürdegarantie und Absolutheitsthese, AoR Bd. 136, S. 529.
16) Peter Lerche, a.a.O., (FN 12), S. 40.

외한 방식을 동원할 수 없다는 뜻으로 볼 수 있다. 다시 말하자면 적절한 수단은 특정한 목적을 달성하기 위하여 이성과 상식을 가진 일반인이 쉽게 예측하고 판단할 수 있어야 한다는 의미에서 객관적 관련성 내지 합리성을 가지는 것을 말한다.[17]

　　일단 개인은 일정한 목적을 실현하기 위하여 자신의 이성적 판단으로 사고의 가시범위에 있는 방법을 국가가 동원할 것이라는 예측가능성이 보장되는 경우에 한하여 국가 공권력 행사에 적절하게 대처할 수 있으며, 문제되는 사안에 대하여 능동적·자율적으로 자기결정권을 행사할 수 있다. 자신의 운명에 중요한 의미를 가지는 국가적 결정 내지 행정활동에 대하여 단순한 객체의 입장에서 벗어나 일정 부분 주체적 지위가 보장되기 위해서는 국가가 강구하는 공익실현의 방법 내지 수단은 상대방인 국민의 입장에서 볼 때 예측가능하고 투명하여야 한다. 물론 목적과 방법 간의 객관적 관련성 요구를 이른바 부당결부금지원칙(Koppelungsverbot)으로[18] 설명하는 경우도 있는데, 적합성원칙이나 부당결부금지원칙 모두 목적과 수단 간의 실질적이고 객관적인 관련성을 통하여 불가측적이고 불합리한 공권력 작용으로부터 개인을 보호하고자 하는 궁극적인 목표를 가지고 있다는 공통점이 있다.

　　영미권 국가의 경우 독일식의 적합성 내지 비례성원칙을 합리성원칙(Reasonableness)으로 이해하고 있는데, 행정목적을 위하여 적용되는 수단과 방법이 자의적(abitrary)이거나 불합리한(unreasonable) 경우 또는 부적절하거나(not appropriate) 불필요한 경우(unnecessary)를 총칭하여 합리성원칙에 포섭하고 이에 위반하는 공권력 행사를 위법한 것으로 보고 있다.[19] 우리나라 헌법재판소는 자동차운전전문학원을 졸업하고 운전면허를 받은 사람 중 교통사고를 일으킨 비율이 대통령령이 정하는 비율을 초과하는 때에 학원의 등록을 취소 또는 정지하는 것을 규정한 도로교통법에 대한 위헌제청사건에서 적합성의 원칙을 아래와 같이 합리성원칙으로 이해하고 있다.[20]

---

17) 그런데 헌법재판소는 아동·청소년 대상 성폭력 범죄를 저지른 사람에 대하여 신상정보를 공개하도록 한 구 '아동·청소년의 성보호에 관한 법률' 제38조에 대한 위헌소원사건(헌재 2013. 10. 24. 2011헌바106·107 병합)에서 위 조항에 대하여 합헌으로 결정하였으나 위헌론을 제기한 반대의견은 아동·청소년 대상 성폭력범죄에 대한 연구결과에 따르면 신상정보 공개제도가 범죄 억지 효과가 있다고 단정하기 어려우므로, 심판대상조항은 수단의 적합성을 갖추지 못하였다는 점을 지적하고 있다. 이러한 반대의견은 적합성원칙을 '효과성원칙'으로 이해하고 있는 것으로 평가할 수 있다.

18) 부당결부금지원칙은 법치국가원리로부터 도출되는 것으로서, 일정한 국가작용이 관련성 없는 반대급부 또는 수단과 연결되는 것을 방어하는 기제로 보는 견해가 있다. 행정법학에서는 목적적 관련성과 원인적 관련성의 두 요소를 응용하여 목적적 관련성과 수단적 관련성이라는 두 가지 하부원칙을 구체화할 수 있다는 것이다. 강일신, 헌법상 기본의무에 관한 연구, 연세대학교 대학원 박사학위논문, 2013.12, 172면.

19) Peter Lerche, a.a.O., (FN 12), S. 41.

20) 헌재 2005.7.21. 2004헌가30.

이 사건에서 헌법재판소는 자기책임의 원칙, 그로부터 유래하는 행복추구권, 최소침해의 원칙 등을 들어 위 법률조항이 위헌이라고 밝히고 있다. 그런데 주목할 것은 이 사건에서 헌법재판소는 수단의 부적절성을 강조하고 있다는 점인데, 수료생이 여하한 교통사고도 발생시키지 않을 것을 운전전문학원에게 요구하는 것은 "사리에 맞지 않는다"는 표현이 두드러진다. "사리에 맞지 않는다"는 것은 일정한 공익목적을 실현하기 위하여 일반인의 상식으로는 기대하기 어려운 방법을 사용하는 것으로서 불합리하다는 의미이다. 위 조항은 타인의 행위에 대하여 자신이 책임을 부담한다는 의미에서 일종의 연좌제를 연상시키는데, 헌법상 연좌제도를 금지시키는 근본적인 이유도 이 제도가 자기책임의 원칙에 반하고 불합리하기 때문이다. 또한 자신이 제어할 수 없는 타인의 행위임에도 불구하고 그 행위에 대하여 책임을 부담하는 경우에는 인간의 자유의지와 자율성은 근본적인 장애를 받게 되며, 인간존엄이 지향하는 개인적 자유와 자기결정권을 실현되기 어렵다.[21]

(4) 침해의 불가피성

인간존엄이라는 헌법상 최고 가치를 최대한 실현하고 보장하기 위해서는 이와 밀접한 관련이 있는 행복추구권, 사생활의 비밀과 자유와 같은 핵심적 기본권을 제한함에 있어서는 과잉금지의 원칙을 보다 엄격하게 적용할 필요가 있다. 일반적으로 과잉금지의 원칙의 구조를 살펴보면 특정 공익목적의 실현을 위하여 국가 공권력 행사 자체가 정당화되는가의 심사와 다음 단계로서 그것이 긍정된다면 공권력 행사의 정도와 균형성 유지가 검토의 대상이 된다. 다시 말하자면, 과잉금지원칙의 내용 중 목적의 정당성과 수단의 적합성 원칙은 국가가 특정인의 기본권을 제한하기 위한 사전 단계로서 국가적 개입이 과연 정당한지, 더 나아가 국가의 공권력 행사를 통하여 달성하려는 공익목적과 이를 위하여 적용하는 수단이 적절하고 합리적인가를 검토하는 것이다. 이렇게 보면 목적의 정당성과 수단의 적합성은 기본권 제한 자체의 필요성과 정당성이 존재하는가의 여부(ob)를 심사하는 기준이다.

그리고 이러한 기본권 제한의 정당성이 긍정되는 경우에 한하여 이제 비로소 기본권 제한을 최소화하기 위하여 침해의 최소성원칙이 적용되고, 기본권 침해가 최소한도로 이루어지는 것을 전제로 달성되는 공익과 형량이 이루어진다는 점에서 침해의 최소성과

---

21) 헌재는 건설업과 관련 없는 죄로 임원이 형을 선고받은 경우까지도 법인이 건설업을 영위할 수 없도록 규정한 건설산업기본법 제83조 단서 제3호 본문 중 제13조 제1항 제4호 가운데 법인에 관한 부분은 부실시공을 방지하고자 하는 입법목적을 달성하기 위한 적합한 수단이 될 수 없으므로, 심판대상 조항은 수단의 적합성이 인정되지 않는 것으로서 위헌으로 결정하였는데(헌재 2014.04.24. 2013헌바25), 이 결정 역시 적합성원칙 위반을 자기책임에 반하는 불합리한 수단으로 이해하고 있다.

법익의 균형성은 기본권 제한행위의 정도(inwieweit)를 심사하는 기준이다. 그러므로 인간의 존엄과 가치, 행복추구권, 사생활의 비밀과 자유, 사상과 양심의 자유, 종교의 자유, 학문과 예술의 자유와 같은 인간존엄을 중심으로 인간의 자유과 행위의 자율성을 보장하는 우리 헌법의 핵심적 가치를 구현하는 기본권을 제한하려는 경우에는 그 제한의 정당성이 인정된다고 하더라도 제한의 정도 문제로 전환되는 과정에서 당해 기본권 제한의 불가피성원칙(Das Prinzip der Unumgänglichkeit)이 한 단계 추가되어 과잉금지원칙에 대한 보다 엄격한 심사를 하는 것이 필요해 보인다.[22]

　　침해의 불가피성은 기본권 제한을 위한 목적이 정당하고 적절한 수단이라고 하더라도 특정 공익목적을 실현하기 위하여 당해 기본권 제한의 정당성과 필요성이 반드시 있는지, 당해 기본권 제한 이외의 다른 기본권을 제한함으로써 동일 또는 유사한 목적을 달성할 수 있는지, 당해 기본권을 제한하는 방식보다 다른 기술적 방법이 존재하는 것은 아닌지 등을 심사하는 것이다. 예를 들어 양심적 병역거부에 대하여 형벌보다는 대체복무제를 인정함으로서 양심이 자유와 병역의 의무를 통한 국방력 유지라는 공익을 조화시키는 사안과 관련하여 흔히 대체복무제도가 일반적으로 형벌보다는 양심의 자유를 보다 덜 침해하는 수단인가에 논의가 집중된다.[23] 그런데 여기에서 중요한 것은 종교적 양심에 의한 병역거부자에 대하여 형벌을 가하는 것이 대체복무제에 비하여 종교와 양심의 자유를 더욱 침해하는 수단인가 그렇지 않는가를 가리는 것보다는 그러한 기본권에 대한 침해가 과연 불가피한 것이었는가를 우선적으로 검토하는 것이다. 침해의 불가피성이 부인된다면 기본권 제한행위 자체가 이루어질 수 없기 때문이다. 따라서 국가안보와 국방력의 유지라는 공익목적의 실현에 결정적인 장애가 발생하는 것이 아니라는 것을 전제로 대체복무라는 다른 수단이 존재함에도 불구하고 반드시 종교와 양심의 자유, 더 나아가 이들과 불가분의 관계에 있는 인간의 존엄과 가치를 침해하는 방식으로만 문제를 해결할 불가피성이 있는가 하는 것이 문제의 핵심인 것이다.

---

22) 김성수, 흡연권 규제의 법적 근거와 한계 – 서울특별시의 이른바 길거리 금연조례에 대한 평가를 겸하여 –, 공법학연구 제13권 제1호, 221면 이하.

23) 헌재도 같은 입장이다. 헌재는 남북이 대치하고 있는 우리나라의 특유한 안보상황, 대체복무제 도입 시 발생할 병력자원의 손실 문제, 병역거부가 진정한 양심에 의한 것인지 여부에 대한 심사의 곤란성, 사회적 여론이 비판적인 상태에서 대체복무제를 도입하는 경우 사회 통합을 저해하여 국가 전체의 역량에 심각한 손상을 가할 우려가 있는 점 등을 고려할 때 대체복무제를 허용하더라도 국가안보와 병역의무의 형평성이라는 중대한 공익의 달성에 아무런 지장이 없다는 판단을 쉽사리 내릴 수 없으므로, 양심적 병역거부자에 대하여 대체복무제를 도입하지 않은 채 형사처벌 규정만을 두고 있다고 하더라도 이 사건 법률조항이 최소침해의 원칙에 반하지 않는 것으로 보고 있다. 헌재 2011. 8. 30. 2008헌가22 등.

Ⅲ. 사회적 법치주의 행정법질서와 인간존엄

1. 인간다운 생활의 조건으로서의 인간존엄

19세기의 자유주의적 법치주의 시대와는 달리 20세기에 들어와 인간의 존엄은 개인에게 자유와 자율성을 보장하는 것만으로 실현되는 것이 아니라 빈곤과 사회적 차별로부터 인간다운 생활을 할 수 있는 조건을 조성함으로서 실현되는 특징을 가지게 되었다. 대표적으로 독일 바이마르헌법 제 151조 제1항 제1문에서는 인간이 처한 경제적 현실에 비추어 경제생활의 질서는 모든 인간에게 인간다운 생활을 보장하는 목적을 실현하기 위하여 정의의 원칙에 부합하여야 한다는 원칙을 선언하고 있다.[24] 따라서 사회적 법치국가에서 인간존엄은 자유주의가 지향하는 인간의 자유와 자율성 보장과 함께 사회의 모든 구성원이 인간다운 생활을 하기 위하여 필요한 사회적 연대감 속에서 실현되는 구조를 가지게 된다.[25]

행정법의 영역에서 인간존엄 역시 모든 구성원들이 인간다운 생활을 할 수 있도록 법적 토대를 구축하는데 중점이 두어진다. 따라서 사회적 법치주의에서 행정법은 개인의 인간다운 생활을 보장하기 위한 법률로서 일종의 기본권 형성적 기능을 수행하며, 이를 위한 법률유보의 범위 확장과 기본권 실현을 위한 기능적 변화를 경험한다. 다만, 이 경우에도 행정법규가 인간다운 생활의 실현이라는 목적을 지향하는 것은 인간 생존의 물적, 경제적 기초를 제도적으로 제공함으로서 개인이 경제적 곤궁과 사회적 차별로부터 자유로운 상태에서 여전히 일정한 범위에서 자기결정에 바탕을 둔 자율적 행동을 보장하는 것에 그 핵심이 있다. 즉, 형성적 법률유보의 증대에 따른 행정의 기본권보장적 기능에 변화가 발생한 것이다.

2. 과소보호금지의 원칙

1) 이른바 명백성 통제기준(Evidenzkontrolle)

이와 같이 사회적 법치국가에서의 인간존엄은 국가의 적극적인 입법형성활동을 통하여 실현되는 구조를 가지고 있기 때문에 사회보장법, 환경법, 보건법 등의 분야에서 입법을 통하여 구체적인 보호기준이 결정된다. 다시 말하자면, 공동체 구성원으로서 개인은 인간다운 생활과 최소한도의 품위유지를 위해서 입법자가 보호기준을 적절한 수준에

---

24) Die Ordnung des Wirtschaftslebens muß den Grundsätzen der Gerechtigkeit mit dem Ziel der Gewährleistung eines menschenwürdigen Daseins für alle entsprechen.

25) 사회적 법치국가에서 인간존엄은 인간다운 생활의 최저수준을 설정하는 기준을 제공하는 것으로 본다. 이덕연 · 강태수 편역, 전게서, 218면, 309면.

서 결정하여야 한다. 그런데 여기에서 말하는 '적절한 보호수준'이 무엇인지 문제될 수 있다. 우리나라 헌법재판소는 인간존엄 및 국가의 기본권 보호의무의 실현과 관련하여 이를 소홀이 다루는 입법부작위나 불완전한 입법은 입법자의 보호 의무에 대한 명백한 위반이 있는 경우에만 과소보호금지원칙에 위반하여 위헌으로 인정하고 있다. 그러므로 우리 헌법재판소는 국가가 국민의 법익을 보호하기 위하여 전혀 아무런 조치를 취하지 않았든지 아니면 국가가 취한 조치가 당해 법익을 보호하기에 명백하게 전적으로 부적합하거나 불충분한 경우에 한하여 과소보호금지원칙 위반으로 위헌을 확인할 수 있을 뿐이다. 이러한 헌법재판소의 견해는 다수의 결정에서 반복적으로 제시되고 있는데, 인간존엄과 인간다운 생활을 보장하기 위한 국가와 입법자의 보호수준과 관련하여 대표적으로 국민기초생활보장법상의 최저생계비 위헌확인사건에서도 동일하게 나타난다.26)

2) 실효성 통제(Effektivitätskontrolle)가 필요한 이유

그런데 위 사건에서 헌재가 제시한 인간다운 생활을 위한 최소한도의 조치가 구체적으로 어떤 내용과 수준이어야 하는가에 대해서는 공동체 구성원의 의식과 재정적 여건 등 복잡한 셈법에 의하여 결정될 수 있는 至難한 문제라고 할 수 있다. 그럼에도 불구하고 사회적 법치국가에서 인간다운 생활을 보장을 통하여 궁극적으로 인간존엄을 실현하기 위한 입법의 수준과 관련하여 '최소한도의 조치', '명백하게 부적합 하거나 불충분한 경우'로 입법재량을 무한히 확대하고 사법의 심사기준이 하향화되는 것이 과연 타당한 것인가에 대해서는 의문의 여지가 있다. 바꾸어 말하면, "입법자가 일정한 시늉만 하면 일단 입법의무를 다한 것이다"라는 논리형식은 공허하다. 헌재의 결정으로 돌아가 보자. 헌재는 국가가 행하는 최저생활보장 수준이 그 재량의 범위를 명백히 일탈하였는지 여부, 즉 인간다운 생활을 보장하기 위한 객관적 내용의 최소한을 보장하고 있는지 여부는 보장법에 의한 생계급여만을 가지고 판단하여서는 아니 되고, 그 외의 법령에 의거하여 국가가 최저생활보장을 위하여 지급하는 각종 급여나 각종 부담의 감면 등을 총괄한 수준으로 판단하여야 함을 언급하고 있다.27)

그러나 현재 수준의 최저생계비가 헌재가 언급한 다양한 국가의 부가적 급여와 감면조치 등에 의하여 결코 과소보호원칙에 위반되지 않는다는 논리에도 불구하고 우리사회에서는 현실적으로 세 모녀 자살사건과 같은 비극이 벌어지고 있다. 그렇다면 인간존엄을 실현하기 위한 입법 및 사법의 통제기준에 대한 변화가 불가피하다. 이와 관련하여 독일의 경우 연방헌법재판소가 과소보호금지원칙의 위반 여부를 심사하기 위하여 명백

26) 헌재 2004.10.28. 2002헌마328.
27) 헌재 2004.10.28. 2002헌마328.

성 통제기준으로부터 실효성 내지 효과성 통제기준(Wirksamkeits−bzw. Effektivitätskontrolle)
으로 이행하는 의미 있는 변화를 보여주고 있다.[28] 연방헌재는 이른바 제2차 낙태판결에
서 입법자가 입법을 통하여 실현하고자 하는 기본권 보호의무는 적절하고 실효적인 보호
를 위하여 충분한 정도이어야 하며, 신중한 사실조사와 객관적인 평가에 의하여야 한다
는 점을 강조하였다.[29]

　　여기에서 언급한 실효적인 보호라는 의미는 입법자가 선택하는 보호기준이 인간존
엄과 인간다운 생활의 보장을 위하여 실질적이어야 하며, 효과적으로 그 목적을 달성할
수 있어야 한다는 것이다. 즉 입법자는 방만하고 자의적인 판단을 지양하고 사실관계를
엄밀하게 조사하며 충돌할 수 있는 법익간의 형량을 통하여 오직 하나의 객관적이고 사
후 검증한 미래예측적 결정을 내려야 한다. 물론 법원이 구체적 소송사건에서 과소보호
금지원칙에 대한 위반을 어떠한 경우에 인정할 것인가는 일률적으로 이야기하기 어려운
측면이 있다. 다만, 법원은 입법자가 인간존엄의 실현과 관련하여 단순히 선언적인 내용
만을 규정하거나 양적 또는 질적으로 현저하게 부족한 집행기준 등을 규정한 경우에는
명백성 통제에 머무르지 않고 그 위헌, 위법성을 적극적으로 확인하여야 한다. 이는 결과
적으로 입법자에 대한 효과적인 통제와 더불어 새로운 입법기준을 창출함에 있어서 일정
한 피드백 기능을 수행할 것이기 때문이다.[30]

　　물론 인간존엄을 포함하여 국가의 보호가 필요한 기본권을 보호하기 위하여 입법자
가 헌법이 요구하는 효과적이고(wirksam) 충분한(ausreichend) 조치를 강구함에 있어서는
사실관계에 대한 예측, 평가 및 제도설계에 대한 형성권을 부여받고 있다. 이러한 입법자
의 형성권의 범위는 문제되는 기본권 내지 법익의 분야 및 중요성에 의하여 결정된다.

---

28) Silke Ruth Laskowski, Das Menschenrecht auf Wasser − Die rechtlichen Vorgaben zur Sicherung
　　der Grundversorgung mit Wasser und Sanitärleistungen im Rahmen einer ökologisch−nachhalti−
　　gen Wasserwirtschaftsordnung, Mohr Siebeck, 2010, S. 425.

29) BVerfGE 88, 203.

30) 위 결정에서 독일연방헌법재판소는 인간존엄을 실현하기 위한 국가적 조치는 대립되는 법익을 적
　　절하게 고려하여 실효성 있는 보호가 이루어질 수 있도록 규범적인 측면은 물론 사실적으로도 충
　　분한 것이어야 함을 강조하고 있다. 이를 위하여 인간존엄의 보호와 실현을 위한 국가의 실효적 조
　　치는 사후규제는 물론 사전예방을 적절하게 혼합한 보호개념을 추구하여야 한다. 물론 이러한 성격
　　을 가지는 국가적 조치를 규범적으로 설계하고 실현하는 것은 일차적으로 입법자의 과제이다. 입법
　　자는 이와 같은 보호개념을 선택하고 구체화함에 있어서 헌법적으로 타당한 평가에 근거하여야 하
　　는데, 이는 헌법상 과소보호금지원칙이 요구하는 수준에서 관련 기본권을 보장하는 것을 의미한다.
　　입법자의 결정은 법률규정의 효과와 사실관계에 대한 미래예측적 평가에 바탕을 두어야 한다는 점
　　에서 이러한 평가는 신뢰할 수 있는 수준이어야 한다. 그리고 이러한 평가가 신뢰할 수 있는 수준
　　에 이르렀고 과소보호금지원칙에 위반하였는지의 여부에 대하여 법원이 이를 심사할 수 있다.
　　BVerfGE 88, 203 (254).

법원, 특히 헌법재판소는 위에서 언급한 해당 기본권의 성격 및 중요성을 충분하게 고려하여 입법자가 미래예측적 평가를 행함에 있어서 가지는 형성권의 범위를 타당한 방식으로 행사하였는지 여부를 심사한다. 헌법재판소는 입법자가 자신의 기본권 보호의무를 이행함에 있어서 명백하게 부적절하고 불충분한 경우에 한하여 과소보호금지원칙을 위반한 것으로 판단해서는 아니 되며, 위에서 언급한 바와 같이 충분성과 효과성원칙을 반드시 고려하여야 한다.[31]

IV. 협력적 법치주의 행정법질서와 인간존엄

1. 협치시대의 인간존엄과 자기결정권

21세기 법치주의의 새로운 구조변화를 개인과 국가의 협력과 국정에 대한 국민의 참여라고 특징지을 수 있다면 자유주의나 사회국가시대와 비교하여 인간존엄의 내용과 실현방식에는 어떠한 차이를 인정할 수 있을까? 일단 자유주의 시대에 행정법의 과제는 국가권력의 행사로부터 개인의 자유와 존엄을 수호하는 것에 있었으며, 행정법은 권력에 대한 철저한 방어기제로 작용하였다. 이와 같이 개인의 자유와 권리를 수호하는 시민사회를 구성하는 부분과 행정권을 중심으로 하는 국가가 분리되어 2원적인 공동체가 존재하는 형태라고 할 수 있다. 이에 비하여 사회적 법치국가에서는 개인과 공동체가 대립하는 구조에서 벗어나 국가가 적극적으로 개인의 존엄과 인간다운 생활을 보장하기 위한 급부행정과 생존배려행정의 주체로서 후원자의 기능을 수행한다. 이러한 법치주의의 구조적 변화에도 불구하고 행정법질서의 궁극적 목표는 개인이 스스로 자유로운 상태에서 그리고 국가가 현실적으로 보장하는 삶의 토대를 바탕으로 자신의 운명에 대한 결정권을 행사함으로써 인간존엄을 실현하는데 두어진다.

협력적 법치주의에서 행정법의 기능은 개인과 국가가 상호 협력하고 공개된 국정의 장에 개인이 능동적으로 참여하여 자신과 공동체의 운명에 중요한 의미를 가지는 결정에 일정한 영향력을 행사하는데 두어진다. 이와 같이 협치시대가 지향하는 행정법질서는 개인이 단순히 통치의 객체로 취급받거나 고작해야 스스로를 보호하는데서 벗어나서 국가와 대등한 협력자 내지 파트너로서 자신의 운명에 대한 주체로 등장한다. 협력적 법치주의에서 개인은 충분한 정보를 가지고 국가의 동반자로서 공동체의 중요한 의사결정과정

---

31) 우리 헌재도 헌재 2008. 7. 31. 2006헌마711 사건에서, 재판관 김희옥, 재판관 김종대, 재판관 민형기, 재판관 목영준의 반대의견은 과소보호금지원칙을 심사기준으로 택하면서도 효과성통제에 근접하는 논증을 보이고 있다.

에 참여하여 인간존엄과 자신의 존재의의를 확인한다. 따라서 오늘날 협치시대에 국가가 국민과 공동체에 모두 중요한 의미를 가지는 의사결정을 독점하고 국민을 배제시키거나 심지어 탄압하는 것은 21세기 인간존엄을 침해하는 행위이다. 밀양송전탑과 해군기지 건설을 위한 제주 강정마을에서 벌어지는 국가독점과 국민배제를 가능하게 하는 행정법질서가 존재한다면 이는 협력적 법치주의에서 인간존엄이 실현되기 어려운 구조라고 할 수 있다.

　물론 협치구조에서 개인의 참여와 협력은 기본적으로 의회민주주의나 대의제를 대체하는 것은 결코 아니다. 다만, 다소 무력감과 매너리즘에 빠진 현대 의회민주주의는 상당한 정도로 공동체와 국민 전체 또는 지역의 주민들의 운명과 장래에 중대한 영향을 미치는 결정을 정작 국민과 주민을 배제하고 행하거나 이와 같은 행위를 방조함으로서 스스로 그 한계를 드러내고 있는 것이 현실이다. 다시 말하자면, 기능부전에 빠져 있는 현대 의회민주주의에 우리의 운명과 생존을 모두 내 맡기는 것이 과연 온당한 일인지 협치시대의 인간존엄이 반문하고 있는 것이다. 이하에서는 협력적 법치주의에서 인간존엄을 실현하는 행정법의 중요한 수단으로서 적법절차와 정보공개의 의미에 대해 검토한다. 일종의 무력증과 피로감에 빠져있는 의회민주주의 내지 현대의 대의제를 극복하고 개인이 공동체 결정에 대한 동반적 주체로서 국민투표를 포함한 직접민주주의 제도를 도입하기 위하여 헌법개정까지 검토하고 있는 독일을 중심으로 협치시대 인간존엄 실현의 조건과 방식에 대해 논의하기로 한다.

2. 참여와 협력을 통한 자기결정권 실현

1) 의회민주주의의 한계

　우리사회에서 목도되고 있는 사회적 갈등현상 중에서 특히 주목할 것은 그 주요한 원인이 특정한 국가의사결정이 공동체 전체나 일부 지역 주민의 운명에 결정적인 영향을 주고 있음에도 불구하고 이들이 의사결정과정으로부터 사실상 배제되어 있다는 데서 찾아볼 수 있다. 예를 들어 원자력발전소의 운영이나 송전시설을 설치함에 있어서 직접 또는 간접적으로 영향을 받는 주민들이 국가의 의사결정과정에 적극적으로 참여하고 일정한 영향력을 미침으로서 협력자 내지 동반자로 인정받을 수 있을 때 비로소 자신의 운명에 대한 결정권을 가지고 인간존엄 실현의 주체가 될 수 있다. 그런데 오늘날 국민들이 이러한 의사결정과정에 참여하는 방식은 대의제와 의회민주주의를 통하여 실현된다. 하지만 국민의 대표기관인 의회는 정부와 여당의 정책공조와 협의를 통하여 오히려 대통령이나 정부의 입장을 대변하는 경우가 많으며, 국민의 의사와는 무관하게 국민과 공동체 전체에 중요한 영향을 미치는 결정을 일방적으로 내린다. 물론 이른바 자유위임의 원칙에 따라서 국회의원은 지역구민이나 특정 집단의 이해관계를 대변하는 것이 아니라 국민 전체를 대표하는 헌법기관으로서 국가이익을 우선하여 양심에 따라 직무를 행한다.

그러나 이러한 원칙에도 불구하고 오늘날 정당국가화 경향이 강화됨에 따라서 국회의원의 정당기속이 일반화되고, 특히 국제관계나 국책사업의 중요한 이슈 등에 대하여 국회 내지 국회의원들이 국가이익이라는 미명하에 일반 국민과 특정 지역주민의 의사와는 괴리된 결정을 내리는 경우가 많이 있다. 그렇다면 과연 오늘날의 의회민주주의가 공동체 구성원으로 하여금 자신의 운명에 대하여 스스로 결정권을 행사할 수 있도록 작동하는 기제인가에 대하여 근본적인 의문이 제기된다. 특히 정부가 추진하는 군사나 무역에 관한 국제관계의 주요한 정책에 대하여 국회가 거의 무비판적으로 정부의 입장을 수용하는 경우 21세기 협치주의에서 참여와 협력을 통한 인간존엄의 실현방식은 존재하기 어렵다.

특히 이 문제는 2009년 이후 유럽연합 차원에서 재정위기를 겪고 있는 그리스를 구제하는 조치에 대해 유럽중앙은행 등 유럽연합의 기관이 내린 결정을 회원국 의회가 거의 무제한적으로 받아들이거나 동의하는 과정에서 독일 등 지원국가의 국민들이 헌법재판소에 문제를 제기하면서 표면화되고 있다. 전통적으로 의회민주주의에 대한 강한 신념을 가진 독일의 경우에도 연방의회가 유럽연합이라는 초국가적 조직단위에서 결정한 사항을 어떠한 제동장치도 없이 무제한적으로 수용하는 경우 의회라는 국민대표기관을 통하여 자기결정권을 행사할 수 없다는 위기감이 현실화되고 있는 것이다.

2) 선거권, 자기결정권에 대한 독일연방헌재의 결정
(1) 사건의 경과

2010년 당시 심각한 재정위기를 겪고 있었던 그리스는 유럽연합의 유로존 국가들과 국제통화기금에 긴급 재정지원을 요청하였다. 이에 대하여 유로존 국가들은 상호간의 협의과정을 거쳐 개별적으로 그리스에 필요한 재정지원을 하였다. 독일의 경우 재정지원을 하기 위하여 연방의회가 2010년 5월 7일 그리스 재정위기를 안정화시키기 위한 지급보증을 내용으로 하는 법률을 제정하였다. 이렇게 시작된 그리스에 대한 재정지원은 그 이후에도 여러 단계를 거쳐 오늘에 이르고 있는데, 독일의 경우 각 단계에서 독일의회와 정부가 결정한 재정지원에 대해 다수의 국민들이 연방헌법재판소에 제소하여 연방헌법재판소는 지난 수년간 몇 차례의 결정을 통하여 독일연방의회와 연방정부의 재정지원행위를 합헌으로 결정하였다. 연방헌재는 2011년 최초로 위에서 언급한 법률에 대하여 제기된 헌법소원 사건에서 2010년 법률에서 규정한 유럽재정안정융자금(Europäische Finanzstabilisierungsfazilität,

EFSF) 및 2012년 가처분절차에서 유럽안정기구(European Stability Mechanism, EMS)의 합헌성을 인정하였다.

그 후 연방헌재는 2012년 2차례의 결정을 통하여 그리스에 재정지원활동을 주관하는 연방정부가 연방의회에 충분한 정보제공을 통하여 연방의회가 국민의 대표기관으로서 재정에 관한 권한을 확보하도록 하고, 유럽재정안정융자금에 대한 연방의회의 통제권, 그것도 관할 상임위원회가 아닌 본회의의 통제권을 강화를 강조하였다. 아직 유럽안정기구의 본안에 대한 결정은 이루어지지 않고 있으며, 그 동안 연방헌재에는 다수의 변경신청이 접수되어 이제 연방헌재는 무엇보다 우선적으로 재정지원의 핵심기관인 유럽중앙은행의 결정의 합헌성 여부를 심사하여야 한다. 물론 연방헌재가 내린 기존의 결정과 같이 유럽중앙은행의 구제조치에 대한 독일연방의회의 동의행위 등에 대하여 위헌결정을 하기는 어려울 것으로 보인다.[32]

그런데 바로 여기에 문제의 본질이 드러난다. 물론 조약이라는 국제협약을 통하여 독일의 주권 일부를 유럽연합에 양도하기는 하였지만 유럽중앙은행 등 유럽연합의 기관들이 내리는 결정에 대하여 독일연방의회가 동의권과 입법권을 행사하기는 하지만 상당수 독일국민들의 의사와는 다른 방향으로 움직인다는 것이다. 어떻게 보면 이제 유럽중앙은행 등 유럽연합 기관들의 행위에 대하여 단순한 거수기 역할을 하는데 불과한 의회라면 과연 독일 국민이 주권자와 납세자로서 중요한 이해관계를 가지고 있는 국가의 중요한 재정행위에 대하여 스스로 자기결정권을 행사하는 것인가에 대한 근본적인 의문이 제기되는 것이다.

(2) 연방헌법재판소의 2011년 결정[33]

연방헌법재판소는 기본법 제38조 제1항에 규정된 선거권의 내용에는 국민의 대표기관인 의회가 가지는 재정과 예산행위에 대하여 유권자가 영향력을 행사하는 권리가 포함되어 있다는 다소 특이한 논리를 통하여 유권자의 자기결정권과 재정민주주의원리에 대하여 의미 있는 결정을 하였다. 기본법 제38조 제1항에 규정된 선거권이 기본권으로서 가지는 비중과 의미를 고려할 때 이는 국민의 자기결정권과 독일에서 행사되는 모든 국가공권력에 국민이 자유롭고 평등하게 참여하는 권리를 보장한다.[34] 이러한 참여권의 내용으로는 기본법 제20조 제1항과 제2항의 규정하는 민주주의원리를 포함하고 있는데, 민

---

32) Martin Nettesheim, Eurokrise und Verfassungsrecht; Verfassungsrechtliche Rahmenbedingungen der Bewältigung der Euro-Krise, 부산대학교, 독일 튀빙엔대학교 공동학술대화 발표문, 2014.2.21., 15면 (18면).

33) BVerfGE 132, 195.

34) vgl. BVerfGE 37, 271 (279); 73, 339 (375); 123, 267 (340).

주주의원리는 기본법 제79조 제3항에 따라 독일기본법의 정체성을 구성하는 원리로서 헌법개정을 통해서도 바꿀 수 없는 절대적 가치이다.[35]

독일 기본법은 민주주의원리에 의하여 국민이 의회 등 국가기관에게 부여한 권한을 유럽연합이나 그 기관에게 송두리째 양도하는 것을 금지하며, 이에 따라서 독일의 헌법기관은 자신의 헌법상, 법률상 권한을 국제기구 등에 포괄적으로 위임할 수 없다. 바꾸어 말하자면 국제법상의 조약에 대한 동의를 위한 법률이나 국제조약을 집행하기 위한 국내 법률은 유럽통합을 위한 개별적 수권을 하는 것으로 그쳐야 하며, 유럽연합이나 유럽연합의 기관들이 독일 헌법기관이 행사하는 권한을 전적으로 대행하거나 독일기본법의 정체성을 훼손할 수 없다는 한계를 가진다.

다만, 포괄위임과 개별적 위임이 분명하지 않은 경우에 독일의회는 유럽연합의 통합을 위한 책임을 수행함에 있어서 효과적인 예방조치를 위하여야 한다. 그런데 이와 관련하여 헌법적으로 중요한 의미를 가지는 것은 독일 기본법 제38조에 규정된 선거권이다. 현재 또는 미래의 독일연방의회가 자신의 책임 하에 재정과 예산에 관한 권한을 행사하지 못하고 이를 유럽연합 등 국제기구에 모두 양도하는 상태에 이르는 경우에는 헌법 제38조 제1항에 규정된 국민의 기본권인 선거권이 침해된다. 헌법국가에서 국민의 대표기관인 의회가 국가의 수입과 지출을 포함하는 모든 재정행위에 대하여 전적인 권한과 책임을 가지고 있다는 것은 의회민주주의의 핵심적인 가치이다.[36]

3) 의회민주주의의 한계와 국민 참여의 필요성

앞서 살펴본 바와 같이 역사적으로 의회민주주의는 국민의 대표기관인 의회가 재정과 예산에 대한 통제권을 행사한다는 재정민주주의로부터 발전하였다는 점을 확인할 수 있었다. 이 점은 독일연방헌법재판소의 결정에서 나타난 일관된 입장이기도 하다. 특히 헌법상 국민 개개인에게 보장된 선거권의 보호영역에는 의회가 예산과 재정에 가지는 권한에 영향력을 행사할 수 있는 권리가 포함되어 있다는 견해는 경청할 가치가 크다.[37]

---

35) vgl. BVerfGE 123, 267 (340); 129, 124 (177).
36) vgl. BVerfGE 123, 267 (359).
37) 독일연방헌법재판소는 유럽중앙은행이 2012년 9월 6일에 내린 긴급재정지원(outright monetary transactions; OMT)에 대하여 독일연방정부와 연방의회가 적절한 조치를 취하지 않는 부작위를 이유로 제기된 헌법소원사건에서 2014년 1월 14일 결정을 유보하고, 이를 유럽재판소에 이른바 사전결정(Vorabentscheidung)을 내려주도록 회부하였다. 그런데 이 결정에서 반대의견을 제시한 Lübbe-Wolff 재판관은 다수의견이 독일연방정부나 연방의회의 단순부작위에 머무르는 경우 기본법 제38조로부터 헌법상 보장된 의회의 재정고권 등에 영향을 비칠 수 있는 권리가 침해되었다는 것을 인정하는 것은 기존의 결정기준을 일탈한 "혁신적 사고"라고 비판하고 있다. 이에 대한 상세한 논의와 비판적인 견해로는 강일신, 국가의사결정에 대한 헌법재판을 통한 민주적 통제가능성 – 독일연방헌법재판소의 'OMT 결정'에 대한 비판적 평석 –, 세계헌법연구 제20권 제1호, 2014.4.

더욱이 연방헌법재판소는 선거권이 의회의 재정행위만을 대상으로 하는 것이 아니라 국민이 자유롭고 평등하게 독일에서 행사되는 국가공권력에 참여하여 자기결정권을 실현할 수 있는 광의의 기본권으로 이해하고 있다는 점을 주목할 필요가 있다.[38]

그렇다면 협력적 법치가 보편화된 오늘날에 국민이 자신의 운명에 중대한 영향을 미치는 의회나 정부의 공권력 행사에 실질적인 영향력을 미치고 이를 통하여 자기결정권과 인간존엄을 실현하기 위해서 요구되는 행정법의 역할과 기능은 어떠한 것인가? 무엇보다 핵심적인 행정법제는 국민들이 중요한 국가적 의사결정에 참여하고 협력할 수 있는 채널을 확보하는 것이다. 일단 국민들이 공동체와 국민의 일상생활에 중대한 영향을 미치는 결정에 실질적인 영향력을 행사하기 위한 전제조건으로 당해 결정의 내용을 알 수 있도록 접근할 수 있는 권리가 보장되는 것이 중요하다. 그 이후에 국회나 정부는 당해 결정에 대해서 직접적인 이해관계를 가지는 국민들에게 결정이 내려지기 이전에 구체적인 내용을 숙지할 수 있도록 알려주는 절차가 필요하며, 국민은 이에 대하여 자신의 의견을 개진할 수 있는 기회가 보장되어야 한다.

이렇게 볼 때 오늘날 참여와 협력을 통한 협치, 국민의 자기결정권과 인간존엄의 실현을 위해서는 정보공개와 적법절차를 보장하는 행정법제의 기능과 위상이 어느 때보다 중요한 의미를 가진다. 또한 원자력안전이나 국가연구개발사업에 관한 예산의 분배 등을 결정하는 행정위원회의 결정 역시 공동체의 안위나 자원배분에 상당한 영향을 미치는 경우가 많이 있는데, 이러한 행정위원회가 고착화된 관료사회의 이해관계에 매몰되지 않고 국민들의 생명과 안전 등 생활관계에 지대한 영향을 미치는 결정에 국민이 스스로 자기결정권과 영향력을 행사할 수 있도록 구성하고 운영하는 것이 긴요하다. 이하에서는 공공기관의 정보공개에 관한 법률과 행정절차법을 포함하는 적법절차의 의미에 대하여 논급하고 행정위원회 구성의 문제점을 원자력안전위원회의 예를 들어 살펴보기로 한다.

(1) 정보공개제도

1998년부터 시행된 '공공기관의 정보공개에 관한 법률'(이하 정보공개법)에 따라서 국민은 중요한 행정적 결정의 내용과 근거에 관련되는 정보에 대한 접근권을 갖게 되었다. 한국의 정보공개법은 전 세계적으로 12번째로 제정되어 그 동안 시행되면서 공익적 정보공개를 위한 원고적격의 확대, 불복절차의 정비, 수요자인 국민중심의 정보공개에 대한 법원의 판결 등으로 인하여 행정작용의 투명성과 국정에 대한 국민의 참여를 실현하

187면 이하.

38) 민주주의원리와 인간의 존엄성과의 관계에 관하여 종래의 통설적인 입장은 대의민주주의 내지 의회민주주의원리를 바탕으로 자신의 참정권 행사를 통하여 국가의사결정에 참여하고 대의제기관의 결정에 스스로 구속되는 형태로 실현되는 것으로 보고 있다. 한수웅, 전게논문(각주 2), 253면.

는 제도적 수단으로 큰 의의를 가지고 있다. 그러나 정보공개법과 정보공개제도에 대한 이와 같은 긍정적인 평가에도 불구하고 정보공개를 통하여 국민이 공동체의 중요결정에 대한 자기결정권과 영향력을 행사하기 위해서는 상당한 정도로 개선의 여지가 있다.[39]

이와 같은 목적을 위하여 제도개선이 시급한 부분은 많이 있지만 우선 첫째, 법령에서 규정한 비공개대상정보의 세부적 지침을 마련하는 것이다. 정보공개법 제9조 제3항에 따라서 공공기관은 해당 공공기관의 업무 성격을 고려하여 비공개 대상 정보의 범위에 관한 세부 기준을 수립하고 이를 공개하여야 하는데, 특히 문제가 되는 것은 각 공공기관이 내부적인 지침이나 규정 등을 통하여 정보공개법 제9조와 제1항 각호에서 규정하는 비공개대상정보 보다 비공개되는 대상 정보의 범위를 확대하는 경우이다. 따라서 법제처의 법령해석, 법원의 판결, 행정심판 재결, 공개 사례 등을 통해 공개대상정보임이 밝혀진 경우 비공개대상정보 규정에서 삭제하여 법령에 비해 광범위하게 규정된 비공개대상정보의 범위를 축소하여 담당공무원의 자의적 해석에 의한 공개범위 왜곡 차단하는 것이 필요하다. 법령에 비하여 포괄적이고 추상적으로 규정된 공공기관이나 자치단체의 지침·조례를 세부적이고 구체적으로 규정하고 정보공개 담당자에게 과도하게 부과된 재량권 축소하여 정보공개법 제3조에 따라 공공기관이 보유·관리하는 정보는 국민의 알권리 보장 등을 위하여 이 법에서 정하는 바에 따라 적극적으로 공개하도록 하는 정보공개의 원칙이 효과적으로 실현되어야 한다.

둘째, 정보공개법 제7조 제1항에 따라서 공공기관은 국민생활에 매우 큰 영향을 미치는 정책에 관한 정보, 국가의 시책으로 시행하는 공사 등 대규모 예산이 투입되는 사업에 관한 정보, 예산집행의 내용과 사업평가 결과 등 행정감시를 위하여 필요한 정보 등에 대해서는 국민의 정보공개청구가 없다고 하더라도 공개의 구체적 범위와 공개의 주기·시기 및 방법 등을 미리 정하여 공표하고, 이에 따라 정기적으로 공개하여야 한다. 그런데 이러한 정보의 사전공표제도는 국민들이 국가와 공동체에 중대한 영향을 미치거나 재정적으로 국민에게 부담을 줄 수 있는 대규모 프로젝트에 대해 미리 알고 이에 대하여 개인적 또는 집단적으로 이의를 제기하거나 보완을 요구하는 등의 행위가 가능하도록 하는 의미를 가지고 있다.[40]

---

39) 이에 대한 상세한 논의는 2013년 6월 17일 국민권익위원회 의결 공공기관 정보공개제도의 투명성·실효성 제고방안.

40) 그런데 현행 사전공표제는 회계·재정, 감사결과 등 부패행위 감시를 위해 필요한 정보가 제대로 사전적으로 공개되지 않아 행정의 투명성 확보하기 어려운 경우가 많이 있다. 특히 사전공표제도가 원활하게 이루어지지 못하는 경우에는 그 다음 단계로서 국민이 정보공개청구를 하게 되는데, 정보공개 여부를 결정하기 위한 정보공개심의회의 절차를 거쳐 당해 공공기관이 공개거부결정을 내리면 다시 이에 대해 행정소송 등 불복절차를 거쳐야 하는 등 비용과 시간이 많이 소요되는 복잡한

따라서 중요한 정보에 대한 사전공표제도가 제도적 취지에 맞도록 운영되기 위해서
는 공공기관의 회계·재정, 감사결과 등 국정운영의 투명성을 담보할 수 있는 정보를 사
전 공표 목록에 의무적으로 포함시키도록 공공기관은 내부지침·조례상 사전공표 대상
정보의 범위를 정보공개법령 취지에 맞게 확대하는 것이 필요하다. 또한 식품·위생, 의
료, 교육 등 국민의 생명권과 교육권 등 일상생활과 관련이 크고 정보를 사전 공표 목록
에 의무적으로 포함시키도록 공공기관과 자치단체의 지침과 조례를 개정하여야 한다.

(2) 적법절차

미국수정헌법 제5조와 제14조에서 적법절차를 규정한 것과는 달리 우리 헌법은 이
에 대한 명시적인 조항을 두고 있지는 않다. 다만, 헌법재판소는 헌법 제12조 제1항과
제3항에 규정된 영장주의원칙 등이 형사절차에 국한되지 않고 널리 입법절차와 행정절
차에 적용되는 적법절차원리로 이해하고 있다.[41] 대법원 또한 최근 일련의 판결을 통하
여 적법절차원리가 헌법상의 원칙임을 확인하고 행정절차법의 적용을 받지는 않지만 상
대방에게 불이익한 법적 효과를 야기하는 행정처분 등 공권력 행사에 대해 사전통지와
의견청취절차를 거치지 않는 경우 그 위법성을 인정하고 있다.[42] 행정절차법은 위에서
언급한 공공기관의 정보공개에 관한 법률과 같은 날 제정되고 시행되었는데, 이는 두 법
제가 21세기 협력적 법치주의국가에서 국민의 참여와 협력을 실현하는 중심축으로서의
의미를 가진다고 이해할 수 있는 부분이다.

일반적으로 행정절차법상 상대방에게 불이익처분을 하는 경우 이에 대한 사전통지
와 더불어 상대방의 의견을 청취하는 것이 적법절차의 요체라고 할 수 있다. 그런데 오
늘날 행정절차는 하천정비, 군사기지, 공항 등 대규모 건설사업의 결정을 대상으로 하는
경우 다수의 국민에게 중대한 영향을 미칠 수 있기 때문에 공청회 등을 통하여 국민들이
의견을 개진할 수 있는 기회가 보장되어야 한다. 현행 행정절차법은 기본적으로 불이익
처분의 상대방을 개인으로 상정하고 있는데, 이와 같이 집단·대량적으로 이루어지는 행
정처분에 대하여 이를 사전에 이해관계가 있는 국민에게 알리고 그 의견을 구하는 절차
가 미흡한 것이 문제라고 할 수 있다. 이와 관련하여 1987년 입법예고 되었다가 이후에
폐기된 행정절차법안은 제50조 이하에서 계획확정절차에 대하여 규정하였다.

계획확정절차는 대규모 시설의 건설과 운영을 대상으로 하는 행정계획을 확정하는

절차를 거쳐야 한다.

41) 헌재 1992.12.24. 92헌가8; 2011.10.25. 2009헌마691 등.

42) 대법원 2012.10.18. 선고 2010두12347 전원합의체 판결 – 가산세 부실납세고지 사건. 이에 대한 상
  세한 평가는 김성수, 헌법은 존속하고, 행정법은 변화한다. 공법연구 제41집 제4호. 2013.6, 65면 이
  하(85면 이하).

절차인데, 이 경우 국가기관 상호간, 국민과 국가간, 국민 상호간에 의견의 대립과 갈등이 있을 수 있기 때문에 이를 조절하는 장치가 필요한 것이다.[43] 계획확정절차의 핵심은 행정계획을 주관하는 행정청이 대규모 공공사업을 대상으로 하는 행정계획을 입안할 때 관계행정청과 관련 지방자치단체와의 협의를 거친 후에 이를 공고하고 이해관계 있는 국민들이 열람할 수 있는 기회를 보장하는 것이다.[44] 그 이후에 이해관계 있는 국민들은 행정계획안에 대한 의견제출, 청문, 공청회 등을 통하여 의견을 개진하고 여기에서 제시된 의견을 충분히 고려한 이후에 최종적으로 행정계획을 확정하는 것이다. 최근 우리나라에서는 4대강 사업이나 제주해군기지의 건설을 둘러싸고 극도의 사회적 갈등이 표출되었으나 결국 정부의 의지대로 사업이 강행되는 것은 관련되는 지역 주민이나 국민들이 충분하게 자신의 의견을 제시하고 자기결정권을 행사한 것이라고 보기 어렵다. 따라서 행정절차법에는 적어도 1987년의 행정절차법안에서 규정한 계획확정절차에 대응하는 내용이 반영될 수 있도록 개정하는 것이 필요하다.

(3) 행정위원회 구성방식의 개선

일본 후쿠시마원전 사고 이후 우리나라에서도 국민의 생명과 안전에 직접적인 위해를 야기할 수 있는 원전의 안전책임을 담보하기 위하여 원자력 진흥과 규제를 분리하고 규제기관으로서 원자력안전위원회를 설치하는 '원자력안전위원회의 설치 및 운영에 관한 법률'이 지난 2011년 10월 제정되었다. 그러나 당시 원자력안전위원회는 국민의 기대와는 달리 독립적인 규제위원회로서의 기능을 제대로 발휘하지 못하고 2013년 박근혜정부가 출범하고 정부조직법이 개정되면서 국무총리소속하의 독립규제위원회로 그 위상이 격하되었다. 그런데 이러한 위상의 문제에도 불구하고 원전의 안전성과 같이 국민의 생명과 안전에 직접적인 영향을 줄 수 있는 결정에 정작 시민사회의 대표, 국민의 입장을 대변하는 위원이 참여할 수 있는 기회가 보장되고 있는가에 대해 의문이 제기되고 있다. 원자력 이용의 안전과 주요 정책에 대한 국민의 자기결정권과 영향력 행사를 통하여 국민의 생명과 안전에 직결된 협치와 21세기적 인간존엄이 실현되기에 미흡하다는 지적이다.[45]

---

43) 대법원 2013.11.14. 선고 2010추73 판결; 1998.04.24 선고 97누1501 판결; 1997.06.24 선고 96누1313 판결 등.

44) 홍준형·김성수·김유환, 행정절차법 제정연구, 법문사, 1996, 48면.

45) 원자력안전위원회의 설치 및 운영에 관한 법률 제4조 제1항에 의하여 원자력안전위원회는 위원장을 포함하여 9명의 위원으로 구성하며, 위원장 및 위원 1명은 상임위원으로 구성한다. 그런데 위원장은 국무총리의 제청으로 대통령이 임명하고, 상임위원인 위원을 포함한 4명의 위원은 위원장이 제청하여 대통령이 임명 또는 위촉하며, 나머지 4명의 위원은 국회에서 추천하여 대통령이 임명 또는 위촉한다(제5조 제2항). 국회가 추천하는 위원의 경우에는 국회의 의석수에 따라 여야가 보통 2명을 각각 추천하고, 위원장을 포함한 5명의 위원의 경우에는 전적으로 대통령의 의지에 좌우된다.

　　물론 원자력안전위원회의 설치 및 운영에 관한 법률은 제5조 제1항에서 원자력안전위원을 원자력안전에 관한 식견과 경험이 풍부한 사람 중에서 임명하거나 위촉하되, 원자력·환경·보건의료·과학기술·공공안전·법률·인문사회 등 원자력안전에 이바지할 수 있는 관련 분야 인사가 고루 포함되어야 한다고 규정하고 있으나 전문가나 관련 인사가 반드시 국민의 안전과 생명을 담보하지는 않는다. 결과적으로 원자력안전위원회의 9명의 위원 중 7명의 절대다수는 정부와 여당의 영향력 하에 놓이게 되며, 우리나라 원자력 정책은 구조적으로 정부가 추진하는 방향으로 시행될 수밖에 없는 법적 상태를 보이고 있는 것이다. 따라서 정부와 여당이 원자력의 안전보다는 원전을 포함한 원자력산업을 육성하는 정책기조를 유지하는 경우 원자력안전위원회라는 명칭과 법률상의 업무에도 불구하고 국민들은 정작 자신들의 생명과 안전에 절대적인 영향을 미치는 원자력 정책에 대해 자기결정권을 행사할 수 없다. 이러한 문제는 앞서 독일의 예에서 본바와 같이 대통령과 국회를 중심으로 하는 대의제 민주주의 내지 의회민주주의 시스템 하에서 국민의 자기결정권이 실현되기 어려운 대의제의 함정을 잘 보여주는 것이라고 할 수 있다. 겉으로는 그리고 법률과 형식논리로는 완벽해 보이는 제도가 정작 21세기 인간존엄과 자기결정권을 실현하지 못하고 있다는 현실적인 딜레마에 빠진 것이다.

　　물론 궁극적으로는 우리 헌법 제72조에서 규정하는 국민투표의 대상에 탈원전 등 주요한 원전정책을 '기타 국가안위에 관한 주요정책'에 포함시키는 해석론을 통하여 국민 스스로 이에 대한 자기결정권을 실현하는 것이 근본적인 방안이 될 수 있다. 그러나 일상적인 원자력 정책에 대해서 국민투표가 그 대안이 되기는 어려울 것이기 때문에 국민의 안전과 생명을 담보할 수 있는 원자력안전위원회 위원을 여야 동수로 이루어지는 국회 선출위원회에서 위원 3분의 2 이상으로 선출하도록 하고, 일정 수 이상의 국민의 연서로서 특정 위원을 소환할 수 있도록 사후적인 국민의 직접적 견제장치를 마련하는 것이다. 이를 통하여 대통령이나 총리 등 정부의 영향력을 전적으로 배제하고 국회에서 여야가 사실상 전원일치로 동의하는 객관적이고 중립적인 전문가를 위원으로 선출할 수 있도록 함으로서 원자력안전과 관련된 주요정책에 있어서 정부와 국회간의 견제와 균형이 이루어지도록 하며, 위원회 내부의 자기견제장치가 작동하지 못하는 경우 일정 부분 국민들의 직접적 참여를 보장한다.

　　법률에 의하여 설치되는 모든 행정위원회는 아니라 하더라도 원자력안전위원회와 같이 국민의 생명과 안전에 직결되는 중요한 의사결정기관에 국민의 의사와 영향력을 직접적으로 관철시키는 것이 너무나도 중차대한 문제이기 때문이다. 특히 세월호 참사를 경험하면서 관료사회를 포함하는 정부와 의회민주주의의 중심으로서 국회가 국민보다는 당파적 이해관계에 매몰되어 가는 현실을 보면서 예외적이기는 하지만 사후적이기는 하지만 국민의 직접적인 의사결정이 필요하다는 점을 절감하기 때문이다.

V. 맺는 말

행정법은 그 집행을 통하여 궁극적으로 공익과 더불어 관련되는 사인의 권리를 실현하는 것이지만, 오늘날 헌법국가에서는 헌법질서가 지향하는 원칙이나 목표를 법규집행의 준거로 적용한다. 행정법규가 지향하는 헌법적 준거에는 국민의 기본권과 더불어 법치국가와 사회국가원리에 따르는 세부적인 원칙들이 포함되지만, 그 핵심에는 인간의 존엄과 가치가 위치하고 있다. 그럼에도 불구하고 헌법 제10조에 규정된 인간존엄이 행정법질서에 대하여 가지는 함의와 그 실현방식에 대해서는 아직 학문적인 연구가 본격적으로 이루어진 바가 없다. 본 연구를 통해서 인간존엄은 지난 200여 년간 법치주의 발전과 구조의 변화에 따라서 그 의미와 내용에 대한 미묘한 차이를 발견할 수 있었다.

자유주의시대의 인간존엄은 칸트의 도덕론에 영향을 받아 인간의 자유와 자율적인 의사를 실현을 그 본질로 이해하고 행정법은 이를 위하여 권력을 통제하고 남용을 방지하는데 초점이 주어졌다. 이러한 자유주의 시대의 구조적 특징으로 인하여 침해유보를 중심으로 하는 법률유보이론과 과잉금지원칙 등이 행정법질서를 지도하는 원리로 자리잡을 수 있었다. 19세기와는 달리 20세기의 사회적 법치국가시대에는 인간의 자유의지, 자율성, 자기결정권을 존중하는 인간존엄의 핵심적 가치를 유지하면서도 인간다운 생활, 생존을 위한 자기결정권을 강조하는 다소 다른 양상의 인간존엄의 개념이 출현하였다. 이에 따라서 사회적 법치국가 시대의 행정법규와 행정법질서는 행정권력을 통제함에 있어서 국가의 소극적 행위 내지 부작위가 인간존엄과 인간다운 생활을 위한 생존권을 실현하는데 부족함이 없는지의 문제에 대해서도 관심을 가지기 시작하였다. 물론 이 시기에도 행정권력의 과도한 행사와 남용을 감시하는 것이 여전히 행정법의 주요한 과제임에도 불구하고 과소보호금지원칙 등이 국민의 안전과 복지, 환경을 포함하는 전반적인 급부행정 실현을 위한 행정법규의 위법성을 심사하는 기준으로 등장하였다.

자신의 운명에 대하여 스스로 결정권을 행사하는 인간의 자유의지라는 핵심적 가치를 보전하면서 21세기 협력적 법치주의시대의 행정법질서는 인간존엄 실현을 위하여 어떠한 실천전략을 가지고 있을까? 21세기 협치 또는 협력적 법치주의에서 인간존엄은 이전 시대와는 달리 개인의 차원을 넘어서서 국가의 중요한 정책이나 의사결정에 집단적인 의사표시를 통하여 자기결정권을 행사하는 측면이 강조된다. 예를 들어 원전을 비롯하여 군사시설, 대규모 사회기반시설의 건설 등 국민의 생명과 안전에 중대한 영향을 미치는 결정에 대해 참여와 협력을 통하여 국민이 집단적으로 자기결정권을 행사하는 경우에 한하여 협치시대의 인간존엄이 실현될 수 있다. 물론 이러한 의사결정은 의회민주주의제도 하에서 국민의 대표기관인 의회를 통하여 이루어지는 것이 원칙이지만 무기력하고 매너리즘에 함몰된 의회주의에 대한 대안으로서 국민투표 등 직접민주주의적인 제도의 도입 내지 활성화에 대한 관심도 증폭되고 있다.

다만, 일상적으로 이루어지는 공동체의 주요 의사결정에 대해 국민의 참여와 협력을 통하여 자기결정권과 인간존엄을 실현하는 행정법제로서 정보공개법과 행정절차법을 포함하는 적법절차의 의미가 더욱 강조된다. 시대를 초월하여 인간이 자신의 문제에 대하여 타인의 지배와 통제의 대상으로 머무르고 국가 공권력 행사의 단순한 객체에 불과한 경우에는 존엄한 존재라고 말할 수 없다. 결국 행정법과 행정법질서는 어느 경우에나 인간이 자신의 문제를 주체적으로 해결할 수 있는 통로와 방법이 무엇인지 고민하고 제도화하는데 초점을 모아야 한다. 이는 행정법질서의 실체법적인 측면에서는 물론 절차법과 쟁송법에 이르기까지 전(全) 방위적으로 이루어져야 한다. 국민의 집단적 의사결정을 광범위한 이익집단과 정당의 이해관계로 치환하고 주권자로서의 국민의 지위를 형해화하는 행정법질서는 자신의 문제를 능동적이고 주체적으로 해결하는 헌법적으로 존엄한 인간상에 부합하지 못하며 그 정당성과 합헌성을 인정할 수 없기 때문이다. 21세기가 시작된 후 15년 가까이 지난 오늘날 헌법의 최고가치인 인간존엄이 행정법에 부여하는 의미와 과제에 대한 진지한 성찰이 요구되는 시점이다.

현대 행정법의 변화와 지배이념

-이른바 '보장국가'의 가능성과 한계를 중심으로-

문 병 효*

I. 서론

故 류지태 교수는 그의 행정법 교과서에서 행정법의 지배이념을 권리보호와 행정능률의 실현으로 간단명료하게 서술하고 있다.[1] 대학원 시절 행정법을 공부하던 때로 기억을 더듬어 보면 판단의 기준이 단순하고 명료하여 행정법을 이해하는데 상당한 도움이 되었다. 어찌보면 이러한 간단명료한 서술이 행정법신론이 독자들로부터 인기를 얻었던 비결 가운데 하나였을지도 모른다. 그러나 막상 교수가 되고 행정법을 더 공부하면서 이것이 그리 간단하지만은 않음을 깨닫게 되었다. 행정법상 권리보호와 공익실현, 행정능률의 실현, 양 이념의 조화가 필요할 것이나 현실에서 이를 조화시키기는 매우 어려운 과제라는 것을 알게 되었다.

행정법은 그 사이 상당한 변화를 겪고 있다. 92년에 대학원에 입학하여 행정법을 공부하기 시작한 지 25년이 지난 지금 행정법이 변하고 있음을 피부로 느낄 정도이다. 최근에는 변화의 속도가 더욱 빨라지고 있는 것으로 보인다. 거버넌스, 보장행정, 제어학(또는 조정학)으로서의 행정법 등 지난 30여년 상당한 변화를 몸소 체험하고 있다. 이는 국가와 시민의 관계변화에 따른 것뿐만 아니라 주로 국가의 기능변천에 의한 것이기도 하다. 전래의 국가와 사회의 이분론이나 공사법의 구분, 행정과 시장의 구분론, 그리고 그에 따른 법도그마적인 카테고리(범주)가 새로운 행정현실의 다양한 혼종적인 현상형태를 적절하게 다루기 어렵게 되었지만 이러한 불확실성 때문에 행정법학은 오히려 역동적이면서도 지속적인 과제를 안게 되었다.[2] 이에 대응한 행정법의 새로운 틀이 요구되고 있다.

---

* 강원대학교 법학전문대학원 교수

1) 류지태, 행정법신론, 제10판, 신영사, 2006, 15면: 류지태·박종수, 행정법신론, 제16판, 박영사, 2016, 5면 이하.

2) Schulze－Fielitz, § 12 Grundmodi der Aufgabenwahrnehmung, in: Wolfgang Hoffmann－Riem/Eberhard Schmidt－Assmann/Andreas Vosskuhle(Hrsg.), Grundlage des Veraltungsrechts, Rn. 167, S. 837 ff.

10년 전 필자는 당시 故 류지태 교수님의 추모논문집에서 이러한 변화의 경향을 "최근 독일 행정법의 변화와 시사점"이라는 제하에 글을 쓴 적이 있지만[3] 10년이 흐른 지금 변화는 당시보다 훨씬 빠르고 구체적으로 다가오고 있다는 느낌을 받는다. 이하에서는 행정법의 이러한 변화의 동인과 새로운 행정법의 요소들을 살펴보고 그 가운데 특히 '보장국가'의 가능성과 한계에 관하여 고찰해보고자 한다.

II. 『행정법신론』과 행정법의 지배이념

1. 행정법의 지배이념 논의

고 류지태 교수는 그의 교과서 『행정법신론』에서 행정법은 전체적으로 보아 권리보호이념과 행정능률의 실현 이념에 의하여 지배되고 있다는 점을 지적하고 있다. 행정법의 지배이념에 관한 언급은 다른 행정법 교과서에서는 볼 수 없는 독특한 내용이다. 행정법의 지배이념에 대해서는 '지배이념'이 무엇인가, 법의 이념과의 관계, 그리고 다른 법영역과 달리 행정법을 지배하고 있는 이념이 무엇인가에 대해서 다양한 반론이 제기될 수 있을 것이다. 이러한 점을 인식하여 저자는 행정법이 기초로 하고 있는 지배이념에 대해서는 여러 가지 논의가 가능하다는 것을 전제로 하여 그 가운데 권리보호이념과 행정능률의 실현이념을 지배이념으로 채택하고 있다.[4]

2. 행정법의 지배이념으로서 권리보호와 행정능률의 실현(공익실현)

행정법신론에 행정법의 지배이념으로 비교적 간단하게 서술되어 있는 권리보호와 행정능률의 실현 이념은 행정법을 공부하는 초학자들과 수험생들에게 행정법에 대한 간단명료한 이정표를 제시해 주고 있다는 점에서 이 책의 가장 큰 장점이라고 본다. 행정법은 법으로서의 성격상 시민의 권리보호를 실현하는 것을 그 이념으로 하는 한편 규율대상이 되는 행정작용의 특성상 요구되는, 행정작용의 신속한 능률적인 수행도 배려하여야 한다. 여기서 저자는 행정능률의 실현이 효율성만을 의미하는 것이 아니라 행정작용을 통하여 달성하려고 하는 공익적인 이해관계를 반영하는 것임을 놓치지 않고 있다.

행정작용으로부터의 시민의 권리보호는 행정작용의 근거, 행정작용에 대한 사전적 규제와 사후적 통제를 주된 내용으로 하기 때문에 행정절차와 행정구제의 측면에서 주로

---

3) 문병효, 최근 독일행정법의 변화와 시사점 : 유럽화, 민영화, 규제완화를 중심으로, 고려법학 제52호 (2008.4.) 213면 이하.

4) 류지태, 행정법신론, 제10판, 신영사, 2006, 15면 참조.

나타난다.

　행정능률의 실현이념은 행정현실을 반영한 합목적적인 결정과 능률적이고 신속한 행정작용의 확보를 그 목표로 하게 되므로 재량행위이론, 행정입법, 행정계획이론, 행정지도 등에서 강하게 나타난다.[5]

3. 양 이념의 조화

　권리보호와 행정능률의 실현 이념은 행정법의 영역에 따라 강하게 기능하기는 하지만 엄격히 분리되어 기능하는 것은 아니다. 그리하여 양 이념은 독자적으로 기능하는 것이 아니라 서로 적절한 형태로 조화되는 것이 필요하다는 점을 저자도 잘 지적하고 있다. 재량행위의 하자이론이나 재량행위에 대한 공권인정, 행정계획에서 형량명령이론, 행정절차에서 원칙과 예외규정의 존속, 행정절차의 하자의 치유인정, 행정입법의 한계 논의 등은 이를 반영하고 있다. 그리하여 행정법의 어떤 제도가 위 이념가운데 어느 쪽에 치중하고 있다는 평가를 받게 되면 그에 따르는 제도보완장치가 마련될 필요성이 있다고 보고 있다.[6]

Ⅲ. 현대 행정법의 변화와 새로운 행정법학

1. 전통적인 행정법의 위기와 중점의 이동

1) 전통적인 행정법의 위기와 새로운 도전

　지난 수십년 동안 세계화와 신자유주의의 광풍이 몰아쳤고 정보통신기술의 급속한 발달은 이를 더욱 촉진하고 있다. 이로 인하여 촉발된 사회의 급진적이고 복잡다양한 변화를 수용하고 대응하여야 하는 과제가 현대의 법이론과 실무 앞에 놓여있다. 전통적인 행정법은 질서법 위주로 구성되어 있다. 따라서 전통적인 행정법으로 변화된 현실을 극복한다는 것은 사실상 어렵게 되었다. 이러한 현실을 반영하여 독일 연방헌법재판소 소장인 Voßkuhle는 '새로운 행정법학(또는 新행정법학, Neue Verwaltungsrechtswissenschaft)'을 언급하면서 과거의 '규제적인 법의 위기(Krise des regulativen Rechts)'라고 말한 바 있다.[7] 그에 따르면, 고전적인 질서법(Ordnungsrecht)의 특징인 명령과 금지, 허가유보, 형벌위협으로 상대방에게 목표로 하는 작용을 하도록 하는 데에는 한계가 있으며 집행의 결함(Vollzugsdefizit)

---

5) 류지태, 행정법신론, 제10판, 신영사, 2006, 15면 이하를 참조.
6) 류지태, 행정법신론, 제10판, 신영사, 2006, 16면.
7) Andreas Voßkuhle, § 1 Neue Verwaltungswissenschft, in: Wolfgang Hoffmann－Riem/Eberhard Schmidt－Aßmann/Andreas Voßkuhle(Hrsg.), Grundlagen des Veraltungsrechts, § 1, Rn. 10.

이 발생하였다. 그리하여 문제해결을 위해서는 행정이 기업 및 시민들과 공통으로 수용
가능한 방안을 마련하기 위하여 다양한 방법으로 협력해야만 한다는 인식이 독일에서는
70년대 이래 경험적 연구를 통하여 발견되었다. 국가는 과제를 수행할 때에 전래의 질서
법적으로 형성된 절차나 행위방식에 대하여 재고해야 했다. 전통적인 법학방법론의 시야
에서 일관되게 철저히 외면되었던 사회 현실(soziologischer Befund)을 행정법학이 법률우위
의 관점에서 간단히 무시하기가 어려워졌다. 그리하여 특히 행정과 시민 간의 비공식적
인 협력이 관심의 대상이 되었고 정치학자나 사회학자들의 도움을 빌어 다양한 형태를
유형화하고 분류하는 작업이 행하여졌으나 이러한 방식은 그다지 생산적이지 못하였고
적법성과 위법성의 이원적 공식에 의한 병리학적 고찰방식이 주류를 이루었다.8)

　　비공식적－협력적 행정작용을 법치국가적으로 규율하라는 요구만으로 명령적－위계
적 조종의 취약성이 제거될 수 없었다. 따라서 점차로 행정법학은 문제에 적합하고 기능
할 수 있는 법질서 형성을 제안할 준비가 되어 있어야 한다는 인식이 지배하게 되었다.

　　－ 법정립과 구체적인 결정 및 집행 간의 복잡한 연관성을 고려하여야 한다.
　　－ 국가과제의 양적인 확대와 질적인 변화로 인하여 정보에 대한 수요가 급격히 증가
　　－ 동시에 환경법이나 통신기술법분야에서 과도한 복잡성과 역동성, 단선적이지 않
　　　은 인과경과, 불계속성, 불가역성, 평가하기 어려운 리스크 등에 기인한 지식의
　　　한계도달

　　이에 따라 유연하고 상황에 관련된 넓은 의미로 학습가능한 행위지침을 전통적인
질서법은 충족시킬 수 없다. 또한 고전적인 관료주의적이고 위계적으로 조직된 행정은
충분한 정보의 흐름을 보장할 수 없는 것으로 보인다. 따라서 행정법학은 특히 역동적
특징을 가진 법 영역에서 대안적인 규제전략과 조직형태를 생각하도록 요구되었다. 개별
적인 비용－수익분석과 시장의 유인메커니즘을 법질서로 통합하여야 한다는 경제학자들
의 제안을 검토하였고 협상을 통한 갈등해결이나 수용성(Akzeptanz)의 창출을 연구하였고
소통이론이나 정보이론에 흥미를 가지기 시작하였다. 물론 이러한 식으로 획득한 인식이
전통적인 법도그마틱을 변화시키지는 못했다. 그러나 규범적으로 옳은지 또는 그른지의
문제 대신, 해결의 합목적성 또는 쟁점이 되고 있는 논거의 설명가능성, 그의 연계가능성
등이 문제되었다. 이는 문제지향의 행위관점을 통하여 법적 행위(Rechtsakt)와 관련된 법
학방법론의 고찰방식을 보충하거나 분리하는 결과를 가져왔다.9) Voßkuhle의 이러한 상

---

8) 특히 협력적 고권활동의 법적인 한계나 비공식적 작용의 한계, 행정계약의 한계 등이 테마로 다루어
　　졌다. Andreas Voßkuhle, § 1, Rn. 10.
9) Andreas Voßkuhle, § 1, Rn. 11.

황인식과 통찰이 우리의 경우에도 특별히 달라질 것으로 보이지 않는다.

2) 행정법의 중점이동

행정법학의 방법론은 전통적으로 법해석학이 중심이 되어 왔다. 그러나 최근의 변화를 겪으면서 법해석학만으로는 사회의 급격한 변화를 극복하기 어렵다는 인식이 늘어나는 것 같다. 앞에 언급한 Voßkuhle는 이러한 점을 인식하여 행정법학이 법적용을 위한 해석학으로부터 법정립 지향의 행위학(rechtssetzungsorientierte Handlungs-) 및 결정학(Entscheidungswissenschft)으로 중점이 이동하였다고 서술하고 있다.[10] 이렇게 전망하는 하나의 근거로서 그는 입법이론(Gesetzgebeungslehre) 분야의 창설을 들고 있다. 그는 물론 이것이 전통적인 법학방법론에서의 도그마틱 작업이 불필요하다는 것을 의미하는 것은 아니라고 하면서 민주적 헌법국가에서 법은 행정의 결정시스템을 위한 기준이 되는 결정요소로 남아있다고 한다. 때문에 행정법에서 행위의 척도나 조직, 절차, 구성원 등의 변화는 헌법을 통하여 정당화될 수 있어야 한다. 따라서 모든 결정 및 결정제안도 현행법과 합치하는지 여부가 심사되어야 한다. 법률가들의 원래 활동영역은 법정립 지향의 행위학 및 결정학의 시각에서는 복잡한 인식과정의 한 단계일 뿐이며 다른 단계들이 간단히 무시되어서는 안 된다. Voßkuhle는 그러함에도 법학방법론에 매몰되어 있는 행정법학자들은 이를 제대로 고려하지 않았다고 비판하고 있다. 현실분석, 이론적인 선이해(Vorverständnisse), 결과관찰(Folgenbetrachtungen), 일상의 지식(Alltagswissen),[11] 법정책적인 평가는 종종 은폐되고 방법론적으로 반영되지 않은 채 자신의 논거에 흘러 들어갔다고 한다. 그러므로 바로 비규범적인(nicht-normative) 결정요소들을 학문적으로 어떻게 합리화하는지(Rationalisierung)의 문제를 새로운 행정법학의 주된 관심사로 다루어야 함을 강조하고 있다.[12]

2. 행정법 변화의 동인

법은 현실을 반영한다. 그러므로 법이 변화하고 있음은 현실이 변화하고 있다는 것을 의미한다. 법의 한 분과를 담당하고 있는 행정법은 현실의 변화를 감당해야 하고 그러한 변화에 대응하여 현실을 바람직한 방향으로 이끌어야 할 과제를 갖는다. 최근 수십 년 동안 한국사회와 세계는 급격한 변화의 바람이 불었고 이로 인해 행정법은 상당한 변화를 경험하고 있다.

독일에서는 신공공관리론(New Public Management), 신 제어모델(neues Steuerungsmodell),

---

10) Andreas Voßkuhle, § 1, Rn. 15 ff.

11) 일상의 지식(Alltagswissen)은 경험이나 체험을 통해 개별적으로 획득되며 학문적인 지식(das wissenschaftliche Wissen)은 세상을 이해하고 설명하는데 기여하며 객관적이라는 점에서 양자는 구별된다.

12) 이상의 내용에 대해서는 vgl, Voßkuhle, § 1, Rn. 15.

규제완화, 민영화, 날씬한 국가(Schlanker Staat), 활성화국가(Aktivierender Staat), 전자정부, 거버넌스(Governance) 등이 행정과 행정법 개혁을 위한 지배적인 단초로 언급되고 있는 바,13) 우리의 경우에도 효율성증대 및 효과증대의 사고(신공공관리론)나 규제완화, 민영화, 거버넌스, 국가기능의 축소 등이 주로 언급되고 있다. 여기서는 행정법변화의 동인으로서 규제완화와 민영화, 날씬한 국가와 활성화 국가를 특징으로 하는 신자유주의와 거버넌스의 문제를 다루고 추가적으로 세계화 또는 유럽화를 다루기로 한다.

1) 자본주의 황금시대의 종말과 신자유주의시대의 도래

자본주의의 황금시대로 일컬어지는 2차 세계대전 이후 4반세기 동안 국가개입주의 정책들은 매우 성공적이었다. 그러나 황금시대가 종말을 고하면서 당시에 구축된 국가개입주의 모델은 신자유주의의 공격을 받게 된다.14) 대처와 레이건이 영국과 미국에서 정권을 유지한 1980년대 이래로 신공공관리론이나 규제완화, 민영화, 작은 국가 등을 내세운 신자유주의의 공세가 강화되었다. 신자유주의 정책들은 어떤 면에서는 상당한 성과를 거둔 것으로 볼 수 있지만 30여년이 지난 지금에 와서는 그다지 성공적인 것으로 평가되지는 않는 것 같다.15) 효율성내지 효과증대의 관점에서는 그동안 비효율적인 면을 극복하는데 도움이 된 측면이 있으나 규제완화와 민영화 등 신자유주의의 핵심정책의 추진으로 인하여 부와 소득의 불균형, 양극화가 심화되었고 이로써 극단의 한 쪽은 혜택을 누린 반면에 다수를 구성하는 반대쪽은 그러하지 못하였다. 신자유주의는 극단적으로 표출되는 경우 한쪽의 권리를 빼앗아 다른 쪽으로 가져다주는 역할을 할 수 있다. 자본주의 내에서 모순관계는 다양하게 표출되지만 자본과 노동관계에서 신자유주의 정책은 자본에 유리하고 노동에 불리한 쪽으로 작용하여 왔다. 비정규직의 양산과 쉬운 해고 등 노동의 유연화가 진행되었다. 신자유주의는 소수에 유리하고 대다수 시민들에게는 불리하게 작용한다. 소수에게 특권이 집중되고 다수 시민들의 권리는 축소된다. 값싸고 효과적인 주택, 교육, 의료보건, 사회서비스를 제공하는 것이야 말로 시민들의 삶의 질을 향상

---

13) Vgl. Andreas Voßkuhle, § 1, Rn. 49 ff; 우리의 경우 이를 소개한 문헌으로는 김남진, 독일의 행정·행정법(학)의 변용, 대한민국학술원통신 제254호(2014년 9월 1일), 2면 이하.

14) 1960년대 케인스의 수요관리가 경제사상을 지배하다가 1980년경이 되면서 통화주의적인 공급중심의 이론들이 우위를 점하게 되었다.

15) 전 세계적으로 과거에 비하여 절대적 빈곤에서 벗어난 인구수가 급증하고 훨씬 평등해진 측면이 있는 것을 부인할 수 없다. 그러나 지난 30여년 동안 여러나라에서 불평등이 극적으로 증가했다는 점 또한 부인하기 어렵다. 미국의 경우 1980년 이후 상위 1%의 국민소득이 배로 불어나 10%에서 20%가 되었고 상위 0.01%의 경우는 국민소득이 네 배로 증가하였다. 오늘날 중국에서는 상위 10%가 국민소득의 약 60%를 장악하고 있다. 이에 대해서는 데이비드 하비 지음/황성원 옮김, 자본의 17가지 모순, 도서출판 동녘, 2015년 3월, 253면 참조.

시킬 수 있는 중요한 전제조건이다. 우리의 경우에도 전기나 가스, 상하수도, 교통, 통신 등 이른바 생존배려(Daseinsvorsorge)의 영역들이 일부 민영화가 진행되었거나 보조금을 통하여 재정지원되고 있다. 공적 영역이 민영화될 경우, 일반화하기는 어렵겠지만 민영화의 내용과 방식에 따라 시민들이 더 질 좋은 서비스를 제공받을 수 있는지 여부가 결정될 것이다. 그러나 지난 수십년 간 경험에 비추어볼 때 신자유주의 하에서 소득격차와 불평등이 커지고 청년실업 및 비정규직 양산 등으로 인하여 일자리에 대한 불안이 커졌고 주택, 교육 등을 포함한 공적 영역의 서비스 가격이 상승하였으며 서비스가격에 비하여 가성비가 높은 서비스를 적절하게 제공받고 있지 못하다. 시민들의 안전과 건강 등의 영역은 민간위탁이 이루어지거나 의료 민영화가 논의되고 재정난을 이유로 국공립의료원이 폐쇄되는 사례도 나타났다. 이처럼 신자유주의의 영향력 아래에서 시민들에 대한 보호조치들은 심각하게 약화되었다.

　　신자유주의가 세계적으로 지배하면서 규제완화, 민영화의 물결이 몰아치자 우리도 그러한 물결에서 벗어날 수 없었다. 김영삼 정부 시절에 시작된 세계화와 규제완화, 민영화는 IMF를 계기로 본격화되었다, 포항제철이 민영화되었고 이후 한전의 민영화를 시도하였다가 반대에 부딪혀 한전 본사와 6개의 발전자회사로 분리된 상태로 중단되어 있다. 한전의 최대주주는 산업은행 등 정부이고 한수원 등 6개 발전 자회사는 한전이 소유하는 구조이기 때문에 엄격히 말하면 민영화되었다고 하기는 어렵고 민영화로 가는 중간단계의 상태이다. 분리된 자회사별로 매각할 수 있는 가능성이 전혀 없는 것은 아니나 현재로서는 완전 민영화가 될 가능성은 그리 크지 않은 것 같다. 그 밖에도 민간위탁과 PPP 등 공·사협력의 증대로 인하여 전국토의 도로와 터널 등 인프라가 대폭 확장된 것은 사실이나 불요불급의 인프라가 생겨나거나 국가재정의 막대한 낭비요인이 되기도 하였다.

　　국가영역의 축소와 시장영역의 확대, 규제완화, 민영화 등의 신자유주의 정책 추진은 행정법에도 역시 중대한 변화를 가져왔다.[16] 1993년 6월 제정된 기업활동 규제완화에 관한 특별조치법이 대표적인 사례에 해당한다. 안전관리 등의 업무를 관리대행기관에 위탁하는 규정과 일정한 기계, 기구와 설비에 대하여는 안전인증, 신고, 안전검사를 면제하는 규정을 두었다. 2004년 3월 22일 제정된 지역특화발전특구에대한규제특례법은 국가균형발전과 지역경제의 활성화를 위하여 지역특성에 맞게 선택적으로 규제특례를 적용하는 지역특화발전특구를 지정·운영하는데 필요한 사항을 제도적으로 뒷받침하려는 것이었다. 이밖에도 1997년 8월 28일 공기업의 경영구조 개선 및 민영화에 관한 법률의

---

16) 신자유주의와 행정법대응에 관해서는, 홍준형, 경제발전과 행정법질서의 대응 - 경제발전과정에서 신자유주의의 대두와 행정법제의 대응을 중심으로, 한국법제연구원, 2011.12.30.

제정 등 수많은 사례들이 있다.

　한편 김영삼 정부 시절 신자유주의 정책이 전면화되고 규제완화정책이 추진되는 과정에서도 행정법 영역에서는 행정절차법(1996년 12월 31일 제정)과 정보공개법(1996년 12월 31일 제정), 행정규제기본법(1997년 8월 22일 제정) 등 중요한 법들이 제정되어 상당한 성과를 남긴 것은 평가할만하다. 그러나 그러한 법들이 제정되었다고 하여 이후 시민들의 권익이 실질적으로 변화되었는지는 의문이다. 민주적인 참여나 투명성확보, 실질적인 권리구제의 측면에서는 여전히 많은 과제를 남겼다.[17] 행정절차법의 경우 행정의 절차적 합리성을 확보하는 계기가 되었다는 점에서 그 정당성을 인정할 수 있으나 형식적 절차준수에 그칠 우려가 여전히 남아있다. 공공기관의 정보공개에 관한 법률의 경우도 공공기관의 정보에 대하여 누구든지 정보공개청구를 할 수 있는 것으로 규정하고 있으나 비공개의 예외사유가 많고 포괄적이어서 그 실효성이 의문시되었다. 행정규제기본법의 경우 규제법정주의를 규정함으로써 규제의 법적 근거를 마련하도록 한 것은 성과라고 할 수 있으나 규제의 원칙, 규제영향분석이나 자체심사, 긴급한 규제의 신설강화에 대한 심사, 규제정비종합계획수립 등으로 미루어 전체적으로 볼 때 규제를 신설하거나 강화하기는 어렵고 규제를 완화하기는 쉬운 측면이 있다. 실제로 김영삼 정부시절 세계화와 규제완화의 기조가 유지되었고 IMF 위기가 도래하였다.

2) 거버넌스(Governance)

　거버넌스(Governance)는 정치학이나 행정학 등에서 보급된 용어인데 2000년대에 들어서면서 법학문헌에서도 그에 관한 논의가 소개되고 있다. 최근 행정법에서도 그에 관한 소개가 적극적으로 이루어지고 있는 만큼[18] 거버넌스에 관한 논의를 빼놓고 넘어갈 수는 없을 것 같다. 간략하게 살펴보기로 한다. 거버넌스가 무엇인지에 대해서는 아직 해명되지 않은 상태이지만, 캐나다 거버넌스 연구소에 의하면, 거버넌스는 권력이 어떻게 행사되고 시민들에게 어떠한 발언권이 부여되고 공공문제에 관하여 결정이 어떻게 내려지는지에 대한 전통 및 제도, 절차를 포함하고 있다.[19] Bertelsmann재단은 생활의 질을 향상시키기 위한 Good Governance의 지표로서 공동의 목표설정, 동반성을 통한 문제해결, 심의회와 집행기관의 효율적 협동, 전략적 경영, 투명성, 목표에 적합한 자원투입, 혁

---

17) 그런 의미에서 한전의 밀양 송전탑사건에서 보여주는 강제집행절차나 제주 강정마을 사건, 평택 대추리 미군기지 이전사건 등에서 행정절차가 실질적으로 민주주의와 주민들의 인간 존엄성을 반영하여 집행된 것인지 검토가 필요하다.

18) 김남진, Good Governance : 관념과 상황, 대한민국학술원통신 제294호(2018년 1월 1일), 4면 이하 참조; vgl. Hermann Hill, Good Governance und Kontexte, in: Gunnar Folke Schuppert(Hrsg.), Governance－Forschung, 2006, S. 220 ff.

19) 김남진, 앞의 글, 4면.

신, 지식 및 학습 등을 제시하고 있다.[20] Good Governance는 법치국가와 민주주의, 인권, 국가활동의 효율성 등에 대한 기본 가치결정을 담고 있으며 국가운영 내지 통치모델의 지침을 제공한다. 거버넌스는 또한 통합성, 투명성, 공공서비스의 윤리성으로 이해되며 좋은 국가활동의 진단수단으로서 국가의 성숙도를 나타내기도 한다.[21] 그러나 거버넌스는 막연하고 불명확하다는 비판을 받는다. 특히 공개적 조정방법은 막대한 정보를 필요로 하고 검색하고 검증하는 데 많은 정력을 소모하는 경향이 있다고 한다.[22] 거버넌스가 민주적인 공동형성가능성(Mitgestaltungsmöglichkeit)을 보장하기 위한 측면은 있으나 법학에서는 조종(제어, Steuerung)으로부터 거버넌스(Governance)로 패러다임이 바뀐다고 하여 그다지 도움이 되지 않는 것으로 평가되고 있다. 법학의 기능방식은 명료한 권한부여와 규범귀속을 토대로 하고 있고 개별적인 행위자와 구체적인 행위가능성, 행위의무가 법학적 고찰의 중심에 있기 때문이다.[23]

3) 세계화, 유럽화

1990년대 세계화가 빠르게 진행되면서 세계 물적 교류뿐만 아니라 인적교류와 정보의 교류가 증가하였다. 2000년대 IT기술이 급속도로 발전하였고 이제는 이른바 '4차 산업혁명시대'라 일컬어질 정도로 시공을 넘어서 '초연결망'의 수준에 도달하였다. 이처럼 교통과 통신, 특히IT기술의 비약적 발전에 힘입어 세계의 시공간이 줄어들고 세계는 상호 영향권에 들어오게 되었다. 이러한 기술의 발전은 한편으로 세계화와 신자유주의 공세를 강화하는데 기여하였다.

한미 FTA로부터 한-EU FTA, 한-중, 한-칠레 FTA 등의 국제 조약이나 외국인 노동자들의 대거유입, 결혼이민 등, 유럽의 경우에는 시리아와 아프리카 난민의 급증 등으로 행정법이 국내공법으로서 머무를 수 없게 되었다. 유럽연합의 경우 통합이 가속화됨에 따라 독일과 프랑스 등 유럽 각국의 행정법도 상호 영향을 주고받고 있다. 특히 유럽연합 내의 수많은 지침들과 유럽재판소(EuGH)의 판결들은 유럽연합 회원국들의 입법과 판결에 지대한 영향을 미치고 있다.[24] 행정법의 유럽화나, 행정소송법의 유럽화, 행정절차법의 유럽화 등으로 일컬어지는 일련의 현상들이 이를 대변해주고 있다. 비교법적 관점에서 유럽의 행정법, 특히 독일과 프랑스 행정법은 우리 행정법에도 상당한 영향을

20) 김남진, 앞의 글, 5면.
21) 김남진, 앞의 글, 6면 이하.
22) 김남진, 앞의 글, 8면 참조.
23) Voßkuhle, a.a.O., Rn. 70.
24) 예를 들어, 2011년 5월 12일 유럽재판소(EuGH)의 Trianel-판결은 환경단체가 주관적 권리침해가 없더라도 유럽연합지침을 근거로 하여 원고적격을 인정하였다. Vgl. EuGH, C-115/09, ECLI:EU:C:2011:289 = NVwZ 2011, 797 - Trianel.

미쳤고 여전히 관심대상이다. 따라서 이들 행정법의 유럽화는 우리 행정법과 무관하지 않다. 그리고 일본이나 중국, 동남아시아 등 아시아 내에서의 행정법도 상호 영향을 주고 받고 있다. 한국 행정법이 지금은 일본에 대한 의존에서 많이 벗어났지만 일본의 학문적 인 발전과 문헌들은 우리에게 여전히 많은 자극을 주고 있다.[25)

3. 신(新) 행정법학의 요소들, 변화의 방향

앞서 보았듯이 최근 사회, 경제적, 기술적 환경의 변화는 행정법학에 대하여 커다란 도전이 되고 있다. 독일에서도 이러한 경향을 반영하고 있는데, 특히 Voßkuhle는 이러한 변화를 담은 행정법학을 '신 행정법학'이라고 하면서 신행정법학의 방법론적 요소로서 조종학(또는 제어학, Steuerungstheoretischer Ansatz), 현실분석(Realbereichsanalyse), 작용 및 결과 지향(Wirkungs- und Folgenorientierung), 학문내, 학문 상호간 학제간 소통(Intra-, Multi-, Trans-, Interdisziplinarität), 핵심개념 및 지도형상(Leitbildern), 관련분야(Referenzgebiet), 체계 적 사고의 확대(erweiterte Systemperspektive) 등을 거론하고 있다.

위 열거된 요소들 가운데, 조정학 내지 제어학의 토대 및 요건이 되는 것은 현실에 대한 정확한 분석(Realbereichsanalyse)인 바, 이는 신행정법학에서 특별한 지위를 차지하고 있다는 점이 강조되고 있다. 규범과 관련되어 있는 사회적, 경제적, 문화적, 기술적, 생태 적인 '현실단면들(Wirklichkeitsausschnitte)'에 대한 지식(Kenntnisse)이 없이 법에 의한 조정이 적절히 반영될 수 없기 때문이다.[26)

우리 문헌에서도 이미 새로운 행정법 방법론의 필요성을 언급하거나 새로운 시도들 이 발견되고 있고[27) 독일 행정법의 새로운 경향에 관해서도 '신사조(新思潮) 행정법'으로 소개되고 있다.[28) 즉, 법의 해석, 적용에 과도하게 비중을 두는 고전적인 법학방법론에 의존하는 전통적인 행정법 방법론은 현대국가에서 복잡다기한 현실에 대응하여 최적의 결과를 도출하는데 한계를 드러내었기 때문에 이러한 배경에서 오늘날 관심의 대상이 되 고 있는 제어학(또는 조종학, Steuerungswissenschaft)으로서의 행정법이 등장하였다. 제어학으 로서 행정법은 행정법 적용주체가 관련되는 다양한 행위자들과 소통 및 협력구조를 구축 하고 명령하고 강제하는 일방적인 방식이 아니라 조정하고 제어, 통합하는 방식을 통하

---

25) 예를 들어 최근 일본 학자의 보장국가에 관한 저작이나 행정법 전반에 관한 일본 학자들의 넓으면 서도 깊이있는 연구들은 일본의 학문적 풍토와 성과에 대하여 관심을 갖지 않을 수 없게 한다. 비 슷한 문화와 환경을 가지고 있는 양국이 향후에도 학문적 교류를 지속하고 공통의 문제에 대하여 고민하는 장이 끊임없이 마련될 필요가 있다.
26) Andreas Voßkuhle, § 1, Rn. 29 ff.
27) 류지태, 행정법의 이해, 법문사, 2006.7; 박정훈, 행정법의 체계와 방법론, 박영사, 2005.
28) 김성수, 독일의 신사조 행정법학 사반세기-평가와 전망, 강원법학 제51권(2017.6), 321면 이하.

여 문제해결을 위한 최선의 결정을 도출해내는 제어수단으로서 기능한다고 한다. 제어학
에서 행정법은 국가적 과제를 형성적으로 실현하는 입법과 행정을 주된 대상으로 한다는
점에서 행정의 법형식과 그 하자에 따르는 권리구제를 위하여 법원이 주도적 역할을 수
행하는 법학방법론과 구별된다.[29] 사실 행정이 공익을 달성하기 위하여 제어하고 조정,
유도하는 작용은 이미 과거부터 없었던 것이 아니다. 다만 조정, 유도수단으로서 전통적
인 방법인 명령과 강제 등 일방적 수단들을 사용하였다는 점에서 최근의 경향과 다를 뿐
이다. 전통적인 행정법은 주로 행정의 일방적 처분 등에 대한 쟁송법적 구제에 초점을
맞추고 있었다. 행정법은 행정의 상대방에 대한 행위규범과 재판규범으로서의 성격을 가
지고 있다. 그러한 한에서 상대방의 행위를 일정한 방향으로 규제하고 유도하는 작용을
이미 하고 있다. 그러함에도 현대 행정법에서 제어학 내지 조종학으로서의 성격이 강조
되는 이유는 과거의 일방적인 수단들로는 더 이상 행정이 목적으로 하는 공익을 달성하
는데 한계가 있기 때문이다. 과거에 비하여 이해관계도 다양해졌고 다양한 이해관계와
갈등을 조종하고 통합하기 위하여 상대방의 협력을 끌어내기 위하여 노력하여야 할 뿐만
아니라 공적 목적을 달성하기 위한 주체들이 국가 외에도 사인 또는 중간적인 성격의 주
체 등으로 다양해지면서 전통적인 행정조직법의 행정주체와 행정기관의 관념으로는 새
로운 상황에 대처하기도 어려워졌다.

한편 규제완화와 신자유주의 시대가 가져온 파괴적인 결과에 반응하여 합리적인 규
제 내지는 규제의 수준과 질이 중요한 과제로 떠올랐다. 이에 따라 규제된 자율규제와
보장국가와 보장행정의 개념이 등장하게 된다. 특히 보장국가에 대해서는 이어서 살펴보
기로 한다.

Ⅳ. 보장국가(Gew hrleistungsstaat), 그 가능성과 한계

1. 보장국가(Gewährleistungsstaat)의 등장과 그 개념

최근 한국 행정법학에서는 '보장국가의 전성기'라 할만큼 보장국가 논의가 활발하게
전개되고 있다.[30] 보장국가의 개념은 1990년대 말 또는 2000년 쯤 독일에서 학문적인

---

29) 김성수, 앞의 글, 331면 이하.
30) 대표적으로, 김남진, 자본주의 4.0과 보장국가·보장책임론, 학술원통신, 제221호(2011. 12); 김남진,
    "경제에 대한 국가의 역할"과 관련하여, 공법연구 제42집 제1호(2013), 115면 이하를 들 수 있다.
    그 밖에도 계인국, 보장행정의 작용형식으로서 규제, 공법연구 제41집 제4호(2013), 155면 이하; 김
    일환·홍석한, 개인정보 자율규제영역에서 보장국가로서 국가의 역할에 관한 연구, 헌법학연구 제
    14권 제4호(2008), 135면 이하; 김재호, 보장국가에서의 녹색성장을 위한 법제 개선방안 연구, 토지
    공법연구 제65호(2014), 185면 이하; 김중권, 공법 행정법의 현대화를 통한 규제개혁, 안암법학, 제

논의에 등장한 것으로 보인다. 보장국가 관념은 공적인 과제의 수행에 있어서 국가가 과제를 스스로 수행하는 것을 의미하는 것이 아니라 사인 즉, 시장이나 공익 조직, 제3섹터뿐만 아니라 시민에 의해서도 과제가 수행될 수 있음을 인정하되 － 혼합된 형태로서 국가와 사적 영역간의 협력도 가능하다 － 그 과제의 수행을 최종적으로 국가가 보장하는 국가이다. 이 경우 어떤 형태로 과제를 수행하느냐를 결정하는 본질적인 기준은 효율성(Effizienz)이라고 한다.31) 사실 보장국가 개념은 곧바로 손에 잡히는 개념이 아니다. 다른 개념인 보증(Garantie)이라는 개념을 유추하여 (보장국가가) 전혀 이행할 수 없는 보장국가에 대한 기대를 불러일으킬 수 있다. 법적으로 고찰할 때 보증계약(Garantievertrag)은 독일 구민법 제434조의 순수한 보장의무(Gewährleistungspflicht)를 넘어선다.32) 왜냐하면 보증계약에서는 정해진 특성의 존재 및 정해진 결과에 대하여 보증되어야 하기 때문이다. 보장국가는 아직은 형성중인 개념이라고 할 수 있다.33)

　　보장국가는 이념적으로 중립지대에 있는 것처럼 다루어지기는 하지만 한편으로는 복지국가의 성격을 가지면서도 한편으로는 신자유주의의 최소국가(Minimal Staat)에 가까운 지점에 있다. 보장국가가 복지국가와 신자유주의 국가의 신테제(Synthese)로 볼 수 있는지는 아직 명확하지 않다.34)

　　보장국가는 이른바 '활성화 국가(aktivierender Staat)'와 맞닿아 있기도 하다. 이는 영국이 제3의 길로서 채택한 '가능하게 하는 국가(enabling state)'로부터 착안하여 독일 슈뢰더 정부가 대연정에서 선언한 노선이다.35) 보장국가는 미국 클린턴정부가 채택한 '생산적

　　45권(2014), 71면 이하; 박재윤, 보장국가론의 비판적 수용과 규제법의 문제, 행정법연구 제41호(2015), 207－208면; 이계수, 메르스와 법－ 전염병의 법률학, 민주법학 제58권(2015), 257－262면; 이부하, 위험사회에서 국민의 안전보호의무를 지는 보장국가의 역할 －현행 안전법제에 관한 고찰을 겸하며－, 서울대학교 법학 제56권 제1호(2015), 139면 이하; 이부하, 보장국가에서 국민의 안전보호와 관련한 헌법이론, 헌법학연구 제 22권 제1호(2016), 217면 이하; 임현, 보장국가론의 이해를 위한 소고, 정부학연구 제22권 1호(2016), 31면 이하; 성봉근, 보장국가에서의 위험에 대한 대응 － 전자정부를 통한 보장국가의 관점에서 본 위험－, 법과 정책연구 제15권 제3호(2015), 1027면 이하; 조태제, 공·사협동 시대에 있어서의 보장국가, 보장행정 및 보장행정법의 전개, 한양법학 제38집(2012), 273면 이하; 황지혜, 사회기반시설에 대한 민간투자에서의 보장행정의 구체화, 외법논집 제39권 제4호(2015), 275면 이하. 일본에서도 최근 보장국가에 관한 논의가 상당히 진전되어 있는 것으로 보인다. 예컨대, 板垣 勝彦, 保障行政の法理論, 弘文堂, 2013.

31) Reihard는 위와 같이 결정의 본질적인 기준이 효율성이라고 언급하고 있으나 이후 그 기준은 진화과정을 거쳐 다른 기준들로 보완되고 있는 것으로 보인다. Vgl. Christoph Reichard, Das Konzept des Gewährleistungsstaates, Referat auf der Jahrestagung 2003 des Wissenschaftlichen Beirats der GÖW, S. 1.

32) 독일민법(BGB) 개정전의 제434조임.

33) Vgl. Christoph Reichard, a.a.O., S. 1.

34) Vgl. Christoph Reichard, a,a.O., S. 3.

35) 이른바 활성화국가(Aktivierender Staat)는 날씬한 국가(Schlanker Staat)와 구별된다. 독일에서 CDU와 CSU, FDP가 1994년 대연정을 하면서 대연정계약의 지도상으로 선언한 것이 날씬한 국가(국가

복지(workfare)'와도 맞닿아 있다. 이는 기존의 복지가 생산의 효율성을 저해한다는 비판을 받자 실업자가 복지혜택을 받으려면 일정한 노동을 하도록 요구하는 제도이다.[36]

　　보장국가의 개념과 내용에서 출발한다면 보장국가는 모든 분야에 대한 총체적인 국가유형을 말하는 것이라기보다는 주로 민영화가 이루어진 영역 또는 안전 및 규제에 관한 영역 등에 한정되고 있다. 독일에서 보장국가의 등장배경이 되었던 민영화(또는 사화)와 관련하여 우편, 통신 민영화에 대한 기본법의 개정이 보장국가 개념의 중요한 근거가 되었지만 기본법 제87f조가 보장국가란 용어를 직접 사용한 것은 아니고 "기본서비스를 적절하고도 충분하게 보장하여야 한다"는 문구를 보장국가로 해석하고 있다. 기본법 전체의 체계를 고려하여 독일기본법은 제20조에서 사회적 법치국가를 포기하지 않고 있으며, 제79조에서는 이를 영구불변조항으로 규정하여 개정이 불가함을 천명하고 있다.

2. 국가와 사회의 책임분배 메커니즘으로서 보장국가

　　보장국가는 공적영역과 사적영역의 변화된 관계를 반영하고 있다. 국가와 사인간의 협력을 강조하고[37] 특히 공사영역 간의 책임분배를 핵심적인 내용으로 다루고 있다.[38] 국가제어가 규범적인 돌봄(Umhegung)[39]이라는 의미에서 점차로 사적 행위자를 통해 공적 과제를 독립적으로 수행하도록 자극하고 유도하는데 제한된다. 과거처럼 국가가 전적으로 이행책임을 지는 대신에 규제책임, 감독책임, 관찰책임, 보충책임(Auffangverantwortung)

　　축소, Schlanker Staat) 였고, 1998년 정권이 교체되면서 SPD와 Bündnis 90/DIE GRÜNEN의 대연정이 대연정계약에서 선언한 것이 활성화국가(Aktivierender Staat)였다. 입법평가의 제도화, 예산법의 유연화(Flexibilisierung), 경영기술 및 정보기술의 활용, 회계 및 감시절차의 도입을 통한 사적인 자기책임의 강화가 전자의 특징적인 요구였다면 후자는 국가와 사인의 책임분배라는 의미에서 공통의 목표를 달성하기 위한 국가와 사인, 중간적 성격의 행위자의 상호작용이 개혁의 중심적인 발상이었다. 이른바 공사협력(Public Private Partnership)이 중심이 된다. 시민과 국가간의 관계에만 머무르지 않고 연방과 주, 지방자치단체, 유럽연합의 모든 행정차원에서의 협력이 추구된다. 자기책임과 연방의 다양성을 동시에 강화하면서도 더 많은 결정여지를 주고자 한다. 행정내부의 포괄적인 현대화가 보충적으로 추진되는데 이는 신공공관리론(NPM)이나 신제어모델(NSM)에 따라 추진된다. 인력감축, 관료주의 철폐, 규제완화, 국가과제의 축소 등 날씬한 국가의 지도상과 많은 부분 일치되기도 하지만 국가와 사인간의 협력을 강조한다는 점에서 특징이 있다. 이에 대해서는 vgl, Voßkuhle, § 1, Rn. 62 ff.

36) 실제로는 이로 인해 소득불평등과 빈곤이 심화된 바 있다.
37) 국가와 사인간의 협력이 강조되나 현실에서는 가진 자들과의 협력, 대기업들과의 협력 내지는 자본과의 결탁으로 타락하기도 한다. 보장국가는 진정한 의미에서의 공동체 구성원인 시민들과의 협력이 이루어는 국가이어야 한다. 그래야만 시민들의 삶의 질을 보장하기 위하여 노력할 것이기 때문이다.
38) Schuppert, G. F. (Hg.), Jenseits von Privatisierung und "schlankem" Staat: Verantwortungsteilung als Schlüsselbegriff eines sich verändernden Verhältnisses von öffentlichem und privatem Sektor. Baden-Baden 1999.
39) 1. liebevoll umsorgen und betreuen; 2. einfrieden. vgl. Duden. Wörterbuch.

의 형태로 책임을 지는 방식이다.[40]

　이와 같이 보장국가를 논의하는 글들은 대개 책임을 과제 유형에 따라 단계적으로 구분한다. 즉, 보장책임(Gewährleistungsverantwortung), 집행책임(Vollzugsverantwortung), 재정책임(Finanzierungsverantwortung)으로 구분하고 보장책임은 국가가 부담하고 집행책임과 재정책임은 사안별로 국가 또는 사인에게 귀속된다고 하는 식이다.[41] 여기서 어떤 책임을 국가 또는 사인이 담당했을 때 과제를 더 효율적이고 적절하게 다룰 수 있을지 여부에 대해서는 개별사례의 정확한 심사가 필요하나 이는 쉽지 않은 과제이다.

　행정의 과제수행과 관련하여서는 Schulze-Fielitz의 구분방법이 유용한 것으로 보인다. 그는 행정의 과제수행을 다음과 같이 크게 4가지로 구분하고 있다.[42] 여기서 4가지 구분방법에 따라 보장행정만을 달리 살펴보면, 보장행정은 고권적 과제수행의 한 유형에 속하고 행정의 과제수행은 고권적 과제수행 외에도 협력적 과제수행, 사인을 통한 공적 과제의 수행, 시장참여자로서의 행정 등으로 분류되기 때문에 보장국가의 주된 경향으로서 보장행정과 보장책임은 여러 과제수행가운데 하나의 카테고리에 속한다. 다시 과제수행에 따른 행정책임과 공공복리 확보를 행정책임(Verwaltungsverantwortung)과 이행책임(Erfüllungsverantwortung), 보장책임(Gewährleistungsverantwortung), 포착책임(예비 또는 보충책임, Auffangverantwortung)[43]으로 분류하고 있다.[44]

---

40) 이에 대해서는 vgl, Voßkuhle, § 1, Rn. 62 ff.

41) Vgl. Christoph Reichard, a,a.O., S. 2.

42) 즉, 고권적인(Hoheitliche) 과제수행, 협력적(Kooperative) 과제수행, 사인(Private)을 통한 공적과제의 수행, 시장참여자(Marktteilnehmer)로서의 행정으로 구분하고 있다. 그는 먼저 고권적인 과제수행으로서 질서행정, 급부행정, 보장행정으로 구분한다. 질서행정은 다시 경찰질서행정, 리스크행정(Risikoverwaltung), 재무행정(Finanzverwaltung), 사법행정(Gerichtsverwaltung)으로 구분하고 있다. 급부행정은 다시 자치단체의 생존배려(Daseinsvorsorge), 사회행정(Sozialverwaltung), 자금지원행정(Subvention), 정보제공 및 권고, 교육행정(Bereatung, Unterrichtung)으로 구분하고 있다. 보장행정(Gewaehrleistungsverwaltung)은 시장구조행정(Marktstrukturverwaltung), 규제행정(Regulierungsverwaltung), 공간계획 및 인프라행정(Raumbezogene Infrastruktur-)으로 구분하고 있다. Vgl. Schulze-Fielitz, § 12 Grundmodi der Aufgabenwahrnehmung, in: Wolfgang Hoffmann-Riem/Eberhard Schmidt-Assmann/Andreas Vosskuhle(Hrsg.), Grundlage des Veraltungsrechts, Rn. 24, S. 772 ff.

43) 'Auffangverantwortung'을 포착책임으로 번역되기도 하고 예비책임, 보충책임, 교정책임 등으로 번역되기도 한다. 독일어의 'auffangen'이라는 동사의 사전적인 의미, 떨어지는 물건을 공중에서 손으로 잡는 것이나 사람이 추락하기 전에 손으로 잡아서 보호하는 것, 망명자나 이민자 등을 임시로 수용하여 돌보는 것, 액체를 용기에 모으는 것, 어떠한 부정적인 결과를 적절한 조치를 통하여 완화하려고 시도하는 것, 특정한 시그널을 우연히 받는 것 등 다양한 의미를 가지고 있다. Vgl. Langenscheidt Grosswörterbuch - Deutsch als Fremdsprache, Berlin, 2002.

44) Schulze-Fielitz, a.a.O., Rn. 148, S. 829 ff.

3. 보장국가와 규제된 자율규제의 한계

1) 규제하는 국가(ein regulierender Staat)

규제는 더 많은 관료주의에 대한 옹호가 아니라 규정된 기준의 관점에서 이행과정을 효과적으로 조종하고 감독할 수 있게 한다. 그러므로 역설적으로 비춰지는 상황에 도달한다. 즉 점점 더 많은 과제를 외주화하고 스스로 과제를 수행하지 않는 보장국가가 더 많은 규제를 필요로 하는 역설적 상황에 도달하게 되는 것이다. 따라서 보장국가는 규제하는 국가라고도 표현된다. 그러므로 보장국가와 관련하여 규제완화에 호소한다고 하는 것은 잘못된 것이고 오히려 재－규제(Re－Regulierung)라고 하는 것이 옳다고 한다.[45]

2) 자유와 규제된 자율규제

자유주의 정치경제학의 유토피아주의는 규제가 만들어낸 자유는 자유의 박탈이라고 비판하고 권력과 강제가 부재한 사회, 물리력이 전혀 작동하지 않는 세상을 꿈꾸었다. 그러나 그러한 세상은 가능하지 않거나 그러한 주장 자체가 정치적인 의도를 가지고 있는 것일 수 있다.[46] 적어도 일정기간 동안 국가가 경제발전에 강력하게 개입하지 않고 산업화에 성공한 나라는 없다.[47] 시장경제가 자연발생적으로 나타났다고 하는 영국에서조차도 시장의 발생에 국가가 결정적 역할을 하였으며 자유시장으로 가는 길은 지속적이고, 집권화되고 통제된, 개입주의의 증대를 통해 열렸고 그 상태가 유지되었다. 영국자본주의 초기 엔클로저법, 신빈곤법(New Poor Law) 등이 그 예이다. 또한 미국은 유치산업보호라는 아이디어의 발상지였으며 2차 세계대전 이전 1세기 동안 산업보호장벽을 가장 견고하게 운용했다.[48]

그런 의미에서 규제와 국가개입은 중요한 역할을 하였다. 그러나 일방적 명령을 통한 조정(Steuerung)을 토대로 하는 행정법의 전통적인 관념은 행정의 대상인 상대방의 이익을 무시하고 상대방의 협력보다는 저항을 불러일으키는 경우도 많았다. 그렇다고 하여 순수한 자율규제(Selbstregulierung)를 원칙적인 규제형태로 하는데도 문제가 있다. 자기규제적인 목표를 지키도록 하는 자극이 없기 때문이다.[49] 그러한 한에서 규제된 자율규제(regulierte Selbstregulierung)는 일단 매력적인 것으로 보인다. 자율규제를 통하여 한편으로는 자율성을 보장하고 다시 규제함으로써 자율규제의 타락가능성을 방지하기 때문이다.

영국 신노동당은 대처와 레이건 정부에서 주류가 된 탈규제와 신자유주의 이론을

---

45) Vgl. Christoph Reichard, a,a.O., S. 5.
46) 데이비드 하비 지음/황성원 옮김, 앞의 책, 304면 참조.
47) 장하준 지음/이종태·황해선 옮김, 국가의 역할, 도서출판 부키, 2006, 133면.
48) 장하준 지음/이종태·황해선 옮김, 앞의 책, 132면 이하.
49) '세월호사건'과 '메르스사태'에서 그 예를 볼 수 있다.

채택했다. 블레어의 제3의 길은 원칙적으로 규제메커니즘을 작동시켜 시장세력들 간의
균형을 추구함으로써 공정성과 효율성을 동시에 실현한다는 목표와 연관되어 있다. 그러
나 다른 한편으로 적절한 규제와 관리만 있으면 시장시스템은 정의롭고 효율적인 방식으
로 인간의 필요와 욕구를 충족시킬 수 있다는 믿음이 과연 얼마나 실현될 수 있을지는
확신하기 어렵다. 어찌보면 이는 자유주의적 인본주의에 바탕을 두고 있는 듯하다. 대개
자유주의적 인본주의에서 출발하는 NGO나 자선단체들이 세상의 빈곤과 질병을 근절하
기 위하여 진지한 노력을 하긴 하지만 이를 근절하는 목표를 달성하는 데에는 현실적인
방안을 제시하지 않는다. 이러한 지적이 설득력이 있는 이유를 생각해보아야 한다.[50] 휴
머니즘의 자유주의 전통은 감상적인 윤리의 기초를 형성한다. 그러나 인간이 겪는 수모
와 박탈, 환경오염의 악화문제를 근본적으로 해결하는 데에는 관심이 없다. 빈곤퇴치조
직들은 빈곤의 심화로부터 자양분을 얻기 때문에 빈곤퇴치활동을 하면서도 빈곤의 근본
적인 문제는 건드리지 않는다. 이처럼 Harvey가 적절하게 지적하듯이 이는 구조적인 문
제이다.[51] NGO나 자선단체들도 그러한데 하물며 이윤추구와 이윤극대화를 목적으로 하
는 시장의 자율성에 맡겨두고 규제를 통한 관리의 성공을 확신하는 것은 시장에 대한 과
도한 신뢰 내지는 낙관주의일 수 있다. 자본주의사회에서 불법이 만연하였다는 증거나
무자비하게 이익을 추구하였다는 증거는 그 어디에서든지 쉽게 찾아볼 수 있다. 한국사
회에서 각종 특혜로 성장한 재벌의 역사, 정경유착과 부패, 부동산투기, 불공정거래, 대
기업의 중소기업에 대한 착취, 노동착취 등의 무수한 사례들은 시장의 자율에 맡기는 것
이 얼마나 무모한 일인가를 깨닫게 한다. 프란치스코 교황은 그 어록에서 "가난한 자는
힘든 일을 하면서 박해를 받습니다. 그런데 부자는 정의를 실천하지도 않으면서 갈채를
받습니다."라고 언급한 바 있다.[52] 이런 역설적인 현실은 규제된 자율규제가 이상으로서
는 좋으나 실제로는 제대로 작동하기가 매우 어렵거나 제대로 작동하기 위해서는 수많은
조건들을 충족해야만 한다는 것을 알려주고 있다. 정경유착, 부패, 규제포획(regulatory
capture), 지대추구행위[53] 등의 문제들을 극복해야 한다. 물론 부분적인 성취가 전혀 없지
는 않겠지만 근본적인 문제해결에 이르기까지는 쉽지 않을 것으로 전망된다. 사회문제를

---

50) 자선활동이 거대한 산업이 된 순간에도 소수를 위해 막대한 부가 집중되는 시스템 하에서 세계의
    불평등은 통제를 벗어나고 있다. 하비는 자선사업을 일종의 '양심세탁'으로 표현하고 있다. 데이비드
    하비 지음/황성원 옮김, 앞의 책, 311면. 자선사업이 급성장하고 있는 한편으로 타락하기까지 하는
    사례들도 자주 언론에 등장한다. 예컨대, 영국에 본부를 둔 옥스팜(Oxfarm) 임원들의 성추문 소식
    뿐만 아니라 국내외에서 자선을 빌미로 기부금을 모아 타락한 생활을 하는 사례들은 수없이 많다.
51) 데이비드 하비 지음/황성원 옮김, 앞의 책, 414면 이하 참조.
52) 프란치스코 교황의 어록 중에서 – 불평등에 관하여.
53) 한전 민영화를 둘러싼 재경부와 산자부의 사례. 정부 내의 각 부처가 반드시 국익만을 추구하는 것이
    아니라 자신의 지대를 높이는 쪽으로 행위할 가능성이 있다.

근본적으로 해결하지 못하고 주변으로 옮기는 개혁주의의 한계에 대하여 진지하게 고민하여야 한다. 자본주의를 근본적으로 다른 방향으로 바꾸기 위한 혁명적 노력이 필요한 것으로 보인다.[54] 그리고 만인에게 주택, 교육, 식량안보 등 적절한 사용가치를 직접 제공하고 이윤극대화를 추구하는 시장시스템을 통해 이런 사용가치를 제공하지 않도록 구조적 변화를 단계적으로 만들어가야 한다.[55]

4. 보장국가의 헌법적 가능성과 한계

1) 헌법의 국가원리와의 관계

보장국가 개념이 기존의 국가원리를 뛰어넘는 의미의 국가원리가 될 수 있을지 검토가 필요하다. 헌법학자들이 인정하고 있는 법치국가원리, 민주주의원리, 사회국가원리뿐만 아니라 문화국가원리, 환경국가원리 등을 뛰어넘는 새로운 원리로서 보장국가 개념 또는 보장국가원리가 인정될 수 있는지는 우리 헌법을 고려할 때 의문이 제기될 수 있다.

무엇보다도 보장국가는 사회국가원리를 전면적으로 대체하는 국가로 보기는 어려울 듯하다. 보장국가는 주로 민영화와 관련하여 국가의 책임을 민간에게 이전하되 국가의 최종책임이 면제되는 것은 아니라는 점에서 출발한다. 우리 헌법학자들은 보장국가의 문제에 대하여 인식을 하고 있는 듯하나 사회국가의 원리를 모든 분야에서 전면적으로 대체하는 국가원리로서 보장국가를 상정하는 것으로 보고 있지는 않는 듯하다.

독일기본법상 사회국가원리 내지 사회적 법치국가원리는 헌법개정으로도 변경이 불가능한 조항에 속한다. 따라서 통신, 우편 등 민영화와 관련하여 논의된 보장국가가 사회국가의 근본 틀을 바꿀 수는 없을 것으로 보인다. 민영화된 부분영역에서 작동하는 국가의 보장행정 및 책임을 주로 의미하는 것으로 볼 수 있기 때문이다.

과거 사회국가의 개념을 급부국가의 의미로 좁히는데 공헌한 Forsthoff의 관념[56]을 받아들인다고 하더라도 급부국가가 사회국가원리를 뛰어넘는 국가원리가 아니라 사회국

---

54) Harvey는 이를 혁명적 휴머니즘으로 표현하면서 부르주아 자유주의적 휴머니즘과는 다르다는 점을 분명히 하고 있다. 데이비드 하비 지음/황성원 옮김, 앞의 책, 415면 이하. 자본의 탐욕을 제어하기 위해서 이윤추구를 일정한 한도로 제한하는 기준을 설정하거나 사용자와 노동자가 이익을 공유하되 사용자가 일정비율 이상을 점유하는 것을 제한하는 방식 등 다양한 대안에 대하여 고민해 볼 수 있다. 대기업과 재벌이 주도하는 시장에 의존하기 보다는 중소기업들이 강한 형태 또는 협동조합 방식, 예컨대 스페인 몬드라곤에서 협동조합의 성공사례 등도 참조할만하다.

55) 데이비드 하비 지음/황성원 옮김, 앞의 책, 427면.

56) Forsthoff는 사회국가의 문제영역으로부터 민주주의적 요소를 배제하고 사회국가원리가 자본주의 위기관리 체계의 테두리 안에서 보완적 분배기능을 맡는 원리로서 사회정책적 급부행정을 지칭하는 것으로 의미를 축소한다. 그는 법치국가개념의 기능화전략과 생존배려 개념을 통하여 자유주의적 법치국가의 사회국가적 전환을 일정한 테두리에서 용인하되 사회국가의 사회민주화 효과를 저지하려고 하였다. 이에 대해서는 국순옥, 민주주의헌법론, 아카넷, 2015, 303면 이하 참조.

가를 구현하는 한 내용으로 해석되는 것 이상을 의미하지 않듯이 급부국가에서 보장국가로의 이동하였다고 해서[57] 보장국가가 사회국가원리를 뛰어넘을 수는 없을 것으로 보인다. 독일의 기본법이 사회적 법치국가원리를 개정이 불가능한 조항으로 명시하고 있다는 점만 보더라도 기본법 제87f조가 애초에 보장국가를 인정하는 중요한 근거이기는 하지만[58] 사회적 법치국가를 배제하는 조항은 아니기 때문이다. 오히려 보장국가 개념은 헌법의 사회적 법치국가원리를 구현하는 국가의 여러 모습 가운데 하나의 기능형태로서의 수단적 의미를 가질 수 있을 것으로 판단된다.[59] 특히 독일 기본법 제87f조는 민영화된 영역과 관련하여 사회국가원리를 구체화하는 규정으로서 사회국가적인 목표를 제시한 것이라고 할 수 있을 것이다.[60] 그러나 독일에서도 기본법 제87f조는 과소조치금지(Untermaßverbot)의 차원에서 끝나는 것이 아니라 불가결한 최소수준의 조치를 넘어서 국가로 하여금 만족할만한 수준까지 서비스를 제공하도록 작용하게 하는 권한과 압박(권한을 주면서도 국가를 압박하는)의 의미를 갖는 것으로 해석되고 있고(최적화요청, Optimierungsrecht)[61] 입법자는 그 개념정의상 보장해야할 적절하고도(angemessen) 충분한(ausreichend) 서비스로 간주될 만한 서비스를 사회국가적으로 필요불가결한 것뿐만 아니라 사회국가적으로 바람직한 가치들(sozialstaatlich Wünschenswerten)을 지향하여 제공되도록 하여야 한다고 보고 있음을[62] 본다면 제87f조와 관련하여 사회국가원리를 최소수준의 보장국가로 축소해서는 안 될 것으로 판단된다.

독일의 경우와 달리 우편과 통신 민영화에 적용되는 기본법 제87f와 같은 규정을 두고 있지 않는 우리의 경우에는 어떻게 해석할 것인지는 고민해야 할 과제이다. 우리의 경우에도 헌법학자들이 사회국가원리를 헌법의 기본원리로 받아들이고 있다는 점을 고려한다면 민영화된 영역에서 사회국가원리에 따른 서비스의 질과 양을 보장하도록 하는 해석이 가능할 수 있을 것이다. 한편 전기나 가스 등 생존배려 영역에서 민영화되었다고

---

57) 급부국가로부터 보장국가로 이동하였다고 보기도 한다.
58) 독일기본법 제87f조 제1항은 다음과 같이 규정하고 있다: "연방참사원의 동의를 요하는 연방법률의 기준에 따라 연방은 우편과 통신 부문에서 적절하고 충분한 서비스를 보장한다(gewährleisten)." 제1항은 독일연방의 전 국가영역에(flächendeckend), 질적으로 적절하고(angemessen), 양적으로 충분히(ausreichen) 기본서비스를 제공(Grundversorgung)하여야 하는 것으로 해석되고 있다. 이에 관해서는 Vgl. Remmert, in: Epping/Hillgruber, BeckOK Grundgesetz, 35. Edition(Stand: 15.11.2017), 87 f. GG, Rn. 8; Begr. RegE BT-Drs. 12/7269, 5.
59) 보장국가는 사회국가의 실현을 위한 국가적 활동의 방식을 표현하는 것으로 사회국가원리의 틀 안에 포섭될 수 있다. 이러한 견해로서는 홍석한, 민영화에 따른 국가의 책임에 관한 독일에서의 논의, 법학논총 제17권 제3호, 227쪽 이하 참조.
60) 물론 Forsthoff가 사회국가를 급부국가로 축소하려고 하였듯이 사회국가원리를 보장국가로 축소하려는 시도는 있을 수 있다.
61) Möstl, in: Maunz/Dürig, Grundgesetz-Kommentar, 81. EL September 2017, GG Art. 87f., Rn. 72.
62) Möstl, ebenda.

하여 국가가 규제와 조정을 포기하는 것을 의미하는 것으로 볼 수 없다는 점에서 독일 기본법 제87f조와 같은 직접적인 근거는 아닐지라도 헌법 제119조 제2항의 규제와 조정에 관한 근거가 제시될 수 있다.

그밖에 보장국가의 문제는 민주주의 원리에 의해서 그 내용과 수준이 달라질 수 있다는 점에서 양자가 무관하지 않다. 누가 규칙(Rule)을 만드는가 하는 것은 매우 중요하다. 시민들에게 불리한 경기규칙을 만들어 시민들에게 강요하는 것이 정당화될 수 없을 것이다. 그러한 의미에서 시민들의 참여가 중요하다.

2) 헌법 제119조 제2항에 따른 가능성과 한계

달리 생각해보면, 헌법 제119조 제2항에 의한 경제민주화 및 규제와 조정에 관한 규정은 보장국가로 가는 단초를 제공해줄 수 있다. 동 조항에 근거하여 보장국가가 할 수 있었던 역할을 국가는 얼마든지 할 수 있기 때문이다. 보장국가론을 근거로 들지 않더라도 지금까지 국가가 규제와 조정을 할 수 없었던 것은 아니다. 그럼에도 보장국가의 개념이 유용한 이유를 굳이 찾자면 국가축소 내지 규제완화와 민영화의 압박 하에서도 더 이상 양보할 수 없는 최소한의 한도와 책임을 행정에게 제시하였다는 점에서 목표를 보다 명확히 하게 되었다는 점일 것이다.

보장국가에서 장점이 있다면 사적인 자율규제에 맡겨두어서는 과제수행이 적절히 행해지지 않는 상황이 발생할 가능성을 염두에 두고 그러한 상황에서 국가가 규제를 통하여 개입할 가능성을 남겨두었다는 점일 것이다. 그렇다고 하여 곧바로 국가의 개입의무가 보장국가 내지 보장책임으로부터 도출될 수 있는지 또는 보장국가로부터 국가의 보호의무를 도출하는 것이 용이해지는지는 별개의 문제이다. 다시 말하면 과연 법원에서 보장국가를 근거로 그러한 보호의무를 도출할 수 있을지는 의문이기 때문이다.

독일기본법과 같은 직접적인 근거규정이 우리 헌법에 없는 상황에서는 헌법의 다른 규정에 근거가 될 만한 규정이 있는지 살펴보아야 한다. 이러한 점에서 본다면, 헌법 제119조 제2항은 국가의 규제와 조정에 관한 재량을 부여한 조항이므로 이로부터 국가의 보호 내지 보장의무를 도출하기 위해서는 재량이 영으로 수축되는 상황이 전제되어야 한다. 국민의 생명과 신체 또는 재산에 대한 급박한 위험이 야기되는 상황이라면 국가는 재량의 축소에 따른 규제 및 개입의무가 발생할 수 있다. 이와 함께 한편으로는 헌법 제10조에 따라 인간의 존엄성이나 기본권 보호의무로부터 의미있는 연결점을 발견할 수도 있을 것으로 보인다.[63] 규범적으로 이러한 논리구성은 보장국가개념이 규범적 의미를 얻

---

63) 대한민국헌법 제10조 "모든 국민은 인간으로서의 존엄과 가치를 가지며, 행복을 추구할 권리를 가진다. 국가는 개인이 가지는 불가침의 기본적 인권을 확인하고 이를 보장할 의무를 진다." 헌법 제

기 위해서 넘어야 할 산이라고 할 수 있다. 그러한 의미에서 보장국가 개념은 규범적 의미를 획득하기 위한 과정에서 아직은 그 도상에 있다고 할 수 있다.

5. 보장국가의 가능성, 자율과 협력의 의미

독일의 슈뢰더가 1998년 대연정에서 선언한 '활성화 국가'는 국가와 사인간의 협력을 강조한다. Voßkuhle는 신행정법학 내에서 이러한 전개를 규제된 자율규제(regulierte Selbstregulierung)와 보장국가(Gewährleistungsstaat)의 지도상을 통해 파악하려고 시도하고 있다.[64] 사인에게 자율성을 주어 스스로 규제하도록 하되 일정한 테두리를 정함으로써 규제하는 것이다. 이러한 전제하에 자율적인 사인들과 국가의 협력이 이루어진다. 그러나 현실은 늘 이상적으로만 진행되는 것은 아니다. 현실에서 국가는 가진 자들과의 협력, 대기업들과의 협력 내지는 자본과의 결탁으로 타락하기도 한다. 보장국가는 진정한 의미에서의 공동체 구성원인 시민들과의 협력이 이루어지는 국가이어야 한다. 그래야만 시민들의 삶의 질을 보장하기 위하여 노력하는 국가가 될 것이기 때문이다.[65]

V. 보장국가와 행정법의 지배이념으로서 권리보호

1. 보장국가의 가능성과 과제

보장국가는 주로 생존배려영역과 관련하여 논의되는 연혁을 가지고 있다. 이후 행정의 전 영역에 보장국가논리가 적용되어야 하는 것으로 확대되어 전개되고 있는 듯하다.[66] 확대된 개념으로서 보장국가를 인정한다면 그러한 의미의 보장국가는 국민들의 삶의 질과 안전을 보장할 수 있는 법을 제정하고 집행하며 국민들의 삶의 질과 안전을 보장하기 위하여 어떠한 가치를 우선해야할지 고민하여 판단하고 행동하는 국가이어야 할 것이다. 공동체 시민들의 삶의 질을 떨어뜨리는 규제완화나 민영화 등 신자유주의정책을 집행하는 국가이어서는 안 된다. 그러한 의미에서 본다면 시민의 삶의 질이 나락에 떨어

10조의 기본권보호의무로부터 의미있는 결론을 도출하는 글로는 방승주, 헌법 제10조, 헌법주석서, 2007.12, 214면 이하; 허완중, 기본적 인권을 확인하고 보장할 국가의 의무, 저스티스 통권 제115호 (2010.02), 68-105면.

64) 이에 대해서는 vgl, Voßkuhle, § 1, Rn. 62 ff.

65) 그런 차원에서 국가와 사회의 공동선실현을 위한 분업과 책임주체성의 관점에서 접근하는 것은 의미가 있다. 이러한 접근을 잘 소개하는 글로는 계인국, 보장행정의 작용형식으로서 규제, 공법연구 제41집 제4호(2013.6), 155면 이하 참조.

66) 현대형 위험에 대한 보장책임의 확장에 관한 내용의 글로는 성봉근, 보장국가로 인한 행정법의 구조변화, 지방자치법연구 통권 제47호(제15권 3호), 2015년 9월, 179면 이하 참조.

지기 직전에야 구제를 보장하는 국가는 최선의 국가라고 할 수 없다. 다만 독일기본법
제87f조를 공공의 기본서비스를 질적으로 적절하고 양적으로 충분히 보장하는 국가라고
할 때 이것이 실질적으로 시민들에게 그러한 서비스를 질적 양적으로 보장한다고 한다면
그러한 한에서 보장국가는 그 가능성이 인정될 수 있을 것이다.

    보장국가는 '제3의 길'로 인식되는 '활성화 국가'와 맞닿아 있고 그 자체로 한계가
있는 것은 사실이지만 공공의 기본 서비스를 적절하고도 충분히 보장한다면 그러한 한에
서 보장국가는 주로 입법과 행정에 대하여 일정한 방향을 제시해 줄 수 있을 것이다. 예
컨대 주택과 교육, 교통, 통신, 도로, 철도, 전기, 가스, 상하수도 등의 공공서비스에 있어
서 국가나 지방자치단체가 적절하고도 충분히 서비스를 제공하고 있는지 검토할 필요가
있다. 주택문제와 사교육 문제, 공공요금 문제들은 서민들의 삶의 질을 낮추게 하는 중대
한 요인이 되고 있다.

    시민의 생존을 국가에게 모두 의존하는 것은 바람직하지 않기 때문에 국가는 시민
과 사회의 자율성이 보장되도록 그 테두리를 설정해주고 테두리에서 벗어나 위험에 빠지
지 않도록 보장하여야 한다는 방향은 수긍할 만하다. 이 점에서 보장국가가 제대로 기능
한다면 그야말로 보장국가의 이상이라 할 수 있을 것이나 이러한 이상의 실현이 법치주
의와 민주주의원리에 기초한 현대국가의 기본적인 기능에서 벗어나 있는 것은 아니라고
본다. 현대국가는 현행헌법 하에서도 당연히 그러한 이상을 실현하기 위하여 노력하여야
하기 때문이다. 보장국가는 공동체의 존속과 유지뿐만 아니라 국민들의 삶의 질을 보장
해주는 국가이어야 한다. 국민들이 보다 안전하고 평화롭게 생활을 영위할 수 있도록 보
장하는 국가이어야 한다. 이러한 전제에서만 보장국가는 그 정당성을 획득하게 된다. 그
러나 무엇보다도 보장국가를 논하기 전에 신자유주의 정책으로 추진되고 있는 민영화나
규제완화가 가지는 문제점을 먼저 지적해야 한다.[67] 그렇지 않다면 보장국가는 민영화와
규제완화가 가지는 문제점을 승인하고 정당화하는 수단으로 전락하고 만다.

2. 보장국가의 가능성의 구체적인 사례

    보장국가의 가능성을 타진해 볼 수 있는 사례로 최근에 제정된 '사회적 참사법'의
예를 들 수 있다. 사회적 참사법은 세월호·가습기살균제 참사 진상규명을 위해 지난
2017년 11월 통과된 '사회적 참사의 진상규명 및 안전사회 건설 등을 위한 특별법'을 일

---

67) 민영화와 규제완화 등에 대한 비판에 대해서는 Gerhard Nitz, Privatisierung der öffentlichen Sicherheit
– Rechtsfragen am Beispiel der Privatisierung von Aufgaben der Verkehrsüberwachung, in:
Christoph Butterwegge/Martin Kutscha/Sabine Berghahn, Herrschaft des Marktes – Abschied vom
Staat?, Baden–Baden, 1999, S. 146 ff. usw.

컫는 말이다.[68] 이 법률은 뒤늦게 제정되었지만 사회적 재난과 참사가 반복됨에도 불구하고 진상이 반복적으로 은폐됨으로써 또다시 참사가 반복되는 현실이 바뀌어야 한다는 점에서 시민의 안전을 위한 좋은 법제정 사례라고 할 수 있다.

'공공기관의 갈등 예방 및 해결에 관한 법률안'도 좋은 예가 될 수 있다. 이 법안은 일정 규모 이상의 공공사업을 추진할 경우 주민들에게 충분히 설명하고 사전동의를 얻도록 하고 갈등영향평가를 거치도록 한 법안이다. 이 법안은 그 동안 환경영향평가와 주민설명절차 등 형식적인 절차만으로 절차를 거친 것으로 인정되었던 관행이 통하지 않게 된다. 제주 강정마을 해군기지건설사건이나 밀양송전탑사건, 용산참사사건 등 우리 사회 첨예한 갈등사례들은 형식적 절차를 거쳤다는 이유만으로 주민들을 적대시한 사례들이다. 향후 이러한 법률안이 통과된다면 공공사업에서 주민들과 갈등을 축소하고 원만한 해결책을 강구하기 위하여 정부와 시민이 머리를 맞대고 협력하게 될 수 있다. 이밖에도 세입자들의 권리를 강화할 수 있는 '상가건물임대차보호법 개정안'과 '주택임대차보호법 개정안', 폭력적 강제집행을 근절을 위한 민사집행법 개정안 등의 발의 시도는[69] 무엇이 진정한 의미에서 보장국가의 내용이 되어야 할 것인지 일깨워준다.

3. 보장국가에서 권리보호 및 규범보호론

최근 국가역할의 변화는 행정법의 입법과 실무에 영향을 미치고 있으며 그러한 행정법의 변화가 행정법의 지배이념인 권리보호와 행정능률 실현이라는 이념에도 영향을 미칠 가능성이 크다. 그러므로 이들이 어떠한 관계를 맺고 있는지 살펴보는 것은 의미가 있을 것이다.

우리의 전통적인 행정법은 주관적 권리구제 중심의 행정법으로 자리잡아 왔다. 행정법이 법해석 및 적용위주의 쟁송법적인 구제에 머무름으로써 사안과 관련된 사회현실에는 눈을 감고 있었던 것이 사실이다. Voßkuhle가 지적하였듯이 사회 현실(soziologischer Befund)은 전통적인 법학방법론의 시야에서 일관되게 철저히 외면되었던 것이다. 현실은 신자유주의로 인하여 규제완화를 통한 기업친화적인 정책이 관철되고 비정규직과 실업이 증가하고 시민들의 권익이 축소되었고 갈수록 양극화가 심화되고 있다. 행정쟁송과 관련하여서도 미시적으로는 개개인의 권리보호가 확대되는 것으로 나타날 수 있지만 거시적으로 볼 때 권리보호는 축소되는, 즉 사회전체에서 총 이익은 늘어나는데 비하여 시민들의 이익이나 권리는 줄어드는 현상을 심각하게 바라볼 필요가 있다. 현대사회의 복

---

68) 박주민의원 대표발의.
69) 오마이뉴스, 2018년 2월 16일자. 박주민 "불타는 용산 보고 눈 의심… 김석기 조사해야", [용산 참사 9주기 - 인터뷰] "중요한 건 '사람'… 임차인 권리보호 법안 통과 힘쓸 것".

잡성과 다양성 때문에 이해관계가 다원화, 다양화되는 것은 불가피하다고 할 수 있을지 모른다. 이에 따라 개개인의 입장에서 볼 때 일부 권리가 확대될 수도 있고 축소될 수도 있다. 이러한 상황에서 행정쟁송을 통해서 권리를 구제받을 수 있는 자들은 변호사를 고용할 능력이 있는 자들이 될 가능성이 크고 거시적으로 시민의 권익 축소는 이들의 권익 확대로 이어질 수 있다는 점이 우려된다. 행정법이 쟁송법적 법해석방법론에서 벗어나 법정립 지향의 행위학 내지 결정학으로 중점이 이동할 수밖에 없는 이유이기도 하다.

행정법에서 중요하게 다루고 있는 보호규범론은 그 자체로 보면 상당한 장점이 있는 것 같다. 법률상 보호되는 이익 또는 권리 즉, 주관적 공권을 규범으로부터 도출하는 구조이기 때문에 관련되는 규범만 찾아내면 비교적 쉽게 소송에서 원고적격을 인정받을 수 있다. 판례에서도 이를 관대하게 인정되는 경향도 발견된다. 그러나 보호규범론은 거의 전적으로 규범의 제정, 즉 입법에 의존한다. 어떠한 법령이 제정되느냐에 따라 규범으로부터 도출되는 주관적 공권의 가능성은 다양할 수 있다. 그러나 여기서 거시적 안목이 필요한 것은 신자유주의 정책이 시행되는 동안 수많은 법령이 제정되었다는 점이다. 그러므로 규제완화 및 민영화, 민간위탁 등의 법률이 제정됨으로 인하여 입법을 통하여 누구의 권리가 보호되고 있는지 살펴볼 필요가 있다. 보호규범론은 그러한 범위에서 한계를 가질 수밖에 없다.

유럽연합의 경우 보호규범론과의 결별(?)이 논의될 정도로 권리보호가 확대되고 있다. 심지어 직접적인 법적 관련성이 없는 경우에도 소권이 인정되는 것으로 보기도 한다.70) 물론 유럽연합이 독일식 전통인 주관적 권리보호를 배제하지는 않는다. 탈주관적 (entsubjektive)인 소권(Klagerechte)의 형태로 주관적 공권을 대체하는 것이 아니라 권리보호의 확대 경향을 보여주고 있으며 보호규범론과의 결별에까지는 이르지 않는다. 유럽연합법상 소권의 확대는 회원국의 법을 유럽연합법과 합치하게 해석하는 방법을 통하여 행해진다. 유럽연합법의 확대 배경은 유럽연합 시민을 객관적인 공공복리의 관철을 위한 보장자 또는 이해관계자로 인식하고 있다는 점이다. 이것이 개인의 권리근거를 위한 문턱이 개별적인 관련(individuelle Betroffensein)을 수단으로 하여 비교적 낮게 설정되고 개별 사례에서 개인의 독립한 소권이 직접적 관련성이나 법적 관련성이 없는 곳에서도 인정되는 결과를 가져온다.71)

70) 이에 대하여 자세한 것은 vgl. Stanislaw Biernat/Paul Craig, usw., Ius Publicum Europaeum: Band V: Verwaltungsrecht in Europa: Grundzüge, Rn. 147; André Niesler, Individualrechtsschutz im Verwaltungsprozess, Berlin, 2012.
71) Stanislaw Biernat/Paul Craig, usw., a.a.O., Rn. 147.

VI. 결론

이 글은 다양한 도전을 받고 변화하고 있는 현대 행정법의 변화를 살펴보고 그 가운데 특히 새로이 등장하여 관심을 받고 있는 보장국가를 중심으로 하여 행정법의 지배이념과의 관계를 고찰하려는 시도이다. 그러한 점에서 기존의 논의와는 약간 다른 지평으로 접근하고자 하였다. 보장국가 하에서 권리보호를 미시적 관점 뿐만 아니라 거시적 관점에서 바라보려는 시도를 해보았다. 전체적으로 신자유주의의 파고 아래서 시민들의 권리나 이익(권익)이 축소되는 상황에서 미시적으로 분쟁해결을 위한 행정쟁송법적 관점으로만 접근하는 전통적인 행정법 방법론은 한계가 있다. 이에 새로이 등장한 보장국가론은 신자유주의 시대가 절정에 달하고 있을 때에 등장하여 그 폐해를 다소나마 완화하고자 한다는 점에서 일응 긍정적인 면이 있으나 시장의 자율성을 신뢰하되 규제된 자율규제를 강조하고 있다. 그러나 규제된 자율규제는 한계가 있다. 보장국가가 만약 공공의 기본 서비스를 적절하고도 충분히 보장한다면 그러한 한에서 보장국가는 주로 입법과 행정에 대하여 일정한 방향을 제시해 줄 수 있을 것이다. 예컨대 주택과 교육, 교통, 통신, 도로, 철도, 전기, 가스, 상하수도 등의 공공서비스에 있어서 국가나 지방자치단체가 적절하고도 충분히 서비스를 제공하고 있는지 검토할 필요가 있다. 주택문제와 사교육 문제, 공공요금 문제들은 서민들의 삶의 질을 낮추게 하는 중대한 요인이 되고 있기 때문이다. 보장국가의 가능성의 구체적인 방향은 최근 제정된 '사회적 참사의 진상규명 및 안전사회 건설 등을 위한 특별법'이나 법률안으로 마련되고 있는 '공공기관의 갈등 예방 및 해결에 관한 법률안' 등의 모범 사례들을 통해 찾아 나아갈 수 있을 것이다.

행정법에서 행정쟁송에 의한 권리구제의 가능성을 검토할 때에는 여전히 권리보호와 공익을 위한 행정능률의 실현이라는 관점을 조화시키는 문제는 중요하고 그러한 관점은 문제해결에 도움이 될 수 있다. 다만 다양한 이해관계를 고려하여 판단할 때 미시적인 관점뿐만 아니라 거시적인 관점에서 현실을 바탕으로 판단하여야 한다.[72]

---

72) 일정과 시간에 쫓겨 미처 다하지 못한 연구는 추후 연구에서 계속할 수 있을 것으로 기대해본다.

[참고문헌]

국순옥, 민주주의헌법론, 아카넷, 2015.

김남진, "경제에 대한 국가의 역할"과 관련하여, 공법연구 제42집 제1호(2013), 115면 이하.

김남진, 독일의 행정·행정법(학)의 변용, 대한민국학술원통신, 제254호(2014년 9월 1일), 2면
　　　이하.

김남진, 자본주의 4.0과 보장국가·보장책임론, 대한민국학술원통신, 제221호(2011년 2월).

김남진, Good Governance : 관념과 상황, 대한민국학술원통신, 제294호(2018년 1월 1일), 4면
　　　이하

김성수, 독일의 신사조 행정법학 사반세기-평가와 전망, 강원법학 제51권(2017.6), 321면 이하.

계인국, 보장행정의 작용형식으로서 규제, 공법연구 제41집 제4호(2013), 155면 이하.

김일환·홍석한, 개인정보 자율규제영역에서 보장국가로서 국가의 역할에 관한 연구, 헌법학연
　　　구 제14권 제4호(2008), 135면 이하.

김재호, 보장국가에서의 녹색성장을 위한 법제 개선방안 연구, 토지공법연구 제65호(2014), 185
　　　면 이하.

김중권, 공법 행정법의 현대화를 통한 규제개혁, 안암법학 제45권(2014), 71면 이하.

데이비드 하비 지음/황성원 옮김, 자본의 17가지 모순, 도서출판 동녘, 2015년 3월.

류지태, 행정법신론, 제10판, 신영사, 2006.

류지태·박종수, 행정법신론, 박영사, 2016.

류지태, 행정법의 이해, 법문사, 2006.7.

박정훈, 행정법의 체계와 방법론, 박영사, 2005.

박재윤, 보장국가론의 비판적 수용과 규제법의 문제, 행정법연구 제41호(2015), 207면 이하.

성봉근, 보장국가로 인한 행정법의 구조변화, 지방자치법연구 통권 제47호(제15권 3호), 2015년
　　　9월, 179면 이하.

성봉근, 보장국가에서의 위험에 대한 대응 -전자정부를 통한 보장국가의 관점에서 본 위험-,
　　　법과 정책연구 제15권 제3호(2015), 1027면 이하.

이계수, 메르스와 법- 전염병의 법률학, 민주법학 제58권(2015), 257면 이하.

이부하, 위험사회에서 국민의 안전보호의무를 지는 보장국가의 역할 -현행 안전법제에 관한 고
　　　찰을 겸하며-, 서울대학교 법학 제56권 제1호(2015), 139면 이하.

이부하, 보장국가에서 국민의 안전보호와 관련한 헌법이론, 헌법학연구 제 22권 제1호(2016),
　　　217면 이하.

임　현, 보장국가론의 이해를 위한 소고, 정부학연구 제22권 1호(2016), 31면 이하.

장하준 지음/이종태·황해선 옮김, 국가의 역할, 도서출판 부키, 2006.

정남철, 생존배려영역에서 민영화와 보장책임, 법조 제717호(2016. 6), 173면 이하.

조태제, 공·사협동 시대에 있어서의 보장국가, 보장행정 및 보장행정법의 전개, 한양법학 제38
　　집(2012), 273면 이하.

허완중, 기본적 인권을 확인하고 보장할 국가의 의무, 저스티스 통권 제115호(2010.02), 68면 이하.

홍석한, 민영화에 따른 국가의 책임에 관한 독일에서의 논의, 법학논총 제17권 제3호(2010),
　　227쪽 이하.

홍준형, 경제발전과 행정법질서의 대응 – 경제발전과정에서 신자유주의의 대두와 행정법제의 대
　　응을 중심으로, 한국법제연구원, 2011.12.30.

황지혜, 사회기반시설에 대한 민간투자에서의 보장행정의 구체화, 외법논집 제39권 제4호
　　(2015), 275면 이하.

板垣 勝彦, 保障行政　法理論, 弘文堂, 2013.

Biernat, Stanislaw/Craig, Paul, usw., Ius Publicum Europaeum: Band V: Verwaltungsrecht in
　　Europa, 2017.

Epping/Hillgruber, BeckOK Grundgesetz, 35. Edition(Stand: 15.11.2017).

Hoffmann−Riem, Wolfgang/Schmidt−Assmann, Eberhard/Voßkuhle, Andreas(Hrsg.), Grundlage
　　des Veraltungsrechts, Band 1, München, 2006.

Maunz/Dürig, Grundgesetz−Kommentar, 81. EL September 2017.

Niesler, André, Individualrechtsschutz im Verwaltungsprozess, Berlin, 2012.

Nitz, Gerhard, Privatisierung der öffentlichen Sicherheit – Rechtsfragen am Beispiel der
　　Privatisierung von Aufgaben der Verkehrsüberwachung, in: Christoph Butterwegge
　　/Martin Kutscha/Sabine Berghahn, Herrschaft des Marktes – Abschied vom Staat?,
　　Baden−Baden, 1999, S. 146 ff.

Reichard, Christoph, Das Konzept des Gewährleistungsstaates, Referat auf der Jahrestagung
　　2003 des Wissenschaftlichen Beirats der GOW, S. 1 ff,

Schuppert, G. F. (Hg.), Jenseits von Privatisierung und „schlankem" Staat: Verantwortungsteilung
　　als Schlüsselbegriff eines sich verändernden Verhältnisses von öffentlichem und
　　privatem Sektor. Baden−Baden 1999.

Ziekow, Jan, Gewährleistungsstaat und Regulierungsreform in Deutschland: From deregulation
　　to smart regulation, 2015. 6.

행정재량통제법리의 재고

김 춘 환[*]

Ⅰ. 서론

　현대국가에 있어서 행정권의 확대와 강화는 국민생활의 거의 모든 영역에 있어서 행정에의 의존도를 높여왔다. 현대행정에서 요청되는 전문기술성과 행정권의 정치성은 행정에 부여된 자유의 영역에서 점차 확대되었고 그 자유는 항상 남용의 위험성과 가능성을 내포하고 있다. 따라서 행정의 자유에 대한 적절한 통제는 국민의 권리이익의 보호를 위하여 극히 중요한 과제이다. 전통적 재량론은 행정행위의 유형화에서 시작되었고 그 통제도 행정행위의 재량통제를 내용으로 하였다. 그러나 현대행정에 있어서 재량은 행정의 전영역에 미치는 것이므로 전체적으로 파악해야할 필요성과 그 적절한 통제를 행정활동의 각 영역에서 확립할 필요성이 강조되고 있다.

　본고에서는 행정재량에 관한 학설·판례의 경향, 문제점 및 통제 등을 검토하기로 한다.[1]

Ⅱ. 행정재량의 특성

1. 행정재량의 의의

1) 행정재량의 개념

　근대 법치국가사상은 행정의 영역에서 「법률에 의한 행정의 원리」하에 행정권의 발동은 법률의 수권을 요함과 동시에 그 보장수단인 행정재판제도에 관한 역사적 정치적 출발점으로 되었다. 따라서 형식적으로 「법률에 의한 행정의 원리」를 철저히 이행한다면 일반적으로 모든 가능한 행정활동을 예상하여 그 요건과 효과를 일의적으로 법정하고 행

---

* 조선대학교 법학과 교수
1) 재량의 사법통제는 행정쟁송법에 있어서 법리의 전개(阿部泰隆, 「行政裁量と行政救済」 (三省堂, 1987) 이외에 최근 국가배상법의 영역에서도 현저한 발전을 보이고 있다(田村悦一, "行政裁量と司法審査," 「行政救済法1」 (有斐閣,1990), 159-190면 참조).

정판단의 자유 내지 여지를 완전히 부정할 수 있을 것이다. 그러나 행정활동의 대상범위
가 매우 광범위하고 그 내용이 복잡해짐에 따라 법률문헌만으로 모든 행정활동의 무한가
능성에 대처한다는 것은 불가능 할 뿐만 아니라 오히려 행정책무를 손상하게 될 것이다.
물론 그 기술적·전문적인 지식과 경험을 바탕으로 행정상 조치와 판단의 중요성을 적극
적으로 긍정하고 법은 행정에 자유로운 활동의 장을 마련하고 그 경우에 법의 구속을 완
화하도록 해야 한다는 요청이 적지 않다.

    일반적으로 일정한 범위내에서 인정되는 판단평가와 행위선택 등의 자유여지를 재량
이라 할 수 있다.2) 국가권력의 행사로서의 재량에는 입법권행사에 있어서의 재량 즉 입법
재량(예컨대 국회의원선거에 있어서 선거구역의 획정과 정수의 배분결정 등, 이 경우의 재량도 평등원칙 등
의 헌법에 구속된다)과 형사재판에 있어서의 법관의 형량에서 볼 수 있는 것과 같은 사법재
량이 있지만 행정재량은 이들과 대비하여 행정활동으로 수권되고 그 범위 내에서 행정이
선택가능한 자유판단의 여지 내지 범위를 말하는 것이다.3) 행정재량은 행정활동의 모든
영역 및 국면에서 행사되고 행정입법 내지 내부기준의 설정, 행정계획의 책정과 실시, 행
정행위, 행정계획, 행정계약 등 모든 행정에 있어서 현실적으로 활동내용을 이루고 있다.

    행정소송법 제27조는 "행정청의 재량에 속하는 처분이라도 재량권의 한계를 넘거나
그 남용이 있는 때에는 법원은 이를 취소할 수 있다"는 재량처분의 취소를 규정하여, 오
로지 행정청의 행정행위 내지 행정처분의 재량행사에 관해서만 규정하고 있다. 이것은
전통적인 행정법이론에서는 행정활동의 여러 가지 형식 중에서도 특히 행정행위의 이론
에만 관심이 집중되어 왔다는 점 또한 행정소송법리에서도 행정행위 내지 행정처분을 중
심으로 한 이론구조가 형성되어 왔다는 점, 특히 역사적·연혁적으로도 행정행위 이외의
행정활동유형에서는 재량문제가 그다지 크게 이론적으로 관심의 대상이 되지 않았다는
점 등에서 연유한다고 할 수 있다. 최근 행정계획의 책정에 있어서 행정이 현실적으로
행하는 재량판단은 행정계획의 내용적 중심을 이루는 것이고, 계획재량의 법적 구조와
그 분석 그리고 통제방식이 큰 문제로 되어 있다.4) 행정계약은 그 내용에 오히려 재량이

---

2) 재량이라 함은 행정이 법률을 적용할 때에 인정되는 일정한 여지 즉, 행위 및 판단의 자유라고 할
   수 있다(宮田三郎, 「行政裁量とその統制密度」(信山社, 1994), 3면.
3) 宮田三郎, "行政裁量," 「現代行政法大系2」(有斐閣, 1986), 33－61면 참조. 행정법상 재량문제로 설명
   되는 것의 실체는 행정의 독자성의 고려였다. 재량문제는 법치국가원리의 확립과 형성에 있어서 이
   러한 행정의 독자성을 입법과 사법의 과도한 제약으로부터 지키려는 시도의 귀착이라고 할 수 있다.
   재량문제가 법률의 일의성, 다의성 또는 절대적 구속, 법으로부터의 자유라는 법률의 구속의 정도의
   문제로서 동시에 행정행위 또는 재량행사에 대한 법원의 통제의 한계문제로서 취급되었던 것이다.
   양자의 문제는 동일한 문제의 다른 측면으로 볼 수 있으나 종래의 논의의 중점은 오히려 행정과 사
   법심사라는 후자의 문제에 두어졌다고 할 수 있다(宮田三郎, 앞 논문, 101－102면).
4) 芝池義一, "行政計畫," 「現代行政法大系2」(有斐閣, 1986), 333－363면 참조.

있음으로서 민사상 계약에서는 문제되지 않는 재량통제법리의 존재가 인정되고 한층 그 전개가 요구된다.[5]

오늘날 행정재량은 전 행정영역의 전 행정과정에 있어서 나타나는 것이므로 그 태양에 따른 적절한 법적 성격과 그 유효한 통제방법이 검토되어야 할 것이다.[6]

2) 재량불심리원칙

고전적 3권분립론에 의하면 재량은 행정권을 사법, 입법으로부터 내용적 · 성격적으로 구별되게 하는 것으로서 행정 본래의 고유영역이었다. 특히 사법과 관련하여 이 점이 중시되고 「법은 司法의 경우에는 자기목적이지만, 행정의 경우에는 목적을 위한 수단에 불과하고 행정의 본질적 내용은 법의 구속에 의한 제약의 범위내에서 그 목적인 공익의 실현에 있다」는 것이다. 공익목적을 위한 판단과 이익교량의 자유는 행정이 입법자로부터 부여된 행정고유의 영역이므로 사법은 여기에 개입할 수 없다. 따라서 행정권은 입법권과 동등한 지위에서 사법권에 대처하게 된다. 19세기 후반에 독일과 오스트리아에서 전개된 재량불심사원칙은 이러한 이론을 배경으로 하였다.[7] 물론 행정권이 어느 정도 재량을 가지는가는 그 당시 재량권의 존재형태에 따라 크게 다르지만 19세기 중엽 독일과 오스트리아에 있어서는 행정권이 포괄적으로 군주에게 수권되고 이것을 권력분립론이 원칙적으로 지지하였다. 행정권과 사법권은 형식적인 재판소와 행정기관의 권한의 차이가 아니라 그 실질적인 활동내용의 특색을 기초로 하여 구별되었다.

그러나 행정재량은 결코 행정에 대하여 주관적 · 자의적인 자유를 인정하는 것이 아니라 명문의 법률상 규범적 제약에 구속되지 아니한다는 것을 의미하는데 불과하기 때문에 첫째로 그 내용이 법규에 위반되지 않더라도 무엇이 공익에 가장 적합한가를 판단하고 그에 따라 행동할 의무로부터 해방되는 것도 아니다. 법문언상으로는 일의적으로 구속되지 않을지라도 완전한 행정의 자유가 남아있는 것도 아니고 법이 예정하고 있는 객관적 기준의 존재를 고려하는 것을 법규재량 내지는 기속재량으로 보고, 이를 본래의 자유재량 내지 편의재량과 구별하고 그 경우에는 사법심사가 미친다는 해석론이 전개되는 것도[8] 행정재량에 대하여 「법률에 의한 행정의 원리」의 타당영역을 확대하기 위한 조작이었다.[9] 그러나 재량을 이 양자로 재량적으로 구별하는 경우에는 법규재량 내지 기속재량은 완전히 사법통제에 따르고 자유재량 내지 편의재량은 사법심사를 배제한다는 형식

5) 浜川 淸, "行政契約,"「現代行政法大系2」(有斐閣, 1986), 149－168면 참조.
6) 田村悅一, 앞 논문, 160－162면 참조.
7) 田村悅一,「自由裁量とその限界」(有斐閣, 1967), 1면 이하.
8) 田中二郎, "行政裁判所の權限より觀たる自由裁量問題,"「行政爭訟の法理」(有斐閣, 1954) 참조.
9) 藤田宙靖,「行政法Ⅰ」(總論)(靑林書院, 1985), 79면 이하.

적 2분성으로 회귀하여 재량은 양적으로 축소되고 재량불심사원칙은 당연히 유지하게
된다.

그런데 오늘날 재량불심리원칙 내지 재량통제의 의의는 위와 같은 사고와는 실질적
으로 다르다. 첫째로 일찍이 행정재량 내지 그의 불심리원칙은 행정권 및 그의 보장을
의미하는 것이고 입법과 사법에 대하여 고유의 존재영역을 주장하는 징표이다. 그러나
오늘날 국민주권하에서는 이러한 고유한 행정권은 존재하지 않고 입법으로부터 독립한
행정과 법으로부터 자유로운 행정은 당연히 있을 수 없다. 행정재량에 대한 사법통제의
제약에 관해 「행정판단을 존중하여 행정판단으로 접근할 수 있다」는 발상도 고전적인
권한배분에서 유래한다기 보다는 오히려 행정활동의 합리성·합목적성의 확보와 법률적
합성 및 국민의 권리이익의 보장과 조정의 원리에서 나오는 것이다. 둘째로 재량수권에
있어서 입법권은 작용이 이미 헌법상 제약에 따른다고 지적된다. 즉 지나치게 포괄적·
일반적인 재량의 수권과 남용의 가능성이 큰 수권은 헌법상 여러 원칙에 반하고 또한 개
개 재량행사는 근거법 뿐만이 아니라 헌법상 평등원칙·비례원칙과 관련하여 사법통제에
따르게 된다. 따라서 현재는 「본질적으로 불심리인 재량」개념은 있을 수 없다. 그리하여
헌법을 정점으로 하는 법질서하에서 재량은 제약 내지 내재적인 한계가 있는 것이므로
재량개념자체는 상대적이다.[10]

3) 행정재량의 학설
(1) 기속행위와 재량행위의 구별

행정행위를 법률의 구속의 정도에 따라 기속행위와 재량행위로 구별한다. 기속행위
란 법률이 어떠한 요건하에서 어떠한 행위를 할 것인가에 대하여 의문의 여지없이 일의
적으로 규정하고 있어서, 행정청은 다만 그 법률을 기계적으로 적용함에 그치는 경우, 당
해 행위를 말하고, 재량행위란 법률이 행정청에 그 요건의 판단 또는 효과(행위)의 결정에
있어 일정한 독자적 판단권을 인정하고 있는 경우에는, 당해 행위를 말한다.[11] 환언하면

---

10) 田村悅一, 앞 논문, 162-164면.
11) 전통적으로 우리 학설은 재량행위의 유형으로 기속재량과 공익(자유)재량으로 구분하는 것이 일반
    적인 견해였으며 아직도 판례는 이 분류에 따르고 있다(대법원 1985.12.10. 선고 85누674 판결; 대
    법원 1989.9.12. 선고 88누9206 판결). 그러나 오늘날에는 재량행위도 그 일탈·남용의 경우에는 재
    판통제의 대상이 되는 것이므로 재량행위에 대한 재판통제를 가능하게 하기 위한 것으로서의 기속
    재량행위의 관념은 이미 그 의의를 상실하였고, 기속재량행위는 법령상으로는 행정청에 재량이 인
    정되는 것으로 보이나 그 요건이나 효과는 이미 일의적으로 확정되어 있어서 행정청에 판단의 여
    지가 없게 되는 것이므로 기속행위와 구별할 실익도 없고 또한 기속재량행위에 있어서도 제한적이
    나마 행정청에 판단여지가 인정된다면 기속행위는 재량행위에 해당하는 것이므로 양자를 다시 구
    분할 실익이 없다는 것이 현재 우리 학설의 지배적 견해라 할 수 있다(金東熙, 「行政法 I」(博英社,
    2012), 216면).

재량행위는 근거법률상 행정청에 당해 행위를 할 것인가의 여부(결정재량) 내지는 법적으로 허용되는 다수의 행위 중에서 어떤 행위를 할 것인가(선택재량)에 대하여 재량권, 즉 독자적 판단권이 부여되어 있는 행위를 말한다.[12]

① 전통적 학설의 검토

종래 재량행위와 기속행위의 구별기준에 관하여 요건재량설과 효과재량설이 대립하였다.

㉮ 요건재량설

이 설은 행정재량이 요건사실의 존부의 인정에 있어서 인정된다는 견해로서 법률의 규정이 처분의 요건에 관하여 아무런 규정을 두지 않는 경우(공백규정)나 행정의 종국목적인 '공익상의 필요'만을 요건으로 정하고 있는 경우에는 재량행위이고, 개개의 행정활동에 특유한 중간목적(예, 안전위생 등)을 요건으로 규정하고 있는 경우에는 기속행위로 본다.[13]

이 견해에 대하여 법률문제인 요건인정을 재량문제로 오인하였고, 중간목적과 종국목적의 구분이 불분명하고, 법률효과실현 자체가 재량의 대상임을 간과하고 있다는 비판이 있고 현재 이 견해를 취하는 학자는 없다.[14]

㉯ 효과재량설

이 설은 행정재량은 법률효과(행위)의 선택(행정행위를 할 것인지 여부와 행한다고 할 경우 어떠한 종류의 행위를 할 것인지의 선택)에 있어서 인정된다는 견해로 그 구별기준은 법이 특별한 규정을 두고 있는 경우를 제외하고는 문제의 행위의 성질이 기준이 된다고 한다. 즉 국민의 권리·이익을 제한하거나 새로운 의무를 부과하는 침해적 행위는 원칙적으로 기속행위이고 국민에게 권리나 이익을 부여하는 수익적 행위는 원칙상 재량행위라고 한다.[15]

이 견해에 대해서는 급부행정의 영역에서 법률요건해당을 인정한 뒤에도 재량(공익재량)이라는 이유로 불행위의 자유를 행정청에 주는 것은 문제이고, 정치적·행정적 책임

---

12) 金東熙, 위 책, 259면. 오늘날의 새로운 분류는 재량을 결정재량과 선택재량으로 분류한다. 이는 독일에서의 지배적인 견해를 수용하는 입장으로서, 전자는 재량권의 발동여부에 관련되는 재량의 유형이며, 후자는 재량권을 발동하기로 한 경우에 구체적으로 허용되어 있는 수단의 선택과 관련되는 재량을 의미한다. 결정재량은 주로 위험방지를 목적으로 하는 경찰행정권의 발동여부에 관한 재량에서 나타나게 되며, 선택재량은 이에 반해 매우 다양하게 나타난다. 예컨대 공무원에 대한 징계유형의 선택이나 행정법적 의무위반에 대한 다양한 제재의 행사 등이 이에 해당하는 유형이다(柳至泰, 「行政法新論」(新英社, 1996, 68면).
13) 이에 대하여 요건재량설에 의할 때 불확정 개념의 판단에 있어서도 재량권이 인정되는 경우가 있다고 설명하는 견해가 있다(朴均省, 「行政法論(上)」(博英社, 2014, 304면).
14) 홍정선, 「행정법원론(상)」(박영사, 2012), 324면.
15) 朴均省, 앞 책, 304면.

이 수반되는 정책재량 또는 전문적 지식을 요하는 기속행위(기속재량행위)에 속하는 사항을 비록 불이익처분이라고 하여도 사법심사의 대상으로 하기 어렵다는 점을 등한시한다는 비판이 있다.[16]

㉴ 결어

요건재량설과 효과재량설은 일면 타당성이 있지만 완결적인 이론이 되지 못하였다. 왜냐하면 이러한 구분에 의하면 기속행위와 재량행위의 구분이 실질적으로 명확하지 않게 되며, 또한 기속재량과 자유재량의 구분이 현실적으로 명확한 것이 아니고, 재량권의 남용이나 일탈의 경우에는 기속재량과 자유재량의 구별의 실익이 없기 때문이다.[17] 따라서 논거나 실익에 있어서 이러한 구분은 아무런 의미를 갖지 못하므로 오늘날은 지양하는 것이 타당하다고 한다.[18][19] 그리하여 오늘날 종래의 요건재량설과 효과재량설은 거의

---

16) 석종현·송동수,「일반행정법(상)」(삼영사, 2009), 215면; 李尚圭,「新行政法論(上)」(法文社, 1997), 222면; 홍정선, 앞 책, 235면.

17) 행정행위가 그 재량성의 유무 및 범위와 관련하여 이른바 기속행위 내지 기속재량행위와 재량행위 내지 자유재량행위로 구분된다고 할 때, 그 구분은 당해 행위의 근거가 된 법규의 체재·형식과 그 문언, 당해 행위가 속하는 행정 분야의 주된 목적과 특성, 당해 행위 자체의 개별적 성질과 유형 등을 모두 고려하여 판단하여야 하고, 이렇게 구분되는 양자에 대한 사법심사는, 전자의 경우 그 법규에 대한 원칙적인 기속성으로 인하여 법원이 사실인정과 관련 법규의 해석·적용을 통하여 일정한 결론을 도출한 후 그 결론에 비추어 행정청이 한 판단의 적법 여부를 독자의 입장에서 판정하는 방식에 의하게 되나, 후자의 경우 행정청의 재량에 기한 공익판단의 여지를 감안하여 법원은 독자의 결론을 도출함이 없이 당해 행위에 재량권의 일탈·남용이 있는지 여부만을 심사하게 되고, 이러한 재량권의 일탈·남용 여부에 대한 심사는 사실오인, 비례·평등의 원칙 위배, 당해 행위의 목적 위반이나 동기의 부정 유무 등을 그 판단 대상으로 한다(대법원 2001. 2. 9. 선고 98두17593 판결 [건축물용도변경신청거부처분취소]).

18) 柳至泰, 앞 책, 66/68/81–82면; 金南辰, 앞 책, 1995, 237면.

19) 재량학설은 고전적인 의미에서 재량불심리원칙을 전제로 행정법원의 심리를 한계지우는 재량의 인식기준에 관한 이론을 형성하였다. 즉 성질설(美濃部達吉,「日本行政法 上卷」(有斐閣, 1937), 168면 이하)과 문언설(佐々木惣一, "行政機關の自由裁量," 「法と經濟」 1卷 1号 (立命館出版會, 1934); 田中二郎,「行政法總論」(有斐閣, 1957), 298면 이하)의 대립이 그것이다. 성질설은 법의 문언과 관계없이 행정권의 발동이 국민의 권리를 침해하거나 의무를 부과하는 것인가에 따라 기속과 재량으로 구별하는 것이고, 문언설은 법의 문언을 중시하는 법의 규정방식에 따라 논리적으로 구별하는 것이다. 한편, 재량의 존재는 법률요건의 인정에 관한 행정판단의 자유와 효과발생에 관한 선택의 자유로 유형화될 수 있다. 전자는 요건이 목적적으로 수권되거나 다의적인 규정에 의하여 요건이 인정된 경우에, 행정의 요건인정에 자유를 인정(요건재량 내지 판단재량)하는 것이고 후자는 처분을 할 것인가 또는 어떠한 처분을 선택할 것인가에 자유를 인정하는 것이다(효과재량 내지 행위재량). 성질설은 원칙적으로 효과재량설로 전개되어 왔고, 문언설은 동일하게 요건재량을 결합하여 다른 재량인식론이 전개되어 왔다. 또한 요건에 있어서 구속적 문헌이 없는 경우에도 근거법의 수권의 취지목적에서 오는 법적 구속은 부정할 수 없다. 그러므로 기속과 재량의 구별은 어쨌든 사법심사에 있어서는 본래 상대적으로 구별될 수밖에 없다. 다만 행정재판제도하에서는 출소사항의 제한적 열기주의로 인해 재량심리는 거의 취급되지 않았고 학설에 관한 판례상 검토도 거의 없었다. 이것은 요건재량과 효과재량의 2분법에도 해당한다. 여하튼 이 이론은 법령적용의 실현에서는 양자가 동시

주장되고 있지 않다.[20]

② 오늘날의 구별기준

오늘날에는 재량행위와 기속행위의 구별에 있어 법률규정이 일차적 기준이 된다. 왜냐하면 재량권은 입법권에 의해 행정기관에 부여되는 것이기 때문이다. 따라서 법률에서 효과규정을 '…할 수 있다'라고 규정하는 경우는 원칙적으로 재량행위이고, '…하여야 한다'라고 규정하고 있는 경우에는 원칙적으로 기속행위라고 한다. 다만, 법률규정의 물리적 표현뿐만 아니라 관련규정, 입법취지 및 입법목적을 아울러 고려하여야 한다. 그리고 법령의 규정이 명확하지 않는 경우 당해 법령의 규정과 함께 문제가 되는 행위의 성질, 기본권 관련성 및 공익관련성을 종합적으로 고려하여야 한다.[21]

(2) 불확정개념과 판단여지

① 개념

불확정개념이란 그 개념 자체로서는 그 의미가 명확하지 않고 해석의 여지가 있는 개념을 말한다. '공공의 안녕과 질서', '중대한 사유', '식품의 안전', '환경의 보전' 등을 그 예로 들 수 있다. 판단여지란 요건을 이루는 불확정개념의 해석·적용에 있어서 이론상 하나의 판단만이 가능한 것이지만, 둘 이상의 판단이 모두 적법한 판단으로 인정될 수 있는 가능성이 있는 것을 말한다. 판단여지는 행정행위의 요건 중 일정한 불확정개념의 판단에서 인정된다.[22]

대부분 재량인식의 문제는 불확정개념[23]을 사용한 법률요건의 인정(예, 교육상 필요한 때에는…)과 행위내용의 선택(예, 필요한 조치, 적절한 조치를 취할 수 있다…)에 있다. 행정권발동의 요건과 효과내용이 일의적으로 명백하게 규정되어 있는 경우 행정이 이를 해석 적용함에 있어서 자유로이 판단할 여지는 없지만 다의적·불확정적인 용어는 직접 유일한 해석이 나오는 것이 아니기 때문에 고려의 폭이 다소 넓게 인정된다. 이때 재량의 존재유

에 재량이 수권되거나 또는 양자를 구별하는 것 자체에 무리가 있다. 그런데 이러한 학설은 현실적으로 상당한 수정이 부득이하게 되었다. 예컨대 경제통제법의 전개로 규제행정의 영역에서 대폭적인 행정의 자유여지를 인정하지 않을 수 없게 되었다(原竜之助,「行政法における法治主義の展開」(有斐閣, 1948); 柳瀬良幹,「行政法教科書」(有斐閣, 1963). 이와 같은 재량학설은 모두 행정행위론의 일부로 전개되었고, 행정행위에서는 당연히 재량을 내용적 전제로 한다. 오늘날 행정판단의 모든 분야에서 재량판단이 행하여지고 있지만 위와 같은 접근방법은 채용될 수 없을 것이다(田村悦一, 앞 논문, 168면).

20) 대법원 2001.02.09. 선고 98두17593 판결; 朴均省, 앞 책, 304-305면.
21) 朴均省, 위 책, 305면.
22) 朴均省, 위 책, 315면.
23) 일반적으로 불확정개념은 법개념, 즉 법원에 의해 논리법칙 또는 경험법칙에 따라 그 개념이 일의적으로 해석될 수 있는 개념으로 본다. 따라서 행정기관의 불확정개념으로 된 행위의 요건을 판단함에 있어 재량권을 가질 수 없다고 본다((朴均省, 위 책, 293면).

무와 그 영역범위가 문제된다.[24]

　　법률의 구성요건에 불확정개념이 사용된 경우에는 이 개념을 개별적인 경우에 행정 기관이 구체화하는 과정이 필요하게 된다. 그러나 이때에도 통상적으로는 이 개념은 법적 개념이기에 법원에 의한 전면적인 사법심사의 대상이 되는 것이나 예외적인 경우에는 법원의 판단보다 행정기관의 판단을 우선시해야 할 필요성이 인정되어 제한된 범위에서만 사법심사가 가능하게 되는 경우가 존재하게 된다. 이와 같이 법률의 구성요건부분의 구체화과정에서 행한 행정주체의 결정에 대해 예외적으로 사법심사가 제한되는 경우에, 이를 재량개념하에서 평가할 것인가 또는 이와 구별되는 별도의 개념을 인정할 것인가 와 관련하여 논의되는 것이 판단여지이론이다. 판단여지설은 독일의 학설, 특히 바호프 (Bachof)[25]나 울레(Ule)[26] 등에 의하여 주장된 이론으로 우리나라에서 수용된 것이다.[27] 이 이론에서의 논의의 중점은 재량행위와 구별되는 판단여지라는 독자적인 개념을 인정 할 수 있는가와 관련하여 재량행위와 구별되는 유형으로 별도의 판단여지개념을 인정하 려는 긍정설과 판단여지의 개념을 부인하고 구성요건의 부분에도 재량을 인정하려는 부정설이 있다.[28] 재량행위를 통일적으로 파악하여 이는 법률의 구성요건부분에 있어서 예 외적으로 인정되는 재량의 한 내용에 해당할 뿐이라고 보아야 하며, 판단여지이론을 재 량행위와 별도로 인정해야 할 이론적인 독자성이나 현실적인 필요는 존재하지 않는다고 한다.[29]

　　불확정개념에 있어서 재량영역의 문제는 독일에서 재량논쟁의 중심이 되고 판례도 「불확정개념은 행정재판소의 일상사」라고 평가할 정도로 취급하였다. 당초는 국민의 권 리자유의 보장이라는 관점에서 불확정개념의 재량여지를 최소한도로 축소하는 사법통제 를 강조하였지만 그 후 경제행정에 있어서 불확정개념 사용의 불가피성과 재량의 긍정, 행정계획수행에 있어서 행정판단의 재량승인과 불확정개념의 결과 등 불확정개념의 판 단에 있어서 점차 사법심사의 한계를 인정하기에 이르렀다.[30]

---

24) 田村悅一, 앞 논문, 169면.

25) O. Bachof, Beurteilungsspielraum, Ermessen und unbestimmter Rechtsbegriff im Verwaltungsrecht, JZ. 1955, 97ff.

26) C.H. Ule, Zur Anwendung unbestimmter Rechtsbegriffe im Verwaltungsrecht, Gedächtnisschrift für W.Jellinek, 1955, S. 309ff.

27) 朴均省, 위 책, 314면. 우리나라의 일부견해가 이 이론을 기속행위와 재량행위의 구별기준으로서 논 의하는 것은 이 이론의 체계적 이해에 비추어 전혀 잘못된 것이다(柳至泰, 앞 책, 69-70면).

28) 우리의 판례도 판단여지의 개념을 인정하지 않고 재량의 문제로 고찰하고 있다(柳至泰, 위 책, 70면).

29) 柳至泰, 위 책, 71면; 金東熙, 앞 책, 1994, 205. 자유재량과 기속재량, 의사재량과 인식재량, 요건재 량과 효과재량, 특히 재량과 불확정개념 또는 재량, 불확정개념 및 판단여지라는 구별을 종래의 재 량론에 대한 비판을 기초로 하여, 재량문제를 불가분의 일체로서 파악하고 통일적인 해결을 구하여 야 한다는 새로운 재량론이 전개되고 있다(宮田三郎, 앞 논문 「行政裁量とその統制密度」, 93면.

우리나라에서도 독일과 같은 논쟁이 전개되었지만 법원을 긴장시키는 것은 동일하게 불확정개념의 적용에 대한 그의 심리방식이었다. 학설은 여러 가지 해결방법을 제시하고[31] 판례도 당초 전면적 심사에 따르도록 하면서 점차 그 통제의 한계를 인정하게 되었다. 불확정개념의 적용에도 통상인의 지식과 일상적인 경험칙에 의거하여 객관화할 수 있는 개념(經驗槪念)의 판단에 관해서는 재량을 인정할 필요는 없다. 그러나 다른 입장에서 다르게 해석할 가능성이 있는 경우(價値槪念) 그 하나만을 「유일한 법적해석적용」이라고 확정하는 것은 불가능하고 정당화될 수 없다. 이러한 경우에 행정판단과 법원판단 중 어느 것을 우선 시킬 것인가라는 고려하에 사법심사의 한계가 설정되는 것이 현실이고 불확정개념의 해석적용에 있어서 행정재량(判斷餘地)의 영역이 인정되고 있다.[32] 오늘날에는 그 해석적용에 정치적·정책적 고려와 전문적·기술적 고려가 수반되는 것과 관련하여 사법심사의 한계문제로서 재량이 자주 논의되고 있다.

② 적용기준 및 영역

오늘날 재량의 유무와 그 범위는 행정활동에 있어서 판단 또는 그 판단의 한도까지를 법원이 존중할 것인가라는 문제로 취급되고 있다.[33]

판단여지는 판단여지의 근거에 비추어 불확정개념의 적용에 관하여 객관적 기준(객관적인 경험법칙, 논리법치 및 보편타당한 가치기준)이 결여되어 있어 법원의 판단으로 행정청의 신중한 판단을 대처하는 것이 타당하지 않는 경우, 즉 고도로 전문적이고 기술적인 판단이나 고도로 정책적인 판단에 속하는 불확정개념의 적용에 한하여 인정된다.

판단여지는 비대체적 결정의 영역(예, 시험), 구속적 가치평가의 영역(예, 전문위원회에

---

30) 田村悅一, 「行政訴訟における國民の權利保護」(有斐閣, 1975), 59면 이하.

31) 학설의 대응에 관해서는 宮田三郎, 앞 논문, 31-66면 참조.

32) 일정한 경우에 행정기관이 불확정개념을 해석·적용함에 있어 둘이상의 상이한 판단이 행해질 수 있는 경우 중 행정기관에게 판단여지가 인정되는 경우가 있다고 보고 행정기관에게 판단여지가 있는 경우에는 판단의 여지 내에서 이루어진 행정기관의 판단은 법원에 의한 통제의 대상이 되지 않는다고 본다((朴均省, 앞 책, 293면).

33) 일본에서는 정치재량과 기술재량의 2분법은 杉村敏正, 앞 논문 行政裁量에서 시작되었다고 한다. 우리나라에서는 이 영역을 판단여지로 보고 있다. 판단여지는 판단의 근거에 비추어 불확정개념의 적용에 관하여 객관적 기준(객관적인 경험법칙, 논리법칙 및 보편타당한 가치기준)이 결여되어 있어 법원의 판단으로 행정청의 신중한 판단을 대체하는 것이 타당하지 않는 경우, 즉 고도로 전문적이고 기술적인 판단이나 고도로 정책적인 판단에 속하는 불확정개념의 적용에 한하여 인정된다고 보고 있다(朴均省, 위 책, 315-316면). 판단여지는 비대체적 결정의 영역(시험), 구속적 가치평가의 영역(전문위원회 이해에 의해 판단된 청소년 유해도서의 해당여부의 판단, 보호대상문화재의 해당 여부의 판단), 예측결정의 영역(환경상 위험의 예측평가, 경제여건의 변화예측), 정책적 결정의 영역(외국인의 체류갱신허가의 필요성의 판단), 고도의 전문성이 요구되는 영역(사전배려의 적용요건으로서의, 위험의 과학적 불확실성의 판단) 등에서 인정된다. 판단의 여지가 인정되는 범위 내에서 내려진 행정청의 판단은 법원에 의한 통제의 대상이 되지 않는다(朴均省, 위 책, 317면).

의해 판단된 청소년 유해도서의 해당 여부의 판단, 보호대상문화재의 해당 여부의 판단), 예측결정의 영역(예, 환경상 위험의 예측평가, 경제여건의 변화예측), 정책적 결정의 영역(예, 외국인의 체류갱신허가의 필요성 판단), 고도의 전문성이 요구되는 영역(예, 사전배려원칙의 적용요건으로서의, 위험의 과학적 불확실성의 판단) 등에서 인정된다.[34]

　　㉮ 정치적·정책적 고려

　　행정상 정책수행과 정치적 고려에 대하여 재량적 영역을 인정하는 경향은 일반적인 것이다. 이것을 정치·정책 재량이라고 한다. 법원은 정치·정책판단의 당부에 관한 한 자기의 판단을 유보하고 최종적인 판단권을 행정에 위임하는 경우가 많다. 그 전형적인 예로 특별귀화요건의 인정에 있어서 「과학·경제·문화·체육 등 특정 분야에서 매우 우수한 능력을 보유한 자로서 대한민국의 국익에 기여할 것으로 인정되는 자」(국적법 제7조 제1항 제3호)의 유무의 판단이 외교부장관의 재량에 위임되는 것과 같다.[35] 이러한 종류로 분류되는 것으로 계획책정과 수행에 있어서의 계획재량이 있다.[36] 행정계획은 그 목적·내용에 관하여 구체적인 결정과 그 달성을 위한 수단선택은 행정판단에 위임되고 근거법은 대부분 행정판단 내용에 대한 유효한 통제기준을 마련하고 있지 않다.[37] 계획재량에 있어서 통제는 내용보다도 그 절차의 적정화에 있고, 절차가 적정하게 이루어지는 한 내용적 판단은 행정의 정책책임에 위임되지 않을 수 없다. 특히 최근 이 영역에서 주목되는 것은 개발행위의 실행에 있어서 공익성 판단이다. 개발행위에 있어서 개발이익과 환경이익의 조화와 주민의 생활이익 사이의 조정에 있어서 타협과 선택의 문제 등은 정치적 판단을 불가결하게 하는 것이고 행정상의 판단을 뒤집는 데에는 극히 신중하여야 한다.[38]

---

34) 朴均省, 위 책, 317면.
35) 고도로 정책적인 판단에 속하는 경우로 외국인의 체류기간의 갱신을 적당하다고 인정할 만한 상당한 이유의 인정 등이 있다(대법원 1996.09.20. 선고 96누6882 판결).
36) 행정기관이 계획결정에 있어서 행정계획을 구체화하는 과정에서 갖게 되는 것으로서, 법적으로 그 내용을 미리 결정할 수 없는 고유한 형성여지를 계획재량이라고 한다. 행정계획을 수립·결정하는 과정에서 행정기관이 가지는 넓은 형성의 자유라는 점에서 일반적인 행정재량(행위재량)과 구별된다(柳至泰, 앞 책, 92면).
37) 행정계획이라 함은 행정에 관한 전문적·기술적 판단을 기초로 하여 도시의 건설·정비·개량 등과 같은 특정한 행정목표를 달성하기 위하여 서로 관련되는 행정수단을 종합·조정함으로써 장래의 일정한 시점에 있어서 일정한 질서를 실현하기 위한 활동기준으로 설정된 것으로서, 관계법령에는 추상적인 행정목표와 절차만을 규정되어 있을 뿐 행정계획의 내용에 관하여는 별다른 규정을 두고 있지 아니하므로 행정주체는 구체적인 행정계획을 입안·결정함에 있어서 비교적 광범위한 형성의 자유를 가지는 것이지만 행정주체가 가지는 이와 같은 형성의 자유는 무제한적인 것이 아니라 그 행정계획에 관련되는 자들의 이익을 공익과 사익 사이에는 물론이고 공익 상호간과 사익 상호간에도 정당하게 비교교량하여야 한다는 제한이 있다(대법원 2007.4.12. 선고 2005두1893 판결).
38) 행정기관의 미래예측적 결정, 특히 환경행정상의 허가에 있어서 그 기초가 되는 장래의 위해발생여

정치적·정책적 재량은 가장 넓은 경우 마치 통치행위와 동일하게 취급되고 원칙적으로 사법심사의 대상이 될 수 없을 정도로 행정판단이 우위에 있고 사실평가가 명백히 합리성을 결하여 그 판단이 사회통념상 현저하고 타당성을 잃은 것이 명백한 경우에만 통제가 미치는 등 사법통제의 정도는 완화되는 경향이 있다.

그런데 이와 같이 정치적 고려에 있어서 많은 경우 행정판단에 의한 개개의 선택과 국민·주민의 기본적 인권을 포함하는 권리이익과는 엄격한 긴장관계에 있다. 행정측의 정치정책의 수행이 때로는 국민의 권리이익을 침해할 위험성이 높다면 이 영역에서 사법통제의 의의와 유용성이 제시되고 정치재량이 쉽게 용인되는 것은 사법권 포기로 이어질 수 있다. 따라서 정치재량의 영역에 있어서 그 목적에 적합한 사법통제의 방법이 검토되지 않을 수 없다.39)

㉯ 전문적·기술적 고려

행정판단이 우위에 있는 다른 영역은 행정의 전문성과 책임성에 위임되는 것과 기술적인 고려에 관한 것이다. 이것을 학설상으로 전문적·기술적 재량 내지 기술재량이라고 한다. 예컨대 고도의 가치판단을 요하는 경우, 전문성이 갖추어진 위원회의 판단을 거친 경우 등이다. 이때의 논거는 위원회가 갖는 전문성 또는 사회적 대표성이나 부분적이나마 사법절차와 유사한 결정과정을 거친다는 점을 든다.40) 물론 행정의 전문성·기술성의 고려는 정치적·정책적 고려를 배척하는 것이 아니므로 정치재량과 기술재량은 상대적으로만 구별되고 또한 양자의 결합으로 재량이 긍정되는 경우도 적지 않다.41)

전문적·기술적 고려에 있어서 재량의 인정은 사법과 행정의 권한·능력·책임의 분배 내지 조정의 원리에서 유래하는 것이 많다. 전문적·기술적 지식을 법원이 신뢰하는 전문가의 감정을 구하고 행정판단의 적부를 객관적으로 심사하여 자기의 판단을 결정하는 것은 결코 불가능하지 않다. 그러나 해석과 평가의 폭 및 차이는 당연히 예측할 수 있는 것이므로 법원은 자기의 판단을 이유로 행정의 판단으로 대치하는 것을 피한다.

예컨대, 검정을 신청한 중고등학교용 도서의 검정기준에의 적합 여부의 판단,42) 매장문화재의 원형보존의 전문적·기술적 판단,43) 대학수학능력시험에 관한 시험시행자의

부에 대한 판단과 계획결정상의 미래예측상의 판단은 법원의 심사를 통해 대체할 수 없는 것으로서 행정기관의 판단여지가 인정된다고 본다(柳至泰, 위 책, 90면).

39) 田村悅一, 앞 논문, 170−171면 참조.

40) 柳至泰, 앞 책, 90면.

41) 예컨대, 원자력발전소송에서 원자로의 설치허가는 「…그 안전성의 판단에 특히 고도 과학적·전문적 지식을 요하는 관점 및 고도의 정책적 판단에 밀접하게 관련하는 것에서…」 재량이다(일본 松山地判 昭53.4.25).

42) 대법원 1988.11.08. 선고 86누618 판결.

43) 문화체육부장관 또는 그 권한을 위임받은 문화재관리국장 등이 건설공사를 계속하기 위한 발굴허

고유한 정책적 판단,[44] 공무원의 임용을 위한 면접전형에서 능력이나 적격성 등에 관한 판단[45] 등이 이에 속한다.[46] 이 경우에 판단여지를 인정하는 대신에 재량권을 인정하고 있다.[47]

    ㉯ 비대체적 결정의 영역

    시험의 경우에 있어서와 같이 다시 실시할 수 없다는 점도 판단여지 인정에 있어 고려사항이 된다. 시험분야에서 판단여지가 인정되는 근거는 ① 시험분야에서의 판단이 기술적이고, 전문적인 성격을 갖는 점, ② 법원의 심사시에 시험 당일의 상황이 재현되기 어려운 점, ③ 실기시험의 경우 다른 응시자의 실기와의 비교가 필요한데 그 비교가 법원에 의해 행해질 수 없다는 점 등이다.[48]

    예컨대, 시험분야에서의 결정(채점기준, 정답의 결정),[49] 논술형 시험에 관한 채점행위,[50] 학교분야에서의 시험유사적 결정(학위수여 여부에 대한 결정),[51] 감정평가사시험에서의 합격기준의 선택[52] 등이 이에 해당한다.

Ⅲ. 행정재량의 한계와 통제

1. 행정재량통제의 수단

행정재량의 통제에는 입법적 통제, 행정내부적 통제 및 사법적 통제가 있다.

가신청에 대하여 그 공사를 계속하기 위하여 부득이 발굴할 필요가 있는지의 여부를 결정하여 발굴을 허가하거나 이를 허가하지 아니함으로써 원형 그대로 매장되어 있는 상태를 유지하는 조치는 허가권자의 재량행위에 속하는 것이므로, 행정청은 발굴허가가 신청된 고분 등의 역사적 의의와 현상, 주변의 문화적 상황 등을 고려하여 역사적으로 보존되어 온 매장문화재의 현상이 파괴되어 다시는 회복할 수 없게 되거나 관련된 역사문화자료가 멸실되는 것을 방지하고 그 원형을 보존하기 위한 공익상의 필요에 기하여 그로 인한 개인의 재산권 침해 등 불이익이 훨씬 크다고 여겨지는 경우가 아닌 한 발굴을 허가하지 아니할 수 있다 할 것이고, 행정청이 매장문화재의 원형보존이라는 목표를 추구하기 위하여 문화재보호법 등 관계 법령이 정하는 바에 따라 내린 전문적·기술적 판단은 특별히 다른 사정이 없는 한 이를 최대한 존중하여야 한다(대법원 2000. 10. 27. 선고 판결 [유적발굴허가신청불허가처분취소]).

44) 대법원 2007.12.13. 선고 2005다66770 판결; 일본 富山大學事件, 最判 昭52.3.15 民集3 1卷 2号, 234면.
45) 대법원 2008.12.24. 선고 2008두8970 판결.
46) 일본에서는 이러한 유형의 예로 온천개발허가에 있어서 「공익을 침해할 우려」의 유무는 전문기술적 판단의 기초로부터 재량성을 긍정하는 점과 원자로설치소허가에 있어서 안전성의 판단에 고도의 과학적·전문적 지식의 관점에서 재량을 인정하는 점 등을 들고 있다.
47) 朴均省, 앞 책, 316면.
48) 朴均省, 위 책, 316면.
49) 대법원 2001.04.10. 선고 99다33960 판결.
50) 대법원 2007.01.11. 선고 2004두10432 판결.
51) 대법원 1976.06.08. 선고 76누63 판결.
52) 대법원 1996.09.20. 선고 95누68003 판결.

1) 입법적 통제

행정재량은 입법에서 수권되는 것이므로 입법적 통제가 본래 중요한 지위를 점하는 것임은 말할 필요도 없다. 입법통제란 재량행위에 대한 국회에 의한 통제를 말하는 것으로 법규적 통제와 정치적 통제가 있다. 법규적 통제는 국회가 행정청에게 재량권을 인정하는 근거법률을 제정하는 경우에 행정처분의 요건, 효과에 대하여 추상적이거나 불확정개념으로 규율하지 아니하고, 구체적으로 규율함으로써 재량권의 행사를 규제하는 것을 말한다.53) 즉, 행정재량권한의 발동에 관하여 조건을 엄격히 규정하고 효과를 명백히 한정하는 등 내용적으로 재량행사를 제약할 뿐만 아니라 그 절차를 입법적으로 정비하여 자의적 일방적인 권한행사를 막고 이유부기를 의무화하여 내용적 타당성을 담보하는 것 등이 그 예이다. 이러한 입법적 통제는 사법통제시에도 명확하고 객관적인 통제기준으로 기능하기 때문에 2중의 의미에서 유효한 통제방법이 된다. 특히 행정입법통제절차에 있어서 사전절차의 적정화는 종래 적절한 통제수단이 없었던 이 영역에 있어서 중요한 의미를 가진다.54) 법치국가의 원리는 법률우위의 원칙·법률유보의 원칙을 내용으로 하기 때문에 법규적 통제기능을 발휘한다고 할 수 있다.55)

정치적 통제는 국회가 행정부에 대하여 가지는 국정감시권의 발동에 의해 재량권행사를 통제하는 것을 말한다. 우리 헌법상 국회에 부여되어 있는 국정감사권(제61조), 국무총리·국무위원·정무위원에 대한 국회에의 출석요구 및 질문권(제62조), 국무총리 및 국무위원의 해임건의권(제63조) 및 탄핵소추의결권(제65조) 등의 권한이 이러한 기능을 수행할 수 있다.56)

우리나라에서 이러한 입법적 통제는 개별 행정행위에 대하여 행해지고 있고 행정입법, 행정계획, 행정지도 등 다른 영역에서는 거의 고려되고 있지 않다.

2) 행정내부적 통제

행정내부적 통제란 자체적으로 재량권행사를 통제하는 것을 말한다. 행정내부적 통제에는 상급행정기관에 의한 감독권의 행사와 행정감찰에 의한 통제, 행정심판에 의한 통제, 행정절차에 의한 통제 등이 있다. 또한 회계감사와 자치감독 등의 방법으로 측면에서 행해지는 것도 적지 않다. 행정심판법은 위법한 처분은 물론 부당한 처분에 대한 심판도 인정함으로써(제1조), 재량행위에 대한 행정심판통제를 제도화하고 있다. 따라서 행정심판은 부당한 재량권행사에 의한 권익침해에 대한 구제수단임과 동시에 행정청에 자

---

53) 졸저, 「행정법Ⅰ」(조선대학교출판부, 2017), 328면.
54) 室井力, 「現代行政法の原理」(勁草書房, 1973), 82면 이하.
55) 金南辰, 「行政法Ⅰ」(法文社, 2002), 235면.
56) 졸저, 앞 책, 328면.

율적 시정의 기회를 부여하여 법규적용의 적정을 도모하는 수단이라는 점에서 제도적으로 원처분의 재량통제가 행하여지게 된다. 다만 행정내부적 통제절차 및 그 내용은 행정심판절차와 달리 쉽게 공개되지 않으며 그 과정도 객관화되어 있지 않다.

　　오늘날 행정의 전문성·기술성으로 인하여 그에 대한 실체적 통제가 불완전성을 띠게 됨에 따라 사전적인 절차적 규제를 통한 행정작용의 적정성 확보의 필요성이 강조되고 있다. 우리 행정절차법은 이와 관련하여 의견제출·청문·공청회 등에 관해 규정하고 있는 동시에(제2장 제2절·제3절), 아울러 기준의 공표(제20조), 이유제시(제23조) 등에 관한 규정을 두고 있다.[57]

3) 사법적 통제

　　사법적 통제란 재량권행사에 대하여 법원 또는 헌법재판소의 취소·변경의 판결로서 재량권을 통제하는 것을 말한다.

　　재량행위는 법이 정한 테두리 안에서 자유롭지만 법이 정한 목적이나 한계를 벗어날 수 없는 기속을 받는다. 따라서 행정청이 재량권을 행사함에 있어 재량권의 남용·유월·흠결 또는 해태를 한 경우에는 위법이 되어 행정소송의 대상이 된다(행정소송법 제27조). 위법한 재량권행사에 의하여 권익을 침해당한 자는 취소소송 또는 부작위위법확인소송을 제기하여 그 취소나 부작위위법확인소송을 구할 수 있다. 이러한 사법적 통제는 행정청의 위법한 재량권행사에 대한 가장 전통적이며 강력한 통제수단이다.[58]

　　헌법 제111조 제1항에 근거한 헌법재판소법 제68조 제1항은 재판 이외의 공권력의 행사·불행사로 인하여 헌법상 보장된 기본권을 침해받는 자는 헌법소원을 청구할 수 있게 하고 있다. 따라서 재량권의 잘못된 행사로 국민의 기본권을 침해한 경우에는 일정한 요건하에 헌법소원의 대상이 된다.[59]

　　행정재량의 사법심사에서는 통제대상의 차이로 심사의 정도와 그 기준은 상당히 다른 양상을 띠고 있다. 예컨대, 먼저 취소소송의 대상이 된 경우, 행정처분의 재량통제(행정소송법 제27조)와 국가배상청구를 이유로 공권력행사의 위법이 주장되는 경우에 있어서 재량통제의 기준이 서로 다르다. 재량의 영으로의 수축론의 전개에 있어서 이를테면 「… 같은 권한불행사라도 그것이 문제되는 경우에 따라 불행사에 대한 평가기준과 그 방법에도 당연히 차이가 있고 특히 행정청의 권한행사의 합법·위법이 아니라 그 불행사로 생긴 손해배상책임의 유무가 문제되는 본건에서는 손해배상제도의 이념에 적합한 독자적

---

57) 졸저, 위 책, 329면.
58) 졸저, 위 책, 329면.
59) 金南辰, 앞 책, 237면.

평가가 요구되는 것은 말할 필요도 없다…」[60]고 하여 재량권한행사의 합법·위법이라는
행정행위 고유의 관점이 아니라 손해의 공평분담을 이념으로 하는 손해배상제도하에서
그 책임유무를 논하는 관점에서 고려되는 것과 같다.

둘째로 행정계획재량의 통제의 경우. 일반적으로 계획행정의 영역에 있어서는 근거법
에서 행정권에의 수권의 내용적 규제를 정하는 것 자체가 곤란하고 현실적으로는 계획의
구체적 내용은 행정재량으로 형성된다는 점, 또한 계획 그 자체는 유동적이고 법에 의한
고정적 기준을 정하기 곤란하다는 점 등 근거법은 계획권한의 수권과 절차를 정하는데 그
치는 경우도 많다. 따라서 수권법을 기준으로한 사법의 재량통제는 불가역에 가깝다. 이러
한 경우 재량통제는 자연히 절차적 방법이 중요시 된다. 법의 수권에 관한 한 행정계약에
관해서도 동일한 문제가 발생하고 전통적으로는 사법행위로 분류된 행위에 관하여 사법통
제를 미치게 하는 경우에는 그 계약유형에 따라 구체적인 재량통제를 검토할 필요가 있다.

셋째로 경제정책에 관한 행정정책의 실현에 있어서 수권법의 존재는 재량통제의 기
준으로는 거의 의미가 없고 재량이라는 용어가 사용되어도 실제로는 통치행위론과 같이
사법심사가 회피되는 경우도 있다.[61]

이와 같이 대상영역을 확대하면 전통적인 행정행위론하에서의 재량통제론은 반드시
모든 행정재량의 사법통제기준의 이론으로 응용적으로 전개되는 것이 아니므로 결국 개
개 영역별로 개별적·구체적 검토가 바람직할 것이다.

2. 재량한계 및 사법적 통제

재량권의 한계를 넘는 재량권 행사에는 사실오인, 평등원칙위반, 자기구속의 원칙위
반, 비례원칙의 위반, 절차위반, 재량권의 불행사 또는 해태, 목적 위반 등이 있다.[62]

1) 재량의 유월과 남용의 심사

재량한계의 이론은 현행 행정소송법 제27조에서 「…재량권의 한계를 넘거나 그 남
용이 있는 때…」라고 규정하여 입법적으로 채용되기에 이르렀지만 연혁적으로는 프랑스
의 국사원의 판례에서 그 기원을 찾을 수 있고, 독일·오스트리아의 학설·판례에 의해
전개되어 온 법리이다.[63] 이러한 재량의 하자는 곧바로 행정소송의 요건으로 위법을 구

60) 일본 千葉縣에서 들개에 물려 사망한 사건에 관한 東京高判 昭52.11.17 判例時報 875호, 17면.
61) 田村悅一, 앞 논문, 165-166면 참조.
62) 朴均省, 앞 책, 308-309면. 이 밖에 재량권의 행사가 명백히 불합리한 경우에 당해 재량권 행사는
    위법하다고 보아야 한다는 '명백히 불합리한 재량권 행사'(대법원 2011.11.10. 선고 2011두13767 판
    결)를 들고 있다(朴均省, 위 책, 312면).
63) 田村悅一, 앞 논문, 自由裁量とその限界 참조.

성하는 것이 아니라 당해 공무원의 내부적 책임과는 별도로 국민에 대한 관계에서는 당·부당의 문제로서 취급될 수도 있다.[64]

　　이와 같이 재량한계론이 판례를 통하여 전개되지 못했던 원인은 첫째로 출소사항이 열기주의이었고, 양적으로 재량을 논할 기회가 극히 많지 않았다는 점, 둘째로 기속행위와 재량행위를 이질의 행위유형으로 구별하고, 후자에 관해서는 재심을 거부하였던 것이므로「재량을 긍정하면서 그 한계를 논한다」는 사고과정이 판례상 형성되지 않았다는 점 등에 있다. 셋째로 초기의 판례에서 자주 나타나는 경향이었지만 재량의 문제를 심사하는 경우에는 이것을「기속재량」으로 치환함으로써 재심을 받게 되는 방법도 재량한계론의 취급을 약화시킨다는 점이다.

　　그러나 행정소송법하에서 급속히 재량한계의 법리가 전개된 가장 큰 이유는 출소사항에 관한 개괄주의의 채용으로 사건의 양적확대뿐만이 아니라 위법문제로서의 재량심리의 방법이 개개의 경우에 대처해야할 과제로 되었기 때문이다. 따라서 행정소송법 제27조는 학설·판례의 성과를 입법에 편입한 것이라고 할 수 있다.

　　재량이 법에 의하여 수권되는 것인 한 수권의 범위를 넘어서 권한이 행사되는 것이 허용되지 않는 것은 당연하지만「어디까지가 부여된 재량권인가」,「법이 부여한 재량이란 무엇인가」라는 판단은 반드시 명확하지 않다. 따라서 재량한계론은 재량의 의의·부여의 목적과 범위 내지 한계 그에 관한 판단을 사법의 통제하에 두는 것으로 최대 의의가 있다. 이와 같은 의미는 전혀 재량불심리원칙과는 질을 달리하는 법리이라고 할 수 있다. 다른 한편 법 제27조는 재량권의 한계유월과 남용을 구별하고 있고[65] 양자 사이에는 확실히 관념적인 차이가 있지만 현실적으로 구별은 쉽지 않고 구별의 법적인 실익도 없다. 판례는 반드시 명확한 이분법을 취하는 것이 아니라 유월과 남용을 일체로 파악하여 재량한계의 기준 및 그 통제방법을 전개하여 왔고 학설 또한 2분법을 고집하지 않는다.[66] 행정소송법 제27조는 재량의 유월·남용의 효과로「…취소할 수 있다…」고 규정하여 취소원인으로 볼 수 있지만 당연히 무효인 재량의 유월·남용도 있을 수 있으므로 여

---

64) 田中二郎, 앞 논문 行政爭訟の法理, 220면 이하.

65) 재량권의 逸脫이란 재량권의 外的 한계(즉, 법적·객관적 한계)를 벗어난 것을 말하고 재량권의 濫用이란 재량권의 內的 한계, 즉 재량권이 부여된 내재적 목적을 벗어난 것을 의미한다(朴均省, 앞 책, 308면)고 하여 재량권의 逸脫과 濫用을 구별하고 있다.

66) 우리나라 판례는 재량권의 일탈과 남용을 명확히 구분하지 않고 재량권의 행사에 '재량권의 일탈 또는 남용'이 없는지를 판단한다. 또한 재량권의 한계가 재량권의 일탈에 속하는지 재량권의 남용에 속하는지를 판단할 실익도 없다. 어떠한 재량권의 한계이든지 위반하게 되면 그 재량권 행사는 위법하게 된다(朴均省, 앞 책, 308면; 小早川光郎, "裁量問題と法律問題,"「法協百周年記念論文集 二卷」(有斐閣, 1983) 참조).

기서도 행정행위의 무효와 취소의 구별에 관한 일반법리가 타당하다.[67] 그러나 재량의 성격으로 보아 무효원인이 될 수 있는 것은 많지 않다. 또한 재량유월·남용의 주장·입증책임에 관해서는 취소 내지 무효를 구하는 원고측에 있다는 입장이 유력하고,[68] 재량행위의 무효확인소송에 있어서 무효확인을 구하는 자에게 그 주장 및 입증책임을 부과한다는 판례도 있지만 이론도 적지 않다.[69]

2) 재량의 실체적 통제

(1) 사실의 오인

법이 일정한 사실의 존재를 전제로 하여 재량권의 행사를 인정한 경우 법정요건에 해당하는 사실이 전혀 존재하지 아니한 경우에 행한 처분 또는 처분의 전제가 되는 요건사실의 인정이 전혀 합리성이 없는 경우이다. 예컨대 공무원에게 일정한 비위가 있다고 하여 징계처분을 행하였으나 당해 행위가 도저히 비위로 볼 수 없는 경우 등이다.[70]

(2) 목적위반 · 동기의 부정

재량은 법에 의하여 행정청에게 부여된 것이므로 재량권을 부여한 근거법규의 내재적 목적에 적합하도록 행사하여야 한다. 법규목적과 다른 목적으로 재량권을 행사한 경우에는 위법이 된다. 예컨대 소방기본법은 화재의 예방·경계 또는 진압을 목적으로 제정되었다. 따라서 소방기본법에 의한 가택에의 출입검사는 당연히 위의 목적을 위하여 행하여야 하고 범죄의 예방을 위하여 행할 수 없다. 부정한 동기나 자의적·보복적 목적으로 재량권을 행사하는 것도 목적위반에 해당한다. 다만 이러한 주관적인 요소에 의하여 생긴 재량의 하자는 입증하기 곤란하다.[71]

(3) 평등원칙의 위반

평등원칙위반은 합리적 이유 없이 특정인을 차별취급 하는 것이며, 이는 헌법상의

---

67) 일본 最判 昭42.4.7 民集 21卷 3号, 572면.
68) 그 이유는 첫째로 재량의 취소는 예외적인 경우이기 때문에 예외적 사항은 그것을 인정함으로써 이익을 받은 원고가 주장·입증할 것, 둘째로 일반적으로 재량은 행정의 자유에 위임되어 있기 때문에 그의 적법성은 반증이 없는 한 추정된다는 것, 셋째로 행정소송법 제27조를 거증책임분배의 규정으로 볼 것 등이라고 한다(渡辺昭, "裁判所からみた行政裁量," 「公法研究」 33号, 1971 참조).
69) 재량행위의 무효확인소송에 있어서 그 주장 및 입증책임은 무효확인을 구하는 자에게 과한 판례도 있다(일본 最判 昭42.4.7 民集 21卷 3号, 572면).
70) 임지에서 육지로 항해 도중, 심한 풍랑으로 인한 충격으로 입원하였고, 이러한 병세로 수로항행을 할 수 없어서 부득이 임지로 돌아가지 못했다고 해서, 정당한 사유 없이 그 직무상의 의무에 위반하여 직무를 태만한 때에 해당한다고 할 수 없고 이를 이유로 한 면직처분은 징계의 재량범위를 벗어난 것이다(대법원 1969. 7. 22. 선고 69누38 판결).
71) 학위수여규정에 의한 2종의 외국어시험에 합격하고 교육법시행령과 위 규정에 의한 박사학위논문심사통과 자에게 정당한 이유 없이 학위수여를 부결한 행정처분은 재량권의 한계를 벗어난 위법이 있다(대법원 1976. 6. 8. 선고 76누63 판결).

평등원칙의 위반이다(제11조). 예컨대 동일조건 아래에 있는 여러 사람 중에서 어느 특정인에 대해서만 체납처분을 행하는 것과 같다.[72]

(4) 비례원칙의 위반

비례원칙의 위반은 재량이 추상적으로는 인정되지만, 구체적인 경우에 부적당·불필요한 처분을 행하거나 가장 부담이 적은 수단을 선택하지 않는 경우 등에 생긴다. 예컨대 일정한 비행에 대하여 심히 중한 징계를 과한 경우 등이다. 이 원칙은 단지 조리상의 한계가 아니고 헌법상의 원칙이므로 경찰권뿐만 아니라 모든 행정작용에 적용된다.[73]

(5) 부당결부금지원칙의 위반

부당결부금지의 원칙이란 행정주체가 행정작용을 함에 있어서 상대방에게 이와 실질적인 관련이 없는 의무를 부과하거나 그 이행을 강제하여서는 아니 된다는 원칙을 말한다.[74] 재량처분이 부당결부금지원칙에 위반된 경우에는 그것은 위법한 처분이 된다. 예컨대 자연공원보호지역에 있어서의 건축허가신청에 대하여 관계법이 추구하는 목적과는 실질적 관련이 없는 상대방의 반대급부를 조건으로 이를 허가하는 것은 위법한 것으로서 허용되지 않는다.[75]

(6) 재량권의 불행사 또는 재량의 해태

부주의로 또는 재량행위를 기속행위로 오인하여 재량권을 행사하지 않거나 재량을 해태한 경우에 재량행위는 위법한 처분이 된다.

재량권의 불행사란 재량권을 행사함에 있어 고려하여야 할 구체적 사정을 전혀 고려하지 않은 경우를 말한다. 예를 들면, 행정법규를 위반한 영업에 대하여 영업허가를 취소 또는 정지할 수 있다고 규정되어 있는데 그러한 위반에 대하여는 영업허가를 취소하여야 하는 것으로 오인하고 법규 위반의 정도, 위반사유 및 상대방의 이해관계를 전혀 고려함이 없이 영업허가를 취소한 경우 그 취소처분은 재량권을 불행사한 것으로 위법이 된다.

---

72) 당직근무 대기 중 심심풀이로 돈을 걸지 않고 점수따기 화투놀이를 한 사실이 징계사유에 해당한다 할지라도 징계처분으로 파면을 택한 것은 함께 화투놀이를 한 3명은 견책에 처하기로 된 사실을 고려하면 공평의 원칙상 그 재량의 범위를 벗어난 위법한 것이다(대법원 1972. 12. 26. 선고 72누194 판결).
73) 유흥장소에 미성년자를 출입시켜 주류를 제공하였다는 단 1회의 식품위생법 위반사실을 이유로, 제재로서 가장 중한 영업취소로 응징한 처분은 책임에 대한 응보의 균형을 잃은 것으로서 행정행위의 재량을 심히 넘은 처분이다(대법원 1977. 9. 13. 선고 77누15 판결; 대법원 1999. 4. 23. 선고 98두618 판결(부당해고구제재심판정취소)).
74) 대법원 2009.02.12. 선고 2005다65500 판결 약정금 [공2009상,301].
75) 행정청이 관리처분계획에 대한 인가처분을 하면서 시유지 등을 매입하여 공원과 주차장 등을 조성한 후 이를 기부채납하는 내용의 이 사건 인가조건이 부당결부금지의 원칙 및 비례의 원칙 등에 위반되어 위법하다(대법원 2012.08.30. 선고 2010두24951 판결[사업시행변경인가처분등일부무효확인]).

재량의 해태란 재량권을 행사함에 있어 고려하여야 하는 구체적 사정에 대한 고려를 하였지만 충분히 고려하지 않는 경우를 말한다. 예를 들면, 재량권행사시 고려하여야 하는 관계 이익(공익 및 사익)을 충분히 고려하지 않는 경우를 말한다.[76]

재량권의 불행사와 재량의 해태는 이 하자를 이유로 처분이 취소된 후 행정청은 판결의 취지에 따라 재량권을 제대로 행사한 후 동일한 내용의 처분을 할 수도 있다는 점에서 내용상 하자가 아니라 광의의 절차의 하자라고 보아야 한다.[77]

3) 재량의 절차적 통제

재량의 실체적 통제는 행정의 재량판단 결과에 착안한 통제방법이다. 따라서 재량의 유월·남용이 인정되는 것은 즉, 법원의 판단이 행정판단의 우위에 있어 이것을 대치할 수 있는 실체적 효과를 수반하는 것이다.

따라서 행정판단이 정책수립과 집행, 복잡한 가치판단을 수반하는 선택지로부터의 택일 등을 요소로 함에 따라 법원이 제3자로서 그 당부를 심사하고 자기의 판단으로 이것을 대치하는 것은 법적으로는 가능할지라도 현실적으로는 극히 곤란하다. 또한 법원도 이러한 문제에는 소극적인 대응을 보일 수밖에 없다. 당연한 결과로서 「현저한 재량의 유월·남용」과 「명백한 재량의 과오」만이 언급되고 재량통제의 실체적 기준은 대부분 실제적으로 작용을 하지 않는다. 그런데 실체적 내용의 당부는 행정에 위임되는 것을 전제로 하고 이의 판단에 이르는 행정과정 내지 절차를 심리함으로써 재량행사의 절차적 공정성을 보장하는 방법이 점차 유력하게 전개되고 있다.[78] 이것을 재량의 절차적 통제라고 한다.

(1) 재량행사 절차의 적정

원래 법원에 의한 통제는 사후구제라는 본질적 한계를 가지는 것이므로 재량권발동의 사전단계에서 행정의 결정과정에 상대방·이해관계인이 적정하게 참가하여 법관계가 형성되고 행하여지는 것은 국민·주민의 권리이익의 실질적인 보장뿐만 아니라 공정한 행정권발동의 담보로서 객관적인 가치를 가진다. 행정의 의사형성이 이러한 공정한 절차를 거쳐 이루지는 한 법원은 행정판단을 존중할 수밖에 없고 심사를 판단형성의 절차에 착안하여 재량권행사가 불공정한 절차로 행하여지면 위법을 면치 못하게 된다.

이와 같은 접근은 인허가행사의 허부결정절차에 있어서 유용성을 찾아 볼 수 있다.[79] 첫째 이 방법의 유용성은 실체적 권리·이익을 가지지 않는 경우에 나타난다. 결국

---

76) 대법원 2005.09.15. 선고 2005두3257 판결; 대법원 2010.07.15. 선고 2010두7031 판결.
77) 朴均省, 앞 책, 310–311면.
78) 原田尙彦, 「行政法要論」 (學陽書房, 1984), 129면.
79) 일본 유명한 개인택시 사건(最判 昭46.10.28 民集 25卷 7号, 1037면), 일본 군마중앙버스사건(最判

국민·주민은 실체적 권리는 없지만 오히려 적정한 절차에 의한 행정권의 발동을 받을 이익·법적 지위를 가진다는 소위 「하자없는 재량행사를 구하는 권리」를 긍정함으로써 원고적격 내지 소의 이익을 확대하는 효과를 가지게 된다. 특히 행정계획의 위법성의 심리에 있어서는 국민·주민 측에서는 구체적인 내용의 계획을 구하고, 계획으로 침해되는 실체적 권리이익이 존재하지 않는 경우에도 그 절차적인 법적 지위·이익을 재판상 보호대상으로 할 수 있다. 행정계획에 관한 내용의 실체적 심리는 거의 불가능하기 때문에 절차적 심리가 오히려 사법통제의 중심적인 과제로 된다. 둘째 유용성으로서 실체법이 절차적 규정을 가지는 경우는 당연하다는 점, 명문의 규정이 없는 경우에도 적어도 이행되어야 할 최저한도의 절차적 공정을 보임으로써[80] 재량통제의 폭을 확대할 수 있다는 점이 지적된다.

물론 이와 같은 접근은 「공정절차」 기준의 내실화만 아니라 이러한 공정절차를 구하는 권리의 근거라는 이론적 과제를 포함시켜 검토해야 할 문제가 적지 않다.

(2) 재량기준의 공정

행정이 재량권을 적정하게 행사하기 위해서는 상대방과의 관계에서 절차의 적정화를 도모하기 위한 것이 아니라 스스로 재량결정의 준칙이 될 내부적 기준을 정하고 이것에 근거한 권한행사가 필요하게 된다. 준칙이 없는 재량은 종종 자의나 독단을 가져오고 또한 결과적으로 불평등을 가져올 것이다. 기준정립에 관해서는 행정의 전문지식과 경험이 불가결하여도 또한 근거법령과 그 목적·국민의 권리보호와 관련하여 기준의 내용이 위법으로 될 수 있기 때문에 법원은 기준설정의 내용에 관한 심사로 재량을 통제할 수 있다.

이러한 방법의 유용성은 첫째로 과연 재량기준 그것은 내부적 조치에 그치지만 그 내용을 심사함으로써 이러한 기준설정과 그 적용에 있어서 행정의 의사형성과정에 개입할 수 있다. 둘째로 기준의 공정과 그 내용의 고지·청문절차의 결합으로 재량행사의 절차적 적정을 담보할 수 있다. 셋째로 기준의 적용은 정당한 이유없는 적용위반을 평등원칙위반으로 볼 수 있기 때문에 재량행사의 자기구속으로서 행정을 제약하는 것으로 될 수 있다.

(3) 재량판단의 방법 내지 과정의 심리

행정이 재량판단을 행하는 경우 사실인정과 그 평가 내지 비교형량에 있어서 자의나 독단이 허용되지 않는다. 그 결과는 발생한 효과의 객관적 판단에 의할 수도 있지만

昭50.5.29 民集 29卷 5号, 662면) 등.

80) 阿部泰隆, 앞 논문 行政裁量と行政救濟, 220면 이하 참조.

(실체적 통제), 고려해야할 요소를 고려하지 않고 부당하게 경시하거나, 고려해서는 안 될 것을 고려하여 과대평가하는 등 재량판단형성의 과정에서 수술하는 방법이 있다.[81]

그 특색은 순전한 절차적 심사방법이 아니라 다른 사항을 고려하는 등 판단기준은 실체적인 기준과 다르지 않지만 행정판단의 최종결과에 착안한 것이 아니라 판단형성의 과정을 순차적으로 검토하여 각 단계에서 판단의 과오를 지적하여 사고접근의 위법을 이끌어 내는 것이다. 소위 실체적 측면과 절차적 측면 모두를 포함한 재량통제방법이라고 할 수 있다.[82] 오히려 비례원칙을 상세하게 적용하고 평가할 수도 있고[83] 또한 실체적 재량통제기준을 보다 정치하게 적용하고 면밀히 재량통제를 하기 위한 기술로도 활용할 수 있다.[84]

4) 관련문제
(1) 판단여지와 사법심사

판단의 여지가 인정되는 범위 내에서 내려진 행정청의 판단은 법원에 의한 통제의 대상이 되지 않는다. 달리 말하면 판단의 여지가 인정되어 가능한 복수의 판단이 존재하는 경우 행정청이 그 중 하나를 신중하게 선택한 경우에는 그 행정기관의 판단은 법원에 의해 배척될 수 없고 그 판단에 기초하여 내려진 행정행위는 위법한 처분이 되지 않는다.

다만, 판단여지가 인정되는 경우에도 명확히 법을 위반하거나(예, 판단기관의 위법한 구성, 법의 일반원칙·절차규정 위반, 다른 법규정 위반) 사실의 인정을 잘 못했다거나 객관적인 기준을 위반하는 것은 위법이 된다. 전문적·정책적 판단이 심히 부실하게 행해진 것도 위법사유가 된다고 보아야 한다. 또한 명백히 판단을 잘못한 경우에도 위법이 된다고 보아야 한다.[85]

판단여지에 해당되는 영역의 경우에는 법원에 의한 사법심사의 범위가 일정한 범위로 제한되나, 그 개별적인 내용은 일반재량행위의 사법심사의 범위와 차이가 없다. 즉 행정절차의 이행여부, 이질적인 고려의 개입여부, 평등원칙·비례성의 원칙 등의 위반여부, 고려해야할 모든 관점이 기초가 되는가의 여부 등이 그 내용이 된다. 따라서 이때 나타나는 하자 유형은, 판단여지 개념을 부정하는 경우에는 재량의 남용, 재량의 일탈 및 재

---

81) 일본 東京高判 昭48.7.13 行集 24卷 6·7号, 533면.
82) 판단과정의 통제방식은 W. Jellinek, Gesetz, Gesetzesanwendung und Zweckmäßigkeitserwägung, S. 337ff; 田村悅一, 앞 논문 行政裁量の司法審査, 180면.
83) 처분이유와 반대이유의 비교고려, 당사자의 이익으로 되는 것의 불고려, 불이익으로 되는 것의 부정고려 등에 관해 비례원칙을 적용함으로써 필요성, 합목적성이라는 추상적 개념을 구체화·객관화하고 있다. 비례원칙의 치밀화라고 해야 할 것이다(田村悅一, 앞 논문 行政裁量の司法審査, 180면).
84) 김춘환, 앞 책, 226-331면.
85) 朴均省, 앞 책, 317면.

량의 불행사가 되는데 반하여, 판단여지의 개념을 인정하는 입장에서는 판단의 남용, 판
단의 일탈 및 판단의 불행사가 될 것이다.86)

우리나라 판례는 재량권과 판단여지를 구분하지 않고 판단여지가 인정될 수 있는
경우도 재량권이 있는 것으로 보아 판단여지를 인정하는 대신에 재량권을 인정하고
있다.87)

(2) 계획재량과 사법심사

종래의 대법원은 행정계획을 수립·결정함에 있어서 광범위한 계획재량을 인정하고
재량행위라고 칭하면서 이를 일반적인 행정재량과 마찬가지로 재량권 일탈·남용 여하에
따라 위법여부를 판단하는 입장에 있었으나,88) 최근 대법원은 행정기관이 행정계획의 수
립·결정과정에서 가지는 계획재량에 대하여 이익형량을 전혀 행하지 아니하거나 이익형
량의 고려대상에 마땅히 포함시켜야 할 사항을 누락한 경우 또는 이익형량을 하였더라도
그 정당성과 객관성이 결여된 경우에는 재량권의 일탈·남용을 언급함이 없이 바로 위법
하다고 판시하여 형량명령이론을 직접 적용하는 경향을 보이고 있다.89)

---

86) 柳至泰, 앞 책, 71－72/90면.
87) 법원이 위 검정에 관한 처분의 위법여부를 심사함에 있어서는 문교부장관과 동일한 입장에 서서
어떠한 처분을 하여야 할 것인가를 판단하고 그것과 동 처분과를 비교하여 당부를 논하는 것은 불
가하고, 문교부장관이 관계법령과 심사기준에 따라서 처분을 한 것이라면 그 처분은 유효한 것이고
그 처분이 현저히 부당하다거나 또는 재량권의 남용에 해당된다고 볼 수 밖에 없는 특별한 사정이
있는 때가 아니면 동 처분을 취소할 수 없다(대법원 1988. 11. 8. 선고 판결 [2종교사용-지도서1차심
사결과부적판정처분취소]).
88) 도시계획변경결정 당시 도시계획법령에 의하면, 도시계획구역 안에서의 녹지지역은 보건위생·공해
방지, 보안과 도시의 무질서한 확산을 방지하기 위하여 녹지의 보전이 필요한 때에 지정되고, 그
중 보전녹지지역은 도시의 자연환경·경관·수림 및 녹지를 보전할 필요가 있을 때에, 자연녹지지
역은 녹지공간의 보전을 해하지 아니하는 범위 안에서 제한적 개발이 불가피할 때 각 지정되는 것
으로서 위와 같은 용도지역지정행위나 용도지역변경행위는 전문적·기술적 판단에 기초하여 행하
여지는 일종의 행정계획으로서 재량행위라 할 것이지만, 행정주체가 가지는 이와 같은 계획재량은
그 행정계획에 관련되는 자들의 이익을 공익과 사익 사이에서는 물론이고 공익 상호간과 사익 상
호간에도 정당하게 비교·교량하여야 하고 그 비교·교량은 비례의 원칙에 적합하도록 하여야 하는
것이므로, 만약 행정주체가 행정계획을 입안·결정함에 있어서 이익형량을 전혀 행하지 아니하였거
나 이익형량의 고려대상에 마땅히 포함시켜야 할 중요한 사항을 누락한 경우 또는 이익형량을 하
였으나 그것이 비례의 원칙에 어긋나게 된 경우에는 그 행정계획결정은 재량권을 일탈·남용한 것
으로 위법하다(대법원 2005. 3.10. 선고 2002두5474 판결; 대법원 1998. 4. 24. 선고 97누1501 판결;
대법원 1997. 9. 26. 선고 96누10096 판결).
89) 행정계획이라 함은 행정에 관한 전문적·기술적 판단을 기초로 하여 도시의 건설·정비·개량 등과
같은 특정한 행정목표를 달성하기 위하여 서로 관련되는 행정수단을 종합·조정함으로써 장래의
일정한 시점에 있어서 일정한 질서를 실현하기 위한 활동기준으로 설정된 것으로서, 관계 법령에는
추상적인 행정목표와 절차만이 규정되어 있을 뿐 행정계획의 내용에 관하여는 별다른 규정을 두고
있지 아니하므로 행정주체는 구체적인 행정계획을 입안·결정함에 있어서 비교적 광범위한 형성의
자유를 가지는 것이지만, 행정주체가 가지는 이와 같은 형성의 자유는 무제한적인 것이 아니라 그

학설상으로는 일반행정재량과 계획재량을 그 질적인 면에서 서로 다른 것으로 구분하는 다수견해와 양자는 재량의 범위에서만 차이를 갖는 것으로서 양적 측면에서만 구별되어야 한다는 소수견해의 대립이 있지만, 행정기관은 항상 최소한의 헌법적 구속하에 놓여있기 때문에 계획재량도 행정청의 무제한한 자유 또는 임의의 결정이란 존재하지 않는다고 보고 행정계획에 특유한 성질로 인해 적용불가능한 경우를 제외하고는 계획재량에 대해 일반행정재량에서 발전된 원칙들을 직접 유추적용할 수 있다고 본다.90)

(3) 입법재량과 사법심사

행정입법에 있어서 행정기관이 재량을 가진다는 것은 일반적으로 승인되고 있다. 그러나 행정입법의 재량을 논하는 문헌은 거의 없다. 그 이유는 ① 문제가 행정입법에 관한 재량이 아니라 행정입법의 한계라는 형태로 논의되고 있다는 점, ② 행정입법의 한계를 문제로 하는 경우에도 주로 관심은 행정입법의 수권법률에 있고 행정입법 그 자체에 있지 않다는 점, ③ 행정입법의 추상성 때문에 행정행위의 경우만큼 재량하자가 명확하기 어렵다는 점, ④ 소송과 관련하여 규범통제소송이 허용되지 않기 때문에 실용적 의미가 없다는 점 등을 열거할 수 있다.

행정입법의 재량론에 관해서는 입법재량에 준할 것인가 행정행위와 동일하게 고찰할 것인가 또는 제3의 유형이 있는가가 문제로 되지만 이에 관한 연구는 우리나라에서는 아직 미개척 분야이다. 현재는 법규명령 또는 행정규칙의 형식에 의한 일반적인 재량행사에 관해서는 원칙적으로 행정행위에 관한 원칙이 타당하다는 정도로 밖에 특별히 구체적인 이론을 제시할 수 없을 것이다.91) 따라서 법규명령이나 행정규칙의 위헌·위법여부가 재판의 전제가 되는 경우에 법규명령이나 행정규칙을 간접적으로 심사할 수 있으며, 법규명령이나 행정규칙에 의하여 헌법상 보장하고 있는 기본권을 침해 받은 경우에는 헌법소원을 제기할 수 있다.

행정계획에 관련되는 자들의 이익을 공익과 사익 사이에서는 물론이고 공익 상호간과 사익 상호간에도 정당하게 비교교량하여야 한다는 제한이 있으므로, 행정주체가 행정계획을 입안·결정함에 있어서 이익형량을 전혀 행하지 아니하거나 이익형량의 고려 대상에 마땅히 포함시켜야 할 사항을 누락한 경우 또는 이익형량을 하였으나 정당성과 객관성이 결여된 경우에는 그 행정계획결정은 형량에 하자가 있어 위법하게 된다(대법원 2007. 4. 12. 선고 2005두1893 판결; 대법원 2006. 9. 8. 선고 2003두5426 판결).

90) 柳至泰, 앞 책, 94–96면 참조.
91) 宮田三郎, 앞 논문, 58–59면.

Ⅳ. 기타 행정재량통제의 법리

이밖에 행정의 자기구속, 무하자재량행사청구권, 행정개입청구권, 재량권의 영으로 수축의 이론 등을 통하여 재량통제를 더욱 확대하려는 경향이 있다.[92]

1. 행정의 자기구속의 원칙

행정의 자기구속의 원칙이란 행정청이 행정결정을 함에 있어서 동종 사안에서 이전에 제3자에게 행한 결정과 동일한 결정을 상대방에게 행하도록 스스로 구속되는 것을 말한다. 이러한 행정의 자기구속의 법적 근거에 관해서는 신뢰보호의 원칙에서 구하는 견해도 있으나, 통설은 평등원칙에서 구하고 있다.[93]

행정의 자기구속은 행정재량과 관련하여 행정재량을 축소하는 독특한 기능을 수행한다.[94] 자기구속은 법률로부터 자유로운 행정영역이라든가 법률 스스로가 행정에 재량여지를 부여하고 있는 사안에 있어서 이러한 행정의 자유를 한정하는, 즉 재량권의 축소를 가져오는 기능을 가짐으로써 재량행정의 영역에서 국민의 권리보호를 위하여 행정의 재량권행사에 대한 사후적 사법통제를 확대시키는 데 그 의의가 있다.

2. 재량권수축론

재량권의 영으로 수축 혹은 재량권수축이란 행정청에 대하여 재량권이 인정된 경우에 구체적 상황에 따라서는 다른 행위를 선택하는 것은 위법이 되고 오직 하나의 행위를 선택하는 것만이 적법하게 되는 경우를 말한다. 따라서 유일한 하나의 행위 이외에는 위법이며, 그 행위를 행하지 아니한 부작위도 위법하게 된다. 즉 재량권이 영으로 수축되는 경우 당해 재량행위는 내용적으로는 기속행위로 전환되는 것이다. 예컨대 경찰권의 발동 여부는 원칙적으로 재량처분이 인정되고 있으나, 목전의 상황이 매우 중대하고 긴박한 것이거나, 그로 인하여 국민의 중대한 법익이 침해될 우려가 있는 경우에는, 경찰개입결정만이 의무에 합당한 재량행사, 즉 적법한 재량행사로 인정된다고 보고 있다.[95]

---

92) 졸저, 앞 책, 329-330면.
93) 재량권 행사의 준칙인 규칙이 그 정한 바에 따라 되풀이 시행되어 행정관행이 이룩되게 되면, 평등의 원칙이나 신뢰보호의 원칙에 따라 행정기관은 그 상대방에 대한 관계에서 그 규칙에 따라야 할 자기구속을 당하게 되고, 그러한 경우에는 대외적인 구속력을 가지게 된다 할 것이다(헌재결 1990. 9.3. 90헌마13).
94) 石琮顯, 「一般行政法(上)」(三英社, 2002), 44면.
95) 헌재 2007.10.25. 선언 2006헌마869; 대법원 1996.10.25. 선고 95다45927 판결; 대법원은 "군경공무원들이 3차에 걸친 간첩출현 신고를 받았고, 동 파출소로부터 위 망 이용선의 집까지 불과 60~70 미터밖에 떨어져 있지 않았고 망 이용선은 위 공비와 약 15분간에 걸쳐 격투를 계속하고 있었으며

원래 재량권의 영으로 수축이론은 전전의 독일에서 손해배상청구의 경우에 행정청의 부작위의 위법을 인정하는 논리로서 처음 등장하여 행정소송에서의 처분의 위법을 인정하는 논리로 전개되었다. 이 이론은 무하자재량행사청구권이나 행정개입청구권의 이론적 근거가 되고 있다. 독일 판례에서는 비둘기 사육으로 인한 생활상의 불편, 과도한 교통소음, 수인하기 어려운 교회의 종소리, 교통방해(개인차고 앞의 불법주차) 등의 경우에 재량권의 수축이론을 적용한 바 있다.[96]

3. 무하자재량행사청구권

무하자재량행사청구권은 문자 그대로 행정청에 대하여 재량권을 하자(일탈·남용)없이 적정하게 행사하여 줄 것을 청구하는 권리를 말한다.[97] 즉 행정청이 재량행위를 함에 있어서 그의 재량권을 잘못 행사하여 국민의 자유·권리 또는 법률상 보호받을 가치 있는 법익을 침해하였을 경우, 그 행위의 상대방 또는 이해관계있는 제3자가 법원에 대하여 행정청의 재량권행사 과정을 심사하여 줄 것을 청구하는 권리이다.

무하자재량행사청구권의 이론은 독일에서 이론과 판례를 통해 발전하였고, 우리나라에서도 이에 대한 관심이 증대되고 있다. 이 이론은 현대행정의 발전에 따르는 재량영역의 확대에 대응하여, 재량행위에 대한 사법심사의 범위를 확대시켜, 행정청의 재량권의 위법한 행사로부터 개인의 권익의 보호를 위해서는 실체적 권리와는 별도로 절차적 권리를 인정하는 것이 바람직하다는데 바탕을 둔 것이다.

무하자재량행사청구권의 이론은 종래의 행정법이론에서 공권의 성립이 어려운 재량행위의 영역에서 (개인적)공권의 성립을 인정하기 위한 이론이라는 점에서 커다란 의미를 가진다고 하겠다. 재량한계론에 따르면, 행정법규가 행정청에 재량을 인정하는 경우에도 일정한 한계가 있으므로, 행정청이 재량권을 일탈·남용하면 그 행정처분은 위법하게 되는데, 행정처분이 객관적으로 위법하게 된다는데 대응하여 재량행위의 상대방 기타 이해

그러는 동안 동일인으로부터 3차에 걸쳐 간첩출현신고를 받은 것이라면 당시의 무장공비 출현임을 깨닫고 응당 즉시 출동하여야 할 것이거니와 즉시 출동하였다면 그 공비를 체포할 수 있었을 것이고 체포하지 못했다 하더라도 위 망 이용선이 공비의 발사권총탄에 맞아 사망하는 사고는 미연에 방지할 수 있었을 것이 예견되는 것이라 할 것임에 비추어 위 망인의 사망사고는 피고 예하 공무원들의 즉시 출동하지 아니한 직무유기 행위로 인하여 발생된 것임에 비추어 위 망인의 사망사고는 피고 예하 공무원들의 즉시 출동하지 아니한 직무유기 행위로 인하여 발생된 것이라고 못 볼 바 아니다(대법원 1971. 4. 6. 선고 71다124 판결).

96) 김동희, 앞 책, 251면.
97) 무하자재량행사청구권은 개인이 행정청에 대하여 하자없는 재량행사를 청구하는 공권이다, 이 권리는 단순히 위법한 처분을 배제하는 소극적 또는 방어적 권리가 아니라, 행정청에 대하여 적법한 재량처분을 할 것을 구하는 적극적 권리이다(김동희, 위 책, 92면).

관계인에게는 행정청에 대하여 재량권을 흠 없이 행사하여 줄 것을 청구하는 주관적 권리, 즉 무하자재량행사 청구권이 성립한다고 본다.[98]

　무하자재량행사청구권의 법리는 재량행위에 대한 사법심사를 용이하게 하기 위한 권리이다. 그러므로 행정청의 재량권행사의 과정을 통제하는 절차적 권리이며, 행정청에 대하여 일정한 작위(허가의 발급) 또는 부작위(개입의 중지)와 같은 실체법에 의하여 보장된 실체적 권리의 구제를 청구하는 권리는 아니다. 이 청구권에 의하여 하자있는 재량처분이 법원에 의하여 취소되는 경우, 그 판결의 효력은 처분의 형성과정에만 미치고, 처분의 결과에는 미치지 아니한다. 그러므로 행정청이 하자 없는 재량의 절차를 통하여 취소처분과 같은 결정을 하여도 무방하다고 본다.[99] 그러나 청구권을 행사할 수 있는 자의 범위를 지나치게 넓히면 민중소송의 길을 열어주게 되므로, 대체로 재량하자로 인하여 권리·이익을 침해당한 자 및 재량권행사절차에 관계인으로 참여할 권리가 보장된 자에게만 인정된다.

　예컨대 택시사업면허를 받을 수 있는 요건을 모두 충족하고 있는 A·B·C 중 누구에게 면허를 할 것인지 행정청의 재량, 즉 선택재량에 속하는 경우, A·B·C 3인은 행정청에 대하여 무하자재량행사청구권을 갖는다고 본다.[100]

---

98) 임용권자가 임용여부에 관하여 어떠한 내용의 응답을 할 것인지는 임용권자의 자유재량에 속하므로 일단 임용거부라는 응답을 한 이상 설사 그 응답내용이 부당하다고 하여도 사법심사의 대상으로 삼을 수 없는 것이 원칙이나, 다만 자유재량에 속하는 행위일지라도 재량권의 한계를 넘거나 남용이 있을 때에는 위법한 처분으로서 항고소송의 대상이 되는 것이므로, 적어도 이러한 재량권의 한계일탈이나 남용이 없는 위법하지 않는 응답을 할 의무가 임용권자에게 있고, 이에 대응하여 원고로서도 재량권의 한계일탈이나 남용이 없는 적법한 응답을 요구할 권리가 있다고 할 것이며, 원고는 이러한 응답신청권에 기하여 재량권남용의 위법한 거부처분에 대하여는 항고소송으로서 그 취소를 구할 수 있다고 보아야 한다(대법원 1991. 2. 12. 선고 90누5825 판결)

99) 이 권리의 창시자인 O. Bühler에 의하면 재량통제의 실효성을 거두려면 행정결정의 실체적 측면보다는 절차적 측면을 중시하여야 하며, 행정처분의 결과가 아니라 그의 성립과정을 심사의 대상으로 하여야 한다고 주장하였다. 즉 행정청이 처분의 절차를 고려하였느냐, 이유와 반대이유를 신중하게 평가했느냐, 그 처분과 다른 처분과를 비교하여 전후 모순을 범하지 아니하였느냐 등을 재량통제에 있어서의 사법심사의 대상으로 하여야 하며, 처분이 정당한 결과에 도달하였느냐를 심사대상으로 하여서는 안된다고 주장하였다(Otto Bühler, Die subjectiven öffentlichen Recht und ihr Schutz in der deutschen Verwaltungsprechung, 1914, S.162ff).

100) 개인택시사업면허를 받을 수 있는 자격을 지닌 자 수인이 사업면허를 신청한 경우에 있어서 행정청은 그들 중 누군가에게 면허를 부여하여야 하지만 누구에게 부여할 것인지는 행정청의 재량에 맡겨져 있는 경우가 대표적인 예이다. 이때에 행정청이 누구에게도 면허를 부여하지 않은 경우에는 신청인은 자기에게 면허를 부여해 달라고 청구할 권리는 없지만, 그들 중 누군가에게 면허를 부여할 의무가 있음을 전제로 한 결정처분의 청구권을 가진다고 말할 수 있다(김남진, 앞 책, 114면).

4. 행정개입청구권

행정개입청구권이란 행정청의 부작위로 인하여 권익을 침해당한 자가 당해 행정청에 대하여 타인에게 일정한 규제 내지 단속 등의 행정권을 발동하여 줄 것을 청구할 수 있는 공권을 말한다.[101] 예컨대 공해기업에 대한 개선조치의 발동을 청구하는 인근주민의 권리, 물품제조업자에 대한 규제조치의 발동을 청구하는 소비자의 권리, 위법건축자에 대하여 무너질 위험성이 있는 건축물의 철거명령의 발동을 청구하는 인근주민의 권리 등은 이에 해당한다. 이러한 행정개입청구권은 자기의 이익을 위하여 타인(제3자)에 대하여 행정권의 발동을 청구하는 권리라는 점에서 자기의 이익을 위하여 자기에 대한 행정권의 발동을 청구할 수 있는 권리인 행정행위발급청구권과는 구별된다.

오늘날의 사회적 법치국가에서는 행정의 중심이 급부행정이며 재량의 영역에 있어서도 행정개입청구권이 성립할 수 있다는 것이 유력하게 주장되고 있다. 그 논거는 공익실현을 위한 행정권의 발동으로 인하여 국민이 받은 이익이 모두 반사적 이익에 지나지 않는다는 명제는 공권의 확대이론이 등장함에 따라 더 이상 유지 될 수 없게 되었으며, 행정편의주의에도 한계가 있어서 구체적 상황여하에 따라서는 행정청의 재량의 폭이 축소되어 권한불행사의 자유가 없어지고 일정한 행위를 하여야 한다는 결론밖에 나오지 아니하는 경우, 즉 재량권이 영으로 수축하는 경우에는 행정개입청구권이 성립한다는 것이다.

V. 결론

재량권이 인정된 취지는 행정의 대상이 되는 사실이 매우 다양하므로 구체적 상황에 맞는 합목적적이고 구체적 타당성이 있는 행정권의 행사가 가능하도록 하기 위한 것이다. 따라서 행정권은 재량권을 행사함에 있어서 구체적 사정을 고려하여 합목적적인 처분을 행하고 개개인에 대하여 구체적 타당성이 있는 처분을 내려야 한다. 그런데 재량

---

101) 우리 학설은 행정개입청구권을 정의함에 있어 행정청의 부작위로 인하여 권익을 침해당한 자가 당해 행정청에 대하여 행정권을 청구할 수 있는 권리임을 강조하는데 대하여, 그러한 점보다는 본래 재량행위로서의 성질을 가지는 행정개입이 어느 시점에서 의무적 행위(기속행위)로 변한다고 하는 점이 행정개입청구권의 법리에서 더 중요한 의미를 가진다고 주장한다. 즉 행정기관이 재량권(특히 결정재량권)을 가지는 경우에는 개인이 행정권의 발동을 청구할 수 있는 권리를 가질 수 없는 것이지만, 재량권이 0 또는 1로 수축되는 특수한 상황에 있어서는 행정권의 발동이 의무로 되고, 그에 따라 개인에게 행정개입청구권의 법리가 발생할 수 있음을 강조하려는 것이 동 청구권의 법리라 할 수 있다고 본다(김남진, 위 책, 116면).

권의 행사가 개별적인 사안마다 행하여지는 경우에는 재량권의 행사가 자의적으로 행해질 위험이 있다.102) 그러나 재량권은 법에 의해 인정되는 것이며 재량권에는 일정한 법적 한계가 인정되고 그 한도 내에서는 사법적 통제의 대상이 된다.

앞에서 검토한 행정재량의 통제법리를 정리하면 다음과 같이 요약할 수 있다.

첫째, 전통적으로 우리 학설과 판례는 행정행위를 사법심사의 대상이 되는 행위인가에 따라 기속행위와 재량행위로 구별하고 다시 재량행위를 기속재량행위 또는 법규재량행위와 자유재량행위 또는 공익재량행위로 구분하여 왔으나 오늘날에는 기속행위와 재량행위의 구분이 실질적으로 명확하지 않고, 재량행위도 그 일탈·남용의 경우에는 재판통제의 대상이 되는 것이므로 이러한 구별에 대한 실익이 없다는 것이 현재 우리 학설의 지배적인 견해이다. 오늘날의 구별기준은 법률규정이 일차적 기준이 되고, 법령의 기준이 명확하지 않는 경우에는 당해 법령의 기준과 함께 문제가 되는 행위의 성질, 기본권 관련성, 공익관련성을 종합적으로 고려하고 있다. 그리고 재량은 선택재량과 결정재량이라는 새로운 분류입장을 취하고 있는데 이것은 독일의 지배적인 견해를 수용한 것이다.

둘째, 법률의 구성요건에 불확정개념이 사용된 경우 이 개념의 해석·적용과 관련하여 재량과 구별되는 판단여지라는 독자적 개념을 인정할 수 있는가에 관하여 학설은 긍정설과 부정설로 나누어져 있지만 판례는 판단여지의 개념을 인정하지 않고 재량의 문제로 보거나 재량권과 판단여지를 구분하지 않고 판단여지가 인정될 수 있는 재량권이 있는 것으로 보아 판단여지를 인정하는 대신 재량권을 인정하고 있다. 또한 법원에 의한 사법심사의 범위가 판단여지에 해당되는 영역의 경우는 일정한 범위로 제한되지만, 그 개별적 내용은 일반재량행위의 사법심사의 범위와 차이가 없다. 그리고 최근에는 판단여지 대신 판단수권이라는 용어가 등장하고 있다.

셋째, 행정소송법 제27조는 재량권의 일탈과 남용을 구별하여 규정하고 있지만 우리나라 판례는 재량권의 일탈·남용을 명확히 구분하지 않고 재량권의 행사에 재량권의 일탈·남용이 없는지를 판단한다.

넷째, 종래의 대법원은 행정계획을 수립·결정함에 있어서 광범위한 계획재량을 인정하면서도 일반적인 행정재량과 마찬가지로 재량권의 일탈·남용 여하에 따라 위법여부를 판단하였으나 최근에는 계획재량의 사법심사의 방법으로 형량명령이론을 직접 적용하는 경향을 보이고 있다. 다만 행정계획에 특유한 성질로 인해 적용 불가능한 경우를 제외하고는 계획재량에 대해 일반행정재량에서 발전된 원칙들을 직접 유추적용 할 수

---

102) 박균성, 앞 책, 308면.

있다.

다섯째, 행정입법의 재량론에 관해서는 입법재량에 준할 것인가 행정행위와 동일하게 고찰할 것인가 또는 제3의 유형이 있는가가 문제로 되지만 이에 관한 연구는 우리나라에서 미개척 분야이다. 현재는 법규명령 또는 행정규칙의 형식에 의한 일반적인 재량행사에 관해서는 원칙적으로 행정행위에 관한 원칙이 타당하다는 정도로 밖에 특별히 구체적인 이론을 제시할 수 없다.

여섯째, 사법기관의 재량행위에 대한 사후적 심사는 그 내용의 전문성·기술성 등으로 인해 제한적인 범위에서만 가능하게 되어 실효적이지 못하다. 그리하여 오늘날은 사전적 통제가 강조되고 있다. 즉 당사자의 행정결정과정에의 참여 인정과 재량처분의 이유부기 의무 인정이 필요하다.

일곱째, 이밖에 오늘날에는 무하자재량행사청구권, 행정개입청구권, 재량권의 영으로 수축, 행정의 자기구속의 법리 등을 통하여 재량통제를 더욱 확대하려는 경향이 있다.

[참고문헌]

金南辰, 「行政法 I」, 法文社, 2002.

金東熙, 「行政法 I」, 博英社, 2012.

김춘환, 「행정법 I」, 조선대학교 출판부, 2017.

柳至泰, 「行政法新論」, 新英社, 1996.

朴均省, 「行政法論(上)」, 朴英社, 2014.

石琮顯, 「一般行政法(上)」, 三英社, 2002.

석종현·송동수, 「일반행정법(상)」, 삼영사, 2009.

李尙圭, 「新行政法論(上)」, 法文社, 1997.

홍정선, 「행정법원론(상)」, 박영사, 2012.

宮田三郞, "行政裁量," 「現代行政法大系2」, 有斐閣, 1986.

宮田三郞, 「行政裁量　　統制密度」, 信山社, 1994.

渡辺昭, "裁判所　　　行政裁量," 「公法研究」 33号, 日本公法學會, 1971.

藤田宙靖, 「行政法 I」 (總論), 靑林書院, 1985.

柳瀨良幹, 「行政法敎科書」, 有斐閣, 1963.

美濃部達吉, 「日本行政法 上卷」, 有斐閣, 1937.

浜川 淸, "行政契約," 「現代行政法大系2」, 有斐閣, 소화61.

杉村敏正, "行政裁量," 「現代　行政」, 岩波講座·現代法4 , 岩波書店, 1966.

小早川光郎, "裁量問題　法律問題," 「法協百周年記念論文集 二卷」, 有斐閣, 1983.

室井力, 「現代行政法　原理」, 勁草書房, 1973.

阿部太隆, 「行政裁量　行政救濟」, 三省堂, 1987.

原竜之助, 「行政法　　　法治主義　展開」, 有斐閣, 1948.

原田尙彦, 「行政法要論」, 學陽書房, 1984.

田中二郞, "行政裁判所　權限　　觀　　自由裁量問題," 「行政爭訟　法理」, 有斐閣, 1954.

田中二郞, 「行政法總論」, 有斐閣, 1957.

田村悅一, "行政裁量　司法審査," 「行政救濟法1」, 有斐閣, 1990.

田村悅一, 「自由裁量　　限界」, 有斐閣, 1967.

田村悅一, 「行政訴訟　　　國民　權利保護」, 有斐閣, 1975.

佐　木惣一, "行政機關　自由裁量," 「法　經濟」 1卷 1号 , 立命館出版會, 1934.

芝池義一, "行政計畫," 「現代行政法大系2」, 有斐閣, 소화61.

C.H. Ule, Zur Anwendung unbestimmter Rechtsbegriffe im Verwaltungsrecht, Gedächtnisschrift für W.Jellinek, 1955.

O. Bachof, Beurteilungsspielraum, Ermessen und unbestimmter Rechtsbegriff im Verwaltungsrecht, JZ. 1955.

Otto Bühler, Die subjectiven öffentlichen Recht und ihr Schutz in der deutschen Verwaltungsprechung, 1914, S.162ff).

W. Jellinek, Gesetz, Gesetzesanwendung und Zweckmäßigkeitserwägung, 1913, S.331ff.

침익적 행정행위에서 유추의 허용 여부

하 명 호[*]

Ⅰ. 서론

다른 법분야에서도 마찬가지이겠지만 행정법분야에서도 흠결가능성이라는 성문법 자체가 가지는 한계로 인하여 법해석과는 다른 법형성의 방법을 통하여 법이 효력을 발생하기도 한다.[1] 특히 침익적 행정행위를 발령하고자 할 때 법률의 '흠결'이 발생한 경우에는 해석에 의한 보정이 '허용'될 수 있는지와 관련하여 어려운 문제가 발생한다.

이때 형법의 해석에 관한 원칙으로서 '유추해석 금지의 원칙' 및 조세법의 해석에 관한 원칙인 '엄격해석의 원칙'이 적용될 수 있는지 여부에 관하여 검토해볼 필요가 있다. 아래에서는 이 문제를 해결하기 위하여 법의 해석 방법론에 관한 일반적인 논의를 상기시키고, 판례에 나타난 사례도 분석하도록 할 것이다.

Ⅱ. 법률해석의 방법론

1. 의의

Friedrich Carl von Savigny의 전통적 해석규칙들은 해석방법학에서 지배적인 위치를 차지하고 있다. 그의 방법론은 네 가지의 해석규칙, 즉 문법적(gramatisch) 해석, 논리적(logisch) 해석, 역사적(historisch) 해석, 체계적(systematisch) 해석으로 알려져 있다.

그런데, Larenz는 위 전통적인 해석기준들 외에 다섯 번째 요소로서 헌법합치적 해석을 들고 있다. 그에 따르면, 기본법에 구체화된 인간의 존엄성, 인격적 자유영역의 포괄적 보호, 평등원칙, 법치국가사상, 의회민주주의, 사회국가사상 등의 법원리들과 가치결정들은 개별적인 법률의 규정의 해석뿐 아니라 일반조항의 구체화 과정에서도 고려되어야만 한다.[2] 헌법규범은 다른 모든 법규범보다 상위의 규범이므로 헌법에 합치하는 원

---

* 고려대학교 법학전문대학원 교수.
1) 류지태, 행정법의 이해, 법문사, 2006., 233면 참조.
2) 김동국, 법률해석의 기준으로서의 헌법규정-합헌적 법률해석의 유형과 한계를 중심으로-, 재판자

리와 모순되는 개별적 법률의 결정은 무효이기 때문이다.

합헌적 법률해석이 주로 문제가 되는 것은 법규가 정한 구성요건이나 법률효과가 분명하지 않은 경우이다. 특히 어떤 법률이 행위의 제한이나 금지의 규정이 법문상으로 지나치게 광범위하여 문의대로 해석하면 위헌이지만, 법률의 위헌적 요소를 제거함으로써 법률의 적용요건이나 법률효과를 제한하는 방법으로 법률을 해석하면 합헌으로 되는 경우 이를 합헌적 제한해석이라 한다.[3]

이러한 합헌적 법률해석은 민주주의와 권력분립원칙의 관점에서 입법자의 입법형성권에 대한 존중으로부터 도출된다.[4] 사법기능을 담당하는 기관은 가능한 한 입법자의 입법권을 존중하여 입법자가 제정한 규범이 계속 존속하고 효력이 유지될 수 있도록 해석하여야 하기 때문이다.

2. 한계점으로서 '법문의 가능한 의미(möglicher Wortsinn)'

죄형법정주의의 원칙 중 유추적용금지의 원칙과 관련하여, 피고인에게 불리한 유추는 엄격히 금지되지만 '법문의 가능한 의미' 내에서의 확장해석은 허용된다는 것[5]이 형법학계의 통설이다. 그에 의하면, 법문의 가능한 의미 안에서 법문의 의미를 발견하는 것은 허용되는 해석이고(법형성), 이를 벗어난 범위에서 그 의미를 창출하는 것은 허용되지 않는 유추라고 한다(법창조).

그러나 해석과 유추의 구별점으로서 법문의 가능한 의미는 형식적인 기준으로서 법해석에 앞서 미리 확정되는 것이 아니고, 법문의 의미는 다의적이며 생활의 변화에 따라 항상 다른 의미를 지닐 수가 있기 때문에 이를 명확히 확정하는 것은 사실 쉽지 않다.[6] 그렇다고 하더라도, 우리 헌법에서 규정하는 죄형법정주의 원칙하에서 형법을 해석하여야 하고, '형법은 엄격하게 해석해야 한다'는 명제에 비추어 봤을 때 '법문의 가능한 의미'의 한계기능을 부인할 수는 없을 것이다.

한편 '법문의 가능한 의미'와 '문언의 통상적인 의미'와의 관계에 관하여 이를 같은 것으로 이해하는 견해, 법문의 가능한 의미를 해석의 출발점이자 동시에 해석의 한계기준으로 이해하는 견해, 문언의 통상적 의미를 해석의 출발점으로 법문의 가능한 의미를

료 제75집, 법원도서관(1996), 69면.

3) 김동국, 위의 논문, 76면.

4) 헌재 1989. 7. 14. 선고 88헌가5 결정, 한수웅, 헌법재판의 한계 및 심사기준 – 헌법재판소와 입법자의 관계를 중심으로 –, 헌법논총 제8집, 헌법재판소(1997. 12), 199면.

5) 김일수·서보학, 형법총론 제11판, 박영사, 2006., 40면 참조.

6) 따라서, '법문의 가능한 의미'가 해석과 유추를 구별하는 기준이 될 수 없다고 하는 견해들이 독일과 우리나라에서 유력하게 대두되고 있다.

해석의 한계로 이해하는 견해[7]가 대립하고 있다.[8] 이러한 견해 차이는 법문의 가능한 의미의 범위와 밀접한 관련을 맺고 있다.

　'법문의 가능한 의미'가 무엇인지에 관한 문제는 언어이론과 언어철학과 관련하여 매우 어려운 영역에 속하게 되는데, 법률에 규정된 언어에 대한 해석방법은 통상 통사론[9] 또는 구문론(Syntaktik)과 의미론(Semantik)[10] 및 화용론(Pragmatik)[11]으로 나누어 설명된다고 하고,[12] 그러한 인식의 차이는 또한 법문의 가능한 의미의 크기에 대한 차이로 나타난다.

　한편, 헌법학계에서는 합헌적 법률해석을 통하여 입법자의 원래 의사를 왜곡·변형하거나 대체해서는 안 되기 때문에 합헌적 법률해석의 한계도 입법자의 형성권에 대한 존중으로부터 도출된다고 한다.[13] 헌법학계에서 논의되고 있는 합헌적 법률해석의 한계로서는 ① 해석의 대상이 되는 법조문의 자구가 간직하고 있는 가능한 말뜻을 넘어서까지 해당 법조문을 합헌적으로 해석할 수 없다는 문의적 한계, ② 법률제정자가 해당 법

---

7) 이상돈 교수는 '개념의 핵'(Begriffskern)과 '개념의 뜰'(Begriffshof)을 구분하고, 법문언의 적용이 개념의 핵 안에서 이루어지면 제한해석이며, 개념의 핵을 넘어서지만 여전히 개념의 뜰 안에 머무르는 경우에는 법형성 또는 확장해석이 되고, 이에 반해 개념의 뜰 밖에서 이루어지면 법창조가 되며(금지된 유추), 만일 개념의 핵 안에 놓이는 대상에까지 그 문언을 적용하지 않는다면, 그것은 유추의 한 유형으로서 '목적론적 축소'(teleologische Reduktion)가 된다고 설명한다{이상돈, 형법해석의 한계, 저스티스 제29권 제2호, 한국법학원(1996. 10), 19면 이하 참조}. 다만 이상돈 교수는 법문의 가능한 의미의 한계기능을 부인하는 입장에서 이러한 논의는 무의미하다고 주장한다.

8) 이광수, 법관에 의한 형법규정 해석의 범위와 한계, 인권과 정의 제360호, 대한변호사협회(2006. 8), 75면.

9) 통사론적 접근에서는 문장의 구조나 성분의 배열을 연구대상으로 하여 철저한 계산에 의하여 모든 문장은 계산될 수 있다고 한다.

10) 의미론적 접근에서는 현대 기호학에 근거하여 단어와 문장이 법률에서 적용된 일상 언어로서 가지는 의미를 통해서 언명된다고 한다.

11) 화용론적 접근에서는 문장의 구조나 의미에 초점을 맞추지 아니하고 언어행위를 중시하여 화자나 작자의 의도를 이해하려고 한다. 말의 의미는 말의 구조나 말의 행위가 결정하는 것이 아니라 말이 행해지는 구체적인 상황이 낱말들 사이의 내적 구조(통사론)를 결정하고 낱말이나 문장의 의미(의미론)도 결정한다고 한다. 이에 따를 경우 유추금지는 '근거지움의 요청'이고, '입법자의 의사소통적 상황(입력의 맥락)에 들어가라는 요청'이며, '형법이 다른 법분과와 설정하는 체계적 연관관계(규범적 맥락) 속으로 들어가라는 요청'으로 해석되고, 이는 외재적 기준이 아니라 법관의 직업적 에토스(Berufsethos)라고 한다. 우리나라에서의 주창자는 이상돈 교수이고, 자세한 점은 위 논문 참조. 이상돈 교수는 법관이 논증에 성공하면 일응 유추가 아닌 해석으로 보아야 하고, 그 논증은 비판과 토론에 의한 제약에 의하여 그 해석을 지속할 것인가가 결정된다고 한다.

12) 자세한 내용은 구모영, 형법 해석의 한계에 관한 방법적 성찰, 비교형사법연구 제4권 제1호, 한국비교형사법학회(2002. 7), 371면 이하 참조.

13) 한수웅, 앞의 논문, 200면. 입법자의 형성권은 합헌적 법률해석의 근거이면서 동시에 한계를 제시한다. 왜냐하면, 그러한 범위를 벗어난 합헌적 해석은 실질적 의미에서의 입법작용을 뜻하게 되어 결과적으로 입법권자의 입법권을 침해하는 결과가 되기 때문이다.

률의 제정에 의하여 추구하고 있는 명백한 입법의 목적을 헛되게 하는 정도의 법률해석은 허용될 수 없다는 법목적적 한계, ③ 법률의 효력을 지속시키기 위해서 반대로 헌법규정의 내용의 지나치게 확대해석함으로써 헌법규범이 가지는 정상적인 수용한계를 넘어서는 안 된다는 헌법수용적 한계가 있다.[14] 헌법재판소도 같은 취지로 판시한 바 있다.[15]

Ⅲ. 침익적 행정행위와 관련된 근거규정 해석론

1. 법문의 흠결과 보정

1) 형법학에서의 논의

입법자의 과오로 인하여 법률의 '흠결'이 발생한 경우 문언의 한계에 대한 요구가 예외 없이 관철되어야 하는지 여부는 법률을 해석할 때 때때로 어려운 문제를 야기한다. 이와 관련된 형법학의 연구성과를 간단히 살펴보면 다음과 같다.

독일에서는 관보에 인쇄된 법문이 애당초 확정된 원문과 부합하지 않는 경우와 같이 명백히 입법자의 의사를 그르친 오기 등과 같은 '인쇄상의 과오'(Druckfehler)와 체계적인 맥락을 통해 재구성되는 '편집상의 과오'(Redaktionsfehler)로 나눈다. '편집상의 과오'는 다시 입법자가 표현하려고 했던 것과 분명히 다르게 법률문언에 표현된 경우와 같이 입법자가 특정 사례군을 제대로 고려하지 못한 결과 자신의 의도와 다르게 훨씬 좁게 법문을 만든 경우와 넓은 의미의 편집상의 과오로서 새로운 법률문언이 현재의 법상태에 미칠 영향을 잘못 알았고 그래서 목적론적으로 분명히 표시되어야 할 문언이 표시되지 못한 경우와 같이 입법자가 장래에 발생하게 될 사례를 예견하지 못한 결과 적절한 표현방식을 선택하지 못한 경우로 나누기도 한다.[16]

독일 형법학의 다수설은 '인쇄상의 과오'는 입법자의 의사를 그르친 것이 명백히 밝혀진다면 이를 '정정'하는 것은 법치국가적인 측면에서도 허용될 수 있다는 것이고, '편집상의 과오' 중 입법자가 특정 사례군을 제대로 고려하지 못한 결과 자신의 의도와 다르게 훨씬 좁게 법문을 만든 경우에는 '형법해석'에 의한 보정이 '허용'되지만, 입법자가 장래에 발생하게 될 사례를 예견하지 못한 결과 적절한 표현방식을 선택하지 못한 경우에

---

14) 허영, 합헌적 법률해석의 본질과 한계-우리 헌법판례의 내용과 문제점-, 헌법논총 제3집, 헌법재판소(1992. 12), 180면 이하 참조.

15) 헌재 1989. 7. 14. 선고 88헌가5 결정.

16) 위와 같은 분류는 김영환, 형법상 해석과 유추의 한계, 저스티스 제30권 제1호, 한국법학원(1997. 3), 85면, 86면 참조.

해석에 의한 보정은 형법상 '금지'되는 '유추'라고 한다.[17]

　우리나라에서는 입법자가 법률문언을 편집할 때 본인의 과실로 편집상의 오류를 범하였으면, 이런 오류는 시정하여야 할 사항이지 엄격한 죄형법정주의의 실현이라는 차원에서 시정을 불허하는 것은 인간사에 있어서 절대주의의 심각한 오류라는 견해가 있다. 그에 반하여 보정이 허용된다면 죄형법정주의의 유추적용금지의 원칙을 우회적인 방법으로 침탈하는 것이라는 관점에서 편집상의 과오에 관한 보정이 허용되서는 안 된다는 견해도 있다. 아울러 전체적으로 전자에 찬동하되 결국 '법문의 가능한 의미'의 한계기능을 강조하고 그 범위 내로 제한하는 견해도 있다.[18]

2) 침익적 행정행위에서의 문제

　법의 해석에 대한 전통적 방법으로는 의미론적이고 당해 법문의 관점에서 일상의 용어가 갖는 의미를 기초로 한 문리적 해석, 개념 내용을 밝히는 논리적 해석, 규범 내용의 역사적 발전과정의 관점에서 행하는 역사적 해석, 규범의 의미·목적을 객관적 입장에서 밝히는 목적론적 해석, 전체 법질서의 관점에서 행하는 체계적 해석 등이 있고, 이러한 방법들은 행정법의 해석에도 그대로 적용된다.[19]

　행정행위는 그 초래하는 이익 및 불이익 상황에 따라 행정행위의 상대방에게 불이익을 주는 침익적 행정행위, 행정행위의 상대방에게 이익을 부여하는 수익적 행정행위, 하나의 행정행위가 이익과 불이익을 동시에 발생시키는 이중효과적 행정행위(복효적 행정행위)로 분류될 수 있다. 그런데, 행정법의 영역에서 침익적 행정행위를 발령하고자 할 때 법률의 '흠결'이 발생한 경우에는 해석에 의한 보정이 '허용'될 수 있는지와 관련해서도

---

17) 이것이 독일의 다수설이라고 한다(김일수/서보학, 위의 책, 43면).

18) 이러한 논쟁의 출발점은 뒤에서 보는 대법원 1994. 12. 20.자 94모32 전원합의체 결정에 대하여, 신동운 교수가 다수의견을 지지하는 평석을 하자(신동운, 형벌법규의 흠결과 해석에 의한 보정의 한계, 판례월보 제294호, 판례월보사, 1995. 3.) 김영환 교수가 이에 반대하는 논문을 발표하였고(김영환, 형법해석의 한계-허용된 해석과 금지된 유추의 상관관계, 형사판례연구 제4집, 형사판례연구회, 1996.), 이상돈 교수가 자신이 주창하는 의사소통이론에 의하여 양자를 비판하는 논문을 발표하였으며(이상돈, 형법해석의 한계-김영환 교수와 신동운 교수의 법학방법론에 대한 비평, 저스티스 제29권 제2호, 한국법학원, 1996. 9.) 다시 김영환 교수가 이상돈 교수의 논문에 반박하는 논문을 발표하면서(김영환, '형법상 해석과 유추의 한계-이상돈 교수의 반론에 대하여', 저스티스 제30권 제1호, 한국법학원, 1997. 3.) 촉발되었고, 그 이후 다수의 형법 및 법철학 관련 학자들이 이 논쟁에 가세하였다. 신동운 교수는 보정의 허용성을 긍정하고 있고, 김영환 교수는 이에 반대하고 있다. 한편, 위 논쟁과 직접적인 연관이 있는지 알 수 없으나, 실화죄의 적용대상에 관하여 문리해석보다 목적론적 해석을 행한 위 결정의 다수의견에 찬성하는 견해가 학계의 다수설이고, 반대하는 견해가 소수설이다.

19) 이에 관한 자세한 내용은, 하명호, 법인에 대한 양벌규정의 위헌여부, 행정판례연구 제14집 제2호, 한국행정판례연구회(2009. 12), 177-181면 참조.

앞에서 언급한 형법학에서의 논의와 같은 어려운 문제가 발생한다. 특히 침익적 행정행위 중 제재적 처분의 근거조항을 해석할 때에는 그 조항이 때때로 행정형벌의 요건이 되기도 하여 죄형법정주의와 관련되기도 한다. 이하에서는 이러한 문제를 해결하는데 형법의 해석에 관한 원칙으로서 '유추해석 금지의 원칙' 및 조세법의 해석에 관한 원칙인 '엄격해석의 원칙'이 침익적 행정행위에도 적용될 수 있는지 여부에 관하여 살펴보기로 한다.

2. 조세법 영역에서의 엄격해석의 원칙

행정법의 한 분야인 조세법 영역에서는 조세법률주의의 파생원칙으로 엄격해석의 원칙이 강조되고 있다. 조세법은 대표적인 침익적 규범이므로 과세요건이 명확하게 규정될 것이 요구되나, 모든 규정이 그와 같이 만들어지는 것은 아니므로 해석의 방법론이 문제가 된다. 이 경우 문언에 따라 엄격하게 해석하여야 하고 법의 흠결을 유추로 메우거나 행정편의적인 확장해석을 하는 것은 허용되지 않는다는 원칙이 확립되어 있는데 이것이 바로 '엄격해석의 원칙'이다.

특히 문제가 되는 것은 비과세 및 감세·면세 요건의 해석·적용에 관한 것인데 납세자에게 유리하다고 하여 비과세요건이나 감세·면세 요건을 함부로 유추 또는 확장해석하는 것은 원칙적으로 금지된다. 판례도 조세법의 시행령이나 시행규칙의 해석에 관하여 이 원칙을 엄격하게 적용하고 있다.[20] 그리하여, "구 조세특례제한법 제97조 제2항은 임대사업자가 소유하는 거주주택이 1세대 1주택으로서 비과세 대상에 해당하는 경우 임대주택으로 인하여 비과세 혜택을 받지 못하는 것을 방지하고자 그와 같은 경우에만 임대주택을 소유주택으로 보지 않는 것이 그 취지라 하겠으므로, 이는 구 소득세법 제89조 제3호의 규정을 적용하는 경우에 한하여 임대주택을 거주자의 소유주택으로 보지 아니한다는 것으로 해석함이 타당하고, 위 규정을 유추 또는 확장적용하여 구 소득세법 제96조 제1항 제7호, 구 소득세법 시행령 제162조의2 제5항에 의하여 3주택 이상을 소유하고 있는 다주택 소유자에게 실지거래가액으로 양도가액을 산정하는 경우에 있어서도 임대주택을 소유주택으로 보지 아니하는 것은 엄격해석의 원칙상 허용되지 아니한다."라고 판시하기도 하였다.[21]

---

20) 예를 들면, 대법원 2006. 5. 25. 선고 2005다19163 판결에서는 "조세법률주의의 원칙에서 파생되는 엄격해석의 원칙은 과세요건에 해당하는 경우에는 물론이고 비과세 및 조세감면요건에 해당하는 경우에도 적용되는 것으로서, 납세자에게 유리하다고 하여 비과세요건이나 조세감면요건을 합리적 이유 없이 확장해석하거나 유추해석하는 것은 조세법의 기본이념인 조세공평주의에 반하는 결과를 초래하게 되므로 허용되어서는 아니 된다."고 판시하였다.
21) 대법원 2007. 5. 10. 선고 2006두16182 판결.

3. 침익적 행정행위에서 유추적용금지

침익적 행정행위는 상대방의 권리를 제한하는 것이므로 국민의 기본권 보호라는 헌법적 요청 및 법치행정의 원리에 비추어 그 근거규정에 대한 엄격한 해석·적용이 요청된다.[22] 그에 따라 대법원도 "행정행위의 상대방에게 불리한 방향으로 지나치게 확장해석하거나 유추하여서는 안 되고, 입법취지와 목적 등을 고려한 목적론적 해석이 전적으로 배제되는 것은 아니라고 하더라도 해석이 문언의 통상적인 의미를 벗어나서는 아니된다."고 판시하였다.[23] 이렇듯 대법원은 침익적 행정행위에 있어서 국민의 재산권 보호라는 헌법적 요청 및 법치행정의 원리에 비추어 침익적 행정행위의 근거규정에 대한 엄격해석의 원칙에 입각해 있다고 볼 수 있다.

그리하여, 구 대도시권 광역교통관리에 관한 특별법 제11조 제4호 괄호 규정에 의하면, 주택건설촉진법에 의한 주택건설사업의 시행자라고 하더라도 도시개발법에 의한 도시개발사업 등이 시행되는 지구, 구역 또는 사업지역 안에서 주택건설사업을 시행하는 경우에는 광역교통시설부담금 납부대상에서 제외되는데, 부칙 제2조가 "제11조의 개정규정에 의한 부담금은 이 법 시행일 이후 제11조의4 제1항의 개정규정에 의한 사업의 승인을 받는 사업부터 적용한다."라고 규정하고 있다고 하더라도, 이는 부담금 부과대상사업이 법 시행일 이후 사업의 승인 또는 인가 등을 받는 경우에 부담금 부과대상이 된다는 것을 규정한 것에 불과하고, 도시개발사업 등을 시행일 이후 승인받은 경우에 한하여 위 괄호 규정이 적용되어 주택건설사업이 부담금 부과제외대상으로 된다고 해석할 수 없다고 한 사례가 있다.[24] 또한 유추를 허용하는 사례이기는 하지만, 국가를 당사자로 하는 계약에 관한 법률 시행령 제76조 제1항 제8호가 정하는 서류위조의 의미를 해석함에 있어서, "입찰이나 그에 따른 계약시 입찰참가자격에 관한 서류 기타 계약에 관한 서류를 작성함에 있어서 타인의 명의를 도용하는 방법으로 위조하여 제출하는 행위는 물론 자신의 명의로 작성하더라도 허위의 내용을 기재한 서류를 작성하여 제출하는 행위 역시 같은 법에서 규정한 경쟁의 공정한 집행 또는 계약의 적정한 이행을 해칠 염려가 있는 행위에 해당함은 분명하다 할 것이고, 한편 강학상 넓은 의미의 위조의 개념에는 유형위조뿐만 아니라 무형위조도 포함되므로 위 시행령에서 말하는 위조의 의미를 반드시 형법

---

22) 대법원 2004. 5. 14. 선고 2004두3076 판결(부담금 부과처분의 경우). 참고로 헌법재판소도 침익적 행정행위의 부과요건 등은 법률로써 엄격하게 정해져야 한다는 입장이다(헌재 2000. 3. 30. 선고 98헌가8 결정 참조).
23) 대법원 2015. 7. 9. 선고 2014두47853 판결.
24) 대법원 2004. 5. 14. 선고 2004두3076 판결.

상 가장 좁은 의미의 위조의 개념인 유형위조로만 한정하여 해석하여야 할 근거는 없다
할 것이니, 위 시행령의 해석에 있어서는 위와 같은 서류를 허위로 작성한 행위도 서류
를 위조한 경우에 해당하는 것으로 해석함이 상당하다 할 것이고, 이와 같이 새긴다고
하여 이를 유추해석이나 확장해석이라고 할 것은 아니다."라고 판시하기도 하였다.[25)]

　　한편, 헌법재판소도 대법원과 마찬가지로 침익적 행정행위의 부과요건 등은 법률로
써 엄격하게 정해져야 한다는 입장에 있다. 그리하여, "이행강제금은 위법건축물에 대하
여 시정명령 이행시까지 지속적으로 부과함으로써 건축물의 안전과 기능, 미관을 향상시
켜 공공복리의 증진을 도모하는 시정명령 이행확보 수단으로서, 국민의 자유와 권리를
제한한다는 의미에서 행정상 간접강제의 일종인 이른바 침익적 행정행위에 속하므로 그
부과요건, 부과대상, 부과금액, 부과회수 등이 법률로써 엄격하게 정하여져야 하고, 위
이행강제금 부과의 전제가 되는 시정명령도 그 요건이 법률로써 엄격하게 정해져야 한
다."고 판시하기도 하였다.[26)]

4. 대법원 판례 및 헌법재판소 결정에 나타난 구체적인 사례

　　조세법상의 '엄격해석의 원칙'이나 형법상의 '유추적용금지의 원칙'이 일반적인 침익
적 행정행위에도 '그대로' 적용되는 것인지에 대하여는 이론(異論)이 있을 수 있으나, 그
와 같은 원칙의 근본적인 취지는 침익적 행정행위에도 그대로 적용될 수 있다고 생각된
다. 따라서 침익적 행정행위에 있어서도 근거규정에 대하여 엄격한 해석을 요청되고, 그
에 따라 함부로 유추하거나 확장해석을 하여서는 안 된다. 다만 행정행위의 근거규정에
대한 구체적인 해석에 있어서 그 해석이 과연 유추인지 확장해석인지 여부는 그 사안의
개별적·구체적 사정에 따라 다르게 나타날 수 있다. 이하에서는 대법원 판결과 헌법재
판소의 결정에 나타난 구체적인 사례를 소개한다.

1) 문언적 해석에 충실한 예
◆ 대법원 1999. 3. 26. 선고 97도1769 판결
[쟁점조항] 저작권법 제98조 제1호는 저작재산권 그 밖의 저작권법에 의하여 보호
　　　　　 되는 재산적 권리를 복제·공연·방송·전시 등의 방법으로 침해한 자를
　　　　　 처벌한다고 규정하고 있는데, '배포'행위가 포함되는지 여부
[판시사항] 저작권법상 저작재산권의 하나로 배포권이 인정되나, 그렇다고 하여 권
　　　　　 리침해의 복제행위 외에 '배포'행위까지 위 법조에 의해 반드시 처벌되

---

25) 대법원 2000. 10. 13. 선고 99두3201 판결.
26) 헌재 2000. 3. 30. 선고 98헌가8 결정.

어야 하는 것은 아니라고 할 것이어서, 위와 같이 처벌규정에 명시적으로 규정되어 있지 아니한 '배포'행위를 복제행위 등과 별도로 처벌하는 것은 유추해석이나 확장해석을 금하는 죄형법정주의의 원칙상 허용되지 않는다(다만 위와 같은 문리해석뿐만 아니라 논리해석도 동원하고 있음).

◆ 대법원 2004. 2. 27. 선고 2003도6535 판결

[쟁점조항] 주민등록법 제21조 제2항 제3호는 같은 법 제7조 제4항의 규정에 의한 주민등록번호 부여 방법으로 허위의 주민등록번호를 생성하여 자기 또는 다른 사람의 재물이나 재산상의 이익을 위하여 이를 사용한 자를 처벌한다고 규정하고 있는바, 여기에 타인에 의하여 이미 생성된 주민등록번호를 단순히 사용한 경우도 포함하는지 여부

[판시사항] 이러한 행위는 피고인에게 불리한 유추해석을 금지하는 법리에 비추어 위 법조 소정의 구성요건을 충족시켰다고 할 수 없다.

◆ 대법원 2004. 11. 18. 선고 2004도1228 전원합의체 판결

[쟁점조항] 구 여객자동차운수사업법 제81조 제1호에서는 면허를 받지 아니하거나 등록을 하지 아니하고 여객자동차운송 사업을 경영한 자를 처벌하고, 같은 법 제2조에서는 승용차 및 승합차라고 규정하고 있는바, 여기에서 화물자동차로 형식승인을 받고 등록된 6인승 콜밴을 사용하여 유상으로 여객을 운송하는 행위가 위 법조에 해당하는지 여부

[다수의견] 문언해석을 중시하여 죄형법정주의의 원칙에 비추어 승용차나 승합차를 사용하여 유상으로 여객을 운송하는 행위만을 금지하는 것으로 한정해석하여야 하고, 화물자동차 등을 사용하여 유상으로 여객을 운송하는 행위는 처벌할 수 없으며, 화물자동차로 취급을 받는 자동차이면서도 콜밴처럼 승객을 운송하기에 적합한 자동차의 경우 이를 화물자동차로만 취급하여야 한다.

[반대의견] 관련조문을 전체적·종합적으로 해석한다면 여객자동차운수사업법 제81조 제1호는 승용·승합차뿐만 아니라 화물자동차 등을 사용하여 유상으로 여객을 운송하는 행위도 처벌할 수 있다고 보고, 또한 자동차의 종류는 형식승인과 등록 등 형식적으로 구분할 것이 아니라 그 자동차의 구조와 형상을 실질적으로 파악하여 자동차관리법 시행규칙에서 정하고 있는 자동차의 종류에 관한 구분기준에 따라 구분함이 상당하다.

◆ 대법원 2007. 11. 30. 선고 2007두1330 판결

[쟁점조항] 의료급여기관이 구 의료급여법 제32조 제2항에 의한 서류제출명령을 받고 당시 보관 중이던 허위내용이 기재된 관계서류를 그대로 제출한 경우, 위 법 제28조 제1항 제2호에서 정하는 명령위반 또는 허위보고에 해당하는지 여부

[판시사항] 의료급여기관의 업무정지에 관한 구 의료급여법(2006. 12. 28. 법률 제8114호로 개정되기 전의 것) 제28조 제1항 제2호 및 진료·약제의 지급 등 의료급여 관계서류의 제출명령에 관한 같은 법 제32조 제2항 규정의 문언적 내용과 침익적 제재규정의 엄격해석원칙에 비추어 볼 때, 의료급여기관이 보건복지부장관으로부터 의료급여법 제32조 제2항에 의한 서류제출명령을 받고 당시 보관 중이던 관계서류를 그대로 제출한 것이라면, 비록 그 서류가 허위내용이 기재된 것이었다 하더라도 위 법 제28조 제1항 제2호에서 정하는 '제32조 제2항의 규정에 의한 명령에 위반하거나 허위보고를 한 때'에 해당한다고 볼 수 없다.

◆ 헌재 2012. 5. 31. 선고 2009헌바123, 126(병합) 결정

[쟁점조항] 구 조세감면규제법 부칙조항과 관련하여 아무런 규율을 하고 있지 아니한 전부개정법의 시행에도 불구하고 이 사건 부칙조항이 여전히 효력을 갖고 있다고 보아야 할 것인지, 만약 그렇게 볼 수 없다면 이 사건 부칙조항이 이미 실효되었음에도 이를 유효하게 존속하는 것으로 해석하는 것이 법률해석의 한계를 넘어서 헌법상의 권력분립원칙과 조세법률주의의 원칙에 반하는 위헌적인 법률해석인지 여부

[판시사항] 일반적으로 법률문언의 의미와 내용을 분명히 하는 법률해석에 있어, 법률조항의 문구의 의미가 명확하지 않거나 특정한 상황에 들어맞는 규율을 하고 있는 것인지 애매할 경우에는, 입법목적이나 입법자의 의도를 합리적으로 추정하여 문언의 의미를 보충하여 확정하는 체계적, 합목적적 해석을 하거나, 유사한 사례에 관하여 명확한 법률효과를 부여하고 있는 법률조항으로부터 유추해석을 하여 법의 흠결을 보충하거나, 심지어 법률의 문언 그대로 구체적 사건에 적용할 경우 터무니없는 결론에 도달하게 되고 입법자가 그런 결과를 의도하였을 리가 없다고 합리적으로 판단되는 경우에는 문언을 약간 수정하여 해석하는 경우도 있을 수 있다. 또한 어떤 법률조항에 대한 여러 갈래의 해석이 가능한 경우, 특

히 법률조항에 대한 해석이 한편에서는 합헌이라는 해석이, 다른 편에서는 위헌이라는 해석이 다 같이 가능하다면, 원칙적으로 헌법에 합치되는 해석을 선택하여야 한다는 '헌법합치적 법률해석'의 원칙도 존중되어야 하는 것은 당연할 것이다.

그러나 법률해석의 이러한 여러 방법들은 대상 법률규정의 규율영역에 따라 때로는 아예 허용되지 않거나 때로는 엄격하게 제한되는 경우가 있다. 특히 형벌조항의 경우 헌법상 규정된 죄형법정주의(헌법 제12조 제1항, 제13조 제1항)에 의해 입법목적이나 입법자의 의도를 감안한 유추해석이 일체 금지되고 법률조항의 문언의 의미를 엄격하게 해석할 것이 요구된다. 또한 국민의 재산권과 밀접한 관련을 갖고 있는 조세법의 해석에 있어서도 조세법률주의의 원칙상(헌법 제59조) 과세요건, 절차, 결과 등 모든 면에서 엄격하게 법문언대로 해석하여야 하고 합리적인 이유 없이 확장해석하거나 유추해석할 수는 없다. 그러므로 형벌조항이나 조세관련 법규를 해석함에 있어서, '유효한' 법률조항의 불명확한 의미를 논리적·체계적 해석을 통해 합리적으로 보충하는 데에서 더 나아가, 해석을 통하여 전혀 새로운 법률상의 근거를 만들어 내거나, 기존에는 존재하였으나 실효되어 더 이상 존재한다고 볼 수 없는 법률조항을 여전히 '유효한' 것으로 해석한다면, 이는 법률해석의 한계를 벗어나는 것으로서, '법률의 부존재'로 말미암아 형벌의 부과나 과세의 근거가 될 수 없는 것을 법률해석을 통하여 이를 창설해 내는 일종의 '입법행위'에 해당하므로 헌법상의 권력분립원칙에 반할 뿐만 아니라 죄형법정주의, 조세법률주의의 원칙에도 반하는 것이다. 또한 헌법정신에 맞도록 법률의 내용을 해석·보충하거나 정정하는 '헌법합치적 법률해석' 역시 '유효한' 법률조항의 의미나 문구를 대상으로 하는 것이지, 이를 넘어 이미 실효된 법률조항을 대상으로 하여 헌법합치적인 법률해석을 할 수는 없는 것이어서, 유효하지 않은 법률조항을 유효한 것으로 해석하는 결과에 이르는 것은 '헌법합치적 법률해석'을 이유로도 정당화될 수 없다 할 것이다.

2) 목적론적 해석에 충실한 예

◆ 대법원 2000. 11. 16. 선고 98도3665 전원합의체 판결

[쟁점조항] 구 학교보건법 제6조 제1항은 "누구든지 학교환경 위생정화 구역 안에서는 다음 각 호의 1에 해당하는 행위 및 시설을 하여서는 아니 된다."

라고 규정하면서, 각호에 시설이름만 열거하고 금지되는 행위를 열거하지는 아니하였을 때, 금지되는 행위가 '시설'만을 의미하는 것인지, '영업행위'도 포함하는 것인지 여부

[다수의견] 목적론적 해석을 문언적 해석에 우위를 두어 정화구역에서 금지되는 행위는 '시설의 설치' 뿐만 아니라 '영업행위'도 포함한다고 하였다.

[반대의견] 문언에 따른 엄격한 해석을 강조하면서 '시설'만을 금지의 대상으로 규정하고 있을 뿐이지, 여기에 '행위'가 포함될 여지가 없다고 하였다.

◆ 대법원 2002. 2. 21. 선고 2001도2819 전원합의체 판결

[쟁점조항] 공직선거법 제112조 제1항 소정의 '기부행위'의 의미와 관련하여 후보자의 배우자가 선거사무원에게 유권자 제공용으로 금전을 교부한 행위가 '기부행위'에 해당하는지 여부

[다수의견] 법률의 입법취지와 목적, 입법연혁 등을 고려한 목적론적 해석에 따라 후보자의 배우자와 선거사무원 사이의 현금 수수는 후보자의 배우자가 특정의 선거인에게 전달하기 위하여 선거사무원에게 단순히 보관시키거나 돈 심부름을 시킨 것이 아니라 그로 하여금 불특정 다수의 선거인들을 매수하여 지지표를 확보하는 등의 부정한 선거운동에 사용하도록 제공한 것으로서 공직선거법 제112조 제1항 소정의 '기부행위'에 해당한다고 보았다.

[반대의견] 기부행위의 유형으로서 제공 외에 교부를 따로 두지 아니한 탓에 그 처벌이 어렵다는 현행 공직선거법상의 입법적 불비를 선언함으로써 입법부로 하여금 법률의 개정을 촉구하는 정도를 벗어나, 실질적으로 피고인에게 불이익하게 유추, 확장해석하는 결과를 초래하는 것이라고 하면서, 위 행위는 기부행위를 실행하기 위한 공모자 사이의 준비행위에 불과하다고 보았다.

◆ 대법원 2007. 9. 20. 선고 2006두11590 판결

[쟁점조항] 구 증권거래법 제206조의11 제1항 제1호의 과징금 부과대상자로 규정된 같은 법 제14조 제1항 제2호에 정한 '공인회계사'에 회계법인이 포함되는지 여부

[판시사항] 침익적 행정처분의 근거가 되는 행정법규는 엄격하게 해석·적용하여야 하고 행정처분의 상대방에게 불리한 방향으로 지나치게 확장해석하거나 유추해석하여서는 안 되지만 그 행정법규의 해석에 있어서 문언의

통상적인 의미를 벗어나지 않는 한 그 입법 취지와 목적 등을 고려한 목적론적 해석이 배제되는 것은 아니므로, 위 과징금 부과대상자의 의미를 해석함에 있어서도 가능한 한 그 입법 취지와 목적 등을 존중하여 그에 부합되도록 새기는 것이 타당하다고 할 것인바, …… 위 과징금의 부과대상자인 공인회계사에 회계법인이 포함되는 것으로 해석함이 상당하다고 할 것이고, 이와 같이 새긴다고 하여 이를 유추해석이나 확장해석이라고 할 것은 아니다.

3) 판례에 대한 검토

대법원은 표현상으로는 해석에 있어서 '법문의 가능한 의미' 안에 있어야 한다는 원칙을 일관하고, 이를 어기고 당사자에게 불리한 방향으로 지나치게 확장해석하거나 유추할 수 없다고 판시하고 있다. 그러나, 사안에 따라 문언적 해석을 중시하여 '법문의 가능한 의미'를 법문의 일상적인 의미와 동일시하기도 하며, 논리·체계적 해석기준을 역설하면서 '법문의 가능한 의미'의 외연을 넓히는 시도를 하기도 하는 등 '법문의 가능한 의미'를 확정하는 기준에 관하여 사안별로 차이를 드러내고, 같은 사안 내에서도 다수의견과 소수의견의 인식차이를 보이고 있다.[27]

특히 대법원은 일부 학설에서 말하는 인쇄상의 착오나 편집상의 착오로 인한 법률의 흠결이라는 상황에서 법원이 이를 해석으로 보정할 수 있는지에 관하여, 법문의 가능한 의미라는 형식적인 틀 안에서 – 몇몇 사건은 그러한 원칙마저도 명시하지 않고서 – 적극적인 보정에 나서기도 하고, 소극적으로 법문에 충실한 해석을 고수하기도 하였다.

IV. 결론

법의 해석에 대한 전통적 방법으로는 의미론적이고 당해 법문의 관점에서 일상의 용어가 갖는 의미를 기초로 한 문리적 해석, 개념 내용을 밝히는 논리적 해석, 규범 내용의 역사적 발전과정의 관점에서 행하는 역사적 해석, 규범의 의미·목적을 객관적 입장에서 밝히는 목적론적 해석, 전체 법질서의 관점에서 행하는 체계적 해석 등이 있고, 이러한 방법들은 행정법의 해석에도 그대로 적용된다.

한편, 행정법의 한 분야인 조세법 영역에서는 조세법률주의의 파생원칙으로 엄격해석의 원칙이 강조되고 있다. 조세법은 대표적인 침익적 규범이므로 과세요건이 명확하게

---

27) 이러한 현상을 보고 '법문의 가능한 의미'가 해석과 유추의 유용한 한계기능을 수행할 수 없다고 하는 견해가 있다는 점은 앞에서 본 바와 같다.

규정될 것이 요구되나, 모든 규정이 그와 같이 만들어지는 것은 아니므로 해석의 방법론이 문제가 된다. 이 경우 문언에 따라 엄격하게 해석하여야 하고 법의 흠결을 유추로 메우거나 행정편의적인 확장해석을 하는 것은 허용되지 않는다는 원칙이 확립되어 있는데 이것이 바로 '엄격해석의 원칙'이다.

이러한 조세법상의 '엄격해석의 원칙'이나 형법상의 '유추적용금지의 원칙'이 제재적 처분과 같은 일반적인 침익적 행정행위의 해석과 적용에도 그 근본적인 취지는 참작되어야 한다고 생각된다. 침익적 행정행위는 상대방의 권리를 제한하는 것이므로 국민의 기본권 보호라는 헌법적 요청 및 법치행정의 원리에 비추어 그 근거규정에 대한 엄격한 해석·적용이 요청되기 때문이다.

판례는 원칙적으로 침익적 행정행위의 근거규정에 대한 엄격해석의 원칙에 입각해 있다고 볼 수 있다. 비록 구체적인 사례에서 법률의 흠결 상황에서 문언적 해석방법을 취하기도 하고, 목적론적 해석방법을 취하기도 하여, 일관되지 못한 측면이 있으나, 기본적으로는 문언적 해석방법을 원칙으로 하고 있고, 문언의 범위를 벗어나는 목적론적 해석방법은 엄격한 요건 하에서만 예외적으로 적용되고 있다고 볼 수 있다.

국회법 제98조의2 제3항의 개정안을 둘러싼 공법적 쟁점 및 대통령의 법률안 거부권 행사의 정당성 여부[*]

김 용 섭[**]

I. 문제의 제기

행정입법이란 행정부에서 제정하는 법률하위의 규범형식으로, 그 제정권자를 중심으로 대통령령, 총리령, 부령으로 구분할 수 있다. 아울러 수권여부를 중심으로 법률로부터 수권을 받은 위임명령과 법률에서 수권은 없으나 그 시행을 위하여 규율이 허용되는 집행명령, 그리고 상위법률 즉 모법의 근거없이 제정된 독립명령으로 구분할 수 있다. 아울러 행정입법은 법규성 여부를 중심으로 법규[1]의 성질을 지니는 법규명령과 행정내부의

[*] 이 논문은 필자가 2015. 6. 24. 대우재단빌딩 7층 제1세미나실에서 "국회의 행정입법 수정요청 관련 국회법개정안은 위헌인가?" 라는 주제로 개최된 사단법인 한국공법학회 주관의 긴급토론회에서 발표한 토론문을 수정·보완한 것임
[**] 전북대 법학전문대학원 교수
1) 법규의 개념과 관련하여, 류지태, "행정법의 기본개념으로서의 법규", 고시연구 1995. 6. 165–171 면.; 류교수님과 필자는 77학번의 동년배이고 생전에 기억나는 일이 많지만 이 자리에서 몇가지만 회상하고자 한다. 필자는 생전에 류교수님이 한국공법학회 등 각종 학술행사에서 발제와 토론을 하는 것을 여러번 관찰하게 되었는데 타의 추종을 불허할 정도로 논리가 정연하였다. 류교수님이 계속 활동하였다면 행정법학에 대한 열정과 탁월한 연구성과를 통하여 한국의 행정법학의 수준을 높이는 데 크게 기여하였으리라 생각하니 아쉬움이 많다. 1995년 사단법인 한국공법학회에서 주관한 부정부패방지에 관한 학술대회에서 성낙인, 류지태 교수님과 함께 필자도 주제발표를 한 적이 있다. 류교수님은 충북대에서 그의 모교인 고려대로 옮긴지 얼마 안 된 시점에서 발표하는 뜻깊은 발표였을 것이고, 독일유학을 마치고 귀국한지 얼마안되어 법제처의 공무원으로 재직중인 필자 역시 학계 데뷔의 성격을 띠는 발표였다. 류교수님의 독일 지도교수(Doktorvater)인 Udo Steiner 교수와 관련되는 사항으로, 필자는 1999년부터 스포츠법학에 관심을 갖고 스포츠법에 관한 연구를 병행하면서 독일의 공법분야 뿐만 아니라 스포츠법분야에서 논문을 많이 쓴 Udo Steiner 교수를 지면으로 알게 되었다. 그가 2000년대 초반에 독일 헌법재판소의 헌법재판관이 된지 얼마 안되어 한국의 학술대회에 초대되어 왔을 때 학회발표를 마친 후 같은 테이블에서 식사를 할 기회가 있었다. 그는 자신이 휴대하고 있는 만년필을 꺼내면서 이것으로 중요한 결정문의 사인을 한다고 자랑겸 농담을 한 후, 식사기간 내내 교수시절 축구 이야기를 비롯하여 시종일관 축구에 관한 이야기를 하는 것을 들었던 기억이 난다. 신체건장하고 유머감각이 있는 저명한 독일의 지도교수 밑에서 공법학을 전수받은 류교수님은 생전에 행정법 분야의 연구와 교육에 전념하면서 훌륭한 제자를 양성하는 등 탁월한 업적과

사무처리기준으로서 국민에 대한 대외적 구속력이 없는 행정규칙으로 구분하기도 한다.

　　오늘날 현대국가에 있어서는 위임입법이 날로 의회법률을 침식하고 있으며, 양적으로 보더라도 시행령 등 행정입법이 법률의 수를 능가하고 있다. 2018. 1. 31. 현재 헌법 1, 법률 1,420, 대통령령 1,667, 총리령 82, 부령 1,207, 기타(국회규칙 등) 336건으로 도합 4,713건의 법령이 있다.[2] 의회의 입법제정의 현실은 의회주의의 원칙이 적용되고 있음에도 불구하고 상당수가 여전히 법률에서 대강을 정하고 실체가 되는 사항을 행정입법에서 규정하는 사례가 적지 않다. 그러나 한편으로 기본권 실현의 본질적인 사항이 아니라면 법률에서는 대강을 정하고 행정분야의 전문적 역량을 갖춘 행정부에서 행정입법을 제정하는 것이 바람직한 측면이 있다. 현대적 법치국가에서의 분업의 원리에 따라 탄력적 규율의 필요성, 신속한 정세변화에 대응할 필요성 등으로 국회가 모든 사항을 법률로 정할 수는 없다. 오히려 행정부에 의하여 규율을 정립하는 행정입법은 불가피한 현상으로 받아들일 수 밖에 없다. 다만, 원론적으로 대의제 민주주의에 있어서 국정의 중심을 의회에 놓고 중요하고 본질적인 사항은 의회에서 스스로 정하는 것이 필요하다.[3]

　　법치주의 내지 법률에 의한 행정의 원리는 행정활동의 근거를 국회에서 제정한 법률에 의하여 이루어지도록 하는 원리로서 행정부의 자의를 배제하여 국민의 예측가능성을 높이려는 것이다. 법률은 의회유보의 원칙에 따라 국민의 기본권 실현의 본질적인 사항을 스스로 정하여야 하고 이를 행정부에 위임할 수 없다. 그럼에도 불구하고 포괄위임금지의 원칙에 위반되지 않는 범위 내에서 행정작용이나 정부시책의 목적·요건·내용 등에 관하여 그 대강만을 규정하고, 세부적인 사항은 행정기관이 규율하도록 국회 스스로 행정권에 위임하고 있는 경우가 적지 않다. 국회는 입법권에 기초하여 위임명령 등의 행정입법에 대한 적절하고 합리적인 통제장치를 마련할 필요가 있다.

　　따라서 행정입법에 대한 의회의 통제를 어떻게 활성화 하고 현행의 행정입법검토 제도보다 실효적인 장치로 만들 것인가가 중요하다. 제19대 국회의 국회법개정안의 통과와 대통령의 거부권의 행사의 과정에서, 국회법 제98조의2 제3항의 개정안이 중요한 공법적 과제로 부각하였다. 무엇보다 오늘날 세계적으로 행정국가화의 경향이 강조되면서 행정입법에 대한 의회통제를 강화하고 있는 것이 선진 각국의 공통적인 현상이라고 할 수 있다.[4] 기본적으로 국회에 의한 행정입법에 대한 통제의 강도가 더욱 높아져야 한다

　　성과를 이루었다고 생각한다. 이 자리에서 류교수님의 제자분들이 스승의 업적을 기리는 "故 靑江 류지태 선생 10주기 기념 현대 행정법의 이해"의 발간을 진심으로 축하드리고, 고인의 명복을 빈다.
2) http//www.moleg.go.kr. 법제처 사이트 법령통계: 이 통계는 유효기간이 지난 법령은 제외하고 국가법령정보센터에 수록된 현재 유효한 법령만을 기준으로 집계한 통계임.
3) 서원우, "행정입법에 대한 통제 - 의회에 의한 통제를 중심으로", 행정법연구 통권 제12호, 2004, 2면.
4) 임종훈, 「한국입법과정론」박영사, 2011, 323－324면.

는 점에는 이론이 없을 것이다. 과연 어떤 방식으로 행정입법에 대하여 국회의 직접적인 통제수단을 강구하는 것이 우리의 헌법질서에 합치되고 바람직한 것인지, 이에 관한 입법정책적 논의는 그동안 활발하게 이루어지지 못하였다.

　본고에서는 제19대 국회에서 이루어졌던 국회법 제98조의2 제3항의 개정안 통과과정에서의 공법적 쟁점과 대통령의 법률안 거부권 행사의 정당성 여부를 고찰하고자 한다. 이러한 논의의 전개는 제19대 국회에서 통과된 바 있는 위 국회법 개정안이 위헌인가 합헌인가의 여부와 밀접한 관련이 있다. 아울러 국회법 제98조의2 제3항의 규정이 시행될 경우, 법적 구속력 내지 강제성이 있다면 위 국회법의 규정은 위헌으로 인정될 가능성이 높고, 만약에 위 국회법 개정안이 법적 구속력 내지 강제성이 없다고 본다면 합헌적인 것으로 큰 문제가 없을 수 있다. 본고의 입장은 제19대 국회에서 통과된 국회법 개정안은 위헌의 소지가 있을 뿐만 아니라 내용적으로나 절차적으로 문제가 많다는 관점에서 논의를 전개하고자 한다.

　이하에서는 제19대 국회에서 통과되었으나 대통령의 거부권의 행사에 의하여 공포가 좌절된 국회법 개정안을 둘러싼 공법적 논의(Ⅱ)를 먼저 살펴보고, 국회법개정안의 문제점(Ⅲ), 대통령의 법률안 거부권 행사의 정당성 여부(Ⅳ)을 검토한 후 결론(Ⅴ)을 맺는 순서로 검토하기로 한다.

Ⅱ. 제19대 국회의 국회법 개정안을 둘러싼 공법적 논의

1. 국회 상임위원회 수정·변경요구의 법적 구속력(강제성) 인정여부

1) 법적 구속력이 있다고 보는 견해

　국회 상임위원회의 수정·변경요구[5])가 법적인 구속력 내지 강제성이 인정되는지 여부와 관련하여 학자에 따라 견해가 달라지고 있다. 국회법상에 처벌규정의 존재여부가 법적 구속력을 결정짓는 잣대가 될 수 없고, 상임위원회의 요구가 구속력이 있다면 중앙행정기관의 장을 포함하여 공무원은 법령준수의무를 부담하므로 처벌규정이 없더라도 그 요구에 따라야 한다는 견해[6])가 있다. 한편 2015년 당시의 법제처장은 국회 상임위원회의 수정·변경요구 불이행에 따른 국무위원 해임건의, 탄핵소추 등과 결합하여 생각해 볼 때 상임위원회의 수정·변경요구는 법적 구속력 내지 강제성을 인정할 수 있다는 견

---

5) 당초 '요구'를 국회에서 통과 후에 국회의장의 중재에 따라 자구수정의 차원에서 '요청'으로 변경하였는 바, 여기서는 양자를 구별하여 설명하지 않는 한 원안대로 '요구'로 표현하기로 한다.
6) 박균성, "행정입법에 대한 국회의 수정요구제도", 법률신문 2015. 6. 15.

해를 피력하기도 하였다. 당시 헌법학자의 상당수가 이러한 입장을 취했다고 볼 것이다.[7]

2) 법적 구속력이 없다고 보는 입장

중앙행정기관의 장이 행정입법에 대한 국회의 수정·변경요구를 이행하지 않더라도 국회의 입장에서는 별달리 대응할 방법이 없기 때문에 이 점에 착안하여 법적 구속력이 없다는 입장이다. 이와 관련하여 국회의 수정·변경요구만으로는 강제력이 있는 법적 구속력이 인정될 수 없고, 중앙행정기관의 장이 이러한 요구를 받아들이지 않을 경우 수정·변경요구를 관철할 수 있는 제재규정이 국회법에 마련되어 있어야 한다는 견해[8]가 있다. 또한 헌법 제64조 제1항에서 국회법과 국회규칙의 규율대상을 명시적으로 의사와 내부규율로 한정하고 있으며, 국회법을 국회내부의 의사절차와 조직에 관한 내부법으로 볼 때, 국회법이 헌법에서 규정한 내용을 단지 확인하는 것을 넘어서서 가령 정부 등 외부기관과의 관계를 규율하더라도 이러한 국회법 규정은 외부기관에 대한 대외적 구속력이 인정될 수 없기 때문에 법적 구속력이 없다는 견해가 제시되기도 하였다.[9]

한편, 헌법 합치적 해석의 관점에서 헌법상의 권력구조의 틀과 견제와 균형의 원리에 비추어 수정·변경요구에 구속력이 있다고 해석할 수 없다는 견해[10]가 있다.

3) 절충적 견해

이 견해는 국회 상임위원회의 수정·변경요구는 권고적 효력에 그치므로 법적 구속력이 있다기보다 일정한 처리 후 보고의무가 있을 뿐 이행을 따라야 할 강제성이 있다고 보기 어렵다는 점에서 단지 사실적 구속력이 있다고 보는 절충적 입장이다. 이와 관련해 국회의장의 중재를 통하여 '요구'라는 문구가 '요청'으로 변경한 점에 착안하여 당초 원안인 수정·변경요구의 경우에는 법적 구속력이 있다고 볼 수 있으나, 수정·변경요청으로 문구가 변경된 이상 더 이상 강제성이 인정될 수 없다는 견해가 있다.[11] 그러나 다수의 공법학자는 비록 '요구'를 '요청'으로 자구를 변경하였지만 그리하여 강제성이 해소된 것은 아니라고 보고 있다.

---

7) 가령, 김철수, 허영, 김상겸 교수 등을 들 수 있다.
8) 임지봉, "행정입법 통제를 위한 국회법 개정안 파동의 헌법적 함의", 의정연구 제21권 제3호, 2015, 10면.
9) 이인호, "국회는 행정입법을 직접 수정하는 권한을 헌법상 가질 수 없다", 한국공법학회 긴급토론회, 발제문, 2015. 6. 24, 5-8면 이하.
10) 김유환, "국회법 개정안 법적 구속력 없다", 동아일보 2015. 6. 8.
11) 박균성 교수는 요청으로 변경된 이상 강제성이 없게 되었다고 보고 있는 반면에 김철수, 허영 교수 등 원로 공법학자는 비록 '요구'를 '요청'으로 변경하였다고 하여 강제성이 해소된 것은 아니라고 보고 있다.

4) 검토의견

국회 상임위원회의 수정·변경요구가 법적 구속력 내지 강제성이 있는지 여부와 관련하여, 현행 제도와 같이 행정입법검토의 경우에는 단지 권고적 효력이 인정되나, 국회법 개정안은 이 보다 강한 법적 구속력이 인정된다고 볼 것이다. 수정·변경의 '요구'와 '요청'이 표현상의 차이는 있지만 이에 상응하는 처리의무와 결과보고가 동일하다면 법적 구속력에 차이가 있는 것은 아니라고 볼 것이다. 만약 '요구'의 경우에는 법적 구속력이 인정되는데 반해 '요청'의 경우에 법적 구속력이 없게 된다면 이는 국회법상의 의안의 정리를 통하여 해결할 사항이 아니고 법률을 다시금 개정하여 해결해야 할 사항이라고 볼 것이다. 법적 구속력이 미친다고 할 경우 중앙행정기관의 장은 수정·변경사항을 처리한 후 보고의무를 부담할 뿐, 수정·변경 요구 대로 처리하여야 하는 이행의무를 갖는 것은 아니라고 할 것이다.

이와 관련하여 감사원법의 규정이 참고가 될 수 있다. 감사원법 제33조에서 시정 등의 요구에 관한 규정을 두면서 제1항에서 시정을 요구할 수 있다고 규정하고 있으며, 동조 제2항에서 감사원이 정하는 날까지 이를 이행하여야 한다고 의무규정을 두고 있다. 이러한 점에 비추어 보면 국회법의 규정은 이행의무를 규정하는 방식이 아니라 처리 후 보고의무에 주안점이 놓여져 있으며, 처리는 반드시 요구한 대로 처리하여야 하는 것이 아니다. 왜냐하면 요구에 따라 실제로 그대로 처리하여야 한다면 중앙행정기관의 장의 소관의 범위를 넘어서서 요구하는 것이 될 수 있기 때문이다. 정부조직체계상 대통령령의 경우에는 부처협의와 국무회의의 심의를 거쳐야 하기 때문에 국회 상임위원회의 요구가 합리적인 경우라면 이를 반영하기 위해 국무회의의 심의를 거쳐야 하는 문제가 있다. 한편 국회 상임위원회와 중앙행정기관의 장과의 사이에서 법해석을 둘러싸고 견해의 차이가 있을 경우에는 사법부에서 최종적인 결정이 내려질 때까지는 입장차를 유지하여야 하는 문제가 있다.

다음으로 감사원법 제34조의2에서 권고 등으로 규정하고 있는 바, 동조 제1항에서 "감사원은 감사 결과 다음 각 호의 어느 하나에 해당하는 경우에는 소속 장관, 감독기관의 장 또는 해당 기관의 장에게 그 개선 등에 관한 사항을 권고하거나 통보할 수 있다"고 규정하고 있고, 동조 제2항에서 "제1항에 따른 권고 또는 통보를 받은 소속 장관, 감독기관의 장 또는 해당 기관의 장은 그 처리 결과를 감사원에 통보하여야 한다."라고 규정하고 있어 사실상 현행의 국회법상 행정입법검토제도와 같은 권고적 효력이 이에 해당한다.

다만, 감사원법은 시정 등의 요구에 관한 규정과는 별도로, 감사원법 제34조에서 개선 등의 요구에 대하여는 요구를 받은 기관의 장은 그 조치 또는 개선의 결과를 감사원에 통지하여야 한다고 되어 있어, 오히려 이번에 개정된 국회법상의 수정·변경요구에 따른 조치 또는 결과보고의무는 감사원법 제34조 상의 개선 등의 요구에 대한 조치 또는 결과통지의무와 유사한 점이 있다.

아울러 국회 상임위원회에서 중앙행정기관의 장에게 행정입법에 대한 수정·변경요구를 하였다고 할지라도 감사원법에서 규정하고 있는 바와 같이 그대로 이행하도록 규정한 것이 아니라 처리한 후 보고하도록 하고 있기 때문에 중앙행정기관의 장이 이에 대한 처리과정에서 국회와 다른 견해를 취할 수 있다. 다만, 중앙행정기관의 장이 수정·변경요구에 제대로 응하지 않는 경우 상임위원회의 정치적 압력으로부터 벗어나기 어려울 수 있다. 아울러 중앙행정기관의 장은 그 처리과정에 부처협의 등 일련의 절차를 거쳐야 하며 대통령령의 경우에는 국무회의의 심의 등의 절차를 거쳐 부서를 한 후 대통령의 재가를 받아야 한다.

2. 헌법 제75조와 제95조의 행정입법권이 행정부의 독자적 권한인지 여부

1) 문제의 제기

일반적으로 헌법 제40조에서 입법권은 국회에 속한다고 하여 국회입법의 원칙을 규정하고 있으나, 헌법 제75조와 제95조에서 국회입법 원칙의 예외로서 행정입법 중 대통령령은 대통령에게, 총리령은 국무총리에게, 부령은 각부장관에게 부여하고 있다. 이와 같은 법률의 위임에 따라 제정되는 위임명령은 법률에서 정하여야 할 사항을 행정부에 위임하여 정하기 때문에 보충명령이라고 할 수 있다.[12] 행정입법권이 독자적 권한인지 아니면 국회입법권의 파생적 권한인지 논란이 야기되고 있다.

2) 행정입법권은 독자적 권한인가 파생적 권한인가?

(1) 독자적 권한설

행정입법을 입법권의 파생적 권한이 아니라 독자적 권한으로 파악하는 견해는 국가권력을 통제하는 자유보장적 기능을 수행함과 더불어 국가기능을 분할하여 그의 기능과 구조에 적합한 국가기관에 귀속시킴으로써 각 국가기관에게 독자적인 활동영역과 결정영역을 분배하는 측면이 있다. 이는 정부조직의 효율성을 증진하는 기능과 관련된다. 이 견해는 행정부가 독자적인 행정입법권을 갖고 있다고 본다. 헌법학의 원로인 김철수 교수도 행정부에 자치입법권[13]이 인정되고 있는 것은 삼권분립의 차원에서 당연히 인정된

---

12) 양용식, "행정부의 위임입법권", 법제 1964. 5
13) 김철수, "국회법논란과 정계개편… 야당은 이념에 따라 분당하고 여당도 분당검토해야", 데일리 한

다는 전제에서 논의를 전개하고 있다.

(2) 파생적 권한설

행정입법권을 국회입법권의 파생적 권한으로 파악하는 파생적 권한설은 국민의 대표기관인 국회의 고유의 권한인 입법권의 강화 내지 입법권의 실효성을 확보하는 차원에서 행정입법의 통제가 이뤄질 수 있도록 수정·요구권을 인정하고, 이를 국회의 입법권에서 파생된 부수적 권한으로 이해하고 있으며, 국회의 입장이라고 할 수 있다.[14]

이 견해는 위임명령은 국회의 입법권으로부터 파생하는 권한이라고 파악하는 입장이다. 입법권의 파생권한으로부터 행정입법을 제정할 수 있다고 해서 이미 수권한 부분에 대하여 간섭하는 것까지 정당화 되는 것은 아니다.

헌법 제40조에 의하여 기본적으로 국회가 입법권을 갖으며, 헌법 제75조 및 제95조에 따라 행정부에 위임할 수 있도록 근거규정을 마련하고 있고, 이는 위임의 한계를 정한 것으로 볼 수 있다.

(3) 판례의 태도

헌법재판소는 금융산업의 구조개선에 관한 법률 제2조 제3호 가목등 위헌소원과 관련한 헌재 2004. 10. 28. 99헌바 91결정에서 "법치국가의 원리는 입헌민주주의라는 제한적 민주주의에서 기원하고 있고, 입헌민주주의 하에서의 그 구체적인 내용인 행정의 법률적합성의 요청 즉, 법률우위의 원칙과 법률유보의 원칙은 주로 민주적으로 구성된 의회가 정당성이 결여된 행정부에 대한 통제수단의 성격을 가졌다. 그러나, 오늘날 헌법적인 상황에서는 국회뿐만 아니라 행정부 역시 민주적인 정당성을 가지고 있으므로, 행정의 기능유지를 위하여 필요한 범위 내에서는 행정이 입법적인 활동을 하는 것이 금지되어 있지 않을 뿐만 아니라 오히려 요청된다고 보아야 한다. 그렇다고 하더라도, 원칙적인 입법권은 헌법 제40조에 나타나 있는 바와 같이 국회가 보유하고 있는 것이고 행정입법은 그것이 외부적인 효력을 가지는 한 의회입법에서 파생하여 이를 보충하거나 구체화 또는 대위하는 입법권의 성격만을 가질 뿐이다."라고 판시하여 외부적 효력을 갖는 행정입법의 경우 파생적 권한을 갖는 것으로 보고 있다.

아울러 위 헌법재판소 결정에서 "행정기능을 담당하는 국가기관이 동시에 입법권을 행사하는 것은 권력분립의 원칙에 반한다고 보여질 수 있으나, 외부적인 효력을 갖는 법률관계에 대한 형성은 원칙적으로 국회의 기능범위에 속하지만 행정기관이 국회의 입법에 의하여 내려진 근본적인 결정을 행정적으로 구체화하기 위하여 필요한 범위 내에서

국, 2015. 6. 15.

14) 박해영, "행정입법에 대한 국회 직접통제권 부여에 관한 헌법적 고찰", 헌법학연구 제21권 제3호, 2015, 511-512면.

행정입법권을 갖는다고 보는 것이 기능분립으로 이해되는 권력분립의 원칙에 오히려 충
실할 수 있다."라고 판시하고 있어 행정입법권이 독자적 권한의 특성으로 보는 측면도
함께 고려하고 있다.

3) 검토

행정입법은 여러 층위가 있다. 위임명령도 있지만, 독자적으로 제정하는 행정규칙도
있다. 아울러 국민의 권리와 이익을 신장하는 내용의 규율사항에 대하여는 행정부가 독
자적으로 규율을 마련하는 것이 법률유보에 반하지 않고 허용된다. 위임명령은 입법권에
서 파생되었지만 입법권을 보충하는 의미를 지니고, 집행명령과 직권명령은 권리의무에
관한 사항을 규율하는 것이 원칙적으로 허용되지 아니하므로 세부적인 규율을 정하는데
그친다. 이러한 관점에서 살펴보면 행정입법을 독자적 권한으로 파악하는 것도 옳지 않
고, 전적으로 입법권의 파생권한으로 보는 것 역시 옳지 않다고 본다.

의회에서 행정부에 수권을 한 경우를 위와 같은 행정권한의 위임법리와 동일하게
해석할 것은 아니고, 파생적 입법권에 의한 것으로 볼 것이지만, 헌법 제75조, 제95조에
따라 위임이 된 경우에는 행정부는 그 위임을 받은 범위 내에서 독자적인 권한을 행사한
다고 보아야 할 것이고, 일일이 이에 대하여 수정을 요구하거나 요청하는 것은 행정부에
부여된 입법재량 내지 입법형성의 자유를 침해할 여지가 있다. 나아가 법령보충적 행정
규칙이 아닌 일반적인 행정규칙의 경우에는 행정부의 고유한 영역이므로 이러한 사항에
까지 국회의 입법통제를 가하는 것은 한계가 있다. 따라서 의회가 수권을 하면서 일정한
절차적 요건을 갖추도록 하는 것은 허용될 수 있으나, 이미 제정된 후에 일일이 간섭하
거나 시정을 요구하여 이에 따르도록 한다거나 따르지 않는 경우 그 효력을 부인하는 결
정을 내리게 된다면 그 자체가 위헌이라고 보아야 할 것이다.

다시 말하여 입법권이 위임된 경우라면 위임의 한계를 준수하면서 행정부의 자신의
책임과 권한으로 명령을 제정·변경 또는 폐지하는 것이고, 한편 국민의 권리를 제한하
거나 의무를 부과하는 기본권 제한적인 사항이 아닌 경우라면 법률의 수권이 없더라도
행정부는 모법의 근거 없이 시행령을 제정할 수 있다는 관점에서 이와 같은 시행령이나
시행규칙, 나아가 행정규칙이 상위법령의 위임에 의한 것이 아니라 독자적인 행정의 유
보영역에 속한다고 볼 여지가 있어 이에 대한 국회의 과도한 관여는 행정입법권의 침해
를 야기할 수 있다.[15]

한편 위임명령권이 입법권으로부터 파생된 권한이라고 할지라도 권한의 위임의 경

---

15) 김용섭, "법규명령론의 재검토 – 행정판례의 분석을 중심으로", 행정법연구 1997년 상반기, 128 –
    130면.

우에도 위임관청과 대등한 수임관청 간에 위임이 행하여 진 경우라면 별도의 법적인 규율이 없는 한 위임 사무에 관하여 별도의 지휘 감독이 허용되지 않는다고 보는 바와 마찬가지로 위임명령에 대한 의회의 통제나 관여는 제한될 수밖에 없다. 나아가 집행명령이나 직권으로 명령을 제정하는 경우라면 이 경우에는 위임명령에서와 동일한 논리로 통제를 정당화할 것은 아니라고 볼 것이다. 더구나 국회에서 행정부로 입법권이 위임된 경우에는 행정부 내에서의 권한의 위임과는 달리, 권한의 변경이 있게 되며 행정입법권은 시원적으로 입법권에서 파생되지만 그 자체로서 행정부의 독자적 판단기준에 따라 행하여지게 된다고 보는 것이 타당하고 따라서 구체적인 범위를 정하여 법률에서 행정부에 신중하게 위임할 필요가 있다고 할 것이다.

헌법 제75조 및 제95조에서 규정하고 있는 바와 같이 위임을 한 경우에 포괄적 위임이 있어서는 안 되며, 구체적인 범위를 넘어서 위임하지 않도록 하는 것이 중요하다. 만약 위임명령에서 모법의 위임의 한도를 넘어서 정하는 경우에 의회의 직접적인 통제장치를 만들려면 사후적 장치는 사법적 통제와 중복되므로 사전적으로 통제장치를 만드는 것이 법적 안정성에 기여한다고 볼 것이다. 따라서 개별 법률에서 위임을 하면서 일정한 사안의 경우에는 국회와의 협의절차를 두는 것이 바람직하다.

3. 국회법 개정안은 합헌인가 위헌인가?

국회의 행정입법에 대한 수정·요구권이 입법권이 국회에 있으므로 허용된다는 견해는 합헌론의 관점이고, 이와 같은 행정입법에 대한 수정·요구권은 권력분립의 원칙에 반하여 허용될 수 없다는 견해가 위헌론으로 요약된다.[16] 물론 법률의 수권에 따라 행정입법이 제정되는 경우에는 국회의 관여권이 인정될 수 있다. 그것은 법률이 제정되기 전에 인정되는 것이 바람직하다. 사전적 통제가 중요한 이유는 이미 행정입법이 제정되고 난 후에 통제하게 되는 경우에는 법률생활의 안정을 해칠 수 있고 행정에 대한 신뢰와 법적 안정성을 훼손할 수 있고 나아가 정치적 투쟁의 장으로 변질될 수 있기 때문이다.

법률과 행정입법 상호간에는 규범의 서열질서에 비추어 상하관계에 있지만, 의회와 행정부와의 관계는 어느 기관이 우위라고 보기 어렵고 상호 견제와 균형을 유지하는 수평적 권력구조 하에 놓여 있다고 볼 것이다. 그렇다면 국회법 개정안은 합헌인가, 위헌인가의 문제와 관련하여, 해석여하에 따라 합헌과 위헌의 소지가 있으므로 어느 한쪽으로 단정하기 어렵고, 유동적인 결론이 내려질 수 있다.[17]

---

16) 합헌론과 위헌론에 관한 이론적 대립에 관하여는 박진영, "행정입법에 대한 국회의 수정요구권과 권력분립", 경희법학 제51권 제4호, 2016, 117-128면.

17) 합헌인가 위헌인가는 대통령이 법률안의 거부권을 행사한 후 재의결에 의하여 통과된다면 국회법

헌법에서 규정하고 있는 바와 같이 구체적인 범위를 넘어서서 즉, 입법권의 한계를 벗어나서 예를 들면 국민의 권리를 제한하거나 의무를 부과하는 경우임에도 모법의 근거가 없거나 수권 받은 범위를 벗어나서 규정하고 있는 경우에는 입법권자는 이에 대하여 일정한 통제를 가하는 것이 허용된다고 할 것이다. 다만, 어느 범위에서 관여할 것인가의 문제인데, 국회법 개정안에서 정하는 정도의 수정·변경의 요구는 입법권의 차원에서 시행령을 정부에 위임해 준 것이어서 국회가 이를 거둘 수 있다고 보아 위헌의 논란이 없다고 보면서, 위헌적인 행정입법을 사전에 차단하고 제거하겠다고 하는 국회의 정당한 입법권의 행사로 볼 수 있을 뿐만 아니라 헌법적으로 볼 때 사실상 입법권과 행정권의 통합적 수행을 통한 행정부의 전횡을 효과적으로 방지하기 위한 장치라는 견해[18]가 있다.

그러나 이와 같은 합헌론과는 달리, 뒤에서 살펴보는 바와 같이 행정입법이 국회의 입법권으로부터 파생된다고 할지라도 행정부는 위임받은 범위 내에서 자율적으로 행정입법권을 행사하므로 국회법 개정안에서 정하는 정도의 수정·변경의 요구는 구체적으로 행정부의 입법에 관여하는 것이 되어 위헌의 소지가 있다고 보여진다.

Ⅲ. 국회법 제98조의2 제3항 개정안의 문제점

1. 개정안의 내용

제19대 국회의 국회법 제98조의2 제3항의 개정안은 다음과 같다. 즉, "상임위원회는 소관 중앙행정기관의 장이 제출한 대통령령·총리령·부령 등 행정입법이 법률의 취지 또는 내용에 합치되지 아니한다고 판단되는 경우 소관 중앙행정기관의 장에게 수정·변경을 요구(청)할 수 있다. 이 경우 중앙행정기관의 장은 수정·변경요구 받은 사항을 처리하고 그 결과를 소관상임위원회에 보고하여야 한다."

이와 같은 국회법 개정안은 현행 국회법 제98조의2 제3항에서 "상임위원회는 대통령령 등 행정입법에 대하여 법률에의 위반여부 등을 검토하여 당해 대통령령 등이 법률의 취지 또는 내용에 합치되지 아니하다고 판단되는 경우에는 소관 중앙행정기관의 장에게 그 내용을 통보할 수 있고, 이 경우 중앙행정기관의 장은 통보받은 내용에 대한 처리계획과 그 결과를 지체 없이 소관 상임위원회에 보고하여야 한다."고 되어 있던 것을 보다 적극적으로 국회 상임위원회에 행정입법에 대한 수정·변경 요구권을 인정한 것으로

제98조의2 제3항의 개정규정에 대하여 대통령의 권한을 침해하였다고 주장하여 헌법재판소의 권한 쟁의심판에 의하여 가려질 사안이지만, 국회법 개정안은 위헌의 소지가 있다.

18) 가령 방승주, "국회의 시행령수정요구(청)권을 도입하는 국회법개정안 제98조의2 제3항은 과연 위헌인가?", 한국공법학회 긴급토론회 자료집, 2015. 6. 24, 13면 이하.

국회가 중앙행정기관의 장에게 행정입법에 대한 사전뿐만 아니라 사후적으로 강한 개입 내지 통제를 할 수 있는 수단을 마련한 것으로 볼 것이다.

2. 국회법 개정안의 특징

1) 현행 국회법 규정과의 비교

첫째로, 현행 국회법 제98조의2 제3항의 규정에 따르면 국회 상임위원회는 제출된 행정입법 중 행정입법이 법률의 취지 또는 내용에 합치되지 아니한다고 판단되는 경우 부령 이상만 검토하여 통보할 수 있으나, 제19대 국회의 국회법 개정안은 행정규칙을 포함하여 모든 행정입법이 법률의 취지 또는 내용에 합치되지 아니한다고 판단되는 경우에는 제출된 모든 행정입법에 대하여 검토한 후 수정·변경을 요청할 수 있도록 하고 있다. 둘째로, 현행 국회법 규정은 상임위원회에서 위법한 행정입법에 대하여 그 내용을 통보하여 중앙행정기관의 장으로 하여금 처리계획과 결과를 보고하도록 되어 있으나, 국회법 개정안은 위법한 행정입법의 수정·변경을 요구할 수 있도록 하고, 중앙행정기관의 장은 수정·변경 요구 받은 사항을 처리하고 그 결과를 소관상임위원회에 보고하여야 한다고 되어 있다. 셋째로, 현행 국회법 규정에 의하면 중앙행정기관의 장은 통보받은 내용에 대한 처리 계획과 그 결과를 지체 없이 소관상임위원회에 보고하여야 한다고 규정되어 있으나, 국회법 개정안은 수정·변경 요청받은 사항을 그대로 처리하여야 하는지, 그리고 행정기관이 요청받은 사항을 어떤 방식으로 처리하여야 하는지 명확하게 규정하지 않고 있으며, 그 결과보고의무를 지체 없이 보고하도록 정하고 있지 않을 뿐만 아니라 보고기한을 정하고 있지 않는 점이 특징이다.

2) 제19대 국회에 제출된 5건의 국회법 개정안과의 대비

19대 국회에서 국회법 제98조의2 제3항과 관련하여, 2012. 7. 2. 이춘석 의원 대표발의 법률안, 2012. 7. 24. 유성엽 의원 대표발의 법률안, 2013. 5. 24. 민병두 의원 대표발의 법률안, 2013. 10. 10. 윤영석 의원 대표발의 법률안, 2014. 6. 20. 김영록 의원 대표발의법률안 등 모두 5건의 법률안이 제출되었고, 개정안은 이들을 통합하여 대안으로 채택되었다. 유성엽 의원 대표발의 법률안의 경우에는 행정입법을 수정·변경요구 받은 대로 수정·변경하여야 한다는 내용의 의무화 규정을 두었고, 민병두 의원 대표발의 법률안의 경우에 시정요구 등을 처리하지 않는 경우 본회의의 심의·의결로 대통령령 등의 효력이 상실될 수 있도록 규정하고 있어 위헌성이 바로 문제될 수 있는 법률안이라고 보여진다.

제19대 국회의 국회법 개정안은 유성엽 의원 대표발의 법률안이나 민병두 의원 대표발의 법률안보다는 통제의 정도가 약화된 형태로 규율되었다고 볼 수 있으나, 앞서 살펴본 바와 같이 위헌성이 그대로 남아 있다고 볼 것이다. 한편 제19대 국회의 국회법 개정안에서 위법한 행정입법에 대하여 상임위원회가 수정·변경을 요구할 수 있도록 하고 있으나, 현행 국회법 체계에서 "시정 요구"는 모두 "본회의 의결"로 결정하도록 하고 있음에도 상임위원회에서의 수정·변경요구로 문구를 표현하고 있는 점은 중앙행정기관의 장에 대한 법적인 구속력을 인정함에 있어 제약요인으로 작용할 수 있다.

3. 제19대 국회의 국회법 개정안의 문제점

1) 국회법의 성격

국회법이 내부적인 규율을 정하고 있을 뿐 대외적인 구속력이 있는 법률이 될 수 없다고 주장하면서 국회법 제98조의2 제3항의 개정안에 의하여 수정·변경 요구권을 인정하더라도 강제력이 부여될 수 없다고 주장하는 견해[19]도 있다. 그러나, 이는 국회법을 국회 내부의 조직법으로만 한정하여 이해하는 전제하에 그럴 수 있으나, 현행 국회법은 국회의 조직 또는 의사뿐만 아니라 "기타 필요한 사항"을 규정할 수 있도록 국회법 제1항에서 규정하고 있는 점에 비추어 너무 한정적으로 해석하는 것으로 볼 것이다. 또한 국회법은 대외적 효력이 없는 단순한 조직법적 의미를 지니는 예산이나 예산법과는 다른 범주에서 민주적 정당성을 가진 국회에서 제정된 법률로 국회 내부에만 그 효력이 있다고 보고 다른 국가기관을 규율할 수 없다는 것은 논리의 비약이라고 할 것이다.[20]

더구나, 국회법은 여러 조문에서 행정부처와 연결되는 규정을 마련하고 있음을 간과해서는 안 된다. 즉, 국회법 제5조의3(법률안제출계획의 통지)에서 규정하고 있는 바와 같이, 정부는 부득이한 경우를 제외하고는 매년 1월 31일까지 당해 연도에 제출할 법률안에 관한 계획을 국회에 통지하여야 한다. 그 계획을 변경한 때에는 분기별로 주요사항을 국회에 통지하여야 한다는 조항은 내부법으로만 볼 수 없으며, 나아가 동법 제119조(국무총리·국무위원 및 정부위원의 임면통지)에서 정부는 국무총리와 국무위원 및 정부위원인 공무원을 임면한 때에는 이를 국회에 통지한다고 규정하고 있고, 동법 제126조(정부이송과 처리보고)에 관한 규정과 제127조의2(감사원에 대한 감사요구 등)에 관한 규정도 국회 내부의 규율로 볼 수 없는 규정이라고 할 것이다.

국회의 상임위원회가 중앙행정기관의 장에 대한 수정·변경요구사항의 처리의무를 국회법으로 규정하는 것이 입법기술적으로 바람직한가의 측면에서의 논의가 있을 수 있으나, 국회법이 내부적인 규율이라고 단정할 것은 아니고, 국회법에서 국회와 관련이 있

---

19) 이인호, 앞의 논문, 5-8면.
20) 김현준, "법률과 행정입법의 관계- 독일 의회의 행정입법 관여의 비교법적 검토-", 공법연구 제45집 제1호, 2016, 129-130면.

는 범위 내에서 행정부처에 구속력이 있는 규정을 마련하는 것이 전혀 불가능한 것은 아니라고 볼 것이다.

2) 입법 절차적 측면의 문제점

(1) 졸속한 심의절차

입법절차적 측면에서는 제19대 국회의 국회법 개정안과 관련하여 공청회 등의 절차를 거치거나 전문가 그룹의 광범위한 의견수렴을 거친 후에 제정하는 것이 바람직한데 그렇지 못한 점이 있다.

아울러 상임위원회인 운영위원회의 회의도 공무원연금개혁법과 연계하여, 설명이나 아무런 토론없이 대안이 통과되었다. 2015. 5. 29. 새벽 2시 8분에 시작하여 2시 11분에 산회되었으며, 법사위원회도 바로 안건을 상정하여 충분한 검토와 토론이 생략된 채 본회의의 시간에 몰려 이를 통과시켰으니, 졸속입법의 전형적인 사례라고 볼 것이다.

(2) 국회의결 후 국회의장 중재의 문제점

국회법 개정안이 2015. 5. 29. 국회를 통과한 후, 개정안의 강제성여부를 놓고 논란이 있었던 바, 국회의장은 국회법 제97조상의 "본회의는 의안의 의결이 있은 후 서로 저촉되는 조항·자구·수자 기타의 정리를 필요로 할 때에는 이를 의장 또는 위원회에 위임할 수 있다"고 되어 있는 의안의 정리에 관한 규정을 근거로 국회 본회의에서 의결된 개정안의 문구 중 수정·변경의 '요구'를 '요청'으로 변경하고, 수정·변경을 요구받은 사항을 '처리하고 그 결과를 보고하여야 한다'를 '검토하여 처리하고 그 결과를 보고하여야 한다'로 변경하려고 하였다. 앞부분의 '요구'를 '요청'으로 수정한데 반하여, '검토하여'를 추가하려던 뒷 부분은 수용하지 못하였다. 이렇게 됨으로 인해 문구의 해석상 강제성 내지 법적 구속력 유무의 문제가 입법자에 의하여 명확하게 규정되지 않고 논란의 불씨를 갖게 되었다고 할 수 있다.[21]

국회의장은 문구를 수정한 후 강제성이 해소되었다는 전제하에 2015. 6. 15. 개정법률안을 정부에 이송하였다. 그러나 법률적 의미가 달라지는 것이라면 별도로 법률을 개정하여 해결하여야 하는 것이지 국회법상 의안정리를 통하여 자구수정만으로는 곤란하다고 볼 때, 국회법에 따른 절차를 준수하여 그대로 정부에 이송하여야 하는 입법부가 정치적 타협에 주안점을 두는 것으로 의안정리에 따른 문구 수정을 하였다고 할지라도 수정·변경요청의 법적 구속력이나 강제력은 해소되었다고 보기 곤란하다.

---

21) 당시 이상민 국회 법사위원장이 자구수정에 절차적 문제를 제기한 바 있다.

3) 국회법 개정안의 내용적 측면의 문제점

(1) 사후적 통제로 사법적 통제와 중복의 문제

국회법 개정안과 같이 사후적 통제가 허용되면 의회의 간섭에 의해 법률생활의 안정이 훼손되는 문제가 야기된다. 행정입법이 제정되어 시행되면 그것이 법원에 의하여 위법으로 선언될지라도 당해 사건에만 적용이 거부되는 것에 그치게 되는데, 중앙행정기관의 장과 해석상의 논란이 있을 경우에 사법부에 의한 최종적인 판단이 있기도 전에 국회가 위헌 또는 위법이라고 주장하며 시정을 요구하고 이를 정치적 쟁점으로 부각하여 관철시키게 될 위험성이 있으며, 이로 인해 법률생활의 예측가능성을 떨어뜨려 다시금 시행령과 시행규칙이 변경될 수 있다는 인식으로 국회가 정치공세의 진원지나 로비의 창구로 변질될 우려가 있다.

사법부의 행정입법에 대한 통제와 중복되는 문제가 있으며, 최종적으로 사법부가 명령 규칙이 법률에 위반한다는 것을 구체적인 규범통제의 방식으로 심사하는 것과 중복되는 문제가 있다. 따라서 사법적 통제에 있어서는 통제의 척도가 적법성 여부에 한정되는데 반해, 국회의 통제의 경우에는 사법적 통제의 한계를 극복하고 차렵적인 접근을 할 필요가 있다. 가령 정책적 당부와 효율성, 합목적성 및 공정성 여부 등이 기준이 될 수 있다.[22]

(2) 상임위원회를 수정 · 변경요구의 주체로 본 부분

국회의 결산(국회법 §84②)과 국정감사 · 국정조사(국정감사 및 조사에 관한 법률 §16②)의 경우 본회의 의결로 시정을 요구할 수 있도록 규정하고 있는 점을 참고하여 향후 상임위원회를 수정 · 변경요구의 기관으로 할 것이 아니라 본회의 의결로 수정 · 변경을 요구하도록 규정할 필요가 있다.

미국의 연방대법원의 다수의견은 Chadha 사건에서 엄격한 헌법해석을 통해 모든 입법은 양원에서 다수결로 통과되고 거부권이 유보된 대통령에게 제출되어야 한다는 조항에 합치되어야 한다고 해석하였다. 이러한 형식적인 접근에 입각하여 연방대법원은 드디어 한 원에 의한 거부권 행사는 위헌으로 권력분립의 원칙에 위반된다고 판시하였다.[23]

(3) 개별 법률에서 수권하는 방식과의 관계

개별적 법률에서 수권을 하는 경우 수권의 기한을 정하는 방법이나 재위임을 하면서 일정한 한계를 설정하는 방안 등이 고려될 수 있다.

---

22) 김용섭, "국회법상 행정입법검토제도의 현황과 법정책적 과제", 행정법연구 제33호, 2012, 6면.

23) 그러나 Byron White 대법관은 반대의견에서 주로 입법권의 위임과 의회의 거부권의 역사를 돌아보면서 엄격한 해석보다는 기능적 측면에서 거부권의 타당성을 인정하면서 의회의 거부권이 권력분립의 원칙에 합치된다고 주장하였다.

　　미국·영국·독일의 경우 의회가 행정입법의 제·개정에 동의권을 갖거나 무효로 할 수 있는 통제장치가 마련되어 있으나, 우리의 경우 헌법 제75조 및 제95조에서 직접 행정부에 행정입법 권한을 명시적으로 부여하고 있어 국회가 행정입법 일반에 대하여 동의권이나 부인권을 가지는 것은 헌법에 위반될 소지가 있다. 다만 독일의 경우와 같이 의회의 청문절차나 보고제도를 마련하는 것은 우리 헌법상 허용된다고 보인다.

　　가령 개별 법률에서 하위 행정입법 개정에 대하여 국회와 사전협의를 거치거나 국회가 동의권을 유보하도록 규정한 경우가 있다. 개별 법률에 따라 시행령을 제정하는 경우 국회의 상임위원회와 사전에 협의하도록 한 사례로는 「정보화촉진기본법」(1995. 8. 4. 제정, 현행 「국가정보화 기본법」)을 들 수 있다. 그 절차의 진행과정을 살펴보면 1995년 7월 15일 국회 통신과학기술위원회가 동 법률안을 의결하면서 동법 시행령은 정부가 국무회의에 상정하기 전에 국회 상임위원회인 통신과학기술위원회에 미리 제출하여 검토를 받도록 하였는 바, 1995년 11월 14일 통신과학기술위원회는 정부가 제출한 동법 시행령안을 심사하고 수정하였으며, 정부는 이 결과를 반영하여 동법 시행령을 제정한 선례가 있다.

　　아울러 개별 법률에서 시행령 등에 대하여 사전에 국회의 심의나 동의를 받도록 한 사례로는 「가축전염병예방법」 제34조 제3항, 「구(舊)쌀소득 등의 보전에 관한 법률」 제10조 제2항, 「남북관계 발전에 관한 법률」 제13조 제2항 등이 있다. 이러한 관점에 비추어 볼 때 개별 법률에 위임(수권)을 하면서 사전에 협의 등의 절차 규율을 마련하는 것은 위헌성을 극복하면서 바람직한 의회통제 모델이 될 수 있다.

　　다만, 국회가 행사하는 권력의 본질적인 작용은 입법작용이다. 국회는 헌법 제40조에 의하여 입법권을 부여받았고, 대표적인 입법형식이 법률의 제정이라고 할 것이다. 법률에서 위임을 제대로 하지 않고 입법자가 대부분을 정하는 것도 헌법 제75조와 제95조에서 행정부에 위임을 하여 대통령령과 총리령 및 부령으로 제정하여 탄력적으로 행정입법을 하도록 한 취지에 반하는 것이므로 역설적으로 국회와 행정부간의 협력과 분업의 원리를 강조한 헌법상의 행정입법권을 침해하는 사례에 해당할 수 있다.

4) 국회 상임위원회에 수정·변경요구권의 부여는 권력분립의 원칙에 위반됨

　　행정입법에 대한 의회의 통제와 관련하여 국회 상임위원회에 행정입법에 대한 수정·변경 요구권을 부여하는 것이 헌법상의 권력분립의 원칙에 반하는 것인지 여부가 문제된다.

　　먼저 권력분립의 원리를 고찰하면, 현대적 자유민주국가에 있어서 권력분립의 원리는 고전적 몽테스티외의 이념에 따른 권력분립의 기술보다는 자유민주적 통치구조의 근본이념과 기본원리를 실현하기 위한 통치구조의 조직원리의 관점에서 파악하여 권력통제의 메카니즘으로 파악할 필요가 있다. 이러한 관점에서 권력분립의 원리는 권력분립을 기능분리의 관점으로 파악하고 국가기능은 기본권적인 가치의 실현을 위해서 협력관계를 유지하면서 국가기관간의 협동적인 통제관계로 이해하게 된다.[24] 현행 헌법은 국가권력을 분리·독립시켜 헌법 제40조에서 입법권은 국회에, 헌법 제66조에서 집행권은 대통령과 대통령을 수반으로 하는 정부에, 헌법 제101조 제1항 및 제111조 제1항에서 사법권은 법관으로 구성된 법원과 헌법재판소에 각각 부여하고 있다. 권력분립의 원리는 권력만 분할하여 입법, 사법, 행정으로 분속한다고 해서 해결되는 것이 아니다. 3권의 분할을 형식적으로 하고, 중요하고 핵심적 권력이 집중되어 권력기관 상호간에 견제와 균형이 제대로 이루어지지 않는 경우에 권력남용의 위험성은 그대로 상존한다. 입법, 사법, 행정 간의 적절한 견제와 균형이 이루어지지 않고, 일부 국가권력의 압도적인 권력행사를 가능하게 할 경우 권력독점으로 인한 폐해가 나타날 수 있다.

국회 상임위원회의 위법한 행정입법에 대한 수정·변경요구가 법적 구속력이나 강제력이 있어 중앙행정기관의 장에게 법률의 취지에 반하거나 내용에 위반되는 행정입법에 대하여 수정·변경을 하도록 강제하는 것이 되면 행정부에 대하여 지나친 간섭이 되므로 권력분립의 원칙에 반할 여지가 있다. 그러나 공법학계의 일각에서는 위헌·위법한 법규명령제정행위에 대하여 원래 입법자인 국회가 관여하는 것은 삼권분립원칙과 헌법수호를 위하여 오히려 요청되는 것이라는 반론[25]도 만만치 않다. 그러나 위헌·위법여부는 사법부의 최종적인 판단이 있어야 가능한데, 국회 상임위원회에서 이를 빌미로 중앙행정기관이 장에 대하여 행정부처의 상급관청의 경우처럼 지시를 하는 것은 곤란하다.

국회 상임위원회의 행정입법에 대한 수정·변경요구가 사법부의 법령심사권을 침해한다는 입장[26]도 있고 그렇지 않다는 견해[27]도 있다. 행정입법이 헌법이나 법률에 위반된다면 헌법 제107조 제2항에 따라 대법원이 최종적인 판단을 하게 된다. 다만 구체적 규범통제이므로 이에 대하여 최종적인 법해석은 법원에 맡겨져 있다고 볼 것이다. 이러한 관점에서 선취하여 의회가 위헌 또는 위법이라는 이유로 행정입법에 대한 통제를 하게 되면 의회가 사법부의 법령심사권을 침해하는 결과가 된다고 보게 된다.

생각하건대, 우리 헌법은 국가기능의 상호연계성을 인정하는 전제하에서 입법, 행정, 사법기능 중에서 특히 그 핵심적 영역만을 국회, 행정부, 법원에서 독점적으로 맡게

---

24) 허영, 한국헌법론, 2011, 709면.

25) 김선택, "행정입법에 대한 국회 관여권 – 수정·변경 요구권 유보부 위임의 합헌성", 공법학연구 제 16권 제4호, 2015, 100 – 102면.

26) 조정찬, "국회의 시행령 수정요구권 위헌논란 어떻게 보아야 하나", 데일리한국, 2015. 6. 2.

27) 임지봉, 앞의 논문, 11 – 13면.

하되, 이들 통치기관의 권능행사가 그 기관 내에서까지도 언제나 견제·균형의 원리에 따라 행해질 수 있도록 그 권력분립의 중점을 분리보다는 견제·균형과 통제에 두고 있다고 할 것이다.[28]

현대 행정국가는 국민들의 생존배려와 공공복리의 증진 등을 국가적인 과제로 하고 있으며, 이에 따른 국가기능의 질적 양적인 확대는 대통령과 의회 사이에 권력의 균형을 붕괴시켰다. 일반적으로 국회가 모든 사항을 법률로 입법한다는 것은 무리이며 분업의 원리에 따라 행정부에 위임하여 행정입법을 정하여 처리하여야 할 사안이 늘어나고 있다. 이는 행정입법이 행정의 전문성, 신속성, 상황적응성에 대응하는데 있어 법률보다 유리하기 때문이다. 의회는 행정 전 분야에 걸쳐 전문적 지식과 경험이 없고, 그 의사결정 과정이 너무 완만하며, 문제가 발생하지 아니할 정도로 상세한 입법을 할 수 없으므로 입법권의 일부를 이양하는 것이라고 보아야 한다. 위임을 하였다면 그와 같은 위임입법의 주체(Urheber)는 행정부라고 보아야 하고,[29] 위임의 권한을 부여하고 구체적으로 수정·변경을 하도록 하는 것은 권력분립의 원리에 반할 가능성이 높게 된다.

5) 검토의견

앞서 살펴본 바와 같이 제19대 국회법 제98조의2 제3항의 개정안은 문제점이 많다. 그렇지만, 제19대 국회의 국회법 개정안은 현행 국회법상의 입법검토제도에 비하여 진일보한 것은 사실이다. 그러나 국회법 개정안에서 정하는 상임위원회에 의한 행정입법 시정요구의 권한은 국회의 직접적 행정입법 통제의 방법과는 다른 방식으로 검토와 관련하여 무기한의 검토 및 시정요구와 시행중인 행정입법에 대하여도 사후적으로 무제한의 검토 및 시정요구라는 특징이 있다고 할 수 있다.[30] 이 문제는 그동안 학계 등에서 논의되었던 행정입법에 대한 의회통제를 활성화하기 위한 사항이나 앞서 다룬 통제를 강화하는 내용의 개선방향이 제대로 반영되어 있지 않다고 할 것이다. 이는 행정입법검토제도에 대한 획기적이며 근본적인 제도개선에 대한 고민을 반영하여 제출된 것은 아니라는데 문제의 심각성이 있다.

제19대 국회의 국회법 개정안은 국회 상임위원회에 의한 행정입법검토제도의 기본적인 골격은 그대로 유지한 채, 국회 상임위원회의 수정·변경 요구제도의 도입을 통하

---

28) 허영, 앞의 책, 719면.

29) http://de.wikipedia.org/wiki/Verordnung Eine Verordnung (teilweise auch Rechtsverordnung genannt, zum Beispiel in Art. 80 Grundgesetz) benötigt immer eine Verordnungsermächtigung in einem Gesetz. Urheber einer Verordnung ist nicht das Parlament, sondern die Exekutive; deswegen spricht man bei Verordnungen auch von exekutivem Recht. Bei der untergesetzlichen Normsetzung ist die Wesentlichkeitstheorie zu beachten.

30) 조원제, "한국과 일본에 있어서 행정입법 통제에 관한 비교연구", 법제 통권 671호, 2015, 207면.

여 국회의 직접적 통제의 실효성을 확보하려고 하고 있다. 그러나 사후적인 통제가 될 경우 법률생활의 혼란이 초래될 수 있고, 정쟁으로 치달아 법치국가의 위기가 초래될 수 있는 측면을 간과하고 있다. 다만, 현행 국회입법검토제도에 비교하여 매우 긍정적인 측면은 법령보충적 행정규칙에 대하여도 단순히 소관 상임위원회에 제출하는데 그치지 아니하고 검토 후에 수정·변경을 요구하는 내용으로 개선되었다는 점이다. 그러나, 대법원 규칙, 헌법재판소규칙, 중앙선거관리위원회 규칙 등을 제외한 부분도 지적될 사항이다. 아울러 국회에서 국가적으로 중요한 사항을 공청회 등을 개최하지 아니하고 안일하게 법률을 제정하였다는 점도 지적될 수 있다.

행정입법의 확대현상에 대하여 이를 권력분립의 도전이며 필요악으로 보는 견해가 있으나, 행정입법은 그 성질이 입법으로 볼 때 그것은 국회입법에 대한 예외적인 현상이지만, 행정입법 역시 국정수행을 위한 국가작용이므로 결코 국회입법의 예외적인 작용은 아니고 현대 국가의 권력분립적 협력관계에서 필수적인 국가작용이라고 할 것이다.[31]

나아가, 행정입법에 대한 통제에 있어 사전적 통제장치를 마련하고 있지 않은 점이라거나 적법성에 대한 통제에서 나아가 적정성 내지 타당성에 대한 통제를 내용으로 하고 있지 아니하여 사법적 통제와 중복되는 점 등이 지적될 수 있다.

Ⅳ. 대통령의 법률안 거부권 행사의 정당성 여부

1. 논의의 출발점

국회에서 통과된 법률안이 정부에 이송되어 오면 법제업무운영규정 제13조(정부 이송 법률안의 통보 등)에 따라 재의여부를 심의하게 되며, 법제처장은 법제업무운영규정 제12조의2 제2항 제4호에 따라 「대한민국 헌법」 제53조 제2항에 따른 재의(再議) 요구와 관련한 부처 간 협조 및 대책에 관한 사항은 정부입법정책협의회 및 실무협의회에서 협의를 거쳐 정하게 된다. 2015. 6. 25. 국무회의를 거쳐 대통령의 거부권이 행사되었다. 제19대 국회의 국회법 개정안과 관련하여 대통령의 거부권행사가 정당화 요건을 충족하고 있는지를 검토하기로 한다.

대통령의 법률안 거부권의 행사는 한사람의 의회(Ein－Mann－Parlament)[32] 로서의 지위에서 행하는 대통령의 헌법상의 고유한 권한이라고 할 것이다. 다시 말해 대통령의 법

---

31) 박윤흔, "행정입법에 대한 통제는 사전적 통제인 좋은 법 만들기에 큰 비중이 두어져야", 행정법학 제5호, 3면.

32) Gerd Roellecke, "Rechtsetzung durch die Verwaltung und ihre Kontrolle", 김용섭 역, 정천 허영 박사화갑기념, 고황법학 제2권, 1997. 88면.

률안 거부권은 대통령제 국가에 있어서 대통령이 국회세력을 견제하는 장치로서 기능한다. 아울러 대통령은 향후 정국을 어떤 방향으로 이끌 것인가에 대한 미래지향적, 종합예술적 관점과 전략적 측면을 고려하여 거부권 행사여부에 대한 결정을 내린 것으로 이해할 수 있다. 뢰벤스타인(K Loewenstein)은 법률안 거부권을 정부의 실효성이 있는 국회에 대한 투쟁의 수단(Kampfmittel gegen den Kongress)으로 간주하고 있다.33) 따라서 대통령의 법률안 거부권은 기본적으로 국회법의 개정안이 위헌의 소지가 있으면 반드시 거부권을 행사하여야 하는 것도 아니고, 합헌이라고 판단된다고 할지라도 정책적으로 타당하지 못할 경우 대통령이 법률안에 대한 거부권을 행사 못하는 것은 아니다. 대통령이 행정부의 수반으로서 정부의 국회에 대한 견제권의 일환으로 신중한 입법권의 행사를 확보하고 정부에 대한 과도한 견제를 내용으로 하는 입법권의 남용을 거부하는 일종의 권력행사라고 볼 것이다.

2. 대통령의 법률안 거부권의 의의와 법적 성격

헌법 제53조 제2항에서 거부권에 관한 규정을 두고 있다. 법률안에 이의가 있을 때에는 대통령은 제1항의 기간 내에 이의서를 붙여 국회로 환부하고, 그 재의를 요구할 수 있다. 국회의 폐회 중에도 또한 같다. 동조 제4항에서 재의의 요구가 있을 때에는 국회는 재의에 붙이고, 재적의원 과반수의 출석과 출석의원 3분의 2 이상의 찬성으로 전과 같은 의결을 하면 그 법률안은 법률로서 확정된다.

이처럼 헌법 제53조 제2항에서 규정하는 대통령의 법률안 거부권(veto power)이란 국회에서 의결하여 정부에 이송한 법률안에 대하여 공포하지 아니하고 이의가 있을 때 국회에 환부하여 재의를 요구하는 제도이다.34) 법률안 거부권은 제헌헌법 이래 제2공화국 의원내각제 헌법의 경우를 제외하고는 지속적으로 인정된 제도로서 대통령이 환부하여 국회가 가중정족수에 따라 재의결을 할 때까지 법률안이 법률로 확정되는 것을 일시적으로 정지시키는 조건부 정지와 같은 거부권으로서의 성질을 지닌다.35)

이처럼 법률안 거부권 제도의 취지는 먼저 의회의 가장 본질적인 권한인 입법권이 남용되어 위헌적 법률이 생기는 것을 정부가 견제함으로써 입법부의 독단과 경솔을 방지할 수 있게 하기 위한 것이다.36) 또한 법률안거부권은 대통령이 국회에 환부하여 재의를

33) K Loewenstein, Verfassungsrecht und Verfassungspraxis der Vereinigtenstaaten, 1959, S. 375; 이용재, "미국연방헌법과 한국헌법상의 법률안거부권 제도 비교", 법학연구 통권 제30집, 전북대 법학연구소, 2010, 348면에서 재인용
34) 김승열, "대통령의 법률안 거부권에 관한 고찰", 법제 2008. 3, 130면 이하
35) 박진우, "대통령의 법률안거부권에 관한 새로운 헌법학적 고찰", 가천법학 제8권 제4호, 2015, 108면.
36) 전학선, "프랑스 대통령의 법률안 거부권", 세계헌법연구 제18권 제2호, 2012, 310면.

요구하는 권한으로 국회가 법률제정권을 갖고 있음을 기화로 헌법상 보장된 행정부의 입법권한을 침해하거나 행정부의 권한에 부당한 관여를 하는 내용의 법률제정에 대한 행정부차원의 방파제와 같은 방어기제로서 기능할 수 있다.[37]

대통령은 권력분립의 원칙상 의회와의 상호 견제와 균형을 확보하기 위하여 입법부인 국회가 의결한 법률안을 집행하여야 하는 행정부의 수반으로서 그 집행상의 문제와 관련하여 법률안에 대한 공포를 거부하고 다시금 재의를 받을 수 있는 권한을 우리 헌법이 인정한 것이다. 법률안 거부권 행사의 기준에 관하여는 우리 헌법상 '이의가 있을 때'라고만 하여 뚜렷한 기준이 없이 대통령의 재량에 맡기고 있다. 그러나 대통령의 법률안 거부권은 법률안의 내용이 헌법에 위반되는 때, 집행이 불가능한 때, 국가적 이익에 반하는 경우 그리고 정부에 대한 국회의 부당한 정치적 공세에 대응하기 위하여 행사되는 것이 일반적이다.[38]

미국의 경우에는 위헌인 경우에 대통령이 법률안 거부권을 적극적으로 행사하는 것이 바람직하고, 정책적 이유로는 대통령이 법률안 거부권을 자제하는 것이 바람직하다는 견해[39]가 있다. 우리 헌법에 있어서 '이의가 있을 때'라고 하고 있어 이러한 미국의 기준이 우리의 경우 그대로 타당한지는 의문이지만 우리의 경우에도 충분히 고려할 가치가 있다.

3. 대통령의 법률안 거부권 행사는 정당화 사유를 충족하고 있는가?

대통령의 법률안 거부권제도의 원조격인 미국에서는 비록 헌법에서 법률안 거부권의 사유를 한정하고 있지 않지만, 일반적으로 거부권을 행사하는 사유는 법률안이 헌법에 규정된 헌법기관의 권한을 침해하거나 위헌적 입법을 하는 경우 등 헌법적 사유와 대통령의 정책적 판단 내지 재량에 맡겨진 비헌법적 사유로 구분할 수 있다.[40] 문제는 대통령의 국회법 개정안에 대한 법률안 거부권 행사가 정당화 사유를 충족하고 있는지 여부이다. 우선 제19대 국회의 국회법 개정안은 위헌성이 완전히 해소되지 않았으며 대통령으로서는 헌법수호의무에 비추어 거부권의 행사를 적극적으로 하여야 할 필요성이 있다고 볼 수 있다. 위헌성이 약하다고 할지라도 정부의 정책에 대한 간섭이나 행정입법권에 대한 과도한 개입을 하려는 의도로서 국회법을 개정한 것이라면 이 부분도 대통령의 법률안 거부권 행사의 정당화 사유가 된다고 볼 것이다.

---

37) 박진우, 앞의 논문, 117면.
38) 강준호, "법률안 거부권에 관한 고찰", 국회보 1989년 2월호, 김승열, 앞의 논문, 132면 재인용.
39) 강승식, "미국헌법상 법률안거부권행사의 정당화 사유", 공법연구 제36집 제1호, 2007. 325면 이하.
40) 김선화, "미국대통령 법률안거부권 제도와 사례", 이슈와 논점, 국회입법조사처, 2016. 6. 7, 3면.

헌법상 대통령의 법률안 거부권의 행사기준은 제한이 없다. 그러나 법률안 거부권 제도가 입법부의 침해에 대한 행정부의 방어 수단이고, 또한 국회의 경솔·부당한 입법의 방지 다시 말해서 악법(bad laws)이 제정되는 것을 방지하는 것을 목적으로 하고 있으므로 그 행사에는 정당성이 인정된다고 보여진다. 이 점과 관련하여 헌법은 대통령이 법률안을 국회에 환부하는 때에는 이의서를 첨부하도록 하고 있으며, 국무회의의 심의절차 등을 거쳐 거부권을 행사하게 된다.

4. 대통령의 법률안 거부권 행사와 후속적 대응의 문제점

제19대 국회 당시 대통령의 국회법 개정안에 대한 거부권의 행사는 자제하는 것이 좋았다는 주장이 있었다. 이는 법리적인 차원이 아니라 정치적 고려에 기인한다. 정치적 갈등관계 등을 고려하여 대통령의 거부권의 행사를 자제하는 것이 필요하였다는 입장이다. 이러한 관점에서는 국회법 개정안을 통과시키고 나중에 시행과정에서 문제가 있을 경우 헌법재판소에 권한쟁의심판 등의 방법으로 해결하는 것이 바람직하다는 입장도 같은 맥락이다. 그러나, 대통령이 거부권을 행사하더라도 거부권의 행사가 정당하지 않은 경우 국회는 다시금 재의결을 할 수 있 수 있기 때문에 오히려 거부권의 행사를 통하여 보다 질 높은 법률안을 마련하여 개정할 수 있는 긍정적 측면도 있다.

나아가, 대통령의 법률안 거부권의 행사가 법치주의를 후퇴한다는 주장도 대두된 바 있다. 이와 같은 주장이 과연 타당한 것인지는 의문이다. 그 이유는 국회에서 통과된 법률안에 대하여 위헌성의 의심이 있다면 대통령은 헌법 제66조 제2항 및 제69조에 의거하여 헌법을 수호하거나 준수할 의무가 있으므로 헌법 수호 내지 준수의 차원에서 헌법에 위반된다고 판단되는 법률안에 대하여 적극적으로 거부권을 행사할 필요가 있기 때문이다.[41]

한편, 대통령의 법률안 거부권행사에 따른 국회의 후속적 대응과 관련하여 여러 가지 방안이 있을 수 있다. 국회는 환부받은 법률안에 대하여 재적의원 과반수의 출석과 출석위원 3분의 2 이상의 찬성으로 재의결을 하여 당초의 국회의 의지를 관철시키는 방법이 있을 수 있다. 그런데 당시 국회는 국회법 개정안을 재의결에 회부하였으나, 여당의원이 다수가 표결에 불참함에 따라 2015. 7. 6. 국회법 개정안은 재적의원 과반수를 충족하지 못하여 부결이 선포되었다. 이로 인해 국회법개정안은 본회의에 계류된 상태에서 2016. 5. 29. 19대 국회의 회기말 자동폐기된 바 있다.

---

41) 강승식, 위 논문, 350면.

5. 검토의견

2015년 당시 여권의 일부에서 나온 적이 있는 거부권의 행사 대신에 권한쟁의 심판의 제기로 극복하자는 방안이나 거부권을 행사하더라도 재의결을 하지 말아야 한다는 방안은 법치주의적 관점에서 바람직하지 않다. 당시 야권에서 주장하는 바와 같이 대통령의 거부권의 행사가 문제가 있다는 것도 정치공세적 측면이 있어 역시 문제라고 할 것이다. 국회법 개정안의 위헌성이 완전히 해소되지 않은 점, 국회법 개정안의 위헌성이 완전히 해소되지 않고 합헌인지 위헌인지 논란이 계속 야기되고 있는 상황인 점, 국회법개정의 절차가 충분히 사전에 논의 되었다기보다는 갑자기 제출되어 졸속으로 처리된 점, 국회법의 실체적인 내용이 실효성의 측면에서는 종전보다 진일보 하였으나 법적 구속력을 둘러싸고 논란이 있었던 점, 국회법 개정안이 본회의 의결 후 국회의장의 중재로 '요구'를 '요청'으로 변경하여 강제력이 해소되었다고 주장한 부분도 법치주의 관점에서 받아들이기 어려운 점 등에 비춰보면, 대통령의 법률안 거부권 행사는 정당성의 요건을 갖추었다고 할 것이다. 다소 논란이 없지 않으나, 대통령이 국회법 개정과 관련하여 내린 거부권의 행사는 미래지향적, 종합예술적 관점과 전략적 측면을 고려하여 내린 합리적 결정이라고 할 것이다.

만약에 대통령이 법률안 거부권을 행사하지 않거나 법률안 거부권의 행사에도 불구하고 국회에서 재의결을 하여 국회법의 개정안의 시행되게 되어 행정입법권의 침해를 초래한 경우에는 대통령은 국회법의 시행과정에서 행정입법권의 침해를 이유로 헌법재판소에 권한쟁의심판을 청구하여 다툴 수 있다.[42] 국회 역시 위임권한을 벗어난 행정입법에 대하여 수정·변경의 요청을 이행하지 아니한 경우에는 시행되고 있는 개정 국회법의 규정을 근거로 집행행위의 미집행을 이유로 권한쟁의심판을 제기할 수도 있다. 그렇게 될 경우 국가적으로 불필요한 소모와 논쟁이 지속될 가능성이 있다.

V. 결론: 제20대 국회의 유승민 대표발의 국회법 개정안에 대한 검토를 겸하여

이상에서 고찰한 바와 같이, 행정입법에 대한 의회의 통제를 어떻게 활성화하고 현행 국회법상 행정입법검토제도보다 실효적인 통제장치를 만들 것인가에 대해서 학계차

---

42) 대통령의 거부권 행사에 대하여 국회의 재의결 등 제도적 장치를 마련하고 있어 이로 인해 국회의 입법권이 침해되거나 침해될 현저한 위험이 있다고 볼 수 없으므로 국회가 헌법재판소에 권한쟁의 심판을 청구할 수는 없다.

원에서 지속적으로 논의가 진행되어 왔다.

제19대 국회의 국회법 개정안에 대한 대통령 거부권행사 파동을 교훈삼아 국회는 우리 헌법질서에 반하지 않으면서 국회와 행정부가 상생하는 방향으로, 국회의 행정입법에 대한 바람직한 통제장치를 마련할 필요가 있다.[43]

행정입법에 대한 의회의 통제의 방식과 관련하여 우리 헌법상 당연히 내재적인 한계가 있으며 행정입법권을 침해하는 방식으로는 통제가 행하여 질 수 없다. 따라서 우리 헌법적 한계를 지키면서 의회통제가 이루어지도록 할 필요가 있음은 물론이다. 실제로 행정입법의 증대를 불가피하게 한 이유의 주된 것은 의회의 시간적 제약, 의회의 전문적·기술적 능력의 한계에 있는 것이라 할 수 있기 때문에 의회가 중요하고 본질적인 사항은 스스로 규율하여야 하지만 세부적인 기술적 사항에 대하여는 위임입법을 통하여 분업의 원리를 실현해 나가지 않을 수 없는데, 정작 위임을 해 놓고 사후적으로 '감 놓아라 배 놓아라' 하는 것은 옳지 않다. 현재 국회에서 만든 사후적 통제의 방식보다는 개별 법률의 개정을 통하여 위임명령을 통제하거나 법률안이 공포되기 전에 사전적으로 국회의 협의절차 등의 시스템을 마련하는 것이 필요하다.

제20대 국회에서 제출된 유승민의원 대표발의 국회법 개정안(2017. 9. 25. 발의, 의안번호 9578호)[44]도 제19대 국회에 제출되어 국회 통과는 되었으나 대통령의 거부권 행사에 의하여 부결된 종전의 법률안과 대동소이하여 결코 적절한 대안이 될 수 없고 오히려 의회와 행정부와의 관계에서 의회의 지나친 간섭으로 행정부의 독자적인 정책수행에 어려움이 따르는 등 법률관계를 불안정하게 할 위험성이 있어 역시 문제점이 많다고 할 것이다. 나아가 국회 상임위원회의 시정요구 권한은 여소야대의 정국에 악용되어 행정의 정체를 유발하는 원인으로 작동될 위험성이 있다.[45]

앞서도 언급한 바와 같이 제19대 국회에서 국회법 개정안의 위헌성이 완전히 해소되지 않고 합헌인지 위헌인지 논란이 계속 야기되고 있는 상황인 점, 국회법 개정의 절차가 충분히 사전에 논의 되었다기보다는 갑자기 제출되어 졸속으로 처리된 점, 국회법의 실체적인 내용이 실효성의 측면에서는 종전보다 진일보 하였으나 법적 구속력(강제성)

43) 한국 공법학의 선각자인 고 목촌 김도창 박사는 우리 헌법규정을 도외시 하고 외국의 수입법학에 경도된 현상을 '번지 없는 주막'으로 경계한 바 있다. 이에 관하여는 김도창, 번지 있는 주막, 고시계 1990. 5, 12-13면.
44) 국회법 제98조 제3항을 다음과 같이 개정하는 내용이다. 즉 "상임위원회는 소관 중앙행정기관의 장이 제출한 대통령령·총리령 및 부령(이하 이 조에서 "대통령령등"이라 한다)이 법률의 취지 또는 내용에 합치되지 아니한다고 판단되는 경우 그 의결로 소관 중앙행정기관의 장에게 수정·변경을 요청할 수 있다. 이 경우 중앙행정기관의 장은 수정·변경 요청 받은 사항을 처리하고 그 결과를 소관상임위원회에 보고하여야 한다."
45) 조원제, 앞의 논문, 211면.

을 둘러싸고 논란이 있었던 점, 국회법 개정안이 본회의 의결 후 국회의장의 중재로 '요구'를 '요청'으로 변경하여 강제력이 해소되었다고 주장한 부분도 작위적이며 법치주의 관점에서 매우 이례적인 현상인 점 등에 비춰보면, 2015년 당시 대통령의 법률안 거부권 행사는 그 정당성의 요건을 갖추었다고 할 것이다.

[참고문헌]

강승식, "미국헌법상 법률안 거부권행사의 정당화 사유", 공법연구 제36집 제1호, 2007.

김도창, "번지없는 주막", 고시계, 1990, 5.

김봉채, "행정입법에 대한 소고", 공법연구 제37집 제1－2호, 2008.

김선진, "국회의 행정입법통제－ 국회법 제98조의 2에 의한 통제를 중심으로 －", 서강법률논총
　　　제3권 제2호, 2014.

김선택, "행정입법에 대한 국회 관여권－ 수정·변경요구권 유보부 위임의 합헌성", 공법학연구
　　　제16권 제4호, 2015.

김선화, "미국 대통령 법률안거부권 제도와 사례", 이슈와 논점, 국회입법조사처, 2016. 6. 7.

김승열, "대통령의 법률안 거부권에 관한 고찰", 법제 2008. 3.

김용섭, "국회법상 행정입법검토제도의 현황과 법정책적 과제", 행정법연구 제33호, 2012.

김용섭, "행정입법에 대한 의회통제의 문제점 및 개선방안", 행정법연구 제12호, 2004.

김용섭, "행정입법과 그에 대한 통제", 행정법연구 제6호, 2000.

김용섭, "법규명령의 재검토－ 행정판례분석을 중심으로", 행정법연구 상반기, 1997.

김용섭, "행정입법에 대한 법원의 사법통제를 둘러싼 논의", 행정법연구 제39호, 2014.

김유환, "국회법 개정안 법적 구속력 없다", 동아일보 2015. 6. 8.

김철수, "국회법논란과 정계개편… 야당은 이념에 따라 분당하고 여당도 분당검토해야", 데일리
　　　한국 2015. 6. 15.

김춘환, "행정입법에 대한 국회의 사전적 통제기준", 유럽헌법연구 제5호, 2009.

김현준, "법률과 행정입법의 관계－ 독일 의회의 행정입법 관여의 비교법적 검토－, 공법연구
　　　제45집 제1호, 2016.

류지태, "행정법의 기본개념으로서의 법규", 고시연구, 1995. 6.

박균성, "행정입법에 대한 국회의 수정요구제도", 법률신문 2015, 6. 15.

박윤흔, "행정입법에 대한 통제는 사전적 통제인 좋은 법 만들기에 큰 비중이 두어져야", 행정법
　　　학 제5호, 2013.

박진우, "대통령의 법률안 거부권에 관한 새로운 헌법학적 고찰", 가천법학 제8권 제4호, 2015.

박진영, "행정입법에 대한 국회의 수정요구권과 권력분립", 경희법학 제51권 제4호, 2016.

박해영, "행정입법에 대한 국회 직접통제권 부여에 관한 헌법적 고찰", 헌법학연구 제21권 제3
　　　호, 2015.

방승주, "국회의 시행령수정요구(청)권을 도입하는 국회법 개정안 제98조의2 제3항은 과연 위헌
　　　인가?", 한국공법학회 긴급토론회 자료집, 2015. 6. 24.

서원우, "행정입법에 대한 통제－ 의회에 의한 통제를 중심으로", 행정법연구 통권 12호, 2004.

양용식, "행정부의 위임입법권", 법제 1964, 5.

윤정인, "법원의 명령·규칙에 대한 사법심사― 실무현황과 항고소송을 통한 본안적 규범통제소송의 가능성―", 인권과 정의 통권 제457호, 2016.

이근호, "행정규칙의 법령위반 여부 해석방안", 법제 통권 제672호, 2016. 3.

이인호, "국회는 행정입법을 직접 수정하는 권한을 가질 수 없다", 한국공법학회 긴급토론회 자료집, 2015. 6. 24.

이용재, "미국연방헌법과 한국헌법상의 법률안 거부권 제도비교", 법학연구 통권 제30집, 전북대 법학연구소, 2010.

임종훈, 「한국입법과정론」, 박영사, 2011.

임지봉, "행정입법 통제를 위한 국회법 개정안 파동의 헌법적 함의", 의정연구 제21권 제3호, 2015.

장영수, "행정입법에 대한 국회 통제의 가능성과 한계 ― 국회법 제98조의2 제3항 개정의 위헌논란을 중심으로", 한국공법학회 긴급토론회 자료집, 2015. 6. 24.

전학선, "프랑스 대통령의 법률안 거부권", 세계헌법연구 제18권 제2호, 2012.

조원제, "한국과 일본에 있어서 행정입법 통제에 관한 비교연구", 법제 통권 제671호, 2015.

조정찬, "국회의 시행령 수정요구권 위헌논란 어떻게 보아야 하나", 데일리한국, 2015. 6. 2.

조정찬, "의회유보와 행정유보", 법제 2010. 12.

한수웅, 「헌법학」, 법문사, 2013.

허영, 「한국헌법론」, 2011, 박영사.

Gerd Roellecke, "Rechtsetzung durch die Verwaltung und ihre Kontrolle", 김용섭 역, 정천 허영 박사화갑기념, 고황법학 제2권, 1997.

K. Loewenstein, Verfassungsrecht und Verfassungspraxis der Vereinigtenstaaten, 1959.

Klaus Meßerschmidt, "Rechtsverordnungen: Rechtsäßigkeit und Rechtsschutz", JA 2016(7).

행정상 강제수단의 한계와 상호간의 관계

김 연 태[*]

Ⅰ. 머리말

류지태 교수가 타계하신지 벌써 10년의 세월이 흘렀다. 강산도 변한다는 10년이 흘렀어도, 학문을 대하는 꼿꼿한 자세와 열정은 아마도 전혀 변함이 없었을 것이라고 확신한다. 너무도 일찍 우리 곁을 떠나신 것은 우리나라 행정법학의 발전에 있어서 너무나 큰 손실이었으며, 개인적으로는 든든한 학문적 선배와 논의하고 대화하면서 배울 수 있는 기회를 갖지 못하게 된 아쉬움이 크다. 훌륭한 선배의 업적을 계승·발전시켜야 할 소임을 제대로 수행하고 있지 못함에 죄송한 마음 금할 길 없다.

이 글은 전통적인 강제수단인 행정강제에 관하여 고찰한 류지태 교수의 논문 "전통적 강제수단에 의한 확보방안"[1]을 기초로 하여, 그에 관한 이론적 논의를 전개하고자 한다. 류지태 교수의 학문적 업적을 기리고, 계승·발전시키는 데 조금이나마 기여할 수 있기를 기대해 본다. 류지태 교수는 위 논문에서, 행정상 의무이행을 확보하기 위한 수단들은 권력적인 성격을 갖는 행위이므로 법치행정의 원칙상 엄격한 법적 통제를 필요로 하게 된다고 언급하고 있는바, 이 글은 본인이 이미 발표한 논문, "현행 행정집행제도의 체계상의 문제점"[2]과 "행정상 강제집행제도의 입법적 개선에 관한 고찰"[3]을 류지태 교수의 위 논문의 의도에 맞추어 재구성한 것임을 밝혀둔다.

행정강제는 법위반 상태를 직접적으로 해소하며 장래에 향하여 행정상 의무이행 상태를 실현하는 것을 목적으로 한다. 행정강제는 행정상의 강제집행과 즉시강제로 나누어지고, 행정상의 강제집행의 수단으로는 다시 대집행, 이행강제금, 직접강제, 행정상 강제징수가 열거되는 것이 일반적이다. 행정강제제도의 이념은 행정의 실효성 확보와 국민의 권익보호에 있다. 그런데 행정강제 실무상 행정주체는 상대방에 대한 권익침해 여부에

---

* 고려대학교 법학전문대학원 교수, 법학박사
1) 류지태, "전통적 강제수단에 의한 확보방안, 자치행정", 제77권, 1994. 8, 20면 이하.
2) 김연태, "현행 행정집행제도의 체계상의 문제점", 강원법학, 제49권, 2016. 10, 699면 이하.
3) 김연태, "행정상 강제집행제도의 입법적 개선에 관한 고찰", 법학연구, 제27권 제2호, 2016. 12, 121면 이하.

대한 고려보다는 간편하게 의무의 이행을 확보할 수 있는 수단을 활용하는 데에 관심을 가지는 경향에 있다. 즉, 행정의 능률만이 강조되고 국민의 권익보호는 뒷전에 처지는 실정이다. 이 글은 행정상 강제수단의 법치국가적 한계 및 그 수단들 간의 관계에 대하여 고찰함으로써 올바른 행정강제제도의 정립 및 체계화를 모색하고자 한다.

Ⅱ. 행정강제수단의 요건과 한계

1. 대집행의 요건과 한계

대집행은 대체적 작위의무, 즉 타인이 대신하여 행할 수 있는 의무에 대한 강제수단으로서, 의무자가 대체적 작위의무를 이행하지 않은 경우에 행정청이 의무자가 할 일을 스스로 행하거나 또는 제3자로 하여금 이를 행하게 함으로써 의무의 이행이 있었던 것과 같은 상태를 실현시킨 후에 그 비용을 의무자로부터 징수하는 행정작용을 말한다.

여기서 '대체적'이라 함은 타인이 행하는 것이 법적으로 허용되며, 그 행위를 의무자가 하는 것과 타인이 하는 것이 행정에게 사실상 그리고 경제적으로 동등한 의미를 갖는 것을 말한다.[4] 적극적 작위의무만이 그에 해당할 수 있으며, 부작위의무 또는 수인의무는 항상 비대체적이다. 부작위의무 위반행위에 대하여 대체적 작위의무로 전환하는 규정을 두고 있지 않은 경우에 그것만으로는 대집행 할 수 없다고 본다.[5] 대법원은 "단순한 부작위의무의 위반, 즉 관계 법령에 정하고 있는 절대적 금지나 허가를 유보한 상대적 금지를 위반한 경우에는 당해 법령에서 그 위반자에 대하여 위반에 의하여 생긴 유형적 결과의 시정을 명하는 행정처분의 권한을 인정하는 규정을 두고 있지 아니한 이상, 법치주의의 원리에 비추어 볼 때 위와 같은 부작위의무로부터 그 의무를 위반함으로써 생긴 결과를 시정하기 위한 작위의무를 당연히 끌어낼 수는 없으며, 또 위 금지규정(특히 허가를 유보한 상대적 금지규정)으로부터 작위의무, 즉 위반결과의 시정을 명하는 권한이 당연히 추론되는 것도 아니다."고 판시하여, 이를 명확히 하였다.[6]

의무의 대체성과 관련하여 '토지나 건물의 인도'가 '타인이 대신하여 이행할 수 있는 행위'에 해당하는지가 문제된다.[7] 판례는 "도시공원시설인 매점의 관리청이 그 공동점유

---

4) App/Wettlaufer(Hrsg.), Verwaltungsvollstreckungsrecht, 5. Aufl., 2011, § 33 Rdn. 2; Brühl, Die Prüfung der Rechtsmäßigkeit des Verwaltungszwangs im gestreckten Verfahren, JuS 1998, S. 67.

5) 류지태, "전통적 강제수단에 의한 확보방안", 자치행정, 제77권, 1994. 8, 22면; 김명연, "토지·건물의 명도 및 부작위의무에 대한 행정대집행", 고시계 2006. 7, 79면; 김아름, "국민의 권익보장을 위한 행정대집행에 관한 연구", 고려대학교 대학원 박사학위논문, 2015, 129면.

6) 대법원 1996. 6. 28. 선고 96누4374 판결.

7) 이에 대하여는 김연태, "현행 행정집행제도의 체계상의 문제점", 강원법학, 제49권, 2016. 10, 717면

자 중의 1인에 대하여 소정의 기간 내에 위 매점으로부터 퇴거하고 이에 부수하여 그 판매 시설물 및 상품을 반출하지 아니할 때에는 이를 대집행하겠다는 내용의 계고처분은 그 주된 목적이 매점의 원형을 보존하기 위하여 점유자가 설치한 불법 시설물을 철거하고자 하는 것이 아니라, 매점에 대한 점유자의 점유를 배제하고 그 점유이전을 받는 데 있다고 할 것인데, 이러한 의무는 그것을 강제적으로 실현함에 있어 직접적인 실력행사가 필요한 것이지 대체적 작위의무에 해당하는 것은 아니어서 직접강제의 방법에 의하는 것은 별론으로 하고 「행정대집행법」에 의한 대집행의 대상이 되는 것은 아니다"고 판시하였다.[8]

　　토지 등의 인도가 시설물의 철거에 수반하여 사실상 발생하는 결과에 불과한 사안의 경우, 불법시설물의 철거의무는 대체적 작위의무에 해당하므로 이 경우 대집행이 가능하다고 할 것이다. 그러나 점유이전이 필요한 토지 등의 인도는 점유자 자신이 하여야 의미가 있는 것으로 대집행의 대상이 될 수 없다.[9]

　　현행 「행정대집행법」 제2조는 대집행의 요건으로 '다른 수단으로써 그 이행을 확보하기 곤란할 것'과 '불이행을 방치함이 심히 공익을 해할 것으로 인정될 것'을 규정하고 있다. 전자는 대집행보다 적은 침해를 가져오는 다른 수단이 있으면 그것에 의하여야 한다는 것으로 비례의 원칙 중 최소침해의 원칙을 명문화한 것이다. 후자의 요건에 대하여는 해석상 논란이 있다.[10] 단순히 좁은 의미의 비례원칙을 표현한 것에 불과한 것인지, 아니면 대집행의 실행으로 인한 권익침해 때문에 법 위반상태의 해결이라는 공익이 현저히 큰 경우에만 대집행을 허용하려는 취지인지 불명확하다. 생각건대, '심히 공익을 해할 것'을 요건으로 부과하고 있는 문언의 해석상 대집행으로 인한 권익침해의 우려 보다는 의무를 강제집행 해야 할 공익상의 필요가 훨씬 큰 경우에만 대집행이 가능하도록 제한한 것으로 볼 수 있다. 그런데 권익침해의 문제는 비례의 원칙 등 법의 일반원칙에 의한 통제를 통하여 해결할 수 있으므로, 요건을 제한적으로 규정할 필요는 없다고 생각한다. 구체적인 경우 그 요건을 충족하는지 여부에 대하여 그 판단이 쉽지 않은데, 이 경우 행정청에게 판단여지가 인정될 수 있는지는 의문이다.[11] 특별한 상황이 문제되지 않는 한 요건의 충족 여부는 법원에 의한 전면적인 사법심사의 대상이 된다고 보아야 하

이하 참조.
8) 대법원 1998. 10. 23. 선고 97누157 판결.
9) '토지나 건물의 인도'가 '타인이 대신하여 이행할 수 있는 행위'에 해당하는지에 대하여는 김연태, "현행 행정집행제도의 체계상의 문제점", 강원법학, 제49권, 2016. 10, 717면 이하 참조.
10) 이에 대한 일본에서의 논의에 대하여는 김아름, "국민의 권익보장을 위한 행정대집행에 관한 연구", 고려대학교 대학원 박사학위논문, 2015, 132면 이하 참조.
11) 이에 대하여는 김남진/김연태, 행정법Ⅰ, 제22판, 법문사, 2018, 532면 참조.

며,[12] 더욱이 그 요건을 충족하는 경우에는 대집행 여부에 대하여 행정청에게 재량이 남
아 있다고 할 수 없다.[13] 법률에서 대집행의 요건을 엄격히 제한적으로 규정하기 보다는
구체적인 사정을 감안하여 적절히 재량권을 행사하여 대집행 여부를 결정할 수 있도록
하고, 그 재량결정이 비례의 원칙에 의한 통제를 받도록 하는 것이 바람직하다고 생각한다.
　　현행 「행정대집행법」에는 대집행의 실행에 대하여 의무자가 항거할 경우 이에 대한
조치에 대하여 아무런 규정을 두고 있지 않다. 대집행의 실행에 있어서 마찰이 빈번히
일어나고 있는 점을 감안할 때, 대집행의 의무자가 그 실행에 항거할 경우 실력으로 이
를 배제할 수 있는지, 만약 허용한다면 그 범위와 한계에 대하여 명확한 규정을 두는 것
이 필요하다.[14] 생각건대, 의무자의 저항에 대하여 직접적으로 실력을 행사하는 것은 직
접강제의 성질을 갖는 것으로, 대집행의 한계를 벗어나는 것이라고 할 것이다. 대집행의
경우 허용되는 실행수단은 직접적인 실력 행사에 의한 저항의 배제가 아닌 의무자의 의
사에 관계없이 집행함에 있어서 발생하는 불가피한 정도의 강제에 그쳐야 할 것이다. 대
집행을 실행함에 있어서 물리적 저항이 있을 경우에는 대집행을 불능으로 처리하고 직접
강제를 실시하는 방향으로 운영하여야 할 것이다.
　　한편, 대집행의 실행과 관련하여 경찰의 협조가 필요한 경우를 상정할 수 있는데, 「행
정절차법」에 일반적인 행정응원에 관한 규정이 있지만, 집행행정청이 필요한 경우에는
경찰에게 직무협조를 요청할 수 있고 경찰은 정당한 사유가 없는 한 그에 응하여야 한다
는 규정을 마련하는 것이 바람직하다고 생각한다.

2. 이행강제금의 요건과 한계

　　이행강제금은 비대체적 작위의무, 부작위의무의 이행을 강제하기 위한 수단으로 등
장하였으나, 현재에는 대체적 작위의무의 이행을 강제하기 위하여도 활용될 수 있으며,
또한 수인의무의 위반에 대하여도 이행강제금을 부과하는 등 다양한 적용가능성을 가지
고 있다. 이행강제금은 실무상 의무이행을 강제하고 법위반 상태를 해소하기 위한 간편
하고 손쉬운 수단으로 인식되고 있다. 특히 건축행정의 영역에서 건축법 위반 상태를 시
정하기 위한 가장 합목적적인 수단으로 인식되어 빈번히 활용되고 있는 상황이다.
　　이행강제금은 이전의 집행벌(Zwangsstrafe)에서 발전된 것이지만,[15] 제재의 성격을 갖

---

12) 류지태, "전통적 강제수단에 의한 확보방안", 자치행정, 제77권, 1994. 8, 23면.
13) 김남진/김연태, 행정법 I, 제22판, 법문사, 2018, 533면 참조.
14) 이에 대하여는 박상희/김명연, 행정집행법의 제정방향 - 행정상 강제집행제도의 현황과 개선방안,
　　한국법제연구원, 1995, 224면; 조태제, "행정집행제도의 문제점과 그 개선방안", 법조 제577호,
　　2004. 10, 111면; 박균성, 행정법론(상), 제15판, 박영사, 2016, 535면 참조.
15) 이에 대하여는 Rudolph, Das Zwangsgeld als Institut des Verwaltungszwangs, 1992, S. 1; Dünchheim,

는 것이 아니다.[16] 이행강제금의 목적은 간접적 강제에 의하여 의무자에게 부과된 의무
를 이행하도록 의무자의 의사를 바꾸려는 데 있다. 따라서 의무의 이행이 의무자의 의사
에 달려있는 경우에만 이행을 강제하기 위한 수단으로 활용될 수 있는 것이다. 의무자가
이행할 수 없는 불가능한 것을 요구하는 시정명령은 이행강제금에 의하여 강제되어서는
안 된다. 의무자에 의한 의무이행이 사실상 또는 법적으로 가능하지 않다면 이행강제금
의 부과는 허용되지 않는다. 의무자의 의무이행이 제3자의 권리에 의하여 제한을 받는다
면 이행이 불가능한 경우에 해당한다. 예를 들면 적법하게 임대한 주택의 명도 또는 건
물의 일부에 대한 철거를 임차인에게 강제하기 위하여 이행강제금을 부과하는 것은 허용
되지 않는다.[17] 이러한 이행가능성에 따른 이행강제금제도의 한계는 법 적용에 있어서
뿐만 아니라 입법의 단계에서부터 고려되어야 한다.

　　시정명령의 이행을 기대할 수 없는 경우에도 이행강제금을 부과하여 간접강제 하는
것은 비례의 원칙, 특히 적합성의 원칙에 반하여 허용되지 않는다. 이행강제금이 목적을
달성할 수 없음은 부과 이후에 밝혀질 수도 있고, 그 적용 이전에 확정될 수도 있다.

　　이행강제금 부과는 시정기간 내에 시정명령을 이행하지 않은 것을 전제로 하는바,
그 전제가 되는 시정명령에 대한 불가쟁력이 발생하기 전에 이행강제금을 부과할 수 있
는지 문제된다. 생각건대, 이행강제금은 시정명령의 불이행을 전제로 하는 것으로 시정
명령에 대하여 다툴 수 있는 기간 동안에는 이행강제금을 부과할 수 없다고 보아야 할
것이다. 시정명령에 대하여 불가쟁력이 발생하였거나, 취소쟁송이 제기된 경우에는 집행
정지결정이 없어야 시정명령은 집행이 가능하다고 할 것이다.[18]

　　법에서 규정하고 있는 이행강제금 부과의 요건이 충족된 경우에, 행정청에게 이행
강제금 부과 여부에 대한 결정재량이 있는지 문제된다. 많은 법률[19]에서는 '이행강제금
을 부과한다'고 규정하고 있는데, 이러한 경우 그 법률에 의한 이행강제금 부과를 기속행
위로 봐야 한다는 견해가 주장될 수 있다.[20] 더욱이 일정액ㆍ일정 부과율의 금액을 획일
적으로 부과하도록 규정하는 경우도 발견할 수 있다. 대법원은 "「국토의 계획 및 이용에

　　Vom Zwangsgeld zurück zur Zwangsstrafe?, NVwZ 1996, S. 118 참조.

16) 류지태, "전통적 강제수단에 의한 확보방안", 자치행정, 제77권, 1994. 8, 25면.

17) 서정범, "이행강제금제도에 관한 고찰", 경찰대학 논문집 제29집, 2009, 172면.

18) 독일의 연방행정집행법은 명문으로 행정행위가 불가쟁력이 발생하였거나 행정행위의 즉시집행이
　　명해진 경우 또는 행정행위에 대한 행정쟁송에 있어서 정지효가 발생하지 않는 경우에 행정상 강
　　제집행(대집행, 이행강제금, 직접강제) 될 수 있다고 규정하고 있다(제6조 제1항).

19) 「건축법」 제80조 제1항, 「농지법」 제62조 제1항, 「도로법」 제100조 제1항, 「부동산 실권리자명의
　　등기에 관한 법률」 제6조 제2항, 「국토의 계획 및 이용에 관한 법률」 제124조의2 제2항 등 참조.

20) 「건축법」상의 이행강제금 부과를 기속행위로 보는 견해로는 전극수, "이행강제금 도입법에 대한 비
　　판과 개선방안", 공법연구 제37집 제2호, 2008. 12, 332면.

관한 법률」(이하 '국토계획법'이라 한다) 및 시행령 관련 규정이 토지이용에 관한 이행명령의 불이행에 대하여 법령 자체에서 토지이용의무 위반을 유형별로 구분하여 이행강제금을 차별하여 규정하고 있는 등 그 규정의 체계, 형식 및 내용에 비추어 보면, 국토계획법 및 시행령이 정한 그 이행강제금의 부과기준은 단지 상한을 정한 것에 불과한 것이 아니라, 위반행위 유형별로 계산된 특정 금액을 규정한 것이므로 행정청에 이와 다른 이행강제금 액을 결정할 재량권이 없다고 보아야 한다."고 판시한바 있다.[21)]

시정명령을 이행하지 않는 경우에 반드시 이행강제금을 부과하도록 할 것인지, 부과 여부에 대하여 행정청에게 재량을 인정할 것인지는 입법재량에 속하는 문제이다. 이행강제금 부과의 재량행위성은 관련 규정의 해석에 의하여 밝혀져야 한다. 법 위반상태를 해소하려는 공익상의 필요가 커서 행정청이 시정명령을 발하였음에도 이에 따르지 않는 경우에 아무런 후속 조치를 취하지 않는다면, 행정청에 의한 공적 임무의 수행은 실효성을 거두기 어려울 것이다. 더욱이 행정청에게 부여된 공적 임무 수행을 위한 권한은 포기될 수 없는 것이다. 이러한 점을 고려하여 입법자는 시정명령을 발할 것인지 여부에 대하여는 행정청의 재량을 인정하고, 시정명령을 발하였는데 이것이 이행되지 않을 경우에 이행강제금 부과는 기속적으로 규정할 수 있을 것이다. 시정명령을 집행해야 하는 의무를 명시적으로 규정하고 있지 않았다면, 이행강제금 부과 여부에 대하여 행정청의 재량이 인정된다고 보아야 할 것이다. 다만, 이러한 경우에도 행정청이 시정명령을 발하고 이것이 이행되지 않을 경우에는 이행강제금을 부과하겠다는 계고를 하였다면 특별한 사정이 없는 한 이행강제금은 부과되어야 할 것이다.[22)]

다른 한편, 의무위반의 사실관계나 정도는 사안마다 다를 수 있는데 법령에서 일률적으로 부과금액을 정해놓는 것이 타당한지는 의문이다. 의무위반의 정도나 상황, 강제집행의 필요성, 위반 대상물의 재산적 가치 등 구체적 사정을 고려하여 부과금액을 조정할 수 있어야 할 것이다. 근거 법령에서 부과금액을 획일적으로 정할 것이 아니라 금액의 상한을 두는 방식으로 규정하여 부과권자에게 합리적인 재량을 행사하여 정하도록 하는 것이 바람직하다고 생각한다.

3. 직접강제의 요건과 한계

행정상 의무 불이행이 있는 경우에 직접 의무자의 신체 또는 재산에 실력을 가하여 의무의 이행이 있었던 것과 같은 상태를 실현하는 직접강제는 강력한 강제수단이라고 할

---

21) 대법원 2014. 11. 27. 선고 2013두8653 판결. 동지 판례: 대법원 2014. 12. 24. 선고 2011두23580 판결.
22) 김연태, "건축법상 이행강제금 부과의 요건과 한계에 관한 고찰", 고려법학 제70호, 2013, 172면; Rudolph, Das Zwangsgeld als Institut des Verwaltungszwangs, 1992, S. 25.

수 있다.[23] 따라서 직접강제는 대집행 또는 이행강제금으로 목적을 달성할 수 없거나, 부적합한 경우에 최후의 수단으로 고려되어야 한다. 대집행 또는 이행강제금 부과로 목적달성이 가능할 수 있는 경우라도, 직접강제가 의무이행의 상태를 실현함에 있어서 더 효과적이어서 두 수단이 상대적으로 적합하지 않은 경우에는 직접강제를 활용할 수 있을 것이다. 예컨대, 중요한 법익에 대한 직접적인 위험을 방지하여야 하는 경우에 대집행 또는 이행강제금은 시간적 한계 때문에 의무이행을 강제하기 위한 수단으로 적합하지 않다고 할 것이다.[24]

직접강제는 경찰법 영역에서 강제수단으로 주로 사용된다. 직접강제에 있어서 행정청은 신체에 의한 또는 수갑, 경찰견, 경찰차, 물대포, 무기 등의 보조수단에 의한 물리력을 행사한다. 「식품위생법」상의 영업표지물제거·삭제(제79조 제1항), 「낚시 관리 및 육성법」상의 폐쇄조치(제23조 제1항) 등도 직접강제에 해당한다. 물건에 대한 압류·회수도 직접강제의 수단이다.

직접강제를 실시함에 있어서 어떠한 수단을 사용할 것인지는 직접강제의 원인이 된 행정의무 불이행의 행태에 따라 다양하게 나타날 수 있다. 직접강제의 수단을 사용함에 있어서 물리력 행사의 종류와 방법 및 그 요건과 한계 등에 대하여는 자세한 규정이 마련되어 있어야 한다. 예를 들면, 보조수단으로서 수갑을 사용함에 있어서는 개인의 행동의 자유에 대한 침해의 정도가 크기 때문에, 그의 사용은 공격 또는 항거의 위험, 도주의 위험 및 자살의 위험 등이 존재하는 경우에만 허용되어야 할 것이다. 독일의 경우 「연방집행공무원에 의한 공권력행사에 있어서 직접강제에 관한 법률」(Gesetz über den unmittelbaren Zwang bei Ausübung öffentlicher Gewalt durch Vollzugsbeamte des Bundes: UZwG)에서 직접강제의 형태, 보조수단과 이들의 사용에 관한 세부적인 사항을 규정하고 있음은 참고할 만하다.

직접강제의 수단을 사용함에 있어서는 비례의 원칙, 특히 필요성의 원칙과 좁은 의미의 비례원칙이 준수되어야 한다.[25] 직접강제의 수단은 목적을 달성하기 위하여 필요한 한도 내에서만 사용되어야 한다. 다수의 가능하고 적합한 직접강제의 수단 중에서 이해관계인과 일반 공중에게 가장 적은 부담을 주는 수단을 선택하여야 하며, 또한 그로 인하여 발생할 불이익이 달성하고자 하는 공익에 비하여 현저히 큰 경우에는 그러한 수단을 사용하여서는 안 된다.

---

23) 류지태, "전통적 강제수단에 의한 확보방안", 자치행정, 제77권, 1994. 8, 25면.
24) Engelhardt/App/Schlatmann(Hrsg), VwVG·VwZG, Kommentar, 10. Aufl., 2014, § 12 VwVG, Rdn. 9 f.
25) 류지태, "전통적 강제수단에 의한 확보방안", 자치행정, 제77권, 1994. 8, 26면.

4. 강제징수의 요건과 한계

행정상 강제징수란 공법상의 금전급부의무의 불이행이 있는 경우에 의무자의 재산에 실력을 가하여 의무의 이행이 있었던 것과 같은 상태를 실현하는 작용을 말한다.[26) 행정상 강제징수의 대상은 공법상의 금전급부의무에 대한 불이행이다. 따라서 사법상의 법률관계에서 발생하는 금전채권은 행정주체가 그 법률관계의 일방 당사자인 경우에도 행정상 강제징수의 대상에서 제외되는 것이 원칙이다. 그런데 우리의 경우 행정주체의 사경제적 작용에 의해 발생한 금전채권에 대하여도 행정상 강제징수 할 수 있도록 규정한 경우가 있는데, 이는 징수의 편의와 신속한 금전채권의 확보만을 고려한 입법이라 할 수 있다.[27)

참고로 독일은 공법상의 금전채권이라고 하더라도 행정법원에서 당사자소송의 방식으로 실현되거나 행정소송이 아닌 다른 소송(민사소송)의 방식이 정하여져 있는 경우에는 행정집행법상의 행정강제의 방법에 의하여 집행되지 않도록 규정하고 있다(독일 연방행정집행법 제1조 제2항 참조). 다시 말하면 독일에서는 종속관계에서 발생하는 공법상의 금전채권의 실현을 위하여만 행정집행법에 의한 행정강제가 허용된다. 행정상 강제제도는 행정청에게 우월적 지위를 부여하는 것으로, 그것은 법치국가 및 권력분립의 원칙에 의하여 일정한 제한을 받게 되는바, 독일의 연방행정집행법 제1조 제2항은 그에 따른 행정강제의 예외를 규정하고 있는 것이다. 행정상 강제징수 보다 민사집행에 의하여 채권을 확보하는 것이 국민의 권익을 두텁게 보호한다는 측면에서 참고할 만한 입법례라고 생각한다.[28)

행정상 강제징수는 법률의 근거가 있어야 하는데, 「국세징수법」이 일반법적인 기능을 한다. 「국세징수법」은 원래 국세의 강제징수에 관한 법이지만, 「지방세기본법」, 「보조금 관리에 관한 법률」 등 많은 법률이 국세 체납처분의 예에 따라 강제징수 하도록 규정하고 있으므로 행정상 강제징수에 관하여 사실상 일반법적 지위를 갖고 있다.[29) 이러한 수권규정이 없는 경우에는 공법상 금전채권이라고 하더라도 행정상 강제징수를 할 수 없으며, 민사적 강제집행에 의하여 채권을 확보하여야 할 것이다.[30) 대법원은 금전채권

26) 류지태, "전통적 강제수단에 의한 확보방안", 자치행정, 제77권, 1994. 8, 24면; 김남진/김연태, 행정법 Ⅰ, 제22판, 법문사, 2018, 544면.
27) 이에 대하여는 박상희/김명연, 행정집행법의 제정방향 – 행정상 강제집행제도의 현황과 개선방안, 한국법제연구원, 1995, 195면 이하 참조.
28) 박상희/김명연, 행정집행법의 제정방향 – 행정상 강제집행제도의 현황과 개선방안, 한국법제연구원, 1995, 202면.
29) 류지태, "전통적 강제수단에 의한 확보방안", 자치행정, 제77권, 1994. 8, 24면.
30) 박상희/김명연, 행정집행법의 제정방향 – 행정상 강제집행제도의 현황과 개선방안, 한국법제연구원, 1995, 84면.

의 발생 원인이 공법적인 성질의 것이라 할지라도 관계 법률에 행정상 강제집행수단(체납처분절차)이 규정되지 않으면 그 금전채권의 성질을 사법상의 채권으로 파악하여, 이에 대해 민사소송을 제기하는 것은 문제가 되지 않는다고 보았다.[31]

5. 즉시강제의 요건과 한계

목전의 급박한 행정상 장해를 제거할 필요가 있는 경우에, 미리 의무를 명할 시간적 여유가 없을 때 또는 그 성질상 의무를 명하여 가지고는 목적달성이 곤란할 때에, 직접 국민의 신체 또는 재산에 실력을 가하여 행정상 필요한 상태를 실현하는 행정상 즉시강제는 권리·이익에 대한 침해의 소지가 큰 예외적인 강제수단이므로 그 요건을 엄격하게 해석·적용하여야 하며, 그 한계를 준수하여야 한다.[32]

행정상 즉시강제는 의무부과 하는 선행의 기본행위 없이 행해진다. 이러한 점에서 의무부과 하는 선행의 기본행위가 전제되고, 단지 집행절차의 일부가 생략되는 「행정대집행법」 제3조 제3항에 따른 대집행과 즉시강제는 구별된다.[33] 의무를 부과하는 행정행위를 발령하고 강제수단의 계고, 확정, 실행 등 단계적 집행절차를 거치는 경우, 급박한 위험을 제거하는 등의 적절한 조치가 어렵거나 불가능한 경우가 있다. 급박한 위험상태를 고려할 때 즉시 처리되어야만 하는 경우가 있을 수 있다. 기본권 침해의 소지가 큰 행정상 즉시강제는 예외적인 강제수단으로서, 일반적인 강제집행절차의 일부가 생략되는 등 행정강제의 법치국가적 안전장치가 적용되지 않거나 제한적으로만 적용되므로, 엄격한 법적 근거와 한계가 준수될 것이 요구된다.[34] 따라서 즉시강제를 예외적으로 허용할 수 있는 요건과 한계를 명시적으로 규정할 필요가 있다. 즉시강제는 생략되는 의무부과 행위, 즉 긴급성 때문에 발령되지 않는 하명처분의 법적 요건이 존재하여야 하며, 사용되는 개별 즉시강제 수단의 요건을 충족하고, 긴급성이 인정되어야만 허용될 수 있다.[35]

행정상 즉시강제는 개념 자체에 나타나 있는 바와 같이 눈앞의 급박한 위험과 그것을 제거 또는 방지해야 할 긴급성을 전제로 한다.[36] 행정상 장해를 일으키는 행위가 눈

---

31) 대법원은 개정 전 「산업재해보상보험법」상 과오급된 보험급여를 환수할 근거가 없는 경우에 민사소송을 통하여 민법상 부당이득반환청구를 할 수 있다고 보았다(대법원 2005. 5. 13. 선고 2004다8630 판결). 이에 대하여는 이상덕, "행정대집행과 민사소송의 관계", 재판실무연구, 2009. 1, 469면 이하.
32) 헌법재판소 2002. 10. 31. 선고 2000헌가12 결정.
33) 이에 대하여는 김연태, "현행 행정집행제도의 체계상의 문제점", 강원법학, 제49권, 2016. 10, 725면 이하 참조.
34) 류지태, "전통적 강제수단에 의한 확보방안", 자치행정, 제77권, 1994. 8, 26면 이하 참조.
35) 조태제, "행정집행제도의 문제점과 그 개선방안", 법조 제577호, 2004. 10, 106면.
36) 헌법재판소는 행정상 즉시강제의 실정법적 근거를 둠에 있어서 긴급성의 요건을 명문화하는 것은

앞에서 막 이루어지려고 하는 상황이 객관적으로 인정되고(시간적·장소적 근접성과 장해발생의 고도의 개연성), 당장 즉시강제 조치를 취하는 것 이외에는 행정상 장해를 막을 수 없는 절박한 사태일 때에만 예외적으로 허용된다는 의미이다(급박성과 불가피성). 즉, 행정상 즉시강제는 근거규정이 요구하는 형식적 요건만 충족되면 언제라도 발동될 수 있는 것이 아니라, 구체적으로 행정상의 장해가 목전에 급박한 경우에 그 장해를 막기 위해서는 행정상 즉시강제 이외에 다른 방법이 없는 불가피한 경우에만 예외적으로 발동할 수 있는 것이다.[37] 이러한 경우에도 그 행사는 필요 최소한도에 그쳐야 하고, 그에 따른 불이익이 그것에 의하여 얻어지는 효과보다 큰 경우에는 그러한 조치는 행해져서는 안 된다.

Ⅲ. 행정강제수단 상호간의 관계

1. 행정강제의 결정과 강제수단의 선택

1) 행정강제의 결정

행정강제의 요건이 충족된 경우에 행정청은 강제할 수 있게 되는데, 강제할 것인지 여부에 있어서 행정청에게 재량(결정재량)이 인정됨이 보통이다. 물론 구체적인 사안에 따라 행정강제의 결정만이 적법한 재량행사가 될 수 있으며,[38] 또한 입법자가 요건이 충족된 경우 행정청에게 강제의 의무를 부과할 수 있다.[39] 행정강제의 의무는 공공의 안녕·질서에 대한 위험방지를 위하여 부과될 수 있다.

구체적인 상황에서 행정청의 부작위가 위법하게 되는 경우에는 행정청의 결정재량은 0으로 수축되어 강제조치를 취해야 할 의무가 발생하게 된다. 예컨대, 경찰의 개입에 의하여 보호되어야 할 법익이 중대하며, 현저하고 급박한 위험에 직면한 경우에 경찰은 개입하여야 하며, 더 나아가 가장 효과적인 수단을 사용하여야 할 의무도 발생한다. 목전의 급박한 중대한 위험의 경우에는 사전의 의무부과 없이 강제수단을 사용해야 할 의무가 발생할 수도 있다.

사족(蛇足)에 불과한 것으로 본다(헌법재판소 2002. 10. 31. 선고 2000헌가12 결정).

37) 헌법재판소 2002. 10. 31. 선고 2000헌가12 결정.

38) 「행정대집행법」 제2조의 요건, 특히 '불이행을 방치함이 심히 공익을 해할 것으로 인정될 것'의 요건이 충족된 경우에는 대집행을 할 것인지 여부에 대하여 재량이 남아 있다고 볼 수 없다.

39) 강제집행을 의무로 규정한 예로는 「감염병의 예방 및 관리에 관한 법률」 제42조 제5항을 들 수 있다. 「감염병의 예방 및 관리에 관한 법률」 제42조 제5항에 의하면 보건복지부장관, 시·도지사 또는 시장·군수·구청장은 감염병환자등의 확인을 위한 조사·진찰을 거부하는 사람에 대해서 해당 공무원으로 하여금 감염병관리기관에 동행하여 필요한 조사나 진찰을 받게 하여야 하는데, 그 결과 감염병환자등으로 인정될 때에는 감염병관리시설에서 치료받게 하거나 입원시켜야 한다.

2) 강제수단의 선택

특정한 의무의 불이행에 대하여 어떠한 강제수단을 사용하도록 할 것인지는 입법자가 우선적으로 결정한다. 현행법상 행정상 강제수단에 대하여는 이를 통괄하는 일반규정이 없고 각각 개별법으로 규율하고 있고 있기 때문에, 구체적인 사안에서 적용 가능한 강제수단이 복수인 경우에 어떠한 수단을 선택할지는 행정청의 재량에 맡겨져 있다고 할 것이다.[40] 행정청은 행정의 효율성이라는 측면에서 의무이행을 강제하는 효과가 큰 수단을 선호할 수 있는데, 행정목적을 달성하기 위한 가장 효과적인 수단도 중요하지만, 국민의 권익보호의 측면에서 침익성의 정도가 낮은 수단이 무엇인지가 우선적으로 고려되어야 할 것이다. 행정청은 효과적인 행정목적의 달성과 국민의 권익보호라는 행정강제제도의 이념에 맞는 적절한 강제수단을 선택하여야 할 것이다. 행정청이 적절하지 못한 강제수단을 선택한다면 상대방의 반발과 저항을 가져와 오히려 신속한 집행을 저해하고 사회적 갈등을 유발하는 등 사회적 비용을 증가시킬 수 있다.[41]

행정청이 강제수단을 선택함에 있어서는 비례원칙의 준수가 중요하다.[42] 무엇보다도 허용되며 적합한 다수의 수단 중에서 의무자 등 관계자와 일반 공중에게 가장 적은 부담을 주는 수단을 선택하여야 한다. 이 경우 행정청은 행정강제의 수단뿐만 아니라 목적을 달성할 수 있는 다른 수단도 비교대상에 포함시켜 고려하여야 한다. 의무자 등에 대한 불이익이 강제수단을 통하여 달성하고자 하는 공익에 비해 더 큰 경우에는 좁은 의미의 비례원칙에 반하게 된다. 의무위반의 정도, 기간, 범위 및 의무자의 경제적 부담 능력, 그리고 방지해야할 위험의 정도 등을 고려하여야 한다.

2. 강제수단 상호간의 관계

1) 강제집행과 즉시강제의 관계

강제집행(대집행, 이행강제금, 직접강제, 강제징수)과 즉시강제는 행정목적을 달성하기 위하여 국민의 신체 또는 재산에 공권력을 행사한다는 점에서 동일하다. 그러나 강제집행의 수단은 행정법상의 의무불이행을 전제로 하는 것인데 반하여 즉시강제는 긴급한 상황하에서 의무를 명할 수 없는 경우에 행하여지는 것으로서 행정법상의 의무불이행을 전제

---

40) 헌법재판소 2011. 10. 25. 선고 2009헌바140 결정: "개별사건에 있어서 위반내용, 위반자의 시정의지 등을 감안하여 허가권자는 행정대집행과 이행강제금을 선택적으로 활용할 수 있다."
41) 김아름, "국민의 권익보장을 위한 행정대집행에 관한 연구", 고려대학교 대학원 박사학위논문, 2015, 55면.
42) 박재윤, "행정집행에 관한 통일적 규율의 가능성과 한계", 공법연구 제40집 제1호, 2011. 10, 447면; 송동수, "행정상 강제집행제도의 비교법적 검토", 토지공법연구 제64집, 2014. 2, 266면.

로 하지 않는다.43) 즉시강제의 발동요건이 '의무를 명할 수 없는 경우'임을 고려할 때, 여기서 말하는 의무에는 법령에 의해 발생하는 추상적 의무는 포함되지 않는다고 보아야 한다. 결국 강제집행과 즉시강제는 사전에 구체적 의무를 부과하는 기본행위를 전제로 하는지 또는 기본행위 없이 허용되는 것인지로 구별된다.44)

즉시강제는 행정상 장해가 목전에 급박하고, 다른 수단으로는 행정목적을 달성할 수 없는 경우에 예외적으로 허용되는 것이므로, 긴급성이 인정되지 않을 경우에 즉시강제를 선택할 수는 없고 강제집행수단을 사용하여야 할 것이다. 행정청은 원칙적으로 적법한 절차에 따라 적법한 행정행위를 발령한 후 상대방이 그 의무를 이행하지 않을 때에 강제집행의 수단을 사용해야 하지만, 긴급한 상황에서는 예외적으로 의무를 부과하는 명령 없이 집행하는 즉시강제를 허용하고 있는 것이다. 따라서 강제집행과 즉시강제는 원칙과 예외의 관계에 있다고 할 수 있다. 헌법재판소 역시 "행정강제는 행정상 강제집행을 원칙으로 하며, 법치국가적 요청인 예측가능성과 법적 안정성에 반하고, 기본권 침해의 소지가 큰 권력작용인 행정상 즉시강제는 어디까지나 예외적인 강제수단이라고 할 것이다."라고 판시한 바 있다.45)

결국 원칙인 강제집행과 예외에 해당하는 즉시강제의 관계는 담당 공무원이 어떠한 경우에 즉시강제가 허용되는 긴급성이 인정되는 경우로 볼 것인지에 달려 있다.46) 긴급성을 광범위하게 인정한다면 즉시강제가 남용될 것이고, 긴급성을 지나치게 제한적으로 인정한다면 행정목적을 달성할 수 없는 상황이 발생하게 될 것이다. 즉시강제는 일단 강제가 행해지면 위법성이 인정되더라도 원상회복이 어려우므로 사전에 공무원의 자의적 판단을 차단하여야 할 것이다. 긴급성이 요청되는 특정 영역에 한정하여 개별 법률에서 즉시강제를 허용하는 근거를 제한적으로 마련할 것이 필요하며, 즉시강제가 허용되는 긴급성의 요건을 구체화하는 것이 바람직하다.

---

43) 류지태, "전통적 강제수단에 의한 확보방안", 자치행정, 제77권, 1994. 8, 26면; 박균성, "행정상 즉시강제의 통제 – 비례원칙, 영장주의, 적법절차의 원칙과 관련하여", 행정판례연구 제11집, 박영사, 2006, 225면; 홍준형, 행정법, 제2판, 법문사, 2017, 584면.
44) 헌법재판소 2002. 10. 31. 선고 2000헌가12 결정: "행정상 즉시강제는 행정강제의 일종으로서 법령 또는 행정처분에 의한 선행의 구체적 의무의 존재와 그 불이행을 전제로 하는 행정상 강제집행과 구별된다."
45) 헌법재판소 2002. 10. 31. 선고 2000헌가12 결정.
46) 현행법상 강제집행과 즉시강제를 함께 규정하고는 예로는 「약사법」 제71조를 들 수 있다. 「약사법」 제71조에 의하면 공중위생상 위해가 발생하였거나 발생할 우려가 있다고 인정되는 의약품등에 대하여 폐기 명령 등을 하고, 이를 이행하지 아니한 때에 관계 공무원이 직접 폐기 등의 조치를 하는 것을 원칙으로 하면서, 공중위생을 위하여 긴급한 때에는 폐기 명령 등을 생략하고 관계 공무원이 직접 폐기 등을 할 수 있도록 규정하고 있다.

2) 대집행과 이행강제금의 관계

이행강제금제도는 비대체적 작위의무, 부작위의무의 이행을 강제하기 위한 수단으로 등장하였으나, 현재에는 대체적 작위의무의 강제수단으로도 활용되고 있다. 이에 대하여 이행강제금은 비대체적 작위의무, 수인의무 및 부작위의무에 대하여만 인정하고, 대체적 작위의무는 대집행이나 직접강제의 대상으로 할 것을 주장하는 견해도 있으나,[47] 대체적 작위의무에 대하여 이행강제금을 인정하지 않을 논리 필연적 이유는 없다. 헌법재판소도 "전통적으로 행정대집행은 대체적 작위의무에 대한 강제집행수단으로, 이행강제금은 부작위의무나 비대체적 작위의무에 대한 강제집행수단으로 이해되어 왔으나, 이는 이행강제금제도의 본질에서 오는 제약은 아니며, 이행강제금은 대체적 작위의무의 위반에 대하여도 부과될 수 있다."고 하여, 이행강제금이 대체적 작위의무 위반에 대하여도 부과될 수 있음을 분명히 하였다.[48]

대체적 작위의무에 대한 강제수단으로 대집행과 이행강제금 중 어떠한 수단을 정할 것인지는 우선적으로 입법자의 입법재량에 맡겨져 있다. 입법자는 양 수단 중 어느 하나를 특정하거나 우선순위를 정할 수 있으며, 또는 개별적인 경우에 합목적적인 수단을 선택할 수 있는 재량을 행정청에게 부여할 수도 있을 것이다.[49] 행정청의 재량에 맡겨져 있는 경우에 행정청은 구체적인 상황에서 행정상 의무이행 확보의 실효성, 의무자에 대한 권익침해의 정도 등을 고려하여 선택재량을 행사할 것이다. 선택재량을 행사함에 있어서 비례의 원칙이 준수되어야 할 것이다. 무엇보다도 행정목적을 달성하는 데 효과적이며, 의무자 등 이해관계인에게 적은 부담을 주는 수단을 선택해야 한다.

대집행과 이행강제금은 각각의 장·단점을 가지고 있으므로, 행정청에게 개별적인 상황에서 구체적인 의무의 내용과 위반 정도에 따라 대집행과 이행강제금 중 가장 합목적적인 수단을 선택할 수 있도록 하는 것이 바람직하다.[50] 물론 개별법의 목적을 달성하

---

47) 권순호, "행정집행법의 제정에 관한 입법론적 연구", 단국대학교 박사학위논문, 2010, 177면.
48) 헌법재판소 2004. 2. 26. 선고 2001헌바80, 84, 102, 103, 2002헌바26(병합) 결정.
49) 참고로 독일의 연방행정집행법은 대체적 작위의무의 불이행에 대하여 '대집행이 행하여지기 어려운 경우'에만 이행강제금을 부과할 수 있다고 규정하고 있다. 즉, 대체적 작위의무의 경우 원칙적으로 대집행과 이행강제금의 선택을 인정하지 않고 대집행을 우선적인 강제수단으로 규정하고, 이행강제금은 예외적으로만 부과될 수 있도록 하였다. 그러나 여러 개별 주(브레멘, 함부르크, 헤센, 메클렌부르크-포어포메른, 라인란트-팔츠, 슐레스비히-홀슈타인 등)에서는 대체적 작위의무의 강제를 위하여 행정청에게 대집행과 이행강제금 사이에 선택할 수 있도록 규정하고 있다.
50) 헌법재판소는 2004. 2. 26. 선고 2001헌바80, 84, 102, 103, 2002헌바26(병합) 결정에서 "현행 건축법상 위법건축물에 대한 이행강제수단으로 대집행과 이행강제금이 인정되고 있는데, 양 제도는 각각의 장·단점이 있으므로 행정청은 개별사건에 있어서 위반내용, 위반자의 시정의지 등을 감안하여 대집행과 이행강제금을 선택적으로 활용할 수 있다."고 하였다. 그러나 이 결정의 반대의견으로 재판관 윤영철, 재판관 권성은 "대체적 작위의무의 위반자가 이행강제금의 반복된 부과에도 불구하

기에 적합한 수단이 있다면, 개별법에서 수단을 특정하거나 우선적으로 적용할 것을 규정할 수 있을 것이다.

대집행에 의하면 강제의 목적이 사실상 달성된다는 장점은 있으나, 계고·통지·실행·비용청구 등의 단계를 거치는 과정에서 행정비용이 발생하고, 경우에 따라서는 의무자의 저항으로 인해 물리적 충돌이 발생할 수도 있다. 그에 비하여 이행강제금은 의무자에 압박을 가함으로써 간접적으로 목적을 달성하려는 수단으로서 결과발생이 불확실하다는 점이 있으나, 개인의 자유에 대한 침해가 적다는 점에서 실무에서는 대부분의 경우 합목적인 수단으로 평가되고 있다.[51]

다른 한편, 이행강제금은 대집행과 달리 시정명령의 이행이 결부되는 것이 아니기 때문에 의무자에게는 이행해야 할 의무가 남아있는 것이며, 더욱이 반복적으로 부과될 수 있기 때문에 대집행 비용을 초과할 수 있는 것이다. 대집행이 오히려 당사자에게 피해가 적은 경우에 이행강제금을 부과하는 것은 비례의 원칙에 반하는 것이다.[52]

3) 대집행과 직접강제의 관계

대집행의 경우 대체적 작위의무에 한해서 그 의무를 강제적으로 실현하는 것인데 대하여, 직접강제는 대체적 작위의무 뿐만 아니라 비대체적 작위의무, 부작위 의무, 수인의무의 불이행에 대해서도 사용가능한 수단이다. 따라서 비대체적 작위의무, 부작위 의무, 수인의무의 경우에는 직접강제는 가능하나 대집행은 그 대상이 되지 않는다.

대체적 작위의무의 불이행에 대하여는 대집행과 직접강제 모두 사용가능한 수단이 될 수 있다. 대체적 작위의무에 대하여 법이 정하고 있는 강제수단이 대집행인지 직접강제인지 판단하기 쉽지 않은 경우가 발생할 수 있다. 대체적 작위의무에 대한 직접강제와 행정청이 스스로 대집행을 하는 경우, 양자의 구별이 문제된다.[53] 자기집행은 그 내용의 측면에서는 대집행이지만, 그 주체의 측면에서는 직접강제에 가까워 직접강제와의 구별이 명확하지 않다. 개념상 대집행의 경우 의무자가 이행해야 하는 의무의 범위 내에서

고 그 위반상태를 시정하지 않는 경우에는 종국적으로 대집행을 할 수밖에 없게 되는바, 대집행이 가능한 경우에 대집행을 하지 않고 이행강제금을 부과하는 것은 위법상태를 시정하는 행정강제의 수단으로서 그 적정성을 인정받기 어렵다. 그리고 대집행 전에 수차에 걸쳐 이행강제금을 부담한 위반자가 다시 대집행을 받는 경우에는 원래 대집행비용의 부담만으로 종결되었을 책임의 양(量)이, 여기에다 이행강제금까지 합산한 금액으로, 크게 늘어나므로 대집행이 가능한 경우에까지 이행강제금을 부과하는 것은 피해의 최소성 원칙에도 어긋난다."고 하여, 대집행이 가능한 경우에 이행강제금을 부과하는 것은 허용되지 않는다는 견해를 제시하고 있다(같은 생각으로는 전극수, "이행강제금 도입법에 대한 비판과 개선방안", 공법연구 제37집 제2호, 2008. 12, 316면 참조).

51) Drews/Wacke/Vogel/Martens, Gefahrenabwehr, 9. Aufl., 1986, S. 525.
52) 김연태, "건축법상 이행강제금 부과의 요건과 한계에 관한 고찰", 고려법학 제70호, 2013, 166면.
53) 이에 대하여는 홍정선, 행정법원론(상), 제24판, 박영사, 2016, 660면 참조.

의무자의 비용으로 행정청이 그 의무를 '대신 이행'하는 것인 반면, 직접강제의 경우 행정청이 자신의 비용으로 의무자 또는 의무자의 재산에 대하여 '실력을 행사'하여 의무가 이행되었을 때 존재할 상태를 실현하는 것이라는 점에서 구별된다.

직접강제의 경우 행정청이 의무자 또는 의무자의 재산에 대하여 직접 실력행사를 하여 행정목적을 달성한다는 점에서 통상적인 경우 대집행에 비해 침익성의 정도가 크다고 할 것이다. 따라서 직접강제는 대집행으로는 목적을 달성할 수 없거나 부적합한 경우에만 보충적으로 허용된다고 보아야 한다. 물론 구체적인 상황에서 직접강제의 수단이 침익성의 정도가 다른 수단에 비하여 크지 않은 경우도 상정할 수 있는데, 이 경우에 직접강제의 보충성은 요구되지 않는다. 직접강제만이 목적을 달성할 수 있는 적합한 수단임이 입법 당시에 이미 확정될 수 있다면 직접강제만을 강제수단으로 규정하여야 할 것이다.

현행 법률에서 직접강제수단은 대개 폐기·폐쇄·퇴거 등의 형식으로 규정되고 있는데, 이는 대부분 비대체적 작위의무 또는 부작위의무 위반에 관한 것일 뿐 대체적 작위의무 위반에 대해 직접적으로 직접강제수단을 규정한 조항은 없는 것으로 보인다. 대체적 작위의무의 이행을 강제하기 위하여 법이 규정하고 있는 수단이 대집행인지 직접강제인지는 해당 규정에서 명확히 하여야 할 것이지만, 해석의 여지가 있는 경우라면 통상적인 경우 실력행사의 측면에서 침익성의 정도가 낮고 요건과 절차 등을 일반법인 「행정대집행법」에서 규율하고 있는 대집행으로 보아야 할 것이다.

4) 이행강제금과 직접강제의 관계

비대체적 작위의무와 부작위의무(예: 특정 시설물에 대한 출입금지의무), 수인의무(예: 자신의 토지에 타인이 통행하는 것을 방해하지 않고 수인할 의무)의 불이행에 대한 강제수단으로 고려될 수 있는 것은 이행강제금과 직접강제이다. 직접강제는 행정상 의무의 불이행이 있는 경우에 직접 의무자의 신체나 재산 또는 이 양자에 실력을 가하여 의무의 이행이 있었던 것과 같은 상태를 실현하는 강제집행의 수단인데, 이행강제금은 직접 실력행사를 하지 않고 간접적으로 강제하는 수단이라는 점에서 직접강제와 구별된다.

의무의 성질상 직접강제로는 의무이행의 결과를 가져올 수 없고, 이행강제금을 통한 강제만이 고려될 수 있는 경우가 있고, 반대로 의무의 성질상 직접강제만이 적합한 수단인 경우가 있다. 예를 들면 부당해고 등에 대한 노동위원회의 구제명령을 사용자가 이행하지 아니하는 경우,[54] 직장어린이집 설치의무가 있는 사업주가 그 의무를 이행하지

---

54) 「근로기준법」 제33조 참조.

아니하는 경우[55]에 그 의무이행은 직접강제로는 강제할 수 없고 이행강제금만이 적합한 수단이 된다. 반면에, 「도로교통법」 제44조 및 제47조에 의한 주취 중 운전금지에 대하여는 직접강제를 통하여 목적을 달성할 수 있을 것이다. 결국 의무의 성질상 직접강제와 이행강제금 부과를 통하여 이행을 강제할 수 있는 경우에 수단 선택의 문제가 발생한다.

직접강제는 이행강제금에 비하여 침익성의 정도가 크다고 할 수 있으므로 양자의 선택이 가능하다면 강제수단으로 이행강제금을 우선적으로 고려하여야 할 것이다. 그러나 이행강제금으로 목적을 달성할 수 없거나 부적합 경우에는 직접강제가 허용될 수 있다. 예컨대, 의무의 불이행으로 인해 제3자가 피해를 보거나 불이행을 방치함이 심히 공익을 해할 우려가 있어 조속히 위반 상태를 해소하여야 하는 경우에는 이행강제금과 같은 간접적인 강제수단은 부적합한 수단일 것이다. 영업소 폐쇄명령을 받은 후에도 계속하여 영업을 하는 경우 또는 법 위반행위에 대하여 영업정지 등을 명한 이후에도 계속적인 위반행위가 발생하는 경우[56]에 의무자 스스로 이행할 것을 기대하여 행하는 이행강제금 부과는 적합한 수단이라고 할 수 없다.

5) 강제징수와 다른 강제집행수단의 관계

행정상의 강제징수는 공법상 금전급부의무의 불이행이 있는 경우에 의무자의 재산에 실력을 가하여 의무의 이행이 있었던 것과 같은 상태를 실현하는 작용이다. 작위·부작위 또는 수인의무를 강제하기 위한 수단인 대집행, 이행강제금 또는 직접강제와는 달리 강제징수는 금전급부의 불이행에 대한 강제수단이다.[57] 직접강제의 경우 의무자의 재산에 실력을 가하는 강제수단을 포함하지만, 행정법규의 위반상태를 띠고 있는 재산에 실력을 가하여 위법상태를 배제한다는 점에서 급부의무를 강제적으로 이행하게 하는 강제징수와 구별된다. 따라서 강제징수는 대집행, 이행강제금, 직접강제와 사용되는 영역이 다르므로, 서로 대체할 수 없는 관계이다

Ⅳ. 입법론적 개선방안

1. 현행법제 현황 및 문제점

행정강제에 관한 입법에 있어서 우리나라는 기본적으로 일본의 영향을 받아 독일의 법제를 모태로 하고 있으나, 구체적인 입법방식은 행정집행 전반에 관한 일반법을 두지

---

55) 「영유아보육법」 제44조의3 참조.
56) 「식품위생법」 제79조 제1항, 「공중위생관리법」 제11조 제3항, 「축산물 위생관리법」 제38조, 「먹는물 관리법」 제46조, 「관광진흥법」 제36조 등 참조.
57) 김남진/김연태, 행정법 Ⅰ, 제22판, 법문사, 2018, 544면.

않고, 행정대집행에 대해서는 일반법으로서 「행정대집행법」이 제정되어 있고, 강제징수에 대하여는 사실상 일반법으로서 기능을 하는 「국세징수법」으로 규율하고 있다. 이행강제금·직접강제·즉시강제 등에 대하여는 개별법에서 한정적으로 규율하는 방식을 취하고 있다. 이러한 현행법제는 개인의 인권존중을 명분으로 한 것이었지만, 현대 행정의 복잡화와 다양화, 그리고 집행의 필요성 등으로 한정적으로만 인정하려던 강제수단이 개별법 규정에 의하여 인정되는 예가 많아지고, 절차규정 등의 미흡으로 인해 오히려 인권보장에 역행하는 결과를 가져오게 되었다. 또한 이러한 체계는 국민의 의무이행을 강제할 수 없는 입법적 공백이 발생할 수 있고, 각 소관 부처의 이해에 따라 개별적으로 입법이 이루어짐으로써 체계성이 떨어진다는 문제점이 있다.

국가의 공권력 남용에 대한 통제의 가능성이 높아진 상황에서 개인에게 부과된 공적 의무를 확실하게 이행하도록 하는 법체계와 법적 근거를 마련하는 것이 필요하다. 행정강제의 체계화된 규율을 위하여 강제수단의 요건·한계, 적용순위 등을 일반법에 의해 규정하는 것이 필요하다는 문제제기가 꾸준히 있어 왔다. 즉, 행정강제제도를 자족적 완결구조로 정비하여 행정강제의 수단을 포괄적으로 규율하고, 행정강제의 일반원칙, 개별 강제수단의 요건과 절차 및 한계를 구체적으로 정하는 것이 효율적인 행정의 집행과 국민의 권익보호를 위해 바람직하다는 주장이 제기되고 있는 것이다.[58]

2. 입법론적 개선방안

1) 입법 방법론

현행의 개별법 중심의 규율체계는 개별 강제수단 간의 체계적 연관성이 결여될 수 있으며, 강제수단의 선택에 있어서 탄력성이 없어 구체적인 상황에 적합하고 가장 적은 침해를 주는 수단을 사용해야 한다는 비례원칙이 적용되지 못하는 문제가 있다는 이유로, 일반법 제정방식으로 정비하여야 한다는 견해가 적지 않다.[59] 일반법 제정이 필요하다는 입장은 강제집행의 수단과 그 적용 요건 등을 일반법에 규율하여 행정청은 비례의 원칙에 입각하여 행정상 의무의 이행을 확보하기에 가장 적합한 수단을 선택할 수 있도

---

58) 박상희/김명연, 행정집행법의 제정방향 – 행정상 강제집행제도의 현황과 개선방안, 한국법제연구원, 1995, 207면 이하; 정하중, "한국의 행정상 강제집행제도의 개선방향", 공법연구 제24집 제3호, 1996. 6, 110면; 조태제, "행정집행제도의 문제점과 그 개선방안", 법조 제577호, 2004. 10, 107면 이하; 송동수, "행정상 강제집행제도의 비교법적 검토", 토지공법연구 제64집, 2014. 2, 259면 이하; 최봉석, "행정강제의 정당화 근거와 한계", 공법연구 제38집 제4호, 2010. 5, 255면 이하 참조.

59) 대표적인 글로는 박상희/김명연, 행정집행법의 제정방향 – 행정상 강제집행제도의 현황과 개선방안, 한국법제연구원, 1995, 156면; 최봉석, "행정강제의 정당화 근거와 한계", 공법연구 제38집 제4호, 2010. 5, 256면

록 하려는 것이다. 일반법 제정에 의해 강제수단에 있어서 입법적 흠결을 해소하고, 행정의 실효성을 확보할 수 있다는 것이다.

이에 대하여 강제수단을 일반법으로 규율하는 경우, 해당 사안에 비추어 불필요한 경우까지 수범자에게 강제수단이 사용될 수 있으며, 구체적인 수단이 명시되어 있지 않으므로 행정청이 일반규정을 근거로 그 적용범위를 확장하여 강제수단을 남용할 수 있는 가능성이 있다고 보는 견해도 있다.[60] 일반법 제정의 방식이 행정청에게 지나친 재량을 부여함으로서 남용의 소지가 있으므로, 일반법으로 규율하는 것보다는 개별법에서 구체적 상황에 적합하고 필요한 강제수단을 입법적 결단으로 허용한 경우에만 그러한 강제수단을 활용할 수 있도록 하는 것이 국민의 권익보호에 부합한다고 보는 것이다.

2) 일반법–개별법 이원적 규율체계

행정강제의 규율체계를 어떻게 구성할 것인지의 문제는 행정의 실효성을 확보함과 동시에 국민의 권익침해를 최소화하는 방안이 무엇인지를 찾는 데 있다. 우리의 행정강제제도는 독일과 같은 통일적인 일반법을 구비하지 못한 입법체계로 운용되고 있어 행정강제수단의 체계적 연관성이 부족하고, 단편적인 개별규정에서의 절차적 미비로 절차적 통제를 받지 않는 탈법적 강제의 우려도 있는바, 국민의 예측가능성 보장, 권익보호 및 행정의 실효성 확보를 위해 독일과 같이 전통적인 행정강제수단을 총괄적으로 규정하는 입법체계를 도입할 필요가 있다.[61] 각 행정강제수단의 요건, 선택 기준, 관할, 절차, 비용 및 권리구제 등 공통적이고 일반적인 사항에 대하여 일반법으로 규율할 필요가 있다. 행정상 의무불이행에 대한 강제수단의 입법적 공백이 발생하는 것을 방지할 수 있으며, 구체적인 상황에 가장 적합하고 필요한 수단을 행정청이 선택할 수 있다는 점에서 일반법 체계는 장점이 있다. 다만, 일반법의 제정만으로 모든 행정강제수단의 형식과 절차, 방법 등이 포괄적으로 구비되어 국민의 권익이 철저히 보장되며 행정의 실효성이 확보될 것이라고 단정하기는 어렵다. 국민의 예측가능성을 보장하고 행정권한의 남용을 규제하며 행정상 의무불이행에 대한 강제수단의 입법적 공백을 방지한다는 차원에서 절차법적·실체법적 규율에 관한 일반법을 마련하되, 일반법에는 행정강제수단에 관련된 기본원칙과 핵심적 준수사항, 집행요건과 한계, 집행절차와 방법, 강제수단 상호간의 관계, 비용징수 등 총칙적 규정을 마련하고, 보충적으로 개별법령에서 행정강제수단 중 당해 법령의 목적을 달성하기에 가장 적합한 수단을 한정적으로 열거·특정하고,[62] 각각의 개별법령이

---

60) 박윤흔, "행정법상의 의무이행 확보수단 – 그 현황과 개선방향을 중심으로", 고시계 1988. 3, 23면.
61) 김남진/김연태, 행정법Ⅰ, 제22판, 법문사, 2018, 544면; 홍정선, 행정법원론(상), 제24판, 박영사, 2016, 658면.
62) 입법론적으로 각 개별영역에 맞는 적절한 강제수단이 도입되어야 한다는 주장으로는 박재윤, "행정

갖는 특수한 내용과 사정 등을 고려한 요건과 절차 등을 좀 더 상세히 규정할 필요가 있다.

　　개별 법률에서 행정상 강제에 대하여 다르게 규정하고 있는 경우 해당 법률의 규정을 우선 적용한다는 취지의 규정을 일반법의 총칙에 둘 필요가 있다. 즉, 「행정대집행법」 제1조와 같이, "행정의무의 이행확보에 관하여서는 따로 법률로써 정하는 것을 제외하고 는 본법의 정하는 바에 의한다."라는 규정을 일반법에 두는 것이 필요하다고 생각한다. 이러한 규정에 의하여 행정강제에 대하여 개별법이 있는 경우에는 개별법이 우선적으로 적용되며, 개별법에 규정되어 있는 사항 이외에는 일반법이 적용되도록 하고, 또한 개별 법에서 행정상 의무 불이행에 대한 강제수단에 대하여 따로 규정하고 있지 않더라도 행 정집행의 일반법적 근거가 마련됨으로써 행정집행에 대한 입법적 공백이 발생하지 않도 록 할 필요가 있다.

　　행정강제제도는 기본적으로 국민에게 침익적 행위를 하는 것을 주된 내용으로 하는 것이므로 그에 관해 명시적·구체적인 법적 근거를 마련하는 것이 법치국가원칙에 부합 하는 것이라 볼 때 일반법에만 의존하기 보다는 개별법적 근거를 두려는 노력이 요청된다.

V. 맺는 말

　　독일이 행정집행에 관하여 일반법에 의한 자족적 완결된 법체계를 갖고 있는데 대 하여, 우리의 현행 행정상 강제제도는 개별법 중심의 규율체계를 취하고 있다. 대집행에 대하여는 일반법으로서 「행정대집행법」이 제정되어 있고, 강제징수에 대하여는 「국세징 수법」이 일반법으로서 기능을 하고 있으나, 이행강제금·직접강제·즉시강제에 대하여는 개별법에서 근거를 두고 있는 경우에만 허용된다. 이러한 개별법 중심의 규율체계는 행 정상 의무 불이행이 있음에도 그에 대응할 행정상 강제수단에 없어서 입법적 공백이 발 생할 수 있으며, 각 강제수단 사이에 체계성이 떨어지는 문제점이 있다. 또한 그 부과요 건, 절차 그리고 한계 등이 명확하게 규율되고 있지 않음으로, 국민의 권익보호의 측면에 서 문제가 있다.

　　행정상 강제제도의 체계화를 위해서는 무엇보다도 법적 규율이 정비될 것이 요구된 다. 행정상 의무는 이행되어야 하며, 의무 불이행에 대하여는 의무이행을 강제하는 수단 이 마련되어야 한다. 다른 한편, 행정강제에 의하여 국민의 권익이 침해되는 것은 방지되 어야 한다. 국민의 권익보호를 강화하면서 행정의 실효성을 확보할 수 있도록 입법적 개 선이 요청된다.

집행에 관한 통일적 규율의 가능성과 한계", 공법연구 제40집 제1호, 2011. 10, 460면 참조.

[참고문헌]

권순호, "행정집행법의 제정에 관한 입법론적 연구", 단국대학교 박사학위논문, 2010.

김남진/김연태, 행정법 I, 제22판, 법문사, 2018.

김명연, "토지·건물의 명도 및 부작위의무에 대한 행정대집행", 고시계, 2006. 7.

김아름, "국민의 권익보장을 위한 행정대집행에 관한 연구", 고려대학교 박사학위논문, 2015.

김연태, "건축법상 이행강제금 부과의 요건과 한계에 관한 고찰", 고려법학 제70호, 2013.

김연태, "현행 행정집행제도의 체계상의 문제점", 강원법학, 제49권, 2016. 10.

김연태, "행정상 강제집행제도의 입법적 개선에 관한 고찰", 법학연구, 제27권 제2호, 2016. 12.

류지태, "전통적 강제수단에 의한 확보방안", 자치행정, 제77권, 1994. 8.

박균성, 행정법론(상), 제15판, 박영사, 2016.

박균성, "행정상 즉시강제의 통제 – 비례원칙, 영장주의, 적법절차의 원칙과 관련하여", 행정판
　　　　례연구 제11집, 박영사, 2006.

박상희/김명연, 행정집행법의 제정방향 – 행정상 강제집행제도의 현황과 개선방안, 한국법제연
　　　　구원, 1995.

박윤흔, "행정법상의 의무이행 확보수단 – 그 현황과 개선방향을 중심으로", 고시계 1988. 3.

박재윤, "행정집행에 관한 통일적 규율의 가능성과 한계", 공법연구 제40집 제1호, 2011. 10.

서정범, "이행강제금제도에 관한 고찰", 경찰대학 논문집 제29집, 2009.

송동수, "행정상 강제집행제도의 비교법적 검토", 토지공법연구 제64집, 2014. 2.

이상덕, "행정대집행과 민사소송의 관계", 재판실무연구, 2009. 1.

전극수, "이행강제금 도입법에 대한 비판과 개선방안", 공법연구 제37집 제2호, 2008. 12.

정하중, "한국의 행정상 강제집행제도의 개선방향", 공법연구 제24집 제3호, 1996. 6.

조태제, "행정집행제도의 문제점과 그 개선방안", 법조 제577호, 2004. 10.

최봉석, "행정강제의 정당화 근거와 한계", 공법연구 제38집 제4호, 2010. 5.

홍정선, 행정법원론(상), 제24판, 박영사, 2016.

홍준형, 행정법, 제2판, 법문사, 2017.

App, Michael/Wettlaufer, Arno(Hrsg.), Verwaltungsvollstreckungsrecht, 5. Aufl., 2011.

Brühl, Raimund, Die Prüfung der Rechtsmäßigkeit des Verwaltungszwangs im gestreckten
　　　　Verfahren, JuS 1998, S. 65 ff.

Drews, Bill/Wacke, Gerhard/Vogel, Klaus/Martens, Wolfgang(Hrsg.), Gefahrenabwehr, 9.
　　　　Aufl., 1986.

Dünchheim, Thomas, Vom Zwangsgeld zurück zur Zwangsstrafe?, NVwZ 1996, S. 117 ff.

Engelhardt, Hanns/App, Michael/Schlatmann, Arne(Hrsg.), Verwaltungs–Vollstreckungsgesetz,
　　　　Verwaltungszustellungsgesetz : Kommentar, 10. Aufl., 2014.

Rudolph, Inge, Das Zwangsgeld als Institut des Verwaltungszwangs, 1992.

과태료 관련 법제의 법적 문제에 대한 고찰*

박 종 준**

존경하는 (故) 류지태 교수님께서는 2002년 12월 法曹지에 "행정질서벌의 체계"라는 주제의 논문을 통하여 행정법 체계 내에서 행정질서벌의 의의에 대한 법적 탐구와 향후 발전방향을 논하신 바 있습니다. 특히 교수님께서는 행정질서벌이 광의의 의미에서의 제재법의 한 유형에 속하면서도 행정형벌과 구별되는 독자적인 행정법상 제재로서 행정실체법적 이해관계를 의무위반의 경우에 실현시키는 수단이므로 행정실체법적 체제 하에서 통일적으로 고찰되어야 하며 또한 행정실체법에서 전제되어 있는 행정의 능률실현 원리를 중요하게 고려하여 행정질서벌의 부과요건이나 부과절차 등을 구성해 나갈 필요가 있음을 강조하셨습니다. 교수님의 논문이 발표된 시점에는 아직 행정질서벌에 대한 일반적인 근거 법률이 제정되어 있지 않은 상황이었습니다. 류교수님께서 행정질서벌의 체계 정립을 위한 이론적인 방향을 논하신지 거의 약 15년이 넘는 시간이 흘렀습니다. 그 이후 가장 큰 변화라고 할 수 있는 「질서위반행위규제법」이 시행 중인 현 시점에서, 불민한 후학은 감히 교수님의 문제의식을 이어받고자 행정질서벌인 과태료 관련 법제에 관한 법적 문제를 검토하는 연구를 시작하게 되었습니다. 아직 보잘 것 없는 성과물이나 교수님께서 제기하셨던 문제의식을 더욱더 풍성하게 꽃피울 수 있도록 계속해서 의미 있는 관련 후속 연구들을 이어가겠다는 다짐을 교수님께 드립니다.

I. 들어가는 말

국내의 과태료 관련 법제는 과태료에 관한 일반법인 「질서위반행위규제법」과 과태료의 부과대상이 되는 질서위반행위의 유형과 그에 따른 구체적인 과태료 금액을 규정하고 있는 개별 법률들로 구성되어 있다. 특히 행정질서벌인 과태료에 관한 기본법으로 2008년부터 시행된 「질서위반행위규제법」은, 행정작용의 실효성 확보수단 각각에 관한

* 본고의 원출처는 박종준, "과태료 관련 법제의 법적 문제에 대한 고찰", 법조(제65권 제9호), 법조협회(2016. 12), 276-306면으로서 최근 동향에 맞게 일부 사항을 수정 및 보완하였음을 밝힙니다.
** 법학박사, 한국법제연구원 부연구위원

일반법이 많이 존재하지 않는 국내 법제에 있어서 중요한 의의를 가지고 있다. 「질서위반행위규제법」은 독일의 질서위반법(Ordnungswidrigkeitrecht)을 입법적 모델로 하여[1] 과태료 부과의 요건이 되는 질서위반행위의 성립과 과태료 처분에 관한 법률관계를 명확하게 하고, 개별 법령상 산재되었던 과태료의 부과·징수 절차를 일원화하는 한편, 과태료 재판과 집행절차를 개선·보완하는 것을 주요한 목적으로 삼고 있다. 제정·시행된 지 10년 가까운 시간이 흐른 지금 「질서위반행위규제법」은 과태료 관련 법제의 핵심적인 법적 기반으로서의 역할을 다하고 있다. 무엇보다도 이른바 과태료와 관련된 총론적 성격의 규율, 즉 질서위반행위 법정주의(제6조), 고의 또는 과실이나 위법성의 착오 등의 주관적 책임요소의 도입(제7조 및 제8조), 다수인의 질서위반행위 가담(제12조), 수개의 질서위반행위의 처리(제13조) 등을 명시하여 과태료에 관한 법리적인 기초를 확립한 점, 과태료 부과 절차를 비교적 상세하게 규정하여 과태료 행정의 투명성을 제고하고 당사자의 절차권을 보장하는데 실무적으로 크게 기여한 점, 질서위반행위의 재판 및 집행 등에 관한 사항을 명확히 규정하여 과태료에 대한 불복절차를 체계적으로 정립한 점 등은 「질서위반행위규제법」이 이루어낸 의미 있는 법적 성과이다.[2] 더 나아가 과태료에 관한 일반법이 존재함으로써 과태료 제도를 보다 실효성 있는 의무이행확보수단으로 발전시켜나갈 수 있는 법제도적인 기반이 마련된 것은 주목할 만한 부분이다. 급변하는 법현실에 따라 예측불가능할 정도로 계속해서 제기되는 다양한 제도운용상의 구체적인 법적 문제들을 입법적으로 해결해나갈 수 있는 토대로서의 기능을 「질서위반행위규제법」이 수행해나가고 있다. 이는 일반법이 존재하지 않는 다른 의무이행확보수단들의 경우 그 실제 적용과정에 있어서 다양한 법적 쟁점들이 발생하고 있음에도 불구하고 이를 입법적으로 해소될 여지가 크지 않다는 점과 분명 대비되는 부분이기도 하다.

이처럼 국내의 과태료 관련 법제는 「질서위반행위규제법」 제정 이전과 이후로 나눌 수 있을 정도로 「질서위반행위규제법」이 가지는 의의는 매우 크다. 「질서위반행위규제법」이 제정되기 이전에 개별법상 과태료가 산재되어 있던 시기를 제1기, 「질서위반행위규제법」이 제정된 2008년 이후 시기를 제2기로 나눈다면, 동 법률이 제정·시행된 지 10년여에 이르고 있는 현 시점에 있어서 과태료 관련 법제는 새로운 도약과 제도 정비로서의 제3기를 맞이하고 있다고 판단된다. 즉 그동안의 성과와 별개로, 「질서위반행위규제법」의 적용 과정에 나타난 다양한 법적 문제들을 제도적으로 어떻게 해소할 것인지에 대

---

[1] 김성돈, "가칭 질서위반법의 체계와 이른바 질서위반행위의 구조", 법조(제53권 제10호), 법조협회 (2004. 10), 7면.

[2] 조태제, "행정질서벌제도의 문제점과 그 개선방안 : 질서위반법 제정논의를 중심으로", 토지공법연구 (제24집), 한국토지공법학회(2004. 12), 553-554면.

한 고민이 필요하며, 또한「질서위반행위규제법」과 과태료를 규정하고 있는 개별 법률들 간의 적용관계에서 드러나고 있는 문제들에 대한 입법적 개선방향에 대한 검토가 요구되는 시점이다. 특히 전자와 관련해서는 거의 절반 수준에 머물고 있는 과태료 징수율 제고를 위한 법제 개선 노력이 정부를 중심으로 전개되고 있다. 이는 세법상의 징수절차를 준용하고 있는 현행 과태료 제도의 구조적인 한계로 인한 문제를 극복하기 위한 시도들이라고 할 것인데, 지난 2014년 8월 제정된「지방세외수입금의 징수 등에 관한 법률」(이하 '지방세외수입법'이라 함)의 경우 원래 과태료를 포함한 지방세외수입금의 징수 및 관리 체계를 강화하기 위하여 제정되었으나, 과태료에 대한 일반법인「질서위반행위규제법」이 이미 존재함에 따라 과태료는 이러한 지방세외수입법의 적용범위에서 제외되고 있다. 따라서 과태료를 제외한 과징금, 이행강제금 등에 대해서는 지방세외수입법에 따른 강화된 징수 관련 규율이 적용되고 있는 상황인 바,[3] 이는 금전적인 의무이행확보 수단 간의 규율 형평성 문제, 법적용상의 혼선 등의 적지 않은 문제들을 야기하고 있다. 이와 같은 과태료 징수 체계의 문제 중 일부를 해소하기 위하여 최근 2016년「질서위반행위규제법」일부개정을 통하여 과태료 징수유예 등에 관한 상세한 규율이 도입되기도 하였다. 이에 대해서는 이하에서 보다 구체적으로 검토할 것이다.

이처럼 과태료의 징수와 관련된 법적 문제처럼「질서위반행위규제법」자체와 관련된 쟁점들이 있고, 그 밖에 과태료를 규정하고 있는 개별 법률들에서 여전히 해소되지 못하고 있거나 새롭게 등장하고 있는 문제들이 있다. 본 연구는 과태료 제도를 둘러싼 이와 같은 법적 여건의 변화 및 제도개선 필요성 등에 대한 인식을 토대로 하여, 행정질서벌로서의 과태료 관련 법제의 다양한 법적 문제들을 분석하고 이러한 각각의 문제들을 해소할 수 있는 합리적인 개선방안을 검토하는 것을 목적으로 한다. 그리고 더 나아가「질서위반행위규제법」제정 이후 과태료 제도의 새로운 도약과 모색이 필요한 현 시점에서, 과태료 관련 법제가 보다 안정적이고 체계적인 행정작용상의 실효성 확보수단으로 자리매김하기 위하여 나아가야 할 방향을 모색하여 보고자 한다.

Ⅱ.「질서위반행위규제법」의 입법동향

1.「질서위반행위규제법」2016년 일부개정의 의의 및 주요 내용

2016년 12월 2일「질서위반행위규제법」이 법률 제14280호로 일부개정되어 2017년

---

3) 이러한 법체계에도 불구하고 일부 지방자치단체의 경우 과태료가 지방세외수입에 속한다고 보아 과태료에 대해서도 지방세외수입법을 적용하는 사례가 적지 않은 것으로 보인다. 보다 신중한 법적용 검토가 필요한 시점이다.

6월 3일부터 시행될 예정이다. 2007년 제정되어 2008년부터 시행되기 시작한「질서위반
행위규제법」의 두 번째 일부개정이 근 10여년 만에 이루어지게 된 것이다. 2011년의 첫
번째 일부개정은 ① 사생활의 보호 및 행정비용의 감축을 위하여 당사자의 동의가 있는
경우에는 전자문서로 과태료를 부과할 수 있도록 하고(제17조), ② 과태료 집행의 실효성
등을 위하여 당사자의 사망에 따른 상속재산에 대하여도 집행할 수 있도록 하며(제24조의
2), ③ 과태료 재판의 집행결과를 과태료를 부과한 행정청에 통보하도록 하고(제42조제4
항), ④ 자동차 관련 과태료를 체납한 경우에는 해당 자동차의 등록번호판을 영치할 수
있도록 하는 등의 특례규정(제55조 및 제56조) 마련을 주요 내용으로 하였다.[4] 이러한 2011
년 일부개정은 과태료 부과 및 집행 등의 절차에서 나타는 미비사항을 보완하고, 특히
체납율이 높은 자동차 관련 과태료의 징수율을 제고하기 위한 방편으로서 자동차 등록번
호판 영치 제도 등을 도입하였다는 점에서 의의가 있다. 하지만 세법절차를 준용하고 있
는 과태료 징수체계의 근본적인 문제를 해소하기에는 개정 내용이 다소 미흡하였다는
점, 자동차 관련 과태료와 같은 특정 과태료에 관한 특례규정을 일반법인「질서위반행위
규제법」에서 규정하는 것이 적절하지 않을 수 있다는 점 등을 아쉬운 부분으로 지적할
수 있다.

　　금번「질서위반행위규제법」의 두 번째 일부개정의 주요 내용은 크게 네 가지로서,
① 신용카드에 의한 과태료 등의 납부(제17조의2), ② 체납된 과태료에 대한 가산금 인하
(안 제24조제1항), ③ 과태료의 징수유예 등 규정 정비(제24조의3), ④ 자동차 등록번호판의
영치 제도 등 개선(제55조)이 포함되었다. 우선 신용카드에 의한 과태료 등 납부의 법적
근거 신설은 개별법인「도로교통법」제161조의2,「경범죄 처벌법」제8조의2 등에서 과
태료를 신용카드 등으로 납부할 수 있는 근거를 이미 도입·운용하고 있는 상황에서[5] 다
소 늦은 감이 있다고 여겨질 정도로 당연히 법제화되었어야 할 사항으로 판단된다. 복잡
한 규율사항이 아님에도 불구하고 일반법인「질서위반행위규제법」에 도입이 늦어져, 그
동안 기본법과 개별법과의 괴리에 따른 실무상 불필요한 혼선 및 국민 불편을 발생시켜
온 부분을 해소해 줄 것으로 기대된다. 또한 기존에 그 수준이 과도하다는 지적이 적지
않았던 가산금을 100분의 5에서 100분의 3으로 낮추어 납부의무자의 경제적 부담을 경
감한 부분도 눈에 띄는 개정사항이다. 더 나아가 과태료의 분할납부나 납부기일의 연기
를 포함한 징수유예 제도의 법적 근거를 구체화시킨 것은 이번「질서위반행위규제법」일
부개정에서 가장 의미 있는 부분이라고 하겠다. 즉 기존에는 과태료 납부기한의 연기 및

---

4) 국회 법제사법위원회장, 질서위반행위규제법 일부개정법률안(대안), 의안번호 1811093호, 2011. 3.
　　11. 2-3면.
5) 국회 법제사법위원회 전문위원, 질서위반행위규제법 일부개정법률안 검토보고, 2016. 11. 5-6면.

분할납부에 관하여 「국세징수법」 제15조부터 제20조6)까지의 규정을 준용하도록 규정하고 있는데, 과태료의 법적 성격과 맞지 않는 조항이 존재하고, 준용규정만으로는 과태료 행정실무의 명확성과 투명성을 충분히 확보하기 어렵다는 점 등의 비판이 제기될 수밖에 없었다. 이번에 신설된 과태료의 징수유예 등에 관한 조항인 제24조의3은 징수유예의 적용을 받을 수 있는 대상자의 범위 및 사유, 신청방법 등을 명확히 규정하는 한편, 징수유예를 하는 경우 행정청이 담보보전에 필요한 명령을 할 수 있음을 명시하고(동조 제3항), 과태료 징수유예의 취소사유를 구체화함(동조 제5항)으로써 과태료 납부 회피 목적으로 동 제도를 악용하려는 경우까지도 충실하게 대비하여 제도의 안정적인 운용을 뒷받침하고 있다.7) 마지막으로 2011년 개정을 통해 도입된 자동차 등록번호판의 영치 제도와 관련하여 자동차를 직접적인 생계수단으로 하고 있는 자에 대하여 등록번호판 영치를 일시 해제할 수 있도록 하는 법적 근거(제55조제4항)를 신설하여 사회경제적 약자에 대한 정책적 배려를 도모하고자 하였다.

2. 「질서위반행위규제법」 2016년 일부개정에 대한 평가

2016년의 두 번째 「질서위반행위규제법」 일부개정은 과태료 징수 체계의 미비점에 대한 일부 보완과 과태료 행정과 관련된 편의사항 제고 및 약자에 대한 구체적 배려 등의 가치가 담겨졌다는 점에서 긍정적인 평가를 할 수 있다. 특히 기존에 「국세징수법」의 일부조항을 단순히 준용하고 있는 규율형식에서 벗어나 구체적인 대상자와 범위, 절차 및 후속조치 등의 사항을 구체화하고 있는 「질서위반행위규제법」 제24조의3에 근거한 '과태료의 징수유예 등'의 규율의 도입은 향후 「질서위반행위규제법」이 지향해나가야 할 입법적 모델을 제시하고 있다는 점에서 그 시사하는 바가 매우 크다. 즉, 비록 이번 개정을 통하여 과태료 징수유예 제도를 도입하기는 하였으나, 아직 과태료 징수에 대해서는 전반적으로 국세 또는 지방세에 관한 규율체계를 준용하는 방식에서 벗어나지 못하고 있는 실정이며, 따라서 과태료 징수 등에 관한 독자적인 규율체계를 정립하는 것이 「질서위반행위규제법」을 비롯한 과태료 관련 법제의 주요한 법적 과제가 되어야 할 것으로 보인다.

이와 관련하여 비록 입법화되지는 못하였으나 정부가 지난 2014년 12월부로 입법예

---

6) 이에 해당하는 조항으로는 「국세징수법」 제15조(납기 시작 전의 징수유예), 제16조(송달 불능으로 인한 징수유예와 부과 철회), 제17조(고지된 국세 등의 징수유예), 제18조(징수유예에 관한 담보), 제19조(고지된 국세 등의 징수유예의 효과), 제20조(징수유예의 취소)가 있다. 이중에서 특히 제15조의 납기 시작 전의 징수유예나 제16조의 송달 불능으로 인한 징수유예 등에 관한 규율은 과태료와 맞지 않는 조항으로서 준용 자체가 적절하지 않았다고 할 수 있다.
7) 국회 법제사법위원회 전문위원, 질서위반행위규제법 일부개정법률안 검토보고, 2016. 11. 11면.

고하였던 「질서위반행위규제법」 일부개정법률안의 주요 내용은 주목받아 마땅하다.[8] 이 개정안은 "형벌의 과태료 전환 등으로 과태료 금액이 고액화되고, 과태료의 체납누적액이 고액에 달하고 있음에도 고액·상습과태료 체납자에 대한 예금잔액 조회 근거조차 마련되어 있지 않고, 체납처분에 관하여 국세 또는 지방세 체납처분의 예에 따르도록 규정되어 있어 어떤 절차가 적용되는지 명확하지 않은 측면"이 있다는 문제의식 하에, 과태료의 징수 및 체납처분 절차를 명확히 규정하고(과태료 소멸시효 독자규정, 과태료 독촉의 방식 및 절차 등 구체화, 결손처분 사유 구체화 등), 과태료 징수의 효율성 제고를 위한 의미 있는 제도적 수단들(행정청 상호간 과태료 징수촉탁 협약, 한국자산관리공사의 공매 및 청산 대행 근거 등)을 명시하는 한편, 고액상습체납자의 예금존부 및 잔액정보 제공요청의 근거, 과세자료 요청 등을 내용으로 하는 과태료 징수수단 강화를 주요 개정내용으로 내세웠다.[9] 이러한 2014년 정부 발의의 「질서위반행위규제법」 일부개정법률안은 금전적 제재수단으로서 과태료의 실효성을 제고하는 한편 징수절차를 명시하여 일선 행정실무의 명확성과 투명성을 높이는 것에 주안점을 두었다. 그리고 이는 앞서 언급하였던 「질서위반행위규제법」의 향후 개정방향과 맞물려 앞으로 더욱더 큰 중요성을 가지게 될 것이다. 「질서위반행위규제법」이 기존의 산재되어 있던 과태료 관련 사항을 통일적으로 규율하는 법적 전기를 마련하였다면 지금부터는 이를 바탕으로 하여 과태료 제도의 보다 안정적이고도 실효적인 운용을 가능하게 하는 법적 근거들의 정비가 지속적으로 이루어질 필요가 있다.

Ⅲ. 과태료 관련 법제의 주요 법적 문제에 대한 검토

과태료 관련 법제의 법적 문제는 다양한 관점에서 접근이 가능할 것이나, 현행 과태료 법제를 대표하는 일반법인 「질서위반행위규제법」의 규율과 관련된 것과 개별법상 과태료 규율과 관련된 것으로 크게 구분하여 검토하는 것이 가장 합리적이라고 하겠다. 하지만 이러한 이원화된 문제접근방법이 「질서위반행위규제법」과 개별 법률들 간의 유기적인 법적 관계를 외면하려는 취지가 아님을 유의할 필요가 있다. 즉 일반법과 개별 법률 간의 규율관계가 법적으로 연계되어 있다는 점을 고려할 때, 이러한 이원화된 접근은 그저 연구방법의 효율성을 확보하기 위함이지 이들을 따로 떼어놓고 별도로 검토하기 위한 의도는 아니다. 「질서위반행위규제법」 자체의 문제라고 인식하고 접근하였으나 이에

---

8) 동 법안은 제338회 국회 법제사법위원회에 2015년 9월 22일 회부되어 동년 12월 30일부로 상정되었으나, 2016년 5월 29일 임기만료로 폐기되었다.

9) 법무부, 질서위반행위규제법 일부개정법률안, 2014. 12. 1면 이하.(법무부 입법예고 홈페이지, http://www.moj.go.kr/HP/COM/bbs_04/ShowData.do, 최종접속 : '18. 1. 15.)

대한 해소방안이 개별 법률상의 규율 개선을 통하여 해소될 수 있다. 다시 말해 법적 문제 검토에 대한 출발점은 각기 다르나 그 종착점이 되는 법제 개선방향은 과태료 관련 법제의 전체 체계 속에서 종합적으로 검토될 수밖에 없다는 것이다. 이에 더하여 과태료 관련 법제를 둘러싼 법적 문제 전부를 본 논문에서 다루기에는 한계가 있다는 점도 일단 감안할 필요가 있다.

1.「질서위반행위규제법」관련 법적 문제

1) 국가 또는 지방자치단체 등에 대한 과태료 부과의 문제

국가 또는 지방자치단체 등에 대한 과태료 부과가 가능한지 여부가「질서위반행위규제법」제2조제3호의 "당사자" 정의와 관련되어 문제되고 있다. 과태료 부과의 대상이 되는 "당사자"의 개념은 "질서위반행위를 한 자연인 또는 법인(법인이 아닌 사단 또는 재단으로서 대표자 또는 관리인이 있는 것을 포함한다. 이하 같다)"으로 정의된다(법 제2조제3호). 따라서 이러한 "당사자"의 범주 안에 국가, 국가기관, 지방자치단체 및 소속 기관 등이 포함될 수 있는지가 문제될 수 있다. 이에 대해서는 우선 국가(대한민국)와 지방자치단체는 공법인이므로「질서위반행위규제법」제2조제3호의 "당사자"에 해당한다고 볼 수 있으므로, 일단 국가와 지방자치단체는 과태료 부과대상이 된다고 볼 수 있다. 하지만 전자에 대해서는 형벌권의 주체인 국가가 스스로를 대상으로 형벌권을 행사하는 것이 모순되며 실효적인 행사도 불가능하다는 점, 국가에 대한 금전형은 결국 동일한 국고에서 나오고 들어가는 것이 되므로 응보나 예방 차원에서 그 효과가 미비하다는 점, 명문의 규정은 없으나 국가의 주권면책이 인정될 필요가 있다는 점 등을 들어 국가를 과태료를 포함한 형벌권의 대상에서 제외하는 것이 타당하다는 주장이 일반적이다.[10] 또한 국가로부터 부여받은 권한을 국가를 위하여 행사하는 내부조직을 의미하는 국가기관은 법률효과의 직접적인 귀속주체가 아니기 때문에 법인격을 가지지 않는다고 보는 것이 일반적이므로,[11] 국가기관은「질서위반행위규제법」제2조제3호의 "당사자"에 해당하지 않으므로 과태료 부과대상이 될 수 없다고 보는 것이 타당하다.[12] 지방자치단체의 경우 공법적인 행정주체로서 법인격이 인정될 수 있다는 점,[13] 앞서 살펴본 국가에 대한 형벌권 행사 문제의 모순이 적

10) 박재완, "지방자치단체가 양벌규정의 적용대상이 되는 법인에 해당하는지 여부에 대한 고찰 : 대법원 2005. 11. 10. 선고 2004도2657 판결에 대한 평석", 법조(제55권 제8호), 법조협회(2006. 8), 204–205면. / 이동신, "과태료 사건의 실체법 및 절차법상 제문제", 사법논집(제31집), 법원도서관(2000), 107면.
11) 류지태·박종수,『행정법신론』, 박영사(2016), 795면.
12) 법무부,『질서위반행위규제법 해설집』, 법무부 법무심의관실(2015), 129~130면.
13) 류지태·박종수, 앞의 책, 792면.

용될 여지가 없다는 점 등을 고려할 때 과태료 부과 대상이 된다고 보는 것이 타당하다.[14] 다만 지방자치단체의 경우 담당하는 사무의 성격에 따라 달라질 수 있는데, 그 법적 효과가 국가에 귀속하게 되는 기관위임사무에 대해서는 앞서 언급한 국가기관에 적용된 논리에 따라 과태료 책임을 부과하기 어렵다고 볼 것이나, 자치사무에 대해서는 과태료 책임을 부과하는 것이 타당하다.[15]

이처럼 국가 또는 지방자치단체 등에 대한 과태료 부과가 가능한지의 문제와 관련해서는 일부 경우를 제외하고는 소극적으로 보고 있는 것이 학설과 판례, 실무의 대체적인 입장이라고 할 수 있다. 하지만 별도의 법인격이 인정되기 어려운 공공기관에 대한 과태료 부과가 가능함을 입법적으로 명시하고 있는 예외적인 경우도 존재한다. 「통계법」이 대표적인 경우인데, 동 법 제41조제3항에 의하면, "통계작성지정기관이 다음 각 호의 어느 하나에 해당하는 경우에는 200만원 이하의 과태료를 부과한다."고 규정하여[16] 공공기관에 대한 과태료 부과의 법적 근거를 명시하고 있다. 이 경우 개별 법률의 입법적 목표를 위하여 불가피하여 과태료 부과 대상을 공공기관을 포함하고 있는 것이므로, 일반법인 「질서위반행위규제법」에서 이러한 규율을 부정할 수는 없다고 할 것이나, 다만 행정청과 일반 당사자인 시민 간의 공법관계를 전제로 하여 구성된 「질서위반행위규제법」상의 구체적인 과태료 부과·징수 절차와 이의제기(제20조), 과태료 재판 등이 어떠한 방식으로 적용되어야 할 것인지는 불분명하다. 한편 이와 반대로 일정한 질서위반행위에 대하여 국가 또는 지방자치단체의 과태료 책임을 제외시키는 명문의 규정을 두는 경우도 있다. 「에너지이용 합리화법」[17]의 경우가 대표적인 바, 동 법 제78조제4항 단서는 그 의무의 성격상 국가 또는 지방자치단체가 이행하여야 할 사항이 아닌 경우에 대해서는 과태료 부과대상에서 국가 또는 지방자치단체가 제외됨을 명시하고 있다.

정책적인 고려가 필요하여 불가피하게 그 도입이 필요한 경우를 제외하면 국가 또는 지방자치단체에 대하여 금전적 제재수단의 일종인 과태료를 부과하는 것은 타당하지 않다고 판단된다. 무엇보다도 불필요한 법리상 해석의 문제를 야기시키며 제재로서의 실효성이 크지 않다는 점을 고려하며, 국가 또는 지방자치단체 등에 대해서는 과태료 이외

---

14) 박재완, 앞의 논문, 210면.
15) 법무부, 앞의 책, 137-138면. 이와 관련하여 직접적인 사건은 아니지만 지방자치단체가 양벌규정에 의한 처벌대상이 되는 법인에 해당하는지 여부에 대해 지방자치단체가 고유의 자치사무를 처리하는 경우는 국가기관과는 별도의 독립한 공법인으로서 처벌대상이 된다고 판시한 대법원 2009. 6. 11. 선고 2008도6530 판결도 참조할 필요가 있다.
16) 「통계법」(법률 제13818호, 2016.1.27., 일부개정) 제3조 제3호에 따르면 ""통계작성기관"이란 중앙행정기관·지방자치단체 및 제15조에 따라 지정을 받은 통계작성지정기관을 말한다"고 규정하고 있다.
17) 법률 제13805호, 2016.1.19., 타법개정, 2016. 8. 12. 시행.

에 경고, 시정조치 등의 의무이행확보수단을 활용하는 것이 타당하다. 입법적으로는 「에너지이용 합리화법」처럼 국가 또는 지방자치단체 등에 대한 과태료 부과가 불필요하게 문제될 수 있을 경우를 차단하기 위한 명시적인 책임예외 조항을 마련할 필요가 크다. 현재 법무부의 유권해석을 통하여 이와 관련된 법적 문제들이 다루어지고 있으나, 그 근거를 아예 명시하는 것이 법적 명확성 차원에서도 바람직하다. 하지만 이때 개별 법률상 공공주체 등에 대한 과태료 부과가 필요한 경우도 예외적으로 있을 수 있으므로 「질서위반행위규제법」보다는 개별 법률들에서 필요에 따라 국가 또는 지방자치단체에 대한 과태료 제외 규정을 명시하여야 할 것이다.

2) 과태료의 시효 문제

「질서위반행위규제법」은 두 개의 시효에 관한 규정을 두고 있다. 하나가 과태료의 소멸시효(제15조)이고, 또 다른 하나가 과태료 부과의 제척기간(제19조)이다. 전자는 과태료를 부과한 후 5년간 징수하지 않으면 시효로 인하여 소멸한다는 것을 뜻하는 과태료 징수권에 관한 소멸시효 규정이며, 후자는 질서위반행위가 종료된 날부터 5년이 경과한 경우 과태료를 부과할 수 없다는 것을 의미하는 과태료 부과권에 관한 제척기간 규정이다. 이러한 과태료의 시효에 관한 「질서위반행위규제법」의 규율과 관련해서는 해석상 불명확한 일부 부분에 대한 법적 문제가 지적될 수 있다.

우선 과태료의 소멸시효와 관련해서는 「질서위반행위규제법」 제15조제2항을 둘러싼 해석상 논란이 있다. 동 조항은 과태료에 관한 소멸시효의 중단·정지 등에 관하여 「국세기본법」 제28조를 준용하도록 명시하고 있는데, 후자의 조항에 의하면 ① 납세고지, ② 독촉 또는 납부최고(納付催告), ③ 교부청구, ④ 압류가 소멸시효 중단의 법정 사유로 명시되어 있다. 하지만 이중에서 과태료 징수권과 관련하여 법적으로 적용가능한 것은 독촉과 교부청구, 압류 등에 불과하며 나머지 사유들은 세법상 특유한 절차에 해당하므로 과태료에의 준용이 부적절하다. 또한 「국세기본법」 제28조 제3항에 따른 소멸시효의 정지와 관련된 규율도 모두 세법에 따른 분납기간, 징수 유예기간, 체납처분 유예기간, 연부연납(年賦延納)기간 등을 사유로 들고 있어 과태료에 대하여 적용하기가 마땅하지 않다. 이러한 적용상의 불일치 문제 이외에 과태료 징수절차에 있어서 최초 1회에 한하여 소멸시효 중단사유로서의 효력을 가지는지 여부도 또한 문제되고 있다. 판례의 경우 국세체납절차에 따라 강제징수할 수 있도록 하고 있는 구 「의료보험법」(1994. 1. 7. 법률 제4728호로 전문 개정되기 전의 것)상의 부당이득금과 관련하여 "동일한 내용의 독촉을 하는 경우 최초의 독촉만이 징수처분으로서 항고소송의 대상이 되는 행정처분이 되고 그 후에 한 동일한 내용의 독촉은 체납처분의 전제요건인 징수처분으로서 소멸시효 중단사유가 되는 독촉이 아니라 민법상의 단순한 최고에 불과하여 국민의 권리의무나 법률상의 지위에 직접적으로 영향을 미치는 것이 아니므로 항고소송의 대상이 되는 행정처분이라 할 수 없다"고 하여 최초 1회 독촉이 소멸시효 중단사유라고 판시한 바 있다.[18] 한편 이와 관련하여 「지방세기본법 시행규칙」 제19조제2항은 "독촉장은 한 차례만 발부하며 납세고지서의 수에 따라 발부하여야 한다."고 규정하여 독촉의 횟수를 제한하고 있다. 하지만 이러한 조세나 부당이득금 등과 관련한 판례 등에서 나타나고 있는 독촉 횟수에 따른 소멸시효의 중단은 과태료에 대해서는 적용되기 어렵다고 보는 것이 타당하다. 왜냐하면 「질서위반행위규제법」 제15조제2항이 준용하고 있는 「국세기본법」 제28조에서 일단 독촉 횟수에 관한 명문의 규정이 존재하지 않으며, 최초 1회의 독촉에 한해서만 과태료에 관한 소멸시효의 중단을 인정할 경우, 과태료의 소멸시효 완성으로 인한 결손처분 사례가 증가할 수밖에 없어 조세만큼의 강제징수절차를 확보하지 못하고 있는 과태료의 경우 제재로서의 실효성이 크게 저하될 우려가 있기 때문이다.[19] 이러한 법적 문제는 근본적으로 「국세기본법」 제28조를 단순히 준용하고 있는 규정형식으로 인한 것이다. 2014년 정부에서 입법예고한 「질서위반행위규제법」 일부개정법률안에서 과태료 소멸시효의 중단사유를 '독촉, 압류, 교부청구 및 참가압류'로 직접 규정한 것[20]은 바로 이러한 문제들을 해소하기 위한 것이기도 하였다.

과태료의 제척기간을 규정하고 있는 「질서위반행위규제법」 제19조와 관련해서는 제척기간의 기산점이 되는 "질서위반행위가 종료된 날"의 법적 해석을 둘러싼 쟁점이 적지 않다. 과태료의 제척기간을 둔 것은 행정청이 과태료 부과권한의 행사를 장기간 지체한 경우 이러한 부과권한을 소멸시키지 않는 것은 당사자의 법적 안정성을 훼손할 수 있다는 판단에 따른 것이다.[21] 하지만 사법기관이 아닌 행정기관이 주로 부과하는 과태료의 경우 질서위반행위를 실제로 적발하거나 인지할 수 있는 방법이 매우 제한적이므로, 이러한 제척기간의 인정 여부는 신중하게 접근해야 할 사항으로 판단된다. 이러한 의미에서 제척기간의 기산점이 되는 "질서위반행위가 종료된 날"의 해석은 매우 중요한 문제가 될 수밖에 없다. 「질서위반행위규제법」에 대한 유권해석권한이 있는 법무부는 이러한 "질서위반행위가 종료된 날"의 의미를 질서위반행위가 완성된 날을 의미한다고 보고 있

---

18) 대법원 1999. 07. 13. 선고 97누119 판결. 이와 같은 논지의 최근 하급심 판례로는 수원지방법원 2016. 10. 12. 선고 2015구합65019 판결 참조.

19) 「질서위반행위규제법」의 소관 부서인 법무부도 이러한 취지에서 과태료에서는 최초 1회의 독촉에 대해서만 시효 중단의 효력을 인정하는 것으로 해석할 수는 없다고 밝히고 있다(법무부, 앞의 책, 222-223면).

20) 법무부, 질서위반행위규제법 일부개정법률안, 2014. 12. 6면.

21) 법무부, 앞의 책, 52면.

다.[22] 이에 따르면 특히 과태료 부과 대상이 되는 법률상 의무에 일정한 기간이 명시된 경우에 대해서는 그 해당 기간이 지난 다음 날부터 질서위반행위가 완성된 것으로 볼 수 있으므로 기산점의 파악이 훨씬 용이할 수 있다. 문제는 개별 법률상에 해당 의무에 관한 이행기간이 명시되지 않은 경우이다. 이러한 경우 질서위반행위가 완성된 것이 어느 시점인지를 특정하기란 어려우며, 그 기준을 어디로 삼을 것인지에 따라 기산점의 판단이 달라질 수 있다. 예를 들어 해당 질서위반행위 자체가 당사자의 부작위일 경우, 이러한 부작위로 인한 법익침해 상태가 계속 진행 중이라고 본다면 해당 질서위반행위가 종료되지 않은 것으로 볼 여지도 있다는 것이다. 이러한 과태료 제척기간의 기산점을 둘러싼 해석상 문제는 「질서위반행위규제법」의 개정을 통하여 해소할 수 있는 성격의 문제라고 보기는 어렵다. 광범위한 개별 법률상의 질서위반행위의 종료일을 일반법에서 구체적으로 명시하는 것은 불가능에 가깝기 때문이다. 그렇다면 과태료를 규정하고 있는 개별 법률에서 가급적 해당 질서위반행위와 관련된 의무이행기간을 구체적으로 명시하거나, "질서위반행위가 종료된 날"의 구체적인 의미를 별도로 입법하는 것이 타당하다. 이를 통하여 「질서위반행위규제법」 제19조와 관련된 불필요한 해석상 논란을 해소하여 행정의 실효성을 높이고, 국민의 예측가능성도 보장할 필요가 있다.

3) 국세 또는 지방세 징수절차와의 적용관계 문제

과태료에 관한 기본법으로서 「질서위반행위규제법」이 제정되었으나, 그 구체적인 징수와 관련해서는 여전히 세법상의 절차에 의존하고 있는 실정이다. 앞서 언급한 것처럼 최근 법개정을 통하여 과태료의 징수유예 등에 관한 별도의 규율이 신설되기는 하였지만 여전히 과태료의 징수와 관련해서는 국세 또는 지방세 체납처분의 예에 따라 징수하도록 규정하고 있어 기본적인 구조상의 문제는 아직 그대로 남아있다. 앞서 살펴본 과태료의 소멸시효를 「국세기본법」 제28조를 규정하고 있는 「질서위반행위규제법」 제15조, 당사자가 기한 이내에 이의를 제기하지 아니하고 가산금을 납부하지 아니한 때에 국세 또는 지방세 체납처분의 예에 따라 징수하도록 규정하고 있는 같은 법 제24조제3항, 과태료의 결손처분에 관하여 「국세징수법」 제86조를 준용하고 있는 같은 법 제24조제4항[23] 등이 바로 과태료의 징수절차를 국세 또는 지방세 관련 법체계를 준용하도록 하고 있는 규정들이다. 특히 이중에서도 가장 핵심은 「질서위반행위규제법」 제24조제3항으로

---

22) 법무부, 앞의 책, 305면.
23) 「질서위반행위규제법」 제24조제4항이 준용하고 있는 「국세징수법」 제86조는 2011. 12. 31, 「국세징수법」 일부개정(법률 제11125호)을 통하여 삭제되었다. 준용 형식의 규율이 가질 수밖에 없는 문제를 단적으로 드러내는 예로서, 입법적으로 정비되어야 할 부분으로 판단된다.

서, 과태료 징수절차를 국세 또는 지방세 체납처분의 예에 따라 징수한다고 단순히 규정할 뿐, 이에 대한 보다 상세한 규율이 미비하여 당사자는 물론 일선 행정실무자들도 과태료 징수 업무를 실제로 수행하는 과정에서 적지 않은 법적용상의 어려움을 겪고 있는 것이 현실이다. 이는 과태료 징수율을 효과적으로 제고함에 있어서 근본적인 장애요소가 될 수밖에 없다.

이에 더하여 2014년부터 시행되기 시작한 지방세외수입법은 과태료 징수절차에 대한 근본적인 개편 필요성을 제기하고 있다. 지방세외수입법의 경우 징수공무원, 체납자, 체납처분비, 징수, 체납액 등의 주요 개념을 법적으로 명확히 정의하는(제2조) 한편 제2장 "지방세외수입금의 징수"에서 징수의 우선순위(제4조), 과세자료의 이용 등(제5조), 체납 또는 결손처분 자료의 제공(제6조), 대금지급 정지(제7조), 체납자의 명단공개(제7조의3), 징수촉탁(제7조의4) 등을 규정하여 징수절차를 명확히 하는 한편 다양한 직접적 · 간접적 강제징수수단들을 명시하여 징수의 효율성을 높이고 있다. 제3장 "체납처분절차 등"에서는 독촉(제8조), 압류의 요건(제9조), 압류조서(제13조), 압류해제의 요건(제14조) 등을 명시하여 세법상 체납처분절차를 인용하던 수준에서 벗어나 독자적인 체납처분절차에 관한 규정을 두고 있다. 물론 지방세외수입법도 아직 완전히 독자적인 법체계를 구축하였다고 보기는 어렵고 체납처분절차 등에 관하여 「국세징수법」 등을 준용하고는 있지만(법 제19조), 지방세외수입금에 대하여 독자적으로 규정할 필요가 있는 사항들을 추려내어 별도의 규율을 마련함으로써 법적 명확성을 높였다는 점에서는 긍정적인 평가가 있어야 할 것이다. 과태료의 경우 지방행정실무 차원에서 당연히 지방세외수입에 포함됨에도 불구하고, 법적 차원에 있어서는 기본법인 「질서위반행위규제법」이 존재한다는 이유로 지방세외수입법의 규율대상에서는 제외된 상황이다. 이에 따라 당장 지방세외수입법의 적용대상이 되는 과징금, 이행강제금 및 부담금 등과 비교할 때 과태료에 대한 징수절차에 적용될 수 없는 조항들이 존재하며, 이는 갈수록 규율상의 불균형을 초래할 우려가 크다. 지방세외수입법의 제정 · 시행을 감안해서라도 국세 또는 지방세 체납처분절차를 단순히 준용하고만 있는 현행 「질서위반행위규제법」의 징수절차를 개선되어야 할 필요성과 당위성이 매우 크다고 할 것이다. 일반법으로서 「질서위반행위규제법」의 징수절차가 확고히 자리잡아야 이에 의존하고 있는 개별 법률상의 과태료 제도도 안정적인 운용이 가능하다. 그리고 이에 더하여 지방행정기관에 의한 징수만이 문제가 되는 지방세외수입법과 대조적으로 과태료는 중앙행정기관에 의한 징수문제도 포괄하여야 한다. 향후 입법개선에 있어서 반드시 고려되어야 할 지점이기도 하다.

2. 과태료를 규정하고 있는 개별 법률의 법적 문제

1) 일반법인 「질서위반행위규제법」상 규율의 미반영

「질서위반행위규제법」은 과태료에 관한 기본법으로서의 지위를 가진다. 동 법 제5조는 "과태료의 부과·징수, 재판 및 집행 등의 절차에 관한 다른 법률의 규정 중 이 법의 규정에 저촉되는 것은 이 법으로 정하는 바에 따른다"고 명시하여 이러한 기본법적인 성격을 분명히 하고 있다. 이에 따라 「질서위반행위규제법」이 제정된 이후로 과태료를 규정하고 있는 개별 법률에서는 지속적인 입법정비가 이루어져 왔다. 「질서위반행위규제법」이 시행되기 이전에는 과태표의 부과근거, 부과징수 절차의 위임, 불복절차 및 강제징수 등에 관한 규정을 개별법률에서 별도로 두었으나, 동 법의 시행 이후에는 가급적 과태료의 부과·징수, 재판 및 집행 등의 절차에 관한 사항은 법령 개정시에 삭제하게 되었고, 이에 따라 현재 과태료를 규정하고 있는 개별 법률에서는 주로 부과요건과 부과권자 등에 관한 규정만을 두고 있는 것이 통상적이다.[24]

하지만 「질서위반행위규제법」이 시행된 지 10년이 되어감에도 불구하고 여전히 개별 법률상 과태료 관련 규정 중에는 일반법과 배치되는 내용의 규율들이 많이 남아있는 실정이다. 이와 관련해서는 우선 과태료의 이의제기 기간이 「질서위반행위규제법」 제20조제1항에 따라 60일임에도 불구하고 30일로 명시하고 있는 경우를 들 수 있다. 「게임산업진흥에 관한 법률」 제48조, 「음악산업진흥에 관한 법률」 제36조 등이 이에 해당한다. 또한 과태료의 재판에 관하여 별도의 규율을 둘 필요가 없음에도 불구하고, 「비송사건절차법」에 따른 과태료의 재판을 진행하도록 규정하고 있는 경우도 있다. 「고령친화산업진흥법」 제16조제4항, 「사료관리법」 제36조제4항 등이 이에 속한다. 하위법령인 행정규칙 단위에서 과태료의 징수절차를 「국고금관리법 시행규칙」을 준용하도록 하는 경우도 많다. 「건설근로자의 고용개선 등에 관한 법률 시행규칙」 제26조, 「습지보전법 시행규칙」 제14조, 「어장관리법 시행규칙」 제14조 등이 이에 속한다. 비록 「질서위반행위규제법 시행령」 제8조에서 국고금관리법령 또는 지방재정·회계법령을 준용하도록 하고 있으며 동 조 제2항에서는 "제1항에도 불구하고 과태료의 징수 절차를 국고금관리법령 또는 지방재정·회계법령과 달리 정할 필요가 있는 경우에는 따로 총리령 또는 부령으로 정한다"고 규정하고 있기는 하지만, 이들 입법례의 경우 다르게 정하고 있는 특별한 규정사항이 있다고 보기 어려우므로, 「국고금관리법 시행규칙」을 준용하도록 별도로 규정할 필요성이 크지 않다고 보인다. 입법적 정비에 대한 신중한 검토가 필요하다고 생각한다. 이처럼

---

24) 법제처, 『법령입안·심사기준』, 법제처 법제도선진화담당관실(2012. 12). 511−512면.

과태료를 규정하고 있는 개별 법률들 중 일부에 있어서 일반법인 「질서위반행위규제법」
과 모순되는 규정들을 포함하고 있는 경우가 여전히 적지 않은바, 「질서위반행위규제법」
제5조를 적용하여 이러한 부분들을 해석상 걸러낼 수 있다 하여도 법제상 모순되는 부분
들은 최소화하는 것이 법적 명확성과 체계성을 확보하는데 긍정적이라는 점을 고려할
때, 법제 전반에 대한 정비검토가 필요하다.

2) 과태료 관련 개별 입법의 보완 필요

　　앞서 언급한 것처럼 「질서위반행위규제법」 시행 이후 개별 법률상에 규정되어 있던
과태료의 부과·징수, 재판 및 집행 등의 절차에 관한 규정은 대대적으로 정비되었고, 현
재는 대부분의 법령에서 부과요건과 부과권자 등에 관한 규정만을 두고 있다. 이는 마치
형법 제1편 "총칙"의 기능을 「질서위반행위규제법」이 담당하고, 대부분 처벌대상이 되는
행위의 요건과 그 효과로서의 처벌내용을 명시하고 있는 형법 제2편 "각칙" 및 수많은
개별 법률상의 행정형벌에 관한 규정들과도 같은 기능을 개별 법률이 담당하는 구조와
거의 유사하다. 이에 따라 개별 법률상의 과태료 규정들은 질서위반행위의 개별적 내용
과 구체적인 금액, 기타 부과권자 등에 대한 규율이 거의 전부일 정도로 그 규정내용을
최소화하고 있는 실정이다. 문제는 행정질서벌의 일종인 과태료의 경우 개별 법률들의
목적과 취지 등에 따라 특별하게 규정되어야 할 사항들이 존재한다는 점이다. 오랜 역사
를 거쳐 축적되어 온 형법적 도그마틱이 적용되는 행정형벌에 비하여, 행정질서벌인 과
태료는 행정벌의 일종으로서 공법상 의무이행확보수단으로 분류되고 있으며 이에 대해
서는 아직 학술적인 논의나 법리 및 판례 등이 많이 축적되지 못한 상황이다. 이러한 점
에서 과태료에 관한 입법사항이 일반법인 「질서위반행위규제법」에만 집중되고 있는 현
상황은 결코 바람직하지 못하다. 개별 법률들의 고유한 특성이 반영되어야 할 입법 사
항임에도 불구하고, 개별 법률에 이에 관한 별도의 규율사항이 미흡하다보니, 일반법인
「질서위반행위규제법」의 관련 규율에 대한 해석문제에 전적으로 의존하게 되는 형국인
데, 이는 법적 명확성 차원에서나 행정실무의 객관성 확보 차원, 개별 법률의 목적 달성
등의 차원에서도 타당하지 않다고 판단된다.

　　예를 들어 앞서 살펴본 국가 또는 지방자치단체에 대한 과태료 부과의 문제의 경우,
개별 법률에서 국가 또는 지방자치단체가 질서위반행위자로 포섭될 수 있는 가능성을 고
려하지 못하여 실제 법적용 과정에서 과태료 부과문제가 떠오르자 「질서위반행위규제법」
제2조제3호에 따른 "당사자"의 범위에 국가나 지방자치단체가 포함되느냐의 해석이 중
요하게 된 것으로 볼 수 있다. 개별 법률 단위에서 질서위반행위의 성격상 국가나 지방
자치단체가 과태료 부과대상이 될 가능성이 있지만 정책적으로 제외하고 다른 제재수단

을 부과하는 것이 합리적이라고 판단한다면 이러한 사항을 명시하여 불필요한 법적 혼선을 최소화하는 것이 타당한 입법이라고 할 것이다. 과태료의 제척기간을 규정하고 있는 「질서위반행위규제법」 제19조제1항의 "질서위반행위가 종료된 날"의 의미를 둘러싼 해석상 논란도 마찬가지이다. 개별 법률 단위에서 논란이 예상되는 특정 과태료에 대해서 이러한 제척기간의 기산점이 되는 "질서위반행위가 종료된 날"의 의미를 별도로 규정해 놓는다면, 「질서위반행위규제법」에 관한 해석부담은 전보다 훨씬 낮아질 것이며, 해당 법제의 과태료 행정에 대한 법적 명확성과 투명성은 크게 높아질 수 있을 것이다. 현재의 입법추세대로 과태료 관련 법제의 규율을 부과요건과 부과금액만으로 공동화(空洞化)시키는 것은, 「질서위반행위규제법」에서 포괄하지 못하는 구체적으로 타당한 규율이나 개별 법률상 과태료의 특수성 등을 제도적으로 포섭하기 어렵다는 점, 일반법인 「질서위반행위규제법」에 대한 행정해석에만 의존하기보다는 개별 법제의 명확한 입법을 통하여 규율하는 것이 법적 명확성 차원에서 보다 바람직하다는 점 등을 고려할 때 바람직하지 않다. 향후 지금보다 더 적극적인 과태료 관련 법제에 대한 입법적 보완이 필요한 시점이다.

3) 과태료 부과기준 관련 문제

과태료를 규정하고 있는 개별 법률이 하위법령인 시행령에서 주로 규정하고 있는 사항은 '과태료의 부과기준'이며, 이 또한 조항 본문 보다는 별표 형식으로 별도로 규정되어 있는 것이 대부분이다. 한때 과태료의 가중과 감경 등과 관련된 사항을 별표가 아닌 본문에서 규정하고 있는 입법례도 있었으나(「가축분뇨의 관리 및 이용에 관한 법률 시행령(2015.3.24, 대통령령 제26158호로 일부개정 전의 시행령)」 제27조제2항, 「결혼중개업의 관리에 관한 법률 시행령(2012.7.23. 대통령령 제23970호로 일부개정 전의 시행령)」 제8조제2항 등), 과태료 관련 가중·감경사유가 길고 복잡해짐에 따라 과태료 가중·감경 사유의 일반기준과 개별기준을 별표에서 규정하는 입법형식으로의 지속적인 입법정비가 이루어지게 되었다.[25] 이에 따라 과태료 관련 개별 법제는 시행령 별표에서 과태료 부과기준에 관한 사항을 규정하는 것이 통상적인 입법구조로 구축되었으며, 이러한 별표상 과태료 부과기준에서는 다시 일반기준으로서 과태료의 감경 사유 및 가중 사유가 예시되며, 개별기준으로서는 구체적인 과태료 금액이 명시되거나 위반행위 횟수별로 가중된 과태료 금액이 명시되고 있다.

과태료 부과기준과 관련된 법적 문제로는 첫째 과태료의 부과기준으로 제시되는 규율내용들이 통일된 기준 없이 법령마다 제각각으로 다양하게 규정되어 있어 입법상 불균형이 존재한다는 점을 우선 꼽을 수 있다. 과태료의 가중·감경 사유가 명시된 일반기준

---

25) 법제처, 앞의 책, 513면.

이 누락된 채 개별기준만 제시된 유형의 입법례도 있고, 개별기준을 제시하면서도 과태료 금액만을 명시하거나 위반행위 횟수별로 가중된 과태료 금액을 명시하는 유형의 입법례 등으로 그야말로 각양각색의 입법형태를 나타내고 있다. 이와 관련하여 각 개별 법률만의 특별한 사정이 있어 일반기준을 생략하였다거나 위반행위 횟수별 차등금액을 명시하지 않았다는 등의 사유가 존재하지 않는다면, 개별 법률상 과태료 적용의 명확성과 체계성을 보장하고 일선 과태료 실무의 투명성을 확보하기 위해서라도 과태료의 부과기준에 관한 기본적인 체계가 통일적으로 정립될 필요가 있다고 보여진다. 아무리 과태료의 부과대상이 되는 질서위반행위의 내용이 천차만별로 다양하다고 하더라도 그 구체적인 적용에 있어서 과태료의 가중·감경사유와 구체적인 과태료 금액이 위반행위 횟수별 차등적용 등과 같은 문제는 일원적으로 규정상 완비되는 것이 타당하다.

둘째 과태료 부과기준 중 개별기준을 제시하면서 위반행위 횟수별로 과태료 금액을 구체화시키는 입법례 중에서, 1차 위반 과태료의 금액을 0원으로 명시하거나 '경고'와 같은 전혀 다른 성격의 조치를 명시하는 경우가 있어 법적으로 문제될 소지가 있다. 과태료의 경우 거의 대부분의 법률에서 "○○원 이하의 과태료를 부과한다"라고 규정하고 있어 행정작용 중에서 재량행위가 아닌 기속행위로 보는 것이 타당하며, 따라서 법률에 규정된 특별한 면제사유(「질서위반행위규제법」 제7조에 따른 고의 또는 과실이 없는 질서위반행위나 같은 법 제8조에 따른 위법성의 착오에 정당한 이유가 있는 경우 등)에 해당하지 않는 이상 행정청이 과태료 처분을 면제하거나 '경고'와 같은 다른 처분으로 대체하는 것은 매우 부적절하다. 하지만 몇몇 개별 입법례의 과태료 부과기준에 있어서 이러한 규율사항을 찾아볼 수 있는 실정이다. 예를 들어 「액화석유가스의 안전관리 및 사업법 시행령」[26] 제34조 및 별표 4에 따르면 '사업자단체, 액화석유가스 사업자 등, 액화석유가스 특정사용자 또는 시공자가 법 제55조제1항에 따른 보고를 하면서 명백한 오기 또는 계산상의 오류가 증명서류로 확인되는 거짓된 보고를 한 경우'에 대하여 1차 위반 과태료로 금액 대신에 '경고'를 명시하고 있다. 이는 상위법령인 법률에서 명시적인 위임근거가 존재하지 않음에도 불구하고 과태료 대신 '경고'를 규정한 것으로 위임입법원칙에 반할 소지가 크다고 판단된다. 한편 「동물보호법 시행령」 제20조 및 별표의 경우, '소유자가 법 제12조제1항을 위반하여 등록대상동물을 등록하지 않은 경우(「동물보호법」 제47조제1항제5호)', '소유자가 법 제12조제2항을 위반하여 변경신고를 하지 않은 경우'(「동물보호법」 제47조제2항제1호) 등에 대한 1차 위반 과태료 금액을 '0원'으로 명시하고 있다. 이는 결과적으로 과태료 처분을 면제시켜주는 것으로서, 법률의 뚜렷한 위임이 없음에도 불구하고 시행령 별표의 과태료 부

---

26) 대통령령 제27629호, 2016.11.29., 일부개정, 2016. 11. 29. 시행.

과기준에서 1차 위반 과태료 금액을 0원으로 규정하는 것은 실제 법적용상의 어려움을 회피하려는 일종의 편법이며, 법률유보의 원칙이나 법적용의 형평성 원칙 등의 차원에서 결코 타당하지 않은 입법이라고 하겠다. 이러한 입법례를 포함하여, 유사한 규정을 담고 있는 다른 개별 법률들에 대한 정비가 필요하다.

마지막으로 과태료의 부과기준 중 위반행위 횟수별 과태료 금액 가중에 있어서 위반횟수별 부과기준의 적용일과 관련된 규율부분에 대한 보완이 필요하다. 예를 들어 「여객자동차 운수사업법 시행령」 제49조 및 별표 6에 의하면 '위반행위의 횟수에 따른 과태료 부과기준은 최근 1년간 같은 위반행위로 과태료처분을 받은 경우에 적용한다. 이 경우 위반횟수별 부과기준의 적용일은 위반행위에 대한 과태료처분일과 그 처분 후 다시 적발된 날로 한다'고 명시하고 있다. 즉 1차 위반으로 인한 과태료 부과처분일 이후 1년 이내에 재적발된 경우에 대해 2차 위반으로 가중된 과태료 부과처분을 하겠다는 취지인 셈이다. 그런데 만약 1차 과태료 부과처분에 대하여 당사자가 이의제기를 한 경우 「질서위반행위규제법」 제20조제2항에 따라 해당 과태료 부과처분의 효력이 상실되므로 이를 2차 과태료 가중처분을 위한 기준으로 삼는 것이 과연 타당한지가 문제될 수 있다. 이와 관련해서는 위반행위에 대한 과태료처분일의 의미를 당사자의 이의제기가 있는 경우 법원에서 판결이 확정된 날을 포함하는 것으로 해석하여 아직 과태료 재판의 결과가 확정되지 않은 상황에서 두 번째 위반행위가 적발된 경우라면 2차 위반행위로 가중처분하는 것은 불가능하다고 보는 것이 타당하다. 「여객자동차 운수사업법 시행령」의 경우뿐만 아니라 다른 대부분의 개별 법령에서 위반행위 횟수에 따른 가중 과태료 부과와 관련하여 그 기산일을 단순히 과태료 부과처분일이라고 규정하고 있어 이와 같은 불필요한 법적 혼선이 있을 수 있다. 따라서 이러한 법적 문제를 해소하기 위해서는 과태료의 부과기준 중 해당 부분을 구체화하여, 과태료 부과처분일에 당사자가 이의제기를 한 경우까지를 포괄하여 새롭게 규정하는 것이 타당하다고 할 것이다.

Ⅳ. 맺는 말

최근 우리 사회의 뜨거운 이슈가 된 이른바 '김영란법', 즉 「부정청탁 및 금품등 수수의 금지에 관한 법률」[27]은 징계(제21조), 벌칙(제22조)과 더불어 과태료 부과(제23조)를 해당 법률의 주요한 의무이행의 실효성 확보수단으로서 명시하고 있다. 동 법률에서 그 이행을 강조하는 의무 내용의 중대성을 감안하여 과태료의 부과와 관련된 규정들도 다른

27) 법률 제14183호, 2016.5.29., 타법개정, 2016. 11. 30. 시행.

형사처벌이나 징계부가금과의 관계 설정, 구체적인 부과대상자 및 금액 등을 중심으로 하여 매우 상세하게 법제화되어 있다. 하지만 과태료에 관한 일반법인 「질서위반행위규제법」과의 관계 설정이 약간 모호해보인다. 즉 「부정청탁 및 금품등 수수의 금지에 관한 법률」 제23조제7항은 "소속기관장은 제1항부터 제5항까지의 과태료 부과 대상자에 대해서는 그 위반 사실을 「비송사건절차법」에 따른 과태료 재판 관할법원에 통보하여야 한다."고 규정하여 과태료 부과 자체가 과태료 재판을 통하여 이루어지도록 함으로써, 기본적으로 행정청에 의한 과태료 부과를 전제로 하고 있는 「질서위반행위규제법」이 적용되는 것인지 자체가 불명확한 부분이 존재한다. 「질서위반행위규제법」에는 자진납부자에 대한 과태료 감경(제18조) 등과 같은 당사자 편의 보장을 위한 조항도 존재하고, 과태료 징수를 위한 간접적인 강제수단도 아울러 존재하고 있는바, 이러한 규율이 「부정청탁 및 금품등 수수의 금지에 관한 법률」에 따른 과태료에 대해서도 적용가능한 것인지에 대한 검토가 앞으로 이어져야 할 것으로 보인다. 이러한 쟁점은 추후 다른 연구에서 보다 심도 깊게 살펴볼 필요가 있다. 이와 같은 사례를 논문의 말미에서 언급한 이유는 그만큼 과태료를 규정하고 있는 개별 법률들에서의 규율체계의 보완이 더 이상 피할 수 없는 법적인 수요라는 것을 방증하기 위해서이다. 「질서위반행위규제법」에 대한 법적 해석에 의존하지 말고, 개별 법률의 특성에 따라 규율이 필요한 부분에 대해서는 좀더 적극적인 입법적 정비 노력이 있어야 한다. 그리고 이러한 개별 법률들의 과태료 규율 사항의 정비는 과태료에 관한 기본법인 「질서위반행위규제법」과의 유기적인 법적 연계성 확보를 전제로 하여 이루어져야 한다.

　　「질서위반행위규제법」의 제정을 통하여 과태료와 관련한 여러 가지 법적 쟁점들이 많이 해소되고, 종래 통일되지 않았던 과태료의 부과 · 징수 절차가 「질서위반행위규제법」상에 일원화됨으로써 제도 운영의 투명성과 예측가능성이 크게 고양되었으며, 특히 성실납부자에 대한 과태료 감경제도의 도입이나 고액 · 상습 체납방지를 위한 각종 보완수단들이 도입됨으로써 과태료의 징수율이 향상된 것은 「질서위반행위규제법」 제정 이후 과태료 제도의 의미 있는 성과라고 할 것이다. 이제는 여기에서 더 나아가 새로운 사회적 · 법적 여건의 변화에 능동적으로 대응하기 위하여 「질서위반행위규제법」 자체에 대한 보완과 개별 과태료 법률들 간의 상호보완적인 법제 개선이 지속적으로 이루어져 나가야 한다. 전자와 관련해서는 특히 세법절차를 준용하는 현행의 규율을 벗어나 보다 독자적인 징수절차에 관한 규율을 도입하는 것이 주된 개선방향이 되어야 할 것이며, 후자와 관련해서는 「질서위반행위규제법」에서 온전히 담아낼 수 없는 개별 법률의 특수성과 필요성이 반영된 규율사항을 발굴하여 이를 법제화하는 작업이 적극적으로 이루어져야 할 것이다. 일반법과 개별법 간의 조화롭고 합리적인 역할 분담이 향후 과태료 관련 법제의 주된 법적 과제가 될 것이다.

[참고문헌]

김성돈, "가칭 질서위반법의 체계와 이른바 질서위반행위의 구조", 법조(제53권 제10호), 법조협
회(2004. 10)

류지태 · 박종수, 『행정법신론』, 박영사(2016)

박재완, "지방자치단체가 양벌규정의 적용대상이 되는 법인에 해당하는지 여부에 대한 고찰 :
대법원 2005. 11. 10. 선고 2004도2657 판결에 대한 평석", 법조(제55권 제8호), 법조
협회(2006. 8)

법무부, 『질서위반행위규제법 해설집』, 법무부 법무심의관실(2015)

법제처, 『법령입안 · 심사기준』, 법제처 법제도선진화담당관실(2012. 12)

이동신, "과태료 사건의 실체법 및 절차법상 제문제", 사법논집(제31집), 법원도서관(2000)

조태제, "행정질서벌제도의 문제점과 그 개선방안 : 질서위반법 제정논의를 중심으로", 토지공법
연구(제24집), 한국토지공법학회(2004. 12)

국회 법제사법위원회장, 질서위반행위규제법 일부개정법률안(대안), 의안번호 1811093호(2011.
3. 11.)

국회 법제사법위원회 전문위원, 질서위반행위규제법 일부개정법률안 검토보고(2016. 11.)

법무부, 질서위반행위규제법 일부개정법률안(2014. 12.)

대법원 종합법률정보 http://glaw.scourt.go.kr/wsjo/intesrch/sjo022.do (최종접속 : '18. 1. 15.)

법무부 입법예고 홈페이지, http://www.moj.go.kr/HP/COM/bbs_04/ShowData.do, (최종접속 :
'18. 1. 15.)

법제처 국가법령정보센터 http://www.law.go.kr/ (최종접속 : '18. 1. 15.)

도로교통법 위반 운전자 등에 대한 범칙금·벌점 및 과태료 부과에 관한 고찰[*]

이 일 세^{**}

Ⅰ. 문제의 제기

우리나라의 자동차 등록대수는 2017년말 기준 22,528,295대로서 이는 인구 2.3명당 1대의 자동차를 보유하고 있는 셈이라고 한다.[1] 이와 같이 차량 보급이 증가하면서 운전은 국민생활의 매우 중요한 일부분이 되었으며, 또한 국민은 교통사고의 위험에도 크게 노출되어 있다. 경찰청 통계자료에 따르면 교통사고 발생건수는 2016년에 220,917건으로서 이로 인해 4,292명이 사망하고 331,720명이 다쳤다고 한다.[2] 이러한 교통사고의 발생은 도로교통법 위반과 직결됨은 물론이다. 2016년에 발생한 교통사고의 원인을 분석해보면, 안전운전불이행 124,399건(56.3%), 신호위반 24,408건(11.0%), 안전거리미확보 20,660건(9.4%), 교차로통행방법위반 14,671건(6.6%), 중앙선침범 10,712건(4.8%), 과속 663건(0.3%), 기타 25,404건(11.5%)이라고 한다.[3] 따라서 국민의 생명·신체·재산을 위협하는 교통사고를 줄이기 위해서는 무엇보다도 운전자나 보행자가 도로교통법을 준수하도록 하는 것이 필요하다. 도로교통법을 준수하도록 하는 방법에는 교통안전캠페인 등

---

* 이 글은 강원법학 제53권(2018. 2.)에 게재된 것으로서, 그 내용을 약간 수정하여 「고 류지태 교수 10주기 추모논문집」에 전재하는 것임을 밝힌다.
** 강원대 법학전문대학원 교수

1) http://www.molit.go.kr/USR/NEWS/m_71/dtl.jsp?lcmspage=1&id=95080239(국토교통부 홈페이지 국토교통뉴스 보도자료) 참조.

2) http://www.police.go.kr/portal/main/contents.do?menuNo=200193(경찰청 경찰통계자료) 참조. 우리나라의 도로교통사고사망자수는 꾸준히 감소하고 있지만 국제적으로는 여전히 높은 수준이라고 한다. 인구 10만 명당 도로교통사고사망자수는 2000년 21.8명에서 2016년 8.4명으로 절반 이하로 줄었으나 여전히 선진국들의 2-3배 수준에 이른다고 한다. 인구 10만명당 도로교통사고발생건수도 2000년 617.9건에서 2016년 431.1건으로 30.2% 감소하였지만 미국, 오스트리아, 일본 등을 제외한 여러 선진국들보다는 훨씬 높은 수준이다. (e-나라지표 도로교통사고사망자수 해설 참조: http://www.index.go.kr/potal/main/EachDtlPageDetail.do?idx_cd=4083)

3) 위의 경찰청 경찰통계자료 참조. 2012년의 경우 전체 교통사고의 약 93% 이상이 운전자의 교통법규 위반으로 야기되었다고 한다(정세종, 무인단속에 따른 경찰의 교통과태료제도 합리화 방안, 한국치안행정논집 11권 1호, 한국치안행정학회, 2014, 119면).

임의적 수단을 통해서도 할 수 있지만, 가장 강력한 방법은 형사상 또는 행정상의 제재라 할 것이다. 다른 한편, 성인인 국민 대다수가 운전을 하는 현실에서 누구나 도로교통법 위반으로 인해 제재를 받을 수 있는데, 제재의 정도가 지나치게 무겁거나 형평성에 위배되어서는 안 되고, 제재의 절차도 국민에게 지나치게 불편을 주어서도 안 되며, 또한 제재에 대해서는 적절한 불복방법이 마련되어야 한다.

　　도로교통법은 도로교통법상의 각종 의무를 위반한 운전자에 대해 징역, 벌금, 구류, 과료 등의 형벌을 과하는 경우도 있고 행정질서벌인 과태료를 과하는 경우도 있다.[4] 그리고 법이 정한 일정한 도로교통법 위반행위에 대해서는 형벌에 갈음해서 경찰서장이 통고처분에 의해 범칙금을 부과할 수 있는 경우도 있으며, 아울러 벌점이 부과되기도 한다(163조). 한편, 도로교통법 위반행위에 대한 단속권한은 원칙적으로 경찰기관이 갖지만, 주정차위반·전용차로위반 등 일부에 대해서는 지방자치단체 소속 공무원에게도 단속권한을 부여하고 있다(143조). 그리고 도로교통법 위반에 대해서는 원칙적으로 위반행위자에게 제재를 가하는 것이 원칙이지만, 무인카메라 등에 의해 단속되어 위반행위를 한 사람이 누구인지 확인되지 않는 경우에는 고용주 등에게 제재를 가할 수 있는 경우도 있다(160조 3항). 이와 같이 도로교통법 위반에 대한 제재는 국민의 권익과 매우 밀접한 관련을 가지고 있음에도 불구하고 관련 법규정이 복잡하여 그 내용을 쉽게 파악하기 어려우며, 또한 법규정에 있어서도 여러 문제점이 나타난다.

　　이 글에서는 도로교통법 위반에 대한 제재 중 가장 일반적인 범칙금·벌점 및 과태료부과에 관한 현행법 규정을 분석하고 그 문제점을 검토하기로 한다. 다만 지면관계상 여러 가지 특례가 인정되고 있는 제주특별자치도의 경우는 제외하기로 하며, 또한 기존에 연구가 많이 진행된 사항에 대해서는 관련 문헌을 소개하는 것으로 갈음하기로 한다. 그리고 범칙금과 과태료는 승용차와 승합차로 구분하여 차등 부과되는데, 이 글에서는 승용차에 한정하여 살펴보기로 한다.[5]

---

4) 예컨대 혈중알코올농도 0.05% 이상 0.1% 미만 상태에서 음주운전을 한 사람에 대해서는 6개월 이하의 징역이나 300만원 이하의 벌금에 처하며(148조의2 2항 3호), 신호위반·제한속도위반·주정차위반 등을 한 운전자에 대해서는 20만원 이하의 벌금이나 구류 또는 과료에 처한다(156조 1호). 그리고 운전면허증 갱신기간에 운전면허를 갱신하지 아니한 사람이나 적성검사를 받지 아니한 사람 등에 대해서는 20만원 이하의 과태료를 부과한다(160조 2항).

5) 승용자동차란 10인 이하를 운송하게 제작된 자동차를 의미하고, 승합자동차란 11인 이상을 운송하게 제작된 자동차를 의미한다(자동차관리법 3조 1항).

Ⅱ. 경찰기관에 의한 단속

1. 경찰공무원이 위반행위자를 직접 단속한 경우

도로교통법 위반에 대한 단속권한은 원칙적으로 경찰공무원이 갖는바(경찰관직무집행법 2조 5호), 만일 경찰공무원이 직접 도로교통법 위반행위를 적발한 경우에는 그 위반행위자에 대해 법이 정한 제재의 내용에 따라 필요한 조치를 취한다. 예컨대 징역·벌금 등 형벌의 부과대상인 경우에는 형사소송절차나 즉결심판절차에 따라 처벌을 받도록 조치하며, 만일 벌금 등에 갈음하여 범칙금을 부과할 수 있는 경우에는 통고처분을 한다. 그리고 과태료 부과대상자에 대해서는 과태료부과처분을 하며, 만일 상대방이 과태료부과처분에 대해 이의를 제기하면 법원에 통보하여 질서위반행위규제법이 정한 바에 따라 과태료재판을 받도록 한다. 그런데 도로교통법 위반자에 대한 가장 일반적인 제재수단은 통고처분에 의해 범칙금을 부과하는 것과 벌점을 부과하는 것이라 할 것인바, 이하에서 나누어 살펴보기로 한다.

1) 통고처분
(1) 의의 및 기능

도로교통법은 신호위반·제한속도위반·주정차위반·안전거리미확보 등 경미한 도로교통법 위반행위에 대해서는 원칙적으로 20만원 이하의 벌금이나 구류 또는 과료에 처하도록 하고 있다(156조). 그런데 이러한 형사처벌을 하기 위해서는 즉결심판이나 형사소송절차에 따른 재판을 거쳐야 하므로 위반행위자들에게 큰 불편함을 가져다 줄 뿐만 아니라 일상적으로 많이 발생하는 도로교통법 위반행위에 대해 형벌을 부과함으로써 전과자를 양산하는 문제점이 있다. 또한 수많은 도로교통법 위반사건에 대해 재판을 하기 위해서는 법원에 막중한 업무부담을 줄 수 있다. 이에 도로교통법은 일정한 도로교통법 위반행위에 대해서는 형벌에 갈음하여 경찰서장이 범칙금을 부과할 수 있도록 하였는바, 이것이 바로 통고처분제도이다. 즉, 도로교통법상의 통고처분이란 경찰서장이 법이 정한 범칙자에 대해 범칙금을 납부하도록 통고하고, 상대방이 통고된 범칙금을 납부하면 형사절차에 의한 처벌을 면하도록 하는 제도이다. 만일 통고처분을 받은 자가 범칙금을 납부하지 않을 경우에는 즉결심판이나 정식의 형사소송절차에 따른 재판을 거쳐 도로교통법이 정한 벌금 등의 형벌을 과한다.

헌법재판소는 이러한 통고처분제도가 가지는 기능에 대하여, ⅰ) 경미한 교통법규 위반자로 하여금 형사처벌절차에 수반되는 심리적 불안, 시간과 비용의 소모, 명예와 신용의 훼손 등의 여러 불이익을 당하지 않고 범칙금 납부로써 위반행위에 대한 제재를 신속·간편하게 종결할 수 있게 하여주며, ⅱ) 교통법규 위반행위가 홍수를 이루고 있는 현실에서 행정공무원에 의한 전문적이고 신속한 사건처리를 가능하게 하고, 검찰 및 법원의 과중한 업무 부담을 덜어주며, ⅲ) 형벌의 비범죄화 정신을 구현하는 제도라고 한다.[6]

(2) 대상이 되는 위반행위

경찰서장은 범칙자로 인정하는 사람에 대하여 이유를 분명하게 밝힌 범칙금 납부통고서로 범칙금을 낼 것을 통고할 수 있는바(도로교통법 163조 1항), 여기에서 범칙자란 범칙행위를 한 사람을 말하고, 범칙행위란 도로교통법 제156조 또는 제157조 각 호의 죄에 해당하는 위반행위를 말한다(162조 1항, 2항).[7] 통고처분의 대상될 수 있는 위반행위를 구체적으로 살펴보면 다음과 같다.

첫째, 통고처분의 대상이 되는 것은 도로교통법 제156조와 제157조에 규정된 위반행위에 한정된다. 제156조는 운전자에 대한 벌칙이고 제157조는 보행자 등에 대한 벌칙인데, 이 논문과 관련된 운전자에 관해 살펴보면, 신호 위반, 차도 통행의무 위반, 중앙선 침범, 차선 위반, 전용차로 통행 위반, 제한속도 위반, 안전거리 확보의무 위반, 앞지르기 위반, 끼어들기 금지의무 위반, 철길 건널목 통행방법 위반, 교차로 통행방법 위반, 횡단보도를 통행하는 보행자 보호의무 위반, 긴급자동차 양보의무 위반, 주정차 위반, 방향지시등 신호의무 위반, 승차인원·적재중량 위반, 안전운전의무 위반, 안전띠 착용의무 위반, 갓길 통행금지의무 위반 등이 그에 해당한다.[8] 따라서 음주운전, 약물 영향상태의 운전, 무면허운전, 난폭운전 등과 같이 비교적 중한 위반행위는 통고처분의 대상이 되지 않는다.[9] 최근 3년간 도로교통법 위반행위가 경찰공무원에 의해 직접 단속된 건수는 다음 표와 같다.

---

6) 헌재 2003. 10. 30, 2002헌마275.
7) 이하에서 괄호 안에 법조문을 인용함에 있어서 도로교통법의 경우에는 법명은 생략하고 조문만 기재하기로 한다.
8) 이들 위반행위에 대해서 도로교통법은 원칙적으로 20만원 이하의 벌금이나 구류 또는 과료에 처하도록 규정하고 있음은 앞에서 설명한 바와 같다(156조 참조). 다른 한편, 도로교통법상 20만원 이하의 벌금이나 구류·과료에 처하도록 규정된 위반행위가 모두 통고처분의 대상이 되는 것은 아닌바, 예컨대 경찰공무원의 운전면허증 등의 제시 요구나 운전자 확인을 위한 진술 요구에 따르지 아니한 사람에 대해서는 20만원 이하의 벌금 또는 구류에 처하도록 규정하고 있는데(92조 2항, 155조), 이 경우는 통고처분의 대상에서 제외되어 있다.
9) 음주운전을 한 경우에는 혈중알코올농도에 따라 최저 300만원 이하의 벌금에서 최고 3년 이하의 징역에 처할 수 있으며(44조), 약물 영향상태에서 운전을 한 경우에는 3년 이하의 징역이나 1천만원 이하의 벌금(45조), 무면허운전을 한 경우에는 1년 이하의 징역이나 300만원 이하의 벌금, 난폭운전을 한 경우에는 1년 이하의 징역이나 500만원 이하의 벌금에 처한다(151조의2).

〈표 1〉 경찰공무원에게 직접 단속된 도로교통법 위반행위[10]

	신호위반	제한속도 위반	안전운전 위반	안전띠 미착용	중앙선 침범	기타	합계
2015년	689,460	150,950	107,989	1,427,919	144,795	2,839,847	5,210,010
2016년	784,421	142,172	112,511	1,439,741	158,592	2,597,529	5,234,966
2017년	637,831	231,687	101,763	796,372	132,804	2,094,267	3,994,724

　　이와 관련하여 과속운전에 대한 제재에 관해 살펴볼 필요가 있다. 과속(제한속도 위반)의 경우에는 원칙적으로 20만원 이하의 벌금이나 구류 또는 과료에 처해지지만(17조, 156조 1호), 이에 갈음하여 통고처분을 하는 경우에는 과속의 정도에 따라 차등하여 3만원에서 12만원의 범칙금이 부과된다. 그런데 일부 고급승용차 운전자들이 동호회를 만들어 자동차 통행이 적은 심야시간에 200km 이상의 속도로 경쟁적으로 운전을 하는 사례가 점차 증가하고 있으며, 이러한 과속운전은 대형 교통사고로 이어질 수 있는 점에서 심각한 우려를 낳고 있다.[11] 그럼에도 불구하고 얼마 전까지만 해도 이들 과속행위에 대해서는 최대 12만원의 범칙금을 부과하는 것이 고작이어서 난폭한 과속운전을 실효성 있게 규제하지 못한다는 비난을 받았다. 이에 2015년 8월에 도로교통법을 개정하여 난폭운전 조항을 신설하여 처벌을 대폭 강화하였다. 즉, 신호위반, 속도위반, 중앙선침범, 불법유턴 등 제46조 각호에 해당하는 위반행위 중 둘 이상의 행위를 연달아 하거나 하나의 행위를 지속 또는 반복하여 다른 사람에게 위협 또는 위해를 가하거나 교통상의 위험을 발생하게 하는 것을 난폭운전이라 하며, 난폭운전을 한 자에 대해서는 1년 이하의 징역이나 500만원 이하의 벌금에 처하도록 하였다(46조의3, 151조의2). 따라서 제한속도 위반행위가 난폭운전에 해당한다고 인정되면 범칙금 부과의 대상이 아니며 형사처벌을 받게 된다.

　　둘째, 위의 도로교통법 제156조에 규정된 위반행위를 한 사람 중에서 '범칙행위 당시 운전면허증 등 또는 이를 갈음하는 증명서를 제시하지 못하거나 경찰공무원의 운전자 신원 및 운전면허 확인을 위한 질문에 응하지 아니한 운전자'와 '범칙행위로 교통사고를 일으킨 사람'은 통고처분의 대상이 되는 범칙자에서 제외한다(162조 2항). 따라서 이러한

---

10) 이 자료는 정보공개청구에 의해 경찰청으로부터 제공받은 것임.

11) 2017. 10. 27. 연합뉴스의 보도에 따르면 터널 안에서 시속 300km가 넘는 속도로 달리며 광란의 질주를 벌인 자동차 동호회 회원들이 경찰에 적발되었다고 한다. 보도에 따르면 시속 180km로 운전하던 자동차가 터널 안으로 들어서자 급가속을 하여 최고시속 320km까지 속도를 높였다고 한다. 이들은 정해진 속도로 달리다 출발 지점부터 급가속을 하여 도착점에 먼저 들어오는 것을 겨루는 일명 '롤링레이싱'을 하는 자동차 동호회 회원들로서, 주로 람보르기니 등 외제차 소유주들이었다고 한다(http://www.yonhapnewstv.co.kr/MYH20171027003400038/?did=1825m). 한편 유럽에서의 과속운전 사례에 대해서는 http://humandrama.tistory.com/1626 참조.

경우에는 통고처분이 아니라 즉결심판절차에 따라 형사처벌을 하여야 한다.

셋째, 위의 요건을 갖춘 경우에도 ⅰ) 성명이나 주소가 확실하지 아니한 사람, ⅱ) 달아날 우려가 있는 사람, ⅲ) 범칙금 납부통고서 받기를 거부한 사람에 대해서는 통고처분을 할 수 없으며(163조 1항 단서), 이 경우 경찰서장은 지체 없이 즉결심판을 청구하여야 한다(165조 1항 1호).

(3) 범칙금의 액수

통고처분에 따라 국고에 내야 할 금전을 범칙금이라 하는데, 그 액수에 관해서는 범칙행위의 종류 및 차종 등에 따라 도로교통법 시행령 [별표 8]에서 세부적으로 규정하고 있다(162조 3항). 예컨대 승용차의 경우를 살펴보면, 신호위반, 일반도로에서의 중앙선 침범,[12] 일반도로에서의 불법 유턴·후진, 긴급자동차에 대한 양보의무 위반, 승차인원 초과, 운전 중 휴대전화 사용, 고속도로 갓길 통행, 고속도로버스전용차로 통행 위반 등의 경우에는 6만원, 고속도로·자동차전용도로에서의 불법 유턴·후진, 주정차 금지 위반, 일반도로에서의 전용차로 통행 위반, 고속도로·자동차전용도로에서의 안전거리 미확보, 급발진·급가속, 연속적 경음기 울림으로 인한 소음 발생 등의 경우에는 4만원, 끼어들기 금지의무 위반, 방향지시등 신호 불이행, 안전띠 미착용 등의 경우에는 3만원, 일반도로에서의 안전거리 미확보, 야간 등화의무 위반, 불법부착물 차량 운전 등의 경우에는 2만원이다. 그리고 제한속도 위반의 경우에는 초과된 속도에 따라 차등해서 부과하는데, 20km 이하의 경우에는 3만원, 20km 초과 40km 이하의 경우에는 6만원, 40km 초과 60km 이하의 경우에는 9만원, 60km 초과의 경우에는 12만원을 부과한다.[13]

범칙금의 액수와 관련해서는 두 가지 문제점을 지적하고자 한다. 첫째, 제한속도 위반에 대한 범칙금의 문제이다. 현행법은 60km를 초과하는 제한속도 위반에 대해서는 일률적으로 12만원의 범칙금을 부과하고 있는데, 앞에서 살펴본 바와 같이 자동차의 성능이 고도화된 요즈음에는 시속 200km 이상, 심지어 300km 이상의 질주가 많이 행해지고 있음에 비추어 볼 때 이들에 대한 처벌을 강화할 필요가 있다고 할 것이다. 물론 과속을 반복적으로 행하여 다른 사람에게 위협을 가하는 경우에는 난폭운전에 해당하여 1년 이하의 징역이나 500만원 이하의 벌금에 처해질 수 있지만(46조의3, 151조의2), 모든 과속운전행위가 난폭운전에 해당하는 것은 아니다. 따라서 단순 제한속도 위반의 경우에 80km 초과 100km 이하 위반, 100km 초과 등 몇 구간을 더 신설해서 범칙금을 대폭 상향하여

---

12) 고속도로, 자동차전용도로, 중앙분리대가 있는 도로에서 고의로 중앙선을 침범한 경우는 100만원 이하의 벌금, 구류에 처하며(153조 2항), 이는 통고처분의 대상이 되지 않는다(162조 1항 참조).

13) 각 도로교통법 위반행위에 대한 범칙금, 벌점, 과태료의 액수를 보다 용이하게 파악하기 위하여 이 논문의 말미에 도표를 만들어 첨부하였다.

규정할 필요가 있으며, 특히 제한속도를 100km 초과하여 위반한 경우에는 벌금을 상향하고 통고처분의 대상이 되지 않도록 하는 방안이 검토될 필요가 있다고 할 것이다.

둘째, 범칙금 액수의 형평성 문제이다. 현행법은 몇 가지 위반행위에 대해서는 일반도로와 고속도로로 나누어 범칙금을 차등하여 부과하고 있다. 예컨대 일반도로에서의 지정차로 위반에 대해서는 3만원의 범칙금을, 고속도로에서의 지정차로 위반에 대해서는 4만원의 범칙금을 부과하고, 일반도로에서의 전용차로 위반에 대해서는 4만원의 범칙금을, 고속도로에서의 전용차로 위반에 대해서는 6만원의 범칙금을 부과하며, 일반도로에서의 안전거리미확보에 대해서는 2만원의 범칙금을, 고속도로에서의 안전거리미확보에 대해서는 4만원의 범칙금을 부과한다(도로교통법시행령 별표8 참조). 이와 같이 일반도로와 고속도로의 경우를 구분하는 경우에는 일반적으로 고속도로에서의 위반행위에 대해 보다 많은 액수의 범칙금을 부과하고 있는바, 이는 고속도로에서의 위반행위가 도로교통안전에 더 큰 위해를 가할 수 있기 때문이라 생각된다. 그런데 불법 횡단·유턴·후진과 관련해서는, 일반도로에서의 위반에 대해서는 6만원의 범칙금을 부과하고 고속도로에서의 위반에 대해서는 4만원의 범칙금을 부과하고 있는바, 어떤 이유에서 고속도로에서의 불법 횡단·유턴·후진 행위에 대해서는 일반도로에 비해 낮은 액수의 범칙금을 부과하는지 의문이다. 불법 횡단·유턴·후진 행위도 지정차로위반, 전용차로위반, 안전거리미확보 등과 마찬가지로 고속도로에서의 위반이 도로교통안전에 보다 큰 위해를 가할 수 있다고 할 것이며, 이에 관한 범칙금 액수의 조정이 필요하다고 할 것이다.

(4) 범칙금의 납부

범칙금 납부통고서를 받은 사람은 원칙적으로 10일 이내에 경찰청장이 지정하는 국고은행, 지점, 대리점, 우체국에 범칙금을 내야 한다(164조 1항).[14] 종래에는 범칙금은 현금으로만 납부하도록 하였으나, 이는 현금뿐만 아니라 신용카드나 직불카드로도 납부가 가능한 과태료와의 형평성에서 문제가 있다는 지적을 받았다.[15] 이에 2016년 도로교통법 개정시에 범칙금의 경우에도 신용카드나 직불카드로도 납부할 수 있도록 하여 납부편의성을 높였다(161조의2, 164조의2).

10일 내에 범칙금을 내지 않은 사람은 납부기간이 끝나는 날의 다음 날부터 20일 이내에 통고받은 범칙금에 100분의 20을 더한 금액을 내야 한다(164조 2항). 통고처분을 받은 자가 위의 기한(10일＋20일) 내에 범칙금을 납부한 경우에는 해당 범칙행위에 대하여 다시 처벌받지 않으며(164조 3항), 납부된 범칙금은 국고에 귀속된다(162조 3항). 만일 범칙

---

14) 다만, 천재지변이나 그 밖의 부득이한 사유로 말미암아 그 기간에 범칙금을 낼 수 없는 경우에는 부득이한 사유가 없어지게 된 날부터 5일 이내에 내야 한다(164조 1항 단서).

15) 과태료의 경우 신용카드나 직불카드에 의한 납부는 2011년 도로교통법 개정시에 채택되었다.

자가 통고처분을 받은 날부터 30일 이내에 범칙금을 납부하지 않는 경우에는 경찰서장은 지체없이 즉결심판을 청구하여야 한다(165조 1항). 다만, 즉결심판이 청구되기 전까지 통고받은 범칙금액에 100분의 50을 더한 금액을 납부한 경우에는 즉결심판청구를 하지 않으며, 즉결심판이 청구된 경우에도 즉결심판의 선고 전까지 통고받은 범칙금액에 100분의 50을 더한 금액을 내고 납부를 증명하는 서류를 제출하면 경찰서장은 즉결심판청구를 취소하여야 한다(165조 1항 단서, 2항). 최근 3년간 통고처분을 받은 자의 범칙금 납부 현황을 살펴보면 다음 표와 같다.

〈표 2〉 도로교통법 위반행위로 통고처분을 받은 자의 범칙금 납부 현황[16]

	1차 납부	2차 납부(20% 가산)	즉결심판 회부
2015년	3,452,255	522,462	711,746
2016년	4,146,298	568,375	786,061
2017년	3,182,880	381,081	615,162

이와 관련하여 범칙금의 납부기간에 관한 연혁을 살펴보기로 한다. 통고처분제도가 처음 도입된 1973년 도로교통법에 따르면 통고처분을 받은 자는 원칙적으로 5일 이내에 범칙금을 납부하도록 하였으며 위 기간 내에 납부하지 않으면 경찰서장은 지체없이 즉결심판에 회부하도록 하였다(85조). 그런데 통고처분을 받은 자가 바쁜 일상 가운데 위 기간 내에 범칙금을 납부하지 못해서 즉결심판에 회부되는 경우가 많았으며, 이는 범칙자에게 법원에 출석하여 재판을 받아야 하는 등 매우 번거로움을 가져다 줄 뿐만 아니라 벌금형이 선고되어 많은 교통법규 위반자들을 전과자로 만들며, 또한 법원에게도 많은 재판의 부담을 안겨준다는 비판이 제기되었다.[17] 이에 전면개정된 1984년 도로교통법에서는 납부기간을 5일에서 7일로, 1990년 개정법에서는 7일에서 10일로 연장하였으며(119조 1항), 1991년 개정법에서는 범칙금 납부기간(10일)이 경과한 후 20일 이내에는 통고된 범칙금에 20%의 가산금을 더한 금액을 납부하면 즉결심판에 회부하지 않도록 하였다(119조, 120조 2호).[18] 이는 범칙금의 납부기간을 연장시켜준 점에서 진일보한 것이기는 하

---

16) 이 자료는 정보공개청구에 의해 경찰청으로부터 제공받은 것임.
17) 헌재 2003. 10. 30, 2002헌마275 결정문 중 통고처분제도가 가지는 기능 참조.
18) 법원행정처가 발간한 「사법연감(1999)」에 따르면 즉결심판에 회부된 인원이 1989년 539,647명, 1990년 582,701명, 1991년 771,417명으로 꾸준히 증가하였는데 1992년에는 576,501명으로 격감하였는바(490면 참조), 이는 1990년과 1991년의 도로교통법 개정에 의해 범칙금 납부기간을 연장시켜준 것과 깊은 관련이 있다고 한다. 즉, 즉결심판에 회부된 사람의 대부분이 부주의로 기한 내에 범칙금을 납부하지 못하였기 때문인데, 납부기간을 연장시켜주자 범칙금 미납을 이유로 한 즉결심판에의 회부가 현저히 감소하였다고 한다(심희기, 경미범죄에 대한 형사정책의 실태와 시민의 반

지만, 여전히 기한 내에 범칙금을 납부하지 못해 즉결심판에 회부되는 사람이 많았다. 이에 2001년 개정법에서는 범칙금 납부기간(10일＋20일)이 경과한 후에는 즉결심판이 청구되기 전까지 50%의 가산금을 더한 범칙금을 납부하면 처벌하지 않도록 하였으며 이것이 현재에 까지 이어지고 있는바, 타당한 개선조치라 할 것이다.[19] 한편, 기한 내에 범칙금을 납부하지 않아 즉결심판을 청구한 경찰서장은 상대방에게 즉결심판출석통지서를 보내는데, 위 통지서에는 통고받은 범칙금의 100분의 50을 더한 금액을 납부하면 즉결심판을 받지 않아도 된다는 사실이 기재되어 있다.[20]

(5) 통고처분에 대한 불복

경찰서장으로부터 통고처분을 받은 자가 그에 대해 불복하는 경우에는 취소소송 등 항고소송으로 다툴 수 있는지가 문제된다. 이에 관해 대법원은 「도로교통법 제118조에서 규정하는 경찰서장의 통고처분은 행정소송의 대상이 되는 행정처분이 아니므로 그 처분의 취소를 구하는 소송은 부적법하다고 할 것이다. 도로교통법상의 통고처분을 받은 자가 그 처분에 대하여 이의가 있는 경우에는 통고처분에 따른 범칙금의 납부를 이행하지 아니함으로써 경찰서장의 즉결심판청구에 의하여 법원의 심판을 받을 수 있게 될 뿐이다.」고 판시하였는바,[21] 이 판결에서는 통고처분이 행정소송법 제19조 및 제2조 제1항 제1호에서 규정하고 있는 처분의 개념징표를 갖추고 있는지에 대해서는 검토하지 않고 다만 도로교통법에서 통고처분에 대한 불복방법에 관해 항고소송이 아니라 즉결심판절차라는 특별 규정을 두고 있는 점에서 항고소송의 대상이 되는 행정처분이 아니라고 보았다.[22] 헌법재판소는 통고처분에 대해 항고소송의 대상이 되는 처분에 해당하지 않는다고 한 점에서는 대법원과 견해를 같이하지만, 그 논거에 대해서는 다소 관점을 달리하는

응 – 범칙금 통고처분과 즉결심판실무를 중심으로 –, 형사정책연구 44권 4호, 형사정책연구원, 2000. 12, 76면).

19) 1991. 12. 14. 개정된 도로교통법은 그 개정이유에서 도로교통법규 위반자에 대한 범칙금의 납부기간을 연장함으로써 국민의 편익을 도모하려는 것이라고 밝히고 있다.

20) 도로교통법시행규칙 별표서식 170 참조.

21) 대판 1995. 6. 29, 95누4674. 한편, 국세기본법은 세법상의 처분에 대해 행정소송을 제기하기 위해서는 먼저 심사청구나 심판청구를 거쳐야 하고(56조 2항) 조세범처벌절차법에 따른 통고처분은 심사청구·심판청구 등의 대상이 되는 처분에 해당하지 않는다고 명시적으로 규정하고 있으며(55조 1항 1호), 이에 따라 판례는 조세범처벌절차법에 따른 통고처분은 항고소송의 대상이 되지 않는다고 보고 있다(대판 1962. 1. 31, 61누40; 대판 1979. 6. 12, 79누89).

22) 이에 관해 김치환 교수는 「판례가 통고처분에 대하여 행정처분의 개념징표에 의거하여 그 처분성을 검토한 결과 처분의 요건을 결하여 처분이 아니라는 이유로 행정쟁송을 허용하지 아니하는 것이 아니라, 통고처분에 대하여는 고발과 형사사법절차나 즉결심판 등의 별도의 불복장치 내지 재판을 받을 수 있는 장치가 법상 마련되어 있다는 이유에서 그에 대한 행정쟁송을 허용하지 아니하는 것」이라고 서술하고 있다(김치환, 통고처분, in: 행정판례평선(행정판례연구회 간), 박영사, 2011, 466면).

것으로 보인다. 즉, 「통고처분은 상대방의 임의의 승복을 그 발효요건으로 하기 때문에 그 자체만으로는 통고이행을 강제하거나 상대방에게 아무런 권리의무를 형성하지 않으므로 행정심판이나 행정소송의 대상으로서의 처분성을 부여할 수 없다」고 하였는바,[23) 여기에서 ⅰ) 상대방의 임의의 승복을 발효요건으로 하는 점, ⅱ) 상대방에게 아무런 권리의무를 형성하지 않는 점 등을 이유로 통고처분의 처분성을 부여할 수 없다고 본 것은 통고처분이 행정소송법 제19조 및 제2조 제1항 제1호에서 규정하고 있는 처분의 개념징표를 갖추고 있지 못하다는 것을 판시한 것으로 보여진다.

이에 관한 학설을 살펴보면, 현행법상 통고처분은 항고소송의 대상이 되지 못한다고 보는 데에는 다툼이 없지만, 그 논거에 대해서는 견해가 나뉘고 있다. 첫째, 통고처분은 행정처분의 일종이긴 하지만 현행법상 통고처분에 대해서는 즉결심판이라는 특별한 불복방법이 마련되어 있기 때문에 항고소송의 대상이 되지 않는다는 견해이다.[24) 둘째, 「통고처분은 그 자체로서는 범칙자에게 어떠한 의무를 강제하는 것이 아니며 또한 통고처분에 대해서는 즉결심판절차라는 특별한 불복방법이 마련되어 있는데 만일 통고처분에 대한 항고소송을 인정하면 항고소송의 계속 중에 즉결심판절차가 진행되어 동일한 사안에 대하여 이중으로 재판이 진행되는 결과가 초래될 수 있기 때문에 항고소송의 대상이 되지 못한다」는 견해가 있는바, 이는 통고처분이 처분의 개념징표를 갖추고 있지 못하다는 점과 통고처분에 대해서는 특별한 불복방법이 마련되어 있다는 점을 모두 논거로 한다고 할 것이다.[25)

생각건대, 통고처분은 상대방에게 아무런 권리의무를 형성하지 않는다는 견해는 지나치게 형식논리에 입각한 것이라 할 것이다. 물론 통고처분은 상대방의 임의의 승복을 전제로 하며 만일 통고처분에 불복하는 경우에는 소정의 기간 내에 범칙금을 납부하지 않으면 통고처분의 효력은 소멸하고 즉결심판절차에서 다툴 수 있지만, 문제는 즉결심판절차에서 무죄를 입증하지 못하면 통고처분에 의한 범칙금보다 상대방에게 훨씬 불이익한 벌금형을 선고받게 되므로 실제에 있어 상대방은 통고처분에 의한 범칙금을 납부할 수밖에 없다는 점이다. 즉, 통고처분은 형식적으로는 상대방의 임의적 승복에 맡겨진 것

---

23) 헌재 1998. 5. 28, 96헌바4.
24) 원혜욱/김찬, 교통범죄의 비범죄화와 그 방안으로서의 통고처분제도, 형사정책연구 13권 1호(통권 49호), 한국형사정책연구원, 2002. 3, 132면; 김형훈, 제3자에 의한 통고처분의 쟁송취소 가능성, 행정법연구 36호, 행정법이론실무학회, 2013. 7, 233면. 한편, 김형훈 박사는 통고처분이 행정처분이라는 것에는 異說이 없다고 하는데(김형훈, 앞의 논문, 227면), 이는 의문이다.
25) 최봉석, 행정제재로서의 범칙금통고제도에 관한 일고, 토지공법연구 16집 1호, 2002. 9, 367면. 여기에서 '통고처분 자체는 범칙자에게 어떠한 의무를 강제하는 것이 아니라는 것'은 처분의 개념징표를 갖추고 있지 못하다는 의미이고, '즉결심판절차라는 특별한 불복방법이 마련되어 있다는 것'은 통고처분은 제도적으로 항고소송의 대상에서 제외하고 있다는 의미라고 이해된다.

이라 할지라도 실질적으로는 상대방에게 범칙금을 납부하지 않을 수 없도록 강제하는 점에서 상대방에게 의무를 과하는 공권력의 행사라 하지 않을 수 없다. 따라서 통고처분은 행정소송법 제2조 제1항 제1호에서 규정하고 있는 행정처분의 개념징표를 모두 갖추고 있다고 할 것이며, 다만 도로교통법이 통고처분에 대한 불복방법으로 즉결심판절차에 의하도록 하는 특별한 규정을 두고 있기 때문에 항고소송의 대상이 되지 않는다고 보는 것이 타당할 것이다. 입법론적으로 이러한 불복방법이 타당하지에 대해서는 뒤에서 별도로 고찰하기로 한다.

　　이와 관련하여 통고처분에 대해 헌법소원심판으로 다툴 수 있는지가 문제되는바, 이에 관한 구체적 사안을 살펴보기로 한다.26) 서울 남부경찰서장은 이른바 카파라치가 신고한 사진을 근거로 갑에게 갓길통행을 하였다는 이유로 6만원의 범칙금을 납부하라는 통고처분을 하였는바, 갑은 이에 불응하여 즉결심판을 거쳐 법원에 정식재판을 청구한 다음, 민간인의 신고만에 근거하여 행해진 통고처분에 의하여 헌법상 보장된 평등권 등을 침해받았다고 주장하면서,27) '위 통고처분' 및 그 근거법률인 '도로교통법 제118조 (현행 제163조 제1항) 본문'의 위헌확인을 구하는 헌법소원심판을 청구하였다. '위 통고처분'에 대한 헌법소원심판청구에 대해서 헌법재판소는「통고처분의 상대방이 범칙금을 납부하지 아니하여 즉결심판, 나아가 정식재판의 절차로 진행되었다면 당초의 통고처분은 그 효력을 상실한다 할 것이다. 청구인은 서울 남부경찰서장의 통고처분을 받고서도 범칙금을 납부하지 아니하였고, 이에 동 경찰서장이 즉결심판을 청구하였으며, 청구인은 즉결심판에 불복하여 다시 정식재판을 청구하였다. 그렇다면 청구인에 대한 이 사건 통고처분은 효력을 상실하였다 할 것이고, 이미 효력을 상실한 통고처분의 취소를 구하는 청구부분은 권리보호의 이익이 없어 부적법하다.」고 하면서 갑의 청구를 각하하였다(도로교통법 제118조 본문에 대한 헌법소원심판청구에 관해서는 다음에 별도로 살펴보기로 한다).28)

　　그렇다면 만일 통고처분을 받은 자가 즉결심판절차로 이행(移行)되기 전에 헌법소원심판을 청구한 경우에는 어떠한지를 검토할 필요가 있다. 헌법재판소법 제68조에 따르면 '공권력의 행사 또는 불행사'로 인하여 헌법상 보장된 기본권을 침해받은 자는 법원의 재

---

26) 서울 남부경찰서장은 이른바 카파라치가 찍은 사진을 근거로 갑에게 갓길통행을 하였다는 이유로 6만원의 범칙금을 납부하라는 통고처분을 하자, 갑은 이에 불응하여 즉결심판을 거쳐 법원에 정식재판을 청구한 다음, 민간인의 신고만에 근거하여 이루어지는 통고처분에 의하여 헌법상 보장된 청구인의 평등권 등을 침해받았다고 주장하면서, 위 통고처분 및 그 근거법률인 도로교통법 제117조 제3항 후단과 제118조 본문의 위헌확인을 구하는 헌법소원을 청구하였다.

27) 청구인의 주장에 의하면, 민간인의 신고만에 근거한 통고처분의 경우에는 경찰공무원의 단속에 의한 통고처분에 비해 현장성이 확보되지 않고 의견진술권이 보장되지 않는 등 불리한 차별을 가하게 되므로 평등권을 침해한다고 한다.

28) 헌재 2003. 10. 30, 2002헌마275.

판을 제외하고는 헌법소원심판을 청구할 수 있으며, 다만 이 경우 보충성의 원칙이 적용된다. 통고처분은 외형적으로는 상대방의 임의적 승복을 전제로 효력을 가지지만, 실제에 있어서는 통고처분에 응하지 않는 경우 즉결심판이나 형사소송절차에 따라 벌금을 선고받는 등 불이익을 받게 되므로 사실상 강제력을 수반한다고 할 것이며, 따라서 통고처분은 헌법재판소법 제68조의 '공권력의 행사'에 해당한다고 할 것이다.29) 그리고 이로 인해 국민의 재산권 등 기본권침해성도 인정되며, 또한 통고처분은 항고소송의 대상인 행정처분에 해당하지 않는다는 것이 대법원의 입장이므로 보충성의 원칙도 문제되지 않는다. 따라서 통고처분은 헌법소원심판의 대상이 될 수 있다고 할 것이다. 다만, 비록 범칙금 납부기간 내에 통고처분에 대한 헌법소원심판청구를 하였다 하더라도 심판이 진행되는 중에 범칙금 납부기간이 경과하여 즉결심판절차로 이행되면 통고처분의 효력이 상실되어 그 취소를 구할 권리보호의 이익이 없게 된다는 것이 헌법재판소의 입장이므로, 청구인은 헌법소원심판을 청구하면서 통고처분에 대한 효력의 정지를 구하는 가처분도 함께 신청하여야 할 것이다. 한편, 필자는 이러한 헌법재판소의 입장에 대해서도 의문을 가진다. 권리보호의 이익(좁은 의미의 소의 이익)이라 함은 분쟁을 당해 소송에 의하여 해결할 만한 현실적인 필요성을 의미하는데, 판례에 따르면 기간의 경과 등으로 인하여 처분의 효과가 소멸된 후에는 원칙적으로 처분의 취소를 구할 권리보호의 이익이 없으나,30) 다만 법령에서 행정상 제재처분을 받으면 장래 동종의 위반행위시 가중처벌의 요건이 된다고 규정하고 있는 경우에는 제재처분의 효과가 소멸한 후에도 그 취소를 구할 권리보호의 이익이 있다고 한다.31) 그렇다면 통고처분의 경우에도 비록 범칙금 납부기간이 도과되었다 하더라도 만일 해당 통고처분이 취소되지 않으면 상대방에게 더욱 불리한 벌금형을 받게 될 위험이 있는 점에서 통고처분의 취소를 구할 권리보호의 이익이 있다고 할 것이다.

---

29) 물론, 통고처분은 상대방의 임의의 승복을 전제로 하며 만일 통고처분에 불복하는 경우에는 통고된 범칙금을 납부하지 않으면 통고처분의 효력은 당연히 소멸하므로 통고처분을 다툴 실익이 없다는 견해도 있을 수 있으나, 앞에서 설명한 바와 같이 이러한 견해는 지극히 형식논리에 입각한 것이라 할 것이다. 통고처분에 불복하는 경우에는 범칙금을 납부하지 않음으로써 결국 즉결심판이나 형사소송절차에서 무죄를 다투어야 하는데, 만일 유죄로 인정된다면 벌금형을 선고받게 되어 처음의 통고처분에 응하여 범칙금을 납부하는 것보다 더욱 불리한 지위에 놓이게 되므로 결국 불복을 포기하게 만들 수 있기 때문이다.

30) 예컨대 광업허가취소처분에 대한 취소소송의 진행 중에 광업허가 존속기간이 만료된 경우(대판 1995. 7. 11, 95누4568), 대집행의 실행이 완료된 후의 계고처분취소청구(대판 1995. 7. 28, 95누2623) 등의 경우에 소의 이익을 부정하였다.

31) 예컨대 의료법은 의료인이 법령을 위반한 경우에 면허자격정지처분을 내릴 수 있고 3회 이상 면허자격정지처분을 받은 때에는 그 면허를 취소할 수 있다고 규정하고 있는데, 이 경우 면허자격정지처분의 기간이 도과되었다 하더라도 장래 가중된 제재처분을 받게 될 위험을 제거하기 위하여 그 면허자격정지처분의 취소를 구할 이익이 있다고 한다(대판 2005. 3. 25, 2004두14106).

(6) 통고처분제도의 위헌성

위 사건에서 헌법재판소는 '갑에 대한 통고처분'에 대해서는 권리보호의 이익이 없다는 이유로 청구를 각하하였지만, 일반적인 통고처분의 근거가 되는 도로교통법 제118조 본문에 대해서는 본안에 대해 판단을 하였는데, 결론적으로는 다음과 같은 이유로 청구를 기각하였다.[32]

첫째, 헌법은 통고처분이나 통고처분에 대한 불복방법에 관하여 직접적인 규정을 두고 있지 않다. 따라서 통고처분을 인정할 것인지 또는 통고처분에 대하여 어떤 형식과 불복제도를 둘 것인가의 문제는 헌법원리에 위배되지 않는 한 입법자가 정하여야 할 입법정책의 문제로서 그의 재량에 맡겨져 있다. 둘째, 도로교통법상의 통고처분은 처분을 받은 당사자의 임의의 승복을 발효요건으로 하고 있다. 통고처분을 이행하지 않을 경우 형사재판절차로 이행되기 때문에 이를 꺼리는 당사자로서는 본의 아니게 통고처분에 승복하여 범칙금을 납부하는 경우도 생길 수 있지만, 그러나 어느 정도의 심리적 제약 가능성이 있다는 점만으로 통고처분이 임의적 제도가 아니라거나 당사자의 권리구제수단 행사를 봉쇄하는 것이라고 하기 어렵다. 셋째, 통고처분은 행정공무원에 의하여 발하여지는 것이지만, 통고처분에 따르지 않는 당사자에게는 정식재판의 절차가 보장되어 있다. 따라서 통고처분이 행정기관에 의한 형벌권 행사를 인정하는 것이라거나, 형사재판을 대체하는 것이라고 볼 수 없다. 넷째, 도로교통법상의 통고처분제도는 경미한 교통법규 위반자로 하여금 형사처벌절차에 수반되는 심리적 불안, 시간과 비용의 소모, 명예와 신용의 훼손 등의 여러 불이익을 당하지 않고 범칙금 납부로써 위반행위에 대한 제재를 신속·간편하게 종결할 수 있게 한다. 아울러 통고처분제도는 교통법규 위반행위가 홍수를 이루고 있는 현실에서 행정공무원에 의한 전문적이고 신속한 사건처리를 가능하게 하고, 검찰 및 법원의 과중한 업무 부담을 덜어 준다. 이러한 점에서 통고처분제도는 교통법규위반자를 모두 형사 처벌하는 경우에 생기는 인권침해문제와 이로 인해 국민 대다수가 전과자가 되는 사회적 문제를 극복하기 위한 입법정책적인 형벌의 비범죄화 정신에 접근하는 제도라 할 것이다. 다섯째, 청구인은 설사 일반적인 통고처분제도가 위헌이 아니라 하더라도 민간인이 찍은 사진만에 근거하여 이루어지는 통고처분제도만큼은 현장성 확보나 피의자의 방어권 보장상 미흡한 문제가 있어 적법절차원칙 등에 어긋난다는

---

32) 헌재 2003. 10. 30, 2002헌마275. 한편, 헌법재판소는 관세법상의 통고처분을 행정쟁송의 대상에서 제외하고 있는 관세법 제38조 제3항 제2호의 위헌 여부가 문제된 사건에서도, 통고처분은 법관이 아닌 행정공무원에 의한 것이지만 처분을 받은 당사자의 임의의 승복을 발효요건으로 하고 있고, 불승복시 정식재판의 절차가 보장되어 있는 점 등에 비추어 재판청구권을 침해하거나 적법절차원칙에 위배되지 않는다고 판단한 바 있다(헌재 1998. 5. 28. 96헌바4).

취지로도 주장하나, 설사 그러한 문제점들이 있다 하더라도 이는 즉결심판절차나 정식재
판절차를 통하여 법원이 도로교통법위반죄를 인정할 것인지를 심리함에 있어 사실인정
과 법률해석을 통하여 충분히 고려되고 해소될 수 있는 사항들이므로, 위 주장 또한 이
유 없다.

　　생각건대, 헌법재판소가 판시한 것처럼 통고처분은 범칙금의 납부에 의해 형벌권
행사를 대체함으로써 상대방에게도 편리를 제공하며 법원의 부담을 줄이는 등의 유익한
기능을 수행한다는 데에는 의문이 없다. 그러나 이러한 통고처분제도의 순기능은 상대방
이 자신의 범칙행위에 대해 다툼이 없는 것을 전제로 하며, 만일 통고처분에 불복하는
경우에는 그에 대한 적절한 불복방법이 마련되어야 함도 물론이다. 통고처분에 대한 불
복방법으로 어떠한 제도를 설정할 것인지는 입법정책의 문제로서 헌법원리에 위배되지
않는 한 입법자의 재량에 맡겨져 있다고 할 것인바, 현행법은 통고처분에 불복하는 자는
기간 내에 범칙금을 납부하지 않음으로써 즉결심판이나 정식의 형사소송절차에 따라 재
판을 받도록 하고 있다. 그런데 앞에서 여러 번 강조하였듯이, 이러한 불복방법은 형식적
으로는 상대방에게 다툴 수 있는 기회를 제공하지만 실제에 있어서는 불복의 기회를 박
탈하는 점에서 문제가 있다. 통고처분에 불복하여 즉결심판절차에서 다투는 경우 무죄를
입증하지 못하면 벌금형을 선고받게 되는데, 이는 통고처분에 비해 상대방에게 훨씬 불
이익한 제재조치에 해당한다.[33] 그렇다면 과연 누가 커다란 불이익을 감수하고 통고처분
에 대해 다툴 수 있을지 의문이다. 다소 과장하여 말한다면, 통고처분제도는 경미한 도로
교통법 위반자에 대해서 벌금에 갈음하여 범칙금이라는 당근을 제시하면서 대신 이에 대
해서는 더 이상 다투지 말 것을 종용하는 기능을 한다고 할 것이다. 결론적으로 통고처
분제도는 여러 가지 순기능을 가지고 있으므로 그 제도 자체는 합헌적이지만, 그에 대한
현행법상의 불복방법은 헌법이 보장하는 국민의 재판을 받을 권리를 침해하는 것이어서
위헌적 요소를 내포하고 있다고 할 것이다. 이러한 문제를 근본적으로 해결하기 위해서
는 경미한 도로교통법 위반행위에 대해서는 벌금형을 과태료로 전환시킬 필요가 있다고
할 것인바, 이에 관해서는 뒤에서 다시 설명하기로 한다.

---

33) 통고처분에 대한 불복과 유사한 방법을 채택하고 있는 과태료부과처분의 경우와 비교할 필요가 있
다. 과태료부과처분에 대해 불복하는 자는 60일 이내에 행정청에 이의를 제기할 수 있고 이 경우
과태료부과처분은 그 효력을 상실하며 행정청의 통보에 의해 법원의 과태료재판절차로 이행하게
된다(질서위반행위규제법 20조, 21조). 따라서 과태료부과처분은 항고소송의 대상이 되는 행정처분
에 해당하지 않는다는 것이 판례의 입장이다(대판 1995. 7. 28, 95누2623). 그런데 과태료재판의 경
우에는 법원이 과태료를 선고하므로 본래의 과태료부과처분에 비해 상대방에게 불이익을 주지 않
지만, 즉결심판의 경우에는 범칙금이 아니라 벌금을 선고하기 때문에 본래의 통고처분에 비해 상대
방에게 불이익을 주게 된다.

2) 벌점

(1) 벌점기준

지방경찰청장은 도로교통법을 위반한 자에 대해서 일정한 벌점을 부과할 수 있다(93조 2항). 벌점부과의 기준은 위반 및 피해의 정도 등을 감안하여 도로교통법시행규칙 제91조 제1항 [별표 28]에서 규정하고 있는데, 이를 위반행위별로 살펴보면 다음과 같다. 음주운전(혈중 알코올농도 0.05% 이상 0.1% 미만)의 경우에는 100점,[34] 60km 초과 제한속도위반의 경우에는 60점, 중앙선 침범, 철길건널목 통과방법위반, 고속도로 갓길통행, 고속도로 전용차로 위반, 40km 초과 60km 이하 제한속도위반 등의 경우에는 30점, 신호위반, 운전 중 휴대전화 사용, 앞지르기 시기·장소 위반, 횡단보도 보행자 횡단 방해(정지선 위반 포함), 20km 초과 40km 이하 제한속도위반, 적재제한 위반 등의 경우에는 15점, 일반도로 안전거리 미확보, 지정차로 통행위반, 일반도로 전용차로 통행위반, 고속도로 안전거리 미확보, 앞지르기 방법 위반 등의 경우에는 10점이며, 안전띠 미착용, 끼어들기, 방향전환·차선변경시 신호의무 불이행, 20km 이하 제한속도위반, 불법부착물 차량 운전, 택시 승차거부, 긴급자동차에 대한 양보의무 위반, 승차정원 초과 등의 경우에는 벌점이 없다.[35]

도로교통법상의 벌점기준을 정한 배경을 살펴보면, 운전면허정지처분의 기준을 누산점수 30점으로 정한 1986. 5. 1. 도로교통법시행규칙 당시에 1회의 위반으로도 운전면허를 정지해야할 정도의 위반행위에 대해서는 30점, 2회 위반시 운전면허를 정지해야 할 정도의 위반행위에 대해서는 15점 내지 20점, 3회 위반시 운전면허를 정지해야 할 정도의 위반행위에 대해서는 10점으로 구분하여 정하였다고 한다.[36] 그 후 이러한 벌점기준은 여러 차례 수정·보완되었지만,[37] 그럼에도 불구하고 현행의 벌점기준은 범칙금 액수와 벌점 점수와의 비례성 측면에서 재검토가 필요하다. 물론 범칙금 액수와 벌점 점수가 반드시 비례적으로 일치해야 하는 것은 아니지만, 현행의 벌점기준은 형평성에서 많은 문제점이 있어 보이는데 그 대표적 예는 다음과 같다.

ⅰ) 일반도로에서의 안전거리 미확보의 경우에는 2만원의 범칙금이 부과됨에도 불

---

34) 혈중 알코올농도가 0.1%를 초과하는 경우에는 면허취소사유에 해당한다.

35) 이에 관한 상세는 이 논문의 벌점 도표 참조.

36) 김재광/박영수, 운전면허 행정처분의 기준과 절차의 문제점과 개선방안, 행정법연구 29호, 행정법이론실무학회, 2011. 4, 191면.

37) 벌점기준은 1995. 7. 1. 개정된 도로교통법시행규칙에서 대폭 변경되었는바, 예컨대 신호위반의 경우 1986년에는 벌점 30점을 부과하도록 하였으나 1995년에는 15점으로 하향 조정되었고, 제한속도위반의 경우 1986년에는 20km 이하 위반시 10점, 20km 초과 위반시 30점, 최저속도 위반시 10점을 부과하도록 하였으나, 1995년에는 20km 초과 위반에 한하여 15점을 부과하도록 하였다. 한편, 적재중량 초과나 화물 고정의무 위반에 대한 벌점은 2016년에 신설되었다.

구하고 10점의 벌점이 부과된다(고속도로에서의 안전거리 미확보의 경우에는 4만원의 범칙금에 10점의 벌점이 부과된다). 이에 대해 안전띠 미착용, 끼어들기, 방향전환·차선변경시 신호의무 불이행, 20km 이하 제한속도위반의 경우에는 3만원의 범칙금이, 주정차금지 위반, 급발진·급가속, 연속적 경음기 울림으로 인한 소음 발생 등의 경우에는 4만원의 범칙금이 부과되지만 벌점은 부과되지 않는다. 물론 안전거리 미확보는 교통사고를 유발할 수 있는데 대해 안전띠 미착용, 주정차금지 위반, 연속적 경음기 울림 등은 도로교통안전에 직접 영향을 주는 것은 아니어서 같은 기준을 적용할 수는 없을 것이지만, 끼어들기, 방향전환·차선변경시 신호의무 불이행, 제한속도위반 등의 경우에는 도로교통안전에 미치는 영향이 안전거리 미확보와 별 차이가 없다고 할 것이다. 이와 같이 현행법상의 범칙금과 벌점은 균형성의 측면에서 문제가 있다고 보여지므로 재조정의 필요가 있다고 할 것이다.

ⅱ) 도로교통법 제39조 위반자에 대한 현행 벌점제도에도 문제가 있다. 도로교통법 제39조 제1항은 승차정원이나 적재중량·용량을 초과하는 운전을 금지하고 있고, 제3항은 운전자에게 승객 또는 승하차자의 추락방지조치의무를 부과하며, 제4항은 운전자에게 화물이 떨어지지 않도록 고정시킬 의무를 부과하며, 제5항은 영유아나 동물을 안고 운전하지 않을 의무를 부과하고 있다. 승차정원을 초과하여 운전하거나 승객 또는 승하차자 추락방지조치의무를 위반한 경우에는 6만원의 범칙금을 부과하며, 적재중량·용량을 초과하여 운전하거나 화물이 떨어지지 않도록 고정시킬 의무를 위반하거나 또는 영유아나 동물을 안고 운전한 경우에는 4만원의 범칙금을 부과한다. 벌점기준을 살펴보면, 종래에는 제39조 위반행위와 관련하여 단지 '승객 또는 승하차자 추락방지조치의무 위반행위'에 대해서 10점의 벌점을 부과하는 규정만을 두고 있었는데, 2016. 2. 12. 도로교통법시행규칙을 개정하여 '적재중량·용량제한 위반 행위'와 '화물 고정의무 위반행위'에 대하여 15점의 벌점을 부과하는 규정을 신설하였다([별표 28] 3. 가. 16의2).

〈표 3〉 도로교통법 제39조 위반자에 대한 범칙금 및 벌점

위반행위	범칙금	벌점
승차정원 초과	6만원	없음
적재중량·용량 초과	4만원	15점(2016.2.12. 신설)
승객 또는 승하차자의 추락방지조치의무 위반	6만원	10점
화물 고정의무 위반	4만원	15점(2016.2.12. 신설)
영유아나 동물을 안고 운전	4만원	없음

이러한 법개정에도 불구하고 다음과 같은 문제점이 지적될 수 있다. 첫째, 승차정원 초과운전이나 영유아·동물을 안고 운전한 경우에도 벌점을 신설할 필요가 있다. 특히

승차정원 초과운전의 경우 6만원의 범칙금이 부과되는데도 불구하고 아무런 벌점을 부과하지 않는 것은 문제라 할 것이다. 둘째, 적재중량·용량 초과운전이나 화물 고정의무 위반의 경우에는 4만원의 범칙금과 15점의 벌점이 부과되는데 대해 승객·승하차자의 추락방지조치의무 위반의 경우에는 6만원의 범칙금과 10점의 벌점이 부과되는 것은 형평에 맞지 않으므로 재검토가 필요하다.[38]

　　iii) 앞지르기 방법·시기·장소를 위반한 경우에 6만원의 범칙금이 부과되는데, 벌점의 경우 앞지르기 방법 위반에 대해서는 10점이, 앞지르기 시기·장소 위반에 대해서는 15점이 부과된다.[39] 아이러니하게도 1986년 도로교통법시행규칙상의 벌점기준에 의하면 앞지르기 방법 위반에 대해서는 30점, 앞지르기 장소 위반에 대해서는 10점을 부과하도록 하여 앞지르기 방법위반에 대해 많은 벌점을 부과하도록 하였다. 양자는 넓은 의미에서 동일한 '앞지르기 의무위반'이고 이들에 대해 동일한 액수의 범칙금이 부과되는데 벌점은 차등하여 부과하여야 할 특별한 이유가 있는지는 의문이며, 따라서 양자의 벌점을 통일시키는 것이 합리적이라고 할 것이다.

(2) 벌점의 효과

　　벌점이 일정기간 동안 일정한 점수를 초과하는 경우에는 경찰서장은 운전면허를 취소 또는 정지할 수 있다(93조 2항). 즉, 1회의 위반·사고로 인한 벌점 또는 연간 누산점수가 1년간 121점 이상, 2년간 201점 이상, 3년간 271점 이상인 경우에는 운전면허를 취소하며, 1회의 위반·사고로 인한 벌점 또는 처분벌점이 40점 이상이 된 때에는 면허정지처분을 내리는데, 이때 원칙적으로 1점을 1일로 계산하여 집행한다.[40]

---

38) 승차정원이나 적재중량·용량을 초과하여 운전한 경우에 초과된 정도에 따라 차등 부과하는 방법도 고려될 수 있을 것이다.

39) 앞지르기 방법 위반이란 앞차의 좌측이 아닌 방향을 통해 앞지르기를 한 경우 등을 말하고(21조), 앞지르기 시기 위반이란 앞차의 좌측에 다른 차가 앞차와 나란히 가고 있는 경우 등에 앞지르기를 한 경우를 말하며(22조 2항), 앞지르기 장소 위반이란 교차로·터널·다리 등 앞지르기가 금지된 장소에서 앞지르기를 한 경우를 말한다(22조 2항).

40) 누산점수라 함은 위반·사고시의 벌점을 누적하여 합산한 점수에서 상계치를 뺀 점수를 말한다. 상계치란 일정한 요건을 갖춘 경우에 감해지는 벌점을 말하는데, 현행법에 의하면 처분벌점이 40점 미만인 경우에 최종의 위반일 또는 사고일로부터 위반 및 사고 없이 1년이 경과한 때에는 해당 벌점은 소멸한다. 처분벌점이란 누산점수에서 이미 정지처분이 집행된 벌점의 합계치를 뺀 점수를 말한다. 결국 "처분벌점 = 누산점수 − 이미 처분이 집행된 벌점의 합계치 = 벌점의 누적 합산치 − 상계치 − 이미 정지처분의 집행이 된 벌점의 합계치"이다. 한편, 인적 피해있는 교통사고를 일으키고 도주한 차량의 운전자를 검거하거나 신고하여 검거하게 한 운전자에게는 40점의 특혜점수를 부여하여 누산점수에서 이를 공제한다. 무위반·무사고 서약을 하고 1년간 이를 실천한 운전자에게는 10점의 특혜점수를 부여하여 누산점수에서 이를 공제한다. 처분벌점이 40점 미만인 사람이 교통법규교육을 마친 경우에는 처분벌점에서 20점을 감경한다(도로교통법 시행규칙 [별표 28] "운전면허 취소·정지처분 기준" 참조).

(3) 벌점기준의 법적 성질

도로교통법 시행규칙에서 정한 벌점기준의 법적 성질이 문제된다. 판례에 의하면 「도로교통법 시행규칙 제53조 제1항이 정한 [별표 16](현행 [별표 28])의 '운전면허행정처분기준'은 관할 행정청이 운전면허의 취소 및 운전면허의 효력정지 등의 사무처리를 함에 있어서 처리기준과 방법 등의 세부사항을 규정한 행정기관 내부의 처리지침에 불과한 것으로서 대외적으로 국민이나 법원을 기속하는 효력이 없으므로, 자동차운전면허취소처분의 적법 여부는 위 운전면허행정처분기준만에 의하여 판단할 것이 아니라 도로교통법의 규정 내용과 취지에 따라 판단되어야 하며, 위 운전면허행정처분기준의 하나로 삼고 있는 벌점이란 자동차운전면허의 취소·정지처분의 기초자료로 활용하기 위하여 법규위반 또는 사고야기에 대하여 그 위반의 경중, 피해의 정도 등에 따라 배점되는 점수를 말하는 것으로서, 이러한 벌점의 누산에 따른 처분기준 역시 행정청 내의 사무처리에 관한 재량준칙에 지나지 아니할 뿐 법규적 효력을 가지는 것은 아니다.」고 판시하였다.[41]

부령의 형식으로 사무처리기준을 정한 것이 법규명령의 성질을 가지는지 행정규칙의 성질을 가지는지에 대해서는 형식설과 실질설의 대립이 있는바, 법규명령과 행정규칙은 그 규율내용이 아니라 제정절차와 법형식에 따라 구별된다고 보는 형식설이 타당하다고 할 것이다.[42] 따라서 '운전면허 취소·정지처분 기준'(벌점 포함)을 정한 도로교통법 시행규칙 [별표 28]은 규정형식상 부령이며 이는 도로교통법 제93조 제2항에 근거하여 제정된 것이므로 법규명령에 해당한다고 보는 것이 타당하다.

(4) 벌점의 처분성

벌점을 부과받은 자가 그에 불복하는 경우에 취소소송을 통해 구제받을 수 있는지가 문제되는바, 이는 벌점부과의 처분성에 관련된 문제이다. 이에 대해 판례는, 「운전면허 행정처분처리대장상 벌점의 배점은 도로교통법규 위반행위를 단속하는 기관이 도로교통법 시행규칙 별표 16의 정하는 바에 의하여 도로교통법규 위반의 경중, 피해의 정도 등에 따라 배정하는 점수를 말하는 것으로 자동차운전면허의 취소, 정지처분의 기초자료로 제공하기 위한 것이고 그 배점 자체만으로는 아직 국민에 대하여 구체적으로 어떤 권리를 제한하거나 의무를 명하는 등 법률적 규제를 하는 효과를 발생하는 요건을 갖춘 것이 아니어서 그 무효확인 또는 취소를 구하는 소송의 대상이 되는 행정처분이라고 할 수 없다.」고 판시하고 있다.[43]

생각건대, 벌점 그 자체에 의해서는 아직 국민에 대하여 직접적으로 불이익을 가져

---

41) 대판 1998. 3. 27, 97누20236.
42) 同旨: 김남진/김연태, 행정법 I, 법문사, 2017, 183면; 김중권, 행정법, 법문사, 2016, 390면.
43) 대판 1994. 8. 12, 94누2190.

다주지는 않지만 장래 벌점이 누적되어 일정한 점수에 이르면 운전면허정지 등 불이익한
처분을 받을 것이 확실시 되는 점에서 벌점부과의 처분성을 인정하는 것이 타당할 것이
다. 만일 벌점부과 단계에서 이를 다툴 수 없다면 나중에 누적된 벌점을 이유로 운전면
허정지처분 등이 내려진 경우에 벌점부과의 위법을 이유로 운전면허정지처분 등의 취소
를 구하여야 할 것인데, 이미 상당기간이 경과한 후에 벌점부과행위를 다투는 것은 권리
구제에 있어 실효성이 떨어진다고 할 것이다. 한편, 우리의 판례가 개별공시지가결정의
처분성을 인정하고 있는 것도 벌점부과의 처분성을 인정하여야 할 간접적인 논거가 될
것이다. 즉, 개별공시지가의 법적 성질에 대하여 학설상 다툼이 있는데, 일부 학설에 의
하면 개별공시지가는 과세처분이나 개발부담금 산정의 기준이 될 뿐이므로 그 자체에 의
해서는 직접 국민의 권리관계에 변동을 가져오지 않는다는 이유로 처분성을 부인한다.44)
그러나 판례는, 개별공시지가는 개발부담금 등 산정의 기준이 되어 국민의 권리·의무에
직접적으로 관계되는 것이어서 항고소송의 대상이 되는 행정처분에 해당한다고 보고 있
다.45) 이와 같이 개별공시지가 그 자체로는 국민의 권리관계에 어떠한 변동을 가져오는
것은 아니지만 장래 개발부담금 등 산정의 기준이 되는 점에서 국민의 권리·의무에 직
접적으로 관계되는 것이어서 처분성이 인정된다면, 벌점부과도 그 자체로는 국민의 권리
관계에 어떠한 변동을 가져오는 것은 아니지만 장래 운전면허정지처분의 기준이 되는 점
에서 국민의 권리·의무에 직접적으로 관계된다고 할 것이고, 따라서 그에 대한 처분성
을 인정하는 것이 논리적인 일관성이 있다고 할 것이다.

2. 경찰기관이 설치한 단속카메라 등에 위반행위가 적발된 경우

1) 문제의 소재

경찰기관은 무인 또는 이동식 단속카메라를 설치하여 도로교통법 위반행위를 단속
하는 경우도 있다(4조의2). 그런데 도로교통법 위반행위가 경찰기관이 설치한 단속카메라
에 의해 적발된 경우에는 위반행위자를 특정할 수 없기 때문에 도로교통법상의 벌금·구
류·과료 등 형사처벌 또는 이에 갈음하는 통고처분을 할 수 없는 문제가 있다. 이에 도
로교통법은 신호위반, 제한속도위반 등 제160조 제3항에서 규정한 위반행위가 사진이나
비디오테이프 등에 의해 입증되고 위반행위를 한 운전자를 확인할 수 없어 통고처분을
할 수 없는 경우에는 '고용주 등'에게 20만원 이하의 '과태료'를 부과하도록 규정하고 있
는바(160조 3항), 이하에서 구체적인 내용을 살펴보기로 한다.

---

44) 개별공시지가의 법적 성질에 관해서는 박균성, 행정법강의, 박영사, 2016, 1283면; 정하중, 행정법
    개론, 법문사, 2017, 1325면 참조.
45) 대판 1993. 6. 11, 92누16706; 대판 1995. 6. 16, 95누2098.

2) 과태료 부과의 요건

(1) 비디오테이프 등에 의한 입증

도로교통법 위반행위에 대해 과태료를 부과하기 위해서는 위반행위가 사진이나 비디오테이프 등에 의해 입증되어야 한다(160조 3항). 경찰기관이 설치한 무인 또는 이동식 단속카메라에 단속된 경우가 대부분이지만, 이른바 카파라치나 민원인의 신고에 의한 것도 여기에 포함된다.

(2) 과태료부과의 대상이 되는 위반행위

과태료 부과의 대상이 되는 위반행위는 신호위반, 차도통행의무위반, 중앙선침범,46) 차로(지정차로, 가변차로 포함)위반, 전용차로위반, 제한속도위반, 교차로통행방법위반, 횡단보도를 건너는 보행자보호의무위반, 긴급자동차에 대한 양보의무위반, 주정차위반, 화물고정의무위반, 갓길통행 등 도로교통법 제160조 제3항에 열거된 위반행위에 한정된다. 한편, 전용차로 위반, 긴급자동차에 대한 양보의무 위반, 주정차위반에 대한 과태료 부과권한은 시장 등(특별시장·광역시장 또는 시장·군수)이 가지므로 이에 대해 지방경찰청장은 과태료 부과권이 없다(161조 1항 3호).

(3) 운전자를 확인할 수 없는 경우

위반행위를 한 운전자를 확인할 수 없어 통고처분을 할 수 없는 경우에 한하여 과태료를 부과할 수 있다(160조 3항 2호, 160조 4항 3호). 일반적으로 위반행위가 단속카메라에 의해 적발된 경우에는 실제 운전자가 누구인지 확인하기 어려운바, 이 경우 경찰서장은 도로교통법 제56조에서 정한 '고용주 등'에게 「위반사실 통지 및 과태료부과 사전통지서」를 보낸다(질서위반행위규제법 16조 참조). 위 사전통지서에는 ⅰ) 의견진술기간 내에 해당 경찰서 교통민원실에 의견을 진술할 수 있으며,47) 법규위반사실을 인정하는 경우에는 범칙금이 부과된다는 사실, ⅱ) 위반 운전자가 확인되지 않는 경우에는 고용주 등에게 과태료가 부과된다는 사실, ⅲ) 기초생활수급자 등에 대해서는 과태료의 50%가 감경된다는 사실 등이 기재되어 있으며, 위반차량(차량번호판 포함) 사진과 과태료사전납부고지서가 첨부되어 보내진다.48)

위 통지서를 받은 고용주 등이 경찰기관에 실제로 차를 운전한 사람에 대해 의견을

---

46) 일반도로에서 중앙선을 침범하여 운전한 자에 대해서는 20만원 이하의 벌금이나 구류 또는 과료에 처하는데 대하여(156조 1호), 고속도로·자동차전용도로·중앙분리대가 있는 도로에서 중앙선을 침범하여 운전한 자에 대해서는 100만원 이하의 벌금 또는 구류에 처하도록 하고 있다(153조 2항). 그리고 전자의 경우는 범칙금 부과의 대상이 되는데 대하여, 후자의 경우는 범칙금 부과의 대상이 아니다(162조 1항, 163조 1항).

47) 10일 이상의 기간을 정하여 의견제출의 기회를 주어야 한다(질서위반행위규제법 16조 1항).

48) 도로교통법시행규칙 서식 154 참조.

제출하면 경찰서장은 그 사람에게 통고처분에 의해 범칙금을 부과하며, 만일 아무런 의견을 제출하지 않으면 고용주 등에게 과태료를 부과한다.

(4) 예외사유

한편, i) 차를 도난당하는 등 부득이한 사유가 있는 경우, ii) 운전자가 해당 위반행위로 범칙금 통고처분을 받거나 형사처벌을 받은 경우, iii) 질서위반행위규제법에 따른 의견제출이나 이의제기의 결과 위반행위를 한 운전자가 밝혀진 경우, iv) 자동차가 「여객자동차 운수사업법」에 따른 자동차대여사업자 또는 「여신전문금융업법」에 따른 시설대여업자가 대여한 자동차로서 그 자동차만 임대한 것이 명백한 경우에는 과태료를 부과할 수 없다(160조 4항).

(5) 통계자료

최근 3년간 단속카메라 등에 적발된 도로교통법 위반행위의 건수는 다음 표와 같다.

<표 4> 단속카메라 등에 적발된 도로교통법 위반행위[49]

	신호위반		제한속도위반		기타		합계
	카메라	신고	카메라	신고	카메라	신고	
2015년	1,575,385	514,881	8,472,983	17	62,443	695,366	11,321,075
	(합) 2,090,266		8,473,000		757,809		
2016년	1,410613	578,743	8,092,611	20	47,145	1,146,284	11,275,416
	(합) 1,989,356		8,092,631		1,193,429		
2017년	1,545,845	620,462	11,837,040	24	51,402	1,376,744	15,431,517
	(합) 2,166,307		11,837,064		1,428,146		

3) 위반행위의 경합 등

한대의 단속카메라에 복수의 위반행위가 동시에 적발된 경우에는 중한 위반행위에 대해서만 제재를 한다. 예컨대 신호위반과 20km 이하의 제한속도위반이 동시에 적발된 경우에 전자에 대한 과태료는 7만원이고 후자에 대한 과태료는 4만원이므로 이 경우는 중한 신호위반으로 과태료가 부과되며, 신호위반과 40km 초과 60km 이하의 제한속도위반이 동시에 적발된 경우에 전자에 대한 과태료는 7만원이고 후자에 대한 과태료는 10만원이므로 이 경우는 중한 제한속도위반으로 과태료가 부과된다. 이에 대해 운전 중 연속하여 각각의 단속카메라에 적발된 경우에는 각 위반행위마다 독립적으로 과태료가 부과된다. 단속카메라는 일정한 거리를 두고 설치되므로 각 단속카메라에 단속된 것은 독립

---

49) 이 자료는 정보공개청구에 의해 경찰청으로부터 제공받은 것임. 아래 표 중 '카메라'는 경찰기관이 설치한 단속카메라에 적발된 것이고 '신고'는 카파라치나 민원인의 신고에 의해 적발된 것이다.

한 위반행위라 볼 수 있기 때문이다.

4) 과태료부과의 대상자

과태료 부과의 대상은 도로교통법 제56조 제1항에 규정된 '고용주 등'이다(160조 3
항). 여기에서 고용주 등이라 함은 차의 운전자를 고용하고 있는 사람이나 차를 관리하는
지위에 있는 사람 또는 차의 사용자(「여객자동차운수사업법」에 따라 사업용 자동차를 임차한 사람
및 「여신전문금융업법」에 따라 자동차를 대여한 사람을 포함한다) 등을 가리키는바(56조 1항),[50] 이를
나누어 설명하기로 한다.

ⅰ) 택시나 영업용버스의 경우에는 운전기사의 고용주인 해당 운송회사에게 과태료
가 부과된다. 이에 관한 실무상의 처리방법을 살펴보면, 택시나 영업용버스의 위반행위가
단속카메라에 적발된 경우에 경찰기관은 해당 운송회사에 「위반사실 통지 및 과태료부과
사전통지서」를 발송하며, 이를 통지받은 운송회사는 경찰기관에 실제 위반행위를 한 운전
자에 대해 의견을 제출함으로써 해당 운전자로 하여금 통고처분을 받도록 하는 경우도 있
고, 경찰기관에 의견을 제출하지 않고 일단 운송회사가 과태료를 납부한 다음 내부관계에
서 운전자에게 책임을 묻는 경우도 있는데, 일반적으로는 후자의 방법에 의한다고 한다.

ⅱ) 자가용의 경우에는 차를 관리할 수 있는 지위에 있는 소유자에게 과태료가 부
과된다. 만일 자동차 소유자나 그 가족 등의 위반행위가 단속카메라에 적발된 경우에는
해당 차의 소유자에게 사전통지서가 발송되는바, 따라서 위 통지서를 받은 소유자는 과
태료와 범칙금 중 어느 것이 자신 또는 가족 등에게 유리한지를 비교하여 자신의 행동을
선택할 수 있다. 예컨대 범칙금이 유리하다고 판단되면 경찰기관에 실제로 위반행위를
한 사람에 대해 의견을 제출함으로써 그로 하여금 통고처분을 받게 하고, 과태료가 유리
하다고 판단되면 위반행위를 한 사람에 대해 의견을 제출하지 않음으로써 자신이 과태료
부과처분을 받을 것이다.[51] 실제로 어떤 제재가 보다 유리한지에 대해 살펴보는 것은 흥
미로운 일인바, 이에 관해서는 가장 보편적인 신호위반과 제한속도위반의 경우를 예로
들어 살펴보기로 한다. 신호위반의 경우 범칙금 6만원에 15점의 벌점이 부과되는데 대
해, 과태료는 7만원이다. 제한속도위반의 경우는 위반된 정도에 따라 다른데, 20km 이하

---

50) 여기에서 「여객자동차운수사업법」에 따른 사업용 자동차는 렌트카(rent car)를 의미하고, 「여신전문
　　금융업법」에 따른 자동차는 리스카(lease car)를 의미한다.
51) 인터넷상에 도로교통법 위반시 과태료와 범칙금 중 어느 것이 유리한지에 대한 질문과 답변이 많
　　이 게시되어 있다. 한편, 정세종 교수는 「이러한 이원적 처리방법은 사실상 위반자에게 처벌대상자
　　와 처벌의 종류를 선택할 수 있는 빌미를 제공했고, 상당수 위반자들은 이를 악용함으로써 동일 위
　　반행위에 대해서 제재를 달리 받게 되는 법집행의 왜곡현상을 초래하고 있다」고 지적하고 있다(정
　　세종, 앞의 논문, 116면).

위반의 경우에는 범칙금 3만원에 벌점은 없으며 과태료는 4만원이다. 20km 초과 40km 이하 위반의 경우에는 범칙금 6만원에 15점의 벌점이 부과되고 과태료는 7만원이며, 40km 초과 60km 이하 위반의 경우에는 범칙금 9만원에 30점의 벌점이 부과되고 과태료는 10만원이다. 60km 이상 위반의 경우에는 범칙금 12만원에 60점의 벌점이 부과되고 과태료는 13만원이다. 이상에서 살펴본 바와 같이 신호위반과 제한속도위반의 경우 금전적으로는 범칙금이 과태료에 비해 1만원 낮지만, 범칙금의 경우에는 벌점도 함께 부과받으며(다만 20km 이하 제한속도위반의 경우는 제외) 만일 소정의 기간 내에 납부하지 않으면 즉결심판에 의해 벌금을 부과받을 수 있는 점에서는 과태료보다 불이익하다. 이에 관한 통계자료를 살펴보면, 단속카메라 등에 적발되어 「위반사실 통지서」를 받은 사람 중 경찰기관에 실제 운전자에 대한 의견을 제출하여 통고처분을 받고 범칙금을 납부한 사람의 비율은 최근 3년간 1.5% 내외 정도 되는바, 이를 통해 대부분의 사람들은 1만원을 더 부담하더라도 벌점이 없는 과태료를 압도적으로 선호하고 있음을 알 수 있다.

〈표 5〉 단속카메라 등에 적발된 자가 범칙금을 납부한 경우[52]

	단속카메라 등에 적발된 건수(A)	범칙금을 납부한 건수(B)	비율(B/A)
2015년	11,321,075	170,681	1.5%
2016년	11,275,416	158,720	1.4%
2017년	15,431,517	246,025	1.6%

iii) 렌트(rent)나 리스(lease) 차량의 경우에는 원칙적으로 렌트회사 · 리스회사뿐만 아니라 빌린 사람(렌트나 리스를 한 사람)도 도로교통법 제56조가 정한 '고용주 등'에 포함되어 과태료 부과의 대상이 되지만,[53] 한편 도로교통법 제160조 제4항 제4호는 "자동차가 「여객자동차 운수사업법」에 따른 자동차대여사업자 또는 「여신전문금융업법」에 따른 시설대여업자가 대여한 자동차로서 그 자동차만 임대한 것이 명백한 경우"에는 과태료를 부과할 수 없도록 하였다. 이는 렌트회사나 리스회사가 자동차만을 빌려준 경우에는 그 실질적 사용자인 렌트나 리스를 한 사람만이 과태료 책임을 진다는 의미라 할 것이다. 만일 렌트회사나 리스회사가 운전자를 포함하여 자동차를 빌려준 경우에는 해당 회사도 과태료 부과의 대상이 됨은 물론이다.

---

52) 이 자료는 정보공개청구에 의해 경찰청으로부터 제공받은 것임.

53) 종래 도로교통법 제56조는 '고용주 등'에 관해 단지 "차의 운전자를 고용하고 있는 사람이나 직접 운전자나 차를 관리하는 지위에 있는 사람 또는 차의 사용자"라고 규정하고 있었으나, 2014. 12. 30. 법개정시에 '차의 사용자' 다음에 "(「여객자동차운수사업법」에 따라 사업용 자동차를 임차한 사람 및 「여신전문금융업법」에 따라 자동차를 대여한 사람을 포함한다)"는 문구를 삽입하였다.

5) 자진납부자에 대한 감경

질서위반행위규제법은 의견제출기간 안에 과태료를 자진하여 납부하는 자에 대해서는 부과될 과태료의 20% 이내의 범위에서 감경할 수 있도록 하고 있다(질서위반행위규제법 18조, 같은법시행령 5조). 이에 따라 도로교통법상의 과태료에 있어서도 자진납부자에 대해서는 과태료 체납률, 위반행위의 종류·내용·정도, 범칙금과의 형평성 등을 고려하여 행정안전부령으로 정하는 비율을 감경할 수 있도록 하였으며(도로교통법시행령 88조 5항), 도로교통법시행규칙 제146조 별표 39는 감경의 대상이 되는 과태료의 종류와 감경률에 관해 구체적으로 규정하고 있다.

감경의 대상이 되는 과태료를 살펴보면, 고인 물 등을 튀게 하여 다른 사람에게 피해를 준 경우(도로교통법 49조 1항 1호 위반), 동승자에게 안전띠를 매도록 하지 않은 경우(같은법 50조 1항, 2항, 67조 1항 위반), 고속도로·자동차전용도로에서 고장자동차 표지를 비치하지 않은 경우(같은법 67조 2항 위반) 등과 같이 오직 과태료만의 부과대상인 경우가 대부분이며, 신호위반, 중앙선침범, 20km 초과 제한속도위반, 전용차로위반, 앞지르기위반, 교차로통행방법위반, 횡단보도보행자 횡단방해 등과 같이 대부분의 범칙금 또는 과태료 부과대상이 되는 위반행위의 경우에는 감경의 대상이 되지 않는다. 다만 20km 이하의 제한속도위반과 주정차위반의 경우에는 범칙금과 과태료 모두의 부과대상이 되지만 과태료를 자진납부의 경우에 감경하도록 하였다. 한편, 자진납부자에 대해 과태료를 감경하는 경우에 그 비율은 부과될 과태료의 20%로 정하고 있다(같은법시행규칙 146조 별표 39).

그 밖의 과태료 납부에 관해서는 '지방자치단체의 단속' 부분에서 살펴보기로 한다.

Ⅲ. 지방자치단체의 단속

1. 지방자치단체의 공무원이 위반행위자를 직접 단속한 경우

지방자치단체는 도로교통법 위반행위 중 전용차로 위반(15조 3항), 긴급자동차에 대한 진로양보의무 위반(29조 4항·5항) 또는 주정차금지의무 등 위반(주정차금지위반, 주차금지장소위반, 주정차방법위반을 포함: 32조 내지 34조)에 대한 단속권한만을 가진다(143조, 161조 1항 3호 참조). 지방자치단체의 공무원이 위 사항을 위반한 운전자를 적발하면 현장에서 위반행위의 요지와 경찰서장에게 출석할 기일 및 장소 등을 구체적으로 밝힌 고지서를 발급하고, 운전면허증의 제출을 요구하여 이를 보관할 수 있다(143조 1항). 지방자치단체의 공무원은 고지서를 발급한 때에는 지체 없이 관할 경찰서장에게 운전면허증을 첨부하여 통보하여야 하며, 통보를 받은 경찰서장은 위반행위를 확인하여야 한다(143조 2항, 3항). 경찰서장은 출석한 위반운전자의 진술을 듣고 통보받은 사항이 범칙행위로 인정되는 때에는 통고처분을 할 수 있다(시행규칙 134조 3항, 4항).

　　지방자치단체의 공무원이 직접 단속하는 것은 주로 주정차위반인데, 이 경우 운전자가 차에 남아있지 않는 경우가 대부분이므로 위반행위자의 신원을 확인할 수 없으며, 따라서 실제에 있어 위반행위자에게 경찰서에 출석하도록 하는 고지서를 발급하는 예는 거의 없다고 한다.[54] 이 경우에 지방자치단체의 공무원은 사진이나 비디오촬영 등으로 주정차위반에 대한 증거를 확보한 다음 도로교통법 제160조 제3항 제1호에 따라 과태료 부과처분을 내린다.

2. 지방자치단체가 설치한 단속카메라 등에 위반행위가 적발된 경우

1) 과태료의 부과

　　지방자치단체는 주로 고정형 무인카메라나 차량에 설치된 이동식카메라를 통해 주정차위반행위 등을 단속한다.[55] 그런데 단속카메라에 의해 주정차위반행위 등이 적발된 경우에는 위반행위자의 신원을 확인할 수 없기 때문에 통고처분에 의해 범칙금을 부과할 수 없는 문제가 발생한다. 이와 같이 위반행위를 한 운전자의 신원을 확인할 수 없는 경우에는 실제 위반행위를 한 운전자가 누구인지 묻지 아니하고 도로교통법 제56조 제1항에서 규정한 '고용주 등'에게 20만원 이하의 과태료를 부과하도록 하였다(160조 3항 1호). 주정차위반 등에 대한 과태료 부과권자는 특별시장·광역시장·제주특별자치도지사 또는 시장·군수(광역시의 군수는 제외함)이다(3조 1항, 161조 1항 3호).

　　시장·군수 등이 과태료를 부과하고자 하는 때에는 미리 과태료부과의 대상이 되는 고용주 등에게 일정 사항에 관해 사전통지를 하고 10일 이상의 기간을 정하여 의견을 제출할 기회를 주어야 하는데(질서위반행위규제법 16조), 사전통지서에는 위반일시·장소·내용, 과태료금액, 적용법령, 의견제출기간, 의견제출기간 내에 자진 납부하는 경우에는 과태료가 20% 감경된다는 것 등이 기재되어 있다. 만일 사전통지를 받은 자가 의견을 제출하여 실제 위반행위를 한 운전자가 밝혀진 경우에는 과태료부과처분을 할 수 없으며(도로교통법 160조 4항 3호), 이 경우는 도로교통법 제143조에 따라 경찰서장에게 통보하여 위반행위자에게 통고처분이 내려지도록 조치하여야 할 것이다.

---

54) 위반행위자에 대해 경찰서에 출석하도록 하면 통고처분에 의해 범칙금이 부과되고 납부된 범칙금은 국고에 귀속되는데 대해, 과태료를 부과한 경우에는 납부한 과태료는 해당 지방자치단체의 금고에 귀속되는 점도 영향을 미친다고 할 것이다. 류지태, 행정질서벌의 체계, 법조 51권 12호, 2002. 12, 72면 참조.

55) 경찰기관뿐만 아니라 지방자치단체의 장도 무인 교통단속용 장비를 설치·관리할 수 있다(도로교통법 4조의2).

2) 자진납부자에 대한 감경

앞에서 설명한 바와 같이 주정차위반에 대한 과태료의 경우에는 의견제출기간 안에 자진납부시 부과될 과태료의 20%를 감경하도록 하고 있다(도로교통법시행규칙 146조 별표 39).

3) 납부기간

과태료는 납부고지서를 받은 날부터 60일 이내에 납부하여야 한다. 다만, 천재지변이나 그 밖의 부득이한 사유로 과태료를 낼 수 없을 때에는 그 사유가 없어진 날부터 5일 이내에 납부하여야 한다(도로교통법시행령 88조 6항).

4) 이의제기

과태료부과처분에 대해 불복하는 당사자는 과태료부과 통지를 받은 날부터 60일 이내에 해당 행정청에 서면으로 이의제기를 할 수 있으며, 이의제기가 있는 경우에는 해당 과태료부과처분은 그 효력을 상실한다(질서위반행위규제법 20조). 이의제기를 받은 행정청은 이의제기를 받은 날부터 14일 이내에 이에 대한 의견 및 증빙서류를 첨부하여 관할 법원에 통보하여야 한다(같은법 21조 1항).

5) 과태료재판

이의제기를 통보받은 관할 법원은 이를 즉시 검사에게 통지하여야 하며, 심문기일을 열어 당사자의 진술을 들어야 한다(같은법 30조, 31조 1항).[56] 법원은 검사의 의견을 구하여야 하고, 검사는 심문에 참여하여 의견을 진술하거나 서면으로 의견을 제출하여야 한다(같은법 31조 2항). 법원은 행정청의 참여가 필요하다고 인정하는 때에는 행정청으로 하여금 심문기일에 출석하여 의견을 진술하게 할 수 있다(같은법 32조 1항). 행정청은 법원의 허가를 받아 소속 공무원으로 하여금 심문기일에 출석하여 의견을 진술하게 할 수 있다(같은법 32조 2항). 과태료재판은 이유를 붙인 결정으로써 하며, 결정은 당사자와 검사에게 고지함으로써 효력이 생긴다(같은법 36조 1항, 37조 1항). 당사자와 검사는 과태료재판에 대하여 즉시항고를 할 수 있다(같은법 38조 1항).

---

56) 다만 법원은 상당하다고 인정하는 때에는 심문 없이 과태료재판을 할 수 있다(약식재판: 질서위반행위규제법 44조). 당사자와 검사는 약식재판의 고지를 받은 날부터 7일 이내에 이의신청을 할 수 있으며, 법원이 이의신청이 적법하다고 인정하는 때에는 약식재판은 그 효력을 잃으며, 이 경우 법원은 심문을 거쳐 다시 재판하여야 한다(같은법 50조).

Ⅳ. 입법론적 제안

1. 과태료제도로의 일원화

앞에서 살펴본 바와 같이 도로교통법 제160조 제3항에 규정된 위반행위의 경우 운전자의 신원이 확인된 경우에는 그 운전자에게 통고처분에 의해 범칙금이 부과되는데 대해, 무인단속카메라 등에 의해 위반행위가 적발되어 운전자의 신원을 확인할 수 없는 경우에는 '고용주 등'에게 과태료가 부과된다. 통고처분과 과태료처분은 금액, 납부기간, 불복방법, 벌점부과 등에 있어서 많은 차이가 있으며,[57] 일반적으로 통고처분보다는 과태료처분이 상대방에게 보다 유리한 것으로 인식되고 있다. 그런데 동일한 위반행위에 대해 운전자의 신원이 확인되었는지 여부에 따라 각기 다른 제재를 가하는 것은 형평의 원칙에 반한다고 할 것이다.[58]

이러한 문제를 해결하기 위해서는 도로교통법 제156조에 규정된 위반행위에 대해서는 '그 위반행위로 인하여 교통사고를 일으키지 않은 한' 벌금·구류·과료의 형벌 대신에 '과태료'를 부과하도록 하는 방안이 적극 검토될 필요가 있다고 할 것이다. 이는 앞에서 언급한 형평성 문제를 해결할 수 있을 뿐만 아니라 행정상 의무위반자에 대한 제재가 비범죄화적 측면에서 종래의 행정형벌이 행정질서벌로 전환되고 있는 오늘날의 추세와도 부합한다고 할 것이다.[59]

---

57) 20km 초과 40km 이하의 제한속도위반의 경우를 예를 들어 살펴보면 다음과 같은 차이가 있다. ⅰ) 운전자의 신원이 확인된 경우에는 6만원의 범칙금이 부과되는데 대해 운전자의 신원이 확인되지 않은 경우에는 7만원의 과태료가 부과된다. ⅱ) 범칙금의 경우에는 소정의 기한 내에 납부하지 않으면 통고처분의 효력은 소멸하고 즉결심판절차로 이행되어 벌금형을 선고받게 되는데 대해, 과태료의 경우에는 상대방이 60일 이내에 이의를 제기하면 과태료부과처분의 효력은 소멸하고 과태료재판에 의해 다시 과태료를 부과받는다. ⅲ) 범칙금을 납부하지 않는 경우에는 앞에서 설명한 바와 같이 즉결심판절차에서 벌금형을 선고받게 되지만, 과태료의 경우는 만일 상대방이 기한 내에 이의를 제기하지 않으면 과태료부과처분은 확정되며 따라서 상대방이 납부기간 내에 과태료를 납부하지 않으면 가산금·중가산금을 징수하며 국세 체납처분절차에 따라 과태료를 강제징수할 수 있다(질서위반행위규제법 24조). ⅳ) 운전자의 신원이 확인된 경우에는 범칙금과 아울러 15점의 벌점이 부과되는데 대해, 운전자의 신원이 확인되지 않은 경우에는 과태료만 부과되며 벌점은 없다.
58) 더욱이 위반행위가 단속카메라에 적발된 경우에는 먼저 고용주 등에게 「위반사실통지 및 과태료부과 사전통지서」를 보내 위반행위를 한 운전자에 대한 의견을 제출할 수 있도록 하고 있는바, 고용주 등의 의견제출에 의해 운전자의 신원이 밝혀진 경우에는 통고처분을 하고 고용주 등이 의견을 제출하지 않아 운전자의 신원이 밝혀지지 않은 경우에는 과태료부과처분을 함으로써 실질적으로 위반행위자에게 범칙금과 과태료간의 선택권을 부여하는 것과 같은 불합리한 결과가 발생한다.
59) 행정형벌의 행정질서벌로의 전환에 관해서는, 고헌환, 행정형벌의 행정질서벌로의 전환에 관한 고찰, 토지공법연구 76집, 한국토지공법학회, 2016. 11, 241면 이하; 원혜욱/김찬, 앞의 논문, 123면 이하; 조태제, 행정질서벌제도의 문제점과 그 개선방안, 토지공법연구 24집, 한국토지공법학회, 2004. 12, 539면 참조.

2. 통고처분에 대한 행정쟁송

앞에서 설명한 바와 같이 통고처분에 불복하는 경우에는 소정의 기간 내에 범칙금을 납부하지 않으면 통고처분의 효력은 소멸하고 즉결심판절차로 이행되므로, 통고처분은 항고소송의 대상이 되는 처분에 해당하지 않는다는 것이 판례의 일관된 태도이다. 그렇다면 현행법하에서 통고처분에 대해 불복하기 위해서는 즉결심판절차에서 무죄를 다투어야 하는데, 만일 즉결심판절차에서 무죄를 입증하지 못하면 벌금형을 선고받게 되어 상대방은 처음의 통고처분에 비해 더욱 불이익한 지위에 놓이게 된다. 이로 인하여 통고처분을 받은 자는 현실적으로 불복하기 어려우며 이는 헌법이 보장하는 국민의 재판받을 권리를 침해할 우려가 있다. 이러한 점에서 통고처분에 대해서도 행정심판이나 행정소송으로 다툴 수 있도록 입법화할 필요가 있다고 할 것이다.

3. 과태료재판의 재검토

1) 검사의 재판관여권 문제

앞에서 살펴본 바와 같이 과태료재판의 경우에 검사가 반대 당사자의 지위에 준하는 역할을 한다. 예컨대 법원이 행정청으로부터 과태료처분에 대해 이의제기가 있음을 통보받으면 먼저 검사에게 통지하도록 하고(질서위반행위규제법 30조), 심문기일이 정해지면 당사자 및 검사에게 통지하여야 하고(같은법 31조 3항), 검사는 과태료재판의 심문에 있어서 의견을 제출하여야 하며(같은법 31조 2항), 결정은 당사자와 검사에게 고지함으로써 효력이 생기며(같은법 37조 1항), 당사자와 검사는 과태료재판에 대하여 즉시항고를 할 수 있다(같은법 38조 1항).

그런데 과태료재판에 있어서 실질적 당사자는 과태료처분을 내렸던 행정청이라 할 것이며, 따라서 질서위반행위규제법을 개정하여 검사의 역할을 과태료처분을 내렸던 행정청에게로 이관시키는 것이 재판의 효율적 진행을 위해 필요하며 또한 이는 검사의 불필요한 업무가중을 완화시켜 주는 데에도 기여할 것이다.

2) 과태료부과처분에 대한 불복방법

과태료부과처분을 받은 자가 이에 불복하는 경우 60일 이내에 이의를 제기하면 해당 처분은 당연히 효력을 상실하고 법원이 원점에서 과태료재판을 하여 과태료를 부과하는 현행의 법체계는 재검토될 필요가 있다. 종래 질서위반행위규제법이 제정되기 전에는 개별법에 특별한 규정이 없으면 과태료는 행정청의 과태료부과처분 없이 바로 법원의 비송사건절차법에 따른 재판에 의해 부과되었기 때문에 이러한 경우는 과태료부과에 관해 항고소송으로 다툴 수 없었으나, 질서위반행위규제법이 제정된 후에는 모든 과태료는 일차적으로 행정청의 과태료부과처분에 의해 부과하도록 하고 있는바(질서위반행위규제법 17조), 그렇다면 행정청의 과태료부과처분의 위법·부당에 대해 항고쟁송(행정심판이나 항고소송)에 의해 다투도록 하는 방안이 국민의 권리구제에 있어 보다 효율적이고 법원의 부담도 감경시켜줄 수 있을 것이다.[60] 간이·신속한 행정심판절차에서 권리가 구제되면 소송이 불필요해 지기 때문이다. 특히 도로교통법 위반자에 대한 과태료부과와 같이 소액(정액)이면서도 대량적으로 행해지는 경우에 더욱 그러하다.[61]

---

60) 과거에는 지방자치법상의 과태료부과처분에 대한 불복방법으로 항고소송제도가 채택된 적도 있었다. 즉, 지방자치단체는 부정한 방법으로 사용료·수수료 또는 분담금의 징수를 면한 자에 대하여는 그 징수를 면한 금액의 5배 이내의 과태료를, 공공시설을 부정사용한 자에 대하여는 50만원 이하의 과태료를 부과하는 규정을 조례로 정할 수 있는바(지방자치법 139조 2항), 종래(2009. 4. 개정 전)에는 과태료부과처분에 대해 불복하는 경우에는 이의신청 및 행정소송에 의해 구제를 받을 수 있도록 하였다(2008년법 139조 3항, 140조 3항, 5항). 그러나 2007년 12월 질서위반행위규제법이 제정되자 2009년 4월 지방자치법을 개정하여 지방자치법 제139조에 따른 과태료부과처분에 대해 불복하는 경우에도 질서위반행위규제법의 규정에 따르도록 하였다(139조 3항).
61) 이에 관해서는 이일세, 영국 행정심판제도의 변혁에 관한 고찰, 공법연구 39권 3호, 2011. 2, 503면 참조.

〈참고: 범칙금 · 벌점 · 과태료 기준표〉 (2018. 2. 기준)

범칙행위		근거 조항	범칙금	벌점	과태료
신호 위반		5조	6만원	15	7만원
일반도로 중앙선침범62)		13조 3항	6만원	30	9만원
지정차로 위반(진로변경금지 장소에서의 진로변경 포함)63)	일반도로의 경우	14조 2항	3만원	10	4만원
	고속도로의 경우	60조 1항	4만원	10	5만원
전용차로 위반64) (버스전용차로/ 다인승전용차로)	일반도로의 경우	15조 3항	4만원	10	5만원
	고속도로의 경우	61조 2항	6만원	30	9만원
제한속도 위반	20km 이하	17조 3항	3만원	없음	4만원
	20km초과 40km이하		6만원	15	7만원
	40km초과 60km이하		9만원	30	10만원
	60km 초과		12만원	60	13만원
	최저속도 위반		2만원	없음	x
횡단 · 유턴 · 후진 위반	일반도로의 경우	18조 1항	6만원	없음	x
	고속도로 · 자동차 전용도로의 경우	62조	4만원	없음	x
안전거리미확보	일반도로의 경우	19조 1항	2만원	10	x
	고속도로 · 자동차 전용도로의 경우		4만원		
진로변경방법 위반, 급제동		19조 3항, 4항	3만원	10	x
앞지르기 위반	앞지르기방법 위반	21조	6만원	10	x
	앞지르기금지 시기 · 장소 위반	22조	6만원	15	x
끼어들기 금지 위반		23조	3만원	없음	x

---

62) 고속도로, 자동차전용도로, 중앙분리대가 있는 도로에서 고의로 중앙선을 침범한 경우는 100만원 이하의 벌금, 구류에 처하며(153조 2항), 이는 통고처분의 대상이 되는 범칙행위에 해당하지 않는 다(162조 1항).

63) 지정차로 위반이라 함은 '차로에 따른 통행차의 기준'을 위반한 것을 말한다. 차로에 따른 통행차의 기준은 도로교통법시행규칙 별표 9에서 정하고 있는바, 예컨대 편도4차로의 일반도로의 경우 1,2 차로는 승용차와 중·소형승합차, 3차로는 대형승합차와 1.5톤 이하의 화물차, 4차로는 1.5톤 초과 화물차, 특수자동차, 이륜자동차, 자전거 등이 통행할 수 있으며, 편도 3차로 이상의 고속도로에서 는 1차로는 앞지르기를 하려는 승용차나 중·소형승합차가 통행할 수 있으며, 왼쪽차로는 승용차 나 중·소형승합차가 통행할 수 있고, 오른쪽차로는 대형승합차, 화물자동차, 특수자동차 등이 통 행할 수 있다.

64) 전용차로에는 버스전용차로, 다인승전용차로, 자전거전용차로 등이 있다(도로교통법 시행령 [별표 1]).

철길건널목 통과방법 위반		24조	6만원	30	x
교차로통행방법 위반		25조	4만원	없음	5만원
교차로에서의 양보운전 위반		26조	4만원	없음	x
보행자보호의무 위반	횡단보도보행자 횡단방해	27조 1항, 2항	6만원	10	7만원
	보행자의 통행방해 또는 보호 불이행	27조 3항−5항	4만원	10	x
보행자전용도로 통행 위반		28조 2항, 3항	6만원	없음	x
긴급자동차에 대한 양보의무 위반		29조 4항, 5항	6만원	없음	7만원
경광등이나 사이렌의 불법사용		29조 6항	6만원	없음	x
서행 또는 일시정지의무 위반		31조	3만원	없음	x
주정차 위반	일반도로의 경우	32조 − 34조	4만원	없음	4만원 (5만원)65)
	고속도로·자동차 전용도로의 경우	64조	4만원	없음	x
주정차 위반에 대한 조치 불응		35조 1항	4만원	40	x
등화의무 위반		37조 1항 1호, 3호	2만원	없음	x
방향전환·진로변경시 신호 불이행		38조	3만원	없음	x
승차정원· 적재중량 등 위반	승차정원 초과	39조 1항	6만원	없음	x
	적재중량·용량 초과	39조 1항	4만원	15	x
	승객추락방지조치위반	39조 3항	6만원	10	x
	화물고정의무위반	39조 4항	4만원	15	5만원
	영유아·동물 안고 운전	39조 5항	4만원	없음	x
안전운전의무 위반		48조 1항	4만원	40(66) 10	x
고인물을 튀게 하여 다른 사람에게 피해		49조 1항 1호	x	없음	2만원
어린이·앞 못보는 사람 보호의무 위반 운전 중 휴대전화 사용 운전중 운전자가 볼 수 있는 위치에 영상 표시 운전 중 영상표시장치 조작		49조 1항 2호 49조1항 10호 49조1항 11호 49조1항11호의2	6만원	없음 15 15 15	x
창유리 가시광선 투과율기준 위반		49조 1항 3호	x	없음	2만원
불법부착장치 차 운전		49조 1항 4호	2만원	없음	x

---

65) 주정차위반에 대한 과태료는 원칙적으로 4만원인데, 같은 장소에서 2시간 이상 주정차를 위반한 경우에는 5만원이 부과된다(도로교통법 시행령 별표 6, 비고 4 참조).

66) 단체에 소속되거나 다수인에 포함되어 경찰공무원의 3회 이상의 안전운전 지시에 따르지 아니하고 타인에게 위험과 장해를 주는 속도나 방법으로 운전한 경우에 한하여 벌점이 부과된다(도로교통법 시행규칙 별표 28 참조).

위반행위	조항	범칙금	벌점	과태료
도로에서 차를 세워두고 다투어서 교통방해 급발진·급가속·엔진공회전·연속경음기 화물적재함에 승객탑승 운행	49조 1항 5호 49조 1항 8호 49조1항 12호	4만원	10 없음 없음	x
운전석 이탈시 안전확보 불이행 동승자 등의 안전을 위한 조치 위반 지방경찰청장 지정·공고사항 위반	49조 1항 6호 49조 1항 7호 49조1항 13호	3만원	없음	x
승객의 차안 소란행위 방치 운전	49조 1항 9호	9만원	40	x
운전자 좌석안전띠 미착용	50조 1항	3만원	없음	x
동승자 좌석안전띠 미착용67)	50조 1항, 2항, 67조 1항	x	없음	6만원 (13세 미만) 3만원 (13세 이상)
어린이통학버스 특별보호 위반68)	51조	9만원	30	x
주정차된 차를 손괴하고 피해자에게 인적 사항을 제공하지 않은 경우69)	54조 1항	12만원	없음	x
고속도로·자동차전용도로 갓길 통행	60조 1항	6만원	30	9만원
고속도로 진입시 우선순위 위반	65조	4만원	없음	x
고속도로·자동차전용도로에서의 고장자동차 조치 불이행	66조	4만원	없음	x
고속도로·자동차전용도로에서의 고장자동차표지 미설치	67조 2항	x	없음	2만원
도로를 통행하는 차에서 밖으로 물건을 던진 경우	68조 3항 5호	5만원	10	x

---

67) 운전석 옆좌석의 동승자는 의무적으로 좌석안전띠를 착용하여야 한다(도로교통법 50조 1항). 운전석 뒷좌석의 동승자의 경우는 원칙적으로 영유아의 경우에만 좌석안전띠(영유아보호용 장구를 장착한 후의 좌석안전띠를 의미) 착용의무가 있는데(50조 2항), 다만 고속도로에서는 모든 동승자에게 좌석안전띠 착용의무가 있다(67조 1항).

68) 어린이통학버스가 도로에 정차하여 어린이나 영유아가 타고 내리는 중임을 표시하는 장치를 작동 중일 때에는 해당 차로와 바로 옆 차로를 통행하는 운전자는 일시 정지하여 안전을 확인한 후 서행할 의무가 있으며(51조 1항), 중앙선이 설치되지 아니한 도로와 편도 1차로인 도로에서는 반대방향에서 진행하는 차의 운전자도 같은 의무를 지는바(51조 2항), 이러한 의무를 위반한 경우를 말한다.

69) 교통사고로 사람을 사상케 하거나 물건을 손괴한 운전자는 구호조치를 취하고 피해자에게 인적 사항을 제공하여야 하는데(도로교통법 54조 1항), 이 의무를 위반한 자에 대해서는 5년 이하의 징역이나 1,500만원 이하의 벌금에 처한다(도로교통법 148조). 다만 주정차된 차만 손괴하고 피해자에게 인적사항을 제공하지 아니한 자에 대해서는 20만원 이하의 벌금이나 구류 또는 과료에 처하되(도로교통법 156조 10호), 이에 갈음하여 범칙금 12만원의 통고처분을 할 수 있다(도로교통법 162조 1항, 같은법시행령 별표8 참조).

[참고문헌]

김남진/김연태, 행정법 I, 법문사, 2017.

김중권, 행정법, 법문사, 2016.

박균성, 행정법강의, 박영사, 2016.

정하중, 행정법개론, 법문사, 2017.

고헌환, 행정형벌의 행정질서벌로의 전환에 관한 고찰, 토지공법연구 76집, 한국토지공법학회, 2016. 11.

김재광/박영수, 운전면허 행정처분의 기준과 절차의 문제점과 개선방안, 행정법연구 29호, 행정법이론실무학회, 2011. 4.

김치환, 통고처분, in: 행정판례평선(행정판례연구회 간), 박영사, 2011

김형훈, 제3자에 의한 통고처분의 쟁송취소 가능성, 행정법연구 36호, 행정법이론실무학회, 2013. 7.

배순기, 통고처분 – 행정강제로서 통고처분의 문제점을 중심으로 –, 법학연구 29집, 전북대학교 법학연구소, 2009. 12.

류지태, 행정질서벌의 체계, 법조 51권 12호, 2002. 12.

심희기, 경미범죄에 대한 형사정책의 실태와 시민의 반응 – 범칙금 통고처분과 즉결심판실무를 중심으로 –, 형사정책연구 44권 4호, 한국형사정책연구원, 2000. 12.

원혜욱/김찬, 교통범죄의 비범죄화와 그 방안으로서의 통고처분제도, 형사정책연구 13권 1호(통권 49호), 한국형사정책연구원, 2002. 3.

이일세, 영국 행정심판제도의 변혁에 관한 고찰, 공법연구 39권 3호, 2011. 2.

이철호, 경찰의 통고처분과 교통범칙금에 관한 연구, 한국경찰학회보, 13권 2호, 2011.

정세종, 무인단속에 따른 경찰의 교통과태료제도 합리화 방안, 한국치안행정논집 11권 1호, 한국치안행정학회, 2014.

조태제, 행정질서벌제도의 문제점과 그 개선방안, 토지공법연구 24집, 한국토지공법학회, 2004. 12.

최봉석, 행정제재로서의 범칙금통고제도에 관한 일고, 토지공법연구 16집 1호, 2002. 9.

제 2 부

행정절차 · 정보

행정절차로서의 사전심사결정과 거부처분에 대한 이의신청

김 유 환[*]

Ⅰ. 문제의 제기: 민원행정과 행정절차

우리 행정법학에서 민원행정이라는 개념은 독일, 프랑스, 미국, 영국 등의 서양의 행정법학이론에서 연원하지 않는다. 또한 일본의 행정법학에서도 한국의 민원행정 처리에 대한 소개 이외의 문헌을 찾아보기 어렵다. 즉, 민원사무나 민원행정이라는 개념은 우리 고유의 것이라고 할 수 있다.

우리나라의 민원 관련법령은 1963년의 민원서류처리규정[1])에 그 연원을 두고 간단없이 발전을 거듭하여 왔다. 민원업무의 성격상 민원 관련법령에는 행정절차적인 요소가 존재할 수 밖에 없었는데 민원 관련법령상의 행정절차법적 규율은 1996년 행정절차법의 제정 이후에 오히려 더 두드러지는 특징을 보이고 있다.

민원 관련법령은 처음에는 행정내부의 규율로 출발하였으나 점차 규율하는 관련 제도가 발전함에 따라 국민의 권익을 고려하지 않을 수 없게 되었다. 그리하여 처음에는 행정내부절차로 생각된 것이 외부절차화하고 결국 일종의 외부적 행정절차로 변모하는 발전과정을 겪게 되었다.

민원 관련법령의 발전과정을 역사적으로 살펴보면서 필자는 고 류지태교수가 필자와 처음 교분을 나누던 시절에 류교수가 집필한 글에서 읽은 한 구절을 생각하였다. 필자가 대전의 한남대학교에 근무하고 류교수께서 고려대와 충북대 등에 강의를 나가던 시절, 필자와 류교수는 주로, 학회를 마치고 충청지역으로 함께 가거나 류교수가 강의를 위하여 충청지역으로 올 때에 교제를 나누었다. 그처럼 처음 교제를 나누던 시절인 1989년 류교수가 저스티스에 발표한 '행정절차에 있어서의 권리보호기능과 그 한계" 라는 논문에서 류교수께서는 "행정절차는 여러 이해관계의 대립을 합리적으로 해결하기 위한 다소 복합적인 결정과정으로서 특색 지을 수 있게 되는데, 이 경우에는 행정기관의 권리보호

---

[*] 이화여자대학교 법학전문대학원 교수
1) 각령 제1630호, 1963.11.11. 제정.

임무와 행정의 효율적 수행의 두 이해관계의 대립이 주요한 역할을 하게 된다. 이상적인 행정절차는 결국 서로 상이한, 경우에 따라서는 서로 경합하는 이해관계들을 비례성의 원칙하에 합리적으로 규율하는 경우에 형성될 수 있다고 말할 수 있다."고 설파하였다.[2] 그런데 민원 관련법령이야 말로 처음에는 행정내부적 목적으로 출발하여 점차 국민의 권익을 고려하게 되고 결국 이들 이해관계의 대립을 적절히 조정하여야 하는 지경에 이르게 된 대표적인 경우에 해당한다. 현행 '민원처리에 관한 법률'은 동법의 목적을 "민원의 공정하고 적법한 처리와 민원행정제도의 합리적 개선을 도모함으로써 국민의 권익을 보호함을 목적으로 한다"고 함으로써[3] 이러한 두 개의 가치를 병렬적으로 제시하고 있으나 법적용의 실제에 있어서는 양자의 조화롭고 균형적인 취급이 중요함을 시사하고 있는 셈이다.

　　'민원처리에 관한 법률'에 나타난 절차와 제도 가운데 이러한 양자의 균형이 첨예하고 대립되는 지점에 있는 것은 법정민원절차이다. 법정민원절차는 옴부즈만적인 민원인 고충민원에 관한 절차가 아니라 정상적으로 법령에 의하여 처리되어야 할 인·허가 등에 대한 민원행정절차이므로 특별히 행정의 효율과 국민의 권익을 조정하여야 할 필요가 큰 영역에 속한다.

　　그리고 법정민원절차 가운데에서도 2006년 법개정을 통해 도입된 사전심사의 결정과 거부처분에 대한 이의신청제도[4]는 정규적인 행정절차법으로 규율하여도 손색이 없을 내용을 가지고 있다.

　　그리하여 이하에서는 그동안의 민원 관련법령의 중심을 이루고 있는 '민원처리에 관한 법률'이 어떠한 역사적 발전과정을 거쳐 행정절차법적 성격을 강화하여 왔는지 살펴보고, 그 가운데 법정민원 절차로서의 사전심사의 결정과 거부처분에 대한 이의신청제도가 권리보호와 행정임무의 효율적 수행이라는 긴장관계에서 어떠한 발전의 방향성을 가져야 할 것인지 그리고 행정절차법적 발전과 관련하여 여하히 이러한 이해관계의 균형을 맞추어 갈 수 있을 것인지 등에 대해 법해석론 및 입법론의 관점에서 검토해 보고자 한다.

---

2) 류지태, "행정절차에 있어서의 권리보호", 『저스티스』, (한국법학원, 1989) 제22권, 16면.
3) '민원처리에 관한 법률' 제1조.
4) 이밖에도 민원 1회 방문처리제의 경우에 복합민원의 처리를 위해 설치되는 민원실무심의회와 민원조정위원회의 절차에는 이해관계인의 의견을 들을 수 있게 하는 등('민원처리에 관한 법률 시행령' 제36조 제6항 및 제38조 제4항) 행정절차법적으로 의미 있는 절차가 존재한다.

Ⅱ. 민원 관련법령의 변천과 행정절차법적 성격의 진전

우리 법체계에서 민원관련 법령의 중심을 이루는 '민원처리에 관한 법률'은 1963년에 제정된 각령인 '민원서류 처리 규정'에서부터 연원하는 것이다. 이 규정은 1970년에 대통령령인 민원사무처리규정[5]으로 바뀌게 되었다. 그리고 1994년에는 민원사무처리규정이 폐지되고 '행정규제 및 민원사무기본법'[6]이 제정되어 민원사무처리규정의 내용들을 승계하게 된다. 그러나 '행정규제 및 민원사무기본법'에 존재하던 민원사무에 관한 규율은 1997년에 '민원사무처리에 관한 법률'[7]이 제정됨으로써 이에 승계되었다. 그리고 이 법은 2015년에 전부개정되어 법률의 명칭도 '민원처리에 관한 법률'[8]로 바뀌어 오늘에 이르고 있다.

이상과 같은 역사적 발전을 거쳐온 우리나라의 민원관련 법령은 원래 우리 고유의 '민원사무'라는 개념에 입각하여 발전하여 온 것으로서 우리 행정당국의 현실적 필요성에 의하여 법 발전을 이루어 온 것이라고 할 수 있다. 민원관련법령은 처음에는 행정내부의 관점에 입각한 것이었다. 그러다가 1994년에 민원사무처리규정이 폐지되고 행정규제 및 민원사무기본법이 제정되면서 이 법은 민원 관련법령으로서는 최초로 국민의 권익보호를 법률의 목적으로 제시하게 된다. 한편, 민원업무의 성격상, 행정절차법이 존재하지 않던 시절부터 민원 관련법령에는 행정절차로 볼 수 있는 내용에 관한 규율이 없지 않았다.

이러한 상황에 비추어 볼 때 이상적으로는 1996년에 행정절차법이 제정될 때에 민원 관련법령의 행정절차에 관한 규정들은 행정절차법에 통합되는 것이 바람직하였다. 그러나 1996년 행정절차법 제정 당시의 민원관련 법률인 '행정규제 및 민원사무기본법'에는 아직 행정절차법의 성격이 분명히 드러나는 규율들이 많이 없었으므로 행정절차법 제정 당시에 크게 문제시되지 않았고 결국 통합은 완전히 이루어지지 못하였다.

한편, 이렇게 민원법령과 행정절차법이 별도로 행정절차에 관한 규정을 가지게 된 것은 민원업무가 일종의 옴부즈만 기능을 가지고 있어서 통상적인 행정절차와는 다소 다른 점을 가지고 있으면서도 한편으로는 정규적인 인·허가절차를 민원업무로 인식하기도 하는 우리 행정문화에서의 '민원' 개념의 다양성 때문이라고 사료된다.

그런데 민원법령에 남아있던 행정절차법적 규정은 민원법령의 발전에 따라 더욱 행

---

5) 대통령령 제5398호, 1970.12.9. 제정.
6) 법률 제4735호, 1994.1.7. 제정.
7) 법률 제5369호, 1997.8.22. 제정.
8) 법률 제13459호, 2015.8.11. 전부개정.

정절차법적인 관점이 강화되는 양상을 보여왔다. 2006년에 '민원사무처리에 관한 법률'[9] 이 개정되면서는 행정절차법적 성격이 매우 강한 사전심사절차와 거부처분에 대한 이의 신청 절차 등이 신설되었다. 또한 2015.8.11. 이 법이 전부 개정되어 법령의 명칭도 '민원 처리에 관한 법률'로 바뀐 이후에는 이러한 행정절차법으로서의 성격은 더욱 선명하게 드러나게 되었다.

2015년 전부개정에서 특이한 것은 이제 이 법이 행정내부에 적용되는 법이 아니라 국민의 권익에 관련된 외부절차의 성격을 가진다는 점을 공식적으로 인정하고, 민원 가 운데 법정민원이라는 범주를 만들어 냄으로써 동법의 기능이 옴부즈만적 민원처리 만이 아니라 법에 정한 정식 행정활동절차를 규율하고 있음을 분명히 하고 있다는 점이다. 다 시 말하면, 법률의 명칭에서 '사무'라는 용어를 제거하였다는 것은 이 법이 이제 행정내 부규범에서 더 발전하여 행정외부의 행정절차를 규율하고 있다는 점을 강하게 시사하고 있으며, 법정민원이라는 개념을 등장시킨 것은 적어도 법정민원이라고 불리우는 행정활 동의 기능은 고충민원처리에서 강조되는 옴부즈만 기능이 아니라 법령에 규정된 처분 등 을 행하는 통상의 행정절차를 의미한다는 것을 드러내고 있는 것이다.[10] 여기서 법정민 원이라 함은 "법령·훈령·예규·고시·자치법규 등에서 정한 일정요건에 따라 인가·허 가·승인·특허·면허 등을 신청하거나 장부·대장 등에 등록·등재를 신청 또는 신고하 거나 특정한 사실 또는 법률관계에 관한 확인 또는 증명을 신청하는 민원을 말한다".[11]

민원서류처리규정으로부터 시작한 민원관련 법령의 발전이 여기에 이르렀다면 이제 는 '민원처리에 관한 법률'은 행정절차법의 본령을 다루는 법으로 인식하고 행정절차법 의 강학체계에도 포함되도록 함이 옳다고 생각한다. 원래는 행정의 효율적 수행을 위해 만들어진 법령이 세월이 흘러가면서 이제는 국민의 권익보호를 염두에 둔 행정절차법적 성격이 강화된 법률로 변화되었으므로 그에 대한 이론적·강학적 체계도 바뀌어야 할 것 이다.

그럼에도 불구하고 2015년 '민원처리에 관한 법률' 전부개정에서는 이 법률의 행정 절차법적 성격을 다소 후퇴시키는 입법이 이루어졌다. 사전심사의 결정의 효력을 약화시 키는 입법인데 이 법률의 발전과정상 한동안 지속적으로 국민의 권익을 강조하는 발전이

---

9) 법률 제7855호 2006.3.3. 전부개정.
10) 2015년 법개정의 이유를 살펴보면 다음과 같은 언급이 있다.
　　가. '민원사무'라는 용어는 공무원의 내부 업무를 지칭하는 의미가 있어 이를 '민원'이란 용어로 변 경함에 따라 법률 제명을 '민원 처리에 관한 법률'로 변경함.
　　나. 민원을 그 특성에 따라 법정민원, 질의민원, 건의민원, 기타민원 및 고충민원으로 분류함(제2조 제1호 각 목).
11) '민원처리에 관한 법률' 제2조 제1호 가.1).

이루어졌던데 반하여 행정의 편의성을 더 고려한 퇴행적 입법이 이 시기에 이루어진 것이다.

그리고 이렇게 됨으로써 지금까지 민원 관련법령이 발전시킨 행정절차법적 규율을 앞으로 어떻게 이해하고 발전시켜 나가야 할 것인가 하는데 대한 새로운 문제의식을 촉발시키고 있다.

Ⅲ. 행정절차로서의 사전심사결정절차

1. 사전심사결정절차의 의의와 목적

민원처리에 관한 법률 제30조는 경제적으로 많은 비용이 수반되는 법정민원 등의 경우, 민원인은 행정기관의 장에게 정식으로 민원을 신청하기 전에 미리 약식의 사전심사를 청구할 수 있도록 하고 이러한 청구에 대하여 사전심사결과를 긍정적으로 통보하였을 때에는 행정기관의 장은 민원인의 귀책사유 또는 불가항력이나 그 밖의 정당한 사유로 이를 이행할 수 없는 경우가 아닌 한 통지한 민원의 내용에 대해서는 나중에 정식으로 민원을 신청하여도 동일하게 결정을 내릴 수 있도록 노력하여야 하도록 하고 있다.

한편, 사전심사결정에서 민원인의 신청을 거부할 때에는 거부이유를 통지하도록 하고 있어서('민원처리에 관한 법률' 제27조 제2항[12]) 최소한 이유부기의무가 확보되고 있다. 따라서 사전심사결정에서 기각 결정을 받더라도 민원인의 행위가 행정절차법적 관점에서 의미없는 것이 아니라고 본다.

그러나 2015년 이 법의 전부개정이 있고 난 후 이 법의 해석에 다소간의 혼란이 발생하였다. 사전심사결정의 효력에 대하여 개정 법률은 이 법이 개정되기 이전과는 달리 규정하고 있다. 구법 하에서는 사전심사결정을 통보하였을 때에는 "행정기관의 장은 민원인의 귀책사유 또는 불가항력 그 밖의 특별한 사유가 있는 경우가 아닌 한 사전심사결정과 달리 처분할 수 없다."라고 규정하고 있었다. 따라서 사전심사결정의 효력 부분에 있어서 2015년에 개정 조항의 입법문언은 효력을 약화시킨 것처럼 보이는데 이러한 개정 법률이 먼저 입법론적으로 타당한 것인지 그리고 법해석론상 이처럼 문언이 달라졌다고 하여 과연 사전심사 결정의 효력을 약화시키는 것으로 해석하는 것이 이 법의 체계적 해석상 가능한지가 문제된다.

이러한 사전심사절차는 인가·허가 등의 민원을 신청할 경우 토지매입이 필요하여

---

12) 물론 이것은 사전심사결정에만 적용되는 것이 아니라 모든 민원신청에 대한 거부에 적용되는 의무 조항이다.

많은 비용이 든다거나 거부처분이 민원인에게 상당한 경제적 손실을 초래하는 경우에 인정되는 것으로서[13] 인·허가 등의 신청을 하는 민원인들이 신청 자체에도 많은 비용이 드는 것을 고려하여 거부처분을 당할 때에 그 경제적 부담을 덜어주고 민원인에게 예지이익과 대처이익을 부여하고자 만들어진 제도라고 사료된다.

2. 사전심사결정의 법적 성격

1) 구 법상 해석론

2015년 전부개정 되기 이전 사전심사의 결정에 따른 결과통보와 관련하여 구 '민원사무처리에 관한 법률' 제19조 제3항은 "행정기관의 장은 사전심사 결과를 민원인에게 통보하여야 하며, 가능하다고 통보한 민원사항에 대하여는 민원인의 귀책사유나 불가항력 또는 그 밖의 특별한 사유로 이행할 수 없는 경우를 제외하고는 사전심사 결과를 통보할 때에 구체적으로 제시하지 아니한 다른 이유를 들어 거부하는 등의 방법으로 민원사항을 처리하여서는 아니 된다"[14]라고 규정하고 있었다. 이에 학설은 '그 밖의 특별한 사유'란 사실상태와 법률상태의 변화로 이해하는 경우가 보통이었다.[15] 일설은 이에 심히 공익을 해하는 경우가 포함된다고 해석하였지만[16] 원칙적으로 공익저해여부는 사전심사 결정과정에서 가려져야 한다고 본다.[17] 사전심사결정과 관련되어 다른 판단을 할 수 있는 경우는 시간의 경과에 따른 사정변경 밖에 없다고 보는 것이 온당할 것이기 때문이다.

이러한 구법상의 해석론에 따르면 사전심사결정은 일종의 확약이라고 이해되었다.[18] 확약을 행정행위로 볼 것인가의 여부에 대해서는 종래 다수설은 그 행정행위성을 인정하여 왔고,[19] 판례는 처분성을 부인하여[20]가 서로 다른 결론을 내고 있다. 또한 학설 가운데 소수설은 확약의 행정행위성을 부정하고 이를 독자적인 행위형식으로 이해하는데[21] 이러한 결론은 결국 판례의 견해에 가까이 가는 것이라 할 수 있다.

---

13) '민원처리에 관한 법률 시행령' 제33조 제1항 참조.
14) '민원사무처리에 관한 법률' 제12844호, 2014.11.19.
15) 박균성, 『행정법강의』, 2017, 326면.
16) Id.
17) 김유환, 『현대행정법강의』, 2017, 163면 참조.
18) Id.
19) 류지태·박종수, 『행정법신론』, 2010, 192면; 김해룡, "행정상 확약에 관한 판례연구", 『토지공법연구』, 제43집 제2호(2009), 280면 이하; 김도창, 『일반행정법론 (상)』, 1993, 429면; 김철용, 『행정법』, 2013, 261면; 박윤흔, 『최신행정법강의(상)』, 2004, 400면; 김동희, 『행정법 I』, 2012, 230면; 홍정선, 『신행정법특강』, 2017, 277면; 박균성, 『행정법강의』, 2017, 323면.
20) 대법원 1995.1.20. 선고 94누6529 판결.
21) 김남진·김연태, 『행정법 I』, 318면. 정하중, 『행정법개론』, 2017, 305면; 홍준형, 『행정법』, 2017, 178면; 김남철, 『행정법강론』, 2016, 339면.

대법원은 확약 일반에 대해 그러하듯 사전심사결정에 대해서도 그 처분성을 부인하고 있다. 대법원은 구법하의 판례에서, 첫째로 사전심사결정 제도는 민원행정의 예측가능성을 확보하고자 하는 제도이지만 민원인에게 그가 희망하는 특정한 견해의 표명까지 요구할 수 있는 권리를 부여한 것으로 보기는 어렵다는 점, 둘째, 사전심사결과 가능하다는 통보를 하였어도 구 민원사무처리에 관한 법률 제19조 제3항에 의한 제약은 있지만 반드시 민원사항을 인용하는 처분을 하여야 하는 것은 아니라는 점, 셋째, 사전심사 결과 불가능하다고 통보하여도 다시 사전심사결과에 구속되지 않고 처분할 수 있는 점 등에 비추어 사전심사 결정의 통보는 항고소송의 대상이 되는 처분이 아니라고 보았다.[22]

그러나 이처럼 사전심사결정을 처분으로 볼 수 없다고 하더라도 사전심사결정이 아무런 법적 효력이 없는 것이라고 보기는 어렵다. 이는 확약의 일종으로 보아야 할 것이고 그러한 약속을 위반한 경우에는 신뢰보호의 원칙 위반이 되고 따라서 신뢰보호의 원칙 위반인 처분은 위법한 것으로 취소의 대상이 될 수 있다.[23] 또한 신뢰보호의 원칙 위반의 경우에는 국가배상책임의 대상이 된다고 보아야 할 것이다.[24]

2) 현행법상 해석론

그런데 구법과는 달리 현행법 제30조는 긍정적으로 사전심사결과를 통보하였을 때에는 행정기관의 장은 민원인의 귀책사유 또는 불가항력이나 그 밖의 정당한 사유로 이를 이행할 수 없는 경우가 아닌 한 나중에 정식민원이 제기되었을 때에 동일하게 결정을 내릴 수 있도록 노력하여야 한다고 규정하고 있다. 구법 규정과 달라진 점 중 중요한 것은 '특별한 사유'가 '정당한 사유'로 바뀌었고 '정당한 사유'가 없더라도 사전심사결정과 동일한 결정을 내리도록 '노력할 의무'만을 행정기관의 장에게 부여하고 있다는 점이다.

그런데 '노력할 의무'라는 것은 실질적으로 의무라고 하기에는 너무나 형식적인 것이다. 따라서 2015년의 법개정은 실질적으로 행정청이 사전심사결정에 구속되지 않게 하려는 입법의도가 엿보인다.

그러나 행정청이 사전심사결정에 아무런 구속을 받지 않는다고 할 수 있을지는 의문이다. 만약 그렇다면 사전심사결정 제도의 취지가 몰각되고 만다. 아무리 법률의 규정이 노력의무로 바뀌었다고 하더라도 정당한 사유 없이 사전심사결정에 반하는 처분을 한

---

22) 대법원 2014.4.24. 선고 2013두7834 판결.
23) 김유환, 전게서, 165면 참조.
24) 사전심사청구의 결정 대상이지만 사전심사청구의 형식과 절차를 거치지 않은 경우에 서울고등법원은 행정청이 업무를 고의·과실로 처리하여 잘못된 내용을 알려주고 그에 따라 민원인이 그를 신뢰하여 자금을 지출하였다가 회수 못한 손해에 대해 그 행정청이 속한 지방자치단체의 국가배상책임을 인정하였다. 서울고등법원 2010.6.1. 선고 2009나115535 판결.

다면 이는 신뢰보호의 원칙에 위반된다고 봐야 한다. 즉, 정당한 사유 없이 사전심사결정에 위반된 사후처분을 한 경우에는 원칙적으로 그 자체로서 위의 노력의무에 위반되며 신뢰보호의 원칙에 위반되어 위법하다고 해석하는 것이 타당하다고 본다. 위에서 소개한 서울고등법원의 판결은 사전심사청구 대상이 되지만 그 형식과 절차에 따라 접수되지 않아 사전심사청구와 그에 따른 결정이 있었다고 볼 수 없는 사안에서 담당 공무원이 잘못된 민원처리심의서를 작성·교부해 준 것에 대하여 공무원들이 소속한 지방자치단체에 국가배상책임이 있다고 판시한 바 있다.

요컨대, 개정 법률이 사전심사의 결정을 준수할 노력의무 만을 부여하였다고 하더라도 이 제도의 관련규정과 이 제도의 목적 등을 체계적·합리적으로 해석할 때, 사전심사결정은 여전히 일정한 법적 효력이 있다고 해석함이 온당하다. 사전심사결정에 따르지 않아도 되는 정당한 사유의 결정은 중대한 공익 또는 행정의 합목적성과 관련된 상태변화를 포함하는 개념으로 이해하고 신뢰보호의 이익과 비교형량하여 판단하여야 할 것이다.

이런 관점에서 '민원처리에 관한 법률' 제30조가 규정하는 사전 심사의 결정의 통보는 여전히 신뢰보호의 대상이 되는 행정청의 견해의 표명에 해당된다고 본다. 이를 구법 규정하에서 처럼 여전히 확약의 일종으로 이해할 여지도 있다.

3. 사전심사결정에 위반된 행정청의 처분에 대한 불복방법

이처럼 사전심사결정을 과거와 같이 확약의 일종으로 이해하거나 확약은 아니더라도 여전히 신뢰보호의 대상이 되는 행정청의 견해표명으로 볼 경우 사전심사결정에 위반되는 행정청의 처분에 대해서 어떻게 불복할 것인가?

먼저 사전심사결정에 위반되는 행위에 대한 항고소송을 생각해 볼 수 있다. 사전심사결정에 위반되는 것이 신뢰보호의 원칙 위반이라면 사전심사결정에 위반되는 처분은 신뢰보호의 원칙 위반으로서 위법하다고 할 것이기 때문이다. 또한 이렇게 위법성이 인정되는 만큼 국가배상의 요건을 충족시킨다면 국가배상청구의 대상이 될 수도 있다고 본다.

한편 사전심사결정 자체에 대한 항고소송은 가능할 것인가? 사전심사결정을 일종의 확약으로 보고 확약을 행정행위의 하나로 보면 이론상 사전심사결정에 대한 항고소송이 불가능한 것은 아니다. 또 사전심사결정을 확약으로 보지 않는다 하더라도 일종의 법적 구속력이 인정된다는 것을 받아들이면 그 자체로서 처분성을 인정할 여지도 있다. 그러나 우리 대법원은 최종적인 의미의 법적 효과가 없는 행정청의 행위에 대해서는 처분성

을 잘 인정하지 않으려는 경향이 있으므로 사전심사결정에 대해 처분성을 인정할 가능성은 낮다고 본다.[25]

4. 행정절차로서의 사전심사결정절차의 개선방안

사전심사결정은 인가·허가·특허 등의 법정제도에서 거부당할 경우 많은 경제적 손해를 입을 가능성이 있는 민원인을 보호하기 위한 제도로서 실질적으로 국민의 권익에 직접 관련되는 제도이다. 따라서 사전심사절차제도를 행정절차제도로서 잘 활용하면 국민들의 권익을 효과적으로 지켜낼 수 있다고 본다. 그런가 하면 사전심사절차가 부실한 경우, 행정청이 깊은 검토를 하지 못하고 사전심사결정을 하게 되어 행정의 효율성을 크게 저해하는 제도가 될 수도 있다.

사전심사결정제도의 행정절차로서의 기능을 강화하기 위하여 다음의 두 가지 점에서 개선책을 제안하고자 한다.

첫째로, 사전심사결정의 구속력에 대한 현재의 입법문언은 개선될 필요가 있다. 행정청으로서는 최종적인 결정이 전에 내려진 사전심사결정에 구속됨으로써 행정의 적정성을 저해할 가능성이 있음을 우려함이 당연하겠지만 민원인의 입장에서는 사전심사결정이 아무런 구속력이 없다면 제도 자체가 아무 의미가 없다고 여길 것이다. 그러므로 국민의 권익보호와 행정의 적정성을 모두 충족시키기 위해서는 행정청이 사전심사결정절차를 충실하게 운영하여 실질적으로 사전심사결정에서 처분을 해 줄 것인가의 여부에 대해서는 완결적으로 판단을 하고 다만 처분의 구체적인 내용만을 정식 심사에서 고려하도록 하는 것이 바람직하다고 본다. 2015년 개정법은 이런 관점에서 보면 섣불리 행정의 효율성을 도모하여 제도의 본 취지를 흐리게 된 오류를 저지른 퇴행적 입법이 아닌가 생각한다. 그런가 하면 그렇게 문장을 바꾸어도 제도의 체계적 해석상 실제로 해석상 사전심사결정의 구속력을 완전히 부인할 수도 없다고 생각한다. 그런 만큼 현재의 입법문언은 입법적으로 재고되어야 하며 최소한 구법의 규정으로의 환원이 적절하다고 본다.

둘째로, 사전심사결정에서도 민원인이 보다 적극적으로 절차에 참여할 수 있는 길을 열어주는 것이 바람직하다. 현행법 하에서 사전심사결정에 민원인이 적극적으로 자기의 의견을 개진할 수 있는 기회를 가지기 어렵다. 그러나 사전심사결정이 파급력이 크고 또 많은 이해관계인이 있을 수 있다는 점을 감안할 때, 최소한 민원인 등 이해관계인이 원하는 경우에는 결정과정에서 청문을 하거나 의견진술을 할 수 있도록 길을 열어줌이 어떠한가 한다. 모든 경우에 절차적 권리를 인정하는 것이 아닐지라도 경우에 따라서 민

25) 김유환, 전게서, 319-322면 참조.

원인이 자기의 입장을 설명할 수 있는 기회를 가지도록 한다면 사전심사결정 절차의 원래의 취지가 강하게 부각될 것이다.

Ⅳ. 행정절차로서의 거부처분에 대한 이의신청절차

1. 거부처분에 대한 이의신청절차의 의의와 목적

거부처분은 통상적인 불이익처분의 범주에 속하지는 않지만 민원인으로서는 마치 불이익을 받는 것과 같은 상실감을 느낄 수 있는 것으로서 불이익처분에 못지 않게 절차적 보호가 필요하다고 볼 수 있다.

종래 행정절차법은 거부처분에 이러한 절차적 보호의 필요성이 있음에도 불구하고 그 핵심적 절차적 보호의 대상에서 제외시켜왔다. 이런 가운데 '민원처리에 관한 법률'은 이러한 거부처분을 실질적으로 일종의 행정절차법적 보호의 대상으로 만들어 놓았다. 거부처분에 대한 이의신청 절차는 행정심판절차라고 할 수 없고[26], 민원조정위원회의 심의 과정에는 이해관계인이 참여할 가능성이 있고 이의신청에 대한 거부에는 이유를 명시하여야 하는 등의 법적 상황을 고려할 때 거부처분에 대한 이의신청절차는 일종의 행정절차 제도로서의 요소를 갖추고 있다고 할 수 있다.

2. 거부처분에 대한 이의신청과 그에 대한 결정의 법적 성격

거부처분에 대한 이의신청 절차는 행정심판 절차에 가까운 측면이 있지만 이를 전형적인 행정심판 절차라고 하기는 어렵다. 그 이유는 '민원처리에 관한 법률' 제35조 제3항이 거부처분에 대한 이의신청 여부와 관계없이 행정심판법에 의한 행정심판 또는 행정소송법에 의한 행정소송을 제기할 수 있다고 명시적으로 밝히고 있기 때문이다. 대법원은 거부처분에 대한 이의신청은 행정심판과는 달리, '민원처리에 관한 법률'[27]에 의하여 민원사무처리를 거부한 처분청이 민원인의 신청사항을 다시 심사하여 잘못이 있는 경우에는 스스로 시정하도록 한 절차라고 판시하고 있다.[28] 거부처분에 대한 이의신청 절차의 이러한 성격 때문에 거부처분에 대한 행정심판 제기기간이나 행정소송 제기기간의 기산점은 최초의 거부처분시가 되고 이의신청에 대한 결정시가 되지 아니한다는 것이 대법원 판례의 입장이다.[29]

---

26) 대법원 2012.11.15. 선고 2010두8676 판결.
27) 이 판결이 있었을 때에는 '민원사무처리에 관한 법률'이었다.
28) 대법원 2012.11.15. 선고 2010두8676 판결.
29) Id.

또한 대법원은 거부처분에 대한 이의신청에 대하여 이의신청을 받아들이는 경우[30]는 별론으로 하고, 이의신청을 받아들이지 않는 경우에는 다시 거부처분을 하지 않고 그 결과를 통지함에 그치는 것에 해당하고 이는 종전의 거부처분을 유지함을 전제로 하는 것이라고 하면서 결국 이의신청의 기각은 민원인의 권리·의무에 새로운 변동을 가져오는 공권력의 행사나 이에 준하는 행정작용이라고 할 수 없으므로 독자적인 항고소송의 대상인 처분이 될 수 없다고 한다.[31]

대법원의 이러한 해석론에 따르면 거부처분에 대한 이의신청 절차를 행정불복절차의 일환으로서의 행정심판절차라고 볼 수는 없다. 또한 거부처분에 대한 이의신청을 심의하는 민원조정위원회는 행정불복심사를 위한 법적 판단을 위한 기관이 아니라 이의신청에 따른 행정적 결정을 하기 위한 기관이라고 하여야 할 것이다. 그렇다면 거부처분의 이의신청 절차는 일종의 행정절차라고 보아야 할 것이다. 실상 이 절차는 민원인이 자신의 항변을 제출하고 그에 대하여 처분청으로 하여금 자기반성적 검토를 하도록 할 뿐 아니라 경우에 따라서 민원인 등의 이해관계인이 민원조정위원회에서 의견을 진술할 수도 있으며 이의신청을 받아들이지 않을 때에는 이유를 명시하게 되어 있으므로 민원인에 대하여 일종의 절차적 보호장치로서의 의미를 가지고 있다고 생각된다.

3. 거부처분에 대한 이의신청에 따라 이루어진 결정에 대한 불복방법

대법원에 따르면 거부처분에 대한 이의신청에 따라 기각 등 민원인의 신청이 받아들여지지 않는 결정이 이루어졌을 때, 그 결정은 독자적인 의미를 가지는 것이 아니라 기존의 거부처분을 유지하는 의미를 가짐에 불과하다고 한다. 따라서 이러한 경우에는 최초의 거부처분에 대하여 행정심판이나 행정소송을 제기하여야 하고 불복제기기간도 최초의 거부처분이 이루어진 때를 기산점으로 하게 된다.

그러나 거부처분에 대한 이의신청을 받아들이게 되면 처분청은 최초의 거부처분을 취소하고 새로운 처분을 하게 되므로 거부처분에 대한 이의신청에 따른 결정은 그 자체 하나의 독자적인 처분으로서의 의미를 가지게 된다. 하급법원 판례에서는[32] 거부처분에 대한 이의신청에 따른 결정을 일종의 재결에 유사한 것으로 보고 그에 대해 불복할 때에는 '재결에 고유한 위법'이 있어야 한다고 하고 있다. 따라서 거부처분에 대한 이의신청

---

30) 이 경우는 이의신청의 결정이 일종의 재결에 유사한 성격을 가지는 새로운 처분이라고 봄이 타당하지 않은가 한다. 서울고등법원 2010.4.1. 선고 2009누27213 판결 및 수원지방법원 2009.8.12. 선고 2009구합 1663 판결 참조.

31) 대법원 2012.11.15. 선고 2010두8676 판결.

32) 서울고등법원 2010.4.1. 선고 2009누27213 판결 및 수원지방법원 2009.8.12. 선고 2009구합 1663 판결.

에 따라 이루어진 결정에 대하여 불복하고자 하는 법률상이익이 있는 당사자는 최초의 거부처분이 아니라 이 결정에 고유한 위법이 있는 경우에만 다툴 수 있다고 한다. 그러나 이미 최초의 거부처분을 취소하는 의미를 가지는 결정은 그 자체로서 최초의 거부처분과는 다른 법적 판단을 담고 있으므로 이에 대해 불복하고자 하는 당사자에게 있어서 '재결에 고유한 위법'이 없는 경우를 생각하기 어렵다.

4. 행정절차로서의 거부처분에 대한 이의신청제도의 개선방안

거부처분에 대한 이의신청 절차는 분명히 행정절차법적 요소를 가지고 있다. 이미 언급한 바와 같이 첫째로, '민원처리에 관한 법률 시행령' 제38조 제4항은 거부처분에 대한 이의신청을 심의하는 민원조정위원회의 효율적인 운영을 위하여 필요하다고 인정되는 경우에는 이해관계인 등의 의견을 들을 수 있다고 규정하고 있으며 둘째로, '민원처리에 관한 법률 시행령' 제40조 제2항은 이의신청의 결과를 통지할 때 결정이유를 명시하도록 의무화시키고 있다.

그러나 이해관계인의 민원조정위원회 참여는 민원조정위원회 위원장의 결정에 의하여 이루어지는 것일 뿐 이해관계인이나 처분의 상대방의 권리로 주어진 것은 아니다. 거부처분으로 인해 고통받은 이해관계인을 절차적으로 보호하고자 한다면 현재의 제도에서 한걸음 나아가서 최소한 이해관계인이 민원조정위원회에 참석하여 진술할 것을 요청할 수 있도록 해주어야 할 것이다. 이해관계인의 출석여부에 대한 결정권을 최종적으로 민원조정위원회가 가진다고 하더라도 민원조정위원회에서의 참석과 진술을 요청할 수 있도록 하는 것만으로도 민원인의 절차적 권리가 실질적으로 신장될 수 있다고 본다.

V. 결어

1963년에 각령으로 제정된 민원서류처리규정에 그 연원을 가지는 우리나라의 민원행정에 관한 법제는 그동안 행정의 변화와 국민의 권리의식의 신장에 따라 오늘날의 '민원처리에 관한 법률'에 이르기 까지 간단없이 발전하여 왔다. 처음에는 주로 행정의 편의와 일관성을 염두에 둔 민원행정 관련 법령은 이제 더 이상 행정의 관점에서만 이해할 수 없고 국민의 권익을 염두에 두는 법제로 발전하고 있다. 이렇게 민원법령의 관점에 변화가 생겼기 때문에 민원법령에 대한 바른 이해를 위하여 다른 시각에서의 검토가 필요하다고 본다.

특히 '민원처리에 관한 법률'이 정하고 있는 분류법에 따를 때, 법정민원절차는 정규적인 행정절차의 일환으로 이루어지는 것이다. 법정민원절차는 '민원처리에 관한 법률'의 성격 변화에 따라 이제 일종의 행정절차를 규율하는 것으로 이해할 수 있다. 이미 이유 부기가 의무화 되어 있을 뿐 아니라 경우에 따라서 민원인이 행정 처리를 심의하는 위원 회에서 진술할 수 있는 기회를 가질 수 있도록 되어 있다. 다만 이 정도의 절차법적 양상 만으로 행정절차로서의 법정민원절차에서 민원인에 대한 절차법적 보호가 충분하다고 할 수는 없다고 본다. 기왕에 절차법적 발전을 이만큼 이루어 온 이상 정식 행정절차로 서의 법정민원절차에서 좀 더 적극적인 행정절차법적 발전을 촉구하고 싶다.

특히 법정민원 절차 가운데에서도 행정절차법적으로 중요한 의미를 가지는 사전심 사결정과 거부처분에 대한 이의신청절차에 대해서는 현재의 제도 보다는 다소 두터운 절 차법적 보호를 부여하는 것이 전체적인 법 발전의 방향에 비추어 적절하다고 본다. 그러 므로 이에 대한 현재까지의 판례이론의 발전에 기반하여 국민의 권익보호의 관점이 강화 되도록 하는 법해석론적 및 입법론적 노력이 요구된다.

첫째로, 사전심사결정제도는 민원인에게 예지이익과 대처이익을 부여하고, 장차 거 부가 예상되는 처분을 얻어내기 위해 많은 경제적 비용이 드는 준비작업을 함으로써 발 생할 수 있는 경제적 손해를 예방할 수 있게 하는 민원인에 대한 절차적 보호의 의미를 가지고 있다. 그럼에도 불구하고 2015년의 전부개정법률이 사전심사결정에 대한 구법의 규율과 달리 '정당한 사유'가 없어도 사전심사결정과는 다른 본 결정이 나오지 않도록 노 력할 의무만을 행정청에게 부과한 것은 종전의 법 발전의 방향과는 반대로 나아가는 퇴 행적인 입법이라고 본다. 이 제도에 대한 체계적·목적적 해석상 이러한 입법문언의 변 화에도 불구하고 사전심사결정이 아무런 법적 구속력이 없다고 할 수는 없으며 여전히 '정당한 사유'가 없는 한 사전심사결정을 준수하겠다는 확약의 의미가 있는 것으로 해석 하는 것이 타당하다. 그러므로 입법론적으로는 오해를 불러일으킬 수 있는 이러한 입법 문언은 종래의 규정과 같은 형태로 환원되든지, 아니면 민원인의 예지이익과 대처이익을 강화하는 방향으로 수정되어야 한다고 본다.

또한 사전심사결정의 경우 현행법은 민원인의 결정과정에의 참여에 대해 침묵하고 있으나 경제적으로 중대한 투자가 예상되는 경우에는 민원인의 의견진술과 청문의 기회 를 열어두는 적극적 입법이 필요하다고 본다.

둘째로, 거부처분에 대한 이의신청 절차는 현행법상 거부처분이 불이익처분이 아닌 것으로 되어 절차법적 보호대상이 되고 있지 않으나 실질적으로 거부처분은 불이익처분 에 준하여 민원인에게 큰 의미를 가지는 것이므로 절차법적 보호를 부여할 필요성이 있 다는 점을 부인하기 어려울 것이다. 그러므로 민원인의 권익보호기능을 현재의 제도 보다 절차법적으로 강화할 필요성이 있다. 그리하여 현재 이미 행정청의 판단에 의해 가능하게 되어 있는 민원인의 절차참여의 기회를 확대하여 민원인이 희망할 경우에 진술의 기회를 부여할 수 있도록 한다든가 일정한 경우에는 의견진술권이나 청문권을 부여하는 방안이 마련될 필요가 있다.

지능정보사회에 대응한 개인정보보호법제 개선 방향*

이 원 우**

> "행정수요의 변화는 언제나 새로운 법적 해결책을 필요로 한다. 사회규범으로서의
> 법이 존재하는 목적이 현실문제의 해결에 있는 것이라면, 행정현실의 변화를 반영
> 하여 법이 신속하게 그 내용을 수용하는 것은 바람직한 것으로 볼 수 있다."
> – 류지태, "통신법의 체계", 『법제연구』, 통권 제24호, 2003. 6, 108면.

I. 지능정보사회에서 개인정보보호의 문제상황

우리나라의 경우 개인정보보호제도는 1994년 1월 7일 「공공기관의 개인정보보호에
관한 법률」의 제정을 통해 공공부문에서의 개인정보보호로부터 시작되었고, 민간부문의
경우 「정보통신망 이용촉진 및 정보보호에 관한 법률」, 「신용정보의 이용 및 보호에 관
한 법률」, 「위치정보의 보호 및 이용 등에 관한 법률」 등 개별 부문별로 개인정보보호에
관한 규정을 별도로 규정하였다가, 2011년 개인정보보호에 관한 일반법인 「개인정보보
호법」이 제정되면서 공공부문과 민간부문을 모두 아우르는 개인정보보호제도가 자리잡
게 되었다. 현재는 개인정보보호법이 일반법으로서 일반적인 사항을 규율하면서, 동시에
정보통신망에서의 개인정보, 신용정보, 위치정보 등 개별영역에 관한 특별법이 각 영역
에 특유한 사항을 규율하는 체계로 이루어져 있다. 이러한 개인정보보호제도의 성립과
발전에는 특히 1980년 제정된 「OECD 개인정보보호 가이드라인」[1]과 「유럽연합 개인정
보보호지침」[2]이 큰 영향을 주었고, 이에 따라 우리나라는 법체계나 규율내용에 있어서
미국의 개인정보보호체계에 비해 강한 개인정보보호체계를 가지고 있는 것으로 평가되

---

* 행정법일반이론 뿐 아니라 정보통신분야에 행정법이론을 적용하는 데 선도적 역할을 담당하셨던 고
류지태 교수님의 영전에 부족한 이 소고를 헌정합니다. 이 논문은 "지능정보화 사회 대응을 위한 개
인정보보호법제 개선방향"을 주제로 2017년 12월 12일 개인정보보호위원회가 주최한 『지능정보화
사회 대응 개인정보보호 세미나』에서 필자가 행한 Keynote Speech를 수정·보완한 것임을 밝힌다.
** 서울대학교 법학전문대학원 교수
 1) 「프라이버시보호와 개인정보의 국제유통에 관한 OECD 가이드라인」(OECD Guidelines on the
   Protection of Privacy and Transborder Flows of Personal Data).
 2) EU의 개인정보보호지침의 공식 명칭은 「Directive 95/46/EC of the European Parliament and of the
   Council of 24 October 1995 on the protection of individuals with regard to the processing of
   personal data and on the free movement of such data」이다.

고 있다. 그러나 이러한 개인정보보호법제의 필요성과 개인정보 보호수단이 논의되고 이러한 논의를 토대로 하여 개인정보보호법제가 실제로 입안될 당시에는 지금과 같이 급속한 정보통신기술의 발달과 이를 기반으로 한 사물인터넷, 빅데이터, 인공지능 등 개인정보의 이용 환경의 혁명적 변화를 상정하지 못했던 것이 사실이다. 현재와 같은 속도로 정보통신기술이 급격히 발전한다면 지금의 개인정보보호법제는 현실적으로 유지되기 어려운 상황에 처하게 될 것이고, 이러한 새로운 환경에 부합하는 새로운 개인정보보호법제에 대한 사회적 요구는 점증할 것이다. SNS, 클라우드 컴퓨팅, 빅데이터, 인공지능 등 개인정보 활용에 기반을 둔 새로운 ICT 혁신 서비스들이 미래정보화사회의 인프라를 형성하게 될 것으로 예측되고 이미 상당 부분 현실화되고 있다. 이에 따라 프라이버시 침해 유형이나 방식이 더욱 다양화·복잡화되면서 개인정보 활용 및 보호의 범위(대상)를 재정립할 필요가 있다. 고 류지태 교수의 견해처럼 "사회규범으로서의 법이 존재하는 목적이 현실문제의 해결에 있는 것이라면, 행정현실의 변화를 반영하여 법이 신속하게 그 내용을 수용"하여야 할 것이며,[3] 지능정보화사회의 전개로 인해 아래에서 보는 바와 같이 개인정보보호법의 영역은 변화의 수용이 필요한 대표적인 분야 가운데 하나로 보인다. 실제로 세계 각국은 이러한 관점에서 개인정보를 실질적으로 보호하는 동시에 이를 적절하게 활용할 수 있도록 개인정보보호체계를 재설계하는 방안에 대해 새로운 문제를 제기하고 대응방안을 모색하고 있다.[4]

　　지능정보시대는 이른바 ICBM, 즉 IoT(사물인터넷), 클라우드 컴퓨팅, 빅데이터, 모바일에 더하여 인공지능이 결합됨으로써 사회·경제·문화 등 모든 영역에서 혁신적인 변화가 일상화된 사회이다. 지능정보사회가 야기하고 있는 이러한 급격한 변화를 최근에는 제4차 산업혁명으로 규정하고 있으며, 세계 각국은 이에 대응하기 위해 치열한 시스템 경쟁에 나서고 있다.[5] 우리 정부도 4차 산업혁명에 대한 종합적인 국가전략을 수립하고

---

3) 류지태, "통신법의 체계", 『법제연구』, 통권 제24호, 2003. 6, 108면.
4) 이에 대해서는 "주요 선진국에서의 빅데이터 활용을 둘러싼 법적 쟁점과 제도적 과제"를 주제로 한 『경제규제와 법』 통권 제15호(2015.5, 7－108면) 특집 논문들(Fred H. Cate, Protecting Privacy in Big Data; Judith Rauhofer, Round and Round the Garden?: Big Data, Small Government and the Balance of Power in the Information Age; Hans－Heinrich Trute, Big Data and Algorithm : Preliminary Notes from Germany)과 "스마트 미디어 시대에서 개인정보의 활용과 그 한계"를 주제로 한 『경제규제와 법』 통권 제11호(2013.5, 7－171면) 특집 논문들(Timothy J. Toohey, The Balance Between Data Flow and Privacy: a United States Perspective; Judith Rauhofer, One Step Forward, Two Steps Back?: Critical Observation on the Proposed Reform of the EU Data Protection Framework; Anne S. Y. Cheung/Ricci Ieong/ K. P. Chow/ Rolf H. Weber, Challenges to Personal Data Protection in Cloud Computing) 참조. 그밖에도 Guido Noto La Diega, Clouds of Things : Data Protection and Consumer Law at the INtersection of Cloud Computing and the Internet of Things in United Kingdom, 『경제규제와 법』 통권 제17호, 2016.5, 69－93면 참조.

4차 산업혁명의 근간이 되는 과학기술 발전에 대한 지원, 인공지능·ICT 등 핵심기술의 확보, 그리고 기술혁신형 연구개발의 성과창출을 강화하기 위해 대통령직속으로 4차산업혁명위원회를 설치하였다.

　　4차산업혁명위원회는 2017. 11. 30.『혁신성장을 위한 사람 중심의 4차 산업혁명 대응계획』을 발표하였는데, 이에 따른 성장전략은 ① 4차 산업혁명의 기초 골격이라고 할 수 있는 인공지능(AI), 사물인터넷(IoT), 빅데이터에 대한 투자 확대와 제도 개선을 추진하여, ② 자율주행차, 스마트공장, 드론산업 등 4차 산업혁명을 선도할 분야를 집중적으로 육성하고, ③ 지능형 인프라·친환경 에너지를 기반으로 스마트 시티 조성 등 기존 제조업과 산업에까지 이를 확산하여 산업 전반의 경쟁력을 향상하는 것을 목표로 한다. 이를 위해 특히 스마트 의료와 바이오산업, 지능형 금융 및 유통, 디지털 제조업 전환, 친환경 정밀농업 등 대표 신산업 육성에 역점을 두기로 하였다.

　　그런데, 여기서 언급된 4차 산업혁명 대응계획은 모두 데이터의 활용이 전제되어야 실현될 수 있는 것들이다. 무엇보다도 지능정보사회의 핵심을 이루는 인공지능의 발전이 데이터 활용에 결정적으로 좌우되기 때문이다. 인공지능은 데이터와 컴퓨팅파워 그리고 알고리즘에 의해 움직인다. 이 분야에서 경쟁하는 선도국가들 사이에 컴퓨팅파워나 알고리즘에서는 큰 차이가 나지 않는다. 결국 얼마나 풍부한 데이터를 제공해서 지속적으로 학습시키느냐에 따라 인공지능의 수준이 결정될 것이다. 아무리 좋은 두뇌를 타고났어도 책도 안 읽고 사유하지도 않는 학생이 어려운 문제의 해법을 제시할 수는 없는 일이다. 이 데이터에는 당연히 개인정보도 포함된다. 요컨대 4차 산업혁명시대에는 혁신의 핵심 요소로 개인정보가 활용되어야 한다.

　　이러한 문제상황은 우리를 딜레마 상황에 처하게 한다. 한편으로 개인정보가 적절하게 이용될 수 있도록 제도적 기반을 마련해달라는 요구가 제기되고 있고, 다른 한편으로는 개인정보의 활용이 일상화되는 상황에 상응하여 개인정보보호를 강화하여야 한다는 주장이 제기되고 있다. 이 두 요구는 일응 상충하는 것처럼 보이지만, 뒤에서 살펴보

---

5) 제4차 산업혁명에 대응하기 위한 각국(미국, 영국, 캐나다, 독일, 네덜란드, 우리나라)의 제도개선 노력에 대하여는 "제4차 산업혁명의 견인을 위한 규제 패러다임의 모색"을 주제로 한『경제규제와 법』통권 제20호(2017.11, 7-235면)의 특집 논문(James B. Speta, Entry Policy for the Fourth Industrial Revolution; Cristie Ford, Sedimentary Innovation : How Regulation Should Respond To Incremental Change; Karen Yeung, How is the UK Responding to the Technologies of the Fourth Industrial Revolution?; 김태오, 제4차 산업혁명의 견인을 위한 규제 패러다임 모색: 한국의 규제 패러다임을 중심으로; Hans-Heinrich Trute, Industry 4.0 in Germany and the EU : Data between property and access in the data-driven economy; Nadezhda Purtova, Do Property Rights in Personal Data Make Sense After the Big Data Turn? : Individual control and transparency) 참조.

는 바와 같이 이들이 양립불가능한 것만은 아니며 양자를 적절히 조화시키는 방안이 모색되어야 할 것이다.

Ⅱ. 현행 개인정보보호법의 이론적 전제의 문제점

1. 개관

현행 개인정보보호법은 인격권과 프라이버시권으로부터 도출되는 개인정보자기결정권을 개인정보보호의 헌법적 근거로 하여 구축되었다. 따라서 개인정보를 수집·활용·제공하는 데 있어서 개인정보를 보호하기 위한 법적 수단의 핵심은 정보주체의 동의다. 정보주체의 동의가 없으면 개인정보의 활용은 원칙적으로 불가능하게 되고, 반면에 동의만 받아낸다면 얼마든지 개인정보를 자유롭게 활용할 수 있게 된다. 즉 개인정보의 보호와 활용 모두 정보주체의 "동의"를 고리로 하고 있고, 이는 개인정보보호의 법적 근거를 개인정보자기결정권에서 구하기 때문이다. 그러나 아래에서 보는 바와 같이 정보주체의 동의제도는 현실적 기반을 상실하고 있고, 개인정보의 법적 성격을 인격권으로만 파악하기 어려우며, 설사 이를 인격권으로 파악하여 개인정보자기결정권으로부터 개인정보보호의 헌법적 근거를 찾는다 하더라도 개인정보자기결정권 역시 기본권 가운데 하나로서 다른 헌법규범과 형량되어야 한다는 점에서 현재의 개인정보보호법제는 재검토가 필요하다.

2. 동의제도의 형식화

현행 개인정보보호법은 정보주체의 동의를 통한 개인정보보호를 근간으로 하고 있다. 이러한 동의제도는 정보주체에게 정보가 충분히 제공되고 정보주체가 이러한 정보를 읽고 그 의미를 정확하게 이해한 다음 이를 토대로 합리적으로 동의 여부를 결정한다는 것을 전제로 하고 있다. 그런데 다수의 실증연구에 따르면 이러한 전제는 매우 비현실적인 것으로 나타나고 있다. 한 연구에 따르면 정보제공에 대한 동의를 할 때 개인정보보호지침이나 약관을 꼼꼼히 읽는 경우는 4%에 불과하다고 한다.[6] 인터넷 회원 가입 시 96.7%가 개인정보 수집 및 활용 동의서를 읽지 않고 동의한다는 연구결과도 있다.[7] 정보주체는 정보제공에 관한 동의를 할 때 약관이나 개인정보보호지침 등을 거의 읽지도 않고 있다는 이러한 사실은 국내외의 많은 실증적 연구에서 나타나는 한결같은 결과이다. 여러

---

[6] 나종연, 『정보주체 동의권의 실질적 보장을 위한 연구』, 개인정보위원회 연구용역보고서, 2013. 9, 12면.
[7] 이선영, "개인정보 수집 및 활용 동의서에 대한 이용자 인식 분석 및 대응 정책에 대한 연구", 『한국정보기술학회논문지』, 제12권, 제8호, 2014. 8, 88-89면.

연구자들이 정보주체로 하여금 약관을 읽게 하기 위해 다양한 방법을 사용하여 실험을 해보았지만 어떤 방법도 유의미한 효과를 거두지 못한 것으로 보고되고 있다.[8] 동의제도가 전제로 하고 있는 가정은 현실세계에서는 거의 존재하지 않는 허구일 뿐이다.

동의제도가 전제로 하고 있는 토대가 사실상 존재하지 않는다는 것은 현행 개인정보보호법에 대한 큰 도전이다. 진정한 의미의 동의가 이루어지지 않고 있음에도 불구하고 동의제도를 그대로 유지한다는 것은 너무나도 비합리적인 태도이다. 만일 동의제도를 그대로 유지하려 한다면, 정보주체에게 개인정보제공에 관하여 충분한 정보를 제공하도록 하고, 정보주체들이 동의에 앞서 관련 정보를 꼼꼼히 읽고 올바로 이해할 수 있도록 하고, 나아가 이에 근거하여 동의 여부를 합리적으로 결정할 수 있도록 하여야 할 것이다.

그러나 앞서 지적한 것처럼 정보주체들에게 동의에 앞서 관련 정보를 충실히 읽고 이해하도록 하는 것은 거의 불가능에 가깝다. 더욱이 정보주체가 개인정보 제공에 관한 정보를 충분히 이해하고 한다고 하더라도 과연 정보주체가 자신의 합리적인 선택으로 동의를 거부할 수 있을 것인지는 의문이 아닐 수 없다. 대부분의 정보주체는 비록 개인정보의 제공에 동의하고 싶지 않은 경우라 하더라도 해당 서비스를 제공받기 위해서는 동의를 할 수밖에 없는 경우가 많을 것이기 때문이다. 결국에는 예외적인 경우가 아니라면 대부분 개인정보 제공에 동의하게 될 것이다. 그렇다면 개인정보보호를 위해 동의제도의 관철에만 매달릴 수는 없을 것이다.

동의제도는 동의를 받지 못하면 개인정보를 이용할 수 없다는 점에서도 문제가 제기되고 있지만, 동의만 받으면 개인정보처리자는 개인정보를 광범위하게 수집, 이용, 제공할 수 있게 된다는 점도 문제로 지적되고 있다. 이러한 관점에서 동의제도는 모든 책임을 정보주체 개인에게 부담시키는 방식의 개인정보보호제도라고 할 수 있다. 개인은 동의할 수밖에 없는 무력한 존재라는 점을 고려하면 이것은 국가가 개인정보 보호의무를 소홀히 하고 있다는 것을 의미하기도 한다. 따라서 동의를 해준 경우에 있어서 개인정보보호는 어떻게 할 것인지가 개인정보의 실질적 보호를 위해 더욱 중요한 문제일 수 있을 것이다.

개인정보의 동의 없는 수집, 목적 외 이용, 동의 없는 제3자 제공 등 개인정보보호법이 엄격하게 금지하는 행위들이 적법하게 동의를 받아 이루어진 경우와 다른 점은 단지 정보주체의 동의를 받지 않았다는 점뿐이다. 이것이 곧 개인정보의 수집, 이용, 제공

8) 이러한 결론을 제시하고 있는 다양한 국내외 실증연구결과에 대해서는 김태오, "데이터 시대 개인정보보호 규제의 역할과 과제", 『제4차 산업혁명시대 ICT정책과 전략』, 2017년 정보통신정책학회 정기학술대회 자료집, 2017.11.17., 350-354면; 권영준, "개인정보 자기결정권과 동의제도에 대한 고찰", 『법학논총』 제36권 제1호, 전남대학교 법학연구소, 2016.3, 703-704면 참조.

등을 실질적으로 불법적인 행위로 파악하여 엄하게 처벌하는 유일한 근거이기도 하다. 만일 정보주체가 그러한 개인정보의 수집, 이용, 제공 등에 대해 사전에 알았더라면 거부했을 것임에도 불구하고 개인정보처리자가 이러한 정보주체의 거부를 회피할 목적으로 몰래 개인정보를 수집, 이용, 제공했다면, 이러한 행위에 대한 제재나 처벌은 수긍할 수 있을 것이다. 그런데 앞에서 언급한 것처럼 정보주체가 동의 여부에 무관심하기 때문이든, 혹은 동의의 의미를 인식하면서도 기꺼이 동의를 하든, 혹은 동의를 하고 싶지 않지만 서비스를 이용하기 위해서 할 수 없이 동의를 하든, 그 이유야 어떠하든 대부분의 경우에는 정보주체에게 동의를 요구하기만 하면 동의를 받았을 것이다. 따라서 많은 경우에 있어서 동의를 받지 않는 사안들을 보면, 개인정보를 처리하기 전에 동의를 요구하기만 했으면 ─ 대부분의 경우에는 약관이나 신청서 등 문서양식의 동의란에 간단히 체크하는 방식으로 이루어지고 있다 ─ 동의를 받을 수 있었고 따라서 개인정보처리가 적법하게 되었을 텐데 무지로 인하여 또는 실수로 사전에 동의를 받지 않은 경우에 해당한다. 이러한 경우에 동의를 받지 않은 행위는, 앞의 예처럼 정보주체가 거부할 상황에서 그 거부를 회피하기 위해 동의를 받지 않은 행위와 동일하게 평가할 수는 없을 것이다. 법리적 관점에서 후자의 행위는 실질적 불법에 해당하는 행위이지만, 전자의 행위는 형식적 위법에 불과한 것으로 평가할 수 있다. 결국 지금과 같이 동의제도가 형식화되어 버린 상황에서 동의제도의 위반에 대해 강력한 제재를 하는 것은 형식적 위법에 대한 강력한 제재를 의미하는 것이고, 이는 형평이나 정의의 관념에 비추어 유지되기 어려울 것이다.

　　따라서 동의제도를 근간으로 하고 있는 현행 개인정보보호법에 대한 근본적인 고민이 필요하다. 더욱이 사물인터넷(IoT)이 일상화되는 지능정보사회에서 개인정보의 수집에 사전 동의를 요구한다는 것은 현실적으로 불가능하다는 점에서도 동의제도는 재검토될 필요가 있다. 정부가 4차 산업혁명을 선도할 분야로 손꼽고 있는 자율주행자동차의 예만 보더라도 사전 동의 제도의 문제점을 쉽게 알 수 있다. 자율주행을 가능하게 하기 위해서는 자율주행 중에 실시간으로 끊임없이 주변의 데이터를 수집·처리하여야 하는데, 여기에서 개인정보만을 제외하거나 그 수집·처리에 대해 사전에 동의를 받도록 하는 것은 불가능하기 때문이다.

3. 개인정보자기결정권의 한계

　　개인정보보호를 동의제도에 의존하는 것은 개인정보보호를 인격권에 기초한 개인정보자기결정권에서 도출하는 것과 밀접한 관련이 있다. 개인정보를 인격권의 구성요소로 보는 한, 그 기본권의 주체인 정보주체의 동의를 받지 않고 이를 수집·처리할 수 없을 것이기 때문이다. 그러나 여기에는 두 가지 측면에서 재고가 요구된다.

　　첫째, 개인정보자기결정권도 절대적인 기본권이 아니며 다른 기본권과 형량되어야 한다. 이는 우리나라 학설9)과 판례10)의 확립된 입장이다. 미국형의 개인정보보호 패러다임이 유럽과는 달리 개인정보의 이용을 상대적으로 자유롭게 허용하는 것도 다른 기본권과의 충돌을 조정한 결과로 나타난 것으로 평가되고 있다. 개인정보의 처리를 제한하는 법률은 표현의 자유에 대한 제한이라는 관점에서 합헌성 심사를 받아야 하기 때문이다. 또한 기본권의 일반이론에 비추어 개인정보자기결정권도 다른 기본권과 마찬가지로 공익목적과의 비교형량을 거쳐 일정한 제한을 받을 수도 있다.

　　둘째, 개인정보는 개인의 인격을 구성하는 요소일 뿐 아니라 재화, 특히 공공재로서의 성격도 가지고 있다.11) 다수의 개인정보가 모이면 개인의 정보로서가 아니라 공동체

---

9) 대표적인 견해로 권건보, "정보주체의 개인정보자기결정권", 고학수 편, 『개인정보보호의 법과 정책』, 2016, 67면; 김태오, "데이터 시대 개인정보보호 규제의 역할과 과제", 『제4차 산업혁명시대 ICT정책과 전략』, 2017년 정보통신정책학회 정기학술대회 자료집, 2017.11.17., 361－362면 참조.

10) 헌법재판소 2005.7.21. 선고 2003헌마282,425(병합) 전원재판부 결정; 헌법재판소 2011. 12. 29. 선고 2010헌마293 결정; 대법원 2011.9.2. 선고 2008다42430 전원합의체 판결 참조.

11) 필자는 이미 오래 전부터 이러한 개인정보의 재산권적 성격을 인정하여야 한다는 주장을 펼쳐왔다. 李元雨, "個人情報保護の理論と展望", 『高度情報通信技術がもたらす制度改革』, 関西大学法学研究所, 2001.10, pp.340－348; 이원우, 『개인정보보호법의 이념과 기본방향』, 한국정보화진흥원, 2001. 12, 1면, 8－10면; 이원우, "정보화사회의 진화와 규제법제의 대응", 김상택 편, 『방송통신 정책과 전략』, 2016, 55－104, 61－63면 등에서 아래와 같이 주장한 바 있다.
　　"정보는 생산의 원료이며, 권력의 원료이자 변화의 연료이다. 따라서 정보는 그것이 무엇으로 발전하게 될지 사전에 확정되어 있지 않다는 특징을 가지고 있다. 정보는 국가와 사회 상호 간의 무수한 관련성 속에서 끊임없이 변화하는 다양한 방식으로 활용되기 때문이다. 이러한 정보는 법적 문제와 직접적인 관계를 가지고 있다. 필요한 정보에 접근할 수 없는 개인은 권리행사의 조건을 상실하며, 행정 또한 필요한 정보를 획득하지 못하는 경우에는 법적 임무수행의 기초를 상실하게 된다. 요컨대 현대사회에 있어서는 개인이든 국가든 자신의 목적적 활동을 수행하기 위해서 "정보"를 필요로 하며, 따라서 타인의 정보에 대한 접근(정보의 공개성)이 보장되어야 한다.
　　이러한 관점에서 볼 때, 헌법상 프라이버시권 내지 인격권으로부터 개인정보의 신성한 영역이 선재되어 있다는 것을 출발점으로 해서 국가 또는 사회가 필요로 하는 정보수집의 허용범위 문제를 논할 것이 아니라, 정보는 국가사회가 공유해야 할 공유자원이라는 사실을 출발점으로 해서 어떤 정보의 경우에는 공유에 제한이 따르며, 개인정보의 유통과정에서 정보주체인 개인은 어떠한 통제권을 가지는가의 문제를 논하는 것이 올바른 시각이라고 할 것이다. 즉 정보에 대한 권리를 프라이버시라는 개인의 기본권보장의 측면에서만 접근할 것이 아니라, 민주주의와 국민주권주의라는 객관적 법질서의 관점에서 파악할 필요가 있다는 것이다. 따라서 개인의 정보보호가 중요한 가치임에는 틀림이 없지만 개인정보가 특정 개인의 전유물로만 볼 수는 없으며, 공동체 발전을 위해 개방되고 사용될 수 있어야 한다는 점도 인식되어야 할 것이다. …
　　…. 정보화사회에 있어서 정보는 가장 중요한 사회간접자본에 속한다. 정보는 재화이다. 그런데 정보는 시장에서 생산되어 직접 소비자에게 제공되는 소비재로서의 성격도 가지지만, 생산재로서의 성격도 가지며, 나아가 가치재로서 사회간접자본에 해당하기도 한다. 이미 앞에서 설명한 바와 같이 정보는 개인이나 국가의 활동을 위한 전제조건이 되기 때문이다. 정보의 존재는 국가와 개인의

전체의 구조와 경향성을 보여주는 공동체의 정보로서의 성격을 가지게 된다.[12) 이러한 정보는 개인정보의 성격보다 공공재로서의 성격을 더욱 강하게 가진다고 하여야 할 것이다.

이미 다른 글에서 강조한 바와 같이, "이러한 관점에서 볼 때, 헌법상 프라이버시권 내지 인격권으로부터 개인정보의 신성한 영역이 선재되어 있다는 것을 출발점으로 해서 국가 또는 사회가 필요로 하는 정보수집의 허용범위 문제를 논하는 전통적인 태도는 정보의 한 측면만을 강조한 것이다. 이와 달리 정보는 국가사회가 공유해야 할 공유자원이라는 사실을 출발점으로 해서, 어떤 정보의 경우에는 공유에 제한이 따르며, 개인정보의 유통과정에서 정보주체인 개인은 어떠한 통제권을 가지는가의 문제를 논하는 방식이 현대 지능정보사회에서의 정보의 성격에 더욱 부합할 것이다. 즉 정보에 대한 권리를 프라이버시라는 개인의 기본권 보장의 측면에서만 접근할 것이 아니라, 민주주의와 국민주권주의라는 객관적 법질서의 관점에서 파악할 필요가 있다는 것이다. 따라서 개인의 정보보호가 중요한 가치임에는 틀림이 없지만 개인정보가 특정 개인의 전유물로만 볼 수는 없으며, 공동체 발전을 위해 개방되고 사용될 수 있어야 한다는 점도 인식되어야 할 것이다."[13)

4. 평가

이상에서 언급한 개인정보보호제도의 전제조건의 문제점으로부터 두 가지 다른 방향의 개선요구가 도출될 수 있다. 한편으로는 현재의 형식화된 동의제도는 불필요한 규제로서 개인정보의 이용을 저해하는 측면이 매우 강하므로 동의제도를 완화하여 개인정보의 이용을 활성화하기 위한 개선이 이루어져야 한다. 다른 한편으로는 형식화된 동의제도만으로 개인정보 보호기능을 실질적으로 수행할 수 없기 때문에 개인정보를 실질적으로 보호할 수 있도록 제도적 보완이 함께 이루어져야 한다. 이하에서는 이러한 두 가지 방향의 개선을 위해 개인정보보호법제가 구체적으로 어떻게 개선되어야 할 것인지 논하고자 한다.

활동 가능성을 담보하며, 또한 정보의 존재형식과 사용방식에 따라 이러한 활동의 효율성 및 효과성에 커다란 차이를 가져오게 된다. 여기서 다시 정보의 공공성을 인정하지 않을 수 없을 것이다. 이때 정보는 개인정보도 포함한다."

12) 이와 같은 입장으로 권영준, "개인정보 자기결정권과 동의제도에 대한 고찰", 『법학논총』 제36권 제1호, 전남대학교 법학연구소, 2016.3, 690–691면 참조.

13) 李元雨, "個人情報保護の理論と展望", 『高度情報通信技術がもたらす制度改革』, 関西大学法学研究所, 2001.10, pp.340–348; 이원우, 『개인정보보호법의 이념과 기본방향』, 한국정보화진흥원, 2001. 12, 1면; 이원우, "정보화사회의 진화와 규제법제의 대응", 김상택 편, 『방송통신 정책과 전략』, 2016, 55–104, 61–63면.

Ⅲ. 새로운 규제 패러다임의 모색

1. 두 개의 패러다임의 적용

오늘날 개인정보보호 규제의 패러다임은 대체로 미국형과 유럽형으로 대별된다. 그동안 개인정보보호법제의 개선에 대한 논의를 보면, 혹자는 미국형 패러다임에 따르는 것이 합리적이라고 하고, 혹자는 유럽형 패러다임에 따르는 것이 합리적이라고 한다. 전자는 이른바 opt-out 방식의 규제와 사후규제를 강조하고, 후자는 이른바 opt-in 방식의 규제와 사전규제를 강조한다. 전자는 '원칙허용-예외금지'라는 점에서 개인정보의 이용을 활성화하는 데 친하고, 후자는 '원칙금지-예외허용'이라는 점에서 개인정보의 보호에 방점이 있다고 평가되고 있다.[14]

미국형이든 유럽형이든 어떤 하나의 규제 패러다임을 선택하여 이를 모든 영역에서 일반적으로 관철시키는 양자택일의 방식으로 사고한다면, 양자의 논리는 접근하기 어려울 수밖에 없다. 그동안 개인정보보호법의 개정을 둘러싼 대립은 이러한 입장 차이에서 기인하는 측면이 큰 것으로 보인다. 그러나 개인정보의 보호와 이용은 모두 최적화되어야 할 원칙이며, 위에서 말한 두 가지 유형의 규제 패러다임은 일종의 원칙을 의미할 뿐이다. 우리가 이들 원칙 가운데 하나를 선택해서 이를 일관되게 관철해야 할 어떠한 필연성도 존재하지 않는다. 원칙은 최적화명령(Optimierungsgebot)에 따라 형량할 대상이지 일도양단하여 선택할 문제가 아니다. 오히려 개인정보의 실질적 보호와 적정한 이용의 조화라는 관점에서 양자의 원칙을 영역이나 상황에 따라 유연하게 선별하여 채택한다면, 서로 모순되는 것처럼 보이는 원칙들이 전체적으로 균형점을 찾을 수 있을 것이다. 즉, 한편으로 현재 개인정보보호제도의 경직성을 개선하면서, 다른 한편으로 지능정보시대에 개인정보보호를 실질적으로 보장하기 위한 제도개선을 병행할 수 있다는 것이다.

지능정보사회는 개인정보의 활용을 전제로 하므로 개인정보의 적정한 활용이 허용되어야 하지만, 개인정보의 활용이 원활하게 이루어지기 위해서라도 개인정보보호가 확실하게 보장되어야 한다. 개인정보가 철저하게 보호될 때 정보주체들이 자신의 개인정보의 이용에 기꺼이 동의할 것이기 때문이다. 개인정보보호는 개인정보의 이용에 한계로

---

14) 같은 견해로 김태오, "데이터 시대 개인정보보호 규제의 역할과 과제", 『제4차 산업혁명시대 ICT정책과 전략』, 2017년 정보통신정책학회 정기학술대회 자료집, 2017.11.17., 364-366면 참조. 법령규정상으로는 유럽의 개인정보보호지침이 강력한 개인정보보호체계를 가지고 있지만, 유럽의 경우 각 회원국에 따라 실제 집행에서 차이가 존재하고 있으며, 미국의 경우 엄격한 집행으로 인해 실제로는 개인정보가 강하게 보호되고 있다는 점을 지적하는 견해도 있다. 고학수, "개인정보보호: 규제 체계에 관한 논의의 전개와 정책적 과제", 고학수 편, 『개인정보보호의 법과 정책』, 2016, 16-18면 참조.

작용하지만, 개인정보보호가 이루어지지 않는 한 개인정보의 이용이 활성화될 수 없다는 점에서, 양자는 서로 충돌 및 갈등관계에 있으면서도 상생관계에 있다. 이러한 관점에서도 역시 개인정보의 보호와 이용은 동시에 조화롭게 추구되어야 할 원칙의 문제이다. 따라서 사전규제 중심의 유럽형 개인정보보호제도와 사후규제 중심의 미국형 개인정보보호제도는 문제되는 이익상황의 유형에 따라 균형 있게 선택·배분됨으로써 적절히 조화되어야 할 것이다.

2. 위험기반의 규제체계

　　규제는 위험의 정도에 따라 차별화되어야 한다. 위험이 중대하고 그 발생가능성이 높으면 강한 규제가 필요하지만, 위험이 경미하고 그 발생가능성이 낮으면 규제의 정도도 낮아져야 할 것이다.[15] 이는 비례원칙에 비추어도 규제체계의 설계에 있어서 당연히 요구되는 원칙이다. 이와 같이 위험의 종류와 중대성 및 그 발생가능성 등에 따라 규제수단과 그 강도를 차별화하는 규제방식을 위험기반규제(risk-based regulation)라 하며, 오늘날 규제개혁의 가장 핵심적인 수단으로 각광받고 있다.[16] 위험기반규제는 수반되는 위험에 비례하여 규제수단을 달리 취하기 때문에 위험상황에 따라 유연하게 규제체계가 대응할 수 있다. 이러한 위험기반규제라는 관점에서 개인정보보호를 위한 현행 규제의 재검토가 필요하다.

　　개인정보보호에서 위험기반규제를 설계함에 있어서 출발점이 되는 것은 문제되는 개인정보의 유형에 따라 예견되는 위험이 다를 수 있다는 점이다. 먼저 개인정보보호법상 개인정보는 "살아 있는 개인에 관한 정보로서 성명, 주민등록번호 및 영상 등을 통하여 개인을 알아볼 수 있는 정보(해당 정보만으로는 특정 개인을 알아볼 수 없더라도 다른 정보와 쉽게 결합하여 알아볼 수 있는 것을 포함한다)를 말한다."(개인정보보호법 제2조제1호) 이에 따르면, 개인정보는 개인식별성이라는 관점에서 ① 해당 정보만으로 개인을 알아 볼 수 있는 정보(협의의 개인식별정보), ② 다른 정보와 쉽게 결합하여 알아볼 수 있는 개인정보(결합식별정

---

15) 이와 같이 위험상황의 유형에 따른 규제의 차별화에 대하여는 이원우, "혁신과 규제 : 상호 갈등관계의 법적 구조와 갈등해소를 위한 법리와 법적 수단", 『경제규제와 법』 통권 제18호, 2016.11, 12-13면, 17-18면 참조.

16) 이러한 규제방식에 대하여는 Julia Black/Robert Baldwin, Really Responsive Risk-Based Regulation, 32 Law & Policy 181 (2010); Julia Black/Robert Baldwin, When risk-based regulation aims low: Approaches and challenges, Regulation & Governance (2012) 6, pp. 2-22; Deven McGraw/Alice Leiter, Risk-Based Regulation of Clinical Health Data Analytics, 12 Colo. Tech. L.J. 427 (2014); Julia Black/Robert Baldwin, Driving Priorities in Risk-based Regulation: What's the Problem?, JOURNAL OF LAW AND SOCIETY V. 43, N. 4, DECEMBER 2016, pp. 565-595 등 참조.

보), ③ 비식별 조치된 개인정보(비식별정보)[17] 등의 세 가지 유형으로 구분할 수 있을 것이다. 협의의 개인식별정보는 그 자체로서 개인이 특정되기 때문에 개인의 프라이버시를 침해할 우려가 상대적으로 쉬울 것이다. 이에 비하여 결합식별정보는 비록 다른 정보와 결합하여 개인이 특정될 수는 있지만, 결합되기 전까지는 개인식별성이 없고, 더욱이 결합대상 정보의 입수가능성이 떨어진다면 개인식별성이 현실화되기 어렵고, 특히 해당 결합대상 정보가 객관적으로 결합가능성이 떨어진다면 그 위험발생의 가능성은 매우 희박할 것이어서, 이에 따라 예견되는 위험의 정도도 감소될 것이다. 나아가 비식별 조치가 된 개인정보는 비식별정보로 분류하여 개인정보에서 제외해야 한다는 주장과 이른바 재식별화의 가능성이 있기 때문에 역시 개인정보로 보아 개인정보보호법의 보호 대상이 되어야 한다는 주장이 대립하고 있다.[18] 그러나 비식별 조치를 한 경우에는 설사 재식별화의 위험이 남아있다고 하더라도 실제로 재식별화되기 전까지는 정보주체의 인격권이 침해될 가능성이 없고, 또한 재식별화가 비록 불가능하지는 않더라도 그것이 기술적으로 매우 어렵다면 비식별 조치되지 않은 개인정보에 비하여 식별가능성에 따른 위험이 현저히 낮아지는 것은 분명한 사실일 것이다. 이와 같이 위험의 발생가능성이 현저히 다른 개인정보를 모두 동일한 규제의 대상으로 삼아 그 정보처리에 사전동의를 요구하는 것은 비례원칙에 비추어 부당하다고 할 것이다.

둘째, 개인정보보호법상 개인정보에는 공개된 개인정보도 포함된다고 해석되고 있다.[19] 그러나 이미 공개된 개인정보에 대한 접근과 아직 공개되지 않은 개인정보의 수집이 각각 야기하는 위험을 동일하게 평가할 수는 없다. 물론 이미 공개되어 있는 개인정보라도 그것이 어떠한 목적으로 어떠한 방식으로 이용되느냐에 따라 새로운 위험을 야기할 수 있으며, 이에 대해서는 적절한 규제가 필요할 것이다. 그러나 이는 개별사안에 따라 판단되어야 할 것이므로 공개된 모든 개인정보를 그렇지 않은 개인정보와 동일하게 취급하여 사전적으로 동일한 규제를 받도록 할 필요는 없을 것이다. 개별사안의 특성에 따른 위험의 차이는 원칙적으로 사후규제를 통해 반영할 수 있고 또 그렇게 하는 것이 일반적으로 적절한 규제라고 평가된다.

---

17) 국무조정실, 행정자치부, 방송통신위원회, 금융위원회, 미래창조과학부, 보건복지부 등 관계부처가 합동으로 제정한 『개인정보 비식별 조치 가이드라인』(2016. 6. 30.)에 따르면 '비식별 조치'란 정보의 집합물에서 개인을 식별할 수 있는 요소를 전부 또는 일부 삭제하거나 대체 등의 방법을 통해 개인을 알아볼 수 없도록 하는 조치를 말하며, 이 가이드라인에 따라 비식별 조치된 정보를 '비식별정보'라 한다.
18) 『개인정보 비식별 조치 가이드라인』(2016. 6. 30.)에 따르면, 이 가이드라인에 따라 비식별 조치된 '비식별정보'는 개인이 식별되지 않기 때문에 개인정보보호법상 개인정보에 해당하지 않는 것으로 추정된다고 규정하고 있다. 동 가이드라인, 57면.
19) 대법원 2014. 7. 24. 선고 2012다49933 판결.

이와 유사한 취지에서 이미 취득하여 보유하고 있는 개인정보를 이용하는 경우와 처음으로 개인정보를 취득하는 경우에도 규제의 정도를 달리할 필요가 있을 것이다. 어떤 서비스사업자(개인정보처리자)가 어떤 개인(정보주체)에게 서비스 제공을 위한 계약을 체결하면서 당해 서비스 제공을 위해 필요한 개인정보 수집 및 이용에 관한 동의를 받고 개인정보를 수집하여 서비스 제공을 위해 이용하고 있던 중에 그 개인정보를 기존의 서비스 제공과 관련된 부수적인 다른 목적을 위해 추가적으로 활용하려는 경우를 상정해보면, 이러한 경우에도 처음으로 서비스 이용계약을 체결하면서 개인정보를 처음 취득하는 경우와 동일한 정도로 위험이 존재한다고 보기는 어려울 것이다.

또한 개인정보 중에는 프라이버시와 관련성이 깊은 개인정보도 있고, 프라이버시와 직접적 관련성이 없는 단순 개인식별정보가 존재하는바, 이들 개인정보를 동일한 위험군으로 평가하여 사전적으로 동일한 규제를 적용하는 것은 불필요할 것이다.

앞에서 언급한 바와 같이 개인정보에는 순수하게 특정 개인에만 국한된 개인정보도 있으나, 개인정보가 다른 제3자와 공동의 개인정보로서의 성격을 띨 수도 있고, 경우에 따라서는 단순한 개인만의 정보가 아니라 공동체 공동의 정보로서의 성격을 가질 수 있다. 예컨대 채권채무와 관련된 개인정보는 채무자의 개인정보라 하더라도 채권자와의 관계 속에서 형성된 것이고 채권자에게 중요한 의미를 가지는 정보일 수 있다. 이러한 정보에 대하여 채무자만의 순수한 개인정보와 마찬가지로 채무자가 절대적인 지배권을 행사하고자 개인정보자기결정권을 행사하여서는 안 될 것이다. 예컨대 현행 「신용정보의 이용 및 보호에 관한 법률」 제20의2 제2항 및 같은 법 시행령 17조의2 제4항에 따르면 신용정보제공·이용자는 금융거래 등 상거래관계가 종료된 날인 소멸시효 완성 시부터 최장 5년 이내에 개인신용정보를 관리대상에서 삭제하여야 한다. 이에 따르면 소멸시효 완성에 대한 다툼이 존재하지만 입증을 하지 못해 법원의 판결로 소멸시효 완성이 확정된 경우 신용정보제공·이용자는 채무자의 대출채권에 관한 정보를 삭제하여야 한다. 그러나 만일 후에 재심사유로 인정될 수 있는 새로운 증거가 나타날 경우를 고려한다면, 이러한 정보를 채무자의 개인정보라 하여 삭제하는 것이 타당하다고 보기 어려울 것이다. 더욱이 어떤 개인에 관한 정보가 공동체의 정보로서 역사적 사실의 기록으로 보존되어야 할 수도 있다. 이러한 경우까지 특정 개인이 자신의 개인정보라는 이유로 개인정보자기결정권을 행사하여 그러한 정보를 삭제할 수 있도록 할 것인지 재고할 필요가 있을 것이다.

그 밖에 개인정보의 종류나 성격이 아니라 개인정보의 이용목적에 따라서도 위험의 정도에 차이가 존재한다. 예컨대 순수하게 영리적 목적으로 이용하기 위해 타인의 개인정보를 수집·이용하는 경우와 공익목적을 위해 수집·활용하려는 경우에 그러한 수집·이용에 따른 위험과 이익을 비교형량할 때에는 허용의 여부나 허용의 범위 또는 허용의 방식을 달리할 필요가 있을 것이다. 따라서 이용목적의 범위를 단계화하고 이에 따라 규제의 방식과 정도에 차이를 두는 방안도 고려할 수 있다.

　요컨대 개인정보의 종류와 성격에 따라서, 그 개인정보가 수집·이용될 때 야기될 수 있는 위험의 성격과 정도 및 발생가능성이 다르기 때문에, 위험에 상응하는 방식과 정도의 보호제도가 마련됨으로써, 개인정보가 보호되면서도 다른 공익적 가치나 다른 이해관계자의 이익도 적절히 형량될 수 있어야 할 것이다. 이하에서는 이러한 위험기반규제라는 관점에서 개인정보보호를 위한 현행법상 규제의 개선방향을 검토하기로 한다.

3. 동의제도

　우선, 개인정보의 기본권으로서의 성격을 고려할 때, 제1차적인 보호방식으로 동의제도의 기본틀은 유지되어야 할 것이다. 그러나 동의를 요하는 방식을 어떻게 할 것인지는 재검토가 필요하다. 현재 우리 개인정보보호법에 따르면 모든 개인정보의 수집·이용·제3자 제공은 모두 이른바 opt-in 방식, 즉 사전동의를 요구하고 있다.

　그러나 앞에서 본 바와 같이 많은 경우에 있어서 사전 동의 제도는 사실상 형식화되었고 실질적인 개인정보 보호기능을 수행하지 못하고 있다. 여러 가지 이유가 있겠지만, 그 중 하나는 동의 여부를 결정하기 전에 읽어야 할 내용이 너무 많고 일반인으로서는 짧은 시간 내에 읽고 그 의미를 정확하게 이해하기 어려운 내용이 많다는 것이다. 게다가 비록 개인정보 제공에 다소 우려가 있더라도 해당 서비스를 제공받기 위해서는 결국 동의를 할 수밖에 없다는 현실을 감안하면, 개인정보보호지침이나 개인정보보호 관련 약관의 방대한 내용을 모두 읽고 동의 여부를 결정하라는 것은 실질적인 보호기능을 포기하는 것과 같을 것이다.

　이러한 관점에서 현재의 유럽식 사전동의제를 opt-out 방식으로 전환하여야 한다는 주장도 강력하게 주장되고 있다.[20] 그러나 앞서 언급한 바와 같이 모든 개인정보에 대해 opt-in 또는 opt-out 중 어느 하나의 방식에 따라 규제할 필요는 없으며, 개인정보의 종류나 성격에 따라 존재하는 위험의 정도에 맞추어 양자의 방식을 혼합할 수도 있을 것이다. 예컨대 대부분의 개인정보 이용에 대해서는 원칙적으로 opt-out 방식에 의해 사후적으로 동의를 철회할 권리를 부여하고, 동의 여부가 실제로 문제될 만한 소수의

---

20) 구태언, "개인정보 정의조항, 동의제도 및 형사처벌의 합리화에 관한 연구", 고려대학교 석사학위논문, 2014, 48면 이하; 정찬모, "개인정보보호에 있어 정보주체의 동의", 「법학연구」(인하대학교) 제18집 제1호, 2015. 3, 81-82면 등 참조.

항목에 대해서만 opt-in 방식으로 사전에 동의 여부를 결정하도록 하는 방안을 고려해 볼 필요가 있다.[21] 즉 충분한 정보가 주어졌고 또 이를 충분히 고려하여 합리적으로 결정한다고 할 때 대다수가 동의할 것으로 판단되는 사안에 대해서는 사전동의를 요구하지 말고 거부권을 보장하는 방식으로 동의제도를 개선한다는 것이다. 이를 통해 정보주체가 동의 여부를 실질적으로 결정할 수 있는 여건을 만들어 줄 수 있을 것이다. 이러한 관점에서 개인정보처리자가 동의를 요구하는 항목은 최소한으로 줄여야 할 것이다. 동의의 실질화를 위한다는 목적으로 동의 과정에서 관련 정보제공을 상세하게 하는 것은 오히려 동의의 실질화에 방해가 될 수 있다.

　　동의제도를 이와 같이 개선한다면 불필요한 사전동의 제도를 축소함으로써 개인정보의 이용을 활성화할 수 있게 될 것이고, 동시에 최소한의 항목에 대해서는 실질적인 동의권을 행사할 수 있게 함으로써 동의제도를 통한 개인정보보호의 실효성을 확대할 수도 있을 것이다.

4. 사후규제수단의 정비

　　동의제도에 내포된 비현실적인 전제를 고려할 때, 개인정보자기결정권을 실질적으로 보호하기 위해서는 개인정보보호의 중점이 사후규제로 이동될 필요가 있다. 동의 여부가 아니라 개인정보가 수집된 후 이용되고 제공되는 과정에 대하여 투명성을 확보하고 동의철회권, 정정청구권 등의 접근권을 보장하는 한편, 적절한 보호조치의무, 의무위반에 대한 제재 및 손해배상 제도 등을 정비하여야 할 것이다.

　　사전동의를 중심으로 한 개인정보보호제도는 정보주체의 자유를 최대한 보장하는 것처럼 보이지만, 실제로는 동의 여부에 대한 정보주체의 자유로운 결정권도 보장하지 못하면서 동의를 매개로 하여 개인정보보호에 관한 모든 책임을 정보주체에게 떠넘기게 된다는 점에서도 문제가 있다. 정보주체의 기본권인 개인정보자기결정권을 충실하게 보장해주지 못한다는 점에서 국가도 기본권 보호 의무를 소홀히 하는 것이다. 사후규제 중심의 개인정보보호는 이러한 점에서 실제 위험이 발생할 경우 그에 대한 책임을 기본적으로 개인정보처리자에게 부담시키는 제도로 평가할 수 있다. 국가도 개인정보처리자에게 적절한 보호조치의무를 부과하고, 개인정보처리자의 의무위반을 모니터링하고, 발생한 위험의 제거를 위해 규제권한을 행사할 책임을 부담한다. 이 경우 적절한 보호조치의

---

21) 이러한 견해로는 권영준, "개인정보 자기결정권과 동의제도에 대한 고찰", 『법학논총』 제36권 제1호, 전남대학교 법학연구소, 2016.3, 718-721면. 권영준 교수는 Cass R. Suntein의 이론을 원용하여 개인정보보호에 있어서 이른바 opt-in 방식이 아니라 opt-out 방식을 원칙으로 채택하여야 한다고 주장하고 있다.

무, 의무위반에 대한 제재 및 손해배상 제도 등은 개인정보처리자가 사전에 위험을 예방할 유인이 될 수 있도록 설계·정비되어야 할 것이다.[22]

개인정보 보호제도의 중점이 사후규제로 이동하게 되면 개인정보처리자의 책임이 증대되는데, 이것은 영세한 소규모 회사에 대해서는 위축효과를 가져올 수 있다. 따라서 소규모 회사에게 정보보호조치와 관련한 자문 및 기술지원이 필요할 수 있으며, 경우에 따라서는 법적 분쟁에 대한 법률서비스를 지원하는 방안도 강구되어야 할 것이다.

사후규제는 사전규제에 비해 규제가 완화된 것으로 평가되지만, 현재 사전 동의제도가 사실상 형식화되어 실질적 기능을 발휘하지 못한다는 점을 고려하면, 사후규제 중심의 개인정보보호가 개인정보보호의 실질적 보장을 강화할 수도 있을 것이다.

5. 개인정보보호를 위한 새로운 권리의 도입

지능정보사회의 발전을 고려할 때, 현행 개인정보보호법으로는 보호되기 어려운 '잊힐 권리', 프로파일링 규제, 정보이동권 등을 국내에 도입하는 방안에 대해서도 면밀한 검토가 요청된다. 이러한 권리는 지능정보사회에서 정보주체의 개인정보자기결정권을 실질적으로 보호해주기 위해 필요한 권리로 최근 국제사회에서 논의되고 있다. 이들 권리는 유럽연합의 GDPR에 규정되었는데, 앞으로 유럽연합으로부터 개인정보 국외이동 적정성 평가를 받기 위해서도 이러한 새로운 권리의 적극적 수용을 검토할 필요성이 인정된다. 다만 현재 이러한 권리가 그대로 직접 인정되지는 않지만, 현행법상의 개인정보 보호수단을 통해서 일부 유사한 기능을 수행할 수 있으므로 새로운 권리의 성격과 효과를 면밀하게 분석하여 개선방안을 검토하여야 할 것이다. 특히 그 과정에서 지나친 규제가 발생하지 않도록 위험기반규제를 구현할 수 있는 규제제도를 설계하여야 할 것이다.

6. 개인정보 비식별조치

지난 2016. 6. 30. 논란 끝에 관계부처 합동으로 「개인정보 비식별 조치 가이드라인」이 제정된 바 있다. 그러나 이 가이드라인이 가지는 법적 성격상의 한계로 인해 법리적 논란도 야기되고 이에 따라 빅데이터 활용이 활성화되는 데 한계를 노정하고 있다. 특히 이 가이드라인에서는 개인정보보호법의 해석지침을 포함하고 있어서 이러한 논란을 가중시키게 되었다.

개인정보 감수성은 사람마다 다르다. 쉽게 자신의 개인정보를 제공하는 사람도 있

---

22) 이러한 보호조치의무, 의무위반에 대한 제재 및 손해배상 등에 대하여 상세한 논의는 이원우, "개인정보 보호를 위한 공법적 규제와 손해배상책임 –개인정보 누출을 중심으로", 『행정법연구』 제30호, 2011.8., 237–275면 참조.

고, 극히 민감한 사람도 있다. 아마도 제도화를 한다면 이 양극단이 아니라 그 가운데 어디쯤에 우리 사회가 수용할 수 있는 균형점이 있을 것이다. 빅데이터 활성화를 위한 비식별조치 문제에 대한 사회적 합의를 이루지 못한다면 지능정보사회에서 4차 산업혁명의 견인을 통한 혁신경제는 이루어질 수 없다. 개인정보보호를 상대적으로 강하게 규제하는 유럽연합 개인정보보호규정(The EU General Data Protection Regulation : GDPR)23)에서 익명화조치를 규정한 것도 빅데이터 활용을 위한 노력이라는 점을 고려할 때, 우리 개인정보보호법의 개정에서도 빅데이터 활용을 촉진할 수 있는 방안이 강구되어야 할 것이고, 그 과정에서 GDPR의 익명화조치 관련규정에 대한 검토와 우리 현실에 맞는 재해석이 요구되고 있다.

Ⅳ. 나가는 말

이슬을 소가 먹으면 우유가 되고 뱀이 먹으면 독이 된다는 선현의 말이 있다. 지능정보통신기술의 발전을 중심으로 한 현대 과학기술의 발전이 인류사회의 진보를 위한 추동력이 될 것인가 재앙의 단초가 될 것인가는 결국 우리가 이러한 지능정보통신기술과 오늘날 빅데이터로 대변되는 정보를 어떻게 사용할 것인가에 달려 있을 것이다. 지능정보사회의 진화와 함께 수반될 수 있는 문제점들을 반추하고 법과 제도를 정비하여야 하는 이유가 여기에 있다.

자율주행자동차, 핀테크, 의료-바이오에서 개인정보의 활용은 인류의 삶과 문화를 크게 진전시킬 것이지만, 예측하고 통제하기 어려운 위험도 수반하게 될 것이다. 법은 새로운 기술혁신에 수반되는 리스크를 적절히 규제할 수 있어야 한다. 그러나 이러한 기술혁신 자체를 저지해서는 안 될 것이다. 병리현상이란 매우 예외적인 것이다. 어떤 행위가 병리현상을 유발할 가능성이 있다고 해서 바로 그 행위를 금지해야 한다는 결론으로 쉽게 가서는 안 될 것이다. '혁신과 창의'는 '자유'라는 요람에서 자라날 수 있기 때문이다.

개인정보보호의 범위와 수단을 어떻게 설계할 것인지는, 특히 우리나라에서는 의견 대립이 매우 강한 이슈이다. 그동안 개인정보보호에 관한 법령을 개정하기 위한 여러 차례의 시도가 있었지만, 핵심적인 쟁점에 대해서는 격렬한 논란 끝에 사회적 합의를 도출하는 데 실패해 왔다.

그러나 현재 우리의 문제상황을 냉정하게 직시한다면, 한편으로 개인정보의 활용을

---

23) 유럽연합 개인정보보호규정은 2016년 4월 14일 유럽 의회에서 승인되어(Regulation(EU) 2016/679), 약 2년간의 유예 기간을 거쳐 2018년 5월 25일부터 EU 각 회원국에서 시행된다. 이 규정은 기존의 유럽연합 개인정보보호지침(Data Protection Directive 95/46/EC)을 대체하는 것이다.

어렵게 하는 제도상의 문제점을 보완하면서, 다른 한편으로 개인정보보호를 실질적으로 강화하도록 개선하고 새로운 보호수단을 도입함으로써 전체적인 관점에서는 두 가지 요구를 균형 있게 반영하는 개선방안을 도출해낼 수도 있을 것이다. 이를 위해서는 개인정보의 보호와 이용의 조화라는 원칙을 상위의 원칙으로 해서 미국형 패러다임과 유럽형 패러다임을 그 적용 영역이나 문제상황에 따라 적절히 배합하여 개선방안을 도출할 필요가 있다. 이 글이 그러한 노력에 단초가 될 수 있기를 기대한다.

제 3 부

행정구제

改憲論議에 따른 國家賠償시스템의 拔本的 改革에 관한 小考

김 중 권[*]

Ⅰ. 처음에 – 개혁의 필요성

헌법개정의 필요성에 관한 진지한 논의를 뒤로 한 채 헌법개정은 이제 현실이 되고 있다. 87년 호헌철폐를 시발로 민주화의 한 장을 열었던 현행 헌법은 출발부터 시대적, 상황적 한계를 내포하고 있었다. 법률은 제정과 동시에 개정의 운명을 맞닥친다. 비록 개별 법률과 다른 위상을 지니지만 헌법 역시 부단히 시대와 호흡해야 할 책무를 진다. 박근혜 정부의 국정문란이 촛불집회를 통해 국민적 저항을 촉발하여 급기야 국회와 헌법재판소에 의한 탄핵결정과정을 통해 합헌적으로 축출되고 2017년 5월 9일에 제19대 대통령선거가 있고 문재인 정부가 출범하였다. 그동안 현행 87년 헌법을 두고서 지속적으로 헌법개정논의가 진행되어 왔는데, 그 누구도 예상할 수 없게 변화한 국가적 대전환에서 특히 국민의 민주주의에 대한 새로운 자각과 강한 움직임으로 개헌논의 역시 새로운 국면을 맞은 것이다.

기왕의 개헌논의에 결정적인 변화는 없지만, 종래 상대적으로 뒤로 물려진 국민의 존재가 전면에 부각됨으로써, 개헌논의에 새로운 단초가 형성된 것은 분명하다. 기왕의 개헌논의가 권력구조의 개편에 비중을 두었다면, 금번 개정논의는 그것만이 아니라, 기본권의 발전적인 확충, 정치권력의 분산, 지방자치의 실효성 제고, 사법체제의 재편 등의 주제가 고루 국민적 관심사로 논의되었다. 특히 국가배상청구와 관련한 헌법 제29조의 경우 늘 거론된 제2항의 삭제에 대해서는 넓은 공감대가 형성되었다.

기본적으로 국가배상책임제도는 독일의 국가배상제도와 비슷하다.[1] 1948.7.17.에 시행된 –지금의 제29조와 기본적으로 동일한– 제헌헌법 제27조가 마련된 다음, 국가배상법이 1951.9.8. 제정·시행되어, 지금까지 9차례의 법개정이 있었지만, 그 기조에 별반 결정적인 변화는 없었다. 독일 역시 국가의 자기책임을 기조로 한 1981년의 국가책임

---

* 중앙대학교 법학전문대학원
1) 류지태, 한국과 독일의 행정상 손해배상제도, 고시계 제37권 제4호(1992.3), 47면-64면.

법이2) 연방헌법재판소에 의해 입법권한의 결여를 이유로 위헌으로 판시된 이래로3) 종전의 기조가 그대로 유지되고 있다. 국가배상책임제도에 관한 기왕의 논의에 대해 공론화를 촉구하기 위한 차원에서 그동안 여러 차례 비판적 접근을 하였지만,4) 별반 변화가 일어나지 않았다. 지난 시절 근대사의 굴곡진 근대사의 이면을 드러낸 헌법 제29조 제2항의 삭제를 계기로 기왕에 발표한 문헌을 바탕으로 국가책임법의 전반의 개혁을 촉구하고자 한다.5)

II. 國家賠償責任制度의 위상 – 제2차적 권리보호의 수단으로서의 位相

전체 권리보호체계에서의 국가배상책임제도의 위상이 문제된다. 위법한 국가활동에 대한 권리보호의 형식은 제1차적인 것(Primärrechtsschutz)과 제2차적인 것(Sekundärrechtsschutz)으로 나뉜다. 전자가 공권력의 위법한 행위의 적법성을 심사하고 그에 따라 그 위법한 국가행위의 폐지와 제거를 목표로 하는 적법성통제의 메카니즘을 나타내는 반면, 후자는 국가활동으로 인해 빚어진 (손실을 포함한 넓은 의미로) 손해에 대한 보상과 배상을 목표로 한다. 즉, 존속보호 및 적법성회복을 목표로 하는 전자와는 구별되게, 후자는 –비록 국가활동의 적법성통제와 적법성의 관철에 이바지하긴 하지만– 위법한 국가적 조치의 파기(Kassation)가 아닌 재정적 補塡(배상·보상)을 그 목적으로 한다.6)

위법한 행위로부터 비롯된 손해는, 행정소송(특히 취소소송)을 통해선 전혀 메워질 수 없거나 단지 –결과제거의무의 방식처럼– 국소적으로만 메워질 수 있다. 이런 법체계상의 흠결을 헌법 제29조의 국가배상책임제도가 메운다. 다시 말해, 제2차적 권리보호로서의 국가배상책임제도는 제1차적 권리보호를 필수적으로 보충한다.7) EU법상의 EU의 손

---

2) 동법의 주요내용에 관해선 특히 김남진, 행정법기본문제, 1994, 411면 이하 참조.

3) BVerfGE 61, 149.

4) 김중권, 國家賠償法上의 過失責任主義의 理解轉換을 위한 小考, 법조 제635호, 2009.8.1., 45–90면; 國家賠償法改革을 통한 法治國家原理의 具體化, 행정법학 제2호, 2012.3.31. 69면–114면; 국가배상책임상의 주관적 책임요소와 법치국가원리적 문제점, 법률신문 2015.10.12.

5) 공론화를 도모하기 위해 이 글의 주요 내용을 축약하여 동일한 제명으로 법률신문 2018.2.8.에 게재하였다.

6) 독일의 경우에 취소소송이나 부작위소송 이외에, 원래상태의 복구를 지향하는 결과제거청구소송, 상태조성을 위한 사회법적 형성청구소송과 적법상태형성을 지향하는 부당이득반환청구권의 주장, 조절(보전)의무부 내용결정(ausgleichspflichtige Inhaltsbestimmung)으로부터의 청구권에 관한 소송이 제1차적 권리보호에 들어간다. 반면 제2차적 권리보호에는 국가배상청구, 공용개입(공용침해, 공용수용)상의 보상청구, 공용개입유사적(수용유사적)·공용개입적(수용적) 개입상의 보상청구, 희생보상청구가 들어간다. 행정법적 채권관계상의 손해배상청구권의 사법적 추구 역시 제2차적 권리보호에 포함된다.

7) 한수웅, 헌법학, 2017, 943면.

해배상책임 역시 제2차적 권리보호수단으로 규범적 불법에 대한 무효화(취소)소송에서 곧
잘 제기되는 제소권의 결여 문제를 메우는 기능을 한다.[8] 권리보호시스템에서 제1차적
인 것과 제2차적인 것의 구분은 법치국가원리의 구현이라는 점에서 매우 중요함에도 불
구하고 대부분의 행정법문헌이 기왕의 틀에 사로잡혀 손해보전을 행정소송보다 선행하
여 기술하고 있다. 요컨대 국가배상책임의 개혁의 착안점은 먼저 그것의 제2차적 권리보
호수단으로서의 위상에서 찾아야 한다.[9]

Ⅲ. 헌법 제29조의 정비 문제

1. 현행 국가배상법제의 출발점으로서의 의의

**국가배상법에 대한 헌법 제29조 제1항의 의의를 새롭게 인식할 필요가 있다. 청
구권적 기본권으로서의 그 기조가 국가배상법의 해석·적용에 투영되어야 한다.** 헌법
제29조 제1항 제1문상의 국가배상청구제도는 우선적으로 피해자를 상대로 법치국가적
보호 -기본권훼손의 경우엔 기본권적 보호- 를 이행하며, 그와 함께 2차적으로 가해
공무원의 직접적 면책을 통해서 업무담당자를 활력 상실의 리스크로부터 보호한다. 특히
후자는 직업공무원제와 연관하여 생각해야 한다.[10] 헌법에서 규율한 법제도를 개별법차
원에서 더 상세히 형성하는 것이 입법자의 소임이며, 국가배상법제는 그런 구체화·형성
화기능을 수행한다. 하지만 입법자가 자신의 형성임무를 충실히 이행하지 않은 경우엔,
즉, **현행법제가 법치국가원리를 구현하는 데 불충분하다면, 판례가 국가배상법을 헌법
적 규준을 고려하면서 헌법합치적으로 계속 발전시켜 나가야 한다.**

2. 현행 헌법조항의 정비

헌법 제29조 제1항은 "공무원의 직무상 불법행위로 손해를 받은 국민은 법률이 정
하는 바에 의하여 국가 또는 공공단체에 정당한 배상을 청구할 수 있다. 이 경우 공무원
자신의 책임은 면제되지 아니한다."고 규정하고 있다. 일본의 헌법(1947.5.3. 시행) 제17조
와 동일하다. 이처럼 청구권적 기본권으로 접근하게 한 구조를 세밀히 검토할 필요가 있

---

8) Haratsch/Koenig/Pechstein, Europarecht, 10.Aufl., 2016, Rn.523.
9) 행정구제의 위상과 체계에 관한 상론은 김중권, 행정법, 2016, 577면 이하 참조.
10) 우리와는 달리 처음부터 민법상의 공무원개인책임(민법 제839조)에서 출발한 독일의 경우에도 우
   리 헌법 제29조 제1항에 상응한 그들 기본법 제34조는 책임이전규범으로서의 역사적 측면과 기능
   을 넘어 독립된 헌법적 책임규범을 의미한다. 따라서 헌법적 측면에서 그것은 민법 제839조의 부속
   물에 불과한 것이 아니라, 반대로 민법규정을 지배하는 규정으로 기능하고 있다. *Maurer/Waldhoff*,
   Allgemeines Verwaltungsrecht, 19.Aufl., 2017, Allg. VerwR, §25 Rn.7.

다. 비록 기본권 자체의 구체적 형성은 개별법에 맡겨져 있긴 해도, 청구권적 기본권의
경우 주된 형성이 입법자에게 광범한 여지가 인정될 수 있다. 국가의 책임을 직접적으로
표방한 것과 국민이 법률이 정하는 바에 따라 배상책임을 청구할 수 있다고 규정한 것은
차이가 크다. 전자는 당연히 후자를 포함할 뿐만 아니라, 개별법의 미비점을 적극적으로
모색할 수 있다. 하지만 후자는 전자를 전제로 하긴 하나 개별법에 관한 문제인식을 극
대화시키는 데 한계가 있다. 왜냐하면 '법률이 정하는 바에 따라'와 같은 한계가 설정되
어 있기 때문이다. 여기서의 법률유보를 형성적 법률유보로 본다 하더라도 그 사정은 동
일하다. 독일,[11] 스위스[12] 비롯한 EU법[13] 역시 법규정의 구조가 국가책임을 전면에 표
방하는 것과 비교하면 우리의 법상황은 이례적이라 하겠다. 일본의 경우 明治憲法에서는
공권력행사와 관련한 손해에 대해 국가무책임론에 입각하여 헌법상 국가책임규정은 물
론 독립된 국가배상법을 두고 있지 않다가[14] 패망이후 비로소 그에 관한 헌법규정을 두
고 그에 맞춰 국가배상법을 제정한 것을 생각하면, 그들의 경우 국가의 직접적 책임을
명문화하는 것이 매우 낯선 것임에 분명하다.[15]

　　법치국가원리의 구체화의 차원에서 국가의 자기책임을 제고하기 위해서 다음과 같
이 현행 규정을 정비할 필요가 있다. 먼저 지금과 같은 청구권적 기본권으로 규정한 방
식을 국가가 책임을 지는 식으로 구조를 바꿔야 한다. 그리고 입법자의 광범한 형성을
가능케 하는 '법률이 정하는 바에 따라'를 삭제하여야 한다. 그리고 공무원 개인적 책임

---

11) 기본법 제34조(직무위반에서의 책임): 어떤 이가 그에게 맡겨진 공무를 수행함에 있어서 제3자를
　　상대로 하여 그에게 과해진 직무의무를 위반하면, 책임은 그가 근무한 국가나 공공단체가 원칙적으
　　로 진다. 고의나 중과실의 경우에는 구상이 유보된다. 손해배상과 구상에 관한 청구권을 위해선 보
　　통의 재판방도가 배제되어선 아니 된다.
12) 연방헌법 제146조(국가책임): 연방은 그 기관이 직무활동의 수행함에 있어서 위법하게 유발한 손해
　　에 대해 책임을 진다.
13) EU운영조약(AEUV) 제340조(구 공동체조약 제288조)[연합의 직무배상책임] ② 조약외적 책임의 범
　　주에서 EU은 자신의 기관이나 직원이 직무행사에서 발생시킨 손해를 회원국의 법질서에 대해 공통
　　된 일반적 법원칙에 따라 배상한다. ③ 제2항에서 벗어나서 유럽중앙은행은 자신 또는 자신의 직원
　　이 직무행사에서 발생시킨 손해를 회원국의 법질서에 대해 공통된 일반적 법원칙에 따라 배상한다.
14) 일본의 明治憲法하에서 행정재판권이 행정에 속하였는데 당시 행정재판법 제16조는 손해요상의 소
　　송을 행정재판소에서 수리한다고 규정하여 국가배상청구소송의 문을 닫아 버렸다. 당시 사법재판
　　소는 국가배상청구소송의 관할을 직접적으로 부정하지 않아 민법적용에 의한 국가배상책임을 긍정
　　할 수 있는 이론적 여지가 있었지만 당시 일본 大審院은 권력적 활동에 민법의 적용을 부정하는 입
　　장을 일관되게 견지하였다. 여기서 官吏의 배상책임이 문제되는데 일부 문헌에서 민법에 의한 官吏
　　의 배상책임의 인정에 적극적이었지만, 당시 일본 大審院은 과실이 있더라도 불법행위책임을 지지
　　않고 단지 예외적으로 직권남용에 해당할 때만 그의 개인책임을 인정하였다. 상론은 宇賀克也, 國
　　家補償法, 1997, 7頁 이하.
15) 여기서 우리 법의 원형인 일본 헌법에서 독일식을 따르지 않은 이유가 어디에 있는지 탐문이 필요
　　한데, 이 문제는 후일에 따로 논하기로 한다.

을 암묵적으로 전제로 하는 '공무원'을 삭제하고, 가해 공무원에 대한 선택적 청구권의
행사를 도출하는 데 원인을 제공한 제2문(이 경우 공무원 자신의 책임은 면제되지 아니한다)은 국
가자기책임의 본질을 훼손하기에 삭제하여야 한다.

　　결론적으로 국가책임의 발전의 단계에서 독일보다는 스위스의 법상황이 좋은 방향
을 제시한다. 이에 맞춰 현행법을 "국가 또는 공공단체는 그 기관이 직무활동의 수행함
에 있어서 국민에게 위법하게 발생시킨 손해에 대해 책임을 진다."고 바꿀 필요가 있다.

Ⅳ. 국가자기책임에 따른 국가배상법 제2조상의 고의·과실의 삭제

1. 국가배상책임의 본질에 관한 논의

　　국가배상책임의 성질 여하에 따라, 가해 공무원의 고의와 과실과 같은 주관적 책임
요소의 평가가 갈린다. 국가배상책임이 대위책임적 성질이라면 그 주관적 책임요소는 국
가의 책임인수를 위한 출발점이 되지만, 자기책임적 성질이라면 구태여 그것이 요구되지
않거니와 규정할 필요도 없으며, 혹시 명시적으로 규정되어 있다 하더라도 그 의미는 ―
일종의 무과실책임을 성립시킬 정도로― 축소되어야 한다.

1) 현행 國家賠償法上의 賠償責任의 性質

　　국가배상책임의 성질에 관해 문헌의 대세가 종전과는 달리 자기책임설인 것으로 지
적되곤 하는데,[16] 이처럼 국가의 자기책임으로 본다면, ―또한 절충설에 의해 자기책임
을 성립시키는 공무원의 경과실이 인정될 경우에도― 주관적 요소와 관련한 전개상황
은 완전히 다르다. 그러나 현행 국가배상법이 명문으로 공무원의 고의와 과실을 규정하
고 있는 점에서, 본래 공무원 개인의 주관적 요소를 전제로 하지 않는 자기책임설로선
매우 취약한 근거를 갖는다. 우리의 실정법(헌법 제29조 제1항과 국가배상법 제2조)은 명시적으
로("공무원에 대신하여") 대위책임을 천명한 것을 바탕으로 한 독일의 법상황과는 분명히 다
르다. 비록 이 점이 대위책임설에 대한 비판논거로 작동함과 동시에 자기책임설이나 중
간설(및 절충설)의 착안점이 되긴 하나, 그럼에도 불구하고 국가배상법의 명문규정에 터
잡은 反對論據(공무원의 고의·과실을 국가배상책임의 성립요건으로 명시적으로 규정한 점)를 제압하
기란 어렵다. 책임인수를 본질로 하는 대위책임적 구조가 아니라면, 구태여 공무원의 주
관적 책임요소를 배상책임의 성립요건으로 설정할 필요가 없다. 만약 자기책임설에 선다
면, 공무원의 주관적 책임요소에 관한 나름의 논의가 절대적으로 요구된다. 그럼에도 불

---

16) 김철용, 행정법, 2017, 605면. 자기책임으로 입장을 바꾼 대표적 문헌으로 홍정선, 행정법원론(상),
　　2017, 797면.

구하고, 자기책임설을 표방한 문헌들이 대위책임적 구조에서의 핵심 구동축인 주관적 책
임요소를 ―비록 과실의 객관화 차원에서 극복하려고 여러 가지를 모색하긴 해도― 인
정하고, 그것을 전제로 하여 논의를 전개한 것은 문제이다. 자기책임설에 철저하지 못한
점은 공무원 개인의 배상책임 문제에서도 그대로 표출되었다. 요컨대 현행 국가배상법상
의 배상책임시스템은 분명 대위책임적 구조이다.

2) 현행 憲法上의 賠償責任의 性質

그런데 헌법학의 문헌에선 헌법상의 국가배상책임시스템이 자기책임이라는 입장이
多數이다.[17] 국가배상에서 헌법이 자기책임적 기조를 지향할 경우, 하위법인 국가배상법
의 대위책임적 구조는 조화되지 않는다. 이런 괴리는 자칫 국가배상법에 대해 위헌시비
를 야기할 수 있다. 여기서 헌법상의 배상책임시스템이 국가배상법상의 그것과 동일한지
검토가 필요하다. 우선 헌법과 국가배상법은 서술에서 중요한 차이점을 보인다. 헌법은
국민이 공무원의 직무상 불법행위로 손해를 받은 국민이 국가 또는 지방자치단체에 배상
을 청구할 수 있다고 규정한 반면, 국가배상법은 공무원이 직무집행에서 고의 또는 과실
로 법령에 위반하여 타인에게 손해를 가한 때에는 국가 또는 지방자치단체가 손해를 배
상하여야 한다고 규정한다. 헌법이 무책적(無責的) 국가배상책임을 분명히 표방하기에, **국
가배상법 제2조에 의거하여 가해 공무원의 개인적 책임을 전제로 하여 국가책임의 성
립을 부정한다든지, 국가가 아닌 공무원 개인에게 책임을 묻는다든지 하는 것은 그 자
체로 위헌을 면치 못한다.**

3) 판례의 태도 및 그 비판

종전의 입장(대법원 1994.4.12. 선고 93다11807 판결)을 바꿔, 판례는 공무원의 비난가능성
의 정도(고의, 중과실, 경과실)에 따라 상이한 법효과를 전개하였다.[18] 즉, 고의와 중과실의
경우엔 전적으로 가해 공무원 개인 자신이 책임을 져야 하되, 외관주의에 따라 국민을

---

17) 권영성, 헌법학원론, 2010, 624면; 허영, 한국헌법론, 2017, 635면 이하; 성낙인, 헌법학, 2017, 1505
   면; 한수웅, 앞의 책, 945면; 전광석, 한국헌법론, 2017, 533면; 이준일, 헌법학강의, 2015, 727면 이
   하. 다만 김철수 교수님은 현행법상 대위책임으로 보아야 하되, 입법정책적으로는 자기책임으로
   나아가야 한다고 지적한다. 동인, 헌법학신론, 2013, 1148면. 한편 가해공무원에 대한 선택적 청구
   권의 인정여부와 관련해서, 자기책임설의 입장에선 당연히 부인하는 입장을 취하는데, 대위책임설
   을 취하는 김철수 교수님은 국민권리구제의 효율성을 위한 정책적 문제로 보아 긍정한다. 동인, 앞
   의 책, 1149면. 한편 장영수 교수는 사용자책임으로서의 국가의 자기책임성을 인정하면서, 선택적
   청구를 원칙적으로 인정한다. 동인, 헌법학, 2017, 901면.
18) 대법원 1996.2.15. 선고 95다38677 전원합의체 판결; 2011.9.8. 선고 2011다34521 판결. 대법원 2011
   다34521 판결의 문제점에 관해선 김중권, 公務員의 個人的 賠償責任認定의 問題點에 관한 小考, 법
   률신문 제4002호(2012.1.26.).

두텁게 보호하기 위하여 국가가 중첩적으로 책임을 지는 것으로 하는 반면, 경과실의 경우엔 직무수행상의 통상적으로 예기할 수 있는 흠이기에 국가 자신이 전적으로 책임을 진다는 것이다. 보통 절충설(또는 신자기책임설)이라 불리는 입장에서[19] 주장하였던 것을 판례가 취한 셈이다.

국가배상제도와 결부된 법치국가원리의 의의에 비추어, 국가가 고권적 불법에 대한 책임전체를 원칙적으로 부인하는 것 또는 그것을 공무원의 개인적, 민사적 책임의 경우에만 맡기는 것은 저지된다. 왜냐하면 공무집행상 공무원의 위법한 활동은 기관 자체의 직접적 활동이며, 책임상으로도 국가 자신의 잘못된 행위로서 국가에게 귀속되어야 하기 때문이다. 이런 점에서 국가는 배상책임주체일 뿐만 아니라, 직접적인 귀속주체이기도 하다. **배상책임의 성질은 구상(求償)에 관한 입법상황에 좌우될 수 없는 본질의 문제이다.**[20] 대법원 1996.2.15. 선고 95다38677 전원합의체 판결의 **다수견해는 국가배상법제를 이전 시대로, 과장하면 위임이론이 주효하였던 국가무책임의 시대로 되돌렸다.**

4) 비교법적 검토

(1) 일본의 경우

일본의 헌법(1947.5.3. 시행) 제17조와 국가배상법(1947.10.27. 시행) 제1조는, ㅡ국가배상법이 배상책임자를 국가와 지방자치단체가 아닌 국가와 공공단체로 한 것을 제외하고선 ㅡ 우리와 동일하다. 즉, 헌법차원에선 고의와 과실을 언급하지 않고 불법행위만을 들고, 국가배상법차원에선 고의와 과실을 명시적으로 든다. 일본의 경우 동법 제정이전엔 王政에 터 잡은 國家無責任의 기조에서 공무원 개인에게 민사적으로 책임을 추궁할 수 있었다. 우리의 현행 법제는 일본의 것을 그대로 차용한 것이다. 우리 법제에 직접적인 영향을 끼친 즉, 동일하게 규정하고 있는 일본의 경우에도 자기책임적 접근을 강구하는 견해가 있지만,[21] 통설과 판례는 국가배상법에 의거하여 대위책임적 기조에서 접근한

---

19) 김동희, 행정법 Ⅰ, 2017, 584면 이하; 박균성, 행정법론(상), 2017, 765면 이하. 그런데 기관행위적 관점에서 접근한 절충설의 입장은 종래의 중간설(대표적으로 이상규, 신행정법론(상), 1997, 612-613면)과는 다른 구석이 있다. 전자가 ㅡ경과실의 경우의ㅡ 국가자기책임과 ㅡ중과실, 고의의 경우의ㅡ 공무원개인책임을 원칙으로 하되, 국가자기책임에 의한 대체가능성을 결합시킨 반면, 후자는 ㅡ경과실의 경우의ㅡ 국가자기책임과 ㅡ중과실, 고의의 경우의ㅡ 국가대위책임을 결합시킨다. 양자의 기본적 차이는 가행공무원에 대한 선택적 청구권의 인정여부에 있다. 후자에선 이것이 전면 부정되는 반면, 전자에선 중과실, 고의의 경우엔 당연히 인정된다. 한편 류지태/박종수 교수는 국가의 자기책임설을 취하면서도, 공무원개인에 대한 선택적 청구권이 경과실의 경우에도 인정되어야 한다고 주장한다. 동인, 행정법신론, 2016, 535면 이하.

20) 동지: 김남진/김연태, 행정법Ⅰ, 2017. 625면.

21) 今村成和, 國家補償法, 1957, 94頁.

다.22) 塩野 宏 교수 역시 입법제안에서부터 독일식 모델인 대위책임형을 채용하였음이 분명하며, 또한 비록 '공무원을 대신하여'란 문헌은 없지만 공무원의 개인적 주관적 요소가 청구권성립의 요건인 점을 자기책임설로선 설명하기 어렵다고 지적한다.23)

천황제가 존치하는 일본의 경우 국가배상책임에 관한 논의는 태생적 한계를 전제하고서 진행되었으며, 그 전개양상 역시 근본을 애써 비껴가는 매우 기교적인 모습을 띄곤 한다. 가령 자기책임설의 입장을 취하면서도 공무원개인책임을 일반적으로 긍정하는 것이 좋은 예이다.24) 따라서 현행 국가배상법에 관한 논의에서 그들의 논의를 수용할 때 세심한 주의를 하지 않으면 자칫 논의자체를 난맥에 처하게 만들 수 있다.

(2) 독일의 경우25)

독일 현행법은 고권적 영역을 위해선 대위책임(직무책임)을, 사법적 영역을 위해선 중첩적 책임을 규정하고 있는데,26) 전자는 연혁적으로만 설명될 수 있다. 19세기에 공무원의 위법 유책한 행위를 위한 국가의 책임은 일치되지 않고 미완성으로 규율되었다. 이른바 특별권력관계로서 공무원관계 자체의 법적 성질이 문제되었기 때문이었다. 그래서 당시 판례와 문헌은 대립되었는데, 압도적 견해가 소위 위임이론에 의거해서 공무원의 일신적(개인적) 책임을 인정하였다. 이런 태도는 당시 입법에 반영되었다.27) 특히 1900년에 시행된 독일 민법(BGB)은 이런 견해에 찬동하여 '직무의무위반에서의 책임'의 표제로 한 특별규정으로 (민법 제823조이하의) "불법행위"편에 편재시켰다.28) 그러나 민법 제839조 규정은 임시방편에 불과하였다.29) 이미 그 당시 공무원의 비행에 대한 -피해자를 상대로 한 - 국가책임의 요구가 광범하게 인정되었다. 그렇지만 제국의회의 입법자(Reichsgesetzgeber)로선 포괄적인 주행정의 영역을 포함한 국가책임과 관련한 권한을 갖지 못하였다. 그래서 민법도입을 위한 법률 제77조가 주입법자로 하여금 참조를 지시하고, 이에 따라 대부분의 주들이 알맞은 규정-가령 남독일에선 민법도입법률을, 프로이센에선 1900년의 州

---

22) 이 점은 자기책임설이 압도하는 우리의 헌법문헌과 결정적으로 대비된다. 참고: 吉田善明, 日本國憲法論, 2003, 467頁 이하.
23) 塩野 宏, 行政法 Ⅱ, 2005, 270頁.
24) 일본의 논의상황은 芝池義一, 行政救濟法講義, 2006, 228頁 이하 참조.
25) 상론: 이일세, 행정법논단, 2007, 123면 이하 참조.
26) 왜냐하면 민법 제839조는 법형식에 대해 중립적이어서 사법적 활동에 대해서도 적용된다.
27) 참조: §§89-91 Ⅱ10 Preuß. ALR.
28) 동법 제839조 제1항: 「공무원이 자기에게 과해진 제3자에 대한 (자기의) 직무의무를 고의나 과실로 위반할 경우, 그는(공무원 스스로) 제3자에게 그로 인한 손해를 배상하여야 한다. 공무원에게 과실만이 있는 경우에는 피해자가 다른 방법으로 배상을 받을 수 없는 때에 한하여 공무원에 대하여 배상을 청구할 수 있다.」 동조는 공법적 활동과 사법적 활동의 구별 없이 공무원의 개인적 책임을 규정한다.
29) 그럼에도 불구하고 1900년 이래로 거의 변함이 없이 유지되고 있다.

책임법을,[30] 나아가 帝國은 그의 공무원을 위하여 (부분적으로 오늘날 연방공무원에도 통용되는) 제국공무원법(RBHG)을 통해서 — 을 발하였다. 그 결과 민법 제839조의 요건이 존재하면 공무원 개인의 책임이 국가에게 이전되도록 규율되었다.[31] 이렇게 대위책임의 구상이 관철된 다음, 바이마르 헌법 제131조가 전국의 모든 공무원을 위한 책임인수를 구속적으로 확정하였다. 현행 기본법 제34조의 경우, 비록 "대신하여"란 문언은 없지만 공무원개인 책임을 수정하는 취지에서 국가와 공공단체가 원칙적으로 배상책임자가 됨을 적시함으로써, 바이마르 헌법 제131조를 그대로 전승하였다.[32]

한편 민법 제839조와 헌법 제34조가 완전히 합치진 않지만 상호 관련성을 갖는데,[33] 이론적으론 양자의 관계가 문제될 수 있다. 法史的으로 논증을 하면, 민법 제839조는 손해배상청구권을 성립시키는 규범이고, 헌법 제34조는 동 청구권을 이전시키는 규범으로 접근한다.[34] 반면 법도그마틱적으로 논증을 하면, 후자는 고유한 청구권규범을 나타내며, 단지 전자를 통해서 필요한 구체화를 얻는 셈이 된다.[35] 비록 독일의 통설이 기본법 제34조를 민법 제839조에 연계시켜 바라보지만, 기본법 제34조의 현재의 법상황이 국가의 직접책임(자기책임)의 도입을 배척하진 않는다.[36] 즉, 동조 제1문은 — "원칙적"이란 語義에서 도출되듯이 — 간접적 국가책임(대위책임)을 흠결없는 원칙으로 공고화하기보다는 — 공법적 책임인수의 요건과 범위를 수정하는 — 개별법상의 규율을 위한 여지를 두었다.[37] 다시 말해, 동조 제1문이 유책성요청을 담고 있지 않은 것의 의미가 "원칙적

---

30) 제1조 제1항: 공무원이 자기에게 위임된 공권력의 행사에 있어서 고의 또는 과실로 제3자에 대하여 지는 직무의무를 위반한 때에는 민법 제839조에 규정된 공무원책임을 국가가 대위한다.

31) 민법과 개별주법의 차원에서 접근한 이런 방식은 지금까지도 이어져, 국가자기책임설을 성문화한 1981년 국가책임법(StHG)이 연방헌법재판소에 의해 연방입법권의 결여를 이유로 위헌으로 판시되었다(BVerfGE 61, 149ff.).

32) 제34조(직무위반에서의 책임): 어떤 이가 그에게 맡겨진 공무를 수행함에 있어서 제3자를 상대로 하여 그에게 과해진 직무의무를 위반하면, 책임은 그가 근무한 국가나 공공단체가 원칙적으로 진다. 고의나 중과실의 경우에는 구상이 유보된다. 손해배상과 구상에 관한 청구권을 위해선 보통의 재판방도가 배제되어선 아니 된다.

33) 민법 제839조는 행정활동의 고권적 영역은 물론 사법적 영역에도 통용되나, 사법적 영역에선 좁은 의미의 즉, 공무원법상의 의미의 공무원에 국한된다. 반면 기본법 제34조는 고권적 영역에서만 통용되지만, 모든 직무담당자를 대상으로 한다. 요컨대 기본법 제34조 제1항은 민법 제839조와 중첩되지, 그것을 단절시키지 않는다. 그리하여 민법 제839조가 실효되기보다는 그것의 성립요건해석이 헌법합치적으로 확대된다.

34) 이는 독일의 통설적 이해이다 : BVerfGE 61, 149(198); *Papier*, in: Maunz/Dürig, GG Kommentar, 2005, §34 Rn.11.

35) *Jarass/Pieroth*, GG Kommentar, 8.Aufl.,2006, §34 Rn.1.

36) BVerfGE 61, 149(198ff.); Bonk, in: Sachs, GG Kommentar, §34 Rn.3. 그런데 독일 연방헌법재판소는 다른 판례에선 "기본법 제34조가 의무위반시 인적, 유책성의존적, 간접적 국가책임의 현존만을 보장한다."고 판시하였다(BVerfG(K) NVwZ 1998, 271).

37) 다만 고권적 불법을 위한 국가의 원칙적인 우선의무만은 문제되지 않아야 한다.

으로" 중립적이어서, 개별법의 (주)입법자로선 (가해공무원의) 無責的 국가책임제를 그대로
또는 일정한 요건하에 규율하는 데 아무런 지장을 받지 않는다.[38]

(3) EU의 손해배상책임

개별적, 특별한 조약(EU운영조약 제340조 제1항과 유럽원자력공동체창설조약(EAGV) 제188조 제
1항)을[39] 넘어서, EU운영조약(AEUV) 제340조 제2항에 의하면,[40] EU는 자신의 기관이나
직원의 직무활동의 행사에서 유발된 손해를 −회원국의 법질서에 공통된− 일반적 법원
칙에 따라 배상해야 한다. 이에 더해 EU의 손해배상책임은 EU기본권헌장(GrCh) 제41조
제3항에[41] 의해 EU기본권적으로 보장되고 있다.

EU의 배상책임과 독일의 국가배상책임을 비교하면, 독일의 경우 기본적으로 대위책
임적 구조을 바탕으로 하면서 국가배상책임이 다른 배상가능성의 결여를 전제로 보충적
성격을 지니며, 과실책임주의를 기조로 한 데 대해서, EU의 배상책임은 자기책임적 구조
이고, 제1차적 책임이고, 탈과실책임주의가 그 특징이다.[42] EU의 책임차원에서의 이런
유책성의 불필요는, −회원국 국내법에 대한 EU법의 우위의 원칙 및 'EU법의 완전한 유
효성의 원칙'(Grundsatz der vollen Wirksamkeit des Unionsrechts)에 따라− 시민이 EU법위반을
이유로 회원국에 대해 국가배상청구권을 행사하는 경우에도 그대로 통용된다.[43]

2. 管見

비록 국가배상법이 대위책임적 구조이긴 해도 헌법상의 국가자기책임의 기조를 견

---

38) *Papier,* in: Maunz/Dürig, GG Kommentar, §34 Rn.194, 196. 그리하여 유책적 국가책임법제의 도입
   이 헌법상으로 의문스럽진 않다는 점 또는 헌법상의 국가배상책임의 보장이 개별법상의 유책적 징
   표의 도입을 배제하는 것은 아니라는 점을 강조한다. 아울러 국가책임의 직접성과 무책성간의 필연
   적인 연계나 대위책임과 유책성간의 필연적인 연계가 법정책적 관점에서 존재하지 않는다고 한다.
39) EU운영조약 제273조 (구 공동체조약 제239조) [중재조약에 의거한 관할] EU최고재판소는 −중재조
   약에 의거하여 동 재판소에 계류하는 한− 회원국들 간에 조약의 대상과 상관관계가 있는 모든 분
   쟁에 대해 관할권이 있다.
40) EU운영조약(AEUV) 제340조(구 공동체조약 제288조)[연합의 직무배상책임] ② 조약외적 책임의 범
   주에서 EU은 자신의 기관이나 직원이 직무행사에서 발생시킨 손해를 회원국의 법질서에 대해 공통
   된 일반적 법원칙에 따라 배상한다. ③ 제2항에서 벗어나서 유럽중앙은행은 자신 또는 자신의 직원
   이 직무행사에서 발생시킨 손해를 회원국의 법질서에 대해 공통된 일반적 법원칙에 따라 배상한다.
   ④ EU에 대한 직원의 개인적 책임은 직원의 지위나 직원에 통용되는 직무조건의 규정에 따라 정해
   진다.
41) EU기본권헌장 ③ 모든 사람은 EU이 그 조직과 직원이 직무활동을 하면서 야기한 손해를 −회원국
   의 법질서에 공통되는− 일반적 법원칙에 따라 배상하는 데 대해 청구권을 갖는다.
42) *Grzeszick,* Staatshaftungsrecht, in: Ehlers/Pünder(Hrsg.), Allgemeines Verwaltungsrecht, 15.Aufl.,
   2015, §47 Rn.6; *Maurer/Waldhoff,* Allg. VerwR, §31 Rn.1ff.
43) 이에 대한 상론은 김중권, EU행정법연구, 2018. 참조.

지하여 그 기조를 대입하면 크게 문제되지 않는다. 그러나 대법원 1996.2.15. 선고 95다 38677 전원합의체 판결로 인한 엄청난 불협화음이 보여주듯이 입법적 해결책이 강구될 필요가 있다. 헌법상의 자기책임을 관철하는 데 결정적인 장애물이 국가배상법 제2조 제1항상의 명시적인 주관적 책임요소의 존재이다. 국가배상법상의 주관적 책임요소의 존재는 행정소송상의 위법성판단과 국가배상법상의 (직무행위의) 위법성판단이 다르게 만들거니와,44) 가해공무원의 고의나 과실의 존부가 국가책임인정의 궁극적인 기준이 되게 한다. 주관적 책임요소가 건재한 이상, 과실의 객관화 등과 같은 합헌적 법률해석은 모색의 일환에 그칠 우려가 있다.

구동독의 국가책임법 제1조 제1항은 "국가나 지방자치단체의 기관의 직원이나 수임자가 국가활동의 수행에서 재산과 권리와 관련해서 자연인과 법인에 대해 위법하게 가한 손해에 대해서, 국가나 지방자치단체의 기관이 책임을 진다."고 규정하고 있다. 여기서 결정적으로 중요한 것은 위법한 손해의 발생이지 활동의 위법성이 아니다. 스위스 국가배상법 제3조 제1항 역시 "공무원이 직무활동에서 제3자에게 위법하게 가한 손해에 대해 연방은 공무원의 유책성을 고려함이 없이 책임을 진다."고 규정하고 있다.

요컨대 금번 헌법개정을 계기로 **국가배상법 제2조의 주관적 책임요소를 과감하게 삭제할 필요가 있다. 이런 주관적 책임요소의 배제는 입법상의 불법과 관련해서도 배상책임인정의 가능성을 여는 계기가 될 수 있다.**

V. 재판상 불법에 대한 특별규정의 마련

법관의 재판활동 역시 주체 등에서 일반 행정작용과 다르지 않기에 별다른 점이 없다고 할 수 있지만, 재판 및 불복제도의 본질에서 논의할 점이 있다. 판결이 기판력을 가지며, 불복절차가 제도화되어 있다는 점에서 재판작용을 일반 행정작용과 동일한 궤에 놓고 접근하는 것은 자칫 법적 안정성과 법적 평화를 저해할 수 있다. 다른 법적 취급은 정당화될 수 있지만, 독일과 같은 특별규정이45) 없는 이상 순전히 도그마틱적으로

---

44) 국가배상책임을 낳는 직무행위의 위법성과 관련하여 문헌에서 전개되는 논의현황은 나름 논리적 연결을 바탕으로 하나, 매우 복잡하다. 즉, 국가배상법상의 위법개념의 문제와 관련해선 결과불법설, 행위위법설, 상대적위법성설이 운위되고, 취소소송의 위법성과 국가배상책임성립요건상의 위법성이 동일한지의 물음과 관련해선 동일위법성설과 상대적 위법성설이 운위되며, 이것의 연장에서 취소소송의 취소판결의 기판력이 후소(後訴)인 국가배상청구소송에 미치는지의 물음과 관련해선 기판력부정설, 일부기판력긍정설, 전부기판력긍정설이 운위된다. 과연 이런 난마와 같은 논의현황을 자아낸 주된 원인이 바로 고의·과실과 같은 주관적 책임요소이다.

45) 판결을 행함에 있어서의 공무원의 직무위반은 당해 직무위반이 형법상의 죄를 구성하는 경우에 한하여 배상책임을 진다(민법 제839조 제2항).

해결방안을 모색할 수밖에 없다. 판례는 배상책임요건인 위법성과 유책성의 정도를 일반적인 경우보다 상향시켜 설정하고 또한 재판에 대하여 따로 불복절차 또는 시정절차가 마련되어 있는 경우에는 그 같은 구제절차가 국가배상의 구제에 대해 원칙적으로 우선함을 판시하였다.[46]

그런데 재판에 대해 불복절차가 제도화되어 있는 이상, 판례의 이런 태도는 사실상 재판상의 불법에 대한 배상책임적 제재를 부인한 것과 다를 바 없고, 자칫 법관의 특권으로 전락할 수 있다. 독일처럼 형법상의 범죄를 구성하는 경우를 대상으로 하여 재판상 불법을 국가배상책임의 범주로 끌어들일 필요가 있다.

Ⅵ. 가해 공무원에 대한 손해배상청구권의 부정

판례의 입장에 의하면 가해 공무원에게 고의나 중과실이 있다고 인정될 경우 피해자는 그 공무원에게 직접적으로 민사불법행위책임을 물을 수 있다. 이 경우 국가와 가해 공무원은 공동불법행위의 책임 즉, 부진정연대채무자로서 각자 전부 책임을 지는 셈이 된다. 한편 공무원이 피해자에게 직접 손해를 배상한 경우에 경과실에 해당하면 그는 국가에 대해 변제금액에 관하여 구상을 구할 수 있다.[47] 이 물음은 궁극적으로 배상책임의 본질에 관한 것이다. **헌법상의 국가자기책임적 구조는 물론, 국가배상법상의 대위책임적 구조에 의하더라도 가해 공무원에 대한 직접적 책임을 허용하는 것은 바람직하지 않다.**[48] 참고로 구 동독의 국가책임법은 공무원에 대한 직접적인 손해배상청구권을 명시적으로 배제하였고(제1조 제2항), 스위스 역시 1958.3.14.의 그들 국가책임법(연방 등의 책임에 관한 연방법)에서 이를 명문화하였다(제3조 제3항).

---

46) 대법원 2003.7.11. 선고 99다24218 판결: 재판에 대하여 따로 불복절차 또는 시정절차가 마련되어 있는 경우에는 재판의 결과로 불이익 내지 손해를 입었다고 여기는 사람은 그 절차에 따라 자신의 권리 내지 이익을 회복하도록 함이 법이 예정하는 바이므로, 불복에 의한 시정을 구할 수 없었던 것 자체가 법관이나 다른 공무원의 귀책사유로 인한 것이라거나 그와 같은 시정을 구할 수 없었던 부득이한 사정이 있었다는 등의 특별한 사정이 없는 한, 스스로 그와 같은 시정을 구하지 아니한 결과 권리 내지 이익을 회복하지 못한 사람은 원칙적으로 국가배상에 의한 권리구제를 받을 수 없다고 봄이 상당하다고 하겠으나, 재판에 대하여 불복절차 내지 시정절차 자체가 없는 경우에는 부당한 재판으로 인하여 불이익 내지 손해를 입은 사람은 국가배상 이외의 방법으로는 자신의 권리 내지 이익을 회복할 방법이 없으므로, 이와 같은 경우에는 배상책임의 요건이 충족되는 한 국가배상책임을 인정하지 않을 수 없다.
47) 대법원 2014.8.20. 선고 2012다54478 판결.
48) 최근 소방공무원의 직무수행상의 손해발생과 관련하여 국회에서 면책규정을 소방기본법에 마련하려는 시도가 있는데, 고의와 중과실의 경우에 면책이 배제되는 이상, 그런 개정안은 현행 법질서와 판례를 확인한 데 불과하고 새삼스러운 것은 결코 아니다.

가해 공무원에 대한 손해배상청구권의 인정 그 자체는 국가배상책임의 본질 및 역사에 반한다. 국가배상법 제2조상의 주관적 책임요소를 삭제하면 이론적으로 가해 공무원에 대한 손해배상청구권의 인정은 어울리지 않는다. 더 이상의 소모적인 논란을 없애기 위해 스위스의 예처럼 명문으로 부정하는 규정을 두는 것이 바람직하다. 물론 이렇게 규정한다고 하여 가해 공무원의 국가에 대한 구상의 가능성을 배제하는 것은 아니다.[49]

Ⅶ. 국가배상법 제5조의 삭제 문제

1. 현재의 논의상황

일본의 국가배상법 제2조를 거의 그대로 옮겨 국가배상법 제5조 '영조물의 설치·관리의 책임'을 독립되게 규정하고 있다.[50] 이는 공작물 등의 점유의 배상책임에 관한 민법 제758조와 다소간 차이점은 있지만,[51] 기본적으로 그에 상응한 것이다. 독일의 경우 이 같은 규정을 두고 있지 않고, 영조물의 설치·관리의 책임 역시 행위책임을 기조로 하는 민법 제839조에 의거하여 전개한다. 국가배상법 제5조의 배상책임의 성립요건과 관련해서 문헌상으로 극심한 다툼대상이 바로 '설치·관리의 하자'이다. 이것의 의미를 두고서 주관설, 객관설, 절충설, 관리의무위반설, 위법·무과실책임설 등이 분분하다. 가히 정연하게 설명하기 힘들 정도이다.

일찍이 판례는 동법 제5조가 무과실책임에 입각하고 있음을 분명히 함과 아울러, 필요한 주의의 해태에 대해서도 전적으로 배제하는 태도를 보였다.[52] 하지만 판례는 대법원 1992.9.14. 선고 92다3243 판결이래로, "영조물이 완전무결한 상태에 있지 아니하고 그 기능상 어떠한 결함이 있다는 것만으로 영조물의 설치 또는 관리에 하자가 있다고 할 수 없는 것이고, 위와 같은 안전성의 구비 여부를 판단함에 있어서는 당해 영조물의 용도, 그 설치 장소의 현황 및 이용 상황 등 제반 사정을 종합적으로 고려하여 설치 관리자가 그 영조물의 위험성에 비례하여 사회통념상 일반적으로 요구되는 정도의 방호조치의

---

49) 한편 박현정 교수가 국가자기책임을 주장하면서도 선택적 청구권의 인정여부의 논란을 불식하기 위해 헌법에 규정할 것을 제안하는데(동인, 헌법개정과 국가배상책임의 재구성−과실책임제도에 대한 비판적 검토를 중심으로−, 사법, 제42호(2017.12.15.), 175면), 가해 공무원에 대한 배상청구권의 행사를 허용하는 자체가 국가의 자기책임과는 어울리지 않는다.

50) 「① 도로·하천 기타 공공의 영조물의 설치 또는 관리에 하자가 있기 때문에 타인에게 손해를 발생하게 하였을 때에는 국가 또는 지방자치단체는 그 손해를 배상하여야 한다. 이 경우에는 제2조 1항 단서, 제3조 및 제3조의 2의 규정을 준용한다. ② 제1항의 경우에 손해의 원인에 대하여 책임을 질 자가 따로 있을 때에는 국가 또는 지방자치단체는 그 자에 대하여 구상할 수 있다」

51) 점유자의 면책조항의 적용이 없다는 점, 그 대상이 민법상의 공작물보다 넓은 개념이라는 점 등.

52) 대법원 1994.11.22., 93다32924 판결.

무를 다하였는지 여부를 그 기준으로 삼아야 할 것이며, 객관적으로 보아 시간적·장소적으로 영조물의 기능상 결함으로 인한 손해발생의 예견가능성과 회피가능성이 없는 경우 즉 그 영조물의 결함이 영조물의 설치관리자의 관리행위가 미칠 수 없는 상황 아래에 있는 경우에는 영조물의 설치관리상의 하자를 인정할 수 없다고 할 것이다”고 판시하였다.[53] 판례의 이런 설시는 자신이 행위책임적 기조에서 일종의 의무위반설에 의거하고 있음을 분명히 보여주는데, 판례의 이런 양상에 대해 문헌상의 평가는 분분하다. 이런 상황에서 민사불법행위에서 비롯된 수인(참을)한도의 유월여부가 매향리사격장의 소음피해 사건에 관한 대법원 2004.3.12. 선고 2002다14242 판결을 계기로 국가배상법 제5조의 하자논의에 유입됨으로 말미암아 동조의 하자의 의미를 둘러싼 혼란은 더욱더 심화되었다.

2. 管見

먼저 여기서의 ‘설치·관리의 하자’를 순전히 ‘통상 갖추어야 할 안전성의 결여’로 본 것에 대해 이의를 제기하고 싶다. 민법 제758조의 工作物責任에서의 공작물의 설치 또는 보존의 ‘하자’ 역시 그렇게 해석하고 있으며, 일본의 판례 역시 그러하다. ‘하자’에 관한 기왕의 이해가 보여주는 일종의 결과책임적이고 상태책임적 인식은 －주관적 요소가 가미됨으로써－ 판례상으로 관철되지 못하고 그에 따라 논란이 초래된다. 궁극적으로 주관적 요소가 가늠추가 됨으로써, 더욱이 동조의 하자가 영조물의 하자가 아니라 ‘설치·관리의 하자’이어서 그 책임이 물적 책임이 아니라 행위책임인지라, 논의의 기조가 실상 주관설에 근접하게 된다. 나아가 관리행위의 주효여부가 책임인정의 관건이 된다는 점에서 무과실책임적 성격 역시 굳건하지 않다. 사정이 이렇다면, 통상 행정법에서 하자란 ‘위법’을 의미하는 점에 착안하여, 법 제5조상의 책임을 완전한 행위책임으로 나아가기 위해 여기서의 ‘하자’를 ‘위법’으로 접근함으로써 논란의 여지를 줄일 수 있다.

영조물로부터의 오염과 관련하여 수인한도기준의 가미에 대해선, 사안을 불법행위에 터잡은 손해배상의 차원에서 접근한 것에 대해 이의를 제기하고 싶다. 관련 사안에서 문제가 된 것은 공공시설(비행장, 사격장 등)로부터 비롯된 공해로 인해 재산권 등의 권리에 대해 수인할 수 없는 피해 즉, 특별희생이 발생한 것이다. 즉, 사회적 구속을 넘어 재산권의 사적 효용성을 저해함으로써 보상부특별희생의 존부가 문제되는 상황이다. 따라서 본질은 손실보상의 문제이지 손해배상의 문제가 아니다.[54]

---

53) 대법원 1994.10.28. 선고 94다16328 판결; 1997.5.16. 선고 96다54102 판결; 2000.2.25. 선고 99다 54004 판결 등.
54) 독일의 경우 유사사안을 공용개입적 수용(수용적 침해; 수용적 개입; 결과적 개입)의 차원에서 접근 한다. 이에 관해서는 졸저, 행정법기본연구Ⅱ, 177면 이하 참조. 이런 문제인식을 이미 필자는 피력하

결론적으로 동조의 '하자'의 성격을 둘러싼 논의현황은 가히 카오스적이다. 과연 이런 논의상황이 제도적으로나 이론적으로나 생산적인 의미를 갖는지 성찰이 필요하다. 나아가 국가배상법 제5조가 국가배상책임의 체계에서 과연 필요한지 곱씹어 볼 필요가 있다. 제2조에 의해서도 충분히 커버될 수 있다는 점에서 동조항을 삭제하는 것이 바람직하다.

Ⅷ. 소멸시효 규정의 정비

1. 판례의 상이한 접근태도

국가배상청구권은 피해자나 그 법정대리인이 손해 및 가해자를 안 날로부터 3년간, 불법행위가 있은 날로부터 5년간 이를 행사하지 아니하면 시효로 인하여 소멸한다(국가배상법 제8조, 민법 제766조, 국가재정법 제96조). 국가배상청구권의 소멸시효에서 중요한 것은 손해 및 가해자를 안 날이 언제인지이다. 우리 현대사의 시대적 아픔(이른바 반국가사범과 민간인학살 건 등)은 물론, 군의문사사건에서 소멸시효의 완성이 다투어졌다. 판례는 기산점의 설정에서 나름 탄력성을 기하거나 피고의 소멸시효 완성의 항변을 권리남용이나 신의측의 차원에서 배격하는 식으로 대처하곤 한다. 이른바 '거창사건'으로 인한 희생자와 그 유족들이 국가를 상대로 제기한 손해배상청구소송에서는, 국가가 소멸시효 완성의 항변을 하는 것이 신의칙에 반하지 않는다고 보았지만,[55] 군인이 복무 중에 군 내부의 불법행위로 인하여 사망한 사건에서는, 국가의 소멸시효 완성 항변은 신의성실의 원칙에 반하는 권리남용으로서 허용될 수 없다고 판시하였다.[56] 과거사정리위원회가 진실규명신청에 따라 또는 직권조사를 개시하여 대상자를 희생자로 확인 또는 추정하는 진실규명결정을 하고 피해자 등이 그 결정에 기초하여 상당한 기간 내에 권리행사를 한 경우, 국가가 소멸시효 완성을 주장하는 것은 신의성실 원칙에 반하는 권리남용에 해당하여 허용될 수 없다.[57] 마찬가지로 대법원 2017. 2. 15. 선고 2014다230535 판결은 한센인들에게 시행한 정관절제수술과 임신중절수술과 관련한 사건에서 국가 측의 소멸시효 완성 주장을 배격하였다.

였다(2010년도 주요 행정법(행정)판결의 분석과 비판에 관한 소고, 안암법학 제35호, 103면).

55) 대법원 2008.5.29. 선고 2004다33469 판결.
56) 대법원 2011.10.13. 선고 2011다36091 판결.
57) 대법원 2013.7.25. 선고 2013다16602 판결.

2. 管見

그런데 **국가배상사건에서 소멸시효기간을 민사상의 손해배상사건과 동일하게**(3년) **그리고 그보다 더 짧게**(5년) **두는 것이 바람직한지 재고되어야 한다.** 비록 지난 시절 국가적 불행에서 국가의 소멸시효 완성 항변을 신의성실의 원칙에 반하는 권리남용으로 배척할 수밖에 없는 법원 나름의 고민은 이해되지만, 언제까지 국민적 여론을 내심의 잣대로 삼아 케이스바이케이스로 대처할 것인지 문제이다. 헌법재판소가 민사상의 소멸시효 제도의 존재이유가 그대로 국가배상책임에도 적용되는 것으로 보아 합헌논증을 하였다.[58] 하지만 비록 국가배상책임이 불법행위의 책임이긴 해도 민사상의 불법행위책임을 그대로 투영시키는 것은 문제가 있다. 명백한 국가적 잘못에 대해 소멸시효를 내세워 면책한다는 것은 국가에 대한 신뢰의 차원에서도 문제가 있다. 국가배상제도가 위법한 국가작용을 질책하는 것인 점에서 소멸시효제도 전반이 헌법적 차원에서 검토할 필요가 있다.[59] 차제에 국가재정법과 민법을 준용하여 접근할 것이 아니라, 국가배상법에서 독립된 소멸시효규정을 두되, 특별한 사정이 고려될 수 있는 여지를 두는 것이 바람직하다.

IX. 행정의 사법적 작용과 관련한 국가배상법의 적용 문제

1. 문제의 소재

국가배상법의 공법적 성격에 비추어 국가배상책임으로 커버하는 활동은 공무원의 고권적·공법적 활동이다. 행정의 사법작용(사경제활동)에서 공무원이 위법한 행위를 한 경우 어떤 구제방식을 취해야 하고, 국가책임은 어떻게 되는가? 일단 전적으로 민법의 책임 규정이 적용된다. 따라서 공무원은 사법적(私法的) 위법행위에 대해 민법 제750조 등에 의해 스스로 책임을 질 수 있으며(공무원의 고유책임), 국가 역시 공무원과 병립하여 민법 제756조에 의하여 책임을 질 수 있되, 제1항 제2문의 면책가능성이 동반된다. **이들 공무원과 국가의 책임은 민법의 부진정연대채무에 해당한다. 그런데 이처럼 민법규정을 단순히 대입하면 치명적인 불합리한 점이 생겨난다.** 민법 제756조 제1항 제2문상의 면책

---

58) 헌재 2011.9.29. 2010헌바116; 1997.2.20. 96헌바24 결정: 「…… 이 사건 법률조항은 헌법 제29조 제1항이 규정하는 국가배상청구권을 일부 제한하고 있다 하더라도 일정한 요건하에 그 행사를 제한하고 있는 점에서 그 본질적인 내용에 대한 침해라고는 볼 수 없을뿐더러, 그 제한의 목적과 수단 및 방법에 있어서 정당하고 상당한 것이며 그로 인하여 침해되는 법익과의 사이에 입법자의 자의라고 볼 정도의 불균형이 있다고 볼 수도 없어 기본권제한의 한계를 규정한 헌법 제37조 제2항에 위반된다고 볼 수도 없다.」

59) 이 문제를 본격적으로 다룬 문헌으로 김진곤, 헌법학연구 제18권 제1호(2012.3.), 115면 이하 참조.

주장이 주효하면, 궁극적으로 가해공무원이 책임을 지는 결과가 된다. 공무원으로서는 자신의 행위의 공법적 영역이나 사법적 영역에 귀속하는지가 결코 중요하지 않음에도 불구하고, 전혀 다른 법상황에 놓이는 셈이다.

2. 管見

손해배상을 한 국가는 위법한 행위를 한 공무원에게 구상할 수 있다. 그런데 **민법상의 구상규정**(제756조 제3항)**을 그대로 적용할 때 문제가 있다.** 국가배상법과는 달리 경과실의 경우에도 구상이 가능하여서 현행의 구상유보체계에 저촉될 수 있기 때문이다. 그런데 독일의 경우 그들 민법 제839조 제1항 제2문과 연방공무원법 제78조 제1항에 의해 경과실이 있는 경우에는 공무원은 처음부터 책임을 지지 않으며, 구상 역시 허용되지 않는다. 행정의 사경제활동에 대해 전적으로 민법이 통용된다고 보는 일반적 태도를 취한다면, 우리의 경우 민법상의 구상과 다르게 취급하는 것은 애초에 허용되지 않는다. **입법정책적으로 스위스 국가책임법 제11조처럼**[60] **국가가 민사법주체로서 활동할 경우에는 배상책임자 및 구상과 관련하여 민법규정의 적용을 배제하고 국가배상법 규정의 적용을 명문화하는 것이 바람직하다.**

X. 맺으면서 – 헌법 제29조를 국가배상법을 지배하는 규정으로

우리와는 달리 처음부터 민법상의 공무원개인책임(민법 제839조)에서 출발한 독일의 경우 우리의 국가배상법제에 해당하는 독일 민법 제839조가 1900년에 시행된 이래 그 기조에 변함이 없다.[61] 국가책임에 관한 연방의 통일적 규율이 필요하다는 공감대는 여전하나, 아직 구체적 실천에 옮겨지진 않았다.[62] 그러나 판례를 통해서 가령 주관적 책

---

60) 제11조: 연방이 민사법의 주체로 활동하는 한, 연방은 동법 규정에 따라 책임을 진다. 이 경우에도 잘못한 공무원에 대해 청구권이 피해자에게 인정되지 않는다. 연방의 구상은 본법 제7조와 제9조에 의한다.

61) 독일의 경우 전통적인 국가책임법제(국가배상과 손실보상의 제도)가 기본권의 포괄적인 개입방어효 및 개입행위에 대한 포괄적인 권리보호와 마찰을 빚고 있다. 그리하여 국가책임법상으로 현격한 변화가 초래되었으며, 그 결과 독일 국가책임법이 독일 공법의 가장 복잡한 영역이 되어 버렸다고 한다. Grzeszick, Staatshaftungsrecht, in: Ehlers/Pünder(Hrsg.), Allg. VerwR, §43 Rn.3.

62) 특히 통독이후엔 그 필요성이 더욱 강조된다. 왜냐하면 구 동독지역에선 직접적 국가책임을 규정한 구 동독 국가책임법이 부분적으로 수정된 州法으로 계속 통용되었기 때문이다. 즉, 統獨 후에 사회주의적 색채를 제거하는 개정을 거친 다음, 동법은 일부 주에선 적용이 배제되기도 하였지만, 일부 주에선 약간의 수정을 가하거나 그대로 적용되고 있다. 대표적으로 Thüringen 주가 구 동독의 국가책임법에 의거하고 있다. 이런 책임구조에 관한 주법상의 차이와 국가책임의 시대낙후적, 비통일적, 부조화적 규율로 인해, 독일은 1994.10.27. 개헌을 통해 연방참의원의 동의하여 국가책임에

임요소의 비중을 저하시키는 등 부단히 국가배상법제상의 進化가 강구되고 있다.

　　국가배상책임이 헌법상으로 제도화된 이상, 헌법적 의의를 개별법인 국가배상법에서 자세히 구현하는 것이 입법자의 소임이다. 우리의 경우 그 출발점이 헌법이었다는 점에서 독일과는 역사적 전통이 다르기에, 논의의 진행방향은 당연히 정반대이어서 기왕의 틀과 어렵지 않게 결별할 수 있다. 헌법 제29조를 국가배상법을 지배하는 규정으로 기능하는 것으로 접근하여야 한다. 기왕의 민사불법행위에 터잡은 국가배상 시스템의 구조를 발본적으로 개혁할 필요가 있다.

관한 연방법적 규율을 가능케 하는 기본법 제74조 제1항, 제2항을 마련하였다. 이에 1982년에 문제가 된 권한법적 다툼은 일단락되었고, 입법자의 선택만이 남아 있다. 특히 현 우파연립정부는 출범 당시에 제17기 연립정부협정(Koalitionsvertrag, 2009)에서 국가책임법을 성문화하고 적합하게 만들겠다고 명시적으로 선언하였다(동협정 112면).

抗告訴訟의 對象과 裁決主義[*]

정 남 철[**]

I. 序 論

재결주의는 항고소송의 대상과 관련하여 행정소송에 있어서 중요한 쟁점 중의 하나이다.[1] 항고소송의 대상과 관련하여 원처분주의와 재결주의가 대립하고 있다. 항고소송의 대상을 무엇으로 할 것인지는 각국의 입법정책적 판단에 맡겨져 있다. 우리 행정소송법 제19조에는 취소소송의 대상과 관련하여 원처분주의를 원칙으로 하면서, 예외적으로 재결 그 자체에 고유한 위법이 있는 경우에는 이를 대상으로 할 수 있다고 규정하고 있다. 이와 관련하여 독일의 행정법원법에서도 원칙적으로 원행정행위를 취소소송의 대상으로 삼고 있다. 독일 행정법원법 제79조 제1항 제1호에서는 재결의 형식에 나타난 원행정행위를 취소소송의 대상으로 규정하고 있다. 재결의 형식에 나타난 행정행위란 재결을 통해 그 내용과 이유부기가 있는 원행정행위를 취소소송의 대상으로 보고 있다.[2] 독일의 행정법원법에서는 최초의 행정행위(원행정행위)의 절차와 재결의 절차를 원칙적으로 하나의 통일된 절차로 이해한다는 점이 특징이다.[3] 또한 독일 행정법원법 제79조 제1항 제2호에는 재결을 항고소송의 대상으로 삼을 수 있는 경우를 규정하고 있다. 즉 최초로 불이익을 입은 구제결정이나 재결에 대해 항고소송을 제기할 수 있다.[4] 그리고 원행정행위에 대해 추가적으로 불이익을 주는 경우에 재결만을 대상으로 취소소송을 제기할 수 있다고 규정하고 있다(독일 행정법원법 제79조 제2항). 추가적인 불이익이란 중요한 절차 규정의

---

* 本稿는 동일한 제명으로 행정법학 제12호(2016. 3)에 게재한 논문을 수정·보완한 것입니다.

** 숙명여자대학교 법과대학 교수

1) 재결주의에 대한 문제점과 그 비판에 대해서는 柳至泰, "行政訴訟에서의 이른바 裁決主義의 認定可能性", 法學論集 제33집(1997. 8), 高麗大學校 法學研究所, 33–50면.

2) Kopp/Schenke, VwGO, 18. Aufl., 2012, § 79 Rn. 1.

3) Happ, in: Eyermann, VwGO, 14. Aufl., 2014, § 79 Rn. 5.

4) 예컨대 건축주가 건축허가를 신청하여 거부되자 행정심판기관(또는 재결청)에 건축허가의 발급을 구하는 이의신청을 하여 재결을 통해 건축허가를 발급받은 경우, 이웃주민 甲은 건축허가가 제3자 보호규정에 위반되어 위법하다고 다툴 수 있다. 이 경우 甲은 불이익을 준 재결에 대해 곧바로 취소소송을 제기할 수 있다(Würtenberger, Verwaltungsprozessrecht, 3. Aufl., § 21 Rn. 310).

위반을 의미한다. 이와 같이 독일에서는 원처분과 재결을 원칙적으로 통일적으로 파악하여, 재결에 대한 취소소송을 제기할 수 있는 경우도 규정하고 있다.

한편, 일본 행정사건소송법에서도 원처분주의를 원칙으로 하면서, 예외적으로 원처분에 대한 불복심사의 기각재결이나 결정에 대한 취소를 구하는 소를 제기할 수 있다.[5] 다만, 일본 행정사건소송법 제10조 제2항에서는 심사청구에 의한 재결의 취소를 구하는 소에 처분의 위법을 이유로 취소를 구하는 것은 아니 된다고 재결취소의 이유를 제한하고 있다. 다만, 행정심판이라고 하는 '신중한' 절차를 거친 결정의 경우 재결을 대상으로 소송을 제기할 수 있는 재결주의를 예외적으로 인정하고 있다(예컨대 독점금지법 제77조 제3항). 이와 같이 재결을 어떠한 경우에 항고소송의 대상으로 삼을 수 있는지, 그리고 이러한 경우에 취소판결에 의해 원처분의 효력에도 영향을 줄 수 있는지가 다투어지고 있다.

나아가 원처분주의를 채택하는 경우에도 항고소송의 대상을 강학상 '행정행위'로 제한하는 입법례(독일 행정절차법 제35조 참조)와 행정행위의 개념보다 넓은 행정작용을 대상으로 하는 입법례(프랑스, 미국)로 구분된다. 우리나라에서는 '처분'을 항고소송의 대상으로 삼고 있다. 이와 관련하여 행정소송의 대상과 관련하여 쟁송법상 처분개념을 강학상 행정행위와 동일하게 볼 것인지에 대해 학설상 견해 대립이 있었다.[6] 동일하게 보는 일원설과 쟁송법상 처분(또는 형식적 행정처분[7]) 개념을 넓게 이해하는 이원설의 대립이 그러하다. 그러나 오늘날에는 항고소송의 대상인 처분을 학문적 의미의 행정행위 개념보다는 넓다고 보는 견해가 지배적이다.[8] 최근 판례의 흐름을 보면, 이러한 처분에 강학상 행정행위 외에 '사실행위'에 속하는 행정작용을 포함하고 있다. 이러한 사실행위가 권력적 사실행위에 속하는 경우도 있으나, 반드시 여기에 속한다고 보기 어려운 경우도 있다. 예컨대 대법원은 종전에 사실행위로 파악하여 처분성을 부인하던 불문경고,[9] 지적공부의 지

---

5) 塩野 宏, 行政法 II, 第五版補訂版, 48면.
6) 특히 행정소송법상 처분개념을 비판하는 견해는 이 개념이 "실정법상의 행정작용의 구분, 행정작용의 분류(행정의 행위형식)에 관한 학문적 노력을 무위로 만들 염려가 있다"고 지적한 바 있다(김남진, 행정법의 기본문제, 제4판, 법문사, 581면 참조).
7) 한편, 일본학설의 영향으로 당해 행정작용이 실체법상의 행정행위는 아니지만 국민의 권익확대를 위해 쟁송법상으로만 처분으로 인정하려는 소위 "形式的 行政行爲"가 주장된 바 있다(김도창, 일반행정법론(상), 제4전정판, 청운사, 1992, 359면 이하). 그러나 형식적 행정행위는 그 개념이 모호할 뿐만 아니라, "구체적 사실에 관한 법집행의 행사로서의 공권력의 행사에 해당하는 실체를 갖지도 않으므로 행정소송법상의 처분에 해당하지 아니한다"는 비판적 견해도 유력하다(김남진·김연태, 행정법 I, 제21판, 830면). 근래에 일본에서는 취소소송 이외에는 다른 구제방법이 없는 경우에 처분성을 인정하기 위해 비정형적 행정에 처분성을 인정하는 것을 형식적 행정행위로 이해하면서도, 이러한 용어 사용이 통일적이지 않다는 점을 지적하고, 행정행위의 공정력이나 불가쟁력을 부정하는 것은 입법자의 의사를 무시하는 것이라고 보는 견해도 있다(이에 대해서는 塩野 宏, 前揭書(II), 121-122면).
8) 이에 대해서는 박균성, 행정법론(상), 제15판, 2016, 1116면 이하.
9) 대법원 2002. 7. 26. 선고 2001두3532 판결.

목변경,10) 세무조사결정11) 등에 대해 판례를 변경하여 처분성을 인정하였다. 이러한 처분 개념의 외연확대는 국민의 권리구제에 기여하는 바가 적지 않지만, 행정법 도그마틱(Dogmatik)의 관점에서는 처분 개념의 혼란을 가져다주고 행정작용의 체계를 위협하는 것이다. 행정작용은 행정법 도그마틱의 지주이다. 행정소송의 편의를 위해 이러한 행정작용의 체계를 무너뜨리는 것은 행정법 도그마틱의 근간을 흔들 수도 있다. 따라서 항고소송 대상의 외연을 확대하는 것은 보다 신중할 필요가 있다. 소위 항고소송 중심주의는 항고소송의 대상을 확대하는 것을 강조하고 있다. 이러한 견해에 의할 경우 행정행위와 사실행위·공법계약 등 다른 행정작용과의 구별을 어렵게 한다.

한편, 우리 행정소송법 제19조에는 재결 그 자체에 하자가 있는 경우에는 재결을 항고소송의 대상으로 삼을 수 있다고 규정하고 있다. 또한 개별 법률에서 재결전치주의를 규정한 경우도 있다. 예컨대 소청심사위원회의 결정, 중앙토지수용위원회의 재결, 감사원의 재심의판결 등이 그러하다. 원칙적으로 원처분을 항고소송의 대상으로 할 것인지, 아니면 행정심판위원회의 재결을 대상으로 소를 제기할 것인지는 전적으로 입법자의 형성적 자유에 있다. 그러나 무엇을 항고소송의 대상으로 삼아야 하는지에 대해서는 해석상 여전히 다툼이 있다.

최근 대법원은 지방자치단체의 공무원에 대한 감사원의 징계요구와 재심의 결정이 항고소송의 대상이 아니라는 판결을 내린 바 있다.12) 감사원법 제40조 제2항에 의하면 감사원의 재심의 판결에 대하여 감사원을 당사자로 하여 행정소송을 제기할 수 있다고 규정하고 있다. 이 경우 재심의 판결이라는 용어는 실무상 사용되는 것과 상당히 차이가 있으며, 일본의 입법례를 오래 전에 참고한 것으로서 적절한 용어라고 보기 어렵다. 또한 여기에서 말하는 '행정소송'이 무엇을 의미하는지도 명확하지 않다. 그리고 해석상 '재결'을 항고소송의 예외로 판단해야 하는지에 대해서도 여전히 다툼이 있는 경우가 있다. 국세기본법상의 재조사결정이 행정심판법상 '재결'에 해당하는지가 논란이 된 바 있다. 대법원은 전원합의체 판결에서 재조사결정을 '재결'의 하나로 보아 재조사결정의 후속 처분의 통지를 받은 날로부터 심사청구기간이나 심판청구기간 또는 제소기간이 기산하는 것으로 판시하였다.13) 그러나 이 판결의 소수의견은 재조사결정을 단지 효율적인 사건의 심리를 위하여 처분청에 재조사를 지시하는 사실상의 내부적 명령에 불과하다고 보았다. 이와 같이 항고소송의 대상과 재결주의에 대하여는 법리적으로 검토해야 할 점이 적지

---

10) 대법원 2004. 4. 22. 선고 2003두9015 전원합의체 판결.
11) 대법원 2011. 03. 10. 선고 2009두23617 판결.
12) 대법원 2016. 12. 27. 선고 2014두5637 판결.
13) 대법원 2010. 6. 25. 선고 2007두12514 전원합의체 판결.

않다.

이하에서는 항고소송의 대상으로서 처분의 개념과 판단기준, 그리고 재결주의에 관하여 상론하기로 한다.

Ⅱ. 抗告訴訟의 對象으로서 處分

1. 爭訟法上 處分概念의 解釋과 混亂

판례는 항고소송의 대상으로서 처분의 개념적 징표를 확정하지 못하고 있다. 판례는 행정소송법에 규정된 처분 개념을 바탕으로 국민의 권리·의무에 직접적으로 영향을 미치는 행위이어야 한다고 보고 있다. 따라서 행정권 내부에서의 행위나 알선·권유·사실상의 통지 등과 같이 상대방 또는 기타 관계자들의 법률상 지위에 직접적인 법률적 변동을 일으키지 아니하는 행위는 항고소송의 대상이 될 수 없다고 판시하였다.[14] 그러나 근래에는 성희롱결정이나 세무조사결정 등 내부적 행위에 속하는 행위도 처분성을 인정하고 있다. 판례가 언급한 "국민의 권리·의무에 직접적으로 영향을 미치는 행위"라는 기준은 외부효와 관련된 것이지만, 이 기준은 구체적 사건에서 매우 유동적으로 사용되고 있어 혼선을 주는 것이 사실이다. 대법원은 청소년유해매체물의 결정에 관한 사건에서 종전의 기준 외에서 "관련 법령의 내용 및 취지와 그 행위가 주체·내용·형식·절차 등에 있어서 어느 정도로 행정처분으로서의 성립 내지 효력요건을 충족하고 있는지 여부, 그 행위와 상대방 등 이해관계인이 입는 불이익과의 실질적 견련성, 그리고 법치행정의 원리와 당해 행위에 관련한 행정청 및 이해관계인의 태도 등을 참작하여 개별적으로 결정"한다고 밝히고 있다.[15]

근래에 대법원은 구 건축법 제29조 제1항에 규정된 지방지차단체와 지방자치단체의 장 사이의 건축협의 취소에 대해 "상대방이 다른 지방자치단체 등 행정주체라 하더라도 '행정청이 행하는 구체적 사실에 관한 법집행으로서의 공권력 행사'(행정소송법 제2조 제1항 제1호)로서 처분에 해당한다고 볼 수 있다"고 판시하고 있다.[16] 나아가 판례는 이 사건에서 지방자치단체인 원고가 이를 다툴 실효적 해결 수단이 없는 이상, 원고는 건축물 소재지 관할 허가권자인 지방자치단체의 장을 상대로 항고소송을 통해 건축협의 취소의 취소를 구할 수 있다고 판시하고 있다.[17] 이 사건에서도 대법원은 처분의 개념징표나 판단

---

14) 대법원 1993. 10. 26. 선고 93누6331 판결 참조.
15) 대법원 2007. 6. 14. 선고 2005두4397 판결.
16) 대법원 2014. 2. 27. 선고 2012두22980 판결.
17) 이에 대한 비판으로는 정남철, 現代行政의 作用形式, 법문사, 2016, 31면 참조.

기준에 대해 특별히 제시하고 있지 않다. 또한 판례가 건축협의 취소에 대해 다른 구제수단이 없음을 이유로 처분을 인정하는 것은 수긍하기 어렵다. 따라서 판례에서 항고소송의 대상인 처분의 개념적 징표와 판단기준을 확정하는 것은 매우 중요한 일이다.

    항고소송의 대상인 처분을 판단하는 것은 소송형식과 관련하여 중요한 의미를 가진다. 이러한 문제는 사회보장수급권과 관련하여 문제가 되고 있다. 각종 공무원의 급여는 그 급여를 받을 권리를 가진 자가 해당 공무원이 소속하였던 기관장의 확인을 거쳐 인사혁신처장의 결정을 받아야 한다. 인사혁신처장은 이를 공무원연금관리공단(현 공무원연금공단)에 위탁할 수 있다(구 공무원연금법 제26조 3항). 급여에 관한 결정, 기여금의 징수 등에 이의가 있는 자는 공무원연금급여 재심위원회에 결정 등이 있는 날로부터 180일, 그 사실을 안 날로부터 90일 이내에 인사혁신처 소속 공무원연금급여 재심위원회에 심사를 청구할 수 있다. 다만 그 기간 내에 정당한 사유가 있어 심사의 청구를 할 수 없었던 것을 증명하는 때에는 예외로 한다(구 공무원연금법 제80조 1항 및 2항). 이 법에 따른 급여를 받을 권리는 그 급여의 사유가 발생한 날부터 단기급여는 3년간, 장기급여는 5년간 행사하지 아니하면 시효로 인하여 소멸한다(동법 제81조). 공무원연금법령상 급여를 받으려고 하는 자는 우선 관계 법령에 따라 공무원연금관리공단에 급여지급을 신청하여 공무원연금관리공단이 이를 거부하거나 일부 금액만 인정하는 급여지급결정을 하는 경우 그 결정을 대상으로 항고소송을 제기할 수 있는지가 문제가 되었다. 이에 대해 대법원은 "그 결정을 대상으로 항고소송을 제기하는 등으로 구체적 권리를 인정받아야 하고, 구체적인 권리가 발생하지 않은 상태에서 곧바로 공무원연금공단을 상대로 한 당사자소송으로 권리의 확인이나 급여의 지급을 소구하는 것은 허용되지 아니한다"고 판시하고 있다.[18] 나아가 이러한 법리는 구체적인 급여를 받을 권리의 확인을 구하기 위하여 소를 제기하는 경우뿐만 아니라, 구체적인 급여수급권의 전제가 되는 지위의 확인을 구하는 경우에도 마찬가지로 적용된다고 한다. 그러나 대법원은 명예퇴직한 법관이 미지급 명예퇴직수당액의 차액 지급을 신청한 것에 대하여 법원행정처장이 거부하는 의사를 표시한 경우, 위 의사표시를 행정처분으로 볼 수 있는지가 문제된 사건에서, 이러한 종래의 입장과 다소 다른 판결을 하고 있다. 이 사건에서 대법원은 퇴직법관이 명예퇴직수당액에 대하여 가지는 권리는 명예퇴직수당 지급대상자 결정 절차를 거쳐 명예퇴직수당규칙에 의하여 확정된 공법상 법률관계에 관한 권리로서, 그 지급을 구하는 소송은 행정소송법의 당사자소송에 해당하며, 그 법률관계의 당사자인 국가를 상대로 제기하여야 한다고 판시하고 있다.[19]

---

18) 대법원 2017. 2. 9. 선고 2014두43264 판결.
19) 대법원 2016. 5. 24. 선고 2013두14863 판결.

한편, 사회보장수급권의 지급 거부에 대해 처분성을 인정한 사례도 적지 않다. 위 명예퇴직수당의 경우에도 '확정된' 공법상 법률관계에 관한 권리의 지급을 구하는 경우에는 당사자소송이지만, 그렇지 않은 경우에는 항고소송을 제기해야 한다고 보고 있다. 어떠한 경우에는 처분성을 인정하고, 어떠한 경우에는 이를 부인하는지에 대해 명확한 기준이 없다. 군인연금법, 공무원연금법 등에 규정된 보상금지급청구나 연금지급청구권 등의 결정에서 이러한 문제가 발생되고 있다. 이 경우 행정청의 심의·결정이 있고, 법령 등이 정한 바에 따라 보상금이나 퇴직급여 등이 지급된다. 대법원은 군인의 퇴역연금 등 급여청구권은 국방부장관의 결정(처분)이 있고 이를 대상으로 항고소송을 제기하는 경우에 구체적 권리를 인정받기 때문에 곧바로 국가를 상대로 당사자소송을 제기할 수 없다고 보고 있다.[20] 이러한 혼란을 피하기 위해서는 처분 개념의 확정도 중요하지만, 소송형식에 있어서 법원의 유연한 판단이 요구된다. 또한 소송형식이 매우 제한된 우리 행정소송법의 체계와 구조에 있어서 항고소송이나 당사자소송의 허용을 좀 더 관대하게 판단할 필요가 있다. 나아가 소위 형식적 당사자소송의 확대적용도 고려되어야 한다. 다양한 소송형식을 인정하고 있는 독일의 입법례에서도 명확한 규정이 없더라도 일반이행소송(allgemeine Leistungsklage), 계속확인소송, 기관간 소송(Organklage) 등을 인정하고 있는 점은 참고할 만하다.

2. 處分의 具體的 事例에 관한 考察

판례는 강학상의 행정행위(하위유형인 일반처분을 포함)와 권력적 사실행위 외에 행정계획, 법규명령이나 조례 등 행정입법, 고시 등의 처분성을 인정하고 있다. 그 밖에 항고소송의 대상인 처분개념을 확대하고 있다. 따라서 이하에서는 처분성을 인정한 구체적 사례를 고찰하도록 한다.

1) 行政計畫

행정계획은 독자적인 행위형식이기는 하나, 법률·조례·행정행위·내부행위 등 다양한 법형식을 가진다. 판례는 구 도시계획법 제12조에 의한 도시계획결정(현 도시·군관리계획)의 처분성을 인정한 바 있다. 즉 "도시계획법 제12조 소정의 도시계획결정이 고시되면 도시계획구역안의 토지나 건물 소유자의 토지형질변경, 건축물의 신축, 개축 또는 증축 등 권리행사가 일정한 제한을 받게 되는바 이런 점에서 볼 때 고시된 도시계획결정은 특정 개인의 권리 내지 법률상의 이익을 개별적이고 구체적으로 규제하는 효과를 가져오게 하는 행정청의 처분이라 할 것이고, 이는 행정소송의 대상이 되는 것이라 할 것이다."

20) 대법원 2003. 9. 5. 선고 2002두3522 판결.

라고 판시한 바 있다.[21)

그러나 도시기본계획은 도시의 장기적 개발방향과 미래상을 제시하는 도시계획 입안의 지침이 되는 장기적·종합적인 개발계획으로서 행정청에 대한 직접적인 구속력이 없다.[22) 우리나라의 도시계획은 실시계획이나 시행계획 등 대부분 '처분'의 성격을 가지는데 반하여, 주요선진국에서는 주로 '조례'의 형식으로 실현되고 있다. 정부가 2009. 6. 8. 발표한 '4대강 살리기 마스터플랜'에 대해서는 처분성을 부인하였으나,[23) '4대강 살리기 사업' 중 한강 부분에 관한 각 하천공사시행계획 및 각 실시계획승인에 대해서는 처분성을 인정하고 있다.[24)

2) (非權力的) 事實行爲 및 內部的 行爲

판례는 종래 행정지도, 지도, 권고 등 사실행위에 대해 처분성을 부인하였으나, 근래에 새로운 변화가 생기고 있다. 대법원은 구 남녀차별금지 및 구제에 관한 법률에 따른 국가인권위원회의 성희롱결정 및 시정조치권고가 행정소송의 대상이 되는 행정처분에 해당한다고 판시하였다.[25) 또한 판례는 '단전조치'에 대해 처분성을 부인하였으나,[26) 지적공부의 지목변경(대법원 2004. 4. 22. 선고 2003두9015 전원합의체 판결), 불문경고(대법원 2002. 7. 26. 선고 2001두3532 판결) 등에 대해서는 처분성을 인정하였다.

한편, 내부적 행위는 원칙적으로 처분성이 부인된다. 대법원 판례도 병역법상 군의관의 신체등위판정(대법원 1993. 8. 27. 선고 93누3356 판결), 한국자산공사의 공매통지(대법원 2007. 7. 27. 선고 2006두8464 판결) 등에 대해서는 처분성을 부인하였다. 그러나 최근 대법원은 세무조사결정에 대해 처분성을 인정하였다.[27) 다만, 원심은 과세자료를 수집함에 있

21) 대법원 1982. 3. 9. 선고 80누105 판결.
22) 대법원 2007. 4. 12. 선고 2005두1893 판결.
23) 즉 "국토해양부, 환경부, 문화체육관광부, 농림수산부, 식품부가 합동으로 2009. 6. 8. 발표한 '4대강 살리기 마스터플랜' 등은 4대강 정비사업과 주변 지역의 관련 사업을 체계적으로 추진하기 위하여 수립한 종합계획이자 '4대강 살리기 사업'의 기본방향을 제시하는 계획으로서, 행정기관 내부에서 사업의 기본방향을 제시하는 것일 뿐, 국민의 권리·의무에 직접 영향을 미치는 것이 아니어서 행정처분에 해당하지 않는다."(대법원 2011. 4. 21. 자 2010무111 전원합의체 결정)
24) 대법원 2015. 12. 10. 선고 2011두32515 판결.
25) 대법원 2005. 7. 8. 선고 2005두487 판결.
26) 대법원 1996. 3. 22. 선고 96누433 판결. 이에 대한 비판적 견해로는 박균성(상), 전게서, 1124면.
27) "부과처분을 위한 과세관청의 질문조사권이 행해지는 세무조사결정이 있는 경우 납세의무자는 세무공무원의 과세자료 수집을 위한 질문에 대답하고 검사를 수인하여야 할 법적 의무를 부담하게 되는 점, 세무조사는 기본적으로 적정하고 공평한 과세의 실현을 위하여 필요한 최소한의 범위 안에서 행하여져야 하고, 더욱이 동일한 세목 및 과세기간에 대한 재조사는 납세자의 영업의 자유 등 권익을 심각하게 침해할 뿐만 아니라 과세관청에 의한 자의적인 세무조사의 위험마저 있으므로 조세공평의 원칙에 현저히 반하는 예외적인 경우를 제외하고는 금지될 필요가 있는 점, 납세의무자로 하여금 개개의 과태료 처분에 대하여 불복하거나 조사 종료 후의 과세처분에 대하여만 다툴 수 있

어서 행사되는 질문검사권은 일종의 사실행위에 해당한다고 보면서 처분성을 부인하였
다. 즉 "세무조사 결정 자체에는 구체적인 수인 의무를 부과하는 내용이 전혀 포함되지
않는 점 등의 여러 사정에 비추어 보면, 현행법의 해석상 세무조사 결정 자체는 상대방
또는 관계자들의 법률상 지위에 직접적으로 법률적 변동을 일으키지 아니하는 행위로서
항고소송의 대상이 되는 행정처분에 해당하지 않는 것으로 보아야 한다"라고 판시하고
있다.28)

그 밖에 판례는 건축물대상 기재사항 중 건축물 용도변경기재신청의 반려행위(대법
원 2009. 1. 30. 선고 2007두7277 판결), 신축건물에 대한 건축물대장 작성신청반려행위(대법원
2009. 2. 12. 선고 2007두17359 판결), 건축물대장상 구분 소유 건물을 하나의 건축물로 합병
기재한 행위(대법원 2009. 5. 28. 선고 2007두19775 판결), 건축물대장을 직권으로 말소한 행위
(대법원 2010. 5. 27. 선고 2008두22655 판결) 등에 대해 처분성을 인정하였다.

3) 中間行爲

사전결정, 가행정행위, 부분허가 등에 대해 처분성을 인정할 것인지도 논란이 되고
있다. 부분허가는 일부이기는 하나 그 자체가 종국적 결정이므로 행정처분이다. 판례는
원자력법상의 원자로시설부지 사전승인을 '사전적 부분허가'로 보았다(대법원 1998. 9. 4. 선
고 97누19588 판결). 판례는 사전결정에 대해 처분성을 인정하고 있다(대법원 1996. 3. 12. 선고
95누658 판결). 하급심 판례는 법학전문대학원 설치 豫備認可의 처분성을 인정하고 있
다.29) 다만, 예비인가의 법적 성질을 사전결정으로 볼 것인지, 아니면 가행정행위로 보아
야 할 것인지에 대해서는 해석의 여지가 있다. 학설은 본행정행위가 있을 때까지 잠정적
으로 법적 효력을 발생시키는 假行政爲(잠정적 행정행위)에 대해서도 처분성을 인정하고
있다.30)

4) 公示地價決定

판례는 개별공시지가31)는 물론, 표준공시지가결정에 대해서도 처분을 인정하고 있
다.32) 표준공시지가의 법적 성질에 대해서는 초창기 학설상 견해 대립이 있었다. 개별공

도록 하는 것보다는 그에 앞서 세무조사결정에 대하여 다툼으로써 분쟁을 조기에 근본적으로 해결
할 수 있는 점 등을 종합하면, 세무조사결정은 납세의무자의 권리·의무에 직접 영향을 미치는 공
권력의 행사에 따른 행정작용으로서 항고소송의 대상이 된다."(대법원 2011. 03. 10. 선고 2009두
23617 판결)

28) 대전고등법원 2009. 11. 26. 선고 2009누124 판결.
29) 서울행정법원 2008. 8. 20. 선고 2008구합5889 판결.
30) 김남진/김연태, 행정법 I, 237-238면.
31) 대법원 1993. 6. 11. 선고 92누16706 판결.
32) 대법원 1995. 3. 28. 선고 94누12920 판결.

시지가를 '행정계획'으로 보는 견해가 있다. 즉 공시지가가 지가체계의 일원화를 목적으로 일반적인 토지거래의 기준이 되고, 국가 등 행정주체가 그 업무와 관련하여 지가를 산정하거나 감정평가자가 개별적으로 토지를 감정·평가하는 경우에 그 기준이 된다는 점에서 내부적 효력만을 갖는, 구속력 없는 행정계획으로 본다.[33] 이에 대해 표준공시지가를 '행정규칙'으로 보는 견해도 있다. 공시지가가 개별공시지가 산정을 통하여 토초세·개발부담금 등의 부과에 있어 그 산정기준이 되는 일반적·추상적 규율(법규)이고, 처분의 요소인 개별성과 구체성이 결여되어 있다고 본다.[34] 또한 공시지가를 현실적으로 존재하는 정상지가를 조사하여 공시함으로써 지가정보를 제공하는 의사작용을 요소로 하는 사실행위로 보고, 그 자체로서는 어떠한 법적 효과도 발생하지 아니한다고 보는 견해도 있다.[35] 그리고 공시지가는 지가공시법 제10의2조 제1항 단서에 근거하여 개별공시지가의 성질을 가진다고 보고 그러한 한도 내에서는 처분성이 인정되며, 그 성질상 물적 행정행위에 해당한다고 본다.[36] 공시지가가 개별공시지가의 기준이 되는 경우에도 그 처분성을 인정할 수 있다는 견해도 여기에 가깝다.[37]

한편, 대법원은 일관되게 표준공시지가가 處分性을 가진다고 보아 항고소송의 대상이 되는 것으로 판시하고 있다.[38] 아래 각주 38)에 설시된 대법원판례를 분석하면, ①번 판례의 입장은 명확하지 않으나 원칙적으로 처분성을 인정한 것으로 보인다. ②번 판례

---

33) 류지태/박종수, 행정법신론, 제14판, 박영사, 1129면.

34) 한편, 표준공시지가가 개별공시지가의 성질을 가지는 경우에는 행정처분으로 볼 수 있지만, 표준공시지가 개별공시지가의 산정기준이 되는 경우에는 행정규칙에 유사하다고 보는 견해도 있다(김남진/김연태, 행정법 II, 제21판, 548-549면).

35) 이춘섭, "공시지가, 개별지가는 행정소송의 대상인가?", 사법행정 제33집 12호(1992/12), 62면.

36) 박윤흔, 최신행정법강의(하), 개정27판, 723면.

37) 조용호, "個別公示地價의 諸問題", 司法論集 제25집, 1994, 660면 이하.

38) [참고판례] : ① 「표준지가로 선정된 공시지가에 대하여 불복하기 위하여는 지가공시및토지등의평가에관한법률(이하 '지가공시법'이라 한다) 제8조 제1항 소정의 이의절차를 거쳐 처분청을 상대로 그 공시지가결정의 취소를 구하는 행정소송을 제기하여야 하는 것이지, 그러한 절차를 밟지 아니한 채 개별토지가격결정을 다투는 소송에서 그 개별토지가격 산정의 기초가 된 표준공시지가의 위법성을 다툴 수는 없다.」(대법원 1996. 12. 6. 선고 96누1832 판결)

② 「표준지로 선정된 토지의 공시지가에 불복하기 위하여 舊지가공시및토지등의평가에관한법률 제8조 제1항 소정의 이의절차를 거쳐 처분청인 건설부장관을 상대로 그 공시지가결정의 취소를 구하는 행정소송을 제기하여야 하는 것이지 그러한 절차를 밟지 아니한 채 그 표준지에 대한 조세부과처분의 취소를 구하는 소송에서 그 위법성을 다툴 수는 없다.」(대법원 1997. 2. 28. 선고 96누10225 판결)

③ 「표준지로 선정된 토지의 공시지가에 불복하기 위하여 구 지가공시및토지등의평가에관한법률 제8조 제1항 소정의 이의절차를 거쳐 처분청을 상대로 그 공시지가결정의 취소를 구하는 행정소송을 제기하여야 하는 것이고, 그러한 절차를 밟지 아니한 채 개별토지 가격결정의 효력을 다투는 소송에서 그 개별토지 가격산정의 기초가 된 공시지가의 위법성을 다툴 수는 없다.」(대법원 1998. 3. 24. 선고 96누6851 판결)

는 표준지로 선정되어 공시지가가 공시된 자신의 토지에 해당 공시지가를 기초로 토지초
과이득세(이하 토초세라 한다)가 부과되자, 그 취소를 구한 사건이다. ③번 판례는 자신의
토지에 대한 개별공시지가결정이 위법하다고 하여 그 취소를 구한 사건에서 원고가 그
위법사유로서 그 기준이 된 표준지의 공시지가 결정이 위법하다고 주장한 사건이다. 이
사건에서 표준지공시지가를 다투는 소송을 제기한 경우에 이의절차를 먼저 거쳐 행정소
송을 제기하도록 판시하고 있으며, 공시지가의 처분성 여부를 명확히 확정한 것으로 보
기는 어렵다. 대법원은 어떠한 경우에도 그 구체적인 이유를 제시함이 없이 관련 공시지
가가 행정소송의 대상인 처분에 해당한다고 보고 있다. 대법원은 국민의 권익구제의 확
대를 위해 가능한 넓게 처분성을 인정하려고 하나, 개별 행정작용의 법적 성질은 이론적
으로 명확히 확정되어야 한다. 이후 대법원은 전술한 바와 같이 표준지공시지가와 개별
공시지가에 대해 처분성을 인정하고 있다. 예컨대 대법원은 (비교)표준지공시지가결정과
수용재결(처분)은 서로 별개의 독립된 처분으로 보고, 수인가능성을 이유로 하자승계를
인정한 바 있다.39)

5) 거부처분

거부처분이 항고소송의 대상이 되기 위해서는 그 거부행위가 신청인의 법률관계에
어떤 변동을 일으키는 것이어야 한다고 보고 있다. 여기에서 '신청인의 법률관계에 어떤
변동을 일으키는 것'이라는 의미는 "신청인의 실체상의 권리관계에 직접적인 변동을 일
으키는 것은 물론, 그렇지 않다 하더라도 신청인이 실체상의 권리자로서 권리를 행사함
에 중대한 지장을 초래하는" 것도 포함한다고 보고 있다.40) 그러나 이러한 점은 결국 개
별 사건에서 법원의 판단에 달려 있다고 밖에 할 수 없다.

한편, 반려 내지 회신 등의 처분성이 문제가 되는 가장 대표적인 사례는 신고의 수
리거부이다. 수리를 요하는 신고의 경우에 수리거부는 처분성이 인정된다.41) 최근 대법
원은 전원합의체 판결에서 건축신고반려행위를 처분으로 판시하였으나, 수리를 요하는

---

39) "표준지공시지가결정은 이를 기초로 한 수용재결 등과는 별개의 독립된 처분으로서 서로 독립하여
별개의 법률효과를 목적으로 하지만, 표준지공시지가는 이를 인근 토지의 소유자나 기타 이해관계
인에게 개별적으로 고지하도록 되어 있는 것이 아니어서 인근 토지의 소유자 등이 표준지공시지가
결정 내용을 알고 있었다고 전제하기가 곤란할 뿐만 아니라, 결정된 표준지공시지가가 공시될 당시
보상금 산정의 기준이 되는 표준지의 인근 토지를 함께 공시하는 것이 아니어서 인근 토지 소유자
는 보상금 산정의 기준이 되는 표준지가 어느 토지인지를 알 수 없으므로, 인근 토지 소유자가 표
준지의 공시지가가 확정되기 전에 이를 다투는 것은 불가능하다."(대법원 2008. 8. 21. 선고 2007두
13845 판결)
40) 대법원 2007. 10. 11. 선고 2007두1316 판결.
41) 대법원 1992. 3. 31. 선고 91누4911 판결.

신고를 판단하였는지는 불분명하다.42) 인허가의제의 효과를 가지는 건축신고는 수리를 요하는 신고로 판단하였다.43)

　　최근 계획변경신청을 거부하는 것이 처분성이 되는지 여부가 논란이 되고 있다. 대법원은 원칙적으로 국민에게 행정계획의 변경신청권은 인정되지 아니하므로, 행정계획 변경신청에 대한 거부행위는 행정처분이 아니라고 보고 있다. 즉 "도시계획과 같이 장기성·종합성이 요구되는 행정계획에 있어서 그 계획이 일단 확정된 후에 어떤 사정의 변동이 있다고 하여 지역주민에게 일일이 그 계획의 변경 또는 폐지를 청구할 권리를 인정해 줄 수도 없다"고 보고 있다.44) 그러나 판례는 이에 대해 폭넓은 예외를 허용하고 있다. 즉 변경신청거부가 사실상 수익처분의 거부에 해당하는 경우,45) 도시계획입안 제안권에 근거한 경우 도시관리계획변경에 대한 입안의 거부행위,46) 도시계획결정의 지정해제 신청에 대한 거부회신47)에 대해 처분성을 인정하고 있다. 나아가 구체적 사건이 없음에도 불구하고 장기미집행의 도시계획시설에 대해서도 도시계획시설의 변경신청에 대한 반려에 대해서도 처분성을 인정할 수 있다고 판시하고 있다.48)

　　이 문제와 관련하여 도시계획변경 '신청권'과 도시계획변경 '청구권'을 구별하는 것이 선행되어야 한다. 그러나 거부행위에 대한 신청권의 존부를 가지고 접근하는 것은 행정계획의 본질과 특성을 간과한 형식논리이며, 설사 신청권이 인정되어 본안에 들어가더라도 청구권을 인정하기 어려운 것이 사실이다. 예컨대 골프연습장을 설치하는 내용의 공원조성계획 변경입안 제안신청을 거부한 사건에서 반려의 처분성을 인정하였지만, 본안에서 소의 이익을 부정한 사례도 있다.49) 더구나 2015두53640 사건에서 보는 바와 같이 완충녹지지정의 해제신청에 대한 거부회신에 대해서도 본안에서 형량명령의 법리를 적용하여 위법성을 인정한 사례도 있다. 행정계획의 입안·결정에 있어서 적용되어야 할 형량명령의 법리를 오해한 것이다. 무려 4가지 유형의 예외를 인정하는 것은 이 법리의 모순을 여실히 보여주고 있다.50) 거부처분의 처분성은 우리 행정소송법상 難題이지만,

---

42) 대법원 2010. 11. 8. 선고 2008두167 전원합의체 판결.
43) 대법원 2011. 1. 20. 선고 2010두14954 판결.
44) 대법원 2002. 11. 26. 선고 2001두1192 판결.
45) 대법원 2003. 9. 23. 선고 2001두10936 판결.
46) 대법원 2004. 4. 28. 선고 2003두1806 판결. 한편, 대법원은 도시관리계획 구역 내 토지 등을 소유하고 있는 주민의 납골시설에 대한 도시관리계획의 입안제안을 반려한 군수의 처분은 항고소송의 대상이 대는 행정처분에 해당한다고 판단하였다(대법원 2010. 7. 22. 선고 2010두5745 판결).
47) 대법원 2004. 4. 27. 선고 2003두8821 판결. 대법원은 완충녹지 지정의 해제신청 거부처분의 취소소송에서도, 거부회신의 처분성을 인정하면서 그 위법 대하여 형량명령의 법리를 적용하여 통제할 수 있음을 밝히고 있다(대법원 2012. 1. 12. 선고 2010두5806 판결).
48) 대법원 2012. 1. 12. 선고 2010두5806 판결.
49) 대법원 2015. 12. 10. 선고 2013두14221 판결.

너무 엄격히 해석하는 것도 문제이다. 향후 행정소송법 개정을 통해 의무이행소송이 도입될 경우, 이에 대한 유연한 판단을 기대해 본다. 법규상 또는 조리상의 신청권이라는 모호한 기준은 결국 임의적이고 자의적 결정을 초래할 수 있다.

6) 告示

고시는 다양한 법적 성질을 갖는다(예컨대 행정규칙, 통지행위, 일반처분 등). 특히 판례는 약가고시의 처분성을 인정한 바 있다. 약가고시는 그 자체 처분의 성질을 가지며, 이를 '처분적 명령'의 법리를 매개해서 처분을 인정하는 논리구성은 타당하지 않다. 대법원판례는 대부분 "지정·고시", "결정·고시" 모두를 처분으로 보고 있다.[51] 이는 쟁송법상의 처분개념을 정확히 파악하지 못하고 이 모두를 포괄적으로 쟁송법상의 처분개념에 포함시키고 있다는 인상을 주고 있다. 사견으로는 '告示'를 바로 처분으로 보는 것은 적절하지 않다. 물론 고시는 다양한 법적 성질을 가질 수 있기 때문에, 일반처분의 성질을 가지는 고시도 있다. 고시는 다양한 법적 성질을 가진 탓에 실무 및 학계로부터 많은 관심을 받았다.

한편, 대법원은 청소년유해매체물의 결정에 관한 사건(대법원 2007. 6. 14. 선고 2005두4397 판결)에서 법원이 원고(심의기관)의 '결정'과 청소년보호위원회의 '고시'를 구분하여, 원고의 결정에 대해서만 처분성을 인정하고 있다. 우리 대법원은 동일한 날에 선고된 또 다른 사건(청소년유해매체물결정 및 고시처분무효확인 사건)에서는 청소년유해매체물에 관한 정보통신윤리위원회의 '결정'뿐만 아니라, 이에 따라 청소년보호위원회가 한 '고시'도 당연히 처분으로 판시하고 있다(대법원 2007. 6. 14. 선고 2004두619 판결).

7) 附款(負擔)

하자 있는 부관으로 인해 권익을 침해당한 당사자는 附款만을 대상으로 하여 행정쟁송을 제기할 수 있는가가 문제된다. 이 문제도 행정소송의 허용성 내지 적법성 요건과 관련된 것으로 항고소송의 대상(처분성)이 되는지 여부가 주된 쟁점이다. 이와 관련하여 학설은 가운데에는 負擔의 경우 형식적으로는 본체인 행정행위에 부가되어 있으나, 그 자체 독자적 규율성·처분성이 인정되므로 행정쟁송의 대상이 될 수 있다고 보는 견해가 종전의 통설이다.[52] 근래에는 적극적으로 訴의 利益이 인정되는 한 모든 부관에 대한 독립쟁송가능성을 인정하는 견해,[53] 또는 모든 부관에 違法性이 존재하는 한 그 종류를 불

---

50) 이에 대한 비판으로는 정남철, 現代行政의 作用形式, 337면 이하 참조.
51) 대법원 2006. 5. 25. 선고 2003두11988 판결.
52) 金道昶, 일반행정법론(上), 427면; 朴鈗炘, 최신행정법강의(상), 396면.
53) 김남진, 행정법의 기본문제, 255면.

문하고 모두 인정된다는 견해가 있다.[54] 또한 독일학설의 영향으로 부관의 독립쟁송가능
성을 법원에 의한 부관의 독자적인 취소가능성의 전제조건으로서의 성격을 갖는다고 보
고, 부관만의 독립취소가 법원에 의하여 인정될 정도의 독자성(본체인 행정행위와의 분리가능
성)을 갖고 있는가에 따라 판단해야 한다는 견해가 있다.[55]

　　대법원은 "負擔의 경우에는 다른 부관과는 달리 행정행위의 불가분적인 요소가 아
니고 그 존속이 본체인 행정행위의 존재를 전제로 하는 것일 뿐이므로 부담 그 자체로서
행정쟁송의 대상이 될 수 있다"라고 하여, 부담 그 자체만으로 독립적인 쟁송가능성을
인정하는 입장을 취하고 있다.[56] 負擔(Auflage)은 조건이나 기한과 달리 독자적 규율을 특
징으로 한다. 즉 행정행위를 통해 受益者에게 일정한 작위, 수인 또는 부작위의 의무를
부과하는 데, 주로 허가·특허 등 수익적 행정행위에 붙여진다(독일 연방행정절차법 36조 2항
4호 참조). 그 때문에 負擔은 행정행위의 구성요소가 아니라, 추가적(부가적) 의무이며 동시
에 그 자체가 행정행위라고 이해되고 있다. 모든 부관에 대한 독립쟁송가능성을 주장하
는 견해나 분리가능성에 의해 독립쟁송가능성을 주장하는 견해는 위법한 부관에 대한 행
정소송을 소의 적법성이 아니라 본안판단의 문제로 이해하고 있는 것이다.[57] 독일 연방
행정법원은 종래 부담에 대해서만 독립된 취소소송을 허용하고, 조건이나 기한에 대해서
는 의무이행소송을 허용하였다. 그 후 연방행정법원은 부담뿐만 아니라 조건이나 기한에
대해서도 독립된 취소소송을 허용하고 있다.[58] 실제에 있어서 취소소송을 제기하는 원고
는 부담에 해당하는지 여부에 대해 명확한 판단을 하지 못할 경우, 각하될 수 있는 리스
크(risk)를 안게 된다. 따라서 부담에 해당하는 경우가 명확하지 않는 한 부관부 행정행위
전체를 대상으로 소를 제기하면서 일부취소를 주장할 가능성이 높다. 이러한 경우에도
법원은 대체로 일부취소가 아니라 전부취소의 형식을 선택하는 것이 일반적이다.

3. 行政處分의 判斷基準

　　행정소송에 있어서 처분 개념의 확정은 매우 중요하다. 항고소송의 대상에 해당하
는지 여부를 판단하는 기준이기도 하지만, 소송형식을 선택하는 준거가 되기도 한다. 실
무상 항고소송의 대상인 "處分"을 확정하는 것은 대단히 중요하지만, 구체적 사안에 있
어서 그 확정은 쉽지 않다. 그 이유는 일본에서 도입된 쟁송법상의 "처분"개념이 학문적

---

54) 李日世, "행정행위의 부관과 행정쟁송", 公法學의 現代的 地平(계희열교수화갑기념논문집), 1995,
　　655면.
55) 류지태/박종수, 행정법신론, 270－273면.
56) 대법원 1992.1.21. 선고 91누1264 판결.
57) 이에 대해서는 Maurer, Allgemeines Verwaltungsrecht, 18. Aufl., § 12 Rn. 26.
58) BVerwGE 112, 221 (224).

의미의 '행정행위' 개념과 괴리되어 있기 때문이다. 강학상 행정행위의 개념은 처분 개념의 핵심적 요소이다. 행정행위 개념의 광협은 각국의 입법례에 따라 다르다. 프랑스에서는 광의의 행정행위에 협의의 행정행위에 속하는 '일방적 행정행위' 뿐만 아니라 계약과 같은 '쌍방적 행정행위'를 포함하고 있으며, 명령을 집행적 결정(집행작용)으로 보고 있다.[59] 또한 영국에서는 연혁적으로 사법(司法)작용과 행정작용이 구분되어 있지 않고, 오늘날에도 행정행위의 개념이 실정법상 정의되어 있지 않다. 미국에서도 행정처분의 개념이 확립되어 있지 않다. 미국 행정절차법 제551조 제13항에는 행정처분(agency action)을 명령(order)이나 허가(license), 제재(sanction) 등뿐만 아니라 행정입법에 속하는 규칙(rule)도 포함하고 있다.[60] 미국의 행정처분(agency action) 개념은 강학상 '행정행위'가 아니라 '행정작용'에 가깝다. 미국의 경우에는 행정작용론이 발달하지 않았지만, 행정작용 중 행정처분에 가까운 '재결(adjudication)'과 행정입법에 해당하는 규칙(rule)을 중심으로 논의하고 있다. 독일 행정법학의 태두인 오토 마이어(Otto Mayer), 옐리네크(W. Jellinek) 등은 이미 행정행위의 개념과 (법규)명령을 명확히 구별하였고, 명령을 행정작용이 아니라 법원론에서 논하고 있었다.[61] 행정법학의 발달은 행정행위를 법규범에 해당하는 법규명령과 서로 구별하고 있는 추세이다.[62] 일본의 경우에도 대체로 그러한 입장을 취하고 있다. 이러한 행정행위의 개념은 책임의 소재를 명확히 하고, 법적 명확성에 기여하고 있음을 간과하여서는 아니 된다.[63] 또한 행정행위의 개념은 여러 가지 기능을 가진다. 즉 실체법적 규율기능, 행정절차적 기능, 집행기능 및 소송법적 기능이 있다. 그 중에서 소송법적 기능과 관련하여, 행정행위의 취소 및 발급 등에는 특정한 소송유형이 미리 규정되어 있다.[64]

　　우선 쟁송법상의 처분개념과 관련하여, 행정심판법 제2조 제1호는 "行政廳이 행하는 구체적 사실에 관한 법집행으로서의 공권력의 행사 또는 그 거부와 그 밖에 이에 준하는 행정작용"으로 정의하고 있다. 또한 행정소송법 제2조 제1항 제1호는 "처분등"이라

---

59) 또한 항고소송의 대상을 일방적 법률행위로 보고, 여기에 명령과 행정행위, 법규적 행정규칙 등을 포함한다고 한다. 명령을 행정행위의 하나로 파악하고 있는 점도 특징이다. 이에 대한 詳論은 李光潤, 行政法理論－비교적 고찰－, 성균관대학교 출판부, 2000, 76－90면.

60) 영미의 행정처분 개념에 관한 논의에 대해서는 李尚圭, 英美行政法, 185－188면 참조.

61) Otto Mayer, Deutsches Verwaltungsrecht, Bd. I, 3. Aufl., 1923, S. 33; Walter Jellinek, Verwaltungsrecht, 1966, S. 116.

62) 종래 독일의 일부문헌에서는 경찰질서법의 영역에서 경찰상 법규명령에 해당하는 警察命令(Polizeiverordnung)과 명령과 금지를 포함하는 警察處分(Polizeiverfügung)을 모두 포함하여 警察下命(Polizeibefehl)으로 부르는 경우도 있었다(Thoma, Der Polizeibefehl im badischen Recht, 1906). 이에 대한 詳論은 Drews/Wacke/Vogel/Martens, Gefahrenabwehr, 9., völlig neub. Aufl., S. 358 참조.

63) Schmidt－Aßmann, Verwaltungsrechtliche Dogmatik, S. 69.

64) Battis, Allgemeines Verwaltungsrecht, 3. Aufl., S. 105.

고 하여, 행정심판법상의 "처분"개념 이외에 행정심판에 대한 '재결'을 포함하고 있다. 따라서 쟁송법상의 처분개념은 거부처분을 별론으로 하고, "행정청이 행하는 구체적 사실에 관한 법집행으로서의 공권력행사"라는 전단부와, "그 밖에 이에 준하는 행정작용"이라는 후단부로 구분해서 이해하는 것이 보통이다. 그러나 쟁송법상의 처분개념을 채택하더라도, 강학상의 행정행위에 대한 개념파악을 포기해서는 안 된다. 왜냐하면 "구체적 사실에 관한 법집행으로서의 공권력의 행사"는 강학상의 "행정행위"개념과 대체로 일치한다고 보아야 한다.65) 따라서 쟁송법상의 처분개념의 전단부는 강학상의 행정행위개념을 중심으로 파악하고, 후단부인 "그 밖에 이에 준하는 행정작용"은 쟁송법상 처분에 포함시킬 수 있는 기타 행정작용의 유형을 검토하도록 한다.

1) 行政廳의 公權力行使

우선 처분이 인정되기 위해서는 행정소송법 제2조 제1항 제1호의 전단부에 있는 "행정청이 행하는 구체적 사실에 관한 법집행으로서의 공권력의 행사"에 해당하여야 한다. 여기에는 행정청의 공권력 행사가 핵심적 개념이다. 행정소송법 제2조 제2항은 행정청(Behörde)을 "법령에 의하여 행정권한의 위임 또는 위탁을 받은 행정기관, 공공단체 및 그 기관 또는 사인"이라고 정의하고 있다. 따라서 위임·위탁을 받은 하급관청, 보조기관, 공공단체나 그 기관은 물론이고, 공무수탁사인도 포함된다. 여기에서 공권력의 행사란 독일 행정절차법 제35조의 "高權的 措置(hoheitliche Maßnahme)"에 상응한다. 따라서 처분은 私法行爲와는 구분된다. 권리구제에 있어서도 소송형식은 민사소송이 아니라, 항고소송이나 공법상의 당사자소송이 고려된다.

한편, 일본 행정사건소송법에는 항고소송을 "행정청의 공권력의 행사에 관하여 불복소송"이라고 규정하고 있다. 항고소송에는 처분취소소송, 재결취소소송, 무효등확인소송, 부작위법확인소송, 의무화소송, 금지소송 등이 포함된다. 또한 일본 행정사건소송법 제3조 제2항에는 '처분의 취소를 구하는 소송'을 정의하면서, 그 대상인 처분을 "행정청의 처분 기타 공권력의 행사에 해당하는 행위"라고 규정하고 있다. 일본의 행정사건소송법에는 '처분'과 '공권력의 행사'가 별개로 규정되어 있어, 처분 개념이 공권력행사의 예시에 해당하는지, 아니면 처분에 준하는 기타 공권력 행사를 의미하는지가 해석상 의문이 생길 수 있다. 일본에서는 행정사건소송법에 포괄적인 공권력 행사의 개념이 사용된 것에 대해 논란이 있는 것이 사실이다.66) 이와 관련하여 입법·조례제정행위가 항고소송

---

65) 한편, 행정청의 공권력행사에 강학상 행정행위 외에 사실행위도 포함된다는 견해도 있다(李尙圭, 行政爭訟法, 제5판, 314면).
66) 이와 관련하여 立法·條例制定行爲가 항고소송의 대상이 되는지에 대해 견해대립이 있다. 이하 상론은 南 博方, 條解行政事件訴訟法, 第4版, 36면 이하 참조.

의 대상이 되는지에 대해 견해대립이 있다. 최근 일본 최고재판소는 처분성을 확장하여 보육원폐지조례안에 대해서도 처분성을 긍정하였으나,[67] 해당 조례안이 특정한 보육소의 폐지를 내용으로 하고 있어 이를 일반화하는 것은 신중할 필요가 있다. 다만, "행정청의 처분 기타 공권력의 행사에 해당하는 행위"란 정형적 행정처분과 정형적 실력행사를 핵심으로 하고 있다고 기술하고 있다.[68]

2) 具體的 事實에 관한 法執行

현행 행정소송법상 "구체적 사실에 관한 법집행"은 "개별사안에 대한 규율"에 상응하는 것으로 보고, "직접효과성"이라는 도구를 사용하여 헌법소원의 침해의 직접성·현재성과 관련된 것으로 이해하는 견해도 있다.[69] '직접효과성'은 주로 直接的인 對外的 拘束力과 관련된 것으로서 소위 外部效(Außenwirkung)의 문제이며, 내부적 효력만을 가지는 행정작용은 처분개념의 범주에 포섭될 수 없다. 그러나 행정소송의 대상과 헌법소원의 대상은 구별되어야 한다. 행정행위의 판단기준으로 사안의 '개별성'을 기준으로 하는 독일과 달리, 우리 행정소송법에서는 사안의 '구체성'을 기준으로 한다는 점에서 구별되어야 한다.

처분개념에는 "具體的 事實에 관한 法執行"이라는 부분이 첨언되면서, 그 개념의 범위가 매우 좁은 것이 사실이다. 그러나 여기에서 말하는 구체적 사실에 관한 법집행은 적어도 일반적·추상적 규율로서의 法規範(Rechtsnorm)과는 구별된다. 따라서 처분적 명령이나 처분적 조례를 여기에 포함시키는 것은 타당하지 않다. 설사 "그 밖에 이에 준하는 행정작용"으로 볼 여지도 있으나, 개념 해석상 전단부에 준하는 행정작용으로 볼 여지도 없다. 독일의 "行政行爲(Verwaltungsakt)" 개념이 탄생하는 것에 기여한 사람은 독일행정법의 國父인 오토 마이어(Otto Mayer)이다.[70] 1977. 1. 1. 효력일 발생된 독일 행정절차법은 제35조 제1항에는 그의 견해를 반영한 것이다. 즉 "行政廳이 공법의 영역에서 個別事例의 規律을 위해 대외적으로 直接的 法效果를 가지는 모든 處分, 決定이나 기타 高權的 措置"라고 정의하고 있다. 이러한 정의는 개념적으로 매우 협소하게 이해되지만, 여기에는 처분이나 결정 기타 고권적 조치 등이 포함된다는 점에서 반드시 협소하다고만 평가할 수는 없다. 그러나 독일의 행정행위 개념은 '사실행위'와 구별되며,[71] 사실행위에 대

---

67) 最判平21·11·26民集63·9·2124.
68) 塩野 宏, 前揭書(II), 120면.
69) 金裕煥, "取消訴訟의 對象", 金鐵容/崔光律(編輯代表), 註釋 行政訴訟法, 博英社, 2004, 526－527면.
70) 오토 마이어는 행정행위를 "개별 사례에 있어서 臣民에 대하여 타당한 것을 결정하는 行政當局의 意思表現(ein der Verwaltungs zugehöriger obrigkeitlicher Ausspruch, der dem Unterthanen ge－genüber im Einzelfall bestimmt, was für ihn Rechtens sein soll)라고 정의를 하고 있다(Otto Mayer, Deutsches Verwaltungsrecht, Bd. I, 1923, S. 93).

해서는 일반이행의 소를 통해 구제를 받을 수 있다.[72]

오히려 독일 행정절차법상의 행정행위 개념에 있어서 개별사안에 대한 '規律(Regelung)'의 의미가 보다 중요하다. 여기에서 말하는 규율은 법구속적인 명령을 의미하며, 사실행위와 구별된다.[73] 이와 관련하여 처분의 개념 표지에 '규율성'과 '직접적 외부효'를 갖는다는 견해도 있다.[74] 사실행위와의 구별을 위해 "행정청의 공권력행사"와 "구체적 사실에 관한 법집행"라는 부분을 통해 이러한 요소를 도출해야 한다고 생각한다.

3) 그 밖에 이에 準하는 行政作用

쟁송법상 처분개념에 있어서 "그 밖에 이에 준하는 행정작용"의 개념은 대단히 모호하다. 그러나 적어도 단순사실행위나 내부지시(지침) 등은 배제된다는 것이 일반적 견해이다. 여기에 해당하는 것에는 權力的 事實行爲가 대표적이다. 예컨대 강제격리, 유치 등이 여기에 해당한다. 전술한 바와 같이 종래 대법원은 斷水措置(대법원 1979. 12. 28. 선고 79누218 판결), 洞長의 주민등록직권말소(대법원 1992. 8. 7. 자 92두30 결정) 등과 같이, 매우 제한적으로 권력적 사실행위에 대하여 처분성을 인정하고 있었다. 그러나 근래에는 세무조사결정, 불문경고, 시정권고 등에까지 처분 개념에 포함시키고 있다. 권력적 사실행위에 속하는 유형이 처분의 개념에 포함되는 경향은 더욱 확대될 것으로 보인다. 그러나 이러한 경향은 행정행위와 사실행위의 구별을 더욱 어렵게 할 것이다. 이러한 현상은 행정소송의 유형이 매우 제한적이라는 것에서 이유를 찾을 수 있다. 독일에서는 사실행위에 대한 권리구제수단으로 結果除去請求權의 法理나 一般履行(給付)의 訴(allgemeines Leistungsklage) 등이 고려된다(독일 행정법원법 제43조 2항 참조). 그러나 현행 행정소송법은 일반이행의 소를 인정하고 있지 않다. 또한 당해 행정작용이 실체법상의 행정행위는 아니지만 국민의 권익확대를 위해 쟁송법상으로만 처분으로 인정하려는 소위 "形式的 行政行爲"가 주장되고 있다. 이러한 형식적 행정행이는 일본의 입법례에서 연유한 것이며, 대체로 계속적 성질을 가지는 공권력적 사실행위 의미하는 것으로 이해되고 있다.[75] 그러나 형식적 행정행위는 그 개념이 모호할 뿐만 아니라, "구체적 사실에 관한 법집행의 행사로서의 공권력의 행사"에 해당하는 실체를 갖지도 않으므로 처분성을 인정하기 어렵다.

---

71) Maurer, a.a.O., § 9 Rn. 8.
72) Würtenberger, a.a.O., § 24 Rn. 377; Happ, in: Eyermann, VwGO, § 42 Rn. 62.
73) Maurer, a.a.O., § 9 Rdn. 6.
74) 김남진/김연태, 행정법 I, 812면.
75) 芝池義一, 行政救濟法講義, 第3版, 29면.

Ⅲ. 裁決主義

1. 裁決主義의 根據 및 必要性

재결주의는 재결을 행정소송의 대상으로 인정하는 원칙을 의미한다. 이러한 재결주의를 채택하기 위해서는 그 이론적 근거 및 필요성이 있어야 한다. 왜냐하면 형성소송의 성질을 가지는 항고소송의 본질에 비추어보면, 당사자의 권리구제를 위해서는 근원적으로 최초 처분청의 처분을 제거하는 것이 바람직하다. 그러나 재결을 소송의 대상으로 하는 이유는 재결이 행정심판이라는 신중한 판단에 의한 결정이라는 점이 고려되고 있다.[76] 재결의 취소를 하더라도 원처분은 그대로 남게 되어 권리구제의 실효성은 저감할 수밖에 없다. 재결주의와 관련하여 행정심판기관이 처분청 자신 또는 처분청의 상급관청인 경우, 또는 행정심판기관이 처분청보다 전문성과 권위에 있어서 더 높은 경우에 재결이 처분을 대체하여 행정내부의 최종 결정으로 볼 수 있는 경우에는 재결을 항고소송의 대상으로 삼아야 한다고 보는 견해도 있다.[77] 그러나 행정심판기관과 처분청이 다르거나 행정심판기관이 독립된 경우에는 그 재결을 최종 결정으로 볼 수 없고, 처분청의 결정을 대체하였다고 보기 어렵다. 이 경우에는 재결에 취소판결을 내리더라도 해당 행정심판위원회가 다시 처분청에 대해 취소판결의 기속력에 따라 직접 특정한 처분을 하거나 이행명령을 내릴 수밖에 없다. 따라서 독립된 제3자 기관인 행정심판위원회가 내린 재결이 원처분을 대체하였다고 보기 어렵고, 법치행정원칙의 실효성 확보와 행정통제적 기능을 고려하여 원처분주의가 타당하다고 보는 견해도 있다.[78]

한편, 구 토지수용법 제75조의2 제1항 본문 위헌소원 사건에서, 헌법재판소는 재결주의의 필요성에 대해 언급하고 있다. 헌법재판소는 재결주의의 장점으로 권리구제의 효율성을 고려하고 있다. 이의재결은 행정심판에 대한 재결의 성격과 함께 관할토지수용위원회가 1차적으로 행한 수용재결을 다시 심의하여 토지수용에 관한 법률관계를 확정하는 재처분적인 성격도 가지며, 토지수용에 관한 법률관계를 최종적으로 확정하는 이의재결을 다투어 그 효력을 배제하는 것이 당사자의 권리구제를 위한 효율적인 방법이라고 보고 있다. 즉 중앙토지수용위원회가 행한 수용대상토지에 대한 구체적인 실사결과 및 보상금액의 산정기준 등을 모두 고려하여 판단할 수 있다는 점에서 분쟁의 일회적 해결과 판결의 적정성을 보장할 수 있다고 보고 있다.[79] 그러나 중앙토지수용위원회가 수용

---

76) 塩野 宏, 前揭書(II), 48면.
77) 박균성, 행정법론(상), 제14판, 2015, 1093면.
78) 박균성, 전게서, 1093면.
79) 헌재 2001. 6. 28. 2000헌바77, 판례집 13-1, 1358 (1376).

재결과 이의재결을 모두 한 경우가 아닌 경우, 즉 시·도토지수용위원회가 수용재결을 하고, 이에 대해 이의신청을 하여 중앙토지수용위원회가 이의재결을 한 경우, 이의재결에 대한 취소소송을 하여 취소판결을 얻더라도 시·도토지수용위원회에 대해 취소판결의 기속력이 곧바로 발생한다고 보기 어렵다. 중앙토지수용위원회의 보상금액의 변경이나 수용재결의 취소 등 변경재결이 아니라 수용재결 그 자체의 취소를 다투어야 하는 경우도 있다.

　　원처분주의와 재결주의의 선택은 입법자가 명확히 확정한 경우가 아닌 경우 결국 해석의 문제로 귀착된다. 특히 개별법의 규정에서 재결을 항고소송의 대상으로 삼기 위해서는 재결주의의 필요성이 고려되어야 한다. 권리구제의 실효성의 측면에서 근원적으로 원처분을 다투는 것이 타당하다. 그러나 재결이 원처분보다 유리한 경우에도 재결을 대상으로 소송을 하는 것이 바람직할 수 있다. 후술하는 바와 같이 유리하게 변경된 수정재결의 경우에도 원처분주의를 채택하는 경우도 있다. 원처분을 완전히 대체하는 재결이 성립하는 경우는 행정심판기관이 상급청이거나 행정심판기관이 처분청과 동일한 경우이다. 원처분과 다른 재결인 경우에 이를 다툴 실익이 있어야 한다. 실무상으로는 재결주의를 채택해야 할 필요성은 원처분보다 재결을 다투는 것이 보다 유리한 경우를 생각해 볼 수 있다. 현실적으로는 재결을 다투어야 할 실익은 '제소기간'과 관련하여 발생한다.

　　국세기본법은 조세사건의 특수성을 고려하여 행정심판법의 적용을 배제하는 특별규정을 두고 있다(국세기본법 제56조). 일반국세의 부과·징수에 대한 행정심판은 '심사청구'와 '심판청구'로 구성되어 있으며, 동일한 처분에 대하여 심사청구와 심판청구를 중복하여 제기할 수 없다(국세기본법 제55조 9항). 즉 국세기본법 또는 세법에 의한 처분으로서 위법 또는 부당한 처분을 받거나 필요한 처분을 받지 못함으로써 권리 또는 이익의 침해를 당한 자는 심사청구 또는 심판청구를 하여 그 처분의 취소·변경이나 필요한 처분을 청구할 수 있다(국세기본법 제55조). 심사청구는 국세심사위원회의 심의를 거쳐 국세청장이 이를 결정하되 심사청구기간이 경과된 후에 제기된 심사청구 등 대통령령이 정하는 사유에 해당하는 경우에는 국세심사위원회의 심의절차를 생략할 수 있다(국세기본법 제64조 제1항). 심사청구의 결정은 각하, 기각 및 인용으로 구분된다. 다만, 국세기본법에 의하면, 심사청구를 인용하는 때에는 취소·경정 또는 '필요한 처분'의 결정을 하여야 한다(국세기본법 제65조 제1항). 심사청구에 대한 결정은 청구를 받은 날부터 90일 이내에 하여야 한다(국세기본법 제65조 제2항). 실무에서는 이의신청 등에 대한 결정의 한 유형으로 '재조사결정'이 이루어지고 있다. 이 경우 재조사결정에 관한 명시적인 근거는 없으나, 국세기본법 제65조 제1항의 "필요한 처분"에 해당한다고 보는 것이 일반적이었다. 이 경우 재조사결정

그 자체를 행정처분으로 볼 수 있는지, 그리고 재결청의 재조사결정에 따른 심사청구기
간이나 심판청구기간 또는 행정소송의 제소기간의 기산점을 무엇을 기준으로 산정해야
하는지 등이 문제가 되었다. 대법원은 전원합의체 판결에서 재조사결정을 재결의 하나로
보아 재조사결정의 후속 처분의 통지를 받은 날로부터 심사청구기간이나 심판청구기간
또는 제소기간이 기산하는 것으로 판시하였다. 이에 대해 소수의견은 "재조사결정은 단
지 효율적인 사건의 심리를 위하여 처분청에 재조사를 지시하는 사실상의 내부적 명령에
불과하다고 보아야 할 것이므로 그로써 이의신청 등에 대한 결정이 있었다고 할 수 없
고, 후속 처분에 의하여 그 효력이 발생한다고 의제할 수도 없다"고 보고 있다.[80) 개별
분야에서 재결이 항고소송의 대상이 되는지가 문제되고 있어, 재결주의를 인정해야 할
필요성 및 이론적 근거 등에 대해 검토할 필요가 있다.

　　행정심판의 재결도 취소소송의 대상이 될 수 있음은 전술한 바와 같다. 그러나 우리
행정소송법은 재결취소소송의 경우에 "재결 자체에 고유한 위법이 있음을 이유로 하는
경우에" 제한하고 있다(행정소송법 제19조 단서). 이와 같이 행정심판의 재결이 예외적으로
행정소송의 대상이 되는 경우는 "재결 자체에 고유한 위법"이 있는 경우이다. 여기에서
말하는 "재결 자체에 고유한 위법"이란 재결의 절차적 하자뿐만 아니라 실체적 하자를
포함한다. 이와 관련하여 판례는 "재결청의 권한 또는 구성의 위법, 재결의 절차나 형식
의 위법, 내용의 위법 등을 뜻하고, 그 중 내용의 위법에는 위법·부당하게 인용재결을

---

80) **[다수의견]** : 이의신청 등에 대한 결정의 한 유형으로 실무상 행해지고 있는 재조사결정은 처분청
으로 하여금 하나의 과세단위의 전부 또는 일부에 관하여 당해 결정에서 지적된 사항을 재조사하
여 그 결과에 따라 과세표준과 세액을 경정하거나 당초 처분을 유지하는 등의 후속 처분을 하도록
하는 형식을 취하고 있다. 이에 따라 재조사결정을 통지받은 이의신청인 등은 그에 따른 후속 처분
의 통지를 받은 후에야 비로소 다음 단계의 쟁송절차에서 불복할 대상과 범위를 구체적으로 특정
할 수 있게 된다. 이와 같은 재조사결정의 형식과 취지, 그리고 행정심판제도의 자율적 행정통제기
능 및 복잡하고 전문적·기술적 성격을 갖는 조세법률관계의 특수성 등을 감안하면, 재조사결정은
당해 결정에서 지적된 사항에 관해서는 처분청의 재조사결과를 기다려 그에 따른 후속 처분의 내
용을 이의신청 등에 대한 결정의 일부분으로 삼겠다는 의사가 내포된 변형결정에 해당한다고 볼
수밖에 없다. 그렇다면 재조사결정은 처분청의 후속 처분에 의하여 그 내용이 보완됨으로써 이의신
청 등에 대한 결정으로서의 효력이 발생한다고 할 것이므로, 재조사결정에 따른 심사청구기간이나
심판청구기간 또는 행정소송의 제소기간은 이의신청인 등이 후속 처분의 통지를 받은 날부터 기산
된다고 봄이 타당하다(대법원 2010.6.25. 선고 2007두12514 전원합의체 판결).
　　[대법관 김영란, 대법관 양승태, 대법관 안대희의 별개의견] : 재조사결정은 단지 효율적인 사건의
심리를 위하여 처분청에 재조사를 지시하는 사실상의 내부적 명령에 불과하다고 보아야 할 것이므
로 그로써 이의신청 등에 대한 결정이 있었다고 할 수 없고, 후속 처분에 의하여 그 효력이 발생한
다고 의제할 수도 없다. 따라서 이의신청인 등에게 재조사결정이나 후속 처분이 통지되었다고 하더
라도 그 후 다시 재결청이 국세기본법에 규정된 유형의 결정을 하여 이의신청인 등에게 이를 통지
할 때까지는 심사청구기간 등이 진행하지 않는다고 보아야 한다.

한 경우가 해당한다"고 판시하고 있다.[81] 또한 원처분의 상대방이 아닌 제3자가 행정심판을 청구하여 재결청이 원처분을 취소하는 형성재결을 한 경우에는, 그 원처분의 상대방은 그 재결에 대하여 항고소송을 제기할 수 없다. 이러한 경우에도 원처분이 없는 재결 고유의 위법을 주장하는 것이 된다.[82] 그 밖에 행정심판청구가 부적법하지 않음에도 불구하고 각하한 재결의 경우에는 원처분에 없는 고유한 하자가 재결에 있는 경우에 해당한다. 이러한 경우에도 재결은 행정심판의 대상이 된다.[83]

그러나 이러한 경우들은 원처분주의에 따라 예외적으로 재결의 하자를 다투는 것이므로 재결주의로 보는 것은 적정하지 않다. 또한 행정소송법에는 행정심판을 임의적 전치주의로 규정하고 있으나, 다른 법률에 당해 처분에 대한 행정심판의 재결을 반드시 거치도록 하는 규정이 있는 경우에는 이를 거치도록 하고 있다(행정소송법 제18조 제1항 단서). 따라서 이하에서 소개하는 재결주의가 적용되는 사례는 개별법에 재결만을 항고소송의 대상으로 삼는 사례를 중심으로 검토하기로 한다.

2. 裁決前置主義의 具體的 事例

1) 교원소청심사위원회의 결정

우선 「교원지위향상을 위한 특별법」에 의하면 각급학교 교원의 징계처분과 그 밖에 그 의사에 반하는 불리한 처분에 대한 소청심사에 대해 교원소청심사위원회가 결정하고, 그 결정에 대해 교원 사립학교법 제2조에 따른 학교법인 또는 사립학교 경영자등 당사자가 그 결정서를 송달받은 날부터 90일 이내에 행정소송을 제기할 수 있도록 하고 있다 (제10조 제3항). 다만, 판례는 국·공립학교의 교원에 대한 징계처분은 사립학교교원과 달리 원처분인 징계처분 등 불이익처분이고, 심사위원회의 결정은 고유한 위법이 있을 때에만 소송의 대상이 될 수 있다고 보고 있다(대법원 1994. 2. 8. 선고 93누17874 판결).

2) 감사원의 재심의결정

감사원법은 회계관계직원에 대한 변상판정에 대하여 위법 또는 부당하다고 인정하는 경우에 감사원에 대해 재심의를 청구할 수 있고(제36조 1항), 그 재심의 판결에 대하여 감사원을 당사자로 하여 행정소송을 제기할 수 있다(제40조 제2항). 다만, 그 효력을 정지하는 가처분 결정은 할 수 없다. 한편, 대법원은 서울특별시 공무원에 대한 징계요구에 대해 서울특별시장이 징계요구에 대한 재심의를 청구한 사건의 판시사항에서, 감사원의

---

81) 대법원 1997. 9. 12. 선고 96누14661 판결.
82) 대법원 1998. 4. 24. 선고 97누17131 판결.
83) 대법원 2001. 7. 27. 선고 99두2970 판결.

징계 요구와 재심의결정이 항고소송의 대상이 되는 행정처분이라고 볼 수 없다고 판시하고 있다(대법원 2016. 12. 27. 선고 2014두5637 판결). 그러나 판결문에는 감사원법 제34조 제2항에서는 처분요구에 대한 재심의 청구를 규정하고 있는데, 재심의의 대상인 변상명령 등을 대상으로 하는 것이 아니라 재심의 판결에 대하여 감사원을 당사자로 하는 행정소송을 제기할 수 있다고 규정하고 있다. 이 사건의 또 다른 쟁점은 서울특별시장이 항고소송을 제기할 수 있는 원고적격이 있는지가 문제되었으나, 해당 판결에서는 당사자능력이 없음을 명확히 하고 있다. 요컨대 재심의 판결은 그 청구의 이유가 있는 경우에는 원처분의 요구를 취소하거나 그 내용을 변경할 수 있는 형성력을 가진다는 점에서 처분성이 인정될 수 있다(감사원법 제38조 제2항). 다만, 감사원의 변상책임의 판정, 징계요구나 시정요구 등에 대한 재심의 판결에 대해 취소를 구하는 소송에서는 취소판결이 변상책임의 판정이나 징계요구 등에 영향을 미칠 수는 있지만, 구체적으로 무엇을 원처분으로 보아야 하는지는 명확하지 않다.

3) 중앙노동위원회의 재심판정

노동조합 및 노동관계조정법에 의하면 근로자 또는 노동조합은 사용자의 부당노동행위에 대하여 지방노동위원회에 구제신청을 하고, 이에 의하여 구제를 받지 못한 경우에는 중앙노동위원회에 재심을 신청할 수 있다(노동조합 및 노동관계조정법 제82조, 제85조 1항). 노동조합 및 노동관계조정법 제85조 제2항에 의하면, 이러한 중앙노동위원회의 재심판정에 대하여 행정소송을 제기할 수 있다고 규정하고 있다. 대법원도 노동위원회의 결정에 대한 행정소송은 원처분인 지방노동위원회의 결정이 아니라 중앙노동위원회의 재심판정을 대상으로 한다고 판시하고 있다.[84]

4) 소청심사위원회의 결정

행정심판법에는 행정심판을 임의적으로 선택할 수 있도록 규정하고 있으나, 국가공무원이 징계처분 기타 본인의 의사에 반하는 불리한 처분이나 부작위에 관한 행정소송을 제기하기 위해서는 반드시 소청심사위원회의 심사 · 결정을 거쳐야 한다(국가공무원법 제16조 1항). 소청이란 공무원이 징계처분(파면 · 해임 · 강등 · 정직 · 감봉 · 견책)이나, 그 밖에 그 의사에 반하는 불리한 처분이나 부작위에 받은 경우에 소청심사위원회에 심사를 청구하는 특별행정심판이다(국가공무원법 제9조 1항). 소청의 대상이 되는 사항은 징계처분 이외에 본인의 의사에 반하는 '불리한 처분'이라고 규정하고 있다. 구체적으로 불리한 처분이 무엇인지가 문제되지만, 대체로 공무원 신분의 불이익을 의미한다.[85] 이러한 불리한 처분에는

---

84) 대법원 1991. 2. 12. 선고 90누288 판결.
85) 이상규, 신행정법론(하), 신판, 226면.

대체로 강임, 휴직, 직위해제 및 면직 등이 속하며(국가공무원법 제75조, 소청절차규정 제2조 제1항 참조), 그 밖에도 의원면직의 형식에 의한 면직이나 대기명령 등도 포함된다.[86]

행정기관 소속 공무원의 징계처분, 그 밖에 그 의사에 반하는 불리한 처분이나 부작위에 대한 소청심사위원회는 인사혁신처에 둔다(국가공무원법 제9조 제1항). 또한 국회, 법원, 헌법재판소 및 선거관리위원회 소속 공무원의 소청에 관한 사항을 심사·결정하기 위하여 국회사무처, 법원행정처, 헌법재판소사무처 및 중앙선거관리위원회사무처에 각각 해당 소청심사위원회를 두고 있다(국가공무원법 제9조 2항). 소청심사위원회의 결정에 불복하여 행정소송을 제기할 때에는 대통령의 처분 또는 부작위의 경우에는 소속 장관을, 중앙선거관리위원회위원장의 처분 또는 부작위의 경우에는 중앙선거관리위원회 사무총장을 피고로 한다(국가공무원법 제16조 2항). 그리고 대법원장의 처분에 대하여는 법원행정처장을 피고로 한다(법원조직법 제70조). 이와 같이 소청심사위원회의 재결을 거친 후 행정소송을 제기하는 경우에는 원처분을 대상으로 취소소송을 제기해야 한다. 다만, 재결 그 자체의 하자가 있는 경우에는 소청심사위원회의 재결을 대상으로 소를 제기할 수 있다. 대법원도 "항고소송은 원칙적으로 당해 처분을 대상으로 하나, 당해 처분에 대한 재결 자체에 고유한 주체, 절차, 형식 또는 내용상의 위법이 있는 경우에 한하여 그 재결을 대상으로 할 수 있다"고 보고 있다.[87]

5) 중앙토지수용위원회의 이의재결

구 토지수용법에는 지방토지수용위원회의 수용재결에 대해 중앙토지수용위원회에 이의재결을 할 수 있도록 하는 동시에, 그 이의신청에 대한 중앙토지수용위원회의 이의재결에 대하여 불복이 있을 때에는 행정소송을 제기하도록 하였다. 즉 구 토지수용법 제75조의2 제1항에는 "이의신청의 재결에 대하여 불복이 있을 때에는 재결서가 송달된 날로부터 1월 이내에 행정소송을 제기할 수 있다"고 규정하고 있었다. 대법원은 이 규정을 근거로 중앙토지수용위원회의 이의재결을 항고소송의 대상이 된다고 보았다.[88] 이에 대

---

86) 이상규, 전게서(하), 226면.
87) 대법원 1993. 8. 24. 선고 93누5673 판결; 대법원 2009. 10. 15. 선고 2009두11829 판결.
88) 즉 "토지수용법과 같이 재결전치주의를 정하면서 원처분인 수용재결에 대한 취소소송을 인정하지 아니하고 재결인 이의재결에 대한 취소소송만을 인정하고 있는 경우에는 재결을 거치지 아니하고 원처분인 수용재결취소의 소를 제기할 수 없는 것이며 행정소송법 제18조는 적용되지 아니하고, 따라서 수용재결처분이 무효인 경우에는 재결 그 자체에 대한 무효확인을 소구할 수 있지만, 토지수용에 관한 취소소송은 중앙토지수용위원회의 이의재결에 대하여 불복이 있을 때에 제기할 수 있고 수용재결은 취소소송의 대상으로 삼을 수 없으며, 이의재결에 대한 행정소송에서는 이의재결 자체의 고유한 위법사유뿐 아니라 이의신청사유로 삼지 않은 수용재결의 하자도 주장할 수 있다."(대법원 2001. 5. 8. 선고 2001두1468 판결; 대법원 1995. 12. 8. 선고 95누5561 판결)

해 원처분주의를 부인하는 규정인지 여부에 대해 논란이 있었다. 그러나 공익사업을 위한 토지 등의 취득 및 보상에 관한 법률 제85조 제1항 전문에는 "사업시행자·토지소유자 또는 관계인은 제34조의 규정에 의한 재결에 대하여 불복이 있는 때에는 재결서를 받은 날부터 60일 이내에, 이의신청을 거친 때에는 이의신청에 대한 재결서를 받은 날부터 30일 이내에 각각 행정소송을 제기할 수 있다."고 규정하고 있다. 여기에서 "제34조의 규정에 의한 재결"이라 함은 항고소송의 대상이 원처분인 수용재결을 말한다. 이러한 입장이 통설의 입장이다. 대법원도 이를 반영하여 원처분인 수용재결을 취소소송의 대상으로 보았고, 그 피고도 수용재결을 한 중앙토지수용위원회 또는 지방토지수용위원회를 피고로 판단하였다.[89] 이 판결을 통해 대법원은 이러한 사례에서 재결주의가 아니라 원처분주의가 적용되고 있음을 확정한 셈이다.

그러나 중앙토지수용위원회의 수용재결과 이에 대한 이의재결이 있는 경우 중앙토지수용위원회의 이의재결은 수용재결을 대체한다고 볼 수 있다. 또한 이의재결에서 보상금액이 증액하는 경우도 있다. 이 경우 이의재결을 다투도록 하는 것이 보다 효과적일 수 있다. 그러나 중앙토지수용위원회의 수용재결을 통해 근원적으로 위법한 수용을 다툴 수도 있다. 보상금액의 증액을 다투는 경우에는 보상금증감청구소송을 제기하는 것이 바람직하다. 변경된 위 대법원 2008두1504 판결에 의하더라도 이의재결 그 자체에 하자가 있는 경우에는 이의재결을 취소소송의 대상으로 삼을 수 있음은 물론이다. 이와 관련하여 대법원이 사용토지의 수용청구를 각하하는 지방토지수용위원회의 재결에 대해 취소소송을 제기한 사안에서 이를 부적법 각하한 것은 이해하기 어렵다.[90] 보상금증액청구소송 외에 재결에 대한 취소소송을 허용하는 것이 타당하다.

3. 裁決取消判決의 效力範圍

재결을 항고소송의 대상으로 함에 있어서 가장 중요한 쟁점의 하나는 재결의 취소를 구하는 소송에서 원처분의 위법을 다툴 수 있는지, 그리고 재결취소소송에서 인용된

89) "공익사업을 위한 토지 등의 취득 및 보상에 관한 법률 제85조 제1항 전문의 문언 내용과 같은 법 제83조, 제85조가 중앙토지수용위원회에 대한 이의신청을 임의적 절차로 규정하고 있는 점, 행정소송법 제19조 단서가 행정심판에 대한 재결은 재결 자체에 고유한 위법이 있음을 이유로 하는 경우에 한하여 취소소송의 대상으로 삼을 수 있도록 규정하고 있는 점 등을 종합하여 보면, 수용재결에 불복하여 취소소송을 제기하는 때에는 이의신청을 거친 경우에도 수용재결을 한 중앙토지수용위원회 또는 지방토지수용위원회를 피고로 하여 수용재결의 취소를 구하여야 하고, 다만 이의신청에 대한 재결 자체에 고유한 위법이 있음을 이유로 하는 경우에는 그 이의재결을 한 중앙토지수용위원회를 피고로 하여 이의재결의 취소를 구할 수 있다고 보아야 한다."(대법원 2010. 1. 28. 2008두1504 판결)
90) 대법원 2015. 4. 9. 선고 2014두46669 판결. 이에 대한 평석으로는 정남철, "공용수용 및 손실보상에 관련된 대법원 판례의 최근동향 및 주요쟁점", 토지보상법연구 제16집(2016. 2), 278면 이하 참조.

정 남 철

경우 그 취소판결의 기속력에 의해 원처분의 효력이 소멸하는지가 문제된다. 대법원은 종래 이의재결의 취소를 구하는 소송에서, 이의재결 자체의 고유한 위법사유뿐 아니라 이의신청사유로 삼지 않은 수용재결의 하자도 주장할 수 있다고 판시하고 있다.[91] 이러한 판례의 입장은 구 토지수용법 아래에서 인정되던 것으로 원처분주의를 채택하는 현행법 하에서는 유지되기 어렵다. 또한 대법원은 예외적으로 재결을 다투는 경우에 행정소송법 제19조에서 말하는 "재결 자체에 고유한 위법"이란 원처분의 하자 유무와 관계없이 재결 그 자체의 실체적·절차적 하자에 관한 것이라고 보고 있다.[92] 이러한 판례의 비추어보더라도 재결취소소송에서 원처분의 하자(위법)을 다툴 수 있다고 보는 것은 타당하지 않다.

또한 재결에 대한 취소소송에서 인용될 경우 재결의 효력만 상실하는지, 아니면 취소판결의 기속력에 의해 원처분의 효력도 함께 소멸하는지가 문제된다. 일본의 판례와 학설은 후자의 입장을 취하고 있다고 한다.[93] 독일의 경우 재결과 원처분을 일체로 파악하므로 재결의 취소는 원행정행위의 효력에 영향을 준다. 원처분의 행정청과 행정심판기관이 동일한 경우에는 재결의 효력이 원처분에도 미친다. 재결주의를 채택하면서 원처분에 전혀 영향을 미치지 아니한다면, 재결주의의 실효성은 인정되기 어려울 것이다. 그러나 행정심판기관이 제3의 독립기관인 경우에는 이러한 주장이 타당하기 어렵다. 예컨대 국·공립대학의 교원에 대한 징계처분에 대해 징계의 양정이 없이 교원소청심사위원회가 인용재결을 내린 경우 재결의 형성력에 의해 당연히 해당 국·공립대학의 징계처분의 효력이 소멸하는지가 문제된다. 대체로 재결의 내용과 효력에 따라 달라질 수 있다. 교원소청심사위원회가 취소재결을 내린 경우에는 그 재결의 효력에 따라 원처분을 결정한 국·공립대학이 그 재결의 기속력에 따라 재처분을 해야 한다. 또는 해당 국·공립대학교에 대하여 그 징계처분의 변경을 명하는 내용의 재결을 하는 하는 경우, 해당 국·공립대학은 재결에 따라 그 징계처분의 변경을 해야 한다(행정소송법 제43조 제3항).

한편, 2017. 4. 18. 행정심판법의 개정에 의해 행정심판위원회의 간접강제제도를 도입하고 있다. 즉 행정심판 인용재결에 따른 행정청의 재처분 의무에도 불구하고 행정청이 인용재결에 따른 처분을 하지 아니하면 행정심판위원회는 당사자의 신청에 의하여 결정으로 상당한 기간을 정하고, 행정청이 그 기간 내에 이행하지 아니하는 경우에는 지연기간에 따라 일정한 배상을 하도록 명하거나 즉시 배상을 할 것을 명할 수 있도록 간접강제제도를 도입한 것이다.

---

91) 대법원 2001. 5. 8. 선고 2001두1468 판결; 대법원 1995. 12. 8. 선고 95누5561 판결.
92) 대법원 1997. 9. 12. 선고 96누14661 판결; 대법원 1989. 1. 24. 선고 88누3314 판결. 이에 대한 상세는 李尙圭, 전게서, 331-333면.
93) 이에 대해서는 柳至泰, 行政法의 理解, 法文社, 2006, 332면, 340면 참조.

Ⅳ. 修正(變更)裁決과 對象適格

행정심판기관이 수정재결이나 변경재결을 내린 경우 항고소송의 대상과 피고적격이 문제된다. 소청심사위원회는 처분의 취소 또는 변경을 구하는 심사 청구가 이유 있다고 인정되면 처분을 취소 또는 변경할 수 있다(국가공무원법 제14조 제5항 제3호). 또한 행정심판위원회도 취소심판의 청구가 이유 있다고 인정하면 처분을 취소 또는 다른 처분으로 변경하는 재결을 내릴 수 있다(행정심판법 제43조 제3항). 그러나 이러한 수정(변경)재결에 대해 행정소송의 대상으로 삼을 수 있는지가 문제된다. 즉 행정청의 불이익처분에 대해 일부 취소재결을 하거나(영업정지 6개월을 취소재결에 의해 영업정지 2개월로 감경한 경우, 과징금부과처분 후 감액재결을 내린 경우), 또는 적극적 변경재결을 하는 경우(파면처분을 해임처분으로 변경하는 경우, 허가취소처분을 영업정지처분으로 변경하는 경우)에 원처분주의에 따라 감경된 처분을 잔존하는 '원처분'으로 보고 이를 행정소송의 대상으로 삼아야 하는지, 아니면 행정심판위원회의 '수정재결' 또는 '변경재결'을 행정소송의 대상으로 삼아야 하는지가 문제된다.

이와 관련하여 학설은 ① 원처분주의에 입각하여 일부 취소되고 남은 원처분(영업정지 2개월, 해임처분)이 대상이 된다는 견해(김남진), ② 재결주의에 입각하여 재결을 대상으로 항고소송을 제기하여 한다고 보는 견해, ③ 절충설로서 일부취소재결의 경우에는 원처분으로 볼 수 있으나 적극적 변경재결(해임처분)의 경우에는 행정소송의 대상을 재결로 보아 행정심판위원회를 피고로 하여 취소소송을 제기할 수 있다는 견해(박균성) 등이 있다. 한편, 판례는 해임처분을 소청심사위원회가 정직 2월로 변경한 경우에 원처분청을 상대로 정직 2월의 처분에 대한 취소소송을 제기한 사건에서 본안판단으로 나아간 경우가 있다.[94] 이와 관련하여 일본에서는 수정재결이나 변경재결은 원처분의 일부 취소를 의미하고, 그 변경에 의해 새로운 처분이 있는 것으로 보아 형식적으로는 취소되고 남은 부분의 원처분을 취소하는 것으로 이해하고 있다. 이 경우 형식적으로는 하나의 처분이며, 변경재결의 실질은 원처분의 일부취소이므로 원처분주의가 작동한다고 보고 있다.[95] 한편, 판례는 경찰공무원이 혈중알콜농도 0.27%의 주취상태에서 운전하다가 승용차 2대를 들이받고 그 차에 타고 있던 사람 4명에게 상해를 입히는 사고를 낸 데 대한 징계처분(6월?)을 소청심사위원회에서 정직 2월의 징계처분으로 감경한 사건에서, 변경재결을 재결권의 일탈·남용으로 보고 소청재결 자체에 고유한 위법을 주장하는 것으로 볼 수 없다고 판시하였다.[96] 또한 판례는 과징금부과처분을 한 후 '減額處分'을 한 경우, 감액

---

94) 대법원 1997. 11. 14. 선고 97누7325 판결.
95) 塩野 宏, 前揭書, 92면.
96) 대법원 1993. 8. 24. 선고 93누5673 판결.

처분이 아니라 처음의 부과처분 중 감액처분에 의하여 취소되지 않고 남은 부분이 항고소송의 대상이 된다고 판시하였다.[97] 판례는 감액처분의 경우에 원처분주의에 입각하여 감액처분에 의하여 취소되지 않고 남은 부분을 항고소송의 대상으로 판단하였다. 감경처분의 경우에도 정직 6월에서 감경처분(정직 4월 부분)에 의하여 취소되지 않고 남은 부분(정직 2월)이 항고소송의 대상이 된다.

　학설 및 판례는 대체로 감경된 처분을 대상으로 항고소송의 대상으로 삼고 있다. 다만, 감경된 처분(정직 2월, 해임처분)을 '원처분'으로 볼 것인지, 아니면 '수정재결(변경재결)'로 볼 것인지에 있어서 차이가 있다. 취소심판에 있어서 행정심판위원회의 취소·변경재결에는 당해 처분을 취소 또는 변경하는 形成裁決도 있으나, 피청구인인 처분행정청에 대하여 그 취소 또는 변경을 명하는 내용의 履行裁決도 있다(행정심판법 제43조 제2항). 후자의 경우에는 재결의 기속력에 따라 처분행정청이 이에 따라야 한다. 따라서 사실상 처분행정청의 원처분으로 보아도 무방하다. 그러나 전자의 경우에도 행정심판위원회의 취소·변경재결을 원처분으로 볼 수 있는지가 문제된다. 행정심판위원회의 재결의 성질을 어떻게 보는지는 '피고적격'과도 밀접한 관련을 가진다. 원고는 대체로 최초의 처분을 다투기보다는 감경된 처분을 다투는 것이 유리하다. 실제 원고가 행정심판위원회의 재결에 대해 행정소송을 제기하는 것은 감경된 처분에 만족하지 못하는 경우이다. 엄밀히 말하자면, 이러한 감경된 처분은 실제 처분청의 원처분이 아니라 행정심판위원회이 내린 재결이다. 그러나 우리 행정소송법은 원처분주의를 채택하고 있어, 재결을 행정소송의 대상으로 삼기 위해서는 재결 자체의 고유한 위법이 있어야 한다. 감경재결 자체에 고유한 하자가 없는 경우에는 이를 다투어 승소할 실익은 그다지 크지 않다. 감경된 처분은 당사자에게 유리할 뿐만 아니라, 행정심판위원회의 재결 자체에 고유한 위법을 찾기도 어렵다.

　일부 견해는 적극적 변경재결의 경우에 이를 대상으로 취소소송을 제기하는 것이 타당하다고 보면서, 불복제기기간(제소기간)을 이유로 감경·변경처분을 안 날로부터 90일 이내에 행정소송을 제기하는 것이 당사자의 권리구제에 유리하다고 보고 있다.[98] 재결

---

97) 즉 "과징금 부과처분에서 행정청이 납부의무자에 대하여 부과처분을 한 후 그 부과처분의 하자를 이유로 과징금의 액수를 감액하는 경우에 그 감액처분은 감액된 과징금 부분에 관하여만 법적 효과가 미치는 것으로서 처음의 부과처분과 별개 독립의 과징금 부과처분이 아니라 그 실질은 당초 부과처분의 변경이고, 그에 의하여 과징금의 일부취소라는 납부의무자에게 유리한 결과를 가져오는 처분이므로 처음의 부과처분이 전부 실효되는 것은 아니며, 그 감액처분으로도 아직 취소되지 않고 남아 있는 부분이 위법하다고 하여 다투는 경우 항고소송의 대상은 처음의 부과처분 중 감액처분에 의하여 취소되지 않고 남은 부분이고 감액처분이 항고소송의 대상이 되는 것은 아니다."(대법원 2008. 2. 15. 선고 2006두3957 판결)
98) 박균성, 행정법론(상), 제9판, 1021면.

그 자체를 다투는 경우에 그 재결의 정본을 송달받은 날부터 제소기간이 기산됨은 물론
이다. 또한 적극적 변경재결을 새로운 처분으로 보아 항고소송의 대상으로 삼는 경우에
도 그 처분이 있음을 안 날로부터 90일로 볼 수 있다. 여기에서 "그 처분이 있음을 안
날"이란 적극적 변경재결이 있은 날로 볼 수 있다. 이 경우 적극적 변경재결이 있은 날이
란 재결서의 정본을 송달받은 날로 보는 것이 타당하다(행정소송법 제20조 제1항 단서 참조).

요컨대 일부취소재결의 경우에는 감경되고 남은 처분, 예컨대 정직 6월에서 감경된
정직 2월의 징계처분을 항고소송의 대상으로 보는 것이 타당하다. 판례의 입장도 대체로
동일하다(2006두 3957, 97누7325 등). 또한 적극적 변경재결의 경우에는 원처분(파면처분)이
사실상 변경처분(해임처분)에 의해 대체되었다고 볼 수 있다. 이 경우에 행정심판위원회의
변경재결을 대상으로 행정소송을 제기하여야 한다는 주장도 있을 수 있으나, 적극적 변
경처분을 원처분의 변형으로 보아 처분청을 피고로 하여 행정소송을 제기하도록 하는 것
이 당사자의 권리구제에 보다 유리하다. 행정심판위원회는 처분행정청의 원처분을 '변경'
하였을 뿐이지, 원고에 대해 해임처분을 내릴 수 있는 권한을 가진 것은 아니다.

V. 結 論

지금까지 항고소송의 대상과 재결주의에 관하여 고찰하였다. 우리 행정소송법에서
는 원처분주의를 채택하고 있고, 재결전치주의를 취하는 경우에도 원처분을 대상으로 항
고소송을 제기하는 경우가 대부분이다. 소청심사위원회나 교원소청심사위원회의 결정,
토지수용위원회의 재결 등이 그러하다. 개별법에서 재결주의를 규정한 경우는 매우 제한
적이다. 권리구제의 실효성 측면에서는 원처분의 근원적 제거를 내용으로 하는 원처분주
의가 바람직하지만, 재결주의의 실익은 제소기간 정도에서 찾을 수 있을 뿐이다. 따라서
재결을 대상으로 하는 것은 개별법에서 명시적으로 규정하는 경우, 예외적으로 재결을
대상으로 항고소송을 제기할 수 있는 경우가 대부분이다. 감사원의 결정이나 처분 등에
대해서는 항고소송의 대상이 구체적으로 무엇인지를 보다 명확히 규정하여야 한다. 감사
원 판결이라는 용어는 실무에서도 낯선 개념이다. 감사원의 특성을 감안하여 항고소송의
대상으로 명확히 확정하는 것이 요구된다.

판례에서는 항고소송의 대상으로서 처분 개념이 확대되고 있지만, 그 개념의 범주
에 어떠한 요소를 포함할 것인지에 대해 구체적으로 제시하지 않고 있다. 단순히 외부효
내지 직접적 구속력의 의미만 강조되고 있지만, 행정주체 내부의 행위에 대해서 처분성
을 인정하는 경우도 있다. 항고소송 중심주의를 강조하는 입장에서는 처분적 조례, 사실

행위 등의 작용도 쟁송법상 처분개념에 모두 포함시키려는 경향에 있다. 그러나 성질을 달리하는 행정작용을 하나의 포대에 모두 담을 수는 없다. 이러한 논의는 행정작용론의 근간을 흔들 수 있다는 점에서 바람직하지 않다. 근래에 국가기관이나 지방자치단체의 기관 사이에도 공법상 분쟁이 적지 않다. 그러나 이러한 소송을 모두 항고소송으로 다루는 것은 행정소송법 이론에도 배치된다. 또한 '공권'과 '신청권'을 구별하지 못하고, 거부처분의 형식적 요건에만 천착하여 처분성을 확대하는 논리는 더욱 무리한 해석이다. 행정계획변경청구권의 법리가 그러하다. 이러한 해석의 문제점은 근원적으로 일본에서 논란이 있는 포괄적 '공권력 행사'의 개념을 도입한 것에서 연유한다. 일본의 경우보다 그 개념을 한정하기는 하였으나, 여전히 해석상 어려움이 있는 것이 사실이다.

한편, 재결을 취소하더라도 원처분이 그대로 남는 경우에는 권리구제의 실효성을 기대하기 어렵다는 점에서 원처분주의가 바람직하지만, 일정한 경우에는 재결을 대상으로 취소소송을 제기하는 것이 타당한 경우도 있다. 동일한 기관이나 처분청의 상급기관에서 재결을 내리는 경우, 재결이 원처분을 대체한 경우 등에는 재결을 대상으로 항고소송을 제기하는 것이 바람직할 수 있다. 대법원은 토지보상에 관한 소송에서 원처분주의 입장을 채택하였으나, 예외적으로 재결 그 자체의 하자에 대해서는 재결을 대상으로 취소소송을 제기할 수 있음은 물론이다. 잔여지수용청구의 경우에도 이의재결 후 보상금증감청구소송을 제기하는 것이 효과적인 권리구제수단이지만, 재결 그 자체의 하자에 대해서는 역시 재결의 취소를 구하는 소를 제기할 수 있다. 재결주의와 관련하여 해결하지 못하였거나, 이론적으로 명쾌하게 정리되지 못한 부분도 있다. 원처분주의와 관련하여 수정재결이나 변경재결에 대해 무엇을 대상으로, 그리고 누구를 피고로 항고소송을 제기해야 하는지도 어려운 문제 중의 하나이다. 또한 재결취소판결의 효력범위에 대해서도 논란이 있다. 입법적 해결이 正道이지만, 이에 대한 입법이 이루어지기 전까지 법원의 해석에 의해 판단할 수밖에 없다. 실무에서는 이론이나 법리보다는 구체적 타당성에 의존할 수밖에 없는 사정도 있으나, 일관성 있는 선례를 확립하는 것도 사법부의 신뢰라는 측면에서 중요한 과제임에 분명하다.

[참고문헌]

[국내문헌]

金南辰, 行政法의 基本問題, 法文社, 第4版, 1994.

김남진/김연태, 행정법 Ⅰ·Ⅱ, 제21판, 법문사, 2016.

金道昶, 一般行政法論(상), 제4전정판, 청운사, 1992.

金鐵容·崔光律(편집대표), 註釋 行政訴訟法, 박영사, 2004.

柳至泰, 行政法의 理解, 法文社, 2006.

_____, "行政訴訟에서의 이른바 裁決主義의 認定可能性", 法學論集 제33집(1997. 8), 고려대학
　　　교 법학연구소, 33－50면.

류지태/박종수, 행정법신론, 제14판, 박영사, 2010.

박균성, 행정법론(상), 제15판, 박영사, 2016.

박윤흔, 최신행정법강의(상)·(하), 개정27판, 박영사, 2004.

李光潤, 行政法理論: 비교적 고찰, 성균관대학교 출판부, 2000.

李尙圭, 新行政法論(下), 新版, 법문사, 1996.

_____, 行政爭訟法, 제5판, 법문사, 2000.

_____, 英美行政法, 법문사, 2001.

이일세, "행정행위의 부관과 행정쟁송", 公法學의 現代的 地坪(桂喜悅敎授華甲記念論文集), 박영
　　　사, 1995, 635－660면.

이춘섭, "공시지가, 개별지가는 행정소송의 대상인가?", 사법행정 제33권 제12호(1992/12), 61－
　　　70면.

鄭南哲, 現代行政의 作用形式, 法文社, 2016.

_____, "공용수용 및 손실보상에 관련된 대법원 판례의 최근동향 및 주요쟁점", 토지보상법연
　　　구 제16집(2016. 2), 275－294면.

조용호, "개별공시지가의 제문제", 사법논집 제25집(1994), 631－703면.

[일본문헌]

南 博方, 條解行政事件訴訟法, 第4版, 弘文堂, 2014.

塩野 宏, 行政法 Ⅱ(行政救濟論), 第五版補訂版, 有斐閣, 2013.

芝池義一, 行政救濟法講義, 第3版, 有斐閣, 2006.

[독일문헌]

Battis, Allgemeines Verwaltungsrecht, 3. Aufl., Heidelberg 2002.

Drews/Wacke/Vogel/Martens, Gefahrenabwehr, 9., völlig neubearb. Aufl., 1986.

Eyermann, Verwaltungsgerichtsordnung, Kommentar, 14. Aufl., München 2014.

Jellinek, W., Verwaltungsrecht, Neudruck der 3. Aufl., mit Nachtrag 1950 und Vorwort von Bachof, 1966.

Kopp/Schenke, Verwaltungsgerichtsordnung, Kommentar, 18. Aufl., 2012.

Maurer, Hartmut, Allgemeines Verwaltungsrecht, 18. Aufl., München 2011.

Mayer, Otto, Deutsches Verwaltungsrecht I, unveränderter Nachdruck der 3. Aufl., 1924.

Schmidt—Aßmann, Eberhart, Verwaltungsrechtliche Dogmatik, Tübingen 2013.

Würtenberger, Th., Verwaltungsprozessrecht, 3. Aufl., München 2011.

행정소송에서 기관의 당사자능력 · 원고적격이 인정되기 위한 조건

- 대법원2013. 7. 25. 선고 2011두1214 판결 -

정 탁 교[*]

I. 사안의 정리

가. 피고보조참가인(이하 '참가인'이라고만 한다) 甲은 2003. 2. 1.부터 A시 선거관리위원회(이하 '선관위'라고만 한다)에서 관리계장으로 근무해 오던 중 2007. 7. 23. B 등이 A시장 등을 상대로 주민소환투표의 실시 요구를 하자, A시 선관위는 2007. 8. 6. 이를 수리하였는데, 참가인 甲은 위 주민소환투표에 대한 관리총괄팀의 팀장이었다.

나. 주민소환 대상인 A시장 C외 3인은 A시 선관위를 상대로 ○○지방법원 2007구합7360호로 주민소환투표청구 수리처분 등 무효확인의 소를 제기하였는바, 위 법원은 2007. 9. 13. 청구사유가 기재되지 아니한 주민소환투표 청구인 서명부에 한 서명은 주민소환에 관한 법률 제27조 제1항, 주민투표법 제12조 제2항 제7호에 따라 무효라는 이유를 들어 A시 선관위원장의 주민소환투표청구 수리처분을 취소하고 동 투표안 공고의 효력을 정지하였으며, 이에 따라 진행 중이던 주민소환투표절차는 모두 중단되었다.

다. 이에 경기도 선관위는 이와 같은 사태를 초래한 A시 선관위의 분위기를 쇄신하고 주민소환투표 재청구에 대비하기 위해 2007. 9. 21. 위 주민소환투표 관련 직원에 대한 문책성 전보인사를 단행하였는데, 참가인 甲은 위 전보인사에 따라 D시 선관위로 전보되었다(이하 '이 사건 전보명령'이라 한다).

라. 참가인 甲은 A시 선관위가 주민투표법을 위반하여 서명부를 제대로 심사하지 아니한 결과, 주민소환투표의 관리경비를 부담한 A시에게 2억여 원의 재산산

* 법무법인 (유한) 동인 변호사

손해가 발생하였다며 2008. 3. 31. 국무총리 산하 행정기관인 피고인 국민권익위원회에게 "부패방지 및 국민권익위원회의 설치와 운영에 관한 법률"(이하 '국민권익위원회법'이라 한다)에 따라 부패행위신고(이하 '이 사건 신고'라 한다)를 하는 한편, 이 사건 전보명령은 참가인 甲이 중앙선관위 사무총장에게 A시 주민소환투표 과정에서 허위 대리행위 등으로 서명부가 조작되었다는 의혹을 제기하고 경기도 선관위 소속 직원들이 서명부 심사과정에서 저지른 위법행위를 제보한 데 따른 보복 차원에서 행하여진 것이라며 2008. 6. 13. 피고에게 국민권익위원회법 제62조에 따라 이 사건 전보명령의 취소와 관련자 처벌을 구하는 신분보장 조치를 요구하였다.

마. 그 후 중앙선관위는 참가인 甲이 A시 주민소환투표와 관련하여 2008. 4. 9. ○○○ 방송의 인터뷰에 응하여 선관위의 입장에 반하여 허위로 진술하고 그 인터뷰 내용이 2008. 4. 20.부터 21일까지 ○○○ 뉴스에 보도되었다는 이유로 참가인 甲에 대하여 감사를 실시하려 하였으나, 참가인 甲이 3회에 걸쳐 감사의 연기를 요청하자 감사를 거부한 것으로 간주하여 감사를 종결하고 참가인 甲에 대한 징계의견을 경기도선관위에 통보하였고, 그에 따른 후속조치로 경기도선관위가 2008. 7. 2. 참가인 甲에 대한 중징계의결을 자체징계위원회에 요구하자(이하 '이 사건 징계요구'라 한다) 참가인 甲은 2008. 7. 8. 피고에게 이 사건 징계요구의 취소 및 향후 예상되는 신분상 불이익의 예방을 구하는 신분보장 조치를 요구하였다.

바. 이에 국민권익위원회 제1분과위원회는 이 사건 신고가 국민권익위원회법 제2조 제4호 나목에 규정된 부패행위에 해당함을 전제로, 참가인 甲이 이 사건 신고 이후에 이 사건 전보명령 및 이 사건 징계요구와 관련하여 신분보장조치를 요구하였으므로 국민권익위원회법 제63조에 따라 참가인이 이 사건 신고와 관련하여 불이익을 당한 것으로 추정된다는 이유로 2008. 9. 26. 원고에 대하여 국민권익위원회법 제62조 제7항에 기하여 이 사건 징계요구를 취소하고 향후 신고로 인한 신분상 불이익처분 및 근무조건상의 차별을 하지 말 것을 요구하기로 의결하였고, 그에 따라 피고의 위원장이 피고를 대표하여 2008. 9. 30. 경기도 선거관리위원회 위원장인 원고에게 위 의결 내용을 통지하였다(이하 '이 사건 처분'이라 한다. 그 처분의 주체는 위 법 제62조 제7항, 제91조 제1항 제3호 등에 비추어 피고라 할 것이다).

사. 그러나 경기도 선관위는 2009. 3. 6. 참가인 甲을 국가공무원법 제78조 제1항 제1호 내지 제3호의 규정에 따라 파면에 처하고 이를 참가인 甲에게 통지하였다.

아. 이에 참가인 甲이 피고에게 파면처분을 취소하는 신분보장조치를 요구하자, 피
고는 2009. 6. 22. 원고에게 국민권익위원회법 제62조 제7항 및 제63조에 따라
참가인에 대한 파면 징계를 취소할 것을 요구함과 아울러 참가인의 신분보장조
치 요구와 관련한 국민권익위원회의 조사에 불응한 원고 및 경기도 선거관리위
원회 관리과 직원 E에 대하여 위 법 제91조 제1항 제2호에 따라 과태료를 부과
하는 절차를 진행하기로 의결하였다. 한편 피고는 포천시 선관위 사무국장이 참
가인을 무단결근 처리한 것과 관련한 참가인의 신분보장조치 요구에 대해서도
2009. 5. 22. D시 선관위가 신고자 보호규정을 위반하였다는 이유로 국민권익위
원회법 제91조 제1항 제1호에 따라 과태료를 부과하는 절차를 진행하기로 의결
하였다. 그러나 피고는 그 이후 절차는 진행하지 않았다.

Ⅱ. 1심 및 원심의 판단

1심은 "항고소송의 원고가 되기 위해서는 민사소송의 경우와 마찬가지로 당사자능
력이 구비되어야 하므로, 자연인 및 법인은 물론 비법인사단이나 재단도 항고소송의 원
고가 될 수 있으나 당사자능력이 없는 법인의 기관이나 행정청 등은 항고소송의 원고가
될 수 없다 할 것인데, 원고가 이 사건 소는 자연인이 아닌 乙선관위의 대표자라는 기관
의 지위에서 원고를 경기도 선관위위원장으로 특정하여 제기한 것임을 명확히 밝히고 있
는 이 사건에서, 경기도 선관위위원장은 국가의 산하기관에 불과할 뿐 항고소송의 원고
가 될 수 있는 당사자능력이 없으므로 이 사건 소는 부적법함을 면할 수 없다"고 판시하
면서(서울행정법원 2009. 11. 6. 선고 2008구합50506 판결) 국가기관의 당사자 능력을 부정하였다.

이에 대하여 원심은 "행정소송법상 항고소송은 행정청의 '처분 등'이나 부작위에 대
하여 제기하는 소송이고(행정소송법 제3조), 대표적인 항고소송은 '처분 등'의 취소를 구하
는 취소소송이다. 행정소송에 대해서는 행정소송법 제8조 제2항에 따라 법원조직법과 민
사소송법의 규정이 준용되므로 항고소송을 제기하기 위해서는 민사소송과 마찬가지로
자연인과 법인 등 소송의 주체가 될 수 있는 일반적 능력인 당사자능력이 있어야 하고,
특정한 소송사건에서 소를 제기하여 본안판결을 받기에 적합한 자격인 원고적격을 갖추
어야 하므로, 국가의 행정조직에 불과한 국가기관이 직접 당사자가 되어 소를 제기할 수
는 없는 것이 원칙이다. 그러나 사법권은 법관으로 구성된 법원에 속하고(헌법 제101조 제1
항), 법원은 헌법에 특별한 규정이 있는 경우를 제외한 일체의 법률상의 쟁송을 심판할
권한을 가지므로(법원조직법 제2조 제1항), 권리의무의 존부에 대하여 다툼이 있는 경우에는
그 권리의무의 주체는 최종적으로 법원의 심판을 받을 헌법상의 권리가 있고 법원도 그

심판청구를 받아들일 책무가 있다. 따라서 국가기관이 다른 국가기관에 대하여 한 조치라도 그것이 일반국민에 대한 행정처분 등과 동등하다고 평가할 수 있을 정도로 권리의무에 직접적이고 구체적인 영향을 미치고 그 조치의 위법성을 제거할 다른 법적 수단이 없는 경우에는, 국가기관의 지위에서 그 조치를 한 상대방 국가기관을 상대로 법원에 소를 제기하여 다툴 수 있는 당사자능력과 당사자적격이 있다고 봄이 상당하다. 다만 국가기관이 항고소송을 제기할 수 있다고 보기 위해서는 다른 국가기관이 행한 조치 및 그 조치에 불응한 경우에 부과될 수 있는 불이익처분의 근거법령과 그 내용, 침해되는 국가기관의 권리침해 내지 불이익의 내용과 정도, 우월적 지위에서 고권적인 권한행사로 볼 수 있는지 여부, 정부조직 내에서 가능한 해결조정 수단이 행정조직법 기타 법령상 존재하는지 여부, 권한쟁의에 관한 심판, 기관소송 등 다른 권리구제 수단으로 분쟁을 해결할 수 있는지 여부 등을 종합적으로 검토하여야 한다"고 판시하면서 국가기관의 당사자능력을 긍정한 다음, 본안에서 인용판결을 내렸다.

Ⅲ. 대상판결의 판시

대법원은 "국가기관 일방의 조치요구에 불응한 상대방 국가기관에 국민권익위원회법상의 제재규정과 같은 중대한 불이익을 직접적으로 규정한 다른 법령의 사례를 찾아보기 어려운 점, 그럼에도 원고가 국민권익위원회의 조치요구를 다툴 별다른 방법이 없는 점 등에 비추어 보면, 처분성이 인정되는 위 조치요구에 불복하고자 하는 원고로서는 조치요구의 취소를 구하는 항고소송을 제기하는 것이 유효·적절한 수단이므로 비록 원고가 국가기관이더라도 당사자능력 및 원고적격을 가진다고 보는 것이 타당하고, 원고가 위 조치요구 후 甲을 파면하였다고 하더라도 조치요구가 곧바로 실효된다고 할 수 없고 원고는 여전히 조치요구를 따라야 할 의무를 부담하므로 원고에게는 위 조치요구의 취소를 구할 법률상 이익도 있다고 본 원심판단을 정당하다"고 판단하여 국가기관도 예외적으로 법률상 이익이 있는 경우 당사자능력 및 원고적격을 인정하였다.

Ⅳ. 대상판결에 대한 평가

1. 행정소송에서 기관이 원고로서 행정처분을 다툴 법적 구제수단이 있는지 여부

당사자 능력이 인정되는 자연인 및 법인은 물론, 법인이 아닌 사단이나 재단은 대표자 또는 관리인이 있는 경우에는 그 사단이나 재단의 이름으로 당사자가 될 수 있으나(민사소송법 제52조, 행정소송법 제8조 제2항), 당사자능력이 없는 법인의 기관이나 행정청은 원칙적으로 행정소송의 원고 또는 피고가 될 수는 없다.

그러나, 현행 행정소송법은 업무의 편의성 등을 위하여 '취소소송은 다른 법률에 특별한 규정이 없는 한 그 처분등을 행한 행정청을 피고로 한다'(행정소송법 제13조 제1항 전문)고 규정하여 법인격 없는 기관에 대해서 피고적격만을 인정하고 있다. 그리하여 원고가 국가기관인 경우에는 법률에 특별한 규정이 없는 한 행정권 내부에서 문제되는 처분으로 인한 분쟁을 해결할 만한 법적 조정수단이나 기구는 존재하지 않는다. 물론 이와 같은 문제점을 해결하기 위하여 '행정소송에 대하여는 다른 법률에 특별한 규정이 있는 경우를 제외하고는 이 법이 정하는 바에 의한다'는 행정소송법 제8조 제1항과 '행정소송에 관하여 이 법에 특별한 규정이 없는 사항에 대하여는 법원조직법과 민사소송법 및 민사집행법의 규정을 준용한다'는 행정소송법 제8조 제2항 및 '취소소송은 처분 등의 취소를 구할 법률상 이익이 있는 자가 제기할 수 있다'는 행정소송법 제12조의 원고적격에 관한 규정을 근거로 하여 원고가 취소소송의 원고적격이 있는지 여부는 행정소송법상의 법률상의 이익이 있는지 여부에 따라 결정하면 되는 것이지 민사법상의 권리능력, 당사자능력에 관한 이론이 그대로 적용될 수는 없다는 주장에 따른다면 민사법상 권리능력 내지 당사자능력이 없는 국가기관이라고 하더라도 법률상의 이익이 있으면 예외적으로 원고가 될 수 있다는 주장이 가능할 수 있다. 그러나 이와 같은 주장도 '법률상 이익이 있는 자'는 민사법상 권리능력 내지 당사자능력이 있는 자를 반드시 전제로 하는 것이 아닌가 하는 의문을 완전히 해소할 수 없는 근원적인 문제점이 발생하게 된다.

한편, 헌법재판소법에 의한 권한쟁의심판 제도 및 행정소송법상 기관소송은 국민의 구체적인 권리의무에 관한 다툼이 아니라, 국가기관 사이에 권한의 존부 또는 범위에 관하여 다툼이 발생한 경우에 각 기관에 주어진 권한의 존부 또는 범위를 명확히 하여 객관적 권한질서의 유지를 통하여 국가기능의 수행을 원활히 하고 수평적 및 수직적 권력 상호간의 견제를 하도록 하기 위한 것이고, 더구나 권한쟁의심판은 헌법에 의하여 설치된 국가기관 상호간의 권한분쟁에 한하여 제기할 수 있는 것으로 해석되고(헌법재판소 2010.10.28. 선고 2009헌라6 결정 참조), 기관소송도 '법률이 정한 경우에 법률에 정한 자에 한하여' 제기할 수 있을 뿐이므로(행정소송법 제3조 제4호, 제45조), 국가기관이 처분의 상대방으로서 그 처분으로 인하여 구체적인 권익이 침해되었다고 주장하면서 그 처분의 취소를 구하는 경우에는 적용의 여지가 없다. 그 밖에 위헌법률심판은 원고가 행정처분의 취소를 구하기 위한 소를 제기할 수 없다고 볼 경우에는 재판의 전제성이 없게 되고, 헌법소원은 행정처분의 취소를 구할 직접적인 구제수단이라고 볼 수는 없게 된다.

결국, 과거부터 내려온 전통적인 이론의 하나인 국가로부터 분리된 민간의 주체만이 주관적 권리의 주체가 될 수 있다는 낡은 생각이나 주관적 권리의 제한적 귀속이라는 기존 이론에 따른다면(김중권, 행정소송에서의 대학의 당사자능력과 원고적격에 대한 소고, 강원법학 제36권, 강원대학교 비교법학연구소, 69면 이하 참조), 특별히 법률이 정함이 없는 한 원칙적으로 국가기관인 원고가 행정처분을 다툴 어떠한 법적 구제수단은 존재하지 않게 된다.

2. 기관(주로 국립대학)의 기본권 주체성 및 헌법소원과 관련한 당사자능력 내지 청구인적격

헌법재판소는 "헌법 제31조 제4항이 규정하고 있는 교육의 자주성, 대학의 자율성 보장은 대학에 대한 공권력 등 외부세력의 간섭을 배제하고 대학인 자신이 대학을 자주적으로 운영할 수 있도록 함으로써 대학인으로 하여금 연구와 교육을 자유롭게 하여 진리탐구와 지도적 인격의 도야라는 대학의 기능을 충분히 발휘할 수 있도록 하기 위한 것으로서 이는 학문의 자유의 확실한 보장수단이자 대학에 부여된 헌법상의 기본권이다"(헌법재판소 1992. 10. 1. 자 92헌마68 결정, 헌법재판소 2015. 12. 23. 2014헌마1149 결정 참조)라고 판단하여 국립대학의 기본권 주체성을 인정하고 있다. 여기서 국립대학교는 법적 형식의 관점에서는 국가의 기관으로서 국가의 행정영역에 흡수되지만, 그 실질적 기능에서는 독자적인 생활영역을 갖고 헌법상의 학문의 자유와 대학의 자율권에 의거하여 생활영역의 법적인 독립성을 부여받고 있다.

위에서 살펴본 바와 같이, 헌법재판소가 대학의 자율권을 헌법상의 기본권으로 인정하고, 아울러 대학에 대하여 학문의 자유와 대학자율권의 기본권 주체로 인정하고 있는 이상, 대학의 독자성 즉, 법인격은 당연히 인정되어야 할 것이다(이를 인정하지 않는다면 헌법이 명문으로 인정하는 대학의 자율권을 보장되지 않을 것이다).

한편, 헌법재판소법은 헌법소원에 관한 청구인적격에 관하여 별도로 규정하지 않으면서 제40조 제1항에서 '헌법재판소의 심판절차에 관하여는 이 법에 특별한 규정이 있는 경우를 제외하고는 헌법재판의 성질에 반하지 아니하는 한도에서 민사소송에 관한 법령을 준용한다. 이 경우 탄핵심판의 경우에는 형사소송에 관한 법령을 준용하고, 권한쟁의심판 및 헌법소원심판의 경우에는 「행정소송법」을 함께 준용한다'고 규정하고 있고, 동조 제2항은 '제1항 후단의 경우에 형사소송에 관한 법령 또는 「행정소송법」이 민사소송에 관한 법령에 저촉될 때에는 민사소송에 관한 법령은 준용하지 아니한다'고 규정하고 있다.

따라서 헌법소원에 관한 청구인적격에 관하여는 행정소송법 또는 민사소송법에 관한 법령이 준용될 것인데, 헌법재판소는 헌법재판소 2003. 6. 26.자 2002헌마337 결정(헌법재판소 2006. 4. 27. 2005헌마1047 결정도 동일)에서 교육인적자원부장관이 대학총장들에게 내린 학칙시정요구에 대하여 대학의 교수회 또는 교수겸 교수회의 회장들인 청구인들에게 자기관련성이 인정될 수 있는지 여부를 판단하면서 "이 사건 학칙시정요구는 각 해당대학의 총장들을 상대로 한 공권력의 행사이므로 원칙적으로 그 위헌확인을 구할 자기관련성을 가지는 자는 시정요구를 받은 대학의 총장들이라 할 것인바"라고 판시하여, 해당대학의 총장들에게 청구인적격이 인정됨을 전제로 하여 교수회 또는 교수겸 교수회의 회장들인 청구인들의 청구인적격을 판단한 바 있다.

즉, 국립대학교는 부분적 권리능력을 갖는 영조물로서 대학의 자율권과 관련해서 권리능력(독자성)을 가지며, 그리하여 그 자율권과 관련한 국가의 조치에 대해서는 헌법소원과 관련하여 당사자능력 내지 청구인적격을 가진다고 봄이 타당할 것이다.

3. 대상판결에 대한 평가

본 사안에서 원심은 "국가기관이 다른 국가기관에 대하여 한 조치라도 그것이 일반 국민에 대한 행정처분 등과 동등하다고 평가할 수 있을 정도로 권리의무에 직접적이고 구체적인 영향을 미치고 그 조치의 위법성을 제거할 다른 법적 수단이 없는 경우에는, 국가기관의 지위에서 그 조치를 한 상대방 국가기관을 상대로 법원에 소를 제기하여 다툴 수 있는 당사자능력과 당사자적격이 있다고 보는 것이 타당하고 보고, 다만 국가기관이 항고소송을 제기할 수 있다고 보기 위해서는 다른 국가기관이 행한 조치 및 그 조치에 불응한 경우에 부과될 수 있는 불이익처분의 근거 법령과 그 내용, 침해되는 국가기관의 권리침해 내지 불이익의 내용과 정도, 우월적 지위에서 고권적인 권한행사로 볼 수 있는지 여부, 정부조직 내에서 가능한 해결조정 수단이 행정조직법 기타 법령상 존재하는지 여부, 권한쟁의에 관한 심판, 기관소송 등 다른 권리구제 수단으로 분쟁을 해결할 수 있는지 여부 등을 종합적으로 검토하여야 한다"고 판단하여 제한적인 경우에 한하여 비록 국가기관인 경우에도 원고적격을 인정하고 있고, 대상판결은 "국가기관 일방의 조치요구에 불응한 상대방 국가기관에 국민권익위원회법상의 제재규정과 같은 중대한 불이익을 직접적으로 규정한 다른 법령의 사례를 찾아보기 어려운 점, 그럼에도 원고가 국민권익위원회의 조치요구를 다툴 별다른 방법이 없는 점 등에 비추어 보면, 처분성이 인정되는 위 조치요구에 불복하고자 하는 원고로서는 조치요구의 취소를 구하는 항고소송을 제기하는 것이 유효·적절한 수단이므로 비록 원고가 국가기관이더라도 당사자능력 및 원고적격을 가진다고 보는 것이 타당하다"고 판단하고 있다.

대상판결 이전까지는 법인에 관한 민법적 논리에 사로잡혀 법인화되지 않은 국립대학은 영조물에 불과하고 그 총장은 국립대학의 대표자일 뿐이어서 행정소송의 당사자능력이 인정되는 않는다는 것이 확립된 판례이었던바(대법원 2010. 3. 11. 선고 2009두23129 판결; 대법원 2007. 9. 20. 선고 2005두6935 판결 등 참조), 이는 개별법상의 법인격 부여를 법인격 인정의 유일한 근거 점으로 봄에 따른 당연한 결과이다.

그런데 원심 및 대상판결에서 판단한 바와 같이 ⅰ) 관련 법률에 따라 일정한 조치 등을 받은 상대방이 '행정처분을 받은 자'로서 '국가기관'이지만, 국가기관과 유사한 법인격을 갖는 주체도 동일하게 행정기관의 감독을 받고 있는 경우와 같이, 도저히 원고와 피고가 대등한 국가기관의 지위에 있다고는 볼 수 없는 국가기관에 대하여(국가기관), ⅱ) 행정처분을 하였으나 행정처분을 위반한 경우 관련 법률에 따라 제재 내지 형사처벌 등을 예정하고 있어 국가기관으로서는 행정처분을 따를 수밖에 없는 사실상의 강제를 받게 되는 등 행정처분이 우월적 지위에 있는 국가기관의 고권적인 권한행사에 해당하여 상당히 강한 규제적·구속적 성격을 가지고 있어서(행정처분), ⅲ) 일반국민에 대한 행정처분 등과 동등하다고 평가할 수 있을 정도로 국가기관의 권리, 의무에 직접적이고 구체적인 영향을 미치는 행정처분을 한 경우로 볼 수 있는 경우임에도(법률상 이익), ⅳ) 문제되고 있는 행정처분을 다툴 어떠한 법적 구제수단도 존재하지 아니하는 경우에는(예외성) 원고적격을 인정할 필요성이 발생하게 된다.

따라서, 국가기관 일방의 조치요구에 불응한 상대방 국가기관에 관련 법률상의 제재규정과 같은 중대한 불이익을 받을 위험성이 예정되어 있어 사실상 강제력 및 구속력을 가짐에 따라 국가기관인 원고로서는 피고의 행정처분을 따를 수밖에 없는 사실상의 강제를 받게 되는 등 행정처분이 우월적 지위에 있는 피고의 고권적인 권한행사에 해당하여 당해 행정처분이 상당히 강한 규제적·구속적 성격을 가지는 경우에 한하여 제한적으로 원고적격을 인정할 필요성이 제기되는데, 이러한 측면에서 대상판결은 국가기관 일방의 조치요구에 불응한 상대방 국가기관에 관련 법상의 제재규정과 같은 중대한 불이익을 직접적으로 규정한 다른 법령의 사례를 찾아보기 어려운 점, 그럼에도 원고가 국민권익위원회의 조치요구를 다툴 별다른 방법이 없는 점 등에 비추어 보면, 처분성이 인정되는 위 조치요구에 불복하고자 하는 원고로서는 조치요구의 취소를 구하는 항고소송을 제기하는 것이 유효·적절한 수단인 경우에 한하여 원고적격을 인정하고 있어서 일정한 경우에 한하여 국가기관의 원고적격을 제한적으로 인정하고 있다고 볼 수 있다.

결국, 이와 같은 경우에 한하여 원고적격을 인정하는 것은, '국가기관으로서 그 권한을 행사하는데 불과한 원고에게 원고의 모든 권한행사의 귀속주체인 국가를 상대로 한 항고소송을 인정하게 되면 국가기관의 행위로 인한 국가의 권리·의무 귀속에 관한 질서

가 무너지게 된다'(서울행정법원 2011구단 42758판결 참조)는 염려나 '하급행정기관은 상급행정
기관의 명령에 대하여 하자가 명백하지 아니한 이상 이에 복종하여야 할 의무여부를 운
운하며 원고적격을 부정하거나 이와 같은 경우 원고적격을 인정한다면 행정상 내부통제
시스템을 스스로 파괴하는 결과를 초래한다'(대법원 1998. 8. 5. 선고 97누15432 판결)는 판단은
한낱 기우에 불과한 것으로서, 행정처분에 위법의 존재여부에 대한 판단은 종국적으로
법원의 판단에 의하여 이루어져야 하고 행정처분에 위법이 있는지 여부를 판단받기 위해
서라도 국가기관인 원고에게 당사자 능력을 인정할 필요가 있다는 측면에서 이러한 절차
는 오히려 행정상 내부통제 시스템의 적법성 및 건전성에 기여한다고 볼 수 있으므로 대
상판결의 태도는 충분히 수긍이 간다.

　　이는 통상의 행정처분과 달리 국가기관에게 예외적으로 원고적격을 인정하는 행정
처분은 그 상대방이 국가기관이라는 차이 외에는 일반 국민의 권리의무에 직접·구체적
으로 영향을 주는 통상의 행정처분과 다를 바 없을 뿐만 아니라, 국가기관으로서 원고가
가지는 권한이 제한되고 나아가 제재 또는 형사처벌 등 중대한 권익의 침해를 전제하고
있는 처분임에도 불구하고 그 취소를 구할 다른 법적 수단도 없는 경우에 한하여 원고적
격을 예외적으로 인정한다는 점에서 원고적격의 인정의 필요성을 통하여 적절하게 통제
하고 있다는 점에서 보더라도 타당하다.

　　이와 같은 여러 요소들을 종합해 보면, 법률상 이익이 있는 국가기관인 원고로서는
문제되는 행정처분을 한 피고를 상대로 그 취소를 구하는 항고소송을 제기하는 것이 위
와 같은 권한의 제약과 법적 지위의 불안을 한꺼번에 해소할 수 있는 가장 유효·적절한
수단이라 할 것이며, 법원으로서도 이를 받아들여 판단하는 것이 일체의 법률상의 쟁송
에 대한 심판을 할 권한과 책임을 부여한 헌법상의 명령에도 부응하는 것인데, 이와 같
은 측면에서 대상판결은 국가기관의 경우에도 예외적인 경우에 한하여 당사자능력, 원고
적격을 인정하여 이러한 헌법상의 명령에 부응하고 있는바, 이러한 예외성은 국가기관의
경우에 결국 현재까지 추가적으로 당사자능력 내지 원고적격을 인정한 사례가 없는 결과
(광주고등법원 2014누6141호, 서울고등법원 2013누3018호, 서울행정법원 2012구합33638호, 대구지방법원
2013구합311446호, 서울행정법원 2016구합82942호)를 초래하고 있으나 민사법상 권리능력 내지
당사자능력이 없는 국가기관의 경우도 '법률상 이익이 있는 경우'는 예외적으로 원고적
격을 인정할 수 있다는 논거를 제시하고 있다는 점에서 수긍이 가나, 원심과 같이 보다
더 세부적이고 구체적인 기준을 제시하지 않고 있는 점에서 아쉬움이 조금 있다.

4. 유사사건에 대한 해결방안

1) 교육부장관이 공립·사립대학교의 법학전문대학원과 동일한 절차와 방법 등을 통하여 개원한 국립대학교 법학전문대학원에 대하여 일정한 사유를 근거로 사립대학교 법학전문대학원과 동일한 모집정지처분을 한 사례(서울행정법원 2011구단42758 판결과 관련한 사례)

위와 같은 사례와 관련하여서는, 국가기관인 원고가 문제되는 행정처분을 한 피고를 상대로 그 취소를 구하는 항고소송을 제기하는 것이 가능하다고 보는 것이, 국립대학교 법학전문대학원은 다른 공립·사립대학교의 법학전문대학원과 마찬가지로 일률적으로 인가신청서 등을 제출받아 이를 기초로 해당 대학 법학전문대학원의 설치여부·정원 등을 결정한 뒤 개원하게 되었고 그 후 교육부장관이 동일한 절차와 방법을 거쳐 동일한 행정처분을 내렸음에도 사립대학교를 운영하는 학교법인에게는 당사자능력이 인정되고 있고, 따라서 사립대학교의 경우 모집정지처분과 같은 처분에 대하여 학교법인을 당사자로 하여 그 위법성을 다툴 기회가 부여됨에도 불구하고, 국립대학교의 경우에는 그 설립자인 국가가 처분에 대하여 소를 제기하지 않는 이상 그 처분을 다툴 방법이 없게 되고, 가사 국립대학교의 설립자인 국가가 피고가 행한 처분에 대하여 소를 제기한다고 하더라도 이는 국가가 국가(행정소송법에 의하여 피고적격이 인정되는 피고 또한 국가의 의사를 결정하고 이를 외부에 표시하는 권한을 가진 행정기관이다)를 상대로 소를 제기하는 기이한 형태의 문제점을 해결하는 좋은 방안이 되게 된다.

즉, 대학교의 학사관리 권한 등을 침해하는 처분이 내려진 경우, 사립대학교의 경우 학교법인을 통하여 그 처분을 다툴 기회가 주어지지만[물론 사립대학교의 총장의 경우에 사립법인의 부속기관인양 독립된 법적 지위를 인정하지 않았으나 당사자 능력을 인정하는 예외적인 판례도 있다(대법원 2011. 6. 24. 선고 2008두9317 판결)], 국립대학교의 경우 국립대학교 또는 그 총장에게 다툴 수 있는 당사자능력을 인정하지 않는 이상 이를 다툴 기회가 사실상 봉쇄되는 것인바, 이는 형평의 원칙에 위반될 뿐만 아니라 결과적으로 국립대학교에 대한 처분의 경우 사법심사를 배제한 채 행정부의 전횡을 인정하는 결과에 이르게 되므로 이러한 문제를 해결하기 위해서라도 대학은 국립·사립을 불문하고 헌법이 명문으로 인정하는 교육의 자주성, 대학의 자율성 보장의 한도 내에서는 그 기본권의 주체가 되며, 따라서 이를 침해하는 위법한 처분이 있는 경우, 이를 적극적으로 다투어 그 위법을 해소할 법률상 이익이 있다고 할 것인바 그 한도 내에서는 국립대학교 총장에게도 당사자능력 내지 원고적격이 인정되어야 할 것이다.

따라서 대상판결에 따른다면 위와 같은 사례의 경우 법학전문대학원 설치법상의 시정명령을 이행하지 않은 경우 형사적 제재까지도 예정되어 있는 점(법학전문대학원 설치법 제46조 참조) 그럼에도 국립대학교 총장이 교육부장관의 모집정지처분을 다툴 별다른 방법이 없는 점 등을 근거로 하여 예외적으로 원고적격을 인정할 수 있으므로, 법학전문대학원이 설치되어 있는 국립대학교과 사립대학교의 차이를 부각시키고 사립대학교의 총장에게도 당사자능력은 인정되지 않음을 근거로 하여 국가기관인 국립대학교 총장의 당사자능력을 부정하는 과거의 기준에서 벗어나 사립대학교의 경우 학교법인에게 당사자능력을 인정하여 모집정지처분 등에 대하여 다툴 기회를 제공함에도 국립대학의 경우는 이와 같은 기회를 제공하지 못하고 있는 문제점을 해결하여 법학전문대학원의 설치 뿐 아니라 모집정지처분 등을 다툼에 있어서 국립대학교과 사립대학교가 동일하게 취급될 수 있다는 점 등에 비추어 볼 때, 이러한 유사한 사례를 해결하는 기준을 제시하여 일정한 경우 국가기관에도 당사자능력 내지 원고적격이 인정됨에 따라 국가기관도 직접적인 권리구제를 도모할 수 있다는 논거를 제시한 측면에서 여러모로 타당하고 수긍이 간다.

2) 감사원장이 그 직위에서 체비지 관리 · 매각업무를 담당총괄하는 서울특별시 ○○구청에 부구청장으로 근무하는 자에게 서울특별시 소유의 체비지를 저가에 매각하여 지방공무원법 상 성실의무를 위반하였다는 이유로 감사원법에 따른 징계를 요구한 사례(서울고등법원 2013누3018 판결과 관련한 사례)

원심에서 판단하고 있는 바와 같이, 항고소송의 대상은 국가기관이 다른 국가기관에 대하여 한 조치라도 그것이 일반국민에 대한 행정처분 등과 동등하다고 평가할 수 있을 정도로 권리의무에 직접적이고 구체적인 영향을 미치는 경우, 즉 행정청의 공법상의 행위로서 특정사항에 대하여 법규에 의한 권리의 설정 또는 의무의 부담을 명하거나 기타 법률상의 효과를 직접 발생하게 하는 등 국민의 권리의무에 직접 관계가 있는 행위를 말하고, 행정청 내부에서의 행위나 알선, 권유, 사실상의 통지 등과 같이 상대방 또는 관계자들의 법률상 지위에 적접적인 법률적 변동을 일으키지 아니하는 행위 등은 항고소송의 대상이 될 수 없으므로(대법원 1998. 7. 10. 선고 96누6202 판결 등 참조), 위의 사례에서 서울특별시 ○○구청 부구청장의 경우 기관으로서 당사자 능력 내지 원고적격이 있는지 여부를 판단하기 이전에 징계요구가 감사원의 공권력의 주체로서 그 권한을 행사하여 서울특별시장 등의 권리의무에 직접적이고 구체적인 영향을 미치는 행위를 한 것으로 볼 수 없다는 점 등에 비추어 보면 징계요구는 행정기관 상호간의 내부적인 의사결정 행위에 불과하여 항소소송의 대상이 되는 행정처분이 아니라고 판단하여 원고적격을 부정할 수 있어 이와 같은 논거를 제시한 원심판결 및 위 판결(서울고등법원 2013누3018 판결)은 수긍이 가고, 일방이 상대방에 대하여 일정한 의무를 부과하면서 이에 불응한 상대방 국가기관

등에게 별도로 과태료나 형사처벌 등과 같은 중대한 불이익을 직접적으로 규정하고 있는데도 일방의 조치요구를 다툴 별다른 방법이 없는 경우와 같은 예외적인 경우에는 비록 국가기관 등이라 하더라도 당사자능력을 가진다는 논거에 따라 이에 불응한 국가기관 등에게 어떠한 불이익이 부과되거나 권리침해가 있을 수 있다는 규정을 두고 있지도 않다는 점에 있어서 당사자 능력을 인정할 수 없다고 판단할 수 있는 논거를 제시한 점에서 대상판결은 충분히 수긍이 간다고 할 것이며, 결국 이를 종합하여 보면 원심 및 위 판결 (서울고등법원 2013누3018 판결)과 대상판결은 국가기관의 경우 당사자 능력 내지 원고적격이 있는지 여부를 판단하기 위해서는 일정한 행정처분으로서 성격을 갖는 경우에 한하여 이를 다툴 '법률상 이익이 있는' 국가기관임에도 이를 다툴 별다른 방법이 없는 예외적인 경우에 국가기관이라고 하더라도 당사자능력 내지 원고적격이 있다고 판단할 수 있다는 간단하면서 쉬운 해결기준을 제시하고 있다는 측면에서 수긍이 간다.

제 4 부

지방자치 · 공무원 · 경찰행정

대한민국 지방자치 제도개선에 관한 입법정책적 고찰

오 준 근[*]

I. 들어가는 글

내가 류지태 교수님을 처음 만난 것은 1986년 아데나워 장학재단이 주최한 장학생 세미나 자리에서였다. 카랑카랑한 목소리로 담대하게 독일학생들과 토론하는 모습은 나에게 깊은 인상을 주었다. 아데나워 재단은 매우 자주 독일 전국을 돌며 세미나를 개최하였는데 나는 이후 세미나를 적극적으로 참석하였고, 류지태 교수님을 여러번 만날 수 있었다. 동시대를 살면서 행정법이라는 같은 전공을 독일에서 함께하였고, 같은 장학재단의 장학생이었던 관계로 나는 류지태 교수님에 대한 남다른 유대관계를 느꼈다. 류지태 교수님은 나보다 먼저 교수가 되셨고 대한민국의 행정법 발전에 큰 공을 세우셨기에 나는 항상 교수님을 존경해 왔다. 10주기 기념논문집에 글을 올리면서 가슴이 시리다는 것이 어떤 감정이란 것을 알 것 같다. 류지태 교수님은 생전에 지방자치에 많은 애착을 보이셨다. 고려대학교 법무대학원 지방자치법 전공을 이끄셨고, 지방자치법연구회의 학술지도 직접 만들어 내셨으며 다수의 논문을 집필하셨다.[1] 대한민국의 지방자치의 발전을 항상 염려하셨던 류지태 교수님께 이 논문을 드린다.[2]

---

[*] 오준근, 법학박사, 경희대학교 법학전문대학원 교수, 한국지방자치법학회 고문, (전) 국민권익위원회 부위원장 겸 중앙행정심판위원회 위원장(2011~2012)

1) 학술논문을 검색하면 고시계와 고시연구를 제외한 정규 학술지에 발표하신 교수님의 논문 중 지방자치에 관한 논문으로 다음과 같은 글들을 볼 수 있다: 류지태, 자치사무에 대한 감독권 행사의 사법적 심사기준, 고려법학 제48호, 2007; 류지태, 지방자치와 직접민주제, 법제 통권577호, 2006; 류지태, 지방자치단체장에 대한 주민의 법적 통제제도, 시민과 변호사, 2001; 류지태, 지방자치단체장의 선임방안: 정당 공천제 문제를 중심으로, 지방자치법연구 제1권 제2호, 2001; 류지태, 지방자치단체장의 재의요구와 선결처분, 자치행정, 2000; 류지태, 지방자치의 제도적 보장론 소고, 법학논집 제29권, 1993

2) 이 논문은 오준근·정준현·김동건, "지방자치 활성화를 위한 법과 제도의 개선방향", 지방자치법연구 제14권 제2호(2014.6)를 기본 골격으로 하고, 다음의 논문의 내용을 보완·종합화한 것이다. 오준근, "지방자치단체의 계획자치권에 관한 독일과 한국의 비교법적 연구", 지방자치법연구 제16권 제1호(2016.3); 오준근·이지은, "독일의 지방재정구조와 지방자치단체 파산제도 도입 논의에 관한 약간의

　　지난 2017년 10월 26일 "지방자치의 날 30주년 기념식"이 열렸다. "지방자치의 날"은 1987년 10월 29일 제9차로 개정된 현행 헌법에 의해 종래 지방의회의 구성을 유예한 규정을 철폐한 것을 기념하는 날이다.[3] 이를 토대로 1991년 지방의회의원이, 1995년 민선 지방자치단체 장이 선출됨으로써 "지방자치의 제도화"가 이루어졌다. 헌법 개정이 있은 후 30년, 자치단체 장 선거가 이루어진 후 22년이 지나 대한민국의 지방자치는 성년이 되었지만, 대한민국의 헌법 규정과 지방자치에 관한 법 현실을 자세히 살펴보면 우리의 지방자치는 여전히 미성년자의 대우를 받고 있는 것으로 평가되어 왔다.

　　"미성년자의 비유"는 국회와 중앙정부가 지방자치단체의 자치권의 범위를 법률과 예산 및 각종 제도의 틀 아래 두어 결과적으로는 마치 후견자인 국회와 중앙정부가 처분을 허락한 재산에 대해 미성년자인 자치단체가 임의로 처분할 수 있도록 하는 형태를 취하고 있다는 점에 착안한 것이다. 국회나 중앙정부의 후견적 지방통제를 정당화해온 근거로는 "시기상조", "지방자치의 미성숙", "불공정한 지방행정", "예산낭비와 지방부채" 등이 빈번히 거론되어 왔다. 그러나 2018년 현 시점에서 볼 때, "시기상조"나 "미성숙"이 더 이상 언급되어서는 아니 된다. 지방자치의 중요성을 정부와 국민이 공감하는 이 시점에서 국회와 중앙정부는 통제의 역할을 내려놓고 지방자치단체에 많은 것을 맡겨야 한다. 보다 구체적으로는 지방자치단체에 보다 충분한 자치권한이 부여되어야 한다는 뜻이다.

　　이 글은 위와 같은 개선과제를 현실화하기 위한 구체적인 방안을 제시하기 위하여 기획되었다. 헌법개정의 과제를 먼저 정리한 후, 이를 전제로 입법권의 분배, 조직, 인사, 계획 등 각종 자치권의 강화를 위하여 필요한 법·정책적 과제를 구체적으로 정리하였다.[4]

　　류지태 교수님이 여러 기회에서 지적하신대로 대한민국의 지방자치제도가 2018년 헌법개정을 필두로 법과 제도의 개선이 이루어질 수 있기를 기대한다.

　　고찰", 지방자치법연구 제15권 제2호(2015.6); 오준근, "지방자치단체의 조직자치권에 관한 독일과 한국의 비교법적 연구", 경희법학 제49권 제3호(2014.9); 오준근, "지방자치단체의 인사자치권의 주요 쟁점에 관한 공법적 고찰", 지방자치법연구 제14권 제3호(2014.9).

3) 위와 같은 헌법 개정으로 지방자치가 우리 헌법상 국가운영의 기본원리로 거듭되어 났다는 점에서 "지방자치의 날"을 헌법개정일인 10월 29일로 정하였다. "제1회 지방자치의 날 기념식 개최", 행정자치부 보도자료, 2013.10.30. 참조.

4) 지방자치단체의 자치권은 지방자치단체의 영역 안에서 주민의 복리에 관한 모든 사무를 처리할 수 있는 전권한성을 그 기초로 하며, 구체적으로는 자치입법권, 조직자치권, 인사자치권, 계획자치권, 재정자치권 등으로 세분화될 수 있다. 필자는 이와 관련하여 다음과 같은 논문을 집필한 바 있다.

Ⅱ. 지방자치 제도개선을 위한 헌법 개정 방향

1. 지방자치에 관한 대한민국 헌법 현황 분석

1987년 개정된 현행 대한민국 헌법은 지방자치를 "장" 단위(제8장)로 규정하면서도 지방자치에 관하여는 제117조와 제118조의 두 개의 조문을 두고 있을 뿐이다. 제117조는 "① 지방자치단체는 주민의 복리에 관한 사무를 처리하고 재산을 관리하며, 법령의 범위 안에서 자치에 관한 규정을 제정할 수 있다. ② 지방자치단체의 종류는 법률로 정한다."고 규정하고 있으며, 제118조는 "① 지방자치단체에 의회를 둔다. ② 지방의회의 조직·권한·의원선거와 지방자치단체의 장의 선임방법 기타 지방자치단체의 조직과 운영에 관한 사항은 법률로 정한다"고 규정하고 있고, 이것이 헌법이 규정하는 지방자치에 관한 내용의 전부이다.

현행 헌법상의 지방자치 규정은 지방자치단체의 존재, 지방자치단체의 사무, 지방의회의 설치 세 가지만을 포괄하고 있다. 지방자치단체의 종류, 조직과 운영 등 다른 모든 사항은 국회가 제정한 법률에 위임하고 있어, 지방자치에 관하여는 중앙의 입법기관인 국회의 입법형성에 의존하게 하고 있다.[5]

헌법 이념상 지방자치는 '민주주의의 풀뿌리'로서 주민과 가장 가까운 거리에서 '자기지배의 원리'를 실현하고자 하는 제도로서 국가권력의 적극적인 분권이 요구된다.[6] 권력분립의 이상으로 볼 때, 지방자치는 중앙정부와 지방자치단체 사이의 수직적 권력분립을 통하여 국민의 기본적 인권을 보장하는 제도이다. 수직적 권력분립이란 중앙정부와 지방자치단체가 그 권력을 중앙과 지방을 기준으로 나눈다는 뜻이다.

다시 말해서 지방의 사무에 대하여는 지방자치단체에 전적으로 포괄적인 권한을 부여하여야 하고(지방자치단체의 전권한성), 지방이 할 수 없는 사무, 전국적 통일성이 필요한 사무를 중앙이 보완적으로 처리하는 헌법구조가 되어야 한다는 뜻이다. 그런데 우리 헌법은 이와 같은 수직적 권력분립에 관한 아무런 의미도 부여하지 아니하고 있다. 지방자치에 관한 헌법개정이 지방자치의 활성화를 위한 선행 요건이 되어야 한다는 것도 바로

---

5) 류지태 교수님은 그 논문 "지방자치의 제도적 보장론 소고", 법학논집 제29권, 1993, 22쪽에서 "헌법 제117조 제1항의 규정에 의해 지방자치가 헌법차원에서 제도적으로 보장되는 것으로 해석된다"고 전제하고 있다.

6) 홍정선, 「신지방자치법」, 40쪽; 김재호, "지방자치의 헌법적 보장과 조례제정", 「지방자치법연구」 통권 제12호, 308쪽; 최봉석, 「지방자치의 기본법리」, 한국법제연구원, 2008, 29쪽 등 참조. 그 밖에 지방자치의 발전을 위한 헌법개정에 관한 논의는 방승주, "지방자치제도의 발전을 위한 헌법개정의 방향", 「지방자치법연구」 통권 제22호, 3면 이하 및 "헌법 제117조", 「헌법주석서Ⅳ」 법제처 2010. 2. 393면 참조.

이러한 이유에 근거하고 있다.

또한 현행법에 의하면 법률안 발의권은 중앙정부와 국회의원에게만 부여되고 있다. 지방자치단체들이 지역적 이해관계를 지닌 것이거나 혹은 지역적 이해관계를 넘어서 국가발전에 중요한 법률안을 구상하는 경우에 이를 입법과정에 투입할 수 있는 제도를 도입하는 것이 진정한 지방분권국가로 발전할 수 있는 길이다. 뿐만 아니라 특정 지방자치단체에 한정되는 직접적인 이해관계에 있는 법률을 제정하고자 하는 경우에는 당해 지방자치단체의 동의를 필요로 하는 법제의 도입도 필요할 것이다.[7]

2. 지방자치 제도개선을 위한 헌법 개정 방향

헌법을 개정함에 있어 수직적 권력분립을 통한 국민의 기본적 인권 보장의 기본 이념이 헌법에 반영되고, 실질적인 지방분권이 이룩될 수 있도록 실천적 규정이 도입되어야 한다. 지방자치에 관한 헌법개정에 있어 적어도 다음 사항은 그 취지가 조문에 반영되어야 할 것으로 생각된다.

첫째, "지방자치는 헌법상 자유민주적 기본질서의 필수 구성요소로서 보장되어야 함"이 이념적으로 확인되어야 한다.

둘째, 지방자치단체에 대하여는 그 구역 안에서 주민의 복리에 관한 사무를 독자적으로 처리할 수 있는 전권한성이 헌법상 구체적으로 부여되어야 한다.[8]

셋째, 지방의회에 대하여는 주민의 민의를 반영하여 자치입법권을 행사할 수 있는 충분한 권한이 부여되어야 한다.

넷째, 지방자치단체에 대하여는 그 기본적 사무를 처리함에 필요한 재원이 보장되어야 한다.[9]

또한 입법과정에의 지방자치단체의 참여는 상원제도(지역대표형 상원)의 도입을 통하여도 실현될 수 있다. 미국이나 독일에서 도입·운영하고 있는 상원제도는 우리에게 좋은 모델이 될 수 있을 것이라 생각한다. 이 같은 내용을 구현하기 위해 헌법상의 국회구성에 관한 규정의 개정이 필요할 것이다.[10]

---

7) 같은 의견, 김해룡, 분권형 국가를 지향하는 헌법의 개정방안, 지방자치법연구 제12권 4호, (2012. 12.), 15면 참조.

8) 김병기, "미래를 위해 먼저 쓴 대한민국 헌법 개정안"(최병선/김선혁공편), EAI 2008, 256면; 이기우, "지방자치 기반강화를 위한 헌법개정", 「한국지방자치학회보」 제17권제4호, 16면 등 참조.

9) 김성호, "국가권력의 수직적 분권을 위한 헌법개정안 연구", 「한국지방자치학회보」 제19권제4호, 124, 129면.

10) 문재인 대통령은 제2국무회의의 제도화를 약속하였다. 이는 "상원"의 구성과 같은 국회의 개편 문제를 대통령이 직접 언급하기 어렵기 때문에 한 발언이라 생각된다.

위와 같은 모든 논의 내용을 헌법에 규정함에 있어 선결되어야 할 또 하나의 문제는 지방자치단체의 종류 및 구조이다. 대한민국은 미국이나 독일 등 연방국가와는 다른 단일 국가이다. 지방자치단체의 종류를 헌법이 아닌 지방자치법에서 규정하도록 한 결과 광역자치단체와 기초자치단체의 위상과 그 자치권의 분배에 있어 많은 혼선이 있다. 위에서 언급한 상원제도의 경우 광역자치단체의 위상을 연방국가의 주에 준하는 지위로 격상시키고 대한민국을 준연방제 국가로 전환함을 전제로 하는 경우에 본격적인 도입이 가능하다고 할 수 있다.

헌법에 지방자치에 관한 규정을 어떻게 조문화할 것인가에 대하여는 많은 심사숙고와 토론이 필요하다. 지방자치단체의 종류를 헌법에 확정하고, 광역자치단체에 연방국가의 주에 준하는 지위를 부여하고, 입법권을 기본적으로 광역의회에 부여한 후, 국회가 행사할 수 있는 입법권한을 헌법상 특정하며, 기초의회의 조례제정권의 범위와 한계를 헌법상 명문화하고, 지방정부에 자치조직권, 자치인사권, 자치복지권, 계획자치권, 재정자치권이 있음을 명시할 수 있다면 지방분권의 이념상 가장 이상적인 헌법개정이 될 수 있을 것이다. 헌법개정을 구체적으로 논의함에 있어 이와 같은 내용이 반영될 수 있기를 기대한다.

Ⅲ. 자치입법권에 관한 입법정책적 과제

1. 지방자치단체의 자치입법권에 관한 현황 분석

지방자치는 지방의회의 존재를 그 전제로 한다. 지방의회를 설치하는 이유는 지방자치단체의 자치사항을 스스로 결정할 수 있는 권한 즉 자치입법권을 보장하기 위함이다. 그런데, 앞서 언급한 바와 같이 현행 헌법 제117조는 "법령의 범위 안에서 자치에 관한 규정을 제정할 수 있다"고 규정하고 있다. 이 규정은 그 자체가 국회가 제정한 법률과 중앙정부가 그 위임을 받거나 집행을 위하여 제정한 명령·규칙의 범위안에 지방의회의 자치입법권을 묶어두는 것이어서 지방자치의 본질과 맞지 아니하므로 그 개정이 필요하다.[11]

헌법규정을 전제로 하지 아니한다 하더라도 헌법의 위임을 받아 제정된 법률은 헌법이 정한 바 보다 더 지방자치를 제약하여서는 아니 된다. 그런데 현행 지방자치법은

---

11) 김해룡, "지방분권제도의 실질적 구현을 위한 법제정비에 관한 연구", 전국시도지사협의회(2008.5.), 95면; 김성호, 앞의 논문, 129면; 신기현, "지방분권(지방자치)분야의 바람직한 개헌방향", 국회 미래한국헌법연구회 지역순회 전북토론회, 62면 등 참조.

제22조에 "지방자치단체는 법령의 범위 안에서 그 사무에 관하여 조례를 제정할 수 있다. 다만, 주민의 권리 제한 또는 의무 부과에 관한 사항이나 벌칙을 정할 때에는 법률의 위임이 있어야 한다."고 규정하여 지방자치단체의 자치입법권의 내용과 한계를 설정함에 있어 헌법보다 한 걸음 더 나가 있다. 조문에서 바로 볼 수 있는 바와 같이 제22조 단서가 문제이다.12) 헌법이 규정하지 아니한 사항에 대하여도 추가적으로 규정함으로써 자치입법권에 대한 제약을 가하고 있기 때문이다. 이 규정의 위헌성 여부는 지방자치법학회의 회원 상호간에 매우 중요한 학술토론의 과제가 되어 있다.13)

현행 헌법 제37조 제2항은 "국민의 모든 자유와 권리는 국가안전보장·질서유지 또는 공공복리를 위하여 필요한 경우에 한하여 법률로써 제한할 수 있으며, 제한하는 경우에도 자유와 권리의 본질적인 내용을 침해할 수 없다."고 규정하고 있다. 이러한 법률유보의 규정은 주민의 권리제한 및 의무부과에 관하여 법률의 통제를 받도록 규율하고 그 결과 제22조 단서와 같이 "법률의 위임"이 있을 것을 요구하게 되었다. 그러나 이로 인해 조례 자체의 규범력이 약화되고 지방자치의 본질의 훼손이 우려된다.14)

국가가 개별 법률에 의하여 조례에 일정한 사항을 위임할 수 있다는 것과, 지방자치법 제22조 단서와 같이 규제적 성격의 조례의 제·개정에 있어서 일반적인 법률유보를 전면적으로 요구하는 것은 근본적인 차이가 있다고 본다. 규제적 조례 일반에 대하여 반드시 법률의 위임이 있어야 된다는 것은, 자치입법권을 매우 심각하게, 그리고 실질적으로 형해화(形骸化)시킬 수도 있다는 점에서 자치입법권을 보장하는 헌법의 취지에 반할 수 있다.15)

행정규제기본법 제4조는 규제는 법령 등이나 조례 또는 규칙에 의해 규정된 것이어야만 하는 규제법정주의를 채택하고 있다. 그런데 규제관련 조례의 입법에 있어서 지역적 사무의 귀속에 해당하는 경우라면 자치사무로서 지방자치단체가 비교적 넓은 자치입법권 즉 규제의 형성을 할 수 있으나, 지금의 경우와 같이 기관위임사무의 비중이 큰 경

12) 류지태 교수님은 전게논문(지방자치의 제도적 보장론 소고)에서, 지방자치법 제22조(당시 제15조) 단서를 둘러싼 위헌론과 합헌론을 면밀히 분석한 후, "조례제정권은 지방자치단체의 자기책임성보장의 한 내용이기에 지방자치의 제도적 보장의 본질요소에 해당하는 것이고 따라서 이 권리의 완전한 박탈은 위헌이 되는 것이다"라고 전제한 후, 조례제정권이 원시적 권리 즉 법률의 위임을 필요로 하지 않고 자주적으로 규율할 수 있는 권리라는 입장을 지지하고 있다.
13) 홍정선, 앞의 교과서, 306–312면; 한국지방자치법학회(편),「지방자치법주해」, 박영사 2004, 134–135면 : 지방자치법, 이기우, "지방자치 기반강화를 위한 헌법개정",「한국지방자치학회보」제17권제4호, 10면–12면 참조; 김배원, "현행 헌법상 지방자치제도의 개정필요성과 방향",「헌법학연구」제16권, 170면–176면; 차상붕, "자치권의 규범력제고",「공법학연구」제7권제1호, 508면; 김상태, "지방분권의 헌법적 보장",「법학연구」제49집, 286–288면 등.
14) 김해룡, 분권형 국가를 위한 헌법개정을 기대하며, 월간법제, 2012권 10호, 2012년, 3면.
15) 문상덕, 국가와 지방자치단체 간 입법권 배분, 지방자치법연구 제12권 4호, (2012. 12.), 56–57면 참조.

우라면 여전히 지방자치단체의 규제형성권은 매우 제한적일 수밖에 없으며, 비록 각 개별 법령상 조례제정권한을 부여하고 있는 경우에도 전국적 단위의 통일성이 강조됨에 따라 특히 그 범위는 매우 협소하다고 할 수 있다.[16] 지금까지는 규제자치조례에 대하여 법률선점론을 중심으로 법률우위 및 법률유보의 원칙과의 조화를 꾀하려 하였고, 만약 조례로 자치입법권을 행사하도록 하는 법령의 취지가 건국에 걸쳐 일률적으로 규율하려는 것이 아닐 때에는 조례에 의한 별도의 규율이 허용될 수 있다고 해석하였다. 그러나 이에 대해 개별 법령에 근거를 두고 입법형성권이 주어지는 경우에는 비교적 넓은 범위의 자치입법권이 보장되어야 할 필요성이 주장되고 있다.[17]

2. 지방의회와 국회간의 입법권 분배의 과제

지방자치가 활성화되려면 지방자치단체는 그 자치사무에 대하여 전권한성을 가져야 하며, 이 전권한성은 해당 지역주민의 대표로 구성되어 민주적 정당성을 가진 지방의회의 전권한적인 자치입법권을 전제로 한다. 다시 한 번 강조하지만 지방자치단체의 자치사무에 관하여 국회가 우선적인 법령 제정권을 행사할 수 있다는 소위 법령선점주의는 지방자치의 핵심이자 민주주의의 꽃으로서의 지방의회의 본질기능 자체를 침해한다는 문제점의 지적이 가능할 것이다.[18] 이 점에서 "법령의 범위 안에서"라는 헌법 규정의 개정은 중요한 추진과제에 해당한다.[19]

현행 헌법을 그대로 존중한다 하더라도[20] 제22조 단서는 헌법에 위반됨이 그 조문상 드러나 있다. 이 점에 대하여는 개선이 필요하다. 지방자치법의 개정을 통하여 제22조 단서는 삭제되어야 할 것이다.[21]

---

16) 최승필, 경제적 규제에 있어 중앙정부와 지방자치단체 간 협력과 역할, 지방자치법연구, 제13권 3호, (2013. 12.), 39면.

17) 최승필, 전게논문, 제40면.

18) 예컨대, 우리에게 가장 근접한 대의기관인 지방의회에서 제정된 1992년의 「청주시정보공개조례」를 맹아로 삼아 1998년 우리로부터 원근에 떨어져 있는 국회에 의해 「공공기관의 정보공개에 관한 법률」의 제정을 보게 된 것이 그 대표적인 일례라고 할 것이다.

19) 대안의 하나로 "지방자치단체는 법률에 위반되지 아니하는 범위에서 그 권한에 속하는 사무에 관하여 조례를 제정할 수 있다. 헌법 제37조제2항, 제12조제1항, 제13조제1항, … 제59조의 법률에는 지방자치단체의사무와 관련되는 경우에는 조례를 포함한 것으로 본다"는 형태로 개정하자는 주장도 있다. 이기우, 앞의 논문 17-18면; 김상태, 앞의 논문, 288면.

20) 특히, 침해적이거나 규제적인 사항과 관련하여 우리 헌법상 법률유보원칙의 관점 및 국가의 통일적인 법질서유지의 관점에서 헌법개정에는 더 많은 심사숙고를 요한다는 입장도 있다. 방승주, 앞의 논문, 10-11면.

21) 류지태 교수님은 이 규정의 삭제보다는 제한적 해석을 강조하고 있다. "지방자치법 제15조 단서의 의미는 지방자치단체가 갖는 조례제정권의 한계와 관련되는 규정으로서, 지방자치단체의 사무가 위임사무이든 자치사무이든 특정 영역에 대하여 법률유보의 원칙적용에 의해 법령이 직접 규율하

국민의 자유와 권리를 제한하는 사항은 전 국민적인 민주적 정당성이 있는 법률에 의하여만 할 수 있고, 지방자치단체가 조례로 이를 제한하려면 개별적인 법률에 근거가 있어야 한다는 의견에 따를 경우 제22조 단서는 헌법에 위반되지 아니한다. 그러나 특정 지역의 고유한 사회·문화·환경에 기초하여 특정 지방자치단체가 다수 주민의 의사를 대표하여 주민의 복지에 관한 고유사무에 대한 규제를 과연 할 수 없는 것일까? 제주도의 사례에서 보는 바와 같이 특별자치도의 경우 중앙정부가 제주도에만 특별한 다수의 사항에 대한 입법을 포기할 수 있다.[22] 지방자치의 본질이념을 직시할 경우 이와 같은 자치입법권의 보장은 제주도에만 국한될 수 있는 것이어서는 아니 된다. 다시 말해서 순수한 의미의 자치사무는 중앙정부의 입법사항이 아니라는 전제에서 사고를 재구성할 필요가 있다.

지방의회와 국회간의 입법권 분배 과제를 정리함에 있어서 또 한 가지 유의할 점은 광역지방자치단체와 기초자치단체간의 입법권의 분배이다. 어떠한 경우에도 기초자치단체의 자치입법권은 포기되어서는 아니 된다. 주민과 가장 근접한 자치를 행하고 있는 기초자치단체가 가장 우선적인 입법권한을 가져야 한다는 뜻이다. 기초자치단체를 넘는 광역사항은 광역자치단체가 다음으로 입법권한을 가져야 한다. 국회는 외교와 국방 등 오직 전국적인 통일성을 필요로 하는 사항에 한하여 입법권한을 가지도록 헌법상 제도화하는 한편 스스로 자제하여야 한다. 지역과 관련이 있는 국회의 입법에는 적어도 광역자치단체가, 광역자치단체의 입법에는 기초자치단체가 참여할 수 있는 방안도 현실화되어야 할 것이다. 조속한 입법의 개선을 기대한다.

고 있는때에는 조례가 독자적으로 규정하여 법령과 충돌되거나 경합되는 내용을 마련할 수 없다는 의미로 이해되어야 한다. 따라서 이때에는 이러한 법령의 위밍을 받아서 대상영역에 대해 조례가 규율할 수 있으며 법령에 의한 규율이 없는 때에만 지방자치단체가 법령의 위임 없이도 직접 규율할 수 있다고 해석하여야 할 것이다. 이렇게 해석하는 경우에만 지방자치법 제15조 단서는 지방자치제의 제도적 보장의 의미와 헌법 제117조 제1항 규정과의 관계에 있어서 합목적인 결과를 가져오게 될 것이다. 따라서 지방자치법 제15조 단서는 이러한 해석에 의하는 경우에 헌법합치적 해석이 가능하게 되므로 위헌의 문제는 제기되지 않는다고 보아야 할 것이다"고 쓰고 있다. 그러나 헌법합치적인 제한적 해석을 헌법과 행정법을 깊이 공부하지 아니한 행정실무가와 법관들에게 요구하는 것은 무리가 있으므로 입법정책적으로는 이 규정을 삭제하여야 할 것이라는 것이 필자의 입장이다.

22) 제주도의 경우에는 「제주특별자치도 설치 및 국제자유도시 조성을 위한 특별법」 제1조에의 따라 중앙의 사무가 제주도특별자치도의 사무로 이양되거나 같은 법 제50조제2항 등에 의해 법규명령으로 정하도록 된 사항이 도조례로 정하도록 규정함으로써 결과적으로 국가입법이 포기된 경우를 예로 들 수 있다. 표명환, "지방자치법상의 '특별자치도'의 의미와 그 문제", 「공법학연구」 제10권제4호, 152면 참조.

Ⅳ. 조직자치권에 관한 입법정책적 과제

1. 지방자치단체의 조직자치권에 관한 법제 현황 분석

1) 조직자치권의 의의와 기본 쟁점

지방자치단체의 조직자치권이라 함은 지방자치단체가 그 조직을 "자치적"으로 설치·변경·폐치·분합·통폐합(이하 "설치"라 총칭한다)할 수 있는 권한을 총칭한다.[23] 지방자치단체의 하부조직을 자치적으로 조직할 수 있는 권한 즉 공무원조직인 지방자치단체의 보조기관, 각종 위원회 조직과 같은 의결·심의·자문기관, 지방공기업·지방연구소와 같은 공공기관, 각종 공공시설과 그 관리기구의 설치 등을 모두 포괄하는 개념이다. 지방자치단체의 조직자치권은 지방자치단체의 인사자치권과 짝을 이루는 개념이다. 지방자치단체가 조직자치권을 가진다는 뜻은 중앙행정기관의 조직 관리로 부터 독립하여 자신의 고유한 책임으로 조직정책을 수립·집행할 수 있는 권한을 부여받는다는 것을 의미한다.

대한민국 헌법은 "법령의 범위 안에서 자치에 관한 규정을 제정할 수 있음"과(제117조 제1항) "지방자치단체의 조직과 운영에 관한 사항은 법률로 정함"을(제118조 제2항) 규정하고 있다. 현행 헌법의 규정을 문맥 그대로 해석할 경우 지방자치단체는 자치조직에 관한 규정을 제정할 수 있지만, 오직 법령의 범위 안에서만 할 수 있을 뿐이며, 지방자치단체의 조직과 운영에 관한 사항은 원칙적으로 국가 전체를 관장하는 국회가 법률로 제정할 사항이다. 이와 같은 현행 헌법의 규정으로부터 직접 지방자치단체의 "조직자치권", 특히 "지방자치단체에게 조직상의 형성의 자유를 부여하기 위한 국회의 법률제정권의 한계"를 직접 이끌어 내기는 매우 어렵다. 지방자치단체의 조직 자치권과 관련한 국회의 입법권의 한계를 헌법상 명시되어야 함은 이와 같은 이유에서이다.

2) 조직자치권에 관한 현행 지방자치법의 문제점

헌법 개정을 전제로 하지 아니하더라도, 현행 지방자치법은 지방자치단체의 자치조직권을 부당하게 제한하는 많은 구체적인 규정을 두고 있다. 첫째, 부단체장의 수를 법률로 제한하며, 조례등 자치적으로 부단체장의 수를 정할 가능성을 완전히 차단하고 있다.[24] 둘째, 지방자치단체의 장 및 지방의회의 보조기관인 하부행정조직은 대통령령이

---

[23] 특정 조직의 설치에 관한 자치조직권의 행사는 조직의 신설 그 자체에 그치는 것이 아니라 그 조직에 대한 권한분배, 할당된 권한을 처리하는 절차와 방법의 설정 등을 모두 포괄한다. 조직자치권의 개념에 관하여는 Gern, *Deutsches Kommunalrecht*, S. 130ff.; von Mutius, *Kommunalrecht*, S. 76 ff.; Schmidt, *Kommunalrecht*, Rdn. 67 ff.; Schmidt-Aßmann/Röhl, *Kommunalrecht*, in: *Besonderes Verwaltungsrecht*, Rdn. 23 ff.; 홍정선, 「신지방자치법」, 43쪽 이하; 이기우·하승수, 「지방자치법」, 47쪽 이하; 최봉석, 「지방자치의 기본법리」, 37쪽 이하 등 참조.

정하는 기준에 따라 지방자치단체의 조례로 정할 것을 규정하고 있다. 즉 지방자치단체
의 조직을 자치적으로 정할 가능성을 열어주고는 있지만, "대통령령이 정하는 기준"에
따를 것을 명시함으로써 조직자치권을 제약하고 있다. 셋째, 지방자치단체는 필요에 따
라 직속기관, 사업소, 출장소를 대통령령이나 대통령령으로 정하는 바에 따라 지방자치
단체의 조례로 설치할 수 있음을 규정하고 있다. 즉 지방자치단체가 그 필요성을 인정할
경우 직속기관 등을 설치할 수 있지만, 자치적으로 조례에 의하여 직접 설치할 수 있는
것이 아니라 오직 대통령령으로 정하는 바에 따라서만 설치할 수 있도록 제약함으로써
지방자치단체의 조직자치권을 제약하고 있다.

　　지방자치단체의 조직자치권을 제한하는 것은 하위 법령의 경우도 마찬가지이다. 대
통령령인 「지방자치법시행령」과 대통령령인 「지방자치단체의 행정기구와 정원기준 등에
관한 규정」 등에 규정되어 있는 문제 조항들로는 다음과 같은 것들을 들 수 있다.

　　첫째, 지방자치법시행령은 부단체장의 설치 및 그 권한대행에 관하여 법률의 위임
을 받아 매우 엄격한 세부절차를 규정함으로써 자치적인 조직형성권을 봉쇄하고 있다.

　　둘째, 「지방자치단체의 행정기구와 정원기준 등에 관한 규정」은 지방자치단체의 행
정기구의 조직과 운영에 관한 대강을 규정함을 목적으로 제정된 것으로서 매우 구체적이
고도 상세한 규정을 두고 있다. 이 규정은 "기준인건비제"를 근간으로 한다. 기준인건비
는 행정자치부장관이 지방자치단체의 행정수요, 인건비 등을 고려하여 매년 산정하며 전
년도 12월 31일까지 각 지방자치단체의 장에게 통보한다. 각 지방자치단체는 기구와 정
원을 기준인건비를 기준으로 자율성과 책임성이 조화되도록 운영하여야 한다. 기준인건
비는 구속적인 "상한기준"으로서 행정자치부장관이 각 지방자치단체의 조직상의 형성의
자유를 직접 규제하는 수단으로 작용한다.[25] 이와 함께 동 규정은 지방자치단체의 본청
과 실·국·과 등 행정기구의 설치기준을 "별표"에 따라 매우 구체적으로 정하고 있다.[26]

---

24) 지방자치법 제110조는 특별시의 부시장은 3명을 넘지 아니하는 범위에서 대통령령으로, 광역시와
　　특별자치시의 부시장 및 도와 특별자치도의 부지사는 2명(인구 800만 이상의 광역시나 도는 3명)
　　을 초과하지 아니하는 범위에서 대통령령으로, 시의 부시장, 군의 부군수 및 자치구의 부구청장의
　　정수는 1명으로 할 것을 명시함으로써 자치적으로 정할 수 있는 가능성을 봉쇄하고 있다. 아울러
　　부단체장의 임명방식도 함께 규정함으로써 부단체장의 조직에 관한 지방자치단체의 자치조직권을
　　전혀 인정하지 아니하는 입법방식을 취하고 있다.
25) 기준인건비제의 문제점 및 총액인건비제와의 비교에 관하여는, 조성규, 지방재정책임과 자주조직
　　권, 지방재정의 책임성과 자주성 강화를 위한 주요 법적 과제, 105쪽 이하 참조; 김해룡, "지방자치
　　단체의 조직 및 인사고권", 「저스티스」 제34권 제4호, 69쪽 이하는 총액인건비제와 관련한 대법원
　　1997. 4. 11. 선고 96추138 판결(옴부즈만조례안재의결무효확인)을 비판적으로 분석하고 있다.
26) 예컨대 서울특별시는 14개 이내, 경기도는 18개 이내, 세종특별자치시는 5개 이내 등 매우 구체적
　　인 상한기준을 설정하고 있다. 「지방자치단체의 행정기구와 정원기준 등에 관한 규정」 별표1 참조.

이 기준의 실효성을 담보하기 위하여 동 규정은 행정자치부장관에게 시정 요구권을 부여하고 있으며, 지방자치단체의 장이 시정요구를 받은 경우 지체 없이 요구를 이행할 의무를 부과하고 있다.

총체적으로 분석할 때 현행 지방자치법과 그 부속법령은 지방자치단체에 대하여 충분한 조직상의 형성의 자유를 부여하지 아니하고 있을 뿐만 아니라 중앙행정기관의 일방적인 규제의 실효성을 담보하기 위하여 시정 요구권을 부여하고, 지방자치단체의 장이 시정요구를 받은 경우 지체 없이 요구를 이행할 의무까지 부여하고 있어서 지방자치단체의 조직에 대한 2중 3중의 규제 장치를 걸어두고 있다. 현행 지방자치법의 규정은 이 점에서 "수직적 권력분립"이라는 지방자치의 본질에서 벗어나 있다. 현행 헌법의 포괄적 법률유보 규정으로 인하여 현행 지방자치법 및 하위 법령의 규정을 직접적으로 "위헌"이라 판단하지는 아니한다 하더라도 적어도 헌법규정의 불충분성 및 헌법이 지향하여야 할 지방자치의 본질에 비추어 "잘못된" 입법이라는 점은 분명히 지적할 수 있다.

2. 조직자치권에 관한 입법정책적 과제

법치국가원리의 핵심원리 중의 하나인 "행정조직법정주의"는 중앙행정기관의 행정조직을 법률로 정할 것을 요구한다.[27] 수직적 권력분립에 따라 입법권을 분배할 경우 지방자치단체의 행정조직은 조례가 스스로 규정하도록 헌법에 설정되어야 할 것이다.

헌법의 개정이 있기 전이라도 현행 지방자치법에 규정된 지방자치조직의 "규제" 규정은 철폐되어야 할 것이다. 특히 부단체장의 총수 및 임명방법에 관한 규정, 보조기관 등의 설치기준에 관한 규정은 그 삭제가 요구된다. 이들 법률상의 규정이 삭제될 경우 당연히 지방자치법시행령에 규정된 실·국 등의 설치에 관한 획일적 기준도 삭제되어야 할 것이다. 특히 시행령인 「지방자치단체의 행정기구와 정원기준 등에 관한 규정」은 그 자체를 폐지하여야 한다. 행정자치부장관의 "기준인건비" 책정·통보 제도 및 "시정요구" 제도는 지방자치단체의 자치조직권에 대한 본질적 규제에 해당하기 때문이다.[28]

현실적으로 현 시점에서 지방자치단체의 조직에 대한 규제를 철폐하고 완전한 의미의 조직자치권을 부여함에 대한 몇 가지 우려가 제기될 수 있다.

먼저, 조직자치권에 대한 규제철폐의 현실적인 한계로 지방자치단체의 자치조직권이 다른 자치권 특히 재정자치권과 직접 연결되어 있다는 점이 지적될 수 있다. 지방자

---

27) 오준근, "정부조직개편에 관한 입법정책적 고찰", 「한국행정학보」 제47권 제3호, 78쪽 이하 참조.
28) 지방재정의 확충방안에 관하여는, 하능식, "지방세제 개편을 통한 지방재정 확충 방안", "지방재정의 책임성과 자주성 강화를 위한 주요 법적 과제", 「경상남도·진주시·한국지방자치법학회·한국지방세학회 공동학술대회 자료집」, 2014. 7. 35쪽 이하 참조.

치단체의 재정자립도가 매우 낮은 현행 지방재정구조는 지방자치단체의 조직과 인사에 대한 국가의 규제의 불가피성을 인정하게 하는 사회과학적 논리로 작용할 수 있기 때문이다. 그러나 지방재정의 국가재정에 대한 의존도가 높은 것은 지방자치단체의 세입구조 특히 지방세와 국세와의 관련성에 문제가 있는 것이어서 그 해결이 요구되는 것이고, 지방자치단체에 대한 자치권, 특히 조직자치권을 보장하지 아니할 이유로 삼아서는 아니될 것이다.

다음으로 지방자치법 및 하위법령에 의한 조직 규제 규정을 철폐할 경우 "상위직급 남설", "인건비 급증" 등의 통제 방안 및 지방자치단체의 책임성 확보를 위한 보완 방안이 요구된다는 이유로 "보완"이 이루어지는 시점까지 중앙행정기관의 "규제"의 필요성이 있음이 변호될 수 있다. 그러나 지방자치단체의 조직 설계가 "조례"에 근거하여 이루어질 경우 그 자체로 충분한 보완수단이 될 수 있음이 인정되어야 한다. 대한민국의 경우 지방자치단체의 장과 지방의회가 기관 대립 형으로 설계되어 있어서 지방행정 조직의 "조례주의"를 준수할 경우 지방의회 안에서 직급 및 인건비에 관한 충분한 토론이 이루어질 수 있기 때문이다. 아울러 인건비는 지방자치단체의 예산과 직결되어 있으므로 예산의 심의와 결산 과정에서 충분한 심의와 토론이 가능하다. 현행 지방자치법은 주민발안·주민투표·주민소환 제도 등 주민참여 제도를 매우 구체적으로 설치하고 있다.

현행 지방자치법에 따른 기준인건비제의 경우 행정자치부장관이 통보한 틀에 최대한 맞추어 각 지방자치단체가 조직과 인력을 설계하게 되므로 각 지방자치단체의 조직 설계상의 창의성을 전혀 인정하지 아니한다. 그 반면에 조례에 의한 조직설계의 자치권을 부여할 경우 주민참여를 통하여 "인건비의 절감" 및 "조직의 축소를 통한 효율화" 등을 촉진시키는 것도 가능하다.

지방자치는 자치권의 부여 및 지방자치단체의 주민과 주민이 선출한 대표기관의 역량에 대한 신뢰에 기초하여야 한다. 지방자치제도를 도입한지 20년이 넘어선 현 시점에서 지방자치단체의 조직역량에 대한 불신에 기초한 "규제" 입법은 가능한 한 빨리 철폐되어야 할 것이다.

V. 인사자치권에 관한 입법정책적 과제

1. 지방자치단체의 인사자치권에 관한 법제 현황 분석

1) 인사자치권의 의의와 기본적 쟁점

지방자치단체의 인사자치권이라 함은 지방자치단체가 설치한 조직에 설계되어 있는

각각의 자리에 특정인을 자치적으로 임명·전보·해임할 수 있는 권한을 의미한다.[29] 지
방자치단체의 인사자치권은 지방자치단체의 조직자치권과 짝을 이루는 개념이다. 지방자
치단체의 장과 지방의회 의장은 그 사무기구에 종사하는 인력에 대하여 인사권을 갖는
다. 인사권은 임명·전보·승진·징계·해임 등 사무기구 종사인력의 신분에 관한 사항뿐
만 아니라 출·퇴근과 복무, 행동강령, 교육훈련, 사무 처리의 지침의 발령 등 직무에 관
한 사항을 규율할 수 있는 일체의 권한을 총칭한다. "인사자치권"이라 함은 이와 같은 인
사권을 "자치적"으로 다시 말해서 중앙행정기관의 영향력으로부터 독립하여 행사할 수
있음을 의미한다.[30]

　　지방자치단체가 인사자치권을 가진다는 뜻은 중앙행정기관의 인사관리로부터 독립
하여 자신의 고유한 책임으로 인사정책을 수립·집행할 수 있는 권한을 부여받는 다는
것을 의미한다. 다른 말로 표현하여 지방자치단체가 그 사무를 처리함에 있어 적어도 사
람을 쓰는 일에 관해서는 자신의 책임으로 정책을 수립하고 집행할 수 있도록 보장되어
야 한다. 인사관리의 독립성이 보장되지 않는다면 중앙행정기관의 의견, 더 나아가 지시
에 따라 지방자치단체의 인사정책이 좌지우지될 수 있고 이 경우 지방자치단체의 자치권
은 그 근본부터 흔들릴 수밖에 없다. 지방자치단체가 중앙행정기관으로부터 독립하여 인
사에 관한 자치권을 행사할 수 있도록 하는 것은 이러한 점에서 자치권의 본질적 내용에
해당한다고 할 수 있다. 지방자치단체의 인사 자치권과 관련한 국회의 입법권의 한계를
헌법상 명시할 필요성이 부각되는 것은 바로 이와 같은 이유에서이다.

　　헌법개정이 이루어지지 아니하더라도 현행 헌법의 범위안에서 지방자치단체의 인사
권을 과도하게 제한하는 법령이 있다면 그 개선이 있어야 한다. 지방자치단체의 인사자
치권의 범위와 한계를 설정하는 법률 중 대표적인 것은 「지방자치법」과 「지방공무원법」
을 들 수 있다.

2) 「지방자치법」 및 「지방공무원법」과 인사자치권의 문제점

　　현행 지방자치법 제105조는 "지방자치단체의 장은 소속 직원을 지휘·감독하고 법
령과 조례·규칙으로 정하는 바에 따라 그 임면·교육훈련·복무·징계 등에 관한 사항을
처리 한다"고 규정한다.

---

29) 홍정선, 전게서, 56쪽에 의하면 인적고권(Personalhoheit)이란 "지방자치단체가 질서에 합당한 자신
　　의 임무수행을 위하여 필요한 공무원을 국가로부터 독립적으로 선발·임용·해임할 수 있는 지방자
　　치단체의 권한을 의미 한다"고 정의하고 있다.
30) 독일의 문헌은 지방자치단체에 보장되어야 하는 "고권"(Hoheit)의 목록에 인적고권(Personalhoheit)
　　를 빠짐없이 언급하고 있다. 예컨대 A. Gern, Deutsches Kommunalrecht, Rdn. 80 ff.; E. Schmidt
　　Aßmann/H.C. Röhl, Kommunalrecht, in; Besonderes Verwaltungsrecht, Rdn. 23 ff.

이 규정은 지방자치단체의 장에게 "인사권"을 부여하고 있다는 점에 대하여는 큰 다툼이 없을 것이라 생각된다. 다만, 인사 "자치권"을 부여한 것이라고 판단할 수 있는가는 문제이다. 법률상 "법령과 … 정하는 바에 따라 …사항을 처리 한다"라고 규정함으로써 지방자치단체의 장의 인사권에 대한 매우 다양한 측면의 한계를 설정하고 있다. 쟁점과 관련하여 문제 제기가 필요한 부분은 먼저, 인사권 행사를 제한하는 "법령"의 범위를 특정하지 아니하고 있다는 점이다. 즉 대통령령과 부령을 포함한 모든 법령이 인사권행사의 한계로 작용할 수 있도록 불확정 개념을 설정하고 있는 바, 이와 같은 불확정 개념의 사용은 헌법상의 입법원칙인 "명확성의 원칙"과 부합할 수 있는가에 관한 검토가 필요하다.

둘째, "소속 직원의 인사에 관한 사무를 처리"한다는 규정을 어떻게 해석하여야 할 것인가의 문제이다. 사무를 처리할 수 있는 권한을 배분하는 것과 자치권을 가지는 것은 다른 문제이다. 대통령에 의하여 임명된 행정기관의 장은 소속 직원의 인사에 관한 사무를 처리할 권한이 있다. 이 인사권을 행사하여 조직을 장악한다. 하지만 인사사무를 처리함에 있어 필요한 구체적인 기준과 절차는 법령과 행정자치부장관이 정하는 지침에 따라야 한다. 현행 지방자치법이 규정하고 있는 법문의 내용만으로 놓고 볼 때에는 중앙행정기관의 장이 임명한 소속기관의 장이 그 인사권을 행사하는 것과 큰 차이를 발견할 수 없다. 그 반면에 인사 "자치권"을 행사한다 함은 인사사무를 자치적으로 처리할 수 있음을 의미한다. 다시 말해서 지방공무원의 인사사무의 처리에 필요한 세부적인 사항을 행정자치부장관이 내부 지침으로 정하고 지방자치단체에 이를 준수하도록 요구하여서는 아니 된다. 만약 실제로 이와 같은 방식으로 중앙행정기관에 의한 지방자치단체 인사권의 제약이 이루어진다면 이는 헌법에 위반된다고 할 수 있다.

위에서 언급한 지방자치법 제105조와 다른 표현을 하고 있는 규정이 지방자치법 제112조이다. 제2항은 "제1항에 따른 행정기구의 설치와 지방공무원의 정원은 인건비 등 대통령령으로 정하는 기준에 따라 그 지방자치단체의 조례로 정한다"고 규정하고 있는데, 헌법의 대원칙인 "포괄위임금지의 원칙"을 위배하고 있는 것은 아닌가에 대한 판단을 필요로 하기 때문이다.[31] 그 이유는 제2항 "지방공무원의 정원은 인건비 등 대통령령

---

31) 포괄위임금지의 원칙은 헌법재판소가 죄형법정주의에 근거한 형벌법규의 위임, 조세법률주의에 근거한 과세근거 법률의 위임과 관련하여 중점적으로 채택하고 있지만, 법률의 전 영역에 그 심사범위를 확대하고 있다. 헌법재판소 1991. 7. 8. 91헌가4 결정; 1994. 6. 30. 93헌가15 결정; 1995. 10. 26. 93헌바62 결정; 1996. 2. 29. 94헌마13 결정; 1994. 7. 29. 92헌바49 결정; 1995. 10. 26. 94헌바7 결정; 1995. 11. 30. 91헌바1 결정; 1996. 6. 26. 93헌바2 결정 등 참조. 포괄위임금지 원칙의 자세한 내용에 관하여는 전종익, "포괄위임금지원칙", 헌법재판연구원, 2012, 276쪽 이하 참조. 출처 http://search.ccourt.go.kr/ths/bk/ths_bk0201_P1.do 검색결과

으로 정하는 기준에 따라"라고 규정함으로써 그 범위를 예측하기 매우 어려운 내용으로 기술되어 있기 때문이다. 지방자치법의 관련 조항 전체를 아무리 체계적·목적적으로 종합적으로 해석하고 판단하려 해도 대통령령이 어떤 내용을 기준으로 제시할 수 있는가를 찾을 수 없다. 이 점은 문제점이라 지적된다.

　　지방자치단체의 정원기준에 관한 현행 대통령령은「지방자치단체의 행정기구와 정원기준 등에 관한 규정」이다. 이 규정은 법률의 위임에 따라 "기준인건비제의 운영"을 새로운 기준으로 제시하고 있다. 제4조 제2항은 행정자치부장관에게 지방자치단체의 행정수요, 인건비 등을 고려하여 매년 기준인건비를 산정하고 각각의 지방자치단체에 대하여 전년도 12월 31일까지 통보할 의무를 부여하고 있다. 아울러 행정자치부장관에게 지방자치단체의 재정여건 등을 고려하여 지방자치단체가 기준인건비에 추가하여 자율적으로 운영할 수 있는 인건비의 범위 즉 자율범위를 함께 통보할 수 있는 권한도 같이 부여하고 시정요구를 받은 지방자치단체의 장은 지체 없이 이를 시정하고 그 결과를 시정요구를 받은 날부터 30일 이내에 보고하여야 한다"고 규정하여 시정요구에 대한 이행을 지방자치단체의 의무로 설정하고 있다. 이와 같은 점은 문제점이라 지적할 수 있다.

　　지방공무원법은 지방자치단체의 장에게 인사권을 부여하고는 있지만, "지방공무원법이 정하는 바에 따라" 인사권을 가짐을 명시함으로써 진정한 의미의 "인사자치권"을 부여하지는 아니하고 있다.[32] 이 법률이 인사자치권에 대하여 가하는 제약으로는 다음과 같은 사항을 들 수 있다.

　　첫째, 임용권자가 "인사위원회"를 설치할 것을 의무화하고, 인사위원회의 조직, 구성, 임무, 절차 등에 관한 사항을 법률에 명시하여 조례나 규칙으로 정할 여지를 최소화하고 있다.

　　둘째, 공무원의 종류, 직위의 분류, 등급의 배정, 임용, 시험, 보수, 징계, 훈련 등에 관한 기본적 사항을 법률로 정하고, 개별적인 사항은 시행령등 하위 법령에 위임하고 있다.[33] 위와 같은 점도 문제점이라 지적된다.

---

32) 독일의 경우 연방국가의 특성상 각 주가 공무원의 직렬, 복무, 보수, 연금 등에 관한 자치적, 실험적 입법을 하고 있음을 주목할 필요가 있다. 독일의 사례에 관하여는 김수진, 독일 공무원 관련법 개정에 따른 직업공무원제의 도전에 관한 연구,「공법연구」제40집 제2호 참조.

33) 법률의 위임에 따라 지방공무원 임용령. 지방공무원 복무규정, 지방공무원 보수규정, 지방공무원 수당 등에 관한 규정, 지방공무원 명예퇴직수당 등 지급규정, 지방공무원 징계 및 소청 규정, 지방공무원의 구분 변경에 따른 전직임용 등에 관한 특례규정과 지방공무원인사교류규칙, 지방공무원 인사기록·통계 및 인사사무 처리 규칙, 지방공무원 특수지근무수당 지급대상지역 및 기관과 그 등급별 구분에 관한 규칙, 지방공무원 평정규칙, 행정자치부장관이 시행하는 5급 이상 지방공무원임용시험 시행규칙 등 지방공무원의 인사에 관한 세부적인 사항을 규정하는 시행령 및 시행규칙이 매우 세밀하게 제정되어 있다.

2. 인사자치권에 관한 입법 정책적 과제

　　현행 지방자치법과 지방공무원법은 지방자치단체의 장에게 "인사권"을 부여하고 있다. 그러나 이 인사권이 "인사자치권"을 부여하고 있는가에 대하여는 의문이 있다. 지방자치법 제105조는 "법령과 … 정하는 바에 따라 …사항을 처리 한다"라고 규정함으로써 지방자치단체의 장의 인사권에 대한 매우 다양한 측면의 한계를 설정하고 있다. 인사권 행사를 제한하는 "법령"의 범위를 특정하지 아니하고 있다는 점이다. 즉 대통령령과 부령을 포함한 모든 법령이 인사권행사의 한계로 작용할 수 있도록 불확정 개념을 설정하고 있다는 점은 헌법상의 입법원칙인 "명확성의 원칙"과 부합한다고 할 수 없다. 지방자치법 제112조 제2항은 "지방공무원의 정원은 인건비 등 대통령령으로 정하는 기준에 따라"라고 규정함으로써 그 범위를 예측하기 매우 어려운 내용으로 기술되어 있어서 헌법 원리인 포괄위임금지의 원칙과 부합한다고 할 수 없다. 「지방자치단체의 행정기구와 정원기준 등에 관한 규정」 제4조 제2항은 행정자치부장관에게 지방자치단체의 행정수요, 인건비 등을 고려하여 매년 기준인건비를 산정하고 각각의 지방자치단체에 대하여 전년도 12월 31일까지 통보할 의무를 부여하고 있으며, 이 규정 제33조는 행정자치부장관 및 시·도지사에게 시정요구권을 부여하고 있다. 이 규정은 총체적으로 지방자치단체의 인사자치권에 관한 침해에 해당한다. 지방공무원법은 임용권자가 "인사위원회"를 설치할 것을 의무화하고, 인사위원회의 조직, 구성, 임무, 절차등에 관한 사항을 법률에 명시하여 조례나 규칙으로 정할 여지를 최소화하고 있으며, 공무원의 종류, 직위의 분류, 등급의 배정, 임용, 시험, 보수, 징계, 훈련 등에 관한 기본적 사항을 법률로 정하고, 개별적인 사항은 시행령등 하위 법령에 위임하고 있어서 인사자치권에 관한 포괄적 제약을 가하고 있다.

　　현행 지방자치법과 지방공무원법의 규정은 이 점에서 "수직적 권력분립"이라는 지방자치의 본질에서 벗어나 있다. 현행 헌법의 포괄적 법률유보 규정으로 인하여 현행 지방자치법 및 하위 법령의 규정을 직접적으로 "위헌"이라 판단하지는 아니한다 하더라도 적어도 헌법규정의 불충분성 및 헌법이 지향하여야 할 지방자치의 본질에 비추어 "잘못된" 입법이라는 점은 분명히 지적할 수 있다. 지방자치단체가 그 영역에서 고유한 책임하에 모든 지역적 행정을 자치적으로 처리할 수 있게 하려면 필요한 인사자치권을 충분히 부여하여야 한다. 헌법의 개정이 있기 전이라도 현행 지방자치법과 지방공무원법에 규정된 지방자치인사의 "규제" 규정은 철폐되어야 할 것이다. 특히 시행령인 「지방자치단체의 행정기구와 정원기준 등에 관한 규정」은 그 자체를 폐지하여야 한다. 행정자치부장관의 "기준인건비" 책정·통보 제도 및 "시정요구" 제도는 지방자치단체의 인사조직권

에 대한 본질적 규제에 해당하기 때문이다.[34]

  현실적으로 현 시점에서 지방자치단체의 인사에 대한 규제를 철폐하고 완전한 의미
의 인사자치권을 부여함에 대하여 "지방행정의 정치화"에 따른 인사상의 부조리에 대한
우려가 제기될 수 있다.[35] 그러나 이와 같은 우려가 곧 중앙행정기관에 의한 인사자치권
의 획일적 법률상의 제약의 사유로 활용되어서는 아니 된다. 지방자치는 자치권의 부여
및 지방자치단체의 주민과 주민이 선출한 대표기관의 역량에 대한 신뢰에 기초하여야 하
기 때문이다. 대한민국의 경우 지방자치단체의 장과 지방의회가 기관 대립 형으로 설계
되어 있으며, 주민발안·주민투표·주민소환 제도 등 주민참여 제도를 매우 구체적으로
설치하고 있다. 선거와 주민참여, 지방의회의 감시체계가 정밀하게 설계되어 있으므로
지방자치단체의 인사역량에 대한 불신에 기초한 "규제" 입법은 가능한 한 빨리 철폐하
고, 자치입법에 의한 자율적인 인사와 그 감독체계를 설계할 수 있도록 충분한 의미의
인사자치권을 조속히 부여하여야 할 것이다.

Ⅵ. 계획자치권에 관한 입법 정책적 과제

1. 지방자치단체의 계획자치권에 관한 법제 현황 분석

1) 계획자치권의 의의와 기본적 쟁점

  지방자치단체는 일정한 지역을 기초로 하는 법인체이다. 지방 "자치"가 보장되려면
지방자치단체가 관할하는 "지역"에 대한 자치권이 보장되어야 한다.[36] 한 가지 유의할
점은 특정 지방자치단체에 대하여 그 지배권 하에 일정한 지역이 주어져 있다는 그 사실
만이 강조되어서는 아니 된다는 점이다. 지방자치단체는 그 관할하는 지역이 주민들의
행복추구에 적합하도록 하기 위한 목표를 설정하고 상호 관련성 있는 행정수단의 조정과
종합화의 과정을 통하여 그 목표로 정한 장래의 시점에 있어서 최선의 좋은 질서를 형성

---

34) 오준근, "지방자치단체의 조직자치권에 관한 독일과 한국의 비교법적 연구", 「경희법학」 제49권 제
   3호 참조.
35) 김병국·김영희, 지방자치단체의 인사공정성 강화방안, 「한국인사행정학회보」 제4권 제2호, 42쪽
   이하에 따르면 "민선 단체장 체제의 출범 이후 지방에서의 학연, 지연에 의한 정실 인사, 논공행상
   또는 보복성 인사 등 인사권 남용 전횡사례가 증가하고, 이러한 것 들이 공직사회의 동요를 유발하
   고 있음"을 지적한다.
36) 류지태 교수님은 전게논문(지방자치의 제도적 보장론 소고), 469쪽에서 "행정계획의 수립과 형성과
   정에서 자신의 지역이 관련되는 지방자치단체의 참여가 완전히 배제되어 결정되는 경우에는 지방
   자치의 본질적 내용을 침해하는 것으로 평가되어야 할 것이다"고 하여 지방자치단체의 계획고권을
   "지방자치의 제도적 보장의 내용인 자기책임성 보장에 의하여 인정되는 것"임을 강조하고 있다.

할 것을 목적으로 일정한 기준을 설정할 수 있는 권리가 보장되어야 한다.[37] 이러한 의미에서 "계획자치권"은 지방자치단체의 자치권의 본질적 요소에 속한다.[38]

지방자치단체의 계획자치권이 조직자치권, 인사자치권 등 다른 자치권과 구별되는 점은 지방자치단체의 영역에 대한 계획이 국가 전체의 영역에 대한 계획과의 유기적인 연관성이 존중되어야 한다는 점이다.

특정 기초지방자치단체의 관할권에 속한 영역은 광역자치단체 영역의 일부이자 국토의 일부에 해당한다. 국가는 전국의 국토를 국가 전체를 기준으로 목표를 세우고 행정수단을 종합화하여 형성해 나간다. 광역자치단체와 기초자치단체의 경우 각각의 영역에 대한 계획을 수립·시행한다. 따라서 기초자치단체의 영역을 놓고 볼 때 국가의 국토계획, 광역자치단체의 광역계획과 기초자치단체의 지역계획이 모두 같은 영역에 펼쳐질 수 있다.

따라서 "계획자치권"의 개념을 설정하고자 할 경우 기초자치단체의 영역에 대한 자치적 형성권과 국가 및 광역자치단체의 계획에 대한 조화로운 참여권한이 모두 인정될 수 있어야 한다. 따라서 계획자치권의 개념을 "지방자치단체가 그 영역 내에 들어오는 지역적인 계획, 임무를 권한의 범위 안에서 자신의 책임으로 수행하는 권한과 당해 지방자치단체와 관련을 갖는 상위계획과정에 참여하는 권한을 총칭"한다고 설정하는 것은 매우 적절한 것으로 평가된다.[39]

지방자치단체의 계획자치권은 그 개념에 관한 논의에서 정리한 바와 같이 "지역"에 관한 특수성이 문제가 된다.

국가, 광역자치단체, 기초자치단체는 모두 일정한 지역적 공간을 그 관할영역으로 하고 있는 공동체이다. 기초자치단체의 영역을 기준으로 놓고 볼 때 국가와 광역자치단체 및 기초자치단체는 동일한 지역을 대상으로 하여 계획을 수립하고 집행하는 작용을 한다.

국가는 전 국토를 대상으로 국토의 이용과 개발에 관한 종합적 계획으로부터 도로,

---

37) "계획"이라 함은 "행정주체가 일정한 행정활동을 위한 목표를 설정하고 상호 관련성 있는 행정수단의 조정과 종합화의 과정을 통하여 그 목표로 정한 장래의 시점에 있어서의 보다 좋은 질서를 형성할 것을 목적으로 하는 활동기준 또는 그 설정행위"를 총칭한다. 김도창, 일반행정법론(상), 336쪽 이하; 박균성, 행정법강의, 179쪽 이하; 홍정선, 행정법특강, 165쪽 이하 등 참조.

38) 독일의 문헌은 지방자치단체에 보장되어야 하는 "고권"(Hoheit)의 목록에 계획고권(Planungshoheit)를 빠짐없이 언급하고 있고 이 계획고권의 근거를 지방자치제도에 관한 헌법상의 제도보장으로부터 도출해 내고 있다. 예컨대 Gern, *Deutsches Kommunalrecht*, S. 130ff.; von Mutius, *Kommunalrecht*, S. 76 ff.; Schmidt, *Kommunalrecht*, Rdn. 67 ff.; Schmidt−Aßmann/Röhl, *Kommunalrecht*, in: *Besonderes Verwaltungsrecht*, Rdn. 23 ff.

39) 계획자치권의 개념에 관하여는 홍정선, 신지방자치법, 61쪽 이하 참조.

철도, 하천, 항만, 공원 등에 관한 전문적 계획에 이르기 까지 다양한 계획을 수립·시행한다.

광역자치단체는 자신의 관할에 속하는 지역을 대상으로 지역적 종합계획과 지방도, 지방하천, 지방항만 등에 관한 전문적 계획을 수립·시행한다.

기초자치단체는 자신의 관할에 속하는 지역을 대상으로 도시·군 계획과 도시계획 시설의 설치·관리 등과 관련한 각종 전문계획을 수립·시행한다.

국가와 광역자치단체 및 기초자치단체가 각각 수립·시행하는 이들 계획은 서로 간에 "전국토의 균형적 발전"을 위하여 조화되어야 하며 그 모순과 충돌은 최소한에 국한 되어야 한다. 그러나 이들 계획이 모두 동일한 공간을 대상으로 하는 관계로 상호간에 긴장관계에 놓이며 경우에 따라서는 서로 모순과 충돌을 피할 수 없게 되는 경우가 비일 비재하다는 점이 문제가 된다. 실제로 국토계획과 자치단체의 계획 간 및 자치단체 계획 상호간의 충돌로 사회문제가 되었던 사례는 공항, 항만, 발전소 및 송배전 선로, 매립지, 폐기물처리장, 공원, 군사시설 등과 관련하여 무수히 많은 사례가 수시로 보도되고 있기 도 하다. 따라서 지방자치단체의 계획자치권에 관한 공법적 쟁점은 국토계획과 자치 계 획 간의 조화를 이끌어낼 수 있는 법원칙이 무엇인가, 이들이 모순·충돌될 경우 어떤 기 준에 따라 문제를 해결할 것인가에 모아진다고 할 수 있다.[40]

2) 초지역적 종합계획과 계획자치권의 문제

대한민국은 연방국가가 아니어서 모든 입법권한은 국회에 집중되어 있다. 수직적 권력분립에 입각한 지방자치단체에 대한 입법권의 분배는 아직 헌법상 규정되어 있지 아 니하다.

대한민국의 초지역적 종합계획은 지방자치단체 특히 기초자치단체의 계획자치권을 염두에 두고 있지 아니하다. 「국토기본법」은 "국토를 균형 있게 발전시키고 국가의 경쟁 력을 높임"을 그 기본이념으로 설정하고 국토교통부장관의 "국토종합계획" 수립 권한 및 수립 절차에 관하여 규정하고 있다. 국토의 균형있는 발전, 경쟁력있는 국토여건의 조성, 환경친화적 국토관리 등을 국토종합계획의 기본 과제로 설정하고 있기는 하지만 기초자

---

40) 지방자치단체의 계획자치권에 관한 선행연구로는 김동건, "지방자치단체와 공간계획", 토지공법연 구 제38집, 2007; 김남철, "공간계획분야의 중앙-정부간 기능배분", 지방행정연구 제11권 제4호, 1997; 김재호, "행정계획론 소고", 충남대학교 법학연구, 2007; 김종보, 도시계획 변경거부의 처분 성, 행정법연구, 2004; 조성규, "토지행정에 있어 자치행정권의 강화", 경북대학교 법학연구원 법학 논고 제31집, 2009; 이주희, "지방자치단체의 도시계획고권 강화에 관한 연구", 한국지방자치학회보 제16권 제4호, 2004; 장교식·이진홍, "지방자치단체의 도시계획고권에 관한 고찰", 법학연구 제54 집, 2014; 허강무, "분권형 도시계획체계 구축을 위한 역할 재조정에 관한 법·제도적 시론", 감정평 가연구 제18집 제1호, 2008 등 참조.

치단체에 대한 구체적인 배려의무를 부여하지는 아니하고 있다.

「환경정책기본법」에 따른 국가환경보전계획의 경우도 마찬가지이다. 환경부장관이 국가 차원의 환경보전을 위한 종합계획을 수립함에 있어서는 오직 관계 중앙행정기관의 장과 협의만이 의무화되어 있다. 국가환경보전계획의 틀 안에서 시·도가 시·도환경보전계획을, 이 틀 안에서 시·군·구 환경보전계획이 수립되는 하향식의 계획체계가 법률상 규정되어 있다.

「자연환경보전법」에 따른 자연환경보전계획은 더욱 일방적이다. 환경부장관이 전국의 자연환경보전을 위한 계획을 일방적으로 수립한다. 기초자치단체에 대하여는 의견수렴조차 이루어지지 아니한다.[41]

「수도권정비계획법」은 국토교통부장관이 수도권 정비계획을 입안함에 있어 수도권의 광역자치단체의 장 즉 서울시장, 인천시장, 경기도지사의 의견을 청취할 의무를 부여한다. 기초자치단체의 의견청취에 관한 규정은 찾아볼 수 없다.

「농어촌정비계획법」은 농림축산식품부장관 또는 해양수산부장관이 농어촌정비종합계획을 수립함에 있어 관계부처의 장과 협의할 의무만을 부여할 뿐, 관련 지방자치단체의 의견청취 또는 배려에 관하여 전혀 규정하지 아니하고 있다.

대한민국에 있어 기초자치단체의 "계획자치권"은 초지역적 종합계획의 수립에 있어 전혀 고려의 대상이 되지 아니한다는 점을 위와 같이 현행 법령 속에서 확인할 수 있다.

3) 지역적 계획에 대한 계획자치권의 문제

대한민국 헌법은 "국토와 자원은 국가의 보호를 받으며 국가는 그 균형 있는 개발과 이용을 위하여 필요한 계획을 수립한다"고 규정하고 있다.[42] 국토와 자원에 관한 계획 권한에 관한 지방의 분권은 헌법상 찾아볼 수 없다. 독일의 경우와 달리 지방자치단체의 전권한성도 직접 규정하지 아니한다. 대한민국 헌법은 "법령의 범위 안에서 자치에 관한 규정을 제정할 수 있음"과(제117조 제1항) "지방자치단체의 조직과 운영에 관한 사항은 법률로 정함"을(제118조 제2항) 규정하고 있을 뿐이다. 현행 헌법의 규정을 문맥 그대로 해석

---

41) 「자연환경보전법」 제8조는 환경부장관은 자연환경보전기본계획을 수립함에 있어서 미리 관계중앙행정기관의 장과 협의를 거쳐야 함을 규정하고 있다. 이 경우 자연환경보전기본방침과 관계중앙행정기관의 장 및 시·도지사가 통보하는 추진방침 또는 실천계획을 고려하여야 함을 아울러 규정한다. 즉 시·도지사의 실천계획에 대한 고려의무는 규정되어 있지만 시장·군수·구청장과 같은 기초자치단체의 경우는 아무런 언급이 없다.

42) 「대한민국헌법」 제120조. 특히 제122조는 국토의 효율적이고 균형있는 이용·개발과 보전을 위하여 법률이 정하는 바에 의하여 그에 관한 필요한 제한과 의무를 과할 수 있는 광범위한 규제권한을 국가에게 부여하고 있다. 이에 관하여는 오준근·정준현·김동건, "지방자치활성화를 위한 법과 제도의 개선방향", 「지방자치법연구」 제14권 제2호, 한국지방자치법학회, 2014 참조.

할 경우 지방자치단체는 계획자치와 관련된 규정을 제정할 수 있지만, 오직 법령의 범위 안에서만 할 수 있을 뿐이며, 지방자치단체의 영역에 대한 계획에 관한 관한 사항은 원칙적으로 국가 전체를 관장하는 국회가 법률로 제정할 사항이다.[43] 이와 같은 현행 헌법의 규정으로부터 직접 지방자치단체의 "계획자치권"을 직접 이끌어 내기는 매우 어렵다.[44]

「국토의 계획 및 이용에 관한 법률」은 계획자치권을 부분적으로 인정하고 있다. 대한민국의 지방자치법상 지방자치단체의 종류는 광역자치단체와 기초자치단체이다. 이 법률은 지방자치단체를 달리 분류한다. 즉 광역과 기초로 구분하는 것이 아니라 시와 군으로 구분한다. 다시말해서 서울시는 그 자체가 계획자치권자이며, 서울시에 속해 있는 자치구는 계획자치권을 가지지 아니한다. 이 점은 광역자치단체의 자치구 모두에 해당한다. 같은 기초자치단체이지만 도에 속한 시는 부분적인 계획자치권자가 된다. "부분적"이라 지칭되는 이유는 도에 속한 시와 군은 계획의 수립권을 가지지만 계획의 결정권을 가지지는 못한다. 계획의 결정권이 법률상 도에 부여되어 있기 때문이다. 계획자치권이 부분적으로 인정됨을 증명하는 또 하나의 증거는 국토교통부장관 또는 도지사에게 법률이 정하는 요건에 해당할 경우 특정 시 지역의 도시 · 군 관리계획을 직접 입안할 수 있는 권한을 부여하고 있다는 점이다.[45]

도시계획인 건설상세계획의 수립형식이 독일의 경우 "조례"로 명시되어 있는 것과는 달리 「국토의 계획 및 이용에 관한 법률」은 도시 · 군관리계획의 수립 형식에 관하여 아무런 규정을 두고 있지 아니하다. 대한민국 행정법학의 통설과 판례는 도시 · 군 관리계획의 법적 성질을 "취소소송의 대상이 되는 처분"으로 분류한다.[46]

---

43) 대한민국 헌법은 지방자치에 관한 장을 두고 두 개의 조문을 지방자치에 할당하고는 있지만 "수직적 권력분립"으로서의 지방자치, 특히 지방자치단체의 자치권을 보장하기 위한 국회 입법상의 한계를 명시적으로 설정하지 아니하고 있을 뿐만 아니라 "법률로 정한다"고 규정하여 국회의 입법형성권에 전적으로 일임하고 있기 때문에 지방자치단체의 조직자치권, 인사자치권, 계획자치권 등에 관한 일반적 헌법적 근거로 인용하기는 매우 어렵다. 오준근 · 정준현 · 김동건, 전게 논문 참조.

44) 지방자치단체도 주민의 복리에 관한 사무를 처리하고 재산을 관리하기 위하여 필요한 범위 내에서 그의 고유권한으로 자치단체내의 '공간계획'을 수립할 수 있다고 보는 견해에 대하여는, 김동건, 지방자치단체와 공간계획, 토지공법연구 제38집, (2007. 11,) 381면.

45) 「국토의 계획 및 이용에 관한 법률」 제29조 제2항은 시장 · 군수의 도시 · 군계획결정권을 규정한 제1항에도 불구하고 1. 제24조제5항에 따라 국토교통부장관이 입안한 도시 · 군관리계획, 2. 제38조에 따른 개발제한구역의 지정 및 변경에 관한 도시 · 군관리계획, 3. 제39조제1항 단서에 따른 시가화조정구역의 지정 및 변경에 관한 도시 · 군관리계획과 5. 제40조의2에 따른 입지규제최소구역의 지정 및 변경과 입지규제최소구역계획에 관한 도시 · 군관리계획은 국토교통부장관이 직접 결정하고, 4. 제40조에 따른 수산자원보호구역의 지정 및 변경에 관한 도시 · 군관리계획은 해양수산부장관이 직접 결정함을 규정하고 있다.

46) 김재호, 행정계획론 소고, 충남대학교 법학연구, 2007, 49쪽 이하; 김종보, 도시계획 변경거부의 처

2. 계획자치권에 관한 입법 정책적 과제

대한민국에 있어 지방자치단체의 계획자치권은 매우 부분적으로 보장되고 있다고 할 수 있다. 특히 지방자치법상 기초자치단체인 특별시와 광역시의 자치구는 그 영역에 대한 아무런 계획자치권을 인정받지 못하고 있다. 도시계획의 수립 및 결정권자가 특별시장 및 광역시장이기 때문이다. 도에 속한 시장은 도시계획의 수립권을 가지지만 그 결정권은 도지사에게 유보되어 있다. 이와 같이 「국토의 계획 및 이용에 관한 법률」이 기본적으로 광역자치단체에 국한하여 계획자치권을 부여하고 「지방자치법」상 인정되는 기초자치단체를 배제한 것은 문제점이라 지적된다.

대한민국에 있어 국토에 관한 계획은 매우 많은 법률에 산발적으로 흩어져서 규정되어 있다. 이들을 종합계획과 전문계획으로 체계화할 경우 국토 전체를 대상으로 하는 상위의 계획을 규정하는 법률들은 지방자치단체의 자치권을 염두에 두지 아니한다.

예컨대 항만계획과 관련하여 볼 때 항만에 관한 모든 권한은 해양수산부장관에게 집중되어 있다. 해양수산부장관은 항만을 구분하고, 항만기본계획, 항만배후단지 개발 종합계획, 항만 재개발 계획등을 수립·시행한다. 항만과 항만의 배후단지가 관할 광역시의 도시계획의 수립대상이지만 「국토의 계획 및 이용에 관한 법률」에 따른 도시계획에 항만과 항만의 배후단지를 포함할 가능성은 법률상 배제되어 있다. 해양수산부장관은 항만기본계획을 수립함에 있어 관할 광역시장과 협의할 의무를 부여한다. 그러나 이 협의의 법적 성질은 무엇인지, 협의는 "합의"와 어떻게 다른지, "합의"에 이르지 못한 경우 그 효력은 무엇인지, 단지 통지에만 그치고 합의에 이르지 못한 경우 통지된 대로 유효한지 아니면 무효가 되는 것인지 등에 관하여 법률은 침묵하고 있다. 더 문제가 되는 것은 항만 배후단지 개발 종합계획 및 항만 재개발 계획의 경우 협의의무 조차 규정하지 아니하고 있다. 해양수산부장관은 단지 자신이 수립한 계획을 "통보"할 의무만을 부담할 뿐이다. 관할 광역시장은 자신의 도시계획에 부합하지 아니하는 해양수산부장관의 일방적 결정에 대한 어떠한 권한도 가지지 못한다. 중앙행정기관의 상명하달식의 지역계획체계에 대하여 지방자치단체의 장은 단지 무력감을 호소할 뿐이다.

지방자치단체의 계획자치권이 인정되지 아니하는 이유로 전국차원의 프로젝트를 수행함에 있어 지방의 의사를 먼저 수렴하고 이를 존중한다면 프로젝트의 완수는 불가능함이 언급되기도 한다. 중앙행정기관의 신속한 의사결정과 그 추진의 효율성 측면만을 놓고 볼 때에는 계획자치권의 인정이 걸림돌이라 생각될 수 있다. 그러나 중앙행정기관이

분성, 행정법연구, 2004 상반기, 243쪽 이하; 석종현, 행정계획 특유의 사법적 통제법리에 관한 소고, 토지공법연구 제67집, 2014, 384쪽 이하 등 참조.

국회가 제정한 법률을 근거로 지방과 소통하지 아니하고 일방통행 방식으로 지역에 관한 각종 계획을 수립·추진하는 것은 지방자치를 규정한 자유민주적 기본질서에 합치하지 아니하며, 지방자치단체의 계획자치권의 보장은 필수불가결하다.[47]

대한민국에 있어 지방자치단체의 계획자치권의 발전방향은 첫째, 지방자치단체가 그 영역 내에 들어오는 지역적인 계획·임무를 권한의 범위 안에서 자신의 책임으로 수행하는 권한과, 둘째, 당해 지방자치단체와 관련을 갖는 상위계획과정에 참여하는 권한을 온전히 부여하는 방향이어야 한다.[48] 이와 같은 방향으로 발전하려면 지방자치단체의 자치권을 명시하는 방향으로 「대한민국헌법」이 개정되어야 하고, 「국토기본법」을 비롯한 초지역적 종합계획의 수립·시행의 근거가 되는 법률에 지방자치단체에 대한 배려의무와 실질적인 참여의 내용·방법·절차가 명시되어야 하며 「도로법」을 비롯한 전문계획의 수립·시행의 근거가 되는 법률과 「행정절차법」에 지방자치단체 및 그 주민들의 이익을 비교·형량하는 법적 장치로서 계획확정절차가 규정되어야 하며, 「국토의 계획 및 이용에 관한 법률」상 기초자치단체와 광역자치단체의 엇박자를 해소하고, 부분적으로만 인정하고 있는 지방자치단체의 계획입안·결정권을 온전히 하며, 도시·군 관리계획의 법적 성격을 조례로 규정하여 지방의회의 참여를 확실하게 하는 등 대한민국 법체계 전반의 대대적인 손질이 필요하다. 지방자치단체의 계획자치권이 지방자치의 본질적 요소라는 점을 감안할 때 이와 같은 방향으로 한 걸음씩 전진할 수 있기를 기대한다.

Ⅶ. 요약 및 결론

이 글은 류지태 교수님 10주기 논문집에 드리기 위하여 작성하였다. 지방자치에 깊은 학문적 관심을 가지고 많은 논문을 쓰셨고 고려대학교 법무대학원의 지방자치전공을 이끌기도 하셨던 교수님을 추모하여 대한민국 지방자치 제도개선에 관한 입법 정책적 고찰을 하였다. 대한민국의 지방자치는 헌법 개정이 있은 후 30년, 자치단체 장 선거가 이

---

47) 지방자치단체의 계획자치권 보장의 불가피성과 보장 방향을 역설하는 연구결과는 다각적인 방향에서 발표되고 있다. 김동건, "지방자치단체와 공간계획", 토지공법연구 제38집, 2007; 김남철, "공간계획분야의 중앙-정부간 기능배분", 지방행정연구 제11권 제4호, 1997; 김재호, "행정계획론 소고", 충남대학교 법학연구, 2007; 김종보, 도시계획 변경거부의 처분성, 행정법연구, 2004; 조성규, "토지행정에 있어 자치행정권의 강화", 경북대학교 법학연구원 법학논고 제31집, 2009; 이주희, "지방자치단체의 도시계획고권 강화에 관한 연구", 한국지방자치학회보 제16권 제4호, 2004; 장교식·이진홍, "지방자치단체의 도시계획고권에 관한 고찰", 법학연구 제54집, 2014; 허강무, "분권형 도시계획체계 구축을 위한 역할 재조정에 관한 법·제도적 시론", 감정평가연구 제18집 제1호, 2008 등 참조.
48) 홍정선, 신지방자치법, 61쪽 이하 참조.

루어진 후 22년이 지나 기간만 놓고 볼 때에는 성년이 되었지만, 대한민국의 헌법 규정과 지방자치에 관한 법 현실을 자세히 살펴보면 우리의 지방자치는 여전히 미성년자의 대우를 받고 있는 것으로 평가되어 왔다. "미성년자의 비유"는 국회와 중앙정부가 지방자치단체의 자치권의 범위를 법률과 예산 및 각종 제도의 틀 아래 두어 결과적으로는 마치 후견인 국회와 중앙정부가 처분을 허락한 재산에 대해 미성년자인 자치단체가 임의로 처분할 수 있도록 하는 형태를 취하고 있다는 점에 착안한 것이다. 국회나 중앙정부의 후견적 지방통제를 정당화해온 근거로는 "시기상조", "지방자치의 미성숙", "불공정한 지방행정", "예산낭비와 지방부채" 등이 빈번히 거론되어 왔다. 그러나 2017년 현 시점에서 볼 때, "시기상조"나 "미성숙"이 더 이상 언급되어서는 아니 된다. 지방자치의 중요성을 정부와 국민이 공감하는 이 시점에서 국회와 중앙정부는 통제의 역할을 내려놓고 지방자치단체에 많은 것을 맡겨야 한다. 보다 구체적으로는 지방자치단체에 보다 충분한 자치권한이 부여되어야 한다는 뜻이다.

이 글은 위와 같은 개선과제를 현실화하기 위한 구체적인 방안을 제시하기 위하여 기획되었다. 헌법개정의 과제를 먼저 정리한 후, 이를 전제로 입법권의 분배, 조직, 인사, 계획 등 각종 자치권의 강화를 위하여 필요한 법·정책적 과제를 구제적으로 정리하였다.

첫째, 헌법을 개정함에 있어 수직적 권력분립을 통한 국민의 기본적 인권 보장의 기본 이념이 헌법에 반영되고, 실질적인 지방분권이 이룩될 수 있도록 실천적 규정이 도입되어야 한다. 이를 위하여 "지방자치는 헌법상 자유민주적 기본질서의 필수 구성요소로서 보장되어야 함"이 이념적으로 확인될 것, 지방자치단체에 대하여는 그 구역 안에서 주민의 복리에 관한 사무를 독자적으로 처리할 수 있는 전권한성이 헌법상 구체적으로 부여될 것, 지방의회에 대하여는 주민의 민의를 반영하여 자치입법권을 행사할 수 있는 충분한 권한을 부여할 것, 지방자치단체에 대하여는 그 기본적 사무를 처리함에 필요한 재원을 보장할 것" 등이 헌법상 구체화되어야 한다. 위와 같은 모든 논의 내용을 헌법에 규정함에 있어 선결되어야 할 또 하나의 문제는 지방자치단체의 종류 및 구조이다. 대한민국은 미국이나 독일등 연방국가와는 다른 단일 국가이다. 지방자치단체의 종류를 헌법이 아닌 지방자치법에서 규정하도록 한 결과 광역자치단체와 기초자치단체의 위상과 그 자치권의 분배에 있어 많은 혼선이 있다. 위에서 언급한 상원제도의 경우 광역자치단체의 위상을 연방국가의 주에 준하는 지위로 격상시키고 대한민국을 준연방제 국가로 전환함을 전제로 하는 경우에 본격적인 도입이 가능하다고 할 수 있다.

둘째, 지방자치단체의 자치사무에 관하여 국회가 우선적인 법령 제정권을 행사할 수 있다는 소위 법령선점주의는 지방자치의 핵심이자 민주주의의 꽃으로서의 지방의회의 본질기능 자체를 침해한다. 이 점에서 "법령의 범위 안에서"라는 헌법 규정의 개정은 중요한 추진과제에 해당한다. 현행 헌법을 그대로 존중한다 하더라도 지방자치법 제22조 단서는 헌법에 위반됨이 그 조문 상 드러나 있다. 이 점에 대하여는 개선이 필요하다. 지방자치법의 개정을 통하여 제22조 단서는 삭제되어야 할 것이다. 지방의회와 국회간의 입법권 분배 과제를 정리함에 있어서 또 한 가지 유의할 점은 광역지방자치단체와 기초자치단체간의 입법권의 분배이다. 어떠한 경우에도 기초자치단체의 자치입법권은 포기되어서는 아니 된다. 주민과 가장 근접한 자치를 행하고 있는 기초자치단체가 가장 우선적인 입법권한을 가져야 한다는 뜻이다. 기초자치단체를 넘는 광역사항은 광역자치단체가 다음으로 입법권한을 가져야 한다. 국회는 외교와 국방 등 오직 전국적인 통일성을 필요로 하는 사항에 한하여 입법권한을 가지도록 헌법상 제도화하는 한편 스스로 자제하여야 한다. 지역과 관련이 있는 국회의 입법에는 적어도 광역자치단체가, 광역자치단체의 입법에는 기초자치단체가 참여할 수 있는 방안도 현실화되어야 할 것이다. 조속한 입법의 개선을 기대한다.

셋째, 법치국가원리의 핵심원리 중의 하나인 "행정조직법정주의"는 중앙행정기관의 행정조직을 법률로 정할 것을 요구한다. 수직적 권력분립에 따라 입법권을 분배할 경우 지방자치단체의 행정조직은 조례가 스스로 규정하도록 헌법에 설정되어야 할 것이다. 헌법의 개정이 있기 전이라도 현행 지방자치법에 규정된 지방자치조직의 "규제"규정은 철폐되어야 할 것이다.

넷째, 지방자치단체에 대하여는 그 인사자치권이 부여되어야 한다. 그러나 현행 지방자치법과 지방공무원법은 지방자치단체의 장에게 "인사권"을 부여하고 있을 뿐 "인사자치권"을 부여하지는 아니하고 법령에 근거하여 인사자치권에 관한 포괄적 제약을 가하고 있다. 이들 법률은 "수직적 권력분립"이라는 지방자치의 본질에서 벗어나 있다. 현행 헌법의 포괄적 법률유보 규정으로 인하여 현행 지방자치법 및 하위 법령의 규정을 직접적으로 "위헌"이라 판단하지는 아니한다 하더라도 적어도 헌법규정의 불충분성 및 헌법이 지향하여야 할 지방자치의 본질에 비추어 "잘못된"입법이라는 점은 분명히 지적할 수 있다. 지방자치단체가 그 영역에서 고유한 책임 하에 모든 지역적 행정을 자치적으로 처리할 수 있게 하려면 필요한 인사자치권을 충분히 부여하여야 한다. 헌법의 개정이 있기 전이라도 현행 지방자치법과 지방공무원법에 규정된 지방자치인사의 "규제"규정은 철폐되어야 할 것이다.

다섯째, 대한민국에 있어 국토에 관한 계획은 매우 많은 법률에 산발적으로 흩어져서 규정되어 있다. 이들을 종합계획과 전문계획으로 체계화할 경우 국토 전체를 대상으로 하는 상위의 계획을 규정하는 법률들은 지방자치단체의 자치권을 염두에 두지 아니한다. 대한민국에 있어 지방자치단체의 계획자치권은 매우 부분적으로 보장되고 있다고 할 수 있다. 특히 지방자치법상 기초자치단체인 특별시와 광역시의 자치구는 그 영역에 대한 아무런 계획자치권을 인정받지 못하고 있다. 도시계획의 수립 및 결정권자가 특별시장 및 광역시장이기 때문이다. 도에 속한 시장은 도시계획의 수립권을 가지지만 그 결정권은 도지사에게 유보되어 있다. 이와 같이 「국토의 계획 및 이용에 관한 법률」이 기본적으로 광역자치단체에 국한하여 계획자치권을 부여하고 「지방자치법」상 인정되는 기초자치단체를 배제한 것은 문제점이라 지적된다. 중앙행정기관이 국회가 제정한 법률을 근거로 지방과 소통하지 아니하고 일방통행 방식으로 지역에 관한 각종 계획을 수립·추진하는 것은 지방자치를 규정한 자유민주적 기본질서에 합치하지 아니하며, 지방자치단체의 계획자치권의 보장은 필수불가결하다. 대한민국에 있어 지방자치단체의 계획자치권의 발전방향은 지방자치단체가 그 영역 내에 들어오는 지역적인 계획·임무를 권한의 범위 안에서 자신의 책임으로 수행하는 권한과, 당해 지방자치단체와 관련을 갖는 상위계획과정에 참여하는 권한을 온전히 부여하는 방향이어야 한다. 이와 같은 방향으로 발전하려면 지방자치단체의 자치권을 명시하는 방향으로 「대한민국헌법」이 개정되어야 하고, 「국토기본법」을 비롯한 초지역적 종합계획의 수립·시행의 근거가 되는 법률에 지방자치단체에 대한 배려의무와 실질적인 참여의 내용·방법·절차가 명시되어야 하며 「도로법」을 비롯한 전문계획의 수립·시행의 근거가 되는 법률과 「행정절차법」에 지방자치단체 및 그 주민들의 이익을 비교·형량하는 법적 장치로서 계획확정절차가 규정되어야 하며, 「국토의 계획 및 이용에 관한 법률」상 기초자치단체와 광역자치단체의 엇박자를 해소하고, 부분적으로만 인정하고 있는 지방자치단체의 계획입안·결정권을 온전히 하며, 도시·군 관리계획의 법적 성격을 조례로 규정하여 지방의회의 참여를 확실하게 하는 등 대한민국 법체계 전반의 대대적인 손질이 필요하다. 지방자치단체의 계획자치권이 지방자치의 본질적 요소라는 점을 감안할 때 이와 같은 방향으로 한 걸음씩 전진할 수 있기를 기대한다.

　　류지태 교수님을 추모하며 교수님의 생전의 뜻과 같이 대한민국의 지방자치제도가 헌법개정과 입법적 개선 과정을 거쳐 지방자치에 "성년"의 온전한 지위가 부여될 수 있기를 기대한다.

[참고문헌]

금창호·권오철,「참여정부의 자치조직권 확대정책의 평가와 과제」, 한국지방행정연구원, 2007

김경수, 지방재정 책임성 확보방안, 한국지방자치법학회 춘계학술대회 지방세제 및 지방재정의 현안과 과제, (2014. 3.)

김남철, "공간계획분야의 중앙－정부간 기능배분", 지방행정연구 제11권 제4호, 1997

김동건, "지방자치단체와 공간계획", 토지공법연구 제38집, 2007

김배원, "현행 헌법상 지방자치제도의 개정필요성과 방향",「헌법학연구」제16권 제3호, 2010

김병국·김영희, 지방자치단체의 인사공정성 강화방안,「한국인사행정학회보」제4권 제2호, 2005

김상태, 지방분권의 헌법적 보장, 법학연구, 제49집, 2013

김수진, 독일 공무원 관련법 개정에 따른 직업공무원제의 도전에 관한 연구,「공법연구」제40집 제2호, 2011

김재호, "지방자치의 헌법적 보장과 조례제정",「지방자치법연구」제6권 제2호, 2006

김종보, 도시계획 변경거부의 처분성, 행정법연구, 2004

김해룡, "지방자치단체의 조직 및 인사고권",「저스티스」제34권 제4호, 2001

김해룡, "분권형 국가를 지향하는 헌법의 개정방안",「지방자치법연구」제12권 제4호, 2012

문상덕, "국가와 지방자치단체간 입법권 배분",「지방자치법연구」제12권 제4호, 2012

류지태, 자치사무에 대한 감독권 행사의 사법적 심사기준, 고려법학 제48호, 2007

류지태, 지방자치와 직접민주제, 법제 통권577호, 2006

류지태, 지방자치단체장에 대한 주민의 법적 통제제도, 시민과 변호사, 2001

류지태, 지방자치단체장의 선임방안: 정당 공천제 문제를 중심으로, 지방자치법연구 제1권 제2호, 2001

류지태, 지방자치단체장의 재의요구와 선결처분, 자치행정, 2000

류지태, 지방자치의 제도적 보장론 소고, 법학논집 제29권, 1993

박균성,「행정법강의」, 박영사, 2017

박완규, 지방자치 성숙을 위한 지방자치단체 재정건전성 확보방안에 대한 소고, 국회 지방자치 포럼·지방자치 실천포럼 공동세미나, 지방자치 실천을 위한 지방리더십과 재정건전성 강화, 2014

박혜자, "지방정부의 자치조직·자치인사권의 제약요인과 그 개선방안",「한국지방자치학회보」제15권 제4호, 2003

방승주, 지방자치제도의 발전을 위한 헌법개정의 방향,「지방자치법연구」제9권 2호 통권 22호, 2009

법제처,「헌법주석서Ⅳ」, 2010

석종현, 행정계획 특유의 사법적 통제법리에 관한 소고, 토지공법연구 제67집, 2014

오준근, "지방자치단체의 계획자치권에 관한 독일과 한국의 비교법적 연구", 지방자치법연구 제 16권 제1호, 2016

오준근, "지방자치단체의 인사자치권의 주요 쟁점에 관한 공법적 고찰", 지방자치법연구 제14권 제3호, 2014

오준근, "지방자치단체의 조직자치권에 관한 독일과 한국의 비교법적 연구", 「경희법학」 제49권 제3호, 2014

오준근, "정부조직개편에 관한 입법정책적 고찰", 「한국행정학보」 제47권 제3호, 2013

오준근, 「독일자치법제연구 I (체제와 기관편)」, 한국법제연구원, 1991

오준근·김명연, 지방자치단체와 계획관계 법체계의 정비에 관한 연구, 한국법제연구원, 1996

오준근·이지은, "독일의 지방재정구조와 지방자치단체 파산제도 도입 논의에 관한 약간의 고찰", 지방자치법연구 제15권 제2호, 2015

오준근·정준현·김동건, "지방자치 활성화를 위한 법과 제도의 개선방향", 지방자치법연구 제14권 제2호, 2014

옥무석, 지방재정건전화를 위한 재정통제와 납세자자문의 권리, 지방자치법연구 통권 29호/제11권 1호, 2011

우동기·이상호, "지방자치단체의 자율경영체제 구축에 관한 연구", 「한국행정논집」 제8권 제4호, 1996

유진식, 지방자치단체의 파산방지를 위한 법제정비방안 - 일본의 경험과 그 시사점을 중심으로 -, 지방자치법연구 제11권 1호, 2011

이기우, "지방자치 기반강화를 위한 헌법개정", 「한국지방자치학회보」 제17권 제4호, 2005

이기우·하승수, 「지방자치법」, 대영문화사, 2007

이주희, "지방자치단체의 도시계획고권 강화에 관한 연구", 한국지방자치학회보 제16권 제4호, 2004

이주희, "시·도의 자치조직권 강화방안", 「지방행정」 2004. 9월호

장교식·이진홍, "지방자치단체의 도시계획고권에 관한 고찰", 법학연구 제54집, 2014

조성규, "토지행정에 있어 자치행정권의 강화", 경북대학교 법학연구원 법학논고 제31집, 2009

차상붕, 자치권의 규범력제고, 「공법학연구」 제7권 제1호, 2006

최봉석, "실질적 자치권 보장을 위한 헌법개정의 방향", 「지방자치법연구」 제9권 제4호, 2009

최봉석, 「지방자치의 기본법리」 한국법제연구원, 2007

최승필, 경제적 규제에 있어 중앙정부와 지방자치단체 간 협력과 역할, 지방자치법연구, 제13권 3호, 2013

표명환, "지방자치법상의 '특별자치도'의 의미와 그 문제", 「공법학연구」 제10권 제4호, 2009

허강무, "분권형 도시계획체계 구축을 위한 역할 재조정에 관한 법·제도적 시론", 감정평가연구 제18집 제1호, 2008

허영, 「한국헌법론」, 박영사, 2017

홍정선, 「신지방자치법」, 박영사, 2017

홍정선, 「행정법특강」, 박영사, 2015

Birkenfeld−Pfeiffer Daniela/Gern Alfons, Kommunalrecht Hessen, 4. Aufl., Nomos, Baden−Baden, 2005

Böhm Monika, *Frauenbeauftragte und kommunale Organisationshoheit*, NVwZ 1999, S. 721 ff.

Britz Gabriele, *Zustimmungsbedürftigkeit vom Bundesgesetzen und die Verwaltungsorganisationshoheit der Länder*, DÖV 1998, S. 636 ff.

Brohm Winfried, Öffentliches Baurecht, 3. Aufl., C.H.Beck München, 2002

Frenz Walter, *Der Schutz der kommunalen Organisationshoheit*, VerwArch 86, 1995, S. 378 ff.

Gern Alfons, *Deutsches Kommunalrecht*, 3. Aufl., Nomos, Baden−Baden, 2003

Jarass Hans D./Pieroth Bodo, *GG Grundgesetz für die Bundesrepublik Deutschland, 10.* Aufl., C.H.Beck München, 2009

Knack Hans Joachim/Henneke Hans Günter, Verwaltungsverfahrensgesetz, 9.Aufl., Carl Heymann, 2010

Meyer Hubert, *Kommunalrecht Landesrecht Mecklenburg−Vorpommern*, 2.Aufl., Nomos, Baden−Baden, 2002

Mutius Albert von, Kommunalrecht, C.H.Beck München, 1996

Nierhaus Michael, Kommunalrecht für Brandenburg, Nomos, Baden−Baden, 2003

Schaffarzik Bert, *Das Gebot der Gleichberechtigung im Spannungsfeld staatlicher Organisationsgewalt und kommunaler Organisationshoheit*, DÖV 1996, S. 152 ff.

Schmidt Thorsten Ingo, *Kommunalrecht*, Mohr Siebeck Tübingen, 2011

Schmidt Thorsten Ingo, Kommunalrecht, Mohr Siebeck Tübingen, 2011

Schmidt−Aßmann Ebehard/Röhl Hans Christian, Kommunalrecht, in: Besonderes Verwaltungsrecht, 13. Aufl., De Gruyter Recht, Berlin, 2005

국가균형발전 특별법의 평가와 개선과제[*]

임 현[**]

Ⅰ. 시작하는 말

故 류지태 교수님께서 2008년 작고하신 이후 벌써 10년이라는 시간이 지나가고 있으나, 교수님의 저서와 논문들은 아직도 후학들에게 많은 가르침을 주고 있다. 오랜 시간 행정법 총론에 있어 중요한 논쟁의 대상이 되어 온 연구주제들은 물론, 다양한 각론 분야의 쟁점들에 관한 교수님의 글들은 현재에 있어서도 학문적 논의의 방향성을 제시해주고 있다. "行政法에서의 危險管理: 司法審査의 基準을 중심으로",[1] "옴부즈만 類似 權益救濟機關의 현황과 평가",[2] "法治主義 觀點에서 본 不正腐敗防止 論議",[3] "한국에서의 原子力에너지利用에 관한 法的 問題",[4] "環境責任法 立法論",[5] 등 교수님의 많은 글들은 현재 우리의 사회적 상황 속에서도 그 시의성이 충분한 주제들이다. 교수님께서 작고하신 이후 우리 사회가 너무나 큰 변화를 거쳤음에도 불구하고 이러한 글들을 통해 여전히 가르침을 주고 계신 점에 깊이 감사드린다. 본 논문에서는 故 류지태 교수님께서 많은 관심을 가지셨던 행정법 분야 중의 하나이며, 필자의 박사학위논문 분야로 추천해주셨던 '지방자치법'의 주제 중에서 국가균형발전의 문제를 다루어보고자 한다.

지난해 7월 19일 발표된 문재인 정부의 '국정운영 5개년 계획'에는 5대 국정목표의 하나로 '고르게 발전하는 지역'이 포함되었고, 이를 실현하기 위한 세 가지 전략으로 '풀뿌리 민주주의를 실현하는 자치분권', '골고루 잘 사는 균형발전', '사람이 돌아오는 농산어촌'을 제시하였다.[6] 또한 이 세 가지 전략을 실현하기 위한 11개 과제는 100대 국정과

---

* 이 논문은 2017년 9월 8일 개최된 '한국지방자치법학회 / 전북대학교 / 전북대학교 법학연구소 공동
  학술대회'의 발표문을 수정·보완한 글임.
** 고려대학교 행정학과 교수

1) 류지태, 行政法에서의 危險管理 : 司法審査의 基準을 중심으로, 공법연구 제32권 제3호, 2004.
2) 류지태, 옴부즈만 類似 權益救濟機關 현황과 평가, 법학연구 제15권 1호, 2004.
3) 류지태, 法治主義 觀點에서 본 不正腐敗防止 論議, 공법연구 제24권 제3호, 1996.
4) 류지태, 한국에서의 原子力에너지利用에 관한 法的 問題, 환경법연구 제16권, 1994.
5) 류지태, 環境責任法 立法論, 공법연구 제20권, 1992.
6) 대한민국 정부 대표 블로그 정책공감, 오늘의 정책, 국정운영 5개년 계획 및 100대 국정과제 발표, 새로운 대한민국 어떻게 달라질까?, 2017. 7. 19(http://blog.naver.com/hellopolicy/221054994018).

제의 내용으로 포함되었다. 구체적으로는 풀뿌리 민주주의를 실현하는 자치분권이라는 전략하에 획기적인 자치분권 추진과 주민 참여의 실질화, 지방재정 자립을 위한 강력한 재정분권, 교육 민주주의 회복 및 교육자치 강화, 세종특별시 및 제주특별자치도 분권모델의 완성이라는 4개 과제를, 골고루 잘 사는 균형발전이라는 전략하에 전 지역이 고르게 잘 사는 국가균형발전, 도시경쟁력 강화 및 삶의 질 개선을 위한 도시재생뉴딜 추진, 해운·조선 상생을 통한 해운강국 건설이라는 3개의 과제를, 사람이 돌아오는 농산어촌이라는 전략하에 누구나 살고 싶은 복지 농산어촌 조성, 농어업인 소득안전망의 촘촘한 확충, 지속가능한 농식품 산업 기반 조성, 깨끗한 바다, 풍요로운 어장이라는 4개의 과제를 제시하였다.7) 박근혜 정부에서 '지역균형 발전과 지방분권 촉진'을 5대 국정목표 중 하나인 '안전과 통합의 사회'의 하나의 실현전략으로 삼았던 것과 비교하여,8) 현 정부의 균형발전에 대한 의지는 매우 강하다고 볼 수 있다.

균형발전의 의미는 다양한 측면에서 이해될 수 있고, 균형발전의 추진 역시 다양한 측면에서 수행되게 된다. 앞서 언급한 현 정부의 관련 국정과제에 대한 주관부처 역시 행정안전부, 산업통상자원부, 기획재정부, 국토교통부, 교육부, 해양수산부, 농림축산식품부로 다원화되어 있다. 따라서 균형발전과 관련된 법제 역시 다양하게 존재하나, 이 논문에서는 검토의 범위를 「국가균형발전 특별법」에 한정하여 살펴보고자 한다. 2004년 제정·시행된 이후 수회의 개정을 거쳐 현재에 이르고 있는 「국가균형발전 특별법」에 대해서는 2000년대 초 관련 입법의 논의가 있었던 당시부터 학계의 많은 연구가 있어 왔다. 이처럼 방대한 선행연구가 존재함에도 불구하고 「국가균형발전 특별법」을 이 논문의 주제로 선정한 이유는 국가균형발전 또는 지역균형발전의 중요성을 감안하여 그동안의 경험과 시행착오를 법제의 개선을 통해 반영하고 학문적·법정책적으로 균형발전의 방향성을 찾고자 하는데 있다. 특히 정부가 지방분권과 균형발전에 박차를 가하고자 하는 현 시점에서 「국가균형발전 특별법」의 재검토는 중요한 의의를 가질 수 있을 것이다. 이 논문에서는 동법상의 균형발전의 의미를 되짚어보고, 동법의 중요 쟁점들과 앞으로의 과제를 제시해보고자 한다.

---

7) 정책뉴스, [표] 문재인 정부 100대 국정과제, 2017. 7. 19(http://www.korea.kr/policy/societyView.do?newsId=148839863&pWise=main&pWiseMain=A1).

8) 제18대 대통령직인수위원회 보도자료, 박근혜정부 국정비전 및 국정목표, 2013. 2., 13면, 19면. 박근혜정부는 지역균형 발전과 지방분권 촉진 전략을 실현하기 위해 140대 국정과제 중 국민대통합을 위한 지역균형발전, 지방대학 지원 확대, 지방재정확충 및 건전성 강화, 지방분권 강화 및 시민사회·지역공동체 활성화, 지역경제와 산업의 활력 제고의 5개 과제를 제시하였다(제18대 대통령직인수위원회 보도자료, 제18대 대통령직 인수위원회 제안 박근혜정부 국정과제, 2013. 2., 169면).

Ⅱ. 국가균형발전의 의미

1. 국가균형발전의 헌법적 근거

1) 헌법상 경제조항

균형발전의 헌법적 근거로 먼저 헌법상 경제조항을 들 수 있다. 헌법은 제9장에서 경제에 관한 조항을 두고 있는데, 국가(지역)균형발전에 대한 규정들로는 제119조 제2항, 제120조 제2항, 제122조, 제123조 제2항을 들 수 있다.[9] 헌법재판소가 밝힌 바와 같이 우리 헌법의 경제질서는 사유재산제를 바탕으로 하고 자유경쟁을 존중하는 자유시장 경제질서를 기본으로 하면서도 이에 수반되는 갖가지 모순을 제거하고 사회복지·사회정의를 실현하기 위하여 국가적 규제와 조정을 용인하는 사회적 시장경제질서로서의 성격을 띠고 있다.[10] 사회적 시장경제질서의 목적 내지 성격은 모든 지역의 경제적 균형을 지향하는 지역균형발전의 의미와도 상통한다고 이해할 수 있다.[11] 특히 이 논문의 주제인 「국가균형발전 특별법」의 경우 헌법 제120조 제2항, 제123조 제2항과의 관련성이 크다고 할 수 있다. 이는 동법의 추진주체인 '지역발전위원회'가 스스로를 '헌법 제120조와 제123조에서 규정하는 균형 있는 국토개발과 이용을 위한 계획, 지역 간의 균형 있는 발전 등의 국가이념을 실현하는 대통령 직속 기구'로 소개하고 있는[12] 점에서도 확인할 수 있다.[13]

이처럼 헌법상 경제조항들을 국가(지역)균형발전의 가장 우선적인 헌법적 근거로 들 수 있지만, 균형발전은 매우 포괄적인 개념이어서 다양한 측면에서 검토될 수 있으며, 따라서 헌법상 경제조항들이 경제적 측면 외의 균형발전의 의미를 담는데는 한계가 있을 수밖에 없다.[14] 「국가균형발전 특별법」상 지역간 균형있는 발전의 내용 역시 경제적 균형발전에 가장 중점을 두고 있다고 인정할 수는 있지만, 경제적 내용에만 그치고 있는 것은 아니다.[15] 따라서 국가균형발전의 헌법적 근거는 경제조항들 외에 관련 헌법원리,

---

9) 서보건, 국가균형발전과 낙후지역 발전을 위한 입법적 방향, 토지공법연구 제43집 제3호, 2009, 96–98면.

10) 헌법재판소 2001. 6. 28. 2001헌마132 결정 등.

11) 이병규, 지역균형발전의 헌법적 고찰, 공법학연구 제16권 제2호, 2015, 37면; 김명식, 지역균형발전 구조에 관한 헌법적 검토, 공법학연구 제17권 제4호, 2016, 13면.

12) 지역발전위원회 홈페이지 참고(http://www.region.go.kr/ibuilder.do?menu_idx=2148).

13) 우리 헌법재판소는 헌법 제123조의 지역경제 육성의무의 1차적 목적이 지역간 불균형의 축소에 있다고 보았다(헌법재판소 1996. 12. 26. 96헌가18 결정).

14) 이병규, 앞의 논문, 36면.

15) 「국가균형발전 특별법」은 지역산업의 육성과 일자리 창출 등 지역경제 활성화 촉진(제11조), 지역 교육여건 개선과 인재 양성 및 과학기술 진흥(제12조), 지역문화·관광의 육성 및 환경 보전(제14조), 지역의 복지 및 보건의료의 확충(제15조), 공공기관의 지방이전(제18조), 기업 및 대학의 지방

헌법상 지방자치제의 보장에 관한 내용 등에서 함께 찾아야 할 것이다.

2) 평등원리와 사회국가원리

　지역균형발전의 헌법적 근거는 헌법상 평등원리로부터도 찾아볼 수 있다. 이와 관련해서는 「국가균형발전 특별법」이 2004년 제정 당시 '국가균형발전'의 개념을 '지역간 발전의 기회균등을 촉진'하고 지역의 발전역량을 증진함으로써 삶의 질을 향상하고 지속가능한 개발을 도모하여 국가경쟁력을 강화하는 것이라고 정의하였던 것을 주목할 필요가 있다.[16] 균형발전은 곧 평등원리의 실천이라고 이해할 수 있는데, 동 조항의 평등의 내용은 분배에 있어서의 평등뿐만 아니라 발전의 기회균등까지 포함됨을 명시하고 있었다. 현행법은 '국가균형발전'을 '지역발전'으로 대체하고, 이를 '자율과 창의를 기반으로 지역별 특성을 고려한 지역 간의 균형 있는 발전과 상호 협력 증진을 통하여 주민 생활 기반을 확충하고, 지역경제를 활성화함으로써 주민의 삶의 질 향상과 지역경쟁력을 강화하는 것'으로 정의하고 있다(제2조 제1호). 즉 발전기회의 균등에 대해서는 명시하고 있지 않으나, 지역발전의 내용에 '지역 간 균형 있는 발전'을 포함하고 있으며, 이에는 동법의 제정 당시와 마찬가지로 발전기회의 평등이 포함된다고 이해할 수 있다.

　이러한 균등한 발전기회의 보장은 각종 사회기반시설, 예컨대 교육, 문화 인프라 등의 차별없는 제공을 보장하는 것과 밀접한 관련성을 갖는다.[17] 「국가균형발전 특별법」은 교육여건의 개선(제12조), 지역문화의 육성(제14조), 복지 및 보건의료의 확충(제15조), 공공기관의 지방이전(제18조), 기업 및 대학의 지방이전(제19조) 등에 대해 규정함으로써 이러한 측면을 고려하고 있다. 균형발전의 궁극적 목적이 어떠한 지역에 거주하든 모든 국민이 균등한 삶의 질을 보장받는데 있다고 본다면,[18] 사회기반시설의 구축은 지역균형발전의 가장 근본적이고 실천적인 의미를 갖는다고 할 수 있다.[19]

　또한 이러한 점은 평등원리 뿐만 아니라 사회국가원리에서 그 헌법적 근거를 찾을 수 있다. 사회국가가 모든 국민이 실질적으로 자유와 평등을 실현시킬 수 있는 사회구조의 형성을 실질적인 내용으로 한다면, 사회기반시설의 구축 등을 통한 지역균형발전은

　　이전(제19조) 등에 대한 규정을 두고 있다.

16) [법률 제7061호, 2004.1.16., 제정] 제2조 제1항.

17) 이병규, 앞의 논문, 40면.

18) 국민일보, [아침논단-김재익], 지역균형발전은 범정부적 과제, 2000. 9. 14: "본고는 지역균형의 개념을 국민들이 사는 장소에 의해 불이익을 받거나 제한을 받지 않는 것으로 정의하고자 한다. 이 개념에 합당한 지역균형개발은 장기적인 관심과 투자를 바탕으로 교육, 기반시설, 정치적 자율성 등 모든 기본 인프라의 지역간 균형이 전제되어야 하고 이를 바탕으로 기회의 균형을 도모하는 것이다."

19) 김명식, 앞의 논문, 14-16면. 길준규, 사회적 통합을 위한 지역균형발전제도의 법적 평가, 한양법학 제21권 제1집, 2010, 48면.

사회국가원리에도 근거하고 있는 것으로 이해할 수 있다.

3) 지방자치

국가(지역)균형발전이 지방자치, 지방분권과 어떠한 관계에 있는지도 검토가 필요하다.[20] 지역 간 균형발전은 당연히 지방자치제에 근거한다고 생각할 수 있지만, 지방자치와 지방분권은 지방의 자율성과 권한 강화를, 균형발전은 중앙정부의 개입과 조정력 강화를 내포한다는 점을 감안하면[21] 이들간의 관계에 대한 신중한 검토가 필요하다. 우리 「지방자치법」은 동법의 목적을 '지방자치단체의 종류와 조직 및 운영에 관한 사항을 정하고, 국가와 지방자치단체 사이의 기본적인 관계를 정함으로써 지방자치행정을 민주적이고 능률적으로 수행하고, 지방을 균형있게 발전시키며, 대한민국을 민주적으로 발전시키려는 것'이라고 하여, 균형발전을 「지방자치법」의 목적으로 규정하고 있다. 앞서 언급했던 지난해 7월 발표된 '국정운영 5개년 계획'에서도 '고르게 발전하는 지역'이라는 국정목표를 실현하기 위한 전략으로 '자치분권'과 '균형발전'을 강조하고 있다. 이처럼 지역균형발전이 지방자치제에 있어 갖는 중요성에도 불구하고 이를 지방자치의 필수적이고 핵심적인 요소로 이해할 수 있는지에 대해서는 논쟁의 여지가 있다.[22]

그러나 보다 중요하게 고려되어야 할 점은 국가균형발전에 관한 법제와 정책이 지방자치제를 훼손하지 않는 내용으로 정해지고 전개되어야 한다는 점이다. 이러한 관점에서 볼 때 국가균형발전정책이 중앙정부의 독점적 주도로 이루어지는 것은 지양해야 하며, 중앙과 지방의 협력구조를 법률안에 체계화하는 것이 필요하다. 「국가균형발전 특별법」이 지역 간 협력에 대해서는 다수의 조문을 두고 있으나, 중앙과 지방간 협력에 대해서 충분히 고려하고 있는지에 대해서는 의문이 있다. 2001년 국회에 제출되었던 '지역균형발전특별법(안)'의 경우 동 법안이 '각 지역의 다양성을 바탕으로 한 특성 있는 발전을 도모하고 중앙행정기관과 지방자치단체간 협력관계를 구축함으로써 지역경제의 활성화와 지역간 균형 있는 발전에 기여함'을 목적으로 한다고 규정했던(제1조) 점은[23] 주목할 만한다. 또한 동 법안의 경우 추진주체인 '지역균형발전위원회'의 당연직 위원을 중앙행정기관의 장 및 이에 준하는 기관의 장 중에서 대통령령이 정하는 자와 시·도지사로 한 것은[24] 현행 「국가균형발전 특별법」상 지역발전위원회의 당연직 위원이 기획재정부장

20) 이진홍, 경제개발계획과 지역균형발전에 대한 비교법적 고찰, 일감부동산법학 제12호, 2016, 253면.
21) 이병규, 앞의 논문, 35면. 김명식, 앞의 논문, 6면. 이기우, 지방분권의 정착을 위한 책임성 확보방안, 지방행정연구 제17권 제1호, 2003, 24-25면(김명식, 앞의 논문, 6면에서 재인용). 강현수, 「국가균형발전법특별법(안)」의 쟁점과 과제, 공간과 사회 통권 제20호, 2003, 153면.
22) 이병규, 앞의 논문, 35면.
23) 김남욱, 地方均衡發展特別法(案)의 檢討, 지방자치법연구 제3권 제2호, 2003, 271면. 김남철, 지역균형발전의 법적 문제, 공법학연구 제4권 제1호, 2002, 12면.

관, 교육부장관, 과학기술정보통신부장관, 행정안전부장관, 문화체육관광부장관, 농림축산식품부장관, 산업통상자원부장관, 보건복지부장관, 환경부장관, 여성가족부장관, 국토교통부장관, 해양수산부장관, 중소벤처기업부장관, 그 밖에 대통령령으로 정하는 중앙행정기관의 장으로 구성되어 있는 점과(제23조 제2항)25) 차이를 갖는다. 현행 지역발전위원회에서 지방자치단체의 이해관계는 「지방자치법」 제165조 제1항에서 규정하고 있는 지방자치단체장 등의 협의체가 추천하는 자 중 대통령이 위촉하는 자를 통해 대변되는 것으로 한정된다(제23조 제3항 제1호). 중앙과 지방이 협력하여 균형발전정책을 수행할 수 있는 관계를 형성할 수 있도록 지역발전위원회의 구성에 대한 재검토가 필요하다. 이를 통해 지역발전위원회의 운영과 지역발전특별회계의 운용에 지방의 이해관계가 보다 반영될 수 있어야 한다.

2. 「국가균형발전 특별법」상 균형발전의 의미

「국가균형발전 특별법」은 '국가균형발전' 또는 '지역균형발전'에 대한 별도의 정의규정을 두고 있지는 않다. 다만 제1조에서 동법이 지역 간의 불균형을 해소하고 지역의 특성에 맞는 발전과 지역 간의 연계 및 협력 증진을 통하여 지역경쟁력을 높이고 삶의 질을 향상함으로써 지역 간의 균형 있는 발전에 이바지하는 것을 목적으로 함을 규정하고 있다. 또한 '지역발전'을 자율과 창의를 기반으로 지역별 특성을 고려한 지역 간의 균형 있는 발전과 상호 협력 증진을 통하여 주민 생활기반을 확충하고, 지역경제를 활성화함으로써 주민의 삶의 질 향상과 지역경쟁력을 강화하는 것이라고 규정하고(제2조 제1호) 있다. 즉 동법은 국가균형발전, 지역균형발전에 대해 직접적인 개념정의는 하고 있지 않지만, 어떠한 내용을 통해 균형발전이 가능한지, 균형발전은 어떠한 목적을 가져야 하는지를 간접적으로 규정하고 있다.26)

동법의 목적 조항은 2004년 제정 이후 2009년과 2014년 두 차례의 개정이 있었다. 2004년 제정 당시에는 '지역간 불균형을 해소하고 지역혁신 및 특성에 맞는 발전을 통하여 자립형 지방화를 촉진함으로써 전국이 개성있게 골고루 잘 사는 사회를 건설하는 데 이바지함'을 동법의 목적으로 규정하였으며,27) 2009년의 개정에서는 동법의 목적을 '지역의 특성에 맞는 발전과 지역 간의 연계 및 협력 증진을 통하여 지역경쟁력을 높이고 삶의 질을 향상함으로써 지역 간의 균형 있는 발전에 이바지'하는데 있다고 명시하였

---

24) 김남욱, 앞의 논문, 272면. 김남철, 앞의 논문, 13면.
25) 현재 대통령령에서 지역발전위원회의 당연직 위원을 규정한 조항은 없는 상태이다.
26) 이병규, 앞의 논문, 32면.
27) [법률 제7061호, 2004.1.16., 제정] 제1조.

다.28) 이후 2014년 개정을 통해 동법의 목적을 현행과 같이 변경하였다.29) 목적 조항의
변화에 있어 가장 특징적인 점은 '지역간 불균형 해소'를 명시하고 있는지 여부이다.
2009년 개정이유에 지역간 불균형 해소가 목적 조항의 내용에서 빠진 이유가 상세히 제
시되어 있지는 않다. 다만 2009년의 개정은 기존의 시·도를 넘어 지역 간의 연계·협력
발전과 지역마다 특화된 발전을 촉진하는 새로운 지역발전전략을 제도적으로 뒷받침하
기 위한 개정이라고 설명되고 있다.30) 2014년의 개정에서 다시 '불균형 해소'가 목적 조
항에 포함되었으며, 당시의 개정이유는 '과도한 수도권 집중현상을 완화하고 균형 있는
국가발전을 위해 법 목적과 지역발전의 정의에 지역 간 불균형의 해소와 지역 간의 균형
있는 발전을 각각 명시함'이라고 설명하고 있다.31) 2009년의 개정은 광역경제권 구축을
통한 지역의 경쟁력 강화를 핵심 쟁점으로 하였고, 2014년 개정은 삶의 질 격차 해소에
주된 관심을 두었다는 지적 역시 이러한 점을 반영하고 있다.32)

　　또한 2004년 제정 당시 동법은 '국가균형발전'에 대한 정의규정을 두었는데, 지역간
발전의 기회균등을 촉진하고 지역의 발전역량을 증진함으로써 삶의 질을 향상하고 지속
가능한 개발을 도모하여 국가경쟁력을 강화하는 것이라고 규정하였다.33) 이후 2009년의
개정에서 국가균형발전을 '지역발전'으로 대체하고, 이를 '자율과 창의를 기반으로 지역
별 특성화 발전과 지역 간의 상호협력 증진을 통하여 지역경제를 활성화하고, 국민의 삶
의 질을 향상함으로써 지역경쟁력을 강화하는 것'으로 정의하였다.34) 또한 이 때의 개정
에서 국가균형발전위원회를 지역발전위원회로, 국가균형발전특별회계를 광역·지역발전
특별회계로 변경하였다. 이후 2014년의 개정에서 지역발전의 개념은 '자율과 창의를 기
반으로 지역별 특성을 고려한 지역 간의 균형 있는 발전과 상호 협력 증진을 통하여 주
민 생활기반을 확충하고, 지역경제를 활성화함으로써 주민의 삶의 질 향상과 지역경쟁력
을 강화하는 것'으로 변경되어35) 현재에 이르고 있다. 두 번의 개정이유는 앞서 살펴 본
목적조항의 개정이유와 동일하게 이해할 수 있다.

　　살펴본 바와 같이, 「국가균형발전 특별법」상 지역 불균형 해소와 균형발전의 강조

---

28) [법률 제9629호, 2009.4.22., 일부개정] 제1조.
29) [시행 2015.1.1.] [법률 제12215호, 2014.1.7., 일부개정] 제1조.
30) 법제처 국가법령정보센터 홈페이지(http://www.law.go.kr/lsInfoP.do?lsiSeq=92776&ancYd=2009
    0422&ancNo=09629&efYd=20090422&nwJoYnInfo=N&efGubun=Y&chrClsCd=010202#0000).
31) 법제처 국가법령정보센터 홈페이지(http://www.law.go.kr/lsInfoP.do?lsiSeq=149565&ancYd=2014
    0107& ancNo=12215&efYd=20150101&nwJoYnInfo=N&efGubun=Y&chrClsCd=010202#0000).
32) 송우경, 국가균형발전특별법 개정의미와 주요 내용, 지방재정 2014년 제3호, 2014.
33) [법률 제7061호, 2004.1.16., 제정] 제2조 제1호.
34) [법률 제9629호, 2009.4.22., 일부개정] 제2조 제1호.
35) [시행 2015.1.1.] [법률 제12215호, 2014.1.7., 일부개정] 제2조 제1호.

정도에 변화가 있어왔지만, 현행법은 목적 조항과 지역발전의 정의규정에서 '지역 간의 균형있는 발전'을 규정하고 있다. 또한 동 규정들을 해석해볼 때, 지역 간의 균형있는 발전은 지역 간의 불균형을 해소하고 지역의 특성에 맞는 발전과 지역 간의 연계 및 협력 증진을 통하여 지역경쟁력을 높이고 삶의 질을 향상함으로써 가능하다고 이해한 것으로 보여진다. 그러나 이러한 해석에도 불구하고 균형발전이라는 개념의 추상성은 해석과 구체화의 과제를 남긴다.36)

　　먼저 어떠한 측면의 불균형이 해소되고 균형발전이 이루어져야 하는지의 문제이다. 동법상의 균형발전 개념의 불명확성은 2004년 제정 당시부터 지적되었는데, 당시의 한 연구는 동법상 "불균형 해소, 지역혁신, 특성에 맞는 발전 등이 경제·문화·사회·교육·인구 또는 산업간·소득계층간·노사간·성별간 등의 모든 것을 의미하는 것인지, 또는 그 중 어느 것인지는 매우 추상적이고 불명확하며, 전체적 문맥구조로 볼 때 경제·사회·문화 등이 모두 포함된다고 할 수 있으나, '자립형' 및 '잘 사는' 등의 표현으로 보면 경제적인 면이 특히 중심적 사항임을 알 수 있다"라고 언급하였다.37) 현행 「국가균형발전 특별법」은 지역산업의 육성과 일자리 창출 등 지역경제 활성화 촉진(제11조), 지역 교육여건 개선과 인재 양성 및 과학기술 진흥(제12조), 지역문화·관광의 육성 및 환경 보전(제14조), 지역의 복지 및 보건의료의 확충(제15조), 공공기관의 지방이전(제18조), 기업 및 대학의 지방이전(제19조) 등에 대한 규정을 두어 행정·경제·사회·문화 전반에 있어서의 균형발전을 고려하고 있음을 확인할 수 있다. 그럼에도 불구하고 동법의 소관부처가 산업통상자원부와 기획재정부이고, 앞서 살펴본 것처럼 지역발전위원회가 동 위원회의 근거를 헌법 제120조와 제123조에서 찾고 있는 점에서 경제적 측면의 균형발전에 보다 중점을 두고 있음을 확인할 수 있다.

　　「국가균형발전 특별법」의 규정을 종합적으로 살펴볼 때, 국가(지역)균형발전은 "지역 간 불균형 해소, 지역의 특성에 맞는 균형 발전 및 지역 간 협력을 통해 지역경쟁력을 강화하고 모든 지역의 국민들에게 균등하고 향상된 삶의 질을 보장하고자 하는 것"으로 이해될 수 있다.

---

36) 이병규, 앞의 논문, 32면.
37) 김향기, 국가균형발전특별법과 토지공법의 과제, 토지공법연구 제21집, 2004, 7면.

Ⅲ. 「국가균형발전 특별법」의 쟁점과 과제

「국가균형발전 특별법」의 쟁점과 앞으로의 과제에 대해서 편의상 동법의 장별 구성에 따라 검토하도록 하겠다.

1. 총칙

1) 국가균형발전(지역균형발전, 지역발전)의 개념과 원칙

국가균형발전 개념의 불명확성은 앞서 살펴보았다. 이러한 불명확성은 동법이 법률명에서와는 달리 '국가균형발전'에 대한 정의규정을 두지 않고 '지역발전'에 대한 규정을 두고 있는 점, '지역발전'에 대한 현행 정의규정 역시 해석을 필요로 한다는 점에 기인한다. 국가균형발전 또는 지역균형발전에 대한 정의규정을 추가하여, 동법상 균형발전의 의미를 명시하는 것이 필요하다.[38] 그러나 이렇게 하는 경우에도 국가균형발전, 지역균형발전의 개념이 추상성과 불명확성을 가질 수 밖에 없는 점을 고려한다면, 동법상 '국가(지역)균형발전의 기본원칙'에 대한 규정을 둠으로써,[39] 균형발전의 내용과 방향성을 보다 명확히 할 수 있다고 생각된다.

2) 국가와 지방자치단체와의 관계

다음으로는 국가균형발전을 추진함에 있어 국가와 지방자치단체의 관계를 총칙 장에 규정하는 것이 필요하다. 앞서 살펴 본 바와 같이 균형발전이 지방자치제의 취지를 훼손하지 않고 지방분권과 조화를 이루어 추진되기 위해서는 국가의 주도와 수직적 관계하에 행해지도록 하지 않고 국가와 지방자치단체의 협력하에 이루어지는 것이 필요하다. 현행법은 제3조에서 '국가 및 지방자치단체의 책무'에 대해 규정하고 있는데, 동조에 국가와 지방자치단체가 국가균형발전의 추진에 있어 협력하여야 함을 추가적으로 규정하는 방안을 생각해볼 수 있다. 총칙에 국가와 지방자치단체의 협력관계에 대한 내용을 규정하고, 동법의 추진에 관한 구체적 조항들에 있어 그 취지를 반영하는 것이 필요하다.

3) 다른 법률 및 계획과의 관계

동법의 명칭은 「국가균형발전 특별법」이지만, 국가균형발전에 관해서는 기본법적 성격을 갖는다 또는 가져야 한다고 볼 수 있다. 따라서 동법이 다른 법률과 어떠한 관계에 있는지, 동법상 계획이 다른 법률상의 계획과 어떠한 관계에 있는지에 대한 규정이 필요하다.[40] 균형발전을 법률의 목적으로 하고 있는 개별법들, 예컨대 「수도권정비계획

---

38) 강현수, 앞의 논문, 158면.
39) 김해룡, 國歌均衡發展特別法案에 관한 小考, 지방자치법연구 제3권 제2호, 2003, 105면.

법」,[41] 「신행정수도 후속대책을 위한 연기·공주지역 행정중심복합도시 건설을 위한 특
별법(이하 "행복도시법")」,[42] 「공공기관 지방이전에 따른 혁신도시 건설 및 지원에 관한 특
별법(이하 "혁신도시법")」[43] 등은 「국가균형발전 특별법」의 취지에 부합하는 내용을 담아야
하는 것은 분명하다. 그러나 「국가균형발전 특별법」에도 개별법에서도 양자간의 관계에
대한 규정은 찾아볼 수 없다. 따라서 「국가균형발전 특별법」의 총칙 장에 '균형발전에 관
한 다른 법률을 제정 또는 개정하는 경우에는 이 법의 목적과 기본이념에 맞도록 하여야
한다'라는 내용의 다른 법률과의 관계에 대한 규정이 마련되는 것이 필요하다.

　　또한 현행법은 지역발전 5개년계획의 수립에 관한 제4조에서 "지역발전계획은 「국
가재정법」 제7조에 따른 국가재정운용계획, 「국토기본법」 제6조에 따른 국토계획과 연
계되어야 한다"라고 규정만 두고 있을 뿐, 국가균형발전과 관련된 다른 법률상의 계획과
의 관계에 대해서는 규정하고 있지 않다. 이에 관한 규정을 마련하는 것에 대해서도 검
토가 필요하다.[44]

2. 지역발전 5개년계획 등

1) 계획의 수립·확정에 있어 지방자치단체의 참여와 협력

(1) 지역발전 5개년계획

　　「국가균형발전 특별법」은 지역발전 5개년계획의 수립에 관한 제4조에서 정부는 시·
도 발전계획을 기초로 하여 지역발전 5개년계획을 수립하며(동조 제1항), 국무회의의 심의
를 거쳐 대통령의 승인을 받아야 한다(동조 제3항)고 규정하고 있다. 또한 산업통상자원부
장관은 부문별 발전계획안과 시·도 계획을 기초로 지역발전 5개년계획안을 반영하여 지
역발전위원회의 심의를 거쳐 지역발전계획을 수립하도록 하고 있다(동법 시행령 제4조 제2
항). 동 계획의 수립과정에서 지방자치단체의 의사는 시·도발전계획을 통해서만 반영되

---

40) 김해룡, 앞의 논문, 105면. 김남욱, 앞의 논문, 279면. 최우용, 지방분권특별법 및 국가균형발전특별
　　법에 대한 비판적 검토, 법과정책연구 제1권 제4호, 2004, 28-29면.
41) 수도권정비계획법 제1조(목적) 이 법은 수도권(首都圈) 정비에 관한 종합적인 계획의 수립과 시행
　　에 필요한 사항을 정함으로써 수도권에 과도하게 집중된 인구와 산업을 적정하게 배치하도록 유도
　　하여 수도권을 질서 있게 정비하고 균형 있게 발전시키는 것을 목적으로 한다.
42) 행복도시법 제1조(목적) 이 법은 수도권의 지나친 집중에 따른 부작용을 해소하기 위하여 새롭게
　　조성하는 행정중심복합도시의 건설 방법 및 절차를 규정함으로써 국가의 균형발전과 국가경쟁력
　　강화에 이바지함을 목적으로 한다.
43) 혁신도시법 제1조(목적) 이 법은 「국가균형발전 특별법」 제18조의 규정에 따른 공공기관 지방이전
　　시책 등에 따라 수도권에서 수도권이 아닌 지역으로 이전하는 공공기관 등을 수용하는 혁신도시의
　　건설을 위하여 필요한 사항과 해당 공공기관 및 그 소속 직원에 대한 지원에 관한 사항을 규정함으
　　로써 공공기관의 지방이전을 촉진하고 국가균형발전과 국가경쟁력 강화에 이바지함을 목적으로 한다.
44) 김해룡, 앞의 논문, 105면-106면.

며, 별도의 의견수렴절차 또는 협의와 조정절차에 대해서는 규정하고 있지 않다.45) 지역발전 5개년계획의 수립절차에 관한 동법 시행령 제5조는 대통령의 승인을 받은 지역발전계획을 관계 중앙행정기관 및 시·도지사에게 송부하도록만 규정하고 있다(동조 제3항). 지역발전 5개년계획의 수립과정에서도 의견수렴 또는 협의절차를 두는 것이 동법의 취지와 지방자치의 정신에 부합한다고 생각된다. 물론 시·도 발전계획을 통해 지방자치단체의 의사가 반영될 수 있고, 부문별 발전계획안의 수립에 있어 중앙행정기관의 장은 관계 중앙행정기관의 장 및 시·도지사와 협의하도록 되어 있으나(제5조 제1항), 지역발전 5개년계획이 가장 근본이 되는 계획이라는 점을 고려하면 동 계획의 수립과정에 지방자치단체의 참여 내지 협력절차가 보장되는 것이 필요하다.46)

(2) 부문별 발전계획안 및 시행계획

「국가균형발전 특별법」은 앞서 언급한 것처럼 중앙행정기관의 장은 관계 중앙행정기관의 장 및 시·도지사와 협의하여 5년을 단위로 부문별 발전계획안을 수립하며(제5조 제1항), 부문별 발전계획안을 수립할 때에는 시·도 발전계획을 고려하여야 한다(동조 제2항). 또한 중앙행정기관의 장은 지역발전계획을 시행하기 위하여 매년 부문별 지역발전시행계획을 수립·시행하여야 하며(동조 제3항), 부문별 발전계획안, 전년도의 부문별 시행계획의 추진 실적과 해당 연도의 부문별 시행계획을 지역발전위원회에 제출하여야 한다(동조 제4항). 부문별 발전계획안과 시행계획의 수립지침은 산업통상자원부장관이 관계 중앙행정기관의 장과 협의한 후 지역발전위원회의 심의를 거쳐 작성한다(동법 시행령 제5조 제1항, 제6조 제1항).

이러한 규정들을 종합적으로 검토할 때, 시행계획의 수립에 있어서는 별도로 지방자치단체의 의견수렴절차 내지 협의절차를 규정하고 있지 않다. 부문별 발전계획안의 수립에 있어 협의절차를 규정하고 있으나, 보다 직접적이고 구속력을 갖는 계획은 시행계획이므로 시행계획의 수립·확정절차에 있어 의견수렴과정을 두는 방안에 대해 적극적 검토가 필요하다.

(3) 기초지방자치단체의 이해관계 반영

「국가균형발전 특별법」은 시·도지사가 해당 시·도의 특성 있는 발전과 경쟁력 향상을 위하여 관계 중앙행정기관의 장과 협의하여 5년을 단위로 시·도발전계획을 수립하도록 규정하고 있다(제7조 제1항). 또한 동법은 시장(특별시장, 광역시장, 특별자치시장 및 「제주특별자치도 설치 및 국제자유도시 조성을 위한 특별법」에 따른 행정시장을 포함), 군수(광역시의 군수를 포

---

45) 김해룡, 앞의 논문, 108면.
46) 국가에 의한 행정계획의 수립과 형성과정에서 지방자치단체 참여의 중요성에 대해서는 류지태, 地方自治의 制度的 保障論 小考, 법학논집 제29권, 1993, 468-470.

함), 구청장(자치구의 구청장)은 해당 지역생활권의 특성 있는 발전과 지역 주민의 삶의 질 향상을 위하여 지역생활권 발전계획을 공동으로 수립할 수 있도록 규정하고 있다(제7조의 2 제1항). 동법은 이에 덧붙여 정부와 시·도지사는 지역발전계획과 시·도 계획이 확정되면, 그 확정된 내용에 적합하게 지역생활권계획을 수정·보완하도록 해당 시장·군수·구청장에게 요청할 수 있도록 규정하고 있는데(제7조의2 제2항), 이는 지역발전계획과 시·도 발전계획의 수립과정에 기초지방자치단체의 참여가 보장되지 않고 있고 정부와 시·도지사의 수정·보완요청에 대한 기초지방자치단체의 의견제출절차 등이 보장되고 있지 않은 점에 비추어 균형성을 잃은 규정이라고 할 수 있다. 지방자치제의 원활한 운영을 위해서는 균형발전이 중요한 의미를 갖지만, 이러한 규정은 오히려 지방자치권의 침해로 이어질 소지를 갖고 있다. 특히 제7조의2 제2항에 따라 정부와 시·도지사의 지역생활권계획의 수정·보완요청에 따른 후속절차가 하위법령에서도 구체화되고 있지 않은 점은 기초지방자치단체의 이해관계에 대한 고려가 결여된 입법적 미비라고 할 수 있다. 정부와 시·도지사의 지역생활권계획의 수정·보완요청에 따른 적정한 후속절차에 대한 규정이 보완되는 것이 필요하다.

2) 계획의 수립·확정에 있어 민간의 참여

「국가균형발전 특별법」은 동법에 따른 계획의 수립·확정절차에 전문가와 일반 국민, 지방자치단체의 주민을 포함하는 민간의 참여에 대한 규정을 두고 있지 않다.[47] 실무상 계획의 수립·확정절차가 어떻게 진행되고 있는지는 확인해보지 못했지만, 동법상 계획에 민간이 참여할 수 있는 근거는 지역발전위원회의 위촉직 위원으로 참여하여 계획에 관한 사항을 심의하는 방법으로만 가능하다.[48] 그러나 각각의 계획의 수립절차에 민간의 참여가 보장되어 객관적 전문성과 일반 국민의 이해관계가 계획에 반영되는 것이 필요하다.

주지하는 바와 같이 행정절차에 관한 일반법인 「행정절차법」은 계획의 수립·확정절차에 대한 규정을 별도로 두고 있지 않다. 「행정절차법」상 행정계획에 관련된 규정은 행정예고에 관한 내용이 유일하다(제46조–제47조). 그러나 실제 행정입법절차와는 달리 행정예고절차로서 공청회는 매우 드물게 개최되고 있는 것이 현실이다. 이처럼 「행정절차법」이 행정계획절차를 충분히 규율하고 있지 않은 상황에서, 계획의 근거법률에서 절차

---

47) 김해룡, 앞의 논문, 109면.
48) 국가균형발전 특별법 제23조(조직) ③ 위촉위원은 다음 각 호의 어느 하나에 해당하는 자 중에서 대통령이 위촉하는 자로 한다.
　　1. 「지방자치법」 제165조에 따른 협의체의 대표자가 추천한 자
　　2. 지역발전에 관한 학식과 경험이 풍부한 자

에 관한 규정을 충실히 마련하는 것은 중요한 의미를 갖는다. 「국가균형발전 특별법」에서도 민간의 객관적 전문성을 활용하고 일반 국민과 관련 지방자치단체 주민의 이해관계가 반영될 수 있도록 공청회 절차 등 계획의 수립절차를 보완하는 것이 필요하다. 이는 균형발전과 관련된 계획으로 야기될 수 있는 갈등의 해결에도 중요한 의미를 갖는다.

3. 지역발전시책의 추진

「국가균형발전 특별법」은 지역발전시책의 추진에 관한 제3장에서 주민 생활기반 확충과 지역 발전역량 강화(제10조), 지역산업 육성 및 일자리 창출 등 지역경제 활성화 촉진(제11조), 교육여건의 개선(제12조), 지역문화의 육성(제14조), 복지 및 보건의료의 확충(제15조), 지역의 복지 및 보건의료의 확충(제15조의2), 공공기관의 지방이전(제18조), 기업 및 대학의 지방이전(제19조) 등에 대해 규정하고 있다. 이러한 규정들은 '국가와 지방자치단체는 …에 관한 시책을 추진하여야 한다'등의 내용으로 되어 있고, 대부분 훈시규정으로서의 의미를 갖는다. 이러한 규정들의 의미는 동 조항에 나열된 사항의 소관부처가 관심을 가지고 추진해야 할 지역발전시책을 제시하는데 그치고 있는 측면이 크다.[49] 이러한 규정도 그 자체로서 의미를 가질 수 있겠지만, 균형발전, 지역발전시책이 보다 실효성 있게 추진되기 위해서는 그 내용이 보다 보완될 필요가 있다. 앞서 언급한 것처럼 지역발전시책(또는 국가균형발전)의 기본원칙, 국가와 지방자치단체의 관계에 대해 총칙 규정에서 명시하는 것이 필요하며, 본 장에서는 지역발전시책(또는 국가균형발전정책)을 추진하기 위해 중앙정부와 지방자치단체가 취할 수 있는 실효성 있는 조치와 수단들이 규정되는 것이 필요하다.

4. 지역발전위원회 등

현행 「국가균형발전 특별법」은 동법의 추진주체로서 지역발전위원회를 두고 있다. 「국가균형발전 특별법」의 제정 당시에는 '국가균형발전위원회'였으나[50] 2009년의 전면 개정을 통해 지역발전위원회로 변경되었다. 지역발전위원회는 지역발전의 효율적 추진을 위한 관련 중요 정책에 대한 대통령의 자문에 응하기 위하여 설치된 대통령 소속기구이다(제22조 제1항). 지역발전위원회의 위상과 관련해서는 동 위원회의 위원장을 국무총리로 하는 방안, 실무기구인 추진단을 별도로 설치하는 방안, 중앙행정기관으로 설치하는 방안, 국가균형발전을 추진하는 독립기관을 설치하는 방안 등 다양한 안들이 법률의 제정

---

49) 김해룡, 앞의 논문, 110면.
50) [법률 제7061호, 2004.1.16., 제정] 제22조.

시부터 논의되어 왔다.[51]

　　그러나 현재의 시점에서 보다 중요한 점은 지역발전위원회의 결정에 지방자치단체의 이해관계가 보다 잘 반영되도록 구조화하는 것이다. 앞서 살펴본 바와 같이 「국가균형발전 특별법」상 지역발전위원회의 당연직 위원은 기획재정부장관, 교육부장관, 과학기술정보통신부장관, 행정안전부장관, 문화체육관광부장관, 농림축산식품부장관, 산업통상자원부장관, 보건복지부장관, 환경부장관, 여성가족부장관, 국토교통부장관, 해양수산부장관, 중소벤처기업부장관, 그 밖에 대통령령으로 정하는 중앙행정기관의 장으로 구성된다(제23조 제2항). 또한 현행 지역발전위원회에서 지방자치단체의 이해관계는 「지방자치법」 제165조 제1항에서 규정하고 있는 지방자치단체장 등의 협의체가 추천하는 자 중 대통령이 위촉하는 자를 통해서만 반영될 수 있다(제23조 제3항 제1호). 시·도지사의 참여 등 지방자치단체의 이해관계를 보다 적극적으로 반영할 수 있는 참여절차의 마련을 통해 중앙과 지방이 협력하여 균형발전정책을 시행할 수 있는 관계를 형성할 수 있도록 지역발전위원회의 구성에 대한 재검토가 필요하다. 동법은 지역발전위원회가 그 직무를 수행하기 위하여 필요하면 관계 공무원이나 관계 전문가를 위원회에 참석하게 하여 의견을 듣거나, 관계기관·법인·단체 등에 대하여 자료 및 의견의 제출 등 필요한 협조를 요청할 수 있으며(제24조), 업무를 수행하기 위하여 필요하면 관계 행정기관 소속의 공무원 및 관계기관·법인·단체 등에 임직원의 파견 또는 겸임을 요청할 수 있고(제25조 제1항), 관련 분야 전문가를 임기제공무원으로 둘 수 있음을 규정하고(제25조 제2항) 있다. 그러나 이때 관계 공무원, 관계 행정기관 소속의 공무원에 지방자치단체의 공무원이 포함되는지에 대해서는 명확하지 않으며, 포함된다고 하더라도 이는 지방자치단체의 자발적 의견제시가 아닌 지역발전위원회의 요청에 따른 것이다.

　　또한 동법 시행령은 지역발전위원회의 심의사항을 분야별로 사전에 연구·검토하기 위한 전문위원회와 자문위원에 대한 규정을 두고 있다(제24조 제1항, 제25조 제1항). 전문위원회의 위원은 지역발전에 관한 학식과 경험이 풍부한 사람 중에서 위원장이 위촉하며(제24조 제2항), 자문위원 역시 지역발전에 관한 전문성과 경험이 풍부한 사람 중에서 위원장이 위촉하도록 규정하고 있다(제25조 제2항). 이러한 조직구성에 있어서도 시·도에서 파견된 공무원을 포함시키는 방안을 검토해볼 필요가 있다.[52]

51) 김해룡, 앞의 논문, 110-111면. 서순탁, 지역의 균형발전을 위한 제도개선방안: 실행조직 및 재원확보를 중심으로, 토지공법연구 제16집 제2호, 2002, 301-307면. 오영균, 참여정부 국가균형발전전략의 한계- 국가균형특별법(안)의 개념, 추진조직설계 및 특별회계를 중심으로, 경기논단 제5권 제3호, 2003, 78면.
52) 김남철, 앞의 논문, 18면.

지역발전위원회의 사무를 처리하기 위하여 지역발전위원회 소속으로 지역발전기획
단을 두고, 지역발전기획단의 업무를 지원하고, 시·도지사가 시·도 계획을 효과적으로
수립·시행할 수 있도록 산업통상자원부에 지역발전지원단을(제26조 제1항), 그 밖의 중앙
행정기관에 지역발전지원팀을 둘 수 있도록 규정하고 있으나(제27조 제1항), 이 경우에도 지
방자치단체 공무원 등의 참여는 규정하고 있지 않다.

5. 지역발전특별회계

1) 재원

「국가균형발전 특별법」은 지역발전특별회계에 관한 제5장에서 지역별 특성과 비교
우위에 따른 지역의 특화 발전을 지원하고 지역 주민의 삶의 질 향상 및 지역경쟁력 강
화를 위한 사업을 효율적으로 추진하기 위하여 지역발전특별회계를 설치하도록 규정하
고 있으며(제30조), 회계는 기획재정부장관이 관리·운용하며(제31조 제1항), 회계의 예산은
중앙행정기관의 조직별로 구분하고(제31조 제2항), 회계는 생활기반계정, 경제발전계정, 제
주특별자치도계정 및 세종특별자치시계정으로 구분됨을 규정하고 있다(제32조). 그 외 각
계정별 세입과 세출(제34조-제35조의3), 예산편성과 지원(제38조, 제39조), 포괄보조금의 지원
(제40조) 등에 대해 규정하고 있다.

동법에 따를 때 생활기반계정과 경제발전계정의 세입의 한 항목으로 주세(생활기반계
정: 40/100, 경제발전계정: 60/100)가 규정되어 있는데, 재원이 모두 지역발전특별회계로 지방
이전됨에도 불구하고 주세는 국세로 분류되고 있다. 이에 지방의 재정자립도를 높이는
세수증대방안을 논의할 때 주세의 지방세화에 대한 언급이 계속되고 있다.[53] 그러나
주세는 실질적으로는 이미 지역발전특별회계에 속함으로써 100% 지방이전된 상태이므
로 국세에서 지방세로의 전환이 재정자립도에 기여하는 바는 미미하다고 평가되기도
한다.[54]

2) 비용부담방식과 지원방식

「국가균형발전 특별법」은 세출예산을 편성할 때 지방자치단체의 재정 상황 등을 고
려하여 대통령령으로 정하는 기준에 따라 지방자치단체별로 지원규모·보조비율 등에 차
등을 둘 수 있으며(제39조 제1항), 생활기반계정의 세출예산을 편성할 때 대통령령으로 정
하는 바에 따라 각 시·도 및 시·군·구별로 세출예산의 용도를 포괄보조금으로 편성하

53) 경향신문, [미리보는 국정(8) 지방분권] 자치·균형발전 '골고루 잘 살게'… 지방 재정자립 우선 돼
야, 2017. 5. 18.
54) 전라일보, 전북 '국세-지방세율 개선' 혜택 미미, 2017. 5. 17.

여 지원하도록 규정하고 있다(제40조 제1항). 또한 지역발전특별회계에 관한 장은 아니지만 제3장 제20조에서 지역발전투자협약에 대해 규정하고 있다.

국가와 지방자치단체의 대등한 지위와 협력관계의 형성을 위해 현재의 보조금을 통한 지원방식, 즉 지방이 신청하고 국가가 지원여부를 결정하는 방식 외에도 국가와 지방자치단체간 공법상 계약을 통한 비용부담방식 등에 대한 검토가 필요하다. 언급한 바와 같이 「국가균형발전 특별법」 역시 지역발전투자협약의 체결에 관한 규정을 두고 있다(제20조). 즉 동법에 따를 때 국가와 지방자치단체는 국가와 지방자치단체 간이나 지방자치단체 상호간에 지역발전을 위한 사업을 공동으로 추진하기 위하여 사업내용 및 투자 분담 등이 포함된 지역발전투자협약을 체결할 수 있다(제20조 제1항). 협약의 체결절차는 먼저 지역발전투자협약을 체결하려는 시·도지사는 국가 또는 다른 시·도와 공동으로 추진하려는 지역발전사업에 대하여 지역발전투자협약안을 한꺼번에 작성하여 매년 2월 15일까지 산업통상자원부장관에게 제출하고, 산업통상자원부장관은 제출받은 협약안을 관계 중앙행정기관의 장, 기획재정부장관 및 지역발전위원회에 즉시 송부한다. 관계 중앙행정기관의 장, 기획재정부장관 및 지역발전위원회는 송부받은 협약안에 대한 의견을 산업통상자원부장관에게 제출하며, 이 경우 관계 중앙행정기관의 장은 예산이 필요한 사항에 관하여는 미리 기획재정부장관과 협의하여야 한다. 산업통상자원부장관은 제출받은 검토 의견을 기초로 지역발전위원회의 심의를 거쳐 지역발전투자협약 체결안을 작성하며, 관계 중앙행정기관의 장에게 지역발전투자협약 체결안을 송부한다. 산업통상자원부장관은 지역발전투자협약 체결안에 대하여 관계 중앙행정기관의 장과 공동으로 시·도지사와 협약을 체결하며, 시·도지사는 지역발전투자협약을 체결하기 전에 해당 시·도 관할구역의 시장·군수·구청장의 의견을 들어야 한다(동법 시행령 제19조 제1항-제6항). 그러나 협약대상사업의 선정과 재원확보 문제 등으로 인해 우리의 경우 제도의 도입 후 추진 실적은 거의 없는 상태이다.

Ⅳ. 맺는 말

지금까지 「국가균형발전 특별법」의 균형발전의 의미와 관련 쟁점들을 살펴보았다. 그동안 국가균형발전 정책의 성과와 수도권과 비수도권간의 문제 등에 대해서는 논문에 담지 못했다. 부족한 논문을 통해 강조하고 싶은 점은 국가(지역)균형발전을 추진함에 있어 국가와 지방자치단체가 협력관계를 형성하는 것이 필요하다는 점이다. 국가와 지방자치단체의 협력관계의 보장은 동법의 전 영역에 있어 개선을 요한다. 즉 총칙장에 국가와 지방자치단체의 협력관계에 대한 규정, 동법상의 계획들을 수립함에 있어 지방자치단체의 참여와 협력의 보장, 지역발전위원회에의 보다 적극적인 참여, 비용부담방식 및 지원방식의 다양화와 대등한 파트너 관계의 형성 등이 필요하다.

　　또한 「국가균형발전 특별법」상 국가(지역)균형발전의 의미를 명확히 하고 균형발전정책의 기본원칙에 대한 규정을 신설하는 것이 필요하다고 생각된다. 균형발전의 방향성을 명확히 하는 것이 성공적인 제도 운영의 첫걸음이기 때문이다. 균형발전정책의 방향성과 관련하여 최근 세종특별자치시와 제주특별자치도의 두 사례에 지나친 중점을 두는 것은 바람직하지 않다고 생각된다. 앞서 언급한 것처럼 지역균형발전의 본질적인 목적이 어떠한 지역에 거주하는 국민이든 균등한 삶의 질을 보장받을 수 있도록 지역을 발전시키는데 있다면, 국가는 이러한 보다 근본적인 문제에 집중해야 한다고 생각된다. 즉 전국의 국민에게 균등한 삶의 질을 보장하기 위한 최저한을 갖추도록 하는 것이 가장 중요하고 시급하고 근본적인 문제이다. 특정 지역에 국한된 발전이 아닌 모든 지역이 고른 혜택을 받을 수 있는 진정한 의미의 지역균형발전정책이 추진되는 것이 필요하며,[55] 이와 함께 다극화, 다원화가 함께 조화롭게 추진되어야 한다는 생각이다.

---

55) 류지태, 소모적 논쟁 이제 끝내자, 동아일보 시론, 2004. 10. 22.

[참고문헌]

강현수, 「국가균형발전특별법」(안)의 쟁점과 과제, 공간과 사회 통권 제20호, 2003.

경향신문, [미리보는 국정(8) 지방분권] 자치·균형발전 '골고루 잘 살게'… 지방 재정자립 우선 돼야, 2017. 5. 18.

국민일보, 〔아침논단―김재익〕, 지역균형발전은 범정부적 과제, 2000. 9. 14.

길준규, 사회적 통합을 위한 지역균형발전제도의 법적 평가, 한양법학 제21권 제1집, 2010.

김남욱, 地方均衡發展特別法(案)의 檢討, 지방자치법연구 제3권 제2호, 2003.

김남철, 지역균형발전의 법적문제, 공법학연구 제4권 제1호, 2002.

김명식, 지역균형발전 구조에 관한 헌법적 검토, 공법학연구 제17권 제4호, 2016.

김해룡, 國家均衡發展特別法案에 관한 小考, 지방자치법연구 제3권 제2호, 2003.

김향기, 國家均衡發展特別法과 土地公法의 課題, 토지공법연구 제21집, 2004.

대한민국 정부 대표 블로그 정책공감(http://blog.naver.com/hellopolicy).

류지태, 行政法에서의 危險管理 : 司法審査의 基準을 중심으로, 공법연구 제32권 제3호, 2004.

류지태, 옴부즈만 類似 權益救濟機關 현황과 평가, 법학연구 제15권 1호, 2004.

류지태, 소모적 논쟁 이제 끝내자, 동아일보 시론, 2004. 10. 22.

류지태, 法治主義 觀點에서 본 不正腐敗防止 論議, 공법연구 제24권 제3호, 1996.

류지태, 한국에서의 原子力에너지利用에 관한 法的 問題, 환경법연구 제16권, 1994.

류지태, 地方自治의 制度的 保障論 小考, 법학논집 제29권, 1993.

류지태, 環境責任法 立法論, 공법연구 제20권, 1992.

서보건, 국가균형발전과 낙후지역 발전을 위한 입법적 방향, 토지공법연구 제43집 제3호, 2009.

서순탁, 지역의 균형발전을 위한 제도개선방안: 실행조직 및 재원확보를 중심으로, 토지공법연구 제16집 제2호, 2002.

송우경, 국가균형발전특별법 개정의미와 주요 내용, 지방재정 2014년 제3호, 2014.

신봉기, 독일의 지역균형발전 법제, 토지공법연구 제16집 제2호, 2002.

오영균, 참여정부 국가균형발전 전략의 한계: 국가균형특별법(안)의 개념, 추진조직설계 및 특별회계를 중심으로, 경기논단 제5권 제3호, 2003.

이병규, 지역균형발전의 헌법적 고찰, 공법학연구 제16권 제2호, 2015.

이진홍, 경제개발계획과 지역균형발전에 대한 비교법적 고찰, 일감부동산법학 제12호, 2016.

전라일보, 전북 '국세―지방세율 개선' 혜택 미미, 2017. 5. 17.

정책뉴스, [표] 문재인 정부 100대 국정과제, 2017. 7. 19.

제18대 대통령직인수위원회 보도자료, 제18대 대통령직 인수위원회 제안 박근혜정부 국정과제, 2013. 2

제18대 대통령직인수위원회 보도자료, 박근혜정부 국정비전 및 국정목표, 2013. 2

최우용, 지방분권특별법 및 국가균형발전특별법에 대한 비판적 검토, 법과정책연구 제1권 제4호, 2004.

지방행정 민원처리의 문제와 지방자치제의 법적 개선방향

정 준 현[*]

Ⅰ. 처음에

국민권익위원회는 2015년 3월 4일의 보도자료[1]를 통해 공공기관 상호간 민원 떠넘기기를 방지하여 국민의 불편을 최소화하기 위해 "민원이 세 번째 이송될 때 국민권익위원회가 직접 나서서 민원처리기관을 지정함으로써 민원이 더 이상 표류하지 않도록 하는" 아래의 <표 1>과 같은 내용의 이른 바, '핑퐁민원' 조정제도를 시범운영한다는 취지를 밝혔다.

〈표 1〉 핑퐁민원 조정절차

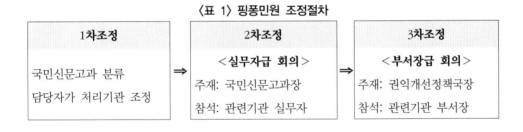

1차조정		2차조정		3차조정
국민신문고과 분류 담당자가 처리기관 조정	⇒	**〈실무자급 회의〉** 주재: 국민신문고과장 참석: 관련기관 실무자	⇒	**〈부서장급 회의〉** 주재: 권익개선정책국장 참석: 관련기관 부서장

그러나, 이러한 제도를 도입한 후인 2016년 9월의 핑퐁민원의 건수는, 통합형 온라인 공공민원창구인 국민참여 포털시스템인 "국민신문고"(www.epeople.go.kr)[2]을 기준으로 할 때, 3만5,000건에서 같은 해 10월에는 7,000여건이 늘어난 4만 2,000건에 달하고 있다. 즉, 핑퐁민원은 감소가 아닌 증가를 보이고 있는 것이다.[3] 이와 같은 현상을 규명하

[*] 단국대학교 법대 교수/법학박사

1) 국민권익위원회 국민신문고과, "공공기관 '핑퐁민원'(민원 떠넘기기) 사라진다", 2015.3.4.
2) "국민신문고"는 「부패방지 및 국민권익위원회의 설치와 운영에 관한 법률」 제12조제16호 및 같은 법 시행령 제12조에 따라 온라인 국민참여포털의 운영에 관한 사항을 규정하고 있는 대통령 훈령인 「온라인 국민참여포털의 운영에 관한 규정」에 근거하고 있다.
3) "국민신문고 '핑퐁민원' 4만 2000건", http://www.dt.co.kr/contents.html?article_no=2016120702109960812002

기 위해 핑퐁민원에 대한 유형과 원인별 통계 등에 대한 분석자료를 국민권익위원회가 별도로 제시하지 아니하여 그 원인을 알 수는 없다.[4]

생각하건대, 핑퐁의 가장 큰 원인은 공공기관의 홈페이지에서 운영하는 모든 온라인 민원은 대통령 훈령인 「온라인 국민참여포털의 운영에 관한 규정」과 관련할 때 해당 공공기관에 접수된 민원이라기보다는 국민권익위원회에 접수된 민원으로 되는 결과, 민원인이 자신의 민원이 어떻게 처리되었는지를 알고자 해당 공공기관에 정보공개청구를 구하더라도 해당 공공기관에서는 「공공기관의 정보공개에 관한 법률」상 보유·관리하지 아니하는 정보로 청구를 각하하고 있는 현실에서 찾아야 할 것으로 보인다. 그 중에서 지방자치단체와 관련한 민원은 현행 헌법 제117조 제2항이 자치행정의 출발점인 자치입법권의 한계를 "법률의 범위 안에서"가 아니라 "법령의 범위 안에서"로 설정함으로써 법률하위법령과 자치입법간의 모순·충돌할 경우 지방자치단체의 민원처리기관으로서는 어떠한 법령에 의하여야 할 것인지에 대한 혼란 또한 그 원인의 하나로 작용한 것으로 보인다.

이러한 점에서 이하에서는 '국민신문고'제도의 문제점과 관계없이 현재 논의되고 있는 연방정부에 준하는 지방분권의 차원이 아니라 현행 헌법 하에서 행정권의 분권으로 이루어지고 있는 현행 「지방자치법」상 지방자치단체에 맡겨진 행정사무를 중심으로 자치단체와 해당 자치단체의 주민간에 이루어지는 민원과 관련하여 야기될 수 있는 문제점을 살펴보기로 한다.

Ⅱ. 자치행정과 민원

1. 현행 지방자치행정

현행 헌법은 제10조가 명한 국가의 의무인 "모든 개인이 갖는 기본적 인권에 대한 보장의 최대성과 침해의 최소성을 보장할 의무"를 민주적으로 수행하기 위해 권력분립원칙에 따라 국가권력을 입법(제3장)·행정(제4장)·사법(제5장)으로 분장하고 이러한 국가권력의 헌법적합성을 보장하기 위해 헌법재판제도(제6장)를 도입하는 한편, 사법부의 종국적인 법해석을 유보로 법령에 대한 제1차적인 해석·적용작용이라 할 수 있는 행정권한의 일부를 풀 뿌리 민주주의를 구현하고자 지방자치행정에 맡기고 있다. 지방자치행정과

---

4) 현재, 중앙행정기관의 장이 법령의 제·개정을 통하여 정책 또는 제도를 도입하거나 변경하는 경우 또는 통계청장이 정책 및 제도의 집행·평가에 필요한 통계지표의 구비 여부 및 통계 개발·개선 계획의 타당성을 평가 등의 목적을 위한 "통계기반정책관리제도"가 「통계법시행령」 제33조 및 「법제업무운영규정」 제11조제6항에 의해 정착되어 있다는 점을 고려할 때, 국민권익위원회가 통계를 통해 문제를 분석하고 제도개선을 보다 적극적으로 개선할 필요가 있다.

관련한 현행 헌법의 두 개 조문(제117조와 제118조)에서는 지방자치사무에 대한 별도의 명시 없이 주민의 복리에 관한 사무처리권과 법령의 범위 안에서의 자치입법권을 규정하는 것에 그치고 있다.

이러한 헌법규정을 규율하는 헌법률로서 「지방자치법」은 제11조에 국가사무 처리에 대한 제한규정을 두고 있을 뿐, 자치사무에 대한 국가처리의 제한규정은 존재하지 아니한다. 오히려, 자치사무를 규정한 「지방자치법」 제9조는 제2항에서 법률에 의한 제한규정을 두어 국가법령에 의한 자치사무의 선점을 가능하게 하고 있다. 이러한 법률의 태도에 따르면, 법률제안권을 가진 국가(정부제안 입법 또는 의원 입법)가 개별 법률을 통해 「지방자치법」 제9조 제1항이 정한 자치사무를 국가사무 내지 국가와 자치단체간의 공동사무로 수정·변경하여 국가의 관여권을 확대할 수 있게 되어 있다. 그 결과, 국가법령과 자치법령간의 갈등 또는 부정합의 발생으로 인한 민원이 야기될 수 있고, 복합민원과 관련하여서는 관련 권한의 일괄위임이 이루어지지 아니한 경우에는 관할청의 중복에 따른 민원 또한 야기할 수 있는 것이다.

2. 민원사무의 의의와 검토대상인 민원

민원 처리에 관한 기본적인 사항을 규정하여 민원의 공정하고 적법한 처리와 민원행정제도의 합리적 개선을 도모함으로써 국민의 권익을 보호함을 목적으로 하는 「민원 처리에 관한 법률」은 행정기관에 대하여 처분 등 특정한 행위를 요구하는 것을 민원으로 정의한 다음 민원을 크게 일반민원과 고충민원 그리고 복합민원으로 나눈 다음 일반민원을 법정민원·질의민원·건의민원·기타민원으로 다시 세분하고 있다(같은 법 제1조제1호 및 제5호).

이를 주민과의 직접적인 민원접점을 이루는 관점에서 자치단체가 행하는 사무를 중심으로 살펴보게 되면, 먼저 「부패방지 및 국민권익위원회의 설치와 운영에 관한 법률」 제2조제5호에 따른 고충민원은 국민권익위원회의 소관사무라는 점에서 일단 고찰의 대상에서 제외할 수 있다. 그밖에 이들 민원 이외에 "행정기관에 단순한 행정절차 또는 형식요건 등에 대한 상담·설명을 요구하거나 일상생활에서 발생하는 불편사항에 대하여 알리는 등 행정기관에 특정한 행위를 요구하는 민원"인 기타민원은 제도 등의 개선을 요구하는 것으로서 창구담당공무원에 의한 민원처리를 통해 해결될 수 있는 것이라기보다는 「지방자치법」 제15조에서 규정한 조례의 제정과 개폐에 관한 주민청구나 자치단체에 의한 입법권의 행사 등을 통해 실현될 수 있는 것이라는 점에서 각각 검토의 대상에서 제외하기로 한다.5)

---

5) 이러한 기타민원은 그것이 고유사무 영역이라던가 뒤에서 살피게 될 추가조례 내지 초과조례가 가

본고의 검토는 일반민원 중에서 법령·훈령·예규·고시·자치법규 등 관계법령에서 정한 일정 요건에 따라 인가·허가·승인·특허·면허 등을 신청하거나 장부·대장 등에 등록·등재를 신청 또는 신고하거나 특정한 사실 또는 법률관계에 관한 확인 또는 증명을 신청하는 민원인 "법정민원"과 이러한 법정민원을 처리하기 위해서는 관계 법령 등에 따라 여러 관계기관 또는 관계부서의 인가·허가·승인·추천·협의 또는 확인 등을 거쳐 처리되는 "복합민원" 및 "법령·제도·절차 등 행정업무에 관하여 행정기관의 설명이나 해석을 요구하는 민원"인 질의민원 등 3개의 민원을 대상으로 삼고자 한다.

그 이유는 이들 민원은 일정한 수익적 처분이나 공부의 등재신청 등(이하 처분 등으로 표기함)과 관련한 행정업무상의 민원으로서 주민생활상의 법적 지위나 권리의무에 영향을 미치는 처분 등을 규율하는 하나 또는 수개의 법령을 대상 그 법령의 해석·적용을 통해 같은 법 제4조부터 제7조까지에서 정한 민원처리의 원칙 등에 따라 해당 민원이 처리된다는 공통점을 갖기 때문이다.

3. 자치단체의 민원사무처리와 문제점

지방자치단체 차원에서 민원의 일반적인 처리과정은 "민원신청 → 근거 법령 → 해당 법령의 해석 → 민원처리"라는 과정을 거치게 된다. 이를 헌법 제117조제2항과의 관계에서 파악한다면, 지방자치단체는 해당 민원과 관련하여 국가법령의 범위 안에서 사무영역별로 제정된 자치입법을 발견·해석하여 법치국가원리에 따라 해당 민원사무를 처리하게 되는데, 이러한 과정에서는 아래의 <표 2>에서 보는 바와 같이 지방자치단체가 처리해야 할 사무인 고유사무·위임사무의 특성에 따라 다음과 같은 문제점을 가질 수 있다.

<표 2> 민원의 처리단계

민원처리	대상	문제의 내용
민원신청 ↓	고유사무/위임사무	• 일괄이양되지 아니한 복합민원과 의제효
	고유사무(건의민원)	• 조례의 제정 또는 개폐 관련성이 강함 • 병행조례에 의한 해소가능성
근거법령 ↓	자치법령/관련 국가법령	• 국가법령과 자치법령간 부정합에 따른 문제 • 병행조례(추가·초과조례)의 문제
해 석 ↓	법령유권해석제도	• 신뢰보호/해당 공무원의 국가배상법상 책임
처 리	민원사무처리원칙	• 민원사무처리 원칙의 준수여부

능한 사항에 속한다면, 각주 4)에서 소개한 바와 같이 자치단체의 조례의 제·개정을 위한 "통계기반정책관리제도"의 대상으로 삼는 것이 오히려 주민복리에 도움이 될 것이다.

첫째로, 민원처리와 관련한 법령문제로서 헌법 제117조 제2항에 대한 관계에서 「지방자치법」 제9조제2항에 근거하여 국가법령의 선점된 경우 국가법령의 제·개정사항을 제때에 반영하지 못하여 발생하는 자치법령간의 부정합에 의한 법적 문제와 「지방자치법」 제22조 단서와 관련한 병행조례(추가 또는 초과조례)의 법적 문제가 있을 수 있다. 두 번째로, 민원처리를 위한 법해석과 관련한 문제로서, 유권기관에 의한 법해석이 존재하지 아니하는 새로운 법령요건에 대한 법해석의 책임을 누가 부담해야 할 것인가 하는 문제가 있을 수 있다. 법령의 해석은 경우에 따라서는 「국가배상법」상 담당공무원의 과실책임으로 이어질 수 있고 판례상 확립된 신뢰보호원칙으로도 이어질 수 있기 때문이다. 셋째로, 복합민원과 관련한 문제이다. 권한의 일괄이양이 이루어진 복합민원의 경우와 달리 권한의 일괄이양이 이루어지지 아니한 경우에는 관계 기관등과의 협의에 대해 의제효(또는 집중효)를 부여하게 되는 의제효를 어떻게 보는가에 따라 복합민원사무의 특성상 또 다른 민원의 소지를 남길 가능성이 크기 때문이다. 끝으로는 민원사무처리원칙과 관련한 문제점으로서 민원의 신청·접수 및 처리 등과 관련하여 「행정절차법」상의 청문 내지 변명기회나 「공공기관의 정보공개에 관한 법률」 등에 의한 정보공개 등과 관련하여 야기될 수 있는 법적 문제를 살펴볼 필요가 있다. 아래에서는 현행 지방자치의 헌법적 관점에서 위의 네 가지 문제를 살펴보기로 한다.

Ⅲ. 민원처리의 근거로서 국가법령과 자치법령

1. 현행 헌법상 자치입법권

현행 헌법은 민주주의를 기본원리(전문, 제1조 및 제4조)로 삼아 국가권한을 분립(제40조, 제66조 제4항 및 제101조 제1항)하여 행정에 관한한 국가행정중심주의를 원칙으로 하면서 "지방자치단체는 주민의 복리에 관한 사무를 처리하고 재산을 관리하며, 법령의 범위 안에서 자치에 관한 규정을 제정할 수 있다"고 규정하여(제117조 1항) 주민복리와 관련하여 행정권한의 분권주체인 지방자치단체에 대해 자주사무처리권, 자주조직·인사권, 자치재정권을 가지고 법령에 반하지 아니하는 한도에서의 자주입법권을 보장함으로써 지방분권을 통한 단체자치와 아울러 주민자치를 제도적으로 함께 보장하고 있는 것으로 새길 수 있고,6) 보충성의 원칙7)상 필요한 경우가 아니라면, 국민의 대표자인 국회입법에 의한

---

6) 현행 지방자치법은 헌법의 이념을 구현하고자 법 제3조는 지방자치단체를 국가와 별개의 독립된 법인으로 하는 한편 제9조에서는 지방자치사무의 범위를, 법 제22조·제23조는 자치입법권을 그리고 법 제41조는 주민대표기관인 지방의회의 행정사무감사 및 조사권을 규정함으로써 단체자치를 보장하는 한편, 주민투표권(제14조), 조례의 제정과 개폐청구권(제15조) 및 주민의 감사청구권(제16조)를

최소한의 관여를 전제로 지방자치단체는 자주사무처리권, 자주조직권, 자치재정권 및 자치입법권을 갖는 것으로 보아야 한다.[8]

물론, 현행 정부조직법상 국가특별행정사무를 수행하는 처·청의 경우에는 국가지방행정처·청을 별도로 두어 국가가 모두 해당사무를 직접 처리하도록 하고 있지만, 그러하지 아니한 국가보통사무의 경우에는 아래의 <표 3>에서 보는 바와 같이 별도의 국가보통지방행정청을 두고 있지 않는 관계로 지역사정에 정통한 행정기관에 의한 사무처리 요구에 따라 지방자치단체 또는 지방자치단체의 장에게 위임하여 단체위임 내지 기관위임사무의 형태로 해당 행정사무를 처리할 수밖에 없다. 그 결과 국가법령에 의한 최소한의 행정통일성 유지라는 측면에서 「지방자치법」 제167조, 제169조 및 제172조 등에서 규정한 해당 사무에 대한 소관 중앙행정기관의 합법적인 감독이나 위법명령·처분에 대한 시정 또는 지방의회 의결에 대한 재의와 제소 등은 불가피할 수 있다.

<표 3> 국가보통사무의 자치행정의존

국가행정(「정부조직법」)		위임 여부	자치행정(「지방자치법」)	비고
국무	행정감독권	불필요		
총리	특별사무(처)	불필요		지방단위의 처
행정	일반사무	법령 위임	자치단체 소속의 실·국	
각부	특별사무(청)	불필요		지방단위의 청

특히 소관사무별로 중앙행정기관에 의한 위와 같은 감독권을 고려할 때, 모든 위임사무는 가급적 법률 차원에서 자치단체에 일괄하여 위임 또는 이양하되,[9] 일단 조례에 의한 지방의회의 입법형성권을 전제로 규칙에 의한 자치단체장의 입법형성권을 부여하는 체계를 갖추도록 하는 것이 헌법 제118조제1항이 지방자치단체에 의회를 둔다고 한

규정함으로써 주민자치를 각각 보장하고 있다.
 7) 이와 관련하여 독일현방헌법재판소의 "Rastede 결정"(BVerfGE 79, 127, Beschluß v. 23. 11. 1988)을 주목할 필요가 있다.
 8) 헌법상 최소한의 보장으로서 지방자치제에 대하여는 "최소한의 보장에 머무는 한 위헌의 문제는 없다"거나 "지방자치권의 공동화현상에 대한 방어막(김상태, "지방분권 사상과 한국의 지방자치", 『지방정부연구』 제19권제4호 2016, 256면)으로 이해하기 보다는 가능한 한 최대한의 자치권을 형성할 입법자의 책무로 새겨야 할 것이다.
 9) 「지방분권 및 지방행정체제개편에 관한 특별법」 제7조는 "주민의 자발적 참여를 통하여 지방자치단체가 그 지역에 관한 정책을 자율적으로 결정하고 자기의 책임하에 집행하도록 하며, 국가와 지방자치단체 간 또는 지방자치단체 상호간의 역할을 합리적으로 분담하도록 함으로써 지방의 창의성 및 다양성이 존중되는 내실 있는 지방자치"를 지방분권의 기본이념으로 삼아지방자치와 관련되는 법령의 제·개정 및 사무분배를 하도록 규정(제8조 및 제9조)하고 있음에 주목할 필요가 있다.

풀뿌리민주주의 정신에 합치된다.[10] 그러하지 못할 경우에는 아래에서 살펴보는 바와 같
이 지역적 특성에 따른 요구를 수용하려는 자치법령의 효력유무에 대한 의혹이나 국가법
령과 자치입법 및 처리권한기관의 부정합으로 주민의 행정민원이 처리될 수 없거나 지연
심지어는 주관행정기관에 의해 처리된 민원이 관계 중앙행정기관에 의해 취소되는 등의
문제가 발생할 수 있는 것이다.

2. 자치입법과 국가법령

자치단체는 지역주민의 행정민원을 해소하기 위해 관련된 기존의 국가법령이 존재
함에도 불구하고 지역특성을 반영한 조례를 적극적으로 제정하여 시행할 경우도 있을 수
있는 반면, 자치단체의 특성이나 지방의회 구성의 특성 등에 따라 국가법령의 제·개정
사항을 제 때에 반영하지 못하는 경우 등이 발생하여 민원처리와 관련하여 법적 문제를
야기할 수 있다.

바꾸어 말하자면, 민원인이 제기한 민원은 헌법 제117조제2항과 관련할 때 통상
"국가법령 → 자치조례 → 자치단체장의 규칙 → (해당 민원과 관련한 행정규칙) → 관련 민
원에 따른 처분 등"의 순서를 받게 되어, 해당 민원을 처리해야 할 공무원이 1차적으로
해석·적용하여야 할 법규는 자치조례나 규칙이라는 점에서 국가법령과 자치법령의 부조
화는 새로운 민원을 낳을 수 있는 법적 문제를 야기할 수 있는 것이다.

현행 「헌법」 제107조제2항이 "명령·규칙 또는 처분이 헌법이나 법률에 위반되는
여부가 재판의 전제가 된 경우에는 대법원은 이를 최종적으로 심사할 권한을 가진다"고
규정하고, 이와 관련한 「행정소송법」 제6조가 처분의 근거가 된 명령·규칙에 대해 헌법
또는 법률에 위반된다는 판단을 통해 민원인의 권리구제를 꾀할 수 있는 체계를 갖추고
있다고 하더라도 민원인의 입장에서는 불완전한 민원처리로 남게 될 뿐 달라질 것은 없다.

1) 기존의 국가법령과 동일한 목적 또는 별개의 목적을 위한 자치조례

현행 헌법 제117조 제1항은 "법령의 범위 안에서"의 자치입법권을 인정하고 있다.
"법령의 범위 안에서"의 의미에 대하여는 국가법령의 존재를 전제로 해당 국가법령이 위
임한 한도에서로 읽는 소극적인 입장과 국가법령의 존재와 관계없이 국가법령에 반하지
아니하는 한도에서로 읽는 적극적인 입장으로 나누어진다.

---

10) 제헌헌법을 기초한 유진오박사는 "우리나라는 미국이나 독일과 같이 다수 국가가 모여서 형성한
    연방국가가 아니고 단일민족으로 구성된 국가이기 때문에 지나친 지방분권으로 흐르는 것을 방지
    하고 국가적 통일성을 유지하기 위해서는 법률의 범위 안으로 하여야 하지 대통령령과 같은 행정
    입법에 의한 통제는 허용되어서는 아니된다"고도 한다. 「헌법해의」, 명세당 1949. 202면(법제처, 「헌
    법주석서Ⅳ」 2010. 427면에서 재인용).

　　이에 대해 판례는 "지방자치법 제9조 제1항과 제15조 등의 관련 규정에 의하면 지방자치단체는 원칙적으로 그 고유사무인 자치사무와 법령에 의하여 위임된 단체위임사무에 관하여 이른바 자치조례를 제정할 수 있는 외에, 개별 법령에서 특별히 위임하고 있을 경우에는 그러한 사무에 속하지 아니하는 기관위임사무에 관하여도 그 위임의 범위 내에서 이른바 위임조례를 제정할 수 있지만, 조례가 규정하고 있는 사항이 그 근거 법령 등에 비추어 볼 때 자치사무나 단체위임사무에 관한 것이라면 이는 자치조례로서 지방자치법 제15조가 규정하고 있는 '법령의 범위 안'이라는 사항적 한계가 적용될 뿐, 위임조례와 같이 국가법에 적용되는 일반적인 위임입법의 한계가 적용될 여지는 없다"고 전제한 다음 "지방자치법 제15조에서 말하는 '법령의 범위 안'이라는 의미는 '법령에 위반되지 아니하는 범위 안'이라는 의미로 풀이되는 것으로서, 특정 사항에 관하여 국가 법령이 이미 존재할 경우에도 그 규정의 취지가 반드시 전국에 걸쳐 일률적인 규율을 하려는 것이 아니라 각 지방자치단체가 그 지방의 실정에 맞게 별도로 규율하는 것을 용인하고 있다고 해석될 때에는 조례가 국가 법령에서 정하지 아니하는 사항을 규정하고 있다고 하더라도 이를 들어 법령에 위반되는 것이라고 할 수가 없다"고 하여 '법령의 범위 안' "을 "법령에 위반되지 아니하는 범위 안"으로 읽고 있다.[11]

　　국가법령과 동일한 목적 또는 별개의 목적을 위한 추가조례나 초과조례에 대하여도 이러한 입장이 유지되고 있다. 즉, 판례는 "지방자치단체는 법령에 위반되지 아니하는 범위 내에서 그 사무에 관하여 조례를 제정할 수 있는 것이고, 조례가 규율하는 특정사항에 관하여 그것을 규율하는 국가의 법령이 이미 존재하는 경우에도 조례가 법령과 별도의 목적에 기하여 규율함을 의도하는 것으로서 그 적용에 의하여 법령의 규정이 의도하는 목적과 효과를 전혀 저해하는 바가 없는 때, 또는 양자가 동일한 목적에서 출발한 것이라고 할지라도 국가의 법령이 반드시 그 규정에 의하여 전국에 걸쳐 일률적으로 동일한 내용을 규율하려는 취지가 아니고 각 지방자치단체가 그 지방의 실정에 맞게 별도로 규율하는 것을 용인하는 취지라고 해석되는 때에는 그 조례가 국가의 법령에 위반되는 것은 아니다"[12]고 한다. 그러나 헌법 제37조제2항 및 지방자치법 제20조와 관련하여 주민의 권리를 제한하거나 의무를 부과하는 내용의 초과조례는 법률적 차원의 위임이 없으면 허용되지 아니한다.

---

11) 대법원 2000. 11. 24. 선고 2000추29 판결.
12) 대법원 1997. 4. 25. 선고 96추244 판결; 대법원 2007. 12. 13. 선고 2006추52 판결 등.

〈참고 판례〉

초과조례가 무효인 경우 : 도시교통정비촉진법 제19조의10 제3항에서 교통수요관리에 관하여 법에 정한 사항을 제외하고는 조례로 정하도록 규정하고 있고, 차고지확보제도는 차고지를 확보하지 아니한 자동차·건설기계의 보유자로 하여금 그 자동차·건설기계를 운행할 수 없도록 하는 것으로서 결과적으로 자동차 등의 통행량을 감소시키는 교통수요관리(그 중 주차수요관리) 방안의 하나에 해당하므로, 같은 법 제19조의10 제3항의 규정은 비록 포괄적이고 일반적인 것이기는 하지만 차고지확보제도를 규정한 조례안의 법률적 위임근거가 된다. … 차고지확보 대상을 자가용자동차 중 승차정원 16인 미만의 승합자동차와 적재정량 2.5t 미만의 화물자동차까지로 정하여 자동차운수 사업법령이 정한 기준보다 확대하고, 차고지확보 입증서류의 미제출을 자동차등록 거부사유로 정하여 자동차관리법령이 정한 자동차 등록기준보다 더 높은 수준의 기준을 부가하고 있는 차고지확보제도에 관한 조례안은 비록 그 법률적 위임근거는 있지만 그 내용이 차고지 확보기준 및 자동차등록기준에 관한 상위법령의 제한범위를 초과하여 무효이다(대법원 1997. 4. 25. 선고 96추251 판결)

초과조례가 허용되는 경우 : 조례안의 내용은 생활유지의 능력이 없거나 생활이 어려운 자에게 보호를 행하여 이들의 최저생활을 보장하고 자활을 조성함으로써 구민의 사회복지의 향상에 기여함을 목적으로 하는 것으로서 생활보호법과 그 목적 및 취지를 같이 하는 것이나, 보호대상자 선정의 기준 및 방법, 보호의 내용을 생활보호법의 그것과는 다르게 규정함과 동시에 생활보호법 소정의 자활보호대상자 중에서 사실상 생계유지가 어려운 자에게 생활보호법과는 별도로 생계비를 지원하는 것을 그 내용으로 하는 것이라는 점에서 생활보호법과는 다른 점이 있고, 당해 조례안에 의하여 생활보호법 소정의 자활보호대상자 중 일부에 대하여 생계비를 지원한다고 하여 생활보호법이 의도하는 목적과 효과를 저해할 우려는 없다고 보여지며, 비록 생활보호법이 자활보호대상자에게는 생계비를 지원하지 아니하도록 규정하고 있다고 할지라도 그 규정에 의한 자활보호대상자에게는 전국에 걸쳐 일률적으로 동일한 내용의 보호만을 실시하여야 한다는 취지로는 보이지 아니하고, 각 지방자치단체가 그 지방의 실정에 맞게 별도의 생활보호를 실시하는 것을 용인하는 취지라고 보아야 할 것이라는 이유로, 당해 조례안의 내용이 생활보호법의 규정과 모순·저촉되는 것이라고 할 수 없다(대법원 1997. 4. 25. 선고 96추244 판결)

2) 국가법령과 자치조례의 부정합

앞에서 살펴본 바와 같이 현행 헌법은 "법령의 범위 안에서"의 자치입법권을 인정하고 있어, 법률에 의한 자치고권의 선점이 아니라 법률의 하위법령인 행정입법에 의한

자치고권의 선점 또한 가능하게 되어 있다. 그 결과, 법령에 의해 허용된 자치입법영역이
라고 할지라도 구성면에서 국회와 지방의회의 정당별 구성을 달리하거나 지방의회의 사
정상 국가법령의 개정에도 불구하고 조례의 개정이 이루어지지 못하여 국가법령차원에
서는 규제를 풀었음에도 불구하고 조례상으로는 규제가 존속하는 등 국가법령과 자치법
령간 충돌·모순하게 되는 부조화가 발생하고 그 틈에 끼인 지방자치민원을 담당하는 공
무원으로서는 어떠한 법령에 따라야 할지 난감한 상황에 직면하게 된다.[13]

〈표 4〉 상위법령과 지자체 조례가 충돌하는 사례

유 형	조 례	내 용	문 제 점
상위법령의 제·개정 사항 미반영	경기도 광역교통시설부담금 부과·징수 및 광역교통시설 특별회계설치조례	부담금납부기한을 안 지키면 가산금 5%를 부과	상위법령은 가산금을 3%로 규정
상위법령 위반	경기도 옥외광고물 등 관리 조례 제27조	연면적을 기준으로 이행강제금 부과	상위법령은 광고물 종류, 연면적 두가지 기준으로 부과(조례상 강제금이 상위법령상 강제금을 초과할 수 있음)
상위법령에 근거없음	평창군주택사업특별회계설치 및 운용조례	특별회계로 지은 주택의 최초 입주자는 화재보험 의무가입	상위법에 보험가입에 대한 강제 규정이 없음
기타 조례입안 원칙 위반	평창군전통상업보존구역지정 및 대규모·준대규모점포의 등록제한 등에 관한 조례 제14조의2	대형마트 등은 의무휴업 심사 위해 서류 제출요구	제출해야 하는 서류 특정하지 않음

이러한 문제의 해소를 위해서는 향후 '법령의 범위 안'에서의 지방자치가 아니라 '법
률의 범위 안' 내지 '법률에 반하지 아니하는 한도'에서 지방의회의 자치입법권을 부여함
으로써 국가에 의하여 처리할 사무가 아니라 자치단체에 의하여 처리하게 되는 사무에
관한 한 "법률 ⇒ 조례 ⇒ 조례의 위임에 의한 자치단체장의 규칙 ⇒ 민원사무처리"라는
법령집행체계를 구축할 필요가 있다.

3) 소결

국가법령과 자치법령간의 갈등으로서 초과 내지 추가조례의 경우에는 해당 조례의

---

13) 이와 관련한 실태는 2014.12.에 발간된 법제처의 「조례 규제개선 사례 100선」을 적극적으로 참고할
   필요가 있다. http://www.hankyung.com/news/app/newsview.php?aid=2014110576241 <2014. 11. 7.>

시행 전에 권한기관에 의한 재의 및 제소를 통해 그 효력유무가 확정되는 것이 일반적이라는 점에서 자치단체의 행정사무와 관련한 민원의 처리에 있어서 문제의소지는 없을 것으로 보인다. 문제는 국가법령의 제·개정사항을 제때에 반영하지 못한 조례와 관련한 민원에서 발생한다. 법령의 효력체계는 "법률＞대통령령·부령＞자치입법(조례＞규칙)"의 순서에 따르지만 적용체계는 "자치입법(규칙＞조례)＞대통령령·부령＞법률"의 순서에 따라야 한다. 어떠한 민원과 관련하여, 우선적으로 적용되어야 할 법규범이 상위법에 반하는 것으로 민원처리 창구담당공무원이 판단하였다고 하더라도 그 적용을 임의로 배제할 수 있는 것이 아니다.

헌법 제107조 제2항 및 행정소송법 제6조에 근거하여 법원의 유권적 판단을 받은 경우에만 그 적용을 배제할 수 있을 뿐인 것이다. 이 경우 관련 법상 법령준수의무만 있을 뿐 해당 근거법령이 상위법에 반하는지 여부에 대한 판단권한은 없는 민원사무처리 담당공무원으로서는 적용우위에 있는 자치법에 근거하여 해당 민원사무를 처리할 수밖에 없고, 민원인으로서는 먼거리에 있는 그러나 재판의 전제로서 법령심사권을 가진 행정소송을 통해서만 권리구제를 받을 수 있게 된다. 어찌 보면, 이 또한 핑퐁민원의 범주를 벗어나지 못하는 것이라고 평할 수 있다.

3. 복합민원에 대한 인·허가 의제제도의 도입과 행정권한의 위임(이양)

1) 복합민원에 대한 인·허가 의제제도의 도입

하나의 민원 목적을 실현하기 위하여 관계법령 등에 따라 여러 관계 기관(민원과 관련된 단체·협회 등을 포함한다. 이하 같다) 또는 관계 부서의 인가·허가·승인·추천·협의 또는 확인 등을 거쳐 처리되는 법정민원인 "복합민원"에 대하여는 통상 관련 법률이 주된 인·허가의 관할 행정청으로 창구를 단일화하고 절차를 간소화하며 비용과 시간을 절감함으로써 국민의 권익을 보호하려는 차원에서[14] 다른 기관과의 협의에 대해 관련된 인·허가가 있은 것으로 의제하는 경우가 많다.

이러한 인·허가 의제제도는 과거 정부가 국책사업인 중화학공업지역을 건설함에 있어서 그 성질상 대형선박의 출입·접안이 가능한 임해지역에 항만·공업용수·도로·철도·동력 등의 기반시설을 갖춘 대단위의 산업기지를 집중적으로 개발함과 아울러 여러 지역에 걸쳐 공업유형별 동시다발적인 개발을 수행함 있어서 사업의 효율성을 담보하기 위해 1973년12월24일 법률 제2657호로 제정된「산업기지개발촉진법」에 처음으로 일정한 사업과 에 대한 관할행정청의 승인이 있게 되면 관련하여 복합적으로 요구되는 11건

---

14) 대법원 2015. 7. 9. 선고 2015두39590 판결.

의 다른 법령 또는 행정기관에 의한 인·허가를 받은 것으로 의제하는 조항을 도입하여 하나의 사업과 관련하여 수개의 인·허가·승인 등이 요구됨으로써 야기되는 많은 시간과 비용의 낭비 등 민원을 해소하는 한편 행정의 신속화 내지 간소화를 도모하는 등 독일「연방행정절차법」에서 조차도 도입되어 있지 아니하였던 당시로서는 획기적인[15] 입법정책을 그것도 실체법에서 채택·시행하게 되었다.[16]

그런데, 예를 들어 살펴보면 다음과 같은 문제점이 있음을 알게 된다. 즉, 민원인이 주거환경 정비사업을 시행하고자 관할 행정청으로부터 사업시행인가를 받게 되면「도시 및 주거환경정비법」제32조에 따라 필요한 다른 법률의 인·허가를 받은 것으로 의제되나, 아래의 <표 5>에서 보는 바 의제대상이 되어야 할 관련기관의 협의가 곧바로 명시되어 있지 아니한 문제점과 아울러 권한의 일괄위임이 이루어지지 아니하여 해당 민원의 처리에 앞서 주된 인·허가기관 이외에도 관련 기관으로서 소속한 상급자치단체 뿐만 아니라 소관 중앙행정기관과의 협의를 요하는 경우가 많아 창구의 단일화 및 절차의 간소화가 실현되고 있지 못한 실정이다.

〈표 5〉「도시 및 주거환경정비법」제32조에 의해 의제되는 인·허가 등의 권한기관과 특기사항

국토행양부장관의 도시기본계획의 수립기준(「국토의 계획 및 이용에 관한 법률」§19③)		
① 시·도지사의 기본계획(§3)		
② 시장·군수의 정비계획 수립/정비구역의 지정(§4)		
③ 사업시행자 사업시행계획서 → 시장·군수 → 관계 서류의 공람·의견청취절차(시행령 §31) → 시장·군수의 인가(법률 §32) → ④ 법률 제32조제1항 각호의 인·허가 등 의제		
※ 의제 대상 행위 : 없음(입법불비)		
※ 의제사항		
호	법률명칭	관계 행정기관 및 내용	비고
1	「주택법」§15	국토해양부장관 / *시·도지사*	승인사항의 고시

---

15) 독일의 경우에도 이와 같은 집중효가 도입된 것은 1838년「프로이센 철도법」에서 출발하여 1976년의「연방행정절차법」제75조제1항으로 정착되었다는 점(백승주, "現行法上 이른바 認·許可 등 擬制規定에관한 法理研究",「안암법학」2007년, 각주 8) 참조)을 고려할 때 1998년에 제정된 우리의「행정절차법」에는 이러한 조항을 두고 있지 아니하였다는 아쉬운 점이 남기는 하였지만 획기적인 조치라는 평가를 부인하기는 어려운 것이다. 이와 관련 정태용교수는 "아마 유신시대가 아니었으면 입법이 힘들었을 것으로"보기도 한다. "민원일괄처리제도에 관한 연구- 인·허가의제제도를 중심으로-"「법제개선연구」, 법제처. 1995, 120쪽.

16) 이러한 간소화절차에 더하여 최근「주한미군 공여구역 주변지역 등 지원특별법」개정안 제29조제2항에서는 "공익상 긴급한 필요가 있고 사업시행을 위한 중요한 사항에 대한 협의가 있는 경우에는 필요한 모든 협의를 완료하기 전이라도 해당 협의가 완료될 것을 조건으로 사업시행의 승인"을 할 수 있도록 하는 내용의 소위 '先승인 後협의절차' 규정이 도입되기에 이르렀다. 이상희, "국민불편 법령개폐사업의 성과와 과제",「한국법제연구원 국정성과평가 정책토론회」, 2010. 3. 29. 74쪽.

		또는 인구 50만 이상의 대도시 시장의 사업계획의 승인(①)	※국토부장관/시·도지사는 관계서류를 시장·군수·**구청장**에게 송부(⑥)
2	「건축법」 §11	특별자치시장·도지사 / **시장·군수·구청장의 건축허가** / 21층 이상은 특별·광역시장의 허가(①)	제11조 제1항 각호 사항은 해당 도지사의 승인 하에 시장·군수가 허가(②) 제1항에 따른 허가는 제5항 각호의 인·허가 의제(**관련기관과의 협의 필요**(⑤, ⑥) ※건축복합민원 일괄협의회(12조)
	「건축법」 §20	특별자치시장·도지사 / **시장·군수·구청장의 가설건축물 허가** (①)	
	「건축법」 §29	**소재지 관할 허가권자와 협의** (①)	
3	「도로법」 §36	**도로관리청의 도로공사시행 허가**	하급도로와 연결될 경우 상급도로관리청은 하급도로 관리청과 사전 협의
	「도로법」 §61	**도로관리청의 도로점용허가**	
4	「사방사업법」 §20	산림청장의 지정해제	해당 토지의 소유자에 대한 사방시설의 무상양여(시·도지사 또는 지방산림청장)
5	「농지법」 §34	농림축산식품부장관의 전용허가(①) 2항 각호에 대하여는 주무부장관·자치단체의 장이 농림부장관과 협의의무(②)	※다른 법률에 따라 농지전용허가가 의제되는 협의를 거쳐 농지를 전용하는 경우 등에 대하여는 예외(제1항)
	「농지법」 §35	**시장·군수·구청장에게 전용신고**	
6	「산지관리법」 §14	산림청장의 전용허가	※ 의제되는 행정처분을 위해서는 산지전용허가기준의 적합여부를 판단하기 위한 서류를 산림청장에게 제출(제2항)
	「산지관리법」 §15	산림청장에게 신고	
	「산림자원의 조성 및 관리에 관한 법률」 §36①④	**시장·군수·구청장**이나 지방산림청장의 허가	
7	「하천법」 §30	하천관리청의 하천공사시행 허가(국토부장관: 국가하천 / 시·도지사: 지방하천)	
	「하천법」 §33	하천관리청의 점용허가	

8	「수도법」§17	일반수도사업 인가(설치주체의 구분에 따라 환경부장관, 국토교통부장관, 시·도지사, 또는 시장·군수의 인가)	국토부장관/국토부장관이 인가한 광역상수도 정수시설, 자치단체설치의 광역상수도, 지방상수도는 환경부장관 / 마을 상수도는 시장·군수·**구청장**
	「수도법」§52 또는 §54	특별시장·광역시장·특별자치시장·특별자치도지사·시장·군수의 전용상수도·전용공업용수도 인가	
· · ·			
17	「소방시설의 설치 및 안전관리에 관한 법률」§7	소재지의 소방본부장, 소방서장의 건축허가 동의	
	「위험물안전관리법」§6①	그 설치장소를 관할하는 특별시장·광역시장·특별자치시장·도지사 또는 특별자치도지사의 허가	

2) 인·허가 의제에 따른 절차간소화와 행정권한의 이양

헌법 제66조 제3항에 따라 행정권은 대통령을 수반으로 하는 정부에 속하며, 행정각부의 권한범위는 법률로 정하도록 한 헌법 제96조의 명령에 따라 정부에 통합되어 있는 행정권한은 「정부조직법」 제2조 및 제22조 내지 제37조에 의하여 각 중앙행정청을 개별단위로 하여 분장되어 있다. 이렇게 분장된 권한은 다시 「정부조직법」 제6조와 동법 제6조에 근거한 「행정권한의 위임 및 위탁에 관한 규정」과 분야별 행정작용에 관한 법률에 의해 직접 또는 해당 법률의 시행령이나 시행규칙 등 법규에 의해 개별 중앙행정청으로부터 시·도지사를 비롯하여 시장·군수·구청장 등 자치단체 장에게 재위임되어 중앙행정기관의 분야별 사무가 다시 행정구역별로 집중되는 모습을 보인다.

이러한 행정권한의 분장형태를 살펴보게 되면, 위의 <표 3>에서 보는 바와 같이 헌법상 대통령을 수반으로 하는 정부에 행정권한이 추상적으로 집중되었다가 「정부조직법」에 의하여 각 중앙행정기관에게 분장되고, 분장된 이러한 행정권한은 개별 작용법 등을 통해 다시 시·도지사 또는 시장·군수·구청장에게 일정한 행정구역을 단위로 재집중되는 형태를 갖는 것으로 요약할 수 있다.

만약, 인·허가 의제를 수반하게 되는 복합사무를 주된 인·허가의 관할청인 시·도지사 또는 시장·군수·구청장으로 관련된 권한의 위임을 통해 집중하게 된다면, 다음에서 살펴보게 된 관련된 인·허가 의제를 둘러싼 법적 문제를 최소화하면서 민원행정제도의 합리적 개선을 통한 국민권익보호라고 하는 「민원 처리에 관한 법률」의 목적을 구현할 수 있을 것이다.

3) 의제되는 인·허가의 법적 의미

관련 행정기관의 협의 내지 동의를 얻어 주된 사업시행계획이나 일정한 행위에 대해 주된 행정기관의 승인 등에 대해 복합민원과 관련하여 해당 법령이 요구하는 인·허가 등을 의제한다고 할 경우, 그 의제효의 효력범위가 절차에만 미치는 것인지 아니면 실체관계에도 미치는 것인지 여부 또는 그 의제되는 행정행위를 다툴 수 있는지 여부 및 관계 행정기관은 작용법상의 권한에 근거하여 의제되는 인·허가에 대해 요건불비를 이유로 하는 사후에 직권취소 등 필요한 행정조치 등을 행사할 수 있는지에 관하여 다툼이 되고 있다.

학설상으로는 의제되는 효력의 범위와 관련하여 관할집중설, 절차집중설, 제한적 실체집중설 및 비제한적 실체집중설 등의 견해대립이 있으나,[17] 판례는 의제되는 법률관계에서 이해관계인의 의견청취절차를 생략할 수 있고,[18] 관련되는 인·허가 등의 권한기관에 의한 거부사유를 이유로 주된 인·허가 등을 거부할 수 있다[19]는 입장을 취하고 있는 점에 비추어 볼 때, 의제되는 효력의 범위는 실체적인 것이 아니라 절차적인 것으로 파악하되 그 범위 또한 제한되어 있는 것으로 파악하고 있다.

---

17) 이들 학설에 대하여는 강현호, "집중효", 「공법연구」, 2000. 1. 319쪽, 홍정선, 「행정법특강」, 박영사, 2010, 175·176쪽 및 김재광, "행정법상 집중효제도의 검토", 「토지공법연구」, 2000, 79−81쪽 등 참조.

18) 참고판례 : 건설부장관이 구 주택건설촉진법(1991.3.8. 법률 제4339호로 개정되기 전의 것) 제33조에 따라 관계기관의 장과의 협의를 거쳐 사업계획승인을 한 이상 같은 조 제4항의 허가·인가·결정·승인 등이 있는 것으로 볼 것이고, 그 절차와 별도로 도시계획법 제12조 등 소정의 중앙도시계획위원회의 의결이나 주민의 의견청취 등 절차를 거칠 필요는 없다(대법원 1992.11.10. 선고 92누1162 판결 [주택건설사업계획승인처분취소)).

19) 참고판례 : 구 광업법(1999. 2. 8. 법률 제5893호로 개정되기 전의 것) 제47조의2 제5호에 의하여 채광계획인가를 받으면 공유수면 점용허가를 받은 것으로 의제되고, 이 공유수면 점용허가는 공유수면 관리청이 공공 위해의 예방 경감과 공공 복리의 증진에 기여함에 적당하다고 인정하는 경우에 그 자유재량에 의하여 허가의 여부를 결정하여야 할 것이므로, 공유수면 점용허가를 필요로 하는 채광계획 인가신청에 대하여도, 공유수면 관리청이 재량적 판단에 의하여 공유수면 점용을 허가 여부를 결정할 수 있고, 그 결과 공유수면 점용을 허용하지 않기로 결정하였다면, 채광계획 인가관청은 이를 사유로 하여 채광계획을 인가하지 아니할 수 있는 것이다(대법원 2002. 10. 11. 선고 2001두151 판결 [채광계획불인가처분취소)).

〈의제되는 효력을 해당 인·허가에 대한 실체적 효력 인정 : 행정심판〉
— 산업자원부장관은 피청구인과의 협의를 거쳐 동 사업실시계획의 승인을 하였으므로
「한국가스공사법」 제16조의3 제11호의 규정에 의하여 농지전용허가를 받은 것으로
의제되는바, 그럼에도 피청구인이 청구인에 대하여 당초 농지전용허가를 한 사항이
아니라는 이유로 농지전용변경허가신청을 반려한 것은 합리적인 처분사유를 근거한
처분이 아니라는 점에서 위법·부당하다(국행심 2000. 10. 23. 00−063189 [농지전용
변경허가신청반려처분취소청구].

〈의제되는 효력을 해당 인·허가에 대한 실체적 효력을 부인 : 판례〉
— (구)건축법(1999. 2. 8. 법률 제5895호로 개정되기 전의 것) 제8조 제1항, 제3항, 제5
항에 의하면, 건축허가를 받은 경우에는 (구)도시계획법(2000. 1. 28. 법률 제6243호
로 전문 개정되기 전의 것) 제4조에 의한 토지의 형질변경허가나 농지법 제36조에 의
한 농지전용허가 등을 받은 것으로 보며, … 건축불허가처분을 하면서 그 처분사유로
건축불허가 사유뿐만 아니라 형질변경불허가 사유나 농지전용불허가 사유를 들고 있
다고 하여 그 건축불허가처분 외에 별개로 형질변경불허가처분이나 농지전용불허가
처분이 존재하는 것이 아니므로, 그 건축불허가처분을 받은 사람은 그 건축불허가처
분에 관한 쟁송에서 건축법상의 건축불허가 사유뿐만 아니라 같은 도시계획법상의
형질변경불허가 사유나 농지법상의 농지전용불허가 사유에 관하여도 다툴 수 있는
것이지, 그 건축불허가처분에 관한 쟁송과는 별개로 형질변경불허가처분이나 농지전
용불허가처분에 관한 쟁송을 제기하여 이를 다투어야 하는 것은 아니다(대법원 2001.
1. 16. 선고 99두10988; 대법원 2004. 10. 15. 선고 2003두6573 판결).

4) 소결

지방분권이 강조되고 있는 시대적 요구 등을 감안할 때, 의제효를 수반하는 복합민
원의 경우에 주된 행정기관과 관련행정기관을 가급적 일치시키도록 함(즉 관할의 통합화)을
원칙으로 하되, 사무의 성격상 이러한 입법적 조치가 어려울 경우에는 조직법상 소관 행
정기관의 권한존중의 차원에서 절차적 통합은 그대로 유지하되 협의기관의 협의여부를
주된 행정기관의 승인처분서에 병기(공동처분문서화)하도록 하거나 「전자정부법」 제37조상
의 행정정보공동이용센터를 통하여 주된 행정기관을 비롯한 관련 행정기관이 공동처분
문서에 각각의 소관사항에 대한 적부여부를 표시하도록 하여 민원인의 입장에서는 주된
승인이 거부된 사유가 주된 승인요건에 흠이 있는지 아니면 관련된 협의의 불성립에 있
는 것인지 여부를 명백히 하는 한편 관계 행정기관의 입장에서는 의제되어 인·허가로서
실재하는 자신의 처분을 민원인에게 명백히 확인시키도록 함과 아울러 쟁송에 있어 자신의

처분에 대한 적법입증과 자신의 소관사무에 대한 처리 현황을 비롯하여 사후의 관리·감독 등에 있어서의 책임행정을 구현할 수 있도록 할 필요가 있다.

4. 질의민원과 법령해석

1) 질의민원과 관련 문제

「민원 처리에 관한 법률」 제2조 제1호 가목의 4)는 법령·제도·절차 등 행정업무에 관하여 행정기관의 설명이나 해석을 요구하는 질의민원에 대해 규정하고 있다. 그런데, 이러한 질의의 대상인 법령 등에 대한 설명이나 해석은 소관 행정기관에 의하여 행하여진 민원인에 대한 일정한 의사표시라는 점에서 행정법상 신뢰보호원칙과 관계될 뿐 아니라 그 설명이나 해석을 그르친 경우에는 「국가배상법」상 해당 공무원의 고의나 과실로 이어져 지방자치단체가 해당 공무원에 대해 구상책임을 물을 수도 있는 상황이 벌어질 수 있다.

(1) 질의민원과 행정법상 신뢰보호

질의민원은 소관 행정기관이 민원인에 대해 행하는 법령 등에 대한 설명이나 해석으로서 "법령 등의 해석 또는 행정청의 관행이 일반적으로 국민들에게 받아들여졌을 때에는 공익 또는 제3자의 정당한 이익을 현저히 해칠 우려가 있는 경우를 제외하고는 새로운 해석 또는 관행에 따라 소급하여 불리하게 처리하여서는 아니 된다"고 규정한 「행정절차법」 제4조 제2항의 신뢰보호의 대상이 된다. 이러한 신뢰보호의 요건과 관련하여 판례는 "일반적으로 행정상의 법률관계에 있어서 행정청의 행위에 대하여 신뢰보호의 원칙이 적용되기 위해서는, 첫째 행정청이 개인에 대하여 신뢰의 대상이 되는 공적인 견해표명을 하여야 하고, 둘째 행정청의 견해표명이 정당하다고 신뢰한 데에 대하여 그 개인에게 귀책사유가 없어야 하며, 셋째 그 개인이 그 견해표명을 신뢰하고 이에 어떠한 행위를 하였어야 하고, 넷째 행정청이 위 견해표명에 반하는 처분을 함으로써 그 견해표명을 신뢰한 개인의 이익이 침해되는 결과가 초래되어야 하고, 어떠한 행정처분이 이러한 요건을 충족할 때에는, 공익 또는 제3자의 정당한 이익을 해할 우려가 있는 경우가 아닌 한, 신뢰보호의 원칙에 반하는 행위로서 위법하게 된다"[20]고 4가지의 기본원칙이 갖추어진 경우에 행정을 구속하는 신뢰보호원칙이 성립된다는 견해를 표명하고 있다.

이와 관련하여 주목을 끄는 것은 "위 요건의 하나인 행정청의 공적 견해표명이 있었는지의 여부를 판단하는 데 있어 반드시 행정조직상의 형식적인 권한분장에 구애될 것은 아니고 담당자의 조직상의 지위와 임무, 당해 언동을 하게 된 구체적인 경위 및 그에 대

---

20) 대법원 1998. 11. 13. 선고 98두7343 판결.

한 상대방의 신뢰가능성에 비추어 실질에 의하여 판단하여야 한다"[21]고 하여 경우에 따라서는 보조기관인 창구담당공무원이 행한 질의민원에 대한 공적인 견해표명도 신뢰의 대상이 될 수 있다는 점이다.

(2) 질의민원과 국가배상법상 공무원의 구상책임

현행 「국가배상법」 제2조 제1항은 공무원이 직무를 집행하면서 고의나 과실로 법령을 위반하여 타인에게 손해를 입히게 된 경우 국가 또는 자치단체에 대해 손해배상책임을 인정하는 한편, 제2항에서는 해당 공무원에게 고의나 중대한 과실이 있을 경우 국가나 지방자치단체에 대해 구상권을 부여하고 있다. 그런데, 질의민원과 관련하여서는 다음에서 살펴보는 바와 같이 현행 「법제업무운영규정」에 의한 법령유권해석제도가 존재하고 있다는 점에서 법령유권해석제도에 의하지 아니하고 행한 질의민원이 위법한 법해석으로 판단될 경우에 해당 공무원에 대하여는 고의나 과실이 인정되어 국가배상사건에 있어서 국가나 자치단체에 대해 구상책임을 부담할 소지가 있다.

예컨대, 산업용 세탁공장 영업을 하기 위해 관할구청장에게 영업신고를 한 민원인에게 구청 공무원 등이 해당 부지에 산업용 세탁공장의 입지를 제한하고 있는 관련 고시의 내용을 제대로 파악하지 못한 채 잘못된 내용의 민원처리 심의서를 작성·교부하게 된 사안과 관련하여 판례는 "민원인이 그 기재 내용을 신뢰하여 자금을 지출하였다가 회수하지 못하는 손해를 입었으므로, 위 공무원 등이 속한 지방자치단체는 그 손해를 배상할 의무가 있다"는 판시[22]나 민원사무를 처리하는 행정기관이 민원 1회 방문 처리제를 시행하는 절차의 일환으로 민원사항의 심의·조정 등을 위한 민원조정위원회를 개최하면서 민원인에게 회의일정 등을 사전에 통지하지 아니한 사안과 관련하여 판례가 "이러한 사정만으로 곧바로 민원사항에 대한 행정기관의 장의 거부처분에 취소사유에 이를 정도의 흠이 존재한다고 보기는 어렵다.

다만 행정기관의 장의 거부처분이 재량행위인 경우에, 위와 같은 사전통지의 흠결로 민원인에게 의견진술의 기회를 주지 아니한 결과 민원조정위원회의 심의과정에서 고려대상에 마땅히 포함시켜야 할 사항을 누락하는 등 재량권의 불행사 또는 해태로 볼 수 있는 구체적 사정이 있다면, 거부처분은 재량권을 일탈·남용한 것으로서 위법하다"는 판시[23] 등은 질의민원이 야기할 수 있는 법적 문제를 잘 보여주고 있다.

---

21) 대법원 1997. 9. 12. 선고 96누18380 판결.
22) 서울고법 2010. 6. 1. 선고 2009나115535 판결(상고).
23) 대법원 2015. 8. 27. 선고 2013두1560 판결.

⟨참고판례 : 공무원에 대한 기대가능성에 따른 고의 내지 과실⟩

— 일반적으로 행정입법에 관여하는 공무원이 시행령이나 시행규칙을 제정함에 있어서
관계 법규를 알지 못하거나 필요한 지식을 갖추지 못하여 법률 등 상위법규의 해석
을 그르치는 바람에 상위법규에 위반된 시행령 등을 제정하게 되었다면 그가 법률전
문가가 아닌 행정공무원이라고 하여 과실이 없다고 할 수는 없으나, 상위법규에 대한
해석이 그 문언 자체만으로는 명백하지 아니하여 여러 견해가 있을 수 있는데다가
이에 대한 선례나 학설·판례 등도 하나로 통일된 바 없어 해석상 다툼의 여지가 있
는 경우, 그 공무원이 나름대로 합리적인 근거를 찾아 어느 하나의 견해에 따라 상위
법규를 해석한 다음 그에 따라 시행령 등을 제정하게 되었다면, 그와 같은 상위법규
의 해석이 나중에 대법원이 내린 해석과 같지 아니하여 결과적으로 당해 시행령 등
의 규정이 위법한 것으로 되고 그에 따른 행정처분 역시 결과적으로 위법하게 되어
위법한 법령의 제정 및 법령의 부당집행이라는 결과를 가져오게 되었다고 하더라도,
그와 같은 직무처리 이상의 것을 당해 업무를 담당하는 성실한 평균적 공무원에게
기대하기 어려운 것이므로, 이러한 경우에까지 국가배상법상 공무원의 과실이 있다
고 할 수는 없다(대법원 1997. 5. 28. 선고 95다15735 판결).

---

2) 질의민원의 해소를 위한 법령유권해석제도

사법부의 최종 법해석권한[24]을 유보로 행정에 의하여 이루어지는 행정의 제1차적
법해석과 적용은 "행정권은 대통령을 수반으로 하는 정부에 속한다"고 규정한 헌법 제66
조제4항에 근거를 두고 있는 것으로, 권한행정청이 소관 법령에 대한 제1차적 집행기관
으로서 해당 법령에 대한 해석을 행하게 되며, 이러한 해석은 소위 공정력 내지 구성요
건적 효력[25]에 근거하여 법원에 의한 위법의 평가가 이루어지기 전까지는 그 법령의 해
석과 적용을 일응 정당한 것으로 받아들여지게 된다. 이러한 법령의 해석에 있어 중앙부
처간 또는 중앙부처와 자치단체간 법령해석의 불일치를 방지하기 위해 법제처 소속의 법
령유권해석심의위원회가 중앙행정기관이나 지방자치단체의 요청을 받아 제3의 기관으로
서 국가통일적인 법령해석을 수행하고 있다.

현행 「법제업무운영규정」 제26조는 지방자치단체에 대하여도 법령해석의 요청권을

---

24) 사법부의 최고유권적 법해석으로서 판례는 권력분립의 원칙상 *法源*으로 인정되기는 하지만, 법률구
체화적인 판례법이나 법률보충적인 판례법이 허용되는 것이지 법률교정적인 판례법까지 허용하는
것은 아니다(정하중, 「행정법총론」, 법문사, 제2판, 56쪽). 이러한 점에서도 법의 홍수로부터 사법부
의 부담을 덜어주고 법률보충적 내지 법률구체화적 판례의 형성을 위해서도 행정의 통일적인 법해
석의 선행이 요구된다고 할 것이다.

25) 과거에는 공정력의 본질을 "적법성의 추정"으로 보았으나 오늘날에는 "사실상의 통용력"으로 이해
하는 것이 일반적이다. 김남진/김연태, 행정법 I, 제9판, 257쪽 참조.

인정하고 있으나 먼저 소관 중앙행정기관의 장에게 먼저 법령해석을 요청하여야 하고(제3
항) 그 해석이 불분명하거나 자치단체의 장으로부터 법령해석요청을 받고서도 1개월 내에
회신하지 아니하는 경우에 직접 법제처에 대해 법령의 유권해석을 요청할 수 있다(제4항).

3) 소결

질의민원을 접수한 창구담당 공무원으로서는 해당 민원과 관련한 판례나 법제처의
유권해석이 존재하지 아니하는 경우에는 소속한 기관 내에서의 자의적인 법해석을 통하
여 회신하기 보다는 해당 사무의 소관 중앙행정기관에게 질의하여 그 회신을 기다리거나
그 회신의 내용이 불분명하거나 일정한 기간 내에 회신이 없을 경우에는 직접 법제처에
질의하여 그 회신을 기다려 해당 민원을 처리하는 것이 공무원법상 요구되는 주의의무를
다한 민원처리로 될 것이라는 점에 주의할 필요가 있다.

Ⅳ. 맺는 말

민원인과 가장 근접한 자치행정에 있어서는 핑퐁민원으로 지적받는 경우가 없어야
할 것으로 생각할 수 있다. 그러나 현행 헌법 제117조 제2항이 주민과 근접한 주민의 대
표기관인 지방의회에 대해 '법률'이 아닌 '법령'의 범위 안에서의 입법권을 부여하고 있는
결과 자치단체의 담당자로서는 앞에서 지적한 민원처리에 있어서 제반 문제점을 피할 수
없다. 즉, "전체로서 국민대표기관에 의한 입법 → 부분국민으로서 주민의 대표기관에 의
한 입법"을 전제로 하지 아니하는 한 지역주민의 민원해소는 중간의 국가법령으로서 행
정내부적인 절차를 통해 제·개정되고 그 제·개정의 빈도수가 잦은 총리·부령 또는 법
령구체화행정규칙으로서 '고시'에도 자치입법이 구속되어야 하는 현체계하에서는 행정기
관 상호간의 핑퐁민원은 피할 수 없고 결국 법원에 핑퐁하여야 해결되는 민원이 존재할
수밖에 없는 것이다.

지방자치단체의 이러한 핑퐁민원의 해소를 위해서는 헌법적인 결단으로서 지방자치
입법권의 한계를 '법률의 범위 안'으로 개정하여 국가법률의 우선적 효력을 최소한의 국
가적 최소한의 통일성을 기준으로 삼되, 지역적 특성과 수요에 합당한 조례형성권을 부
여하여야 하며, 국가보통사무를 수행하는 기관의 권한은 가급적 자치단체에 일괄위임하
여 자치단체의 소관 국·실의 업무협력을 통한 복합민원의 일원적 해소를 도모하여야 할
것이다. 다른 한편으로는 이러한 민원의 유형과 처리결과 및 문제점에 대한 통계를 마련
하여 법령체계의 개선자료로 적극 활용할 필요가 있다.

공무원행정법의 체계 정립을 위한 시론

박 균 성[*]

I. 머리말

행정법교과서는 행정법을 종합적 체계적으로 서술한다는 점에 그 본질이 있다. 행정법교과서는 전문서적으로서의 성격과 함께 교육을 위한 교재로서의 성격도 갖는다. 행정법교과서는 그 시대의 행정법의 현주소를 개괄적으로 보여주므로 사회의 변화에 맞추어 행정법교과서의 체계와 내용도 변화하는 것이 당연한 것이다. 그렇지만, 전통의 무게는 무겁고, 선학의 권위는 높기 때문에 새로운 행정법교과서를 저술하는 것이 쉬운 일은 아니다. 새로운 교과서를 저술하려는 노력은 어느 저자나 행하는 것이지만, 진정으로 새로운 행정법교과서를 저술하고자 하는 강한 의도와 열망을 갖고 행정법교과서를 저술한 학자로 고 류지태교수를 들 수 있다. 고 류지태 교수는 1995년 발간된 명저「행정법신론」초판과 제2판 서문에서 특성있는 교과서의 저술을 강조하였고, 기존의 연구업적을 참조하면서도 필요한 경우 과감하게 자신의 견해를 주장할 것을 선언하였다.¹⁾ 필자는 행정현실에 기초를 두면서 사례와 융합된 행정법이론을 지향하고, 연구의 대상이 되지 않았던 여러 행정법문제에 대한 나름의 행정법이론을 제시하여 행정법의 완결성을 높이는데 기여하고자 하는 생각으로 1999년부터 행정법교과서를 출간하기 시작하였다. 행정법 환경의 변화와 연구성과의 축적에 따라 행정법의 체계도 새롭게 하여야 한다는 생각은 늘 하고 있지만, 아직 기존의 행정법체계를 크게 벗어나지 못하고 있다.²⁾

공무원행정법 교과서를 저술할 필요가 있겠다는 생각은 행정의 현실에 기초를 둔

경희대학교 법학전문대학교 교수
1) 류지태, 행정법신론, 신영사, 1995 ; 류지태, 행정법신론 제2판, 신영사, 1996 머리말 참조.
2) 행정법상 법의 일반원칙을 조리와 구별하고, 법규명령에서 행정입법부작위를 새로이 다루고, 처분시 적용법령을 행정행위의 하자부분에서 새로이 다루고, 현행 행정상 손해전보제도의 흠결과 보충을 새로이 서술하고, 행정소송을 행정소송의 종류별이 아니라 소송요건, 집행정지, 판결 등 행정소송의 쟁점별로 서술하는 등의 미미한 변경이 있었을 뿐이다. 그렇지만, 특별권력관계에 관한 서술, 법률행위적 행정행위와 준법률행위적 행정행위의 구분을 빼고, 재량권의 문제를 행정행위편이 아니라 총칙에서 서술하고, 정보공개와 개인정보보호를 비밀제도 및 행정정보의 이용과 함께 행정정보법에서 서술하고자 하는 생각 등은 아직 실천하지 못하고 있다.

행정법연구를 하여야 한다는 기존 생각의 연장선이지만, 특히 기존의 행정결정 이후의 행정재판을 중심으로 한 행정법에서 행정의 핵심적 부분인 집행을 중심으로 한 행정결정 이전의 행정법문제를 다루는 행정법을 연구할 현실적 필요가 있다는 인식에 기인한다.[3] 공무원행정법 교과서를 저술하려면 필연적으로 행정법 교과서의 체계를 기존의 체계와 달리 구성할 수 밖에 없을 것이라는 점도 공무원행정법 저술의 매력중의 하나이다. 공무원행정법 교과서의 저술을 통해 행정법 교과서의 체계를 재구성하는 하나의 길을 시도할 수 있을 것이다. 그리고, 공무원의 행정법지식이 많이 부족한 현실에서 집행공무원의 행정법전문성을 보다 쉽게 높일 수 있는 교과서를 저술하는 것도 공무원에 대한 효율적인 행정법 교육을 위해 필요하다.

　　이 글은 공무원행정법 교과서의 체계 정립을 위한 시론(試論)이다. 공무원행정법의 체계를 완성하고, 공무원행정법을 완숙하게 서술하는 것은 오랜 기간의 연구의 축적을 통해 가능할 것이다. 이하에서는 공무원행정법의 체계 및 주요내용을 집행공무원을 위한 공무원행정법 교과서[4]가 갖추어야 할 특징을 중심으로 고찰하기로 한다. 행정법이라는 이해곤란의 연구대상을 다른 측면에서 다른 관점으로 조망한다면 행정법의 실체에 접근하는데 도움이 될 것이라는 기대도 가져본다. 또한, 공무원행정법을 연구함에 있어서는 재판규범을 중심으로 한 전통적 행정법에서의 연구방법론과 다른 연구방법론을 사용하여야 할 경우도 있을 것인데,[5] 그 연구방법론에 관하여는 후의 연구과제로 남기기로 한다.[6]

Ⅱ. 재판규범으로서의 행정법에서 행위규범으로서의 행정법으로

　　행정법은 행정의 기준이 되는 법규범으로서 행위규범으로서의 성격과 행정소송에서 재판의 기준이 된다는 점에서 재판규범으로서의 성격을 함께 갖는다. 그런데, 그동안 행

---

3) 이러한 방향의 연구필요성은 다음과 같이 이미 주장된 바 있다. "현대 행정에 있어서 행정법은 반드시 사법심사를 전제로 하지 않고 따라서 '재판'규범의 성격보다는 행정활동의 '행위'규범적 성격이 강하므로 행정의 정책수립과 그 실현과정을 초점으로 하여 행정법을 이러한 행정과정에서 준수되어야 할 규범으로 파악하여야 한다"(박정훈, 행정법의 체계와 방법론, 2005.4.30, 박영사, 20면).

4) 행정을 크게 입법정비 등 정책수립과 법과 정책의 집행으로 나눌 수 있는데, 정책수립과 법과 정책의 집행은 상호 상당히 다른 행정법적 문제를 가지므로 이 글에서는 우선 집행행정을 위한 행정법교과서를 중심으로 다루기로 한다.

5) 행정법의 연구방법으로는 해석연구방법, 법논리적 연구방법, 판례연구방법, 입법연구방법, 비교연구방법, 법정책적 연구방법, 법사회학적 연구방법, 사학적 연구방법 등이 있다.

6) 행정법연구방법론에 대하여는 다음을 참조: 류지태, 行政法 方法論 小考, 고려법학 제38집, 2002.4, 85−104면 ; 박정훈, 상게서 등.

정법 연구는 행정사건의 해결을 위한 연구를 중심으로 행해졌다. 행정 자체를 규율하는 행위규범으로서의 행정법에 대한 연구는 많지 않았다. 그 이유를 규명해내는 것이 필요한데, 그동안 이에 관한 연구가 전혀 없었던 점에서 그 이유를 규명해내는 일은 쉬운 일은 아닐 것이다. 그동안 행정법 연구가 행정분쟁사건의 해결을 중심으로 행해진 이유에 대한 심층적인 연구는 향후의 연구에 맡기고, 여기에서는 단편적으로나마 그 이유를 추론해 보고자 한다. 우선 사법시험이 행정법 연구에 끼친 영향이 크다고 할 수 있다. 법과대학에서의 교육의 중심이 사법시험준비에 경도되어 있었는데, 사법시험합격자는 거의 대부분 법조인이 되는 구조이었고, 법조인은 거의 소송관련업무를 주된 업무로 하였다. 이러한 연유로 행정소송에서 재판규범으로 적용되는 행정법에 대한 연구가 행정법연구의 중심이 된 것으로 추론된다. 다른 한편으로 행정법연구의 초기에 권위주의적 정부가 지속되면서 행정법 연구가 행정현실의 문제점을 지적하는 연구보다는 재판규범으로서의 행정법 연구에 치중되게 된 것으로 보인다. 권위주의적 정부하에서는 행정비밀주의가 강하여 행정법학자가 행정의 현실을 알기도 힘들었다. 행정법학자는 법치주의적 관점에서 문제점을 지적하는 경향이 있어 행정관료에 의해 크게 환영받지도 못하였다. 개발행정이 주를 이루면서 행정학자들이 큰 역할을 수행한 반면에 개발행정의 문제점을 지적하는 행정법학자는 순수하게 법적인 문제를 제외하고는 행정실무에의 참여에서 배제되는 경향이 있었다. 개발위주행정의 비판자가 될 수 밖에 없는 행정법학자는 행정실무에 대한 자문에서 환영받지 못하였다. 행정학자들이 행정실무를 주도하는 것에 비례하여 행정현실에서 행정법학자는 설 자리를 잃어 갔다. 다른 한편으로는 행정법이론 및 행정법제도의 정비가 시급한 상황하에서 제한된 수의 행정법학자로서는 행정법에 대한 규범적 연구에서 나아가 행정현실에 대한 연구를 심층적으로 하기 어려운 측면도 있었을 것이다. 1987년 민주화 이후에 행정절차법, 정보공개법의 제정 등 행정법제도가 발전하고, 민주법치적 행정판례가 급속하게 발전하면서 이들에 대한 연구 및 그 근거가 되는 법리의 연구만으로도 행정법학자의 힘이 부칠 정도이었다.

법치행정과 국민 권익보호의 최후의 보루인 행정재판에 관한 연구는 행정법의 고유영역이고 행정법학자만이 할 수 있는 것이지만, 행정재판은 행정의 병리적인 문제를 다루는 것이고, 행정의 핵심적 문제가 재판상 문제되기도 하지만 소송요건, 소송제기의 부담 등의 제약으로 재판상 다루어지지 않는 경우도 적지 않다. 행정소송의 소송요건이 상당히 엄격하여 소송으로 다투어질 수 없는 문제도 많고, 소송으로 다툴 수 있는 문제라도 권익침해를 당한 자가 소송을 제기하지 않으면 재판을 통한 법적 조망이 행해지지 못한다. 행정을 상대하는 기업 등 민원인은 행정처분을 다투는 것에 부담을 느껴 행정소송의 제기를 포기하는 경우도 적지 않았다.

　행정재판을 통해 형성된 행정판례는 재판규범이면서 동시에 행정의 행위규범을 형성하는 것이지만, 행정판례가 형성되어 있지 못한 행정상 문제도 많고, 행위규범으로서의 행정법에 고유한 문제도 있는 것[7]이므로 재판규범으로서의 행정법에 대한 연구만으로는 행정법문제를 충분히 규명할 수 없다. 국민의 권리구제라는 관점에서도 국민의 권익이 침해된 후 그 침해된 권익을 구제해주는 것보다는 행정이 적법하게 나아가 적정하게 행해져 공익이 제대로 실현되고 국민의 권익에 대한 침해가 사전에 예방되는 것이 더욱 중요하다. 또한, 그동안 국민의 권익구제라고 할 때 그 국민의 권익은 사익 내지 개인적 이익을 의미하는 것으로 인식되고 있는데, 오늘날 공익은 국민의 이익과 복리를 위해 매우 중요한 것이므로 공익도 넓은 의미에서는 국민의 권익으로 볼 수도 있다.[8]

　재판규범으로서의 행정법 연구는 행정법의 병리적 측면을 연구하는 것이지만, 행위규범으로서의 행정법 연구는 정상적인 행정을 위해 있어야 할 행정법질서 전체를 조망한다. 행위규범으로서의 행정법을 연구하는 경우 재판규범으로서의 행정법을 연구하는 경우와 다음과 같은 점에서 차이가 있을 수 있다. 행위규범으로서의 행정법을 연구하는 경우에는 행정의 위법성(달리 말하면 합법성)뿐만 아니라 행정의 부당성(달리 말하면 합목적성 내지 타당성)도 연구하여야 한다. 그러므로 행위규점으로서의 행정법을 연구할 때보다 행정에 대한 이해, 행정의 현실에 대한 이해가 보다 전반적이어야 하고 보다 심층적이어야 한다. 행위규범으로서의 행정법을 연구하는 경우에는 소송으로 다투어지는 문제뿐만 아니라 소송으로 다투어지지 않는 문제도 연구하여야 한다. 행정법령의 해석론은 모든 경우에 연구하여야 하지만, 행위규범으로서의 행정법을 정립하기 위해서는 행정부내에서의 유권해석에 관한 연구가 진전되어야 한다. 상위법령합치적 법령해석은 재판규범으로서는 타당할 수 있지만,[9] 행위규범으로서는 타당하다고 할 수 없다. 불명확하거나 상위법령에 반하는 명령은 개정되거나 행정규칙인 해석규칙에 의해 보다 구체화되어야 하고, 명확하게 해석기준이 제시되어야 한다. 법령에 합치하는 것은 행정집행과 재판 모두에 중요하지만, 위법의 하자가 무효의 하자인가 취소할 수 있는 하자인가, 하자의 승계, 하자의 치

---

7) 재판규범은 법규범에 한정되지만, 행위규범은 행정규칙 등 법규범이 아닌 규범도 포함한다. 재판규범은 행정의 위법성만을 통제하지만, 행위규범은 행정의 위법성뿐만 아니라 행정의 적정성과 윤리성도 규율한다.

8) 공화주의적 공익개념에 따르면 공익은 국민 또는 공동체 전체의 이익을 말한다. 공익을 보호한다는 것은 국민 또는 공동체 전체의 이익을 보호한다는 것을 의미한다. 그러므로 오늘날 공익과 사익의 구별은 상대화되어야 한다.

9) 상위법령합치적 법령해석은 재판규범으로서도 문제가 없지 않다(박균성, 사법의 기능과 행정판례, 행정판례연구 XXⅡ-1, 2017, 40면 이하).

유 등은 행정규범으로서의 행정법에서는 주된 관심사는 아니고, 오히려 행정의 합법성뿐만 아니라 합목적성이 중요하다.

　　행위규범으로서의 행정법 연구에서는 행정의 가장 구체적인 기준이 되는 행정규칙에 대한 연구가 중요하다. 판례는 행정규칙은 법적 구속력이 없고, 처분의 위법 여부는 행정규칙에의 위반 여부가 아니라 법령에의 위반 여부로 판단하여야 한다고 하고 있다.[10] 그렇지만, 행정의 현실에서 행정공무원은, 바람직한 것은 아니지만, 법령을 모르는 경우가 많고, 법령중에서도 시행규칙, 행정규칙에 따라 행정을 하는 경우가 많다. 행위규범으로서의 행정법을 연구함에 있어서는 시행규칙과 행정규칙에 대한 연구가 제일 중요하다고도 할 수 있다. 또한 위임명령뿐만 아니라 그동안 연구가 거의 없었던 집행명령에 대한 연구도 하여야 한다.

Ⅲ. 행정법이론의 動因 또는 위협요인으로서의 행정의 현실

　　법과 사회변화의 관계에 있어서 법은 사회변화를 따르는 관계에 있다는 것이 일반적 견해이다. 그러나, 우리나라에서와 같이 국가에 의한 빠른 사회발전이 요구되는 시대나 사회에서는 사회변화를 리드하고, 순화하고, 정서하고, 유도하는 법의 기능이 강조되어야 한다. 현실은 법발전의 동인이기도 하지만, 법질서를 위협하고 훼손하기도 하다. 행정법에 있어서도 행정현실의 필요와 행정법질서 및 행정법이론은 끊임없는 대립과 상호영향의 관계에 있다. 행정법은 법규범으로서 행정을 규율하지만, 행정의 현실, 행정현실의 요구를 고려하여야 한다. 이러한 점에서 행정의 현실을 연구하는 행정학의 연구성과를 행정법의 입장에서 받아들여야 한다.

　　행정법학자의 무관심 또는 행정법적 검토의 무시 등으로 인하여 충분한 행정법적인 검토없이 행정법제도가 변경되는 경우가 적지 않다.[11] 행정의 필요에 따른 법제도의 변경은 새로운 행정법제도를 만들어내고 행정법의 발전을 촉진하기도 하지만, 행정법질서를 왜곡하고 훼손하기도 한다. 행정법학자는 행정법질서를 지키기 위해 달리 말하면 행정법질서에 합치하는 행정의 변화를 위해 행정의 현실 및 변화에 관심을 가져야 한다.

---

10) 대법원 2013.5.23. 선고 2013두3207 판결.

11) 국가배상법상 공무원의 개념에 "공무를 위탁받은 사인"이 포함되는 것으로 되었는데, "공무를 위탁받은 사인"에 공무를 위탁받은 공공단체는 포함되지 않는 문제가 있고, 공무를 위탁받은 사인이 법인인 경우 법인의 직원도 포함되는지 명확하지 않은 문제가 있고, 이러한 입법이 오히려 혼란을 초래하는 것은 아닌지 검토가 필요하다. 그리고, 부정청탁 및 금품 등 수수의 금지에 관한 법률에 공무수행사인이라는 개념이 사용되고 있는데(제11조), 이 개념의 해석, 이 개념 사용의 적정성과 관련하여 논란이 제기되고 있다.

행정을 잘 알아야 반법치적 입법을 막을 수 있고, 법제도가 행정법질서에 합치하는 방향으로 도입되고 변경되도록 할 수 있다.[12] 이와 관련하여 몇 가지를 예를 들면 아래와 같다.

　　원래 행정입법은 권력분립의 원칙 특히 국회입법의 원칙, 법치주의 특히 법률의 법규창조력의 원칙에 반하는 것으로 금지되었다. 미국에서는 입법권 비위임의 이론(nondelegation doctrine)이 있었다. 그런데, 사회발전에 따라 입법자가 전문적이고 구체적인 법규를 포함하여 모든 법규를 전부 입법하는 것이 현실적으로 불가능하게 되자 행정입법이 '반헌법적으로' 현실의 필요에 의해 제정되기 시작하였다 그리고, 이후 그러한 행정의 현실을 고려하여 행정입법이 합법적인 행위형식으로 인정되게 된 것이다. 나아가 우리나라에서는 '법규명령형식의 행정규칙'과 '법령보충적 행정규칙'이라는 변형된 행정입법이 행정의 필요에 의해 등장하여 판례에 의해 인정되고 있다. '법규명령형식의 행정규칙'은 법원이 행정규칙의 법적 구속력을 부인하자 공무원이 부패 등으로 행정규칙을 무시할 것을 걱정하여 해당 행정규칙을 부령의 형식으로 제정하였고, 법원이 다시 '부령형식의 행정규칙'의 법규성을 부인하자 동일한 이유로 해당 행정규칙을 대통령령의 형식으로 제정하였던 것이다. 그랬더니 법원은 대통령령은 국무회의의 심의를 거치는 등 부령과 다르다고 보면서 '대통령령형식의 행정규칙'을 법규명령으로 보았다. 이에 대하여 법률에서 재량행위로 정한 것을 '대통령령형식의 행정규칙'에서 기속규정으로 정했음에도 법규명령으로서 절대적 구속력을 인정하면 해당 '대통령령형식의 행정규칙'은 법률에서 재량행위로 정한 것을 기속행위로 정하여 위법한 것으로 보아야 한다는 학설의 지적이 있었고, 이에 판례는 '대통령령형식의 행정규칙'을 법규명령으로 보면서도 제재의 최고한도를 정한 것으로 보았다.[13] 법령보충적 행정규칙이라는 법규명령의 형식은 소득세법시행령에서 양도소득세의 부과에서 실거래가격이 적용될 필요가 있는 부동산투기억제를 위하여 필요하다고 인정되는 거래의 유형을 국세청장의 훈령에 위임하였고, 이에 따라 국세청장이 정한 훈령인 재산제세사무처리규정을 법원이 법규명령의 효력을 갖는 것으로 인정함으로써 탄생하였다. 우리나라의 경우 헌법은 총리와 행정각부장관에게만 법규명령제정권을 부여하고 있는데, 독립적으로 행정권을 행사하는 처장이나 청장에게도 전문적이고 구체적인 법규를 제정할 권한을 부여할 현실적인 필요에 의해 법령의 위임에 따라 법규사항을 정하는 행정규칙이 나타난 것이고, 이를 법원이 판례를 통해 인정해준 것이다.

　　수리를 요하는 신고는 규제완화율을 할당하는 등의 강력한 규제완화정책에 따라 규제완화의 타당성 여부를 떠나 할당된 규제완화율을 채우지 않으면 안되는 상황하에서 허

---

12) 다만, 법령안의 문제점만 지적하지 말고, 법령안의 문제점과 함께 해결방안(대안)을 제시할 수 있어야 한다. 그런데, 대인을 제기하기 위해서는 행정법뿐만 아니라 행정을 잘 알아야 한다.
13) 박균성, 행정법론(상) 제16판, 박영사, 2017, 248면 이하 참조.

가제를 자기완결적 신고제로 완화하는 것이 적정하지 않은 경우에 규제완화의 요구와 규제의 필요라는 두 상반되는 요구를 절충하는 수단으로 행정의 필요에 의해 창설된 법제도이다.[14] 규제완화의 실적을 올리기 위해 허가제를 신고제로 바꾸었지만, 공익 보호를 위한 규제의 필요에 따라 자기완결적 신고와 달리 형식적 요건뿐만 아니라 실질적 요건을 허가요건 보다 완화된 상태이지만 신고요건으로 존치시키게 된 것이다. 전형적 신고인 자기완결적 신고에서 보면 변형된 신고인 이러한 신고제가 행정의 필요에 따라 도입된 후 법원에 의해 수리를 요하는 신고라는 제도로 성격규정이 된 것이다. 이러한 연유로 수리를 요하는 신고의 허가 또는 등록과의 구별 등 수리를 요하는 신고의 성격규명에 관하여 학설은 다양하게 대립하고 있다. 수리를 요하는 신고제를 완화된 허가제로 보는 견해, 실질적 허가로 보는 견해, 변형된 허가제 또는 등록제로 보는 견해, 수리를 요하는 신고를 실질적으로 등록이라고 보는 견해, 수리를 요하는 신고를 허가 및 등록과 구별되는 독자적 행위형식으로 보는 견해 등이 있다.[15] 수리를 요하는 신고가 반행정법적인가에 대하여 행정법질서를 혼란스럽게 하는 것으로서 없어져야 할 제도로 보는 견해[16]가 있는 반면에 수리를 요하는 신고는 갈고 닦으면 우리가 세계에 내세울 수 있는 몇 안 되는 우리의 독창적인 행정법제도라고 보는 견해[17]도 있다. 생각건대, 요건을 완화함이 없이 이름만 허가에서 신고로 바꾼 무늬만 신고는 문제가 있지만, 실질적 허가요건을 대폭 완화한 수리를 요하는 신고는 허가제와 자기완결적 신고 사이의 현저한 규제의 간격을 메워주는 제도로서 현실적으로 필요하며 나름대로 합리성을 갖고 있는 제도라고 보는 것이 타당하다. 이에 반하여 이름만 등록이지 실질은 완화된 허가제라고 볼 수 있는 '변형된 등록'은 행정법질서를 혼란시키는 법제도로서 폐지하는 것이 타당하다. 변형된 등록의 대표적인 예로 「석유 및 석유대체연료 사업법」상 석유판매업등록을 들 수 있는데, 변형된 등록은 요건이 허가에 비해 다소 완화된다는 점을 제외하고는 이름만 허가와 다를 뿐 금지를 해제하는 행위이고, 무등록행위에 대해서는 원칙상 형벌을 부과하는 등 실질은 허가와 거의 동일한 제도이다. 본래 전통적 등록(본래의 등록)은 공적 장부인 등록부에 등재하여 공시하는 행정행위(공증행위)의 성질을 갖는 행위로서 항상 금지해제의 효과를 갖는 것은 아닌 점에서 허가와 구별되고, 신청을 전제로 하고 수리행위가 필요한 점에서 전형적인 신고인 자기완결적 신고와 구별되는 허가와 자기완결적 신고 사이의 사전규제

---

14) 윤기중, 행정규제완화수단으로서의 신고에 관한 연구, 경희대 박사학위논문, 2014.8, 237면 등 참조.
15) 박균성, 노동조합설립신고의 신고요건 및 신고요건의 심사방식, 행정판례연구 XX−1, 2015.6, 105−106면.
16) 김중권, 행정법 기본연구 IV, 법문사, 2013, 185면.
17) 박균성, 전게논문(노동조합설립신고의 신고요건 및 신고요건의 심사방식), 113면.

수단이었다. 그런데, 행정정보화에 따라 전형적 등록과 수리를 요하는 신고는 그 구별이 명확하지 않게 되었다. 즉, 신고에 있어서도 신고명부를 작성하여 신고된 사항을 공시하는 경우가 늘고 있다. 실정법령상으로도 본래의 등록과 신고가 명확히 구별되지 않는 경우가 있다. 예를 들면, 주민등록은 강학상 등록으로 보아야 하는데, 실정법령상 신고로 규정되어 있다. 등록은 기속행위인 점, 오늘날 신고의 경우에도 신고된 사항을 신고명부에 기재하여 공시하는 경우가 늘어나고 있는 점 등에서 신고와 본래의 등록은 접근해가고 있다.[18] 대규모점포의 개설등록을 이른바 '수리를 요하는 신고'로 본 판례[19]가 있는데, 대규모점포의 개설등록은 '변형된 등록'으로 보는 것이 타당한 것은 아닌지 검토를 요한다.

　행정집행실무가 법치주의의 원칙에 반하거나 법이론상 정합성이 없는 경우도 있다. 행정실무에서는 공익목적을 위한 것이라면 전혀 관련 없는 행정권한도 행사하는 것이 허용될 수 있다는 생각을 하는 경우가 있다. 과거 물가억제 등 국가의 경제정책에 따르지 않는 기업에 대해 세무조사를 함으로써 국가의 경제정책을 따르도록 하는 것이 행정실무상 가능하고 타당한 것으로 인식되었었다. 얼마 전 BBQ 등에 의한 치킨가격의 인상을 막기 위해 세무조사권이나 공정거래조사권을 활용해야 하는 것이 옳지 않은가라는 문제제기가 있었고, 농림수산식품부에서는 이러한 것을 찬성·제안하였다.[20] 그러나, 물가억제를 위해 세무조사권이나 공정거래조사권을 활용하는 것이 권한남용이 아닌지 검토가 필요하다. 최근 대법원이 권한남용금지의 원칙을 선언한 것은 의미가 있다. 대법원은 세무조사권한을 본연의 목적이 아닌 부정한 목적으로 행사하는 것을 권한남용으로 보았다.[21] 공익목적이라도 전혀 다른 공익목적을 위한 행정권한의 행사는 권한남용금지의 원칙에 위반된다고 보아야 한다. 통합행정, 협력행정을 위해 행정기관 상호간 협력할 필요

---

18) 전형적 등록과 수리를 요하는 신고를 다음과 같이 구별하는 견해도 있다. 1) 개념분화론상 수리를 요하는 신고는 수리를 요하지 않는 신고와의 구별에서 나온 개념인데 비하여, 등록은 오히려 허가와의 관련하여 허가와의 구분적 개념으로 등장한 개념이다. 그러므로 '수리를 요하는 신고'가 등록보다는 규제적 성격이 훨씬 약하다고 할 수 있을 것이다. 2) 수리를 요하는 신고는 실질적 요건에 대한 심사는 실질적으로 하는 것인데 반해 등록의 경우는 실질적 요건의 심사도 형식적·외형적으로 해야 한다. 3) 수리를 요하는 신고에서의 신고수리는 신고라는 한계를 지닌 개념이고 등록은 허가에 이르지 않는 정도의 규제적 개념이라는 본질상의 차이도 여전히 존재한다(이상천, 요건으로서의 신고·신청에 따른 효과로서의 수리·등록·허가의 개념적 구분 재론, 공법학 연구 제11권 제3호, 2010.8, 293쪽). 이 견해에 대해서는 실정법상 등록에는 다양한 성질의 것이 있다는 것을 간과한 견해라는 지적이 가능하다.
19) 대법원 2015.11.19. 선고 2015두295 전원합의체 판결.
20) 박대웅 기자, BBQ 치킨값 인상 제동! 정부 "가격 인상 요인 없다", http://www.mimint.co.kr/article/board_view.asp?bbstype=S1N12&bidx=1180645(2017.10.3. 검색).
21) 대법원 2016.12.15. 선고 2016두47659 판결.

는 있지만, 관련 없는 공익목적을 위해 행정권한을 행사하는 것은 행정권한법정주의상 문제가 있고, 권한남용금지의 원칙에 위반된다고 보아야 한다.[22]

　　인허가의제제도는 입법뿐만 아니라 입법된 법규정의 적용에 있어서도 많은 행정법적 문제를 갖고 있다. 인허가의제제도의 입법이유에 대한 정확한 기록은 없지만, 인허가의제는 절차간소화 및 행정민원의 신속한 처리라는 행정의 필요에 의해 탄생한 제도라는 것이 일반적 설명이다. 인허가의제제도는 1973년 「산업기지개발촉진법」[23]에서 본격적으로 도입[24]된 후 100 여개 법률에서 널리 채택되고 있다. 인허가의제제도는 행정의 필요에 의해 일단 도입된 후 학설 및 판례에 의해 검토의 대상이 되었다. 독일의 집중효이외에는 인허가의제에 비교할만한 외국의 제도는 거의 찾아보기 힘들다. 인허가의제제도를 독일의 집중효와 동일한 것으로 보는 견해가 많은데, 인허가의제제도가 독일의 집중효의 영향을 받은 것이라고 볼 수 있는 자료는 없다. 인허가의제제도는 민원창구일원화와 법률의제이론을 기초로 실무상 만들어진 제도라는 것이 입법실무자의 견해이다. 인허가의제제도가 독일의 집중효와 동일한 것인지에 대하여는 견해의 대립이 있는데, 최근의 유력한 견해는 인허가의제제도와 독일의 집중효를 상당히 다른 제도로 보고 있다.[25] 인허가의제는 의제기초가 행정계획에 국한되지 않는 반면에 독일의 집중효는 행정계획의 확정에만 인정되는 것이고, 인허가의제는 의제기초인 주된 인허가가 있으면 의제대상인 인허가가 의제되지만, 독일의 집중효는 행정계획이 확정되면 다른 인허가를 받지 않아도 되는 효과를 가져올뿐이고, 다른 인허가가 의제되는 것은 아니다. 그동안 인허가의제에 대한 연구가 적지 않았지만, 인허가의제의 성질규명 등 인허가의제에 대한 이론적 검토가 충분하게 행해지지 않은 상태이므로 인허가의제제도의 정당성에 대해 결론을 내리는 것은 적절하지 않지만, 행정의 신속성 보장 및 절차간소화라는 인허가의제제도의 의의를 인정하는 견해와 인허가의제제도를 개발독재의 산물로 보면서 인허가의제제도의 반법치적 성격 및 난개발 촉진 등 부작용을 근거로 인허가의제제도의 퇴출이 타당하다는 견해도 있을 수 있다. 향후의 연구결과 만약 인허가의제제도의 정당성이 인정되어 법치주의, 행정법질서, 행정법이론에 합치하는 제도로 정착된다면 인허가의제제도는 '수리를 요하는 신고'에 이어 세계 행정법에 내놓을 수 있는 세계 유일의 우리나라에 특유한 행정법제도가 될 것이다. 학설은 인허가의제와 집중효가 동일한 것인지 다른 것인지, 의제되는 인허가기관과의 협의가 동의인가, 의제되는 인허가절차를 전혀 거치지 않는 것이 적법절차의

---

22) 박균성, 권한남용금지의 원칙과 한계, 법조 통권 제723호 별책 최신판례분석, 2017.6, 645면.

23) 이 법은 1990년 12월 27일 「산업입지 및 개발에 관한 법률」로 대체·폐지되었다.

24) 정태용, 인·허가의제제도에 관한 고찰, 법제, 2002.2, 3면.

25) 박종준, 행정법상 법률의제에 관한 연구, 고려대학교 박사학위논문, 2014, 213면 참조.

원칙에 합치하는지, 부분인허가의제와 선승인후협의제가 동일한 것인가 법리상 정당한 것인가, 의제되는 인허가가 실재(實在)하는가 등에 관하여 견해가 나뉘고 있다. 제도상으로는 의제되는 인허가기관과의 협의가 동의인가 자문인가, 적법절차의 원칙과 관련하여 의제되는 인허가의 절차를 거쳐야 하는가, 의제되는 인허가를 규율하는 법률의 규정이 의제된 인허가에도 적용되는가, 인허가의제후의 사후관리를 어떻게 할 것인가 등에 관한 규정이 모호하거나 미비되어 있다. 판례는 의제되는 인허가기준에 부합하지 않는 경우 주된 인허가를 거부할 수 있다고 보고,[26] 통상의 건축신고는 자기완결적 신고이지만 인허가가 의제되는 건축신고는 수리를 요하는 신고로 보고 있다.[27] 그런데 의제되는 인허가기관과의 협의가 동의인가, 의제되는 인허가를 규율하는 법률의 규정이 의제된 인허가에도 적용되는가 등에 관하여는 모호한 입장을 보이고 있다.[28] 최근 의제되는 인허가의 무효사유를 근거로 주된 인허가를 무효로 할 수는 없다는 주목할만한 판례가 나왔다.[29] 이와 같이 인허가의제에 관하여는 해결되지 못한 많은 입법론 및 해석론상 법리적 문제가 있다. 그렇지만, 인허가의제도가 민원창구를 일원화하는 등 절차를 간소화하고, 인허가 관계기관간의 협의를 촉진하는 의미를 갖고, 부분적으로 민원처리 신속화에 기여하는 측면이 있는 것이므로 인허가의제제도를 폐지하기보다는 인허가의제를 법치주의, 행정법질서, 행정법이론에 합치하는 제도로 정착시키려는 연구와 입법이 필요하다.

Ⅳ. 공무원행정법의 체계

공무원을 위한 행정법에서 제기되는 행정법문제는 법조인을 위한 행정법에서 제기되는 그것과 다르므로 공무원을 위한 행정법의 체계와 내용은 법조인을 위한 행정법의 체계와 내용, 현재 통용되는 행정법의 체계와 내용과 어느 정도 다를 수밖에 없다. 법조인을 위한 행정법에는 무효와 취소의 구별, 하자의 치유 등 공무원을 위한 행정법에서는 그다지 필요하지 않은 부분도 있고, 합목적성의 문제, 유권해석 등 법조인을 위한 행정법에서는 논의될 필요가 없지만 공무원을 위한 행정법에서는 검토가 필요한 문제도 있다. 공무원이 담당하는 직무는 다양하기 때문에 어느 공무원을 대상으로 하는가에 따라 공무원행정법의 내용이 달라질 수도 있다. 이하에서는 법집행을 담당하는 공무원을 위한 행

---

26) 대법원 2002.10.11. 선고 2001두151 판결; 대법원 2016.8.24. 선고 2016두35762 판결.
27) 대법원 2011.1.20. 선고 2010두14954 전원합의체 판결.
28) 대법원 2002.10.11. 선고 2001두151 판결.
29) 대판 2017.9.12, 2017두45131: 주된 행정처분인 주택건설사업계획승인처분에 대한 항고소송에서, 선행 지구단위계획결정 및 주된 행정처분에 부수하여 인·허가 의제된 지구단위계획변경결정의 무효사유를 주된 행정처분의 위법사유로 주장할 수 없다고 한 사례.

정법의 체계와 주요 내용을 개괄적으로 서술해보고자 한다.

1. 행정법의 의의

민주법치국가하에서 법치행정의 원칙은 행정법의 기초이고, 행정권 행사에 의해 침해된 권익을 구제해주는 문제는 행정법의 중요한 문제이다. 그런데, 공무원행정법에서는 사후적인 행정구제의 문제는 중요한 관심사항은 아니고 국민의 권익에 대한 침해를 예방하는 것이 중요한 문제가 된다. 행정법규의 실효성을 확보하여 실효적인 법치주의를 달성하는 것도 주된 관심사항이 되어야 한다. 행정목적 달성을 가능하게 하는 행정법의 틀을 제공하는 것은 중요하다.

권위주의정부하에서의 행정법에서는 행정권의 남용을 방지하고, 침해된 국민의 권익을 구제해주는 것이 행정법의 주된 주제가 될 수밖에 없었다. 그러나, 민주법치국가에서의 공무원을 위한 행정법에서는 행정권 남용의 방지, 침해된 국민의 권익 구제뿐만 아니라 공익 실현을 보장하고 행정목적의 실효성을 보장하기 위한 행정수단에 관한 연구, 공익의 개념, 공익 상호간의 조정 등 행정의 주된 임무인 공익 실현을 보장하는 것도 행정법의 주된 주제가 되어야 할 것이다.

행정은 규범의 구속을 받을 뿐만 아니라 현실여건에 의해 제약된다. 행정의 실효성은 규범의 문제라기보다는 사실의 문제이다. 그러므로 공무원행정법에서는 행정현실을 사회과학적으로 연구하는 행정학의 연구성과를 행정법의 관점에서 수용하고 포용하여야 한다. 행정의 현실, 행정의 필요와 발전방향을 진단하고, 행정학에서 강조하는 행정의 효율성을 이익형량에서 형량요소의 하나인 공익으로 수용하여야 한다. 재량처분시 재량기준과 다른 결정을 할 근거가 되는 구체적 사정의 존재를 적정하게 확인하는 방법을 정립하여야 한다. 법집행을 제대로 하기 위한 실태조사 등 행정조사에 관한 행정학의 연구성과와 방법론을 수용하여야 한다. 행정의 실효성(효과) 내지 행정목적이 제대로 실현되는지를 측정하고 판단하는 성과평가의 기법을 수용하여야 한다. 결론적으로 말하면 행정학의 가치와 연구성과를 행정법학적으로 해석하여 수용하여야 한다.

2. 행정법의 법원(法源)

일반 행정법의 법원론은 공무원행정법에서도 기본적으로 타당하다. 다만, 지방공무원을 위한 행정법에서는 지방자치의 기본법인 지방자치법의 해석이 서술되어야 한다.

공무원 입장에서는 행정법의 법원 중 가장 구체적인 법령인 시행규칙 그리고 가장 구체적인 행정의 기준을 제시하는 행정규칙이 가장 중요하다. 공무원은 관계 법령을 잘 모르고 행정규칙 및 행정메뉴얼에 따라 행정을 행하는 경향이 있다. 행정규칙에 의한 행정에서 행정규칙은 행정 그 자체라고도 할 수 있다. 이것이 바람직한 것은 아니지만, 현실이다. 그러므로 시행규칙 및 행정규칙에 대해 보다 심층적이고 구체적인 연구가 필요하다. 그동안 법규명령의 성질을 갖는 규칙 즉 감사원 규칙, 대법원규칙, 국회규칙, 각종 독립행정위원회의 규칙 등에 대한 연구가 소홀하였다. 법규명령의 성질을 갖는 규칙에 있어서는 통상 대통령령이 존재하지 않고 법률로부터 직접 규칙으로 위임이 행해진다. 독립행정위원회는 준입법권을 갖는 기관으로서 독립적 규제를 행할 권한을 갖고 있는 점, 시행령 없이 규칙으로만 행정입법이 행해지고 있는 점 등을 고려하여 부령보다 폭넓은 행정입법권을 부여받을 수 있는 것으로 보아야 하는 것은 아닌지 검토를 요한다. 법규사항을 법규명령의 형식으로 규정하지 않고, 행정규칙의 형식으로 정하는 경우가 적지 않은데, 과연 이러한 것이 합헌인지, 바람직한 것인지 연구가 필요하다. 판례는 법령의 위임을 받아 법규사항을 정하는 행정규칙을 법규명령의 효력을 갖는 행정규칙으로 본다. 이 경우 원칙상 법령의 위임은 구체적 위임이어야 한다. 다만, 준입법권을 갖는 금융위원회와 같은 독립행정위원회에 대한 위임은 다소 포괄적인 위임도 가능하다는 견해도 있을 수 있다. 독립행정위원회에 대한 위임은 자치법규에 대한 위임과 같은 정도로 포괄적일 수는 없지만 각부장관에 대한 위임보다 다소 포괄적일 수도 있는 것은 아닌가, 그렇게 보아야 하는 것은 아닌가 검토를 요한다. 법령의 집행을 위한 절차와 같이 집행명령으로 정할 수 있는 사항은 상위 법령의 위임이 없어도 법규명령으로 정할 수 있으므로 집행명령사항의 위임은 포괄적인 위임도 가능하다고 볼 수도 있다. 판례 중에는 법령의 집행을 위한 절차와 같이 집행명령으로 정할 수 있는 사항을 행정규칙으로 정하였다고 하더라도 집행명령으로 보고 법적 구속력을 갖는 것으로 본 판례도 있다.[30] 그동안 집행명령은 법규사항을 정하지 않고 행정의 절차와 형식만을 정한다는 이유로 그에 관한 연구가 소홀하였다. 그런데, 무엇이 법규인가 모호하고, 절차규정은 국민의 권익과도 밀접한 관련이 있는 점 등에 비추어 집행명령에 대한 재검토가 필요하다. 그 연구결과에 따라 집행명령으로 정할 사항과 행정규칙으로 정할 사항을 명확히 해야 한다. 행정절차법 제20조는 "① 행정청은 필요한 처분기준을 해당 처분의 성질에 비추어 되도록 구체적으로 정하여 공표하여야 한다. 처분기준을 변경하는 경우에도 또한 같다. ② 제1항에 따른 처분기준을 공표하는 것이 해당 처분의 성질상 현저히 곤란하거나 공공의 안전 또는 복리를 현저히 해치는 것으로 인정될 만한 상당한 이유가 있는 경우에는 처분기준을 공표하지 아니할 수 있다. ③ 당사자등은 공표된 처분기준이 명확하지 아니한 경우 해당 행정청에 그

---

30) 대법원 1994.2.8. 선고 93누111 판결.

해석 또는 설명을 요청할 수 있다. 이 경우 해당 행정청은 특별한 사정이 없으면 그 요청에 따라야 한다."고 규정하고 있다. 그런데, 행정규칙이 공표되지 않고, 공무원의 서랍속에 존재하는 경우가 적지 않고, 그 내용이 명확하지 않고 모호한 경우도 적지 않다. 특별히 정한 경우를 제외하고는 공표를 행정규칙의 효력발생요건으로 하고, 행정규칙이 상위법령에 합치하면서도 구체적으로 명확하게 규정되어 있는지를 법제처가 상시 심사하도록 하여야 한다.31) 행정규칙이 연구보고서 형식으로 제정되는 등 모호한 형식으로 제정되지 않고, 조항식 또는 개조식으로 제정되도록 행정규칙의 형식 내지 모델을 정할 필요가 있다.

　　행정은 법령을 해석하여 집행하는 행위이다. 그러므로 법령의 해석은 매우 중요하다. 그 동안 행정법규의 해석론에 관한 연구가 소홀하였다. 행정법규의 해석은 일반 법령의 해석과 다른 것인가에 대한 의문을 제기하여야 한다. 행정법규의 해석방법론에 관한 심층적인 연구는 거의 없었고, 판례도 그러하다. 판례는 원칙상 행정법규에 특유한 해석방법을 인정하지 않고 다음과 같이 일반적인 법해석방법을 제시하고 있다. "법해석의 목표는 어디까지나 법적 안정성을 저해하지 않는 범위 내에서 구체적 타당성을 찾는 데 두어야 한다. 나아가 그러기 위해서는 가능한 한 법률에 사용된 문언의 통상적인 의미에 충실하게 해석하는 것을 원칙으로 하면서, 법률의 입법 취지와 목적, 그 제·개정 연혁, 법질서 전체와의 조화, 다른 법령과의 관계 등을 고려하는 체계적·논리적 해석방법을 추가적으로 동원함으로써, 위와 같은 법해석의 요청에 부응하는 타당한 해석을 하여야 한다."32) 다만, 다음과 같이 특별행정법규에 특유한 해석방법에 관한 단편적인 판례가 존재한다.33) 조세법률주의 원칙에 따르면 조세법률을 집행하는 경우에도 이를 엄격하게 해석·적용하여야 하며, 행정편의적인 확장해석이나 유추적용을 해서는 안 된다.34) 조세나 부담금에 관한 법률의 해석에 있어서는 원칙적으로 문언대로 해석·적용하여야 하고, 합리적 이유 없이 이를 확장해석하거나 유추해석하는 것은 허용되지 아니한다.35) 나아가 "침익적 행정처분의 근거가 되는 행정법규는 엄격하게 해석·적용하여야 하고, 행정처분의 상대방에게 불리한 방향으로 지나치게 확장해석하거나 유추해석하여서는 아니 되며, 그 행정법규의 입법 취지와 목적 등을 고려한 목적론적 해석이 허용되는 경우에도 그 문언의 통상적인 의미를 벗어나지 아니하여야 한다."고 판시하고 있다.36) 판례는 형벌법규,

---

31) 법제업무운영규정 제23조에 따르면 대통령훈령안 및 국무총리훈령안은 법제처의 심사를 받아야 한다.
32) 대법원 2013. 1. 17. 선고 2011다83431 전원합의체 판결.
33) 대법원 2014. 1. 29. 선고 2013도12939 판결.
34) 대법원 2017. 4. 20. 선고 2015두45700 전원합의체 판결.
35) 대법원 2016. 10. 27. 선고 2014두12017 판결.
36) 대법원 2016. 11. 24. 선고 2014두47686 판결.

과태료법규 및 제재법규 그리고 적용대상이 되는 행정법규는 엄격하게 해석하여야 하고, 불리하게 확장해석하거나 유추해석하는 것은 허용되지 않는다고 본다. 즉 "형벌법규의 해석은 엄격하여야 하고 명문규정의 의미를 피고인에게 불리한 방향으로 지나치게 확장해석하거나 유추 해석하는 것은 죄형법정주의의 원칙에 어긋나는 것으로서 허용되지 않으며, 이러한 법해석의 원리는 그 형벌법규의 적용대상이 행정법규가 규정한 사항을 내용으로 하고 있는 경우에 그 행정법규의 규정을 해석하는 데에도 마찬가지로 적용된다."[37) "과태료처분이나 감차처분 등은 규정 위반자에 대하여 처벌 또는 제재를 가하는 것이므로 같은 법이 정하고 있는 처분대상인 위반행위를 함부로 유추해석하거나 확대해석하여서는 아니 된다."[38)

행정법규에 특유한 해석방법이 있는 것인가, 법원이 하는 해석방법과 행정기관이 내리는 해석방법은 같아야 하는가, 달라야 하는가 등 행정법규의 해석방법에 관한 연구가 필요하고, 행정공무원이 쉽게 적용할 수 있는 해석방법을 제시할 필요가 있다. 행정법규의 해석에 있어 문언을 중시하여야 할지, 아니면 입법목적을 중시하여야 할지 견해가 대립될 수 있다. 미국의 경우 법령의 해석에 있어 스칼리아대법관(Justice Scalia)은 문언해석을 중시하는 문언해석론자(textualist)이고, 스티븐스대법관(Justice Stevens)은 목적론적 해석을 중시하는 목적론적 해석론자(intentionalist)로 알려져 있다.[39) 정책법령의 성격을 갖는 행정법령의 해석에서는 입법자의 의도(입법목적)를 강하게 고려하여야 하고, 이해관계를 조정하는 법령규정의 해석에 있어서는 법문문언에 충실하게 해석하는 것이 타당한 것은 아닌지 검토를 요한다. 현재 입법에 있어서 체계적 정합성 없이 법령 상호간 모순이 발생하는 경우가 적지 않고, 모호한 법률규정도 적지 않은 현실에서 문언에 충실한 해석을 하는 것이 과연 타당한 것인지에도 의문이 제기된다. 전술한 상위법령합치적 법령해석은 문언중시 해석과는 배치되는 것이라는 점도 지적해둔다. 형벌법규, 과태료법규 및 제재법규를 엄격히 해석하는 것은 타당할 수 있지만, 적용대상이 되는 행정법규도 엄격히 해석하는 것이 우리의 입법현실 및 규율대상의 다양성에 비추어 타당한 것인지 의문이 제기된다. 물론 체계적이고 논리적인 해석을 하여야 한다는 것에 대하여는 이견이 있을 수 없다.

법률은 헌법규범과 조화되도록 해석하여야 한다는 것은 판례[40) 및 학설의 일반적

---

37) 대법원 2007. 6. 29. 선고 2006도4582 판결.
38) 대법원 2007. 3. 30. 선고 2004두7665 판결.
39) Lisa Schultz Bressman/Edward L. Rubin/Kevin M.Stack, THE REGULATORY STATE, Wolters Kluwer, 2010, p. 175.
40) 대법원 2009. 2. 12. 선고 2004두10289 판결.

견해이다. 이러한 헌법합치적 법률해석은 재판의 기준이 될뿐만아니라 행정공무원의 법률해석의 기준도 되어야 한다. 이에 반하여 대법원 판례가 제시하는 상위법령합치적 법령해석은 실질적 법치주의의 원칙상 법원에서의 위헌위법판단의 기준이 되는 것도 타당하지 않을 뿐만 아니라 행정공무원에 의한 해석의 기준이 되는 것도 타당하지 않다.[41]

　　유권해석에 관한 제도가 연구되고 정비되어야 한다. 현재 법령 소관 부처의 유권해석[42]의 실상은 매우 실망스럽다. 제대로 유권해석을 할 수 있는 전문성을 갖추지 못한 공무원이 많고, 유권해석에 따른 구속 및 책임을 피하기 위해 모호한 유권해석을 내리고 있는 것이 유권해석의 현주소이다. 이러한 문제 때문에 2005년 7월 1일 민원인이 법제처에 법령해석 의뢰를 요청하고, 직접 법령해석을 요청할 수 있는 제도를 도입하였다.[43] 이전부터 법제처의 유권해석제도가 있었지만 거의 활용되지 않았고, 국민이 직접 법제처에 유권해석을 요청할 수 있도록 하는 제도의 도입과 함께 법제처에 법령해석국이 생겼고, 법제처의 유권해석이 활성화되었다. 법제처의 유권해석은 모호한 법령을 해석을 통하여 명확히 하는 중요한 기능을 수행하고 있지만, 법제처의 법령해석이 상호 모순되는 경우가 있는 등 개선할 점도 존재한다. 향후 일반 공무원의 법령 해석능력을 높여야 할 뿐만 아니라 유권해석 담당자가 고도의 법령해석 전문성을 가질 수 있도록 하여야 한다. 행정법령해석방법론에 관한 연구를 통하여 행정법령해석방법을 정립하고, 이를 법집행공무원에게도 교육하여야 할 것이다.

---

41) 박균성, 전게논문(사법의 기능과 행정재판), 40면.
42) 업무 소관 중앙행정기관의 장과 법령 소관 중앙행정기관의 장 중 누가 정부의 주된 유권해석기관인지 모호하다. 법제업무 운영규정 제26조 등에 따르면 법령 소관 중앙행정기관의 장을 정부의 주된 유권해석기관으로 규정하고 있는 것으로 보이는데, 업무 소관 중앙행정기관의 장을 정부의 주된 유권해석기관으로 하는 것이 타당한 것은 아닌지 검토를 요한다.
43) 민원인은 법령 소관 중앙행정기관의 장의 법령해석이 법령에 위반된다고 판단되는 경우에는 총리령으로 정하는 바에 따라 해당 법령 소관 중앙행정기관의 장에게 법령해석기관에 법령해석을 요청하도록 의뢰할 수 있다. 다만, 법무부장관이 민사·상사·형사, 행정소송, 국가배상 관계 법령 및 법무부 소관 법령에 대하여 법령해석을 한 경우는 제외한다(법제업무 운영규정 제26조 제7항). 법령 소관 중앙행정기관의 장은 제7항에 따라 민원인으로부터 법령해석의 요청을 의뢰받으면 단서 각호에 해당하는 경우를 제외하고 민원인에게 회신한 내용(민원인의 법령 질의사항을 포함한다)에 추가할 의견이 있는 경우 그 의견을 첨부하여 지체 없이 법령해석기관에 법령해석을 요청하여야 한다(동조 제8항). 제7항에 따라 법령해석 요청을 의뢰한 민원인은 법령 소관 중앙행정기관의 장이 1개월 이내에 법령해석기관에 법령해석을 요청하지 않거나, 제8항 각 호에 해당하지 않음에도 불구하고 법령해석을 요청하지 않을 것을 통지한 경우에는 직접 법령해석기관에 법령해석을 요청할 수 있다. 이 경우 법령해석기관은 법령해석 요청을 받은 때에 그 사실을 법령 소관 중앙행정기관의 장에게 통보하여야 한다(동조 제9항).

3. 행정조직법

행정조직법은 행정법 체계상 행정법총론의 성격을 갖는데,[44] 행정법교과서에서 행정법총론에 해당하는 행정법총칙, 행정작용법, 행정구제법이 차지하는 면수가 과도하다는 이유로 행정조직법을 편의상 행정법각론에 편재하고 있다. 공무원행정법에서는 행정구제법이 삭제되거나 축소되는 것이 타당하므로 행정법총론의 부담이 크지 않고, 행정법체계를 바로 세울 필요도 있으므로 행정조직법을 공무원행정법총론에 포함시켜야 한다.

공무원을 위한 행정조직법에서는 기존 행정법교과서상의 행정조직법에 비하여 결재과정 및 전결규정, 직무대리규정, 행정기관 상호간의 관계 등에 대한 보다 자세한 서술이 필요하다.

4. 행정작용법

현재 행정작용법에서는 다양한 행위형식을 서술하고 있다. 그러나 집행공무원을 위한 행정법에서는 행정작용을 일방적 행정결정, 공법상 계약, 행정지도 등으로 줄이는 것이 행정작용법의 간결화에 기여한다. 그리고 행정작용법을 행정(행정공무원)의 의사결정과정에 중점을 두어 서술하는 것이 공무원의 집행행위에 더 유용할 수도 있다. 참고로 미국의 경우 행정법의 행위형식은 행정입법제정(rule making)과 재결(adjudication)을 중심으로 서술되고 있다. 프랑스의 경우에는 집행결정(décision exécutoire)과 행정계약(contrat administratif)을 중심으로 서술되고 있다.

행정결정에서 가장 중요한 것은 행정결정요건의 판단이다. 기속행위의 경우 요건을 충족하면 법정의 효과를 부여하는 결정을 하여야 하고, 요건을 충족하지 못하면 법정의 효과를 부여하는 결정을 하지 말아야 한다. 재량행위의 경우에도 요건이 충족되지 못하면 법정의 효과를 부여하는 결정을 할 수 없지만, 요건을 충족하는 경우에는 재량판단을 하여 법정의 효과를 부여하는 결정을 하거나 조건부 결정을 하거나 효과를 부여하지 않는 결정을 할 수 있다. 그러므로 사실의 인정, 법령의 해석, 사안의 법령에의 포섭이라는 삼단논법적 법령적용에 관한 보다 구체적인 서술이 필요하다. 사실확인 방법인 실험, 측정, 전문가 감정, 증인의 증언 등에 관한 행정법적 연구가 필요하다. 그리고 재량행위와 기속행위의 구별기준을 구체적으로 제시하고, 재량권의 존부와 범위를 정하고, 재량권을 적정하게 행사하는 방식을 제시하여야 한다. 재량한계론 대신 적정한 재량권 행사방식론을 연구하여야 한다. 현재 재량권이 획일적인 재량준칙을 통하여 획일적으로 행사되고 있고, 구체적 사정을 고려하여야 하는 경우에도 구체적 사정을 고려하지 않는 경향이 있

---

44) 행정법은 행정의 조직과 작용과 구제에 관한 법이다.

다. 공무원의 전문성과 윤리성이 갖추어진다면 공무원에게 구체적인 사정을 적극적으로 고려하여 재량준칙과 다른 구체적 타당성 있는 행정결정을 적극적으로 하도록 하는 것 달리 말하면 재량준칙의 탄력성을 높이는 것이 바람직하지만, 현재 공무원의 전문성과 윤리성이 크게 부족한 것이 현실이므로 재량권 행사의 기준을 구체적으로 정하되 재량권 행사의 기준과 다른 결정을 할 필요가 있는 경우에는 그 사유를 제시하고 그것을 기재해 두도록 하는 것이 타당할 것이다. 이렇게 하면 재량권을 적극적으로 행사하지 않을 수 있으므로 재량권을 적극적으로 행사하여 구체적 타당성 있는 행정결정을 내린 성과를 인사고과에 반영하고, 포상하는 제도를 병행하여야 할 것이다. 재량권 행사시 중요한 것은 관련 이익을 적정하게 형량하는 것이다. 형량명령 등과 같이 행정유형별로 적정한 이익 형량의 방식을 개발하여야 한다. 국토교통부령인 「국제항공운수권 및 영공통과 이용권 배분 등에 관한 규칙」 제5조 제2항은 국토교통부장관은 '제4조에 따른 운수권 배분대상 항공사 수보다 배분을 신청한 항공사의 수가 많은 경우에는 별표의 평가지표에 따른 평가결과(이하 "평가결과"라 한다)에서 높은 점수를 획득한 항공사 순서로 배분대상 항공사를 선정한다. 평가결과가 동점인 경우에는 별표의 평가지표 중 정량평가 항목에서 획득한 점수의 합이 높은 순서로 항공사를 선정한다.'라고 평가점수에 따라 운수권을 배분하는 것으로 규정하고 있다. 이러한 재량권 행사방식은 외형상 공정성을 기할 수 있지만, 재량행위인 운수권 배분을 기속행위화하는 것이고, 평가기준의 공정성과 평가과정의 공정성이 보장되어야 실질적 공정성이 달성될 수 있을 것이다.

　　행정결정과정 달리 말하면 행정결정의 준비과정에 관한 서술이 필요하다. 행정결정에 필요한 자료를 수집하는 행정조사, 행정결정 전에 거쳐야 하는 행정절차 등에 관한 서술이 필요하다. 민원처리에 관한 법률은 행정절차 등에 통합하는 것이 바람직하다. 인허가의제시의 서류의 제출, 주된 인허가기관과 의제되는 인허가기관과의 협의절차, 주된 인허가 행정절차 등에 관한 연구도 필요하다. 대 국민 행정절차뿐만 아니라 행정기관간의 협의 등 절차에 관한 연구도 필요하다. 자문, 심의, 의결, 동의를 명확하게 구별하여 자리매김할 필요가 있는데, 특히 심의의결의 법적 성격을 명확히 해야 한다.

　　행정결정시 부관을 붙이는 경우가 있는데, 부관이 남용되지 않고 적정한 부관이 붙여지도록 하는 방안에 관한 연구가 행해져야 할 것이다. 최근 계약의 방식으로 부관의 내용을 정하고 이를 부관으로 붙이는 방식이 활용되고 있는데, 시사하는 바가 크다. 부관이 추상적으로 모호하게 붙여지는 경우가 적지 않은데 이를 지양하여야 할 것이다.

　　행정결정의 통지방식에 대한 서술이 필요하다. 서훈 취소와 같이 통지가 필요하지 않은 행위의 경우 효력발생을 서술하여야 한다. 현재 통지는 처분의 상대방에 대하여만

하는 것을 원칙으로 하고 있는데, 제3이해관계인에게도 처분결과를 알리는 방안을 강구하여야 한다.

행정결정후의 결정의 집행, 행정의 실효성 확보에 관한 서술이 필요하고, 행정결정의 취소 또는 변경에 관한 서술도 필요하다. 행정의 현실을 보면 처분 후 처분이 변경되는 경우가 적지 않다. 최근 처분변경에 관한 판례가 증가하고 있는데, 처분의 취소 또는 철회뿐만 아니라 변경에 관한 연구가 더 행해져야 할 것이다. 인허가의 변경의 경우에도 인허가의제를 적용할지 여부를 검토하여야 한다.

5. 행정계약

과거 공행정에서 계약의 방식은 공무원채용계약, 민간투자계약을 제외하고는 거의 사용되지 않았다. 아직도 선진외국에 비해 공법상 계약방식이 극히 제한적으로만 사용되고 있지만, 최근 그 사용이 늘고 있다. 산업단지 입주계약, 중소기업 정보화지원사업을 위한 협약, 민간위탁계약, 국가연구비지급계약, 여객자동차감차합의, 부관의 내용을 계약의 방식에 의해 결정하는 예 등이 그 예이다.

판례는 "국가를 당사자로 하는 계약에 관한 법률(이하 '국가계약법'이라 한다)에 따라 국가가 당사자가 되는 이른바 공공계약은 사경제 주체로서 상대방과 대등한 위치에서 체결하는 사법상 계약으로서 본질적인 내용은 사인 간의 계약과 다를 바가 없으므로, 그에 관한 법령에 특별한 정함이 있는 경우를 제외하고는 사적 자치와 계약자유의 원칙 등 사법의 원리가 그대로 적용된다."고 판시하고 있는데,[45] 국가계약법에는 공법상 계약을 배제하거나 사법상 계약만을 규율한다는 명시적인 규정이 없으므로 국가계약법은 사법상 계약뿐만 아니라 공법상 계약도 규율하는 것으로 보는 것이 타당하다. 판례에 따르면 조달계약은 사법상 계약이지만, 행정기관의 중요한 사무에 속하며 「국가를 당사자로 하는 계약에 관한 법률」에 의해 특별히 규율되고 있으므로 공무원행정법에서는 연구의 대상이 되어야 할 것이다. 국가계약법도 그 법적 성격을 떠나 공무원행정법의 연구대상이 되어야 한다. 그리고 공법상 계약과 사법상 계약은 공법상 계약에 대한 극히 제한적인 일부 특수한 규율을 제외하고는 계약의 법리에 따라 유사하게 규율되고 있으므로 공법상 계약에 한정하지 않고 행정이 체결하는 사법상 계약을 포함하여 넓은 의미의 행정계약 전반을 서술할 필요도 있다.

선진국에 비해 공법상 계약이 활성화되어 있지 못하다. 그 이유는 여러 가지이지만, 주된 이유는 행정부패와 행정에 대한 국민의 불신에 있다. 청탁금지법의 제정 등 반부패

---

45) 대법원 2012. 9. 20. 자 2012마1097 결정.

정책으로 공직사회가 청렴해지고 이에 비례하여 행정에 대한 국민의 신뢰가 높아진다면 행정계약은 비약적인 발전을 가져올 수도 있을 것이다.

6. 행정지도

행정지도는 일본이나 우리나라에 특유한 행정수단이다. 오늘날 선진외국에서도 권고라는 수단을 사용하지만, 행정지도는 사실상 강제력을 갖기도 하고 널리 사용되고 있는 점에서 선진외국에서의 단순한 권고와는 다른 성질의 행위형식이다. 과거 행정지도는 사실상 강한 강제력을 거졌었는데, 오늘날 규제적·구속적 성격을 상당히 강하게 갖는 것이면 행정지도의 한계를 넘는 것으로 보고,[46] 상대방에게 부당하게 강요하는 것이면 행정지도의 한계를 일탈한 위법이 있다고 본다.[47] 오늘날 행정지도는 사실상으로도 상대방의 협력을 구하는 것이어야 하고, 상대방에게 강요하는 행정지도는 행정지도의 한계를 넘어 위법한 것으로 보아야 한다. 과거 권고뿐만 아니라 정보의 제공도 행정지도로 보았는데, 국가정보화에 따라 정보가 중요한 의미를 갖는 오늘날 정보의 제공은 행정지도에서 제외하여 행정정보법상의 문제로 다루는 것이 타당하다.

행정지도는 법적 근거 없이도 가능하다는 것이 판례의 입장이고 학설의 일반적 견해이다. 따라서 행정지도는 전통적으로 행정권 행사의 입법적 근거가 불비한 경우 행정의 공백을 메울 수 있는 행정수단으로 사용되었다. 오늘날 행정지도를 입법의 불비를 보완하는 기능과 함께 적극적 행정을 위한 행정수단의 성격을 갖는 것으로 자리매김하여야 할 것이다. 공무원은 규제권을 인정하는 법이 없어서 안전 등 공익보호를 위해 행정권을 발동할 수 없었다는 핑계를 대는 경우가 많다. 행정권 행사의 근거가 되는 법령규정이 없더라도 행정공무원은 행정지도의 수단을 통해 안전 등 공익을 보호할 의무를 진다는 것을 분명히 하여야 한다. 판례는 명문의 규정이 없는 경우에도 손해방지의무를 인정하고 있는데, 행정지도권을 발동하면 손해를 방지할 수 있음에도 행정지도권을 발동하지 않아 손해가 발생하였다면 부작위로 인한 국가배상책임을 인정하여야 하여야 할 것이다. 그리고 법령불비의 경우에 국민의 중대한 기본권이 위협을 받고 있음에도 행정지도권을 발동하지 않은 것에 대해서는 해당 공무원에 대해 책임을 물어야 한다.

7. 행정정보의 관리

기존의 교과서는 행정정보에 관하여는 정보공개와 개인정보보호를 중심으로 논하고

---

46) 헌재 2003.6.26, 2002헌마337, 2003헌마7·8(병합).
47) 대법원 2008.9.25. 선고 2006다18228 판결.

있다. 그러나, 정보화로 인하여 정보의 중요성이 커짐에 따라 행정정보의 관리라는 측면에서 행정정보에 관한 행정법적 문제를 포괄적으로 고찰할 필요가 있다. 정보공개와 개인정보보호이외에도 비밀정보의 분류 및 관리, 정보의 수집, 행정정보의 이용 및 제공을 행정정보법에 포함시킬 필요가 있다. 관련 법령으로 「공공기관의 정보공개에 관한 법률」, 「개인정보보호법」뿐만 아니라 「행정조사기본법」, 「보안업무규정」, 「공공데이터의 제공 및 이용 활성화에 관한 법률」, 「공공기록물 관리에 관한 법률」 등을 서술할 필요가 있다.

8. 공무원의 의무, 윤리와 책임

헌법에 따르면 공무원은 국민전체에 대한 봉사자라는 엄중한 지위를 갖는다. 그런데, 행정현실을 보면 공무원의 그러한 지위를 국민이 신뢰할 수 있는 수준으로 실현하고 있다고 보기 어렵다. 보신행정, 소극행정이 현행 행정의 문제점으로 지적되고 있다. 공무원이 소신행정, 적극행정으로 나아갈 수 있도록 제도와 환경을 바꾸어야 한다는 주장이 많다.

행정은 실제로 공무원에 의해 행해지는 것이므로 행정의 수준을 높이기 위해 공무원의 수준을 높이는 것은 필수적인 것이다. 공무원의 수준 중 중요한 것이 공무원의 전문성과 윤리성이다. 그러므로 공무원이 행정을 행함에 있어 가져야 할 윤리에 관한 법제도를 공무원행정법에 서술하는 것은 당연한 것이다. 공무원윤리법은 별도의 연구대상인데, 공무원행정법에서는 공무원윤리 중 공무원의 공정하고 적정한 직무수행에 필요한 윤리를 중심으로 서술해야 할 것이다. 우선 국민전체에 대한 봉사자의 의미, 공무원법상 공무원의 의무, 청탁금지법상의 청탁배제의무, 공무원행동강령 중 공정하고 적정한 직무수행에 필요한 강령을 해설하여야 한다. 선진영미국가에서는 공무원의 책임으로 설명책임(accountability)를 서술하고 있다. 이에 관한 연구와 서술도 필요하다.

9. 행정구제법의 개편

공무원행정법은 행정결정의 준비부터 행정결정 및 통지까지의 법적 문제를 주된 연구대상으로 하므로 행정구제법은 공무원행정법의 주된 연구대상은 아니다. 다만, 처분시에는 불복가능성을 고려하여야 하므로 그 한도내에서 행정구제법에 대한 개괄적인 서술은 필요할 수 있다. 이러한 관점에서 행정구제법이 의미를 가지므로 분쟁해결기준으로서의 행정구제법은 공무원행정법에서는 2차적인 것이다.

그런데, 행정불복 절차 중 이의신청은 공무원행정법의 주된 연구대상에 포함시켜야 한다. 이의신청은 행정조직 내부의 불복절차이고, 이의신청에 따른 취소 및 변경은 직권

취소 및 직권변경의 성질을 갖는다. 행정심판과 행정소송의 기속력 및 그에 따른 행정청의 후속조치도 적법타당한 행정을 위해 필요하므로 행정공무원행정법의 내용에 포함되어야 할 것이다.

V. 맺음말

　　행정결정의 준비, 행정결정과정, 대외적인 표시를 연구대상으로 하는 공무원행정법은 행위규범으로서의 행정법이므로 기존의 재판규범 위주의 행정법과는 체계, 관심주제와 연구방법 등 상당히 다른 점이 있다. 그러므로 공무원행정법의 연구는 행정법 연구에 새로운 연구주제를 제공하고, 새로운 연구방법론을 요구함으로써 행정법을 발전시킬 신성장동력이 될 수 있을 것이다. 행정법은 재판규범일뿐만 아니라 행위규범이어야 하므로 재판규범으로서의 행정법에 경도된 기존의 행정법을 행위규범도 포함하는 균형잡힌 행정법으로 재탄생하는 데에도 기여할 것이다. 이와 아울러 공무원행정법은 공무원에게 정향된 행정법교육교재가 되어 공무원에 대한 행정법교육의 효율성과 실효성을 높일 것이다.

　　이 글은 공무원행정법이라는 관점을 제시하며 공무원행정법의 존재이유와 존재방식을 모색하는 시론에 그친다. 향후 공무원행정법의 연구가 과연 타당한 것인지를 포함하여 공무원행정법에 대한 보다 심층적인 연구가 행정법학계에서 행해지기를 기대한다.

[참고문헌]

김중권, 행정법 기본연구 IV, 법문사, 2013.

류지태, 행정법신론, 신영사, 1995.

류지태, 행정법신론 제2판, 신영사, 1996.

박균성, 행정법론(상) 제16판, 박영사, 2017.

박정훈, 행정법의 체계와 방법론, 박영사 2005.4.30.

박종준, 행정법상 법률의제에 관한 연구, 고려대학교 박사학위논문, 2014.

윤기중, 행정규제완화수단으로서의 신고에 관한 연구, 경희대 박사학위논문, 2014.8.

Lisa Schultz Bressman/Edward L. Rubin/Kevin M.Stack, THE REGULATORY STATE, Wolters
        Kluwer, 2010.

류지태, 行政法 方法論 小考, 고려법학 제38집, 2002.4.

박균성, 사법의 기능과 행정판례, 행정판례연구 XXII−1, 2017.6.

박균성, 노동조합설립신고의 신고요건 및 신고요건의 심사방식, 행정판례연구 XX−1, 2015.6.

박균성, 권한남용금지의 원칙과 한계, 법조 통권 제723호 별책 최신판례분석, 2017.6.

이상천, 요건으로서의 신고·신청에 따른 효과로서의 수리·등록·허가의 개념적 구분 재론, 공
        법학 연구 제11권 제3호, 2010.8.

정태용, 인·허가의제제도에 관한 고찰, 법제, 2002.2.

일반경찰법학의 주요논제들에 관한 소고

이 기 춘*

I. 서론

　　고 류지태교수님은 우리나라를 대표하는 행정법학자이셨고, 필자에게는 큰 학은을 베풀어주신 분이셨다. 필자가 대학원 박사과정생 시절 독일의 전통적인 행정행위론과 행정상 법률관계론 등에 관한 문헌들을 직접 번역하고 깊이 있게 공부하도록 이끌어주셔서 지금까지 독일 행정법의 일반이론을 전문적으로 연구할 수 있게 해주셨다. 류지태교수님과 함께 교수님을 기리는 이 논문집에 조그만 글을 실을 수 있게 해주신 분들께도 감사의 말씀을 전하고 싶다.

　　필자는 김남진교수님과 류지태교수님, 김연태교수님의 학은을 입어 2002년부터 학술지에 논문을 발표해왔다. 필자는 2002년 12월 환경법연구에 발표한 「환경법상 원인자 책임원칙에 관한 고찰」[1]을 시작으로, 2003년 초 경찰책임론에 관한 주제로 박사학위를 취득하고 나서,[2] 독일 일반경찰질서행정법과 우리나라 경찰질서행정법, 환경법 분야의 연구를 해왔고, 이제는 일반행정법, 문화법, 대학법 등에도 영역을 넓혀가는 학자로 성장해왔다.

　　류지태교수님을 추모하는 이 논문집에는 한 명의 제자이자 학술자로서 약 16년 동안 발표해 온 일반경찰질서법학 관련 논문들을 간략하게 리뷰하고 그 주된 논점들에 관련된 국내와 독일 경찰법학계의 발전을 반영하는 글을 담고자 하였다. 그러나 워낙 게으르고 아직 학문이 부족하여 본래 계획에서 일반경찰법학 일부 주요 논제만 선정하여 논술하게 되었다. 첫 번째는 실질적 의미의 경찰개념과 경찰소극원칙에 관한 것(II.)이고, 두 번째는 공공의 질서 개념에 관한 논쟁의 종식을 목적으로 한 글이고(III.), 세 번째는 위험에 관한 우리 경찰법학의 발전상을 보일 것이고(IV.), 그리고 나서 네 번째로 나머지

---

* 부산대학교 법학전문대학원 교수, 법학박사

1) 졸고. (2002). 환경법상 원인자 책임 원칙에 대한 소고, 환경법연구 24(2), 325~363.

2) 졸고. (2003). 위험방지를 위한 협력의무로서 경찰책임의 귀속에 관한 연구, 고려대학교대학원 박사학위논문.

일반경찰법학 논점들에 관하여, 학문동료와 후학들이 일반경찰법학의 현 주소를 파악하는데 도움이 되도록 주 참고문헌을 목록화하면서 짧은 견해들을 보일 것이다.

Ⅱ. 실질적 의미의 경찰개념과 경찰소극의 원칙의 역사와 그 동요

실질적 의미의 경찰이란 공공의 안녕과 질서를 방지하고 이미 발생한 장해를 제거하는 강제력과 결합된 공행정의 기능을 의미한다. 즉 행정조직의 일부를 말하는 것이 아니라 공행정의 위험방지직무와 권능을 뜻한다.[3] 이 실질적 경찰개념은 여전히 유효하고, 그 기초가 된 법치국가적 보증인기능의 관념을 그대로 이어받고 있다. 범죄예방과 위험방지를 수행하는 경찰과 질서행정기관을 법치국가적으로 울타리치기(rechtsstaatliche Einhegung) 위하여 불가결한 것은 헌법의 기본권들과 법치국가적 제 원칙들이다.[4]

독일에서 현대적 경찰개념의 효시가 된 프로이센고등행정재판소의 1882년 크로이츠베르크판결(Kreuzberg-Urteil)[5]이 바로 그 뜻을 내포한 것이며,[6] 구체적 위험을 방지하고 장해를 제거하는 기능으로 족하고 복리배려(Wohlfahrtspflege)는 실질적 의미의 경찰개념에서 배제된다는 경찰소극원칙을 경찰권 발동의 한계 중 가장 특유한 원칙으로 만드는 계기가 되었다. 이 사상은 사실상 1794년 프로이센 일반란트법(ALR) 제10조 제2항 17호에서 비롯된 것이며, 그 후 1931년 6월 1일자 프로이센경찰행정법(PrPVG) 제14조 제1항에서 확정되었다.[7]

독일에서 1933년부터 1945년까지 이 법치국가적 경찰법의 발전은 중단되었다. 나치 정권은 자신의 권력도구로 만들기 위해 경찰공권력을 법으로부터 해방시켰고, 정치경찰(일명 '비밀국가경찰[Gestapo]')을 전체주의 압제의 도구로 만들었다. "국민공동체(Volksgemeinschaft)의 질서확보"가 '신 경찰개념'이었고 정권의 정치적 질서유지와 강제력발동 시 경찰은 법치국가적 구속 특히 행정의 법률적합성원칙으로부터 자유롭다는 경찰법의 관념이 드러난 시기였다. 게슈타포의 조치는 전혀 권리구제의 대상이 되지 못했다. 정치경찰은 아무

---

3) Götz, Vollkmar, Allgemeines Polizei- und Ordnungsrecht, Aufl. 14, Abs. 1, §3, Rn. 14, S. 10.
4) Götz, a.a.O., Rn. 19, S. 11.
5) PrOVGE 9, 353ff. 이에 대한 국내논문으로 서정범. (2007). 경찰개념의 역사적 발전에 관한 고찰. 중앙법학, 9(3), 129-146, 특히 137쪽 이하.
6) 크로이츠베르크 판결의 의미에 대해서는 Rott, Joachim, 100 Jahre "Kreuzberg-Urteil" des PrOVG, NVwZ 1982, S. 363.
7) 실질적 의미의 경찰개념의 역사에 대해서는 졸고, 앞의 논문(위 박사학위논문), 36-38쪽. 동 조항은 경찰의 직무를 규정하면서, "경찰행정관청은 현행법의 범위 안에서 의무적합적 재량에 의하여 공공의 안전 및 질서를 위협하는 위험을 일반공중이나 개인에게서 방지되도록 필요한 조치를 취하여야 한다"라고 하였다.

런 통제나 한계 없는 자유와 생명의 무소불위적 주인이었다. 이 시기의 독일은 과거 경찰국가로의 회귀 그 이상이었고, 오히려 게슈타포국가 및 SS-국가 형태의 신 전체주의적 경찰국가였다.8)

물론 이러한 전체주의적 경찰국가는 2차 세계대전 종식으로 종말을 맞이하였고, 승전국들은 독일의 위 역사에 따라 탈경찰화(Entpolizeilichung)를 실현시켜서, 과거부터 행정경찰로 불리웠던 사무들 외에도 정치경찰, 안전경찰임무로 경찰에 포함시켰던 언론경찰, 집회경찰, 결사경찰, 통신경찰, 출입국경찰, 외국인관리경찰의 임무를 모두 탈경찰화시켰다.9) 이에 위험방지의 포괄적 직무수행은 조직법적 의미의 경찰과 각 질서행정기관들로 나뉘어 이루어지기 시작했고, 원칙적으로 경찰의 개입은 질서행정기관 즉 협의의 행정경찰기관들이 위험방지임무 즉 행정경찰활동의 수행이 곤란하거나 적시에 이루어지기 힘들 경우 '보충적으로' 행해지는 것으로 자리매김 되었다. 이러한 행정경찰활동을 수행하는 경찰과 질서행정기관들은 상술한대로 실질적 의미의 경찰개념의 법치국가적 보증인 기능을 하여야 하며, 그 기능은 헌법의 기본권과 각 법치국가적 원칙들의 실현을 통해 현실화되어야 한다.

독일이든 우리든 경찰법전문가들은 위 내용을 잘 파악하고 있다.10) 그런데 아래에서 살펴 볼 현대 독일/한국 경찰법학을 통해 확인되는 위험의 전단계론(Gefahr im Vorfeld), 범죄리스크의 사전예방활동론, 무차별적 온라인수색의 정당화론, 공공의 질서의 계속된 옹호론, 법치국가적으로 정제되지 않은 무관용경찰활동의 도입론 등이 각광을 받는 현재 우리나라에서, 다시 경찰권력이 집중되고 이 집중된 권력이 무제한적 정보수집력을 갖고 국민 개개인의 인권을 장악할 수 있다는 우려를 함께 할 수 있는 문헌들을 찾는 것은 현재 쉽지 않다. 이러한 경찰력 확장 논의를 헌법이론에 따라 제한하는 이론보다는 오히려 이를 옹호하고 효율적 기본권제약으로 정당화하려는 경찰법이론쪽이 훨씬 지배적이다. 현대적으로 경찰개념은 사회적 법치국가에서의 경찰개념으로 이해되어야 하는 것으로 정당화되어야 하고, 이에 따라 실질적 의미의 경찰개념과 경찰소극원칙도 이해되어야 하는 것으로 보는 것이 우리나라 경찰법학의 지배적 입장으로 보인다.11) 필자도 사회적 법

8) 이는 괴츠(Götz)의 진단이다. Ders., a.a.O., Rn. 12, S. 9-10 참고.
9) Götz, a.a.O., Rn. 13, S. 10, Rn. 19, S. 11. 이 중에서 우리나라에서 집회와 시위는 여전히 조직적 의미의 경찰과 경찰법의 영역 안에 있다.
10) 실질적 의미의 경찰개념에 대해서는 대표적으로, 김성태. (2007). 한국경찰법의 개관-경찰개념과 조직 그리고 경찰법률의 구조, 동북아법리뷰1(1), 53-70, 특히 56-57면; 서정범. (2007). 경찰개념의 역사적 발전에 관한 고찰. 중앙법학, 9(3), 129-146; 최영규. (2009). 警察의 개념과 警察法의 범위. 행정법연구, (25), 351-370 등에서 확인된다.
11) 대표적으로 서정범. (2007). 경찰개념의 역사적 발전에 관한 고찰. 중앙법학, 9(3), 129-146, 특히 139-141쪽 참고. 여기서 특히 "오늘날의 사회적 법치국가에 있어서의 경찰은 "사회공공의 안녕 혹

치국가적 의미에서 경찰활동은 새롭게 이해되어야 하는 것으로 근거지운 바 있다.[12] 물론 효과적인 공공의 안녕 혹은 질서에 대한 위험방지는 동시에 헌법상 기본권의 실현보장의 의미를 갖는다[13]는 것에는 동의하지만, 실질적 의미의 경찰개념과 경찰소극원칙의 본래적 의미가 동요되고 있는 것은 분명하다.

Ⅲ. 경찰보호이익론 특히 공공의 질서 개념의 현대적 재정립[14]

일반적 경찰직무에서 경찰보호이익에는 공공의 안녕과 공공의 질서 개념이 포함되어 있다. 전자인 공공의 안녕은 일반적으로 "법질서, 개인의 주관적 공권과 법익 및 국가의 존립과 각가기관 및 행사들의 기능원활함의 불가침성"[15]을 보호대상으로 하는 개념이다. 이에 대해서는 우리 법제에서는 '공공의 안녕'이라고 부르지만, '공공의 안전'이 표현상 타당하다는 사소한 이의와 관련되는 특수문제에 관한 관점을 제외하면, 그 개념의 학문적 이해 자체에서는 큰 의문이 제기되지 않는다.[16]

전통적 '공공의 질서(die öffentliche Ordnung)' 개념은 과거부터 "그 준수가 그때그때 지배적 사회윤리적 가치관에 따를 때 경찰관할구역 내 거주주민의 원활한 공동생활을 위해 불가결한 전제조건으로 간주될 규범의 총체"로 정의되었다.[17] 이는 결국 법규범 외의

은 질서에 대한 위험을 방지하기 위하여, 혹은 위험의 사전배려를 위하여 개인에게 명령·강제하여 그의 자연적 자유를 제한하는 작용"으로 이해한다(141쪽).

12) 졸고. (2006). 獨逸警察秩序法上 公共의 秩序槪念에 관한 論爭의 槪觀과 評價, 토지공법연구30집, 369~394쪽에서 378쪽; 졸고. (2007). 자치경찰제도와 지역사회경찰활동론의 관계, 지방자치법연구 7−2, 115~150쪽에서 141쪽; 공공의 질서개념의 현대적 자리매김과 관련하여 독일에서 이러한 사회국가원리를 원용하는 문헌으로 Günther Erbel, Der Streit um die "öffentliche Ordnung" als polizeirechtliches Schutzgut, DVBl. 1972, S. 475ff., 특히 S. 479 참고.

13) Drews/Wacke/Vogel/Martens, Gefahrenabwehr, 9. Aufl., 1985, S. 2.

14) 이 논제를 가지고 바로 2018. 2. 28. 발행 논문으로 발표한 바 있다. 이에 대해서는 졸고. (2018). 경찰법상 공공의 질서 개념의 재설정에 관한 연구, 공법학연구 19−1, 한국비교공법학회 참조.

15) Drews/Wacke/Vogel/Martens, a.a.O., S. 232("... die Unverletzlichkeit der Rechtsordnung, der subjektiven Rechte und Rechtsgüter des Einzelnen sowie des Bestandes des Staates und der Funktionsfähigkeit seiner Einrichtungen und Veranstaltungen"). 이러한 공공의 안녕개념의 정의는 과거 프로이센일반란트법 제10조 제2항 17문의 것을 1931년 프로이센경찰행정법 제14조가 그 이유서에 받아들인 것을 현대적으로 표현한 것이다.

16) 공공의 안녕(die öffentliche Sicherheit)에 대하여 자세한 것은 대표적으로 Waechter, Kay, Die Schutzgüter des Polizeirechts, NVwZ 1997, S. 729ff., S. 733f.; 이기춘. (2003). 경찰관직무집행법 제5조 1항과 독일경찰질서법상 개괄적 수권조항간의 비교(1), JURIST Vol.393, 394, 2003. 6., 87−92쪽에서 89−90쪽; 서정범. (2008). 경찰법에 있어서의 공공의 안녕의 개념. 공법학연구, 9(2), 331~352쪽; 손재영. (2011). 경찰법상의 보호법익. 법학논고(경북대법연), 36, 303~328쪽에서 308쪽 이하 참고.

17) 프로이센경찰행정법 제14조 이유서에 따른 것이고 이것이 여전히 이어지고 있다. 이기춘. (2006). 獨逸警察秩序法上 公共의 秩序槪念에 관한 論爭의 槪觀과 評價, 토지공법연구30집, 369−394쪽에서

다른 사회규범 특히 도덕규범의 보호를 경찰보호이익으로 할 수 있는지의 문제이다.[18]

이에 대한 기초적인 상론은 일반문헌에 맡기고,[19] 여기서는 경찰질서행정법상 공공의 질서 개념의 재정립이라는 관점에서 논함에 그치도록 한다.

공공의 질서 개념은 이미 옹호론자들에 의해서도 엄청난 법제화작업으로 인해 공공의 안녕 개념 안에 경찰보호이익은 포함되어 있고,[20] 그 때문에 지금까지 파악되지 못한 새로운 위험유형이어서 형법이나 질서위반법의 규율대상이 되지 못하고 있는 영역에서 의미를 갖는다는 언급이 이루어지고 있다.[21]

필자는 먼저 고전적 독일식 공공의 질서 개념[22]은 더 이상 통용될 수 없다는 생각이다. 먼저 역사적 관점에서 볼 때 과거 독일에서 나치시대에 바로 이 개념을 통해 국민공동체의 가치/도덕규범의 실현이라는 명분으로 엄청난 인권침해가 가해진 역사가 있었다.[23] 우리에게도 가슴 아픈 6·25 시절 극우/극좌세력의 대립으로 인한 무고한 국민들의 피해, 정권의 언론, 교육지배를 통해 국민적 가치관이 왜곡된 시절이 있었기 때문에 모호하기 그지없는 도덕규범을 다원주의사회에서 경찰이 보호하여야 할 이익으로 삼는 것은 정당화될 수 없다. 독일의 경찰법대가 Denninger, Götz[24]와 이 부분에서 많이 인용되는 Waechter와 같은 학자들이 이를 단념하여야 한다고 주장하고, Bremen, Saarland, Schleswig-Holschtein, Niedersachsen 같은 독일 주 경찰법들이 공공의 질서를 보호이익에서 삭제[25]한 이유를 이러한 역사적 관점과 무관하지 않다.

그리고 공공의 질서 개념 옹호론에서 열거되는 사례들 어떤 것을 보아도 공공의 안녕 개념에 포섭되거나 아니면 행정 측에서 개입하면 안 되는 사례들이 대부분이다. 성풍속사례들(훔쳐보기쇼[peep-show])이나 성매매에 대해서는 성매매특별법이나 풍속영업법으로 규율하고, 독일의 여성레슬링사례, 살인모의게임사례와 같은 여성성 상실, 인간의 존엄성 상실가능성 게임에 경찰이 개입하여 금지시킨다는 것은 우리 가치관에서 더 이상 용인될 수도 없다.

그런데, 현대적 의미에서 공공의 질서개념은 매춘처벌법률 등 풍속법률의 제정 등

371쪽.
18) 손재영. (2011). 앞의 논문, 321쪽.
19) 각종 경찰행정법 교과서를 보면 알 수 있다. 공공의 질서에 대한 학문적인 비판적 관점을 담고 있는 대표적 논문들로는 서정범. (2005). 경찰법에 있어서의 공공의 질서의 개념. 경찰학연구, (8), 8쪽 이하; 졸고. (2006), 앞의 논문, 369쪽 이하; 손재영. (2011). 앞의 논문, 321쪽 이하 등 참고.
20) 손재영. (2011). 앞의 논문, 322쪽 이하.
21) 서정범. (2005). 앞의 논문, 24쪽 이하.
22) 1931년 프로이센경찰행정법 제정 전후, 1970년대의 논쟁(Hill, Denninger, Götz vs. Erbel),
23) Götz, a.a.O., Abs. 1, §2, Rn. 12, S. 9-10 참고.
24) Götz, a.a.O., Abs. 2, §5, Rn. 1ff., S. 29ff, 특히 Rn. 5ff. S. 30.
25) Götz, a.a.O., §5, Rn. 25, S. 34; Waechter, a.a.O., S. 729.

으로 더 이상 포용기능(Auffangfunktion)을 가질 수 없고, 헌법적 관점에서 적용이 제한될
수밖에 없다.[26] 조직적 의미의 경찰, 즉 우리 경찰청 소속 공무원들은 이 개념을 근거로
영업장이나 예술이나 표현의 자유 공간, 집회시위 장소 등에서 이루어지는 각종 기본권
실현 행위에 개입하거나 그것을 금지해서는 아니 된다. 우리 경찰관직무집행법 제2조 제
7호에서 말하는 공공의 질서를 근거로 그러한 행위를 금지할 수 없고 그러한 경찰처분은
바로 위법하다.

공공의 질서를 과거와 달리 현행 법질서가 아직 따라가지 못한 신종의 위험을 고
려하여 필요한 조치명령을 할 수 있는 근거개념으로 삼을 수 있다는 주장들[27]은 조직적
/제도적 의미의 경찰이 아니라 대부분 각 질서행정기관들에게 맡겨진 사무들에서는 타
당하다. 감염병사례, 환경법사례 등 대부분이 질서행정기관 개입 시 근거로 삼을 법률
이 없을 경우이다. 보충적으로 이러한 경우에서만 공공의 질서 개념은 살아남을 수 있
다. 이 부분의 근거는 헌법상 가치질서에서 가져올 수 있다.[28] 또한 사회국가원리[29]와
국가의 공동체내부평화의 보장을 위한 헌법적 보호임무에서도 근거를 발견할 수 있다
는 필자의 주장[30]은 이렇게 질서행정기관에 의한 공공의 질서개념 모순 시 개입권능과
관련해서만 의미가 있다는 것으로 새롭게 수정하여 이해한다.[31]

1990년대부터 도래했다고 독일에서 회자된 "공공의 질서의 르네상스론"[32]은 이렇게

---

26) Götz, a.a.O., Abs. 2, §5, Rn. 7−15, S. 30−32; Waechter, a.a.O., S. 736f. 여기서 Waechter는 공공의
   질서 사례들은 공공의 안녕 개념이 남김없이 흡수할 수 있다고 보며, 과거 열거된 조국애, 성풍속,
   종교적 예절규범, 사회적 연대의무 등이 공공의 안녕을 통한 보호대상인 '법익(Rechtsgüter)'이 아님
   에도 이를 보호하기 위한 조치가 가능하다면 이는 입법적으로 규제대상으로 확정됨도 없이 경찰질
   서기관에 의해 요구될 일반적 기본의무(Grundpflichten)의 존재를 긍정하는 것이 되는데, 국민에게
   법률복종의무나 헌법에 명시된 기본의무(조세/병역의무 등) 외에 이를 인정하는 것은 자유주의적 법
   치국가이념과 합치될 수 없다고 한다. 공공의 질서를 통해 지시되는 '도덕규범'은 개인적 이익일 수
   밖에 없고 집합적 이익이 될 수 없고, 개인이 처분가능한 법익의 허용된 자초위험은 공동체사회의
   집단적 이익보호를 위해 금지될 수 없기 때문에, 살인모의게임, peep−show 등은 국회의 법률제정
   을 통하지 않는 한 주최자, 이용자 모두 금지처분의 책임자가 될 수는 없다는 주장을 하고 있다. 이
   는 졸고. (2006). 앞의 논문, 387쪽에서 발췌·요약한 것임.
27) 서정범. (2005). 앞의 논문, 24쪽; 졸고. (2006). 앞의 논문, 389쪽 이하.
28) 이에 동지로 서정범. (2005). 앞의 논문, 24쪽; 졸고. (2006). 앞의 논문, 385쪽.
29) 졸고. (2006). 앞의 논문, 389쪽.
30) 졸고. (2006). 앞의 논문, 390쪽. Möstl, Die staatliche Garantie für die öffentliche Sicherheit und
   Ordnung, 2002, S. 142에 근거함.
31) 동지의 견해로 Waechter, a.a.O., S. 737ff.
32) Störmer, Rainer, Renaissance der öffentliche Ordnung?, Die Verwaltung, 1997, S. 233ff. 참고.
   Störmer는 독일에서 신종살인모의게임, 나치즘찬양집회·시위, 공격적 구걸행위, 비자의적 무숙, 신
   종 성풍속영업 사례들과 관련하여 독일행정실무, 판례에서 공공의 질서 르네상스가 도래했다고 회
   자되었지만, ① 사실상 지배적 도덕·풍속 관념을 확인할 수 없고, ② 성문법질서의 망과 그 우위, ③
   명확성 등 헌법적 한계에 비추어 시급히 사망선고를 받아야 할 것임을 주장하고 있다(특히 S.

다루어져야 한다. 따라서 엄밀히 말하자면, 질서행정기관에게 필요한 실질적 의미의 경찰개념에서 "공공의 질서" 개념은 현행 성문법질서에 의해 보호되지 않는 인간의 존엄, 생명, 신체의 건강 등 헌법적 법익에 대한 신종의 위험과 관련되는 것이다. 극단적으로 이러한 사례의 포용은 "공공의 안녕" 개념으로 충분하고, "공공의 질서" 개념은 사라져도 무방하지만, 이렇게 한정된 의미로나마 그 법치국가적 유용성이 존재하므로 수용하기로 한다.

위는 그 동안의 공공의 안녕, 질서 개념을 독일경찰법용어인 "die öffentliche Sicherheit", "die öffentliche Ordnung"에 대응시켜온 일본과 우리나라 용어례에 따른 법이론적 해결방안이었다. 이제 문제는 우리나라 경찰관직무집행법 제2조 제7호 "그 밖에 공공의 안녕과 질서 유지"라는 직무상 보호이익규정을 어떻게 이해하는가에 있다. 현재 결론으로는 위 "공공의 안녕과 질서"는 독일 경찰법의 "die öffentliche Sicherheit" 즉 공공의 안전을 의미하는 것으로 삼는다. 독일 경찰법의 "die öffentliche Ordnung"를 통한 개념정의는 우리 경찰관직무집행법 제2조 제7호 "공공의 질서"의 함의가 될 수 없고 되어서도 아니 된다.[33) 이 논증은 차후 논문이나 문헌작업에서 행하기로 한다.

Ⅳ. 위험론의 전개

현대 독일과 한국 경찰법학에서 위험론의 개념창조물들인 구체적 위험, 추상적 위험, 외관상 위험 혹은 표현(表見)위험(Anscheinsgefahr), 오상위험(Putativgefahr), 위험의 의심 혹은 혐의(Gefahrverdacht), 위험존재확인조치(Gefahrerforschungseingriff), 사전적/사후적 관점(ex−ante/post−Sicht), 이에 따른 위험−위험의 직접원인야기자−경찰책임자−비용책임/무보상원칙이라는 연계성원칙(Konnexitätsprinzip)의 탈피[34) 등등에 관한 개념설명, 법리설명 등은 이제 많은 독일과 한국 경찰법학 문헌들에 의해 밝혀졌고,[35) 아직도 구체화되고 있

255−256 참고).

33) 졸고. (2006). 앞의 논문, 391−392쪽. 여기에서 필자는 독일의 "die öffentliche Ordnung"가 우리 경직법상 보호이익이론으로 바로 전용될 수 있는지 의문을 표시한 바 있다. 그 의문의 고민결과를 밝힐 때가 온 것으로 보인다.

34) 이 연계성원칙에서 탈피해야 한다는 언급은 오히려 경찰상 책임론이나 손실보상론 문헌에서 발견된다. 대표적으로 서정범. (2010). 상태책임의 한계에 관한 고찰 − 이른바 연계원칙의 종언(終焉) −, 토지공법연구48집, 479−496; 졸고. (2016). 독일경찰법상 손실보상에 관한 연구, 경찰법연구14(2), 153~182에서 175쪽 참고.

35) 이들 개념, 법리에 대해서는 대표적으로 구형근. (2007). 경찰법상 위험개념, 한국콘텐츠학회논문지, 7(4), 178−183; 구형근. (2009). 예방적 경찰작용으로서 위험방지에 관한 연구 − 경찰법상 위험의 의미와 일반적 수권조항을 중심으로, 토지공법연구 44집, 331−354; 구형근. (2010). 獨逸警察法上 外觀上 危險과 危險의 嫌疑, 법학논총(조선대법연) 17(1), 521−542; 구형근. (2014). 경찰법상 구체

으나 이제 특수한 문제해결 차원으로 넘어간 느낌이 든다.

오히려 위험(Gefahr, danger)의 도그마틱적 해석론은 기본이 되었고, 이제 조직법적 경찰법에서는 마약범죄, 조직범죄, 테러방지 등 강력범죄예방을 위한 위험사전대비론 (Gefahrenvorsorge) 또는 위험의 전단계(Gefahr im Vorfeld) 논의[36]가 중심이 된지 오래되었다. 이는 특히 9.11테러가 계기가 되었다. 특히 구체적 위험의 존재여부와 무관하게 설치·촬영하는 CCTV를 통한 범죄예방, 감시를 통한 신분확인 가능성 등은 개인정보자기결정권에 대한 제한으로 말미암아 경찰법상 개괄적 수권조항으로는 그 수권근거가 될 수 없고 개인정보보호법 제4조의2와 같은 명시적 법률수권이 필요하다는 견해[37]가 여기서 중요하다. 이 주장을 한 손재영 교수는 "입법자가 CCTV에 대한 수권근거를 마련하는 경우에도 CCTV가 갖는 권리 제한적 특성을 고려하여 당해 조치는 특별한 정당화사유를 필요로 하며, 적어도 부분적으로는 절차적 안전장치가 마련되어 있어야 한다(개인정보보호법 제4조의2 참조). 만일 CCTV가 범죄가 자행될 개연성이 매우 높은 장소, 즉 우범지역에 설치·운영된다면 문제가 되지 않겠지만, 이에 반하여 CCTV를 통해 지방자치단체의 구역 대부분을 감시한다면 이것은 정당화될 수 없다"라고 하여, 개별법률에 의한 수권근거의

적 위험과 예방경찰적 정보수집활동의 관계, 토지공법연구67집, 131-154; 김남진. (2001). 경찰상의 위험과 위험의 혐의 등. 고시연구, 28(9), 87-96; 김성태. (2002). 獨逸警察法 任務規範에서의 새로운 槪念에 관한 考察. 행정법연구(8), 267-286; 김성태. (2003). 예방적 경찰작용에서의 추상적 위험·구체적 위험. 행정법연구(10), 251-273; 김성태. (2004). 위험방지조치(危險防止措置)와 구체적 (具體的) 위험(危險) - 예방적(豫防的) 경찰조치(警察措置)에 대한 법원판례(法院判例)에서의 구체적(具體的) 위험(危險)과 관련하여 -, 홍익법학5집, 57-86; 김세규. (2003). 경찰법상의 위험의 의미 -독일의 논의를 중심으로-, 공법연구 31(3), 603-620; 김학경, 이성용. (2015). 경찰의 메르스 자가격리 무단이탈자 위치추적에 대한 비판적 고찰, 경찰법연구13(2), 25-49; 서정범, 박병욱. (2011), 경찰법상의 위험개념의 변화에 관한 법적 고찰 - 전통적 위험개념의 작별 -, 안암법학36권, 91-29; 손재영. (2011). 경찰법에 있어서 위험귀속의 법리. 동아법학52호, 255-284; 이기춘. (2003). 警察秩序法上 危險槪念 및 表見危險과 危險의 疑心 ─ 독일경찰법학의 위험개념 검토를 중심으로 -, 공법연구31(4), 363-392 등의 논문이 있다.

36) 대표적으로 Kugelmann, Dieter, Dieter Kugelmann, Der polizeiliche Gefahrenbegriff in Gefahr? - Anforderungen an die Voraussetzungen polizeilicher Eingriffsbefugnisse, DÖV 2003, S. 781ff.; 박병욱, 황문규. (2012). 위험예방을 위한 경찰법과 범죄진압을 위한 형사법의 목적·수단상 몇 가지 차이점. 형사정책연구, 199-231; 백상진. (2015). 현대사회에서 경찰법상 전통적 위험개념의 한계와 현대적 위험예방의 정당성에 관한 연구, 한국경찰학회보 54호, 135-164; 손재영. (2010). 경찰의 사전대비활동. 공법학연구11(2), 289-312; 이기춘. (2006). 깨어진 창이론(Broken-Window-Theory) 과 무관용경찰활동(Zero-Tolerance-Policing)의 경찰법적 문제점에 관한 고찰, 토지공법연구34집, 167~191; 이상학. (2014). 최근 경찰법상의 변화와 주요 쟁점. 법학논고46집, 165-192; 이성용. (2009). 강력범죄예방을 위한 경찰활동의 쟁점 분석, 한국공안행정학회보18(3), 168-196; Kugelmann, Dieter(저), 서정범, 박병욱(역). (2015). 쿠겔만의 독일경찰법, 44쪽 이하, 특히 범죄행위에 대한 예방적 대처를 위한 위험의 전단계조치에 대해서는 156쪽 이하 참고.

37) 손재영. (2010). 경찰의 사전대비활동. 공법학연구11(2), 289-312에서 299쪽 참고.

불가결함을 강조하고 있는데 이는 매우 시사적이며 법치국가원리, 법률유보원칙에 비추어 자명한 주장이다.

결론적으로 경찰의 직무에는 구체적 위험의 방지는 물론 위험의 사전대비활동이 포함된다고 할 수 있으며, 그 경계 안에서 실제 국민생활에 개입하거나 권리의무에 영향을 미치는 활동을 하는 경우에는 법률의 수권을 요구하는 것으로 본다. 그리고 수권을 받아 행하는 각종 범죄예방활동을 위한 정보수집은 무차별성 획득성을 갖는 것이므로, 경찰기관은 계속적인 공공감시와 통제에 응하여야 한다. 민간경찰정보감시관 제도를 추천한다.

V. 일반경찰법학의 나머지 논제들에 관한 주요 문헌과 단상(短想)

필자의 게으름 탓에 본래 기술하고자 했던 내용을 차후의 과제로 돌리고, 학계동료와 후배들과 공유하고자 하는 일반경찰법학의 우리나라와 독일 문헌정보를 소개한다. 고 류지태 교수님께 우리나라 일반경찰법학의 발전상황을 보여드리고 싶은 마음이 그 동기이며, 열거해드리는 국내외 문헌들을 가지고 동료와 후배들이 더욱 훌륭한 좋은 논문을 써주시길 바라는 마음이 또 하나의 동기이다.

그리고 독일의 문헌들은 2015년 독일 하이델베르크대학 연구년 시절 1년 동안 탐색한 경찰법문헌들 중 주제별로 엄선한 문헌들의 서지정보이며, 국내에서 찾기 어려운 학술지나 기념논문집의 논문들 위주로 열거해보았다. 이 주제별 우리나라와 독일의 문헌리스트들만 보아도 21세기 경찰법 학계의 발전동향을 읽어낼 수 있을 것이다. 특히 일반경찰법학자의 길을 꿈꾸는 후배 학자들, 이제 공법에서 무엇을 공부할 것인가를 찾는 초학자들에게 큰 영감을 줄 수 있는 목록이 되길 바란다. 2000년 큰 딸아이의 건강문제로 유학을 포기한 채 박사과정에 힘없이 다니고 있을 때 독일국법학자대회논문집의 한 권을 주시며 통째로 번역해서 발표해보라며 국내에서도 독일법을 공부할 수 있는 힘을 길러주신 고 류지태 교수님의 학은을 후배들과 나누고 싶다.

따라서 기존의 논문형태와 달라질 수밖에 없는 부분을 간행위와 독자제위께서는 양해해주시길 바란다. 그리고 열거된 논문들은 일부 대표적 일반경찰법학자 중심의 문헌들이어서 헌법학계, 경찰학계의 더 좋은 논문을 찾아 미래에 다시 우리나라 경찰법학의 발전상을 논할 수 있는 기회에 소개할 것이다.

1. 경찰헌법 - 국가의 존재목적으로서 안전과 자유의 긴장관계인가 안전 속의 자유인가

김선화. (2010). 경찰관 직무집행법 개정안의 불심검문규정에 관한 헌법적 문제, 경찰법연구8-2, 3~18; 서정범, 박병욱. (2010). 경찰권발동의 규율원리로서의 헌법. 공법학연구, 11(4), 219-242; 이부하. (2011). 헌법국가에서 국민의 안전보장 - 독일 헌법학의 논의를 중심으로 -. 한독사회과학논총, 21(1), 159-180; 이성용. (2006). 민간경비활동의 헌법적 한계, 헌법학연구, 12(5), 359-389. - 강제력독점의 원칙(Gewaltmonopol); 이성용. (2013). 정보의 자기결정권에 따른 경찰상 정보보호의 입법원리, 치안정책연구27-2, 1-35. Baldus, Manfred. (2005). Freiheit und Sicherheit nach dem 11. September 2001 - Versuch einer Zwischenbilanz, KritV. 2005, S. 364ff.; Baldus, Manfred. (2014). Entgrenzungen des Sicherheitsrechts - Neue Polizeirechtsdogmatik, 47-1, S. 1ff. Denninger, Erhard. (2015). Das Staatsziel Frieden, KJ, S. 134ff.; Fisahn, Andreas. (2011). Legitimation des Gewaltmonopols, Krit. 3, S. 17ff.; Haftke, Bernhard. (2005). Vom Rechtsstaat zum Sicherheitsstaat?, KJ 17, S. 35ff.; Hefendehl, Roland. (2013). Sicherheit und Sicherheitsideologie - oder auch: Das Ende des Relativen, NK 19, S. 25ff.; Heuer, Hans-Joachim, Hilgner, Nadja. (2011). Über das staatliche Gewaltmonopol - Begriff, Prozessdynamik und Ansätze zur Untersuchung der Wirksamkeit, NK 28, S. 40ff.; Isensee, Josef. (2013). Sicherheit: die ältere Schwester der Freiheit, in: FS Christean Wagner, S. 363.; Kutscha, Martin, Cybersicherheit durch Grundrechte?, in: Hans-Jürgen Lange, Astrid Bötticher, Cyber-Sicherheit, Studien zur Inneren Sicherheit, Bd. 18, Springer, S. 235ff.; Öhlinger, Theo. (2012). Vom Gesetzesstaat zum Überwachungsstaat - Wandlungen und Zukunftsperspektiven des Rechtsstaats in der Republik Österreich -, in: FS für Klaus Stern, S. 519ff.; Schäuble, Wolfgang. (2007). Aktuelle Sicherheitspolitik im Lichte des Verfassungsrechts, ZRP 2007, S. 210ff.; Schenke, Ralf, P. (2013), Konstitutionalisierung: Vorbild für die Europäisierung des Sicherheitsrechts?, in: FS für Thomas Würtenberger, S. 1079ff.; Schliesky, Utz. (2015). Eine Verfassung für den digitalen Staat?, ZRP 2015, S. 56ff.; Seubert, Harald. (2015). Gesicherte Freiheiten - eine politische Philosophie für das 21. Jahrhundert, Nomos; Voßkuhle, Andreas. (2013). Das Verhältnis von Freiheit und Sicherheit - Hat der 11. September 2001 das deutsche Verfassungsrecht verändert?, in: FS für Thomas Würtenberger, S. 1101ff.; Weiß, Norman.

(2013). Der Rechtsstaat im Risiko, in: für Eckart Klein, S. 365ff.

이 부분은 Isensee의 몇 가지 화두로 간략하게 대신한다.
- 안전은 자유권적 기본권의 한계이자 전제조건이다.[38]
- 완전한 안전의 불가능함[39]
- 기본권적 보호의무[40]에 따라 국가는 경찰책임자의 권리를 제약할 수 있다.
- 국가의 활동은 법에 의해 기속되고 향도(嚮導)되고 제한된다. 자유에 주목하고 안전상태를 형성하는 일 모두 법치국가의 과제이다.[41]

2. 경찰법상 개괄적 수권조항의 문제 - 지금은 초대할 수 없는 친구

경재웅. (2005). 경찰관직무집행법 제2조의 개정방향 제언. 중앙법학, 7(4), 159-175; 구형근. (2006). 한국 경찰법상 일반적 수권조항. 법학연구(한국법학회), 23, 43-62; 구형근. (2012). 경찰관직무집행법의 개정방안에 관한 연구, 법학논총(조선대법연), 19(3), 161-185; 김남진. (1994). 경찰상의 개괄적 수권조항. 고시연구, 21(7), 171-176; 문병효. (2016). 경찰권발동의 근거와 한계에 관한 소고(小考). 강원법학, 48, 275-306; 백종인, 유종민. (2012). 경찰권 발동의 근거로서 개괄적 수권조항에 관한 검토. 법학연구, 36, 341-370; 백창현. (2006). 경찰관직무집행법상의 위험방지조치에 관한 연구, 치안정책연구소, 책임연구보고서 2006-01; 서정범. (2006). 경찰권발동의 근거. 중앙법학, 8(1), 165-182; 서정범. (2017). 경찰행정법의 새로운 이론적 체계의 구축을 위한 소고, 홍익법학18-1, 531-553; 손재영. (2009). 경찰법상의 개괄적 수권조항, 법학논고(경북대법연), 31, 523-552; 이기춘. (2003). 경찰관직무집행법 제5조 1항과 독일경찰질서법상 개괄적 수권조항간의 비교(1), (2), JURIST Vol.393, 394, 2003.6., 7., 87-92, 109-112; 이기춘. (2010). 경찰재량수권규범의 명확성통제에 관한 고찰, 법학연구21-2(충북대법연), 125-158; 이기춘. (2018). 독일경찰질서법상 개괄적 수권조항 혹은 경찰일반조항의 고찰과 시사점의 고찰, 법학연구 59-1(부산대법연); 이성용. (2016). 경직법상 경찰수권 규정체계의 입법적 개선, 경찰법연구, 14(1), 251-272; 이운주. (2003). 한국경찰작용법의 형성

---

38) Isensee, a.a.O., S. 366f.
39) Isensee, a.a.O., S. 371f.
40) Isensee, a.a.O., S. 371f.
41) Isensee, a.a.O., S. 374f.

과정과 그 의미에 관한 연구, 경찰법연구 창간호, 54−78; 표명환. (2004). 경찰행정
법상의 개괄적 수권조항에 관한 헌법적 고찰. 공법학연구, 5(3), 217−242; BVerfG,
(2013). Dauerobservation und polizeirechtliche Generalklausel, LKV 2013, S. 30f.;
BVerwG, (2007). Meldepflicht zur Verhinderung der Ausreise, NVwZ 2007, S.
1439f.; BVerfG, (2001). Keine rechtsextremistische Demonstration am Holocaust−
Gedenktag, DVBl. 2001, S. 558f.

그동안 행정법, 경찰행정법 문헌에서는 주지하듯이 특별경찰질서행정법, 경찰관직무
집행법상 수권이 없는 구체적 위해상황에 대처하기 위하여 법률유보원칙에 입각하여 보충
적으로 개괄적 수권조항(polizeiliche Generalklausel) 혹은 일반수권규범(Generalermächtigung)의
존재를 논의해왔다. 명확성원칙과의 모순을 고려하는 부정설, 필요성을 인정하지만 우리
법제에는 존재하지 않는다는 견해, 우리나라 경찰관직무집행법(이하 '경직법'이라 함)에서 도
출할 수 있다는 긍정설, 긍정설은 다시 제2조 제7호설, 제5조설, 제5조−제6조−제2조 결
합설 등 여러 견해들이 존재해왔고, 위 국내문헌에서 쉽게 확인할 수 있다.

과거 필자는 박사학위논문과 학술지에서 경직법 제5조를 독일식 개괄적 수권조항과
가장 유사한 것으로 살펴본 바 있다. 그러나 직무조항에서 권능규범(Befugnisnorm)을 인식
해낼 수는 없다는 점,[42) 그것은 법률유보원칙의 의의에 반한다는 점[43)을 근거로 우리나
라 경직법은 조직법적 의미의 개괄적 수권조항을 인정할 수 없다는 견해가 타당하다. 더
욱이 경직법은 협의의 행정경찰 즉 질서행정활동의 수권규범이라고 볼 수 없으므로[44)
경직법 조항들을 질서행정을 위한 일반조항으로 보는 것도 타당하지 않다.

그리고 사견으로, 첫째 이미 경직법은 일반조항적 성격이 강하여 포괄적 권능을 부
여하는 경직법 제5조, 제6조, 제7조와 같은 규정들을 갖고 있으므로 강력한 권한을 행사
할 수 있다. 집시법에도 일반조항성격의 집회금지규정을 두고 강력한 권한을 이미 행사
할 수 있다. 둘째 경직법 제2조 제7호는 직무조항 때문만이 아니라, 독일식 공공의 질서
개념을 수용해서는 안 된다는 전술한 기초에서도 개괄적 수권조항으로 인정할 수 없다.
정치적 반대자들을 억압하는 수단으로 이 공공의 질서개념을 포함한 경직법 제2조 제7
호가 악용될 소지를 인정할 수는 없기 때문이다. 셋째로 전술한대로 이 공공의 질서 개
념이 재정립되고 나서 별도의 개괄적 수권조항 도입논의를 국회에서 행해야 할 것이고,
오히려 현재 중요한 것은 후술하는대로 현 경직법에 제5조, 제6조, 제7조의 조치권능을

42) 이운주. (2003). 앞의 논문, 71쪽; 졸고. (2003). 앞의 박사학위논문, 40−41쪽.
43) 문병효. (2016), 앞의 논문, 280−283쪽.
44) 이운주. (2003). 앞의 논문, 69쪽.

관철(Durchsetzung)할 수 있는 집행권능규범이 시급히 도입되어야 하고, 그 논의에 집중하여야 한다. 명령규범과 집행규범의 분리도입이라는 법치국가적 발전과 궤를 빨리 같이 하여야 한다. 오원춘 사건과 같은 일을 예방하기 위함이다.[45]

3. 경찰정보 – 공동체에 안심을 주지만 내 정보도 함께 보고 있어서 불편한 감시자

구형근, 정순형. (2013). 정보통신망상의 불법정보에 대한 경찰책임, 디지털정책연구, 11(9), 87–94; 구형근. (2014). 경찰법상 구체적 위험과 예방경찰적 정보수집활동의 관계, 토지공법연구, 67, 131–154; 구형근. (2015). 독일경찰법상 예방경찰적 정보수집활동의 통제법리에 관한 고찰, 토지공법연구, 69, 329–356; 구형근. (2017). 위험방지를 위한 공공장소에서의 영상감시에 대한 법적고찰–독일에서의 논의를 중심으로, 인문사회 21(아시아문화학술원), 8(2), 17–34; 김성태. (2003). 개인관련정보에 대한 경찰작용, 경찰법연구 창간호, 96–119; 김성태. (2003). 운전면허수시적성검사와 개인정보보호. 행정법연구, 9, 327–356; 김성태. (2004). 독일 주경찰법상 신분위장경찰공무원, 경찰법연구, 2(1), 147–167; 박병욱. (2008). 독일 개인정보보호국의 임무와 권한, 치안정책연구, 22, 229–260; 박병욱. (2009). 경찰상 온라인수색의 법률적 문제 –2008.02.27 독일연방헌법재판소 판결을 중심으로, 경찰법연구, 7(1), 80–122; 박현정, 서정범. (2014). 감시카메라설치에 관한 경찰법적 문제. 경찰학연구, 14(4), 31–50; 박희영. (2009). 독일에 있어서 경찰에 의한 예방적 온라인수색의 위헌여부. 경찰학연구, 9(2), 185–209; 손재영. (2005). 경찰법에서 신뢰관계의 보호 – 독일에서의 논의를 중심으로 –, 공법연구, 34(2), 315–345; 손재영. (2008). 경찰법에 정보보호에 관한 특별규정을 마련해야 할 필요성과 범위. 한국경찰연구학회 2008년도 한국경찰발전연구학회 제26회 춘계학술발표대회, 46–63; 손재영. (2009). 경찰에 의한 은밀한 정보수집조치의 법적 성질. 중앙법학, 11(1), 457–486; 손재영. (2015). 경찰수사와 정보공개. 법학논고, 49, 63–88; 이상학. (2014). 사이버 정보활동의 기본원칙과 한계. 법학연구, 41, 399–424; 이상학. (2014). 최근 경찰법상의 변화와 주요 쟁점. 법학논고, 46, 165–192; 이상학. (2016). 국가감시와 기본권보호, 유럽헌법연구20, 209~237; 이상학. (2016). 폴리스캠의 법적 문제에 관한 일고찰 – 독일의 법제를 중심으로, 세계헌법연구22–2, 109–132; 이성용. (2006).

---

45) 오원춘사건에 대해서는 손재영. (2012). 위험방지를 위한 가택출입과 경찰긴급상황, – 최근 발생한 "수원 20대 여성 토막 살인사건"을 소재로 하여 –, 법과정책, 18(2), 291–317에서 291쪽 참고.

독일열차 폭탄테러 미수사건과 감시카메라 설치에 대한 논의. 경찰학연구, 6(2), 245-249; 이성용. (2012). 경찰 정보활동의 법적 문제에 관한 해석론적 고찰, 경찰법연구, 10(2), 125-150; 이성용. (2012). 민간조사 규제에 대한 법해석론 - 개인정보 보호법 시행에 즈음하여, 치안정책연구 26(1), 261-290; 이성용. (2013). 정보의 자기결정권에 따른 경찰상 정보보호의 입법원리, 치안정책연구, 27(2), 1-35; 이성용. (2014). 독일의 산업보안 정책과 시사점. 한국경호경비학회지, 38, 57-82; 조현주. (2006). 경찰작용으로서의 신원확인에 관한 연구, 경찰법연구, 4(1), 151-177; 클레멘쯔아르쯔트. (2012). 집회에서의 촬영에 관한 법적 문제 - 경찰 수상기화면 (Bildschirm) 위에 놓여 있는 시위들 -, 경찰학연구, 12(4); Arzt, Clemens, Eier, Jana. (2010). Zur Rechtmäßigkeit der Speicherung personenbezogener Daten in "Gewalttäter" - Verbunddateien des Bundeskriminalamts, DVBl. 2010, S. 816ff.; Bischof, Boris, A. (2004). Europäische Rasterfahndung - grenzenlose Sicherheit gläsernde Europär -, KJ 2004, S. 361ff.; Cole, Mark D. (2014). Aktuelle Entwicklungen im europäischen Datenschutzrecht, KritV. 2014, S. 5ff.; Denkowsky, Charles. (2008). Die Aufnahme von Online-Durchsuchungen ins Polizeirecht von Bund und Ländern, NK 2008-1, S. 5ff.; Döhmann, Indra Spiecker gen. (2013). Die Online-Durchsuchung als Instrument der Sicherheitsgewährleistung, in: FS für Thomas Würtenberger, S. 803ff.; Feltes, Thomas. (2013). Sicherheit bei Großveranstaltung durch Überwachung der TeilnehmerInnen, NK 2013, S. 48ff.; Gruber, Malte-Christian. (2013). Gefährdungshaftung für informationstechnologische Risiken: Verantwortungszurechnung im "Tanz der Agenzien", KJ 2013, S. 356ff.; Gusy, Christoph. (2011). Die "Schwere" des Informationseingriffs, in: FS für Wolf Rüdiger von Schenke, S. 397ff.; Hsieh, Shuo-Chun. (2011). E-Mail-Überwachung zur Gefahrenabwehr, Verlag Boorberg.

Koranyi, Singelnstein. (2011). Rechtliche Grenzen für polizeiliche Bildaufnahmen von Versammlungen, NJW, S. 124ff.; Kugelmann, Dieter, Datenschutz in der europäischen Innenpolitik, in: FS für Thomas Würtenberger, S. 517ff.; Kutscha, Martin. (2011). Demonstrationen auf dem Bildschirm der Polizei, KJ 2011, S. 223-232.; Lange, Hans-Jürgen, Bötticher, Astrid. (2015). (Hrsg.), Cyber-Sicherheit, Verlag Springer.; Lange, Hans-Jürgen, Bötticher, Astrid. (2015). (Hrsg.), Cyber-Sicherheit, Verlag Springer. Schliesky, Utz. (2015).

Eine Verfassung für den digitalen Staat?, ZRP 2015, S. 56ff.; Möstl, Markus. (2010). Das Bundesverfassungsgericht und das Polizeirecht – Eine Zwischenbilanz aus Anlass des Urteils zur Vorratsdatenspeicherung –, DVBl. S. 808ff.; Pohl, Joachim. (2003). Videoüberwachung im öffentlichen Raum, KJ 2003, S. 317ff.; Poscher, Ralf, Rusteberg, Benjamin. (2014). Die Aufgabe des Verfassungsschtzes – Zur funktionalen Trennung von Polizei und Nachrichtendiensten –, KJ 2014, S. 57ff.; Post, Christian. (2005). Videoüberwachung an Kriminalitätsbrennenpunkten – Zugleich eine Untersuchung des §15 a PolG NW –, Verlag Kovac; Rothmann, Robert. (2010). Sicherheitsgefühl durch Videoüberwachung, NK 2010, 103ff; Schantz, Peter. (2007). Verfassungsrechtliche Probleme von "Online–Durchsuchungen", KritV. 2007–3, S. 310ff.; Schenke, Ralf P. (2013). Videoüberwachung 2.0 auf dem Prüfstein des Grundgesetzes, in: FS für Jürgen Wolter, S. 1077ff.; Schliesky, Utz. (2015). Eine Verfassung für den digitalen Staat?, ZRP 2015, S. 56ff.; Schoch, Friedrich, Das gerichtliche "in camera"–Verfahren im Informationsfreiheitsrecht, in: für Thomas Würtenberger, S. 893ff.; Weichert, Thilo. (2014). Globaler Kampf um digitale Grundrechte, KJ 2014, S. 123ff.

현대 안전국가론, 예방국가론(Sicherheit– und Präventionsstaat)은 공법전문가들이 예견했듯이 감시국가(Überwachungsstaat)화의 명분을 제공하였다. 특히 테러, 중범죄 등에 대한 공포는 각종 온라인상 무차별적 정보수집, 사이버경찰활동의 정당성을 제고하는 상황을 만들었다. 국민들은 안전공포증(Sicherheitsphobie)과 위험히스테리(Gefährdungshysterie)에 시달리고 있으며,[46] 테러나 중범죄는 그 동안 공법학, 경찰법학이 형성한 법치국가적 한계개념들의 구분을 모호하게 만들고 있다. 테러로 인해 위험방지, 위험사전대비, 형사소추의 구분, 내적 안전과 외적 안전의 구분, 경찰과 군의 구분, 범죄와 전투의 구분, 민간인과 전투원의 구분, 경찰책임자와 정치적 적(敵)(politische Feind)의 구분이 파괴되고 있다는 것이 Isensee의 진단이다.[47]

---

[46] Isensee, Josef. (2013). Sicherheit: die ältere Schwester der Freiheit, in: FS Christean Wagner, S. 378.
[47] Isensee, a.a.O., S. 381.

4. 경찰책임론

구형근. (2008). 경찰법상 경찰책임에 관한 소고, 토지공법연구, 42, 483－504; 김도승. (2009). 사이버공간에서 경찰책임의 법적 구조와 특징, 토지공법연구, 46, 237－255; 김현준. (2004). 경찰법상의 상태책임, 토지공법연구, 22. 364－381; 김현준. (2007). "수인의 경찰책임자", 공법연구, 35(3), 233－258; 김현준. (2013). 책임 승계인의 신뢰보호와 상태책임의 한계. 공법학연구, 14(1), 569－598; 박종원. (2013). 헌법불합치결정에 따른 토양정화책임조항 입법론. 환경법과 정책, 10, 105－159; 박종원. (2015), "복수의 토양정화책임자와 정화조치명령 대상자의 선택 － 2015년 개정 「토양환경보전법 시행령」 제5조의3의 해석과 평가", 환경법연구, 37(2), 2015, 1－25; 백창현. (2007). 경찰상 긴급상태시의 경찰권 발동에 관한 연구, 치안정책연구소, 책임연구보고서, 2007－16; 서정범. (1996). 다수의 경찰책임자에 관한 법적 문제, 공법연구, 24(2), 383－400; 서정범. (1998). 警察責任의 歸屬原理로서의 原因惹起 (Verursachung). 강원법학, 10, 471－489; 서정범. (2007). 비책임자에 대한 경찰권 발동에 관한 법적 고찰, 안암법학, 25, 269－295; 서정범. (2010). 상태책임의 한계에 관한 고찰 － 이른바 연계원칙의 종언(終焉), 토지공법연구, 48, 479－496; 서정범. (2014). 경찰비용의 국민에의 전가가능성에 관한 법적 고찰, 홍익법학, 15(4), 499－521; 손재영. (2008). 고권주체의 경찰책임, 환경법연구 30(1), 113－137; 손재영. (2010). 상태책임의 귀속과 제한. 법학논고, 33, 307－332; 손재영. (2010). 외관상 경찰책임자의 경찰법상 책임, 경찰학연구10(1), 3－29; 손재영. (2011). 경찰법에 있어서 위험귀속의 법리. 동아법학, (52), 255－284; 안경희. (2013). 토지 소유자 상태책임의 헌법불합치 결정에 대한 민사법적 평가와 향후 전망. 환경법과 정책, 10, 23－57; 이기춘. (2003), 위험방지를 위한 협력의무로서 경찰책임의 귀속에 관한 연구, 고려대박사학위논문; 이기춘. (2003). 독일경찰법상 상태책임의 근거 및 제한에 관한 고찰 , 토지공법연구18집, 405－429; 이기춘. (2004). 경찰법상 의도적 책임유발자개념의 무용론. 공법학연구, 5(3), 515－546; 이기춘. (2009). 건설폐기물과 토지소유자의 처리책임에 관한 소고, 환경법연구, 31(3), 149－185; 이기춘. (2009). 적법한 집회·시위에 대한 경찰의 개입가능성 고찰. 공법학연구, 10(1), 391－421; 이기춘. (2010). 집회의 자유와 경찰비용. 공법학연구, 11(4), 271－299; 이기춘. (2012). 집회참가를 위한 이동의 자유와 경찰제지조치, 공법연구, 40(3), 223－253; 이기춘. (2012). 판례를 통해서 본 토지임대인에 대한 폐기물처리책임 귀속의 문제, 환경법연구 34(3), 107-139; 이기춘. (2013). 토양환경보전법의 무과실책임조항에 대한 헌법 재판소 결정에 관한 소고, 공법연구, 41(3), 431-460; 이기춘. (2016). 다수의 경찰 질서책임자이론의 역사적 개관 및 선택재량지도원칙에 관한 연구, 토지공법연구, 73(2), 417-448; 이상천. (2016). 경찰책임의 재구성, 법학논총(한양대법연), 33(2), 37-71; 이상학. (2014). 최근 경찰법상의 변화와 주요 쟁점. 법학논고, 46, 165- 192; 이상해(이상학). (2010). 고권주체의 경찰책임에 관한 일 고찰, 토지공법연구, 50집, 347~370; 이성용. (2008). 경찰책임자의 비용상환에 관한 연구. 경찰학연구, 8(1), 59-80; 정하중. (1997). 경찰법상의책임, 공법연구, 25(3), 109-142; 조태제. (2013). 위험방제법상의 상태책임-토양환경보전법상의 상태책임의 제한. 한양법학, 43, 375-401; 최정일. (2011). 독일과 한국에서의 경찰책임론의 몇 가지 쟁점에 관 한소고 - 인과관계이론, "의도적 야기자" 개념 및 "잠재적 위험" 개념을 중심으로. 비교법연구, 11(3), 73-127; 표명선. (2003). 행정법상 경찰책임에 관한 소고. 중앙 법학, 5(1), 123-139; 홍정선. (1991). 경찰의무(경찰책임). 고시계, 36(4), 117- 124; 홍정선. (1992). 경찰책임의 유형. 고시계, 37(6), 73-82; Beutel, Hannes. (2014). Wirtschaftlich vorteilhafte Gefahrenverursachung - zur Reichweite der staatlichen Sicherheitsgarantie und den Grenzen ihrer wirtschaftlichen Ausnutzung -, Verlag Duncker & Humblot; Finger, Thorsten. (2007). Die Haftung des Anscheins- und Verdachtsstörers für Vollstreckungskosten, DVBl. 2007, S. 798ff.; Habermann, Stefan. (2011). Gebühren für Gefahrenabwehr.: Die Legitimität der Erhebung von Gebühren im Lichte der Staatsaufgabenlehre des freiheitlichen Verfassungsstaates, Verlag Duncker & Humblot; Koch, Heiner. (2014). Verantwortung, in: Regina Ammicht Quinn (Hrsg.), Sicherheitsethik - Eine Einführung, S. 158ff.; Krumm, Von Marcel. (2013). Die Gesamtschuld für öffentlich-rechtliche Geldleistungsverpflichtugen - Zu den schuld- und verfahrensrechtlichen Aspekten einer Schuldverbindung auf ein einheitliches Leistungsinteresse -, Die Verwaltung, 2013, S. 59ff.; Nitschke, Andreas. (2013). Die materielle Polizeipflicht im Sinne einer Gefahrenabwehrpflicht als verfassungs- rechtliche Grundpflicht, Verlag Peter Lang; Olivet, von Peter. (1996). Der verantwortungsbezogene Rechtswidrigkeitsbegriff im öffentlichen und bürgerlichen Recht - Neuorientierung und Fortführung der Rechtswidrigkeitsdiskussion über die Antithetik von Erfolgsunrechtslehre und Handlungsunrechtslehre hinaus -, 2. Aufl.,

Verlag Duncker & Humblot; Peine, Matthias. (2011). Die Zusatzverantwortlichkeit im Gefahrenabwehrrecht, Verlag Duncker & Humblot.

시민의 사회안전책임의 근거찾기는 중요하다. 그 근거를 표현하는 개념이 실질적 경찰책임(의무)이다. 실질적 경찰책임은 과거 일반적 법질서위반금지의무(allgemeine Nichtstörungspflicht)[48] 즉 공공의 안녕 및 질서에 대한 위해발생금지의무였다. 이 의무를 직접적 원인제공으로 위반한 사람은 행위책임이 귀속되어 형식적 경찰책임(의무)으로서 각종 경찰조치의 수범자가 되는 것이었다. 이는 고의나 과실과는 무관한 책임이다.

그런데 행위책임, 상태책임, 외관상 책임, 비책임자(Nichtstörer)의 형식적 경찰책임(의무)을 모두 논리적으로 설명하기 위하여 – 희생자가 오히려 경찰책임자가 되는 희생자사례(Opferfälle)를 해결하기 위하여 – 1990년대 Griesbeck, Lindner에 의하여 주장된 국민의 위험방지에의 협력의무(Mitwirkungspflicht)라는 것이 주장되었다. 그 논의의 전제로 경찰책임자(행위/상태책임자) – 비용책임자 – 무보상의 연계원칙을 단절시켰다. 경찰책임의 중심은 1차적 차원(die primäre Ebene)에서 사전적 관점(ex-ante-Sicht)에 따른 조치수범자 결정이 되었다. 그리고 이 협력의무의 귀속을 위해서는 여전히 고의나 과실은 무관하고 위해대처수단이나 능력(Gegenmittel)의 보유가 조건이 된다. 그 구체적 귀속의 정당성은 위해 시 공권력발동현장에서의 1차적 차원에서는 위험방지의 효과성이 공평부담배분명제보다 우월하다는 것에서 찾는다. 물론 비용이나 손실보상의 문제는 위해상황이 종료된 후 즉 2차적 차원(die sekundäre Ebene)에서 공평부담배분과 비례성원칙을 중심으로 귀속자와 그 범위, 한계를 결정한다.

이러한 협력의무론은 Schenke에 의하여 사실상 조건설에 따른 경찰책임의 과도한 확대라고 비판되었다. 이후 Wehr는 그의 교수자격취득논문에서 사인의 공법상 법익보호의무(öffentlichrechtliche Rechtsgüterschutzpflicht der Private)[49]를 국민의 헌법상 의무로 근거지우고 경찰책임(의무)도 그 일환으로 이해한 바 있다.

최근 2013년 Nitschke는 자신의 박사학위논문[50)]에서 위 내용을 종합하여 실질적 경

---

48) 이 의무의 근거를 헌법상 기본의무에서 찾는 독일의 견해와 개괄적 수권조항에서 찾는 견해를 포함하여 이 의무에 대하여 자세한 것은 졸고. (2003). 박사학위논문, 190쪽 이하; Wehr, Matthias. (2005). Rechtspflichten im Verfassungsstaat – Verfassungs- und verwaltungsrechtliche Aspekte der Dogmatik öffentlichrechtlicher Pflichten Privater, S. 275f. 참고.

49) 이 의무에 대해서는 Wehr, Matthias. (2005). Rechtspflichten im Verfassungsstaat – Verfassungs- und verwaltungsrechtliche Aspekte der Dogmatik öffentlichrechtlicher Pflichten Privater, S. 148ff., 특히 S. 278ff. 참고.

50) Nitschke, Andreas. (2013). Die materielle Polizeipflicht im Sinne einer Gefahrenabwehrpflicht als verfassungsrechtliche Grundpflicht, Verlag Peter Lang.

찰의무를 헌법상 기본의무로서 헌법적으로 근거지우고,[51] 1차적 차원에서 위험방지의무로서 실질적 경찰의무는 국민으로서 무제한적으로 귀속되고 단 경찰의무자로서 위험방지에의 협력으로 희생을 입은 1차적 차원에서의 상태책임자는 위해종료 후 2차적 차원에서는 비책임자(Nichtstörer)가 되어 비용책임을 지지 않고 오히려 손실보상청구권을 획득한다고 과거의 논의를 정리한 바 있다.[52] 이러한 내용을 필자는 독일경찰법을 연구한 2003년 박사학위논문에서 이미 주장한 바 있는데, 10여 년이 지나 유사한 주장이 확인되어 그 논의의 정당성이 깊어지는 것으로 판단된다. 그 책임근거의 현실적 이행부담을 표현하는 형식적 경찰책임(의무)의 반비례적인, 과도한 확대경향에는 반대한다.

  그리고 경찰법상 비용책임은 경찰책임론에서 위해종료 후 2차적 차원의 것이다. 이러한 경찰비용책임에 관하여 최근 발전적 문헌이 나왔다.[53] 독일의 다수설은 경찰비용은 공평부담배분원리에 따라 원인기여의 몫(Verursuchungsanteil)에 따라 배분되어야 하고, 독일민법전(BGB) 제254조 연대책임규정을 유추적용하는 것으로 한다. 그러나 Würtenberger와 같은 경찰법대가는 법률상 근거 없는 연대책임을 지우는 비용납부명령은 불허한다는 주장을 펴고 있는데, 이것이 타당하다. 우리 법제에 도입할 경우 유념할 필요가 있다.

  그리고 상태책임 법리는 오히려 일반경찰법에서보다 환경법상 책임논리로 자리 잡아 실정환경법률 특히 토양환경보전법상 토양오염부지의 소유자, 관리자, 사실상 지배권자의 정화책임, 폐기물관리법상 방치폐기물의 토지소유자 처리책임, 건설폐기물법상 토지임대인의 처리책임 등의 근거로 설명되고 있다.[54] 과거 영미법상 책임론에 따르던 학자들도 이 상태책임법리를 받아들여 설명하고 있다.[55]

  마지막으로 다수경찰책임자 사이에서 선택재량권 행사에 관련하여 소수지만 주목할

---

51) Nitschke. a.a.O., S. 162ff.
52) Nitschke. a.a.O., S. 182ff.
53) 서정범. (2014). 경찰비용의 국민에의 전가가능성에 관한 법적 고찰, 홍익법학, 15(4), 499－521; 졸고. (2010). 집회의 자유와 경찰비용. 공법학연구, 11(4), 271－299; 이성용. (2008). 경찰책임자의 비용상환에 관한 연구. 경찰학연구, 8(1), 59－80;
54) 김현준. (2004). 경찰법상의 상태책임, 토지공법연구, 22. 364－381; 김현준. (2013). 책임승계인의 신뢰보호와 상태책임의 한계. 공법학연구, 14(1), 569－598; 손재영. (2010). 상태책임의 귀속과 제한. 법학논고, 33, 307－332; 졸고. (2009). 건설폐기물과 토지소유자의 처리책임에 관한 소고, 환경법연구31－3, 149~185에서 특히 165쪽, 172쪽 이하; 졸고. (2012). 판례를 통해서 본 토지임대인에 대한 폐기물처리책임 귀속의 문제, 환경법연구34－3, 107－139에서 특히 125쪽 이하; 이기춘. (2013). 토양환경보전법의 무과실책임조항에 대한 헌법재판소 결정에 관한 소고, 공법연구41－3, 431~460에서 440쪽 이하 참고.
55) 폐기물관리법상 조치명령의 수범자로 "다른 사람에게 자기 소유의 토지 사용을 허용한 경우 폐기물이 버려지거나 매립된 토지의 소유자"를 규정하는데, 이들의 책임을 상태책임이라고 하는 문헌으로 박균성, 함태성. (2012). 환경법, 제5판, 506쪽; 박종원. (2013). 헌법불합치결정에 따른 토양정화책임조항 입법론. 환경법과 정책, 10, 105－159에서 111쪽 이하 참고.

만한 문헌들이 있었다.[56] 이에 대하여 필자는 논문에서 아래와 같이 논한 바 있고 이 논점에 대한 평가를 그 인용으로 대신한다.[57]

> "독일 경찰질서행정법 학계는 다수의 경찰질서책임자이론과 선택재량지도규칙들을 형성해왔다. 그 하나는 실질적 정의명령에 따라 행위책임자가 상태책임자보다 우선하여 조치명령의 상대방이 된다는 것이고, 또 하나는 이중책임자가 단순책임자보다 우선하여 조치명령의 상대방이 된다는 원칙이다. 이러한 원칙들은 하나의 포르스트 규칙에 불과하고, 현대에 와서는 효과적 위험방지원칙의 중요성이 강조되어, 경찰권발동의 1차적 차원에서는 효과성원칙에 따르는 수범자선택이 우선된다. 그리고 필요성, 수인한도성원칙, 공평한 부담배분원칙도 함께 고려되어야 한다. 이러한 원칙들은 2차적 차원에서 중시된다. 그리고 다수의 경찰질서책임자 사이의 재량결정 시에 합목적적 선택이 확보되어 있다면, 1차적 차원에서도 행위책임자를 우선 조치명령의 대상으로 삼아야 한다. 그것이 자기책임원칙에 적합하다."

5. 경찰작용형식과 즉시강제 – 개괄적 수권조항보다 더 도입이 시급한 비경찰책임자에 대한 긴급강제 규정과 충분한 보상가능성 보장필요성

김성태. (2005). 경찰행정의 작용형식, 경찰법연구, 3(1), 3–31; 김성태. (2010). 무죄(無罪)인 총기사용(銃器使用)의 국가배상책임(國家賠償責任), 경찰법연구, 8(1), 28–56; 김재봉. (2003). 경찰관 총기사용과 정당화의 근거, 경찰법연구 창간호, 1–14; 박병욱. (2015). 위해수반 총기사용의 요건으로서의 정당방위, 긴급피난 규정의 문제점과 총기사용으로 인한 비재산적 피해에 대한 손실보상, 경찰학연구, 15(1), 67–102; 서정범. (1998). 경찰의 행위형식으로서의 경찰명령과 경찰상의 행정행위 – 양자의 구분을 중심으로 –, 안암법학, 8, 105–122; 손재영. (2012). 위험방지를 위한 가택출입과 경찰긴급상황, – 최근 발생한 "수원 20대 여성 토막 살인사건"을 소재로 하여 –, 법과정책, 18(2), 291–317; 이기춘. (2011). 日本의 行政强制法上 爭點에 관한 小考. 강원법학, 34, 147–178; 이기춘. (2011). 행정상 즉시강제에 관한 연구, 공법연구, 39(4), 289–316; 이기춘. (2013). 행정법상 행정단속에 관한 연구. 법학논총(전남대법연), 33(1), 295–325; 이기춘. (2014). 집시법상 협력의 원칙에 관한 연구. 공법학연구, 15(1), 383–414; 이상학. (2012). 경찰처분의 실질적 적법성

---

56) 김현준. (2007). "수인의 경찰책임자", 공법연구, 35(3), 233–258; 박종원. (2015), "복수의 토양정화책임자와 정화조치명령 대상자의 선택 – 2015년 개정 「토양환경보전법 시행령」 제5조의3의 해석과 평가", 환경법연구, 37(2), 2015, 1–25; 서정범. (1996). 다수의 경찰책임자에 관한 법적 문제, 공법연구, 24(2), 383~400; 졸고. (2016). 다수의 경찰질서책임자이론의 역사적 개관 및 선택재량지도원칙에 관한 연구, 토지공법연구, 73(2), 417–448 등 참고.
57) 졸고. (2016). 앞의 논문, 417–418쪽 초록에서 발췌함.

에 관한 일고찰. 법학논고(경북대법연), 40, 301－334; 이성용. (2010). 타자집행에 의한 대집행의 법적 문제, 경찰법연구, 8(1), 3－27; 이성용. (2012). 민간 총기의 규제법리와 입법적 정비방안, 경찰법연구, 10(2), 81－104; 정철우, 백창현. (2014). 새로운 의무이행확보수단으로서의 설득과 유인의 효과 연구, 경찰법연구 12(1), 107－123; Jasch, Michael, Neue Sanktionspraktiken im praventiven Sicherheitsrecht, KJ 2014, S. 237ff.; Kießling, Andrea. (2012). Die dogmatische Einordnung der polizeilichen Gefährderansprache in das allgemeine Polizeirecht, DVBl 2012, S. 1210ff.

경찰작용형식과 관련하여 최근 중요한 것은 오원춘사건에서 드러난 바와 같이 경직법 제7조 1항 가택출입 규정 같은 것의 실효성제고를 위한 집행규정의 마련이다. 가택출입권능 규정은 마련되어 있지만, 중범죄의 신빙성 있는 증거나 제보가 있는 경우 강제로 문을 열고 들어갈 수 있도록 하는 집행규정이 필요하다. 일부 견해는 개괄적 수권조항과 경찰책임자/비책임자 법리를 통해 이를 해결하려고 하는데, 개괄적 수권조항과 경직법은 우리 법제에서 현재 인정하기가 곤란하고 강제진입을 위한 일반적 근거가 되기에는 어려움이 있고[58], 최후의 수단으로서 비책임자에게 즉시강제를 하려는 경우 이에 대한 직접적 근거 마련이 필요하다. 현장에서는 이러한 경우 발생한 물적, 정신적 손해에 대한 경찰공무원 개인에게의 배상청구의 우려로 공권력을 발동하지 못하는 경우가 많다. 특히 독일경찰법제와 같이 엄격한 요건 하에서 비책임자(Nichtstörer)에 대한 강제에 관한 규정을 도입할 필요가 있다. 차제에 현재 우리나라에는 일반법으로서 행정강제법이 없는데, 이 법제의 도입필요성이 크다.

6. 경찰손실보상 – 고의/중과실 없이 경찰활동을 하다가 시민에게 손실을 가한 경찰공무원 개인이 민사배상을 하도록 유도하는 경찰법치주의의 불완전성 해소가능성

김광수. (2011). 경찰작용과 국가배상책임, 경찰법연구 9(1), 3－30; 김병기. (2008). 경찰상 권리구제 확대방안으로서의 손실보상제도의 법제화. 행정법연구, (22), 105－131; 김성태. (2010). 무죄(無罪)인 총기사용(銃器使用)의 국가배상책임(國家賠償責任), 경찰법연구, 8(1), 28－56; 손재영. (2015). 경찰작용에 대한 법적 쟁점 － 이중적 기능을 지닌 경찰작용에 대한 권리구제 －, 경찰법연구, 13(2), 3－24; 이기춘. (2016). 독일경찰법상 손실보상에

---

58) 경직법을 즉시강제의 일반법으로 보기에는 어려움이 있다는 견해로 이운주. (2003). 앞의 논문, 68－69쪽 참고.

관한 연구, 경찰법연구, 14(2), 153－182; 정남철. (2015). 警察作用과 損失補償. 행정법연구, 41, 141－162.

    과거 경직법은 손실보상규정이 없이 효과성원칙에 불균형적으로 치우진 공권력발동 근거 법률이었다. 법치국가적으로 매우 흠결이 있는 법률이었다고 말할 수 있다. 게다가 정당한 공권력행사를 하는 경찰공무원들이 위험상황이든 외관상 위험상황이든 구체적 위험이 존재하고 경직법에 수권도 있음에도 불구하고, 공권력 행사 시 불가피하게 발생한 손실에 대한 손해배상청구가 두려워 소극적으로 대응하는 경우가 많았고, 문제가 발생하면 승진 등 불이익을 우려하여 실제 민사배상청구에 울며 겨자 먹기로 응한 경찰공무원들이 많았다고 한다. 그런데 다행스럽게도 우리나라 경직법에 2013년 도입되어 2014. 4. 6.부터 시행되어 보상이 이루어지고 있다. 아직 불완전한 면이 있지만, 일단 도입 자체를 환영하고 앞으로 더욱 발전이 있기를 희망한다.[59]

Ⅵ. 결론

    독일유학을 준비하던 2000년쯤 언제인가 하루는 류지태 교수님 연구실에 무슨 일이 있어서 들어갔을 때, 독일에서 공공장소나 건설현장에 '주의' 표시를 어떤 단어로 하는지를 여쭤보신 적이 있었다. 무슨 연유이신지 궁금해 하고 있는 동안 'Achtung'이라고 말씀해 주셨다. 류 교수님을 생각할 때면 항상 떠오르는 일이다. 아마 유학을 가게 되면 항상 몸조심, 마음조심하며 열심히 공부 잘 하고 오라는 의미를 담으셨을 거라 생각했다. 유학을 가지 않는 것으로 마음먹고 찾아뵈었을 때 가장 큰 격려를 해 주셨고, 세미나 시간에 벅차는 독일어 번역과제를 주시면서 연구에 대한 책임감을 높여주신 일은 지금 생각해보면 너무나 감사드릴 일이다.

    그런데 우리가 안전, 위험예방을 논의하고 9·11 사태, 테러를 이유로 강력한 위험방지가능성을 논하고 시민의 정보를 입수하고 희망하는 놀이터에 가는 것을 너무나 쉽게 차단하는 것은 아닌지 우려가 된다. 법에 의해 정해진 규준에 맞추어 경찰이나 질서공무원들에 의해 '조심'하고 '주의'하는 일은 교육과 시민설득을 통해 체화되어야 하는 것은 맞는데, 그것이 너무나 일상화되면 과연 리스크를 크게 감수하여야 할 수도 있는 최근 시사적인 4차산업혁명 같은 화두들이 실현될 수 있을지 의문이 든다. 최소한 경찰기관은

59) 이에 대해서는 졸고. (2016). 독일경찰법상 손실보상에 관한 연구, 경찰법연구, 14(2), 153－182, 특히 우리 경직법과 비교법적 고찰부분은 166쪽 이하, 경찰손실보상과 밀접한 일반경찰법적 문제들에 대한 시사점으로는 172쪽 이하 참고.

불확실성이 큰 세계에서 침익적 활동을 하는 것을 자제하여야 한다. 하지만 우리 시민들도 경찰기관들의 공공의 안녕실현을 위한 공권력 행사 시에 협력할 의무가 있고 그에 저항하지 말아야 하는 것이 소위 경찰책임론의 기초이다.[60]

그러나, 대담한 시도가 차단되는 일, 다수인이 봐서는 좀 불편할 수도 있는 소수자들의 자유로운 행동 들이 경찰기관에 의해 제지당하는 일, 정치적 소수자들이 정당한 의견표시를 할 때 생기는 불편함을 어느 정도 용인해야 하는 일들에 대한 논의가 좀 더 학문적으로 분석되고 검토될 필요가 있다. 자유 속에서 안전인지, 안전 속에서 자유인지라는 이 질문은 계속될 것이다. 구체적 위험을 강조하는 경찰법보다는 리스크행정법에 관심이 많으셨던 류지태 교수님의 고견을 듣고 싶다.[61] 그리고 필자는 이제 일반경찰법의 세계에 두었던 주된 연구관심을 이제 비경찰적 위험예방법 특히 식품, 재난, 환경, 문화재 안전법으로 돌릴 것임을 알려드린다.

---

60) 졸고. (2003). 위험방지를 위한 협력의무로서 경찰책임에 관한 연구, 고려대박사학위논문 참조.
61) 류지태. (2004). 행정법에서의 위험관리 – 사법심사의 기준을 중심으로 –, 공법연구 32(3), 한국공법학회, 457쪽 이하 참조.

제 5 부

급부 · 토지 · 환경행정

2007년 이후 사회보장법; 상황과 과제

전 광 석[*]

Ⅰ. 류지태 교수와 필자, 그리고 이 글의 주제

　류지태 교수가 생(生)을 달리한지 10년이 다가오고 있다. 류 교수는 필자와 같은 시대에 학문활동을 하였을 뿐 아니라 여러 가지 경험을 같이 하였다. 1977년 같은 해에 대학교에 입학하였으며, 대학원 재학 시절에 이미 만났던 기억이 있다. 류교수가 독일 유학을 준비하면서 남산에 있는 독일문화원에서 독일어를 배우던 시절에 － 어떠한 계기였는지는 모르겠으나(필자는 당시 독일어 수강을 하지는 않았다. 그러니 같은 수업을 들었기 때문은 아니었다) －, 어느 날 늦은 저녁에 식사자리를 같이 한 바 있다. 이 후 류교수는 독일 레겐스부르크(Regensburg)로, 그리고 필자는 뮌헨(München)으로 유학을 떠났다. 유학 시절에 서로 만나지는 못했다. 만날 기회는 있었다. 어느 날 아침 필자가 근무하던 연구소에 출근하니 옆 연구실의 친구가 어제 늦은 저녁 류지태라는 학생이 필자를 찾아왔지만 연락이 되지 않아(당시 휴대전화는 공상과학에서나 볼 수 있었다) 숙소를 알선해 주었는데 아마 돌아간 것 같다고 알려 주었다. 류교수와 서로의 존재에 대해서 자주 듣고 또 가끔 만났던 것은 1988년 박사학위를 마치고 귀국하여 류교수와 필자가 함께 대학교수가 된 후이다.

　류교수는 충북대학교에, 필자는 한림대학교에 교수로 부임했다. 1989년 한국공법학회 회장에 취임한 김남진교수는 '공부하는 학회'를 표방하면서 월례발표회를 도입하였다. 그 이전까지 한국공법학회는 1년에 한번 정기총회 겸 학술대회를 개최하였다. 류교수와 필자는 제1회 월례발표회에 발표자로 선정되었다. 류교수는 행정법의 전통적인 주제였던 '행정절차의 하자와 그 치유－이유부기를 중심으로'를, 그리고 필자는 '헌법과 사회보장법의 상호작용'에 대해서 발표하였다.[1] 모두 박사학위 논문을 요약하는 형태였다. 이밖에 김형성교수(당시 대전대학교, 이후 성균관대학교), 정종섭박사(당시 헌법재판소, 이후 서울대학교) 등이 발표자로 나섰다. 이 점 역시 류교수와 경험을 같이 한 잊혀지지 않는 기억이다. 이후 류 교수와 필자는 자주 학회에서 만났다. 당시 헌법 및 행정법을 전공하는 학자가

---

* 연세대학교 법학전문대학원 교수
1) 한국공법학회, 한국공법학의 발자취(2016.12), 176면 참조.

만나는 장(forum)은 한국공법학회가 유일했고, 또 그렇기 때문에 참석률도 높았다. 류 교수가 고려대학교에, 그리고 필자가 연세대학교에 부임하면서 공간적 거리는 더욱 가까워졌다.

　　학문적으로 류 교수와 필자의 관심의 접점은 거의 없었다. 류교수는 전통적인 행정법 주제 외에 90년대 중반 이후 통신법에 관심을 갖게 된 것으로 기억한다. 독자적으로 통신법 포럼을 운영하여 새로운 학문분야를 개척해 가고 있었다.[2] 그래도 같은 시대의 학자로서, 남다르게 경험을 같이 하였던 기억을 계속 지니고 있었기 때문에 때때로 연락을 하고 지냈다. 어느 날 전화기 너머로 들리는 류 교수의 목소리가 낯설을 정도로 미약했으며, 그래서 류 교수의 건강을 걱정하는 대화를 했던 기억이 난다. 50세를 바라보는(?) 나이에 건강에 유의해야 한다는 말도 하면서… 그리고 얼마 지나지 않아 이메일로 받은 부고에 류 교수의 이름이 언급되어 있었다. 필자는 이를 당연히 류교수의 부모에 관한 것으로 생각했다. 그러나 이후 학교 동료로부터 류 교수 본인의 부고라는 말을 듣고 메일을 다시 열어 보았다.

　　그로부터 10년이 지났다. 류 교수가 생을 달리 한 이후의 시간을 되새기며 류 교수와 함께 했던 시간을 기억하고자 이 글을 쓴다. 1989년 류 교수와 함께 앉아 필자가 한국공법학회 월례발표회에서 발표한 분야, 즉 사회보장법에 관한 한 2007년은 전세계적으로, 또 우리나라에서도 전환기였다. 우리나라의 경우 그 이전에 1997년의 경험이 먼저 있었다.

Ⅱ. 1997년말의 시대적 의미

1. 노동과 자본의 재편성, 사회적 안전망

　　2007년 미국에서 발생한 주택금융의 붕괴는 세계적인 재정위기로 이어졌다. 이는 사회보장에 있어서는 1990년대 이후 진행된 세계화로 인한 전지구적 단위의 경쟁구도, 자본(투자)을 유인하기 위한 제도조정, 자본과 노동의 균형 상실, 노동과 노동의 경쟁구도의 강화 등으로 나타났다.[3] 특히 노동은 한편으로는 자본과의 관계에서 균형을 유지하는

---

2) 류지태, "통신행정에서의 국가의 역할", 공법연구 제30집 제2호(2001), 93면 이하; "통신법의 체계", 법제연구 제24호(2003), 107면 이하; "통신행정상 사업자의 지위", 공법연구 제35집 제3호(2007), 289면 이하 등 참조.

3) 1990년대 세계화 현상에 대한 사회과학적 인식을 위한 노력에 대해서는 예컨대 안병영/임혁백(편), 세계화와 신자유주의—이념·현실·대응—(나남, 2001); 김경원/임현진(편), 세계화의 도전과 한국의 대응(나남, 1997) 등 참조.

과제와 다른 한편 노동내부의 (정규직과 비정규직) 균열구도를 지켜보아야 하는 어려운 상황에 처하게 되었다. 그런데 사실 이와 같은 상황은 우리에게는 새로운 것이 아니었다. 이미 1997년말 닥친 외환위기는 경제 및 노동시장에 대한 강력한 구조조정을 요청하였다. 일찍이 경험한 바 없는 실업률이 상징적인 지표였다. 거의 완전고용에 가까웠던 과거와는 달리 실업률이 6-7%에 이르는 상황으로 발전하였다. 우리 사회에서 구조조정이라는 낯설은 용어가 등장하였고, 그 압력은 대내외적으로 거셌다.[4] 또 피할 수도 없었다. 사회보장의 근본적인 기능조건은 이로 인하여 크게 흔들렸다. 이는 특히 1970년대 후반 이후 우리의 사회보장이 사회보험을 중심으로 운영되어 왔기 때문에 더욱 영향력이 컸다.[5] 첫째, 사회보험의 가입자인 근로자가 소득의 기반인 고용을 상실하거나 혹은 불규칙한 고용이 소득의 불안정으로 이어지면서 사회보험의 조직 및 재정기반이 약화되었다. 둘째, 고용의 불안정은 고용보험법에 직접적인 영향을 주었다. 고용보험의 재정기반을 약화시키면서, 동시에 적용대상은 확대되어야 했다. 이와 같은 상황에서 사회보험은 규범적인, 그리고 현실적인 이유에서 보장의 공백을 보였다. 규범적으로는 사회보험의 가입대상에서 제외하는 근로자가 광범하게 존재했고, 현실적으로는 사용자가 피고용인이 가입을 회피하는 행태를 보였기 때문이다.[6] 이는 1차적으로 사회보험의 과제였다. 그러나 사회보험은 규범적 및 현실적 한계 외에 구조적으로 한계가 있었다. 사회보험은 가입자의 보험능력을 전제로 비로소 기능할 수 있으며, 사회적 위험에 노출되어 있는가의 여부는 가입 여부를 결정하는 기준이 아니기 때문이다. 이에 사회보험의 규범적·현실적 그리고 구조적 한계를 다른 사회보장의 수단이 체계적으로, 혹은 개별적으로 보충하는 과제를 예고하였다. 노동정책과 복지정책, 사회보험정책과 그밖의 사회정책이 교착하는 관계가 전개되었다. 그러나 우리 사회의 이에 관한 지식수준은 아직 낮았다.

2. 1997년말의 상황과 사회보장에 대한 재인식을 위한 학습

1997년말 우리가 겪은 문제는 결과적으로 2007년 이후 전개되는 상황의 학습에 해당했다. 1993년 제정되고 1995년 시행된 고용보험법은 1997년말 맞은 높은 실업의 상황

---

4) 아래 각주 22 참조.
5) 예컨대 1977년 시행된 의료보험의 제도형성에 대해서는 의료보험연합회, 의료보험의 발자취(1996년까지)(1997), 170면 이하; 이두호 외, 국민의료보장론(나남, 1991), 245면 이하; 차흥봉, "한국의료보험정책의 형성 및 변화에 관한 이론적 고찰", 비교사회복지(한림대 사회복지연구소) 제1집(1991), 58면 이하 등 참조.
6) 이와 같은 사회보험 사각지대의 문제구조에 대해서는 성은미, "비정규직의 사회보험", 이호근(편), 비정규직노동과 복지(인간과 복지, 2011), 17면 이하; 김연명, "비정규직근로자에 대한 사회보험 확대", 한국사회복지학 제45권(2001), 78면 이하 등 참조.

에서 적용대상을 신속히 확대하여야 했다. 고용보험법이 사후적으로 구직급여를 통하여 소득을 보장하는 목표에 비해서 사전적으로 고용안정 및 직업능력개발사업에 중점을 두려고 했지만 구직급여가 충실히 기능하지 않고는 후자의 과제는 실현되기 어려웠다.[7] 그나마 1997년말이 오기 전에 고용보험이 이미 시행되었기 때문에 소모적인 정책논쟁을 피할 수 있었던 것은 다행이었다. 정부는 경제 및 노동시장의 구조조정이 모든 국민에게 최저생활을 보장하는 전제 하에서 비로소 실현될 수 있다는 점을 충실히 인식하고 있었다. 이는 당시 우리의 정책결정에 깊숙이 관여하게 되었던 세계은행(World Bank), 국제통화기금(IMF) 등 국제기구의 권고이기도 하였다.[8] 이에 기존 생활보호법의 구조적 흠결을 개편하는 - 오랫동안 지체되었던 - 입법이 필요했고, 이는 1999년 국민기초생활보장법의 제정으로 실현되었다.[9]

    국민연금과 공무원연금 등 연금법은 국가재정 및 연금재정의 상황 및 상황의 변화에 맞게 조정되어야 했다. 1998년 국민연금법 개정에 의하여 연금수준은 낮아졌다. 1961년 시행된 공무원연금법은 사회보장의 이념과 함께 공무원의 낮은 보수를 보상하고 인력수급을 원활히 하는 인사정책적 고려가 작용하여 저부담 고급여의 구조를 유지하고 있었다.[10] 그 결과 이미 1990년 초중반 이후 일반예산의 지원이 없이는 기능하기 어려운 상태에 있었다. 이에 한편으로는 공무원연금의 재정 안정을 위하여, 다른 한편 국민연금과의 균형발전을 위하여 1995년 이후 지속적인 개편논의가 이어지고 있었다.[11] 이로써 공적 연금이 개인의 생활을 보장하는 능력은 낮아졌고, 위에서 언급했듯이 사회보장의 다

---

7) 이 점에 대해서는 예컨대 안학순, "한국 고용보험제도의 적극적 노동시장정책에서 소득보장 기능 강화로의 전환과정에 관한 연구", 연세사회복지연구 제5권(1998), 143면 이하 참조.

8) 아래 각주 22 참조.

9) 기존 생활보호법의 구조적 흠결과 개선과제, 그리고 개선의 결과에 대해서는 예컨대 전광석, "최저 생활보장의 규범적 기초-헌법 및 관련 법제의 형성과 과제를 중심으로", 저스티스 제156호(2016), 69면 이하 참조.

10) 공무원연금법의 도입 배경에 대해서는 전광석, 복지국가론-기원·발전·개편(신조사, 2012), 109면 이하; 정무권, "한국 사회복지 초기형성에 관한 연구", 한국사회정책 제3권(1996), 333면 이하 등 참조.

11) 1995년 이후 공무원연금법의 개정논의 및 개정내용에 대해서는 예컨대 민효상, "왜 2009년 공무원 연금제도개혁은 점진적(moderate) 개혁에 머물렀는가?-정책결정과정과 정치·제도적 특성을 중심으로", 한국정책학회보 제20권 제1호(2011), 333면 이하; 민효상, "공무원연금제도 개혁의 거부자 (veto-player)와 상쇄관계(trade-off)에 관한 연구-1995년 이후 개혁과정을 중심으로", 한국정책학회보 제18권 제3호(2009), 222면 이하; 배준호, "공무원연금개혁 2007", 사회보장연구 제22권 제4호(2006), 113면 이하; 배준호, "공무원연금의 국제비교와 2009년 개혁", 사회보장연구 제25권 제3호(2009), 201면 이하 등 참조. 이미 1990년대 공무원연금법을 국민연금법에 통합하는 등 개정의 다양한 방안에 대해서는 예컨대 고철기/오영희/김성희, 국민연금제도와 특수직역연금 간 연계방안 (한국보건사회연구원, 1990) 참조.

른 수단에 의하여 보장의 공백을 메우는 필요성이 증가하였다. 이미 공적 사회보장이 개인생활의 경제적 기초로서 민감하게 인식되는 상황이 퍼져 있었으며, 그 결과 제도 자체의 기능을 유지하기 위하여 긴축이 필요한 경우에 나타나는 보장의 공백을 다른 제도를 통하여 보충하는 요청은 정치적으로 피할 수 없게 되었다. 개별적인 생활국면에서 구체적인 보호의 필요성에 대한 인식과 민감성은 더욱 강화되어 갔다.

3. 사회보장법의 정치적 성격

1997년말의 상황은 새로운 정치적 구도를 형성하는 계기가 되었다. 1997년말 사태는 경제 및 노동시장의 구조를 신속하게 조정할 수 있을 때 극복될 수 있다는 공감대가 형성되었다. 이에 자본과 노동의 관계가 재정립되었고, 여기에는 사회보장을 조정하는 과제가 뒤따랐다. 이를 위해서는 자본과 노동의 참여와 합의가 필수적이었다. 다만 당시 위기상황에서 국내자본과 노동, 그리고 국내정책적 형성범위는 제한적이었다. 이에 노·사와 정부의 합의는 쉽게, 좀더 정확히 표현하면 다른 선택의 여지가 없이 이루어졌고, 이는 국회 입법작업을 대체하거나 선도하였다.[12] 그러나 이는 동시에 앞으로 사회보장법관계가 정치화되고, 자본과 노동 뿐 아니라 전국민이 참여하는 정치적 구도 속에 편입될 것을 예고하였다. 사회보장의 기능유지라는 객관적 목적, 사회보장에 관한 전문적 판단, 이해당사자의 주관적 이익이 혼란스럽게 경합할 것으로 예상되었다. 이제 사회보장이 정치·경제 등 거시질서의 변화와 상호 작용하면서 형성된다는 사실이 명확해졌다. 그리고 1990년대 이후 사회보장의 거시질서는 유리하게 전개되지는 않았다. 이 점이 서서히 인식되었지만 아직 체감도는 낮았다. 무엇보다도 고용관계가 생활의 경제적 기초가 된다는 관성적 인식이 아직 남아 있었다.

사회보장의 정치적 성격은 제도의 성숙도에 따라서 차이는 있었다. 국민연금은 아직 수급시기가 도래하지 않았기 때문에 국민연금에 대한 기능적 및 전문적 판단이 이해당사자, 즉 가입자의 이해관계를 쉽게 극복할 수 있었다. 1998년 국민연금법 개정은 연금수준을 인하하고, 또 정치적 및 정책적 주목을 받지는 못했지만 재정방식 역시 변화하였다. 즉 기존에 퇴직금적립금을 보험료로 전환하는 방식을 폐지하고 사용자와 가입자가 보험료를 반씩 부담하도록 하였다. 이 점은 1988년 국민연금법이 제정되었던 당시 노사 간에 국민연금과 퇴직금제도를 조정하는 매체였고, 첨예하게 의견이 대립하였던 문제라

---

12) 당시 노사정위원회의 운영상황에 대해서는 예컨대 정무권, "'국민의 정부'의 사회정책 – 신자유주의의 회귀?, 사회통합으로의 전환?", 김연명(편), 한국 복지국가 성격 논쟁 I(인간과 복지, 2002), 58면 이하; 최영기/전광석/이철수/유범상, 한국의 노동법 개정과 노사관계 – '87년 이후 노동법 개정사를 중심으로(한국노동연구원, 2000), 432면 이하 등 참조.

는 점을 고려하면 이에 관한 1998년 개정은 이례적이었다.[13] 이에 비해서 공무원연금법
에서는 가입자 및 수급자가 이해당사자로서 적극적으로 참여하면서 개혁이 지체되었다.[14]

Ⅲ. 2007년 이후 시대 상황과 사회보장법의 과제

1. 사회보장의 수사(修辭)와 실체; 2007년 이후의 시대 인식

1990년대 이후 자본 및 노동시장에서는 신자유주의가, 그리고 사회보장에서는 근로
연계복지, 생산적 복지, 사회투자국가 등의 이념이 지배하게 되었다는 평가를 받았다.[15]
그러나 이는 시대의 특징을 지나치게 단순화한 것이었다.[16] 노동정책에 있어서 1996년
정리해고를 도입하고(근로기준법 제27조의 2) 구조조정에 정책적 우선 순위가 두어지게 되었
다는 점에서 신자유주의의 그림자가 드리워졌었던 것은 사실이다. 그러나 거시경제질서
의 개편에 있어서 국가가 주도적인 역할을 하였던 점을 생각하면 신자유주의의 경제사조
가 이 시대를 지배하였다고 평가할 수는 없다. 경제질서의 왜곡이 국가정책의 산물이었
던 점을 고려하면 경제질서의 회복을 시장에 전적으로 맡기는 것은 올바른 처방이 아니
었고, 규범적 정당성이 있다고 볼 수도 없다.

지난 세기 후반, 즉 1990년대 이후 사회보장에 있어서 생산적 복지의 구상이 표명되
었다. 그러나 사회보장의 생산적 기능에 관한 구상이 아직은 명확하지는 않았다.[17] 일반
적으로 빈곤이 널리 퍼져 갔고, 제도는 이를 따라가지 못하고 있었다. 1999년 제정된 국
민기초생활보장법은 생산적 복지를 수사적 구호로 제시하였지만, 시대를 설명하는 능력
에 있어서는 이중적 한계가 있었다.[18] 첫째, 생산적 복지를 실현하는 수단인 자립지원에
필요한 행정적 및 재정적 지원이 뒷받침되지 않았으며, 자립지원을 위한 프로그램이 갖추
어지지도 못했다. 또 자립지원의 대상도 뚜렷하지 않았다. 둘째, 국민기초생활보장법의
입법목적에 비추어 보면 자립지원에 비해서 모든 국민에게 최저생활을 보장하는 이념이

---

13) 국민연금법 제정 당시 이 문제에 대한 의견대립에 대해서는 국민연금공단, 국민연금 20년사(2008),
　　58면 이하 참조.
14) 1995년 공무원연금법의 개정 경과 및 개혁의 한계에 대해서는 위 각주 11 참조.
15) 이에 대해서는 예컨대 정무권, 위 각주 12의 논문, 58면 이하 참조.
16) 1990년대 후반 우리 복지국가의 성격에 대해서 사회복지학자들 사이에 신자유주의, 보수적 조합주
　　의, 국가책임의 확대 등의 논쟁이 있었다. 이에 대해서는 김연명(편), 한국 복지국가 성격논쟁 I(인
　　간과 복지, 2002), 51면 이하, 90면 이하, 119면 이하, 152면 이하 등 참조.
17) 생산적 복지에 관한 다양한 이해방법에 대해서는 예컨대 남찬섭, "경제위기 이후 복지개혁의 성격
　　-구상, 귀결, 복지국가체제에의 함의", 김연명(편), 한국 복지국가 성격논쟁 I(인간과 복지사,
　　2002), 149면 이하 참조.
18) 이 점에 대해서는 예컨대 전광석, 위 각주 9의 논문, 72면 이하, 75면 이하 등 참조.

보다 시급했다. 그러나 당시 소득 및 의료보장에 있어서 사회보험은 가입범위에 사각지대가 있었고, 또 보장수준이 낮았기 때문에 문제를 해결하는데 뚜렷한 한계가 있었다. 특히 국민연금과 고용보험이 그랬다. 사회보험은 오히려 '지속가능성'이라는 새로운 시대적 과제를 맞고 있었다. 공공부조는 사회보험의 공백과 새로운 빈곤, 특히 점증하는 근로빈곤과 50%에 가까운 노인빈곤을 감당하기에는 벅차 했다. 이에 취약집단의 개별적인 사회문제를 구체적으로 보호하는 사회보장의 수단과 방법이 찾아져야 했다. 이는 사회투자국가의 전략으로 명명되었고, 또 우리 복지국가의 발전방향으로 제시되었다. 그러나 아직 소득 및 의료보장이 지체되어 있는 상태에서는 성급한 전략이었다.[19] 이 시대는 한편으로는 전통적인 복지국가의 과제인 소득보장, 그리고 다른 한편으로는 새로운 사회적 위험을 보호하고 자립의 기반을 지원하기 위한 서비스를 동시에 확대하는 과제를 남겼다.[20]

2. 1997년말과 2007년 이후 상황의 차이

2007년 이 전의 상황은 위와 같았다. 이미 암시되었듯이 2007년 이후 우리 사회에서 기존의 상황은 더욱 심화되거나 혹은 새로운 상황을 맞게 되었다. 또 1997년말을 계기로 도입된 제도들이 의도한 바와 같은 기능을 수행하지 못하는 경우도 있었다. 1997년말 이후의 시기는 유용한 학습 기간이었지만 학습의 범위와 깊이를 넘는 상황이 기다리고 있었다. 사회보장법의 형성에 작용하는 구조적인 문제에 있어서 1997년말의 시기와 2007년 이후의 시기는 다음과 같은 점에서 결정적인 차이가 있었다.[21]

1997년말의 상황은 외환관리의 실패에 결정적인 원인이 있었다. 당시 외환위기는 국제통화기금(IMF), 세계은행(World Bank) 등의 지원을 받아 헤쳐 나갈 수 있었지만 지원에 대한 대가도 있었다. 즉 이들 국제기구는 지원의 조건으로 강력한 정책 변화를 주문하였다. 우리 경제 및 노동시장의 개편이 기본적인 방향이었다. 여기에는 사회보장에 관

---

19) 이와 같은 현실적 필요성과 당위적 발전방향을 둘러싼 의견 대립에 대해서는 김영순, "사회투자국가가 우리의 대안인가?; 최근 한국의 사회투자국가 논의와 그 문제점", 경제와 사회 제74호(2007), 84면 이하 참조. 이 논의를 보충하는 문헌으로는 양재진, "사회투자국가가 우리의 대안이다; 사회투자국가 비판론에 대한 반비판", 경제와 사회 제75호(2007), 319면 이하 참조.
20) 이 점에 대해서는 예컨대 성경륭, "한국 복지국가발전의 정치적 기제-노무현 정부와 이명박 정부의 비교 분석", 김병섭 외, 우리 복지국가의 역사적 발전과 전망(서울대 출판문화원, 2015), 557면; 이혜경, "한국 복지국가의 전개-정부와 민간복지의 관계 변화", 같은 책, 320면 등 참조.
21) 2007년 이후의 상황이 1997년말의 상황과 유사한 점이 많았고, 또 그것이 연장된 것으로 볼 수 있었지만 사회보장법 역사의 시대구분에 있어서 2007년 이후의 시기가 독자적인 의미를 갖는 이유이기도 하다. 사회보장법 역사의 시대구분에 대해서는 전광석, 한국사회보장법론(집현재, 2016), 173면 이하 참조. 이밖에 전광석, "사회보장법의 역사-왜, 무엇을 어떻게 연구·서술할 것인가?", 사회보장법학 제6권 제2호(2017), 188면 이하 참조.

한 권고도 포함되어 있었다.[22] 그러나 1997년말의 상황은 기본적으로는 우리나라에 특유한 것이었으며, 또 정책노력에 따라서 극복될 수 있었다. 실제 정치권은 － 객관적인 평가를 별론으로 하고 － '1997년 사태는 극복되었다'는 주장을 할 수 있었다. 이에 비해서 2007년의 재정위기는 미국을 진원지로 하였지만 곧 전세계적인 재정위기를 가져왔다. 재정위기는 거의 전세계에 보편적으로 나타났고, 그 구조적 내용은 어느 정도 동질적이었으며, 처방 또한 그러했다. 자본의 노동에 대한 지배가 강화되었고, 노동시장의 분절은 더욱 깊어갔다. 사회양극화 및 사회적 배제(social exclution), 그리고 사회통합이 시대의 의제가 되었다. 새로운 사회적 위험(new social risks)이 공론화되었고, 빈곤문제는 구조화되고, 또 새로운 모습을 띠어가고 있었다(new poverty).[23] 그리고 이는 우리 1997년말의 상황과는 달리 일회적인 혹은 단기간의 정책 처방을 통하여 '극복'될 수 있는 문제가 아니었다. 사회보장은 단순히 제도개선의 문제에 그치지 않고 전통적인 구조를 점검하고 재구조화하는 사고를 필요로 하였다.

3. 상황과 과제

2007년 이후의 상황은 다음과 같은 몇 가지 유형으로 나눌 수 있다. 첫째, 1990년대 이후 상황이 구조화하고 깊어지는 유형이다. 국가재정 및 사회보장재정의 지속가능성에 대한 우려, 그리고 제도에 대한 불신이 이러한 범주에 속한다. 둘째, 오래 전부터 상황 자체의 심각성이 예고되었으나 이 시기에 비로소 본격적으로 인식되었던 문제들이다. 저출산 고령사회로의 진행이 여기에 속하는 대표적인 문제이다. 셋째, 시대의 상황과 추상적인 과제는 인식되고 있었으나 처방의 방향에 대한 논의가 지체되고 있었던 문제들이다. 사회보장에서 고용이 차지하는 위상 및 역할에 대한 재인식의 필요성과 제도적 대응 방안에 대한 논의가 이러한 유형에 속한다. 넷째, 위 모든 문제들이 함께 작용하여 사회보장의 사회통합기능이 새롭게 주목을 받아야 했다. 위에서 언급했듯이 빈곤문제는 사회적 배제의 문제로 의제화되면서 복잡하고 다원적인 정책적 대응을 필요로 하게 되었다. 이에 비해서 소득보장에 있어서는 저부담 고급여의 구조는 더 이상 현실성이 없었으며, 중부담 중급여 혹은 저부담 저급여가 대안으로 논의되었다. 그러나 낮은 수준의 평등을 보편적으로 실현하는 과제가 훨씬 현실적이며, 또 규범적 타당성도 있었다. 다만 낮은 수

---

22) 이에 대해서는 예컨대 김연명, "김대중 정부의 사회복지정책", 김연명(편), 한국 복지국가 성격논쟁 I(인간과 복지, 2002), 113면 이하; 양재진, "세계은행과 국제노동기구의 연금개혁전략 비교연구; 한국에의 적용과 대응", 한국정책학회보 제10권(2001), 226면 이하 등 참조.

23) 이와 같은 상황의 변화에 대해서는 아래 III.4.(4) 참조. 새로운 빈곤에 관한 논의에 대해서는 예컨대 김영란, "신빈곤(new poverty)의 발생구조와 빈곤정책의 변화에 관한 연구", 사회복지정책 제20집(2004), 245면 이하 참조.

준의 보편적 평등은 필연적으로 보장의 공백을 발생시키고, 이는 개별적, 그리고 구체적으로 메워져야 했다. 이는 우리에게 새로운 문제였지만 이미 국민의 복지의식이 높아진 상황에서 복지국가, 그리고 국가 자체의 위기와 연계된 필연적인 과제였다. 이들 문제의 구조와 처방의 방향에 대해서 차례로 살펴본다. 이 글에서는 제목에 나타나 있듯이 2007년 이후의 상황을 문제구조와 처방의 방향을 중심으로 묘사한다. 이에 비해서 제도개선의 구체적인 내용을 제시하고 점검하는 것은 이 글의 목적이 아니다.

4. 개별 문제

1) 재정 및 제도의 위기

이 시기에 연금보험 등 사회보험의 재정문제는 새로운 차원을 띠게 되었다. 2007년 재정위기는 일부 국가에서는 국가부도 등의 결과를 가져왔다(예; 그리스). 이는 사회보장재정에도 직접적인 영향을 미쳤으며, 또 일부 국가에서는 사회보장의 재정부담이 국가재정의 위기로 이어지기도 하였다. 이에 지속가능성 혹은 지속가능한 발전(sustainability, sustainable development)의 문제가 또 다른 시대의 의제가 되었다. 이는 현재 세대가 과도하게 남긴 국가부채로 인하여 미래 세대가 재정적인 처분능력을 상실하는 상황이 방지되어야 한다는 명제였다.[24]

이 시기 사회보장의 재정위기는 이중적인 구조를 띠었다. 첫째, 우리나라에서 사회보험은 국민보험의 성격을 띠게 되었다. 국민건강보험은 이미 1988년과 1989년에, 그리고 국민연금은 1995년과 1999년에 농어민과 도시지역주민을 가입자 범위에 포함하여 전국민 사회보험으로 발전하였다. 이는 사회보험재정 및 국가재정에 영향을 미쳤다. 사회보험능력, 즉 보험료 납부능력이 미약한 가입자 집단에 대해서 국고보조가 필수적이었기 때문이다. 건강보험은 조직 및 재정이 통합되면서 국고 및 국민건강증진기금에서 지원을 받았으며(국민건강보험법 제108조), 국민연금은 국민연금법 자체에서 소규모 사업장 근로자에 대한 보험료 지원을 하도록 하였다(국민연금법 제100조의 3, 시행령 제75조의 2, 제73조의 3). 이로써 사회보험재정과 국가재정이 어느 정도 혼재하게 되었다.[25] 이로써 국가재정의 위기가 사회보장의 재정에 영향을 미칠 개연성을 갖게 되었다. 둘째, 사회보험에서는 가입자가 보험료를 납부하고 사회적 위험이 발생하면 이를 보호하기 위한 급여가 지급된다. 즉 어느 정도 급부와 반대급부가 균형을 이루어야 하며, 국민연금 등 연금법에서는 이러

---

24) 이 점에 대해서는 예컨대 전광석, "지속가능성과 세대 간 정의", 헌법학연구 제17권 제2호(2011), 281면 이하 참조.

25) 국가재정과 사회보장재정이 혼재하는 상황에 대해서는 예컨대 전광석, "사회보장재정의 규범적 논의구조", 사회보장법학 제4권 제1호(2015), 19면 이하 참조.

456 2007년 이후 사회보장법; 상황과 과제

한 균형관계가 장기간 지속될 수 있어야 한다. 그런데 1988년 시행된 국민연금과 같이 저부담 및 (상대적인) 고급여의 구조를 띠고 있는 제도에서 이러한 균형관계가 지속될 수 없다는 위기의식이다. 국민연금과는 달리 공무원연금은 1990년 초·중반 이후 기여금 및 부담금의 수입으로 지출을 감당할 수 없는 문제가 현실화되었다. 이에 공무원연금법은 1995년 이후 네 차례 개정되었으나 근본적인 개혁에 이르지는 못하였다. 2015년 공무원 연금법의 구조개혁을 시도하였으나 부분적인 개정에 그쳤다.26)

지속가능성의 측면에서 보면 사회보장, 특히 연금제도에서 위기의 징후는 수입과 지출 모두에 걸쳐 있었다. 고령사회가 깊어지면서 연금수급기간이 길어졌고 그 결과 연금지출이 급증할 것으로 예상되었다. 이에 비해서 저출산과 고용의 불안정으로 인하여 연금의 수입구조는 악화될 것이 예견되었다. 국민건강보험에서는 노인진료비가 급증하는 문제를 재정부담을 조정하여 합리화하는 과제가 시급했다.

사실 위와 같은 재정위기 혹은 부담의 문제 자체는 새로운 것이 아니었다. 국민연금의 재정부담은 처음부터 예견되었다.27) 이 문제는 1990년대 후반 이후 본격적으로 논의되었다. 또 위에서 서술하였듯이 1998년 연금수준을 인하하는 개정을 하였으며, 2007년 또 다시 연금수준을 낮추었다. 국민연금의 경우 이와 같이 비교적 충실한 학습을 할 수 있었고, 또 적시에 제도내용을 조정할 수 있었다. 그리고 국민연금의 수준이 낮아졌고, 국민연금이 노후에 적절한 경제적 기반이 될 수 없다는 사실은 명확해졌다. 잠재해 있던 이러한 우려는 연금수급 시기가 다가오면서 커지고, 또 현실로 나타났다. 이는 국민연금에 대한 신뢰를 위기에 빠뜨렸다. 2004년 '안티국민연금'이 나타났고, '국민연금 8대 비밀'이 근거 없이 퍼져갔다.28) 그러나 국민연금의 수준을 상향 조정하는 것은 불가능했다. 이를 위하여 필요한 보험료의 인상은 일종의 금기(taboo)였다. 미래의, 그리고 장기적인 효과를 갖는 급여의 인하조치에 비해서 현재 부담이 되는 보험료의 인상은 정치적으로 가능한 선택이 아니었다. 따라서 노후소득보장의 공백은 다른 공적 제도 혹은 사적 배려를 지원하여 보충되어야 했다. 사실 우리나라에서 사회보험이 도입된 후 비교적 이른 시기에 근로자의 범위를 넘어서 전국민을 가입자로 포괄하게 되면서 사회보험에서 적절한 생활수준을 보장하는 목표는 실현될 수 없었다. 고용과 소득이 안정적인 근로자와 소득이 안정적이지 못하고, 또 소득이 충실하게 파악될 수 없는 지역 주민을 위한 사회보험을 별도로 운영하였다면 사정은 달랐을 것이다.29) 그러나 연금보험에서 직장근로자와 지

---

26) 위 각주 11 참조.
27) 국민연금 시행 초기에 이미 재정적 지속가능성에 대해서 회의적인 견해로는 예컨대 민재성, 국민연금제도의 기본구상과 경제사회 파급효과(한국개발연구원, 1986), 169면 이하 참조.
28) 국민연금사편찬위원회, 실록 국민의 연금(2015), 334면 이하 참조.

역주민의 조직 및 재정적 분리는 복지의 평등을 훼손하는 함의가 있었으며, 따라서 정책적 대안이 될 수 없었고, 또 이에 관한 정치적 의지도 없었다.

국민연금의 수준이 낮아져서 발생하는 노인빈곤을 보충적으로 보호하기 위하여 2007년 기초노령연금법이 제정되었다. 이는 사회보장방법론적으로 보면 개별적인 집단의 특유한 문제를 구체적으로 보호하는 새로운 영역이었다. 그러나 이로써 사회보장법에서 사고(思考)의 부담은 커졌다. 정책대상의 문제를 개별적으로 관찰하고 이를 구체적으로, 혹은 추상적으로 보호하는 방법을 제시하여야 하게 되었다. 기초노령연금을 국민연금과 연계하여 노인빈곤을 추상적으로 보호하거나, 국민기초생활보장법을 보충하여 구체적으로 보호할 것인가는 또 다른 결정을 필요로 하였다. 이로써 개별 사회보장법을 기능적으로 조율하여 법체계를 형성하는 작업은 복잡해졌고, 또 실제 기능을 평가하는 작업도 어려워졌다. 이 점에 대한 올바른 인식과정은 아직 진행 중이다.[30]

건강보험의 상황은 국민연금과는 차이가 있었다. 건강보험은 현재 가입자가 부담하는 보험료를 기반으로 급여가 지급되는 구조를 띠고 있다. 그리고 질병치료 및 건강보장을 위해서는 질병이 발생하면 즉시, 혹은 적어도 적시(適時)에, 그리고 적절한 급여를 지급하여야 하며, 그렇지 않은 경우 가장 기본적인 자유의 조건이 상실된다. 일반적으로 보면 이와 같은 위험의 특수성과 중요성은 가입자에게 쉽게 인식될 수 있다. 이에 건강보험에서는 적정한 수준에서 보험료를 지속적으로 인상할 수 있었다. 그러나 노인의료비가 급증하는 고령사회의 구조적인 문제는 건강보험의 재정으로 극복될 수 있는 문제가 아니었다. 2007년 노인장기요양보험법의 제정은 장기요양의 새로운 문제를 보호하는 조치였지만 동시에 어느 정도는 질병과 구분이 되지 않는 노인장기요양문제를 건강보험에서 분리하여 건강보험의 재정을 건전화하는 목적도 가졌다.[31] 질병의 예방과 질병치료 후의 재활 등의 문제가 국민건강의 보장을 위하여, 그리고 재정적으로 효율적이며, 따라서 개별적인 법률관계에서 급여를 지급하여 가입자를 보호하는 방법과 마찬가지로 필요하다

29) 1995년 농어촌연금의 실시에 있어서 기존의 국민연금과 독자적인 제도를 설계하는 안이 검토된 바 있다. 이에 대해서는 예컨대 유광호 외, 농어촌연금제도에 관한 연구(한국사회보장학회, 1989); 이혜경, "농어촌구조개선과 사회복지정책", 사회보장연구 제5권(1989), 80면 이하; 정명채 외, 농어민연금제도의 연구(한국농촌경제연구원, 1988) 등 참조.
30) 당시 기초노령연금법의 체계구상에 대해서는 예컨대 김지혜, "빈곤과 기초노령연금법", 사회보장법학 제2권 제1호(2013), 51면 이하 참조. 이밖에 기초노령연금의 기능에 대한 논의에 대해서는 예컨대 윤석명, "인구고령화를 반영한 공적 연금 재정전망과 정책과제; 국민연금과 기초노령연금을 중심으로", 보건복지포럼(2011.8), 16면 이하; 이용하/김원섭, "인수위 기초연금 도입(안)에 대한 평가와 전망", 사회보장연구 제29권 제2호(2013), 5면 이하 등 참조.
31) 이 점에 대해서는 전광석, "한국의 노인장기요양 관련 법제도의 현황과 과제", 사회보장법학 제2권 제1호(2013), 106면 이하 참조.

는 정책적 인식과 의지가 필요했다.[32] 이는 사회보장법의 정치화가 가져온 정책적 불균형이었다.[33] 개인은 개별적인 사회보장법적 법률관계에서 형성된 권리를 가지며, 권리의 존속과 변화는 객관적 제도를 통하여 실현되는 공중보건의 효과에 비해서는 훨씬 민감하다. 이러한 불균형을 정치적으로 극복하기는 힘들기 때문이다.

2) 저출산 사회의 사회보장

1990년대 중반 이후 진행되었던 저출산 고령사회의 의미가 서서히 체감되기 시작했다. 우리나라에서 오랫동안 시행된 인구억제를 내용으로 하는 인구정책은 1980년대 중반 이후 더 이상 타당하지 않게 되었다. 이때 이미 인구증가율이 낮아지기 시작했다. 1982년 출산률은 2.0 이하로 낮아졌고, 1990년에는 1.6에 불과했다. 그러나 문제의 인식은 지체되었고, 정책의 전환은 더욱 늦었다. 예컨대 세법에서 3자녀부터 소득공제의 혜택을 배제하는 규정, 의료보험법에서 2자녀에 한하여 분만급여를 지급했던 규정은 이때 비로소 폐지되었다.[34] 1950년대 베이비붐, 그리고 1960년대 및 1970년대 과다인구에 대한 두려움과 강력한 인구억제를 경험한 세대가 과소인구, 저출산의 문제를 진지하게 받아들이는 데에는 어느 정도 시간이 걸렸다. 1980년대 초반 이미 서부유럽에서 저출산 문제는 핵심적인 사회문제가 되었다.[35] 그럼에도 우리 사회에서 저출산의 문제는 2000년대에 들어 와서 본격적으로 공론의 장에 들어 왔다.[36] 저출산은 기본적으로 국가존속과 관련된 문제이며, 또 거시경제질서에서 보면 노동력의 고령화와 생산인력의 감소로 나타난다. 사회적으로 보면 세대 간 분열, 그리고 세대 간 형평 및 통합의 문제를 제기한다.[37] 아래에서 설명하듯이 지속가능성의 관점에서 보면 미래의 한정된 성장잠재력을 현재 세대가 선취(先取)할 우려가 있기 때문이다. 2005년 비로소 저출산고령사회기본법이 제정되었다.

저출산은 사회보장의 전제조건과 직접 관련되어 있었다. 특히 다음 두 가지 점에 대한 인식이 필요했다. 첫째, 다음 세대와의 인구균형이 유지될 수 없으면 현재 보험료를 부담하는 세대에게 지급할 연금의 재원이 축소되며, 그 결과 연금청구권이 실현될 수 없게 된다. 결국 연금보험의 법적 구조에서 미래 세대, 즉 자녀가 필수적인 구성원이며, 따

---

32) 이 점에 대한 지적으로는 예컨대 이진석, "보건의료정책의 역사적 변화와 전망", 김병섭 외, 우리 복지국가의 역사적 변화와 전망(서울대 출판문화원, 2015), 192면, 197면 등 참조.
33) 이와 같은 정책의 역설에 대해서는 Stefan Huster, "Gesundheitsgerechtigkeit; Public Health im Sozialstaat", Juristen Zeitung(2008), 859면 이하 참조.
34) 이와 관련된 헌법재판소의 결정으로는 헌재결 1997.12.24., 95헌마390, 9-2, 817면 이하 참조.
35) 예컨대 독일의 상황에 대해서는 Franz-Xaver Kaufmann, Schlumpfende Gesellschaft(Suhrkamp, 2005), 30면 이하 참조.
36) 이현승/김현진, 대한민국-저출산 고령화의 시한폭탄(삼성경제연구소, 2003), 13면 이하 참조.
37) 세대 간 정의 및 지속가능성의 헌법적 구조에 대해서는 예컨대 전광석, 위 각주 24의 논문, 274면 이하 참조.

라서 이에 대한 배려는 연금보험의 가장 중요한 기능조건이다.[38] 저출산이 심화될수록, 그리고 저출산에도 불구하고 사회보험이 기능하는데 필요한 정책적 배려가 취해지지 않는다면 세대 간 연대의식은 더욱 엷어질 것이다. 둘째, 저출산은 자녀양육의 경제적 부담, 이로 인한 여성 근로자의 경력 단절, 자녀가 생활할 미래 사회에 대한 불안 등이 함께 원인이 되었다. 이 점이 인식되었지만 현상에 대한 구조이해와 처방은 계속 지체되었다. 사실 저출산은 위와 같은 다양한 원인을 배경으로 하였기 때문에 국가정책을 통하여 출산률을 정상화시키는 데에는 한계가 있다. 특히 출산정책은 필연적으로 자녀, 그리고 자녀세대 자체에 대한 배려가 주요 관심이 아니라 자녀를 양육하는 현재 세대를 지원하기 때문에 정책의 관심이 분산되어 있는 점도 장애가 된다.[39] 또 체념적으로 보면 우리나라에서 저출산은 일종의 문화적 경향이 되었다고 볼 수도 있다. 이와 같은 정책적 한계를 고려하면 사회보장과 관련하여 저출산은 다음과 같은 과제를 제시한다.

저출산은 가족의 의미와 기능, 그리고 사회보장에서 가족의 위상에 대한 근본적인 이해의 전환이 필요한 문제였다. 적어도 장기적인 보장을 내용으로 하는 연금보험 및 장기요양보험 등에 있어서는 가족에 대한 사회적 보호를 넘어서서 가족이 복지생산의 장 (forum)이며, 따라서 자녀양육이 사회보장의 잠재적 기반이라는 이해가 필요했다. 이와 같은 시각에서 보면 자녀양육은 보험료에 의한 재정적 기여와 동등한 가치가 있다는 사실이 적극적으로 인식되어야 했다. 예컨대 2008년 국민연금법은 자녀를 양육하는 가입자에게 보험료 납부의무를 면제하고 그 기간의 일부를 보험가입기간으로 인정하는 개정을 한 바 있다(국민연금법 제19조). 그러나 이는 두 자녀 이상을 양육하는 조건 하에서 적용되었다. 결국 개별적인 지원의 필요성을 인식하고는 있었지만, 자녀양육을 구조적으로 국민연금에 편입하는 구상에 이르지는 못했다. 또 국민연금 이외의 사회보험에도 자녀양육을 구조화하여 지원을 확대하는 문제를 본격적으로 검토하는 계기가 되어야 한다.

우리 사회에서 저출산은 사회보장재정의 지속가능성에 관한 일반적인 문제, 그리고 여성의 자녀양육과 직업활동을 동시에 보호하는 특별한 문제로 의제화하는 데 그쳤다. 물론 자녀양육의 사회화는 여성의 직업활동, 그리고 가족의 형성 및 존속에 관한 개인의

---

38) 예컨대 1957년 독일의 연금개혁에서 초기 구상은 연금연령에 도달한 가입자에게는 노령연금 (Altersrente)을, 그리고 자녀에게 자녀연금(Kindheits- und Jugendrente)을 지급하여야 한다는 것이었다. 그러나 이러한 구상은 실현되지 못했다. 당시 자녀출산과 양육은 자연스러운 부모의 의무이며, 이러한 의무의 실현이 사회화되어야 한다는 사고에 이르지는 못했기 때문이다. 이 점에 대해서는 Thorsten Kingreen, "Familie als Kategorie des Sozialrechts", Juristen Zeitung(2004), 944면 이하 참조.
39) 일반적으로 아동(복지)정책에 있어서 관찰되는 이러한 문제에 대해서는 예컨대 전광석, "사회복지법의 규범체계와 과제", 법제연구 제41호(2011), 16면 이하 참조.

행태 및 선택을 지원하기 위하여 필수적이었다. 그러나 사회의 최소단위인 가족의 부양 및 사회적 기능이 국가와 사회, 자본과 노동의 관계에서 새롭게 조명되어야 했다. 성인 남성이 부양하는 공동체의 성격을 갖는 가족(male breadwinner model)이 자본의 노동에 대한 배려와 책임의 구조 속에서 유지되고, 또 가족 내에서 구성원 간의 기능분담을 통하여 서비스가 제공될 수 있다는 전제는 더 이상 타당할 수 없게 되었다.[40] 소득 기준에 따라 자녀양육에 대한 지원 여부가 결정되고, 따라서 자녀양육지원을 선택적으로 시행하는 구상은 사회보험과 공공부조 이분론의 전통적인 방법론이 남긴 잔상(殘像)이었다.

3) 고용과 복지

1990년대 이후, 그리고 2007년 노동시장의 유연성이 더욱 강조되면서 고용의 불안, 그리고 이에 따르는 소득의 불안은 피할 수 없었다. 특히 노동시장이 정규직과 비정규직으로 이중구조화되고 이동이 단절된 상황에서 분배의 불평등이 널리 퍼질수록 이를 사회보장에서 소득재분배를 통하여 교정하는 것은 한계가 있다.[41] 이는 실제 관련 지표를 통해 확인할 수 있었다.[42] 이에 사회보장을 재구조화하는 변화가 필요했다. 사회보장의 수단과 방법 간에 기능의 재배치를 통하여 사회보장의 수요를 내재화하는 방법이 주목을 받았다. 전통적으로 사회보험에서 고용은 사회보장의 매체였으며, 이는 한편으로는 고용관계 그 자체, 다른 한편으로는 공적 체계에 부과된 과제였다. 즉 고용과 소득의 안정이 실현되고, 자본이 노동에 대한 책임과 배려에 기초하여 사회보장의 재원을 부분적으로 부담하며, 이를 통하여 사회적 위험이 공법적으로 보호될 수 있었다(고용을 매개로 한 복지생산). 그런데 이제 완전고용은 더 이상 실현될 수 없었고, 소득보장을 위한 사회보장재정의 투입이 제한적이며, 또 사회보장의 방법이 (예컨대 사회복지서비스 등으로) 분산되어야 하는 상황에서는 오히려 분배정책에 의하여 재분배의 부담이 덜어져야 했다. 적극적인 노동시장정책에 의하여 고용을 창출하고, 고용 그 자체가 사회보장의 기능을 수행할 수 있도록 하여야 했다(고용에 의한 복지생산). 사회적 투자를 통한 복지생산(예컨대 스웨덴), 노동시장의 유연화와 낮은 수준의 사회보장의 보편화(예컨대 네덜란드) 등이 각국의 대응방법이었다.[43]

---

40) 이에 대해서는 전광석, 위 각주 10의 책, 169면 이하 참조.
41) 고용과 소득 및 복지의 악순환 구조에 대해서는 예컨대 서정희, "비정규직의 불안정 노동 – 비정규 고용형태별 노동법과 사회보장법에서의 배제", 노동정책연구 제15권 제1호(2015), 12면 이하, 14면 이하, 23면 이하 참조.
42) 우리나라에서 고용 및 소득보장, 그리고 복지 상황의 각종 부정적인 지표에 대해서는 예컨대 김대환, "고용친화적 사회경제정책으로의 전환; 유연안정화 체제의 구축", 산업관계연구 제20권 제1호(2010), 8면 이하; 양재진/최영준, "한국 복지국가의 진단과 개혁과제 – 남부 유럽과 자유주의 복지국가의 혼합형에서 벗어나기", 동향과 전망 제92호(2014), 19면 이하, 24면 등 참조.

　우리 노동시장에서 분절화의 정도는 높아가고 있었다. 비정규직근로자를 사회보장에 포섭하는 문제는 이미 1990년대 제기되었지만 이 시기에 깊어갔다.[44] 유연안정성 (flexicurity)이 시대의 의제가 되었다. 구조조정과 정리해고, 비정규직 문제, 고용 및 소득의 불안정, 청년실업, 노인빈곤, 세대 간 불평등 등 우리 사회의 분열을 다극화시키는 상황이 한꺼번에 다가오고 있었다. 이는 전통적인 복지국가의 분열양상에 비해서 훨씬 복잡하게 전개되었다.[45] 노동시장의 분절은 필연적으로 사회보장의 양극화로 이어질 위험이 있었다. 이로써 사회보장의 실현방법은 다음과 같이 노동법과 긴밀한 연관을 갖게 되었다. 첫째, 사회보장의 적절한 수준을 유지하기 위하여 노동법적 조치가 필요했다.[46] 예컨대 최저임금의 충실한 정비가 사회보장의 유용한 방법이 될 수 있다. 이와 같은 분배정책이 제도화될 때 주관적으로는 현재의 수요가 보호될 뿐 아니라 미래의 생활위험에 대한 배려를 할 수 있고, 또 객관적으로는 사회보장이 기능할 수 있다. 이에 노동법은 더 이상 자유화와 임금투쟁이 아니라 고용 및 소득안정, 그리고 복지문제로 관심을 옮겨갔다. 둘째, 사회보험법 자체의 독자적인 대응이 필요했다. 규범적으로 비정규직 근로자를 가입대상에 포섭하고, 또 현실적으로 가입을 유도하는 과제이다. 비정규직 근로자의 문제는 이미 이전 시기에 사회보험의 사각지대의 주제로 논의되었다.[47] 그런데 이제 이 문제는 사회보장 전체 구도에 영향을 미치는 핵심적인 요소가 되었다. 사회보험이 낮은 수준의 평등을 이념으로 하고, 이로 인하여 나타나는 보장의 공백은 개별적인 생활위험을 구체적으로 보호하는 제도에 의하여 보충되어야 한다. 그런데 이러한 과제는 사회보험이 모든 근로자의 기본적인 사회보장의 수단으로 기능할 수 있을 때 그만큼 부담이 덜어지고, 또 실현될 수 있다.[48] 셋째, 그러나 사회보장법이 기능하기 위하여 필요한 노동법적 조치가 규범적·현실적으로 단순하지는 않았다. 최저임금을 둘러싼 최근의 논의가 보여주듯이 이러한 정책이 노동법 자체, 즉 고용관계에 미치는 영향이 적지 않다. 또 최저임

---

43) 네덜란드의 예에 대해서는 Jelle Visser/Anton Hemerijck, "Die pragmatische Anpassung des nie－derländischen Sozialstaats", Stephan Leibfried/Uwe Wagschal(편), Der Deutsche Sozialstaat (Campus, 2000), 452면 이하 참조. 사회적 투자와 복지생산방법의 전환에 대해서는 예컨대 Franz－Xaver Kaufmann, "Humanvermögen", Herbert Obinger/ Elmar Rieger(편), Wohlfahrtsstaatlichkeit in entwickelten Demokratien(Campus, 2009), 100면 이하 참조.

44) 이에 대한 포괄적인 연구로는 예컨대 성은미, "비정규노동과 사회보장", 이호근(편), 비정규직 노동과 복지(인간과 복지, 2011), 17면 이하 참조.

45) 아래 각주 55 참조.

46) 이 시기 노동법이 경험하는 새로운 상황과 과제에 대해서는 예컨대 "노동법의 위기와 회생, 그리고 과제", 인권과 정의(2016.6), 69면 이하 참조.

47) 위 각주 6 참조.

48) 사회보험의 보편성이 갖는 규범적 의미에 대해서는 전광석, "사회보장법과 사회통합", 사회보장법학 제5권 제2호(2016), 154면 이하 참조.

금 등의 노동법적 조치가 사회보장의 기능에 미치는 영향 및 그 정도에 대해서는 아직 구체적인 평가를 남겨 두고 있다.

　　전통적으로 노동자보험으로 출발한 사회보험이 1980년대 후반(건강보험), 90년대 중후반(국민연금) 자영인을 비롯하여 전국민을 포섭하게 되면서 사회보장법에 의한 사회통합은 전체 사회정책의 과제가 되었다. 또 새로운 사회문제를 기존의 사회보험과 공공부조의 이원적 체계가 감당할 수는 없다는 한계도 인식되었다. 사회보험은 새로운 상황에 대한 준비가 되어 있지 않았고, 공공부조는 적용범위가 제도적으로, 또 행정집행에 있어서 협소하였다. 공공부조가 최후의 사회적 안전망으로 새삼스럽게 구상되었고, 이는 위에서 설명했듯이 1999년 국민기초생활보장법이 시행되면서 구조적으로 개선되었다.[49] 그러나 국민기초생활보장법은 '제도적으로' 여전히 부양기준 및 재산기준 등이 입법목적의 실현에 장애가 되었고, '집행에 있어서는' '간주부양제도'로 인하여 구조적 전환을 충실하게 이행하지 못하고 있었다. 또 이념적으로 수급자의 자립을 지원할 여력이 없었다. 이에 국민기초생활보장법이 전통적인 수급자는 물론이고 근로빈곤층, 빈곤노인 등 대규모하는 상황을 포섭하기에는 역부족이었다. 전체적으로 보면 소득보장을 위한 사회보장이 성숙하기도 전에 새로운 상황에 대응하기 위하여 다양한 방법론을 적용하여야 하는 것은 큰 부담이었다. 이 과정에서 예컨대 고용보험법은 소득보장과 동시에 적극적 노동시장정책을 추진하는 벅찬 과제를 갖게 되었고, 국민기초생활보장법은 최저생활보장과 자활보호의 목표 사이에서 중심을 잡지 못하고 있었다.[50] 이에 비해서 민주화 이후 시기에 복지국가의 이념과 제도에 대한 국민적 기대는 이미 성장해 있었다. 한편으로는 경제성장의 국가목표 아래 희생된 시기에 대한 잠재해 있던 보상심리가 표면으로 떠올랐다. 이는 국민의 사회보장에 대한 인식이 민감해지고 개인생활이 공적 사회보장에 포섭되는 정도가 증가할수록 더욱 뚜렷하게 관찰될 수 있었다. 자연적인 위험이나 상황만큼이나 공적 제도에 의하여 포섭될 수 없기 때문에 나타나는 제도적 불이익, 그리고 불평등에 민감하게 되었다. 예컨대 빈곤은 더 이상 개인의 운명과 같은 자연적인 문제 혹은 시장에서 왜곡된 분배의 결과로 인식되는데 그치지 않고 사회보험, 그리고 특히 공공부조가 기능하지 못하며, 또 새로운 사회보장의 방법이 지체되고 있는데 원인이 있다고 인식되었다.

4) 사회분열과 새로운 빈곤

　　2007년 이후 전통적인 자본과 노동의 분열과 대립 및 협력의 층위가 복잡해졌다.

---

49) 이에 대해서는 전광석, 위 각주 9의 논문, 69면 이하 참조.

50) 이와 관련하여 고용보험법 및 국민기초생활보장법의 딜레마에 대해서는 예컨대 안학순, "한국 고용보험제도의 적극적 노동시장정책에서 소득보장 기능 강화로의 전환과정에 관한 연구", 연세사회복지연구 제5권(1998), 149면 이하; 전광석, 위 각주 9의 논문, 73면 이하 등 참조.

자본은 대기업과 중소기업, 소상공인으로, 그리고 노동은 정규직과 비정규직, 숙련직과
비숙련직, 그리고 취업자와 실업자로 분화하였다. 산업부문 간 및 지역 간 격차도 커졌
다. 특히 실업, 그리고 고용의 불안정이 증가하고, 실업이 장기화되었으며, 청년실업의
규모는 커졌다. 불안정 고용이 안정적인 고용에 이르는 중단단계(stepping stone)가 아니라
반복되거나 고착화하는 경향을 보였으며(trap), 이는 생소했다(노동의 이중구조화, 이동단절).
노동자는 주관적 인격성과 구체적 생활상황으로부터 사상(捨象)하여 생산의 객관적인 요
소로 추상화되었다. 이러한 실체는 인적 자본(human capital)이라는 용어로 포장되었지만
자본에 대한 종속은 깊어 갔다. 이러한 가운데 근로관계에 있으면서 최저생활을 유지할
수 없는 상황, 즉 근로빈곤의 새로운 개념과 현상이 나타났고, 퍼져 갔다.[51] 1990년대 이
후 복지국가이론의 한 축을 형성했던 탈상품화(de-commodification)는 더 이상 이론적 효
용성을 유지할 수 없었다.[52] 노동이 상품화에 의존하지 않고 노동을 할 수 없는 상황에
서도 소득대체율이 높은 복지급여를 통하여 정상적인 생활을 영위할 수 있는 유형(사회민
주주의 복지레짐)은 처음부터 기능할 수 없었지만, 고용과 복지의 새로운 상황에서는 더욱
그랬다. 이제 노동 자체가 사회보장의 기반으로 이해되고, 또 노동이 더 이상 충실한 생
활의 기반이 될 수 없는 근로빈곤층이 증가하는 상황에서는 탈상품화를 논의할 수 있는
장은 상실되었다. 탈상품화의 이론적 가치는 실업의 한시적 성격, 노동으로의 복귀를 전
제로 비로소 인정될 수 있기 때문이다.[53]

　　산업 및 산업구조의 변화로 인하여 시장에서 소득의 불평등은 깊어갔다.[54] 반복적
이고 지속적으로 나타나는 근로빈곤의 다른 극단에는 주식시장에서 거대이윤에 참여하
여 자본가의 지위를 누리는 근로자(다렌도르프(Dahrendorf)의 표현에 의하면 'global class')가 상
대적 박탈감을 극대화시켰다. 1980년대 부동산 호황기에 다수 국민이 가졌던 중산층에의
심리적 소속감은 엷어지고, 또 실질적으로 중산층은 점점 줄어들었다. 이는 위에서 이미
언급했듯이 전통적인 사회보험이 감당할 수 있는 문제가 아니었다. 또 전통적인 공공부
조의 과제도 벗어나는 것이었다. 일반적인 빈곤, 그리고 특히 근로빈곤층이 널리 퍼지고
있는 상황에서 사회의 주변 집단에게 최저생활을 한시적으로 보호하는 공공부조의 제도

51) 위 각주 23 참조.
52) 탈상품화를 기준으로 복지국가의 유형을 구분하여 설명하는 이론적 시도에 대해서는 Gosta
　　Esping-Andersen, The Three Worlds of Welfare Capitalism(Princeton University Press, 1990), 35
　　면 이하 참조.
53) 근로빈곤층의 상황과 관계 없이 탈상품화의 이론이 갖는 문제점에 대해서는 전광석, 위 각주 10의
　　책, 51면 이하 참조.
54) 이에 대해서는 노상헌, "빈곤과 노동법의 과제", 노동법논총 제33권(2015), 176면 이하; 조임영, "노
　　동의 위기, 한국사회", 민주법학 제58호(2015), 40면 이하 등 참조.

적 목표는 의미가 약화되었다. 이제 오히려 빈곤문제가 정치적 공론의 장에 적극적으로 편입되어야 하며, 결코 복지국가담론의 주변문제에 그칠 수는 없게 되었다.[55] 근로빈곤의 문제 외에 우리 사회에서 노인빈곤률이 OECD국가 중 압도적인 1위를 차지하고 있는 현상은 일반적인 빈곤의 현황을 상징적으로 보여주는 지표였다.

5) 재사회화와 탈표준화

1990년대 말을 거쳐 2007－8년의 재정위기를 겪으면서 사회보장은 낮은 수준의 평등한 복지가 갖는 한계, 즉 복지의 공백을 기존과는 다른 방법으로 메워가야 했다. 국민연금과 건강보험 등 사회보험에서는 개인의 자율적 결정에 의한 자기보장을 강화하고, 보험능력이 없는 취약한 집단에 대해서는 이들의 개별적인 상황을 구체적으로 보호하여야 했다. 국민연금의 보장의 공백을 기초연금법을 통하여 메우려는 시도를 하였다. 이밖에 국민연금에서 비정규직 근로자 등이 제도적인 이유에서 혹은 자발적으로 제외되는 범위가 넓었다. 이들이 특히 보호의 필요가 있음에도 불구하고 오히려 적용이 제외되어 있어 사회보장법의 사회적 성격이 의문시되었다. 특히 비정규직 근로자의 문제는 이미 1990년대 중후반 이후 사회적 의제가 되었지만 이들의 고용 및 소득의 불안정이 복지의 불안정으로 이어지는 문제는 이 시기에 본격적으로 정책 및 담론의 대상이 되었다. 그러나 이러한 논의에도 한계는 있었다. 우리 사회보장, 특히 사회보험이 전체적으로 '낮은 수준의 평등한 복지'를 지향하기 때문에 이들을 사회보험과 같은 추상적인 수단에 의하여 보호할 수 없었기 때문이다.

낮은 수준의 평등한 복지를 선택적으로 보충하여 복지의 공백을 메우기 위해서는 사회보장방법론이 다원화되어야 했다. 공공부조법과 사회복지서비스가 특히 주목을 받았다. 공공부조는 개인의 구체적인 빈곤상황을 개별적으로 보호하는 안전망의 역할을 하기 때문이다. 2014년 개정된 국민기초생활보장법은 이 점을 반영하여 근본적으로 개혁되었다. 개정 법률은 두 가지 점에서 시대의 과제를 수용하였다[56]. 첫째, 최저생활보장에 있어서 평등의 이념을 강화하였다. 즉 기존에 수급자 선정 및 급여결정의 기준을 최저생계

---

55) 1980년대 복지국가의 분열 문제는 사회보험 가입자 및 수급자와 이로부터 배제된 집단과의 관계, 그리고 사회보험 가입자 및 수급자와 공공부조 수급자의 관계로 의제화되었다. 이에 대해서는 예컨대 Hilary Silver, "Social exclusion and social security", International Labour Review(1994), 561면 이하; Florian Tennstedt/Stephan Leibfried(편), Politik der Armut und Die Spaltung des Sozialstaats (Suhrkamp, 1985) 등 참조. 이에 비해서 1990년대 이후 오늘날 다극화된 사회분열과 사회통합의 담론은 구조적 변화를 겪게 되었다. 이에 대해서는 예컨대 Hans Günter Hockerts/Winfried Süß (편), Soziale Ungleichheit im Sozialstaat(R.Oldenbourg, 2010); Stephan Lessenich/Frank Nullmeier (편), Deutschalnd － eine gespaltene Gesellschaft(Campus Verlag, 2006) 등 참조.
56) 이에 대해서 자세히는 위 각주 9의 논문, 78면 이하 참조.

비에서 기준 중위소득으로 바꾸었다. 이로써 최저생활보장의 흠결을 평등의 이념에 의하여 메울 것이 기대되었다. 둘째, 공공부조법은 최저생활 그 자체뿐 아니라 개인이 스스로의 능력으로 최저생활을 실현할 수 있는 조건을 보장하여야 한다. 이에 자활보호의 급여조건을 완화하여, 생계급여를 지급받으면서 직업훈련 및 취업지원을 받을 수 있도록 하였다. 또 취업이 유지되기 위해서 적정한 근로유인이 제도화되어야 했다. 이는 1999년 국민기초생활보장법을 제정할 때 충실하게 반영되지 못했던 이념적 긴장관계를 정비하고, 또 기능의 전제조건을 갖추기 위한 시도였다. 다만 이러한 개선의 방향이 아직 명확히 제도화로 이어지지는 못했다. 셋째, 생계급여, 주거급여, 교육급여, 의료급여 등 개별적인 생활수요는 최저생활을 유지하는 데 독자적인 의미를 가지며, 따라서 개별적으로 급여의 조건과 내용이 형성되어야 한다. 이에 2014년 개정 국민기초생활보장법은 기존의 통합체계에서 개별체계로 전환하였다. 예컨대 생계급여와 의료급여의 선정기준 및 급여 산정기준이 분리되었다. 이로써 의료급여 수급자격을 유지하기 위하여 소득활동을 하지 않거나 제한적으로 행하여 근로유인을 억제하는 문제가 예방될 수 있게 되었다.

사회복지서비스는 초기에 아동, 노인, 장애인 등 사회적 취약집단의 보호와 지원, 그리고 사회통합에 중점을 두었다. 이후 고용을 통한 사회보장의 필요성이 강조되면서 고용지원이 집중적으로 조명되었다. 고용보험과 국민기초생활보장제도는 집중적으로 고용안정과 직업능력개발, 그리고 자활급여를 통하여 고용을 지원하는 이념을 추구하였지만 이념과 제도를 정비하는데 아직 먼 길을 남겨 놓고 있다. 또 고령사회의 전형적인 사회적 위험인 장기요양문제는 아직 건강보장과 같은 정책적 주목을 받지 못하고 있다.

V. 에필로그

이 글은 너무 일찍 생을 달리한 류지태 교수에게 그 이후의 세계를 전달하는 의미가 있다. 류지태 교수와 필자의 통신(通信)이라고 할 수 있다. 류지태 교수의 사후(死後) 전개되는 상황은 부분적으로 이미 이전에 진행되기 시작하여 계속되고 있고, 부분적으로는 당시 예상의 범위를 벗어나 전개되고 있다. 또 현상 자체가 새롭지 않더라도 구조는 달라져 있다. 류 교수와 필자가 속한 세대의 세계에서는 의심치 않았던 완전고용은 다시는 올 것 같지 않은 현실이 되었다. 오늘의 상황은 류지태 교수의 경험 세계와 비교하면 훨씬 복잡해졌고, 미래의 전개를 예측하기 힘들어 졌다. 이러한 가운데 민주주의와 법치국가원리, 그리고 복지국가를 균형 있게 실현하는 과제는 점점 어려워지고 있다. 민주주의는 사회적 분열을 극복하고 통합을 지향하는 복지국가의 이념을 보충하여야 했다. 복지

국가원리는 권리의 존속과 자유의 방어를 이념으로 하는 법치국가원리와 조정되어야 했다. 민주주의의 사회화를 법치국가의 구조에 편입시키는 과제는 현재적이지만 아직은 낯설다. 교육과 고용, 그리고 장기요양은 복지국가에서 논의의 지평을 넓혔다. 이와 같은 대인적 서비스는 입법기술적인 이유로 법제화의 가능성이 제한적이고, 그 결과 법치국가원리의 기능이 제한적이라는 문제에 기존의 공법학 담론은 한계를 절감하고 있다. 류지태 교수의 시대에 지속가능성은 주로 환경문제에 국한되어 논의되었지만, 이제 담론의 장은 사회보장과 재정으로 확대되었고, 이들 영역간의 균형발전이라는 새로운 과제를 맞이하고 있다.

1997년 말, 그리고 2007−8년을 겪으면서 우리 사회는 그 동안 긍정적으로 진화한 측면도 있다. 무엇보다도 인간의 존엄과 평등의 가치가 보편성을 갖게 되었고, 평등의식은 민감해 졌다. 그리고 이와 같은 주관적 인식과 의식이 사회의 공론 및 학문적 담론에 편입되어 공권력과 개인, 사회집단 간, 그리고 개인과 개인의 이해관계를 객관화할 수 있는 구도가 정비되어 왔다. 류지태 교수가 경험한 세계에 비해서 인간의 존엄이 개인적 문제의 차원에서 사회문제로 확대되었고, 이와 같은 사회화가 안정적으로 유지될 수 있는 정치환경이 정비되어 가고 있는 것은 우리 사회가 불가역(不可逆)의 진화를 이루고 있다는 징표이다. 이 점에서 필자의 통신은 기본적으로는 희망적인 메시지를 담고 있다.

도시재생과 법 그리고 우리의 미래

강 현 호*

I. 서설

도시재생에 대한 논의가 문재인 정부 들어서 국정과제로 부각되면서 심도 깊게 이루어지고 있다. 문재인 정부가 추진하는 정책은 크게 국가비전 5대 국정목표 20대 국정전략 100대 국정과제 487개 실천과제로 이루어져 있다. 이러한 정책들 중에서 5대 국정목표의 하나를 살펴보면, 제4대 목표로 "고르게 발전하는 지역(11개)"을 설정하고 있다. 그리고 이러한 제4대 목표 안에는 여러 개의 전략들이 있는 데, 그 중에 "전략 2 : 골고루 잘사는 균형발전"을 들고 있다. 이러한 전략 2의 하부과제이자 100대 국정과제 중 제79대 국정과제로서 "□ 79 도시경쟁력 강화 및 삶의 질 개선을 위한 도시재생뉴딜 추진"이 들어 있다. 물론, 도시재생 뉴딜사업이 문재인 정부의 공약이지만, 도시재생(Regeneration der Stadt)과 관련된 '도시재생 활성화 및 지원에 관한 특별법1)'은 이미 2013년에 제정이 되었으며, 인구공동화, 구도심 쇠퇴, 초고령화 등으로 쇠퇴를 겪고 있는 지역 13곳이 2014년에 이미 도시재생 선도지역으로 지정되었다. 국가는 2016년에 2차 사업지역 33곳을 지정해 지원 절차를 밟고 있으며, 문재인 정부 역시 이러한 도시재생사업을 대대적으로 계승하고 있다. 문재인 정부는 매년 100곳, 임기 중 500곳의 낙후지역을 정비하겠다는 계획을 세워놓고 있다. 2017년 9월 말에 도시재생 뉴딜사업의 시범사업 선정계획을 정하고, 2017년에 70곳 내외의 지역별 시범사업을 시작하기로 했다. 45곳은 지자체가 선

---

* 성균관대학교 법학전문대학원 교수.

1) 이하 「도시재생법」이라 칭함.
   이지현/남진, 도시재생특별법과 도시재생 관련법의 정합성 분석 연구,도시행정학보 29(1), 한국도시행정학회 2016.3, 43면: 도시재생에 관한 법률의 제정에 관한 논의가 진행되던 지난 2006년, 국토해양부(당시 건설교통부)는 도시재생사업단을 구성하여 종래에 산재된 도시정비사업법제(「도시 및 주거환경정비법」, 「도시재정비촉진법」, 「도시개발법」 등)를 일원화하여 (가칭)「도시재생활성기본법」이라는 도시재생의 기본법을 제정하여 "기본법－구체화법률" 시스템으로 도시재생에 대한 체계적 입법 구성을 시도하였다. 이 방안은 도시재생에 대한 입법이 체계적으로 구성될 수 있다는 장점이 있으나, 동시에 이를 위해서는 기존의 입법체계를 완전히 재구성하여야 하므로 많은 시일이 소요된다는 문제점 등이 지적되어, 결국 특별법의 형식으로 입법이 진행된 바 있다.

정하고, 중앙정부가 15곳을, 공공기관 제안으로 10곳을 정하기로 하였다. 선정을 위한 평가 방법과 단계, 항목 등이 먼저 정해지고 이에 의거하여 시범사업대상은 2017년 12월에 확정될 예정이다. 시범사업지로 선정되면 사업 규모와 성격에 따라 사업 유형을 정하고 최대 250억원까지 국비 지원을 받는 혜택이 있다.[2]

도시재생이란 단어는 일상적인 용어로는 죽은 도시를 다시금 되살려서 생명력이 있도록 한다는 의미로 읽혀지는데, 이를 사전에서 찾아보니 다음과 같이 설명되고 있다: "산업구조의 변화, 즉 기계적 대량생산 위주의 산업에서 최근 신산업(전자공학·하이테크·IT산업·바이오산업)으로 변화되는 산업구조 및 신도시 위주의 도시 확장으로 인해 상대적으로 낙후된 기존 도시에 새로운 기능을 도입하고 창출함으로써 쇠퇴한 도시를 새롭게 경제적·사회적·물리적으로 부흥시키는 도시사업을 의미함"이라고 설명되고 있다.[3] 즉, 산업구조의 변화와 신도시의 건설로 인해 상대적으로 낙후된 도시를 부흥하는 도시사업이라고 보고 있다. 도시재생이란 의미가 다의적이기는 하지만 이미 법령에서 법제화 되었으며, 「도시재생법」 제2조 제1호에 의하면, "도시재생"이란 인구의 감소, 산업구조의 변화, 도시의 무분별한 확장, 주거환경의 노후화 등으로 쇠퇴하는 도시를 지역역량의 강화, 새로운 기능의 도입·창출 및 지역자원의 활용을 통하여 경제적·사회적·물리적·환경적으로 활성화시키는 것이라고 규정하고 있다.

도시를 재생한다는 것은 쉽지 아니한데, 왜냐하면 도시라는 것은 다양한 면들을 지니고 있으며 수많은 요소들에 의하여 구성되어 있고, 또한 도시에도 생로병사 현상이 나타나기 때문이다. 그러므로 도시재생을 법적으로 다루기 위해서는 도시재생에 대한 기본적 철학 내지 시각이 설정되어 있어야 하는바, 이에 대해서 고찰하며(Ⅱ), 다음으로는 현행 도시재생법의 내용을 고찰하고(Ⅲ), 도시재생법의 문제와 개선방안을 고찰하기로 한다(Ⅳ). 그리고 마지막으로 결론을 내리기로 한다(Ⅴ).

Ⅱ. 도시재생을 바라보는 시각

「도시재생법」에 의하면 도시재생은 쇠퇴하는 도시를 활성화 하는 관점에서 접근하고 있다. 어떠한 도시가 쇠퇴하는 이유는 인구의 감소, 산업구조의 변화, 주거환경의 노

---

2) 강현수, 새 정부 도시재생뉴딜 사업의 의의와 과제. 도시정보 (426), 대한국토·도시계획학회 2017.9, 4면.
　김규정, 맥 빠진 '도시재생 뉴딜사업' 되살리려면, 2017.09.29., http://news.mt.co.kr/.
3) http://terms.naver.com/.
　이재삼, 도시재생법상 도시재생 사업에 관련된 문제점 및 효율성 제고방안 - 문재인 정부의 도시재생 뉴딜사업을 중심으로 -, 土地公法研究 第79輯, 2017 한국토지공법학회, 35면.

후화 등을 들 수 있다.⁴⁾ 이러한 도시들을 활성화 하려는 시도는 일응 타당하다고 볼 수 있다. 그렇지만, 도시재생에 대해서는 도시가 낙후되어 있고 인구가 감소하므로 이를 재생시켜야만 한다는 단견적(kurzsichtig)인 차원에서 접근할 문제가 아니라, 보다 근본적인 차원에서 다양한 이해들을 고려하는 접근이 이루어져야 하리라 사료된다.⁵⁾

　　도시재생에 대한 시각이 심도 깊지 못하므로 인하여, 실제로 도시재생의 내용으로 제시되는 것들은 진정한 의미의 도시재생이 아니라 주민들의 일자리 창출(Schaffung von Arbeitsplätzen)이나 사업체의 설립을 지원하는 것에 지나지 아니하여, 도시재생이라는 것이 무엇을 의미하는지에 대해서도 불분명하다.⁶⁾

　　도시재생에 대한 올바른 이해를 위해서는 먼저 도시에 대한 이해(Verständnis von Stadt)와 도시의 생로병사 현상 그리고 도시에 대한 미래를 향한 기본구상 등이 체계적으로 제

4) 이삼수, 도시재생특별법에 따른 도시재생사업 추진방안, 한국도시행정학회 학술발표대회 논문집, 한국도시행정학회 2014.2, 20면.
　도시재생사업단, 지방도시재생정책과 추진계획 연구, 2010., 17면 이하.
5) 정재희, 도시재생 활성화 및 지원에 관한 특별법 제정의 의의와 경남의 지역과제. 경남정책 Brief, 경남발전연구원 2013.7, 3면.
　김우영, [CEO 칼럼-서용식 수목건축 대표]도시재생 사업, 민간참여를 늘리자, 2017-09-25: 도시재생은 유기체처럼 기능하는 물리적 바탕 위에 일상의 삶과 사람 사이의 관계라는 공동체적인 요소가 결합되는 특성이 있다. 단선적인 행정지침이 아닌, 사회 구성원들 간 통합적이고 다원적이며 동시다발적인 인식의 변화와 지속적인 실행력을 전제로 해야 한다.
　김강래/정순우, 빈집에 '가치' 넣으니 명소로, http://news.mk.co.kr/: 최근 도시재생의 화두로 마을공동체가 부각되고 있다. 허물고 밀어버리고 새로 짓는 재개발보다 고쳐서 다시 쓰고 노인과 청년 등 모든 세대가 소통 및 공유하는 새로운 형태의 도시재생 모델이 자리 잡고 있는 것이다. 이 같은 기조의 뿌리에는 현 정부의 도시재생 철학이 있다. 지역과 마을의 쇠퇴한 경제를 살리고 물리적 환경을 개선시키며 일자리 창출을 통해 지역 빈곤을 해소하는 것이다. 이미 영국과 미국, 일본, 프랑스 등 주요 선진국에서는 보편적인 도시 정책이다.
6) 임윤수/최완호. 도시재생사업의 활성화를 위한 법제 개선방안 - 민관협력을 중심으로, 법학연구 54, 한국법학회 2014.6, 171면 이하: 국내의 경우, 도시재생에 대하여 다수가 합의한 개념이 존재하지 않는다.
　정순우, 죽어가던 도시 부활시키는 도시재생, 2017.09.28., http://news.mk.co.kr/: 경북 영주시는 노령층이 70%가 넘는 도시였다. 2014년 도시재생 선도사업 지구로 지정되어, '할매묵공장'이 2016년 설립되었고, 2017년 3월에는 '할배묵공소'가 개설되었다. 도시재생의 주요 내용은 일자리 창출을 통한 경제 활성화에 있다. 2017년 6월 기준 도시재생 선도사업의 결과물로 960개의 새로운 일자리가 창출됐고 127개의 새로운 사업체가 설립됐다. 13개소의 복지시설이 조성됐으며 239건의 노후건축물에 대한 정비가 이루어졌다. 순천시에서는 원도심을 대상으로 창작예술촌, 빈집창업지원사업 등을 추진한 결과 점포 수는 67.4%, 일 평균 매출액은 11.2% 증가했고, 빈집은 85.9% 감소한 것으로 나타났다. 천안 동남구청사 복합개발사업은 2756개의 일자리와 2100억원의 생산유발효과를 낼 것으로 예상되고 있다.
　김강래/정순우, 도시재생 이래야 성공, 2017.09.21.: '메이커스 큐브'에서 미니 전기차와 전기 자전거를 만들고 있는 김광일 씨에이씨 대표는 "기존에는 일반 오피스에서 사업을 했는데, 우리 같은 제조업체들은 일반 건물에서는 활동에 제한이 있어 세운상가에 입주했다"고 설명했다.

시되어야 할 것이다. 그리고 이러한 도시의 현상들에 대해서 거주하는 주민 및 이웃하는 주민 그리고 이해관계자와 행정기관 등이 머리를 맞대어 고민하면서 주민의 공감대를 이루어 내야 할 것이다.[7]

현행 「도시재생법」에 의한 도시재생은 도시가 무엇인가 라는 것에 대한 이해가 결여되어 있다고 사료된다.[8] 도시재생에 대한 어떠한 기본적 인식이 결여된 기초 위에 도시재생을 담고자 하다보니, 현해 「도시재생법」과 같이 오류투성이의 법률을 제정할 수밖에 없었다고 사료된다.[9] 어떤 의미에서는 도시에 대한 수리 내지 수선 정도에 그치려고 한다면 이는 도시정비(Stadtsanierung)라는 용어가 보다 타당하다고 할 것이며, 도시재생은 도시의 수선 내지 수리가 아니라 근본적인 재창출로 자리매김을 하여야만 할 것이다.

도시를 하나의 물적 집합체로서 외적인 관점에서 쇠퇴 내지 낙후만을 바라보고 접근

---

7) 박성현, 변장섭, 유창호,도시쇠퇴 인식구조를 통한 도시재생사업의 추진과정의 평가에 관한 연구 – 목포시 도시재생사업을 사례로, 한국지적정보학회지 19(1), 한국지적정보학회 2017.4, 61면: 목원동은 지리적으로 목포의 관문인 목포역과 목포의 자연 랜드마크인 유달산 사이에 위치한 목포의 핵심 지역이다. 또한 역사적으로 목원동은 목포 개항과 함께 조선인들이 모여 하나의 도심을 형성했다. 이 원도심을 중심으로 1930년대 목포는 전국 6대 도시, 3대항으로 성장하기도 했다. 해방 이후, 근대 시설이 집약적으로 들어선 목원동은 목포의 민족운동과 민주화운동의 산실이었고, 목포의 문화예술 인들이 활동한 중심 문화공간이었다. 그 뿐만 아니라, 1990년대까지 목포의 금융 및 상권의 중심지를 이룬 곳이기도 하였다. 한 마디로 목포의 심장이며 뿌리였다. 그런데, 2000년도에 들어 급속한 쇠퇴의 국면에 접어들었다. 목원동 쇠퇴의 주요원인은 하당과 남악과 같은 신도심이 새로 건설되면서 원도심에 밀집했던 인구가 신도심으로 대거 이주하는 것에서 비롯되었다. 그 이전 잘나가던 시절 8개 동이었던 것이 2006년에 목원동이라는 단 한 개의 동으로 통폐합되었으니, 그 쇠퇴의 속도가 얼마나 급박하게 이루어졌는지를 웅변해준다.
8) 강진원, 도시재생 뉴딜 본격 착수...70곳 연내 선정, 2017-09-26., www.ytn.co.kr/: 정부는 도시재생의 내용으로 도심 낡은 청사 재건축, 청사의 고층에는 임대주택이라는 것이다.
이진철, 경실련 "도시재생 뉴딜 시범사업 졸속 우려.. 공모계획 철회해야", 2017.09.26., http://www.edaily.co.kr/: 경실련은 "기존 도시재생 사업에 대한 객관적 평가없이 물리적 환경개선의 양적 확대에 치중한 도시재생뉴딜사업은 '가짜' 도시재생 사업"이라며 올해 사업 공모를 중단할 것을 요구했다. 경실련은 "도시재생 뉴딜 사업은 연평균 10조원(재정 2조원, 기금 5조원, 공기업 투자 3조원)의 막대한 공적자금을 투입해 지가와 임대료 상승, 부동산 투기와 젠트리피케이션(둥지내몰림) 현상이 예상된다"면서 "그러나 정부는 투기 합동조사와 공모사업 선정 시 지자체 대책을 평가하는 방안 외에는 실효성 있는 대책을 제시하지 못했다"고 말했다. 이어 "정부는 도시재생 뉴딜사업을 통해 일자리 창출을 강조하고 있지만 재정을 투입해 인위적으로 만든 일자리는 단기 토건 일자리를 만들어낼 뿐 정부지원이 중단된 이후에 지속가능한 일자리를 담보하지 못한다"면서 "정치적 목적에 의해 급조된 개발사업은 모두 실패했다는 사실을 잊어서는 안된다"고 주장했다. 경실련은 "이제는 도시가 살 맛 나고 지속가능한 주민의 삶의 터전이 되도록 도시재생 정책의 패러다임 전환이 필요하다"면서 "도시는 특정 정권의 전유물이 아니다. 정치적 계산도 내려놓고 조기에 성과를 내겠다는 집착도 버려야 한다"고 밝혔다. 이어 "정부는 공모사업 강행을 중단하고 부동산 투기 및 젠트리피케이션 대책을 마련하고 주민이 주도하는 종합적 도시재생 사업을 만들 것을 다시 한 번 촉구한다"고 강조했다.
9) 김경천/김갑열/이재수, 도시재생 지역선정을 위한 평가지표 연구 –도시재생 활성화 및 지원에 관한 특별법을 중심으로 –, 不動産學報 Vol.61, 한국부동산학회 2015, 33면.

한다면 잘못된 접근이라고 할 수 있을 것이다. 도시 역시 하나의 물적 생명체(Lebewesen)로서 출생, 성장, 성숙 그리고 사망에 이르는 과정의 관점에서 바라보아야 할 것이다. 도시를 하나의 생명체로 바라볼 수 있을 때 비로소 도시에 대하여 올바른 처방을 내릴 수 있는 것이다. 마치 인간이 늙어서 수명을 다하면 죽어야 하듯이, 도시 역시 마찬가지고 죽어야만 할 도시는 죽어야만 하는 것이다. 죽어야만 하는 도시를 섣불리 살리겠다고 엉터리 처방(Rezept)을 남발하는 것은, 도시를 마치 식물인간(Wachkoma)의 상태로 지속시키는 것에 비유할 수 있을 것이다. 도시의 쇠퇴로 인한 죽음의 문제는 도시의 발전에 있어서 자연스러운 과정으로 바라보는 시각이 요청된다. 주민들이 기왕에 형성하였던 도시의 쇠퇴는 패러다임의 변화가 아니라 당연히 전제하여야 할 고려요소에 지나지 않는다. 도시 역시 하나의 생명체로서 출생과 성장 그리고 성숙과 사망이라는 자연스러운 과정을 거친다는 점을 직시할 때, 비로소 도시의 재생에 대하여 타당한 접근을 할 수 있을 것이다.

이러한 의미에서 도시를 재생한다는 것은 도시가 완전하게 죽었다는 것을 전제로 하여야만 하는 것이다. 물론 여기서 죽었다는 것은 부정적인 의미가 아니라 이제 출생한 목적을 다 이루고 삶의 뒤안길로 사라졌다는 의미이다. 그렇기 때문에, 죽은 도시는 새롭게 새로운 목적을 가지고 출생을 하여야 하는 시점이 되었다는 의미이다. 여기서 우리는 어떤 도시가 죽어가는 과정 즉 쇠퇴의 과정에 있을 때 이러한 도시가 완전히 잘 죽도록 기다리거나 때로는 좋은 의미에서 안락사를 시킬 필요가 있다는 것이다. 죽음이 확인된 후에 비로소 새로운 재생을 위한 사업에 들어갈 수 있다. 그리고 새로운 재생에 있어서 전제가 되는 것은 재생되는 도시에 어떠한 출생목적을 부여할 것인가 하는 점이 충분히 숙고되어야 할 것이다.

현행 「도시재생법」에서는, 도시재생을 도시의 재생이 아니라 도시의 수선이라는 차원에서 접근하고 있다. 이는 도시의 문제 내지 부작용이 개선 가능한 단계에 있음을 전제로 하는 것으로서 재생과는 차원이 다르므로 「도시재생법」의 관점은 그 첫 단추부터 잘못된 것이라고 할 수 있다. 이러한 잘못된 접근으로부터 시작하였기 때문에 그 처방 역시 잘못된 처방을 남발하고 있으며, 「도시재생법」과 같은 태어나지 말았어야 할 법률들을 만들었으며, 죽고 새롭게 태어나야 할 도시를 죽지도 못하게 식물인간 상태로 연명만 시키면서 다른 한편으로는 새로운 도시로 태어나지도 못하게 만들고 있다고 사료된다. 도시재생을 이처럼 도시의 생로병사의 과정에서 등장하는 것으로 본다면, 도시가 완전히 죽었을 때 그리하여 주택이 노후화되고 인구가 줄어들 때, 그러한 도시의 상당 부분을 공공부문에서 전체적으로 비교적 저렴한 가격으로 장기간에 걸쳐서 매입할 수도 있을 것이다. 이처럼 상당한 부분을 매입한 후에 당시 상황과 주변 여건 등을 반영하여 새로운 출생을 이루어 낼 수 있을 것이다. 죽어가는 도시로부터 인구의 이탈을 나쁜 것으로 파악하고 거기에 무조건 정주를 시켜야만 한다는 부담으로부터도 자유로울 수 있을 것이다. 도시의 쇠퇴에 대한 처리과정을 도시의 장례절차에 비유할 수 있을 것이고, 도시가 잘 죽고 난 이후에 새로운 도시로 다시 꽃피게 될 수 있을 것이다. 이러한 관점에서 바라본다면 현행 「도시재생법」의 내용은 전혀 다른 것으로 채워질 수 있으리라 사료된다.

Ⅲ. 「도시재생법」의 주요 내용

1. 「도시재생법」의 목적과 기본방침

「도시재생법」[10]의 목적은 도시의 경제적·사회적·문화적 활력 회복을 위하여 공공의 역할과 지원을 강화함으로써 도시의 자생적 성장기반을 확충하고 도시의 경쟁력을 제고하며 지역 공동체를 회복하는 등 국민의 삶의 질 향상에 이바지함에 있다(제1조). 「도시재생법」법 제2조 제2호에 의하면, "국가도시재생기본방침"이란 도시재생을 종합적·계획적·효율적으로 추진하기 위하여 수립하는 국가 도시재생전략을 말한다. 결국 국가도시재생기본방침이란 국가 도시재생전략을 의미하고, "도시재생전략계획"이란 전략계획수립권자가 국가도시재생기본방침을 고려하여 도시 전체 또는 일부 지역, 필요한 경우 둘 이상의 도시에 대하여 도시재생과 관련한 각종 계획, 사업, 프로그램, 유형·무형의 지역자산 등을 조사·발굴하고, 도시재생활성화지역을 지정하는 등 도시재생 추진전략을 수립하기 위한 계획을 말한다(동조 제3호). 국토교통부장관은 도시재생 활성화를 위한 국가도시재생기본방침을 10년마다 수립하여야 하며, 필요한 경우 5년마다 그 내용을 재검토하여 정비할 수 있으며, 국가도시재생기본방침은 「국토기본법」 제6조제2항제1호[11]에 따른 국토종합계획의 내용에 부합하여야 하며, 다음 각 호의 사항이 포함되어야 한다: 1. 도시재생의 의의 및 목표 2. 국가가 중점적으로 시행하여야 할 도시재생 시책 3. 도시재생전략계획 및 도시재생활성화계획의 작성에 관한 기본적인 방향 및 원칙 4. 도시재생선도지역의 지정기준 5. 도시 쇠퇴기준 및 진단기준 6. 기초생활인프라의 범위 및 국가적 최저기준 7. 그 밖에 도시재생 활성화를 위하여 필요한 사항으로서 대통령령으로 정하는 사항한다.[12] 「도시재생법」 제5조(국가도시재생기본방침의 효력)에 의하면, 중앙행정기관의 장과 지방자치단체의 장은 국가도시재생기본방침을 고려하여 다음 각 호의 계획을 수립하여

10) 이하 법 이라 칭함.
11) 「국토기본법」제6조 제2항 1. 국토종합계획: 국토 전역을 대상으로 하여 국토의 장기적인 발전 방향을 제시하는 종합계획.
12) 「도시재생법」 제4조(국가도시재생기본방침의 수립) 제1항에서 제3항.

야 한다: 1.「국토기본법」제6조제2항제2호부터 제5호까지의 계획[13] 2.「국가재정법」제7조에 따른 국가재정운용계획[14] 3. 그 밖의 중장기 정책계획으로서 대통령령으로 정하는 계획. 법 제6조(다른 법률과의 관계)에 의하면, 이 법은 도시재생활성화지역에 관하여 다른 법률보다 우선하여 적용하고, 국가는 도시재생과 관련이 있는 다른 법률을 제정 또는 개정하는 경우에는 이 법의 목적에 맞도록 하여야 한다.

2. 도시재생 관련 세부계획

「도시재생법」제2조 제1항 제5호 및 제6호에 의하면, 도시재생과 관련하여 하나의 시범도시처럼 "도시재생활성화지역"을 지정할 수 있는데, 이는 국가와 지방자치단체의 자원과 역량을 집중함으로써 도시재생을 위한 사업의 효과를 극대화하려는 전략적 대상 지역으로 그 지정 및 해제를 도시재생전략계획으로 결정하는 지역을 말하고, "도시재생 활성화계획"이란 도시재생전략계획에 부합하도록 도시재생활성화지역에 대하여 국가, 지방자치단체, 공공기관 및 지역주민 등이 지역발전과 도시재생을 위하여 추진하는 다양한 도시재생사업을 연계하여 종합적으로 수립하는 실행계획을 말하며, 주요 목적 및 성격에 따라 다음 각 목의 유형으로 구분한다. 가. 도시경제기반형 활성화계획: 산업단지, 항만, 공항, 철도, 일반국도, 하천 등 국가의 핵심적인 기능을 담당하는 도시·군계획시설의 정비 및 개발과 연계하여 도시에 새로운 기능을 부여하고 고용기반을 창출하기 위한 도시 재생활성화계획 나. 근린재생형 활성화계획: 생활권 단위의 생활환경 개선, 기초생활인프

---

13)「국토기본법」제6조제2항 2. 도종합계획: 도 또는 특별자치도의 관할구역을 대상으로 하여 해당 지역의 장기적인 발전 방향을 제시하는 종합계획 3. 시·군종합계획: 특별시·광역시·시 또는 군(광역시의 군은 제외한다)의 관할구역을 대상으로 하여 해당 지역의 기본적인 공간구조와 장기 발전 방향을 제시하고, 토지이용, 교통, 환경, 안전, 산업, 정보통신, 보건, 후생, 문화 등에 관하여 수립하는 계획으로서 「국토의 계획 및 이용에 관한 법률」에 따라 수립되는 도시·군계획 4. 지역계획: 특정 지역을 대상으로 특별한 정책목적을 달성하기 위하여 수립하는 계획 5. 부문별계획: 국토 전역을 대상으로 하여 특정 부문에 대한 장기적인 발전 방향을 제시하는 계획.
14) 국가재정법 제7조(국가재정운용계획의 수립 등) ①정부는 재정운용의 효율화와 건전화를 위하여 매년 당해 회계연도부터 5회계연도 이상의 기간에 대한 재정운용계획(이하 "국가재정운용계획"이라 한다)을 수립하여 회계연도 개시 120일 전까지 국회에 제출하여야 한다. ②국가재정운용계획에는 다음 각 호의 사항이 포함되어야 한다. 1. 재정운용의 기본방향과 목표 2. 중·장기 재정전망 및 그 근거 3. 분야별 재원배분계획 및 투자방향 4. 재정규모증가율 및 그 근거 4의2. 의무지출(재정지출 중 법률에 따라 지출의무가 발생하고 법령에 따라 지출규모가 결정되는 법정지출 및 이자지출을 말하며, 그 구체적인 범위는 대통령령으로 정한다)의 증가율 및 산출내역 4의3. 재량지출(재정지출에서 의무지출을 제외한 지출을 말한다)의 증가율에 대한 분야별 전망과 근거 및 관리계획 4의4. 세입·세외수입·기금수입 등 재정수입의 증가율 및 그 근거 5. 조세부담률 및 국민부담률 전망 6. 통합재정수지에 대한 전망과 근거 및 관리계획 7. 삭제 <2010.5.17.> 8. 그 밖에 대통령령이 정하는 사항.

라 확충, 공동체 활성화, 골목경제 살리기 등을 위한 도시재생활성화계획.

　　도시재생과 관련하여 세부계획의 하나로서, "도시재생선도지역"을 지정할 수 있는데, 이는 도시재생을 긴급하고 효과적으로 실시하여야 할 필요가 있고 주변지역에 대한 파급효과가 큰 지역으로, 국가와 지방자치단체의 시책을 중점 시행함으로써 도시재생 활성화를 도모하는 지역을 말한다. 국토교통부장관은 도시재생이 시급하거나 도시재생사업의 파급효과가 큰 지역을 직접 또는 전략계획수립권자의 요청에 따라 도시재생선도지역으로 지정할 수 있으며, 전략계획수립권자는 도시재생선도지역의 지정을 요청하기 전에 대통령령15)으로 정하는 바에 따라 주민과 관계 전문가 등으로부터 의견을 수렴하고 해당 지방의회의 의견을 들어야 한다(법 제33조 제1항 및 제2항). 전략계획수립권자는 도시재생선도지역에 대하여 도시재생전략계획의 수립 여부와 관계없이 도시재생활성화계획을 수립할 수 있다(법 제34조).

3. 도시재생 관련 사업

　　「도시재생법」 제2조제7호에 의하면, "도시재생사업"이란 도시재생활성화지역에서 도시재생활성화계획에 따라 시행하는 다음 각 목의 사업을 말한다: 가. 국가 차원에서 지역발전 및 도시재생을 위하여 추진하는 일련의 사업 나. 지방자치단체가 지역발전 및 도시재생을 위하여 추진하는 일련의 사업 다. 주민 제안에 따라 해당 지역의 물리적·사회적·인적 자원을 활용함으로써 공동체를 활성화하는 사업 라. 「도시 및 주거환경정비법」에 따른 정비사업 및 「도시재정비 촉진을 위한 특별법」에 따른 재정비촉진사업 마. 「도시개발법」에 따른 도시개발사업 및 「역세권의 개발 및 이용에 관한 법률」에 따른 역세권개발사업 바. 「산업입지 및 개발에 관한 법률」에 따른 산업단지개발사업 및 산업단지 재생사업 사. 「항만법」에 따른 항만재개발사업 아. 「전통시장 및 상점가 육성을 위한 특별법」에 따른 상권활성화사업 및 시장정비사업 자. 「국토의 계획 및 이용에 관한 법률」에 따른 도시·군계획시설사업 및 시범도시(시범지구 및 시범단지를 포함한다) 지정에 따른 사업 차. 「경관법」에 따른 경관사업 카. 그 밖에 도시재생에 필요한 사업으로서 대통령령16)으

---

15) 「도시재생법시행령」 제40조(도시재생선도지역 지정 전 의견청취) ① 전략계획수립권자는 법 제33조 제2항에 따라 도시재생선도지역의 지정을 요청하기 전에 공청회를 개최하여 주민과 관계 전문가 등의 의견을 수렴하여야 한다.

16) 「도시재생법시행령」 제2조(도시재생사업) 「도시재생 활성화 및 지원에 관한 특별법」(이하 "법"이라 한다) 제2조제1항제7호카목에서 "대통령령으로 정하는 사업"이란 다음 각 호의 사업을 말한다.
　1. 「전통시장 및 상점가 육성을 위한 특별법」에 따른 상업기반시설 현대화사업
　2. 「국가통합교통체계효율화법」에 따른 복합환승센터 개발사업
　3. 「관광진흥법」에 따른 관광지 및 관광단지 조성사업

로 정하는 사업. "도시재생기반시설"이란 다음 각 목의 시설을 말한다: 가.「국토의 계획 및 이용에 관한 법률」제2조제6호에 따른 기반시설 나. 주민이 공동으로 사용하는 놀이터, 마을회관, 공동작업장, 마을 도서관 등 대통령령17)으로 정하는 공동이용시설. 그리고 "기초생활인프라"란 도시재생기반시설 중 도시주민의 생활편의를 증진하고 삶의 질을 일정한 수준으로 유지하거나 향상시키기 위하여 필요한 시설을 말한다.

　　도시재생사업은 이 법에서 정한 사항 외에는 해당 사업의 시행에 관한 사항을 규정하고 있는 관계 법령에 따라 시행한다(법 제25조 제1항). 도시재생사업 중 다른 법률에서 사업시행자에 대하여 별도로 규정하지 아니한 사업의 경우에는 다음 각 호의 자 중에서 전략계획수립권자 또는 구청장등이 사업시행자를 지정할 수 있다: 1. 지방자치단체 2. 대통령령으로 정하는 공공기관 3.「지방공기업법」에 따라 설립된 지방공기업 4. 도시재생활성화지역 내의 토지 소유자 5. 마을기업,「사회적기업 육성법」제2조제1호에 따른 사회적기업,「협동조합 기본법」제2조제3호에 따른 사회적협동조합 등 지역 주민 단체(법 제26조 제1항).

4. 국가와 지방자치단체의 지원

　　「도시재생법」제3조 제1항 및 제2항에 따르면, 국가와 지방자치단체는 도시재생사업을 추진하는 데에 필요한 예산을 확보하고 관련 시책을 수립·추진하여야 하며, 도시재생전략계획이 수립된 경우, 해당 지방자치단체의 장은 도시재생전략계획이나 도시재생활성화계획 등의 실효성을 확보하기 위하여「지방재정법」제33조에 따른 중기지방재정계획에 반영하여야 한다.

　　도시재생에 관한 정책을 종합적이고 효율적으로 추진하기 위하여 국무총리 소속으로 도시재생특별위원회(이하 "특별위원회"라 한다)를 두며, 다음 각 호의 사항을 심의한다: 1. 국가도시재생기본방침 등 국가 주요 시책 2. 둘 이상의 특별시·광역시·특별자치시·특별자치도 또는 도의 관할구역에 속한 전략계획수립권자가 공동으로 수립하는 도시재생

---

17)「도시재생법시행령」제3조(공동이용시설의 종류) 법 제2조제1항제10호나목에서 "놀이터, 마을회관, 공동작업장, 마을 도서관 등 대통령령으로 정하는 공동이용시설"이란 주민이 공동으로 사용하는 시설로서 다음 각 호의 시설을 말한다.
1. 놀이터, 마을회관, 마을 도서관 등 주민의 복지 증진을 위한 시설
2. 공동으로 사용하는 구판장·세탁장 등 공동작업장, 화장실 및 수도
3. 어린이집·경로당 등 아이돌봄서비스시설 및 노인복지시설
4. 마을방송국·마을신문사 등 지역주민 간 정보교류 및 의사소통을 위한 시설
5. 제1호부터 제4호까지의 시설과 유사한 용도의 시설로서 특별시·광역시·특별자치시·특별자치도·시·군·구의 조례로 정하는 시설

전략계획 3. 국가지원 사항이 포함된 도시재생활성화계획 4. 도시재생선도지역 지정 및 도시재생선도지역에 대한 도시재생활성화계획 5. 그 밖에 도시재생과 관련하여 필요한 사항으로서 위원장이 회의에 상정하는 사항(법 제7조 제1항 및 제2항). 특별위원회의 업무를 지원하고 다음 각 호의 업무를 수행하기 위하여 국토교통부장관 소속으로 도시재생기획단을 둔다: 1. 국가도시재생기본방침의 작성 2. 도시재생활성화계획, 도시재생사업 등의 평가 및 지원에 관한 사항 3. 제8조제1항에 따른 지방도시재생위원회, 관계 행정기관 및 관계 기관과의 협의 4. 도시재생사업 관련 예산 협의 5. 그 밖에 대통령령[18]으로 정하는 사항(동조 제4항). 1. 지방자치단체의 도시재생 관련 주요 시책 2. 도시재생전략계획 및 도시재생활성화계획 3. 그 밖에 도시재생과 관련하여 필요한 사항을 심의하거나 자문에 응하게 하기 위하여 지방자치단체에 지방도시재생위원회(이하 "지방위원회"라 한다)를 둘 수 있다(법 제8조 제1항). 전략계획수립권자는 도시재생전략계획 및 도시재생활성화계획의 수립·지원 및 사업추진과 관련한 관계 기관·부서 간 협의 등을 위하여 도시재생 관련 업무를 총괄·조정하는 전담조직을 설치할 수 있다. 도지사와 자치구의 구청장 및 광역시 관할 구역에 있는 군의 군수(이하 "구청장등"이라 한다)는 필요한 경우 대통령령으로 정하는 바에 따라 전담조직을 설치할 수 있다(법 제9조 제1항). 국토교통부장관은 다음 각 호의 사항을 수행하기 위하여 도시재생지원기구를 설치하되, 대통령령으로 정하는 공공기관을 도시재생지원기구로 지정할 수 있다: 1. 도시재생 활성화 시책의 발굴 2. 도시재생 제도발전을 위한 조사·연구 3. 도시재생전략계획 및 도시재생활성화계획의 수립 등 지원 4. 도시재생사업의 시행 및 운영·관리 지원 5. 제29조에 따른 도시재생종합정보체계의 구축·운영·관리 등에 관한 업무 6. 도시재생전문가의 육성 및 파견 등의 업무 7. 제11조에 따른 도시재생지원센터 운영 등의 지원 8. 그 밖에 국토교통부장관이 정하는 업무(법 제10조 제1항).

　　전략계획수립권자는 다음 각 호의 사항에 관한 업무를 수행하도록 하기 위하여 도시재생지원센터를 설치할 수 있다. 도지사 및 구청장등은 필요한 경우 대통령령으로 정하는 바에 따라 도시재생지원센터를 설치할 수 있다: 1. 도시재생전략계획 및 도시재생활성화계획 수립과 관련 사업의 추진 지원 2. 도시재생활성화지역 주민의 의견조정을 위하여 필요한 사항 3. 현장 전문가 육성을 위한 교육프로그램의 운영 4. 마을기업의 창업 및 운영 지원 5. 그 밖에 대통령령으로 정하는 사항(법 제11조 제1항).

　　「도시재생법」 제5장에서는 도시재생 활성화를 위한 지원책으로서 다음과 같은 수단

---

18) 「도시재생법시행령」 제9조(도시재생기획단의 업무) 법 제7조제4항제5호에서 "대통령령으로 정하는 사항"이란 도시재생지원기구의 관리 및 지원에 관한 업무를 말한다.

들을 규정하고 있다. 국토교통부장관은 도시재생활성화를 위하여 관련 정보 및 통계를 개발·검증·관리하는 도시재생종합정보체계를 구축하여야 한다(법 제29조 제1항). 국가 또는 지방자치단체는 도시재생 활성화를 위하여 대통령령19)으로 정하는 바에 따라 다음 각 호에 대하여 그 비용의 전부 또는 일부를 해당 사업 또는 업무를 수행하는 자에게 보조하거나 융자할 수 있다: 1. 도시재생전략계획 및 도시재생활성화계획 수립비 2. 도시재생 제도발전을 위한 조사·연구비 3. 건축물 개수·보수 및 정비 비용 4. 전문가 파견·자문비 및 기술 지원비 5. 도시재생기반시설의 설치·정비·운영 등에 필요한 비용 6. 도시재생지원기구 및 도시재생지원센터의 운영비 7. 문화유산 등의 보존에 필요한 비용 8. 마을기업,「사회적기업 육성법」제2조제1호에 따른 사회적기업,「협동조합 기본법」제2조제3호에 따른 사회적협동조합 등의 지역활성화사업 사전기획비 및 운영비 9. 도시재생사업에 필요한 비용 10. 그 밖에 대통령령으로 정하는 사항(법 제27조 제1항). 국가는 제1항에 따라 보조하거나 융자하는 데에 필요한 자금을 일반회계,「국가균형발전 특별법」제30조에 따른 지역발전특별회계 또는「주택도시기금법」에 따른 주택도시기금에서 지원한다(법 제27조 제3항). 전략계획수립권자는 도시재생 활성화 및 도시재생사업의 촉진과 지원을 위하여 도시재생특별회계를 설치·운용할 수 있다. 다만, 도지사는 필요한 경우 대통령령으로 정하는 바에 따라 도시재생특별회계를 설치·운용할 수 있다(법 제28조 제1항). 도시재생활성화계획을 확정 또는 승인하려는 특별시장·광역시장·특별자치시장·특별자치도지사 또는 도지사는 도시재생활성화계획에 국유재산·공유재산의 처분에 관한 내용이 포함되어 있는 때에는 미리 관리청과 협의하여야 하며, 이 경우 관리청이 불분명한 재산 중 도로·하천·구거(溝渠) 등에 대하여는 국토교통부장관을, 그 외의 재산에 대하여는 기획재정부장관을 관리청으로 보며, 도시재생활성화지역 내의 국유재산·공유재산은 도시재생사업 외의 목적으로 매각하거나 양도할 수 없다(법 제30조 제1항 및 제3항). 도시재생사업의 시행자가 폐도(廢道)나 그 밖에 이와 유사한 국유재산 또는 공유재산을 부득이하게 도시재생 목적으로 사용하려는 경우로서 대통령령20)으로 정하는 경우에는「국유재산법」제9조 또는「공유재산 및 물품 관리법」제10조에 따른 국유재산종합계획 또는 공유재산의 관리계획과「국유재산법」제43조 또는「공유재산 및 물품 관리법」제29조에 따른 계약의 방법에도 불구하고 도시재생사업의 시행자 등에게 우선적으로 이를 수의계약으로

---

19)「도시재생법시행령」제33조(보조 또는 융자의 방법) 법 제27조제1항에 따라 국가가 보조 또는 융자할 수 있는 구체적인 항목과 지원 비율, 법 제27조제2항에 따른 보조 또는 융자의 규모·비율 등을 달리하는 구체적인 기준 및 방법 등은 국토교통부장관이 기획재정부장관과 협의하여 정한다.

20)「도시재생법시행령」제37조(국유재산·공유재산의 처분에 관한 특례의 적용범위) 법 제30조제4항에서 "대통령령으로 정하는 경우"란 국유재산 또는 공유재산의 사용 등에 관한 사항이 도시재생활성계획에 포함된 경우를 말한다.

매각·임대 또는 양여할 수 있다(동조 제4항). 국가 및 지방자치단체는 도시재생 활성화를 위하여 필요한 경우에는 도시재생사업의 시행자에 대하여 「조세특례제한법」 및 「지방세 특례제한법」에서 정하는 바에 따라 법인세·소득세·취득세·등록면허세 및 재산세 등의 조세를 감면할 수 있으며, 국가 및 지방자치단체는 도시재생 활성화를 위하여 필요한 경 우에는 도시재생사업의 시행자에 대하여 「개발이익환수에 관한 법률」, 「농지법」, 「초지 법」, 「산지관리법」, 「도시교통정비 촉진법」, 「자연환경보전법」, 「공유수면 관리 및 매립에 관한 법률」, 「환경개선비용 부담법」, 「국토의 계획 및 이용에 관한 법률」 및 「대도시권 광역교통 관리에 관한 특별법」에서 정하는 바에 따라 개발부담금, 농지보전부담금, 대체 초지조성비, 대체산림자원조성비, 교통유발부담금, 생태계보전협력금, 공유수면 점용료· 사용료, 환경개선부담금, 기반시설설치비용 및 광역교통시설 부담금을 감면하거나 부과 하지 아니할 수 있다(법 제31조 제1항 및 제2항). 도시재생활성화계획에 따라 건축하는 다음 각 호의 어느 하나에 해당하는 건축물에 대하여는 「지방세특례제한법」 및 지방자치단체 의 조례로 정하는 바에 따라 취득세, 등록면허세 등 지방세를 감면할 수 있다. 다만, 시 장·군수 또는 구청장등은 취득세, 등록면허세 등 지방세를 감면하고자 하는 때에는 대 통령령[21]으로 정하는 바에 따라 특별시장·광역시장 또는 도지사의 승인을 받아야 한다: 1.「문화예술진흥법」 제2조제1항제3호에 따른 문화시설 2.「의료법」 제3조제2항제3호에 따른 병원, 한방병원 또는 종합병원 3.「상법」 제169조에 따른 회사의 본점 또는 주사무 소 건물 4. 그 밖에 전략계획수립권자가 도시재생을 위하여 필요하다고 인정하는 시설(동 조 제3항). 법 제32조(건축규제의 완화 등에 관한 특례) 제1항에 의하면, 전략계획수립권자 또는 구청장등은 필요한 경우 「국토의 계획 및 이용에 관한 법률」 또는 같은 법의 위임에 따 라 규정한 조례에도 불구하고 다음 각 호의 내용을 포함하는 내용으로 도시재생활성화계 획을 수립할 수 있다: 1.「국토의 계획 및 이용에 관한 법률」 제77조와 관련한 위임 규정 에 따라 조례로 정한 건폐율 최대한도의 예외 2.「국토의 계획 및 이용에 관한 법률」 제 78조와 관련한 위임 규정에 따라 조례로 정한 용적률 최대한도의 예외. 다만, 「국토의 계획 및 이용에 관한 법률」 제78조에 따른 용적률의 최대한도를 초과할 수 없다. 전략계 획수립권자 또는 구청장등은 필요한 경우 「주택법」 및 「주차장법」에 따른 주차장 설치기 준을 완화하는 내용으로 도시재생활성화계획을 수립할 수 있으며, 전략계획수립권자 또 는 구청장등은 필요한 경우 「건축법」 제60조제2항에 따라 조례로 정한 가로구역별 건축

---

21) 「도시재생법시행령」 제38조(지방세 감면 절차) 시장·군수 또는 구청장등은 법 제31조제3항 각 호 외의 부분 단서에 따라 특별시장·광역시장 또는 도지사의 승인을 받으려는 경우에는 감면목적, 감 면대상, 감면세액 등이 포함된 지방세 감면에 관한 내용과 이를 확인할 수 있는 자료를 제출하여야 한다.

물의 최고 높이 또는 같은 조 제3항에 따른 높이 제한에도 불구하고 이를 완화하는 내용으로 도시재생활성화계획을 수립할 수 있고, 제1항부터 제3항까지의 규정에 따른 구체적인 적용 범위 등에 관하여 필요한 사항은 대통령령[22]으로 정한다(법 제32조 제2항에서 제4항).

5. 주민의 참여

「도시재생법」제15조(주민 등의 의견청취)에 의하면, 전략계획수립권자는 도시재생전략계획을 수립하거나 변경하려면 대통령령으로 정하는 바에 따라 미리 공청회를 개최하여 주민과 관계 전문가 등의 의견을 수렴하고 해당 지방의회의 의견을 들어야 하며, 공청회 또는 지방의회에서 제시된 의견이 타당하다고 인정하면 도시재생전략계획에 반영하여야 하며, 지방의회는 전략계획수립권자가 도시재생전략계획을 통지한 날부터 60일 이내에 의견을 제시하여야 하며, 의견제시 없이 60일이 경과한 경우 의견이 없는 것으로 본다. 주민(이해관계자를 포함)은 전략계획수립권자에게 도시재생활성화지역의 지정 또는 변경을 제안할 수 있다(법 제18조 제1항).

Ⅳ. 도시재생법의 문제점과 미래의 방향

「도시재생법」을 통해서도 알 수 있듯이, 도시문제에 접근함에 있어서 근본적 문제는 정부나 국회나 보여주기식 일거리를 찾기에 몰두하는 것이 아닌가 사료된다. 도시재생을 위해서 근본이 되는 기초적 작업은 금방의 성과가 도출되지 아니하고 인기가 없어서 수행하지 않으며 ― 예를 들면 도시재생이라는 것을 기왕에 마련되어 있는 국토기본법과 국토계획법으로 체계적으로 수행할 수 있음에도 ― 이러한 도시의 재생과 관련된 기본적인 법률을 통하여 도시재생을 이루는 길을 추구하기 보다는 별다른 내용도 없는 특별법 하나를 뚝딱 만들어서 보여주기식으로 업무를 처리하고 있다고 사료된다. 그렇지만 그런 얕은 일 또는 대중의 인기를 끌고자 하는 수법보다는, 보다 깊은 일, 보다 근본이 되는 일, 국가의 발전을 위해서 진정으로 밑거름이 되는 일들을 하는 것이 이제는 필요하다고 사료된다. 이제 우리 국민들이 성숙하여 그러한 일들을 평가하는 국민이라는 것이 전제가 되기는 하지만, 아무튼 우리 국회나 정부가 당장에 알아주지 아니하여도 후

---

22) 「도시재생법시행령」제39조(건축규제의 완화 등에 관한 특례의 적용범위) ① 법 제32조제1항제1호에 따른 건폐율은 「국토의 계획 및 이용에 관한 법률 시행령」제84조에서 규정한 범위에서 해당 지방자치단체의 조례로 완화할 수 있다. ② 법 제32조제2항에 따라 도시재생활성화지역에서의 주차장 설치기준은 「주차장법 시행령」제7조제2항 각 호의 위치에 공용주차장이 설치되어 있는 경우에는 해당 지방자치단체의 조례로 완화할 수 있다.

대가 알아주는 업무를 수행하기를 바라마지 않는다. 도시 재생과 관련하여 다음과 같은
문제점들을 적시함과 동시에 미래의 방향을 제시하고자 한다.

1. 도시재생에 대한 기본적 시각의 부재

「도시재생법」의 목적에서 볼 수 있듯이, 도시재생이 무엇을 의미하는 지에 대한 고
민이 부족하며, 도시가 자연스럽게 사망하도록 하는 과정을 포함하지 않는 것이 문제로
지적될 수 있다. 도시재생이라는 다의적 개념을 가지고 현재의 도시를 뒤집어 엎고자 접
근하는 것도 대단히 부자연스럽다고 할 것이다.[23] 불분명한 목표를 설정하고 도시에 대
해서 도대체 무엇을 하자는 것인지도 설정되어 있지 아니하고, 귀에 걸면 귀걸이 코에
걸면 코걸이라는 시각으로 접근하는 경우에는 도시를 망치지 아니하면 다행이라고 할 것
이다. 도시도 사망하여야만 그 곳에 새로운 생명이 출현할 수 있는데, 사망이라는 과정을
부자연스러운 것으로 보는 한 계속해서 식물인간으로 유지시키는 정도에 그칠 수 밖에
없을 것이다.

도시재생에 대한 기본적 시각이 형성되어 있지 아니하므로, 「도시재생법」에서는 국
가도시재생기본방침, 도시재생전략계획, 도시재생 관련 계획으로서 도시재생활성화지역,
도시재생선도지역 등 별다른 의미없는 방침 내지 계획 등을 망라적으로 열거하고 있으
며, 상호간에 어떤 의미가 있고 왜 존재하는 지에 대한 이해도 부족하다. 도시재생사업과
관련하여서도 도대체 도시재생이 무엇인가에 대한 기본적 고민도 없이 국가의 행정을 도
시재생으로 바꾸어 놓은 것에 불과한 어휘들을 남발하고 있다.[24] 학자들도 도시재생을
하나의 새로운 탄생을 보기보다는 적당한 선에서 도시를 조금 탈바꿈시키는 정도의 관점
에서 바라보면서, 이러한 탈바꿈을 위해서는 사업성의 관점에서 바라보는 우를 범하고
있다. 도시재생을 사업성의 관점에서 바라보는 경우에는 오히려 아무 것도 하지 아니하
는 것이 도시 그 자체에게 보다 더 도움이 될 것이다.[25]

---

23) 조성제, 도시재생 활성화 및 지원에 관한 특별법의 개선방안, 법학연구 43, 전북대학교 법학연구소
2015.1, 280면.
24) 박진수/김기수, '공공성'측면에서 본 현행 도시재생정책 및 제도에 관한 비판적 고찰, 도시설계
14(2), 한국도시설계학회 2013.4, 39면: 국내의 도시재생사업과 관련된 법규 및 제도 역시 이와 유
사한 목표와가치를 내세우고 있지만, 기존 도시조직과 괴리되는 물리적 개발, 공동주택 중심의 획
일화, 도시경관 파괴, 사업성 위주의 고밀개발, 영세민과 세입자의 소외현상, 커뮤니티의 지속성을
저해하는 낮은 재정착율 등과 같은 문제들을 지속적으로 양산해 오고 있다.
25) 조성제, 도시재생 활성화 및 지원에 관한 특별법의 개선방안, 법학연구 43, 전북대학교 법학연구소
2015.1, 273면 이하.

2. 도시재생에 있어서 기본법의 무시

「도시재생법」의 제정 이유로 드는 것이 "현행 제도로는 도시재생에 필요한 각종 물리적·비물리적 사업을 시민의 관심과 의견을 반영하여 체계적·효과적으로 추진하기 어려운바 … 궁극적으로 지속적 경제성장 및 사회적 통합을 유도하고 도시문화의 품격을 제고하는 등 국민 삶의 질을 향상시키는데 기여하려는 것임"라고 제시하고 있는 바, 과연 국토기본법과 국토계획법 그리고 도시정비법이나 도시개발법의 규정들을 통하여 추진하지 못하는 것 내지 어려운 것이 무엇인지에 대해서 생각을 하였는지 되묻고 싶다. 현재적으로도 도시재생과 관련하여 제정된 법률들이 무수하다.[26] 언제까지나 기본적인 체계를 무시하고 뒤엎는 엉터리 법률들을 만들어 내는 우를 범할 것인가 개탄하지 않을 수 없다.

우리나라에 있어서 도시를 포함하는 국토의 이용과 관련된 중요한 법률로 국토기본법과 국토의 계획 및 이용에 관한 법률이 마련되어 있다. 이러한 도시를 포함하는 국토의 이용 및 개발과 관련된 기본적인 법률들이 존재함에도 이러한 법률들을 활용하지는 못하고, 문제투성이인 「도시재생법」을 제정하는 것은 안타까운 일이라고 할 것이다.[27] 주민을 포함한 국민들의 삶의 질을 현격하게 떨어뜨리는 이러한 법률을 제정하면서, 아무런 거리낌이 없이 제정이유를 제시하는 것은 근거가 부족하다고 사료된다.

「도시재생법」에서 도시재생사업을 하는 경우에 가장 중요한 지원수단으로는 결국

---

26) 이인성/유나경, 도시재생사업과 관련된 현행 인센티브 제도의 분석. 한국도시설계학회지 도시설계 11(4), 한국도시설계학회 2010.10, 162면.

   이승우, "도시재생사업의 본질과 재산권 보장의 관계–도시재생 활성화 및 지원에 관한 특별법의 내용을 중심으로–", 공법연구 제42집 제1호, 한국공법학회, 2013, 244면 이하.

   임윤수/최완호. 도시재생사업의 활성화를 위한 법제 개선방안 – 민관협력을 중심으로, 법학연구 54, 한국법학회 2014.6, 177면 이하.

   조성제, 도시재생 활성화 및 지원에 관한 특별법의 개선방안, 법학연구 43, 전북대학교 법학연구소 2015.1, 272면.

27) 강현호, 국가경영행정법(하), 2013, 디비북스, 193면 이하.

   조성제, 도시재생 활성화 및 지원에 관한 특별법의 개선방안, 법학연구 43, 전북대학교 법학연구소 2015.1, 280면: 국토와 도시의 계획 및 이용과 관련하여 종래 다수의 법률이 난립하여 난개발을 불러왔다는 문제인식이 있었다. 이와 같은 문제점을 해소하고 선계획 후개발을 실현하고자 법률의 통합작업이 이루어져 왔다. 그 예가 국토이용관리법과 도시계획법을 통합하여 국토의 이용 및 계획에 관한 법률 제정과 도시재개발법, 주택건설촉진법 및 도시저소득주민의 주거환경개선을 위한 임시조치법을 통합하여 도정법을 제정한 것이다. 이들 법률의 통합에 따라 모든 구도시의 재정비사업이 도시계획의 틀 안에서 이루어지도록 제도화되었다. 그리하여 전체의 틀을 놓고 그 균형적인 발전을 위하여 필요에 따라 광역적 또는 국지적으로 순차개발을 허용한다면 아무런 문제가 없을 것임에도 불구하고 현행법제 자체는 전혀 개정방안을 모색하지 않고 특별법을 제정함으로써 도시계획과 개발에 관한 입법적 정당성을 훼손하고 있는 실정이다.

482   도시재생과 법 그리고 우리의 미래

'돈 뿌리기'와 '건폐율, 용적률, 주차장 설치기준 및 높이 제한의 완화를 통한 도시 망치기'로 귀결되는 것은 얼마나 문제투성이인가를 잘 보여주는 것이라고 할 것이다. 이러한 수단을 통한 도시재생은 도시를 완전하게 망치자고 작정한 법률이라고 할 수 있을 것이다. 건폐율은 왜 필요하고, 용적률을 왜 필요한가에 대한 고민도 없이 그리고 주차장 설치기준은 왜 제정되었는지에 대해서 조금이라고 생각을 하였다면 이처럼 무모한 법률을 제정하지는 아니하였을 것은 아닌가 사료된다. 과연 이러한 「도시재생법」에 의하여 도시가 재생될 것인가, 아니면 완전한 식물인간으로 마비되어 버릴 것인가 질문을 던지게 된다.

국토기본법은 도시를 포함한 우리나라 전체의 국토이용에 대한 기본적 이념을 정한 것이라고 할 때, 이를 실행하는 법률이 바로 국토계획법이다. 이러한 국토계획법의 체계 내에서도 소위 '도시재생'을 훌륭하게 수행할 수 있으므로, 국회나 정부의 특별법을 남발하는 행태는 반드시 중단되어야 할 것이다. 도시 재생에 대한 올바른 이해가 있었더라면, 당연히 도시 재생에 대해서 국토기본법과 「국토계획법」을 활용하여 접근을 하였을 것이다. 국토계획법 제2조 제3호 제4호 및 제5호[28)에 이미 도시의 재생에 대해서 필요한 내용들이 들어 있고, 도시 재생을 위해서 동 법률로써 – 물론 필요하다면 어느 정도의 보완을 하면서 – 필요하고도 충분하게 사업을 추진할 수 있다. 「국토계획법」 제2조 제3호 및 제4호에 의하면, "도시·군기본계획"이란 특별시·광역시·특별자치시·특별자치도·시 또는 군의 관할 구역에 대하여 기본적인 공간구조와 장기발전방향을 제시하는 종합계획으로서 도시·군관리계획 수립의 지침이 되는 계획을 말하고, "도시·군관리계획"이란 특별시·광역시·특별자치시·특별자치도·시 또는 군의 개발·정비 및 보전을 위하여 수립하는 토지 이용, 교통, 환경, 경관, 안전, 산업, 정보통신, 보건, 복지, 안보, 문화 등에 관한 다음 각 목의 계획을 말한다: 가. 용도지역·용도지구의 지정 또는 변경에 관한 계획 나. 개발제한구역, 도시자연공원구역, 시가화조정구역(市街化調整區域), 수산자원보호구

---

28) 「국토의 계획 및 이용에 관한 법률」 제2조 3. "도시·군기본계획"이란 특별시·광역시·특별자치시·특별자치도·시 또는 군의 관할 구역에 대하여 기본적인 공간구조와 장기발전방향을 제시하는 종합계획으로서 도시·군관리계획 수립의 지침이 되는 계획을 말한다. 4. "도시·군관리계획"이란 특별시·광역시·특별자치시·특별자치도·시 또는 군의 개발·정비 및 보전을 위하여 수립하는 토지 이용, 교통, 환경, 경관, 안전, 산업, 정보통신, 보건, 복지, 안보, 문화 등에 관한 다음 각 목의 계획을 말한다. 가. 용도지역·용도지구의 지정 또는 변경에 관한 계획 나. 개발제한구역, 도시자연공원구역, 시가화조정구역(市街化調整區域), 수산자원보호구역의 지정 또는 변경에 관한 계획 다. 기반시설의 설치·정비 또는 개량에 관한 계획 라. 도시개발사업이나 정비사업에 관한 계획 마. 지구단위계획구역의 지정 또는 변경에 관한 계획과 지구단위계획 바. 입지규제최소구역의 지정 또는 변경에 관한 계획과 입지규제최소구역계획 5. "지구단위계획"이란 도시·군계획 수립 대상지역의 일부에 대하여 토지 이용을 합리화하고 그 기능을 증진시키며 미관을 개선하고 양호한 환경을 확보하며, 그 지역을 체계적·계획적으로 관리하기 위하여 수립하는 도시·군관리계획을 말한다.

역의 지정 또는 변경에 관한 계획 다. 기반시설의 설치·정비 또는 개량에 관한 계획 라. 도시개발사업이나 정비사업에 관한 계획 마. 지구단위계획구역의 지정 또는 변경에 관한 계획과 지구단위계획 바. 입지규제최소구역의 지정 또는 변경에 관한 계획과 입지규제최소구역계획. 그리고 동조 제5호에 의하면, "지구단위계획"이란 도시·군계획 수립 대상지역의 일부에 대하여 토지 이용을 합리화하고 그 기능을 증진시키며 미관을 개선하고 양호한 환경을 확보하며, 그 지역을 체계적·계획적으로 관리하기 위하여 수립하는 도시·군관리계획을 말한다. "기반시설"이란 다음 각 목의 시설로서 대통령령²⁹⁾으로 정하는 시설을 말한다: 가. 도로·철도·항만·공항·주차장 등 교통시설 나. 광장·공원·녹지 등 공간시설 다. 유통업무설비, 수도·전기·가스공급설비, 방송·통신시설, 공동구 등 유통·공급시설 라. 학교·운동장·공공청사·문화시설 및 공공필요성이 인정되는 체육시설 등 공공·문화체육시설 마. 하천·유수지(遊水池)·방화설비 등 방재시설 바. 화장시설·공동묘지·봉안시설 등 보건위생시설 사. 하수도·폐기물처리시설 등 환경기초시설(동조 제6호). "도시·군계획시설"이란 기반시설 중 도시·군관리계획으로 결정된 시설을 말하고, "도시·군계획시설사업"이란 도시·군계획시설을 설치·정비 또는 개량하는 사업을 말한다(동조 제9호 및 제10호). 동조 제11호에 의하면, "도시·군계획사업"이란 도시·군관리계획을 시행하기 위한 다음 각 목의 사업을 말한다: 가. 도시·군계획시설사업 나.「도시개발법」에 따른 도시개발사업 다.「도시 및 주거환경정비법」에 따른 정비사업. 도시재생사업에 있어서 중심이 되는 것이 바로 도시·군계획시설의 설치에 있다.³⁰⁾ 그럼에도 불구하

---

29)「국토의 계획 및 이용에 관한 법률 시행령」제2조(기반시설) ①「국토의 계획 및 이용에 관한 법률」(이하 "법"이라 한다) 제2조제6호 각 목 외의 부분에서 "대통령령으로 정하는 시설"이란 다음 각 호의 시설(당해 시설 그 자체의 기능발휘와 이용을 위하여 필요한 부대시설 및 편익시설을 포함한다)을 말한다. 1. 교통시설 : 도로·철도·항만·공항·주차장·자동차정류장·궤도·운하, 자동차 및 건설기계검사시설, 자동차 및 건설기계운전학원 2. 공간시설 : 광장·공원·녹지·유원지·공공공지 3. 유통·공급시설 : 유통업무설비, 수도·전기·가스·열공급설비, 방송·통신시설, 공동구·시장, 유류저장 및 송유설비 4. 공공·문화체육시설 : 학교·운동장·공공청사·문화시설·공공필요성이 인정되는 체육시설·연구시설·사회복지시설·공공직업훈련시설·청소년수련시설 5. 방재시설 : 하천·유수지·저수지·방화설비·방풍설비·방수설비·사방설비·방조설비 6. 보건위생시설 : 화장시설·공동묘지·봉안시설·자연장지·장례식장·도축장·종합의료시설 7. 환경기초시설 : 하수도·폐기물처리시설·수질오염방지시설·폐차장.

30) 이승우, "도시재생사업의 본질과 재산권 보장의 관계－도시재생 활성화 및 지원에 관한 특별법의 내용을 중심으로－", 공법연구 제42집 제1호, 한국공법학회, 2013, 248면.
박성현, 변장섭, 유창호,도시쇠퇴 인식구조를 통한 도시재생사업의 추진과정의 평가에 관한 연구 － 목포시 도시재생사업을 사례로, 한국지적정보학회지 19(1), 한국지적정보학회 2017.4, 70면: 목포시 도시재생사업지구는 상가지구와 주거지구로 공간분화가 존재하므로 각 지구의 주민들에게 인식조사를 실시하였다. 그 결과, 지역별로 극명한 차이가 나타났다. 상가지구의 쇠퇴요인 중 가장 중점적으로 해결해야 할 과제는 매력 있는 시설 부족 문제였고, 이 문제는 가장 근본적으로 해결해야

고, 도시재생사업을 효율적으로 집행 및 추진하기 위한 실행계획인 도시재생활성화계획
은 용도지역·지구·구역, 기반시설, 도시개발사업 또는 정비사업, 지구단위계획 등을 단
계적으로 집행할 수 있도록 물적으로 표현하는 계획인 도시관리계획과의 연계가 고려되
지 않는 문제점이 지적되고 있다.[31]

　　「국토계획법」제7장 도시·군계획시설사업의 시행 제85조(단계별 집행계획의 수립) 제
1항에 의하면, 특별시장·광역시장·특별자치시장·특별자치도지사·시장 또는 군수는 도
시·군계획시설에 대하여 도시·군계획시설결정의 고시일부터 2년 이내에 대통령령으로
정하는 바에 따라 재원조달계획, 보상계획 등을 포함하는 단계별 집행계획을 수립하여야
한다. 특별시장·광역시장·특별자치시장·특별자치도지사·시장 또는 군수는 이 법 또는
다른 법률에 특별한 규정이 있는 경우 외에는 관할 구역의 도시·군계획시설사업을 시행
한다(국토계획법 제86조 제1항). 「국토계획법」제127조(시범도시의 지정·지원) 제1항 및 제2항에
의하면, 국토교통부장관은 도시의 경제·사회·문화적인 특성을 살려 개성 있고 지속가
능한 발전을 촉진하기 위하여 필요하면 직접 또는 관계 중앙행정기관의 장이나 시·도지
사의 요청에 의하여 경관, 생태, 정보통신, 과학, 문화, 관광, 그 밖에 대통령령으로 정하
는 분야별로 시범도시(시범지구나 시범단지를 포함한다)를 지정할 수 있으며, 국토교통부장관,
관계 중앙행정기관의 장 또는 시·도지사는 제1항에 따라 지정된 시범도시에 대하여 예
산·인력 등 필요한 지원을 할 수 있다. 도시재생과 관련하여서도 이러한 기본적인 법률
규정들이 존재함에도 이들을 활용하지는 아니하고 문제투성이인 「도시재생법」을 제정하
는 것은 안타까운 일이라고 할 것이다.

　　「도시재생법」제5조에서 국가도시재생기본방침의 효력이라고 하면서 중앙행정기관
의 장과 지방자치단체의 장은 국가도시재생기본방침을 고려하여 1. 「국토기본법」제6조
제2항제2호부터 제5호까지의 계획 2. 「국가재정법」제7조에 따른 국가재정운용계획 3.
그 밖의 중장기 정책계획으로서 대통령령으로 정하는 계획을 수립하여야 한다고 규정하
는바, 이러한 내용은 국토계획법제의 기본을 망가뜨리는 규정일 뿐만 아니라, 본말이 전
도된 규정들이다. 도시재생이라는 것은 국토의 이용체계에 있어서 하나의 부분에 지나지
않음에도 불구하고 마치 도시재생이 국토계획 내지 국토이용의 전부인양 규율하고 있다.
이는 마치 빈대를 잡고자 초가삼간을 다 태우는 격으로서 법치국가의 기본원칙인 비례의
원칙(Verhältnismäßigkeitsprinzip)에 위반되는 위헌적인 법률이라고 할 것이다.

　　할 과제이기도 하였다. 그에 반해, 주거지구의 쇠퇴요인 중 가장 중점적으로 해결해야 할 과제는
　　지역의 고령화였고, 가장 근본적으로 해결해야 할 과제는 대중교통 이용 불편이었다.
31) 이지현/남진, 도시재생특별법과 도시재생 관련법의 정합성 분석 연구, 도시행정학보 29(1), 한국도
　　시행정학회 2016.3, 53면.

3. 국민 내지 주민 참가의 빈약

「도시재생법」 제15조(주민 등의 의견청취)에서 주민의 의견을 청취하고는 있으나, 이를 전략계획에 반영되는지 여부에 대해서 불분명하다. 주민들이 제시한 의견에 대해서 어떻게 처리를 할 것인가와 관련하여 보다 상세한 지침들이 마련되어야 할 것이며, 주민들의 의견 하나 하나에 대해서 어떠한 처리를 하였는지에 대해서 보고를 할 수 있는 체제를 마련하여야 할 것이다.

또한 지방의회가 도시재생전략계획의 통지를 받고 60일 이내에 의견을 제출할 것을 요구받는 것은 너무나 단기이다. 지방의회가 도시재생에 대한 일만 하는 것이 아니므로, 적어도 3개월의 기한은 주어야 도시재생과 관련하여 무슨 숙고를 하고 의견을 제출할 수 있는 것이 아닌가 사료된다.

4. 내용 없는 무대책의 법률

도시재생과 관련하여 세부계획의 하나로서, "도시재생선도지역"을 지정할 수 있는데, 이는 도시재생을 긴급하고 효과적으로 실시하여야 할 필요가 있고 주변지역에 대한 파급효과가 큰 지역으로, 국가와 지방자치단체의 시책을 중점 시행함으로써 도시재생 활성화를 도모하는 지역을 말한다. 그런데, 이러한 도시재생선도지역과 도시재생활성화지역이 어떻게 구분되는지도 모호(unklar)하며, 도시재생을 하고자 하는 것이 아니라 도시를 망가뜨리고자 하는 규정이다. 기왕의 국토계획법으로도 필요한 경우에는 조금만 수정하여도 가능한 것을 별도로 특별법을 만들어서 무슨 거창한 일을 하는 것처럼 포장하는 속임수(Betrügerei)는 이제 그만하자고 제안하고 싶다.[32] 지구단위계획이라는 도시재생을 위해서 사용될 수 있는 훌륭한 수단이 있음에도 불구하고, 이를 이용할 줄도 모르는 자들은 별 내용도 없으며 도리어 도시를 망가뜨리자는 도시재생활성화계획을 생산하여 계획체계에 혼란을 가중시키기를 반복하고 있다.[33]

---

32) 이민석, 독일의 도시공간계획체계에 관한 연구, 大韓建築學會聯合論文集 19권1호(통권77호), 2017년 2월, 114면: 오늘날 전국적으로 시행되고 있는 도시재생활성화계획의 사업에 대한 계획과정은 체계적이고 종합적이라고 볼 수 없는 것이 현실정이다. 목표체계는 상위체계와 하위체계의 상호관계가 불분명하고 대안창출과정도 불명확하다. 4년이 지난 도시활성화계획은 해당지역을 체계적으로 관리하기 보다는 개발 또는 신축중심의 계획으로 진행되고 있다. 또한 도시재생활성화계획은 전국적으로 많은 지자체에서 시행되고 있지만, 일시적인 지역에 필요한 신축중심으로 시행되고 있음을 알 수 있다.

33) 이지현/남진, 도시재생특별법과 도시재생 관련법의 정합성 분석 연구, 도시행정학보 29(1), 한국도시행정학회 2016.3, 54면.
이인성/유나경, 도시재생사업과 관련된 현행 인센티브 제도의 분석. 한국도시설계학회지 도시설계

도시재생전략계획이란 도시재생을 위한 계획이라고 하여 별다른 내용이 없이 동의 의만 반복하고 있다. 언어적으로는 국가도시재생기본방침이라고 하면서도 그 내용으로 정하는 사항들은 대단히 세부적이어서 이러한 것을 어떻게 방침이라고 할 수 있는 지 의 문이다. 「도시재생법」은 도시재생에 소요되는 재원으로서 재산세, 개발부담금, 재건축부 담금, 과밀부담금 등을 들고 있으나, 이들 재원들은 이미 다른 법률에 의거하여 사용되고 있는 문제가 있으며, 지방자치단체가 도시재생 활성화지역을 선정하고, 선정된 지역에 대한 재정지원을 집중적으로 투여함에도 불구하고 재정조달의 지역적 범위가 명시되어 있지 아니한 문제가 있다.[34]

5. 위헌적인 「도시재생법」

「도시재생법」 제2조 제9호에서는 "마을기업"이란 지역주민 또는 단체가 해당 지역 의 인력, 향토, 문화, 자연자원 등 각종 자원을 활용하여 생활환경을 개선하고 지역공동 체를 활성화하며 소득 및 일자리를 창출하기 위하여 운영하는 기업을 말한다고 규정하고 있는바, 이러한 마을기업이라는 개념은 그 자체로서 불명확한 개념이라고 할 것이다. 기 업 외에 별도로 마을기업이라는 개념을 인정할 실익이 어디에 있는 지도 불분명하다. 그 러므로 이러한 불명확한 개념을 법률에 규정하고 그로 인하여 국민의 기본권에 대한 개 입을 할 수 있는 자격을 부여하는 「도시재생법」은 헌법상의 명확성의 원칙에 반하여 위 헌이라고 할 것이다.[35] 마을기업에 대하여 도시재생 관련 사업의 수행자로 지정될 수 있 도록 한 것은 다른 개인이나 단체 또는 기업은 제외하고 마을기업에 대해서만 특별한 근

11(4), 한국도시설계학회 2010.10, 165면: 국계법의 지구단위계획과 도정법의 정비사업이 혼용되어 사용되는 경우, 즉 지구단위계획에 의해 사업방식이 지정되어 정비사업이 시행될 경우에도 근거법 과 관련지침이 혼란스럽게 적용될 수 있다. 지구단위계획에 의해 사업방식이 결정되어 도시환경정 비사업이 시행되는 경우, 정비사업의 산식을 적용하면'기준용적률×1.3×a'로 인센티브가 계산되 지만, 지구단위계획의 기준·허용·상한용적률 체계에 의해 인센티브를 받을 경우에는 '허용용적률 ×1.3×a×가중치'로 인센티브가 산정된다. 이렇게 서로 다른 산식에 의해 계산된 인센티브 산정량 은 상당히 큰 차이를 보여 도시재생사업의 사업성에 중대한 영향을 미친다. 실제로 사업에 따라 서 로 다른 기준이 원칙없이 적용되는 경우도 없지 않아서 형평성과 일관성의 문제를 야기하고 있다.

34) 조성제, 도시재생 활성화 및 지원에 관한 특별법의 개선방안, 법학연구 43, 전북대학교 법학연구소 2015.1, 285면 이하.

35) 헌법재판소 2002. 6. 27. 99헌마480[위헌, 각하]: 법률은 명확한 용어로 규정함으로써 적용대상자에 게 그 규제내용을 미리 알 수 있도록 공정한 고지를 하여 장래의 행동지침을 제공하고, 동시에 법 집행자에게 객관적 판단지침을 주어 차별적이거나 자의적인 법해석을 예방할 수 있다(헌재 1992. 4. 28. 90헌바27등, 판례집 4, 255, 268−269). 법률은 되도록 명확한 용어로 규정하여야 한다는 이 러한 명확성의 원칙은 민주주의·법치주의 원리의 표현으로서 모든 기본권제한입법에 요구되는 것 이며, 죄형법정주의, 조세법률주의, 포괄위임금지와 같은 원칙들에도 명확성의 요청이 이미 내재되 어 있다.

거도 없이 혜택을 제공하는 것으로 헌법상 평등의 원칙에 위반되어 역시 위헌이라고 볼 것이다. 「도시재생법」 제30조 제3항은 도시재생활성화지역 내의 국유재산·공유재산은 도시재생사업 외의 목적으로 매각하거나 양도할 수 없다라고 규정하고 있는바, 이러한 법률의 규정은 도시재생활성화지역에 의하여 재산권을 제한받게 되는 자들을 포함하여 과잉금지의 원칙에 반하는 과도한 제한으로서 위헌이라고 할 것이다.

　도시재생과 관련하여 제정된 「도시재생법」은 태어나지 말았어야 할 법률로서 비극적 법률의 모범으로 칭송될 것은 아닌 지 우려가 된다. 도시재생사업은 모든 국토개발사업을 다 끌어 모아 놓고 있다. 도시재생사업의 주된 내용이 조세감면, 지원 등을 통한 금전적 보조와, 건축물과 관련된 건폐율과 용적율의 완화와 주차장 설치기준의 느슨함 그리고 고도 제한의 해제 등으로 이루어져 있는바, 도시란 과연 무엇인가에 대해서 조금이라도 식견이 있다면 이러한 규정들을 포함하는 우를 범하지는 아니하였을 것으로 사료된다. 이런 내용의 규제들은 도시가 제대로 기능하기 위해서는 강화되었으면 강화되어야지 완화되어서는 아니될 것인데, 무슨 전가의 보도처럼 선심성 정책을 남발하여 마치 중환자에게 스테로이드나 마취제만 주는 형국으로 이끌어 가는 것은 아닌지 우려된다고 할 것이다.36)

V. 결론

　도시재생과 관련하여 먼저 어떠한 시각으로 접근하여야 하는지에 대해서 보다 깊은 논의를 할 필요가 있다. 이러한 논의야말로 시간낭비가 아니라 올바른 처방을 내리기 위한 전제조건이 된다. 「도시재생법」과 같은 보여주기식의 일처리를 이제는 종결시키고 진정 국가와 사회를 위해서 필요한 작업을 수행하자 그것은 바로 국토의 이용과 관련하여 가장 기본적인 국토기본법과 국토계획법을 면밀하게 살펴보고 이러한 체제를 유지하면

36) 안윤수, '도시재생 뉴딜'이 잘 구현되기 위해, 2017-09-26, http://www.cnews.co.kr/: 도시재생과 관련하여 한종률 UIA(국제건축연맹) 신임 부회장의 인터뷰가 있다: '도시재생 뉴딜'이 잘 구현되기 위해 정책적으로 필요한 점은 무엇일까라는 질문에 다음과 같은 말을 하였다: 국토 전체를 아우르는 '국가건축가(Presidental Architect)'가 있어야 한다. 사람들이 곧잘 '프랑스 시골마을이 참 예쁘다'는 말을 한다. 그러면서 프랑스와 우리나라를 비교한다. 문화적 차이도 있겠지만, 우리나라 시골 경관을 망치는 주범이 아파트다. 국도 따라 가다보면 갑자기 아파트가 툭툭 튀어나온다. 이러니'아무데나 아파트를 짓는다'는 말이 나온다. 프랑스나 일본 등 나라 꼴을 갖춘 나라에서는 아파트 같은 고층 건물을 지을 수 있는 공간이 한정되어 있다. 주거밀집도가 높은 곳이 아니면 아파트 건설허가를 내주지 않는다. 전체적으로 국가에서 도시 계획을 총괄하며 개발 범위와 보존 구역을 철저하게 관리하기 때문이다. 그런데 우리나라는 법적으로 제한을 걸지 않는다. 법적으로 제한을 걸지 않는다는 것은 바꿔말해 정부가 아파트 건설을 장려한다는 얘기다.

서 그 체제에 부합하는 한도 내에서 하나씩 하나씩 차근차근 도시를 살리는 길을 찾아보자는 제안을 하게 된다. 상기 법률들을 통해서 우리나라의 발전 내지 개발을 위해서 전체적으로 커다란 밑그림이 그려져 있다. 그렇다면 이러한 법률들에 의거하여 국토 전체를 아니면 도시 전체를 아름답고 훌륭하게 개발하고 보존하고 정비하고 재생할 수 있을 것이다. 도시 또는 국토의 개발과 이용은 상기의 법률의 틀 안에서 이루어져야 하며, 도시 재생 역시 이러한 기본적 구도 위에서 이루어져야만 지속가능하고 전체적으로 균형이 있으며 아름다움을 간직하는 도시가 될 거싱다. 도시의 재생 역시 도시재생 활성화 및 지원에 관한 특별법과 같은 태어나지 말았어야 할 법률을 제정하는 것으로부터 시작하는 것이 아니라, 국토기본법과 국토계획법의 규정들을 잘 활용하는 것으로부터 시작하여야만 한다. 이 법률들을 잘 활용한다면 아주 멋진 도시 재생을 하는 단초가 될 것이다. 재정적 기금을 뿌리고, 건폐율과 용적률 완화, 주차장 설치 기준 완화를 통한 도시재생은 결국 어떠한 도시를 만들게 될 것인가를 조금만 생각해 보면 그 결과를 알 수 있지 않을까 사료된다.

[참고문헌]

강문수, 도시재생 관련 법제 입법평가와 새 정부의 과제, 한국토지공법학회 발제문, 2017.9.

강현수, 새 정부 도시재생뉴딜 사업의 의의와 과제. 도시정보 (426), 대한국토·도시계획학회
    2017.9, 4-5면.

강현호, 국가경영행정법, 디비북스 2013.

김경천/김갑열/이재수, 도시재생 지역선정을 위한 평가지표 연구 -도시재생 활성화 및 지원에
    관한 특별법을 중심으로 -, 不動産學報 Vol.61, 한국부동산학회 2015, 31-45면.

김재광, "도시재생 관련법제의 현황과 법적 과제", 토지공법연구 제64집, 한국토지공법학회,
    2014. 2.

박성현/변장섭/유창호, 도시쇠퇴 인식구조를 통한 도시재생사업의 추진과정의 평가에 관한 연구
    - 목포시 도시재생사업을 사례로, 한국지적정보학회지 19(1), 한국지적정보학회 2017.4,
    57-72면.

박진수/김기수, '공공성'측면에서 본 현행 도시재생정책 및 제도에 관한 비판적 고찰, 도시설계
    14(2), 한국도시설계학회 2013.4, 35-52면.

이동수, "도시정비사업의 추진전략과 법적 과제", 토지공법연구 제66집, 한국토지공법학회,
    2014. 8.

이민석, 독일의 도시공간계획체계에 관한 연구, 大韓建築學會聯合論文集 19권1호(통권77호),
    2017년 2월, 107-115면.

이삼수, 도시재생특별법에 따른 도시재생사업 추진방안, 한국도시행정학회 학술발표대회 논문
    집, 한국도시행정학회 2014.2, 17-30면.

이승우, "도시재생사업의 본질과 재산권 보장의 관계-도시재생 활성화 및 지원에 관한 특별법
    의 내용을 중심으로-", 공법연구 제42집 제1호, 한국공법학회, 2013, 241-269면.

이인성/유나경, 도시재생사업과 관련된 현행 인센티브 제도의 분석, 한국도시설계학회지 도시설
    계 11(4), 한국도시설계학회 2010.10, 161-172면.

이재삼, 도시재생법상 도시재생 사업에 관련된 문제점 및 효율성 제고방안 - 문재인 정부의
    도시재생 뉴딜사업을 중심으로 -, 土地公法研究 第79輯, 2017 한국토지공법학회, 31-
    61면.

이지현/남진, 도시재생특별법과 도시재생 관련법의 정합성 분석 연구, 도시행정학보 29(1), 한국
    도시행정학회 2016.3, 35-61면.

임윤수/최완호, 도시재생사업의 활성화를 위한 법제 개선방안 - 민관협력을 중심으로, 법학연
    구 54, 한국법학회 2014.6, 169-187면.

정재희, 도시재생 활성화 및 지원에 관한 특별법 제정의 의의와 경남의 지역과제, 경남정책
    Brief, 경남발전연구원 2013.7, 1-8면.

조성제, 도시재생 활성화 및 지원에 관한 특별법의 개선방안, 법학연구 43, 전북대학교 법학연구
　　　소 2015.1, 267－297면.
하창효, 도시재생으로 인한 젠트리피케이션 대응방안에 대한 법적 고찰, 부동산법학 제21집 제2
　　　호, 한국부동산법학회 2017, 227~247면.

신재생에너지의 공급인증서 거래제도[*]

이 종 영[**]

I. 들어가는 말

전통적으로 에너지정책은 안정적인 공급에 방점을 도어 왔다. 에너지 공급의 안정성이 확보된 유럽은 에너지정책의 방향을 공급위주에서 수요위주로 전환하고, 에너지이용을 전통적인 원자력과 화석에너지에서 환경오염이 적고, 온실가스의 배출이 적고, 안전하며 세계적으로 비교적 균등하게 분포된 재생에너지로 전환하는 추세에 있다. 우리나라도 문재인정부가 출범하면서 일차적으로 표방한 에너지정책은 탈원전, 탈석탄화력, 신재생에너지의 확산으로 유럽과 같이 에너지전환에 무게를 두고 있다.

에너지의 안정적 공급은 국가경제의 지속가능한 발전에 필수불가결한 사안에 속한다. 국가의 에너지정책은 일차적으로 에너지의 안정적 공급을 내용으로 하는 에너지안보에 방향을 설정하고, 이차적으로 친환경에너지의 공급율의 확대와 에너지효율성 증대에 두고 있다. 국가에너지정책의 세계적인 공통사항으로 에너지안보, 친환경에너지의 공급확대와 에너지효율성향상은 해당 국가의 다양한 경제적·자원적 요인에 의하여 결정하고 있다. 에너지안보는 에너지의 안정적인 공급을 위하여 특정된 에너지에 집중하지 않고, 다양한 에너지를 효율적으로 사용하는 사회적 기반의 구축을 필요로 한다. 에너지안보를 위한 일차적인 에너지정책은 에너지원의 다원성에 두고 있다. 우리나라는 에너지의 약 93%를 해외수입에 의존하고 있다. 산업구조는 철강, 시멘트, 화학산업과 같은 에너지다소비형이다. 이와 같은 구조에서 에너지안보는 절대적으로 중요한 가치라고 할 수 있다. 에너지안보뿐만 아니라 친환경에너지의 공급확대는 대외 수출에 의존하는 우리나라의 산업구조에서 절실하게 요구되는 에너지정책이다.

지금까지 우리나라는 경제발전에 필요한 에너지원으로 원자력, 석탄, 석유 및 천연가스를 사용하여 왔고, 최근에 재생에너지원으로 풍력, 태양광, 지열, 수력을 추가적으로 사용하고 있다. 우리나라가 주로 사용한 화석연료를 전기에너지와 열에너지로 변화하는

* 이 논문은 환경법연구 35권 제1호에 게재한 "신재생에너지 공급의무화제도"를 일부 수정, 보완한 것임
** 중앙대학교 법학전문대학원 교수

과정에 필연적으로 발생하는 이산화탄소는 지구온난화에 의한 기후변화를 유발하는 물질로서 국제적으로 감축의 대상이 되고 분류되고 있다. 에너지다원성을 통한 에너지안보와 온실가스감축을 동시에 달성할 수 있는 에너지는 당연히 모든 국가가 희망하는 에너지라고 할 수 있다. 바로 에너지다원성을 확보하고, 온실가스를 배출하지 않는 에너지는 태양광, 태양열, 풍력, 지열, 바이오 등과 같은 재생에너지이다. 국가는 지속가능한 에너지원으로서 신에너지와 재생에너지에 관심을 돌리지 않을 수 없는 시대적 숙명에 놓이게 되었다. 신에너지와 재생에너지의 개발·사용·보급은 에너지의 안보와 온실가스감축이라는 두 마리 토끼를 동시에 잡을 수 있을 정책적 수단으로 자리매김하게 되었다. 그러나 재생에너지는 유감스럽게 경제성이 낮은 데에 치명적인 단점을 간직하고 있다. 시장경제를 바탕으로 하는 국가에서 에너지간의 경쟁도 최종적으로 시장에서 결정되어야 하는 데, 에너지안보와 온실가스감축을 동시에 실현할 수 있는 신에너지와 재생에너지는 시장에서 국가에 의한 지원을 받지 않고서는 자생할 수 없는 것이 현실이다. 이와 같은 현실로 인하여 국가는 장기적으로 신에너지와 재생에너지의 사용을 확대하도록 다양한 정책을 추진하여야 하는 과제를 가지게 되었다.

국제에너지기구(IEA: International Energy Agency)는 2050년경에 재생에너지가 이산화탄소의 감축에 21%를 감당할 것으로 예상하고 있다.[1] Post−교토 시대를 대비하여 모든 국가는 온실가스 감축을 에너지정책의 중요한 사항으로 자리매김하고 있다. 우리나라도 「저탄소 녹색성장 기본법 시행령」에서 2020년 배출전망치(Business As Usual) 대비 30%를 온실가스감축목표 설정하고 있다. 이에 따라 우리나라는 「저탄소 녹색성장 기본법」 제41조에 근거하는 제3차 에너지기본계획에서 2030년 신재생에너지 보급목표를 11%로 설정하였다.

1990년 1월 유럽연합 이사회는 유럽연합 역내에서 이산화탄소배출수준을 2000년까지 1990년 수준으로 유지한다는 것에 합의했다. 이어 1991년 9월 유럽연합 위원회는 「CO_2배출 규제와 에너지효율향상을 위한 유럽연합전략」을 유럽연합이사회에 제출하고 1992년 6월에는 유럽연합 위원회가 「이산화탄소배출 및 에너지세 도입을 위한 이사회지침(안)」을 마련하였다. 또한 유럽연합은 2009년 2020년까지 재생에너지의 비율을 20%, 온실가스의 감축율을 20%, 에너지효율성 향상율 20%로 하는 에너지와 기후변화전략을 야심차게 수립하였다. 전체 에너지에서 재생에너지의 비율을 20%로 증대하기 위한 유럽연합의 노력은 재생에너지의 개발, 이용 및 보급분야에서 다양한 제도적 수단을 마련하

---

1) 국제에너지기구에 의하면 2050년에 이산화탄소의 감축에 활용되는 것은 효율향상 43%, 재생에너지 21%, 이산화탄소 포집·저장 19%, 원자력 6%를 각각 담당할 것으로 예상하고 있다.

여 추진하고 있다.

　우리나라도 현재와 같이 에너지믹스정책에서 원자력에너지와 화석에너지의 비율을 현재와 같은 수준으로 유지할 수 없고, 지속적으로 재생에너지의 비율을 높이기 위하여 발전분야, 열분야에서 신에너지와 재생에너지의 개발·이용·보급 촉진을 위한 제도적 수단을 마련하고 있다.[2] 「신에너지 및 재생에너지 개발·이용·보급 촉진법」(이하 "신재생 에너지법"이라 한다)은 신에너지 및 재생에너지의 보급촉진제도로서 제12조의5에서 대통령 령으로 정하는 발전사업자에게 발전량의 일정한 비율을 신에너지 및 재생에너지로 충당 하도록 하는 소위 발전공급의무화제도를 도입하고 있다. 이 논문은 2010년 4월 12일에 개정되어 2012년 1월 1일부터 시행하고 있는 발전공급의무화제도에 대한 분석과 개선방 안을 제시하는 것을 목적으로 한다.

II. 신재생에너지 보급촉진제도의 발전

1. 신재생에너지 보급촉진제도의 법제적 발전

1) 기술중요성 인식기

　현행 신재생에너지법은 1987년 12월 4일 법률 제3990호로 제정된 "대체에너지개발 촉진법"에 기원하고 있다. 제정당시 법률인 "대체에너지개발촉진법"은 현재와 같이 대체 에너지의 개발, 이용 및 보급을 종합적인 정책 하에서 추진할 수 있는 제도적 수단을 포 함하지 않았다. 당시의 "대체에너지개발촉진법"은 "대체에너지"라는 용어도 석유를 대체 할 수 있는 에너지 또는 화석에너지를 대체하는 에너지로 인식되었다.[3] 이 법률의 목적 은 대체에너지의 기술개발을 종합적으로 추진하기 위하여 필요한 사항을 규정함으로써 에너지원의 다양화를 도모하여 국민경제의 건전한 발전과 국민생활의 안정에 이바지하 려는 데에 두었다.[4] 그러나 대체에너지의 보급촉진을 위한 제도적 수단은 동법률에서 도 입되어 있지 않았다. 이러한 측면에서 동법률은 신에너지와 재생에너지의 기술개발에 대

---

[2] 에너지정책은 공급관리 정책과 수요관리정책으로 구성될 수 있다. 공급관리정책에는 자주공급률 제 고, 에너지자원비축능력 확충, 유통구조합리화, 해외에너지자원의 안정적 확보, 대체에너지 개발·보 급 강화 등이 포함된다. 이에 반하여 에너지수요관리 정책에는 에너지이용합리화와 수요구조개편 정 책이 포함될 수 있다.

[3] 이에 관하여는 이종영, 신재생에너지의 이용보급을 위한 제도, 환경법연구 제27권 제1호(2005/6), 197면 이하; 이종영, 신재생에너지의 대상에 관한 법적 문제, 환경법연구, 제31권 제2호(2009/11), 249 이하 참조.

[4] 우리나라는 1997년 IMF 직후를 제외하고, 에너지수요 관련 주요지표는 줄곧 상승 기울기를 유지했 다. 1981년 1차 에너지소비량은 45,718천toe에서 2011년 271,346천toe로 30년 동안 6배 증가했다. 이 시기 석탄, 석유, LNG, 원자력 소비량은 급증한 반면, 수력과 신재생에너지 소비량은 답보 상태였다.

한 국가의 지원에 대한 방향설정한 것에 의미를 둘 수 있을 뿐이었다고 할 수 있다.

2) 보급중요성 인식기

"대체에너지개발촉진법"은 1997년 12월 13일 법률 5446호에 의하여 "대체에너지개발및이용·보급촉진법"으로 제명을 변경하여 대체에너지의 개발뿐만 아니라, 이용과 보급도 국가로 하여금 대체에너지의 촉진대상에 포함하도록 하였다. 이와 같은 대체에너지 정책의 기본적인 변화는 국제협약에 기인하였다. 또한 동법률에서 대체에너지의 이용과 보급을 국가에 의한 촉진대상에 포함한 것은 기후변화에 관한 「국제연합기본협약」[5]이 발효되었고, 태양에너지 등 일부 대체에너지가 그 동안 기술개발 성과로 상업화됨으로 인하여 시장형성의 시기가 왔다는 정책적 판단에 기인하였다. 이에 따라 환경친화적인 대체에너지의 이용·보급을 촉진하기 위하여 대체에너지 기본계획 및 대규모 에너지 관련사업자에 대한 투자 권고대상에 대체에너지의 이용·보급에 관한 사항을 포함시키게 되었다. 이 법률은 기존의 "대체에너지개발촉진법"보다 진일보한 측면은 있으나 이용과 보급을 위한 효과적인 제도를 도입하지 않았으나 대체에너지 이용·보급의 촉진을 위한 시범사업을 보다 적극적으로 추진하여 대체에너지산업이 활성화하도록 하는 데에 기여한 것으로 평가될 수 있다. 또한 국가기관·지방자치단체·정부투자기관 등에 대하여 관할 중앙행정기관의 장(당시 통상산업부장관)이 대체에너지의 이용을 권고할 수 있도록 하는 권한을 부여하여 대체에너지 초기시장을 창출하도록 하는 데에 동법률은 기여하였다고 할 수 있다. 그러나 대체에너지는 기존의 화석에너지와 시장경쟁에서 비교될 수 없을 정도로 경제성이 없어, 대체에너지의 이용과 보급은 미미한 수준에 머물게 되었다.

3) 발전차액지원제도의 도입

"대체에너지개발및이용·보급촉진법"은 2002년 3월 25일 법률 제6672호로 일부개

---

5) 유엔기후변화협약(UN Framework Convention on Climate Change, UNFCCC)은 1992년 189개국이 가입한 리우 세계환경정상회의에서 채택되었고, 1994년 3월 21일 발효되었으며, 우리나라는 1993년 12월에 가입하였다. 기후변화협약 제4조제1항에 의하면 모든 당사국은 온실가스 배출저감정책의 자체적 수립 및 시행, 온실가스 통계 및 정책이행 등 국가보고서 작성하여 제출하여야 한다. 동 협약 제4조2항은 선진국들(부속서1, 2국가)의 특정의무사항을 별도로 정하고 있다. 부속서1 국가들은 2000년에 온실가스배출량을 1990년 수준으로 안정화(비구속적 의무)시켜야하며, 부속서2 국가들은 온실가스 감축노력과 함께 개도국에 대한 재정 및 기술이전 의무도 부담해야 한다. 기후변화협약에 기반하여 기후변화협약의 구체적 이행방안과 선진국의 의무적인 온실가스 감축목표치를 정한 교토의정서(Kyoto Protocol)가 1997년 12월 제3차 기후변화협약당사국 총회 때 채택되어 2005년 2월에 발효되었다. 2008년 9월 현재 182개국이 가입하였으며 한국은 2002년 11월에 비준하였다. 교토의정서는 부속서A에서 6종류의 온실가스를 정의하고 있다. 또한 부속서B는 선진국의 구속력 있는 온실가스 감축목표를 규정하고 있다. 기후변화협약상 부속서1국가에 속하는 국가들은 2008년부터 2012년 까지 선진국들 전체의 온실가스 배출량을 1990년 대비 평균 5.2% 감축해야 한다.

정이 되었다. 2002년 동법 개정은 대체에너지의 보급에 혁기적인 기여를 하게 되었다. 그 내용은 신에너지와 재생에너지원으로 발전한 전기에 대하여 국가가 기준가격을 고시하고, 고시된 가격을 신에너지 및 재생에너지 발전사업자에게 국가가 지급하는 소위 발전차액지원제도의 도입이었다. 신에너지 및 재생에너지에 의한 발전비용은 기존의 화석에너지원에 의한 발전비용보다 시장에서 경쟁이 될 수 없을 정도로 높다. 신에너지 및 재생에너지에 의한 발전은 에너지다원성을 확보하고, 에너지사용으로 인한 온실가스배출을 혁기적으로 감축하는 데에 기여하나 경제성이 낮다는 문제점이 있다. 그러나 국가는 절박한 글로벌한 문제인 온실가스감축을 위한 노력을 하여야 하고, 에너지다원성을 확보하여야 하는 과제를 이행하여야 한다. 이를 위하여 신에너지와 재생에너지의 보급을 확대하여야 한다. 경제성이 낮으나 에너지정책적으로 필요한 신에너지와 재생에너지의 보급 확대를 위하여 국가는 다양한 지원제도를 구축하여야 한다. 신에너지 및 재생에너지의 보급 확대를 위한 지원제도는 발전분야에서 발전차액지원제도와 공급의무화제도이다. 발전차액지원제도는 공정가격매입제도로 불리기도 한다.

2. 발전차액지원제도의 운영

1) 발전차액지원제도의 장단점

발전차액지원제도(Feed-In Tariff: FIT)는 정부가 전원별로 기준가격을 정한 후에 전기사업자에 대하여 지역 안에서 발전된 신에너지 및 재생에너지 발전전력을 의무적으로 정부가 정한 기준가격으로 전량을 구매하도록 하는 제도이다.[6] 발전차액지원제도는 정부가 기준가격을 미리 정하여 제시하기 때문에 사업자 스스로 시장참여 여부 및 공급량을 쉽게 결정할 수 있는 장점을 가진 제도이다. 독일은 바로 발전차액지원제도를 통하여 재생에너지의 보급에서 선진국이라는 지위를 굳히게 되었다.[7] 발전차액제도는 신에너지

---

[6] 발전차액지원제도(FIT)는 고정가격매입제도로 불릴 뿐만 아니라 기준가격의무구매제도로 불리기도 한다. 발전차액지원제도는 미국의 연방기준가격의무구매제도에 기원하는 제도로서 미국이 1978년 도입하였다가 폐지된 제도이다. 이 제도는 1990년대 초에 유럽으로 전해져서 독일, 뗑마크, 그리스, 이태리, 스페인 등 국가에서 부활된 제도이다. 이에 관하여는 이창호 외 다수, 신재생에너지 의무할당제(RPS) 국내운영방안 수립, 18면 이하 참조.

[7] 독일의 재생에너지보급 촉진제도로서 우리나라의 발전차액지원제도에 해당하는 제도는 보다 정확하게 기준가격의무구매제도이다. 우리나라는 정부가 기준가격을 정하여 고시하고, 고시된 가격보다 전력시장에서 책정되는 전력가격과 차액을 신에너지 및 재생에너지 발전사업자에게 지원하기 때문에 동제도의 명칭으로 발전차액지원제도가 적합한 명칭이 된다. 그러나 독일은 정부가 일방적으로 재생에너지원별로 기준가격을 정하면, 전기사업자가 정하여 진 기준가격으로 발전된 전량을 구매하여야 하기 때문에 기준가격의무구매제도로 명명하는 것이 적합하다. 그러나 본질에서 양제도는 동일하다. 이에 관하여는 이종영, 독일 재생에너지보급촉진법, 환경법연구 제26권 제4호(2004/12), 235면 이하 참조.

및 재생에너지 발전사업자로 하여금 시장참여 전에 투자로 인한 수익에 대한 손익예측을
가능하도록 함으로써 정부의 차액보전을 통해 손실위험을 낮출 수 있도록 한다. 그러나
정부의 신에너지와 재생에너지 공급목표 달성 여부를 불확실하고 가격이 경직되어 있어
합리적인 가격결정이 어렵다는 문제점이 지적되었다.

　　신에너지 및 재생에너지의 보급촉진을 위한 발전차액제도는 사실 국가마다 동일하
지는 않았다. 우리나라의 경우에 발전차액제도를 도입하여 비교적 성공한 국가들과 현
저한 차이점은 발전차액의 기준고시 가격과 차액보전의 주체에 있다고 할 수 있다. 신
에너지와 재생에너지의 원별로 기준고시 가격은 국가마다 다르다. 당연히 발전차액지원
제도를 도입한 국가가 신에너지 및 재생에너지의 보급을 보다 적극적으로 확대하고자
하면, 기준가격을 높게 책정하여 고시하면 보다 많은 신에너지 및 재생에너지 발전사업
자가 참여할 것이다. 시장경제질서 하에서 경제주체인 사업자는 투자에 대한 수익이 확
실하고 많으면 필연적으로 시장에 진입한다. 발전차액지원제도는 기존가격을 고시하여
고시된 금액을 발전요금으로 지급하기 때문에 사업에 대한 리스크가 없고, 동시에 수익
이 이자율보다 높으면 신에너지 및 재생에너지 발전사업에 진입을 위한 확실한 유인적
수단으로 작동하게 된다.[8] 이에 반하여 해당 국가에서 신에너지 및 재생에너지의 보급
필요성의 정도가 낮다면, 기준고시 가격을 낮게 설정할 수 있다. 이러한 측면에서 본다
면, 발전차액지원제도는 신에너지와 재생에너지의 에너지원별로 기준고시가격을 달리
설정함으로서 신에너지 및 재생에너지의 보급정책을 다양하게 달성할 수 있는 제도라
고 할 수 있다.

　　발전차액지원제도는 신에너지 및 재생에너지 원별로 고시되는 기준가격이 상이하
다. 일반적으로 태양광 발전의 기준가격이 가장 높게 책정된다. 이는 태양광의 발전비용
이 다른 재생에너지보다 상대적으로 비싸기 때문에 태양광 발전에 대하여 투입되는 비용
을 상위할 수 있는 정도로 기준가격을 정하지 않게 되면, 태양광 발전사업에 참여하고자
하는 사업자가 없게 된다.

2) 발전차액지원제도의 문제점

　　우리나라가 발전차액지원제도를 신재생에너지법에서 먼저 도입하였음에도 불구하
고 이를 포기한 이유는 발전차액지원에 필요한 예산에 있다고 할 수 있다. 독일과 같은
발전차액지원제도를 성공적으로 정착시킨 국가에서 정부는 정책적이고 전략적 판단에

---

8) 일반적으로 기준가격은 정해진 기간(10년에서 20년) 동안 보증되기 때문에 신재생에너지 발전사업
　자는 투자자금을 몇 년안에 회수할 수 있을 것인가를 충분하게 전망할 수 있어, 비교적 안심하고 투
　자할 수 있다.

의하여 설정한 기준가격을 결정하여 고시하는 업무만을 한다. 이들 국가에서 고시된 기준가격의 지급은 우리나라와 같이 국가가 예산으로 지원하지 않고, 전기판매사업자가 지급한다. 전기판매사업자는 시장가격과 신에너지 및 재생에너지 원별에 의한 발전비용인 기준가격의 차액을 전기요금에 부과함으로서 전기판매업자에게 부담을 주지 않는다. 결과적으로 발전차액지원제도는 전기의 최종소비자가 신에너지 및 재생에너지에 대한 비용을 부담한다. 그러나 우리나라는 정부가 고시한 기준가격과 전력시장에서 형성되는 전기도매가격의 차액을 국가가 예산으로 지급하고 있다. 이로서 발생하는 문제는 두 가지이다. 하나는 친환경에너지를 사용하는 자인 전기소비자가 이에 대한 비용을 부담하여야 하는 원인자부담원칙에 적합하지 않는다. 다른 하나는 신에너지 및 재생에너지 사업자가 전력시장에 많이 진입하여 신에너지 및 재생에너지에 의한 발전량이 많아지게 되면 국가는 상당한 재정적인 부담을 질 수 밖에 없는 문제가 있다. 국가가 예산으로 신에너지 및 재생에너지의 발전에 대한 차액을 부담하는 것은 전기사용과 전혀 관계가 없는 일반국민도 부담을 져야 하는 불합리한 점이 있게 된다.[9]

　　이러한 측면에서 우리나라의 발전차액지원제도는 재생에너지 선진국들과 같이 신에너지 및 재생에너지 발전으로 인한 친환경적 이익과 에너지다원성에 대한 혜택을 전기소비자가 부담하도록 전환하거나 아니면 이 논문의 주제인 공급의무화제도로 전환하는 것이 적합하다.

3. 공급의무화제도의 도입

　　공급의무화제도(RPS: Renewable Portfolio Standard)는 발전분야에서 신재생에너지의 보급촉진을 위한 제도로서 발전사업자에게 공급하는 에너지의 일정부분을 신재생에너지를 이용하여 공급하도록 법률에서 의무를 부여하는 제도이다. 우리나라는 2001년 말부터 도입되어 운영 중인 발전차액지원제도를 대신하여 2012년 1월부터 시행되고 있다. 정부는

---

9) 최근 태양광발전소 건설의 급증으로 발전차액지원금 급증하게 되었다. 2010년에서 태양광발전에 전체 지원금액의 88.2% 집중되는 문제가 발생하게 되었다. 태양광 발전차액 지원금액(억원)은 2006년에 35억원, 2007년에 146억, 2008년에 1,129억원, 2009년에 2,404, 2010년에 2,927억, 2011년에 3,258억에 이르게 되었다.

〈원별 발전차액지원 실적(2012.8말 기준)〉

구 분	수 력	풍 력	태양광	연료전지	LFG	바이오가스	바이오매스	폐기물	합 계
발전용량(kW)	87,396	320,205	496,624	50,500	74,868	2,711	5,500	2,247	1,040,096
발전소수(개)	63	15	1,991	20	14	3	1	1	2,108
발전량(MWh)	2,212,603	3,575,960	2,322,794	746,091	2,625,610	36,070	51,263	12,862	11,583,253
지원금(백만원)	27,667	26,152	1,168,098	103,565	16,517	344	230	61	1,342,634

공급의무화제도를 도입을 목적으로 하는 신재에너지법의 개정이유를 신재생에너지의 보급목표달성의 용이성에 두고 있고, 동시에 정부의 예산상 부담을 완화할 수 있는 데에 두었다. 그러나 발전차액지원제도를 공급의무화제도로 변경함으로서 발생할 수 있는 다양한 문제로 인하여 정부의 법률개정안은 국회에서 상당한 기간동안 논의를 거친 끝에 통과하게 되었다.[10) 정부는 공급의무화제도를 도입에 대하여 "공급의무자의 신재생에너지 의무공급량을 정함에 있어서 기본적으로 발전량을 기준, 2012년 3%로 시작하여 2020년에는 10%까지 그 비율을 높인다는 계획"을 수립하였다. 그리고 "2002년에 도입된 기존의 발전차액지원제도(FIT: Feed in Tariff)는 공급의무화제도의 도입과 동시에 신규 신재생에너지발전소에 대하여는 더 이상 적용하지 않고, 2011년까지 지원을 받아왔던 신재생에너지발전소는 계속 지원할 예정이어서 2002년부터 지원기간 15년이 지나는 2017년 이후에야 실질적으로 재정부담이 감소하게 될 것"으로 예상하였다. 공급의무화제도는 정부가 사업자에게 공급의무량을 지정함으로써 신재생에너지 공급규모 예측이 가능한 측면에서 정부가 설정한 신재생에너지의 보급목표를 달성하는 데에 용이하다.

Ⅲ. 공급의무화제도의 구조

1. 공급의무화제도의 발전

공급의무화제도(Renewalbe Portfolio Standards: RPS)는 신에너지 재생에너지에 의한 발전의 비율을 발전사업자에게 의무화하는 제도이다. 공급의무화제도는 발전사업자에게 전체 발전량 중에서 신재생에너지로 발전할 비율을 할당한다는 측면에서 발전의무할당제도라고도 한다. 공급의무화제도는 미국, 캐나다, 영국, 벨기에 등에서 도입하고 있는 발전부문에서 신에너지 및 재생에너지 보급촉진제도이다.[11)

공급의무화제도는 정부의 재정부담을 완화하고 신재생에너지 전력시장에서 전력거래를 실시하여 시장경쟁의 원리가 작용하여 신재생에너지의 발전비용을 낮출 수 있는 효

---

10) 정부의 개정법률안은 국회에 2008년 12월 31일에 제출되었으나 2010년 4월 12일에 공포되고, 2012년 1월 1일부터 시행되었다.

11) 외국의 신재생에너지 보급정책(국회 심사보고서)

정 책	해 당 국 가
RPS	미국(텍사스, 캘리포니아 등 25개주), 영국, 스웨덴, 캐나다, 이탈리아(발전차액 → RPS전환), 일본 등 16개국
발전차액 지원제도	미국(2개주), 독일, 스위스, 덴마크, 인도, 스페인, 그리스, 스리랑카, 포르투칼, 노르웨이, 슬로베니아, 프랑스, 라트비아, 호주, 브라질, 체코, 인도네시아, 리투아니아, 사이프러스, 에스토니아, 헝가리, 대한민국, 슬로바키아, 이스라엘 등 34개국
병행 실시	이탈리아(태양광 부문 발전차액제 유지; '10년부터 발전차액 폐지)

과를 기대할 수 있는 제도이다. 공급의무화제도의 운영사례라고 할 수 있는 미국 텍사스 주의 경우에 공급의무화제도를 통해 1999년~2010년 사이 4,000MW의 신재생발전능력(풍력)을 구축하였다.[12] 공급의무화제도는 온실가스 배출권거래제도를 도입하고 있는 국가에서 신에너지 및 재생에너지의 사용에 의한 온실가스감축량을 배출권거래와 연계할 경우에 공급의무화에 따른 발전의무할당량 충족과 배출권 거래제 하의 온실가스 배출량 저감이 가능하기 때문에 신재생에너지원에 의한 발전에 대한 상당한 인센티브가 발생한다.[13]

이에 반하여 일본은 발전차액지원제도를 초기에 도입하였으나 법률을 개정하여 공급의무화제도로 전환하였다가 다시 초기에 도입한 발전차액지원제도로 되돌아갔다. 일본은 공급의무화제도로 변경한 2003년부터 2009년까지 신재생에너지에 의한 발전의무목표량 91%인 8.59TWh를 생산하였다. 그러나 공급의무화제도의 도입으로 인하여 신에너지 및 재생에너지 중 태양광 발전량이 하락되는 결과를 가져옴으로서 신재생에너지원의 균형적인 발전과 신재생에너지 산업발전을 유인하지 못하는 현상을 초래하게 되었다. 이로 인하여 일본은 현재까지 시행해 오던 공급의무화제도를 폐지하고 2012년부터 다시 발전차액지원제도로 정책을 변경하게 되었다.

2. 메카니즘

공급의무화제도는 발전차액지원제도와 비교할 때에 공급의무량의 의무할당으로 정책목표량 달성이 용이하고 신재생에너지 발전 사업자간 경쟁 촉진으로 비용저감이 달성될 수 있는 장점이 있다. 그러나 발전차액지원제도에 비해 신재생에너지 발전사업자는 상대적으로 사업에 대한 리스크를 크게 부담하는 단점을 지니고 있다. 공급의무화제도는 발전사업자로 하여금 경제논리와 무관히 강제적으로 설비투자 등을 하도록 하고, 손실위험 부담을 가중하여 경제성이 낮은 발전용 신에너지 및 재생에너지를 시장에서 퇴출함으로써 특정 신에너지 및 재생에너지의 공급편중 현상이 발생할 수 있는 문제점도 있다. 공급의무화제도는 경제성이 높은 신에너지 및 재생에너지에 대한 투자를 발전사업자로 하여금 선호하게 유도하여 경제성이 높은 신에너지 및 재생에너지부터 경제성이 낮은 것으로 차례대로 발전하는 경향을 보이게 된다. 이에 반하여 발전차액지원제도는 상대적으

---

12) 미국 텍사스 주에서 운영하고 있는 공급의무화제도의 성공요인은 주정부의 정책 지원과 의무할당 비율의 불이행에 대하여 강력한 패널티(부족분에 대한 MWh당 50달러 이하 또는 평균 인증서가격의 200% 지급)를 부과하고, 의무화제도의 유연성을 들고 있다.
13) 공급의무화제도와 온실가스배출권 거래제를 연계하여 운영한 영국의 경우에 온실가스배출권거래에 재생에너지 인증서에 대한 전환계수를 적용하여 온실가스배출권으로 환산하여 판매가 가능하도록 하고 있다.

로 다양한 신재생에너지가 골고루 발전하는 형상을 보일 수 있다. 그러나 이러한 문제점
은 공급인증서의 가중치를 다르게 적용함으로써 극복할 수 있는 문제이다. 그러므로 일
반적으로 지적되고 있는 공급의무화제도의 문제점인 신재생에너지원간의 불균형적인 발
전은 우려할 사항이 되지 못한다.

　　공급의무화제도는 대규모발전사업자나 전력판매자에게 발전량이나 공급량의 일정
비율을 신재생에너지로 발전하도록 의무를 부과하는 제도이기 때문에 신재생에너지 발
전사업자에게 경제성을 확보하여야 한다. 공급의무화제도 하에서 신재생에너지 발전사업
자는 신재생에너지의 발전한 전기를 전력시장에서 화석연료나 원자력발전에 의하여 발
전된 전력과 동일하게 판매를 하여 일정한 수익을 얻고, 발전설비에 대하여 신재생에너
지 공급인증서를 발급받아서 공급인증서 거래시장에서 다시 판매하여 다시 수익을 얻는
다. 그러므로 신재생에너지 발전사업자는 공급의무화제도 하에서 전력시장에서 발전한
전력을 판매한 수익과 공인인증서 시장에서 판매한 수익의 총합을 수익으로 가지게 된
다. 공급의무화제도는 신재생에너지 공급의무자가 정부에 의하여 할당된 의무비율을 이
행하지 못하게 되면, 이에 상응하는 과징금이나 부담금을 납부하는 제도와 연계되어야
한다.

　　이하에서는 현행 신재생에너지법에 따른 공급의무화제도를 분석하고, 문제점을 발
굴하여 개선방안을 제시하고자 한다. 현행 신재에너지법은 신재생에너지의 공급의무자를
제한적으로 정하고 있어, 이에 관하여 분석할 필요성이 있다. 또한 현행 법률은 신재생에
너지원과 설비공간에 따라 공급인증서의 발급에서 가중치를 다르게 정하고 있다. 공급인
증서의 가중치는 신재생에너지의 목적을 달성하기 위한 수단이기 때문에 동법의 이념과
철학에 적합하게 설정되어야 한다. 이러한 측면에서 공급인증서의 가중치에 관하여 분석
하고 문제점과 개선방안을 도출하고자 한다.

3. 공급의무자

1) 공급의무자로서 발전사업자

　　현행 신재생에너지법은 제12조의5제1항에서 「전기사업법」 제2조에 따른 발전사업
자, 「집단에너지사업법」 제9조 및 제48조에 따라 「전기사업법」 제7조제1항에 따른 발전
사업의 허가를 받은 것으로 보는 자 및 공공기관 중 대통령령으로 정하는 자에게 신재생
에너지의 공급의무자로 정하도록 규정하고 있다. 이에 근거하여 동법 시행령 제18조의3
제1항은 50만 킬로와트 이상의 발전설비(신·재생에너지 설비는 제외한다)를 보유하는 자, 「한
국수자원공사법」에 따른 한국수자원공사 및 「집단에너지사업법」 제29조에 따른 한국지
역난방공사로 확정하고 있다. 그러므로 신재생에너지의 공급의무자는 한국전력자회사인

6개 발전자회사(동서발전, 남부발전, 서부발전, 남동발전, 중부발전, 수력원자력발전), 한국지역난방공사, 한국수자원공사, 포스코에너지, SK-E&S, GS EPS, GS파워, MPC 율촌전력 등 13개 발전회사이다.[14]

2) 법체계와 적합성

우리나라의 전력시장은 발전, 송전, 배전, 판매의 시장 중에서 발전시장을 나머지 세 시장으로부터 분리하고 있다. 발전사업자[15]와 전력판매사업자(소매사업자를 말한다)[16]가 법률적으로 구분되어 있는 현실에서 신재생에너지 공급의무를 발전사업자에게 부여하는 것이 적합한지 아니면 판매사업자에게 부과하는 것이 적합한지에 관한 검토가 필요하다. 또한 발전사업자에게 공급의무를 부과할 때에 발전사업자간에 경쟁을 전제로 하는 현실에서 신재생에너지와 직접적인 관련성이 없는 사업자에게 공급의무를 부과함으로써 부당결부와 관련된 법률문제가 발생할 수 있다. 실제 공급의무자의 선택에 관한 사안은 국회의 입법과정에서도 전혀 논의되지 않았다. 그러나 공급의무화제도를 도입하고 있는 많은 국가는 공급의무자를 발전사업자로 정하지 않고, 전기판매사업자로 정하고 있다. 다만, 예외적으로 이태리의 경우에 공급의무자는 전기판매사업자가 아닌 발전사업자와 전력수입자로 정하고 있다.

첫째, 공급의무자를 발전사업자로 정하는 것이 보다 법체계적으로 전기판매사업자로 정하는 것이 적합한 것인지에 관하여 분석할 필요성이 있다. 발전사업자에게 공급의무를 부여하는 현행 법률체계는 할당된 공급의무비율을 이행하기 위하여 발전사업자가 스스로 신재생에너지로 발전을 하거나 다른 신재생에너지 발전사업자가 발전한 발전량을 증명하는 공인인증서를 구매하여 할당공급비율을 이행하도록 하고 있다. 그러나 전력판매사업자에게 공급의무를 부여하게 되면, 전력판매업사자는 스스로 신재생에너지 발전사업을 하지 못한다. 왜냐하면 전력판매사업자는 발전사업자가 될 수 없기 때문이다. 그러므로 전력판매사업자는 신재생에너지 발전사업자로부터 공급인증서를 구매하여 의무공급량을 충당하여야 한다. 전력판매사업자는 공급인증서를 구매함으로써 발생하는 추가적인 비용부담을 전기요금에 부과함으로서 전기의 최종소비자에게 신재생에너지에 의한 발전으로 발생하는 추가적인 비용을 전가한다. 이에 반하여 현행 신재생에너지법과 같이

---

14) 신재생에너지 공급의무자는 우리나라 총발전량의 98.7% 차지한다.

15) 「전기사업법」 제2조제3호에 의하면 "발전사업"이란 전기를 생산하여 이를 전력시장을 통하여 전기판매사업자에게 공급하는 것을 주된 목적으로 하는 사업으로 규정하고, 발전사업자를 동법 제7조제1항에 따라 발전사업의 허가를 받은 자로 규정하고 있다.

16) 「전기사업법」 제2조제9호에 의하면 "전기판매사업"이란 전기사용자에게 전기를 공급하는 것을 주된 목적으로 하는 사업을 말한다고 규정하고, 전기판매사업자를 동법 제7조제1항에 따라 전기판매사업의 허가를 받은 자로 규정하고 있다.

발전사업자가 공급의무자로 하게 되면, 공급의무자가 신재생에너지에 의한 발전으로 발생하는 추가적인 비용을 간접적으로 전가할 수 있으나 직접적으로 전기의 최종소비자에게 전가할 수 없게 된다.

공급의무자를 전기판매사업자에게 부과할 것인가 아니면 발전사업자에게 부과할 것인가에 관한 문제는 경제성, 행정비용 및 집행편의성의 관점을 넘어서 법체계적인 문제이고, 공급의무자의 권리와 관련된 법률적 문제에 속한다. 그럼에도 불구하고 이러한 법리적으로 중요한 사항을 법리적인 검토 없이 발전사업자에게 일방적으로 공급의무가 부여된 점은 법치국가의 선제적 확립에서 비판받아야 하는 사항이라고 하겠다. 발전부문에서 신재생에너지의 목표달성은 공급의무를 발전사업자에게 부과하거나 전기판매사업자에게 부과하거나 영향을 미치지 않는다. 그러나 신재생에너지에 의한 발전으로 발생하는 추가적인 비용은 전기소비자가 부담하여야 한다. 왜냐하면 전기소비자는 전기의 사용으로 인하여 환경오염과 온실가스를 배출하는 결정적 원인자이기 때문이다. 그러므로 전기소비자가 비용을 부담하도록 발전사업자보다는 전기판매사업자가 공급의무자로 되는 것이 비용부담의 관점에 적합하다고 할 수 있다. 그러나 우리나라의 경우에 다른 국가와 같이 전기판매사업자가 전기요금에 당연히 추가할 수 없는 전기시장 체계를 가지고 있다. 전기요금은 현재 「전기사업법」 제16조제1항에 따라 지식경제부장관의 인가를 받아야 하고, 지식경제부장관은 전기요금을 인가할 때에 「물가안정에 관한 법률」에 따라 기획재정부장관과 협의하여야 한다.[17] 전기요금은 물가안정과 연계되어 있어, 공급의무화제도를 도입하고 있는 다른 국가와는 달리 전기판매사업자가 신재생에너지에 의한 발전비용을 직접적으로 전기소비자에게 전가하는 과정이 복잡하여 전기판매사업자에 대한 비용부과가 곧 바로 전기소비자에 대한 비용전가로 연결되지 않는다. 전기판매사업자가 신재생에너지에 의한 추가적인 발전비용을 전기소비자에게 전가하지 못하는 법체계 하에서 전기판매사업자에게 공급의무를 부과하게 되면 전기판매사업자에 과잉적인 부담이 되어 사업을 계속할 수 없게 된다. 이는 헌법상 과잉금지원칙에 반하게 된다. 전기판매업자가 신재생에너지에 의한 발전으로 추가되는 비용을 전기소비자에게 전가될 수 없는 우리나라의 법률체계에서는 발전사업자에게 부과하는 것이 대안이 된다. 그러므로 현행 신재생에너지법에 따른 신재생에너지에 의한 발전량의 공급의무를 발전사업자에게 부과하는 것은 법체계인 문제를 유발한다고 할 수 없다.

---

17) 이에 관하여 자세한 것은 이종영, 에너지법제의 주요쟁점과 전망, 법제연구, 통권 제40호(2011/6), 7면 이하 참조; G.Jansen, Die Ermittlung der Kosten für Elektrizitäts- und Gasversorgungsnetze, S.121 ff.; J.F.Baur/K.Henk-Merten, Preisaufsicht über Netznutzungsentgelte, RdE 2002, 193 ff.; P.Salje, Die Kalkulation von Netznutzungsentgelten seit dem 1.1.2004, ET 2004, 109 ff.

전력판매사업자에게 공급의무를 부여하는 현행 신재생에너지법은 우리나라의 전력판매시장에서 전력판매사업자가 한국전력뿐인 현실을 고려한 것으로 판단된다. 고정가격매입제도에서 공급의무화제도로 신재생에너지 보급촉진제도를 변경한 중요한 이유의 하나는 신재생에너지원간의 경쟁촉진이었다. 그러나 우리나라는 전기판매사업자가 단일이어서 경쟁을 유발할 수 없다. 이러한 점을 고려하여 전기판매사업자가 아닌 발전사업자에게 공급의무를 부과하게 되었다. 현실적으로 발전사업자에게 공급의무를 부여한 또 다른 이유는 한국전력 자회사인 발전사업자가 신재생에너지원에 의한 발전을 한 경험에 있었다. 대형 발전사업자 7개 기관(중부·남부·서부·동서·남동 발전, 한수원, 지역난방공사)은[18] 2006년부터 신재생에너지 자율적 공급협약(RPA)을 통해 신재생에너지 발전설비 투자를 하고 있었다. 제1차 자율적 공급협약 기간인 2006년~2008년 사이에 총 투자액은 총 5,204억원, 신재생에너지 발전량은 7개 기관 발전량의 0.3%를 차지하게 되었다. 그리고 2009년 초에 제출한 제2차 자율적 공급협약 기간인 2009년~2011년 계획에 따르면 2011년 말까지 신재생에너지 발전량을 1.22%[19]로 높이는데, 총 1조 8,886억원[20]이 추가로 소요될 것으로 계획하고 있었다. 그러나 앞으로 전기요금의 현실화가 실현될 수 있는 방향으로 제도가 개정되고, 전기판매사업을 경쟁체제로 전환하는 경우에는 신재생에너지법에 따른 발전부문의 신재생에너지원에 의한 공급의무자는 발전사업자에서 전력판매사업자로 전환이 필요하다.[21]

둘째, 신재생에너지의 사용촉진의 목적과 특별한 관련성이 없는 발전사업자에게 공급의무를 부과하는 것이 적합한가에 관한 검토가 필요하다. 현행 신재생에너지법은 발전사업자의 발전량(발전설비용량)이 50만 킬로와트이상인 발전사업자, 한국수자원공사 및 한국지역난방공사로 정하고 있다. 여기서 법적 문제가 될 수 있는 것은 한국수자원공사와 ㈜한국수력원자력발전에 대하여 한국전력의 자회사인 6개의 발전회사와 민간

18) 2006년부터 신재생에너지 자율적 공급협약(RPA)에 참여한 기관은 총 9개 기관으로 한전, 중부·남부·서부·동서·남동발전, 한수원, 지역난방공사 및 수자원공사가 해당기관이다. 정부는 판매사업자인 한전을 제외한 8개 기관을 1차적으로 신재생에너지 공급의무자로 지정할 것으로 예정하고 공급의무화제도를 도입하였다.
19) 한전을 제외하고, 신재생에너지 공급에 관한 자발적 협약에 참여한 8개 기관 중 제2차 자발적 공급협약가 끝나는 2011년 말까지 신재생에너지 발전량 3%가 가능한 기관은 서부발전, 지역난방공사 및 수자원공사 등 3개 기관 정도에 불과하였다. 발전량이 제일 많은 한수원은 0.86%를 계획하고 있었다.
20) 통상 발전설비는 공사기간이 장기인 경우가 많아 투자비 1조 8,886억 중에는 발전량 증가효과 없이 계속 공사진행 중인 사업비도 포함되어 있다.
21) 발전사업자에게 공급의무를 부여함으로 기대되는 효과는 발전사업자에게 자기조달을 기대할 수 있다. 이에 관하여는 이창호 외 다수, 신·재생에너지 의무할당제(RPS) 국내운용방안 수립, 지식경제부, 181면 이하.

발전사업자와 동일하게 공급의무자로 정한 것이다. 한국전력의 6개 자회사와 민간발전
사업자는 화석연료에 의한 발전을 하기 때문에 온실가스를 배출하는 발전을 하고, 에너
지다원성 확보에도 기여하지 못한다. 그러므로 신재생에너지법의 목적인 에너지다원성
의 확보와 친환경에너지의 사용촉진에 관한 일정한 책임을 부담하는 것이 적합하다. 그
러나 한국수자원공사는 발전용댐이나 다목적용댐을 이용한 수력발전, 시화호의 조력발
전,22) 댐수면을 활용한 태양광 사업을 한다. 한국수자원공사의 발전방식은 수력발전, 태
양광발전 및 조력발전이기 때문에 그 자체가 이미 신재생에너지원에 속한다. 그럼에도
불구하고 한국수자원공사도 신재생에너지에 의한 발전공급의무를 부담하는 발전사업자
로 규정하고 있다. 단순히 공공기관이라는 이유로 신재생에너지에 의한 공급의무의 부
과는 공급의무자의 신재생에너지의 보급촉진에 대한 관련성이 많지 않은 점에서 적합
하다고 할 수 없다.

　　한국수력원자력은 발전사업으로 이산화탄소의 배출을 하지 않는다. 그럼에도 불구
하고 화석연료로 발전사업을 하는 발전사업자와 동일하게 신재생에너지의 공급의무를
부여하는 것은 부당결부가 될 수 있다. 기후변화유발물질을 전혀 배출하지 않는 발전사
업자에 대한 신재생에너지 공급의무의 부과는 환경법의 원칙인 원인자부담원칙에도 반
한다고 할 수 있다.

4. 공급의무량

　　신재생에너지 공급의무제에서 공급의무자가 확정되면 경우에 또 다른 주요한 법적
인 쟁점은 공급의무량이라고 할 수 있다. 실질적으로 동제도에서 공급의무자가 정하여져
도, 공급의무량의 정도에 따라서 공급의무자에게 감당할 수 없을 정도가 되어 과잉금지
원칙을 위반할 수도 있다. 또한 동제도에서 공급의무량을 아주 적게 정하게 되면, 공급의
무자의 직업자유에 대한 침해는 없으나 동제도의 실효성이 없게 된다.

　　신재생에너지법 제12조의5제2항은 공급의무량의 정도에 관한 정하고 있다. 이에 의
하면 공급의무자가 의무적으로 신·재생에너지를 이용하여 공급하여야 하는 발전량(의무
공급량)의 합계는 총전력생산량의 10% 이내의 범위에서 연도별로 대통령령으로 정한다.
이 경우 균형 있는 이용·보급이 필요한 신·재생에너지에 대하여는 대통령령으로 정하
는 바에 따라 총의무공급량 중 일부를 해당 신·재생에너지를 이용하여 공급하게 할 수
있다. 동법률은 공급의무량의 한계를 명시하고, 단서에서 신재생에너지의 이용과 보급에

---

22) 한국수자원공사가 수행하고 있는 시화호 조력발전소는 세계 최대 규모이고, 연간 552.7백만kWh의
　　전기를 생산하고 있다. 이는 석유 862,000배럴을 수입해야 하는 양으로, 유가환산시 약 1,000억원/
　　년 유류수입 대체효과가 있는 것으로 볼 수 있다.

대한 균형을 유지하기 위하여 총공급의무량 중 일부를 특정된 신재생에너지로 공급하도록 하고 있다.

동법률은 공급의무자의 영업자유에 대한 제한의 한계를 설정함으로서 공급의무량에 관하여 헌법적 정당성을 확보하고 있고, 공급의무량이 가지는 공급의무자의 영업자유에 대한 중요성을 고려하여 법률로 정하고 있다. 그러나 공급의무량은 위에서 언급한 바와 같이 신재생에너지의 공급의무화제도에서 공급의무자에 관한 사항과 함께 기본권적으로 중요한 사항이라고 할 수 있다. 2012년부터 도입된 공급의무화제로 인하여 공급의무자는 2011년 말까지 2012년의 의무공급량을 달성하기 위한 신재생발전설비를 우선 구비하여야 하고, 매년 1% 정도씩 증가하는 의무공급량에 맞추어 매년 발전설비를 늘려야 한다. 만일 공급의무자가 법령에서 요구하는 신재생에너지 발전량이 해당 연도의 의무공급량에 이행하지 못한 경우에는 다음 연도 초에 부족분만큼 과징금을 처분을 받게 되기 때문에 공급의무량은 기본권제한에 관한 중요한 사항이다. 그럼에도 불구하고, 법률에서 최대 공급의무량인 10%이내에서 대통령령으로 정하도록 하는 법률규정은 법치국가적 측면, 특히 법률유보원칙에서 문제가 있다고 하겠다.[23] 신재생에너지법은 연도별로 공급의무량을 수량적으로 구체적으로 정할 필요성은 없으나 공급의무량을 대통령령으로 정할 때에 고려하여야 하는 사항에 관하여는 법률로 정하여야 법률유보원칙에 적합한 것으로 사려된다. 현행 신재생에너지법 제12조의5제3항은 공급의무자의 개별적 공급의무량을 공급의무자의 총발전량 및 발전원(發電源) 등을 고려하여야 공급의무자의 의견을 들어서 정하여 고시하도록 하고 있다.[24] 그러나 신재생에너지

---

23) 법률유보에 관하여는 방승주, 법률유보와 의회유보, 법제와 입법, 제5호 (2010년/2011년), 129면 이하; 정회성/김민호, 법률유보와 위임입법에 대한 재평가 : 미국 Delegation Doctrine과의 비교법적 연구를 중심으로, 成均館法學.제21권 제2호 (2009. 8), 429면 이하 참조.
24) 이에 따라 동법시행령 제18조의4제1항은 연도별 의무공급량의 비율에 관하여 다음과 같이 규정하고 있다.

〈 연도별 의무공급량의 비율 〉

해당 연도	비 율(%)
2012	2.0
2013	2.5
2014	3.0
2015	3.5
2016	4.0
2017	5.0
2018	6.0
2019	7.0
2020	8.0
2021	9.0
2022 이후	10.0

법 제12조의5제3항에 따른 공급의무자의 연도별 개별 공급의무량은 신재생에너지법 제12조의5제2항에 따른 공급의무량의 확정에 의하여 결정되는 종속변수에 지나지 않는다. 그러므로 신재생에너지법은 공급의무량의 한계만을 법률로 정하여야 할 것이 아니라 공급의무량을 정할 때에 필수적으로 고려하여야 하는 사항도 법률에서 직접 정하여야 한다.

신재생에너지법에서 공급의무량을 결정할 때에 고려하여야 하는 사항은 국내 재생에너지 자원의 보급가능 잠재력과 이를 상용화할 수 있는 기술수준과 산업적 현실이 고려될 수 있다.[25] 현행 동법시행령은 연도별로 일정한 비율로 공급의무량을 증가하여 부과하고 있다. 이러한 공급의무량에 관한 규정은 실질적으로 신재생에너지 사용기술의 발전수준과 상용화에 따른 신재생에너지 산업현실을 고려한 것이라고 할 수 있다. 다른 과학기술이나 산업기술과 동일하게 신재생에너지 사용기술도 지속적으로 우상향으로 발전하고 있다.

5. 공급인증서

1) 공급인증서의 발급

신재생에너지 공급의무화제도는 공급의무자과 공급의무량이 확정하고, 공급의무자에게 부여된 공급의무량을 이행하지 않는 경우에 과징금을 부과하는 의무이행확보수단을 도입하고 있다. 공급의무화제는 일반적으로 공급의무자가 부여된 공급의무량을 충당할 수 있는 방법으로 공급의무자가 직접 부여된 공급의무량을 충당하거나 다른 신재생에너지 발전사업자 또는 공급의무량을 초과하여 충당한 공급의무자로부터 의무공급량을 구매할 수 있도록 하고 있다. 공급의무화제도는 국가가 설정한 발전량의 일정한 비율을 신재생에너지로 충당하도록 하는 데에 있고, 개별 공급의무자가 각각에 부여된 공급의무량을 개별적으로 이행하도록 하는 데에 있지 않다. 그러므로 공급의무화제도는 공급의무자 중에 공급의무량을 초과하여 달성하는 자와 공급의무량에 달성하지 못한 자를 고려하여야 한다. 국가전체적으로 설정된 총 신재생에너지 발전 공급량을 달성하는 데에 일차적인 목적을 두고 있는 공급의무화제도는 공급의무자 중 공급의무량을 초과달성하는 자에 대하여 초과한 발전량에 대하여 인센티브를 줄 필요성이 있다. 현행 신재생에너지법은 이러한 인센티브로 초과달성한 신재생에너지 공급량을 시장에서 판매하도록 하고 있다. 또한 공급의무화제도는 공급의무량을 달성하지 못한 공급의무자에

---

25) 이에 관하여는 이창호외 다수, 신·재생에너지 의무할당제(RPS) 국내운영방안 수립, 185면 이하 참조.

게는 시장에서 초과달성한 공급의무자나 공급의무가 없는 발전사업자로부터 신재생에
너지 발전량을 구매하도록 함으로써 시장친화적이고 유연한 방식으로 신재생에너지 목
표량을 달성할 수 있도록 하고 있다. 이와 같은 구조에서 공급인증서 발급을 공급의무
화제도는 필요로 한다.

공급의무화제도는 신재생에너지 발전사업자에 의하여 발전된 전력을 우선 계통한계
가격(SMP: System Marginal Price)26)에 따라 한국전력거래소를 통하여 판매하고, 이와 별도로
공급인증기관으로부터 신재생에너지 공급인증서를 발급받아 공급인증기관이 개설한 거
래시장에서 이를 판매하도록 한다. 신재생에너지 발전사업자는 화석에너지나 원자력에너
지보다 발전단가가 높은 신재생에너지로 발전한 전력을 1차적으로 화석에너지나 원자력
에너지로 발전된 전력과 동일하게 전력시장에서 판매하게 되면, 당연히 손실이 발생할
수밖에 없다. 왜냐하면 전력시장에서 전력가격은 계통한계가격으로 판매되기 때문이다.
전력시장에서 신재생에너지를 판매함으로서 발생하는 손실은 신재생에너지 발전사업자
에게 발전량에 비례하여 발급하는 신재생에너지 공급인증서를 거래시장에서 판매하여
보전할 수 있다. 공급의무화제도에서 신재생에너지 발전사업자는 계통한계가격에 따라
판매한 전력수익과 공급인증서를 판매한 수익을 신재생에너지 발전에 대한 대가로 가지
게 된다.

2) 공급인증의 가중치

공급의무화제도는 위에서 언급한 바와 같이 신재생에너지의 공급량을 기준으로 하
여 공급인증서를 발급하고, 발급한 공급인증서의 거래를 통하여 신재생에너지 사업자는
신재생에너지 설비에 의하여 생산된 전력을 전력거래소에 판매하고, 동시에 공급인증서
를 판매하여 수익을 얻게 된다.

신재생에너지 사업자는 신재생에너지 공급량을 순수하게 공급량에 따라 공급인증서
를 받지 않고, 신재생에너지에 따른 가중치에 의하여 실질적으로 신재생에너지에 대한
차별화기준에 따라 공급인증을 받는다.

신재생에너지 별 공급인증서의 발급과 관련된 가중치는 신재생에너지법 제12조의5
제1항에 근거하는 동법시행령 제18조의4제4항에 따라 제정된 「신・재생에너지 공급의무

---

26) 계통한계가격은 한국전력이 전력거래소를 통하여 발전사업자로부터 구입하는 전력가격을 말한다.
전력가격(전기요금)은 계통한계가격에 한국전력이 추가적으로 붙인 가격을 말한다. 계통한계가격
은 원자력, 수력, 화력 등 발전기기의 시간대별 발전비용 중 가장 높은 가격으로 책정된다. 그러므
로 전기를 많이 쓰는 낮에는 계통한계가격이 높게 되고, 적게 쓰는 밤에는 낮게 책정된다. 계통한
계가격은 발전용 연료의 가격에 연동되어 있어, 연료가격이 오르면 계통한계가격도 높게 책정된다.
계통한계가격은 전력거래가격의 기준이 되는 주요한 지표에 해당한다.

화제도 및 연료 혼합의무화제도 관리·운영지침」 별표 2에서 정하고 있다.[27] 공급인증서 가중치는 공급의무화제도가 가지고 있는 신재생에너지별로 시장에서 자유롭게 경쟁하도록 하는 시스템을 실질적으로 제한한다. 이러한 측면에서 공급의무화제도도 발전차액지원제도가 기지고 있는 중요한 장점인 다양한 신재생에너지가 발전될 수 있도록 하는 요인이 된다. 즉, 신재생에너지 공급인증 가중치는 특정된 신재생에너지, 예를 들면 태양광발전을 산림지역이 아니라 건축물 등의 시설물에 설치하는 방향으로 신재생에너지 정책을 지향하려면 건축물에 설치한 태양광시설에 대하여 산지에 설치에 태양광보다 높은 가중치를 부여할 수 있다.[28]

이러한 측면에서 발전차액제도는 공급의무화제도보다 신재생에너지의 다양성을 보장하는 구조라고 하는 것은 적합하지 않다. 공급의무화제도로서도 충분하게 신재생에너지의 다원성을 공급인증서 가중치로 정책으로 담보할 수 있다.

3) 공급인증기관

신재생에너지 발전사업자는 공급인증기관으로 공급인증서를 발급받아서 거래시장에 판매한다. 여기서 공급인증기관은 단순히 신재생에너지에 의한 발전량에 대한 인증업무, 거래업무를 포함하여 사실상 공급의화제도 전반을 관리·운영하는 역할을 수행할 수

---

27)

구분	공급인증서 가중치	대상에너지 및 기준	
		설치유형	세부기준
태양광 에너지	1.2	일반부지에 설치하는 경우	100kw미만
	1.0		100kW부터
	0.7		3,000kW초과부터
	1.5	건축물 등 기존 시설물을 이용하는 경우	3,000kW이하
	1.0		3,000kW초과부터
	1.5	유지 등의 수면에 부유하여 설치하는 경우	
	1.0	자가용 발전설비를 통해 전력을 거래하는 경우	
	5.0	ESS설비(태양광설비 연계)	'16년, '17년
기타 신·재생 에너지	0.25	IGCC, 부생가스	
	0.5	폐기물, 매립지가스	
	1.0	수력, 육상풍력, 바이오에너지, RDF 전소발전, 폐기물 가스화 발전, 조력(방조제 有), 자가용 발전설비를 통해 전력을 거래하는 경우	
	1.5	목질계 바이오매스 전소발전, 해상풍력(연계거리 5km이하), 수열	
	2.0	연료전지, 조류	
	2.0	해상풍력(연계거리 5km초과), 지열, 조력(방조제 無)	고정형
	1.0~2.5		변동형
	5.5	ESS설비(풍력설비 연계)	'15년
	5.0		'16년
	4.5		'17년

28) 현행 공급인증서 가중치는 태양광에너지 중 건축물 등 시설물에 설치하는 경우에 가중치는 1.5 (3,000kW 이하)로 정하고, 산지에 설치하는 태양광에 대하여는 1.0으로 정하고 있다.

있다. 신재생에너지법 제12조의7제1항에 의하면 신·재생에너지를 이용하여 에너지를 공급한 자(이하 "신·재생에너지 공급자"라 한다)는 지식경제부장관이 신·재생에너지를 이용한 에너지 공급의 증명 등을 위하여 지정하는 기관(이하 "공급인증기관"이라 한다)으로부터 그 공급 사실을 증명하는 인증서(전자문서로 된 인증서를 포함한다. 이하 "공급인증서"라 한다)를 발급받을 수 있다. 다만, 동법 제17조에 따라 발전차액을 지원받거나 신·재생에너지 설비에 대한 지원 등 대통령령으로 정하는 정부의 지원을 받은 경우에는 대통령령으로 정하는 바에 따라 공급인증서의 발급을 제한할 수 있다. 공급인증서를 발급하는 공급인증기관에 관하여는 동법 제12조의8에서 규정하고 있다. 이에 의하면 지식경제부장관은 공급인증서 관련 업무를 전문적이고 효율적으로 실시하고 공급인증서의 공정한 거래를 위하여 에너지관리공단 소속의 신·재생에너지센터, 「전기사업법」 제35조에 따른 한국전력거래소 또는 동법 제12조의9에 따른 공급인증기관의 업무에 필요한 인력·기술능력·시설·장비 등 대통령령으로 정하는 기준에 맞는 자를 공급인증기관으로 지정할 수 있다. 이에 따라 현재 신재생에너지 공급인증기관은 에너지관리공단 소속으로 신재생에너지법 제31조에 따른 신재생에너지센터이다.[29]

4) 공급인증서의 거래

공급의무자는 부여받은 공급의무량을 자체적으로 신재생에너지에 의하여 발전하지 못하면, 부족한 의무량을 공급인증서 거래시장에서 공급인증서를 구매함으로써 충당할 수 있다. 위에서 언급한 바와 같이 공급의무량을 초과하여 달성한 공급의무자는 공급인증서를 발급받아 의무공급량만큼 지식경제부장관에게 제출하고 초과한 여분의 공급인증서는 거래시장에 판매하여 수익을 창출할 수 있다. 공급의무자가 아닌 신재생에너지 발전사업자는 공급인증기관으로부터 신재생에너지 발전량에 대하여 공급인증서를 발급받아서 거래시장에서 판매함으로써 공급인증서 거래시장이 성립하게 된다.

6. 공급의무량의 위반에 대한 과징금

신재생에너지법 제12조의6에 의하면 지식경제부장관은 공급의무자가 의무공급량에 부족하게 신·재생에너지를 이용하여 에너지를 공급한 경우에는 대통령령으로 정하는 바에 따라 그 부족분에 제12조의7에 따른 신·재생에너지 공급인증서의 해당 연도 평균거래 가격의 100분의 150을 곱한 금액의 범위에서 과징금을 부과할 수 있다. 신재생에너지

---

29) 영국(가스전력청)과 일본(에너지통산부)은 국가기관이, 미국 펜실베니아주(PJM)와 텍사스주(ERCOT)는 전력거래기관이, 스웨덴과 이태리는 송전회사가, 미국 캘리포니아주(WREGIS)는 신재생에너지 정보관리기관이 각각 공급인증서 인증 및 거래업무를 취급하고 있는 등 다양한 기관이 공급인증기관으로 지정되어 운영되고 있다.

공급의무량을 위반한 공급의무자에 대한 과징금 부과는 공급의무화제도의 이행확보수단
으로서 과징금의 액수를 어떻게, 어느 정도 액수로 정할 것인가에 따라 공급인증서 거래
규모, 신재생에너지설비 거래규모 등에도 영향을 미치게 된다. 왜냐하면 과징금 액수보
다 공급인증서 금액이 높다면 공급의무자는 공급인증서 구매 대신 과징금을 부담할 것이
고, 공급의무자가 신재생에너지설비를 도입할 때도 과징금보다 단가가 높은 신재생에너
지설비는 도입 자체를 포기할 것이기 때문이다. 과징금 액수는 정액으로 고정하는 방식
과 공급인증서 거래가격과 연동하는 방식이 있을 수 있는데,[30] 현행 신재생에너지법은
연동제 형식으로 공급인증서 평균거래가격의 150%의 범위에서 부과하도록 규정하고 있
다. 공급의무자의 자체적인 신재생에너지설비 설치 및 공급인증서 거래규모 확대 등을
유도하기 위해서는 공급인증서 거래가격과 연동하여 인증서 가격보다 높게 과징금을 책
정하는 것이 효과적이라고 할 수 있다.[31]

　　현행 신재생에너지법 제12조의6에 의한 과징금은 재원확보를 위한 수단이라기보다
벌칙적인 성격이 강한 과징금이라고 할 수 있다.

Ⅳ. 맺는 말

　　신재생에너지의 이용과 보급확산을 위한 새로운 제도인 공급의무화제도는 2012년 1
월부터 실시되었다. 공급의무자는 2011년 말까지 2012년의 의무공급량을 달성하기 위한
신재생발전설비를 우선 구비하여야 하고, 매년 1% 정도씩 증가하는 의무공급량에 맞추
어 매년 발전설비를 늘려야 한다. 또한 공급의무자는 신재생에너지 발전량이 해당 연도
의 의무공급량에 미치지 못한 경우에는 다음 연도 초에 부족분만큼 과징금을 부담하게
된다. 2012년 3%, 2020년 10%의 의무공급량을 달성하기 위해 설치단가가 낮은 풍력(200
만원/kW)을 기준으로 자체적으로 발전설비를 구비한다고 가정하면, 2012년까지는 5.17
GW의 발전을 위하여 필요한 누적 풍력발전설비에 대한 투자비 10.3조원, 2020년까지는
24.16 GW의 발전설비를 위하여 48.3조원을 부담하여야 하는 것으로 추정된다. 대형 발
전사업자 7개 기관(중부·남부·서부·동서·남동 발전, 한수원, 지역난방공사)은 2006년부터 신재

---

30) 미국(캘리포니아), 영국 및 호주는 고정금액 방식을, 스웨덴과 이태리는 인증서거래가격의 1.5배 또
　　는 2.0배를 부과하는 연동제를 채택하고 있으며, 미국(텍사스)은 정액제와 연동제 금액 중 작은 금액
　　을 부과하는 방식이다.
31) 과징금을 정부가 발의한 법률안에서는 130%의 범위안으로 하였으나 국회의 심의과정에서 거래가
　　격의 150%로 상향조정되었다. 정부의 법률안과 같이 130%로 하는 경우에 외국 국가에 비하여 낮은
　　비율이어서 실효적인 의무이행확보수단으로 작용할 수 없다고 보고 최종적으로 거래가격의 150%
　　로 규정하게 되었다.

생에너지 자율적 공급협약을 통해 신재생에너지 발전설비 투자를 하고 있다. 제1차 자율적 공급협약기간인 2006년부터 2008년까지 투자액은 총 5,204억원, 신재생에너지 발전량은 7개 기관 발전량의 0.3%를 차지하게 되었다. 그리고 2009년 초에 제출한 제2차 자율적 공급협약기간인 2009년부터 2011년까지의 계획에 따르면 2011년 말까지 신재생에너지 발전량을 1.22%로 높이는데, 총 1조 8,886억원[32]이 추가로 소요되었다. 그럼에도 불구하고 한전을 제외한 신재생에너지 자율적 공급협약도에 참여한 8개 기관 중 제2차 자율적 공급협약이 끝나는 2011년 말까지 신재생에너지 발전량 3%가 가능한 기관은 서부발전, 지역난방공사 및 수자원공사 등 3개 기관 정도에 불과하다. 그러므로 2007년 말 기준으로 우리나라 총 발전량의 1.03%를 차지하고 있고, 대형 발전사업자는 2011년 말까지 자체 발전량 중 1.22% 정도만을 생산할 수 있는 신재생에너지 발전량을 2012년부터 3% 이상으로 공급의무화하는 것은 우리나라의 신재생에너지자원 부존량, 신재생에너지 설비 설치를 위한 건설 소요기간 등을 고려할 때 과도한 의무공급량이 될 수 있다는 지적이 입법과정에서 제기되었다. 그러나 에너지자원이 절대적으로 부족하여 해외에서 수입하는 에너지가 전체 사용에너지의 98%에 이르고 있는 우리나라의 현실에서 국내의 에너지자원에 해당하는 신재생에너지의 비율을 지속적으로 높이는 것은 에너지정책에서 특별히 요구된다.

    공급의무화제도는 공급의무자의 설치비용 부담분 등을 전기사용자의 전기요금에 반영하는 정책으로서 공급의무화제도의 도입과 함께 전기요금 인상이 불가피하다. 2012년 3%, 2020년 10%의 신재생에너지 의무공급량 달성을 가정하면, 2008년 말 기준으로 2012년에는 1.12%, 2020년에는 4.77% 정도의 전기요금 인상이 필요하다. 공급의무화제도를 도입한 미국도 1% 내외, 영국·이태리는 2~3%의 전기요금 인상효과가 있었다. 그러나 신재생에너지 공급의무화제도를 도입에 따른 전기요금은 우리나라에 독특한 전기요금체계로 인하여 직시 인상될 수 없다고 할 수 있다. 우리나라는 전기요금을 물가라는 거시경제와 연계되어 정책적으로 결정된다. 그러나 장기적으로 공급의무화제도는 전기요금의 상승에 직접적인 영향을 미칠 수밖에 없다고 하겠다.

    신재생에너지를 이용한 발전은 화석연료나 수력 등의 전원에 비해 높은 발전단가를 지님으로써 기타 보조적 지원을 받지 않을 시 전기요금 상승 등의 원인이 된다. 또한 현재 시행되고 있는 「저탄소 녹색성장 기본법」에 따른 목표관리제와 「온실가스 배출권의 할당 및 거래에 관한 법률」에 따른 배출권 거래제가 2015년부터 실시되고 있어, 온실가

---

32) 통상 발전설비는 공사기간이 장기인 경우가 많아 투자비 1조 8,886억 중에는 발전량 증가효과 없이 계속 공사진행 중인 사업비도 포함되어 있다.

스 배출량이 높은 발전부문에 중복적으로 의무를 부담하게 된다. 온실가스의 대부분을 차지하고 있는 이산화탄소는 화석에너지의 사용에서 발생하고 있기 때문에 화석에너지를 신재생에너지로 대체하도록 촉진하는 요인이 된다. 온실가스 배출권거래제도는 신재생에너지 공급의무화제도와 연계하여 신재생에너지의 공급인증서를 공급인증서 거래시장에서만 거래되지 않고, 온실가스 배출권거래시장에서도 거래될 수 있도록 하는 제도의 도입도 고려할 필요성이 있다.

우리나라는 지형적으로 풍력발전이나 태양광발전과 같은 발전설비를 설치하기에도 경쟁력이 약한 국가이다. 그러므로 우리나라의 현실에 적합한 신에너지와 재생에너지를 발굴하는 것이 중요한 과제라고 할 수 있다. 특히 우리나라는 댐이 많고, 액화천연가스의 사용량이 높은 국가이다. 댐의 수열은 년간 일정한 온도를 유지하고 있어, 재생에너지로 활용할 수 있는 가능성이 높다. 또한 액화천연가스의 냉열은 중요한 에너지원이 될 수 있다. 우리나라는 신재생에너지 정책에서 중요한 것은 가능한 미활용에너지를 활용할 수 있도록 할 필요성이 있다. 신재생에너지의 선진국은 그 국가의 지형적, 지리적인 특징을 잘 이용하고 있다. 우리나라도 우리나라의 특성에 적합한 신에너지와 재생에너지를 적극적으로 활용할 수 있는 정책과 제도가 절실하다.

제6부

특별 · 기술 · 재무행정

법적 판단을 위한 '공예'와 '미술'의 이해
-공예와 미술의 협업성과 모방성-

한 견 우[*]

Ⅰ. 서론

'공예와 미술'의 성질과 관계에 대해서 우리나라의 공예계나 미술계에서도 지금까지 한번도 제대로 논의된 적이 없음을 말할 것도 없고, 법적으로 논란이 되거나 문제된 적도 전혀 없습니다. 공예와 미술의 관계에 관한 논의를 할 특별한 계기가 마련되지 않았던 점이 무엇보다 그 중요한 이유일 것입니다. 특히 공예가 법적 문제가 되어 법적 논쟁을 야기한 것은 제45회 대한민국공예품대전에 출품한 '향의 여운'(이하 '이 사건 출품작' 또는 '이 사건 공예품'이라 합니다)이 2017년 검찰의 공소제기에 의하여 법원의 판단을 받게 된 사건(이하 '이 사건'이라고 합니다)[1]이 거의 최초가 아닌가 합니다.

그런데 보통은 '공예와 미술'라고 말하지 않고 '미술과 공예'라고 말합니다. 서양에서도 'art and craft'[2]라고 말하지 'craft and art'라고는 하지 않는 것 같습니다. 왜 그럴까요? 우리나라의 경우에 국한해서 본다면, "미술은 그 자리가 높고 공예는 자리가 낮다"는 생각에서 비롯되었다는 점에서 '계급적 의미'를 깔고 있다고 할 것입니다. 근대미학에서 조차 미술에 대한 강한 신뢰가 있는 반면에, 공예는 등한시 되는 경향이 있습니다. 그리고 미(美)의 역사에 있어서 '공예사'가 아니라 '미술사'를 중심으로 다루고 있는 점도 미술과 공예에 대한 계급적 차별의 발로이자 징표라고 할 수 있습니다.[3]

---

* 법학박사, 연세대 법학전문대학원·법과대학 교수

1) 이 사건은 제1심 판단을 거쳐 현재 항소심이 제기되어 전주지방법원 항소부에서 다투고 있습니다. 그런데 이 사건과 관련해서 언론들도 사건의 본질을 제대로 이해하지 못하고, "[어떻게 생각하십니까] 의도적 도용? 단순한 차용?"(동아일보, 2015.10.06. : http://news.zum.com/articles/25544389)을 필두로 "공예품대전 대통령상 작품도 '代作 논란'"(동아일보, 2017.03.27. : http://news.zum.com/articles/36899746), "국내 최고 권위 공예품 대전 대통령상 작품 대작 드러나"(서울신문, 2017.10.20. : http://news.zum.com/articles/40969058) 등의 기사로 보도된 바가 있습니다.

2) 'art and craft'에서 'art'는 'fine art'를 의미하고 'craft'는 'useful craft'를 의미합니다. art and craft라는 말을 처음 사용한 것은 Cobden-Sanderson과 William Morris가 1888년 'Art and Craft Exhibition Society'를 창립했을 때입니다.

　　무형문화재·명장·명인 등이 만들어낸 공예품의 전시회를 평할 때 '뛰어난 명품'이라고 극찬을 하곤 합니다. 그런데 이러한 '명품'이라는 표현에는 미술품(예술품)을 평할 때 붙이는 의미가 깊이 함축되어 있다는 것입니다. 예컨대, "옻나무에서 채취한 수액을 이용한 칠공예는 한국을 비롯한 중국, 일본 등 동아시아의 대표적인 <u>미술품</u>으로서 성가가 높다"[4]라고 표현합니다.

　　그러나 이러한 미술에 대한 편중과 공예에 대한 경시는 근대 미의식의 근본적인 오류라고 할 것이고,[5] 이러한 오류는 18세기 말에 처음으로 나타나서 19세기 이후부터 이루어진 미술과 공예에 대한 이분법적인 개념의 구별에서 비롯되었다고 할 것입니다.

　　이 사건과 같이 '공예'와 관련된 사건을 이성과 논리를 근간으로 하는 법의 잣대로 판단하기 위해서는 무엇보다 법률가의 일반적 기준과 지식만으로는 한계가 있다고 할 것입니다. 따라서 법률가로서 미처 생각하지 못하는 공예에 관한 배경과 이야기를 법이론을 탐구하는 정도로 깊이 있게 이해하여야 비로소 사건의 실체적 진실에 근접해 갈 수 있다고 봅니다. 따라서 이 사건의 실체적 진실의 발견과 정의에 합당한 판단을 위해서는 <u>이 사건 공예품에 관한 기초적 지식에 대한 정확한 이해가 필요하고 필수적</u>이라고 할 것입니다. 그럼에도 불구하고 이 사건의 경찰조사단계나 검찰수사단계와 관련된 수사경찰관이나 검사는 말할 것도 없고 신문·방송을 보도한 언론인들조차 관련 사건의 기초적 이해에 소홀히 한 점이 지적하지 않을 수 없습니다. 그리고 1심 법원의 판결문을 보면, 이 사건 공예품과 관련된 기초적 지식에 대한 몰이해와 혼동을 하고 있음을 여러 가지 점에서 알 수 있고, 이러한 기초적 지식에 관한 몰이해와 혼동은 마침내 채증법칙의 중대한 오류와 판단의 명백하고 중대한 오류를 낳게 하였습니다.

Ⅱ. 예술(품)과 공예(품)의 차이에 대한 이해

1. 공예의 의미

1) 공예의 연혁적 의미

　　공예(工藝)란 工(만들다)과 藝(기술)의 합성어로서 '기술로 만들다'는 뜻이며, 공예의 초기 의미는 "손으로 만드는 물건"이었습니다.[6] 생활에 필요한 도구[생필품]을 만드는 활

---

3) 야나기 무네요시/이길진(역), 공예의 길, 1994, 신구문화사), 322면 참조.
4) 최공호, "한국 옻칠공예의 전통과 전승", 전통옻칠공예(손대현 지음), 한국문화재보호재단, 2006, 8면.
5) 야나기 무네요시/이길진(역), 앞의 책, 322면.
6) 공예(工藝)라는 말이 처음으로 등장한 것은 중국 당나라시대에 편찬된 '염립덕전(閻立德傳)'입니다. 여기서 '工(공)'은 '만드는 것'을 뜻하는데 '더 잘 만드는 것'을 의미하며, '藝(예)'는 기술을 뜻하는데 보통 기술이 아니라 '아주 보기 드문 기술'을 의미합니다.

동은 인류의 등장 초기부터 시작되었습니다. 그런데 그러한 인간의 활동을 '미술(예술)'과 구별하여 오늘날 '공예'라는 이름으로 불리기 시작한 것은 18세기 말이었고, 19세기 말부터는 마침내 미술(fine art)와 공예(craft)의 구별이 보다 확실해 졌다고 할 것입니다.

　　연혁적으로 보면, 18세기 말 이전에는 미술(art)이라는 단어와 공예(craft)라는 단어를 구별하여 사용하지 않았고, 'art'가 곧 'craft'이고 'craft'가 곧 'art'였습니다.[7] 'art'와 'craft'가 구별되지 않았던 시대에는 미술품이란 것이 따로 존재하지 않았습니다. 그 당시에는 그릇이건 그림이건 모두 단순히 보이기 위한 물건이 아니라 <u>사용되기 위한 물건</u>이었다는 점에서 모두 일종의 '공예품'이라 할 것입니다. 따라서 그 당시에는 오늘날 우리가 의미하는 '미술가'(artist)는 존재하지 않았고, 그림을 그리는 사람이건 그릇을 만드는 사람이건 모두 전통의 틀에 충실한 오직 공인(工人)만이 존재하였습니다.[8] 요컨대, 'art'는 연혁적으로 원래 '예술'을 가리키는 것이 아니었기 때문에, '18세기말 이전의 art의 의미'와 '오늘날 art의 의미'를 구별해서 이해할 필요가 있습니다. 'art'를 '기술'로 이해하는 것이 아니라 '예술'로 이해하면서 마침내 '예술시대'가 시작되었고, 이전의 'art'와 구별한다는 의미에서 'fine art'(미술)이라는 용어가 등장하였습니다. 이러한 'fine art'의 등장은 <u>정신적 노력이 많이 가미된 훌륭한 예술</u>로 이해한 반면, 마침내 <u>신체적 노력으로 이루어진 평범한 기술을 의미</u>하는 'craft'가 'art'라는 용어와 구별되어 사용하기에 이른 것이었습니다.

　　예로부터 일반서민들은 조악한 생필품을 만들어 사용하였지만, 귀족(특수층)들은 아름다운 물건을 장인에게 의뢰하여 만들어 사용하였습니다.[9] 그런데 산업혁명을 거치면서 공장의 기계에 의하여 대량복제 생필품이 만들어짐으로써 일반서민들은 이전에 자신들이 사용하던 것보다 나은 수준의 생필품을 낮은 가격으로 구입할 수 있었습니다. 반면에, 귀족들은 이전에 사용하던 것보다 다소 낮은 품질수준의 생필품을 낮은 가격으로 구입해서 사용할 수 있게 되었습니다. 이러한 싸구려 공장생산품을 배척한다는 의미에서 <u>공예는 "정성스럽게 손으로 만든 아름답고 실용적인 목적이 있는 물건"을 의미하게 되었습니다.</u> 대량의 공장생산품이 디자인에 힘입어 나름대로 아름다움을 찾아감에 따라 공예는 다시 "손으로 만든 것"[수공예품]이라는 인식을 하게 되었습니다. 즉 공예는 "손으로

---

　7) art와 craft는 모두 'skill', '기'(技:재주), '교'(巧:아름다운 기교)를 의미하였으며, 우리는 이를 '기예'(技藝:갈고 닦은 기술이나 솜씨)라고 번역할 수 있을 것입니다(야나기 무네요시/이길진(역), 공예의 길, 328면 참조).
　　　어원적으로 'art'는 라틴어 'ars'에서 왔고, 'ars'는 그리스어 'techne'(테크네: technique/technics/technology 기술)에서 유래되었습니다. 여기서 'techne'는 "일반적인 규칙(rule)에 관한 지식에 따라 일정한 기술(skill)에 입각한 인간의 제작활동 일체를 가리키는 것이다"라고 할 수 있습니다.
　8) 야나기 무네요시/이길진(역), 앞의 책, 329-330면 참조.
　9) 이러한 공예를 '일품공예' 또는 '귀족공예'라 합니다.

만드는 물건"이라는 초기의 의미와 다시 상통하게 되었습니다.

2) 공예의 내용적 의미

전통적으로 공예는 일상생활에 필요한 쓰임새 있는 도구나 제품으로서 기능성을 중시하게 되는데, 이를 '전통공예'(생활공예)라고 합니다. 이러한 의미의 공예는 실용성을 바탕으로 하며, 그 아름다움[美]은 쓰임[用]을 위한 것입니다.[10] 이와 같은 '실용성'과 '아름다움'이 결합된 전통공예는 인류역사와 더불어 변천·발전해 왔으며 오랜 세월 동안 인간의 삶 속에서 친숙한 생활용품으로 존재해 왔습니다. 따라서 공예의 참다운 가치는 생활 속의 아름다움[美]에 있다고 할 것입니다.[11] 전통공예에서는 실용성이 우선이기 때문에, 아름다움을 논한다는 것은 부차적인 요소에 불과합니다.

그러나 현대사회의 공예는 전통공예의 기능성·기술성에만 머물지 않고, 잘 만드는 기술과 함께 작가의 의미부여를 중시하는 '미술공예(예술공예)'로 나아가기도 합니다. 즉 미술공예는 미술의 영향을 받아 작가 개인의 미적 표현을 목적으로 자유롭게 제작하는 공예를 말합니다. 이러한 미술공예가 전통적인 공예의 장인적 기술이나 실용성에서 거의 탈피하여 작가의 조형의식을 바탕으로 작가의 예술세계를 표현하는 경우도 있는데, 이러한 것을 '오브제(objet)[12] 공예'라고도 합니다. 공예가 예술로 다가가면 갈수록 실생활의 기능성과는 멀어지게 됩니다. 즉 공예가 생활도구로서 '쓰임새'를 떠나 작가의 창의와 예지로 만들어진 생활조형물로 등장하게 되면, 그것은 더 이상 '공예'가 아니라 '예술'인 것입니다.[13] 요컨대, 공예는 아이디어를 가지고 형태를 구상하여 재료(도자, 섬유, 나무, 금속, 유리 등)와 특수한 기술을 바탕으로 실용적인 물건을 만드는 것으로 인식되어 왔으나, 산

---

10) 공예이론을 정립한 일본의 야나기 무네요시(柳宗悅 1889~1961)는 공예의 본질이 '쓰임[用]'에 있다고 보고, 공예의 아름다움[美]은 모두 '쓰임'과 결부될 때 비로소 올바른 가치를 지닌다고 하였습니다. 야나기 무네요시는 공예의 성질을 1) 일상의 쓰임새[用]에 염두를 두는 '실용성', 2) 다양성, 3) 다량으로 생산하여 싼 값에 많은 사람들이 공유하는 '저렴성', 4) 공유성, 5) 법칙성, 6) 모양성, 7) 비개인성, 8) 개인의 개성이 나타나지 않는 '간접성', 9) 일반적인 순수예술에 반하여 용도와 기술 그리고 생산되는 재료에 의해 표현의 제약을 받는 '부자유성'이라는 특징으로 설명하였습니다.
11) 다케우치 도시오(竹內敏雄)은 '미학·예술학사전'에서 "공예는 인간의 일상생활을 중심으로 신변에서 사용되며 재료, 장식, 기교 또는 제작과정의 관련에 의해 미적 효과를 나타내는 도구나 그 외의 물품 및 그것의 제작을 총칭한다"고 함으로써, 공예의 기본적 속성인 '실용성'을 매우 중요하게 간주하였습니다.
12) 프랑스어 'objet'란 영어의 'object'로서 '물체, 대상'을 의미하지만, 미술에서는 "작품에 쓴 일상생활 용품이나 자연물 또는 예술과 무관한 물건을 본래의 용도에서 분리하여 작품에 사용함으로써 새로운 느낌을 일으키는 상징적 기능의 물체"를 말합니다. 예컨대, 상징, 몽환, 괴기적 효과를 얻기 위해 돌, 나뭇조각, 차바퀴, 머리털 따위를 사용하는 경우를 들 수 있습니다.(네이버 국어사전 : http://krdic.naver.com/detail.nhn?docid=27696300 참조)
13) 이에 야나기 무네요시에 의하면, "공예는 일상생활에 사용할 목적으로 만들어지는 물건들이고, 보기 위해 만들어지는 미술품과는 다른 것이다"라고 하였습니다.

업혁명 이후 공예의 도구적 가치인 실용성과 생산성을 산업디자인으로 대체함으로써 미술(예술)적인 경향으로 나아가게 되었습니다.

따라서 공예를 '실용적 목적이 있는' 아름다운 물건과 '실용적 목적이 없는' 아름다운 물건을 구분함으로써, 기능성을 중요시하는 '생활공예'의 영역과 창조적인 예술성을 표현하는 '미술공예'(예술공예)의 영역으로 나뉩니다. 전자는 전통적인 '공예'(craft)의 영역이고, 후자는 '미술'(fine art)의 영역에 가깝다고 할 것입니다.

3) 공예의 의미와 관련법의 규정

공예문화산업진흥법 제2조(정의) 제1호에 의하면, "'공예'란 문화적 요소가 반영된 기법, 기술, 소재, 문양 등을 바탕으로 기능성과 장식성을 추구하여 수작업(부분적으로 기계적 공정이 가미된 것을 포함한다)으로 물품을 만드는 일 또는 그 능력을 말한다"라고 개념정의하고 있습니다. 그리고 같은법 제2조 제2호에서는 "'공예품'이란 공예의 결과물로서 실용적·예술적 가치가 있는 물품을 말하며, 우리 민족 고유의 전통적 기술·기법이나 소재 등에 근거하여 제작한 전통공예의 제품과 현대적인 소재나 기술·기법을 활용하여 제작한 현대공예의 제품을 포함하여 말한다"고 개념정의하고 있습니다.

공예문화산업진흥법 제2조(정의) 제1호에서 규율하는 바와 같이 ① '기능성'을 주안점으로 하면서 (기물에 대한 또는 기물과 관련된) '장식성'[전통적 장식성]을 부차적 요소로 추구하는 경우, ② '기능성'을 주안점으로 하기는 하지만 (기물에 대한 또는 기물과 관련된) '장식성'[현대적 장식성]을 추구하는 경우, ③ '기능성'은 전혀 무시하고 오직 '장식성'[현대적 장식성]을 추구하는 경우로 나누어 볼 수 있습니다. ①과 ②는 '실용적 목적이 있는' 아름다운 물건(공예품)인데, ①은 전통에 기반을 둔 것이고 ②는 현대적 요소가 가미된 특징과 차이가 있을 수 있습니다. ③의 경우는 앞에서 설명한 '실용적 목적이 없는' 아름다운 물건(공예품)을 말합니다. 따라서 ①은 좁은 의미에서 '전통공예'이고 ②는 넓은 의미에서 '전통공예'라는 점에서 ①과 ②가 모두 '전통공예'라고 할 수 있습니다. 그러나 ③은 '미술공예' 또는 '예술공예'의 영역이라고 할 것입니다.

공예문화산업진흥법 제2조(정의) 제2호에서 규율하고 있는 '실용적 가치'와 '예술적 가치' 역시 공예품의 주안점이 어디에 있는가에 의한 구별요소라고 할 것이고, 실용적 가치가 있는 물품(공예품)이 전통공예의 제품인 반면, 예술적 가치가 있는 물품(공예품)은 현대공예의 제품이라는 점을 개념정의한 것으로 볼 수 있습니다.

저작권법 제4조(저작물의 예시 등) 제1항 제4호에 의하면, "'회화·서예·조각·판화·공예·응용미술저작물 그 밖의 미술저작물'을 이 법에서 말하는 저작물로 예시"하고 있습니다. 그런데 이러한 저작권법 제4조 제1항 제4호에서 저작권법의 규율대상이 되는 '저

작물'의 예시로 규정한 '공예' 역시 전통공예와 예술공예(미술공예)를 망라적으로 의미하는
것이 아니라 기본적으로 '예술공예' 또는 '미술공예'를 의미한다고 할 것입니다. 저작권법
제2조 제1호에서 '저작물'을 "인간의 사상 또는 감정을 표현한 창작물"이라고 개념정의하
는 것과 예술공예 또는 미술공예를 "작가 개인의 미적 표현을 목적으로 자유롭게 제작하
는 공예 또는 작가의 조형의식을 바탕으로 작가의 예술세계를 표현하는 경우"를 의미하
는 점과 일맥상통한다고 할 것입니다. 즉 공업문화산업진흥법 제2조 제1호에서 규율하는
"'실용적 목적이 없는' 아름다운 물건(공예품)에 해당하는 영역"[③의 영역]이 바로 저작권
법의 규율대상이 되는 '저작물'에 속한다고 할 것입니다. 다만 "'기능성'을 주안점으로 하
기는 하지만 (기물에 대한 또는 기물과 관련된) '장식성'[현대적 장식성]을 추구하는 경우"에
속하는 [②의 영역]의 경우는 후자의 '장식성'[현대적 장식성]에 관한 요소가 분리가능한
것이라면 저작권법의 규율대상인 '저작물'에 속한다고 할 것이고, 따라서 저작권법의 법
리가 적용될 수 있다고 할 것입니다.

2. 공예의 핵심적 가치

1) 실용성 · 기능성[쓰임(用)]

공예는 우리의 일상생활에 필요한 쓰임새[실용성 · 기능성]이 있어야 하고 시각적인
조형미를 지녀야 합니다. 전통미를 기반으로 한 전통공예이든지 새로운 창조성에 의한
독창적인 공예이든지 그리고 기계에 의한 대량생산적 공예이든지, 오늘날 공예는 생활용
품으로서의 훌륭한 쓰임새와 아름다움이 결합되어 있어야 합니다. 즉 공예는 실용적이면
서도 미적인 것을 만드는 작업을 의미합니다. 그런데 이러한 공예에 있어서 아름다움
[美]이 쓰임새[用]를 위한 부수적인 역할에 머물수도 있지만, 현대사회로 넘어오면서 공
예는 실용적으로 사용할 수 있어야 하고 또한 제작자의 독창성이 깃든 아름다운 조형이
어야 한다고 할 때도 있습니다.

공예품은 원래 실생활에 사용되는 실용품이기 때문에 쓰임[使用]을 떠나서는 그 존
재의의가 없습니다. 그렇기 때문에 전통적으로 아름다움[美]뿐이라는 공예품은 없습니
다. 공예의 아름다움[美]은 당연히 공예의 쓰임[用]과 결합될 때 의미가 있고, 쓰임[用]
에서 아름다움[美]이 솟아나는 경우에 비로소 확실한 공예의 아름다움[美]이 됩니다. 공
예에 있어서 쓰임[用]에 알맞은 아름다움은 하나의 필연입니다.[14]

---

14) 야나기 무네요시/이길진(역), 앞의 책, 292면 참조.

2) 분업성 · 협업성

(1) 공예의 여러 가지 특성

공예는 비개인적인 것이고 탁월한 천재에게만 허락되는 것이 아닙니다. 공예전통에 관한 일정한 교육과 훈련을 받게 되면 누구나 만들 수 있는 것이 공예입니다[민중성 · 대중성]. 그런 의미에서 공예는 미술의 특수성과 달리 일반성이 특징입니다[일반성]. 그렇기 때문에 공예는 개인적 개성을 통하여 만들어지는 것이 아니고 비개인적이기 때문에 [비개인성], 대개의 경우 분업이나 협업을 통하여 만들어지는 공예품이 훌륭한 공예품인 경우가 많습니다. 요컨대 공예는 비개인적이고 공유적(共有的)이기 때문에[공유성] 개인적 독창성이 공예를 아름답게 하는 것은 아닙니다. 개인의 개성은 어떤 의미에서 공예의 아름다움을 없애기 때문에, 전통에서는 공예의 아름다움과 개성미가 함께 할 수 없습니다. 즉 전통공예는 개인의 자유로운 표현보다는 전통에 기반을 두고 전통에 도달해야 비로소 그 완성이 있다고 할 것입니다. 또한 공예는 개인적인 일이 아니라고 보기 때문에 제작자의 이름[명(名)]이 없다고 합니다[무명성]. 오늘날 널리 알려져 있는 가장 탁월한 전통공예품들은 거의 모두가 무명품인 것도 이러한 이유 등으로 당연한 것이라고 할 것입니다.

또한 공예품은 독자적으로 사용되는 것이 아니라 실생활에서 다른 기물들과 함께 어우러져서 사용되기 때문에 다른 기물들과 실생활에서 종합적으로 조화성이 있어야 합니다[조화성].15)

(2) 공예의 다산성과 협업성

공예는 공인(工人)들의 기술에 의해서 동일한 것이 반복적으로 만들어지고 다산적이기 때문에[다산성(多産性)] 그 만큼 기술이 발달할 수밖에 없습니다. 많은 수요는 많은 공급을 가져오고 다량의 제작은 한없는 반복을 이루게 되고, 반복은 마침내 기술의 완벽성의 경지로 이끌게 됩니다. 특히 이러한 공정이 분업이나 협업으로 이루어지는 경우에는 자신들이 맡은 기술에 있어서 최고의 경지에 이르게 됩니다. 따라서 공예의 다산성은 한 개인의 천재가 아니라 다수의 숙련된 장인 또는 공인(工人)들의 협업에 의하여 만들어지는 특징이 있습니다[협업성]. 이러한 다산(多産)의 공예품은 일상생활의 쓰임에 잘 활용될 수 있도록 저렴한 가격으로 일반생활인들에게 공급할 수 있고[저렴성],16) 이러한 공예품

---

15) 야나기 무네요시/이길진(역), 앞의 책, 162면 참조.
16) 우리나라에서 1970년대부터 1980년대에 이르기 까지 나전칠기의 열풍이 불기 시작하여 나전칠기가 부(富)의 상징이었던 적이 있고, 마침내 나전칠기를 사치품으로 지정하여 특별소비세를 부과하기도 하였습니다. "나전칠기가 만들어지는데 워낙 여러 가지 기술이 필요하고, 재료도 귀한데다 제작기간이 길다보니 최종 판매가격이 높았다"(이칠용, 이칠용의 공예일기, (사)근대황실공예문화협회, 18면)고 이야기 합니다. 그러나 이러한 주장은 나전칠기의 당시 시장구조를 제대로 보지 않는 설명이라고 할 것입니다. 마침내 이러한 나전칠기의 열풍은 수용의 급증에 따라 생산량을 늘리기 위해 옻칠 대

은 일반인들이 널리 사용하게 됩니다[사회성].[17]

　　공예가 대량으로 만들어지지 않으면 가격이 낮아지기를 기대할 수 없으며, 가격이 낮지 않고서는 일반인들의 실생활에 쓰임[用]을 기대할 수 없을 것입니다. 따라서 일반인들이 공예품을 생활용기로 사용되지 않는다면 공예로서의 의미를 잃게 될 것입니다.

　　그리고 공예의 다산성은 필연적으로 한 사람의 공인 또는 장인에 의하여 만들어져서 절대불가능하고 여러 사람의 공인 또는 장인들의 분업이나 협업을 통하여 도달하게 됩니다. 공인(工人) 또는 장인 한 개인이 공예품의 모든 공정을 혼자 한다는 것은 한계가 있기 마련입니다. 예컨대 직물공예에 있어서 혼자서 사(絲)와 염(染)과 직(織)을 충분히 해낼 수 있는 데에는 한계가 있습니다. 그리고 도자기공예에 있어서 혼자서 흙의 채굴과 반죽 그리고 물래질, 채식(彩飾) 그리고 잿물입히기와 가마(窯)에 굽기를 전적으로 혼자 할 수 있겠습니까? 뛰어난 옛 공예품들의 대부분이 분업 또는 협업에 의하여 만들어진 것이라는 점은 훌륭한 공예품의 또 다른 핵심적 가치가 바로 분업 또는 협업이라는 것을 의미합니다.[18]

　　위대한 공예가 융성했던 시대를 돌아보면, 두 개의 힘이 서로 상승적으로 도와서 이룩되었음을 알 수 있습니다. 하나는 장인(匠人/craftman)이고 또 다른 하나는 장인을 이끄는 사장(師匠/master-artisan)입니다. 이러한 두 힘의 결합은 서양의 경우 중세 길드(guild)를 들 수 있고, 우리나라 역시 도제(徒弟)제도를 들 수 있습니다. 그래서 실종된 공예의 길을 되찾기 위해서는 이러한 조직의 부흥이 간절히 요구된다고 하였습니다.[19] 앞으로의 공예는 이러한 결합 없이는 불가능하다고 해도 과언이 아니며,[20] 길드 또는 도제와 공예는 일체라고 해도 과언이 아닙니다. 공예의 아름다움에는 '협력적 아름다움'이 포함되어 있으며,[21] 이러한 의미에서 공예를 '협력적 예술'이라고 할 수 있습니다.[22] 우리나라의 경

신 값싸고 건조시간이 짧은 카슈칠과 합성칠을 사용함으로써 나전칠기의 왜곡을 초래하였고 마침내 나전칠기의 쇠퇴길로 나아가게 되었습니다. 여기서 카슈(cashew)란 학명이 'anacardium occidentale'인데 카슈나무에서 채취된 카슈액을 알데히드(Aldehyde)로 혼합배합하여 옻칠의 대용품으로 저렴하게 널리 사용되고 있습니다. 그런데 이러한 카슈칠은 옻칠과 외형상 비슷해 보이기 때문에 성분과 효능면에서 큰 차이가 있습니다. 카슈칠은 카슈가 썩지 않도록 포르말린을 섞어 사용하는데, 이러한 포르말린이 인체에 유해하는 것이고 일본에서는 식기류에 카슈를 사용하면 형사처벌을 받는다고 합니다. 또한 카슈칠은 장마철과 같은 우기에는 냄새가 많이 나고, 수명이 짧고 습기에 약하며 오래되면 광택이 사라집니다. 그래서 오늘날은 갸슈칠은 거의 사용하지 않고 합성칠인 우레탄을 사용하는데, 시중에서 옻칠이라고 하면서 가격이 싼 물건은 거의 옻칠이 아니라 우레탄칠이라고 보면 됩니다.
17) 야나기 무네요시/이길진(역), 앞의 책, 326-327면 참조.
18) 야나기 무네요시/이길진(역), 앞의 책, 147면 참조.
19) 야나기 무네요시/이길진(역), 앞의 책, 150면 참조.
20) 야나기 무네요시/이길진(역), 앞의 책, 152면 참조.
21) 야나기 무네요시/이길진(역), 앞의 책, 203면 참조.
22) 야나기 무네요시는 '협단적 예술'(communal art)라고 하였습니다(야나기 무네요시/이길진(역), 앞의

우에 전통공예문화의 보존과 전승이 공방의 도제제도에서 장인으로부터 도제로 전승·전수되는 이유도 바로 공예가 협력적 예술이기 때문입니다.

공예의 협업성은 개인을 부정하는 것이 아니라 개인을 넘어서는 초개인적인 것입니다. 대아(大我)로 들어가는 것이고 진아(眞我)로 나아가는 것이라고 하였습니다.[23] 공예품의 아름다움은 공예품 그 자체의 아름다움을 의미하고 이 공예품을 만든 사람의 특수한 개성의 아름다움이 아닙니다. 예컨대 페르시아의 양탄자를 보면, 누가 만들었는지 묻지 않고도 그 아름다움을 느낍니다. 그런데 이 페르시아 양탄자는 분업 내지 협업에 의하여 여러 사람이 합작한 것이기 때문에 한 개인으로 이룰 수 있는 아름다움이 아닙니다.[24] 우리나라의 나전칠기도 처음부터 끝까지 수작업으로 만들어지며, 스승(장인)에서 제자(도제)에게로 장인이라는 소명을 통해서만 전수되는 고도의 기술과 역사가 집적되어 있는 민족공예입니다.[25]

Ⅲ. 공예와 미술(예술)의 관계

1. 미술의 의미

1) 미술의 개념

미술이란 회화와 조각으로 한정하고 '미적·철학적·문화적 탐구'이며 '즐거움을 주는 것'으로 해석하는 것이 전통적 입장이었습니다. 그러나 점차 미술의 재료가 다양해짐에 따라 회화와 조각에서 미술의 영역이 확장되었습니다.[26] 따라서 미국은 19세기부터 단지 종이나 캔버스 위에 그려진 그림뿐만 아니라 돌·상아·비단·구리·유리 등에 표현된 그림도 '회화'에 속한다고 보았습니다.[27]

책, 157면).

23) 종교에서는 대아(大我), 초아(超我), 몰아(沒我), 망아(忘我), 아공(我空)의 경지에 이른다고 하였습니다(야나기 무네요시/이길진(역), 앞의 책, 164면 참조).

24) 야나기 무네요시/이길진(역), 앞의 책, 193면 참조.

25) 공예재료의 조악함, 공정의 번잡함, 장식의 과잉, 인위적인 기교, 치우친 개성, 지나친 의식 등은 모두 공예의 본질인 쓰임[用]에 적합하지 않기 때문에 모두 공예의 병(病)입니다(야나기 무네요시/이길진(역), 앞의 책, 207면 참조). 여기서의 공정의 조잡함은 질의 조악(粗惡)을 낳게 마련이고 또한 아름다움의 저하를 이어지지 않을 수 없습니다. 이러한 과정과 결과물을 우리나라 공예품을 파는 상점에서 쉽게 발견할 수 있다면, 공예의 길은 기울어지고 있음을 의미합니다. 더욱이 문제인 것은 자신들이 만드는 것이 얼마나 아름다운 것[美]인지를 모르는 것과 같이 또한 얼마나 아름답지 못한 것[醜]인지도 모른다는 것입니다(야나기 무네요시/이길진(역), 앞의 책, 149-150면 참조).

26) Robert C. Lind, M. Jarvis & Marilyn E. Phelan, Art and Museum Law 4, Carolina Academic Press, 2002; George Hensher Ltd v. Restawile Upholstery (Lancs) Ltd.[1976] A.C. 64 at 89; [1974] 2 W.L.R. 700 at 93(김형진, 미술법, ㈜메이문화산업연구원, 2011, 11면 재인용) 참조.

27) U.S. v. Perry, 146 U.S. 71, 74-75, 13 S.Ct.26, 36 L.Ed. 890(1892) : 김형진, 앞의 책, 1면 재인용.

그리고 미술을 '아름다움'을 표현하는 것으로 보는 전통적 시각은 20세기 후반에 등장한 포스트모더니즘(postmodernism)으로 인하여 변질되었고, 마침내 미술의 의미도 회화나 조각을 넘어서서 낙서·약품이나 산업폐기물, 동물이나 화석까지 확대되었습니다.[28] 더욱이 기계에 의하여 대량적으로 생산된 물품들도 미술품으로 보게 되었습니다.[29]

표준국어대사전에 의하면, 미술이란 "공간 및 시각의 미를 표현하는 예술. 그림·조각·건축·공예·서예 따위로, 공간예술·조형예술 등으로 불린다"고 적고 있습니다. 그리고 박물관 및 미술관 진흥법(이하 '[박물·미술관법]'이라 합니다) 제2조(정의) 제2호에 의하면, 미술관의 미술을 '서화·조각·공예·건축·사진 등'으로 보고 있습니다. 표준국어대사전과 [박물·미술관법]에서 말하는 '공예'는 전통공예와 예술공예(미술공예)를 망라적으로 의미하는 것이 아니라 기본적으로 '예술공예' 또는 '미술공예'를 의미한다고 할 것입니다.

2) 미술의 특성

미술의 두드러진 특징은 개인적인 점에 있기 때문에, 미술은 개인 작가에 의하여 독창적으로 만들어집니다[개인성]. 이러한 의미의 미술은 개인주의의 등장과 불가분의 관계에 있습니다. 미술은 다른 유래가 없는 독자적·독창적인 것이고, 작품의 표현이나 기법 등에 있어서 누구나 하는 일반성이 아니라 나만이 하는 독특한 특수성이 있어야 미술로서 힘이 있는 좋은 작품이 됩니다. 따라서 미술은 개인적 개성의 특징이 명확하면 할수록 미술로서의 존재도 더욱 확실해집니다. 미술에는 개성이 약하면 작품성도 역시 빈약하기 때문에, 독창성의 다과가 미술의 운명을 좌우합니다. 그렇기 때문에 미술은 탁월한 천재성이 요구되며, 탁월한 개인이 훌륭한 미술을 만든다고 해도 과언이 아닙니다[천재성]. 요컨대 미술은 근본적으로 개성적이며, 개성적인 면이 두드러지면 두드러질수록, 즉 개인성과 천재성을 통하여 훌륭한 작품이 탄생하는 것입니다.[30] 따라서 미술작품은 미의 표현을 주안점으로 하기 때문에, 개성을 통한 미의식의 표현이 미술가의 일입니다. 그렇기 때문에 미술에는 역사적으로 끊임없이 새롭고 다양한 유파가 생기는 것입니다.[31]

미술작품은 어디까지나 개인적 개성이라는 독창성·특수성에 있고 공예품과 같이 반복되는 것이 아니기 때문에, 그 수가 많지 않습니다[소량성]. 작품의 수가 소량이라는 것과 개인의 탁월한 천재성이 합쳐져서 미술작품은 값이 비쌉니다[고가성]. 그리고 미술

---

28) 김형진, 앞의 책, 12-13면.
29) 낙서도 작가의 생각이나 메시지를 전달하기 위한 목적으로 창작되는 예술적 표현이므로 낙서를 표현한 디자인의 모자도 미술품에 들어간다고 뉴욕시 제2항소법원이 판시하였습니다(Bery v. City of New York, 313 F.Supp. 2d 280 (S.D. N.Y. 2004), vacated and remanded, 435 F. 3d 78 (2d Cir.2006)).
30) 야나기 무네요시/이길진(역), 앞의 책, 325면 참조.
31) 야나기 무네요시/이길진(역), 앞의 책, 325면 참조.

품은 공예품과는 달리 언제 어디에나 있는 것이 아니고 또 언제 누구나 손쉽게 구할 수 있는 것이 아닙니다[비사회성]. 이러한 의미에서도 미술은 여러 가지 의미에서 공예와 구별되는 특수한 존재임에 틀림이 없습니다.[32]

3) 미술의 연혁적 의미

한 가지 잊어서는 안 될 것은 위와 같은 미술의 개념이 등장한 것은 19세기이며, 그 이전에는 미술과 공예가 구별되지 않고 모두 공예로 이해하였습니다. 처음에는 미술과 공예가 구별되지 않고 공예의 개념·관념으로 사용되었던 것은 동서양의 공통된 현상이라고 할 것입니다.[33] 그런 의미에서 미술의 원류가 공예이며, 공예가 미술의 조상이라고 해도 과언이 아닙니다.

미술은 순수미술과 응용미술로 분류되어 왔습니다. 순수미술은 작품 그 자체로서 작가의 사상이나 감정을 창작적으로 표현한 것이라면, 응용미술은 실용품에 응용될 것을 목적으로 창작된 작품을 말합니다. 간혹 과거에 의장(意匠)이라고 불렸던 '디자인'과 응용미술의 구별이 분명하지 않는 경우도 있습니다. 그러나 응용미술이 널리 실용품에 응용된 미술을 가리키는 것인데 비하여, 디자인은 양산되는 실용품의 외관을 미적·장식적 측면에서 파악한 개념입니다. 따라서 디자인은 모두 응용미술이라 할 수 있지만, 응용미술이라도 그것이 일품 제작되고 대량으로 생산될 수 없는 것이라면 디자인이라 할 수는 없습니다. 저작권법 제2조 제15호에 의하면, "'응용미술저작물'은 물품에 동일한 형상으로 복제될 수 있는 미술저작물로서 그 이용된 물품과 구분되어 독자성을 인정할 수 있는 것을 말하며, 디자인 등을 포함한다"고 규정하고 있습니다.

응용미술은 크게 디자인과 공예품으로 나눌 수도 있습니다. 1986년 개정 전 저작권법은 원칙적으로 오로지 미를 나타내려고 하는 순수미술작품만을 보호하였을 뿐이고 그 효용가치에 착안하는 응용미술작품은 제외하였습니다. 이러한 과거 저작권법 하에서는 응용미술이라 하더라도 양산되는 공업제품에 이용되는 경우에는 의장법에 의하여 보호하였고, 저작권법으로 보호되는 것은 하나의 작품만이 만들어지는 미술공예품에 한정되었습니다. 그러나 현행 저작권법은 제4조의 저작물의 예시에서 '회화·서예·조각·판화' 이외에도 '공예·응용미술저작물'을 적시하고 있습니다.

---

32) 야나기 무네요시/이길진(역), 앞의 책, 326면 참조.
33) 공예(工藝)라는 자구가 중국 당(唐)나라 때부터 사용되었습니다. 회사(繪師), 화사(畵師), 화공(畵工) 등의 말에서 '사'와 '공'은 '한 가지 기예에 도달하여 뛰어난 사람'이라는 뜻으로 사용되는데, 오늘날 우리가 사용하는 장인(匠人)에 해당하는 것으로 결코 개인적인 작가 또는 미술가(artist)를 의미하는 것은 아닙니다.

2. 공예와 미술의 관계

공예란 실용품의 세계를 가리킨다는 점에서 미술과 전혀 다르다. 회화는 보기 위해 그려진 미술품이지만, 옷이나 책상은 사용하기 위한 공예품입니다.[34] 회화와 조각과 같은 미술품을 보면, 그것들은 결코 실용적인 것이 아니라 감상용의 것이라는 점에서 공예와 극명한 차이를 보여주고 있습니다. 반면에 공예는 보여주기 위한 것이 아니라 사용되기 위한 물품입니다. 공예는 사상적 내용을 담는 것이 아니라 생활에 알맞게 만들어진 것이며, 의식적인 것이 아니라 다분히 현실적인 것입니다.

공예의 아름다움[工藝美(공예미)]이란 쓰임[用]에 맞는 아름다움을 의미하고, 쓰임을 떠나서는 공예미가 존재할 수 없습니다. 따라서 쓰일 수 없는 물건이나 쓰임을 무시한 제작물은 공예미를 지니고 있다고 보기 어렵습니다.[35]

미술과 비교해 보면, 공예는 비개인적인 것이고 탁월한 천재에게만 허락되는 것이 아니고 공예전통기술에 관한 일정한 교육과 훈련을 받게 되면 누구나 만들 수 있는 것이 공예입니다. 그런 의미에서 공예는 미술의 특수성과 달리 일반성이 특징입니다. 공예는 개인적 개성 또는 개인적 독창성을 통하여 만들어지는 것이 아니고, 전통에 기반을 두고 전통에 도달하고자 하는 비개인적인 것입니다. 공예품은 분업이나 협업을 통하여 만들어질 때 더욱 더 훌륭한 공예품이 경우가 많으나, 미술은 개인의 개성과 천재성을 바탕으로 작가 개인의 외로운 성찰에 의하여 만들어질수록 훌륭한 미술품으로 남게 됩니다. 따라서 공예는 개인적인 일이 아니라고 보기 때문에 이름[명(名)]이 없고 서명을 하는 경우가 없으나, 미술은 개인성이 강하기 때문에 작가의 서명이 매우 중요한 요소로 봅니다.

그런데 미술과 공예의 양자 사이에 특별한 것이 새롭게 등장하였는데, 그것을 '미술공예' 또는 '공예미술'이라고 부릅니다. 여기서 미술공예와 공예미술을 굳이 구별한다면, 1) 미술공예는 외형적으로 '공예의 영역'에 있으면서 실질적으로 '미술의 길(방법)'을 걸어가는 것이라고 할 것이고, 2) 공예미술은 외형적으로 '미술의 영역'에 있으면서 실질적으로는 '공예의 길(방법)'으로 아름다움[美]을 표현하는 것을 의미한다고 할 것입니다. 따라서 '미술공예'는 공예품이라고 하면서도 개인적 작가가 실용성은 도외시하고 의식적으로 아름다움[美]를 표현하는 것을 말하며, '공예미술'은 미술품이라고 하면서 공예에서 다루는 아름다움[美]을 표현하는 것을 말합니다(예컨대 민화를 들 수 있습니다).[36] 이러한 미술공

---

34) 야나기 무네요시/이길진(역), 앞의 책, 188면 참조.
35) 야나기 무네요시/이길진(역), 앞의 책, 188면 참조.
36) 민화[민중적 회화]와 같이 틀에 박힌 그림, 문양화된 그림으로 이해할 때믄 보통의 회화와 다르면 '공예적인 것'이라고 할 것입니다. 민화를 회화 중에 넣기도 하지만 사실적이고 개인적인 일반 회화

예는 미술에 영향을 받아 개인적이고 의식적인 공예품이 보다 바람직하다고 생각하기 때문에 등장하였다고 할 것입니다. 이러한 미술공예는 전통공예(순수공예)도 아니고 순수미술(fine art)도 아닌 것입니다.[37]

앞에서 언급한 바와 같이, 오늘날 공예의 표현경향에 따라 크게 1) 전통공예(생활공예)와 2) 미술공예(예술공예 : 예술로서의 공예) 혹은 오브제공예로 구분합니다. 이는 미술세계의 1) 순수미술(fine arts), 2) 응용미술(applied arts) 혹은 장식미술(decorative arts)과 대비된다고 할 것입니다.

여기서 '미술'은 <u>아름다움[美] 그 자체를 위하여 만들어지는 것</u>이라면, '공예'는 <u>쓰임새[用]를 목적으로 만들어지는 것</u>이라는 점에서 기본적인 차이가 있습니다. 따라서 미술은 미술가(예술가)의 <u>자유로운 개성을 중시하면서</u> 창작되지만, 공예는 <u>용도·재료·공정등의 제약 아래</u> 제작됩니다. 이러한 '미술'과 '공예'는 '응용미술'(실용미술)의 영역과 '미술공예'(예술공예)의 영역에서 가장 근접하게 됩니다.[38] 현대공예가들 중에는 공예와 미술의 양 영역에 걸쳐서 작업을 하는 경우도 있는데, 이러한 경우에는 "공예인가?" 혹은 "미술인가?"라는 양자택일적 입장에서 바라볼 것이 아니라, '공예적 요소'는 공예로 보고 '미술적 요소'는 미술로 보면 됩니다.

3. 공예와 미술의 모방성

1) 모방의 의미

모방은 흉내 내는 것이고 추종하는 것이라고 보기 때문에 비굴한 것이라는 부정적인 생각을 하게 됩니다. 그리고 모방은 독창을 부정하는 것이기 때문에 경멸하게 되고 '모방'이라는 단어는 언어적으로 뿐만 아니라 법적으로도 깨끗한 것이 되지 못한다고 생각합니다.[39] 이와 같이 '모방'이라는 말에 굴욕이고 부정적인 의미를 가지게 된 것은 개인을 중시하는 근대 개인주의의 등장과 무관하지 않습니다. 개인주의의 등장은 개인의 탁월한 독창성을 찬미하기 때문에, '모방'이라는 말에는 용서하지 못할 추함이 있고 부끄러워해야 하는 행위로 여기게 되었습니다.[40]

와 문양적이고 양식적인 민화는 근본적으로 그 성질이 다르다고 할 것입니다. 민화는 개성을 표현한 그림이 아니며 명(名)이 없다는 특징이 있습니다[무명성]. 누가 그린다 해도 큰 차이가 없으며[비개인성] 같은 그림이 몇 장이고 그려집니다[다산성].(야나기 무네요시/이길진(역), 앞의 책, 300면 참조)

37) 야나기 무네요시/이길진(역), 앞의 책, 327면 참조.
38) 공예도 아름다운 것을 만드는 데는 미술의 원리가 응용된다는 뜻에서 '응용미술'(applied art)에 속한다고 할 수도 있습니다.
39) 야나기 무네요시/이길진(역), 앞의 책, 312면 참조.
40) 야나기 무네요시/이길진(역), 앞의 책, 312면 참조.

그런데 모방이란 단어에는 "규범에 따른다"는 뜻도 있는데, '법칙에 대한 순종'의 의미라고 할 것이고 '올바른 것에 대한 경모'라는 의미라고 할 것입니다. 예컨대 수도승 토머스 어 켐피스(Tomas a Kempis)가 저술한 '그리스도에의 모방'(Imitation of Christ)의 경우에 '모방'이라는 단어는 그런 의미를 담고 있다고 할 것입니다.

2) 공예의 모방성

중세의 공예는 '규범에 따른 법칙에 대한 순종'의 의미로서 '올바른 것에 대한 경모'의 뜻이 담긴 모방을 통하여 아름답게 만들어졌습니다. 즉 이러한 중세의 공예는 위대한 전통에 대한 복종, 즉 올바른 규범에 대하여 경건한 순종의 자세를 따랐기 때문에 가능한 것이었습니다.[41] 오늘날 우리나라에서 그리고 다른 어떤 나라에서도 '전통공예의 전승'이라는 의미에서 전승공예·전통공예를 이야기할 때 모방의 기본으로 하는 것도 이러한 중세적 의미의 모방과 결코 무관하지 않다고 할 것입니다.

모든 공예가 개인적 특성을 중요시하는 것이라면 모방은 배척되어야 할 것으로 간주하는 것은 지극히 당연한 일입니다. 그러나 앞에서도 언급하였듯이 공예는 개인적 특성[개성·독창성]을 중요시하는 것이 아니라, 공예는 비개인적인 것이고 공유적(共有的)이라고 할 것입니다. 요컨대 공예는 비개인적이고 공유적이기 때문에 개인적 독창성이 공예를 아름답게 하는 것은 아닙니다. 공예는 개인의 자유로운 표현보다는 전통에 기반을 두고 전통에 도달해야 비로소 그 완성이 있다고 할 것입니다. 따라서 공예는 개인적 입장에서 행하는 것이 아니기 때문에 혐오해야 할 '부정적 의미의 모방'이 있는 것이 아닙니다. 그러나 개인의 남다른 개성과 천재성을 중요시하는 미술의 영역에 있어서 모방성은 결코 공예의 모방성과 같을 수 없으며 '부정적 의미의 모방'으로 인식되는 것은 지극히 당연한 것이라고 할 것입니다.

요컨대 공예에서의 모방은 위대한 전통에 대한 복종 즉 전통적 규범에 따른 것이기 때문에 긍정적 의미를 가지며, 공예에서의 모방은 모조나 위조가 아니고 또한 표절도 아닙니다.[42]

따라서 공예가 독창성이 없다는 점에서 가치 없는 것으로 비하할 수 없는 것과 마찬가지로 공예가 모방성이 있다는 점을 비난할 수 없습니다. 공예는 전통과 결합되어 있고, 이러한 전통은 부자유를 뜻한다. 그럼에도 불구하고 전통의 부자유성을 개인에 대한 구속이라는 시각에서 비판하는 것은 전통적 공예관을 무시하고 개인주의적 입장에서 비판하는 것에 지나지 않습니다.

---

41) 야나기 무네요시/이길진(역), 앞의 책, 313면 참조.
42) 야나기 무네요시/이길진(역), 앞의 책, 316면 참조.

독창성이 없는 공예는 발전이 없다고 비판하는 경우가 있습니다. 그러나 전통은 정지되어 있는 것이 아니라 끊임없이 발전하고 있다는 점에서 오늘날 진정한 의미의 전통은 '전진하고 있는 전통'을 의미한다고 할 것입니다.[43]

공예에 있어서 '올바른 것'을 계승하고 지켜나가는 것은 공명한 모방이며, 위대한 전통에 대한 모방 없이는 위대한 공예도 없습니다. 이러한 모방은 올바른 전통을 계승하는 것이며 전달하는 것이고 수호하는 것입니다. 이러한 모방은 자기를 꾸미기 위한 것도 아니고 외부를 속이기 위한 것도 아닙니다. 자기를 초월하여 위대한 전통에 대한 솔직한 수용에 망설임이 없어야 공예가 발전할 수 있습니다. 전통에 대한 모방에 개인적 죄의식을 낳게 해서는 안 됩니다.

공예에 있어서 아름다움은 개인적 아름다움이 아니라, 많은 사람들이 함께 하는 아름다움 즉 비개인적 아름다움이기 때문에, 위대한 전통을 본뜨는 마음인 '모방'이 바로 공예를 키울 수 있는 원동력이 됩니다. 요컨대 공예에서 모방은 공예의 창조를 낳는 어머니입니다.[44]

Ⅳ. 결론

오늘날의 공예사는 융성하는 미술사에 비하여 쇠퇴의 일로에 있다고 합니다. 그 원인을 미의식에서 찾기도 합니다. 즉 공예와 미술의 분리는 1) 소수의 탁월한 미술의 향상과 2) 다수의 민중에 의한 공예의 하락을 초래하였다고 이야기하기도 합니다.[45]

그리고 '미술 속에 공예'를 포함시키고 있는 현행 국가의 문화정책을 미술과 공예를 별도로 분리·독립시키는 방향으로 나아가야 한다고 합니다. 이러한 국가의 문화정책은 공예에 대한 무지·무관심·무식·무능과 미술과 공예의 계급적 사고와 직결됩니다. 그리고 이러한 공예에 대한 무지·무식 등은 '이 사건'의 경우와 같이 공예와 관련된 법적 분쟁의 해결에 있어서도 여실히 나타나고 있습니다. 공예와 관련된 사건의 수사와 공판 그리고 판결이 '공예'라는 실체적 진실을 비껴나가는 경우가 있고 또 앞으로 얼마나 더 있을 것이지 우려스럽다고 하지 않을 수 없습니다. 요컨대 수사를 담당하는 수사경찰관이나 수사검사는 말할 것도 없고 법정에서 다투는 공판검사나 변호사 그리고 사건을 판단

43) 우리나라 근현대 나전의 기반을 마련한 김봉룡 선생의 전승자로서 창작활동과 전수교육에 전념하고 있는 이형만 선생은 '전통의 창조적 계승'을 모색하는 우리 시대의 장인입니다(한국공예·디자인문화진흥원, 한눈에 보는 나전칠기, 2011.7. 29면).
44) 야나기 무네요시/이길진(역), 앞의 책, 319면 참조.
45) 야나기 무네요시/이길진(역), 앞의 책, 333면 참조.

하는 판사 역시 공예에 관한 분쟁을 수사하고 해결함에 있어서는 <u>공예품에 관한 기초적 지식</u>에 대한 이해가 선행되어야 합니다.[46]

　　공예의 융성을 위해서는 '미술적 아름다움'을 따라갈 것이 아니라 '공예적 실용성'에 주목할 필요가 있습니다. 오늘날 실용주의는 사회 각 저변에 뿌리 깊게 내려져 있습니다. 따라서 공예의 영역에서 실용주의를 표방하는 것은 바로 공예의 본질에 접근하는 것이고, 공예의 새로운 도약을 위한 훌륭한 추진체가 될 것입니다. 이러한 공예의 실용성에 자연조화성 또는 환경친화성 더 나아가 참살이(well‑being)정신을 결부시킨다면 우리 공예의 발전은 전도양양하다고 할 것입니다.[47]

　　전통공예품을 미술품과 같은 예술품으로 바라보아서는 안 되고, '미술품의 잣대'로 전통공예품의 제작과정에 있어서 다른 사람의 협업을 평가하고 위법여부를 판단해서는 안 됩니다. 즉 최근에 법적 논쟁이 되었고 지금도 되고 있는 소위 '조영남의 대작사건'의 잣대를 이 사건의 법적 판단의 잣대로 들여 되어서는 안 된다는 것입니다. 생활의 기능성을 기본으로 하고 중요시하는 전통공예품제작은 공예품에 관한 이해와 함께 생활필수품인 공산품의 생산과 같은 '상품성'이라는 시각에서 이해하고 이에 관한 법적 잣대로 판단하여야 합니다. 이 사건의 피고인들인 공예인들이 일부 제작공정에 대하여 협업을 한 것을 이유로 그리고 도제제도하의 한 제자가 같은 스승(장주) 아래서 배운 다른 제자의 공예품과 부분적으로 유사하다는 점을 이유로 법정에서 유죄를 받는다면 협업적 방법에 의한 전통공예의 제작과 도제제도 아래서 가장 효율적으로 이루어지는 전통공예의 발전은 위축되지 않을 수 없을 것입니다.

　　끝으로 공예와 관련해서는 언젠가 '미술적 아름다움'이 아니라 '공예적 아름다움'을 노래 부를 수 있는 날을 기대합니다.

---

46) 이러한 의미에서 공예에 관한 '이 사건'과 미술에 관한 소위 '조영남사건'을 동일한 관점에서 바라보는 것은 문제가 있다고 할 것입니다.

47) "이제 공예의 목표를 아름다운 공예에 머물지 않고 '사람의 건강'을 생각하는 인간중심의 공예로 나아간다면 '영원한' 아름다운 공예로 다시 태어 날 수 있을 것입니다"(공예의 길, 295면)라고 하였습니다.

청탁금지법의 주요 쟁점과 개선방안의 검토[*]

정 형 근[**]

Ⅰ. 들어가면서

「부정청탁 및 금품등 수수의 금지에 관한 법률」(이하 '청탁금지법'이라 함)이 2016. 9. 28. 시행되어 그 1년을 지나고 있다. 청탁금지법은 부정청탁의 금지와 금품등의 수수를 금지하는 것을 주된 내용으로 한다. 금품등의 수수금지는 기존의 형법상 뇌물죄로 처벌할 수 없었던 영역까지 규율하는 것이라서 전혀 생소한 내용은 아니다. 반면, 부정청탁은 직무를 수행하는 공직자에게 법령에 위반되는 행위를 요청하는 행위를 말한다는 점에서 행정법상 법치행정을 원칙을 위반하도록 유혹하는 역기능을 할 수 있다. 행정법에서는 법치행정의 원칙을 전면에 내세우면서 수많은 개별 법률로 대상 영역을 규율하고 있기에 법치행정의 원칙을 준수해야 하는 요청이 강하게 제기되어 왔다.[1] 그리고 행정기관이 행위를 할 때는 법률에 근거한 행위이든, 법률에 근거 없이 하는 것이든 기존의 법률내용에 위반하여 행할 수 없다는 의무가 도출된다[2]는 점에서 부정청탁은 이런 원리와 부합될 수 없기에 금지할 필요성이 큰 것이다.

청탁금지법에 관한 연구논문이 그 동안 많이 축적되어 왔는데, 그 제목의 대부분이 "청탁금지법의 위헌성", "청탁금지법의 문제점" 또는 "청탁금지법의 개정안" 등이 주류를 이루고 있다. 이 법의 문제점을 지적하고 개선(개정)해야 한다는 것이 학계의 주류적 의견으로 보인다. 청탁금지법은 24개 조문으로 구성된 비교적 단출한 법률이다. 그럼에도 국민의 관심과 세부적인 내용을 둘러싸고 격렬하게 논란이 일어났고 지금도 계속되고 있다. 실제로 이 법은 국회에서 제정 당시부터 과잉입법이라는 위헌의견이 여러 국회의원들로부터 제기되었다. 2015. 3. 3. 오후 제331회 임시국회 본회의에서 이 법을 의결하기로 의사일정이 잡혀 있는 가운데 열린 법제사법위원회에서 이상민 위원장은 "뻔히 위

이 글은 서울지방변호사회·청탁금지법연구회가 2017. 9. 20. 공동 주최한 "청탁금지법 시행 1년, 법적 과제와 주요 쟁점에 관한 심포지엄"에서 주제 발표했던 내용을 수정, 보완한 것임.
변호사, 법학박사, 경희대학교 법학전문대학원장
 1) 류지태, "행정법 방법론 소고", 고려법학, 2002, 87면.
 2) 류지태·박종수, 행정법신론 제16판, 박영사, 2016, 58면.

헌성이 있고 법치주의에 반하고 문제가 많음에도 불구하고 여론 때문에 통과시킬 수밖에 없다는 그런 정치적 등등의 사정 때문에 이를 통과시켜야 되는 점에 대해서 저 자신도 그동안 소위 선정주의, 인기영합주의에 사로잡혀서 그런 원칙과 또 당연히 따라야 될 그런 중심을 잘못하고 하지 않았나를 되돌아보고 반성해야 할 점이 많다는 점을 고백합니다. 이 법은 사회적으로 미치는 영향이 매우 크고 선의의 피해자가 없도록 하기 위해서 잘 다듬어야 되는 것은 분명한 만큼 부정부패를 뿌리 뽑는 것이라는 목표와 함께 선의의 피해자나 법치주의에 반하는 일이 없도록 여러 위원님들의 지혜를 모아 주시기 바랍니다.”[3] “지금 올라와 있는 법안 자체가 보시다시피 뒤죽박죽되어 있고, 저희들도 참 갑갑합니다. 그래서 제가 오죽하면 법안명만 통과시켰으면 좋겠다고 말씀드립니까, 구체적인 내용은 추후에 담고.”[4]라고 할 정도로 청탁금지법에 대한 충분한 검토가 미흡했음을 엿볼 수 있다.

　　그럼에도 이 법이 제정된 것은 2014. 4. 16. 발생한 세월호 참사의 원인이 공직사회와 민간부분의 부정부패 때문이라는 지적이 있어 재발방지를 위한 강력한 제도의 개선과 정립을 요구하는 목소리가 높았기 때문이다. 국회는 이러한 여론에 따라 이른바 세월호 3법(국민안전처를 신설하는 내용의 정부조직법, 세월호 사건의 진상규명을 위한 특별법, 유병언법으로 불리는 범죄수익은닉규제처벌법)을 제정하고 청탁금지법도 논란 끝에 통과시킨 것이다.

　　그리하여 청탁금지법은 2015. 3. 3. 국회본회의에서 재석 247인 중 찬성 226인, 반대 4인, 기권 17인으로서 가결되었다. 당시 국회의장 정의화는 “이 법은 탄생하기까지 많은 우여곡절이 있었습니다. 그러나 우리나라가 진정한 선진국으로 가기 위한 역사적인 이정표가 될 것으로 저는 믿습니다. 우리나라가 국민들의 상호 신뢰에 기반한 선진국가로 나아가려면 지금처럼 세계 46위의 부패지수로는 안 된다고 생각을 합니다. 우리 사회의 부정과 부패를 근본적으로 줄이지 않고는 빈부 격차 해소도, 경제 발전도, 문화 융성도 저는 불가능하다고 생각을 합니다. 그런 의미에서 이 법은 우리 사회를 맑고 투명한 선진사회로 바짝 다가서게 할 분기점이 될 것입니다. 다만 과잉 입법이라는 우려도 있기 때문에 법 시행 이전에 철저한 보완책이 마련될 수 있도록 우리 국회와 정부가 최선을 다해 줄 것을 부탁을 드립니다.”[5]라고 한 바 있다. 이는 법 제정 당시부터 과잉입법이라는 우려가 제시되었고, 그 때문에 법 시행 이전에 철저한 보완책 마련이 필요함을 명확히 밝혔음에도 그 후에 특별한 보완책 없이 청탁금지법 시행령이 제정·시행되고 있다.

　　청탁금지법은 그 입법취지로 “최근 지속적으로 발생하고 있는 공직자의 부패·비리

---

3) 국회사무처, 제331회 국회(임시회) 법제사법위원회회의록, 법제사법 제6차 (2015년3월3일), 22면 이하.
4) 국회사무처, 제331회 국회(임시회) 법제사법위원회회의록, 법제사법 제6차 (2015년3월3일), 42면.
5) 국회사무처, 제331회 국회(임시회), 국회본회의회의록 8차 (2015년3월3일), 19면.

사건으로 인하여 공직에 대한 신뢰 및 공직자의 청렴성이 위기 상황에 직면해 있으며, 이는 공정사회 및 선진 일류국가로의 진입을 막는 최대 장애요인으로 작용하고 있으나, 이를 효과적으로 규제하기 위한 제도적 장치가 미비한 상태인 바, 이에 공직자등의 공정한 직무수행을 저해하는 부정청탁 관행을 근절하고, 공직자등의 금품등의 수수행위를 직무관련성 또는 대가성이 없는 경우에도 제재가 가능하도록 하여 공직자등의 공정한 직무수행을 보장하고 공공기관에 대한 국민의 신뢰를 확보하려는 것임"이라고 밝히고 있다.

이런 경위로 어렵게 청탁금지법이 제정된 직후 대한변호사협회, 사단법인 한국기자협회 등은 이 법이 위헌이라면 시행하기도 전에 헌법소원심판청구까지 제기하였지만, 헌법재판소는 2016. 7. 28. 관련 쟁점에 대하여 모두 합헌결정을 한 바 있다.[6]

Ⅱ. 청탁금지법의 적용대상자 관련 쟁점

1. '공적 업무 종사자'에 해당하는 언론인과 사립학교 관계자

국민권익위원회(당시 위원장 김영란)는 2013. 8. 5. 「부정청탁 금지 및 공직자의 이해충돌 방지법」(안)을 만들어 정부안으로 국회에 제출하였으며, 그 후 국회의원 3인도 같은 취지의 법률안을 발의한 바 있는데, 정부안이나 국회의원 발의안에는 모두 언론인이나 사립학교·학교법인의 교직원은 그 적용대상자에 포함되지 않았다. 그런데 국회 정무위원회 법안심사소위원회의 심의 과정에서 국·공립학교 교직원에 대응하는 사립학교 및 유치원 교직원이 적용대상자로 포함되었다. 그리고 공공기관으로 지정할 수 없는 KBS와 EBS를 공공기관으로 오인하여 이들에 대응하는 MBC와 SBS 등 민간 언론사들도 포함시켜야 한다는 단순한 논리로 언론인들까지도 적용대상자가 되었다.[7] 그 결과 언론인과 사립학교·학교법인 관계자들이 공직자가 아닌 '공적 업무 종사자'로 분류되어 청탁금지법의 적용대상자가 되었다.

그 결과 민간영역 종사자인 언론인과 사립학교 관계자들이 부정청탁금지조항과 금품수수금지조항의 적용을 받게 되었는데, 이에 대하여 헌법재판소는 부정청탁금지조항 및 금품수수금지조항이 과잉금지원칙을 위반하여 언론인과 사립학교 관계자의 일반적 행동자유권을 침해하지 않는다고 판시한 바 있다. 즉, "교육과 언론이 국가나 사회 전체에 미치는 영향력이 크고, 이들 분야의 부패는 그 파급효가 커서 피해가 광범위하고 장기적인 반면 원상회복은 불가능하거나 매우 어렵다는 점에서, 사립학교 관계자와 언론인

---

6) 헌재 2016. 7. 28. 2015헌마236·412·662·673(병합) 부정청탁 및 금품등 수수의 금지에 관한 법률 제2조 제1호 마목 등 위헌확인 등.

7) 정형근, "기사청탁은 왜 부정청탁이 아닌가", 관훈저널 통권 141호, 2016년 겨울, 29면.

에게는 공직자에 맞먹는 청렴성 및 업무의 불가매수성이 요청된다."[8]

　　그러나 이 부분은 사립학교 관계자 및 언론인의 일반적 행동자유권을 침해하여 위헌이라는 '재판관 김창종, 재판관 조용호의 정의조항에 대한 반대의견'[9]은 향후 청탁금지법 적용대상자 위헌성 여부가 재론될 때 크게 참고 될 것으로 보인다. 특히 반대의견이 지적하는 논거 중 아래 부분은 강력한 위헌요소로 작용하게 될 것으로 보인다.

　　'교육'을 국·공립학교 임직원과 사립학교 관계자가 동일하게 수행하는 업무로 본다면, '의료행위' 역시 민간의료기관의 임직원과 국·공립의료기관의 임직원이 모두 동일하게 수행하는 업무로 보아야 함에도 불구하고, 의료법이나 약사법상의 의료행위는 청탁금지법의 적용대상에 포함되어 있지 않다. 각종 특별법으로 부정부패를 처벌할 정도로 공공성이 강조된 민간영역의 직군(職群)들, 예컨대 상법상의 '민간기업', '특정경제범죄 가중처벌 등에 관한 법률'상의 '금융 및 보험', 건설산업기본법상의 '건설', 변호사법상의 '변호사' 등 역시 청탁금지법의 적용대상에서 제외되어 있다. 이처럼 공공성이 강하여 특별법의 적용대상에 해당하면서도 오히려 청탁금지법의 적용대상에서는 제외된 민간영역이 존재하는 반면에, 별도의 특별법상 규율을 받지 않는 영역인 교육이나 언론은 오히려 청

---

8) 부패와 비리 문제가 계속 발생하고 있는 교육과 언론 부문의 현실, 사립학교 관계자 및 언론인이 사회 전체에 미치는 영향, 부정청탁 관행을 없애고자 하는 청탁금지법의 목적, 교육 및 언론의 공공성과 이를 근거로 한 국가와 사회의 각종 지원 등 여러 사정을 종합하여 보면, 사립학교 관계자 및 언론인을 '공직자등'에 포함시켜 이들에게 부정청탁하는 것을 금지하고, 이들이 정당한 이유 없이 금품등을 수수하는 것도 금지한 입법자의 선택은 수긍할 수 있다. 부정청탁 및 금품수수 관행을 근절하여 공적 업무에 종사하는 사립학교 관계자 및 언론인의 공정한 직무수행을 보장함으로써 국민의 신뢰를 확보하고자 하는 부정청탁금지조항과 금품수수금지조항의 입법목적은 그 정당성이 인정되고, 사립학교 관계자와 언론인이 법령과 사회상규 등에 위배되어 금품등을 수수하지 않도록 하고 누구든지 이들에게 부정청탁하지 못하도록 하는 것은 입법목적을 달성하기 위한 적정한 수단이다(헌재 2016. 7. 28. 2015헌마236·412·662·673(병합))

9) 사회에서 발생하는 모든 부조리에 국가가 전면적으로 개입하여 부패행위를 일소하는 것은 사실상 불가능할 뿐만 아니라, 부패행위 근절을 이유로 사회의 모든 영역을 국가의 감시망 아래 두는 것은 바람직하지도 않다. 직무의 성격상 공공성이 인정된다는 이유로 공공영역과 민간영역의 본질적인 차이를 무시하고 동일한 잣대를 적용하여 청탁금지법의 규제대상을 확대하고자 하는 입법목적은 그 자체로 정당성을 인정하기 어렵다. 부정청탁을 하는 사람이나 금품등을 제공하는 사람들의 부정한 혜택에 대한 기대를 꺾고 언론이나 사학 분야의 신뢰 저하를 방지하겠다는 다소 추상적인 이익을 위하여 민간영역까지 청탁금지법의 적용대상에 포함시키는 것은 입법목적의 달성을 위한 효율성의 측면에서도 결코 적정한 수단이라 볼 수 없다.
사립학교가 공교육에 참여하는 것은 국가의 역할을 일정 부분 분담하는 것에 불과하고, 사적 근로관계에 기초한 사립학교 교직원의 지위가 국·공립학교 교직원의 지위와 동일하게 되는 것은 아닌 점, 언론은 민주주의 사회에서 그 활동의 자유가 보장되어야 하는 자율적인 영역이고, 언론이 부패하면 신뢰를 상실하여 자연스럽게 도태된다는 점에서, 사립학교 교직원과 언론인이 행하는 업무의 공정성과 신뢰성 및 직무의 불가매수성이 공무원에게 요구되는 것과 동일한 수준으로 요구된다고 보기 어렵다.

탁금지법의 적용대상에 포함되고 있는바, 그와 같이 규정하게 된 합리적인 이유를 찾아보기 어렵다. 한편, 민간영역의 직군들 가운데 사립학교 관계자와 언론인에 대하여 우선적으로 청탁금지법의 적용대상으로 삼아야 될 정도로 이들 직군이 다른 직군에 비하여 부패하였다는 실증적인 조사결과가 있는 것도 아니다.

국회가 청탁금지법의 적용대상자를 특정할 때 언론계와 사립학교 관계자의 부패문제가 심각하여 더 이상 방치할 수 없는 수준에 이르렀기 때문이 아니라, 다소간의 즉흥적인 결정으로 대상자를 확대함으로 인하여 청탁금지법의 정착에 심각한 장애요소로 작용하고 있다.[10] 공공영역과 민간영역에 대하여 동일하게 규율한 것이 청탁금지법의 독특한 특징이기도 하지만, 공공성이 큰 의료업계나 민간기업, 금융 및 보험 등의 영역은 합리적 이유 없이 제외되어 있다는 점에서 언론인과 사립학교에 대한 차별로 지적될 여지도 있다. 따라서 위 반대의견이 제시하는 민간영역을 전부 포함시키든지, 아니면 현행 청탁금지법상의 민간영역 종사자 중 언론인에 대해서는 적용대상자에서 삭제하는 개정을 검토할 필요가 있다.

만약 언론사 대표와 임직원을 적용대상자로 여전히 유지하려면 민간의료기관의 임직원, 각종 특별법으로 부정부패를 처벌할 정도로 공공성이 강조된 민간영역의 직군(職群)들인 상법상의 '민간기업', '특정경제범죄 가중처벌 등에 관한 법률'상의 '금융 및 보험', 건설산업기본법상의 '건설', 변호사법상의 '변호사', 세무사법상의 '세무사', 변리사법상의 '변리사', 법무사법상의 '법무사' 등과 같은 전문직업인도 청탁금지법의 적용대상자로 포함시키는 것이 언론계 관계자를 포함시켜 민간영역의 부패방지도 도모하려는 입법취지와 형평의 관념에도 부합하다고 여겨진다.

다만, 사립학교 관계자는 국·공립학교와 같은 공공성을 갖고 있기에 현행대로 존치하는 것이 타당할 것으로 보인다. 국회 정무위원회는 2015. 1. 12. 사립학교의 장과 교직원 및 「사립학교법」에 따른 학교법인의 임직원을 청탁금지법 적용대상자로 포함시킴에 있어 사립학교도 공립학교 못지않게 정부 예산이 투입되고, 교사 역시 국공립학교와 그 역할이 같기 때문이라고 한다.[11] 이에 더하여 사립학교법 제52조는 "사립학교의 교원의 자격에 관하여는 국·공립학교의 교원의 자격에 관한 규정에 의한다."고 하고 있으며, 제55조 제1항은 "사립학교의 교원의 복무에 관하여는 국·공립학교의 교원에 관한 규정을 준용한다."고 하여 임용의 주체와 신분은 차이가 있지만, 그 자격과 복무규정은 동일하다는 점에서도 청탁금지법의 적용대상자로 해야 할 필요성이 크다고 할 수 있다.

---

10) 정형근, 「부정청탁 및 금품등 수수의 금지에 관한 법률」에 관한 연구 – 그 적용대상자와 부정청탁 금지를 중심으로 –, 경희법학 제51권 제4호, 2016. 12., 144-145면.
11) 국회사무처, 제330회 국회(임시회) 2015년1월12일(월) 정무위원회회의록, 9-10면.

2. 공직자의 배우자

청탁금지법상 공직자의 배우자는 독특한 법적 지위를 가진다. 공직자가 수수할 수 없는 금품등(수수 금지 금품등)과 관련하여 명시적을 규정을 두고 있다. 그리고 청탁금지법상 부정청탁의 대상자로서의 공직자의 배우자에 대한 특별한 규정이 없다. 그렇지만 공직자의 배우자 역시 부정청탁을 할 수 있음은 물론이다. 자신의 배우자인 공직자에게 부정청탁을 할 수도 있고, 다른 제3의 공직자에게 할 수도 있다. 만약 배우자의 부정청탁을 받은 공직자가 그에 따라 직무를 수행한 경우라면, 청탁금지법 제6조(부정청탁에 따른 직무수행의 금지) 위반으로 2년 이하의 징역 또는 2천만원 이하의 벌금(청탁금지법 제22조 제2항 제1호)에 처해진다. 배우자가 제3자로부터 부탁을 받고 공직자에게 부정청탁을 전했다면, 이는 곧 배우자가 제3자를 위하여 부정청탁을 한 것에 해당된다. 따라서 제3자를 위하여 부정청탁을 한 배우자는 2천만원 이하의 과태료에 처해지고(청탁금지법 제23조 제2항), 배우자의 부정청탁에 따라 직무를 수행한 공직자는 형사처벌을 받게 된다. 따라서 직무를 수행하는 공직자는 자신의 배우자가 한 부정청탁에 대해서도 거절의 의사표시를 하고, 그대로 직무수행을 하여서는 아니 된다.

공직자의 배우자는 수수금지 금품등과 관련하여 특히 문제된다. 청탁금지법 제8조 제4항은 "공직자등의 배우자는 공직자등의 직무와 관련하여 제1항 또는 제2항에 따라 공직자등이 받는 것이 금지되는 금품등(이하 "수수 금지 금품등"이라 한다)을 받거나 요구하거나 제공받기로 약속해서는 아니 된다."고 한다. 공직자에게 금품등을 제공하지 않고 그 배우자에게 우회적으로 주는 행위를 방지하기 위함이다. 그 배우자는 공직자등과 일상을 공유하면서 하나의 가족공동체를 이루고 있기 때문에 이를 규율하고 있다.12) 여기서 배우자는 법률혼 관계에 있는 자만 해당되고 사실혼 관계에 있는 배우자는 포함되지 않는다.13) 그러므로 단순한 내연관계에 있거나 일시적 동거관계에 있는 자는 사실혼 배우자에도 해당되지 않는다.

공직자의 배우자가 이처럼 "수수 금지 금품등"을 받거나 요구 또는 약속해서는 아니 되는 영역은 '공직자의 직무와 관련'해서만으로 한정된다. 직무와 관련이 있는 경우로 국한하는 이유는 배우자의 사적인 경제활동을 보장하기 위해서이다.14) 공직자의 직무와 관련이 없는 영역에서까지 금품등을 받지 못하도록 한다면 사실상 금전거래를 금지하거

---

12) 국민권익위원회, 「부정청탁 및 금품등 수수의 금지에 관한 법률」 해설집, 2017, 133면.
13) 홍성칠, 청탁금지법 해설, 박영사, 2016, 17면.
14) 정형근, "「부정청탁 및 금품등 수수의 금지에 관한 법률」에 관한 연구 - 금품등의 수수금지를 중심으로 -", 경희법학 제52권 제1호, 2017. 3., 64면.

나 지나친 사적 영역을 간섭하는 것과 마찬가지가 되기 때문이다. 자신의 배우자가 제8
조 제4항을 위반하여 같은 조 제1항에 따른 수수 금지 금품등을 받거나 요구하거나 제공
받기로 약속한 사실을 알고도 제9조 제1항 제2호 또는 같은 조 제6항에 따라 신고하지
아니한 공직자등(제11조에 따라 준용되는 공무수행사인을 포함한다)은 3년 이하의 징역 또는 3천
만원 이하의 벌금에 처한다(청탁금지법 제22조 제1항 제2호). 자신의 배우자가 직무와 관련하
여 금품등을 받은 사실을 알고서도 신고하지 않은 공직자는 그 금품등을 영득할 의사를
가졌다고 할 수 있다. 이 순간에 배우자에게 전달된 금품등은 공직자의 지배하에 놓인다
고 할 수 있기 때문에 처벌의 필요성도 제기된다.

　　배우자가 금품등의 수수행위를 구체적으로 보면, 금품등을 받는 행위와 받기로 약
속하는 행위는 비교적 소극적·수동적인 행위에 해당된다고 볼 수 있지만, 배우자가 금
품등을 '요구한 행위'는 적극적으로 상대방에게 금품제공을 강요하는 것에 해당되기에
입법적으로 처벌규정을 둘 필요가 있다. 그럼에도 청탁금지법은 배우자의 금품등의 수수
행위 일체에 대하여 아무런 제재를 하지 않고 있다. 이처럼 청탁금지법에서는 배우자의
금품등 수수행위를 처벌하지 않지만, 다른 법률의 위반에 해당되면 처벌됨은 물론이다.
적법한 수수 권원 없이 받은 금품등이 깨끗하고 떳떳할 리가 없기 때문이다. 예컨대 공
무원이 취급하는 사건 또는 사무에 관하여 청탁 또는 알선을 한다는 명목으로 금품·향
응, 그 밖의 이익을 받거나 받을 것을 약속한 자 또는 제3자에게 이를 공여하게 하거나
공여하게 할 것을 약속한 자는 5년 이하의 징역 또는 1천만원 이하의 벌금에 처한다(변호
사법 제111조 제1항). 배우자가 '공무원'이 취급하는 사건 또는 사무에 관하여 청탁 또는 알
선한다는 명목으로 금품 등을 받으면 위 변호사법 위반으로 처벌될 수 있다. 청탁금지법
상 공직자등은 전부 공무원 신분을 가진 것은 아니기 때문에 청탁이나 알선은 공무원이
취급하는 사건 또는 사무여야 한다. 여기서 공무원이 취급하는 사건 또는 사무라 함은
자기 자신을 제외한 모든 자의 사건 또는 사무를 가리키는 것으로 해석하는 것이 상당하
다.[15] 공무원에게 청탁·알선한다는 명목으로 돈을 받은 경우 그 대상 공무원을 특정하
지 않아도 되고, 청탁대상 공무원이 실제로 그 사건이나 사무의 처리권한이 있는지도 불
문한다.[16] 공직자의 배우자가 금품등을 받거나 약속함에 있어 공무원의 취급사건이나 사
무에 관하여 청탁을 해주겠다고 하면서 금품등을 수수한 이후에 실제로 청탁을 하였다
면, 청탁금지법상 제3자의 부정청탁으로 2천만원 이하의 과태료 부과대상에 포함됨과 동
시에 위 변호사법 위반도 된다. 다만, 「형법」 등 다른 법률에 따라 형사처벌을 받은 경우

---

15) 대법원 1995. 9. 15. 선고 94도940 판결[특정경제범죄가중처벌등에관한법률위반(사기), 사기, 사기
　　미수, 변호사법위반].
16) 정형근, 변호사법 주석, 피앤씨 미디어, 2016, 858면.

에는 과태료를 부과하지 아니하며, 과태료를 부과한 후 형사처벌을 받은 경우에는 그 과태료 부과를 취소한다(청탁금지법 제23조 제2항 단서). 만약 배우자가 변호사법 위반으로 형사처벌을 받는다면, 부정청탁에 대한 과태료 제재는 하지 않게 된다.

공직자등 자신이 수수 금지 금품등을 받거나 그 제공의 약속 또는 의사표시를 받은 경우에는 소속기관장에게 서면으로 신고하여야 한다(청탁금지법 제9조 제1항 제2호). 더 나아가 공직자는 자신의 배우자가 수수 금지 금품등을 받거나 그 제공의 약속 또는 의사표시를 받은 사실을 안 경우에는 소속기관장에게 서면으로 신고하여야 한다(청탁금지법 제9조 제1항 제2호). 공직자 본인은 물론 그 배우자가 제3자로부터 수수 금지 금품등의 제공의 '의사표시를 받은 경우'에도 신고의무가 있다. 금품제공의 의사표시를 받은 경우에도 신고하라고 하는 것이 적절한 입법인지 의문이다. 금품등의 제공의 의사표시는 일반적으로 명료하게 드러나는 것이 아니라 함축적이며, 암시적으로 이뤄진다. 배우자가 우연한 기회에 제3자로부터 배우자인 공직자등의 직무와 관련하여 그 일이 잘 해결되면 인사를 하겠다든가, 섭섭지 않도록 배려하겠다는 취지의 말이라도 발언자의 관계나 상황 등에 비추어 볼 때 금품제공의 의사표시로 볼 수도 있고, 단순한 인사성 발언일 수도 있다. 이런 문제는 공직자가 누군가로부터 금품제공의 의사표시를 들은 경우에도 동일하게 발생하지만, 특히 배우자의 경우가 문제될 소지가 크다. 청탁금지법이 공직자가 그 배우자로부터 전해들은 말에 대하여 금품제공의 의사표시라는 법적 평가를 내린 다음에 소속기관장에게 신고하도록 하는 것은 사생활의 비밀과 자유를 침해할 우려가 있고, 혼인과 가족생활을 국가가 보장하는 헌법정신에도 반할 우려가 있다는 점에서 과잉입법이라고 할 수 있어 향후에 '의사표시를 받은 경우' 부분은 삭제하여 신고의무를 폐지함이 타당할 것이다.[17] 이에 대하여 금품제공의 명확한 의사표시에 한하여 규율하면 될 것이라는 반대견해도 있을 수 있다. 금품수수에 대한 의사의 합치인 '약속' 단계에 이르지 아니한 상대방의 일방적인 의사표시를 규율하고자 하는 취지는 이해할 수 있지만, 그런 의사표시를 들었다는 사실 자체까지 신고하도록 하는 것은 아무래도 지나친 규제라는 지적을 피할 수 없다.

형법상 뇌물죄는 직무에 관하여 뇌물의 수수, 요구 또는 약속행위만을 처벌한다(제129조 이하). 청탁금지법은 공직자 본인 또는 그 배우자가 '금품제공의 의사표시를 받은 경우'에는 신고의무를 부과하고 있지만, 공직자가 이 의무를 위반하였을지라도 형사처벌이나 과태료 부과에 대한 제재규정은 없고, 이 법 위반으로 인한 징계처분만 받을 수 있다

---

17) 정형근, "「부정청탁 및 금품등 수수의 금지에 관한 법률」에 관한 연구 - 금품등의 수수금지를 중심으로 -", 67면.

(청탁금지법 제21조). 이와 달리 금품등의 제공의 의사표시를 한 자는 그 금액 액수에 따라 형사처벌 또는 과태료 제재를 받는다.[18] 이 경우 역시 애매한 의사표시에 대하여 형사처벌을 하는 것은 죄형법정주의의 원칙인 명확성의 원칙에도 반할 우려가 있는 문제점이 있게 된다. 금품제공의 분명한 의사표시로 한정한다면 사실상 이 규정의 실익을 찾기 어렵다는 점도 있다.

Ⅲ. 부정청탁의 금지와 관련하여 개선할 사항

1. 의 의

청탁금지법 제5조 제1항은 "누구든지 직접 또는 제3자를 통하여 직무를 수행하는 공직자등에게 다음 각 호의 어느 하나에 해당하는 부정청탁을 해서는 아니 된다."고 규정하고 있다. 이 같은 부정청탁의 금지규정에 위반하면 청탁자는 원칙적으로 과태료 제재를 당하게 되고, 부정청탁에 따라 직무를 수행하면 형사처벌을 받게 된다. 부정청탁 금지의무 위반에 대하여 과태료를 부과한다는 점에서는 행정법상 행정질서벌이라고 할 수 있다. 과태료를 부과하는 일반법인 「질서위반행위규제법」은 법률상 의무를 위반하여 과태료를 부과하는 행위를 질서위반행위로 정의하고, 질서위반행위의 성립요건은 제6조(질서위반행위 법정주의), 제7조(고의 또는 과실), 제8조(위법성의 착오), 제9조(책임연령) 등에서 형법총칙과 같은 내용으로 규정하고 있다. 이는 기존에 과태료의 부과는 원칙적으로 고의 또는 과실을 요하지 아니한다는 입장보다 훨씬 성립요건이 강화된 것이라 할 수 있다.[19]

그리고 부정청탁을 받은 공직자가 그에 따라 직무를 수행하면 형벌을 과한다는 점에서는 행정형벌의 성격도 갖는다. 행정형벌은 그 처벌수단의 점에서 형법 제41조의 형벌을 가한다는 점에서 형법총칙이 원칙적으로 적용된다. 따라서 형벌이 부과된다는 점에서 보면 청탁금지법 제5조 제1항은 형법상 구성요건에 해당된다고 할 수 있다. 구성요건이란 형법상 금지 또는 명령되는 행위가 무엇인가를 추상적·일반적으로 규정해 놓은 개

---

18) 제8조 제5항을 위반하여 같은 조 제1항에 따른 수수 금지 금품등을 공직자등(제11조에 따라 준용되는 공무수행사인을 포함한다) 또는 그 배우자에게 제공하거나 그 제공의 약속 또는 의사표시를 한 자(청탁금지법 제22조 제1항 제3호) 및 제8조 제5항을 위반하여 같은 조 제2항에 따른 수수 금지 금품등을 공직자등(제11조에 따라 준용되는 공무수행사인을 포함한다) 또는 그 배우자에게 제공하거나 그 제공의 약속 또는 의사표시를 한 자(청탁금지법 제23조 제5항 제3호)

19) 질서위반행위규제법은 과태료의 부과대상인 질서위반행위에 대하여도 책임주의 원칙을 채택하여 제7조에서 "고의 또는 과실이 없는 질서위반행위는 과태료를 부과하지 아니한다."고 규정하고 있으므로, 질서위반행위를 한 자가 자신의 책임 없는 사유로 위반행위에 이르렀다고 주장하는 경우 법원으로서는 그 내용을 살펴 행위자에게 고의나 과실이 있는지를 따져보아야 한다(대법원 2011. 7. 14. 자 2011마364 결정[국토의계획및이용에관한법률위반이의]).

별적 범죄유형을 말한다.[20] 구성요건에는 구성요건행위, 행위주체, 행위객체, 행위수단·
방법 및 구성요건결과 등이 포함된다. 그러므로 구성요건은 금지된 행위의 정형적인 불
법내용을 구성하고 특수한 범죄정형의 형태와 내용이 되는 모든 요소를 결합하기에 '추
상적'인 성격을 갖게 되지만, 다른 범죄와 구별되게 하는 정형적인 불법내용을 명백히 해
야 할 필요성도 있다.[21] 특히 구성요건을 명확히 해야 하는 것은 죄형법정주의 원칙 중
명확성의 원칙의 요청이라고도 할 수 있다. 그러므로 부정청탁을 한 경우에 이에 대한
과태료나 형벌을 부과하기 위해서는 가장 먼저 금지되는 부정청탁의 대상직무가 무엇인
지를 명확하게 밝혀야 할 필요가 있다.

2. 부정청탁 요건의 명료화 필요성

청탁금지법 제5조 제1항은 " ··· 다음 각 호의 어느 하나에 해당하는 부정청탁"을
금지하고 있다. 여기서 '다음 각호'는 제1호에서 제14호까지에 해당되는 사항을 말한다.
제15호는 법령을 위반하여 처리하도록 하는 행위 외에 공직자등이 법령에 따라 부여받
은 지위·권한을 벗어나 행사하거나 권한에 속하지 아니한 사항을 행사하도록 하는 행위
도 부정청탁에 해당됨을 확인하고 있다. 부정청탁의 대상직무에 관한 제1호에서 제14호
까지가 단순한 예시적 규정인지 한정적 규정인지 문제된다. 예시적 규정으로 보면 14개
사유에 국한되지 않기 때문에 비교적 광범위하게 부정청탁을 규율할 수 있는 장점이 있
는 반면, 국민의 입장에서는 자신의 행위가 부정청탁에 해당하는지 여부를 사전에 알 수
없게 되는 문제점이 있다. 부정청탁을 하면 과태료나 징계처분을 받는 것과 같은 금전적·
신분적 불이익이 있고, 부정청탁대로 직무를 수행한 공직자는 형사처벌까지 받으므로
청탁대상 직무는 법문에 한정적으로 제시되어야 한다는 점에서 한정적 규정으로 보아
야 한다.[22]

그렇지만 14개 사유를 구체적으로 살펴보면 그 내용이 광범위하여 예시적 열거로
볼 수밖에 없는 부분도 있다. 예컨대 제3호 "채용·승진·전보 등 공직자등의 인사에 관
하여 법령을 위반하여 개입하거나 영향을 미치도록 하는 행위"에서 핵심은 '공직자등의
인사'에 관하여 부정청탁 하는 것을 규율하는 것이다. 그런데 '채용·승진·전보'는 공직
자등의 인사에 관한 예시적 열거라고 할 수 있고, 더 나아가 채용·승진·전보 '등'이라고
하고 있으므로, 공직자 신분의 발생·변경·소멸에 관한 사항 전체를 말한다고도 볼 수

---

20) 김일수/서보학, 새로쓴 형법총론, 박영사, 2014, 79면.
21) 이재상/장영민/강동범, 형법총론, 박영사, 2015, 102면.
22) 정호경, "「부정청탁 및 금품등 수수의 금지에 관한 법률」의 구조와 쟁점", 행정법연구 제47호,
    2016. 12., 74-75면.

있다. 이는 '공직자등의 인사'에 관한 직무의 범위를 어디까지 할 것인지의 문제이기도 하다.

　공무원을 중심으로 보다 자세히 살펴보면, 공무원관계는 신규채용으로 발생하며, 승진임용·전직·전보·강임·휴직·직위해제 및 복직으로 변경되고, 퇴직·면직으로 소멸한다.23) 「공무원임용령」 제2조 제1호는 "임용"이란 신규채용, 승진임용, 전직, 전보, 겸임, 파견, 강임, 휴직, 직위해제, 정직, 강등, 복직, 면직, 해임 및 파면을 말한다."고 규정하고 있다. 여기에는 공무원 관계의 발생(신규채용)은 물론 정직, 해임, 파면과 같은 공무원에 대한 징계처분까지도 포함하고 있다. 그러므로 부정청탁의 대상인 제3호 "채용·승진·전보 등 공직자등의 인사"에 「공무원임용령」에서 말하는 '임용'의 내용이 전부 포함된다고 볼 수 있는지 문제된다. 공직자등의 인사에 관한 직무로 예시하고 있는 '채용·승진·전보'는 공직자의 신분발생과 변경만 해당되기 때문에, 신분관계가 소멸되는 해임이나 파면 같은 징계처분은 포함되지 않는다고 해석해야 한다는 견해도 있을 수 있다. 그렇게 되면 징계에 불복하여 제기하는 소청심사위원회의 재결절차 단계에서 부정청탁을 한 경우에는 제3호의 적용대상이 아니게 된다. 국민권익위원회는 공직자등의 인사와 관련된 모든 사항이 포함된다는 취지로 '징계'와 관련하여 '징계 사유, 절차, 직권 면직 요건, 징계권자, 소청 제도 등을 규정'하고 있다고 한다.24) 징계처분 또는 징계처분의 불복절차인 소청절차에서의 부정청탁도 제3호의 규율대상이 되는 것으로 이해하고 있는 것처럼 보인다.

　그러나 부정청탁의 대상인 제2호 " ··· 징계 등 각종 행정처분 또는 형벌부과에 관하여 법령을 위반하여 감경·면제하도록 하는 행위"에서 징계처분의 감경·면제행위를 위한 부정청탁을 규정하고 있다. 또한 제14호는 "사건의 수사·재판·심판·결정·조정·중재·화해 또는 이에 준하는 업무를 법령을 위반하여 처리하도록 하는 행위"를 규정하고 있는데, 소청심사위원회의 절차는 '심판'에 관한 업무로 파악할 수 있다. 따라서 공직자등의 징계와 관련하여 징계위원회 위원 또는 소청심사위원회 상임위원에게 부정청탁을 한 경우라면 '공직자등의 인사'와 관련된 청탁으로 제3호로 규율할 것이 아니라 제2호 또는 제14호의 적용대상으로 보아야 할 것이다.

　청탁금지법은 '공직자등의 인사'에 관한 부정청탁의 구체적인 행위태양을 상당히 독특하게 규정하고 있다. 즉, "공직자등의 인사에 관하여 법령을 위반하여 개입하거나 영향을 미치도록 하는 행위"로 하여 다른 부정청탁의 경우와 달리 규정하고 있다. 여기서 '법

---

23) 정형근, 행정법, 피앤씨미디어, 2017, 777면.
24) 국민권익위원회, 「부정청탁 및 금품등 수수의 금지에 관한 법률」 해설집, 67면.

령을 위반하여'란 국가공무원법, 법원조직법, 공공기관의 운영에 관한 법률, 한국방송공사법 등과 그 시행령 및 시행규칙을 포함한 인사내규 등도 포함될 것이다. 그리고 공적 업무 종사자에 해당되는 민간 언론인 및 사립학교 교직원에 관한 '인사규정'은 정관이나 내부지침 등으로 규정되어 있는데, 이는 법령에 해당되지 않기 때문에 제3호의 적용대상에서 제외된다는 견해도 있다.[25] 그러나 공적 업무 종사자를 청탁금지법의 적용대상자로 포함시키고, 민간영역의 부패를 방지하고 공정한 직무수행을 도모하려는 입법취지를 고려해 보면, 여기서의 '법령'은 고유한 의미의 법령은 물론 민간 언론사나 사립학교·학교법인이 제정·시행 중인 인사관련 규정도 자치법규로서 법령에 포함된다고 해야 한다. 이렇게 해석하지 않으면 부정청탁에 관한 제1호에서 제14호까지의 법령위반은 공적 업무 종사자인 민간영역 종사자는 전부 제외되는 불합리한 결과가 발생하게 된다. 실제로 청탁금지법 제5조 제2항 제1호에는 "공공기관의 규정·사규·기준을 포함한다."라고 규정하여 공적 업무 종사자의 소속 기관에서 제정한 규정·사규·기준을 법령의 범위 안에 포함시키고 있다.

그리고 '법령을 위반하여 개입하거나 영향을 미치도록 하는 행위'의 주체는 부정청탁자 본인이 아니다. 제3호는 부정청탁자가 직접 직무를 수행하는 공직자에게 청탁을 하지 않고, 부정청탁자가 제3자를 이용하여 공직자의 인사에 개입하거나 영향을 미치도록 하는 행위를 부정청탁행위로 규정하는 특징이 있다. 부정청탁자 본인이 직접청탁을 하는 것이 아니라, 누군가에게 인사 관련 직무를 수행하는 공직자에게 접근하여 인사 관련 직무에 '개입하거나 영향'을 끼쳐달라고 부탁한다는 의미이다. 제3호는 공직자의 인사에 관하여 개입하거나 영향을 미치도록 하는 행위에 대한 청탁 외에 그러한 청탁은 받은 자가 다시 인사업무 처리자에게 '법령에 위반하여 처리하도록 하는' 청탁이 필요하다.[26] 만약 공직자가 특별승진을 하려고 기대하고 있는데 근무성적이 저조하여 승진할 수 없을 것 같은 사정을 알게 된 후 인사권을 가진 소속기관장에게 근무성적을 조작해서라도 자신을 승진시켜 줄 것을 직접 요청했다면, 제3호 위반이 될 수 없기에 부정청탁에 대한 제재를 할 수 없는 문제점이 생긴다. 어쩌면 입법권자는 바로 이런 유형의 부정청탁을 규제하려고 하였는지 모른다.

부정청탁은 "직무를 수행하는 공직자등"에게 해야 한다. 단순히 누군가에게 부정청탁을 해줄 것을 부탁하였으나 그가 거절하였거나, 승낙을 한 후에 실제로는 부정청탁에 이르지 않은 경우에는 불이익 제재를 하지 않는다. 부정청탁에 대한 미수(未遂)규정이 없

---

25) 홍성칠, 청탁금지법 해설, 69면.
26) 홍성칠, 청탁금지법 해설, 70면.

어 불이익 제재를 하지 않는다는 것이다. 그런데 제3호는 인사에 개입하거나 영향을 미
치도록 하는 제3자에게 부탁한 행위 자체를 부정청탁으로 본다. 그 부탁을 받은 자가 실
제로 '개입 또는 영향'을 미친 일이 없더라도 부정청탁을 한 것으로 본다는 점에서 문제
가 있다.

   '개입하거나 영향을 미치도록 하는 행위'에 대하여 부정청탁자가 인사업무를 처리하
는 공직자에게 직접 청탁한 경우를 말한다는 견해도 있을 수 있다. 인사업무를 처리하는
공직자가 아닌 자(부정청탁자)는 그 공직자에게 법령에 위반되는 직무수행을 요청할 수 있
을 뿐이고, 직접적으로 직무수행에 개입하거나 영향을 미칠 권한이 없기 때문에 이 역시
타당하지 않다. 또한 다른 사유는 대부분 "신청을 받아 처리하는 직무에 대하여 법령을
위반하여 처리하도록 하는 행위"(제1호), "법령을 위반하여 감경·면제하도록 하는 행위"
(제2호)와 같이 '법령을 위반하여 특정행위를 하도록 하는 행위'를 규제하여 부정청탁으로
기대하는 위법한 행위를 구체적으로 명시하고 있는데, 인사업무에 대하여서만 '개입하거
나 영향을 미치도록 하는 행위'라는 위법성이 명백하게 드러나지 않은 추상적인 행위를
광범위하게 규제하는 것은 다른 사유와의 관계에서 형평에도 맞지 않다.

   따라서 향후 청탁금지법 개정 시에 제3호는 "채용·승진·전보 등 공직자등의 인사
에 관하여 법령을 위반하여 처리하도록 하는 행위"로 명료하게 표현함이 타당할 것이다.
이와 함께 제8호 "보조금·장려금·출연금·출자금·교부금·기금 등의 업무에 관하여 법
령을 위반하여 특정 개인·단체·법인에 배정·지원하거나 투자·예치·대여·출연·출자
하도록 개입하거나 영향을 미치도록 하는 행위"에서도 마찬가지의 문제점이 있으므로 위
와 같은 개정이 필요하다.

3. 언론사에 대한 부정청탁 규정의 흠결(권리는 없고 의무만 부과됨)

   국회에서 언론인이나 사립학교 교직원을 공적 업무 종사자로 신설하였으면, 이들에
대한 고유하고 독자적인 부정청탁 대상직무를 규정하여 그 직무수행의 공정성을 확보하
도록 했어야 한다. 그런데 사립학교 교직원과 학교법인의 임직원에 대한 부정청탁행위는
제10호 "각급 학교의 입학·성적·수행평가 등의 업무에 관하여 법령을 위반하여 처리·
조작하도록 하는 행위" 규정으로 규율할 수 있다. 제10호는 정부가 2013. 8. 5. 국회에
제출하였던 「부정청탁 금지 및 공직자의 이해충돌 방지법」제2호 제1호 라목에서 "「초·
중등교육법」, 「고등교육법」 및 그 밖의 다른 법률에 따라 설치된 각급 국·공립학교"로
규정하고 있었기에 이를 규율하기 위해서 제정할 것이라 볼 수 있고, 특히 사립학교와 학교
법인에 대한 부정청탁을 규율할 의도였다고 할 수는 없다. 그럼에도 사립학교 교직원이나

학교법인 임직원에 대한 부정청탁은 제10호로 상당 부분 규율할 수 있을 것으로 보인다.

　이와 달리 언론사의 대표자와 그 임직원을 논란 끝에 청탁금지법의 적용대상자로 추가하였으면, 이들에 대한 부정청탁도 당연히 예상할 수 있기에 이를 금지하는 규정을 신설했어야 했다. 그리고 언론사 관계자가 부정청탁을 거절하고 청탁대로 직무를 수행하면 처벌을 받도록 하여 민간영역의 부패도 방지할 필요가 있다. 불리한 기사를 보도하지 않도록 한다거나 그 내용을 실제보다 축소하거나 비중이 적도록 하여 이목이 집중되지 않도록 하는 등의 부정청탁이 있을 때, 부정청탁임을 고지하고 이를 거절할 수 있는 법적 근거를 마련할 필요가 있었다.27) 물론 청탁금지법에 이를 명시하지 않았다고 하더라도 언론관련 법률에서는 부정청탁과 같은 외부간섭을 배제하는 내용의 규정을 두고 있다. 즉, 「언론중재 및 피해구제 등에 관한 법률」은 누구든지 언론의 자유와 독립에 관하여 어떠한 규제나 간섭을 할 수 없도록 한다(제3조 제2항). 그리고 「신문 등의 진흥에 관한 법률」은 신문 및 인터넷신문의 편집의 자유와 독립은 보장한다(제3조 제1항). 또한 「방송법」 역시 누구든지 방송편성에 관하여 이 법 또는 다른 법률에 의하지 아니하고는 어떠한 규제나 간섭도 할 수 없다(제4조 제2항)고 한다. 여기서 '규제나 간섭'은 국가기관·지방자치단체나 사회적 영향력 있는 기관·단체 또는 특정한 개인이 자기 또는 제3자의 이익을 위하여 언론의 자유와 독립을 훼손하는 일체의 행위를 말한다.28) 이는 언론관련 법령을 위반하는 행위를 요청하는 것으로 청탁금지법에서의 부정청탁에 해당될 수 있다. 그렇지만 위 규정들은 언론의 자유를 위한 선언적인 규정에 불과하다. 실제로 위 규정이 실효성을 갖기 위해서는 규제나 간섭행위에 대한 형사처벌과 같은 강력한 제재가 있어야 한다. 그런데 위 법률에는 그러한 규정이 없다. 그러니 언론이 정치권력이나 강력한 자본 또는 강력한 사회단체의 영향으로부터 자유롭게 본연의 업무를 수행하기 어렵다. 그 때문에 청탁금지법이 적용대상자로 언론사의 대표자와 임직원을 포함시켰다면, 언론인의 고유한 직무에 대한 부정청탁을 금지하고 그 부정청탁대로 직무를 수행할 때는 형사처벌이 될 수 있도록 하는 것이 논리적이다. 그렇지만 현재는 언론사에 부정청탁은 종전대로 할 수 있도록 하면서, 언론인에 대해서는 수수 금지 금품등을 받을 수 없도록 하는 내용의 의무규정만 두고 있는 실정이다.

　국회의 입법과정에서 이런 점을 인지하고서도 의도적으로 언론사에 대한 부정청탁 금지규정을 신설하지 않았는지는 알 수 없다. 헌법재판소에서도 청탁금지법의 위헌성 여부를 심판하면서 언론기관에 대한 부정청탁도 당연히 가능함을 전제로 "언론인이나 사립

---

27) 정형근, 「부정청탁 및 금품등 수수의 금지에 관한 법률」에 관한 연구 - 그 적용대상자와 부정청탁 금지를 중심으로 -, 157면.
28) 정형근, "기사청탁은 왜 부정청탁이 아닌가", 31면.

학교 관계자가 부정청탁을 받고 그에 따라 직무를 수행한 경우에만 처벌하고 있다."고 판시하고 있다.[29] 향후 청탁금지법 개정시에 기사청탁을 포함한 부정청탁금지에 관한 규정을 신설해야 할 것이고, 그 내용으로는 "언론사의 취재, 보도, 논평 등과 관련하여 자기 또는 제3자에게 유리하도록 정치적·사회적·경제적 영향력을 행사하는 등으로 법령을 위반하여 그 직무를 처리하도록 하는 행위"로 하는 규정을 입법론적으로 신설할 필요가 있음을 지적해 둔다.

아무튼 현행 청탁금지법 제2장 '부정청탁의 금지 등'에서는 공직자등으로 포함된 언론사의 대표자와 그 임직원의 직무에 대한 고유한 부정청탁의 금지 규정을 두지 않고 있어 종전처럼 정치·경제·사회적 영향력을 이용하여 부정청탁을 할 수 있도록 하고 있다. 아울러 언론사 임직원이 그 부정청탁에 따라 직무를 수행하더라도 형사처벌을 받지 않게 되어 있다.

그리고 청탁금지법 제3장 '금품등의 수수 금지 등'의 규정은 모든 공직자등이 적용을 받기 때문에 언론사의 대표자와 임직원 역시 금품등을 수수할 수 없는 의무를 부과받고 있다. 따라서 청탁금지법은 언론사의 대표자와 그 임직원에 대하여 부정청탁의 금지 부분에서는 규율대상에서 제외된 것과 다름없고, 금품등의 수수금지 의무만을 부과 받고 있는 반쪽 규율대상으로 되어 있는 특이한 형태를 취하고 있다.

4. 부정청탁 대상직무의 특정

청탁금지법 제5조 제1항에서 정하는 14개의 부정청탁의 대상직무 유형을 살펴보면 행정청이 행하는 모든 행위를 나열하여 완벽한 것과 같은 느낌을 준다. 그렇지만 조금 더 구체적으로 보면 모든 부정청탁을 규율할 수 없는 문제가 있음을 발견할 수 있다. 예컨대 청탁금지법 제5조 제1항 제2호 "인가 또는 허가의 취소, 조세, 부담금, 과태료, 과징금, 이행강제금, 범칙금, 징계 등 각종 행정처분 또는 형벌부과에 관하여 법령을 위반하여 감경·면제하도록 하는 행위"에서 당사자 본인은 불이익처분을 감경·면제를 요청하는 부정청탁을 할 가능성이 있고, 제2호는 이를 규율하기 위한 규정이다. 반면, 이해관계를 갖는 제3자(피해자)는 법령의 기준보다 무거운 처분이나 금전적 제재를 청탁할 수도 있는데, 이런 경우는 제2호로 규율할 수 없는 입법의 흠결이 드러난다.[30]

---

29) 헌재 2016. 7. 28. 2015헌마236·412·662·673(병합) 부정청탁 및 금품등 수수의 금지에 관한 법률 제2조 제1호 마목 등 위헌확인 등.

30) 이는 제1호 "직무관련자로부터 신청을 받아 처리하는 직무에 대하여 법령을 위반하여 처리하도록 하는 행위"에서도 직무관련자가 아닌 제3자가 법령을 위반하여 인·허가를 해주지 않도록 요청하는 행위를 한 경우에 이를 부정청탁으로 규율할 수 없는 문제가 있다.

　　이는 부정청탁 대상직무와 청탁행위를 지나치게 세밀하게 망라하는 입법형식을 취하고 있어서 빚어지는 현상이다. 따라서 부정청탁의 개념을 단순하게 정의하는 입법형식을 고려할 필요가 있다. 예컨대 "부정청탁이란 직무를 수행하는 공직자등에게 법령을 위반하게 하거나 지위·권한을 남용하게 하는 행위 또는 권한에 속하지 아니한 사항을 행사하도록 하여 자기 또는 제3자의 이익을 도모하는 행위를 의미한다."라고 할 수 있다.[31] 이런 추상적이며, 포괄적인 정의규정을 신설해 두면 현재 제기되는 부정청탁행위의 중복이나 충돌의 문제 그리고 언론사에 대한 부정청탁 문제도 해결하는 효과를 기대할 수 있다.

Ⅳ. 금품등의 수수금지와 관련하여 개선할 사항

1. 금품등 수수의 주체(공직자등): 비상임 임직원의 지위

　　공직자등은 직무 관련 여부 및 기부·후원·증여 등 그 명목에 관계없이 동일인으로부터 1회에 100만원 또는 매 회계연도에 300만원을 초과하는 금품등을 받거나 요구 또는 약속해서는 아니 된다(청탁금지법 제8조제1항). 여기서 금품등을 받거나 요구 또는 약속을 하는 행위주체는 공직자등이다. 청탁금지법 제2조 제2호에서 규정하는 "공직자등"에는 공직자 또는 공적 업무 종사자를 포함한다. 공직자 중에는 공직유관단체 및 기관의 임직원, 각급 학교의 장과 교직원 및 학교법인의 임직원 및 언론사의 임직원이 포함된다. 여기의 '임원' 중에는 상임과 비상임을 포함한다.[32] 이렇게 해석하는 것이 간명하고 일률적이기는 하지만, 비상임 임직원을 상임임직원과 동일하게 취급하는 것은 신중해야 한다. 비상임 임직원은 대개 일정한 시기에 회의에 참석하여 주어진 안건에 대하여 자문을 하거나 심의·의결하는 등의 직무를 수행하고 참석수당을 보수로 받고 있다. 그리고 비상임 임직원은 여러 공공기관에서 다양한 형태로 직무를 수행하는 현실을 고려할 때도 상임 임직원과 동일하게 취급할 수는 없다고 본다. 그렇기 때문에 비상임 임직원은 공무수행사인과 같이 '공무수행에 관련'해서만 금품등의 수수금지 규정을 적용하는 것이 타당할 것이다.[33] 비상임 임직원이 공무수행사인의 법적 지위를 갖고 있으면 '공무 수행에 관하여'만 적용하면 문제가 없겠지만, 모든 비상임 임직원이 공무수행사인에 해당하는지는 좀 더 사례의 축적과 연구가 필요하다고 본다.

---

31) 정형근, "청탁금지법상 '부정청탁의 금지'에 관한 고찰", 한양법학 제28권 제3집, 2017. 8., 73-74면.
32) 국민권익위원회, 「부정청탁 및 금품등 수수의 금지에 관한 법률」 해설집, 28면.
33) 정형근, "「부정청탁 및 금품등 수수의 금지에 관한 법률」에 관한 연구 - 금품등의 수수금지를 중심으로 -", 46면.

2. 공직자등이 아닌 제3자에게 '기부 · 후원 · 증여 등의 명목'으로 제공된 금품등

공직자등은 '기부 · 후원 · 증여 등 그 명목에 관계없이' 금품등을 받거나 요구 또는 약속해서는 아니 된다. 금품제공 금지와 그 위반시의 형사처벌을 회피하고자 기부 · 후원 · 증여 등 그 명목으로 금품등을 제공할 수 있다. 이 뿐만 아니라 '대여금 또는 차용금'의 형식을 취할 수 있다. 여기서 '기부'는 반대급부 없이 금품을 교부하는 행위를 말한다. 「기부금품의 모집 및 사용에 관한 법률」 제2조는 '기부금품'을 "환영금품, 축하금품, 찬조금품(贊助金品) 등 명칭이 어떠하든 반대급부 없이 취득하는 금전이나 물품을 말한다."고 정의하고 있다. 그리고 '후원'은 자발적으로 물적 · 인적 요소를 이전 · 사용 · 제공하거나 그밖에 도움을 주는 일체의 행위를 말한다. 또한 '증여'란 대가없이 금품을 제공하는 행위를 말한다.

공직자등에게 금품등을 제공할 때 형법상 뇌물죄의 적용을 피하고자 다양한 형태를 띠고 있었던 점을 감안하여 청탁금지법은 '기부 · 후원 · 증여 등 그 명목에 관계없이'라는 문구를 추가했다. 기부나 후원 또는 증여 행위는 직무관련성 없이 순수하게 제공된 금품이라는 외형을 띠게 된다. 청탁금지법에서 금품등의 수령자는 특정 공직자 또는 그 배우자를 상정하고 있다. 그런데 공직자등과 금품제공자가 서로 공모하여 공직자와 관련 있는 제3자나 공직자가 지정하는 특정인에게 금품을 제공할 수도 있다. 금품제공자는 '협찬'이라는 이름으로 제3자에게 금품을 제공할 수 있다. 선출직 공직자들 사이에서 협찬 형식의 금품 수수가 많은 것이 현실이다. 협찬이 적법하려면 금품제공자에게 그 금품가액 상당에 해당하는 반대급부가 주어져야 하며, 공직자와도 대등한 관계 속에서 사회상규에 어긋나지 않은 방법과 가액으로 행하여져야 한다. 대가없는 일방적인 금품수수를 금지한다는 것이다.

금품제공자가 공직자에게 직접 교부하지 않고 제3자에게 협찬이나 후원의 명목으로 제공한 행위도 공직자등에게 제공한 것으로 보아야 하는지 문제된다. 공직자가 직접 금품을 수수하지 않고 제3자에게 협찬 등의 명목으로 교부하도록 한 행위는 처벌할 수 없다는 견해도 있을 수 있다. 형법상 제3자 뇌물제공죄와 같은 규정이 청탁금지법에 없기 때문이다. 형법은 공무원이 그 직무에 관하여 부정한 청탁을 받고 제3자에게 뇌물을 공여하는 행위는 제3자 뇌물제공죄(제130조)로, 공무원이 그 직무상 부정한 행위를 한 후 뇌물을 제3자에게 이를 공여하게 하는 것은 사후수뢰죄(제131조제2항)로 처벌한다. 여기서 '제3자'는 행위자와 공동정범자 이외의 사람을 말하며, 처자 기타 생활관계를 같이 하는 동거가족은 제3자가 아니다.[34] 판례 역시 공무원이 직접 뇌물을 받지 아니하고 증뢰자로 하여금 다른 사람에게 뇌물을 공여하도록 하여 '사실상 공무원이 수뢰한 경우와 같을 때'는 뇌물수수죄가 성립한다고 판시하고 있다.[35]

    형법의 제3자 뇌물제공죄는 청탁금지법의 구성요건과는 차이가 있다. 제3자 뇌물제공죄는 '직무에 관하여 부정한 청탁'이 있어야 한다. 이와 달리 청탁금지법은 직무관련성이나 부정한 청탁을 요구하지 않는다. 청탁금지법은 공직자의 직무와 무관한 사생활 영역이라도 100만원을 초과한 금품을 받을 수 없도록 한다. 그렇기에 공직자가 직접 금품을 받거나 제3자에게 건네게 하는 행위 역시 금지된다고 해야 한다.[36]

    만약 공직자에게 직접 제공된 기부나 후원, 증여만 금지된다고 한다면, 공직자는 처벌을 모면하기 위하여 제3자에게 기부나 후원의 명목으로 금품을 제공하도록 할 수 있다. 그 결과 자기가 직접 받은 경우에는 처벌되고, 제3자에게 제공케 하면 면책된다는 결론에 이를 수 있다. 이렇게 되면 청렴한 공직사회를 조성코자 어렵사리 제정한 청탁금지법의 실효성은 반감될 수밖에 없다. 그렇기 때문에 위 규정에서 형법의 뇌물죄에서는 언급이 없는 '기부·후원·증여 등 그 명목에 관계없이'라는 문구를 명시한 것은 그 금품의 현실적 수령자가 공직자는 물론 제3자일 수도 있음을 예상한 것이라고 할 수 있다. 다만, 이런 논란이 있는 해석 보다는 "누구든지 '기부·후원·증여 등'의 명목으로 공직자등은 물론 공직자등이 지정하는 제3자에게 금품등을 제공해서는 아니 된다."는 명시적인 규정을 두는 것이 필요하다. 또는 공직자등이 아닌 제3자에게 우회적으로 금품등을 제공하는 것을 방지하기 위하여 "공직자등은 제1항에서 정한 금액을 제3자에게 제공하게 하거나 제공할 것을 요구 또는 약속하여서는 아니된다."라는 규정을 신설해야 할 필요성이 있다. 이 쟁점은 청탁금지법 제8조 제2항에서도 여전히 동일하게 제기될 수 있는 문제이다.

3. 금품등의 수수금지 위반의 효과(법정형의 조정 문제)

    제1항에서 정한 금품등을 수수한 공직자등은 형사처벌을 받고, 수수된 금품등은 몰수 또는 추징당하게 된다. 즉, 제8조 제1항을 위반한 공직자등(제11조에 따라 준용되는 공무수

---

34) 김일수/서보학, 새로쓴 형법각론, 665면; 이재상/장영민/강동범, 형법각론, 730면.

35) 공무원이 직접 뇌물을 받지 아니하고 증뢰자로 하여금 다른 사람에게 뇌물을 공여하도록 한 경우, 그 다른 사람이 공무원의 사자 또는 대리인으로서 뇌물을 받은 경우나 그 밖에 예컨대, 평소 공무원이 그 다른 사람의 생활비 등을 부담하고 있었다거나 혹은 그 다른 사람에 대하여 채무를 부담하고 있었다는 등의 사정이 있어서 그 다른 사람이 뇌물을 받음으로써 공무원은 그만큼 지출을 면하게 되는 경우 등 사회통념상 그 다른 사람이 뇌물을 받은 것을 공무원이 직접 받은 것과 같이 평가할 수 있는 관계가 있는 경우에는 형법 제130조의 제3자 뇌물제공죄가 아니라, 형법 제129조 제1항의 뇌물수수죄가 성립한다(대법원 2004.3.26. 선고 2003도8077 판결).

36) 정형근, 「부정청탁 및 금품등 수수의 금지에 관한 법률」에 관한 연구 - 금품등의 수수금지를 중심으로 -", 49면.

행사인을 포함한다)은 3년 이하의 징역 또는 3천만원 이하의 벌금에 처한다(청탁금지법 제22조 제1항 제1호). 청탁금지법은 100만원을 초과하는 금품등의 수수에 대해서는 3년 이하의 징역형을 규정하고 있다. 이런 법정형은 금액에 따라 처벌을 달리하는 다른 형벌법규에 비교해 보면 상당히 가볍다고 할 수 있다.

「특정범죄 가중처벌 등에 관한 법률」에서는 수뢰액에 따라 그 법정형을 달리하여 가중처벌하고 있다.[37] 금융기관의 임직원이 그 직무에 관하여 금품이나 그 밖의 이익을 수수(收受), 요구 또는 약속하였을 때는 이를 가중처벌한다(특정경제범죄가중처벌등에관한법률 제5조, 제6조).[38]

청탁금지법에서 법정형을 3년 이하로 정한 것은 기존에는 전혀 처벌하지 않았던 직무관련성이 없는 상태에서의 금품등의 수수를 규율하는 것 자체가 이례적인 입법이었기 때문이었을 것으로 보인다. 향후에는 청탁금지법 역시 수수한 금품가액에 따라 그 형을 가중할 입법론적 필요성이 제기될 것이다.[39] 100만원을 초과한 금품을 받은 것과 1억원

---

37) 「특정범죄 가중처벌 등에 관한 법률」 제2조(뇌물죄의 가중처벌) ① 「형법」 제129조 · 제130조 또는 제132조에 규정된 죄를 범한 사람은 그 수수(收受) · 요구 또는 약속한 뇌물의 가액(價額)(이하 이 조에서 "수뢰액"이라 한다)에 따라 다음 각 호와 같이 가중처벌한다.
   1. 수뢰액이 1억원 이상인 경우에는 무기 또는 10년 이상의 징역에 처한다.
   2. 수뢰액이 5천만원 이상 1억원 미만인 경우에는 7년 이상의 유기징역에 처한다.
   3. 수뢰액이 3천만원 이상 5천만원 미만인 경우에는 5년 이상의 유기징역에 처한다.
38) 「특정경제범죄가중처벌등에관한법률」 제5조(수재 등의 죄) ① 금융회사등의 임직원이 그 직무에 관하여 금품이나 그 밖의 이익을 수수(收受), 요구 또는 약속하였을 때에는 5년 이하의 징역 또는 10년 이하의 자격정지에 처한다.
   ② 금융회사등의 임직원이 그 직무에 관하여 부정한 청탁을 받고 제3자에게 금품이나 그 밖의 이익을 공여(供與)하게 하거나 공여하게 할 것을 요구 또는 약속하였을 때에는 제1항과 같은 형에 처한다.
   ③ 금융회사등의 임직원이 그 지위를 이용하여 소속 금융회사등 또는 다른 금융회사등의 임직원의 직무에 속하는 사항의 알선에 관하여 금품이나 그 밖의 이익을 수수, 요구 또는 약속하였을 때에는 제1항과 같은 형에 처한다.
   ④ 제1항부터 제3항까지의 경우에 수수, 요구 또는 약속한 금품이나 그 밖의 이익의 가액(이하 이 조에서 "수수액"이라 한다)이 3천만원 이상일 때에는 다음 각 호의 구분에 따라 가중처벌한다.
   1. 수수액이 1억원 이상일 때: 무기 또는 10년 이상의 징역
   2. 수수액이 5천만원 이상 1억원 미만일 때: 7년 이상의 유기징역
   3. 수수액이 3천만원 이상 5천만원 미만일 때: 5년 이상의 유기징역
   ⑤ 제1항부터 제4항까지의 경우에 수수액의 2배 이상 5배 이하의 벌금을 병과한다.
   제6조(증재 등의 죄) ① 제5조에 따른 금품이나 그 밖의 이익을 약속, 공여 또는 공여의 의사를 표시한 사람은 5년 이하의 징역 또는 3천만원 이하의 벌금에 처한다.
   ② 제1항의 행위에 제공할 목적으로 제3자에게 금품을 교부하거나 그 정황을 알면서 교부받은 사람은 제1항과 같은 형에 처한다.
39) 정형근, "「부정청탁 및 금품등 수수의 금지에 관한 법률」에 관한 연구 – 금품등의 수수금지를 중심으로 –", 54면.

을 받은 행위의 죄질을 동일하게 볼 수 없고, 1억원의 금품을 받았을 때 청탁금지법은 3년 이하의 징역인데 반하여 위 특가법에서는 무기징역 또는 10년 이상의 징역에 해당되는 형의 불균형이 있다. 물론 청탁금지법 위반행위는 뇌물성을 띠고 있지 않을지라도 처벌한다는 점에서 기존의 형벌체계와 동일하게 볼 수 없는 점은 있다.

V. 금품등의 수수금지 예외사유와 관련하여 개선할 사항

1. 의 의

　　청탁금지법 제8조 제3항은 공직자등이 금품등을 수수해도 되는 사유를 규정하고 있다. 그 구체적인 내용은 보면, 외부강의등에 관한 사례금 및 제3항 각호에서 정하고 있는 사유를 들 수 있다.[40] 공직자등이 금품등을 수수할 수 있는 예외사유의 내용이 청탁금지법에 최초로 규정된 것은 아니다.[41] 청탁금지법 제정 전부터 「공무원행동강령」과 「법관 및 법원공무원 행동강령」 등에서 유사한 규정을 두고 있었다.[42] 공무원이 준수하여야 할 행동기준을 규정하는 것을 목적으로 하는 「공무원 행동강령」 제14조 역시 "금품등을 받는 행위의 제한"이라고 하여 공무원이 직무관련자로부터 금전, 부동산, 선물 또는 향응(이하 "금품등"이라 한다)을 받아서는 아니 되지만, 예외규정에 해당할 때는 이를 허용하고 있었다.[43] 「법관 및 법원공무원 행동강령」[44] 제13조 역시 이와 동일한 내용을 두고 있었

---

40) 제3항 각호의 사유에 대해서도 검토해야 할 쟁점이 많이 있다. 특히 제2호 "원활한 직무수행 또는 사교·의례 또는 부조의 목적으로 제공되는 음식물·경조사비·선물" 부분에 대해서 대통령령으로 정하고 있는 위임입법의 위헌성 여부 및 가액의 적정성, 서민경제 활성화를 위한 예외사유의 신설 여부 등에 관한 쟁점이 많지만, 지면의 제약으로 이 부분은 언급하지 않기로 한다.

41) 정형근, "청탁금지법상 '금품등 수수 금지의 예외사유'에 관한 고찰", 경희법학 제52권 제2호, 2017. 6., 13면 이하.

42) 법원행정처, 「법관윤리」, 2011, 108면.

43) 「공무원 행동강령」[대통령령 제21238호, 2008.12.31., 일부개정] 제14조(금품등을 받는 행위의 제한) ① 공무원은 직무관련자로부터 금전, 부동산, 선물 또는 향응(이하 "금품등"이라 한다)을 받아서는 아니 된다. 다만, 다음 각 호의 어느 하나에 해당하는 경우에는 그러하지 아니하다.
　1. 채무의 이행 등 정당한 권원에 의하여 제공되는 금품등
　2. 통상적인 관례의 범위에서 제공되는 음식물 또는 편의
　3. 직무와 관련된 공식적인 행사에서 주최자가 참석자에게 일률적으로 제공하는 교통·숙박 또는 음식물
　4. 불특정 다수인에게 배포하기 위한 기념품 또는 홍보용 물품
　5. 질병·재난 등으로 어려운 처지에 있는 공무원을 돕기 위하여 공개적으로 제공되는 금품등
　6. 그 밖에 원활한 직무수행 등을 위하여 중앙행정기관의 장등이 허용하는 범위에서 제공되는 금품등
　② 공무원은 직무관련공무원으로부터 금품등을 받아서는 아니 된다. 다만, 다음 각 호의 어느 하나에 해당하는 경우에는 그러하지 아니하다.
　1. 제1항 각 호의 어느 하나에 해당하는 경우

다.[45] 그 후 청탁금지법이 제정되어 수수 금지 금품등의 예외사유를 새롭게 정비함에 따라 「공무원행동강령」 제14조(금품등의 수수 금지)는 청탁금지법 제8조와 거의 동일한 내용으로 개정되었다. 여기서는 금품등 수수 금지의 예외사유에 관한 청탁금지법 제8조 제3항 사유 중 외부강의등의 사례금 수수 등과 관련된 문제에 한정하여 살펴보고자 한다.

2. 외부강의등의 사례금 수수 제한(청탁금지법 제10조)

1) 의 의

공직자등은 자신의 직무와 관련되거나 그 지위·직책 등에서 유래되는 사실상의 영향력을 통하여 요청받은 교육·홍보·토론회·세미나·공청회 또는 그 밖의 회의 등에서 한 강의·강연·기고 등(이하 "외부강의등"이라 한다)의 대가로서 대통령령으로 정하는 금액을 초과하는 사례금을 받아서는 아니 된다(청탁금지법 제10조 제1항). 이 규정은 공직자등에게 직무와 관련된 부정한 금품등을 전달함에 있어 외부강의료라는 명목으로 지급되는 것을 규율하고자 하는데 그 취지가 있다. 최근 보도에 의하면 "식약처의 '직원 외부 강의 신고 현황'에 따르면 식약처 직원들은 2012년부터 올해 9월까지 최근 5년간 모두 6,141건의 외부강의를 했다. 이들의 부수입은 13억 7,682만원에 달했다. 외부 강의에 나선 직원은 해마다 300~400여명 수준이었다. 이 가운데 7명은 최근 5년간 1,000만원이 넘는 고액 강의료를 받았다."는 내용의 기사가 나와[46] 공직자의 외부강의 규제 필요성이 제기되고 있다.

「부정청탁금지 및 공직자의 이해충돌방지법(안)」 제17조는 "외부활동의 제한"이라고 하여 "공직자는 다음 각 호[47]의 어느 하나에 해당하는 외부활동을 해서는 아니 된다. 다

2. 통상적인 관례의 범위에서 제공되는 소액의 선물
3. 직원상조회 등에서 공개적으로 제공되는 금품등
4. 상급자가 하급자에게 위로, 격려, 포상 등 사기를 높일 목적으로 제공하는 금품 등
③ 공무원은 직무관련자였던 자나 직무관련공무원이었던 사람으로부터 당시의 직무와 관련하여 금품등을 받아서는 아니 된다. 다만, 제1항 각 호와 제2항 각 호의 어느 하나에 해당하는 경우는 제외한다.
④ 공무원은 배우자나 직계 존속·비속이 제1항부터 제3항까지의 규정에 따라 수령이 금지되는 금품등을 받지 아니하도록 하여야 한다. [전문개정 2008.12.31]
44) [대법원규칙 제2512호, 2013.12.31., 타법개정].
45) 「선거관리위원회 공무원행동강령」, 「헌법재판소 공무원행동강령」에도 같은 내용을 규정하고 있다.
46) 서울신문 2017. 9. 17자.
47) 1. 공직자의 직무권한과 직접적으로 관련되는 사업 또는 영리행위를 사실상 관리·운영하는 행위
2. 공직자가 소속한 기관으로부터 지휘·감독·지원 등을 받는 사업자등에게 노무 또는 조언·자문 등을 제공하고 대가를 받는 행위
3. 공직자가 외국의 정부·기관을 대리하는 행위
4. 공직자가 재직 중에 다른 직위에 취임하는 행위
5. 그 밖에 공정하고 청렴한 직무수행을 저해하는 것으로서 대통령령으로 정하는 외부활동

만, 다른 법령이 공직자의 외부활동을 허용하는 경우에는 그러하지 아니하다."라고 한 바 있다. 외부강의등은 여기서의 '공정하고 청렴한 직무수행을 저해하는 것'으로 볼 여지가 있다. 외부강의는 공직을 통해서 쌓은 경륜이나 전문지식을 전달하는 기능도 있지만, 외부기관에 나가 강의료 받을 목적으로 활동하는 것은 직무전념의무에도 반할 우려가 있다.[48] 그래서 외부강의를 통해서 특정 이익집단과 은밀한 관계를 형성하는 등으로 공직사회가 부패되는 것을 방지하고자 외부강의료의 수수를 제한하고 있다. 외부강의등의 규제는 사전에 소속기관장에게 신고의무와 사례금을 법정한도액 이상을 수수한 경우에는 이를 반환하는 문제가 주된 내용이다.

　　청탁금지법은 외부강의등의 사례금 액수를 직접 규정하지 않고 '대통령령으로 정하는 금액을 초과하는 사례금을 받아서는 아니 된다.'라고 규정하고 있다. 이처럼 사례금 액수를 대통령령(시행령)으로 위임한 것에 대하여 헌법재판소는 죄형법정주의에 위반되고, 명확성 원칙과 포괄위임금지원칙에 위배되어 일반적 행동자유권을 침해하여 위헌이라는 헌법소원을 기각하고 합헌결정을 한 바 있다.[49] 청탁금지법 시행령에서는 수수할 수 있는 사례금의 범위를 공직자등의 직급에 따라 정하는 형식을 취하고 있다. 그리고 만약 사례금 수수한도액을 초과하여 지급받은 경우에는 그 금액을 반환하도록 했다. 사례금 수수한도액을 초과한 금품의 성질은 '수수 금지 금품등'에 해당된다고 할 수 있다. 따라서 그 가액에 따라 청탁금지법 제8조 제1항에 해당되는 가액이면 형사처벌을 당하고, 직무와 관련하여 한 외부강의가 청탁금지법 제8조 제2항에 해당되면 과태료를 부과받게 된다.

2) 요청받은 외부강의등

　　공직자등이 하는 외부강의등은 교육·홍보·토론회·세미나·공청회 또는 그 밖의 회의 등에서 한 강의·강연·기고 등을 말한다. 여기서 '외부강의등'은 일시적이면서도 부정기적으로 행하여진 경우를 말한다. 따라서 특정 대학이나 방송국(EBS)에서 한 학기 동안 특정 과목을 맡아 일정기간 주기적으로 강의를 하고 받게 되는 강의료는 외부강의등의 사례금에 해당하지 않고 '정당한 권원에 의하여 제공되는 금품등'(청탁금지법 제8조 제3항 제3호)에 해당된다고 할 것이다. 외부강의등은 공직자등이 자신이 근무하는 공공기관이 아닌 외부기관에서 특정한 지식을 전달하거나 소유한 지식으로 자문하고 심의하는 등의 일체의 행위를 포함한다.

　　그리고 외부기관에 기고하는 행위도 포함된다. 그러므로 내부기관에서 구성원들을

48) 정형근, "청탁금지법상 '금품등 수수 금지의 예외사유'에 관한 고찰", 30면.
49) 헌재 2016. 7. 28. 2015헌마236 등.

상대로 강의를 하거나 내부기관의 출간물에 기고를 하는 행위는 외부강의등의 사례금 규율대상이 아니다. 외부강의료등의 사례금 수수제한은 외부기관의 '요청을 받고' 한 것으로 한정된다. 외부강의등에 대한 요청을 받지 않고 공직자 스스로 강의를 해주거나 기고를 하는 행위는 규율대상이 아니다. 대학 교원이 스스로 칼럼을 기고하거나 연구논문을 학술지에 기고하는 행위는 요청받고 한 것이 아니라서 여기서의 외부강의등에 해당되지 않는다. 따라서 외부강의등에 대하여 소속기관장에게 미리 신고할 의무가 없다.[50] 이 경우에 강의료 또는 원고료 명목의 금품을 받더라도 수수한도액 문제가 발생하지 아니한다. 그렇지만 외부강의등의 사례금 한도액과는 별도로 청탁금지법 제8조 제1항과 제2항에 해당하는지 여부는 별도로 검토할 부분이다. 외부강의등의 사례금 수수 제한이 강의를 할 수 있는 기회의 제한으로 이어진다면, 이는 곧 학문의 자유라는 기본권의 침해까지 이어질 수 있는 문제점도 있다. 다만, 청탁금지법과 별도로 사전에 강의를 신고하도록 하는 규범이 있다. 예컨대 「법관 및 법원공무원 행동강령」에서는 신고대상 강의와 겸직허가 대상을 구분하고 있다.[51]

'요청받고' 한 외부강의등에 대한 사례금 제한이라는 현행 청탁금지법의 입법태도는 민간기업이나 사인이 공직자등에게 외부강의등을 먼저 주도적으로 요청하는 것을 전제로 하고 있다. 그러나 공직자등이 강의료나 원고료를 받기 위하여 기업에 근무하는 지인에게 연락을 하여 강의나 기고요청을 하도록 할 수도 있고, 이런 행위를 엄격히 규율할 필요성도 크다는 점에서 "요청받은"이라는 요건을 삭제할 필요가 있다. 따라서 외부강의등을 하게 된 경위가 요청을 받고 한 것이든, 스스로 자원하여 한 것이든 강의사례금을 제한하고 신고의무를 부과하는 것이 타당할 것으로 보인다.

3) 외부강의등의 신고와 신고면제기관의 확대 필요성

공직자등은 외부강의등을 할 때에는 대통령령으로 정하는 바에 따라 외부강의등의 요청 명세 등을 소속기관장에게 미리 서면으로 신고하여야 한다(청탁금지법 제10조 제2항). 여기서의 '신고'는 외부강의를 한다는 사실을 통지함으로써 의무가 끝난다는 점에서 자기완결적 신고 또는 수리를 요하지 아니한 신고라 할 수 있다. 이런 신고는 소속기관장이 그 신고를 접수함으로써 금지가 해제되는 효과를 발생한다.[52] 소속기관장은 제2항에

50) 법원행정처 윤리감사관실, 「청탁금지법 Q&A」, 2016, 73면.
51) 법관이 대가를 받고 외부강의, 회의 혹은 세미나 참가 등을 할 때에는 미리 외부강의·회의 등의 요청자, 요청 사유, 장소, 일시 및 대가를 소속 기관의 장에게 신고하여야 하고, 만일 강의기간이 2개월 이상인 계속적 강의나 동일 기관을 상대로 월 3회 이상 또는 월 6시간 이상의 출강이라면 대법원장의 겸직허가를 받아야 한다.
52) 정형근, 행정법, 91면.

따라 공직자등이 신고한 외부강의등이 공정한 직무수행을 저해할 수 있다고 판단하는 경우에는 그 외부강의등을 제한할 수 있다(청탁금지법 제10조 제4항). 외부강의등의 신고가 있더라도 이를 제한할 수 있다는 점에서 전형적인 자기완결적 신고로 보기는 어렵다. 이는 예방적 금지를 신고를 통해 해제시키고 소정의 행위를 행할 수 있도록 하는 금지해제적 신고로 분류하기도 한다.[53]

청탁금지법 제10조 제2항 단서는 "외부강의등을 요청한 자가 국가나 지방자치단체의 경우에는 그러하지 아니하다."라고 규정하여 국가나 지방자치단체에서 외부강의등을 요청한 경우에는 신고의무를 면제한다. 신고의무를 면제한 이유는 국가나 지방자치단체가 강의를 하는 공직자에게 부정한 금품을 지급할 이유가 없고, 강의료도 법령이 정하는 액수를 지급할 것이 예상되기 때문이다. 공무원이 외부강의등에 나서는 경우는 상당히 이례적이지만, 대학의 교원이 외부강의등을 하는 것은 일상적인 업무의 일환이라 할 수 있다. 대학 교원이 학술대회에서 주제발표 또는 토론에 참여하거나 칼럼이나 논문을 써서 기고하는 행위는 학문의 자유와 더불어 직업의 자유를 행사하는 것에 해당된다. 청탁금지법 시행 후에 대학 교원들이 위와 같은 일상적인 업무수행시에도 매번 신고의무를 이행해야 하는 문제로 큰 불편과 학문연구와 강의의 자유를 침해한다는 지적까지 나오고 있다.

따라서 외부강의등에 대한 신고의무 면제기관을 현행 국가기관과 지방자치단체뿐만 아니라 '청탁금지법의 적용대상인 공공기관'까지로 확대하는 것을 입법론적으로 검토할 필요가 있다. 공공기관에서 외부강의를 하는 특정 공직자에게 부정한 성격의 금품을 강의료 명목으로 지급할리가 없기 때문이다.

4) 사례금을 받지 않는 외부강의등의 사전 신고의무 유무

청탁금지법 제10조 제1항은 외부강의등에 대한 초과사례금을 받아서는 아니 된다고 하고, 제2항에서는 외부강의등을 할 때는 소속기관장에게 서면으로 신고하도록 하고 있다. 제2항의 신고의무 조항이 제1항의 사례금을 받고 한 외부강의등에 한정되는지, 외부강의등을 할 때는 언제나 신고를 해야 한다는 것인지 명확하지 않다. 제2항을 제1항처럼 사례금을 받고 한 외부강의등에 대한 신고의무를 규정한 것으로 이해하면 사례금을 받지 않은 외부강의등에 대해서는 신고의무가 없다고 할 수도 있다. 그런데 제2항 단서는 신고의무가 면제된 경우로 "외부강의등을 요청한 자가 국가나 지방자치단체인 경우에는 그러하지 아니하다."라고 한다. 국가나 지방자치단체가 외부강의등을 요청한 경우에 한정하여 신고의무를 면제하고 있다. 그래서 해석으로 사례금을 받지 않은 외부강의등은 신

---

53) 김중권, 행정법, 법문사, 2016, 250면.

고의무가 없다고 할 수 있는지 문제된다.

　　외부강의등에 대한 신고사항 등을 규정하고 있는 청탁금지법 시행령 제26조 제1항 제4호는 "사례금 총액 및 상세 명세(사례금을 받는 경우만 해당한다)"라고 규정하여 사례금을 받지 않을 경우에도 신고의무가 있다고 해석될 여지도 있다. 청탁금지법은 사례금을 받고 하는 외부강의등을 규율하고자 함에 그 주된 목적이 있다. 그렇기 때문에 사례금을 전혀 수수하지 않는 외부강의등에 대하여는 신고의무도 부과할 필요가 없다고 할 수 있다. 현재는 폐지된 구「법관 및 법원공무원 행동강령 운영지침」에서는 '대가가 없는 경우'에는 신고대상이 아닌 것으로 규정한 바도 있었다.[54]

　　한편으로는 당장 외부강의에 대한 사례금 수수가 없더라도 공직자와의 친분관계 형성을 통하여 향후 직무관련성 청탁을 하려는 의도까지 없다고 할 수 없기에 이를 규제해야 한다는 주장도 있다. 반면, 이런 막연한 부패 가능성만으로 규제하는 것은 지나치다는 비판도 있을 수 있다. 청탁금지법은 "소속기관장은 공직자등이 신고한 외부강의등이라도 공정한 직무수행을 저해할 수 있다고 판단하는 경우에는 그 외부강의등을 제한할 수 있다."(청탁금지법 10④)고 한다. 외부강의등에 대한 신고가 있을 때 소속기관장은 이를 제한하는 조치를 취할 수 있다는 점에서 사례금의 수수 여부를 불문하고 신고의무를 부과하는 것이 타당하다고 할 수 있다. 그러나 공직자가 전문지식이나 경륜으로 사회봉사 활동의 일환으로 하는 외부강의등에 대해서는 신고의무를 부과하지 않아도 될 필요성도 있다는 점에서 향후 청탁금지법 시행령 개정시에 사례금의 수수 없는 무료의 외부강의등에 대해서는 신고의무를 면제하는 것을 고려하는 것이 타당하다고 본다.

5) 신고의무 면제기관의 확대 필요성과 교원 상호간의 강의료 차이의 위헌성

　　청탁금지법 시행령은 국·공립대학 교원에 대하여 일반 공직자와 동일하게 외부강의등의 사례금 액수를 일반 공직자의 직급에 따라 정하고 있다. 일반 공직자와 대학 교원을 동일하게 취급하는 것이 합리적 이유가 있는지 문제된다. 그리고 외부강의등 사례금 액수에서 사립학교 교원과 상한액수에서 현저한 차이가 있다. 이 문제 역시 합리적 이유가 있는 차별인지 여부에 대한 논의가 있을 수 있다.[55]

　　청탁금지법 시행령이 정한 사례금 상한액에 관한 [별표 2]는 '법 제2조 제2호 가목에 따른 공직자등'은 장관급은 50만원, 차관급은 40만원, 4급 이상은 30만원, 5급 이하는 20만원이다. 「외부강의등 사례금 상한액 적용 직급 구분 고시」(국민권익위원회 고시 제2016-2호)는 부교수 이상은 4급 이상의 공직자로, 조교수 이하는 5급 이하의 공직자로 분류하여

---

54) 법원행정처, 법관윤리, 2011, 192-193면.
55) 정형근, "청탁금지법상 '금품등 수수 금지의 예외사유'에 관한 고찰", 36면.

그 상한액의 적용을 받도록 하고 있다. 반면, 사립학교 교원은 외부강의료가 1시간당 100만원인데 반하여, 국·공립학교 교수는 부교수 이상이라 할지라도 30만원 이상에 해당된다.

　국·공립대 교수가 공무원 신분일지라도 외부강의에 있어서 일반 공직자와 동일하게 취급해야 할 합리적인 이유가 있는지 의문이고, 부교수 이상과 조교수 사이에 차별을 두어 사례금액의 차이는 두고 있는데, 이 역시 합리적 이유를 찾기 어렵다. 공무원 직제상으로는 직급에 따른 사례금액의 한도액을 정할 필요가 있다고 할지라도 교원 상호간에는 직급의 차이가 명확하지 않고, 부교수 이상의 교수 강의가 고액의 사례금을 받을 정도로 탁월하다고 볼 수도 없다는 점에서 차별대우를 정당화하는 객관적이고 합리적인 이유를 찾기 어렵다고 할 수 있다. 특히 국·공립대 교수를 사립학교 교원의 사례금과도 현저한 차별을 하는 청탁금지법 시행령 규정은 ─ 국·공립대나 사립대 교원의 강의내용이나 수준 등에서 사례금액수의 차등을 인정할 만한 특별한 사정이 없음에도 ─ 자의금지의 원칙을 위반한 평등권의 침해로 교수의 학문과 직업의 자유를 침해할 여지가 있다는 점을 지적하고 싶다. 앞으로 시행령 개정 시에 국·공립학교와 사립학교 교원 사이에 차이가 없도록 할 필요성이 있다.

　다행히 2018. 1. 17. 개정된 청탁금지법 시행령은 공무원과 공직유관단체 임직원의 경우 직급별로 외부강의 등 사례금 상한액을 달리 정하였으나, 앞으로는 필요한 경우 기관별로 상한액의 범위에서 자율적으로 정하여 운영할 수 있도록 외부강의 등 사례금 상한액을 40만원으로 일원화하였다.

　그리고 국공립학교 교직원이나 공직유관단체에 해당하는 언론사 임직원의 경우 공무원 및 공직유관단체 임직원의 외부강의 등 사례금 상한액을 적용하도록 하였으나, 앞으로는 사립학교 교직원 및 민간 언론사 임직원의 외부강의 등 사례금 상한액과 동일하게 적용하도록 하여 그간의 문제점을 해소하였다.

Ⅵ. 나가면서(이해충돌방지 규정의 신설 문제)

　「부정청탁금지 및 공직자의 이해충돌방지법(안)」에는 "공직자의 이해충돌 방지"에 관한 장(章)을 두고 있었지만 청탁금지법에는 반영되지 못하였다. 법안에 담겼던 내용을 살펴보면, 제15조(공직자의 사적 이해관계 직무수행 금지),[56] 제16조(고위공직자의 사적 이해관계 직

56) 제15조(공직자의 사적 이해관계 직무수행 금지) ① 공직자는 다음 각 호의 어느 하나에 해당하는 경우에는 특정직무를 수행해서는 아니 된다. 다만, 제3호 또는 제4호에 규정된 공직자의 가족이 해당 사업자등이나 대리·자문·고문 등을 제공하는 법인·단체에서 수행하는 업무 또는 직위 등에 비추어 공직자의 특정직무 수행에 실질적이고 직접적인 영향을 미치지 아니하는 것으로 인정되는

무수행 금지)57) 등이 포함되어 있었다. 이러한 이해충돌방지 법안의 내용들은 사실상 개인

경우에는 그러하지 아니하다.
　　1. 공직자 자신이 그 특정직무의 상대방인 경우
　　2. 특정직무의 상대방이 공직자 자신의 친족(「민법」 제767조의 친족 중 4촌 이내의 친족을 말한다)인 경우
　　3. 공직자의 가족이 특정직무의 상대방인 사업자등에 임직원 또는 사외이사로 재직하고 있는 경우
　　4. 공직자의 가족이 특정직무의 상대방인 사업자등을 대리하거나 고문·자문 등을 제공하거나 그러한 기능을 수행하는 법인·단체에 소속되어 있는 경우
　　5. 공직자 또는 그의 가족이 대통령령으로 정하는 일정 비율 이상의 주식·지분을 소유하고 있는 사업자등이 특정직무의 상대방인 경우
　　6. 그 밖에 공직자의 사적 이해관계와 관련되어 공정하고 청렴한 직무수행이 어렵다고 인정되는 경우로서 대통령령으로 정하는 경우
② 공직자가 제1항에 해당되는 때에는 그 직무에서 제척된다.
③ 공직자의 직무수행과 직접적인 이해관계가 있는 사업자등은 그 공직자가 제1항에 해당된다고 판단하거나 제1항의 제척사유에 해당하지 아니하는 사적 이해관계가 있는 경우에도 그 공직자의 소속기관장등에게 기피를 신청할 수 있다.
④ 공직자는 자신이 제1항에 해당된다고 판단한 때에는 소속기관장등에게 회피를 신청해야 하며, 제1항의 제척사유에 해당하지 아니하는 사적 이해관계가 있는 경우에도 회피를 신청할 수 있다.
⑤ 소속기관장등은 공직자가 제2항에 따른 제척사유에 해당하거나 제3항 또는 제4항의 전단에 따른 기피·회피신청을 받은 경우에는, 직무참여 일시중지·직무 재배정·전보, 그 밖에 대통령령으로 정하는 조치를 해야 한다. 이 경우 소속기관장등은 조치결과를 각각의 신청자에게 통보해야 한다.
⑥ 소속기관장등은 제3항 또는 제4항의 후단에 따른 기피·회피신청을 받은 때에는 제5항에 따른 조치를 할 수 있다. 다만, 소속기관장등이 공정하고 청렴한 직무수행에 영향을 받지 않는다고 판단하는 단순하고 경미한 사안의 경우에는 그러하지 아니하다.
⑦ 제2항부터 제6항까지에도 불구하고 「민사소송법」, 「형사소송법」, 「헌법재판소법」 등 법원과 헌법재판소에서 수행하는 사법작용과 관련한 법률에서 제척·기피·회피에 관하여 규정하고 있는 때에는 그 법률에 따른다.
⑧ 소속기관장등은 제2항부터 제6항까지의 내역을 기록·관리해야 하며, 다른 법령이 정보공개를 금지하지 아니하는 범위 안에서 조치 내역을 소속기관의 인터넷 홈페이지 등에 공개할 수 있다.
57) 제16조(고위공직자의 사적이해관계 직무수행 금지) ① 고위공직자는 공공기관에 임용되기 전 2년 이내에 재직하였던 사업자등 또는 대리·고문·자문·상담 등의 용역을 제공하였던 고객 등과 관계된 특정직무를 임용 이후 2년간 수행해서는 아니 된다. 다만, 국가의 안보·경제 등 공익증진 또는 민간부문의 전문성 활용 등을 이유로 대통령령이 정하는 바에 따라 허용된 경우에는 그러하지 아니하다.
② 소속기관장등은 고위공직자가 그 직위·직책에 임용되기 전 2년 이내의 그 직위·직책과 관련된 다음 사항을 서면으로 신고하게 하고 이를 관리해야 한다.
　　1. 임용되기 전에 재직(사외이사 등 포함)하였던 사업자등 및 그 사업자등에서 수행했던 업무 내역
　　2. 임용되기 전에 사업자등에게 고문·자문·상담 등을 했던 내역
　　3. 임용되기 전에 관리·운영했던 사업 또는 영리행위의 내역
　　4. 그 밖에 대통령령으로 정하는 사항
③ 소속기관장등은 직무 재배정·전직 등 인사이동을 이유로 제2항의 고위공직자에 대한 이해관계가 변경되는 때에는 30일 내에 그 사실을 신고하도록 해야 한다.
④ 소속기관장등은 다른 법령이 정보공개를 금지하지 아니하는 범위 안에서 고위공직자의 사익추구와 부정청탁의 개연성이 높다고 판단하는 경우 해당 고위공직자와 협의를 거쳐 그에 관한 제2항의 이해관계를 공개할 수 있다.

의 윤리의식과 명예에 기초하여 자동적으로 자정되어야 하는 것이라면서, 이런 내용을 입법으로 강제하려는 것은 우리사회의 부패의 심각성을 말해준다는 지적도 있다.[58]

소송법규와 각종 법률에서는 사법작용과 준사법작용에 해당되는 직무에 관여한 자에게 사건 당사자와 친족관계가 있는 등으로 사적인 이해관계로 공정한 직무수행을 저해할 가능성이 있는 경우를 규율할 수 있는 규정을 두고 있다. 즉, 민사소송법은 법관이 당사자와 친족관계가 있거나 그러한 관계에 있었을 때 등의 사유가 있을 때는 제척사유가 되며(민사소송법 제41조), 당사자는 법관에게 공정한 재판을 기대하기 어려운 사정이 있는 때에는 기피신청을 할 수 있다(민사소송법 제43조). 그리고 법관은 스스로 제척사유가 있거나 기피사유가 있을 때는 회피할 수 있다(민사소송법 제49조). 형사소송법에서도 제척(제17조), 기피(제18조), 회피(제24조)에 관한 규정을 두고 있다. 검사 역시 「검사윤리강령」 제9조에서 자신의 직무와 관련하여 이해가 상충되는 경우에는 당해 사건에서 회피하도록 하는 규정을 두고 있다.

또한 국가공무원법에는 소청심사위원회의 위원은 그 위원회에 계류(繫留)된 소청 사건의 증인이 될 수 없으며, 다음 각 호[59]의 사항에 관한 소청 사건의 심사·결정에서 제척된다(제14조 제2항). 소청 사건의 당사자는 다음 각 호[60]의 어느 하나에 해당하는 때에는 그 이유를 구체적으로 밝혀 그 위원에 대한 기피를 신청할 수 있고, 소청심사위원회는 해당 위원의 기피 여부를 결정하여야 한다. 이 경우 기피신청을 받은 위원은 그 기피 여부에 대한 결정에 참여할 수 없다(제14조 제3항). 소청심사위원회 위원은 제3항 각 호의 어느 하나에 해당하는 때에는 스스로 그 사건의 심사·결정에서 회피할 수 있다(제14조 제4항).

그리고 행정심판법은 행정심판위원회의 위원에게 제척·기피·회피사유가 있을 때는 그 사건의 심리·의결에서 제척(除斥)되도록 하고 있다. 즉, 위원회의 위원은 다음 각 호[61]의 어느 하나에 해당하는 경우에는 그 사건의 심리·의결에서 제척(除斥)된다. 이 경

---

⑤ 고위공직자가 제1항에 해당하는 때에는 제15조제2항부터 제7항까지를 준용한다.

58) 박규환, "'부정청탁 및 금품등 수수의 금지에 관한 법률' 개정을 위한 연구", 강원법학 제47권, 2016. 2., 50면.

59) 1. 위원 본인과 관계있는 사항

    2. 위원 본인과 친족 관계에 있거나 친족 관계에 있었던 자와 관계있는 사항

60) 1. 소청심사위원회의 위원에게 제2항 각 호의 사항이 있는 경우

    2. 심사·결정의 공정을 기대하기 어려운 사정이 있는 경우

61) 1. 위원 또는 그 배우자나 배우자이었던 사람이 사건의 당사자이거나 사건에 관하여 공동 권리자 또는 의무자인 경우

    2. 위원이 사건의 당사자와 친족이거나 친족이었던 경우

    3. 위원이 사건에 관하여 증언이나 감정(鑑定)을 한 경우

    4. 위원이 당사자의 대리인으로서 사건에 관여하거나 관여하였던 경우

    5. 위원이 사건의 대상이 된 처분 또는 부작위에 관여한 경우

우 제척결정은 위원회의 위원장(이하 "위원장"이라 한다)이 직권으로 또는 당사자의 신청에 의하여 한다(제10조 제1항). 당사자는 위원에게 공정한 심리·의결을 기대하기 어려운 사정이 있으면 위원장에게 기피신청을 할 수 있다(제10조 제2항). 국세기본법 역시 국세예규심사위원회의 위원은 공정한 심의를 기대하기 어려운 사정이 있다고 인정될 때에는 대통령령으로 정하는 바에 따라 위원회 회의에서 제척(除斥)되거나 회피(回避)하여야 한다(제18조의2 제2항).

　　「부정청탁금지 및 공직자의 이해충돌방지법(안)」에서 제기한 이해충돌방지 내용들은 공정한 직무수행으로 부패방지를 도모하려는 입법취지에는 부합되지만, 규제의 범위가 기존의 각종 법령에서 규정해 둔 공직자의 특정 사건의 제척·기피·회피사유에 비하여 지나치게 광범위하여 헌법상 위헌성 문제까지 제기될 여지가 있어 보인다. 특정 제도를 입법화한다고 하여 그 제도가 정착될 수 있는 것은 아니라는 점에서 제도의 취지에 부합되고 준수 가능한 영역부터 점차 신중하게 입법화해 나가는 것이 필요하다고 본다. 따라서 어렵사리 제정·시행된 청탁금지법이 완전히 정착된 후에 이해충돌방지에 관한 내용도 신설하는 것을 검토해 보는 것이 좋다는 생각이다.

[참고문헌]

국민권익위원회, 「부정청탁 및 금품등 수수의 금지에 관한 법률」 해설집, 2017

국회사무처, 제330회 국회(임시회) 정무위원회회의록, 2015년1월12일(월)

국회사무처, 제331회 국회(임시회) 법제사법위원회회의록, 법제사법 제6차 (2015년3월3일)

국회사무처, 제331회 국회(임시회) 법제사법위원회회의록, 법제사법 제6차 (2015년3월3일)

국회사무처, 제331회 국회(임시회), 국회본회의회의록 8차 (2015년3월3일)

김일수/서보학, 새론슨 형법총론, 박영사, 2014

김중권, 행정법, 법문사, 2016

법원행정처, 「법관윤리」, 2011

법원행정처 윤리감사관실, 「청탁금지법 Q&A」, 2016

류지태, "행정법 방법론 소고", 고려법학, 2002

류지태·박종수, 행정법신론 제16판, 박영사, 2016

이재상/장영민/강동범, 형법총론, 박영사, 2015

정형근, 변호사법 주석, 피앤씨 미디어, 2016

정형근, 행정법, 피앤씨미디어, 2017

홍성칠, 청탁금지법 해설, 박영사, 2016

박규환, "'부정청탁 및 금품등 수수의 금지에 관한 법률' 개정을 위한 연구", 강원법학 제47권,
　　　　2016. 2.

정형근, "기사청탁은 왜 부정청탁이 아닌가", 관훈저널 통권 141호, 2016년 겨울

정형근, 「부정청탁 및 금품등 수수의 금지에 관한 법률」에 관한 연구 - 그 적용대상자와 부정청
　　　　탁금지를 중심으로 -, 경희법학 제51권 제4호, 2016. 12.

정형근, "「부정청탁 및 금품등 수수의 금지에 관한 법률」에 관한 연구 - 금품등의 수수금지를
　　　　중심으로 -", 경희법학 제52권 제1호, 2017. 3.

정형근, "청탁금지법상 '금품등 수수 금지의 예외사유'에 관한 고찰", 경희법학 제52권 제2호,
　　　　2017. 6.

정형근, "청탁금지법상 '부정청탁의 금지'에 관한 고찰", 한양법학 제28권 제3집, 2017. 8.

정호경, "「부정청탁 및 금품등 수수의 금지에 관한 법률」의 구조와 쟁점", 행정법연구 제47호,
　　　　2016. 12.

일본에서의 체류 외국인의 법적 지위* **

함 인 선***

Ⅰ. 처음에

일본에서의 외국인 체류의 법적 문제는 역사적 배경으로 인해 다른 국가들에서의 그것과는 다른 특수성을 갖는다고 할 수 있다. 즉, 과거 일본이 제국의 건설을 위해 우리 나라를 비롯하여 동남아 여러 국가들을 침략하여 지배하였고, 패전 후에 그로 인한 문제가 현재까지도 강하게 남아있기 때문이다. 즉, 일본이 대동아전쟁을 수행하기 위하여, 우리나라나 이웃 대만 또는 중국으로부터 다수의 무고한 인민들을 징집·징용하여 전장에는 물론, 광산이나 여러 중노동 현장에 투입하여 이용하다가 패전으로 인해, 그 사람들이 일본에 그대로 대부분 남는 경우가 많았기 때문에 이들의 처리가 일본의 중요한 국내문제일 뿐만 아니라, 이웃국가들과의 관계에서 중요한 국제문제로서의 성격을 가졌다. 특히 우리나라와의 관계에서는 재일한국인·조선인의 일본 국내에서의 처우문제가 큰 관심사라고 할 수 있다. 따라서, 일본에서의 외국인 체류의 법적 문제는 이러한 재일한국인·조선인문제와 재일대만인, 재일중국인, 재일필립핀인 등의 문제와 관련하여, 이른바 정주 외국인의 기본권을 어느 범위까지 인정할 것인지 라고 하는 극히 현실적인 문제로서의 성격을 가지는 것이라고 할 수 있다.

Ⅱ. 일본에서의 체류 외국인의 법적 지위

1. 교육 관련

1) 관련법규정

일본국헌법 26조 1항은 "모든 국민은 법률이 정하는 바에 따라 그 능력에 응하여

고 류지태 교수님이 생전에 학문에 대한 열정과 엄정한 태도를 견지하신 것을 상기하면서, 10주기를 맞이하여 추모의 마음을 담아 이 소고를 봉정한다.
** 본고는 한국공법학회가 2016년도 헌법재판소 정책연구용역과제로 수행한 "외국인의 헌법적 지위 및 권리의 보장을 위한 비교법적 연구"에서 필자가 수행한 부분을 수정 보완한 것이다.
*** 전남대학교 법학전문대학원 교수

561 -

동등하게 교육을 받을 권리를 가진다.”고 하여 교육을 받을 권리를 규정하고 있으며, 동조 2항은 “모든 국민은 법률이 정하는 바에 따라 그 보호하는 자녀에게 보통교육을 받게 할 의무를 진다. 의무교육은 이를 무상으로 한다.”고 하여 무상의 의무교육에 대하여 규정하고 있다.

　　이러한 헌법규정에 따라서 교육기본법 5조 1항은 “국민은 그 보호하는 자에게 별도로 법률에서 정하는 바에 따라 보통교육을 받게 할 의무를 진다.”고 규정하고 있다.

　　한편, 일본이 가입하고 있는 「경제적, 사회적 및 문화적 권리에 관한 국제규약(A규약)」 13조 1항은 “이 규약의 체약국은 교육에 대한 모든 자의 권리를 인정한다.”고 하고, 동 조 2항은 “이 규약의 체약국은 1항의 권리의 완전한 실현을 달성하기 위하여 다음을 인정한다. (a) 초등교육은 의무적인 것으로 하고, 모든 자에 대하여 무상으로 할 것. (b) 여러 유형의 중등교육(기술적 및 직업적 중등교육을 포함한다)은 모든 적당한 방법에 의해, 특히 무상교육의 점진적 도입에 의해 일반적으로 이용가능하며, 모든 자에 대해 기회가 주어지는 것으로 할 것.”이라고 규정하고 있다.

　　또한, 「아동의 권리에 관한 조약」 28조 1항은 “체약국은 교육에 대한 아동의 권리를 인정하는 것으로 하고, 이 권리를 점진적이고 기회의 평등을 기초로 하여 달성하기 위하여 특히 (a) 초등교육을 의무적인 것으로 하며, 모든 자에 대해서 무상으로 한다. (b) 여러 유형의 중등교육(일반교육 및 직업교육을 포함한다)의 발전을 장려하며, 모든 아동에 대해 이들 중등교육이 이용가능하고, 이들을 이용할 기회가 부여되는 것으로 하며, 예컨대, 무상교육의 도입, 필요한 경우의 재정적 원조의 제공과 같은 적당한 조치를 취한다.”고 규정하고 있다.

2) 외국인 교육의 쟁점과 현황

　　외국인의 교육과 관련하여서는 첫째로, 일본의 실정법과 국제규약에 근거하여 재류 외국인에 대해서 일본의 공교육제도를 이용할 자유를 인정한 것인지 또는 국가에 의한 보호와 서비스의 제공을 인정한 일종의 사회권을 승인할 것인지와, 둘째로, 일본국민의 경우가 마찬가지로 아동의 보호자에게는 취학시킬 의무가 발생하는지 여부가 문제된다.

　　이러한 쟁점과 관련하여, 일본의 교육담당관청(문부성)은 외국인의 교육을 자유권 레벨로 이해하고 있으며, 따라서 재류외국인이 일본의 공교육제도를 이용하지 않는 경우에 그 아동에게 어떠한 학습권 보장이 이루어지는지에 대해서는 관심이 없다는 평가가 있다.[1] 예컨대, 재일한국인·조선인의 아동이 소학교에의 취학연령에 달한 경우에는 일본국민의 아동의 경우와 다르게, 취학통지가 우송되지 않는다. 취학통지는 학교교육법에서

---

1) 江橋崇, 人権の国際化と国際水準・下の1, 法律時報 59巻 10号, 61쪽.

규정된 취학시킬 의무의 이행을 보호자에게 촉구하는 성질의 것으로서, 만약에 보호자가 의무의 이행을 계속해서 거부하는 경우에는 동 법에 의해 처벌의 대상으로 된다. 즉, 취학통지는 보호자의 의무교육을 받게 할 의무의 존재를 전제로 하고 있으며, 취학통지가 우송되지 않는다는 것은 아동의 학습권 보호를 위한 국가적인 책임이 없음을 의미하는 것이라고 할 수 있다.

3) 외국인의 교육을 받을 권리

외국인의 교육을 받을 권리와 관련하여서는 자유권적 측면(내지 학습권적 측면)을 고려하는 견해가 통설적인 견해이며, 판례[2]의 입장이라고 할 수 있다. 다만, 이러한 견해도 외국인의 교육을 받을 권리의 사회권적 측면을 무시하는 것은 아니다. 사회권과 관련하여, 최고재판소는 "한정된 재원 하에서 복지적 급부를 행함에 당하여, 자국민을 재류외국인 보다 우선적으로 취급하는 것도 허용되어야 하는 것으로 해석된다."고 하는 입장이며, 학설도 사회권과 관련하여 외국인에 대해서 일정한 배려를 해야 한다는 견해도 있지만, 통설적 견해는 적어도 제1차적으로는 그 외국인이 속하는 국가에 의해서 보장되어야 하는 성질의 권리이며, 일본국헌법상의 보장이 미치지 않는다고 한다.[3]

4) 외국인의 취학의무

외국인의 취학의무에 대하여, 종래의 학설은 헌법 26조 2항, 교육기본법 및 학교교육법이 '국민'이라고 규정하고 있다고 하는 문언해석에 따라서 외국인의 취학의무를 부정하였다[4]. 그러나, 헌법상의 기본권향유주체성에 대해서 권리의 성질에 의해 결정된다고 하는 이른바 권리성질설이 통설·판례의 입장[5]이라는 점을 고려하면, 헌법상의 의무에 대해서도 단순한 문언해석에 의하는 것에는 의문이 제기되었다.

취학의무와 관련하여, 최고재판소[6]는 "헌법이 이처럼 보호자에게 자녀를 취학시키게 할 의무를 과하고 있는 것은 단지 보통교육이 민주국가의 존립, 번영을 위하여 필요하다고 하는 국가적 요청만에 의하는 것이 아니라, 그것이 또한 자녀의 인격의 완성에 필수불가결이라는 것으로부터 부모가 본래 가지고 있는 자녀를 교육시킬 책무를 완수하게 할 취지에서 나온 것"이라고 하였으며, 학설도 동일한 입장이었다고 할 수 있다.[7] 그

2) 最高裁判所判決 1976.5.21., 刑集 30卷 5号, 615쪽.
3) 長谷部恭男 '憲法(第5版), 新世社' 2011, 119쪽; 芦部信喜, 『憲法学Ⅱ人権総論』, 有斐閣, 138쪽 이하; 野中俊彦ほか, 『憲法Ⅱ(第四版)』, 有斐閣, 224쪽 이하.
4) 今村武俊, 『学校教育法解説』, 309쪽; 鈴木勲編, 『逐条学校教育法第6次改訂版』, 197쪽.
5) 最高裁判所判決 1978.10.4., 民集 32卷 7号, 1223쪽. 芦部信喜, 『憲法学Ⅱ人権総論』, 126쪽.
6) 最高裁判所判決 1964.2.26., 民集 18卷 2号, 343쪽.
7) 田中耕太郎, 『教育基本法の理論』, 有斐閣, 1961, 215쪽 이하.

러나, 취학의무의 성질과 관련하여, 취학의무가 외국인에게 미칠 것인지라는 관점에서의
논의가 충분히 이루어지고 있다고는 할 수 없다.

2. 참정권 관련

1) 선거권

재류외국인에 대한 참정권의 부여 여부와 관련하여서는 이를 국정 레벨의 선거권·
피선거권과 지방레벨의 그것으로 나누어 살펴보도록 한다.

(1) 국정선거권

이와 관련하여서 학설은 금지설, 요청설, 허용설의 3설로 대분할 수 있다.

금지설은 외국인에게 참정권을 부여하는 것은 법률에 의해서도 허용되지 않는다고
하는 견해이다. 즉, 이 견해는 외국인이 향유하는 기본적 인권의 범위에 관하여 권리성질
설의 입장에서 권리의 성질상 인정될 수 없는 대표적인 권리로서 참정권이 들어지는 것
이 지배적인데, 그것은 주권이 국민에게 있다고 하는 국민주권주의 하에서는 치자와 피
치자의 自同性을 요구하는 民主政의 이념에 근거하여, 선거권·피선거권의 행사 모두에
대하여 당연한 상식으로서 국적의 보지자인 '국민(주민)'에 한정된다고 하는 주장이다. 종
래부터의 통설이라고 할 수 있다.

요청설은 국민주권주의를 민주주의정치와 같은 실질을 가지는 것이며, 인민에 의한
자기통치, 즉 자기의 정치적 결정에 자기가 따른다고 하는 것을 의미한다고 파악한다. 그
리고, 국민주권주의 하에서의 주권자는 그 정치사회에서의 정치적 결정에 따르지 않으면
안되는 모든 자, 즉, 그 정치사회를 구성하는 모든 사람이라고 하고, 정주외국인은 이 구
성원에 포함되기 때문에 국정참정권을 인정하여야 한다고 한다.[8]

허용설은 국가사회를 구성하고 국가권력에 복속하는 보통 사람이 국가의사의 최고
결정자라는 점이야 말로 국민주권주의의 요점이기 때문에 보통의 국민과 다르지 않는 외
국인에게 참정권을 부여하더라도 국민주권주의에 반하지 않는다고 한다. 그러나, 참정권
은 국가권력에의 일종의 관여를 포함하기 때문에 일률적으로 외국인에게 부여하는 것은
문제가 있고, 정치적 토론을 통하여 입법적으로 해결해야 한다고 한다.[9]

(2) 지방선거권

① 학설

금지설은 지방자치단체도 국가의 통치체제의 한 단면에 다름아니고, 간접적이라도

---

8) 浦部法穂, 「日本国憲法と外国人の参政権」(徐龍達編, 『定住外国人の地方参政権』, 日本評論社, 1992),
   45쪽 이하.
9) 横田耕一, 外国人の「参政権」, 法律時報 67巻7号, 2쪽.

국가권력을 행사한다고 지적한다. 국민주권주의는 지방자치단체에 대해서도 관철되어야 하는 것이며, 지방선거권도 국민주권주의로부터 파생하는 것이기 때문에, 헌법 15조의 공무원에는 지방공무원도 포함되는 것으로서, 헌법 93조 2항의 '주민'은 일본국민인 주민을 말한다고 한다. 따라서, 국정선거권을 외국인에게 부여할 수 없는 이상, 마찬가지로 국민주권주의로부터 파생하는 지방선거권도 부여할 수 없다고 한다.[10]

　요청설은 금지설에 대해서, 치자와 피치자의 자동성을 근거로 하면서, 국민주권주의 하에서의 주권자란 국적보지자란 의미에서의 국민이 아니라, 그 정치사회에서의 정치결정에 따르지 않을 수 없는 모든 자라는 의미로 해석하고자 한다. 따라서, 외국인에 대해서도 일본에서의 정치적 결정에 따르지 않을 수 없는 생활실태에 있는 외국인, 즉 '일본에 생활의 본거를 가지는 외국인(= 정주외국인)'에게는 지방·국정을 불문하고 선거권·피선거권을 보장하여야 한다고 주장한다.[11] 또한, 이 견해에 속하는 것으로서는, 모든 외국인이 아니라 영주권을 가지며, 국적국에서의 선거에도 참가를 기대할 수 없는 재일의 구 식민지출신자(예컨대, 재일동포)의 선거권·피선거권의 박탈은 위헌이라고 하며,[12] 나아가 지역사정에 따라서는 조례에 의한 참정권을 부여하는 것도 또한 논리적으로는 가능하다고 한다.[13]

　허용설은 헌법 93조 2항은 '주민'이라고 하는 표현을 사용하고 있으며, 정주외국인은 그가 속하는 지역사회의 주민으로 해석하는 것이 정당하다고 본다. 지방자치에 관한 헌법 93조는 15조의 특별법으로 해석할 수 있고, 지방자치단체 레벨에서는 주민이 선거권을 가진다. 주민에 외국인을 더하더라도 조례는 법률의 범위내에서 제정되는 것이기 때문에 위로부터의 정통성의 연쇄는 절단되지 않는다. 지방자치단체의 사무는 정치적 색채가 얇고, 주민의 복지를 도모하는 것을 직접목적으로 하는 경우가 많은 것을 들 수 있다고 한다.

　이처럼, 지방자치단체에서의 정주외국인에게 피선거권이 아니라 선거권만을 인정하는 견해에 있어서도 도도부현의 광역자치단체 레벨이 아니라 주민의 일상생활에 밀착하는 시정촌의 기초자치단체 레벨에서는 배제되지 않는다고 하는 경향이 있다.[14] 이러한 입장은 피선거권에 대해서는 지방자치단체의 장 및 지방의회의원과 같이 국가의사의 형성에 참여하는 공무에 관여하는 것을 인정하는 것으로 되기 때문에 선거권과 동일하게 생각할 수 없다고 한다.[15] 즉, 지방자치단체장은 국가의 기관인 지위에 서는 경우가 있

10) 長谷部恭男´憲法(第5版), 新世社´ 2011, 117－119쪽; 伊藤正己,『憲法(新版)』, 弘文堂, 596쪽.
11) 浦部法穂,「外国人の参政権」再論(憲法理論研究会編,『人権理論の新展開』, 敬文堂, 1994), 45쪽 이하.
12) 江橋崇, 外国人の参政権(『現代立憲主義の展開(上)』, 有斐閣, 1993), 199쪽.
13) 岡崎勝彦, 外国人の地方参政権, 公法研究 56号, 113쪽.
14) 佐藤幸治,『憲法(新版)』, 青林書院, 382쪽.

는 이상 국민주권주의에 근거하여, 그 담당자는 국민에 한정되어야 한다는 것이다.[16]

② 판례

종례 판례의 경향은 금지설의 입장에 서서 국정에 있어서도 지방에 있어서도 참정권을 부정하였다. 그러나 이에 대해, 오사카지방재판소[17]는 "헌법 93조 2항의 「주민」은 일본국민일 것이 그 전제로 되어 있다고 하여야 한다."고 하여, 정주외국인에게 지방참정권을 부정하였지만, 외교 등을 담당하는 국정과, 지역주민의 생활, 복지목적으로 하는 것이 많은 지방자치단체의 참정권을 구별하면서, 정주외국인에 대해서는 "여기에 참가할 기회가 부여되지 않는 현실은 지나치게 부당하다는 의견이 나오는 것도 일면 정당하다고 생각되지 않는 것도 아니다."고 하여, 정주외국인에게 "참정권을 부여하는 것이 헌법에 위반하지 않는다고 하는 입장을 취할 수 있다고 하더라도 이것을 부여할 것인지 여부는 입법정책의 문제에 지나지 않는다."고 하여 허용설로 해석될 여지가 있는 입장을 기술하였다. 이러한 판례의 경향에 하나의 이정표의 역할을 한 것이 1995년의 최고재판소판결[18](정주외국인선거권소송 상고심판결)이다. 이에 대해 보다 자세히 살펴보도록 한다.

<사실의 개요>

원고들은 1990년 9월에 오사카시내에 거주하였던 재일한국인들인데, 동 년의 시선거인명부에 등록되지 않았기 때문에 소관 선거관리위원회에 대해 원고들을 선거인명부에 등록해주도록 이의신청을 하였던 바, 모두 각하결정을 받았다. 그래서 원고들은 공직선거법 25조의 절차에 따라서, 당해 선거관리위원회 및 그 위원장을 피고로 하여, 그 결정의 취소를 구하여 제소하였다.

제1심은 원고들의 청구를 기각하였기 때문에 상고한 사건이다.

<최고재판소의 판결요지>

헌법 제3장의 제 규정에 의한 기본적 인권의 보장은 권리의 성질상 일본국민만을 그 대상으로 하고 있다고 해석되는 것을 제외하고, 우리나라에서 재류하는 외국인에 대해서도 평등하게 미치는 것이다. 따라서 헌법 15조 1항에서 말하는 공무원을 선정·파면하는 권리의 보장이 우리나라에 재류하는 외국인에 대해서도 미치는 것으로 해석하여야 할 것인지 여부에 대해서 생각하면, 헌법의 위 규정은 국민주권의 원리에 근거하여, 공무

---

15) 佐藤幸治, 『憲法Ⅱ』, 有斐閣, 1993), 199쪽.
16) 初宿正典, 外国人と憲法上の権利, 法学教室 152号, 52쪽.
17) 大阪地方裁判所判決 1993.6.29., 判例地方自治 117号, 9쪽.
18) 最高裁判所判決 1995.2.28., 民集 49巻 2号, 639쪽.

원의 종국적 임면권이 국민에게 존재하는 것을 표명한 것에 다름 아닌 바, 주권이 「일본
국민」에 존재하는 것으로 하는 헌법전문 및 1조의 규정에 비추면, 헌법의 국민주권의 원
리에서의 국민이란 일본국민, 즉 우리나라의 국적을 가지는 자를 의미하는 것은 명백하
다. 그렇다고 한다면, 공무원을 선정·파면하는 권리를 보장한 헌법 15조 1항의 규정은
권리의 성질상 일본국민만을 그 대상으로 하고, 위 규정에 의한 권리의 보장은 우리나라
에서 재류하는 외국인에게는 미치지 않는 것으로 해석하는 것이 상당하다. 그리고, 지방
자치에 대해서 규정하는 헌법 제8장은 93조 2항에서 지방공공단체의 장, 그 의회의 의원
및 법률이 규정하는 그 지방공무원은 그 지방공공단체의 주민이 직접 이를 선거하는 것
으로 규정하고 있지만, 前記의 국민주권의 원리 및 이에 근거하는 헌법 15조 1항의 규정
의 취지를 고려하고, 지방공공단체가 우리나라의 통치기구의 불가결한 요소를 이루는 것
이라는 것도 함께 생각하면, 헌법 93조 2항에서 말하는 '주민'이란 지방공공단체의 구역
내에서 주소를 가지는 일본국민을 의미하는 것으로 해석하는 것이 상당하며, 위 규정은
우리나라에서 재류하는 외국인에 대해 지방공공단체의 장, 그 의회의원 등의 선거의 권
리를 보장한 것이라고 할 수 없다.

　　이처럼, 헌법 93조 2항은 우리나라에서 재류하는 외국인에 대해서 지방공공단체에
서의 선거의 권리를 보장한 것이라고 할 수 없지만, 헌법 제8장의 지방자치에 관한 규정
은 민주주의사회에서의 지방자치의 중요성을 고려하여, 주민의 일상생활에 밀접한 관련
을 가지는 공공적 사무는 그 지방의 주민의 의사에 근거하여 그 구역의 지방공공단체가
처리한다고 하는 정치형태를 헌법상의 제도로서 보장하고자 하는 취지의 것으로 해석되
기 때문에, 우리나라에서 재류하는 외국인 중에서도 영주자 등으로서 그 거주하는 구역
의 지방공공단체와 특별히 긴밀한 관계를 가지기에 이르렀다고 인정되는 자에 대해서 그
의사를 일상생활에 밀접한 관련을 가지는 지방공공단체의 공공적 사무의 처리에 반영시
켜야 하고, 법률로서 지방공공단체의 장, 그 의회의 의원 등에 대한 선거권을 부여하는
조치를 강구하는 것은 헌법상 금지되어 있는 것이 아니라고 해석하는 것이 상당하다. 그
러나, 이러한 조치를 강구할 것인지 여부는 순전히 국가의 입법정책에 관련되는 사항으
로서 이러한 조치를 강구하지 않았다고 하여 위헌의 문제를 발생하는 것은 아니다.

　　<판례의 해설>
　　본 건은 헌법 93조 2항이 "지방공공단체의 장, 그 의회의 의원…은 그 지방공공단체
의 주민이 직접 이를 선거한다."고 규정하고 있는 바, 그 '주민'에는 정주외국인이 포함될
것인지, 다시 말하면, 정주외국인에게는 헌법상 지방공공단체의 장, 그 의회의원의 선거

의 선거권이 보장되는지가 쟁점이 된 사안이다.

　　이에 대해, 본 판결은 일본국민인 주민에 한하여 지방공공단체의 의원 및 장의 선거권을 가지는 것으로 한 일본 지방자치법 11조, 18조와 공직선거법 9조 2항이 헌법에 위반하지 않다고 한 최고재판소의 최초의 판례로서, 그 결론은 종례의 최고재판소 판례의 취지 및 학설과 동일하지만, 학설(허용설)의 동향을 고려하여 지방공공단체의 구역내에서 거주하는 재류외국인의 의사를 지방공공단체의 사무처리에 반영시키는 것을 헌법이 금지하고 있는 것은 아니라는 것을 명백히 한 점에 그 의의가 인정된다고 할 수 있다.

2) 피선거권

　　요청설은 선거권과 피선거권의 구별을 부정하지만, 허용설은 피선거권을 인정하지 않는 입장과, 장과 의회를 나누어서 전자에 대해서만 부정하는 입장, 지방레벨에 대해서는 피선거권도 허용하는 입장으로 나뉜다. 피선거권을 일체 부정하는 입장은 피선거권이 정치적 의사결정에 직접 관여하는 점을 중시하는 것인데 대하여, 모두 허용하는 설은 국정과 지방의 차이를 중시한다. 이에 대해, 장에 대해 부정하는 입장은 장이 국가의 기관으로서 기관위임사무를 수행하는 점을 지적한다.

3) 공무취임권

　　법률에서 명문으로 국적요건을 과하고 있는 것은 「외무공무원법」만이 있다. 그러나 1953년에 내각법제국과 인사원이 낸 견해에 의하면, 국가의사의 형성 또는 공권력의 행사에 관여하는 직무에는 외국인이 취임할 수 없다고 하고 있다. 이것은 법률에 명문의 규정은 없지만, 국가주권의 본질로부터 당연히 도출되는 법리로 되어, '공무원에 관한 당연의 법리'로 불린다. 실제로는 공무원시험의 수험자격에 국적요건을 넣음으로써 광범하게 외국인을 배제하고 있다(인사원규칙 8-18 8조). 그리고, 지방자치단체에서의 공무원 채용도 원칙적으로 이를 따르고 있다고 할 수 있다(지방공무원법 19조).

　　이에 대해, 1982년에 시행된 「국공립대학외국인교원임용법」은 연구교육의 국제적 성격을 고려하여, 학장·학부장 등의 관리직을 제외하고, 외국인이 교수회 구성원인 교수 등에 취임하는 것을 인정하였다. 한편, 초등·중등교육기관에서의 교원의 임용에 대해서는 특히 문부성이 '공무원에 관한 당연의 법리'를 이유로 하여 일관하여 소극적인 자세를 취하다가, 1991년 3월에 교무운영에 참가하지 않는 상근강사로서의 임용을 인정하였다.

　　정주외국인의 공무취임권과 관련하여, 주목할 만한 최고재판소판결[19]을 다음에서 소개하도록 한다.[20]

---

19) 最高裁判所判決 2005.1.26., 民集 59卷1号, 128쪽.
20) 坂本昌成 '憲法2', '有信堂', 2011, 49쪽.

<사실의 개요>

특별영주자로서 재일동포여성인 X는 간호사로서 도쿄도에 채용되어 근무하였다. 1994년 X는 과장급인 관리직의 선발시험에 응시하기 위하여 신청서를 제출하였지만, 일본국적을 가지고 있지 않다는 이유로 그 수령이 거부되어 선발시험에 응시할 수 없었다. 다음 해에도 역시 마찬가지였다. 그래서 X는 도쿄도를 상대로 하여, 수험자격의 확인과 관리직선발수험거부에 대한 위자료의 청구를 구하여 제소하였다.

제1심판결[21]은 확인의 소를 각하하고, 공권력의 행사 또는 公의 의사의 형성에 참가함으로써 통치작용에 관여하는 직무에 외국인이 취임하는 것을 헌법은 보장하고 있지 않기 때문에 외국인을 관리직에 취임시키지 않는다고 할지라도 위법하지 않다고 하였다.

이에 대해, 제2심판결[22]은 관리직 중에서는 외국인에게 승진을 허용하더라도 지장이 없는 것도 있고, 국적을 가지고 있지 않음을 이유로 X로부터 관리직 선발의 기회를 빼앗는 것은 헌법 22조 1항, 14조 1항에 위반하는 조치로 된다는 판단에서 위자료청구를 일부 인용하였다.

<최고재판소판결의 요지>

법령상 지방공공단체가 직원에 재류외국인을 임명하는 것은 금지되어 있지 않고, 직원으로서 채용한 재류외국인에 대해서 국적을 이유로 하여 급여, 근무시간 등에 대해 차별적 취급을 해서는 안 된다(노동기준법 3조, 지방공무원법 58조 3항 등)고 되어 있지만, 지방공공단체가 직원으로서 채용한 재류외국인에 대해 합리적인 이유에 근거하여 일본국민과 다른 취급을 하는 것까지 허용되지 않는다고 하는 것은 아니며, 그러한 취급은 합리적인 이유에 근거한 것인 한, 헌법 14조 1항에 위반하는 것도 아니다. 재류외국인을 직원으로서 채용함에 당하여 관리직에의 승임을 전제로 하지 않는 조건 하에서만 취임을 인정하는 경우도 그러한 취급에 합리적 이유가 존재하는 것이 필요하다. 지방공무원 가운데, 주민의 권리의무를 직접 형성하고, 그 범위를 확정하는 등의 공권력의 행사에 당하는 행위를 행하거나 또는 지방공공단체의 중요한 시책에 관한 결정을 행하거나 또는 이들에 참가하는 것을 직무로 하는 공권력 행사 등 지방공무원의 직무의 수행은 주민의 생활에 직접·간접으로 중대한 관련을 가지는 것이기 때문에 국민주권원리에 근거하여, 국가 및 지방공공단체에 의한 통치작용에 대해서는 일본국의 통치자로서의 국민이 최종적

21) 東京地方裁判所判決 1996.5.16., 判例時報 1566号, 23쪽.
22) 東京高等裁判所判決 1997.11.26., 判例時報 1639号, 30쪽.

인 책임을 져야 할 것에 비추어, 원칙적으로 일본국적을 가지는 자가 공권력 행사 등 지
방공무원에 취임하는 것이 상정되어 있고, 우리나라 이외의 국가에 귀속하여, 그 국가와
의 사이에서 그 국민으로서의 권리의무를 가지는 외국인이 공권력 행사 등 지방공무원에
취임하는 것은 본래 우리나라의 법체계가 상정하는 바가 아니다. 지방공공단체가 공무원
제도의 구축에 당하여 일정한 관리직의 임용제도를 구축해서 인사의 적정한 운용을 도모
하는 것도 그 판단에 의해 행할 수 있다. 그와 같이, 관리직의 임용제도를 구축한 위에
일본국민인 직원에 한하여 관리직에 승임할 수 있다고 하는 조치를 취하는 것은 합리적
인 이유에 근거하여 일본국민인 직원과 재류외국인인 직원을 구별하는 것이며, 노동기준
법 3조에도 헌법 14조 1항에도 위반하는 것이 아니다. 도쿄도는 관리직에 승임한 직원에
게 시종 특정한 직종의 직무내용만을 담당시키는 임용제도를 취하고 있지 않고, 관리직
에 승임하면 결국은 공권력행사 등 지방공무원에의 취임이 있는 것은 당연한 전제로 되
었기 때문에 공권력 행사 등 지방공무원의 직에 해당하는 관리직 이외, 이것과 관련되는
직을 포함하는 일체적인 관리직의 임용제도를 설치하고 있다. 이 제도를 적정하게 운용
하기 위하여 관리직에의 승임의 자격요건으로 일본국적을 필요로 한다고 하더라도 합리
적인 이유에 근거하여 일본국민인 직원과 재류외국인인 직원을 구별하는 것으로서 노동
기준법 3조, 헌법 14조 1항에 위반하는 것이 아니다.

<판례의 해설>
　　본 판결은 '공권력행사 등 지방공무원'에의 외국인의 임용이 인정되지 않는 것을 전
제로 하면서도 본 건에서의 구체적인 인사제도에 합리성이 있음을 이유로 하여, 본 건에
서의 조치의 적법성을 인정하고 있다. 이것은 구체적인 인사제도 여하에 따라서는 일정
한 직무로부터 외국인을 배제하는 것이 재량남용으로 될 여지가 있음을 시사하는 것이라
는 점에서 본 판결의 의의가 인정된다고 할 수 있다.[23]

3. 사회권(사회보장) 관련

1) 학설
　　외국인의 사회권의 보장과 관련한 종래의 학설은 외국인의 사회권의 보장은 순전히
그 사람이 속하는 국가의 책임이라고 하여, 일본국헌법의 사회권의 보장은 외국인에게는
미치지 않는다고 하는 것이 일반적이었다.[24] 그러나 이 견해에 대해서는 사회권을 일괄

23) 渡辺賢, 地方公共団体の管理職選考と外国人の受験資格, 法律時報 77卷13号, 332쪽 이하.
24) 宮沢俊義, 憲法 II, 有斐閣, 1971, 241쪽.

적으로 취급하고 있으나, 일본국헌법의 사회권규정인 25조부터 28조에 대해서는 외국인이 속하는 국가의 책임인지 여부는 개별적으로 검토되어야 한다는 비판이 유력하게 제기되었다.[25]

일본국헌법 25조의 생존권의 보장에 대해서 학설은 일본이 1980년대 초 국제인권규약 및 난민조약의 가입을 계기로 하여 국내실정법에서 국적조항을 거의 철폐한 것을 고려하고, 특히 국제인권규약 A규약(사회권규약) 2조 2항의 차별금지·내외국인평등취급의 원칙을 고려하여 적어도 정주외국인에 대해서는 사회보장법제에서 일본국민과 동등하게 취급할 것이 헌법상 요구되고 있다고 하는 설이 유력하게 되었다.[26] 즉, 생존권의 향유성은 국적에 의해 결정되어야 하는 것이 아니고, 생존권은 사회구성원의 권리, 말하자면 사회연대의 권리로 되어야 하는 것으로서, 일본사회에서 생활의 근거를 가지며, 그 생활 실태에서 자국적의 국가보다도 일본과 깊은 관계를 맺고 있는 정주외국인에 대해서는 그 생존의 보장은 일본국의 책임으로 해석되어야 한다는 것이다.[27]

이상의 논의를 참조하면서, 사회권 일반에 관한 학설을 정리하면, 다음과 같다.
<제1설>은 사회권은 우선 외국인이 소속하는 국가에 의해 보장되어야 할 권리이며, 당연히 외국인에 대해서도 보장되는 것은 아니라고 하는 견해이다.[28]
<제2설>은 사회권은 제1차적으로 외국인이 소속하는 국가에 의해 보장되어야 할 권리로서 합리적인 이유가 있으면 '국민'에게 그것을 우선하여 향수할 우선권이 인정되는 것도 허용되지만, 입법정책에 의해 사회권의 보장을 외국인에게 미치게 하는 것은 사회권의 성질에 모순되는 것이 아니라 오히려 바람직한 것이라고 하는 견해이다.[29]
<제3설>은 사회권에 대해서는 국적을 기준으로 할 것이 아니라 '사회구성원성'을 기준으로 하여야 하며, 외국인에게도 기본적으로 보장된다고 하는 견해이다.[30]

2) 판례

최고재판소를 비롯하여 일본의 재판소는 외국인의 사회보장에 관한 판례에서는 사회권의 향유주체성에 대해 광범위하게 입법재량을 인정하는 이른바 시오미소송(塩見訴訟)의 입장을 유지하면서, 개별법의 문언이나 취지에 비추어 외국인에게 법의 적용을 인정

---

25) 예컨대, 헌법 28조의 노동기본권은 외국인에게도 보장되는 것은 이전에도 학설이 일반적으로 인정 하고 있었다. 法学協会編, 『註解日本国憲法』, 有斐閣, 1953, 539쪽.
26) 戸波江二, 外国人の社会保障, 法学セミナー 462号, 78쪽
27) 大沼保昭, 「外国人の人権」論再構成の試み, 法学協会誌百周年記念論文集 二巻, 361쪽.
28) 宮沢俊義, 憲法Ⅱ, 有斐閣, 1971, 242쪽.
29) 芦部信喜, 『憲法学Ⅱ人権総論』, 有斐閣, 1997, 130쪽.
30) 大沼保昭, 『単一民族社会の神話を越えて』, 東信堂, 1993, 204쪽.

할 수 있는지 여부를 판단하고 있다고 할 수 있다. 따라서, 이하에서는 시오미소송(塩見訴 訟)31)에 대해서 살펴보도록 한다.

<사실의 개요>

원고(X)는 한국인을 부모로 하여 1934년에 오사카시에서 출생하여, 한국적을 가지고 있었다. 그런데, 어렸을 적 맹인이 되어 국민연금법과 장해복지연금법상의 장해복지연금 과 관련된 폐질인정일(1959년 11월 1일)에 1급의 폐질 상태에 있었다. X는 마사지사가 되 어, 마찬가지로 맹인인 일본인 남성과 결혼하여 1970년에 귀화하고, 1972년에 오사카부 지사(Y)에 대해 장해복지연금수급자격의 재정청구를 하였는바, 폐질인정일에 일본국민이 아닌 자에 대해서는 지급되지 않는다는 이유로 각하되었다.

그래서 X는 동법의 국적조항은 헌법 14조 1항, 25조 등에 위반한다고 하여 위 각하 처분의 취소를 구하여 제소하였다. 제1심, 제2심 모두 X의 청구를 기각하였다.

<판결의 요지>

헌법 25조의 규정의 취지에 응하여 구체적으로 어떠한 입법조치를 강구할 것인지의 선택결정은 입법부의 광범위한 재량에 맡겨져 있으며, 그것이 현저하게 합리성을 결하여 명백히 재량의 일탈·남용으로 보지 않을 수 없는 경우를 제외하고, 재판소가 심사·판단 하는 것은 적당하지 않다. 그리고 국민연금제도는 헌법 25조 2항의 규정의 취지를 실현 하기 위하여 창설된 것으로서, 장해복지연금도 제도 발족시의 경과적인 구제조치의 일환 으로서 설치된 전액국고부담의 무거출제의 연금으로서 입법부는 그 지급대상자의 결정 에 대해 원래 광범위한 재량권을 가지고 있다. 따라서, 국가는 특별한 조약이 존재하지 않는 한, 한정된 재원 하에 복지적 급부를 행함에 당하여 자국민을 재류외국인 보다 우 선적으로 취급하는 것도 허용된다. 그렇다면, 국적조항과 그 원고에의 적용은 헌법 25조 에 위반하는 것이라고 할 수 없다.

<판례의 해설>

본 판결은 헌법 25조에 관한 외국인의 권리 향유 그 자체를 명시적으로 부정한 것 은 아니지만, 입법부에 광범위한 입법재량을 인정하고 있다. 특히 본 건과 같이 무거출제 의 연금은 원래 광범위한 재량에 맡겨져 있고, 또한 경과적·보완적 제도이기 때문에 특 별한 구제조치를 강구할 것인지의 문제도 입법재량의 대상이라고 하여, 결국, 특별한 조

---

31) 最高裁判所判決 1989.3.2., 判例時報 1363号, 68쪽.

약이 없는 한 국가의 판단에는 여하한 헌법적 통제도 미치지 않는다고 하는 것이다. 이처럼, 외국인의 사회권 보장에 극단적으로 소극적인 논리는 사회권을 인간의 권리로 해석하여 국적에 의한 차별을 가급적 해소하고자 하는 오늘날의 학설이나 국제적인 입법동향에 역행하는 것이라고 하여야 할 것이다.[32]

3) 구체적 상황

한편, 일본이 1981년 난민조약에의 가입을 계기로 하여 사회보장분야에 있어서 국적조항을 대부분 철폐하였는바, 이하에서 사회보장관련분야에서 외국인의 사회보장의 실태를 의료, 생활보호, 공적 부조로 나누어 살펴보기로 한다.

(1) 의료관련

국민건강보험법 및 동법 시행규칙에서 종래 외국인은 피보험자로 되지 않았으나, 1986년 국적요건의 폐지에 의해 1년 이상 체재하는 외국인등록을 한 외국인에 대해서도 국민건강보험의 적용이 인정되게 되었다. 그리고 건강보험법에 의한 피용자건강보험에는 원래부터 국적요건이 없었기 때문에 적용사업소에서 상시적 고용관계(이는 소정 노동시간·일수가 동종의 업무에 종사하는 다른 통상 취업자의 그것을 대략 3/4 이상인 경우)에 있는 자에게는 건강보험이 적용된다. 따라서, 불법체류자에 대해서는 국민건강보험에의 가입은 인정되지 않지만, 건강보험의 적용대상으로 될 가능성이 있다고 할 수 있다. 그러나 자격외 취업자를 고용하면, 입관법에 의한 처벌이 사업주에게 부과되기 때문에 많은 경우에 사업주는 불법체류자를 건강보험에 가입시키지 않고 있으며, 외국인노동자도 보험료의 지불을 싫어해서 가입을 기피하는 경향이 크다.

(2) 생활보호

일본 생활보호법 제2조(국적조항)에 의해 외국인의 생활보호수급권은 인정되지 않고 있다. 다만, 정주외국인에 대해서는 생활보호법을 준용한다는 취지의 후생성통달(通達)(1954년)에 따라서 외국인에게도 사실상 보장이 되어 왔다. 이러한 행정조치의 대상외국인은 적법하게 일본에 체재하고, 활동에 제한을 받지 않는 영주자, 재일한국인·조선인, 재일대만인 등에 한정된다. 그러나 이들 외국인의 생활보호는 권리가 아니기 때문에 보호신청의 거부에 대해서는 불복신청 등의 심사청구를 할 수 없다고 한다.

한편, 취업이 금지·제한되고 있는 단기체재(관광) 및 취학 등의 재류자격을 가지는 적법체류자는 이른바 '보족성의 원리[33]'에 따라서 생활보호의 대상에서 제외된다. 그리고

---

32) 小林武, 障害福祉年金支給の国籍要件の合憲性, 法学セミナー 436号, 119쪽.
33) 이른바 '補足性의 원리'란 생활보호를 받기 위해서는 자기의 자산·능력을 활용하더라도 여전히 생활에 곤궁을 겪고 있다는 요건이 필요하다는 원리를 말한다.

불법체류자는 일본에의 체재가 인정되어 있지 않고 강제퇴거의 대상이며, 생활보호의 대상으로 한다면 생활보호목적의 입국을 조장할 우려가 있다는 이유로 적용대상 외로 되어 있다.

(3) 공적 연금

일본 국민연금법은 1981년에 국적조항을 철폐하였고, 피용자연금인 후생연금에는 국적조항이 없기 때문에 외국인에게도 국민연금 및 후생연금이 적용된다. 또한, 적용사무소에서 상시적 고용관계에 있는 외국인노동자에 대해서는 후생연금이 적용되기 때문에, 불법체류자에 대해서도 국민연금에의 가입은 인정되지 않지만, 후생연금의 적용대상이 될 가능성은 있다. 그러나 후생연금과 건강보험이 세트가입으로 되어 있기 때문에 건강보험의 경우와 마찬가지의 이유에 의해 많은 경우 고용주는 불법체류자를 후생연금에 가입시키지 않고 있으며, 불법체류자도 후생연금의 부담을 꺼려서 가입을 기피하고 있는 실정이다.

한편, 공적 노령연금을 수급하기 위해서는 25년의 가입기간이 필요하기 때문에 정주외국인이 아닌 경우에는 공적 연금에 가입하더라도 공적 노령연금의 수급자격을 얻을 수 없다. 그러나 예컨대, 최장 3년의 체류기간을 가지는 외국인기능실습생에 대해서도 노령연금의 수급자격을 얻을 수 없음이 명백함에도 불구하고, 후생연금의 피보험자의 대상이 되고 있다. 그래서 1995년부터서는 관련법의 개정에 의해, 이러한 경우에는 피보험자기간이 6개월 이상이며, 노령연금의 수급자격기간을 채우지 않은 외국인이 귀국 후 2년 이내에 청구를 하는 경우에는 탈퇴일시금이 지급되고 있다.

Ⅲ. 결어

이상에서 살펴본 바와 같이, 일본에서의 외국인 체류의 법적 지위문제는 이른바 정주외국인의 법적 지위 문제로서의 성격을 강하게 가지고, 그러한 정주외국인의 대다수를 점하는 재일한국인·조선인으로 인해, 그것은 일본의 국내문제이자 우리나라와의 관계에서 국제문제로서의 성격을 지니지 않을 수 없는 특수성을 가짐을 보았다.

이상의 고찰에서 알 수 있듯이, 일본 사회가 그동안 대단히 완만하지만 이들 정주외국인의 법적 지위를 강화하는 방향으로 나아가고 있음을 확인할 수 있었다. 그러나, 기본적 인권의 성질에 따라서, 또는 해당 영역에 따라서 진전의 차가 있음을 알 수 있고, 특히 사회권 또는 사회보장의 문제에 있어서 권리보다는 일본정부의 시혜로서의 성격에 의존하고 있다는 점은 그 한계로서 지적할 수 있을 것이다.

4차 산업혁명 시대의 ICT법제의 기본문제

박 종 수*

Ⅰ. 서론

고 류지태 교수님이 작고하신 이후 10년여의 시간은 우리나라를 포함한 전 세계의 인류가 일찍이 보지 못한 커다란 변화를 집약적으로 경험할 수 있었던 다이나믹의 시대 그 자체였다. 류교수님은 행정법 일반이론뿐 아니라 지방자치법, 토지공법, 공물법, 조세법 등 다양한 각론분야에 주옥같은 논문들과 저서를 남기셨지만, 마지막 임종하실 때까지 당신이 가장 애착을 가지고 연구하신 분야는 통신법이다.

그 당시만 해도 통신을 하는 학자는 통신법으로, 방송을 하는 학자는 방송법으로 저마다의 전공분야를 표현하던 시기였다. 그러나 그 후 아이폰을 필두로 스마트폰이라는 전혀 새로운 단말기가 등장하면서 휴대전화기로 인터넷과 방송프로그램을 시청할 수 있는 획기적인 시대가 도래했고, 우리는 이를 두고 '융합'이라고 일컬었다. 그때부터는 '방송통신'이라는 새로운 용어를 만들어 사용하기 시작하였고, 이러한 방송통신과 다른 산업분야가 접목되어 발전하기 위해 각 분야별로 필요한 제도개선이나 법령개정방안 등을 연구하였다.[1] 그 사이 규제기관은 정보통신부에서 방송통신위원회로 개편되었고, 박근혜정부가 들어서면서부터는 방송통신위원회와 미래창조과학부로 나뉘는 정부조직개편이 있었고, 이때부터는 이른바 '창조경제'를 실현하기 위한 중요한 수단으로 융합된 방송통신 및 인터넷을 합하여 'ICT'라 일컬으면서 융합의 새로운 국면을 연구하기 시작하였다. 그러한 시대적 사명을 띠고 제정된 법이 'ICT특별법' 또는 '정보통신융합법'이라고 약칭되는[2] 「정보통신 진흥 및 융합 활성화 등에 관한 특별법」이다. 그러다가 박근혜정부가 막을 내리고 새로이 문재인 정부가 들어서는 시점에는 2016년 다보스에서 Klaus Schwab이 처음으로 사용한 '4차 산업혁명'이라는 용어가 전면에 등장하고, 이제부터는 전 산업분야의 디지털화와 그에 따른 디지털 경제[3]를 논의의 대상으로 삼기 시작하였다. 단순히

---

* 고려대학교 법학전문대학원 교수, 법학박사.

1) 이 시기에 상징적으로 등장한 법이 바로 IPTV법이라고 부르는 「인터넷 멀티미디어 방송사업법」이다.
2) 'ICT'라는 말을 '정보통신'으로 번역한 것이다. 최근에는 '정보방송통신'으로 번역하기도 한다.
3) 독일 정부는 이를 'Industry 4.0'으로 표현하고 있다.

방송과 통신의 융합과 ICT의 타산업과의 접목만을 연구하던 시기와 달리 이제는 블록체
인 기술과 인공지능, 사물인터넷과 빅데이터 및 클라우드 컴퓨팅을 근간으로 하여 전 산
업의 역동적인 변화를 연구하여야 하는 시대로 전이하고 있다.

물론 이러한 10년의 잔상과 사회적 변화 앞에 법은 현실을 외면할 수 없으며 이를
받아들여 제도화하고 그 자체로서 체계를 이루어야 하는 사명을 띠고 있다. 이러한 관점
에서 아직 확립된 개념인지는 후세의 학자들이 평가하겠지만, 이른바 '4차 산업혁명'이
진전되고 체계화하기 위한 법적 연구에 있어서 공통적으로 검토하여야 할 쟁점으로 필자
는 규제완화, 이용자보호 및 정보보호를 꼽아볼 수 있다고 본다. 4차 산업혁명을 논하는
어떠한 법적인 입론에 있어서도 빠지지 않는 이 세 가지 쟁점에 대하여 조망해보고 평가
해보는 것이 이하에서 논하고자 하는 주된 내용이다.

Ⅱ. 4차 산업혁명과 규제완화

빅데이터, 클라우드, 사물인터넷 등 신산업을 언급하면서 흔히 빠지지 않는 키워드
는 규제의 완화 또는 철폐였다. 경제법이 뿌리내리기 시작한 이래 외부불경제를 시정하
기 위한 방편으로 법이 개입하여 새로운 행정규제를 도입하거나 기존의 행정규제를 철폐
하여야 하는 등의 논의가 연구되어 오고 있지만, ICT영역에서만큼은 융합이 논의되고 이
를 법제화하기 위한 논의를 함에 있어서는 개별 분야에서 ICT가 수월하게 접목할 수 있
도록 하기 위하여 의례 개별 분야에서의 법에 내재해 있는 걸림돌을 일단 '규제'로 보고
이를 제거하여 융합이 심화되고 새로운 산업이 촉발되도록 하는 것에 주안점을 두었다.

1. 신속처리 및 임시허가

이를 위하여 앞서 서론에서 언급한 바 있는 「정보통신 진흥 및 융합 활성화 등에 관
한 특별법」에서는 정보통신융합을 "정보통신 간 또는 정보통신과 다른 산업 간에 기술
또는 서비스의 결합 또는 복합을 통하여 새로운 사회적·시장적 가치를 창출하는 창의적
이고 혁신적인 활동 및 현상을 말한다"고 정의하고, "정보통신을 진흥하고 정보통신을
기반으로 한 융합의 활성화를 위한 정책 추진 체계, 규제 합리화와 인력 양성, 벤처육성
및 연구개발 지원 등을 규정함으로써 정보통신의 국제경쟁력을 제고하고 국민경제의 지
속적인 발전을 도모하여 국민의 삶의 질 향상에 이바지함을 입법목적으로 천명하였다.

즉, 신산업이 촉발되고 융성하기 위해서는 중소기업이나 벤처 단계에서부터[4] ICT를

---

4) 이 점에서 이 법에 따른 첫 번째 임시허가 대상이 '대기업'이 출시한 '접시 없는 위성방송'이었다는

접목한 새로운 기술이나 서비스가 쉽게 나타나서 사업화할 수 있도록 개별부문에서의 규제를 찾아내고 이를 합리화하여야 한다고 보았고, 이를 위하여 이 법에서는 제3조에서 국가와 지방자치단체는 정보통신의 특성이나 기술 또는 이용자의 서비스 이용행태 등을 종합적으로 고려하여 동일한 서비스로 볼 수 있는 경우에는 동일한 규제가 적용되도록 노력하여야 한다(제6항)고 하여 '동일 서비스, 동일 규제'의 원칙을 선언하였고, 나아가 국가와 지방자치단체는 관계 법령을 위반하지 아니하는 한 신규 정보통신융합등 기술·서비스를 원칙적으로 허용하고 이의 활성화를 위하여 적극적으로 노력하도록 '원칙 허용, 예외 규제'의 원칙을 규정하였다(제7항).

    이를 위한 추진체계로서 이 법에서는 과학기술정보통신부장관이 수립한 정보통신진흥 및 융합 활성화 추진 기본계획을 확정하는 전략위원회를 국무총리산하에 설치하고 그 산하에 활성화 추진 실무위원회를 두도록 하였는데, 이 활성화 추진 실무위원회의 업무로는 크게 ① 중소기업 및 벤처 간의 상생협력과 조화로운 발전을 저해하는 법·제도 개선, ② 국내외 사업자간 차별을 발생시키는 법·제도 개선, ③ 정보통신융합등 기술·서비스 등의 진흥 및 활성화에 걸림돌이 되는 법·제도 개선을 규정하였다. 여기서 ①은 이 법 제정당시 크게 사회적으로 이슈화되었던 이른바 대기업의 중소기업에 대한 '갑질'을 근절한다는 정신을 담은 것이고, ②는 구글이나 페이스북 같은 외국계 회사들은 전혀 규제의 손길이 미치지 않음에 반하여 네이버나 다음과 같은 국내기업은 정부규제에 에누리 없이 노출되는 문제를 시정한다는 정신을 담은 것이다. 마지막으로 ③은 다름 아닌 불필요하고 걸림돌이 되는 규제의 발굴 및 철폐한다는 대원칙을 선언한 것이다. 이들 세 가지는 각기 다른 사항을 규정한 것처럼 보이지만 실은 규제완화라는 큰 흐름을 규정하고자 하는 취지이다. 그리고 이렇게 발굴되고 철폐되어야 하는 규제들은 최종적으로 법의 제정이나 개정을 통해 반영되어야 하므로 활성화 추진 실무위원회는 발굴한 사항 및 개선방안을 전략위원회에 보고하고, 전략위원회는 전략위원회의 구성원인 관계 중앙행정기관의 장 등에게 문제된 관련 법·제도 개선 등 필요한 조치를 요구하고, 이를 관계 중앙행정기관의 장이 3개월 내에 필요한 조치의 이행계획을 보고하면 이를 검토하여 공표하도록 하였다(제10조). 이처럼 규제를 발굴하여 이를 완화하거나 철폐하는 것은 과학기술정보통신부를 포함한 각 부처가 모두 관여하여야 하고 각 부처가 자신의 소관 법령을 제·개정 하도록 하기 위하여 국무총리를 위원장으로 하는 전략위원회가 개입하도록 하는 체계를 마련한 것이다.

    이러한 추진체계의 마련 뿐 아니라 규제완화의 정신을 실현하는 구체적인 조치로서

점은 실로 아이러니하다고 평가할 수 있다.

이 법에서는 신속처리 및 임시허가 제도를 두고 있다. 먼저 신규 정보통신융합등 기술·서비스를 개발한 자는 이를 위한 허가등의 근거가 되는 법령에 해당 신규 정보통신융합등 기술·서비스에 맞는 기준·규격·요건 등이 없는 경우나 허가 등의 근거가 되는 법령에 따른 기준·규격·요건 등을 해당 신규 정보통신융합등 기술·서비스에 적용하는 것이 맞지 아니한 경우로서 법령상의 각종 허가등을 받지 못하거나 허가등의 필요 여부가 불분명하여 출시를 못하는 경우 과학기술정보통신부장관에게 신규 정보통신융합등 기술·서비스의 신속처리를 신청할 수 있다. 그러면 과학기술정보통신부장관은 그 신청사실과 신청내용을 관계 중앙행정기관의 장에게 통보하고, 관계 중앙행정기관의 장은 30일 이내에 그 신규 정보통신융합등 기술·서비스의 소관 업무 여부 및 허가등의 필요여부를 과학기술정보통신부장관에게 회신하여야 한다. 회신하지 아니할 경우에는 소관 업무에 해당하지 아니하거나 해당 중앙행정기관의 장의 허가 등이 필요하지 아니한 것으로 의제된다. 관계 중앙행정기관의 장은 신규 정보통신융합등 기술·서비스 신청이 관계 법령에 따라 허가등이 필요하다고 판단할 경우에는 허가등에 필요한 조건 및 절차 등을 함께 회신하여야 하며, 신청인이 그 내용에 따라 허가등을 신청할 경우 관계 법령에 따라 신속히 처리하여야 한다. 만약 신속처리가 신청된 신규 정보통신융합등 기술·서비스가 다른 관계 중앙행정기관의 장의 소관 업무에 해당하지 아니한다는 회신이 있거나 해당하지 아니한다고 간주된 경우에는 과학기술정보통신부장관은 해당 신규 정보통신융합등 기술·서비스의 특성을 고려할 때 그에 맞거나 적합한 기준·규격·요건 등을 설정할 필요가 있는 경우에는 총 2년(1년+1년)의 유효기간동안 임시로 허가 등(임시허가)을 할 수 있다. 임시허가 기간 동안에는 이로 인해 영향받는 관계 중앙행정기관의 장은 과학기술정보통신부장관에게 의견을 제출할 수 있고, 관계 법령의 제·개정이 필요한 경우 전략위원회에 상정하여 전략위원회가 관계 중앙행정기관의 장에게 법령을 제·개정하도록 요구하도록 하는 프로세스를 두고 있다. 이렇듯 신속처리를 신청한 사안에 대하여 과학기술정보통신부장관이 신청인에게 회신한 내용이 과학기술정보통신부장관 또는 관계 중앙행정기관의 장이 허가등이 필요하거나 과학기술정보통신부장관의 임시허가가 필요하다는 내용인 경우를 제외하고는 신규 정보통신융합등 기술·서비스를 개발한 자는 해당 신규 정보통신융합등 기술·서비스를 자유로이 출시할 수 있다.

이는 자유출시 영역이 존재함을 명확히 하였다는 점에서 원칙 허용, 예외 규제의 입법정신을 구현하였다고 평가할 수 있으며, 신속처리되거나 임시허가가 발령되는 부분에 대해서는 관련 규제를 합리화하였다는 평가를 할 수 있을 것이다.

그러나 이러한 융합시대에 걸맞게 새롭게 마련된 규제완화 장치는 생각보다 그간

많이 활용되지 못한 것이 사실이다. 그 사이 임시허가가 발령된 사안이 손가락에 꼽을
수 있을 정도라는 사정은 이를 잘 반영해준다. 그 원인에 대해서는 여러 가지 분석이 가
능하겠지만, 이 법이 중소기업이나 벤처에 포커스를 두고 새로운 기술·서비스의 폭발적
창출을 기대하며 제도를 구상하였지만 막상 미국의 실리콘벨리처럼 '습관적으로' 창업을
하는 젊은 혁신가적 마인드가 사회 전체적으로 부족한 점을 지적할 수 있고, 특히 창업
이나 벤처를 시도하였다가 실패한 경우 패배로 낙인찍히거나 다시 재기하기가 사실상 어
려운 사회분위기가 개선되지 않는 점도 큰 원인 중 하나라고 생각된다.

2. 이른바 '규제샌드박스'의 도입 논의

그러던 중 4차 산업혁명이 불거진 최근 이른바 '규제 샌드박스'를 도입하여야 한다
는 붐이 일어났고, 그 구체적인 방안으로 박근혜 정부때 발의되었던 규제프리존법을 대
체하여, 문재인 정부에서는 초연결 지능화, 스마트공장, 스마트팜, 핀테크, 재생에너지,
스마트시티, 드론, 자율주행자동차 등 8대 핵심선도사업에 대하여 규제샌드박스 도입을
가속화한다는 방침을 세우고, 세부적으로 ICT특별법(「정보통신 진흥 및 융합 활성화 등에 관한
특별법」), 「산업융합 촉진법」, 금융혁신지원특별법(입법추진 중), 지역특구법(「지역특화발전특
구에 대한 규제특례법」) 등 4대 법에 규제 샌드박스를 도입하는 입법을 2018년 상반기 중에
국회에 상정하여 연내에 통과시킨다는 전략을 수립한 상태이다.5)

여기서 관심을 두게 되는 것은 ICT특별법에 규제 샌드박스를 도입하는 방안에 관한
문제이다. 이를 반영한 법개정안은 이미 2017.11.8.에 신경민 의원 대표발의로 국회에 계
류 중이다. 법안은 이미 제출되어 계류중이지만 규제 샌드박스의 개념 자체가 대륙법계
의 시각에서는 모호하고 추상적인 면이 많아서 이를 어떻게 법규정으로 승화시키느냐를
두고 세부적인 미세조정을 하고 있는 중이다. 특히 이미 이 법에 도입되어 있는 신속처
리 및 임시허가 제도와 어떤 차이가 있는지, 양자를 하나의 법에 중첩이나 모순 없이 병
렬적으로 둘 수 있는지의 관점에서 검토를 요한다. 아이러니한 것은 신속처리 및 임시허
가 제도가 바탕으로 하고 있는 원칙 허용, 예외 규제의 원칙은 영국에서 금융산업 영역
에서 논의되기 시작한 것으로 일찍이 우리나라에서는 2000년대 초 금융위원회에서 그
도입여부를 심도 있게 검토한 적이 있었다. 최근 논의되고 있는 규제 샌드박스라는 것도
기실은 영국에서 금융산업영역에서 규제개혁의 일환으로 논의되는 것으로서 사회상규에
반하거나 불법적인 것이 아닌 한 원칙적으로 허용하여 자유롭게 산업이 탄생하게 하고
다만 사후에 문제를 일으키는 경우에 한해서 사후규제를 적용한다는 원칙이다. 즉, 아이

---

5) http://www.sedaily.com/NewsView/1OP0OM5UDY/GE02

들이 가지고 노는 모래상자처럼 규제로부터 자유로운 환경을 조성하여 그 안에서는 다양한 아이디어와 상상을 가능하게 하여 신산업의 탄생과 성장을 견인하겠다는 것이다. 구체적으로는 샌드박스에 들어가기 위한 요건을 설정하고 신청이 들어오면 심사하여 요건 충족 여부를 검토하고, 이후에는 시범사업과 임시허가 등으로 일정기간 규제를 면제하거나 유예해주게 된다. 신경민 의원 발의안에서는 '실증을 위한 규제특례'라는 명칭으로 이를 도입하고 있는데, 법제도가 허용하지 않아 당장 사업이 불가능한 신규 기술·서비스에 대해 규제 적용없이 테스트하는 제도로서 특례부여 결정시 관계부처의 검토를 거치도록 하고, 관계부처는 필요시 유효기간 만료 전에도 법령정비를 착수할 수 있도록 규정하는 것을 골자로 하고 있다.

    문제는 이러한 내용이 ICT특별법상의 기존 제도인 신속처리 및 임시허가 제도와 너무도 유사하고, 네거티브 규제의 도입이라고 하는 것도 애당초 ICT특별법이 토대로 한 원칙 허용, 예외 규제의 원칙과 사실상 동일한 것이라는 점에서 과연 이 두 제도가 하나의 법에서 병렬적으로 규율되어도 좋은지 여부에 회의적인 비판이 가능하다는 점이다. 관계부처가 유효기간 내에 전략위원회를 통해 필요한 법령정비를 한다는 점도 ICT특별법상 임시허가의 경우와 동일하다. 신경민 의원 발의안에서는 '관계법령 등에 의하여 허용되지 아니하는' 사항에 대하여 규제특례를 부여하는 점에서 신속처리 및 임시허가의 경우와 다르다고 하나, '허용되지 아니한다'는 표현은 위법 내지 불법의 경우를 포함하는 넓은 의미로 해석될 수 있어 사회상규에 반하거나 불법적인 것은 제외한다는 영국식 규제 샌드박스의 본래 의미와 상치될 염려가 있고, 신속처리 및 임시허가가 전제로 하는 '허가등의 근거가 되는 법령에 해당 신규 정보통신융합등 기술·서비스에 맞는 기준·규격·요건 등이 없는 경우나 허가등의 근거가 되는 법령에 따른 기준·규격·요건 등을 해당 신규 정보통신융합등 기술·서비스에 적용하는 것이 맞지 아니한 경우로서 법령상의 각종 허가등을 받지 못하거나 허가등의 필요 여부가 불분명하여 출시를 못하는 상황도 관계법령에 의하여 허용되지 아니하여 사업시행 등이 불가능한 경우에 해당한다고 볼 수 있어서, 신속처리 및 임시허가와 실증을 위한 규제특례(규제 샌드박스)는 사실상 같은 기능을 하는 중첩적 제도로 해석될 여지가 다분해 보인다.

    개인적으로는 기본적으로 신속처리 및 임시허가 제도가 이미 규제 샌드박스로서의 기능을 수행하고 있고, 다만 최근의 트랜드에 맞지 않는 부분이 있다면 이를 수정·보완하는 것이라면 모르겠지만, 영국식 규제 샌드박스를 맹목적으로 도입하려고 하는 시도는 매우 형식논리적이고 법체계상 위험한 발상이라고 생각된다. 더욱이 영국식 규제 샌드박스는 금융산업의 혁신에 국한하여 논의되는 것으로서 우리나라에 도입하는 경우도 금융

산업과 관련하여 논의하는 것은 글로벌 스탠다드에도 부합한다는 점에서 타당하겠지만
금융을 위시한 전 산업분야에 걸쳐 규제 샌드박스를 도입한다는 것은 타부처의 권한영역
에 관여하여야 하는 상황이 다반사가 될 수 있기 때문에 쉽지도 않고 또한 반드시 바람
직하다고만 보기도 어려울 수 있다. 정부가 먼저 천명한 바와 같이 금융산업에 우선적으
로 규제 샌드박스를 도입하는 선에서 정책우선순위를 정하고, 타산업분야에서는 기존의
ICT특별법상의 제반 제도들을 다듬고 수정·보완하여 4차 산업혁명 시대의 신산업 창출에
밑거름이 될 수 있는 법제도가 되도록 노력을 경주하는 것이 더 필요하다고 생각된다.

Ⅲ. 4차 산업혁명과 개인정보보호

1. 개관

클라우드 컴퓨팅, 빅데이터, 사물인터넷을 중심으로 ICT융합을 논의하던 것에서 최
근에는 인공지능, 가상현실, 블록체인 등 새로운 기술을 더하여 4차 산업혁명이 논해지
고 있는데, 4차 산업혁명이 언급되는 개별 분야 어디에서나 항상 중요한 문제로 언급되
는 문제가 개인정보보호의 문제이다. 산업의 거의 전분야가 디지털화 하면서 4차 산업혁
명이 심화되기 위해서는 많은 사항들이 디지털 정보화하여 집적되고 있고, 5G와 같은 망
을 통해 대량으로 거래되고 분석되는 것이 필요한데, 이를 위해서는 개인정보의 원활한
활용이 보장되지 않고서는 미래 ICT 산업의 발전과 4차 산업혁명의 완성을 기약할 수 없
다. 그러나 그동안 우리 사회는 카드사태와 같이 대규모 개인정보 침해사례로 인해 지속
적으로 개인정보의 엄격한 보호의 목소리가 강화되어 왔고, 이러한 맹목적인 보호주의는
4차 산업혁명의 시대를 맞는 ICT산업의 발전을 가로막는 저해요인으로 지목되고 있다.[6]

2. 개인정보의 개념

우리나라의 개인정보 보호법제에는 2011년 「개인정보 보호법」이 제정되어 개인정
보 보호에 대한 일반법으로 기능하고 있는 가운데, 정보통신서비스 제공자를 주된 규율
대상으로 하는 「정보통신망 이용촉진 및 정보보호 등에 관한 법률」'(이하 '정보통신망법')과
위치정보에 관한 「위치정보의 보호 및 이용 등에 관한 법률」(이하 '위치정보법'), 신용정보
에 관한 「신용정보의 이용 및 보호에 관한 법률」 및 그밖에 개인정보보호와 관련된 다수
의 법률들의 체계로 구성되어 있다. 개인정보는 이러한 개인정보 보호법제의 규율대상으

---

6) 이하의 내용은 이순환/박종수, 개인정보 비식별 조치 가이드라인의 법적 문제와 개인정보보호법제
개선방향, 공법연구 45집 2호(2016.12.), 257면 이하에서 발췌하고 추가함.

로서 각 법에서 부여하고 있는 권리·의무의 귀속과 책임의 판단과 관련하여 중요한 의미를 갖는 중심 개념이다. 개인정보 보호의 일반법인 「개인정보 보호법」은 개인정보에 대해 '살아있는 개인에 관한 정보로서 성명, 주민등록번호 및 영상 등을 통하여 개인을 알아볼 수 있는 정보'라고 하면서 해당 정보만으로 특정 개인을 알아볼 수 없더라도 다른 정보와 쉽게 결합하여 알아볼 수 있는 것을 포함한다고 정의하고 있다(제2조 제1호). 이러한 개인정보의 개념을 요소별로 크게 나누어 보면 ① 살아있는 개인에 관한 것으로 ② 특정 개인을 식별할 수 있는 정보이다. 이에 따르면 개인정보는 '살아있는', '개인'에 관한 정보여야 한다. 따라서 사자(死者)에 관한 정보나 법인이나 단체에 대한 정보는 개인정보 보호 법제의 보호대상인 개인정보에는 해당하지 않는다. 그리고 개인정보는 특정 개인에 관한 정보, 즉 개인을 특정할 수 있는 정보여야 하며 그러한 개인을 식별할 수 있어야 개인정보에 해당한다. 여기서 '식별할 수 있다'는 것은 그 정보로 개인을 알아볼 수 있는 경우(식별정보) 뿐 아니라 그 정보만으로는 특정 개인을 알아볼 수 없더라도 다른 정보와 쉽게 결합하여 알아볼 수 있는 경우(식별가능정보)를 포함하는 것이다.[7]

3. 개인정보의 범위

개인정보의 개념과 그 포섭범위에 대한 논의는 대부분 이처럼 '쉽게 결합하여 알아볼 수 있는' 정보가 어떤 것인지, 즉 식별가능성 문제에 초점이 맞춰져 있다. 식별가능성을 넓게 해석하면 개인정보의 개념과 보호범위가 무한히 확장할 수 있으며, 이를 너무 좁게 해석하면 개인정보보호가 미흡해질 수 있다. 어떤 정보가 개인정보로 인정이 되면 동의를 받지 않고서는 그 정보를 수집·이용하거나 제3자에게 제공할 수 없고, 이용하는 경우 등에서도 일정한 목적 범위 내로 제한이 된다. 또한 이를 위반하는 경우 행정상 제재뿐 아니라 형사처벌까지 받을 수 있어 개인정보의 개념은 이를 이용하거나 제3자에게 제공하려는 사업자에게 중요한 의미를 갖는다. 이와 관련하여 우리 판례는 IMEI와 USIM 일련번호,[8] 휴대전화 번호 뒷자리[9] 등도 이른바 식별가능정보로서 개인정보에 해당한다고 판시한 사례가 있다. 최근까지 이러한 일련의 개인정보 개념에 대한 법원의 판결을 보면 개인정보를 인정함에 있어 개인정보자기결정권의 보호에 더 무게를 두고 결합의 용이성을 상당히 넓게 보고 있는 것으로 평가할 수 있다. 그러나 어떤 정보가 다른 정보와 결합함으로써 개인을 식별할 수 있다면 개인정보가 될 수 있다고 단순히 접근하면 개인

7) 이순환/박종수, 개인정보 비식별 조치 가이드라인의 법적 문제와 개인정보보호법제 개선방향, 공법연구 45집 2호(2016.12.), 257면 이하.
8) 서울중앙지방법원 2011. 2. 23. 선고 2010고단343 판결.
9) 대전지방법원 논산지원 2013. 8. 9. 선고 2013고단17 판결.

정보의 범위가 너무 넓어지는 문제가 발생하므로 이에 대해 일정한 선에서 제한하는 것
이 필요하다.[10]

　또 무엇보다 개인정보의 개념 범위를 줄이는 것도 방법이겠지만, 무턱대고 많은 양
의 개인정보를 마구잡이식으로 수집해온 사회의 관행도 시정될 필요가 있다. 수집된 정
보의 물리적 총량이 줄어든다면 그것이 침해될 가능성도 줄어들 것이기 때문이다. 단기
적으로 우리의 정보보호법제에서 개인정보의 개념과 범위를 획기적으로 줄이는 것이 가
능하지 않은 것이라면 차라리 개인정보와 익명화 또는 가명화 등의 개념범주를 구별하여
법으로 보호되는 개인정보의 범위가 최소한 어디까지인지를 법으로 명확히 하는 것이 필
요하다고 본다.

　고무적인 점은 최근 대통령 직속 4차산업혁명위원회는 ‘개인정보의 보호와 활용의
균형 방안’을 발표하여 「개인정보보호법」 등에 규정된 개인정보 관련 법적 개념을 개인
정보, 가명정보, 익명정보로 구분하여 정비할 것임을 밝혔다는 점이다.[11] 이 중 익명정보
는 「개인정보보호법」의 적용대상에서 제외하는 것이 골자이다. 이를 통해 개인정보의 활
용성을 대폭 향상시키고 빅데이터 장벽을 획기적으로 낮추겠다는 것이 정부의 의지라고
해석할 수 있다.

　또한 최근 대법원도 ‘공개된 개인정보’와 관련하여, "인간의 존엄과 가치, 행복추구
권을 규정한 헌법 제10조 제1문에서 도출되는 일반적 인격권 및 헌법 제17조의 사생활의
비밀과 자유에 의하여 보장되는 개인정보자기결정권은 자신에 관한 정보가 언제 누구에
게 어느 범위까지 알려지고 또 이용되도록 할 것인지를 정보주체가 스스로 결정할 수 있
는 권리이고, 개인정보자기결정권의 보호대상이 되는 개인정보는 개인의 신체, 신념, 사
회적 지위, 신분 등과 같이 개인의 인격주체성을 특징짓는 사항으로서 개인의 동일성을
식별할 수 있게 하는 일체의 정보이고, 반드시 개인의 내밀한 영역에 속하는 정보에 국
한되지 아니하며 공적 생활에서 형성되었거나 이미 공개된 개인정보까지 포함한다"고 전
제하면서도.[12] 법률정보 제공 사이트를 운영하는 주식회사가 대학교 교수의 개인정보를
학교 홈페이지 등을 통해 수집하여 그 정보를 유료로 제공한 사안에서, 정보주체가 직접

---

10) 물론 국내 개인정보 보호법제에서 정하고 있는 개인정보의 정의는 다른 나라와 비교해볼 때 근본
　　적인 차이가 있지는 않다. 그러나 최근 ICT 환경이 변화함에 따라 정보처리기술이 급격하게 발전하
　　면서 개인정보로 인정되는 범위를 좁히거나 세분화하여 규제강도를 달리하려는 움직임이 나타나고
　　있다. 유럽의 GDPR의 제정이나 일본에서의 익명가공정보 개념의 도입은 우리의 개인정보 보호법
　　제 역시 정비와 변화가 필요한 시점임을 보여준다고 할 수 있다.
11) http://biz.chosun.com/site/data/html_dir/2018/02/06/2018020601571.html
12) 대법원 2011. 9. 2. 선고 2008다42430 판결; 2015. 10. 15. 선고 2014다77970 판결; 2016. 3. 10. 선고
　　2012다105482 판결.

또는 제3자를 통하여 이미 공개한 개인정보는 공개 당시 정보주체가 자신의 개인정보에 대한 수집이나 제3자 제공 등의 처리에 대하여 일정한 범위 내에서 동의를 하였다고 할 것이고, 이와 같이 공개된 개인정보를 객관적으로 보아 정보주체가 동의한 범위 내에서 처리하는 것으로 평가할 수 있는 경우에도 동의의 범위가 외부에 표시되지 아니하였다는 이유만으로 또다시 정보주체의 별도의 동의를 받을 것을 요구한다면 이는 정보주체의 공개의사에도 부합하지 아니하거니와 정보주체나 개인정보처리자에게 무의미한 동의절차를 밟기 위한 비용만을 부담시키는 결과가 된다고 판시하여,[13] 빅데이터 산업의 발전에 매우 중요한 진일보를 가져올 해석을 제시한 바 있다.[14]

이렇듯 개인정보의 개념에 관한 입법적 개선과 전향적인 법해석이 지속적으로 뒷받침된다면 향후 빅데이터 산업의 발전과 4차 산업혁명의 가속화에 긍정적인 시너지 효과가 가해질 것으로 기대해 본다.

4. 개인정보 비식별조치 가이드라인의 문제

한편, 2016년 6월 정부는 관계부처 합동으로 '개인정보 비식별조치 가이드라인'을 발표한 바 있다(이하 "가이드라인"이라 한다). 가이드라인은 빅데이터, 사물인터넷 등 새로운 IT 기술의 발전으로 등장하는 신산업의 발전과 개인정보의 보호를 조화롭게 동시에 모색하기 위하여 마련되었다. 현행 개인정보 보호의 법령 틀 내에서 빅데이터가 안전하게 활용될 수 있도록 하는데 필요한 개인정보의 비식별 조치의 기준과 비식별 정보의 활용 범위 등을 명확하게 하는 것을 목적으로 한다. 가이드라인에서는 비식별 정보를 개인 식별요소를 '전부' 또는 '일부' 삭제하여 개인을 알아볼 수 없도록 조치를 한 경우 그 정보가 비식별 정보라고 하면서, 적정하게 비식별 조치를 한 경우 개인정보가 아닌 것으로 '추정'함을 명시하고 있다.[15] 이러한 정보들은 개인정보가 아닌 것으로 추정이 되기 때문에 「개인정보 보호법」 등의 적용대상이 되지 않고 따라서 회사들은 빅데이터 분석 등에 활용이 가능하게 된다는 것이다.[16]

가이드라인에서 제시하고 있는 비식별화 절차에 따르면 우선 개인정보에 해당하는지 확인하는 사전검토를 거쳐, 개인정보에 해당한다고 보면 비식별 조치를 거치게 된다. 비식별 조치에는 식별자(identifier)에 대한 조치와 속성자(attribute value)에 대한 조치가 있

---

13) 대법원 2016. 8. 17. 선고 2014다235080 판결.
14) 이순환/박종수, 개인정보 비식별 조치 가이드라인의 법적 문제와 개인정보보호법제 개선방향, 공법연구 45집 2호(2016.12.), 257면 이하.
15) 개인정보 비식별 조치 가이드라인, 57면.
16) 이순환/박종수, 개인정보 비식별 조치 가이드라인의 법적 문제와 개인정보보호법제 개선방향, 공법연구 45집 2호(2016.12.), 257면 이하.

으며, 비식별조치 방법으로는 가명처리, 총계처리, 데이터 삭제, 데이터 범주화, 데이터 마스킹 등 여러 가지 방법을 복합적으로 활용하도록 하고 있다. 비식별 조치를 거치고 나면 비식별조치가 충분한지에 대한 적정성 평가를 한다. ⅰ) 비식별 조치를 한 개인정보처리자는 적정성평가에 필요한 기초자료를 작성하고 ⅱ) 개인정보 보호책임자가 3명 이상으로 비식별 조치 적정성 평가단(이하 '평가단')이 구성되면, ⅲ) 평가단은 k-익명성 모델을 활용하여 비식별 조치 수준의 적정성을 평가하게 된다. 이때 비식별조치가 부적정하다고 평가되면 평가단의 의견을 반영하여 추가적인 비식별 조치를 하여야 하고, 비식별 조치가 적정하다고 평가받은 경우에는 빅데이터 분석 등에 이용 또는 제3자 제공이 허용되게 된다. 또한 비식별 조치가 이루어지고 나면 사후조치로 비식별 정보 안전 조치와 재식별 가능성 모니터링을 하여야 한다. 비식별 정보를 제3의 기관에 제공하거나 처리 위탁하는 경우 재식별금지, 재제공 또는 재위탁제한, 재식별 위험시 통지에 관한 내용을 계약서에 명시하여야 한다. 그리고 재식별시 그 정보는 즉시 파기 조치하되 해당정보를 다시 활용하려면 비식별 조치절차를 다시 거쳐야 한다. 가이드라인은 또한 비식별 조치를 지원하기 위해 분야별로 전문기관을 정하고 개인정보 보호 전담기관인 한국인터넷진흥원에 '개인정보 비식별 지원센터'를 설치하여 운영하도록 하고 있다. 아울러 전문기관이 기업 간 가지고 있는 정보집합물의 결합을 지원할 수 있도록 하고 있다. 전문기관은 정보집합물의 결합을 지원하면서 업무처리 전반에서 개인을 식별하려는 일체의 시도를 금지하는 역할을 하며, 정보집합물의 결합 및 정보 제공 완료 후 모든 정보를 지체 없이 파기하여야 한다.[17]

그러나 이러한 가이드라인의 제정취지에도 불구하고 이것이 의도하는 정책적 효과가 생각보다 제대로 나타나지 않으리라는 우려가 제기된다. 먼저 개인정보의 개념이 매우 확장적이어서 광범위한 가운데 비식별화라는 또다른 확장적 개념을 도입하여 익명화와의 차이점은 무엇이고 과연 비식별화된 정보가 개인정보가 아니라고 할 수 있는지에 대해 계속 의문이 제기될 수 있다. 즉, 비식별조치된 정보는 개인정보가 아니라는 추정을 받는 것에 불과하기 때문에 언제든지 재식별의 위험에 노출되어 있고 그러한 불안이 있는한 기업들은 안심하고 개인정보를 활용하여 빅데이터사업을 영위할 수 없을 것이기 때문이다. 무엇보다 가이드라인의 법적 성질 또한 법령의 효력이 없는 것이기 때문에 가이드라인에 따라 비식별조치를 하였다고 하더라도 개인정보보호법령을 위반하였다는 이유로 언제든지 행정제재나 형사처벌의 대상이 될 수 있기 때문에 이 또한 기업들이 안심하

---

17) 이순환/박종수, 개인정보 비식별 조치 가이드라인의 법적 문제와 개인정보보호법제 개선방향, 공법연구 45집 2호(2016.12.), 257면 이하.

고 가이드라인을 따를 수 없는 요인이 되고 있다. 또한 가이드라인은 현행 정보보호체계가 정보주체의 동의를 기본전제로 하고 있음을 출발점으로 하여 어떤 개인정보를 빅데이터 분석 등의 활용이나 제공에 있어 정보주체의 동의 없이 이 정보를 이용할 수 있도록 하는 것을 목표로 하였다. 즉, 개인정보보호법과 정보통신망법 등에서 규정하고 있는 너무 엄격한 동의 제도를 해소하기 위한 취지에서 가이드라인이 마련되었다고 볼 수 있다. 그러나 가이드라인은 법령의 효력이 없는 한계가 내재해 있기 때문에 그러한 가이드라인이 추구하는 정책목적은 결국 입법을 통해 구현되지 않으면 안될 것이다. 최근 해외의 개인정보 보호법제의 변화에서 가장 눈여겨볼 것이 개인정보자기결정권의 실현 수단으로 사전동의(opt-in)가 완화되거나 다른 형태로 변화하고 있다는 것이다. 유럽연합의 GDPR에서도 가명정보의 개념을 도입하면서 특정인을 식별할 수 없는 가명정보를 활용하여 공익을 위한 유지보존의 목적, 과학이나 역사 연구의 목적 또는 통계작성의 목적에 정보주체의 동의 없이 사용가능하도록 하여[18] 빅데이터의 활용의 근거를 마련하였다. 향후 사물인터넷과 빅데이터의 발달로 인해 막대한 양의 정보를 처리하는 과정에서 정보 주체가 동의를 할 수 없는 경우가 계속해서 증가할 것으로 예상된다. 이러한 상황에서 점차 개인정보의 보호 형태가 정보주체의 동의에서 정보처리자의 책임으로 그 패러다임이 변화할 것이다. 유럽연합의 GDPR에서도 개인정보를 처리하는 자들에게 가명처리를 하여 이를 보관·이용하도록 하고 있는데, 이러한 가명처리와 엄격한 책임주의를 결합하여 개인의 동의가 없어도 비교적 사업자가 광범위하게 정보를 이용할 수 있도록 한다면 개인정보의 보호와 개인정보 활용이라는 가치를 균형 있게 보호할 수 있을 것으로 생각된다.[19]

Ⅳ. 4차 산업혁명과 이용자호보

앞서 기술한 바와 같이 지금까지의 ICT융합 또는 4차 산업혁명 관련 논의에서는 규제의 완화 또는 개인정보의 활용 등 산업 또는 기업 위주의 활성화 정책과 방안들이 쏟아져 나오고 있다. 그러나 새로운 ICT 융합 신기술이나 서비스는 이를 이용하는 이용자의 측면을 외면하여서는 아니된다. 필자는 2013년과 2014년 방통위 연구과제를 통하여 통합 이용자보호법 제정방안 연구를 진행하고 이를 바탕으로 이용자보호법(안)을 마련한 바 있고, 이 법안은 19대 국회때 권은희 의원이 발의하여 국회 미방위에 계류된 바 있었

---

18) GDPR(REGULATION (EU) 2016/679) 제89조. 우리의 개인정보 보호법 제18조 제2항 제4호와 비교해보면 ① 구체적인 목적을 적시하고 있으며 ② 가명처리를 명시하여 우리의 법문보다 구체적이다.

19) 이순환/박종수, 개인정보 비식별 조치 가이드라인의 법적 문제와 개인정보보호법제 개선방향, 공법연구 45집 2호(2016.12.), 257면 이하.

다. 비록 19대 국회의 종료와 더불어 폐기되기는 하였으나, 이를 통하여 이용자법제와 관련한 매우 가치있는 분석과 검토를 경험할 수 있었다. 이하에서는 당시 연구를 바탕으로 필자가 「법제연구」에 게재한 글을 재구성하여 4차 산업혁명시대의 이용자보호 문제에 대하여 정리해보기로 한다.[20]

1. 개관

종래 방송과 통신은 완전히 구별된 영역으로 칸막이화 되어 생성 및 발전해온 결과 서로 현격히 다른 사상과 내용으로 구축되어 체계화되어 왔다. 이렇듯 상이한 모습에 기초하여 각각의 서비스 사용자에 대한 보호도, '시청자'와 '이용자'라는 명칭으로 방송과 통신의 각각의 영역에서 별개의 제도를 구축해왔다. 그러나 현대에 이르러 ICT 기술의 발전, 특히 네트워크의 확장과 스마트 기기의 등장으로 기존의 방송·통신의 체계가 흔들릴만한 변화가 이루어지고 있다. 방송·통신의 융합현상이 가속화됨에 따라 기존의 법제도가 예상하지 못했던 결합서비스와 신규서비스가 등장하게 되었고, 방송통신시장이 날로 복잡해지고 있는 것이 현실이다. 이러한 방송·통신시장의 변화는 이용자로 하여금 합리적인 선택을 어렵게 하고, 이에 따라 이용자의 권익침해가 지속적으로 증가하고 있는 추세이다. 여기에 더하여 민주주의 발전에 따라 여론형성이 자유로워지고 합리적인 의사형성 및 결정과정을 거치면서 국민의 주권자로서의 의식이 강화되었으며, 이에 따라 행정 분야에서는 불복제도와 쟁송제도 및 분쟁조정제도들이 치밀해지고 과거보다 상세화되는 경향이 나타나고 있다. 이러한 경향에 따라 방송·통신 분야의 이용자들의 권익보호를 위한 제도 역시 현실의 변화에 순응하여 새롭게 변화할 필요성이 대두되고 있다. 이에 세계 각국은 현대 방송·통신 융합현상에 발맞추어 법제도를 개선하고 있으며, 이용자보호에 대한 변화의 움직임을 보이고 있다. 이들 국가들은 새로운 환경에 대응하기 위하여 광대역 모바일 인프라의 구축, 서비스와 기술의 고도화, 차세대 네트워크 구축 및 Open Access의 보장 등을 정책적으로 추구하고 개인정보보호 및 미성년자 보호 등 이용자의 권익보호를 위한 제도를 지속적으로 마련하고 있다. 또한 이러한 제도의 실행을 전반적으로 총괄하는 각종 규제기구들의 개선의 움직임을 보이고 있다. 방송과 통신의 융합 환경에 따라 미디어나 통신을 둘러싼 패러다임이 점차 이용자 중심으로 변화하고 있다는 점도 특징으로 볼 수 있다. 이에 따라 전통적으로 공급자 중심으로 이루어지던 지원 및 규제 행정 역시 변화의 필요성이 있는 것이다. 오늘날 이용자보호는 법익의 침

---

20) 이하의 내용은 박종수, ICT융합에 따른 방송통신 이용자보호 법제의 합리적 개선방안, 법제연구 제 44호(2013), 103면 이하에서 발췌하여 정리함.

해 후 사후적 권리구제절차를 강구하는 것보다 사전적으로 이용자권익저해행위가 발생하지 않도록 하는 것이 중요하다 할 것이다.[21]

2. 통합 이용자보호법의 제정 필요성

지금까지의 방송·통신 분야의 이용자보호 제도는 「방송법」, 「전기통신사업법」, IPTV법 등 여러 법률에 산재되어 있다. 방송과 통신의 융합현상의 가속화에 따라 방송과 통신의 경계가 모호한 서비스가 지속적으로 생겨날 것이 예상되는바, 이렇게 다양한 법률에서 이용자보호에 대한 규율을 하는 것은 타당하지 않다. 다만 방송과 통신의 융합 현상에 따라 이용자보호 영역 역시 통합적으로 규율해야 한다는 것이 논리적으로 잘 연결되는 것인지에 대해서는 의문이 있을 수 있다.[22] 하지만 방송과 통신의 융합은 단순히 기술과 매체의 융합에 불과한 것이 아니다. 방송·통신의 융합은 사업자 중심의 패러다임에서 이용자 중심의 패러다임으로의 전환이며, 따라서 다양한 서비스에 대한 자유로운 선택이 보장되어야 하며, 이용자가 위축되지 않도록 보호제도를 사전에 정비하는 것이 필요한 것이다. 또한 앞으로 4차 산업혁명에 따른 ICT 산업의 발전 방향을 볼 때도 이용자보호 법제의 통합은 필요하다고 판단된다. ICT 산업의 발전으로 인해 방송 이외의 다른 산업과의 융합은 지속적으로 발전할 것으로 예상되며, 이에 대해서 기존의 산업이 가지고 있던 소비자 및 사용자에 대한 보호를 넘어선 이용자의 보호 문제가 발생할 가능성이 더욱 커졌다. 이러한 점들에서 방송·통신 이용자보호 법제의 통합화는 방송과 통신의 전체 법제의 통합의 시발점이자, ICT를 기반으로 하는 산업 전반의 이용자보호의 기본 법제로서 기능할 수도 있다.[23]

아래에서는 4차 산업혁명의 시대에 있어서 이용자 보호 관련 통합법의 제정시 필요한 논의 쟁점을 크게 사업자 분류체계, 금지행위 및 사후규제, 분쟁해결절차의 세 가지로 뽑아 정리해보기로 한다.

3. 사업자 규제체계의 개편

통합 이용자보호 법제의 마련에 있어서는 먼저 ICT융합이라는 새로운 패러다임에 적응하여 이용자권익보호 관련 ICT생태계에 참여하는 사업자 전반을 규율대상으로 하여

21) 박종수, ICT융합에 따른 방송통신 이용자보호 법제의 합리적 개선방안, 법제연구 제44호(2013), 103면 이하.

22) 장경원, '방송·통신분야에서의 이용자보호법제: 독일의 법제와 시사점', 경제규제와 법 제3권 제2호, 2010.11, 170면.

23) 박종수, ICT융합에 따른 방송통신 이용자보호 법제의 합리적 개선방안, 법제연구 제44호(2013), 103면 이하.

야 할 필요성이 있다. 그에 따라 기존에 「전기통신사업법」에 따른 통신사업자, 「방송법」
에 따른 방송사업자 및 IPTV법에 따른 IPTV사업자에만 국한할 것이 아니라, 각종 콘텐
츠나 애플리케이션 개발자나 제작자와 포털사업자는 물론 단말기제조사까지 포함한 광
의의 사업자군을 대상으로 이용자보호의 책무와 의무를 부여하고 이 법에서 규율할 이용
자이익저해행위를 하는 경우 사후규제 조치를 부여하는 방안을 검토할 필요가 있다. 나
아가 향후 ICT생태계에서는 이른바 플랫폼사업자가 두드러진 시장역할을 수행할 것이라
는 예상에서 플랫폼사업자도 이 법의 규율대상범위에 포함하도록 하는 방안도 검토할 필
요가 있다. 다만, 구체적인 규율방식에 있어서는 금지행위(이용자이익저해행위)에 구체적인
행위유형을 열거하여 규정하는 방안과, 어차피 주로 사업자-사업자간의 관계에서 문제
가 야기될 것이고 직접 이용자와 관련하는 부분은 적을 것이라는 점을 고려하여 사업자
들에 대해서는 일정한 책무나 의무를 부여하고 이러한 의무의 불이행 또는 위반이 있을
경우에 시정명령 등의 제재를 가하는 방안을 검토할 수 있을 것이다.[24]

4. 금지행위 및 사후규제 체계의 개선

1) 금지행위 규정체계의 개선

　　이용자보호 제도의 근간은 각 방송통신 관련 사업법상 사업자의 금지행위에 대하여
규정을 두고 이에 대한 위반행위가 있을시 사후제재를 가하는 것이 된다. 따라서 통합
이용자보호법에서는 「방송법」, 「전기통신사업법」, IPTV법 등에 산재해 있는 금지행위
규정들을 여하히 통합하여 규정할 것이며, 이때 금지행위의 목록에는 어떤 사항들을 담
을 것인지, 또 구체적으로 금지행위 위반 여부를 조사하기 위한 절차를 어떻게 마련할
것인지 등이 상세히 규정되어 있을 필요가 있다.

　　먼저 통합 이용자보호법에서는 기존의 「전기통신사업법」, 「방송법」 및 IPTV법 등에
서 개별적으로 규정되어 있던 금지행위 규정들을 통합하여 하나의 이용자이익저해행위
로 체계화하는 작업을 필요로 한다. 금지행위 규정은 일반 공중이 누리는 사회·문화적
가치의 보호를 위한 것이 아니라 서비스 이용주체로서 누리는 경제적 가치를 보호하기
위한 것이기 때문이다. 시청자에 대한 언급은 사회·문화적 가치의 보호가 문제되는 경
우에만 제한적으로 사용할 수 있을 것이다. 다만, 방송사업자와 계약을 체결하지 않고 무
상으로 서비스를 이용하는 이용자나 계약체결 과정 중에 있는 잠재적 이용자도 금지행위
규정의 보호를 받기 위해, '방송통신사업자와의 계약 체결' 여부는 개념 요소에서 삭제할

---

24) 박종수, ICT융합에 따른 방송통신 이용자보호 법제의 합리적 개선방안, 법제연구 제44호(2013),
103면 이하.

필요가 있다. 정보통신망법에서는 이용자를 '정보통신서비스 제공자가 제공하는 정보통
신서비스를 이용하는 자'라고 간단하게 규정하고 있는데, 이는 방송통신 이용자보호법의
마련에도 참고가 될 수 있을 것이다. 「방송법」과 IPTV법, 「전기통신사업법」상의 금지행
위규정은 각 법의 규정범위와 입법취지를 고려하여 유사점을 통합하여 통일적으로 규율
하면서도 각 법령별 차별되는 점을 구분해야 할 것이다. 이와 관련하여 통합 이용자보호
법의 이용자이익저해행위 규정 마련과 관련하여 정보통신망법상 규정되어 있는 정보보
호 및 불법정보유통에 관한 규정들을 통합 이용자보호법으로 이관해올 것인가에 대한 문
제도 중요한 관심사다. 이용자보호의 관점에서 정보보호침해 및 불법정보의 유통은 중요
한 이용자보호 원인행위가 된다는 점에서 통합 이용자보호법에서 반드시 규율해야 할 사
항이라고 볼 수도 있을 것이다. 그러나 정보보호나 불법정보유통에 관한 규정을 통합 이
용자보호법으로 이관해오는 경우 정보통신망법은 거의 폐지 수순을 밟는다고 해도 과언
이 아닐 정도로 대부분의 조문들이 폐지되는 사태가 발생하게 될 것이다. 더욱이 현 정
보통신망법상의 정보보호 및 불법정보유통에 관한 규정들은 방대한 양이기 때문에 이를
전부 통합 이용자보호법에 이관해오는 것은 물리적으로도 매우 어려운 형편이다. 아울러
「개인정보보호법」이 제정되면서 정보보호에 관한 일반법적 지위를 가지고 있으므로 이
용자보호에 관한 일반법인 통합 이용자보호법에서 굳이 정보보호나 불법정보유통에 관
한 세부적인 사항을 일일이 규정할 필요성도 반감되었다고 할 것이다. 따라서 통합 이용
자보호법에서는 정보보호나 불법정보유통에 관한 규정들을 제외하고 이용자보호 관련
기본적인 사항만을 함축적으로 규정함으로써 한결 가벼운 내용과 체제로 입법되는 것이
바람직할 것이다.[25]

2) 사후규제 체계의 개선

이러한 금지행위 규정체계의 정비가 이루어지면 금지행위 위반에 대한 제재수단도
그에 맞추어 체계화할 필요가 있다. 금지행위의 위반에 대해 「방송법」, IPTV법, 「전기통
신사업법」의 제재수단은 시정조치, 과징금, 과태료, 행정형벌로 나눌 수 있다. 시정조치
의 경우 「전기통신사업법」은 시정조치의 내용을 중지명령, 공표명령, 원상회복명령, 업
무처리절차 개선명령, 이용자 신규모집금지명령 및 이를 위하여 필요한 사항으로 열거하
는 형식을 가지고 있다. 그러나 「방송법」 및 IPTV법은 중지명령, 계약조항의 삭제·변경
명령, 공표명령 등 필요한 시정조치를 명할 수 있다고 규정하여 포괄적인 형식을 취하고
있다. 과징금 규정은 「방송법」 및 IPTV법이 정률과징금을 관련 매출액을 2%를 상한으로

25) 박종수, ICT융합에 따른 방송통신 이용자보호 법제의 합리적 개선방안, 법제연구 제44호(2013), 103면 이하.

규정하고 정액과징금은 5억 원으로 규정하고 있는 반면, 「전기통신사업법」은 관련 매출액의 3%와 10억 원으로 규정을 하고 있어 규제수준이 더 높다. 행정형벌의 경우도 「전기통신사업법」에만 규정이 있고 「방송법」 및 IPTV법은 행정형벌을 두고 있지 않다. 그밖에 과태료는 「방송법」에만 자료제출을 불응·허위자료 제출에 대한 과태료 규정이 별도로 존재하고 있다.

　이러한 현황 하에서 「방송법」, IPTV법, 「전기통신사업법」의 금지행위 제재규정을 통합 이용자보호법으로 이관할 경우, 시정조치는 「방송법」 및 IPTV법과 같이 포괄조항 형식으로 규정하는 것이 규제기관의 융통성 있는 법 적용을 위해 바람직할 것이다. 즉 '~등'이라는 규정 형식을 취하되 전단에서는 방송통신위원회가 취할 수 있는 시정조치의 예로서 중지명령, 공표명령, 원상회복명령, 업무처리절차 개선명령, 이용자 신규모집금지명령, 계약조항의 삭제·변경명령을 적시하는 것이 타당하다. 과징금이나 행정형벌의 경우 통합 이용자보호법에서 같은 행위유형을 위반하였음에도 전기통신사업자라는 이유만으로 높은 과징금 및 행정형벌을 받는 것으로 규정하는 것은 처벌에 대해 합리적 이유가 있는지 논란이 발생할 수 있다. 이에 대해서 헌법상 평등의 원칙 위반이 문제될 수 있는 것이다. 따라서 이러한 논란의 차단을 위해 통합 이용자보호법의 과징금 및 행정형벌은 모든 사업자에 대해 동등하게 적용되도록 규정하는 것이 바람직하다. 다만 위반행위 유형에 따라 과징금의 상한을 높게 하거나 행정형벌의 적용을 다르게 하는 것은 부당한 차별의 논란 가능성이 낮고, 구체적으로 위반행위 유형에 따른 과징금의 상한 및 행정형벌의 적용여부는 당해 위반행위로 인한 이용자의 피해와 제재의 실효성 등을 고려하여 입법자가 결단하도록 하는 것이 타당하다.[26]

5. 분쟁해결절차의 개선

　마지막으로 이용자보호 체계의 개선에 있어서는 분쟁해결절차의 개선 또한 빼놓을 수 없다. 이는 재판에 의한 분쟁해결이 아닌 대안적 수단에 의한 분쟁해결로서, 현행 방송통신 분야와 관련해서는 분쟁조정, 재정, 알선 등의 제도를 운영하고 있다.

　먼저 분쟁해결의 비대칭구조 해결을 위해서는 통신의 경우에도 방송과 융합서비스(IPTV)와 마찬가지로 분쟁조정제도의 도입이 필요하다. 재정과 분쟁조정은 법적 성질에 있어 동일한 분쟁조정이지만[27] 그 분쟁해결의 주체, 절차 및 효과에 있어서 구별할 필요

26) 박종수, ICT융합에 따른 방송통신 이용자보호 법제의 합리적 개선방안, 법제연구 제44호(2013), 103면 이하.
27) 이상직, 「통신위원회를 중심으로 본 전기통신사업법론」, 진한도서, 1998, 245면; 정호경, "통신위원회 재정(裁定)의 법적 성격과 불복방법", 「법학논총」 제24집 제2호, 2007, 218면 참조.

가 있으므로 「전기통신사업법」상 분쟁에 있어 재정과는 구분되는 분쟁조정이라는 제도를 새로이 도입할 필요가 있는 것이다.[28] 또한 통신의 경우에 분쟁조정제도를 도입한다면 분쟁조정제도와 유사하게 운영되는 「전기통신사업법」상 알선제도는 폐지하는 것이 타당하다. 그리고 방송과 IPTV에서도 통신과 마찬가지로 규범적 판단을 하는 재정제도의 도입이 필요할 것으로 보인다.

　　방송에서 분쟁조정의 모습을 보면 사업자 간 분쟁조정은 방송분쟁조정위원회에서, 사업자와 시청자 간에 발생하는 분쟁조정은 시청자권익보호위원회에서 담당하고 있어, 영역에 따라 분쟁조정이 이원화되어 있음을 알 수 있다. 하지만 사업자 간에 발생하는 분쟁과 사업자와 시청자 간에 발생하는 분쟁조정을 별개의 기관에서 이원화하여 담당하는 근거와 이유가 불분명하다. 이는 사업자 간 또는 사업자와 이용자 간에 발생하는 분쟁을 하나의 기관에서 처리하는 「전기통신사업법」과도 형평에 맞지 않다고 할 수 있다. 그리고 분쟁조정은 신속한 분쟁해결이라는 취지에 부합하게 분쟁조정위원회에서 최종조정안을 작성하여 당사자의 수락을 받을 수 있도록 최종적인 분쟁조정권한이 부여되는 것이 타당할 것이다. 국내 다른 법률에서 조정안만 작성하고 최종적인 조정결정권한이 없는 분쟁조정기구는 없다는 점에서 이에 대한 개선이 이루어져야 할 것으로 보인다.

　　마지막으로 현재 방송·통신법 체계에서는 방송·통신 영역에서의 집단적 피해의 발생 및 집단분쟁조정제도의 미비한 상황이다. 방송과 통신은 그 특성상 사업자가 다수의 이용자와 시청자를 상대로 서비스를 제공하는 특징에 따라 다수의 동질적인 피해가 발생하는 경우가 많다. 방송이나 통신영역에 있어서는 집단적으로 동일한 피해를 입는 경우가 많이 발생함에도 불구하고, 방송법이나 통신법 체계에서 이를 집단적으로 처리하는 제도를 구비하지 못하고 있다는 점은 문제점으로 볼 수 있다. 따라서 통합 이용자보호법에서는 이러한 점을 시정하기 위한 집단분쟁조정의 가능성도 제도적으로 열어줄 수 있어야 할 것이다.[29]

V. 요약 및 결어

　　이상 4차 산업혁명 시대에 있어서 방송과 통신 및 인터넷을 아우르는 전체 ICT 법제에 있어서 근간이 되는 이슈문제를 규제완화, 개인정보보호 및 이용자보호의 측면에서 개관하고 필요한 개선점에 대하여 필자가 선행연구들을 통해 생각했던 바를 중심으로 재

---

28) 임 준 외, 「방송통신 진화에 따른 규제체계 고도화방안 연구」, 방송통신위원회, 2010, 122면.
29) 박종수, ICT융합에 따른 방송통신 이용자보호 법제의 합리적 개선방안, 법제연구 제44호(2013), 103면 이하.

구성해보았다.

　4차 산업혁명 시대에 있어서 신산업이 활발히 촉발되고 발전할 수 있기 위해서는 규제를 완화하여 산업의 운신의 폭을 더 넓히는 것이 필요한 것은 사실이다. 그러나 규제를 완화하기 위해서 법을 새로이 제정하거나 개정할 때에는 그 자체가 또 다른 규제가 될 수 있음을 유의할 필요가 있다. 또한 규제샌드박스라는 세계적 유행을 일종의 글로벌 스탠다드로 보고 우리 법제에도 도입하는 것도 의미가 있을 수 있지만, 모든 제도는 그 나라에서 만들어지고 셋팅되게 된 이유와 근거가 있다. 우리나라에서도 그러한 이유와 근거가 꼭 타당한 것은 아닐 수 있다. 어쩌면 이미 우리가 가지고 있는 제도 중에 규제샌드박스와 같은 기능을 하는 제도가 있을 수도 있다. 맹목적인 도입만이 해답은 아님을 유의할 필요가 있다. 시대의 흐름에 따라 우리 사회가 요구하는 바를 정확히 읽어낼 필요가 있다. 그에 정확한 진단을 통해 우리 체질에 맞는 제도를 찾고 만들어낼 필요가 있다. 개인정보의 보호 못지않게 활용의 가능성도 합리적으로 조화시킬 필요가 있다. 이용자보호의 문제는 향후 4차 산업혁명이 심화되더라도 반드시 챙겨보아야 할 중요한 과제이다. 4차 산업혁명은 산업 위주만으로 바라볼 필요는 없다. 모든 혁신은 결국에 가서 인간을 위한 것으로 수렴되어야 하기 때문이다.

　고 류지태 교수님이 개척하신 통신법의 씨앗이 부화하고 싹이 나고 줄기가 뻗어 나무가 되고, 그 나무가 뿌리를 깊이 내려 우리 법학의 장을 한 층 더 넓이고 높이는 아름다운 기회가 되기를 기대해 본다.

[참고문헌]

이원우, ‘현행법상 방송 및 통신시장의 규제와 방송·통신의 융합에 따른 공정경쟁 이슈’, 정보법
　　　학 제9권 제1호, 2005

류지태, “행정법상 분쟁조정제도의 비교연구”, 고려법학, 고려대학교 법학연구원, 2004

이순환/박종수, 개인정보 비식별 조치 가이드라인의 법적 문제와 개인정보보호법제 개선방향,
　　　공법연구, 제45집 제2호(2016.12.), 257면 이하.

박종수, ICT융합에 따른 방송통신 이용자보호 법제의 합리적 개선방안, 법제연구 제44호(2013),
　　　103면 이하.

박종수 외, 방송통신 이용자보호법제 세부정비방안 연구, 방송통신정책연구, 13-진흥-072, 방
　　　송통신위원회, 2013. 12.

장경원, ‘방송·통신분야에서의 이용자보호법제: 독일의 법제와 시사점’, 경제규제와 법 제3권 제
　　　2호, 2010.11

이상직, 「통신위원회를 중심으로 본 전기통신사업법론」, 진한도서, 1998

정호경, “통신위원회 재정(裁定)의 법적 성격과 불복방법”, 「법학논총」 제24집 제2호, 2007.

인공지능 의료기기 위험관리를 위한 규범론적 접근
— 인공지능 소프트웨어 규범화 논의를 중심으로 —*

김 재 선**

Ⅰ. 들어가며

1. 문제의 소재

인공지능(Artificial Intelligence)의 발전은 앞으로 인간의 삶을 어떠한 형태로 지배하고 바꾸게 될 것인가. 인공지능의 발전이 가져올 변화에 대한 우리 사회의 대응은 어떠한 법적 수단으로 이루어져야 할 것인가. 특히 세계적으로 유사한 수준으로 발전하고 있는 인공지능 기술에 대하여 타법(민상법 등)에 비하여 상대적으로 각 지역 또는 나라의 고유한 법학영역으로 남아있던 행정법 영역에서 각 국가는 어떻게 대응해 나갈까.

본 논문은 (광범위한 의미의) 기술이 상대적으로 유사한 속도로 발전하고 있으며 이러한 기술의 성과로 나타나는 서비스가 (세계적으로) 거의 동시에 공급되고 있는 현대 사회에서 기술에 대한 행정법적 대응[1)]은 어떠한 형태로 이루어져야 할 것인가에 대한 고민에서 시작되었다. 즉 현재 도입되고 있는 기술이 추후 성숙한다면 개별 국가의 행정법적 지배이념과 산업분야(기술과 서비스 영역)에 따라 세분화된 평가가 이루어지겠지만 기술의 개념과 영향에 대한 연구가 성숙되지 않은 상태에서의 규제에 관하여는 국가의 경제·사회·행정법적 관념에 따라 다른 형태의 접근이 이루어질 것이기 때문이다.[2)] 예컨대 기술

---

* 本稿는 공법연구 제46집 제2호(2017.12.)에 수록되었으며 추모논문집의 형식에 맞게 수정·보완하였습니다.

** (국립) 한경대학교 법학과 조교수, 법학박사, J.D. (jaesk@hknu.ac.kr)

1) 류지태, 행정법에서의 위험관리: 사법심사의 기준을 중심으로, 공법연구, 제32권 제3호, 2004, 457－491면. 류지태, 의료법의 개정방안, 의료정책포럼, 제1권 제4호, 2003, 125－135면.
관련 연구는 다음과 같다. Dan Andrews, Chiara Criscuolo, Peter Gal, *“The global productivity slowdown technology divergence and public policy: a firm level perspective”*, OECD, 2016.; Robert Engberg, Peter Altmann, *“Regulation and Technology Innovation: A Comparison of Stated and Formal Regulatory Barriers throughout the Technology Innovation Process”*, Journal of Technology Management & Innovation, v.10, 2015.

2) 기술에 관한 규제유형에 관하여는 경쟁촉진을 통한 기술 확산을 도모하는 경제적 규제, 공공의 안전

발전을 촉진하며 동시에 기술의 효과성 및 위해성을 즉각적으로 평가하여 적극적인 규제
를 도입하는 방법, 기술의 효과성 평가는 전문가(또는 시장) 영역에 맡기고 위해성만을 평
가하여 소극적인 형태의 규제만을 허용하는 방법, 기술이 성숙될 때까지 행정부의 위해
성 평가도 추진하지 않는 방법 등으로 생각해 볼 수 있다.[3] 한편 이러한 규제 전반의 관
념을 논의함에 있어서 필수불가결적으로 새롭게 나타나는 개별 기술에 대한 최신의 상태
("state of the art")를 보다 명확하게 이해하고 각 기술 영역에서의 기술혁신 촉진과 위해성
평가를 통한 위험관리의 가치를 균형적으로 고려하여야 할 것이다. 따라서 기술에 대한
행정법적 결단은 현재 개별 국가의 개별 행정법률을 새롭게 나타나는 기술에 얼마나 부
합되게 해석하느냐에 달려 있다고 생각된다.[4]

2. 인공지능의 개념논의

인공적 지식처리장치인 인공지능은 기계학습(Machine Learning)의 한 유형인 딥 러닝
(Deep Learning) 방식을 핵심기술로 하여 다양한 형태의 서비스로 나타나기 시작하였다.
가변적으로 발전하고 있는 인공지능에 대하여 2016년 발간된 미국 대통령실의 AI 특별
보고서("Preparing for the Future of Artificial Intelligence")[5]에 따르면 인공지능은 "지능을 갖고
복합적인 문제를 해결하거나 현실에서 예기치 못한 문제를 해결하는 능력을 가진 존재"
로 "빅데이터의 활용, 알고리즘을 활용한 자기학습, 증폭된 컴퓨팅 기술 활용"을 중요한
특징으로 한다.[6] 따라서 인공지능은 기술 그 자체가 특정한 행정법적 규제대상이 되는

및 보건 확보를 위한 사회적 규제, 조세 등 정부조직과 관련된 행정적 규제 등을 생각할 수 있다. 기
술에 대한 규제방식에 관한 논의는 OECD, "*Regulatory Reform and Innovation*", 2012, at 9 – 10. 이
원우, 21세기 행정환경의 변화와 행정법학방법론의 과제, 행정법연구, 제48호, 2017, at 83 – 100.

3) 대표적으로 최근 영국의 런던교통공사는 우버(uber)가 공공의 안전보호를 위한 충분한 조치를 취하
고 있지 않다고 보고 영업면허 갱신을 거부한 사례를 들 수 있다. 기술발전에 따라 새로운 형태의
서비스가 등장하고 있는데 미국의 경우 대부분의 기업들이 이러한 서비스에 기반하고 있으므로 촉
진하는 한편, 영국을 포함한 유럽의 경우, 각 서비스의 합법성에 관하여 신중한 입장을 견지하고 있
다. "Licensing decision on Uber London Limited", 영국 런던교통국(Transport for London) 홈페이지
참조, available at < https://tfl.gov.uk/info – for/media/press – releases/2017/september/licens –
ing – decision – on – uber – london – limited > (검색일: 2017.10.26.)

4) Jonathan B. Wiener, "The regulation of technology, and the technology of regulation", Technology
in Society, v. 26, 2004, 489 – 493.; Richard B. Stewart, "*Regulation, Innovation, and Administrative
Law: A Conceptual Framework*", California Law Review, v.69(5), 1981.

5) Executive Office of the President National Science and Technology Council· Committee on
Technology, "*Preparing for the future of artificial intelligence*", 2016, at 5 – 6.

6) 물론 이러한 인공지능에 관한 정의는 인공지능 발전의 가장 좁은 의미의 형태(narrow AI, 자율주행
자동차, 의료기기 영역)를 전제하고 있으므로 일반적인 의미의 인공지능, 초지능적 인공지능이 등장
할 경우의 규제 논의는 전제하지 못하고 있다. Executive Office of the President National Science
and Technology Council Committee on Technology, "*Preparing for the future of artificial in –*

것은 아니며, 일정한 능력(학습, 추론, 지각, 언어 이해 능력)[7]을 가진 기계가 지속적인 학습을 통하여 판단하고 이를 일정한 서비스와 결합하여 구현할 때 비로소 행정법적 규제 대상이 된다. 예컨대 인공지능 기술은 로봇수술, 자율주행자동차(나아가 무인자동차), 자율화물배송, 인공지능 기반의 금융·제조업·광고 등의 서비스로 구현되며 이들 각 서비스는 각각의 행정영역에 포섭되어 평가된다. 따라서 인공지능에 대한 행정법적 규제는 인공지능 자체가 아닌 이를 활용한 서비스에 대한 행정법적 평가를 의미한다.

이러한 인공지능 기술을 활용한 서비스는 각 영역에서 기존의 행정법 해석에 포섭되지 않는 형태의 서비스를 제공하므로 새로운 규제 논의를 불러 일으켰다. 예컨대 드론을 이용한 자율배송시스템에 관한 규제 논의,[8] 자율주행자동차에 대한 규제 논의,[9] 빅데이터를 활용한 의료행위(진단 및 치료행위)에 대한 규제, 로봇을 활용한 수술행위에 대한 규제 논의 등은 기존의 법률(도로교통법, 의료법)에서 정의하고 있는 대상행위의 정의에 인공지능 기술을 활용한 경우는 포함되지 않았으므로 새로운 규제 논의가 요구된다.

3. 인공지능 소프트웨어와 의료기기 논의의 의미

본고에서는 이러한 문제의식에 따라 새로운 기술로 근본적인 변화를 겪고 있는 인공지능에 대한 규범론적 논의영역 중 가장 역동적으로 변화하고 있는 서비스 영역으로 평가되는 의료 영역에 관심을 가졌다.[10] 인공지능을 통한 질병예방, 진단, 치료, 수술 등은 인간의 생명과 건강을 증진시키는 핵심적인 미래기술로 이미 상당한 데이터를 축적하고 기본적인 의료행위에서 중요한 역할을 하기 시작하였다. 특히 인공지능을 활용한 의료기기는 정보화 사회가 성숙되어 가면서 인간의 건강정보를 활용한 보건행정에서 그 역할범위를 확대해 나갈 것으로 생각된다. 예컨대 2016년 우리나라 의료기기 생산실적은

telligence", 2016, at 6−7.
7) 김재필, "지능화(A.I.) 사회가 불러 올 각 산업별 전망", CIO Summit 2016, 5−7면.
8) 이현수, 무인항공기 민간활용에 따른 안전규제의 쟁점, 행정법연구, 제45호, 2016, 81−103면.; 백수원, 프라이버시 보호를 위한 무인항공기(드론) 규제 개선 방안 연구, 성균관법학, 제28권 제1호, 2016, 313−340면.
9) 김상태·김재선, 미국 캘리포니아의 자율주행자동차 관련 법제 분석, 경제규제와 법, 제10권 제1호, 2017, 30−42면.
10) 예컨대 영국 BBC는 인공지능이 실질적으로 인간의 삶을 변화시키는 영역의 사례로 교통과 의료영역을 들고 있다. 특히 진단 및 예방의료 영역에서 인공지능 기술은 의료 사각지대의 환자들에게 직접적인 혜택을 미칠 것으로 예상된다. Bianca Nogrady, "The real risks of artificial intelligence" BBC, 2016년 11월 10일자.
또한, 영국 비즈니스 인사이더는 가장 영향을 받는 일자리로 "제조업 종사자, 금융업자, 건설업자, 대중교통운전사, 재무관리사, 택시운전사, 농부, 경찰/보안관, 의료종사자, 과학기술 종사자"를 꼽았다. Sam Shead, "The 11 industries most under threat from artificial intelligence", Business in−sider−UK, 2017년 6월 27일자.

전년 대비 12% 증가한 5조 6,025억원이며, 수출실적은 5년 평균 10.3%, 의료기기 산업 종사자수도 7만8백여명으로 전년 대비 10% 증가하였다.[11] 인공지능 기술 또한 급속도로 발전하면서 의료현장에서 신뢰성있는 기술로 발전하게 되었다. 예컨대 인공지능 의료진단 소프트웨어 왓슨의 경우 2016년 자료에 의하면 암진단 정확도가 96%로 상승하였다. 이러한 수치는 현재 전문의의 암 진단 오진비율이 약 20% 정도에 이른다는 통계를 고려한다면 질병에 대한 진단 영역에서 중요한 영역으로 성장할 것으로 예상되는 유의미한 성장세로 평가된다.[12]

하지만 이러한 기술의 활용이 인간의 판단으로 독점적으로 행하였던 의료행위에 관한 행정법적 해석을 근본적으로 바꿀 수 있다는 점, 기계적 판단이 환자(인간)의 의학적 상황에 대한 결정에 영향을 미칠 경우 가치판단을 고려한 규범적 판단이 이루어져야 한다는 점 등에서 중요한 의미를 갖는다. 이에 따라 인공지능 소프트웨어를 활용한 의료행위는 임상시험, 연구개발 지원, 인허가 등의 입법적 쟁점에 관한 행정법적 쟁점을 고찰하고 사회적 합의의 도출이 요구된다.[13]

이에 따라 본 연구는 우선, 인공지능 기술을 활용한 의료기기 위험관리를 위한 규범론적 접근이라는 주제로 우선 제Ⅱ장에서는 인공지능을 활용한 의료기술과 위험관리 측면에서 인공지능 기술의 발전배경과 특수성, 규범화 논의를 연구하고자 한다. 다음으로 제Ⅲ장에서는 인공지능 소프트에어의 규범화 논의로 인공지능 소프트웨어의 법적성격으로 의료기기적 성격을 검토한 후, 이에 관한 미국의 논의를 참조하여 우리나라에서의 입

---

11) 인공지능을 이용한 의료기술의 국내시장은 2020년 2조 2,000억원에서 2030년 27조 5,000억원으로 성장할 것으로 예상된다. 식품의약품안전처 의료기기심사부, 빅데이터 및 인공지능(AI) 기술이 적용된 의료기기의 허가·심사 가이드라인(안), 2016년 12월. 식품의약품안전처 의료기기정책과, 4차 산업혁명 시대, 의료기기 산업 이끌어갑니다!, 2017년 5월 26일.
12) 이관용, 김진희, 김현철, 의료 인공지능 현황 및 과제, 보건산업브리프 219호, 한국보건산업진흥원, 7면. Healthcatalyst (2016), 14면.; 김재필, 나현, "인공지능(A.I), 완생이 되다." 디지에코 보고서, KT 경제경영연구소, 2016.
13) 예컨대 새로운 의료기기에 관한 논의는 인공지능 빅데이터를 활용한 소프트웨어(IBM 인공지능 의사 왓슨 등)의 기능이 현행 의료기기법 제2조의 의료기기의 정의 "질병을 진단·치료·경감·처치 또는 예방할 목적으로 사용되는 제품, 상해(傷害) 또는 장애를 진단·치료·경감 또는 보정할 목적으로 사용되는 제품"에 해당하는지에 대한 평가, 해당한다면 의료기기의 등급분류의 기준이 되는 "의료기기의 사용목적과 사용 시 인체에 미치는 잠재적 위해성(危害性)"의 정도는 어떻게 평가될 것인지에 관한 논의가 전제되어야 한다. 현재 주무부처(식품의약품안전처와 보건복지부) 역시 이러한 문제점을 인식하고 제도개선을 위한 의견수렴 등의 절차를 이행하고 있으나 이에 대한 행정법적 규제논의는 본격적으로 이루어지지 못하고 있는 것으로 보인다. 2016년 12월, 식약처는 빅데이터 및 인공지능(AI) 기술이 적용된 의료기기의 허가·심사 가이드라인(안)을 배부하였으며, 2017년 4월, 제1차 보건산업 제도개선위원회에서 신의료기술의 임상적 효과성, 비용효과성 등을 평가하여 보상·지원하겠다고 밝혔다.

법적 쟁점을 검토하고자 한다. 마지막으로 제Ⅳ장에서는 현행 규범화 논의의 개별 쟁점을 비판적으로 검토하고자 한다.

Ⅱ. 인공지능을 활용한 의료기술과 위험관리

1. 인공지능 의료기술의 발전배경

최근 인공지능의 급격한 발전은 기계학습방법(Machine Learning) 중 딥 러닝(Deep Learning), 즉 심층학습을 활용한 기술의 진화와 관련된다. 딥 러닝은 인간의 뇌에서 정보를 처리하는 방식(신경계 연결망, neural network)을 기계에 적용한 정보처리시스템으로 심층 인공 신경망(artificial neural networks)에 기초하여 프로그램화 되었다.[14] 예컨대 하나의 뉴런에 임계치 이상의 정보(자극)이 전달되면 그 뉴런이 활성화되며, 활성화된 뉴런은 네트워크와 같이 연결된 많은 뉴런들에게 다시 정보(자극)을 전달하고 그 정보는 상호 교류되는데 이러한 네트워크가 복수의 층(Layer)과 깊이(Deep)로 연결되어 있으므로 정보 전달 속도가 증폭된다.[15]

심층학습방법으로서 딥 러닝이 주목을 받게 된 주요 이유는 네트워크를 연결하는 학습속도의 비약적 발전, 빅데이터를 통한 데이터의 축적, 정보습득형태의 다양화를 들 수 있다.[16] 인공지능 신경과학자인 딜립 조지(Dileep George) 등이 개발한 기술은 컴퓨팅 속도를 혁신적으로 증가시켜 기계학습의 시간적 한계를 극복하였으며 여러 인터넷망의 교류와 포털사이트(대표적으로 구글)의 활용은 빅데이터의 축적을 가능하게 하였으며, 음성 및 그래픽 인식 기술 등의 발전은 다양한 형태의 정보를 빠른 속도로 습득하도록 하였다.[17]

심층학습을 통한 인공지능의 정보습득능력의 발전은 특히 많은 데이터를 분석하여 환자에게 적용하는 의료영역에서 중요한 의미를 갖는다. 인공지능이 적용되는 여러 분야(자율주행자동차, 드론, 산업로봇 등) 중 의료데이터가 양적으로 뿐만 아니라 질적으로 복합적인 정보를 다루고 있으며 이에 대한 심층적인 분석이 중요한 의미를 갖기 때문

---

14) Robert D. Hof, *"Deep learning with massive amounts of computational power, machines can now recognize objects and translate speech in real time. Artificial intelligence is finally getting smart."* MIT technology review, available at <https://www.technologyreview.com /s/513696/deep−learn−ing/> (검색일: 2017.10.6.)

15) 최윤섭, 인공지능은 의료를 어떻게 혁신할 것인가, 최윤섭의 Healthcare Innovation, 2017.5, available at <http://www.yoonsupchoi.com/2017/05/07/ai−medicine−1/> (검색일: 2017.9.30.)

16) Robert, *supra note* 14.

17) *Id.*

이다.[18]

2. 인공지능 의료기술의 특수성

인공지능을 활용한 의료기술은 제공된 정보를 신경연결망을 통하여 새로운 정보로 학습하여 결과를 도출하는 과정을 거친다. 이에 따라 의료행위에 적용되는 인공지능 기술의 정보(의료데이터)에 대한 위험관리 측면에서 검토하고자 한다.

의료데이터는 그 양이 매우 다양하고 내용이 가변적인 점, 개개인의 건강은 인구학적(인종, 지역, 환경적) 영향을 받으므로 의료기술의 로컬화가 필요한 점, 개인정보보호법 및 의료정보보호법 등과의 충돌문제가 발생하는 점 등에 관한 논의가 요구되는 정보의 결합체로 볼 수 있다. 예컨대 동일한 증상을 나타내는 질환이라 할지라도 환자 개인의 상황(건강상태, 생활습관, 유전정보 등)에 따라 다르게 진단될 수 있으며, 개인의 상황과 의료진의 판단여부에 따라 치료방법의 선택에서도 차이가 발생하거나 같은 의약품이라도 사용방법에 따라 부작용의 발생여부가 달라지기도 한다. 따라서 방대한 양의 의료데이터를 어떻게 조합하고 해석하는지에 따라 그 결과가 달라질 수 있다. 또한 이러한 인공지능을 활용한 의료행위는 위험을 예측하기가 쉽지 않은 반면, 한번 발생하면 회복할 수 없는 광범위한 영향이 나타난다는 점에서 과학기술 위험관리의 논의영역에 해당한다.[19]

의료정보는 특수성을 요약하면 다음과 같다.[20] 첫째, 데이터의 생성 과정으로 의료정보는 의료기관 내 여러 부서에서 다양한 시스템(EMRs, HR software 등)을 활용하여 다양한 형태(문서, 이미지, 비디오, 기타의 방법)로 생성한다. 둘째, 데이터의 구조화 과정으로 의료정보는 각 전문 영역(전공분과)에 따라 각기 다른 방법으로 구조화하여 생성한다. 각 전문가 집단(전공분야 등)에 따라 구조화의 방법이 다르며, 이에 따라 결과평가도 달라지므로 획일적인 데이터의 형성이 쉽지 않게 된다. 셋째, 데이터를 이용하여 진료결과 또는 치료방법을 도출하는 과정으로 전문가 집단에 따라 의료정보를 정의하는 방법이 상이하므로 객관적으로 동일한 의료정보를 활용하더라도 이를 진단하는 전문가에 따라 다양한 결과가 도출될 수 있다. 특히 의료영역은 기술의 발전이 빠르게 이루어지는 영역이므로 기타

---

18) 최윤섭, 인공지능은 의료를 어떻게 혁신할 것인가, 최윤섭의 Healthcare Innovation, 2017.
19) 김재선, 과학기술 위험관리에서의 행정법적 쟁점에 관한 소고, 공법연구, 제44집 제3호, 2016, 214-216면.
20) 김재선, 의료정보의 활용과 개인정보의 보호-미국 HIPPA/HITECH 연구를 중심으로, 행정법연구, 제44권, 2016, 276-278면. 이관용, 김진희, 김현철, 의료 인공지능 현황 및 과제, 보건산업브리프 219호, 한국보건산업진흥원, 1-15면. 김재선, "Legislative Issues in Disclosing Financial Conflicts of Interest to Participants in Biomedical Research: Effectiveness and Methodology", Journal of Korean Medical Science, 2017, 1910-1916.

의 변수들에 의하여 새로운 평가결과가 도출되는 등 변동성의 폭이 크게 나타날 수 있다. 넷째, 데이터의 복잡성이 높아 전문가 집단에 따라 입력된 정보에 대한 평가, 학습된 정보에 대한 평가가 달라질 수 있으므로 정보의 활용결과가 일관되지 않은 치료방법 등으로 도출될 수 있다.

[의료데이터의 특수성][21]

특징	내용
데이터 생성	• 의료데이터는 다양한 종류의 시스템에서 생성(EMRs, HR software, etc.) • 의료데이터는 다양한 부서에서 생산(radiology, parmacy, etc.) • 의료데이터는 다양한 포맷의 파일로 구성 (text, numeric, paper, digital, picture, videos, multimedia, etc.)
데이터 구조화	• EMR은 일관성 있는 데이터 캡처 플랫폼을 제공하지만, 실제로는 사용자에 따라 다른 구조로 문서화 • EMR 사용자들이 획일적 통합에 거부감 피력
데이터 활용	• 같은 질환의 환자를 대상으로 의료진마다 합의되지 않는 다른 진료 결과 발생 • 하나의 의료데이터가 새로운 연구결과와 실험결과를 통해 다른 이해와 정의로 변화
데이터 복잡성	• Claims data는 표준화 노력을 하였으나 여전히 변수의 발생이 많아 분석에 활용하기에 불안정함 • 분산된 프로그램에서 생성되는 의료데이터를 관리하기 위해 보다 정교한 수단이 필요함

3. 인공지능 의료기술의 규범화

1) 인공지능 기술 유형에 따른 규범화

민감정보를 포함하는 의료정보를 활용하는 인공지능 기술에 대한 규범화는 의료기술의 유형과 기술의 발전 단계에 따라 차이를 나타낸다. 우선, 의료기술의 유형에 따르면 생체신호 측정(진단 등), 생물정보학(진료), 로봇 수술(치료), 스마트 케어(예방의학) 등으로 분류할 수 있다. 생체신호 측정은 의료기술을 이용하여 생체 물질을 검사하고 빠르게 진단을 실시하는 기술로 나아가 장애인 등의 경우 뇌파 등 인위적으로 생성한 생체 신호를 활용하여 진단할 수 있는 기술이다. 생물정보학의 경우, 유전정보 등 생물학적 데이터를 활용하여 맞춤형 진료 등에 활용하는 산업을 의미한다. 한편, 수술과정에서 의사를 보조

---

21) 이관용 등, 위의 글, 1−15면.

하거나 가이드하는 형태의 의료로봇, 노인 등의 일상생활에 IT 기술을 결합하는 스마트
케어 등의 기술이 활용될 것으로 예상된다.[22] 이러한 각 기술은 그 유형에 따라 인공지
능 기술의 활용 정도가 달라지며 정보의 활용 정도와 위해의 정도, 즉 직접 환자에게 적
용되는지 여부 등에 따라 규범화의 정도도 달라질 것으로 생각된다. 예컨대 진료와 진단
영역에서 활용되는 생물정보학이나 생체신호 측정 등의 경우 상대적으로 전문적 영역이
며 환자에게 직접적인 위해를 가하지 않는 반면, 로봇수술, 스마트 케어 서비스의 경우
보다 직접적으로 환자와 상호작용하는 과정에 해당하므로 규범화 논의가 보다 광범위하
게 이루어질 것으로 생각된다.

2) 인공지능 적용 단계에 따른 규범화

　　다음으로 인공지능의 적용단계에 따라 규범화 방법이 달라진다. 첫째, 약한 인공지
능(Weak AI)의 경우, 특정하게 지정된 문제를 해결하는 능력을 가진 인공지능으로 아이
폰의 시리(Siri), 특정 쇼핑몰의 상품 추천기능, 테슬라의 자율주행자동차 등이 이에 해당
한다. 약한 단계에서는 지정자가 입력한 특정 문제만을 해결할 수 있으며 그 밖의 문제
는 해결하지 못한다. 둘째, 강한 인공지능(Strong AI)는 인간과 같은 복잡하고 종합적으로
사고하는 인공지능을 의미한다. 단순한 사람인식, 문제풀이에서 나아가 스스로 문제를
인식하고 계획한 후 문제를 해결하는 능력을 갖는다. 추상적 개념에 대해서도 학습하고
인간과 같은 대화능력을 갖추게 된다. 아직까지 강한 인공지능이 우리 현실에 등장하지
는 않았지만 많은 미래학자들은 이와 같은 인공지능이 도래할 것이라고 예측하고, 미래
학자인 레이 커즈와일(Ray Kurzweil)에 따르면 그 시기는 2045년으로 예측된다.[23] 미래학
자 중 50% 정도는 2040년에 강한 인공지능에 도달할 것으로 보았으며, 90% 정도는
2060년 경으로 예측하였다.[24] 셋째, 가장 위험한 수준의 인공지능은 스스로 발전할 수
있는 인공지능으로 스스로 반복적으로 프로그램을 생성하는 능력을 갖게 되는 초지능
(superintelligence)을 의미한다. 이러한 초인공지능은 이후 인간을 위협하는 수준을 넘어
인간을 지배하는 단계에 이른다. 특이한 점은 강한 인공지능에 도달하는 시기까지 일정
한 시간적 간극이 있는 반면, 일단 강한 인공지능에 도달하면 그 수준이 초지능으로 변
모하는데는 매우 짧은 시간이 걸릴 것이라는 점이다. 레이 커즈와일의 경우, 이러한 특
이점을 인류의 멸망시기로 주장하기도 한다.[25] 약한 인공지능의 경우, 이미 우리 행정
현실에 가깝게 다가왔으며 광범위하게 활용되고 있다는 점에서 기술의 위해성 뿐만 아

---

22) 이관용 등, 위의 글, 16면.
23) 최윤섭, 위의 글.
24) 위의 글.
25) 위의 글.

니라 효과성 평가 측면에서도 보다 적극적인 규제의 도입이 필요할 것으로 생각된다. 반면, 강한 인공지능 또는 초지능은 아직까지 구체적인 기술 또는 서비스 형태로 우리 현실에 도래하지 않은 새로운 형태의 기술이므로 규범화 논의가 이루어지기는 어려울 것으로 생각된다.

Ⅲ. 인공지능 소프트웨어에 관한 규범화 논의

1. 논의의 전제

현행 인공지능 의료기술을 어떠한 규율범위에 포함할지를 이해하기 위해서는 우선 현재 인공지능 의료기술이 어떠한 형태로 서비스를 제공할 수 있는지에 관한 판단이 필요하다. 이에 따라 본장에서는 우선 의료기기 중 새로운 논의가 이루어지고 있는 다양한 형태의 서비스 중 본격적으로 의료기관에서 활용하고 있는 기술에 해당하는 인공지능 소프트웨어 IBM社의 왓슨 온콜로지에 관하여 검토하고자 한다.

현재 도입·활용되고 있는 소프트웨어인 왓슨 온콜로지는 광범위한 임상 및 연구 결과와 환자의 생활습관과 병력 등을 분석하여 의사의 진단과 치료방법을 돕는 프로그램으로 식품의약품안전처의 해석에 따르면 "의사의 판단을 돕는 의료정보기술 및 분석서비스" 소프트웨어에 해당하여 의료기기의 범위에 포함되지 않는다. 하지만 왓슨의 경우 의사의 판단을 돕는 정도의 조력행위에서 나아가 "의료정보 및 환자 개인에 관한 기록 등을 분석·가공하여 새로운 치료방법을 제안"하고 있으므로 기존의 의료기기에 관한 해석만으로 이를 해결할 수 있을지가 문제된다.[26] 나아가 이러한 해석논의는 왓슨 뿐만 아니라 많은 의료용 소프트웨어가 빠른 속도로 연구개발·활용되고 있는 현실에서 의료기기에 관한 의료기기법상 규제(허가·신고·심사제도 등)를 적용할 수 있을지가 문제된다.

---

26) 예컨대 인공지능을 활용한 의료기기(로봇 수술)가 임상시험을 거친 의료기기로 판단된다면 의료기기가 원인이 된 피해에 대하여 제조자와 사용자(의료진)가 책임주체가 된다. 하지만 임상시험을 거치지 않은 비의료기기의 경우, 사용자(의료진)가 책임주체가 될 가능성이 커진다.

[인공지능을 활용한 소프트웨어에 관한 분야별 규제사항][27]

절차	주요 기능	관련 규제
데이터 수집(IoT)	개인 생체 데이터 수집	비식별 개인정보/수집/활용 Opt in Opt out(개인정보보호법, 공공기관 개인정보법, 의료법 제20조, 제21조, 제23조, 시행규칙 제16조)
수집&분석	개인 생체데이터 분석을 통한 지시	클라우드 규제, 물리적 분리, 위치 규제(개인정보보호법, 공공기관 개인정보법, 의료법 제20조, 제21조, 제23조, 시행규칙 제16조)
가치 창출 (A.I)	개인별(보유 질병, 운동량, 수면) 관리	원격의료(의료법 제34조) 병원정보 전달(의료법 제20조, 제21조, 제23조, 시행규칙 제16조)
최적화 (기술융합)	개인별 맞춤 건강 관리	의료기기 복합인증 신속인증(의료기기법 제2조, 제6조, 제15조, 제16조, 시행규칙 제24조의2) 개인화 의료 분류(국민건강보험법 제4조)

이에 따라 본 장에서는 우선 인공지능 소프트웨어의 법적 성격을 규명하기 위하여 현행법상 의료기기의 정의 및 허가절차를 검토한 후, 인공지능 소프트웨어의 작동원리를 검토한다. 이후 동 인공지능 소프트웨어의 의료기기성을 평가하기 위하여 인공지능 소프트웨어의 특수성인 의료정보의 검색, 검색된 정보의 분석, 진단 및 예측 단계의 법적 성격을 평가한다. 한편, 인공지능 소프트웨어에 관한 미국의 해석논의를 바탕으로 우리나라의 입법론적 논의를 검토한다.

2. 인공지능 소프트웨어의 법적 성격

1) 현행법상 의료기기의 정의 및 허가절차[28]

의료기기법 제2조에 따르면 의료기기란 "사람이나 동물에게 단독 또는 조합하여 사용되는 기구·기계·장치·재료 또는 이와 유사한 제품"으로 정의되며 이에 해당하는 제품으로는 "질병을 진단·치료·경감·처치 또는 예방할 목적으로 사용되는 제품, 상해(傷害) 또는 장애를 진단·치료·경감 또는 보정할 목적으로 사용되는 제품, 구조 또는 기능을 검사·대체 또는 변형할 목적으로 사용되는 제품, 임신을 조절할 목적으로 사용되는 제품"으로 정의된다.[29] 의료기기법 제3조에 따르면 의료기기로 분류되는 경우, "의료기기의 사용목적과 사용 시 인체에 미치는 잠재적 위해성(危害性)"의 차이에 따라 의료기기

---

27) 이관용 등, 위의 글, 24–25면.
28) http://www.yoonsupchoi.com/2017/06/13/ai–medicine–2/
29) 의료기기법 제2조.

의 등급을 분류하여야 한다.[30]

　의료기기에 해당하는 경우, 기술문서 등을 작성하여 품목별 또는 잠재적 위해성의 정도에 따라 신고 또는 허가절차를 거쳐야 한다. 예컨대 "영상저장 소프트웨어"의 경우 잠재적 위험이 거의 없는 1등급 신고(전자민원시스템 등록)만으로 사용할 수 있으나 "영상전송 및 출력 소프트웨어"의 경우 2등급으로 기술문서에 대한 지방식약처의 허가를 받아야 한다.[31] 특히 새로운 의료기기를 활용하게 될 경우 기술문서적합통지서를 첨부하여 승인을 얻어야 한다. 한편, "중증 또는 고도의 의료기기(X선, MRI, 심장박동기 등)"에 대하여는 사전에 식약처의 허가를 받아야 한다. 한편, 신기술을 활용한 의료기기의 경우 허가의 편의성을 증진하기 위하여 기존의 의료기기 허가절차 외에 신의료기술평가(New Health Technology Assessment, NHTA) 절차에 따라 심사하는 별도의 심사절차(fast track)을 두고 있다.[32]

2) 인공지능 소프트웨어의 작동원리

　인공지능을 이용한 의료소프트웨어의 대표적인 사례인 왓슨 온콜로지(Watson for Oncology)는 애초 의과대학에서 의학자료(논문, 교과서) 등의 자료 수집을 위하여 제작된 기술로 2012년 메모리얼 암센터(Memorial Sloan Kettering Cancer Center)에서 처음으로 암 치료과정에 대한 학습을 시작하였다. 구체적으로 왓슨은 암치료와 관련된 연구논문과 임상사례 등에 관한 정보 뿐만 아니라 인간인 의료진이 암환자를 대처하는 의료행위의 개별 단계(진료, 진단, 치료방법에 대한 의사결정)를 모두 학습하는 방식으로 이루어졌다.

　왓슨은 2012년 3월 처음으로 학습을 시작한 후, 불과 1년여 동안 암과 관련한 데이터 약 1,500만 페이지의 분량[33]을 학습하였다.[34] 또한 인간인 의사들은 새로운 데이터를 왓슨에게 제공하고 오류를 수정하는 방식으로 왓슨의 학습을 도왔다. 이후에도 왓슨은 학습을 계속하여 2017년 현재 왓슨은 일부 암종(유방암, 직장암, 대장암 등)의 경우 약 80% 정도를 진단하고 치료방법을 예측할 수 있게 되었다.[35] 특히 왓슨은 치료법과 의학논문을 끊임없이 읽고 분석하므로 인간의 학습으로 현실적으로 따라가기 어려운 광범위한 데이터를 보유하게 된다.[36]

---

30) 의료기기법 제3조.
31) 서건석·최광식·김수범, 의료기기산업 분석보고서, 한국보건산업진흥원, 2016, 11-15면.
32) 박실비아·박은자·채수미·이예슬, 신의료기술 도입과 확산에 따른 정책분석, 한국보건사회연구원 연구보고서, 2014, 50-55면.
33) IBM Watson for Onchology 홈페이지 참조.
34) 최윤섭, 위의 글.
35) 위의 글.
36) 식품의약품안전처, 의료용 빅데이터와 인공지능(AI) 기술이 적용된 의료기기 허가·심사 절차 마련,

현재 우리나라에 도입된 왓슨[37]은 의료진이 환자의 상태에 관한 자료를 입력하면 가능한 치료법을 스스로 검색하고, 치료법을 선택하게 된 근거를 분석한 후, 가장 적합한 치료법을 도출하여 의료진에게 알려준다. 특히 왓슨은 일반적인 치료방법을 권고할 뿐만 아니라, 환자 개인의 의료 및 건강정보 데이터를 분석하여 보유된 치료데이터를 활용하여 가능한 치료방법을 권고하며, 환자 또는 의사가 선택할 치료방법에 대한 우선순위, 부작용 발생가능성, 의약품 활용 시 주의사항 등을 알려준다.[38]

3) 인공지능 소프트웨어의 의료기기성 인정여부

(1) 개관

인공지능 소프트웨어는 "의료정보의 검색 – 검색된 정보의 분석 – 진단 및 예측 절차"를 거치게 된다는 점에서 의료기기법 제2조에서 정의된 "질병의 <u>진단, 치료, 예방</u>"을 목적으로 사용되는 제품에 해당하는지에 관한 검토가 요구된다.[39] 따라서 본장에서는 의료정보의 검색, 분석, 진단 및 예측으로 판단의 단계를 분류한 후, 각 단계에서 인공지능의 알고리즘을 활용한 판단이 의료기기로서 질병의 "진단, 치료, 예방"에 포섭될 수 있는지에 관하여 평가하고자 한다.[40]

(2) 인공지능 소프트웨어의 특수성과 의료기기성

우선, <u>의료정보의 검색</u>은 "질병 진단법, 치료법, 처방전 목록, 관련 의약품 정보 등의 의료정보를 논문, 가이드라인 등의 문헌에서 검색하여 제공"하는 절차를 의미한다. 인공지능 소프트웨어의 경우 이미 입력된 질병에 관한 정보 등을 검색하여 기존의 문헌과 유사치료사례 등을 검색하여 보여주는 것을 의미하며 이 경우에는 질병의 "진단, 치료, 예방" 조치에 해당하지 않으므로 의료기기에 해당하지 않을 가능성이 많다. 최근에 등장하고 있는 건강 정보 사이트 또는 어플리케이션의 경우, 자신의 건강상태에 필요한 정보

2016.12 보도자료 및 식품의약품안전처, 빅데이터 및 인공지능(AI) 기술이 적용된 의료기기의 허가·심사 가이드라인(안), 2016.12.

37) 2016년 가천 길병원은 국내 최초로 왓슨을 도입하였으며, 2017년 1월, 부산대학교 병원은 왓슨 포 온콜로지(Watson for Oncology)와 왓슨 포 지노믹스(Watson for Genomics)를 도입하였다.

38) 최윤섭, 위의 글. http://blog.naver.com/PostView.nhn?blogId=ymkim1959&logNo=220660348115 참조. (검색일: 2017.10.20.)

39) 아직까지 우리나라에서 의료정보의 진단, 치료, 예방에 관한 명확한 기준논의가 활성화되지 않은 것으로 사료되므로 식품의약품안전처에서 제안한 심사기준(안)의 정의에 따라 논의하고자 한다. 식품의약품안전처, 의료용 빅데이터와 인공지능(AI) 기술이 적용된 의료기기 허가·심사 절차 마련, 2016.12 보도자료 및 식품의약품안전처, 빅데이터 및 인공지능(AI) 기술이 적용된 의료기기의 허가·심사 가이드라인(안), 2016.12.

40) 식품의약품안전처, 의료용 빅데이터와 인공지능(AI) 기술이 적용된 의료기기 허가·심사 절차 마련, 2016.12 보도자료 참조.

를 즉각적으로 제공받을 수 있다는 점에서 "의료정보의 검색" 단계에 해당하며 당해 어
플리케이션이 환자의 의료정보를 분석하여 진단하고 예방조치를 취하는 단계에 해당하
지 않으므로 의료기기법상 의료기기의 범위에 포함될 수 없을 것으로 생각된다.

다음으로 검색된 정보의 분석단계에서는 "환자의 진료기록, 생체 측정정보, 의료영
상 등 환자로부터 수집된 의료정보를 분석하고 질병의 진단 및 치료에 적용되는 정보(특
정부위에 대한 정량적 수치)를 제공"하는 방식으로 이루어진다.[41] 환자의 진료에 관한 기록이
입력되는 경우, 당해 정보를 "분석"하여 치료에 적합한 방식을 제안하는 단계를 의미한
다. 이 경우 환자 개인의 건강정보를 분석하고 치료하는 방식을 의미하므로 의료정보에
대한 의학적 판단이 포함될 가능성이 있으며 이에 따라 의료기기로서의 법적 성격이 인
정될 가능성이 있다.

하지만 인공지능을 활용한 정보 분석의 단계에서 의료기기의 성격은 그 범위가 명
확하지 않다는 점에서 사전적·일률적 기준 설정이 타당한지에 관한 논의가 필요하다.
현재의 인공지능 왓슨의 경우 "인공지능적 판단"을 거쳐 의학적 진단과 치료에 적용되는
정보를 도출한다. 앞서 논의한 바와 같이 기계학습을 통한 판단과 분석은 가장 기계적인
의미에서 "합리적이고 바람직한" 판단과정을 통하여 도출되지만 이것이 "진단, 치료, 예
방" 조치적 의미로 활용되는 의료기기로 판단될 수 있는지, 인정된다면 이러한 판단이
정보의 검색 단계와 명확히 구분될 수 있는 것인지에 관하여 설명하기 어렵게 된다.

마지막으로 "진단 및 예측" 단계는 "환자의 진료기록, 생체 측정정보, 의료영상 등
환자로부터 수집된 의료정보를 분석하고 환자의 질병의 유무, 상태 등에 대한 가능성 정
도를 자동으로 진단하거나 예측하여 의료진에게 제공"하는 단계로 의료정보를 분석하고
관련 치료방법을 제안(suggest)하거나 권고(advise, recommend)하는 방식으로 이루어진다.[42]
즉, 인공지능 왓슨은 입력된 환자 개인에 관한 정보(예컨대 환자 개인에 관한 각종 질환검사—X
선, MRI, CT 촬영결과 등—, 과거 치료에 관한 자료 등)을 활용하되 기존의 연구문헌, 치료사례 등
을 분석하여 당해 질병을 진단하고 치료방법을 권고하는 방식으로 활용한다.

하지만 이 경우에도 인공지능이 내리는 "진단 및 예측"이 "진단, 치료, 예방"적 조치
에 포함될 수 있는지가 문제된다. 특히 진단 및 예측단계에서 이루어지는 이러한 판단을
의료기기로 판단한다면, 환자의 입장에서 당해 권고를 과연 신뢰할 수 있을지, 신뢰한다
면 인간의 의료적 판단과 충돌할 경우 또는 이를 따를 경우 발생하는 손해 또는 위험을

---

41) 위의 자료.
42) 식품의약품안전처, 의료용 빅데이터와 인공지능(AI) 기술이 적용된 의료기기 허가·심사 절차 마련,
    2016.12 보도자료 및 식품의약품안전처, 빅데이터 및 인공지능(AI) 기술이 적용된 의료기기의 허가·
    심사 가이드라인(안), 2016.12.

어떻게 평가하고 대응할 것인지에 관한 문제가 논의된다.

[식품의약품안전처 가이드라인(안)의 주요 내용][43]

정의	예시
의료기기 (환자의 진료기록, 생체측정정보, 의료영상 등 환자로부터 수집된 의료정보를 분석, 진단 및 예측하는 제품)	• 환자의 생체 측정정보(혈압, 산소포화도 등)를 분석하여 측정정보가 정상범위를 벗어날 경우 알람을 제공하는 소프트웨어 • 의료영상을 분석하여 혈류속도, 혈관의 길이 등 질병이 예측되는 특정 부위에 대한 정량적 수치를 제공하는 소프트웨어 • 방사선 치료 전 획득된 영상을 이용하여 방사선 조사선량, 치료 주기를 계획하고 시뮬레이션 하는 소프트웨어 • 폐 CT 영상 분석을 통해 정상과 다른 이상부위를 검출하여 선별해주는 스크리닝 소프트웨어 • 유전자정보 분석을 통한 알츠하이머의 진단 또는 발생 확률을 예측하는 소프트웨어 • 심전도 측정결과를 이용하여 부정맥을 예측하고 알람을 제공하는 소프트웨어 • 폐 CT 영상을 분석하여 폐암의 위치 또는 폐암의 심각도를 자동으로 표시하는 소프트웨어
비의료기기 (질병진단법, 치료법, 처방전 목록, 관련 의약품 정보 등을 논문, 가이드라인 등의 문헌에서 검색하여 정보를 제공하는 제품)	• 전자의무기록, 의료영상, 생체신호를 이용하여 **문헌을 검색**하고 문헌의 내용 (진단법, 치료법 등)을 요약하여 제시하는 소프트웨어 • 환자의 의료영상과 **가장 유사한 환자의 전자의무기록**을 병원내 전자의무기록 시스템에서 검색하여 의료인에 제시하는 소프트웨어 • 환자의 처방전 또는 처방된 약물 목록을 검색하는 소프트웨어 • 약물 부작용 예방을 위한 약물간 상호작용 및 알레르기 반응을 검색하는 소프트웨어 • 문헌에 의한 공식을 사용하여 인슐린의 농도에 따른 약물 투여량을 계산하는 소프트웨어 • 검사, 예방 접종 시기 등 질병의 예방 또는 치료를 위해 의료기관에 의해 미리 정해진 일정을 팝업 또는 알람으로 제공하는 소프트웨어

---

43) 식품의약품안전처, 의료용 빅데이터와 인공지능(AI) 기술이 적용된 의료기기 허가·심사 절차 마련, 2016.12 보도자료 참조.

3. 인공지능 소프트웨어에 관한 미국의 논의

1) 논의의 의미

의료기기 소프트웨어에 관한 연구가 가장 광범위하게 이루어지고 있는 국가로 미국의 경우를 들 수 있다. 미국의 경우, 의료기기 기술이 가장 발전된 것으로 평가될 뿐만 아니라 의료기기에 대한 광범위한 규제논의, 의료기기 관련 규제의 국제기준 설정에 있어서도 논의가 활발하게 이루어지고 있다. 이에 따라 본고에서는 미국에서의 논의를 참고하고자 한다.

2) 의료기기에 관한 일반적 평가기준 및 절차

미국의 경우 의료기기에 관하여 우리나라와 유사한 형태의 정의규정을 두어 "진단·치료·질병예방 등을 목적으로 사용되는 도구(instrument or apparatus)"[44]로 규정한다. 미국은 기술에 대한 사전심사보다는 사후심사에 초점을 맞추는 방식의 규제형태를 취하고 있으므로 의료용 진단기기에 관한 심사기준은 주로 품질관리를 바탕으로 한 위해성 평가기준을 적용한다.

진단용 의료기기에 관한 심사절차를 규정한 연방규칙(21 CFR 820, 510(k))에서는 품질관리(Quality System) 규제체제의 원칙을 도입하고 있다.[45] 구체적으로 동 규정에 따르면 의료기기 제조사는 당해 의료기기의 성능, 특징, 위험가능성 등을 예측한 보고서를 제출하여야 하며 의료기기의 위험성 정도에 따라 위험관리평가단계가 달라진다.

우선 의료기기에 관한 일반적 규범기준(21 CFR 807.81(a)(3))에 따르면 의료기기에 관한 시판 후 검증에 관한 규정에서 의료기기의 특성에 중요한 변화("significant change or modification in design, components, method of manufacture, or intended use")가 발생하고 그러한 변화가 환자의 안전 또는 기기의 효능(safety or effectiveness) 직접적인 영향을 미치는 경우 식품의약품국(Food and Drug Administration, 이하 FDA)에 그 내용을 제출하여야 한다.[46]

다음으로 제출된 변화가 의료품질 관리에 적정한 범위인지를 평가하기 위하여 품질관리(Quality System) 법규(21 CFR Part 820)가 적용된다. 특히 미국의 품질관리시스템의 중요한 특징은 의료기기 허가신청자에게 의학적 중요성 설명을 위하여 최소한의 정보("minimum required information")를 요구하여야 하며 그 항목으로 위험평가(risk-based assessment), 예견되지 않은 정보, 위험에 대한 개관적인 평가 등이 요구된다.[47]

---

44) 식품의약품안전처, 의료용 빅데이터와 인공지능(AI) 기술이 적용된 의료기기 허가·심사 절차 마련, 2016.12 보도자료 참조.
45) HHS&FDA, "Deciding When to Submit a 510(k) for a Change to an Existing Device", 2016, at 2-5.
46) Id. at 5.
47) Id. at 7-10.

3) 의료 소프트웨어(왓슨)에 대한 미국의 규제체제와 해석논의

미국 FDA는 인공지능 소프트웨어에 관하여 특별한 규정을 두지 않고 있다. 다만, 이와 유사한 소프트웨어에 관한 가이드라인인 임상결정지원소프트웨어("Clinical Decision Support Software")의 경우, 위험도 II의 의료기기로 분류하고 FDA에서 위험도에 대한 심의를 거쳐 평가하도록 규정하고 있다.[48]

하지만 2016년 12월 스마트 의료기기의 개발과 지원을 촉진하기 위하여 제정된 21세기 치료법("21st Century Cures Act")의 경우, 의료기기의 개발 및 지원을 촉진하기 위하여 의료기기 제작을 위한 인력 등 지원체계 강화, 새로운 의료기기에 대한 신속심사 및 허가제도 도입, 신기술을 활용한 의료기기에 관한 FDA의 권한강화 등을 주된 내용으로 하였다.[49] 특히 동법의 경우 의료 소프트웨어를 명확한 치료목적으로 사용하지 않는 한 의료기기의 범위에서 제외한다고 정의하고 있다.[50] 즉, 동법에 따르면 당해 소프트웨어가 의학적 이미지 또는 진단결과에서 획득한 정보를 "가공(process), 분석(analyze)"하지 않는 한 의료기기가 될 수 없다고 평가하고 있다.[51] 하지만 의료 소프트웨어(예컨대 왓슨)이 당해 법률에서 규정한 요건("소프트웨어 없이 환자에게 심각한 위해가 있을 가능성, 의료인의 의학적 판단 지원, 의료인이 의학적 판단에서 소프트웨어를 검토하는 경우, 이용목적 등")에 해당하는 경우에는 다시 의료기기로 보아 위해성 평가를 실시할 수 있게 된다.

4) 검토: 가공 또는 분석 능력에 대한 해석

이와 같은 미국 법률의 분석에 따를 때 의료소프트웨어가 의료기기의 범위에 포함되는지에 관한 해석은 의료 소프트웨어(왓슨)의 정보 수집 및 해석능력이 법률상 가공(process) 또는 분석(analyze) 능력에 해당하는지에 관한 해석과 관련된다. 즉, 단순한 정보를 열기하는 것이 아닌 "인공지능적 사고"에 의하여 정보를 가공하고 분석하여 적절한 조언을 하는 경우 의료기기에 포함되므로 FDA의 규제(의료기기 심사 및 허가제도, 위험보고, 시

---

48) Jacqueline Mulryne etc., *"What's the deal with Watson? Artificial Intelligence Systems and Medical Software Regulation in the U.S. and EU"*, 2017, available at <https://www.digital healthdownload. com/2017/02/whats－deal－watson－artificial－intelligence－systems－medical－soft－ware－regulation－u－s－eu/> (검색일: 2017.9.25.)

49) Scott Gottlieb, "How FDA Plans to help consumers capitalize on advances in science", 2017, FDA 홈페이지 참조, available at <https://blogs.fda.gov/fdavoice/index.php/2017/07/how－fda－plans －to－help－consumers－capitalize－on－advances－in－science/> (검색일: 2017.9.25.)

50) Jacqueline Mulryne etc., *"What's the deal with Watson? Artificial Intelligence Systems and Medical Software Regulation in the U.S. and EU"*, 2017, available at <https://www.digital healthdownload.com/2017/02/whats－deal－watson－artificial－in－telligence－systems－medical－software－regulation－u－s－eu/> (검색일: 2017.9.25.)

51) *Id.*

판 후 관리)의 대상이 된다.[52]

생각건대 입법자가 애초에 의도한 가공 또는 분석은 인간인 의료진에 의한 의학적 판단을 전제한 것이므로 의료 소프트웨어의 프로그램화된 기계적 판단은 딥러닝 기술을 통하여 인공지능적 사고로 상당히 진화하였음에도 불구하고 인간적인 판단으로 해석하기는 어려울 것으로 보인다. 다만, 인간인 전문가(의료진)이 의료 소프트웨어가 제공하는 정보를 보고 이를 해석하여 판단하는 경우에는 정보의 분석에 의한 진단에 해당할 것으로 볼 수 있다.

따라서 인공지능 소프트웨어의 경우 그 밖의 의료기기로서의 성격을 판단하는 요건들(기기의 위해성, 환자의 치료목적적 사용)에 해당하지 않는 한 미국의 현행 의료기기법 또는 21세기 치료법에 근거한 의료기기에 해당한다고 보기는 어려울 것으로 생각된다.

4. 우리나라에서의 입법론적 쟁점 논의[53]

1) 의료기기성 허가기준

(1) 사용목적 기준

식품의약품안전처가 제안한 '의료용 빅데이터와 인공지능(AI)이 적용된 의료기기에 대한 허가·심사 가이드라인'에 따르면 인공지능 기술이 의료기기에 해당하기 위해서는 치료를 위한 사용목적(질병을 진단·치료·예방·예측하기 위한 목적으로 진료기록, 심전도·혈압·혈액 검사 등의 의료 정보를 분석·진단하는 제품)을 제안하였다. 예컨대 유전자 정보 분석으로 알츠하이머를 진단하는 소프트웨어, 심전도 분석으로 부정맥 가능성을 평가하는 소프트웨어, 폐 CT 영상을 분석해 폐질환 발병가능성을 분석하는 소프트웨어는 의료기기에 해당한다고 본 반면, 혈중 인슐린 농도에 따른 약물 투여량 계산 소프트웨어, 질병 진단 및 치료에서 문헌을 분석하는 소프트웨어에 대하여는 의료기기에 해당하지 않는다고 판단하였다.

하지만 질병 가능성에 대한 분석("유전자 정보 분석, 심전도 분석, 폐 CT 영상 분석") 정보가 포함되는 경우와 관련 데이터를 수집하는 경우("혈중 인슐린 농도 계산, 문헌 분석")을 구분하는 목적 기준은 그 기준이 명확하지 않다는 점, 전문적 판단여부에 따라 구분된다는 점 등에서 비판된다.

(2) 그 밖의 기준

의료기기 소프트웨어 허가·심사 가이드라인에 따르면 의료기기로 허용되기 위하여

---

52) Id.
53) 식품의약품안전처, 의료용 빅데이터와 인공지능(AI) 기술이 적용된 의료기기 허가·심사 절차 마련, 2016.12 보도자료 및 식품의약품안전처, 빅데이터 및 인공지능(AI) 기술이 적용된 의료기기의 허가·심사 가이드라인(안), 2016.12.의 주요 쟁점을 요약 및 정리한 내용이다.

는 기술사양, 성능 및 유효성, 임상적 유효성 등이 확인되어야 한다. 우선, 의료기기로 허가되기 위하여 당해 소프트웨어의 기술사양("주요기능, 클라우드 서버 운영환경, 클라우드 서비스 형태, 보안규격 등")이 기재되어야 한다.[54] 입력 및 출력 정보, 진단결과의 정확도, 클라우드 서버의 운영환경과 서비스 형태, 데이터 보호화 및 익명화 정책 등이 포함된다.

다음으로, 의료기기의 성능 및 유효성[55]을 검증하기 위한 "유헬스케어 의료기기 시스템 허가심사 가이드라인"에 따르면 의료기기로 인정되기 위하여는 기기의 "민감도, 특이도, 양성 예측도 등"을 검증하게 된다.

한편, 임상적 유효성[56] 확인을 위해서 "의료기기 허가·신고·심사 등에 관한 규정"에 다라 의료기기의 위험성을 평가하게 된다. 전향적 유효성 확인절차는 위험요소 설정 후 일정기간동안 변화를 추적하는 방법이며, 후향적 유효석 확인절차는 피험자의 의무기록을 조사하여 특정 데이터를 수집·통계 처리하여 결과를 산출하는 연구로 의료기관 내 전자의무기록, 의료영상, 생체신호, 병리검사 등의 데이터, 임상시험 결과 등을 활용하는 방법을 의미한다.

2) 의료기기성 심사절차

의료기기 허가대상으로 인정되는 경우, 허가 및 심사 등에 관한 규정에 따라 의료기기가 기존에 신청된 자료와 본질적으로 동등한지에 관한 품목 비교표, 기술문서 자료의 범위에 따라 자료를 제출하여야 한다.

임상 및 기술문서 심사를 변경하는 경우는 소프트웨어의 알고리즘(기계학습 범위)가 변경되거나 입력 의료정보가 변경되는 등 중대한 내용의 변경이 있는 경우를 포함한다. 단순한 임상자료의 변경인지, 임상자료라 할지라도 의학적 안전성 또는 유효성에 영향을 미치는 중대한 사항의 변화가 있는지 등에 관한 평가가 전제되어야 한다.

제조자 등이 소프트웨어(제품) 설계 등을 변경하는 경우, 의료기기의 일반적인 변경 절차와 같이 제조사 또는 데이터 관리 정책에 따라 허가심사 신청을 하여야 한다. 하지만 인공지능의 학습데이터 변경과 같이 허가 시 기재된 성능범위 내에서의 데이터 변경의 경우 제조자는 특별한 허가절차 없이 자율적으로 관리할 수 있다.

---

54) 식품의약품안전처, 의료용 빅데이터와 인공지능(AI) 기술이 적용된 의료기기 허가·심사 절차 마련, 2016.12 보도자료 참조.
55) 식품의약품안전처, 빅데이터 및 인공지능(AI) 기술이 적용된 의료기기의 허가·심사 가이드라인(안), 2016.12 참조.
56) 위의 자료.

구분	내용(사례)	관리방법
주요기능 변경	작용원리 변경, 사용목적 변경, 성능 변경(학습 데이터 변경에 의한 성능 변경은 허가 시 기재된 성능의 범위를 벗어날 경우만 해당)	변경 시 변경허가 진행
단순 변경	GUI 디자인 변경	변경 시 변경허가 진행
경미한 변경	버그 수정, GUI 색상 및 메뉴 위치 변경 등	변경 시 즉시 보고
학습 데이터 변경	허가 시 기재된 성능의 범위 내에서의 학습 데이터 변경	제조자 자율 관리

인공지능을 활용한 의료행위는 학습 데이터(전자의무기록, 의료관련 법령 및 가이드라인, 의료기술 영상)를 지속적으로 관리하여 합리적인 결과물이 나오도록 유도하여야 한다. 따라서 제조자는 효과적인 의료데이터 관리원칙, 관리 조직, 품질관리를 위한 체계 및 계획을 수립하고 이에 따라 지속적으로 관리하여야 한다.

Ⅳ. 나가며: 현행 논의에 대한 비판적 검토

1. 인공지능 소프트웨어 "진단 및 예측"기능의 불완전성 문제

검토한 바와 같이 인공지능 소프트웨어(왓슨)이 기계학습을 통하여 일정한 진단 및 예측기능을 수행하는 경우 이러한 내용이 새로운 정보를 창출하는 것이 아니라 단순히 치료방법을 검색하여 요약하는 수준(CDSS, Clinical Decision Support System)에 불과한 경우에는 의료기기로 인정될 수 없으며 단순히 의료행위를 보조하는 의료정보기기에 불과하게 된다. 따라서 이러한 정보 수집을 통하여 의료인의 결단을 보조하는 현행의 소프트웨어를 의료기기로 정의하기 위해서는 당해 소프트웨어가 의료기기의 기능인 (질병의) "진단 및 예측" 도구로서 기능하고 있는지에 관한 논의가 필요하다. 특히 이러한 소프트웨어의 진단 및 예측기능은 현행의 소프트웨어(왓슨) 뿐만 아니라 여타 의료 소프트웨어의 형태로도 충분히 발전할 수 있는데 추후 발전하게 되는 의료 소프트웨어의 진단 및 예측기능을 일관되게 현행법으로 규범화할 수 있을지에 관한 논의가 요구된다.

2. 인공지능 소프트웨어 "기계적 판단"의 불합리성 문제

인공지능이 빠른 속도로 발전하고 있으며 가까운 미래에 의료인의 판단에 상당히 가깝게 판단할 것임은 현재의 데이터로 입증할 수 있으나 현재의 인공지능을 활용한 판단이 환자 또는 전문가 집단으로부터 신뢰받을 수 있을지에 관하여는 보다 신중한 고찰이 필요하다. 예컨대 인공지능 소프트웨어는 10분에 한편 정도의 의학논문을 읽고 분석할 수 있는 능력을 보유하며 이를 끊임없이 수정·보완한다. 그러나 이러한 습득능력은 어디까지나 기계적 알고리즘에 의하여 도출된 결과로서 새로운 지식과 연구결과, 논문을 가장 빨리 학습한 인공지능 소프트웨어가 언제나 합리적이고 옳은 판단을 할 것인지, 이를 의료행위에 적용하는 것이 타당할지에 관한 논의가 필요하다. 결국 구체적으로 의료행위에 대한 결정은 인간적인 정─반─합의 토론과정을 거쳐 가장 바람직한 치료방법이 제안되어야 할 것이며 의료인의 의료적 판단을 거쳐 환자에게 제안되는 것이 바람직할 것으로 생각된다.

한편, 의료기기법 제3조에 따르면 인공지능 소프트웨어를 의료기기로 인정할 경우 당해 기기의 위해성을 평가하는 절차도 포함되는데 이러한 진단기기가 제안하는 치료방법을 환자에게 제안하는 것이 위해성을 줄일 수 있는 판단인지에 관한 논의도 요구된다. 사견으로는 인공지능 소프트웨어가 제안하는 치료방법을 중증환자 등에게 바로 제안하거나 의사의 설명없이 환자에게 제안하는 것은 당해 기기의 사용으로 발생할 수 있는 위험에 대한 명확한 평가가 이루어지기 전에는 허용되기 어려울 것으로 생각된다.

3. 인공지능 소프트웨어 "조언"의 비윤리성 문제

인간이 인간을 치료하는데 있어서 의료진의 판단은 기본적으로 '인간의 판단'이라는 점에 기초한다. 예컨대 치료방법의 결정에 있어서 의사는 단순히 치료목적을 위하여 이성적인 판단을 하는데 그치지 않고, 상대방인 환자가 처한 상황(경제적, 사회적, 가족적)과 건강상태를 종합적으로 고려하여 의학적 판단과 함께 윤리적인 고려를 하게 된다. 따라서 의사마다 치료방법에 대하여 다른 견해를 갖게 되고 환자가 스스로 최종적인 판단을 하도록 의료진은 전문적인 경험을 바탕으로 조언하게 된다. 하지만 이 기능을 합리성 평가를 우선으로 하는 인공지능 소프트웨어가 대신하도록 하는 것이 과연 타당할지에 관한 논의가 필요하다.

4. 인공지능 소프트웨어와 "의료정보" 침해 가능성

인공지능 소프트웨어의 진단 및 결단은 환자의 동의를 통하여 이루어지지만 이 경우 의료정보 빅데이터가 갖는 의료정보 침해 가능성의 문제가 함께 논의되어야 한다. 우리나라의 경우, 의료정보도 개인정보보호법 체계에서 민감정보로 보아 개인정보에 활용에 관한 동의절차를 거치고 있다. 그러나 의료정보에 관한 별도의 법률이 존재하지 않는 현행의 법체계에서 인공지능 소프트웨어가 의료기기로 인정될 경우 이후 동 소프트웨어가 보다 광범위하게 활용되면서 의료정보의 보안성을 침해할 가능성이 높아질 것으로 생각된다.

5. 인공지능 소프트웨어 활용에 관한 절차의 명확한 규정 필요성

인공지능 소프트웨어가 활성화되면서 당해 소프트웨어를 활용하는 방안에 관한 명확한 절차가 요구된다. 따라서 의료데이터의 입력 및 진단 시 신뢰성 있는 정보를 입력하고 분석된 결과를 활용함에 있어서 개인정보보호법 및 의료정보 보호를 위한 조치를 수반하여야 할 것을 명시할 필요가 있다.[57]

---

57) 이관용 등, 위의 글, 24-25면.

[참고문헌]

1. 국내문헌

김상태 · 김재선, 미국 캘리포니아의 자율주행자동차 관련 법제 분석, 경제규제와 법, 제10권 제1호, 2017.

김재선, 과학기술 위험관리에서의 행정법적 쟁점에 관한 소고, 공법연구, 제44집 제3호, 2016.

_____, 의료정보의 활용과 개인정보의 보호 — 미국 HIPPA/HITECH 연구를 중심으로, 행정법연구, 제44권, 2016.

_____, "Legislative Issues in Disclosing Financial Conflicts of Interest to Participants in Biomedical Research: Effectiveness and Methodology", Journal of Korean Medical Science, 2017.

김재필, "지능화(A.I.) 사회가 불러 올 각 산업별 전망", CIO Summit 2016.

김재필, 나현, "인공지능(A.I), 완생이 되다." 디지에코 보고서, KT경제경영연구소, 2016.

박실비아 · 박은자 · 채수미 · 이예슬, 신의료기술 도입과 확산에 따른 정책분석, 한국보건사회연구원 연구보고서, 2014.

백수원, 프라이버시 보호를 위한 무인항공기(드론) 규제 개선 방안 연구, 성균관법학, 제28권 제1호, 2016.

서건석 · 최광식 · 김수범, 의료기기산업 분석보고서, 한국보건산업진흥원, 2016.

식품의약품안전처 의료기기심사부, 빅데이터 및 인공지능(AI) 기술이 적용된 의료기기의 허가 · 심사 가이드라인(안), 2016.

이관용, 김진희, 김현철, 의료 인공지능 현황 및 과제, 보건산업브리프 219호, 한국보건산업진흥원, 7면. Healthcatalyst, 2016.

이원우, 21세기 행정환경의 변화와 행정법학방법론의 과제, 행정법연구, 제48호, 2017.

이현수, 무인항공기 민간활용에 따른 안전규제의 쟁점, 행정법연구, 제45호, 2016.

최윤섭, 인공지능은 의료를 어떻게 혁신할 것인가, 최윤섭의 Healthcare Innovation, 2017.

2. 해외문헌

Dan Andrews, Chiara Criscuolo, Peter Gal, "*The global productivity slowdown technology divergence and public policy: a firm level perspective*", OECD, 2016.

Executive Office of the President National Science and Technology Council Committee on Technology, "*Preparing for the future of artificial intelligence*", 2016.

HHS&FDA, "*Deciding When to Submit a 510(k) for a Change to an Existing Device*", 2016.

Jacqueline Mulryne etc., "*What's the deal with Watson? Artificial Intelligence Systems and Medical Software Regulation in the U.S. and EU*", 2017.

Jonathan B. Wiener, "*The regulation of technology, and the technology of regulation*", Technology in Society, v. 26, 2004.

OECD, "*Regulatory Reform and Innovation*", 2012.

Richard B. Stewart, "*Regulation, Innovation, and Administrative Law: A Conceptual Framework*", California Law Review, v.69(5), 1981.

Robert D. Hof, "*Deep learning with massive amounts of computational power, machines can now recognize objects and translate speech in real time. Artificial intelligence is finally getting smart.*" MIT technology review.

Robert Engberg, Peter Altmann, "*Regulation and Technology Innovation: A Comparison of Stated and Formal Regulatory Barriers throughout the Technology Innovation Process*", Journal of Technology Management & Innovation, v.10, 2015.

Scott Gottlieb, "*How FDA Plans to help consumers capitalize on advances in science*", 2017.

Bianca Nogrady, "*The real risks of artificial intelligence*" BBC, 2016년 11월 10일자.

Sam Shead, "*The 11 industries most under threat from artificial intelligence*", Business insider-UK, 2017년 6월 27일자.

행정청의 민주적 정당성

— (독일) 통신규제청의 지시로부터의 자유 논의를 중심으로 —[*]

이 재 훈[**]

故 류지태 교수님 10주기 추모 논문집 발간을 준비하면서 故 류지태 교수님께서 남기신 옥고의 목록을 정리할 기회를 갖게 되었습니다. 이러한 과정을 통해 故 류지태 교수님께서 걸어오신 학문의 길과 이루신 학문적 업적들을 전반적으로 살펴볼 수 있는 기회를 갖게 되었습니다. 그리고 이를 통해 故 류지태 교수님과의 추억을 회상하기도 하고, 故 류지태 교수님에 대한 감사의 마음, 존경심, 추모의 감정과 같은 다양한 감정들을 또 다시 느끼는 의미 있는 기회가 되었습니다.

故 류지태 교수님께서는 독일 레겐스부르크 대학교에서 Prof. Dr. em. Udo Steiner, Bundesverfassungsrichter a.D.의 지도하에 Nachholen der Begründung, Nachschieben von Gründen und Konversion von Verwaltungsakten이라는 주제로 박사학위를 취득하신 후 국내에서 행정법 연구자로서 학문 활동을 하셨고 실제로 교수님께서 남기신 옥고들은 전통적인 행정법 총론 주제들을 광범위하게 다루고 있습니다. 또한 다양한 행정법 각론 분야의 연구에도 매진하셨는데, 故 류지태 교수님께서 연구하셨던 대표적인 각론 분야로는 지방자치법, 토지공법, 환경법 등을 들 수 있습니다. 그리고 행정법 각론 분야 중에서는 특히 통신행정법 분야에 대해 선도적인 업적을 남기셨는데, 이는 "제2종 통신사업의 사업권반납과 관련한 법적 문제"(안암법학, 1 (1993.9), 안암법학회), "통신행정에서의 국가의 역할"(공법연구, 제30집 제2호 (2001.12), 한국공법학회), "통신법의 체계"(법제연구, 통권 제24호 (2003.6), 한국법제연구원), "Die Rolle des Staates in der Telekommunikation"(Verwaltungsarchiv, 2006), "통신행정상 사업자의 지위"(공법연구, 제35권 제3호 (2007.2), 한국공법학회), "독일 통신법(공역)"(법원사, 2007)에서 두드러지게 나타납니다.

故 류지태 교수님의 연구 분야는 행정법 총론 및 각론 부분에만 국한되지 않고 공법

---

[*] I. 서론 이하의 글은 필자가 독일 레겐스부르크 대학교에서 박사학위를 취득하고 귀국하여 공간한 첫 논문입니다. 본고의 원출처는 이재훈, "행정청의 민주적 정당성 — (독일) 통신규제청의 지시로부터의 자유 논의를 중심으로 —", 공법연구 제45집 제4호 (2017. 6), 한국공법학회, 189–222면입니다.

[**] Dr. jur.(법학박사), 한국법제연구원 부연구위원.

전반에 걸쳐있으며 실제로 헌법적인 연구 주제들을 다룬 옥고도 존재합니다. 우선 고려 대학교 일반대학원 석사 학위 과정에서는 계희열 고려대학교 명예교수님의 지도하에 "국 민의 알권리에 관한 연구"라는 헌법 주제로 석사 학위를 취득하셨습니다. 또한 행정법과 헌법이 강하게 교차하는 주제에 관련된 옥고도 다수 존재하는데, 대표적으로 "행정입법 의 형식성 논의의 헌법적 평가"(토지공법연구, 제25집 (2005.2), 한국토지공법학회), "지방자치와 직접 민주제"(법제, 통권 제582호 (2006.6), 법제처)를 들 수 있습니다. 특히 "지방자치와 직접 민주제"(법제, 통권 제582호 (2006.6), 법제처)에서는 민주주의 및 민주주의적 제도를 통한 공권 력 작용의 정당성 부여에 대한 논의가 간접적으로 다루어지고 있습니다.

I. 서론

통신규제기관의 행정조직법적 구성과 관련해서 매우 다양한 논의들이 이루어져왔는 데, 그 중 대표적인 화두는 통신규제기관의 독립성이라고 할 수 있다. 통신규제기관의 독 립성과 관련하여 다양한 논점들이 존재하지만, 이들 중 통신규제기관에 대한 정치적 독 립성 부여와 통신규제기관의 정치적 독립성 확보 방안은 공법 이론적·행정실무적 관점 에서 보았을 때 쉽게 결론이 내려질 수 있는 사항은 아니다.

이와 관련된 시사점을 도출해보기 위하여, 이하에서는 EU 및 독일에서의 통신규제 청에 대한 정치적 독립성 부여와 관련된 논의의 전개 상황, 독일 통신규제청(이하 연방망 청)의 독립성 확보를 위해 독일 입법자가 투입한 제도적 수단들을 검토해보고자 하며, 특 히 통신 역무의 민영화·통신시장의 자유화 및 통신 시장 내 경쟁의 도입 당시와 2002년 EU 통신규제 개혁 과정에서도 꾸준히 논의가 되어 왔으나, 2009년 EU 통신규제 리뷰 이 후 규범적 문제로 논의의 본질이 변하게 된 연방망청의 장관의 지시(Weisung)로부터의 자 유(Weisungsfreiheit)에 대한 논의를 중점적으로 검토하고자 한다.[1]

연방망청의 지시로부터의 자유 논의가 EU 및 독일 내에서 공법적·행정조직법적으 로 중요한 화두인 이유는, EU 입법자가 지침(Richtlinie)을 통해 회원국 규제관청의 지시로 부터의 자유를 규율하였음에도 불구하고 독일의 통신규제기관인 연방망청은 여전히 장

---

[1] 본고 상의 통신규제는 독일 통신법 제2장 시장규제(Marktregulierung) 영역에 대응하기 때문에, 접속 규제, 비용규제, 기타 경쟁관련 규제 및 이러한 규제수단들을 투입하기 위한 사전작업으로서 시장획 정, (전문)규제필요성조사, 시장조사로 이루어진 3단계 절차를 그 대상으로 한다. 그러므로 소비자 보호, 주파수 관리 및 분배, 보편적 서비스 등과 같은 기타 통신법적 사항들은 논의의 대상에서 제외 된다. 독일의 통신법 및 연방망청의 권한과 관련된 의미 있는 국내 선행 연구로는, 신봉기, 『독일 정 보통신법의 구조와 기본개념』, 법학논고, 제25집, 2006년, 189면 이하; 황태희, 『독립적 규제기관으 로서의 독일 연방 망 규제청의 조직과 권한』, 행정법연구, 제18집, 2007년, 71면 이하.

관의 지시에 구속 되는 법적 지위를 갖고 있기 때문이다. 또한 EU 입법자에 의한 회원국 행정조직에 대한 조직법적 규율이 회원국의 헌법상의 민주주의 원칙과 충돌을 야기할 수 있기 때문이다.

　　이와 같은 규범적 갈등양상을 파악하기 위해 이하에서는 우선 통신규제청의 지시로부터 자유라는 조직법적 규율이 EU 통신규제법적으로 어떠한 맥락 하에 도입 되었는지를 검토한 후(Ⅱ.), EU 지침에도 불구하고 독일의 입법자가 연방망청을 지시로부터 자유로운 행정청의 형태로 조직하고 있지 않은 규범적 맥락을 행정의 민주적 정당성을 중심으로 살펴본다(Ⅲ.). 그 후, 과연 EU 통신규제법에서 규율하고 있는 조직법적 사항과 독일 통신법(이하 TKG) 상 연방망청의 조직법적 지위가 양립할 수 있는 것인지 여부를 검토한 후, 독일의 입법자가 연방망청에 대한 장관의 정치적 영향력 감소를 위해 어떠한 제도적 장치를 마련해 두었는지를 짧게 살펴본다(Ⅳ.). 마지막으로 이들 논의를 통해 통신규제기관 등 국내 행정조직 구성 시 고려할 수 있는 시사점을 짧게 도출해 봄으로써 본고의 결론을 갈음하고자 한다(Ⅴ.).

Ⅱ. 통신규제청의 지시로부터의 자유(Weisungsfreiheit)의 규범적 맥락

1. 행정조직법적 맥락: 행정조직에 대한 도구적 접근

　　행정조직에 대한 행정법학의 접근 방법은 크게 두 가지 방식으로 기술 될 수 있다. 첫 번째 접근방식은 행정조직을 제도적인 관점에서 바라보는 방식이다. 이러한 접근 방식은 행정조직을 결정을 내리는 단위체로 파악하기 때문에, 행정조직을 파악함에 있어 행정기관이 일정한 결정을 내리는 주체라는 점이 강조된다.[2]

　　반면 비교적 최근에 부각 되고 있는 두 번째 접근방식은 특정 행정조직의 구성과 당해 행정조직에게 부여된 실체법적 임무 수행 간에 존재하는 기능적 상관관계에 논의의 초점을 맞춘다.[3] 이 관점은 구체적 행정작용이 담당조직 내 의사 형성 과정, 인적 구성, 행정조직에 부여된 재원 등과 같은 다양한 조직법적 요소들에 의해 조종된다는 관념 하에 행정조직 및 이를 구성하는 방식에 내재되어 있는 도구적 성격에 주목을 한다.[4] 이러

---

[2] Martin Burgi, *Grundlagen,* in: Dirk Ehlers/Hermann Pünder (Hrsg.), *Allgemeines Verwaltungsrecht,* de Gruyter, 2016, § 7 Rn. 4 참조.

[3] Steffen Augsberg, *Europäisches Verwaltungsorganisationsrecht und Vollzugsformen,* in: Jörg P. Terhechte (Hrsg.), *Verwaltungsrecht der Europäischen Union*, Nomos, 2011, § 6 Rn. 1; Gunnar Folke Schuppert, *Verwaltungsorganisation als Steuerungsfaktor,* in: Wolfgang Hoffmann—Riem/Eberhard Schmidt—Aßmann/Andreas Voßkuhle (Hrsg.), *Grundlagen des Verwaltungsrechts, Bd.1,* C.H.Beck, 2012, § 16 Rn. 8 참조.

한 접근 방식을 따라 행정조직(법)을 파악하게 되면, 행정조직(법)은 효율적인 실체법 임
무 수행을 위해 규범제정권자에 의해 이용되는 도구로서의 성격이 강조되어,[5] 행정에 대
한 조종자원(Steuerungsressource)으로서의 기능을 적극적으로 수행하는 법률 분과[6]로 파악
될 수 있다.[7]

　이와 같이 행정조직을 조종의 도구로 바라보는 접근방식은 EU와 독일의 입법 현실
에서도 자주 발견된다.[8] EU 입법자는 EU의 행정조직 내지 회원국의 행정조직에 대한 조
직법적 사항을 2차 법원(法源)[9]에 규율함으로써 행정조직법적 수단을 효율적인 실체법적
임무수행을 위한 도구로 이용한다.[10] 독일의 입법자의 경우도 마찬가지로 효율적인 실체
법적 임무수행을 위해 행정조직법적 수단을 투입 한다.[11] 그리고 EU 및 독일의 법제에서

4) Gabriele Britz, *Organisation und Organisationsrecht,* in: Michael Fehling/Matthias Ruffert (Hrsg.), *Regulierungsrecht,* Mohr Siebeck, 2010, § 21 Rn. 32; Thomas Groß, *Die Verwaltungsorganisation als Teil organisierter Staatlichkeit,* in: W. Hoffmann−Riem/E. Schmidt−Aßmann/A. Voßkuhle (Hrsg.), *Grundlagen des Verwaltungsrechts, Bd.1,* C.H.Beck, 2012, § 13 Rn. 11; G. F. Schuppert, 위의 글, § 16 Rn. 5, 8 참조.
5) M. Burgi, 앞의 글, § 7 Rn. 14 참조.
6) S. Augsberg, 앞의 글, § 6 Rn. 1.
7) 행정법학에서 행정조직에 대한 행정학적 관점 수용 및 조종이론의 견지 하에 행정조직법의 조종자
원적 성격을 강조하는 대표적 연구서로는 E. Schmidt−Aßmann/W. Hoffmann−Riem (Hrsg.), *Verwaltungsorganisationsrecht als Steuerungsressource,* Baden−Baden, 1997을 들 수 있다.
8) Winfried Kluth, *Organisation der Wirtschaftsverwaltung,* in: D. Ehlers/M. Fehling/H. Pünder (Hrsg.), *Besonderes Verwaltungsrecht, Bd. 1,* C.F.Müller, 2012, § 12 Rn. 4 이하 참조.
9) EU의 법원(法源)은 크게 세 가지로 나눌 수 있다. EU와 관련하여 (국내법적으로 헌법과 같은) 최상
위 법원이라고 할 수 있는 1차 법원(Primärrecht)은 EU에 관한 조약(Vertrag über die Europäische Union, 이하 EUV), EU의 기능에 관한 조약(Vertrag über die Arbeitsweise der Europäischen Union, 이하 AEUV), EU 기본권 헌장(Charta der Grundrechte der Europäischen Union) 및 리스본조약의 프
로토콜 및 부속서이다. 2차 법원(Sekundärrecht)은 1차 법원에 근거하여 발령된 EU의 법적행위
(Rechtsakte)이다. 2차 법원의 행위 유형으로 선택 가능한 것은 AEUV 제288조에 규정되어 있는 명령
(Verordnung), 지침(Richtlinie), 결정(Beschluss), 권고(Empfehlung) 및 의견(Stellungnahme)이지만,
AEUV 제288조는 예시적 열거규정에 해당하기 때문에 비정식적 법적행위(Rechtsakte *sui generis*)도 2
차 법원으로서 발령이 가능하며, 실제로 비정식적 법적행위는 EU의 실무에서 빈번히 사용된다. 더 나
아가 2차 법원에 터 잡은 3차 법원(Tertiärrecht)도 EU 법제 상 매우 빈번히 발견된다. EU의 법적행위
(Rechtsakte)에 대한 보다 자세한 내용은 拙著, *Demokratische Legitimation der Vollzugsstruktur der sektorspezifischen Regulierungsverwaltung,* Nomos, 2017, 65면 이하, 109면 이하, 240면 이하. EU의
법적행위(Rechtsakte)에 대한 체계적 접근 및 리스본 조약 체제 하에서의 3차 법원의 체계 및 이에
대한 통제 등에 대한 보다 자세한 논의는 별도의 논문으로 소개할 예정이다.
10) Georg Hermes, *Gemeinschaftsrecht, „neutrale" Entscheidungsträger und Demokratieprinzip,* in: Charlotte Gaitanides/Stefan Kadelbach/Gil C. R. Iglesias (Hrsg.): *Europa und seine Verfassung. Festschrift für Manfred Zuleeg zum siebzigsten Geburtstag,* Nomos, 2005, 416면 이하 참조.
11) 이에 대해서는 W. Hoffmann−Riem, *Eigenständigkeit der Verwaltung,* in: ders./E. Schmidt−Aßmann/A. Voßkuhle (Hrsg.), *Grundlagen des Verwaltungsrechts, Bd.1,* C.H.Beck, 2012, § 10 Rn. 24 참조.

행정조직(법)의 도구적 성격이 강하게 부각되는 영역은 통신규제분야라고 할 수 있다.

2. EU 및 독일 통신규제법적 맥락

EU 및 독일에서 통신규제법은 다양한 규범적 시도가 이루어지는 실험의 장이었으며, 이로 인해 법제도적·법이론적으로 다양한 변화를 이끌어왔다.[12] 이는 실체법적 영역뿐만 아니라 통신 규제관청과 관련된 조직법적 영역과도 관련이 된다.

1) 행정조직법적 조종과 관련된 실체법적 배경

유럽 및 독일 통신규제의 실체법적 변화의 시도를 대표하는 것은 통신역무의 민영화 및 통신 시장 내에 경쟁의 도입이라고 할 수 있다.[13] 전통적으로 유럽대륙에서는 통신 분야가 '자연적 독점'이 정당화되는 영역으로 평가되어 국가 내지 공공기관에 의해 통신역무가 독점적으로 제공되었다.[14] 하지만 통신 기술의 발달 및 이로 인한 역동적인 시장의 변화, 미국 내 통신 시장 경쟁 개방 성공사례 및 미국의 유럽공동체에 대한 무역 압박, 유럽공동체 내 자유로운 경제활동을 보장하기 위한 단일 역내시장의 형성 및 경쟁 개방 등 다양한 법적·사회적 맥락들로 인해 유럽 대륙 및 독일 내 통신 역무는 민영화되었으며 더불어 통신 시장 내 경쟁이 도입되었다.[15] 하지만 이와 같은 패러다임의 변화는 장점뿐만 아니라 부작용들을 수반하였고, 이를 해소하기 위한 논의 과정에서 민영화결과법[16]이라는 개념어가 등장하기도 하였다. 또한 행정의 책임 형태[17]와 관련하여 통신 영역에서의 행정의 책임의 형태는 이행책임에서 보장책임으로 변화하였다.[18]

---

12) Jürgen Kühling, *Europäisches Telekommunikationsverwaltungsrecht,* in: J. P. Terhechte (Hrsg.), *Verwaltungsrecht der Europäischen Union,* Nomos, 2011, § 24 Rn. 1.

13) 독일 통신 분야의 민영화 과정에 대한 의미 있는 국내 선행 연구 작업으로는 길준규, 『우리 전기통신법의 법체계적인 개정방향』, 공법연구, 제31집 제5호, 2003년, 162면 이하; 이원우, 『독일 체신업무 민영화 제2차 우편개혁을 중심으로』, 법과 사회, 제11권, 1995, 178면 이하.

14) Justus Haucap/Michael Coenen, *Regulierung und Deregulierung in Telekommunikationsmarkten,* DICE Ordnungspolitische Perspektiven Nr. 1, Düsseldorf, 2010, 4면 참조.

15) J. Haucap/M. Coenen, 위의 글, 5면; Martin Eifert, *Telekommunikationsrecht,* in: D. Ehlers/M. Fehling/H. Pünder (Hrsg.), *Besonderes Verwaltungsrecht, Bd. 1,* C.F.Müller, 2012, § 3 Rn. 24; M. Ruffert, *Völkerrechtliche Impulse und Rahmen des Europäischen Verfassungsrechts,* in: Michael Fehling/Matthias Ruffert (Hrsg.), *Regulierungsrecht,* Mohr Siebeck, 2010, § 3 Rn. 24 이하 등 참조.

16) 민영화결과법과 관련된 의미 있는 국내 선행 연구 작업으로는 류지태, 『통신행정상 사업자의 지위』, 공법연구, 제35집 제3호, 2007년, 289면 이하.

17) 독일에서의 행정책임의 유형에 대해서는 Helmuth Schulze-Fielitz, *Grundmodi der Aufgabenwahrnehmung,* in: W. Hoffmann-Riem/E. Schmidt-Aßmann/A. Voßkuhle (Hrsg.), *Grundlagen des Verwaltungsrechts, Bd. 1,* C.H.Beck, 2012, § 12 Rn. 158 이하 참조.

18) 보장책임 관련 유의미한 국내 선행 연구로는 계인국, 『보장행정의 작용형식으로서 규제 - 보장국가의 구상과 규제의미의 한정』, 공법연구, 제41집 제4호, 2013년, 160면 이하; 김남진, 『자본주의 4.0

민영화 및 시장 내 경쟁 도입의 논의와는 별도로(또는 이후) EU 및 독일 통신규제의 실체법적 특성을 두드러지게 나타내는 개념은 규제의 유연화(Flexibilisierung)라고 할 수 있다. 통신규제의 유연화 작업은 역동적으로 변화하는 통신시장에 대해 전문적이며 시의적절한 규제를 실현할 목적으로, 통신법적 규율 형태를 일반경제규제와 유사한 형태로 변화시키는 방향으로 이루어졌다.[19] 이러한 과정을 통해 EU 및 독일의 통신규제는 입법자가 법률에 통신 사업자의 유형을 규정한 후 개별 사업자 유형에 대응하는 법적 의무를 규정하는 (경직된) 규제 방식 대신, 통신 규제관청이 경쟁법 분야에서 발전되어 온 시장 획정 및 시장지배적 사업자 선정 절차를 진행한 후[20] 입법자가 통신법전에 예정해 놓은 다양한 규제수단들 중 관련된 사안에 적합한 규제수단을 선택하여 적용하는 방식으로 전환되었다.[21] 그리고 이와 같은 규제 방식의 유연화 과정을 통해 통신규제청에게는 (부득이하게) 광범위한 결정여지가 부여되었다.[22] 이러한 통신법 상의 규제 방식의 변화는 규범제정적 규제("normierende[] Regulierung")에서 행정적 규제 컨셉("Konzept der administrativen Regulierung")으로의 변화라고 표현이 되기도 한다.[23]

과 보장국가 · 보장책임론』, 법률신문 (2011. 10. 17); 김중권, 『공법(행정법)의 현대화를 통한 규제개혁』, 안암법학, 제45집, 2014년, 71면 이하; 정남철, 『생존배려영역에서의 민영화와 보장책임 – 특히 보장책임의 실현가능성을 중심으로』, 법조, 제65권 제6호, 2016년, 173면 이하 등.

19) Hans–Heinrich Trute, *Der europäische Regulierungsverbund in der Telekommunikation*, in: Lerke Osterloh/Karsten Schmidt/hermann Weber (Hrsg.), *Staat, Wirtschaft, Finanzverfassung, FS für Selmer zum 70. Geburtstag*, Duncker & Humblot, 2004, 566면.

20) 하지만 통신법제상 시장획정 및 사업자 선정 방식은 전통적인 경쟁법과의 차별성을 갖고 있다. 이는 기존 경쟁법에서는 사용되지 않는 별도의 판단 기준이 추가적으로 적용되기 때문이다. 통신법상 규제 체제에서는 획정된 시장에 통신법적 규제가 필요한지 여부가 별도로 검토 되는데, 이 때 3가지 판단징표가 사용되기 때문에 소위 Drei–Kriterien–Test라고 불린다. 이 판단징표들은 다음과 같다. 획정된 시장에 1) 명백하고 지속적인 구조적 또는 법적으로 조성된 시장진입 장벽이 있는지 여부, 2) 장기간 동안 실질적 경쟁상태가 이루어지지 않는 경향성이 발견되는지 여부 및 3) 일반경쟁법적 수단만으로는 당해 시장에서 나타나는 시장실패의 교정이 충분한지 여부. Drei–Kriterien–Test는 EU법 차원에서는 권고 2014/710/EU의 Erwägungsgrunde(11) 이하에, TKG에는 제10조 제2항 제1문에 규정되어 있다.

21) Franz J. Säcker, in: ders. (Hrsg.), *TKG*, Frankfurt a.M., 2013, Einleitung I Rn. 3 이하; J. Kühling, 앞의 글, 2011, § 24 Rn. 14 이하 참조. EU 통신법 상 시장규제 작동 방식에 대한 유의미한 국내 선행 연구 작업으로는 이희정, 『경쟁상황평가를 기초로 한 통신규제모델』, 행정법연구, 제18집, 2007년, 7면 이하.

22) 이와 관련해서 독일연방행정법원이 소위 규제재량(Regulierungsermessen)이라는 (아직 그 법적 의미가 명확하게 밝혀지지 않았을 뿐만 아니라 학술적으로 여전히 논란의 소지를 담고 있는) 개념을 사용하고 있다. 규제재량에 대해 유의미한 국내 선행 연구로는 김태오, 『방송통신 규제기관의 최종결정권과 사법심사: 독일 연방행정법원(BVerwG)의 규제재량을 중심으로』, 성균관법학, 제26집 제3호, 2014년, 107면 이하; 문병효, 『규제재량과 행정법원의 통제』, 공법연구, 제15집 제1호, 2014년, 207면 이하.

23) 이러한 표현에 대해서는 Markus Ludwigs, *Netzregulierungsrecht (mit Schwerpunkt TKG)*, in: Reiner Schmidt/Ferdinand Wollenschläger (Hrsg.), *Kompendium Öffentliches Wirtschaftsrecht*, Springer,

2) 조직법적 규율의 필요성[24]

규제 수단과 방식의 유연화 과정을 통해 구축된 현 EU 및 독일 통신규제의 특성을 고려한다면, 현행 EU 및 독일의 통신규제법은 전문적이고 시장 상황에 대응하는 규제를 지향함과 동시에,[25] 이를 실현시키기 위한 방법으로 실체법적 규율밀도를 매우 낮게 설정하는 방식을 택하고 있다고 평가할 수 있다.[26] 하지만 전문적이고 유연하며 시장상황에 대한 예측·분석에 기반 한 통신법적 규제를 실현하기 위한 실체법적 규율의 유연화는 오히려 비효율적인 통신법적 규제 집행을 야기할 위험성을 내포하고 있다.

(1) 외부적 영향력에 의한 왜곡 가능성

우선, 통신규제 영역의 경우 규제자의 피규제자에 의한 포획[27]이 이루어질 개연성이 높은 영역으로서 규제기관의 의사형성 과정에 피규제자 측으로부터의 영향력 행사 시도의 가능성이 상시 존재한다고 볼 수 있다. 기본적으로 피규제자에 의한 규제자의 포획 논리는 피규제자와 규제자 간의 관계에서 논의 되지만, 포획의 논리는 피규제자, 통신규제청 및 회원국 내 정치적 성격을 짙게 갖고 있는 최상위 행정주체 간의 관계로 확장해서도 논의될 수 있다. 이는 정치적 성격이 짙은 최상위 행정기관이 피규제자에게 영향을 받아 통신규제기관에게 영향력을 행사하고 이러한 영향 하에 통신규제기관이 왜곡된 규제 처분을 내리는 모습으로 구체화 될 수 있으며, 상급기관의 영향력에 의해 내려진 왜곡된 결정은 전문적이고 공정하며 통신시장 내에 유효한 경쟁관계 형성하고자 하는 EU 및 독일 통신규제법의 목적에 반하게 된다. 이러한 사태가 발생한 경우 규제기관에게 수여되어 있는 광범위한 결정의 여지는 전문성이라는 통신규제 영역의 특수성과 함께 시장의 경쟁 상태를 왜곡시키는 의사결정에 대한 정당화 수단으로 오용될 위험성을 내포하고 있다.[28]

(2) 회원국 내 처분 내용 간 비정합성 문제

EU의 주요 목표 중 하나는 EUV 제3조 제3항에서 규율하는 바와 같이 하나의 역내 시장을 구축하는 것이다. EU는 AEUV 제26조 제1항에서 규정한 바와 같이 이를 위해 필

2016, § 12 Rn. 16.

24) 본 논문은 통신규제청의 정치적 독립성 - 특히 상급기관의 지시로부터의 자유(Weisungsfreiheit) - 논의를 중점적으로 다루기 때문에 피규제자인 기존의 독점기업과 규제관청간의 독립적 관계를 대상으로 하는 기능적 독립성(funktionale Unabhängigkeit) 논의는 다루지 않도록 한다.

25) G. Britz, 앞의 글, § 21 Rn. 36 참조.

26) H.-H. Trute, 앞의 글, 567면 이하 참조. EU 및 독일의 통신규제법에서 나타나는 낮은 실체법적 규율밀도를 민주적 정당성이라는 관점에서 바라본다면, 민주적 정당성 확보를 위한 핵심적 요소 중 하나인 입법자가 제정한 법률의 역할이 미비하다고 평가할 수 있다. 이에 대한 자세한 논의는 拙著, 앞의 책, 184면 이하.

27) 규제와 포획이론에 대해서는 이원우, 『경제규제법론』, 홍문사, 2010, 110면; 조소영, 『독립규제위원회의 전문성 제고를 위한 시스템에 관한 연구』, 공법학연구, 제10권 제1호, 2009.2, 478면.

28) 이상의 내용은 拙著, 앞의 책, 137 및 143면 참조.

요한 조치를 취할 수 있으며, 대표적인 법적·제도적 방식으로는 AEUV 제114조에 규정되어 있는 법의 균일화(Rechtsangleichung) 작업을 들 수 있다.[29] 그리고 EU의 역내시장 구축 및 법의 균일화 작업과 관련된 대표적인 법적 영역이 통신규제 영역에 해당하는데, 이는 민영화, 시장의 자유화 및 시장 내 경쟁 도입의 실질적 성공은 각 회원국 내의 규범적 틀이 균일하다는 전제하에 가능하기 때문이다.[30]

   이와 같은 규범적 맥락 하에 EU 회원국 내의 통신규제는 전반적으로 EU의 통신규제 관련 법적 작용들(Rechtsakte)의 영향 하에 있으며, EU 지침을 회원국 국내법으로 전환하는 과정을 통해 회원국 통신규제 법제 자체는 상당 부분 균일화가 이루어졌다고 평가할 수 있다.

   하지만 실질적인 통신규제 집행의 차원으로 논의를 전환하면,[31] 각 국가별 행정실무·문화적 차이로 인해 통신규제의 균일한 집행은 어려움에 봉착한다.[32] 특히 통신규제 분야의 경우 실체법적 규정이 갖고 있는 낮은 규율밀도 및 이로 인해 발생하는 광범위한 규제청의 결정여지로 인해 불균일한 규제집행이 현실화 될 개연성은 더욱 높아지며, 이러한 맥락 하에 불균일한 규제집행이 현실화 되는 경우 역내 통신시장의 경쟁상황은 저해 된다.[33] 또한 회원국 내 비정합적인 통신규제집행은 정치적 성격이 짙은 상급 행정기관이 자국 내 현실 정치적 맥락 하에 또는 자국기업체만을 보호하고자 하는 목적 하에 실제 시장 상황과는 다른 결정을 내리도록 영향력을 행사하는 경우에도 발생할 수 있는

---

29) Daniel−Erasmus Khan, in: Rudolf Geiger/ders./Markus Kotzur (Hrsg.), *EUV/AEUV*, C.H.Beck, 2017, AEUV Art. 114 Rn. 1, 2; Stefan Korte, in: Christian Calliess/M. Ruffert (Hrsg.), *EUV/AEUV*, C.H.Beck, 2016, AEUV Art. 114 Rn. 1, 2 참조.

30) 경쟁법 및 역내시장 관련된 사항이 EU의 경제헌법의 핵심이라는 것에 대해서는 M. Ruffert, 위의 글, § 3 Rn. 24 이하 참조. 실제로 통신 분야의 자유화, 민영화 과정에서 발령된 유럽공동체(EG)의 2차 법원들의 1차 법원적 근거는 경쟁법 관련 조항인 EGV 제86조 3항(현행 AEUV 제106조 제3항)과 법의 균일화(Rechtsangleichung) 권한 조항인 EGV 제95조(현행 AEUV 114조)였다.

31) 법의 균일화는 단순히 실체법적 규율 내용만의 균일화를 의미하지 않으며, 이에 더 나아가 실체법적 규율의 구체적 집행 내용의 균일화 까지도 의미한다(M. Ruffert, 앞의 글, § 3 Rn. 40 이하 참조).

32) EU법으로부터 강하게 영향을 받은 회원국내 실체법적 법령을 회원국의 행정청이 집행을 하는 간접집행(Indirekter Vollzug)의 경우, 각 회원국 내에서 비정합적 집행이라는 문제점이 항시 존재한다. 이로 인해 EU 내에서는 특정 법제도를 구상함에 있어 당해 제도를 EU의 행정청이 집행을 할 것(Zentralisierung)인지, 회원국의 행정청이 집행을 할 것(Dezentralisierung)인지에 대한 논의가 항시 존재한다. 이러한 법적·정치적 상황을 Claudio Franzius, *Gewährleistung im Recht,* 447면에서는 구심력과 원심력의 관계로 묘사하고 있다.

33) 시장의 상황에 대응하는 규제를 위해 도입한 유연한 규제 방식이 비정합적 결정들로 인해 시장 상황을 오히려 왜곡할 수도 있는 위험성을 내포하는 상황은 '유연성과 정합성의 딜레마'(Flexibilitäts−Kohärenz−Dilemma)라 표현되기도 하며(G. Britz, *Vom Europäischen Verwaltungsverbund zum Regulierungsverbund?,* EuR, 2006, 55면), 또는 '유연성과 정합성 간의 긴장'(die Spannung von Flexibilität und Kohärenz)이라고 표현되기도 한다(H.−H. Trute, 위의 글, 567면).

데, 규제청에게 수여된 광범위한 결정 여지는 상급기관의 정치적 영향력으로 인해 왜곡
된 결정의 내용을 손쉽게 정당화하는 논리적 근거로 오용될 위험성이 있다.[34]

3) EU 입법자에 의해 투입된 조직법적 도구

앞서 살펴본 문제점들을 해결하기 위한 방편으로 EU 입법자는 행정조직법적 수단
을 투입하고 있으며, 이는 크게 두 가지 유형으로 구분 될 수 있다. 첫 번째 방식은 EU
전반적인 차원에서 회원국 내 규제관청의 결정 내용을 균일화 시킬 수 있는 조직 및 절
차를 제도화 하는 방법이고, 다른 한편은 EU 입법자가 2차 법원을 통해 회원국내 행정조
직의 형태에 영향을 미치는 방법이다. 첫 번째 방식으로 인해 등장한 제도적 모형을 지
칭하기 위해 유럽연합 규제 결속체(Europäischer Regulierungsverbund)라는 개념어가 사용되
고 있다. 두 번째 방식은 EU 입법자가 회원국의 행정부 내에서 통신규제청에게 지시로
부터의 자유(Weisungsfreiheit)로운 행정조직법적 지위가 부여되도록 EU 지침에 행정조직법
적 규율을 하는 방식으로 이루어진다.

(1) 유럽연합 규제 결속체(Europ   ischer Regulierungsverbund)

EU 체제하에서 이루어지고 있는 EU법의 집행은 예외에 해당하는 직접집행(Direkter
Vollzug)과 원칙에 해당하는 간접집행(Indirekter Vollzug)으로 분류될 수 있다. 직접집행의
경우 EU법을 EU의 행정기관이 집행하게 되는데, 이러한 경우 개별 회원국의 사정을 정
확히 알 수 없을 뿐만 아니라 EU 행정청의 인력이 부족하다는 문제점을 갖고 있다. 반면
간접집행의 경우 EU법을 회원국의 행정기관이 집행하게 되는데, 회원국 행정청 간의 불
균일한 집행 가능성이라는 문제점을 갖고 있다. 이러한 문제점을 해결하기 위한 방편으
로 EU의 행정기관과 회원국 행정기관 간의 협력에 의해 이루어지는 집행 형식이 등장하
였고 그 의미가 증대되었다.[35]

하지만 시간이 지남에 따라 단순한 행정기관 간의 협력을 넘어 EU법의 균일한 집행
을 위해 EU의 행정기관과 회원국의 행정기관 간의 강한 결속관계를 갖고 있는 행정 구
조들이 다양한 법역에서 발생하기 시작했는데, 이러한 현상들을 포착하기 위해서 유럽연
합 행정 결속체(Europäischer Verwaltungsverbund)라는 개념이 사용된다. 이러한 법역들에는
EU의 행정기관과 회원국의 행정기관 간의 단순한 협업의 차원을 넘어선 보다 강력한 실
체법적·절차법적 결속 방식이 제도화되어 있다. 대표적인 방식으로는 EU 집행위원회에
의한 회원국 행정청 결정 사전 검토, EU 집행위원회가 발령한 3차 법원을 통한 회원국의
행정청의 결정 방향 제시, 동일 기능을 수행하는 회원국 행정청 간의 긴밀한 의견 교

---

34) 拙著, 앞의 책, 143면.
35) 拙著, 위의 책, 237면 이하.

환, 이들 기관 간 긴밀한 협업을 가능하게 하는 EU 내 별도의 행정조직 구성 등을
들 수 있다.[36]

그리고 이러한 결속이 가장 두드러지게 나타나는 법역으로는 통신규제 분야와 에너
지규제 분야를 들 수 있는데, 이들 법역과 관련해서는 규제라는 용어에 방점을 두어 유
럽연합 규제 결속체(Europäischer Regulierungsverbund)라는 개념어가 사용되기도 한다.[37] 실
제로 EU 차원에서 포착되는 통신규제법 상 유럽연합 규제 결속체에는 앞서 기술한 유럽
연합 행정 결속체와 관련된 수단들이 종합적으로 반영되어 있다.[38] 이와 같은 제도적 틀
은 각 회원국의 규제관청에 의한 불균일한 규제집행을 예방하는 기능을 수행한다.[39] 하
지만 회원국 규제관청의 결정 내용이 EU 차원의 다양한 제도적 방식을 통해서 조정될
수 있다고 하더라도 회원국 규제관청보다 상급기관이 정치적 영향력을 행사하여 종국적
으로는 EU 차원에서 조정된 결정과는 다른 결정이 회원국 규제관청에 의해 내려지게 되
는 경우 유럽연합 규제 결속체의 목적 및 취지는 형해화 될 수 있다. 이와 같은 위험성을
제거하고 회원국 규제청을 유럽연합 규제 결속체에 강하게 편입시키기 위해 EU 입법자
는 회원국 규제행정청에 대한 독립성 부여라는 조직법적 수단을 사용하고 있으며,[40] 여
러 가지 독립성의 차원들 중 특히 정치적 영향력의 차단이라는 조직법적 도구가 유럽연
합 규제 결속체를 통한 균일한 규제결정의 확보와 관련하여 중요한 역할을 수행한다.[41]

(2) 회원국 규제관청의 정치적 독립성 – 지시로부터의 자유(Weisungsfreiheit)

전문적이고 시장상황에 대응하며 EU 전반에 있어 균일한 규제를 위해서 회원국의
규제기관은 회원국 행정 체계 내에서 독립적인 지위를 받게 될 것이 요구되며, 앞서 살
펴본 내용들에 비추어 파악한다면, 규제행정기관에게 부여된 광범위한 결정 여지가 (외부
적 영향력에 의해) 오용되지 않고 또한 EU 전반에서 균일한 집행이 실현되기 위해서는 회
원국 행정부 내에서 회원국의 규제행정기관에 대해 이루어지는 정치적 영향력 차단이 필
요하게 된다.[42] 이를 위한 조직법적 수단으로 EU 입법자는 지시로부터의 자유라는 조직

---

36) 拙著, 위의 책, 289면 이하.
37) 앞서 기술된 EU 내 간접집행, 직접집행, EU 행정조직과 회원국 행정조직 간의 협력관계, 유럽연합
    행정 결속체에 대한 자세한 내용은, 拙著, 위의 책, 235면 이하. EU 및 회원국 간의 관계 속에서 나
    타나는 다양한 행정 유형들에 대해 보다 자세한 논의는 별도의 논문을 통해 소개할 예정이다. EU
    내 집행방식에 대한 의미 있는 선행연구로는 이희정, 『EU 행정법상 행정처분절차에 관한 소고』, 공
    법학연구, 제12권 제4호, 2011, 477면 이하.
38) 통신법상 시장규제와 관련된 유럽연합 규제 결속체의 제도적 틀 및 운영 방식, 민주적 정당성의 확
    보를 위한 개선 방안에 대해서는, 拙著, 위의 책, 305면 이하.
39) G. Britz, 각주 33)의 글, 52면 참조.
40) Johannes Saurer, *Der Einzelne im europäischen Verwaltungsrecht,* Mohr Siebeck, 2014, 422면.
41) J. Kühling, *Telekommunikationsrecht,* in: M. Ruffert (Hrsg.), *Europäisches Sektorales Wirtschaftsrecht,*
    Nomos, 2012, § 4 Rn. 56.

법적 도구를 사용하고 있다.[43)]

프레임워크지침[44)] 제3조 제3a항 제1문단 제1문은 '시장규제와 관련된 관할권을 갖는 회원국의 규제청은 독립적으로 활동하고, 임무를 수행함에 있어 다른 조직에게 지시를 구하지 않고 또한 다른 조직의 지시를 받지 않는다'[45)]고 규정하고 있다. 본 규정에 따르면 – 개별 회원국의 행정 구조에 따라서 차이가 존재할 수는 있으나 – 통신 규제관청보다 상급 기관이 존재하는 경우, 이러한 상급기관은 하급기관인 통신 규제관청에게 지시를 내려서는 안 된다.

(3) 문제의 소재

이를 현재 독일 행정 조직에 투영시켜 본다면, 현행 연방망청법 제1조 제2문에 따라 연방망청은 연방경제에너지부(이하 BMWi)의 직무범위 하에 속하더라도 상급기관인 BMWi는 연방망청에게 그 어떠한 지시도 내릴 수 없으며, 연방망청 또한 통신규제를 집행함에 있어 BMWi에게 지시를 내려줄 것을 요청할 수 없어야 한다. 하지만 현행 TKG 제117조 제1문은 BMWi 또는 연방교통디지털인프라부(이하 BMVI)가 지시를 발령하는 경우 이러한 지시는 연방관보에 공개되어야만 한다고 규정함으로써,[46)] BMWi와 BMVI가 연방망청에게 지시를 내릴 수 있음을 간접적으로 규정하고 있다.[47)]

---

42) Richtlinie 2009/140/EG의 입법이유 (13) 참조.

43) EU 통신법제의 유연화는 2002년에 이루어진 통신규제법제 개혁을 통해서 이루어졌지만, 이 당시 EU 입법자는 회원국 규제기관의 정치적 독립성을 규율하지는 않았다. 하지만 2009년 통신규제법제 리뷰의 결과물(Richtlinie 2009/140/EG)을 통해서 회원국 통신규제기관의 정치적 독립성과 관련된 규정이 도입되었다. 이는 회원국 통신규제기관에 수여된 광범위한 형성여지와 회원국 행정기관 내부적 정치적 영향력 행사가 결합하여 효율적이고 EU 전반에서 균일한 통신규제 집행을 어렵게 하고 있었다는 것을 간접적으로 보여준다고 평가할 수 있다.

44) Richtlinie 2002/21/EG는 국내에서는 주로 영문 제목을 차용하여 프레임워크지침이라고 번역되고 있는 것으로 보인다. 따라서 이하에서는 기존의 용례에 따라 프레임워크지침이라고 표현한다.

45) 프레임워크 제3조 제3a항 제1문단 제1문의 내용을 논의에서 필요한 수준으로 축약하여 번역하였다. 원문은 다음과 같다. "Unbeschadet der Absätze 4 und 5 handeln die für die Vorabregulierung des Markts oder für die Beilegung von Streitigkeiten zwischen Unternehmen nach den Artikeln 20 oder 21 zuständigen nationalen Regulierungsbehörden unabhängig und holen im Zusammenhang mit der laufenden Erfüllung der ihnen nach den nationalen Rechtsvorschriften zur Umsetzung des Gemeinschaftsrechts übertragenen Aufgaben weder Weisungen einer anderen Stelle ein noch nehmen sie solche entgegen."

46) 현행 독일 연방망청법(BEGTPG) 제1조에 따르면 연방망청은 BMWi의 산하에 속한다고 규정되어 있는 반면, 2013년 12월 17일 연방수상에 의해 발령된 조직지침(Organerlass)을 통해 TKG 관련 권한 및 TKG와 관련된 연방망청에 대한 전문감독권이 BMVI로 이관되었다. 현재 TKG 제117조는 관련 연방부서로서 BMWi와 BMVI 양자 모두를 규정하고 있다.

47) Klaus F. Gärditz, *Die Organisation der Wirtschaftsverwaltung*, in: R. Schmidt/F. Wollenschläger (Hrsg.), *Kompendium Öffentliches Wirtschaftsrecht*, Springer, 2016, § 4 Rn. 47; M. Ludwigs, "Die Bundesnetzagentur auf dem Weg zur Independent Agency?", *Die Verwaltung 44 (2011)*, 43면 참조.

이와 같은 규범적 상황은 일견 EU 입법자에 의한 회원국 통신규제청에 대한 조직법적 규율과 독일 입법자의 연방망청에 대한 조직법적 규율 간에 갈등이 있는 것으로 보일 수 있으며,[48] 더 나아가 EU 입법자가 프레임워크지침에서 규율하고 있는 조직법적 규율을 독일 입법자가 적합한 방식으로 국내법화 하지 않고 있는 상황이라고 평가 내려지기도 한다.[49]

이하에서는 회원국 규제기관의 지시로부터의 자유에 대한 규정이 프레임워크지침 제3조 제3a항 제1문단 제1문에 존재하고 있음에도 불구하고 독일 통신규제(법) 체계상 BMWi와 BMVI가 연방망청에게 지시를 내릴 수 있는 상황이 여전히 지속되고 있는지 그 규범적 맥락에 대해 살펴본 후 프레임워크 제3조 제3a항 제1문의 지시로부터의 자유와 현행 독일 통신규제(법) 상의 연방망청의 장관 지시에의 구속성의 관계가 어떻게 규범적으로 정리될 수 있는지 대해서 논의 한다.

Ⅲ. 연방망청의 지시구속성(Weisungsgebundenheit)에 대한 규범적 맥락

1. 행정조직에 대한 도구적 접근 방식과 민주주의 원칙의 관계

앞서 살펴본 바와 같이 행정조직법을 도구적 관점에서 파악하는 접근 방식은 독일 행정법학 및 EU 행정법학, 더 나아가 독일의 입법 실무 및 EU의 2차 법원 제·개정 실무에서 중요한 위치를 차지하고 있다고 평가할 수 있다. 하지만 행정조직 및 이를 구성함에 있어서 고려해야할 사항은 효율적인 행정 임무 수행 및 완수에만 그쳐서는 안 된다. 오히려 행정조직을 구성함에 있어서는 행정조직법적 조종을 통한 효율적인 실체법적 임무 수행과 더불어 최상위 규범(독일의 경우 독일 기본법, EU의 경우 1차 법원)에서 규율하고 있는 기본 원칙[50]과 행정조직과의 관련성이 고려되어야 한다.[51]

독일의 기본법은 제20조 제2항 및 제23조 제1항에서, EUV는 제2조와 제9조 이하에서, 민주주의를 법적·정치적 공동체 질서의 기본원칙임을 규율하고 있다.[52] 따라서 —

---

48) 이와 같은 문제의식과 관련하여 유의미한 국내 선행 연구로는 김태오, 『EU 전자통신 법체계 개정이 독일통신법(TKG)에 미치는 영향』, 경제규제와 법, 제3권 제1호, 2010년, 258면 이하.

49) M. Ludwigs, 각주23)의 글, § 12 Rn. 23; M. Eifert, 앞의 글, § 23 Rn. 136.

50) 대표적인 예로는 법치주의 원칙, 민주주의, (연방 국가의 경우) 연방주의 원칙 등을 들 수 있으나, 이하에서는 민주주의 원칙에 한정하여 논의를 진행하도록 한다.

51) Hinnerk Wißmann, *Verfassungsrechtliche Vorgaben der Verwaltungsorganisation,* in: W. Hoffmann-Riem/E. Schmidt-Aßmann/A. Voßkuhle (Hrsg.), *Grundlagen des Verwaltungsrechts, Bd. 1,* C.H.Beck, 2012, § 15 Rn. 6 이하 및 Rn. 53 이하 참조. 이러한 관점을 강조하는 국내 문헌으로는 이원우, 『행정조직의 구성 및 운영절차에 관한 법원리 - 방송통신위원회의 조직성격에 따른 운영 및 집행절차의 쟁점을 중심으로』, 경제규제와 법, 제2권 제2호, 2009.11, 98면 이하; 이현수, 『합의제 중앙행정관청의 조직법적 쟁점』, 공법연구, 제42집 제3호, 2013년, 76면.

52) W. Kluth, *Demokratie,* in: Reiner Schulze/Manfred Zuleeg/Stefan Kadelbach (Hrsg.), *Europarecht,*

행정조직 및 그 구성은 최상위 규범상의 원칙을 실현하는데 기여해야한다는 관점에 따르면— 독일 내 행정조직·구성, EU의 행정조직·구성, EU 체제하에서 발견되는 회원국의 행정조직과 EU 행정조직 간의 협력 관계 및 유럽연합 행정 결속체 관계는 민주주의 원칙에 적합하게 설계되어야만 한다.[53] 또한 행정작용은 민주주의적 관점에서 정당화 되어야하며,[54] 이를 위해 행정조직·구성은 최상위규범 및 이에 대한 해석에서 도출되는 민주적 정당성 구조[55]를 반영해야만 한다.[56]

　이와 같은 관점들을 종합하면, 비록 규범제정자들이 행정조직을 법적으로 구성함에 있어서 광범위한 형성의 자유를 갖고 있다고 하더라도 실체법적 임무수행의 효율성을 위해 투입된 행정조직법적 도구들은 최상위 규범상의 원칙인 민주주의 원칙에 부합해야만 한다.[57] 그리고 이하에서 논의할 사항을 간략하게 선취하여 기술하자면, BMWi 및 BMVI의 지시 하에 놓여있는 현 연방망청의 법적 지위는 독일 기본법 상의 민주적 정당성 구조에 부합하는 것이다.

2. 독일 기본법 상 행정의 민주적 정당성[58] 논의

　행정의 민주적 정당성 구조는 민주주의 원칙에 기반 한 공동체 내에서 최상위 법규

Baden—Baden, 2010, § 5 Rn. 10; H. Wißmann, 위의 글, § 15 Rn. 59 이하 참조.

53) E. Schmidt—Aßmann, Verwaltungsrechtliche Dogmatik, Tubingen, 2013, 152면 참조. 유럽연합 행정 결속체의 성립으로 인해 발생하는 법적 후속문제에 대해선 拙著, 앞의 책, 291면 이하에서 기술하고 있으며, 이 중 민주적 정당성과 관련된 사항으로는 ① 복잡한 행정구조로 인해 발생하는 민주적 정당성 구조의 복잡성, ② 리스본 조약 이전의 1차 법원 체제 하에서 구축된 제도 및 이에 근거한 3차 법원과 현행 리스본 조약 간의 규범적 부정합성 및 이로 인해 발생하는 민주적 정당성의 흠결을 들 수 있다.

54) Bernd Grzeszick, Art. 20 (51. Ergänzungslieferung 2010), in: Theodor Maunz/Günter Dürig (Hrsg.), Grundgesetz—Kommentar, C.H.Beck, 2015, Rn. 117; J. P. Terhechte, Einführung, in: ders. (Hrsg.), Verwaltungsrecht der Europäischen Union, Baden—Baden, 2011, § 1 Rn. 28 이하 참조.

55) Matthias Jestaedt, Radien der Demokratie, in: Hans M. Heinig/J. P. Terhechte (Hrsg.), Postnationale Demokratie, Postdemokratie, Neoetatismus, Tübingen, 2013, 10면.

56) E. Schmidt—Aßmann, 앞의 책, 152면; K. F. Garditz, 앞의 글, § 4 Rn. 26 참조.

57) 拙著, 앞의 책, 25면.

58) 독일의 행정의 민주적 정당성 논의는 다양한 행정의 유형만큼 그 형태가 매우 다양하지만, 본고의 글감인 통신규제는 연방차원의 직접적 국가행정에 해당하므로, 이하에서는 주 행정, (기능적) 자치행정, 기타 민영화되어 수행되는 행정에 대한 논의는 다루지 않는다. 행정의 민주적 정당성 관련 유의미한 국내 선행 연구로는 서승환, 『합의제 독립규제기관의 민주적 정당성에 관한 연구』, 2014년(서울대학교 박사학위논문); 이현수, 앞의 글, 51면 이하; 허완중, 『민주적 정당성』, 저스티스, 2012.2, 132면 이하. 참고로 정당성은 정통성으로 표기되기도 한다(김남진, 『행정법의 종말론과 재생론』, 법연, 2015 SPRING vol. 46, 34면). 하지만 본고에서 정당성 확보의 과정을 표현하는 '정당화'를 정통성이라는 단어에 상응할 수 있도록 '정통화'로 표기하는 경우 어감 상 어색함이 있으므로 이하에서는 정당성이라는 단어를 사용하도록 한다.

범에 담겨 있는 민주적 질서의 모습이 행정 영역에 구현된 것으로서, 민주적 정당성 논의의 핵심은 최상위 법규범이 설정한 민주적 질서의 틀에 부합하는 방식으로 정치공동체 구성원들의 의사가 행정기관의 의사형성 과정에 반영될 수 있도록 법적·제도적 틀을 구성하는 것이다.[59]

1) 행정의 민주적 정당성 논의의 출발점

독일 기본법 제20조 제1항은 독일연방공화국이 민주적 국가임을 천명하고 있다. 독일 기본법 제20조 제2항 제1문은 "모든 국가권력은 국민으로부터 나온다"고 규정하고 있으며, 더 나아가 독일 기본법 제20조 제2항 제2문은 "[모든 국가권력은] 국민에 의하여 선거와 투표를 통해서 행사되고 […] 행정의 […] 특별기관에 의해서 행사 된다"고 규정하고 있다.[60] 이 조항에 근거하여 독일 기본법 상의 민주적 정당성 구조가 구축된다.

2) 민주적 정당성의 주체 및 객체

독일 기본법 제20조 제2항은 민주적 정당성의 주체와 객체를 규율하고 있다. 독일 기본권 제20조 제2항에 따르면 '국민(Volk)'이 민주적 정당성의 주체에 해당한다. 물론 '국민'의 개념이 무엇인지 독일 기본법은 개념정의를 하고 있지 않기 때문에 이에 대한 해석상의 논란이 존재하기는 하지만, 동 조항에 대한 역사적 해석[61] 및 체계적 해석에 의하면,[62] 독일 국적을 가진 개인의 전체 연합체라고 할 수 있으며, 이는 ① 인적 총체, ② 불특정 대중, ③ 독일 국적이라는 세 가지 징표로 표현할 수 있다.[63]

그리고 기본법 제20조 제2항에 따르면 민주적 정당성의 객체는 공권력 행사이며, 이는 "결정적 성격을 갖는 모든 직무작용"(alles amtliche Handeln mit Entscheidungscharakter)[64]을 의미한다. 따라서 행정의 영역에서는 단순한 행정 내적 작용이나 행정부 내부적 협의 등은 민주적 정당성의 객체에서 배제되는 반면,[65] 외부효를 갖는 결정이나 공적 임무수

---

59) 행정의 민주적 정당성을 바라봄에 있어서는 실정 최상위 규범(헌법)에 근거한 법도그마틱적 관점, 법철학적 또는 사회철학적 관점 등 다양한 관점이 존재할 수 있으나 본고에서는 실정법적으로 최상위 규범(EU의 경우 리스본 조약, 국가의 경우 개별 국가의 헌법, 따라서 독일의 경우 기본법)에 근거한 법도그마틱적 관점에서 도출되는 민주적 정당성 구조에 대해서 논의한다.

60) 독일 기본법 규정의 번역은 콘라드 헷세, 계희열 옮김, 『통일 독일헌법원론』, 박영사, 2001년, 502면 이하의 기본법 번역문의 용례를 따랐다.

61) 참고로 독일 기본법 제20조 제1항의 원형은 바이마르 헌법 제1조 제2문에서 발견할 수 있다. 바이마르 헌법 제1조 제2문은 "국가권력은 국민으로부터 나온다"라고 규정하고 있다.

62) 독일 기본법 제20조와 관련된 역사적 해석 및 체계적 해석에 대한 보다 자세한 논의는 M. Jestaedt, *Demokratieprinzip und Kondominialverwaltung*, Duncker & Humblot, 1993, 208면 이하 참조.

63) E. Schmidt–Aßmann, "Verwaltungslegitimation als Rechtsbegriff", *AöR 116 (1991)*, 348면 이하.

64) BVerfGE, 93, 37 (68); BVerfG, Beschluss des Zweiten Senats vom 05. Dezember 2002 – 2 BvL 5/98 – Rn. 155; BVerfG, Urteil des Zweiten Senats vom 18. Januar 2012 – 2 BvR 133/10 – Rn. 165.

행을 위한 내부적 조건 형성 작용 등은 민주적 정당성의 객체에 해당한다.[66]

3) 민주적 정당성 확보 요소

민주적 정당성 구조의 본질적 역할은 공권력 행사의 내용을 국민에게로 귀속시키는 것이므로 기본법 제20조에 의해 확정된 민주적 정당성의 주체와 객체를 연결해 줄 매체가 필요하게 되는데, 이와 관련된 논의가 민주적 정당성 확보 요소이다. 민주적 정당성 확보 요소는 기본적으로 기능적–제도적 민주적 정당성, 조직적–인적 민주적 정당성, 실질적–내용적 민주적 정당성으로 구분된다.[67] 이들 중 기능적–제도적 민주적 정당성은 독일 기본법 상 국민으로부터 직접 민주적 정당성을 수여 받는 주체는 대의 기관뿐이기 때문에 대의 기관이 아닌 국가기관이 공권력을 행사함에 있어 별도의 정당성 확보 요소가 필요하기 때문에 논의가 된다.[68] 하지만 이는 국민과 공권력 행사 내용 간의 매개체라기보다는, 민주적 질서 하에서 행정부에 의한 공권력 행사를 가능하게 해주는 헌법적 전제로서의 기능을 수행하기 때문에[69] 이하에서는 더 이상 논의하지 않는다.

(1) 조직적–인적 민주적 정당성

독일 기본법의 민주적 질서는 기본적으로 의원내각제에 기반 한 대의 민주주의를 바탕으로 짜여있다. 따라서 선거를 통해 국민으로부터 직접적으로 민주적 정당성을 부여 받는 기관은 대의기관에 한한다.[70] 이러한 맥락 하에 국민과 행정작용을 수행하는 개별 담당자 사이에 어떠한 매개 방식으로 민주적 정당성이 확보될 수 있을지를 고찰하는 것이 조직적–인적 민주적 정당성 논의이다.[71] 이와 관련해서 연방헌법재판소는 "국민으로부터 이들로부터 선출된 대표를 거쳐 국가임무를 위탁받은 조직 및 직무담당자에게 까지 끊어지지 않는 정당성사슬[72]"이 필요하다고 표현하고 있으며,[73] 이에 따라 조직적–인

---

65) BVerfGE 83, 60 (74); M. Burgi, 앞의 글, § 7 Rn. 27.

66) BVerfG, Beschluss des Zweiten Senats vom 05. Dezember 2002 – 2 BvL 5/98 – Rn. 155. 이를 통신규제에 대입해서 살펴보면 연방망청이 구체적인 규제수단을 선정하여 발령하는 규제처분의 경우가 전자에 해당하며, 구체적 규제수단을 선정하기 위한 전제 조건으로 이루어지는 시장획정, (전문)규제의 필요성 확정 및 시장 조사는 후자에 해당한다고 볼 수 있다.

67) 민주적 정당성의 요소의 번역은 허완중, 앞의 글, 132면 이하의 용례를 따랐다.

68) B. Grzeszick, 앞의 글, Rn. 123 참조. 독일 연방헌법재판소도 밝힌 바와 같이 행정부에 대한 기능적–제도적 정당성 요소 자체는 헌법 제20조 제2항에 표출된 헌법제정자의 의사와 관련이 있다. 이에 대해서는 BVerfGE 49, 89 (125) 참조.

69) B. Grzeszick, 앞의 글, Rn. 124 참조.

70) W. Kluth, in: Hans J. Wolff 외 3인, *Verwaltungsrecht II*, C.H.Beck, 2010, § 80 Rn. 151.

71) Christoph Gröpl, *Staatsrecht I*, C.H.Beck, 2015, Rn. 281.

72) 정당성사슬(Legitimationskette)이라는 표현은 현재 민주적 정당성 요소들을 논의함에 있어 광범위하게 사용되고 있다. 하지만 이 단어 자체는 1958년 독일국법자대회 토론 중 Ulrich Scheuner가 최초로 사용했다고 추정되는데, 이 당시 U. Scheuner가 의미한 정당성사슬은 그 논의의 맥락 상 현재의 용례와는 달리 단지 조직적–인적 정당성에 한하는 것이었다. 이에 대해서는 M. Jestaedt, 각주

634 행정청의 민주적 정당성

적 정당성의 핵심은 개별 공무원의 임면 과정과 관계가 있다. 현행 독일 기본법 체제 하에서는 기본적으로 기본법 제38조 제1항의 선거과정을 통해 일차적으로 민주적 정당성을 지닌 연방의회(Bundestag)에 의한 연방수상 선출(기본법 제63조 제1항), 연방수상의 연방 장관에 대한 인사고권(기본법 제64조 제1항) 및 연방 장관의 주무 행정기관에 대한 인사고권(기본법 제65조 제2항)을 통해 국민과 개별 공무원 간의 완결적인 인적-조직적 정당성의 사슬이 구성되어 있다.[74]

(2) 실질적-내용적 민주적 정당성

인적-조직적 민주적 정당성이 행정작용의 민주적 정당성 확보와 관련해서 중요한 역할을 수행하기는 하지만, 이와 같은 정당성 확보 수단만으로는 행정작용의 민주적 정당성을 확보하는데 어려움이 존재한다. 이는 임명 당시 강하게 발생했던 민주적 정당성의 효력은 시간이 지남에 따라 점차 옅어지기 때문이다.[75] 더 나아가 인적-조직적 민주적 정당성의 실질적인 효력은 임명행위 자체뿐만 아니라 면직 가능성을 통해서도 발생한다는 사실을 고려한다면,[76] 장기간 안정적인 업무 수행을 위해 관련 업무수행자의 면직이 법적으로 제한이 되어 있는 경우와 같이 인적-조직적 민주적 정당성의 효력 자체가 제도적으로 약화되는 경우들도 존재하기 때문이다.[77] 따라서 인적-조직적 민주적 정당성 요소와는 다른 요소를 통해 민주적 정당성이 보강되어야 할 필요성이 존재 하는데, 이러한 기능을 수행하는 것이 실질적-내용적 민주적 정당성 요소이다.[78]

인적-조직적 정당성과는 달리 실질적-내용적 정당성은 어떠한 매개체를 통해 행정작용의 구체적 내용에 국민의 의사가 반영될 수 있는가에 대한 방식을 논의한다.[79] 그리고 실질적-내용적 민주적 정당성의 세부 요소로는 크게 두 가지가 논의되는데, 첫 번째 요소는 국민에 의해 직접적으로 민주적 정당성을 부여받은 대의기관이 마련한 법률,

---

62)의 책, 268면상의 각주 15 참조.

73) BVerfGE 83, 60 (73); BVerfG, Urteil des Zweiten Senats vom 20. Dezember 2007 - 2 BvR 2433/04 - Rn. 158.

74) M. Jestaedt, 각주 62)의 책, 330면; W. Kluth, 각주 70)의 글, § 80 Rn. 156 참조. 이와 같은 기본적인 인적-조직적 정당성 구조는 연방망청의 조직 구조에서도 구현 되어있다. 연방망청법 제3조 제3항에 따르면 연방망청의 청장 및 부청장 2인 지명에 관한 최종권한은 연방내각에 부여되어 있다.

75) K. F. Garditz, 앞의 글, § 4 Rn. 27.

76) W. Kluth, 각주 70)의 책, § 80 Rn. 180 참조.

77) 이에 대한 대표적인 경우로 연방망청의 청장 및 부청장의 임기가 연방망법 제4조 제1항 및 제8조에서 법적으로 보장되어 있을 뿐만 아니라 연방망법 제4조 제5항에 의해 이들의 면직 가능성이 한정적이라는 점을 들 수 있다. 이와 같은 연방망청의 청장 및 부청장의 한정적 면직 가능성 등과 같은 규정은 프레임워크 지침 제3조 제3a항 제1문단 제4문 이하 등에서도 권장하는 바이다.

78) K. F. Garditz, 앞의 글, § 4 Rn. 27 참조.

79) C. Gröpl, 앞의 책, Rn. 284.

두 번째 요소는 연방내각에 의한 행정기관 규율이다.

　① 입법자가 제정한 법률

　　실질적－내용적 정당성과 관련하여 주된 기능을 수행하는 것은 입법자가 제정한 법률이다. 입법자가 발령한 법률은 행정 작용의 근거와 한계를 규율하고 있기 때문에, 행정기관이 법률을 준수하는 과정을 통해 의회에게 수여된 민주적 정당성이 행정 작용에 유입되게 된다.[80] 즉, 공법 도그마틱 상의 행정의 법률적합성, 법률의 우위 및 법률 유보를 매개로 행정기관의 작용은 실질적－내용적 민주적 정당성을 확보하게 된다.[81]

　　하지만 입법자가 제정한 법률은 다양한 실체법적 규율밀도를 갖고 있기 때문에, 관련 법역의 특성에 따라 행정청에게 결정여지를 주지 않는 경우도 있지만, 또 그 반대로 다양한 형태의 결정여지를 부여하기도 한다.[82] 또한 법률을 적용함에 있어서 규범해석의 문제가 전제되어 있기도 하며, 법률 적용을 위해 사실관계를 법적으로 구성함에 있어 다양한 가치판단이 개입되기도 한다.[83] 이러한 경우는 법률은 이를 집행함에 있어 행정기관에게 명확한 해답을 주지 못하게 되는데, 이 지점에서 법률의 실질적－내용적 민주적 정당성의 효력이 절대적이지 않음이 간접적으로 나타난다. 따라서 법률에 의한 실질적－내용적 민주적 정당성의 약점을 보완하기 위해 별도의 실질적－내용적 민주적 정당화 요소가 필요하게 된다.[84]

　② 장관의 지시(Ministerialweisung)에 대한 행정기관의 구속성(Weisungsgebundenheit)

　　앞서 살펴본 바와 같이 법률 적용 단계에서 행정청에게는 (입법자의 의도에 의하건 입법자가 의도치 않았지만 법률이라는 체계 자체의 특성상) 다양한 선택 가능성들이 존재한다. 하지만 이러한 상황에서도 민주적 정당성의 주체의 의사가 최대한 반영될 수 있어야한다. 따라서 법률의 조종능력이 저하된 경우 실질적－내용적 민주적 정당성을 확보하기 위한 방안으로 국민으로부터 직접 민주적 정당성을 부여받은 의회에 대해 책임을 지는 최상급 행정기관의 역할이 중요하게 된다.[85] 그리고 이러한 책임성은 최상위 행정기관이 행정청에게 영향력을 미칠 수 있을 때에 비로소 가능하기 때문에 연방내각의 행정기관에 대한 규율 수단은 연방내각의 연방의회에 대한 책임의 매개체로서의 기능을 한다.[86]

---

80) Friedrich E. Schnapp, in: Ingo von Münch/Philip Kunig (Hrsg.), *Grundgesetz Kommentar*, Bd. 1, C.H.Beck, 2012, Art. 20 Rn. 26; M. Jestaedt, 각주 62)의 책, 336면.

81) Horst Dreier, in: ders. (Hrsg.), *Grundgesetz Kommentar*, Bd. II, Mohr Siebeck, 2015, Art. 20 (Demokratie) Rn. 121.

82) Reiner Schmidt, *Grenzen legislativer Regulierung*, in: Boris Gehlen/Frank Schorkopf (Hrsg.), *Demokratie und Wirtschaft*, Mohr Siebeck, 2013, 21면 이하.

83) M. Jestaedt, 각주 62)의 책, 337면 참조.

84) K. F. Garditz, 앞의 글, § 4 Rn. 27.

85) K. F. Garditz, 앞의 글, § 4 Rn. 28 참조.

독일의 경우 기본법 제65조 제2문에 따라 연방 내각의 장관이 직무 범위에 속하는 행정청을 지휘할 수 있으며,[87] 이와 같은 지휘의 구체적인 방식 중 하나가 장관의 하급 관청에 대한 지시(Weisung)이다. 물론 실무 상 실질적－내용적 민주적 정당성 요소로 논의될 수 있는 최상위 행정기관의 영향력 행사의 수단은 다양하게 존재할 수 있지만, 독일 헌법재판소는 한결같이 "행정청의 연방내각으로부터의 지시에 대한 구속성"을 실질적－내용적 민주적 정당성의 요소로 제시하고 있다.[88] 이와 같은 맥락 하에, 행정청에 대한 연방내각의 지시의 실질적－내용적 민주적 정당성으로서의 성격은 독일 기본법 제65조 제2문 및 독일 기본법 제20조 제2항에 대한 체계적 해석에 의해 인정된다고 볼 수 있다.[89] 이와 같은 장관의 지시는 민주적 정당성의 한 요소로서 행정 결정에 대해서도 정치적 책임이 존재한다는 사실을 보장하는 기능을 수행함과 동시에 관료적 지배질서가 민주적 정치질서로부터 분리되어 나가는 것을 저지하는 기능을 수행 한다.[90]

4) 효율적 정당화 수준 및 정당화 구조의 개방성

위에서 살펴본 바와 같이 민주적 정당성의 요소는 ① 조직적－인적 민주적 정당성 요소, 실질적－내용적 민주적 정당성 요소인 ② 입법자가 발령한 법률 및 ③ 장관과 행정기관 간의 지시구속관계라고 할 수 있다. 하지만 민주적 정당성 구조와 관련된 논의에서 핵심적인 사항은 앞서 기술한 민주적 정당성의 기본적 3요소(주체－대상－요소) 그 자체는 아니며 정당성 확보 요소의 유형 그 자체는 더더욱 아니다.

오히려 민주적 정당성 논의에서 핵심적인 사항은 민주적 정당성의 주체와 민주적 정당성의 객체인 공권력 행사 사이에 어떠한 방식으로 민주적 정당성 요소들을 효과적으로 배치할 것인지에 대한 것이다. 연방헌법재판소의 역시 민주적 정당성 논의와 관련하여 민주적 정당성 확보 수단의 효율성 및 이를 통한 일정 수준 이상의 충분한 민주적 정당성 확보를 강조하고 있다.[91]

이와 같은 관점 하에 민주적 정당성 요소들을 살펴보면, 앞서 논의된 세 가지 정당성 요소들은 각자 단독적으로 정당화 효과를 발생하지 않고, 오히려 이들 요소들 간 상호 보완적인 형태로 민주적 정당화 효과를 발생시킨다.[92] 따라서 상호보완을 통해 일정

---

86) H. Dreier, 위의 글, Art. 20 (Demokratie) Rn. 121.

87) Christoph Ohler, "Der institutionelle Vorbehalt des Gesetzes", *AöR 131 (2006)*, 371면.

88) 대표적인 최신판례로는 BVerfG, Urteil des Zweiten Senats vom 18. Januar 2012 － 2 BvR 133/10 － Rn. 165.

89) J. Kühling/Tobias Schall/Michael Biendl, *Telekommunikationsrecht*, C.F.Müller, 2014, Rn. 686 참조.

90) K. F. Garditz, 앞의 글, § 4 Rn. 28.

91) H. Dreier, 앞의 글, Art. 20 (Demokratie) Rn. 113.

92) F. E. Schnapp, 앞의 글, Art. 20 Rn. 27; M. Ludwigs, 각주 47)의 글, 49면 이하. 독일의 민주적 정

수준 이상의 충분한 민주적 정당성을 만들어 낼 수 있다면, 특정 정당성 요소가 약화 되거나 탈락된다 하더라도 이것이 금지되는 것은 아니다. 이는 각 행정 영역별로 다양한 형태의 민주적 정당성 구조가 형성될 수 있음을 의미한다.[93] 독일 헌법재판소 역시 민주적 정당성 논의의 개방성 자체를 명시하고 있다.[94]

3. 장관의 지시로부터의 자유로운 행정청의 허용 가능성

앞선 논의들에 따르면 행정청의 지시구속성은 행정청의 공권력 행사의 민주적 정당성을 보장하는 하나의 요소라고 파악된다. 다른 한편 이러한 행정청의 지시구속성은 다른 민주적 정당성 요소들에 의해 충분히 보완될 수 있다면 약화되거나 경우에 따라서는 탈락이 가능하다 판단할 수 있다. 즉 이론적·공법 도그마틱적 관점에서 보았을 때 장관의 지시로부터 자유로운 행정[95]의 존재 그 자체는 금지되어 있지 않다.[96] 하지만 장관의 지시로부터 자유로운 영역이 허용되기 위해서는 지시 관계의 흠결로 인해 생겨난 민주적 정당성의 흠결을 보완할 만큼 합당한 근거가 존재해야만 한다.[97]

우선 헌법에 규정에서 명확한 규정을 두는 경우 장관의 지시로부터 자유로운 행정이 인정될 수 있다.[98] 이와 같은 구체적인 예로는 독일 기본법 제114조 제2항 상의 연방감사원의 독립성 규정, 독일 기본법 제88조 제2문에 규정된 독일연방은행의 독립성 규정을 들 수 있다.[99] 또한 헌법 자체에서 명시적인 조항을 통해 독립성 규정을 규율하고 있지는 않지만 헌법 상 보장되는 임무의 특수성이 존재하는 경우에도 지시로부터 자유로운 행정이 인정될 수 있는데, 이에 대한 구체적인 예로는 공영방송국(öffentlich‒rechtliche Rundfunkanstalt)을 들 수 있다.[100]

독일 기본법을 통해 직·간접적으로 도출되는 근거 이외에도, 지시로부터 자유로운

당성 논의와 관련하여 앞서 서술된 민주적 정당성의 요소들 간 상호 보완적 관계를 설명하고 있는 선행연구로는 이현수, 앞의 글, 58면.

93) Karl‒Peter Sommermann, in: Hermann von Mangoldt/Friedlich Klein/Christian Stark (Hrsg.), *Kommentar zum Grundgesetz,* Bd. 2, C.H.Beck, 2010, Art. 20 Rn. 184, 195 참조.

94) BVerfG, Beschluss des Zweiten Senats vom 05. Dezember 2002 ‒ 2 BvL 5/98 ‒ Rn. 166 및 167 참조.

95) 이러한 논의는 전통적으로 Ministerialfreie Räume라는 표제어를 중심으로 논의가 되어 왔다.

96) Wolfgang Löwer, *Organisation,* in: Hanno Kube 외 5인 (Hrsg.), *Leitgedanken des Rechts. FS für Paul Kirchhof,* § 7 Rn. 10 이하 참조.

97) B. Grzeszik, 앞의 글, Rn. 198; W. Hoffmann‒Riem, 앞의 글, § 10 Rn. 54.

98) M. Möstl, in: T. Maunz/G. Dürig (Hrsg.), *Grundgesetz‒Kommentar(73. Ergänzungslieferung 2014),* Art. 87f Rn. 102.

99) W. Löwer, 앞의 글, § 7 Rn. 10.

100) K.‒P. Sommermann, 앞의 글, Art. 20 Rn. 179 참조.

행정이 인정될 수 있는 근거들이 존재한다. 우선 행정청에게 정치적 성향이 굉장히 옅은 임무가 부여된 경우, 입법자가 법률로써 지시로부터 자유로운 행정 영역을 설정하는 것이 전적으로 금지되지는 않는다.[101] 실제로 독일 연방헌법재판소는 부여된 임무 자체에 정치적 성향이 매우 근소함을 근거로 독일 청소년보호법 제19조 제2상의 연방청소년유해매체평가소 구성원의 지시로부터의 자유를 인정한 바 있다.[102] 또한 민주적 정당성 요소 간의 상호보완을 통해 장관과 행정청 간의 지시관계의 흠결이 치유될 정도로 충분한 민주적 정당성이 확보될 수 있다면, 예외적으로 장관의 지시로부터 자유로운 행정이 인정될 수 있다.[103]

4. 소결: 연방망청의 장관 지시에의 구속

앞서 살펴본 바와 같이 독일 기본법에 근거한 민주적 정당성 구조 논의에 따르면 장관과 행정청 간의 지시구속 관계는 행정조직을 형성함에 있어 반드시 존재해야만 하는 것도 아니며 민주적 정당성과 관련된 구조를 파악함에 있어서 절대적 효력을 발생하는 정당화 요소도 아니라고 할 수 있다. 그럼에도 불구하고 독일 기본법 제65조 제2항 및 TKG 제117조 제1문에 비추어 본 연방망청의 법적 지위는 BMWi와 BMVI의 지시에 구속을 받는 행정청이다. 이 지점에서 제기 가능한 의문점은 연방망청은 지시로부터 자유로운 행정의 모습을 갖출 수 없는가이다.

연방망청이 지시로부터 자유로운 행정으로서 인정받기 위해서는 앞서 기술된 특별한 근거들이 필요하다. 하지만 독일 기본법에는 연방망청과 관련하여 특별한 근거 규정이 존재하지 않을 뿐만 아니라 간접적으로 장관과의 지시 관계를 해소해 줄 만한 근거 규정도 존재하지 않는다.[104] 또한 정치적 성격이 적은 경우에도 장관의 지시로부터 자유로운 지위가 승인될 수 있으나, 연방망청이 통신규제 집행 시 TKG 제2조 제2항의 목적 카탈로그와 관련된 광범위한 형량 작업을 수행하므로 연방망청의 통신규제적 작용이 정치적 성격을 적게 갖고 있다고 판단할 수는 없다.[105]

---

101) J. Kühling, in: Wolfgang Kahl/Christian Waldhoff/Christian Walter (Hrsg.), *Bonner Kommentar zum Grundgesetz*, Ordner 12, Art. 87f(175. Aktualisierung Oktober 2015) Rn. 162.

102) BVerfG, Beschluss vom 27.11.1990 — 1 BvR 402/87, Rn. 64

103) Daniel Couzinet, *Die Legitimation unabhängiger Behörden an der Schnittstelle von unionalem und nationalem Verfassungsrecht*, in: Alfred G. Debus 외 6인 (Hrsg.), *Verwaltungsrechtsraum Europa*, Nomos, 2011, 222면 이하 참조.

104) M. Möstl, 앞의 글, Rn. 34, 102; T. Mayen, in: Karl Heinrich Friauf/Wolfram Höfling (Hrsg.), *Berliner Kommentar zum Grundgesetz*, ESV, 2016, Art. 87f(40. Erg.−Lfg. XII/12) Rn. 67 참조.

105) T. Mayen, 위의 글, Rn. 62. 규제법상 규제목적과 관련된 의미 있는 국내 선행 연구로는 계인국, 『망규제법상 규제목적의 결합과 그 의의』, 강원법학, 제39권, 2013.6, 89면 이하.

　　결국 연방망청이 지시로부터 자유로운 행정기관으로 될 수 있는 가능성은 다른 민
주적 정당성 요소들의 강화를 통해 지시구속성의 흠결을 보충하는 것뿐인데, 이 또한 인
정되기 힘들다. 그 이유는, 첫째로 조직적－인적 민주적 정당성의 강화가 별로 이루어지
지 않고 있기 때문이다. 연방망청 내의 권한 분장을 보면 시장획정 및 시장조사와 같은
사전절차는 청장 및 2인의 부청장으로 이루어진 심결1부에서 결정을 하지만, 이 결과에
근거한 구체적인 규제수단 선정 및 규제처분은 심결2부와 심결3부에서 수행한다.106) 심
결1부의 구성원인 청장과 부청장의 경우는 연방망청법 제3제 제3항에 따라 16인의 연방
의회 의원과 16인의 연방참사원 구성원으로 구성된 연방망청 내 자문위원회(Beirat)가 추
천하고 이를 연방내각에서 지명하면 연방대통령이 임명하는 방식을 통해 상대적으로 강
한 조직적－인적 정당성을 갖추고 있다고 볼 수 있다.107) 하지만 이들의 경우 강한 면직
제한 규정에 의해 그 지위가 보호된다는 측면에서 조직적－인적 정당성이 특별히 강화
된 상태는 아니라고 파악될 수 있다. 더 나아가 심결2부와 심결3부의 구성원의 경우 통
신규제와 관련해 실질적으로 외부효를 발생하는 처분의 내용을 결정함에도 불구하고 이
들에 대한 조직적－인적 정당성의 강화는 이루어지지 않고 있다. 이를 종합하면 연방망
청의 민주적 정당성 확보에 대한 요소 중 하나인 조직적－인적 정당성이 장관과 연방망
청 간의 지시관계의 탈락을 보충할 만큼 특별히 강화되었다고 평가하기는 힘들다.108)

　　이와 같은 상황에서 지시구속성의 흠결을 보완하기 위한 또 다른 대안으로 생각할 수
있는 것은 입법자가 TKG의 실체법적 규율밀도를 매우 강하고 세밀하게 설정하는 것이다.
하지만 앞서 살펴본 바와 같이 EU 통신규제법의 유연화 과정을 통해 TKG의 실체법적 규율
밀도는 매우 낮아졌다. 이는 독일 연방행정법원이 연방망청에게 수여된 광범위한 결정여지
를 규제재량이라는 개념을 사용하여 설명하려는 시도를 통해서도 포착할 수 있다. 이러한 맥
락을 민주적 정당성 논의에 비쳐 살펴보면 세밀한 실체법적 규율을 통한 실질적－내용적 민
주적 정당성의 강화 또한 통신규제 영역에서 존재하지 않는다는 판단에 도달할 수 있다.109)

　　이와 같은 통신규제법 관련 규범적 맥락 전반을 살펴보면 BMWi 및 BMVI의 지시에
구속되도록 규정되어 있는 연방망청의 조직법적 지위는 독일 기본법에도 도출되는 민주
적 정당성 구조 상 탈락될 수 없는 필수불가결한 요소라고 평가할 수 있다.110)

---

106) 연방망청의 내부적 권한 분장에 대해서는 https://www.bundesnetzagentur.de/DE/Allgemeines/DieB
　　　undesnetzagentur/UeberdieAgentur/Akten－undOrganisationsplan/akten－undorganisationsplan－no
　　　de.html(최종검색일자 2017.2.24.) 에서 검색 가능하다. 연방망청의 내부 조직에 대한 소개로는 서보
　　　국 외 4인, 『독립행정기관의 설치·관리에 관한 연구』, 한국법제연구원, 2012년, 107면 이하.
107) M. Ludwigs, 각주 47)의 글, 50면.
108) 拙著, 앞의 책, 183면 이하.
109) 拙著, 위의 책, 184면 이하.

Ⅳ. 연방망청의 정치적 독립성

1. 연방망청의 지시구속성이 EU법에 위배되는지 여부

1) 문제의 소재

앞서 살펴본 바와 같이 프레임워크 지침 제3조 제3a항 제1문단 제1문에 회원국내 통신규제기관은 어떠한 다른 기관으로부터 지시를 받지 않을 것이 규정되어 있다. 반면 독일의 입법자는 독일 기본법 상 민주적 정당성 구조에 상응하도록 연방망청을 BMWi 및 BMVI의 지시를 받는 기관으로 조직하고 있다. EU 지침은 AEUV 제288조에 따라 회 원국법 내에 반영 되어야만 하므로,[111] 이러한 법적 상태를 어떻게 해결해야 하는지에 대한 문제가 발생한다.

2) 프레임워크 지침 제3조 제3a항 제1문단 제2문상의 '감독(Aufsicht)'

이 문제를 해결하기 위해서 주목해야 할 조항은 프레임워크 지침 제3조 제3a항 제1 문단 제2문의 규정이다. 이 조항은 "[회원국 규제기관의 독립성 및 지시로부터의 자유] 는 회원국 헌법상의 감독에 대립하지 않는다"[112]라고 규정하고 있다. 이에 따라 장관의 지시(Weisung)가 본 조문 상의 감독(Aufsicht)에 포섭될 수 있다면, 연방망청의 지시구속성 은 프레임워크 지침에 위반 되지 않는다고 판단할 수 있다. 따라서 본 조항 상의 '감독'의 개념이 무엇인지 파악할 필요가 있다.

동 조항 상의 '감독' 개념을 파악함에 있어 EU 입법자가 정의규정을 두고 있다면 이 에 따르면 되겠으나, 프레임워크 지침 그 어느 곳에서도 '감독'에 대한 개념 정의는 존재 하지 않는다. 따라서 동 조항 상의 '감독' 개념에 어떠한 작용형식이 포섭되는지는 이에 대한 해석을 통해서 결론을 내릴 수밖에 없다.

동 조항의 '감독' 개념을 해석함에 있어 핵심적인 문구는 '감독'의 개념을 꾸며주는 '회원국 헌법상의(im Einklang mit dem nationalen Verfassungsrecht)'라는 문구이다. 또한 EU 입 법자가 프레임워크 지침의 입법이유 (11) 제2문에 설시한 "독립성에 대한 요구는 회원국 의 제도적 자율권 및 헌법상의 의무를 침해하지 않는다"[113]는 문장 역시 본 개념을 해석

---

110) 결과적으로 同旨: K. F. Gärditz, 앞의 글, § 4 Rn. 46; T. Mayen, 앞의 글, Rn. 67.

111) M. Kotzur, in: R. Geiger/D.‐E. Khan/ders. (Hrsg.), *EUV/AEUV,* C.H.Beck, 2017, AEUV Art. 288 Rn. 11.

112) 프레임워크 지침 제3조 제3a항 제1문단 제2문의 원문: "Dies steht einer Aufsicht im Einklang mit dem nationalen Verfassungsrecht nicht entgegen."

113) 프레임워크 지침 입법이유(11) 제2문의 원문은 다음과 같다: "Die Anforderung der Unabhängigkeit berührt weder die institutionelle Autonomie und die verfassungsmäigen Verpflichtungen der Mitgliedstaaten noch[⋯]."

하는데 고려해야 한다.

동 조항의 문구와 프레임워크 지침 입법이유 (11) 제2문을 함께 고려한다면, 프레임 워크 지침 제3조 제3a항 제1문단 제2문의 '감독'은 각 회원국의 헌법 상 감독 제도라고 파악할 수 있다.[114] 그리고 회원국의 헌법상 감독 제도를 파악함에 있어서는 단순히 회 원국 헌법의 본문 자체에서 '감독(Aufsicht)'이라는 문구가 규정되어 있는지 검토하는 것 이외에 헌법 질서에 대한 체계적 해석을 통해 도출되는 헌법이론, 헌법재판소의 결정 및 회원국의 헌법적 전통 등이 종합적으로 고려되어야 한다.[115]

3) 독일 공법적 전통 하에서 계서제와 장관의 지시

고권적 작용을 하는 기관과 관련하여 상급기관이 하급기관을 감독하는 계서제 (Hierarchie) 구조는 상당히 긴 역사성을 지니고 있다. 계서제는 카톨릭 교회의 전통적인 구 조로서, 통일적인 군사조직 시스템적 성격을 강하게 띤 나폴레옹의 프랑스 행정개혁에 반 영되었으며, 이러한 역사적 배경들을 통해 독일을 포함한 유럽 전역의 행정시스템에 영향 을 미쳤다.[116] 이러한 두 가지 계서제의 전통은 민주주의와는 접점을 갖고 있지 않으나, 막스 베버의 관료제 연구를 통해 이에 대한 민주적 통제의 의미가 강조되었고 이러한 맥 락 하에 관료제의 정점에 있는 관료들의 책임성이 강조 되었다.[117] 그리고 관료제의 정점 에 있는 관료들(특히 장관들)이 민주적 제도에 따른 책임을 지기 위해서는 그들이 하급 기 관에 대한 감독을 할 수 있어야 하므로, 계서제 행정구조 내에서 운영되고 있는 최상위 행정기관의 하급기관에 대한 감독제도는 민주주의 원칙과의 관련성을 갖게 되었다.[118]

그리고 전통적으로 독일의 계서제 구조 내에서 이루어져 온 상급기관(장관)의 하급 기관에 대한 감독은 적법성감독(Rechtsaufsicht)와 합목적성감독(Fachaufsicht)으로 구분된 다.[119] 적법성감독은 하위관청의 행위가 법률에 적합한지 여부를 감독하는 것이며, 합목 적성감독의 경우 하위기관의 행위를 감독함에 있어 적법성의 기준뿐만 아니라 합목적성 의 기준까지 포함한다.[120] 합목적성감독이 이루어지는 경우 하급행정기관은 의사를 결정 함에 있어 상급행정기관(장관)의 합목적성감독 내용에 조종을 당하게 되는데,[121] 이와 같

---

114) 이러한 관점에서 본 조항은 회원국 유보규정이라고 파악할 수 있다. 同旨: J. Kühling, 각주 41)의 글, § 4 Rn. 56.
115) J. Kühling, 각주 101)의 글, Rn. 160 참조.
116) T. Groß, *Die Legitimation der polyzentralen EU-Verwaltung*, Mohr Siebeck, 2015, 95면 이하. 나 폴레옹의 프랑스 행정개혁이 독일의 (전통적)행정구조에 미친 영향에 대해 언급한 국내 문헌으로는 이현수, 앞의 글, 63면.
117) T. Groß, 위의 책, 98면 이하 참조.
118) H. Dreier, 앞의 글, Art. 20 (Demokratie) Rn. 121 참조.
119) Winfried Erbguth, *Allgemeines Verwaltungsrecht*, Nomos, 2016, § 6 Rn. 26.
120) Hartmut Maurer, *Allgemeines Verwaltungsrecht*, C.H.Beck, 2011, § 22 Rn. 31 이하.

은 합목적성감독을 실현하기 위해 독일의 계서제 행정구조 내에서 장관이 전통적으로 사용했던 방식이 지시(Weisung)이다.[122]

4) 소결

앞서 살펴본 바와 같이 EU 입법자는 프레임워크 지침 제3조 제3a항 제1문단 제1문에 회원국 규제청의 지시로부터의 자유를 규정하고 있지만, 제2문에서는 이러한 조직법적 수단은 회원국 헌법 질서 상의 감독과는 배치되지 않는다고 규정하여 지시로부터의 자유 조항에 대한 상대화 가능성을 열어두고 있다. 그리고 독일 공법의 전통에 따르면 장관은 지시(Weisung)이라는 방식을 통해 하급 행정기관에 대한 합목적성감독(Fachaufsicht)을 수행해 왔다. 이들 사정을 종합적으로 고려한다면, BMWi 및 BMVI가 연방망청에게 지시를 발령 할 수 있는 현 연방망청의 법적 지위는 프레임워크 지침 상의 지시로부터의 자유 규정에 위배된다고 판단하기 힘들다. 따라서 현재 연방망청의 법적 구조는 EU법의 규정에 합치할 뿐만 아니라 독일 헌법 상 민주주의 원칙 및 민주적 정당성 구조에도 합치하는 것이라고 파악할 수 있다.

2. 비전문적이고 경쟁을 왜곡시킬 소지가 있는 장관의 지시를 억제하기 위한 제도적 방편

비록 연방망청의 법적 구조가 EU법상 또한 독일 기본법상 적법하다고 하더라도 여전히 남은 문제점은 BMWi 또는 BMVI가 비전문적이고 시장의 경쟁을 왜곡시킬 우려가 있는 지시를 발령하려 할 때 이를 어떻게 제한할 것인가이다.[123] 이러한 문제의식은 "[회원국의 규제청은 임무를 수행함에 있어] 정치적 압력으로부터 보호받아야 한다"는 2009년 통신규제법제 리뷰 의결과물인 지침 2009/140/EG의 입법이유 (13) 제2문에도 내포되어 있다.

이와 같은 문제점이 현행 독일 통신법제 내에서 해결될 수 있는지 여부는 TKG 전반에 대한 검토를 통해 해결해야하며, 이에 대한 결과를 선취하여 기술하자면, 장관의 정치적 지시를 사실상 억제할 수 있는 다양한 제도적 장치가 현행 TKG 내에 구축되어 있다고 평가할 수 있다.[124]

우선 TKG 제117조는 장관이 지시를 발령하는 경우 이는 연방관보에 공개되어야만 한다고 하여, 지시의 내용을 투명하게 공개할 것을 요청하고 있는데, 이는 장관의 지시발

---

121) W. Erbguth, 앞의 책, § 6 Rn. 25.
122) Christian Jock, *Das Instrument der Fachaufsicht,* Optimus Mostafa Verlag, 2011, 69면 이하 및 73면 이하 참조.
123) G. Britz, 각주 4)의 글, § 21 Rn. 50; K. F. Garditz, 앞의 글, § 4 Rn. 47 참조.
124) 이하의 내용과 관련하여 보다 자세한 논의는 拙著, 앞의 책, 218면 이하.

령을 소극적으로 만드는데 실질적인 기여를 하고 있다.[125] 또한 독일 입법자는 연방망청 내에 심결부를 구성함으로써 일종의 합의제 행정기관과 같이 의사 형성 구조를 구축해 두었으며(TKG 제132조), 심결부가 결정을 내리는 과정에서 연방망청 내 통일적인 의사 결정을 위해 제1심결부, 제2심결부 및 제3심결부가 상호 의견을 조율하는 제도를 두고 있어(TKG 제132조 제4항) 연방망청 내부적으로 외부 세력의 영향을 상호 통제 할 수 있는 행정 구조를 마련해 두었다.[126] 또한 통신규제 시 연방망청은 연방카르텔청과의 의사조율을 할 수밖에 없기 때문에(TKG 제123조), 이러한 의사결정 구조들을 통해 비전문적이고 시장의 경쟁을 왜곡시킬 수 있는 외부적 영향력 행사에 대한 간접적 통제가 이루어질 수 있다.[127] 또한 TKG 제132조에 따라 심결부에 의해서 결정이 이루어진 경우 TKG 제137조 제2항에 따라 상급행정기관에 의한 이의제기 절차(Vorverfahren)가 진행되지 않는다. 따라서 연방망청의 상급행정기관인 연방장관이 이의제기 절차를 통해 심결부의 결정 내용에 대한 영향력 행사가 불가능하게 되어 있다.[128]

덧붙여, 연방망청은 유럽연합 규제 결속체의 일원으로서 구체적인 의사 결정 과정에 있어 타회원국의 통신규제청 및 EU 집행위원회 등과 협업을 하므로(TKG 제123a조) 이와 같은 과정을 통해 연방망청의 의사결정의 투명성이 확보되어 비전문적이고 시장 질서를 왜곡시킬 수 있는 정치적 영향력이 사실상 억제될 수 있다.[129]

V. 시사점

앞서 살펴본 사항들은 EU 회원국 통신규제 법제의 유럽화(Europäisierung)로 인해 회원국 내에서 발생하는 헌법적 구조 및 행정(조직)법적 문제로 파악될 수도 있다. 하지만

---

125) Thomas Fademrecht/Thomas Fetzer, in: Hans−Wofgang Arndt 외 3인 (Hrsg.), *TKG*, ESV, 2015, § 117 Rn. 1, 2 참조. 지시구속관계가 존재하는 계서제 행정의 구조 하에서 전문성 있는 행정작용을 보장하기 위해 행정 실무적으로 장관이 지시권한 행사를 자제하는 것이 필수적이라는 입장으로는 M. Möstl, *Verwaltungsmodernisierung als Demokratieproblem,* in: Hartmut Bauer/Peter M. Huber/ K.−P. Sommermann (Hrsg.), *Demokratie in Europa,* Nomos, 2005, 394면.
126) G. Britz, 각주 4)의 글, § 21 Rn. 52 참조.
127) G. Britz, 위의 글, § 21 Rn. 52 참조.
128) 독일 입법자는 이러한 제도적 장치를 통해 통신규제 관련 이의절차 진행의 신속성을 도모함과 동시에 연방망청의 독립성도 보장하려는 의사를 표명하였다. 이에 대해서는 BT−Drs. 15/2316, 101면.
129) H.−H. Trute, 앞의 글, 576면; J. Saurer, 앞의 책, 422면 이하 참조. 이러한 맥락에서 유럽연합 규제 결속체를 종합적으로 살펴보면, 유럽연합 규제 결속체는 한편 국내 규제청에 대한 회원국 내의 정치적 영향력으로 인해 당해 제도 도입의 목적 실현이 난관에 봉착할 위험성을 내포하고 있지만, 다른 한편으로는 유럽연합 규제 결속체 제도 자체가 회원국 내의 정치적 영향력을 억제시키기 위한 도구로서 사용되기도 한다고 평가할 수 있다.

이 논의의 과정을 통해 도출되는 조직법적 시사점들은 우리나라의 입법자가 통신규제를 포함한 각종 전문규제기관, 더 나아가 일반 행정기관을 조직함에 있어 검토할 가치가 있다.

우선 입법자는 행정조직을 구성하는 과정에서 전문성 있는 임무수행 가능성이라는 관점과 함께 행정조직 구성을 통한 헌법적 가치질서의 구현이라는 관점을 조화롭게 고려해야 한다.[130] 특히 법치주의적 관점에 비해 비교적 덜 강조되어 왔던 행정(조직)법 상 민주주의 및 행정작용의 민주적 정당성 확보라는 관점은 우리나라의 입법자가 전문규제기관 및 각종 행정기관을 구성함에 있어 주의 깊게 고려해야할 사항이라고 평가할 수 있다.[131] 특히 각종 위원회와 같이 전문성이 강조되는 행정조직을 구성함에 있어 독립성이라는 관점 이외에 민주적 정당성 확보를 위한 제도적 장치 마련이라는 관점이 동시에 고려되어야 할 것이다. 독일 기본법에서 도출되는 행정(조직)의 민주적 정당성 구조 내에서 효율적인 정당화 수준을 확보하기 위해 (EU지침 위반이라고 오해를 받을 수 있음에도 불구하고) 연방망청을 장관의 지시에 구속받는 행정조직으로 구성하고 있는 독일 입법자의 자세는 국내 입법자가 행정조직을 구성함에 있어 주의 깊게 참조할 만한 사항이라고 볼 수 있다.

또한 상급기관이 하급기관 간 지시 관계와 관련된 논의에서도 국내 행정조직과 관련된 시사점을 도출할 수 있다. 비록 그 모습을 명확하게 탐지할 수는 없으나, 우리의 행정조직문화 내에서 상급기관이 하급기관에게 다양한 형태로 영향력을 행사하고 있다는 것은 쉽게 부인할 수 없는 사실일 것이다. 그리고 이러한 영향력 행사를 통해 왜곡된 행정적 결정이 이루어지거나 혹은 그러할 가능성이 존재하는 것 또한 쉽게 부인 할 수 없을 것이다. 이러한 상황에서 상급기관이 하급기관에게 행사하는 영향력에 대한 규범적 틀을 명확하게 해주는 것이 국내 행정의 전문성 및 투명성 확보를 위해 필요하다고 판단되며, 이러한 점에서 TKG 제117조에 따른 상급기관의 지시 발령 시 부과 되는 관보 게재 의무 및 이로 인한 지시의 억제는 국내 입법자에게 주는 시사점이 크다.[132] 더 나아

---

130) 이원우, 각주 51)의 글, 98면 이하; 이현수, 앞의 글, 76면.

131) 물론 국내 입법자가 고려해야하는 민주적 정당성 구조는 앞서 소개된 독일식 민주적 정당성 구조와는 다를 것으로 예상되며 따라서 보다 심도 있는 연구가 필요할 것으로 예상된다. 민주적 정당성 구조를 도그마틱적으로 파악하는 경우, 이는 구체적인 헌법 규범의 해석을 통해 도출되기 때문이다. 참고로 허완중, 앞의 글, 132면 이하는 독일의 민주적 정당성 논의를 대한민국 헌법과 접목시키는 시도를 하고 있다. 독일의 민주적 정당성 논의의 틀을 바탕으로 리스본 조약에 터 잡은 EU 행정의 민주적 정당성 구조 파악과 관련된 시도로는 拙著, 앞의 책, 55면 이하.

132) 참고로 오스트리아는 상급행정청의 하급행정청에 대한 지시 및 하급행정청의 지시구속성을 헌법에서 규율한다. 연방헌법률(Bundes-Verfassungsgesetz) 제20조 제1항 제2문은 하급관청의 지시구속성을, 제3문은 하급관청의 지시 준수 거부 사유를 규정하고 있다. 동법 제20조 제2항은 지시로부터 자유로운 행정이 인정될 수 있는 구체적인 사유들도 제시하고 있다. 오스트리아 행정(조직)법 상 민주적 정당성은 별도의 논문으로 소개할 예정이다.

가 앞서 간단히 살펴본 연방망청 내적 조직 구축 방식과 연방망청과 연방카르텔청 간의 횡적 관계 형성 방식은 국내 통신규제의 전문성 확보, 전문규제집행과 일반경제규제 집행 간의 일관성 확보, 더 나아가 상급기관의 부당한 지시로 인한 전문성 후퇴를 예방해주는 행정조직법적 모델이라는 측면에서 국내 통신규제기관 및 일반경제규제기관을 조직함에 있어 입법자가 참조할 수 있는 행정조직법적모델이라고 평가할 수 있다.133)

---

133) 연방망청·연방카르텔청의 구체적인 행정조직·권한 및 양자 간의 협업방식, 그리고 이를 토대로 한 국내 전문규제기관·일반규제기관 관련 비교법적 검토는 별도의 논문을 통해 다룰 예정이다.

[참고문헌]

1. 국내문헌

계인국, 『보장행정의 작용형식으로서 규제 – 보장국가의 구상과 규제의미의 한정』, 공법연구, 제41집 제4호, 2013년, 155–184면.

계인국, 『망규제법상 규제목적의 결합과 그 의의 – 보장행정의 공동선실현 매커니즘』, 강원법학, 제39권, 2013.6, 67–101면.

길준규, 『우리 전기통신법의 법체계적인 개정방향』, 공법연구, 제31집 제5호, 2003년, 157–179면.

김남진, 『자본주의 4.0과 보장국가·보장책임론』, 법률신문 (2011. 10. 17).

김남진, 『행정법의 종말론과 재생론』, 법연 (2015 SPRING vol. 46), 32–35면.

김중권, 『공법(행정법)의 현대화를 통한 규제개혁』, 안암법학, 제45집, 2014년, 71–115면.

김태오, 『EU 전자통신 법체계 개정이 독일통신법(TKG)에 미치는 영향, 경제규제와 법, 제3권 제1호, 2010.5, 250–265면.

김태오, 『방송통신 규제기관의 최종결정권과 사법심사: 독일 연방행정법원(BVerwG)의 규제재량을 중심으로』, 성균관법학, 제26집 제3호, 2014년, 107–142면.

류지태, 『통신행정상 사업자의 지위』, 공법연구, 제35집 제3호, 2007년, 289–314면.

문병효, 『규제재량과 행정법원의 통제』, 공법연구, 제15집 제1호, 2014년, 207–241면.

서보국/이상경/윤혜선/한동훈/홍종현, 『독립행정기관의 설치·관리에 관한 연구』, 2012년, 한국법제연구원.

서승환, 『합의제 독립규제기관의 민주적 정당성에 관한 연구 – 금융규제기관을 중심으로』, 서울대학교 박사학위 논문, 2014년.

신봉기, 『독일 정보통신법의 구조와 기본개념』, 법학논고, 제25집, 2006년, 경북대학교 법학연구원, 189–209면.

이원우, 『독일 체신업무 민영화 제2차 우편개혁을 중심으로』, 법과 사회, 제11권, 1995년, 178–201면.

이원우, 『행정조직의 구성 및 운영절차에 관한 법원리 – 방송통신위원회의 조직성격에 따른 운영 및 집행절차의 쟁점을 중심으로』, 경제규제와 법, 제2권 제2호, 2009.11, 96–119면.

이원우, 『경제규제법론』, 2010년, 홍문사.

이현수, 『합의제 중앙행정관청의 조직법적 쟁점 – 민주적 책임성의 관점에서』, 공법연구, 제41집 제3호, 2013년, 51–80면.

이희정, 『경쟁상황평가를 기초로 한 통신규제모델』, 행정법연구, 제18집, 2007년, 1–28면.

이희정, 『EU 행정법상 행정처분절차에 관한 소고』, 공법학연구, 제12집 제4호, 2011년, 473–499면.

정남철, 『생존배려영역에서의 민영화와 보장책임 – 특히 보장책임의 실현가능성을 중심으로』,

법조, 제65권 제6호, 2016년, 173－227면.

조소영,『독립규제위원회의 전문성 제고를 위한 시스템에 관한 연구 – 방송통신위원회의 기능과 역할을 중심으로 －』, 공법학연구, 제10권 제1호, 2009.2, 475－500면.

콘라드 헷세, 계희열 옮김,『통일 독일헌법원론』, 박영사, 2001년.

허완중,『민주적 정당성』, 저스티스, 제128호, 2012.2, 132－153면.

황태희,『독립적 규제기관으로서의 독일 연방 망 규제청의 조직과 권한』, 행정법연구, 제18집, 2007년, 71－85면.

2. 국외문헌

Britz, Gabriele, Vom Europaischen Verwaltungsverbund zum Regulierungsverbund? – Europäische Verwaltungsentwicklung am Beispiel der Netzzugangsregulierung bei Telekommunikation, Energie und Bahn, EuR 2006, 46-77면.

Britz, Gabriele, § 21 Organisation und Organisationsrecht der Regulierungsverwaltung in der öffentlichen Versorgungswirtschaft, in: Michael Fehling/Matthias Ruffert (Hrsg.), Regulierungsrecht, Tubingen 2010, 1148-1199면.

Couzinet, Daniel, Die Legitimation unabhängiger Behörden an der Schnittstelle von unionalem und nationalem Verfassungsrecht – Zur Zulässigkeit der unionsrechtlichen Verpflichtung der Mitgliedstaaten zur Errichtung unabhängiger Behorden, in: Alfred G. Debus/Franziska Kruse/Alexander Peters/Hanna Schröder/Olivia Seifert/Corinna Sicko/Isabel Stirn (Hrsg.): Verwaltungsrechtsraum Europa. 51. Assistententagung Öffentliches Recht, Nomos, Baden－Baden 2011, 213-238면.

Ehlers, Dirk/Pünder, Hermann (Hrsg.), Allgemeines Verwaltungsrecht, de Gruyter, Heidelberg, 2016.

Dreier, Horst (Hrsg.), Grundgesetz Kommentar, Bd. 2, Mohr Siebeck, Tübingen, 2015.

Ehlers, Dirk/Fehling, Michael/Pünder, Hermann (Hrsg.), Besonderes Verwaltungsrecht, Bd. 1, C.F.Müller, Heidelberg, 2012.

Erbguth, Winfried, Allgemeines Verwaltungsrecht, Nomos, Baden－Baden, 2016.

Fehling, Michael/Ruffert, Matthias (Hrsg.), Regulierungsrecht, Mohr Siebeck, Tübingen, 2010.

Friauf, Karl Heinrich/Höfling Wolfram (Hrsg.), Berliner Kommentar zum Grundgesetz. Loseblatt, Berlin 2016.

Gaitanides, Charlotte/Kadelbach, Stefan/Rodfríguez Iglesias, Gil Carlos (Hrsg.), Europa und seine Verfassung. Festschrift für Manfred Zuleeg zum siebzigsten Geburtstag, Nomos, Baden－Baden, 2005.

Geiger, Rudolf/Khan, Daniel－Erasmus/Kotzur, Markus (Hrsg.), EUV/AEUV, C.H.Beck,

München, 2017.

Groß, Thomas, Die Legitimation der polyzentralen EU−Verwaltung, Mohr Siebeck, Tübingen, 2015.

Gröpl, Christoph: Staatsrecht I, C.H.Beck, München, 2015.

Haucap, Justus/Coenen, Michael, Regulierung und Deregulierung in Telekommunikationsmarkten: Theorie und Praxis, DICE Ordnungspolitische Perspektiven Nr. 1, Düsseldorf, 2010.

Heinig, Hans M./Terhechte, Jörg P. (Hrsg.), Postnationale Demokratie, Postdemokratie, Neoetatismus, Mohr Siebeck, Tübingen, 2013.

Hoffmann−Riem, Wolfgang/Schmidt−Aßmann, Eberhard/Voßkuhle, Andreas (Hrsg.), Grundlagen des Verwaltungsrechts, Bd.1, C.H.Beck, München, 2012.

Jestaedt, Matthias, Demokratieprinzip und Kondominialverwaltung, Duncker & Humblot, Berlin 1993.

Jestaedt, Matthias, Radien der Demokratie: Volksherrschaft, Betroffenenpartizipation oder plurale Legitimation?, in: Hans Michael Heinig/Jorg Philipp Terhechte (Hrsg.): Postnationale Demokratie, Postdemokratie, Neoetatismus, Mohr Siebeck, Tubingen 2013, 3−18면.

Jock, Christian, Das Instrument der fachaufsicht, Optimus Mostafa Verlag,

Kirchhof, Gregor/Korte Stefan/Magen, Stefan (Hrsg.), Öffentliches Wettbewerbsrecht, C.F.Müller, Heidelberg, 2014.

Kube, Hanno/Mellinghoff, Rudolf/Morgenthaler, Gerd/Palm, Ulrich/Puhl, Thomas/ Seiler, Christian (Hrsg.), Leitgedanken des Rechts. Paul Kirchhof zum 70. Geburtstag, Bd. I, C.F.Müller, Heidelberg, 2013.

Kühling, Jürgen, § 24 Europäisches Telekommunikationsverwaltungsrecht, in: Jörg P. Terhechte (Hrsg.), Verwaltungsrecht der Europäischen Union, Nomos, Baden−Baden 2011, 881-929면.

Kühling, Jürgen, § 4 Telekommunikationsrecht, in: Matthias Ruffert (Hrsg.), Europäisches Sektorales Wirtschaftsrecht, Enzyklopadie Europarecht, Band 5, Nomos, Baden−Baden 2013, 137-204면.

Lee, Jae−Hoon, Demokratische Legitimation der Vollzugsstruktur der sektorspezifischen Regulierungsverwaltung, Nomos, Baden−Baden, 2017.

Ludwigs, Markus, Die Bundesnetzagentur auf dem Weg zur Independent Agency? − Europarechtliche Anstöße und verfassungsrechtliche Grenzen, Die Verwaltung 44 (2011), 41−74면.

Ludwigs, Markus, § 12 Netzregulierungsrecht (mit Schwerpunkt TKG), in: Reiner Schmidt/

Ferdinand Wollenschläger (Hrsg.), Kompendium Öffentliches Wirtschaftsrecht, 4. Aufl., Springer, Berlin, 2016, 527－567면.

Von Mangoldt, Hermann/Klein, Friedrich/Starck, Christian (Hrsg.), Kommentar zum Grundgesetz, Bd. 2, Vahlen, München, 2010.

Maunz, Theodor/Dürig, Günter (Hrsg.): Grundgesetz. Loseblatt－Kommentar, C.H.Beck, München, 2015.

Maurer, Hartmut, Allgemeines Verwaltungsrecht, C.H.Beck, 2011.

Von Münch, Ingo/Kunig, Philip (Hrsg.), Grundgesetz Kommentar, Bd.1, C.H.Beck, München, 2012.

Saurer, Johannes: Der Einzelne im europäischen Verwaltungsrecht, Mohr Siebeck, Tubingen, 2014.

Schmidt－Aßmann, Eberhard, Das allgemeine Verwaltungsrecht als Ordnungsidee, Springer, Berlin, 2004.

Schmidt－Aßmann, Eberhard: Verwaltungslegitimation als Rechtsbegriff, AöR 116 (1991), 329－390면.

Schmidt－Aßmann, Eberhard, Verwaltungsrechtliche Dogmatik, Mohr Siebeck, Tübingen, 2013.

Schmidt－Aßmann, Eberhard/Hoffmann－Riem, Wolfgang (Hrsg.), Verwaltungsorganisationsrecht als Steuerungsressource, Noms, Baden－Baden, 1997.

Säcker, Franz J. (Hrsg.): Telekommunikationsgesetz. Kommentar, 3. Aufl., Fachmedien Recht und Wirtschaft in Deutscher Fachverlag GmbH, Frankfurt a.M., 2013.

Schulze, Reiner/Zuleeg, Manfred/Kadelbach, Stefan (Hrsg.), Europarecht, Nomos, Baden－Baden 2010.

Terhechte, Jörg P. (Hrsg.), Verwaltungsrecht der Europäischen Union, Nomos, Baden－Baden, 2011.

Trute, Hans－Heinrich: Der europäische Regulierungsverbund in der Telekommunikation － ein neues Modell europäisierter Verwaltung, in: Lerke Osterloh/Karsten Schmidt/Hermann Weber (Hrsg.): Staat, Wirtschaft, Finanzverfassung. Festschrift für Peter Selmer zum 70. Geburtstag, Duncker & Humblot, Berlin 2002, 565－586면.

Wolff, Hans J./Bachof, Otto/Stober, Rolf/Kluth, Winfried: Verwaltungsrecht II, C.H.Beck, München, 2010.

과세와 재산권보장[*]

Wolf-Rüdiger Schenke[**]
번역: 서 보 국[***]

A. 문제의 개요

기본법에 의해 각인되고 변경된 헌법적 경관의 가장 주목할 만한 현상에 속하는 것으로 세법의 헌법적 내용(Bezüge)에의 강력한 구속과 지향성이라는 데에 어떠한 의문도 없다. 이러한 발전은[1] 유명한 연방헌재[2]의 부부 소득세 공동과표산정(Zusammenveranlagung)[3]에 대한 결정을 통해서 이루어졌고 그 이후에 여러 헌법재판소의 판례들에서 발전되었다. 이러한 헌재판례들에서는 조세법적 규범들이 헌법이라는 척도에 비추어 평가되고[4] 종종 위헌이라는 판결이 내려지곤 했었다. 따라서 이러한 무대의 뛰어난 감시자[5]는 근거를 가지고서 이러한 발전을 '세법의 혁명'이라고 말하였다. 사실 세법의 헌법적 관철은 헌법사적으로 본다면 새로운 것(Novum)이다. 헌법에 의한 조세법률의 통제는 헌법적 권력과 입법적 권력의 구분을 부정했던, Weimar시대에 이르기까지 지배적이었던 국가법론[6]에 있어서는 문제가 되지 않았다. 그러한 심사가 실무상 필수적이지 않았던 이유는 납세의무가 있는 시민의 이익이 조세법의 영역에서는 상대적으로 빨리 쟁취된, 시민의 자유의 보장으로서의 신분제의회(Kammer)와 국회의 설치를 통해 이미 입법절차상 보장되

---

* 번역자의 석사 지도교수이신 †류지태 교수계서 번역자에게 학자의 길을 지도하시면서 독일에서 행정법/세법 전공의 박사학위과정을 권유하셨고, 행정법과 세법을 모두 포괄하는 주제인 '형평면제처분(Billigkeitserlass)'을 다루고 있는 본 논문의 저자이신 독일 만하임대학교 법학과 쉥케 교수에게 번역자는 박사논문 연구계획서를 제출하여 그의 지도학생이 되었고 행정법/세법 전공으로 박사학위를 마칠 수 있었다.
** 독일 만하임대학교 법학과 교수(1979~2007).
*** 충남대학교 법학전문대학원 부교수, 법학박사.

1) 문헌상 선구적인 것으로 이미 이전에 Flume, in: Rechtsprobleme in Staat und Kirche, Festgabe für Rudolf Smend, 1952, S. 59 ff.
2) BVerfGE 6, S. 55 ff.
3) §26 EStG i. d. F. v. 17. 1. 1952 (BGBl I, S. 33).
4) Vgl. hierzu eingeh. Nachw. bei Leibholz/Rinck, GG, 5. Aufl. 1975, Art. 6 Anm. 5 u. Art. 3 Anm. 23.
5) *Wacke*, StbJb 1966/67, S. 75 (95).
6) Vgl. *Anschütz*, Die Verfassung des Deutschen Reiches, 13. Aufl., 1933, S. 505 ff.

었다고 보여지기 때문이다[7]; 게다가 조세는 통상 자유주의 법치국가에서 여전히 상대적으로 제한된 종류의 국가임무를 수행하기 위한 도구로 한정되고 조세입법을 통한 다른 목표를 추구하는 것은 - 비록 완전히 숨겨져 있는 것은 아닐지라도[8] - 바탕에 숨기 때문이다.

과세권력을 헌법상의 구속으로부터의 이러한 면제(Exemption)의 요건들은 오늘날 탈락하였다. 이에 대해서 기본법 제1조 제3항을 지적하는 것으로 충분하다. 기본법 제1조 제3항은 그 조항에 근거를 둔 입법자의 헌법적 의무화는 다원적으로 구성된 공동체에서는 의회가 자유의 수호자(Hüter der Freiheit)로서 유일하지 않다는 사실을 고려하고 있다.[9] 조세입법이 특별하게 다루고 있는 것은 현재 시민에 대한 기본법적인 보호에 대해 특별히 각인된 요청이다. 국가의 과제가 그에 따른 국가의 재정수요가 눈덩이처럼 증가되는 사회국가에서 조세부담은 점점 더 늘어난다고 간주되어야 하는 사실뿐만 아니라 오늘날 조세입법(Steuergesetzgebung)은 오래전부터 국가적 수단형성이라는 기능을 넘어서 있었고 다른 국가적 목표, 특히 공동체정책적, 경제정책적 그리고 사회정책적 목표의 추구를 위한 중요한 도구라는 사실이 증명되었다. 이러한 조세개입주의(Steuerinterventionismus)는 매우 특별한 헌법적 문제들을 던져주고 있는데 왜냐하면 기본권에 대한 기존의 입장에서는 그러한 조세법률에서 간적적으로 추구된 목표와 유도기능에 대해서 기본권이 맞추어져 있지 않기 때문이다. 여기서 나타나게 되는, 과세권력을 '절대적 권력(absolute power)'이나 '파괴적 권력(power to destroy)[10]'으로서 자리매김하는 경우에 발생되는 기본권보호의 사각지대(offenen Flanke des Grundrechtsschutzes)라는 위험은 그 동안 인정되었고 기본법상 보호되는 자유영역의 아킬레스건을 제거하거나 어쨌든 그 안에 놓여진 약점들을 수용가능한 정도까지 풀어주기 위해서 해결책을 추구하게 되었다. 이러한 '기능결합을 통한 권력강화(Machtpotenzierung durch Funktionenkombination)[11]'를 '모든 기존의 기본법적 보장이 소실되는 것(Durchbrennen)[12]'을 방지하기 위해서 위헌으로 낙인찍으려는 산발적인 노력은 물론 급

7) 이에 대해 *Selmer*, Steuerinterventionismus und Verfassungsrecht, 1972, S. 41 ff.
8) 따라서 *Adolf Wagner*, Finanzwissenschaft, 2. Theil, 1880, S. 288 는 조세에 대해서 재정적 목표외에 사회정책적 임무도 있다고 하였다; 더 많은 자료에 대해서 Vogel, Jahrbuch der Fachanwälte für Steuerrecht 1968/69, S. 225 (228).
9) *Hesse*, Grundzüge des Verfassungsrechts der Bundesrepublik Deutschland, 8. Aufl., 1975, S. 183, 는 재산에 대한 국세기본법상의 개입에 대한 보호는 일차적으로 공과금허가(Abgabenbewilligung)을 통해서 근거가 마련된다고 보는 경우에 이러한 점을 간과하였다.
10) 미국대법원의 가장 잘 알려진 판결중의 하나가 그러하다(McCullock v. Maryland 4. Wheat 316 [1819]).
11) 따라서 *H. H. Rupp*, NJW 1968, S. 569.
12) *Rupp*, NJW 1968, S. 569.

진적인 조치라고 평가되었고 당연히 어떠한 추종자도 찾을 수 없었다.[13] 위헌이라는 중대한 화포를 그렇게 가벼운 자에게 맡기게 된다면, 이는 조세개입주의가 오래전부터 다양한 범위와 강도에도 불구하고 그 근거를 두고 있던 헌법실효성(Verfassungswirklichkeit)을 명백하게 그르치게 되는 것이다.[14] 그러나 무엇보다도 고려되지 못하고 있는 점은 조세개입주의가 이전에는 전적으로 사회의 규율메카니즘(Regelungsmechanismen)에 맡겨져 있었던 그러한 생활영역에 대해서 어쨌든 어느 정도는 사회국가원칙으로부터 발생된 국가적 책임의 필연적 결과라는 점이다. 따라서 사회국가적 공준을 진지하게 받아들이는 경우에 조세개입주의의 금지에 대한 또 다른 가능성은 오로지 시민의 자유영역에 연결된 국가적 명령(Imperativen)에서만 볼 수 있을 것이다. 이에 대해 조세개입주의는 유도작용을 하는 다른 조종수단와 유사하게 – 왜냐하면 더 큰 정도로 국가적 이익과 시민의 자유의 통합(Synthese)을 가능하게하기 때문에 – 특히 헌법상의 과잉금지(Übermaßverbot)의 관점에서 장점을 가지고 있다. 이러한 사고는 이제 기본법 제109조 제2항 및 제3항에서 승인되고 있다.[15] 이 조항에 따르면 연방과 지방은 그 예산경제에 있어서 그리고 결과적으로 공과금에 대한 입법에 있어서 전체경제와 관련된 균형(Gleichgewicht)의 요구라는 의무를 지고 있다. 따라서 이와 같은 헌법의 규정은 국가의 조세입법이 재정정책적 목표의 추구에 한정되는 것은 아니라는 것을 증명하고 있다. 이에 따라 어쨌든 조세개입주의에 대해 원칙적으로 기본법상 빗장이 걸려 있지는 않고 이것이 확인되는 경우라 할지라도 다음과 같은 중요한 유보가 설정되어야 한다: 조세개입주의의 개념을 통해 형성된 국가적 행위도구에 대해서 기본권이 작동해야 하며 이에 따라 기본법에 의해 의도된 입법의 헌법구속이 붕괴되는 위험이 방지되어야 한다.[16] 기본법이 효력을 발한 이후 10년 동안 판례에 있어서도 이러한 방향에서 현저한 발전이 있었다.[17] 국가적 작용의 정교한 도구들에 대해 기본법상의 보호를 적용시키는 것이 원칙적으로 필수적이라는 사실은 오늘날 널리 인정되었다. 이는 국가법상의 실증주의에 있어서 이러한 것이 가능해 졌을 때 어떤 규범의 경제적이고 사회적인 효과에 대해 형성된 감각을 발달시킨[18] 국가법상의 새로운 방법론적인 의미부여에 의해서 특히 촉진되어왔다. 따라서 조세법규범은 비록 이 경우 부분적으로는

---

13) 이에 대해서 비판적인 의견으로 *Vogel*, Jahrbuch 1968/69, S. 226.

14) Vgl. auch *Herzog*, Evangelisches Staatslexikon, 1966, Sp. 375 (384).

15) Vgl. auch *Starck*, in: Verfassung, Verwaltung, Finanzen, Festschrift für Gerhard Wacke, 1972, S. 193 (204); *Vogel/Walter*, BK Zweitbearbeitung zu Art. 105, Rnr. 50.

16) 이것이 불가능한 경우에만 *Rupp*, NJW 1968, S. 569 에 찬동할 수 있을 것이다.

17) Vgl. 간접적 기본권침해에 대한 문제에 대해서 특히 *Gallwas*, Faktische Beeinträchtigung im Bereich der Grundrechte, 1970.

18) Vgl. 이에 대해서 예를 들어 *Friedrich Müller*, Normkonstruktur und Normativität, 1966, S. 114 ff.

기본권을 이해하는 과거의 입장에 따르면 기본권중립적(grundrechtsneutral)[19]인 것으로 분류되었어야만 했을 침해에 대한 것이라 할지라도, Elfes-판결에 의해서 가능해진 확장된 헌법재판소의 심사가능성을 넘어섰으며, 다양하게도 특히 평등권적 기본권과 기본법 제6조와 직면하였다.그러나 이러한 기본권적 보호의 확장이 관여하지 않은 것은 직업의 자유에 대한 기본권과 재산권적 기본권이다. 이러한 기본권의 이론적인 관련가능성 및 침해가능성은 판례에 의해서 승인되었기는 하지만 기본법상 중요한 침해를 인정하기 위해 세워진 문턱은 한 번이라도 실무상 의미를 가질 수 있기에는 너무 높게 설정되어 있었다.[20] 기본법 제12조와 제14조를 활성화하는 데에 있어서 판례의 이러한 소극적 태도의 원인은 12조와 14조의 상이한 성격에 있다. 기본법 제12조에서는 직업의 자유에 대한 침해에 관한 판례에 의해 발전되어온 사법실무는 직업의 자유에 대한 직접적인 침해의 사례에 맞춰져 있는 상태이고, 따라서 비록 직업의 자유에 대한 간접적인 침해의 경우에 대해서도 기본법 제12조가 활성화되는 것에 찬성한다 할지라도 아무 문제없이 이런 견해로 옮겨갈 수는 없을 것이라는 추정할 수 있으리라고 나는 생각한다.[21] 기본권침해의 정도를 파악하는데에는 국가의 조종목적의 기능도 고려될 뿐만 아니라 조종목적이 추구되는 양상도 고려된다.[22]

---

19) Vgl. 예를 들어 BVerfGE 18, S. 1 (12 f.); 그러한 간접적 침해에 대한 기본권보호가 기본법 제5조 제3항의 관점하에서 연방행정법원(BVerwG)은, NJW 1966, S. 1287 가능하다고 간주하였다. 이 조항외에 다른 기본권규범도 과세에 의해 구성요건적으로 관련될 수 있다, 따라서 예를 들어 기본법 제4조로서 종교의 소속과 연결된 과세의 경우; 기본법 제5조 제1항으로서 언론기관에 대한 특별한 과세의 경우; 더 나아가 고려해 볼 수 있는 것으로서 기본법 제19조 제4항과 제93조 제1항 제4a호에 의해 작동되는 조세규범에 대한 권리보호의 보장이다. 이러한 보호의 당사자는 조세채무자는 아니지만 간접적 조세의 경우에 (예를 들어 매상세(Umsatzsteuer)) 전형적으로 해당되는 경우와 같이 조세가 전부 경제적으로 전가될 수 있는 그러한 사람이다. 여기서 권리보호의 이익을 우선적으로 가지는 사람은 조세채무자가 아니라 조세부담자(Steuerträger)이다. 물론 이미 연방헌법재판소가 조세규범을 통해서는 통상 조세채무자의 권리영역을 아직 직접 관련되는 것으로 간주하지 않고 따라서 조세채무자에게 조세규범에 대한 헌법소원의 제기를 허용하고 있지 않기 때문에 어려움이 야기될 것이다(이러한 판례의 태도에 대한 비판으로, 하지만 이런 비판이 옳은 Bettermann, AöR Bd. 86, S. 130 ff.).

20) Vgl. z. B. BVerfGE 31, S. 8 (29); 14, S. 221 (241) u. 30, S. 250 (272).

21) 결과적으로 마찬가지인 *Seetzen*, NJW 1974, S. 1222 (1223).

22) Ob과 관련하여 요청된 직업선택 및 직업행사에 직접적 그리고 간접적 침해에 대한 기본권보호의 평등취급은 기본권의 보호의 Wie와 관련하여 상응한 확인이 필연적임(die Notwendigkeit einer entsprechenden Feststellung)을 징표하지는 않는다. 이러한 관점에서 문헌상 종종 확인되는 도식적이고 이해관계에 적절하지 않는(schematische, der Interessenlage nicht gerecht werdende), 직접적인 기본권침해와 간접적인 기본권침해를 완전히 동일하게 놓는 것은 (이러한 예로서 *Friauf*, BB 1967, S. 1345 [1347] 그리고 Pappermann, DB 1968, S. 1742 [1744]) 사법부가 조세법률의 직업규율적 기능을 쉽게 인정할 수 없게 만든다. 연방헌법재판소에 의해서 기본법 제12조에 대한 직접적 기본권침해에 대해 발전된 단계이론(Stufentheorie)을 직업의 자유를 간접적으로 간섭하는 조세법

이와는 달리 기본법 제14조의 척도에 조세법률을 측정하는 것에 대한 판례의 신중한 태도의 원인은 이전까지 어떤 다툼도 없던 견해에 따르면 재산권보장(Eigentumsgarantie)은 오로지 구체적 재산가치가 있는 권리를 침해하는 것에 대한 보호만을 보장하고 재산 그 자체로서는 직접 재산권보장을 통한 보호를 누릴 수는 없다는 것에 기인한다. Max Layer[23]에 의해서 표제적으로 만들어진, 과거의 일반적인 의견을 반영하고 있는, "수용(Enteignung)은 재산(Vermögen)에 대한 침해가 없는 재산권(Eigentumsrecht)에 대한 침해이고, 조세는 반대로 구체적인 재산권에 대한 침해가 없는 재산에 대한 침해이다"라는 명제에 대해서 판례에서 스스로 어느 정도의 불쾌함을 표시하기는 하였다. 너무나 명백한 것은 이러한 과세권(Besteuerungsrecht)의 관점에서는 이것이 "시민적 법치국가에 있어서 사회주의라는 트로이의 목마"[24]를 의미할 수밖에 없다는 점이다. 그러나 연방헌법재판소는 이러한 인식으로부터 도출되는 결론에 있어서는 중간의 위치에 머물러 있었고, 따라서 한편으로는 '금전급부의무가 당사자에게 과도하게 부담을 지우고 당사자의 재산관계를 근본적으로 침해하는 경우'에는 재산권적 기본권이 아마도 침해될 수 있을 것이라는 것을 인정하지만[25] 그 외에는 어떠한 경우에도 조세법률과 재산권적 기본권과의 관련성을 부정해야 한다고 믿는 경우에는 명백하게 모순(Widersprüchlichkeit)에 빠지게 된다.[26] 더 논리적인 것으로 이미 문헌의 일부분이 '헌법이라는 낯선 땅(terra incognita des Verfassungsrechts)'을 주문하는 경우에 이미 존재하고 있었고 이를 통해 과세권력과 재산권의 보장간의 관계에 대해서 H. H. Rupp[27]이 새로이 고쳐썼었다. 이 문헌에서는 조세법적 규범에 대한 재산권적 기본권의 무제한적 활성화(Mobilisierung)에 찬성하고 있었다. 이러한 결과에 대한 근거제시의 방법은 이론적 단초(Ansatz)에 있어서 물론 현저하게 차이가 있었다. 일부

률에 그대로(unbesehen) 이전하는 경우에 (이에 반대하는 적절한 의견으로 *Selmer*, Steuerinterventionismus, S. 262; *Seetzen*, NJW 1974, S. 1226; H. H. Rupp, AöR Bd. 92, S. 212 [236]), 이 이론으로부터 광범위한 조세입법의 헌법적 제한이 도출될 것이고 조세규범의 적지 않은 부분이 위헌이라는 선고를 받게 될 것이다. 이러한 상황을 벗어나는 길은 오로지 직접적으로 직업을 규율하는 규범의 영역에서는 항상 충족되지 않는, 약국판결(Apothekenurteil)에서 발전된 차단이론(Schrankentheorie)에서의 과잉금지(Übermaßverbot)를 경험한, 화석화(Versteinerung)로부터 벗어나서 다시 헌법상 보장되는 비례성의 원칙(Prinzip der Verhältnismäßigkeit)을 직접 이용하는 경우뿐이다. 그러나 이 경우 기본법 제12조가 언명의 편의성(Griffigkeit der Aussage)도 잃게 된다면, 이로 인해 오로지 말로만 유지되는 차단이론(Schrankentheorie)(명료한 예로서BVerfGE 13, S. 181; 31, S. 8 [29]; 이에 대해서 비판적인 것으로 *Selmer*, Steuerinterventionismus, S. 250)이 결국 왜곡과 변형(Umbiegung und Deformation)이 되는 것을 방지한다.

23) *Max Layer*, Prinzipien des Enteignungsrechts, 1902, S. 63.
24) 따라서 *Hettlage*, VVDStRL Bd. 14, S. 2 (5).
25) Vgl. z. B. BVerfGE 14, S. 221 (241) u. 30, S. 250 (272); ihm folgend BFH, NJW 1974, S. 2334.
26) 이에 대해서 적절한 것으로 *Sendler*, DÖV 1971, S. 16 (22).
27) Vgl. *Rupp*, Grundfragen der heutigen Verwaltungsrechtslehre, 1965, S. 240, Fn. 429.

는 조세의 부과를 재산권보장에 의해 보호되는 금전(Geld)에 대한 침해로 보았고, 다른 의
견에서는 전체로서의 재산(das gesamte Vermögen)이 기본법 제14조에 의해서 보호되는 것
으로 간주하였고, 3번째 견해는 과세로 인해서 구체적인 재산가치있는 권리(konkrete
Vermögensrechte)가, 비록 간접적일 뿐이긴 하지만, 재산권적 기본권에 영향을 미치는 방식
으로 관련된다는 견해를 그 출발점으로 하고 있었다; 마침내 기본법 제14조에 내재된 제
도보장(Institutsgarantie)이 국가의 과세에 대해서 그 논거로 논의되는 것이 시도되었다. 재
산권보호의확장에 대한 근대적 단초의 정당화(Berechtigung)는 다음의 세부적 고찰속에서
도출되어야 할 것이다. 재산권보호의 확장을 위해 논란이 되는 견해중 하나가 설득력 있
는 것으로 입증되는 경우에 우리의 관심은 특히 이제까지 전반적으로 설명되지 못했던
다음과 같은 문제에 놓여질 수 있다. 즉 사회적 구속(Sozialbindung)과 수용(Enteignung)간
을 경계짓는데 중요한 조세법적 규범의 기본권관련성 및 기본권중대성(Grundrechtsrelevanz
und –schwere)이 어떤 기준에 의해서 측정되어야만 하는가, 다시말해서 정상적인 경우의
조세법규(Steuerrechtssatz)의 적용의 효력에 맞출것인가 또는 있을지도 모를 비전형적인
(atypisch) 개별적 사례의 경우에 있어서 그 결과에 맞출것인가의 문제이다; 게다가 기본법
적 차원에서는 세법의 영역을 훨씬 넘어서는 문제는 그럼에도 불구하고 앞의 맥락에서
우리가 비켜갈 수 있는 것은 아니었다. 더 나아가 연구가 필요한 것은 재산권보호를 조
세법적 개입에 확장하는 것이 국가배상법(staatlichen Ersatzleistungen)의 영역에 대해서도 필
연적으로 따르는 논리적 결과이다. 여기서 재산권보호의 새로운 방향과 연결된 선로설정
(Weichenstellungen)은 이제까지 조세법적 개입에 대한 재산권적 기본권의 일반적인 활성화
에 찬동하는 사람들에 있어서 종종 오해하거나 거의 주의를 기울이지 않았던 것으로 보
인다.

B. 과세와 재산권의 보장

기본법 제14조로부터 조세개입주의에 대한 헌법적 한계가 도출되는지의 여부와 도
출된다면 그 범위가 어느 정도인지에 대한 문제는 부분적으로 이미 기본법 제1조 제3항
에 대한 지적에서 아마 답변이 될 수 있었다고 생각된다.[28] 이 조항으로부터 도출되는
것은 과세가 재산권보장에 의해서 제한이 가해진다는 것이다. 그러나 그렇게 주장된 논
증은 지나치게 단순하게 만든 논증이다. 기본법 제14조가 다른 기본권과 마찬가지로 과
세권력에 대해서도 적용된다는데 어떠한 반론도 없기는 하다; 그러나 유일하게 흥미를

---

28) 따라서 예를 들어 *Faehling*, Die Eigentumsgewährleistung durch Art. 14 des Grundgesetzes als
   Schranke der Besteuerung, Diss. Hamburg 1965, S. 23; 적어도 오해한 것으로는 *Vogel/Walter*, BK,
   Art.105, Rnr. 139.

끄는 중요한 문제는, 이른바 기본법 제14조의 재산권의 보장이 조세법률에 의해서 내용
상 관련이 되는지 그리고 관련이 된다면 어느 정도까지인지의 문제인데 이러한 방식으로
답변이 나온 적이 없다. 하지만 과세는 보통 기본법 제14조 제1항에 의해 보호되는 구체
적 재산가치 있는 권리에 대한 직접적 개입이 아니라는 사실에 과세와 재산권보호의 관
계를 나타내는 특별한 문제가 있다. 따라서 기본법 제1조 제3항은 오로지 출발점에 불과
할 뿐이지 조세법률에 대해 기본법 제14조에 의해 내려진 한계를 특정하기 위한 사고의
끝이 될 수는 없다. 오히려 이에 대해서 경우에 따라서 그 문언을 넘어서 재산권보호를
요구하는 기본법 제14조의 해석만이 결정적인 것이 될 것이다.

Ⅰ. 과세는 기본법 제14조에 의해서 보호되는 금전에 대한 침해인가?

일부학설에는 과세의 재산권관련성(Eigentumsrelevanz)의 근거를, 금전은 기본법 제14
조의 재산이며 결과적으로 금전급부의무의 부과는 적어도 재산권과 관련될 수밖에 없다
라는 사실에 두려는 시도를 하였다.[29] 이러한 견해에 대해서 구체적인 지폐 또는 동전이
기본법 제14조에서의 재산으로 평가받는 경우에 동의할 수 있을 것이다. 왜냐하면 조세
채권은 특정 금전물(bestimmter Geldstücke)의 이전을 지향하는 것이 아니라 총합적 금전의
무(Geldsummenverpflichtung)를 그 내용으로 하고 있긴 하나 원칙적으로 이러한 총합적 금
전의무에는 구체적 재산가치있는 권리(konkreten Vermögensrecht)와의 관련성이 결여되어
있기 때문이다.[30] 따라서 예를 들어 채무자가 소유상태의 금전수단으로 급부를 제공하는
가의 여부 또는, 은행의 계좌이체를 통해서, 즉 채권에 대한 처분을 통해서, 현금없이 지
불거래하는 표식에서 종종 나타나는 것은 무엇인가에 대해서는 침묵하고 있다. 기본권의
보호가 오늘날 간접적 기본권침해로 확대되었다 할지라도 예나 지금이나 비록 간접적이
긴 할지라도 구체적으로 기본법상 보호되는 법적 지위와 관련된 침해가 일어났다는 것을
필요로 하고 있다. 이러한 요구를 포기한다면, 논리적으로 재산권적 기본권에 한정될 수
없는 그러한 윤곽 없는 '침해(Eingriffs-)'개념은 기본권 도그마틱의 해체를 부를 위험이
있다. 그러한 헌법적 재산권보호의 확대의 그릇됨은 그 결과에 비추어보면 명확하다.

---

29) Vgl. K. *Roth*, Die öffentlichen Abgaben und die Eigentumsgarantie im Bonner Grundgesetz 1958,
S. 53; *Fr. Klein*, StW 1966, Sp. 433 (471 ff.); dahin tendierend offenbar auch *Leisner*, Verfassungsrechtliche
Grenzen der Erbschaftsbesteuerung, 1970, S. 78 u. *Herzog*, Evangelisches Staatslexikon, 1966, Sp.
383; *Pappermann*, DB 1968, S. 1743.
30) 적절하게도 이에 대해서 *Papier*, Der Staat 1972, S. 483 (488); *Selmer*, Steuerinterventionismus, S.
304 und *Faehling*, S. 48.

달리 말하면 이러한 (윤곽 없는 침해개념을 구성하는) 구조선상에서는 국가적 금전급부의
무의 부과는 원칙적으로 수용(Enteignung)으로 평가될 것이다[31]; 그렇다면 조세는 보상의
무가 있는 수용(eine entschädigungspflichtige Enteignung)을 의미할 것이다. 이러한 불합리한
결과를 방지하기 위해서 재산권적 기본권을 이렇게 이해하는 입장에 있는 사람들은 국가
과업의 재정조달을 위해서 조세(Steuer), 수수료(Gebühren) 및 기금(Beiträgen)의 형식으로
부과되는 금전급부의무를 허용되지 않는 수용으로 간주될 수는 없다는 불문헌법원칙
(ungeschriebenen Verfassungssatz)을 가지고 처리하는 것이 필요하다고 보고 있다.[32] 이 경우
조세의 인정(Annahme einer Steuer)을 위해서는 국가가 금전급부의무의 부과에 있어서 국가
적 수입(Einnahmen)이라는 목적을 추구하는 것으로 이미 충분할 것이다.[33] 그러한 불문의
헌법적 유보를 인정하는 경우에 재산권적 기본권은 조세부과에 대한 하나의 끝이 무뎌진
무기(eine stumpfe Waffe)에 지나지 않기 때문에 머지않아 사람들은 다시금 국가적 공과금
입법에 대한 새로운 제한을 발전시키려 노력할 것이다. 즉 이것은 오로지 국민총생산[34]
에 대해서만 조종할 수 있으며, 국민재산(Volksvermögen)을 조종해서는 안되고 사경제의
폐지(Aufhebung der Privatwirtschaft)[35]로 나아가서는 안되는 것이라 한다. 그러한 불분명한
경계도출이 어쨌든 수용할 수 있는 것인가의 문제는 이미 의심의 수준을 넘어선 것으로
보인다; 경계를 넘는 국가의 조세개입주의에 대한 효과적인 보호막은 이러한 방식으로는
확실히 도달하지 못할 것이다. 특히 재산권적 기본권의 주관적 법적 성격은, Roth[36]가
명시적으로 강조한 것처럼, 오로지 전체경제적인 관점[37]에 맞추어진 그러한 폭넓은 고찰

---

31) 이를 인정하고 있는 *Klein*, StW 1966, Sp. 475 u. Roth, S. 69 an.

32) Vgl. *Klein*, StW 1966, Sp. 481; Roth, S. 82 u. 89; *Pappermann*, DB 1968, S. 1743.

33) 헌법상의 조세개념은 압도적으로 국세기본법 제1조에 의지하여 해석되고 있고 시민의 금전급부의
　　무의 확립(Statuierung)에 관한 것으로서 (적어도) 국가수입의 획득에 기여하는 것이라는 사실을 통
　　해서 표시된다, vgl. 예를 들어 *Spanner*, StW 1970, Sp. 377 ff.; 광의의 조세개념에 대해서는
　　Becker/Riewald/Koch, RAO, I 9. Aufl., 1963, § 1 Anm. 3d 그리고 재정학적인 측면에서는 F.
　　Neumark, in: Wirtschafts- und Finanzprobleme des Interventionsstaates, 1967, S. 335 (341 ff.).
　　이러한 문제에 대해서 Klein과 Roth의 구상을 따르지 않는 한 연방법률에 있어서는 실무상의 의무
　　가 없다. 왜냐하면 그러한 금전급부의무의 확정을 위한 연방의 권한은 이미 기본법 제105조 이하와
　　는 다른 권한규범에서, 특히 기본법 제74조 제11호에서 이미 도출되기 때문이다 (vgl. auch *Vogel*,
　　Jahrbuch 1968/69, S. 230).

34) So *Roth*, S. 70 ff; vgl. ferner *Forsthoff*, NJW 1955, S. 1249 (1250) u. VVDStRL Bd. 14, S. 84 f.;
　　이에 대해 비판적인 의견으로 *Friauf*, JurA 1970, S. 299 (316) und *Faehling*, S. 44.

35) Vgl. *Klein*, FR 1966, S. 403.

36) Vgl. *Roth*, S. 91: "그러나 공과금법의 이러한 제한은 이제는 구체적 조세상황(Steuerbestand)과 관
　　련이 있는 것이 아니라 전체국민경제와 관련이 있다고 보아야 할 것이다."

37) 다르긴 하지만 명백한 것으로 *Klein*, FR 1966, S. 403 ("특별한 압살적 효력이 있는 경우에 개별적
　　인 주관적 권리는 침해된다.") 그리고 *Leisner*, Verfassungsrechtliche Grenzen, S. 83. 양자는 결과에
　　있어서는 동의할 수 있을 것이다; 그러나 기본전제가 금전이외의 구체적 주관적 권리의 침해를 기

을 하는 경우에는 필연적으로 너무 짧은 것이 된다.[38] 따라서 이것을 따른다면 예를 들어 - 오로지 전체 국민경제(Volkswirtschaft)에만 맞추어서 행한 과세가 국민총생산의 정도를 넘지 않는 한 - 주관적인 재산권적 기본권이 이에 대해서 활성화가 될 수 없고, 과도한 과세에 의해 전체 제조업이 생산을 중단할 정도로 국가가 강제하는 것이 가능할 수 있을 것이다. 이러한 사실을 도외시 하더라도, 금전급부의무의 부과가, 주장되었던 헌법적 유보와 일치하지 않는 한 위헌이 된다는 주장은 지지할 수 없는 결과가 된다. 이러한 주장은 국가가 시민에게 부여할 수 있는 공법적 금전급부의무의 종류의 제한(numerus clausus)[39]이라는 결과를 초래한다. 따라서 행정상 강제집행 또는 과태료(Geldbuße) 및 벌금의 방법으로 강제금을 처분하는 것은 수용(Enteignung)으로 평가될 것이다.[40] 수용으로 평가되지 않는 경우란, 이를 방지하기 위해서, 제시된 불문헌법율(Verfassungssatz)을 Roth와 Klein이 주장한 범위보다 더 넓게 확장해야 하는 경우이다. 그러나 이러한 무리한 확장으로 인해서 어느 정도 지속이 가능한 도그마적인 기초로부터는 더욱 멀어지게 될 것이다. 그럴 경우에는 예를 들어 손해배상채권의 형성과 같은, 입법자에 의해 사적질서영역에 놓여진 시민의 의무는 헌법적인 재산권의 보장과는 상충되지 않기 때문에 도그마적 기초에 여전히 수수께끼가 남게 될 것이다.[41] Klein과 Roth에 의해서 주장된 공법적 금전급부의무의 제한의 오류는 비록 부담조정(Lastenausgleich)이 조세 및 수수료 또는 부담금을 승인하게 되는 기준을 충족시키지 못한다 할지라도 부담조정입법(Lastenausgleichsgesetzgebung)을 허용하는 것으로부터 출발하고 있는 기본법 제120a조의 규정에서[42] 결국 명백해진다.

Ⅱ. 재산은 기본법 제14조에서의 재산권인가?

기본법 제14조에서 나오는 일반적 헌법적인 제한의 근거가 지금 다루었던 '금전수

준으로 하고 있고 이 경우 순수한 금전침해의 경우와는 다르게 진행된다면 출발점으로 삼은 기본 전제(Grundprämisse)는 논리적이지 않다고 증명된다.

38) Vgl. auch *Friauf*, JurA 1970, S. 315.

39) 사실상 그런 경우로서 *Roth*, S. 84; 이에 반대하는 올바른 견해로서 *Kloepfer*, AöR Bd. 97, S. 232 (271).

40) 더 나아가 예를 들어 연방헌법재판소에 의한 투자촉진법(InvestitionshilfeG)에 대한 결정(E 4, S. 7 ff.), 물가법(Preisgesetz)에 대한 결정(E 8, S. 274 ff.) 그리고 우유 및 지방법(Milch - und Fettgesetz)에 대한 결정(E 24, S. 1 ff.)에서 허용되는 것으로 간주된 조정공과금(Ausgleichsabgaben)은 위헌일 것이다.

41) Vgl. auch *Papier*, Der Staat, 1972, S. 500, Fn. 80.

42) Siehe ferner Art. 106 I Nr. 5.

용(Geldenteignung)'이라는 관점하에서 조세입법에 대해서는 배제된다면, 물론 기본법 제14 조의 보호영역에 전체재산(Gesamtvermögen)을 관련짓는 것에 의해서 재산권적 기본권의 활성화에 도달하는 것을 생각해 볼 수 있을 것이다. 이러한 방향에서 새로운 문헌에서 는43) 특히 Friauf, W. Martens 그리고 Meessen에 의해서 진전되었다. 재산권적 기본권 은 개별적으로 재산가치 있는 권리를 보호하는 경우에 바로 그 총합(Summe), 즉 전체재 산에 대해서는 당연히 적용된다는 사고는 고백한 바와 같이 표면적으로는 매혹적으로 보 인다. 물론 조금 더 자세히 고찰해 보면 의문점이 나타난다. 어느 경우든 이러한 기교 (Kunstgriff)는 특정 주관적 재산가치 있는 권리(Vermögensrecht)와 관련이 없는 한 그 자체 로서는 재산권적 기본권에 어떠한 침해가 되지는 않는 금전급부의무의 부과가 이제는 재 산권적 기본권에 있어서 중요한 것으로 고찰될 수 있다. 재산권적 기본권의 전통적 이해 에 모순되는 이러한 결과는 순수논리적으로는 어쨌든 요청되지는 않는 것이 확실하다. 무엇보다도 기본법 제14조의 구조와 일치되지 않는다. 기본법 제14조는, 아무리 늦게 잡아 도 연방헌법재판소의 제방규정판결(Deichordnungsurteil)44)이후에는 더 이상 논쟁의 여지가 없는 것처럼, 보상에 대한 보장(Entschädigungsgarantie)뿐만 아니라 존속보장(Bestandsgarantie) 도 포함하고 있다. 기본법 제14조의 문언과 체계적인 구성으로부터 존속보장과 불가분의 맥락45)속에 어떻게 도출되는가 하는 곳에 보상에 대한 보장이 존재한다46). 재산의 사회 적 구속(Sozialbindung des Eigentums)과 수용(Enteignung)간의 구분에 대한 결정이 이루어질 수 있는 기준일 뿐 아니라 기본법 제14조 제1항 제2문이 이해될 수 있는 근거인, 명확한 형태를 띤 주관적 권리의 존재를 존속보장(Bestandsgarantie)이 예정하고 있기 때문에 대체 가능한, 보상에 대한 보장(Entschädigungsgarantie)에 대해서도 동일한 것이 적용되어야만 할 것이다. 이것이 의미하는 바는: 기본법 제14조 제3항은 일반적인 재산보장이 아니라 오로지 기본법 제14조 제1항에 따라 특별하게 보호되는 구체적이고 주관적인 권리와 관 련해서만 재산보장이 이루어진다.47) "재산권보호(Eigentumsschutz)는 처음에는 재산보장 (Vermögensgarantie)이었다"48)는 문장은 따라서 기본법 제14조의 허용되지 않는 일반화를

---

43) *Friauf*, JurA 1970, S. 307; W. Martens, VVDStRL Bd. 30, S. 7 (16); Meessen, BB 1971, S. 928 (930 f.); Kirchhof, Besteuerungsgewalt und Grundgesetz, S. 20; *Sendler*, DÖV 1971, S. 21; 더 나아가 이제는 명백한 것으로 auch F. *Klein*, DÖV 1973, S. 433 (435); a. A. *Kimminich*, BK (Zweitbearbeitung), Art. 14, Rnr. 11 ff.; *Hesse*, Grundzüge, S. 182; *Selmer*, Steuerinterventionismus, S. 306; *Papier*, Der *Staat* 1972, S. 489 ff. u. ders., AöR Bd. 98, S. 528 (532); *R. Schneider*, VerwArch Bd. 58, S. 197 (206).

44) BVerfGE 24, S. 367(396 ff.).

45) Vgl. BVerfGE 24, S. 397: "존속보장은 허용되는 수용의 경우에는 재산가치의 보장으로 전환된다."

46) a. A. *Meessen*, BB 1971, S. 930.

47) Siehe auch *Papier*, Der Staat 1972, S. 490 und Selmer, Steuerinterventionismus, S. 306.

의미하며, 이러한 일반화는 과거뿐만 아니라 현재의 법적인 재산권보호에서도 인정할 수
없는 것이다. 기본법 제14조의 일반적 재산보호(Vermögensschutz)라는 방향으로 확장하는
것의 오류는(Verfehltheit) 특히 재산가치있는 권리(Vermögensrechte)중에는 기본법 제14조의
보호범위에 들어갈 수 없거나 어쨌든 부분적으로만 해당되는 것이 존재한다는 사실에 의
해서 명백해진다. 이것은 주관적 공권[49] 또는 재산적 가치있는, 주관법적으로 형성된 신
뢰의 지위(Vertrauenspositionen)를 의미하는 것으로서 기본법 제14조에 당연히 포섭되지 않
는 것을 말한다.[50][51][52] 더 나아가 이러한 구성을 하는 경우에는 통상 재산감소적 작용을
하는 구체적 재산가치있는 권리에 대한 재산권의 사회적 구속은 기본법 제14조와 상충
하고[53] 결과적으로 국가의 사회형성적 활동의 마비(Lähmung)가 될 것이다. 그러나 결국
이러한 Doktrin에 있어서는 과세를 하는 경우에, 부분수용(Teil-) 또는 조세채무가 채무
자의 전체재산액에 해당되는 경우에는 전체수용(Vollenteignung)이라는 이유로 과세의 위
헌성이 인정되는 것을 예방하기 위해서 현저한 어려움이 생길 수 있다. 금전급부의 의무
의 부과와 관련한 불문헌법유보(ungeschriebenen Verfassungsvorbehalts)라는, 우리가 이미 거
부한, 문제가 있는 가정(Hypothese)[54]을 가지고 작업을 하지 않는다면, 여하튼 재산의 부
분박탈(Teilentzug des Vermögens)은 더 이상 재산권의 사회적 구속으로서 다루어질 수는 없
을 것이다.[55] 그러나 권리의 부분박탈(Teilentzug eines Rechtes)의 경우에 바로 재산권의 사
회적 구속으로만 인정한다면, 재산권보호의 확장은 비싼 대가를 치루는 것이며, 이 경우

---

48) 그러한 것으로 *Suhr*, Der Staat, 1970, S. 67 (82) u. *ders.*, Eigentumsinstitut und Aktieneigentum,
   1966, S. 33.
49) Vgl. 이에 대한 상세한 자료는 *Leibholz/Rinck*, GG Art. 14, Rnr. 2.
50) Vgl. 이에 대해 상세한 것은 *Schenke*, Gewährleistung bei Änderung staatlicher Wirtschaftsplanung,
   AöR 1976, Heft 2 unter B, III, 3b. 특이하게도 *Friauf*, in: I. v. Münch, Besonderes Verwaltungsrecht,
   3. Aufl., 1972, S. 425 도 그가 일반적인 계획보장청구권에 대한 근거로서 고려한 § 44 II BBauG
   를 기본법 제14조가 아니라 그 조문의 바깥에 근거를 둔 헌법상의 신뢰보호(verfassungsrechtlichen
   Vertrauensschutz)와 연결하고 있다.
51) 더 나아가 명확한 견해에 의한 경우에 (vgl. z. B. *Kröner*, Zur Eigentumsgarantie in der Recthsprechung
   des Bundesgerichtshofs, 2. Aufl., 1969, S. 93; BVerfGE 28, S. 119 [142]) 단순한 기대(Erwartungen)
   와 기회(Chancen)는, 비록 전적으로 재산가치를 가질 수 있다고 할지라도, 헌법상의 재산권보장에는
   해당되지 않는다면 이러한 기본법 제14조의 일반적인 재산보호라는 방향에서의 확장은 모순이다.
52) 게다가 일반적 재산보호를 기본법 제14조에 근거를 두는 것이 의문시 되는 경우로서 판례에 의해
   서 만들어진 수용유사적 침해라는 법제도가 더 범람할 우려가 있고 이와 함께 기본법 제34조와 연
   결된 민법 제839조가 여전히 연명을 할 정도(ein Schattendasein zu führen)인 경우일 것이다.
53) Vgl. auch R. *Schneider*, VerwArch Bd. 58, S. 207 und *Papier*, Der Staat 1972, S. 491.
54) 이러한 가정에 대해서 예를 들어 *Friauf*, JurA 1970, S. 311.
55) 이러한 결과를 예방하기 위해서 Meessen, DÖV 1973, S. 812 (817) 은 그의 구상과 일치하지 않는,
   전체로서의 재산의 사회적 의무의 한계는 개별적 재산가치 있는 권리의 사회적 의무의 한계보다
   더 넓게 도출될 수 있다는 명제가 무리한 것으로 보았다.

결과적으로 기본법 제14조에 의심의 여지없이 해당되는 구체적 재산가치있는 권리 (konkreten Vermögensrechte)에도 (사회적 구속으로 인정하는 것이) 확장되기 때문에, 실제적인 결과상으로는 시민의 기본권보호의 축소가 될 것이다. 허용되지 않는 조세적 수용과 재산권의 사회적 구속을 구분하는 경우에 특히 어느 정도의 과세가 개별적 재산권 (Eigentumsrecht)의 원본을 잠식하는지에 달려 있다면,[56] 내 견해로서는 재산(Vermögen)과 기본법 제14조를 일반적으로 연결하는 구조의 도그마적인 기초가 버려지게 되는 것이며 조세채무자의 보호가 다시금 구체적 재산가치 있는 권리(Vermögensrechten)를 지향하게 되는 것이다. 후자는, 또 언급하겠지만, 전적으로 옳으며, 오로지 물어야 할 것은 기본법 제14조가 재산(Vermögen) 그 자체를 보호한다는 견해가 무엇을 위해서 필요한 것인지 하는 것이다. 따라서 이러한 Doktrin 뒤에 있는 바램(Anliegen), 즉 조세개입주의에 대한 기본권보호의 보장이 당연하다고 평가될 수 있고, 아마도 가능하다면 재산권보장을 구체적인 재산가치 있는 권리의 침해에 결부시키는 것을 통해서는 시민의 기본법적 보호가 마련될 수 없는 경우에만 도그마적으로 의문시되면서 기존의 재산권보장의 체계와 단절[57]되는 해결방법을 고려해 볼 수 있을 것이라고 나는 생각한다.[58] 그러나 이러한 경우도 맞지 않는 다는 것을 다음에서 볼 수 있을 것이다.

Ⅲ. 구체적 주관적 재산권에 대한 직접적 또는 간접적 침해로서의 과세

1. 주관적 재산가치 있는 권리에 대한 직접적 침해

기본법 제14조에 의해서 보호되는 구체적인 재산가치 있는 권리에 대한 과세에 의한 직접적인 침해는 통상 배제되기는 하다. 그러나 예외가 없는 것은 아니다. 조세채무자에게 특정 세제혜택(Steuervergünstigung)이 부여되고 이러한 혜택이 이후의 조세법률에 의해서 폐지되는 경우에 적어도 수용(Enteignung)이란 점이 고려될 수 있다. 그러나 이 경우에 처음부터 중요한 제한이 가해질 수 있다. 세제혜택의 제거는 주관적 공권에 대한 침해를 말한다. 그러한 주관적 공권은 연방헌법재판소의 판례[59]에 따르면 오로지 이러한 주관적 공권이 주관적 사권과 비교가능하며 노동투입 또는 자본투입의 결과로서 이해되

---

56) 명확한 것으로 z. B. *Meessen*, DÖV 1973, S. 816; Klein, DÖV 1973, S. 435; *Kirchhof*, S. 38 f.
57) 그러한 독자적인 해결(Sui-generis-Lösung)에 반대하는 견해로서 적절한 것으로 *Lerche*, Übermaß und Verfassungsrecht, 1961, S. 179, Fn. 72.
58) *W. Martens*, VVDStRL Bd. 30, S. 16 가 - 부정확하지만 - 만약 그렇지 않다면 전체 재산권질서와 이와 함께 법제도(Rechtseinrichtung)로서의 재산권은 조세입법자의 자유로운 처분에 놓이게 될 것이라고 주장하는 한 동일한 출발점을 가지고 있다.
59) Vgl. BVerfGE 4, S. 241; 18, S. 397.

는 경우에만 기본법 제14조의 보호를 향유하게 된다. 이러한 요건은 조세입법이 국가적 계획을 유도하는 수단으로서의 의미가 있는 경우에 존재할 개연성이 아주 많다. 예컨대 사업자에게 기반이 취약한 지역에서 산업체를 세우기 위한 동기를 유발하고 그 지역의 노동시장상황을 개선하기 위하여 사업정착시 발생하는 현재의 불리한 점들에 대한 보상 차원에서 영업세 또는 소득세의 혜택을 부여하고, 그 사업자가 경비계산시 세제혜택이 지속되는 것을 바탕으로 하는 경우를 생각해 볼 수 있다. 물론 이것으로는 여전히 재산권 보장의 활성화에는 충분치 못하고[60] 통상 재산권 보호에 있어서 충분치 못한, 특히 법치 국가원칙, 자유권적 기본권 및 기본법 제3조에 근거를 둔 헌법상의 신뢰보호(Vertrauensschutz)[61] 에 대한 여지만을 가능케 하고, 신뢰보호의 형상(Gestalt)은 소위 '부진정 소급효(unechten Rückwirkung)'에 대한 연방헌법재판소의 판례[62]를 통해서 경험하고 있다. 물론 조세채무 자가 세제혜택이 일정기간동안 유지될거라는, 예컨대 조세채무자에게 이러한 방향으로 명시적인 확언(Zusagen)이 부여되었다는 것을 신뢰하였다면, 이러한 세제혜택에 의해 근 거가 마련된 신뢰의 지위(Vertrauensposition)는 기본법 제14조에 의해 이러한 신뢰의 지위 를 보호하는 것을 정당화하는 방법으로 안정화되고 확정된다.[63] 그러한 사례들은 물론 실무상 드문 예외사례일 것이다.

2. 구체적 재산가치 있는 권리에 대한 간접적 침해

방금 다룬 특별사례와는 달리 조세법률에 의해 기본법 제14조에서 보호되는 주관적 재산가치있는 권리(Vermögensrechte)에 대한 간접적이기만 한 침해가 고려된다. 조세채무자 의 재산권(Eigentum)과 연결되고, 예를 들어 소유(die Innehabung), 특정 사용(ein bestimmtes Gebrauchmachen) 또는 권리의 이용(die Nutzung eines Rechts)에 대해서, 재산권자에 대해 경 제적으로 부담불가능하고 재산권자에게 재산권의 포기(Aufgabe des Eigentums) 및 사용의 금지 또는 주관적 권리의 이용금지가 되는 것이 필연적인, 그러한 과세를 부과하는 조세 법률은, 과세의 허용이 무제한적인 경우에는 재산권적 기본권의 잠식(Aushöhlung)이라는 결과가 될 것이다. 따라서 국가는 과세라는 방법으로, 국가적 명령의 직접적 발령을 통해

---

60) Vgl. 이에 대해서 상세한 것은 *Schenke*, Gewährleistung, unter B Ⅲ u Ⅳ.

61) 이에 대해서 *Kisker*, VVDStRL, Bd. 32, S. 149 ff. u. *Püttner*, VVDStRL Bd. 32, S. 200 ff.

62) Vgl. z. B. BVerfGE 22, S. 248; 그 외의 자료는 *Leibholz/Rinck*, GG, Art. 20, Rnr. 45; *Benda/Kreuzer*, DStZ 1973, S. 49 (54).

63) Vgl. 이에 대해서 Schenke, Gewährleistung, unter B Ⅲ, 3 b aa; 정당하게 획득된(wohlerworbener) 권리의 종류로서 세제혜택의 창설될 수 있고 따라서 헌법상의 재산권보호에 해당한다는 것은 스위 스 국가법론에서도 인정되었다, vgl. 그 외의 많은 자료와 함께 *Imboden*, Staat und Recht, 1971, S. 539 (541).

664

서는 도달할 수 없고 직접적 발령으로 인한 기본법 제14조 제3항에 의한 보상의무가 발생할 필요없는, 결과를 유발시킬 수 있는 것이다. 그러나 그러한 기본권보호의 사각지대 (offene Flanke)는 기본법 제14조에 부합하지 않을 것이다. 몇 개의 뚜렷한 예를 언급하기 위해서 생각해 볼 수 있는 것으로, 예컨대 소득세와 법인세라는 형식으로, 사업의 실질적 소득 및 수익이 장기간 획득될 수 없고 사업자가 지속적으로 자신의 사업의 원본을 침식할 수밖에 없을 정도의 세율이 있는 압살적 조세(Erdrosselungssteuer), 상품의 판매에 과세가 되는 것으로서 실질적으로 매수인이 드러나지 않고 물건도 대체불가능한(unabsetzbar) 경우의 거래세(Verkehrssteuer), 또는 그 세액 때문에 그 토지의 소유자가 자신의 토지소유권을 포기해야만 하는 토지세(Grundsteuer)를 들 수 있다. 자신과 자신의 기본권들에 대해서 신중하게 구성된 헌법은 그러한 간접적인, 따라서 기본권에 의해서 보호되는 자유의 영역에 대한 더욱 효율적인 침해에 대해서 방어가 필요한 것임을 보여주어야만 한다.64) 국가는 본질적으로 고전적 형태의 국가권력행사로 한정을 하고 게다가 기본권보호는 명시적으로 국가의 특정행위에 대해서만 한정되었던 경우에만 기본권보호의 여부와 관련한 구분이 타당했었다. 이러한 2가지 요건은 오늘날 탈락하였다. 근대 사회국가는 자유주의적 '야경국가(Nachtwächterstaat (Lasalle))'와는 달리 사회국가공준의 결과로 증가되는 과제를 극복하기 위해서 필연적으로 국가적 권력행사의 신기술을 발전시켜야만 하고 따라서 그러한 한도에서 법치국가적 형식논리의 완화에 기여하여야만 한다; 다른 한편 기본권보호는 이제는 더 이상 행정부의 행위에 대해서 뿐만 아니라 모든 국가권력에 대해서도 보장되고 있다(Art. 1 III GG). 그러나 이러한 국가적인 수신자와 관련하여 확인가능한 기본권보호의 절대성은 국가적 권력행사의 양상(Modalitäten)과 관련하여 기본법상 보장(Bewährung)의 확장과 유사하다는 사실을 시사하고 있다. 그러한 기본권보호의 확대는 이미 위에서 언급한 규범의 사회적 효력에 대해 형성된 법학의 감각(Sensorium)65)외에 특히 실증법적으로 축소된 순수한 부(negative)의 방어권으로서의 기본권적 시각을 극복하는 것과 Rudolf Smend의 통합이론(Integrationslehre)66)을 이은 연방헌법재판소의 판례67)에서 항상 다시금 나타나는, 국가권력행사의 모든 형태에 대한 포괄적인 시민의 보호를 내포하고 따라서 재산권을 시민의 '대상화된 자유(vergegenständlichte Freiheit)'로서 포괄해야만 하

---

64) Vgl. auch *Papier*, Der Staat 1972, S. 498 f.; *Vogel*, Jahrbuch, S. 231 f.; 더 나아가 이전에는 *Friauf*, BB 1967, S. 1347; a. A. z. B. R. *Schneider*, VerwArch. Bd. 58, S. 207, 그는 그러한 간접적 침해를 통해서는 오로지 기본법 제2조 제1항만이 관련되는 것으로 보았다; der Sache nach 마찬가지로 BFH 92, S. 495 (505).

65) Vgl. z. B. *Friedrich Müller*, Normstruktur und Normativität, 1969, S. 114 ff.

66) Vgl. BVerfGE 21, S. 372; 5, S. 204 ff; 6, S. 40 f.; 7, S. 204 f.; 10, S. 81.

67) Vgl. R. *Smend*, Verfassung und Verfassungsrecht, 1928, passim.

는, 그러한 기본권에 의해 의도되는 가치질서(Wertordnung)를 강조하는 경우에 특히 그 지지(Rückhalt)를 찾을 수 있다. 이 경우에 기본법 제14조에 의해서 보장된 보호에 대해서 연관성이 없는 것은 입법자가 조세규범으로 재산권 규제적 기능을 추구할 수 있는지의 여부와 그 정도에 관한 문제이다. 중요한 것은 단지 규범을 객관적인 효력에 맞추어 보면[68] 간접적으로 구체적 재산가치 있는 권리를 침해한다는 사실이다. 이러한 객관화된 관점은 오로지 기본권의 보호기능에 적합하다. 이러한 관점은 동시에 오늘날 압도적으로 인정되고 있는, 주관적 해석원칙에 비해 오로지 다원적으로 구조화된 공동체에서 '입법자'는 존재하지 않고, 정당들뿐만 아니라 심지어 정당내에서 조차 대표되는 국회의원그룹도 종종 하나의 법률에 다양한 목표설정이 연결되기 때문이라는 이유로 이미 우위를 차지하고 있는, 객관적 해석이론(objektiven Auslegungstheorie)과도 동시에 조화가 된다. 이에 따라 구체적 재산가치 있는 권리를 간접적으로 침해하는 조세법률에 의해 기본법 제14조가 내용상 관련된다면, 기본법 제14조의 제도보장[69]뿐만 아니라 특히 재산권적 기본권의 주관법적 요소와도 연관된다. Selmer의 반대견해는, 조세법률은 오로지 기본법 제14조의 제도보장만이 관련된다는 견해로서 이를 증명할 책임이 남아있다. 왜냐하면 기본법 제14조의 주관법적 요소는 재산가치 있는 권리에 대한 간접적인 침해를 통해서는 언급되어져서는 안되기 때문이다. 이러한 논리에 들어있는 간접적 기본권침해에 대한 기본권보호의 축소(Schmälerung)는, 기본권보호의 간접적 기본권침해에 대한 확장이 징표되고 따라서 결국 타협(auf halbem Wege)에 이르는 목적론(Teleologie)에 연결되지 않는다. 재산가치 있는 권리에 대한 간접적 침해에서 어쨌든 여전히 주관법적 관련성을 획득하기 위해서 Selmer[70]는 기본법 제14조에 놓여져 있는 주관적 기본권과 기본법 제14조의 제도보장의 인위적인 구분하에 – 따라서 전자에게 속하는 도구적 기능에 비해 후자를 고려하지 않고서[71] – 기본법 제14조의 제도보장의 침해는 해당 납세의무자에 의해 오로지 기본법 제2조 제1항이라는 다리를 통해서만 비난받을 수 있음을 인정하는 것이 필수적이라고 보았다.

　　여기서 지지되고 있는 간접적인 기본권보호의 활성화가 기본법 제14조와 과세의 관

---

68) Vgl. auch *Papier*, Der Staat 1972, S. 493, Fn. 43; *Kloepfer*, StW 1972, Sp. 176 (177); *Vogel*, Jahrbuch, S. 233; Friauf, VerfassungsrechtlicheGrenzen der Wirtschaftslenkung und Sozialgestaltung durch Steuergesetze, 1966, S. 22; *Benda/Kreuzer*, DStZ 1973, S. 53; 원칙적으로 다른 의견으로서 *Selmer*, Steuerinterventionismus, S. 218.

69) *Selmer*, Steuerinterventionismus, S. 309; 이에 대해서 비판적인 의견으로 *Kloepfer*, StW 1972, S. 179.

70) *Selmer*, Steuerinterventionismus, S. 333.

71) Vgl. 제도보장에 대한 의미에 대해서 *Herzog*, Evangelisches Staatslexikon, Sp. 376.

계에서도 여러 면에서 문제가 되고 있었다. 이러한 활성화에 대한 비판은 2가지 상반된 입장을 근거로 하고 있었다. 하나는 전통적 수용법도그마와의 단절 때문에 또는 그러한 견해에 따를 경우 발생할 수 있는 이러한 간접적 재산권보호의 수용불가능한 결과 때문에 이러한 간접적인 재산권보호를 비난하는 반면에, 다른 하나는 이러한 구조는 납세의 무자의 재산보호에 있어서 견디기 어려운 공백(empfindliche Lücken)이 발생할 수 있기 때문에 여전히 충분치 않다고 간주하고 있었다. 양 비판에 대해서 우리는 아래에서 다루려고 한다. 예전부터 국가의 과세에 대한 재산권적 기본권 보호를 거부하기 위해서 감수해야만 했던 인기있는 반론을 제시하고 있는 논증은,[72] 이러한 보호를 지지하는 것은 국가는 있을지도 모를 조세적 수용의 경우에 한 손으로 거둔 것을 즉시 다시 다른 손으로 반환해야하는 그러한 불합리한 결과에 이르게 될 수밖에 없다는 논증이다. 그러나 이에 대해서 확인될 수 있는 사실은 이러한 근거로는 오로지 수용의 무의미함과 따라서 수용의 위법성을 근거지을 수 있을 뿐이고 재산권보호의 필연성이 문제될 수는 없다는 점이다.[73][74] 동일한 이유로 호응이 없는 것으로 기본법 제14조 제3항의 원용에 대해서 언급된 경우 금전수용은 일반의 공공(zum Wohle der Allgmeineheit)에 기여할 수 없고 따라서 배제된다는 논리이다.[75] 여기에는 명확하게도 수용의 개념을 수용의 적법성의 개념과 혼동하였다. 마찬가지로 재산권보호의 원용에 대해서는 과세의 일반성과 따라서 과세에 의해서는 전혀 작동되지 않는 수용이라는 논의가 의미있는 결과를 만들어 낼 것 같지는 않다. 수용은, 이전에 전혀 다른 헌법기초에서 발전되었던 개별침해이론(Einzeleingriffstheorie)[76]에서 주장된 바와 같이, 주관적 재산가치 있는 권리에 대한 개별적 침해에서 나타날 뿐만 아니라, - 따라서 입법수용(Legalenteignung)은 개념상 배제되는 - 오히려 기본법이 이

---

72) Vgl. 예를 들어 *Forsthoff*, BB 1953, S. 421 (422).

73) 유사한 것으로 Papier, Der Staat 1972, S. 186.

74) 어쨌든 설득력이 없는 경우로서 종종 기본법 제14조 제3항의 보상규정과 관련하여 이미 과세를 통한 수용의 개념적 가능성이 부정된 경우이다 (예를 들어 *Friauf*, Verfassungsrechtliche Grenzen, S. 44). 수용의 개념과 적법성에 대한 이러한 혼동에 대해 더 일반적인 맥락에서 *Bauschke*와 *Kloepfer* (NJW 1971, S. 1233) 가 적절하게 주목을 하였다. 물론 이 들의 논리에 찬동할 수 없는 경우로서 이러한 적절한 인식을 넘어서 더 많이 나아가는 결론을 내린 경우인데(NJW 1971, S. 1234), 다수설에 의해서 수용유사침해의 법형상에 귀속되는 사례에 있어서 당사자의 보상청구권이 이미 직접적으로 기본권 제14조 제3항으로부터 도출될 것이라고 보는 경우이다(vgl. auch Fn. 148).

75) 따라서 오류가 있는 의견으로 *Klein*, StW 1966, Sp. 471 은 오로지 국가의 재산증식의 목적에만 기여하는 수용은 결코 '일반의 공공을 위해' 요청되지는 않는다는 제국법원의 판결(vgl. RGZ 103, S. 200 [202])를 지적하면서 "금전에 대한 고권적 요구는 따라서 수용을 의미할 수 없다"는 결론을 내린다. 여기서는 수용의 개념과 적법성에 대한 혼동되었음이 다시금 명백해진다. 물론 위법한 수용에 대해서 기본법 제14조 제3항에 적어도 부분적으로는 적용가능한 지의 여부는 또 다른 문제이다 (이에 대해서 아래의 b).

76) Vgl. *Anschütz*, Die Verfassung des Deutschen Reichs, Art. 53 Anm. 9 m. eingeh. Rspr. - nachw. S. 714.

제는 명시적으로 입법수용을 인정한 이후에는, 일반적－추상적 법률을 통해 관련되는 주
관적 재산가치 있는 권리와 비교하여 필적할만한 정도의 효과가 이러한 법률에 귀속되는
경우에 일반적－추상적 법률을 통해서도 수용이 고찰될 수 있는 매우 높은 개연성이 있
음에 틀림이 없다. 따라서 법률을 통해서 관련되는 인적범위는 기껏해야 수용과 사회적
구속의 구분에 대해서 원용될 수 있을 뿐이고 조세상의 수용의 가능성에 대한 원칙적인
가능성에 대해서는 언급될 수 없을 것이다.77) 마찬가지로 설득력이 없는 것으로서 기본
법 제14조와 비교해서 기본법 제10장에서 관련되는 이른바 재정제도에 대한 특별법(lege
speziales)의 특별한 성격을 지적하면서 재산권적 기본권의 활성화를 정당화하려는 시도이
다.78) 그러한 특별한 관계에 대한 이론은 이미, 기본법 제14조에 맞추어진, 기본법 제
104a조 이하의 권한규정(Kompetenzvorschrift)의 완전히 다른 목적론(Teleologie)이 가로막고
있다. 그런 식으로 작동된 재산권보장의 활성화가 앞에서 언급된 조세의 징수가 불허용
되는 경우에만 오로지 기본법 제14조의 조세개념에 대한 적용가능성과 관련한 어떤 것
을 이러한 기본법 104a조 이하의 권한규정으로부터 도출할 수 있을 것이다. 그러나 이러
한 결과는 여기서 주장된 기본법 제14조의 관점, 즉 오로지 아주 드문 경우에만 조세를
부과하는 것에 있어서 주관적으로 재산가치 있는 권리의 수용이 존재하는 것으로 보는
관점에서는 도출되지 않는다. 따라서 조세상의 침해와 재산권에 대한 침해를 구분없는
경우에는 오늘날의 사회국가(Sozialstaat)에서 헌법적 근거가 광범위하게 도출될 것이라고
이전에 Forsthoff79)가 이전에 주장한 경우에는 어떤 근거가 이에 필요 없게 된다.80) 여기
서 선택된 해결방법에 대해서 내 생각에는 결국 다른 측면에서도 올바르게 반론이 제기
될 수 없을 것이고,81) 이러한 해결방법은 시민의 재산보호에 있어서 견디기 어려운 공백

77) 그러나 다른 의견으로 *Paulick*, in: Theorie und Praxis des finanzpolitischen Interventionismus, Fr.
Neumark zum 70. Geburtstag, 1970, S. 203 (220); BFH 56, S. 361; 이에 대한 단초로서 *Leisner*,
Verfassungsrechtliche Grenzen der Erbschaftsbesteuerung, 1970, S. 81; 이와는 다른 의견으로서 본
논문과 같은 논지로서는 Roth, Die öffentlichen Abgaben, S. 72; Diester, Enteignung und
Enschädigung nach altem und neuem Recht, 1953, S. 40.
78) *Meilicke*, Festschrift für Ottmar Bühler, 1956, S. 91 (98); 이에 대해 비판적인 의견으로 *Friauf*,
JurA. 1970, S. 309 f.
79) Vgl. *Forsthoff*, VVDStRL Bd. 12, S. 8 (32).
80) 간접적 재산권침해에 대한 기본법 제14조의 활성화는 수용의 인정에 대한 연방통상법원의 판례에
있어서 필요하다고 본 요건인 침해의 직접성(Unmittelbarkeit des Eingriffs)의 지적으로는 문제가 될
수 없다. 특히 재산권보장에 의해 보호되는 (그 외에 조세상의 의무의 확립에 있어서 통상 해당되
는) 법익의 의도된 침해와는 더 이상 침해의 직접성의 존재가 관련되지 않고, 대신에 오로지 고권
적 처분은 재산권에 대한 직접적 효력(unmittelbare Auswirkung auf das Eigentum)을 가질 것을 요
구한 이후에는(vgl. BGHZ 37, S. 44), 수용적 조세침해의 가능성은 더 이상 배제될 수 없다 (vgl.
Maunz/Dürig/Herzog, GG, Art. 14, Rnr. 79: '침해가 직접적 효력에 근거하고 있는지 또는 다른 처
분의 부수적 효력을 의미하는지의 여부는 아무런 차이가 없다.").

을 발생시킬 수 있을 것이다. 실무상 모든 오늘날 정착된 조세는 특정 주관적 재산가치 있는 권리에 대한 간접적 관련을 나타내고 있으며, 그 권리의 소유, 용익 또는 사용에 대해서 재정적인 부담이 연결되고 있다. 종종 여기서 선택된 구조에 의해서는 재산권보호에 도달할 수 없는 사례로서 언급되고 있는 근로소득세(Lohnsteuer)에 있어서도[82] 기본법 제14조의 적용에 대해서 아주 많은 여지가 있다.[83] 이 경우 재산권적 중요성을 긍정하기 위해서 상이하게 산정되고 있는[84] 수입보장(Erwerbsgarantie)를 기본법 제14조에 관련지을 필요조차 없고, 결정적인 것은 어쨌든 임금채권을 하나의 주관적 재산가치 있는 권리로 자리매김하는 데에 이론의 여지가 없어야 하는 점이다. 이러한 권리가 아직은 다른 주관적 재산가치있는 권리와 같은 정도로 공고해진 것이 아닌 경우에는 재산권의 보호의 여부가 중요한 것이 아니라 오로지 재산권보호의 정도와 관련해서만 의미를 가질 수 있을 것이다. 그러나 조세가 예외적으로 – 오늘날 이미 시대착오적 인상을 주고 있는 인두세 (Kopfsteuer)의 경우처럼 – 구체적 재산가치 있는 권리에 대한 간접적 침해로서 동시에 이해되지 않는 사례에서 결코 시민에 대한 권리보호가 없는 것이 아니라 오히려 기본법 제3조 이외에 기본법 제2조 제1항에 의한 재산보호가 고려되고 있다.[85] 기본법 제2조 1항은 여기서 결코 비어있는 것이 아니며 오히려 이를 통해 특별한 경우에 보장되는 자유의 보호라는 평가에 있어서 이 주제와 밀접하게 관련된 기본법 제14조의 방사(Ausstrahlung)을 주의해야만 한다. 왜냐하면 사실상 기본법 제14조에서 언급된 구체적 재산가치 있는 권리에 대해서 충분한 보호가 승인된 것에 대한 것이 아니기 때문이긴 하나 이 조항의 해당영역 외에서 국가에게 재산권적 기본권을 허용하지 않는 모든 것을 쉽게 국가가 징수하게 하는 것에 관한 것도 아니기 때문이다.[86] 여기에 기본권들의 이해의 결과에서 하나의 완결된 자유보호의 체계[87]로서 존재하고 기본법 제2조 제1항의 맥락에서 비로소

---

81) So der Sache nach 예를 들어 *Martens*, VVDStRL Bd. 30, S. 16.

82) *Papier*, Der Staat 1972, S. 507; *Meessen*, DÖV 1973, S. 815.

83) 예를 들어 *Rüfner*, DVBl 1970, S. 882 u. *Kirchhof*, Besteuerungsgewalt, S. 35.

84) 예컨대 *Kloepfer*, Grundrechte als Entstehungssicherung u. Bestandsschutz 1970, S. 46 ff.; 이에 대한 비판의견으로 R. *Schneider*, VerwArch. Bd. 58, S. 208; Papier, Der Staat 1972, S. 510 f. 수입보장(Erwerbsgarantie)이 기본법 제14조에 의해 함께 보호되는 것으로 (als mitgeschützt) 간주된다고 할지라도, 수입이 구체적 주관적 재산가치있는 권리와 관련이 없는 한은, 기본법 제14조의 논리에서는 수입을 기본법 제14조에 확립된 주관법적 재산권보호에 귀속될 수 없을 것이다. 물론 재산권이라는 제도를 통해서는 기껏해야 매우 제한된 수입보장의 보호만을 기본법 제14조와 연결할 수 있을 것이다(이에 찬성하는 입장으로 *Wittig*, NJW 1967, S. 2185 (2186); *Herzog*, Evangelisches Staatslexikon, Sp. 378).

85) 그러한 한에서 적절한 것으로 R. *Schneider*, VerwArch. Bd. 58, S. 208.

86) 올바른 것으로 *Sendler*, DÖV 1971, S. 21, 는 그러나 여기서 기본법 제14조의 무제한적 직접적 관련성에 찬동하는 경우에는 너무 많이 나아간 것이다.

87) So z. B. BVerfGE 6, 32 (37).

적용가능한 비례성의 원칙[88]을 통해서 필수적인 내용을 가지는 개별적인 기본권들 간의 다양한 의존성과 연결선(Verbindungslinien)이 명확하게 될 것이다. 물론 오늘날 종종 발견하게 되는 기본권의 분리된 시각에 의해서 이러한 기본법 제2조 제1항의 기본법 제14조에 의한 '축적(Aufladung)'의 의미를 퇴색하게 만들었다. 이러한 분리된 시각으로부터는 사실상 기본법 제2조 제1항은 오로지 행정의 법률적합성원칙의 헌법상의 주관화[89]로서만 이해될 수 있을 뿐이다. 비록 여기서 지지되고 있는 재산보호의 강화가 당연히 기본법 제14조에 의해서 보장된 보호내용에 도달하지는 않는다고는 하나 아마도 이러한 재산보호의 강화는 단계화되고 중간영역에 놓여진 준재산 보호에 대한 여지를 만들고 있으며 이러한 방식으로 재산보호와 관련하여 "모든 것이 아니면 아무것도 아닌 것(alles oder nichts)"이라는 양자택일을 극복하고 있다. 게다가 특이하게도 일반적인 재산보호가 재산권의 보장(Eigentumsgarantie)하에서 가정하는 것을 찬성하는 그러한 구조를 주장하는 사람들[90] 스스로에 의해서 전체재산과 관련하여서는 기본법 제14조에 의해서 구체적인 재산 가치 있는 권리가 부여된 자에 대해서 전체재산의 보호가 제한되는 것을 지지되고 있다. 물론 그러한 구조적 바탕하에서 이러한 결과적으로 올바른 재산보호의 축소에 대한 도그마적 설명은 그 주장자들의 책임을 남아있어야만 한다. 그러나 조세가 구체적인 재산가치 있는 권리에 대한 간접적인 침해라는 내용이 없이 조세채무자의 재산관계의 근본적인 변형(Umgestaltung)이 되는[91] 그러한 극단적인 사례에서는 기본법 제2조 제1항은 그 근본적인 이해에 있어서, 특히 사회국가원칙에 의한 보완(Flankierung)을 고려하는 경우에 국가의 조세입법에 대한 효과적인 장벽을 세울수 있다고 나는 생각한다.[92]

1) 수용과 재산권의 사회적 구속간의 구분

(1) 구분의 기준들

통상 세법이 재산권적 기본권을 건드린다면 아래에서 조세법상의 재산권의 사회적 구속과 조세법의 수용적 효과간의 경계가 어디에 있는 지에 대해서 설명되어야만 할 것이다. 조세규범에 의한 재산관계의 과도한 부담과 근본적 침해는 재산권적 기본권에 대

---

88) Vgl. z. B. BVerfGE 20, S. 150 (155).
89) 이전의 바이마르 국가법론이 그러하다, vgl. z. B. Anschütz, Die Verfassung des Deutschen Reiches, Art. 114 Anm. 2.
90) Vgl. etwa *Meessen*, DÖV 1973, S. 817.
91) 이러한 경우로 한정하고 있는 z. B. *Meessen*, DÖV 1973, S. 817; auch *Friauf*, JurA 1970, S. 320,은 본질적으로 이러한 범위를 넘지 않는다.
92) 어쨌든 옳지 않은 경우로서 *Friauf*, Jahrbuch der Fachanwälte für Steuerrecht 1971/72, S. 72 (82)가 재산보호를 기본법 제14조와 연관 짓지 않을 경우에는 기본법 제14조는 '마음대로 잠식당하고 무력해'질 것이라고 주장하는 경우이다.

한 허용되지 않는 침해라고 보고 있으나 그 외의 경우에는 재산권의 합헌적 구속 또는
한계도출이라는 중점을 생략한 가운데 국가의 조세입법에 대해서 기본법 제14조의 구성
요건적 중요성을 부정하고 있는 판례의 견해는 이미 위에서 거부되었다.[93] 조세규범에
의해서 작동되는 재산가치 있는 권리의 수익 또는 용익기능의 감소는 비록 통상적으로는
수용적으로 작용하는 것은 아니긴 하지만 기본법 제14조의 보호영역과 관련될 개연성은
무척 높다. 한편으로는 사회구속적 또는 제한도출적 조세규범과 다른 한편으로는 수용적
으로 작용하는 조세규범간의 구분은 오로지 조세법률이 각각의 관련되는 주관적 재산가
치 있는 권리에 대한 효력에 의해서만 가능하고, 이 경우에 이후에 상세하게 다루게 될,
어느 범위까지 법(Recht)에 대해서 규범(Norm)의 정상적이고 전형적인 효력을 맞출 것인
지 또는 더 개별화된, 구체적 개별사례를 주시하는 고찰방법이 요청되는가 하는 물음에
대한 답을 하는 것은 우선적으로 열려져 있어야 한다는 사실이다. 수용과 재산권의 사회적
구속간의 구분기준으로서 수많은 발전된 이론들 중에서 특히 특별희생이론(Sonderopfertheorie),[94]
침해의 정도와 범위에 맞춰진 Doktrin[95], 및 사적유용성론(Privatnütugkeitslehre) 및 이와 전
반적으로 동일한 목적이질화이론(Zweckentfremdungstheorie)[96]이 제기되고 있다. 물론 이 이
론들 중에서 어느 것도 절대적인 것으로 대입되어서는 안 된다. 오히려 이 이론들은 수
용이 존재하는 지에 대한 물음에 대한 결정을 하는 경우에 동시에 고려되어야 하고[97] 필
연적으로 상대화되어야만 하는 개별적인 토픽으로만 전환된다. 특이하게도 판례[98]에서
도 점점 증가되고 있는, 개별적인 이론들에 의해 각각 구분의 전면에 내세워진 관점들이
서로 결합되는 경향을 확인할 수 있다. 따라서 수용이 존재하는 지의 여부에 대한 결정
을 전적으로 고권적 행위와 관련된 당사자의 범위(Kreis)에 의존하는 고찰방법의 오류를,
특별희생이론의 완벽한 옹호의 결과에 그 원인이 있는 것처럼, 이미 우리가 위에서 지적
한 바 있다. 더 나아가 사회적 구속/수용의 구분에 대해 일반적으로 발전된 토픽을 우리
가 연구하고 있는 이 문제에 사용하게 되는 경우에는 개별적으로 관련되는 주관적 재산
가치있는 권리가 그 특성상 원래 재산권보호의 정도와 관련하여서 차별화가 허용된다는
것을 주의해야만 한다. 이미 공고해진(konsolidierte) 재산가치 있는 권리에 대한 침해의 경
우에 기본법 제14조는 조세입법자에게 각각의 발생중인 주관적 권리에 조세가 연결되는

93) 각주번역생략.
94) W. Weber, in: Bettermann/Nipperdey/Scheuner, Die Grundrechte Bd. Ⅱ, 1954, S. 331 (372).
95) Vgl. BVerwGE 5, S. 143 (145); Ule, VerwArch. Bd. 54, S. 349.
96) Vgl. Reinhardt, in: Reinhardt/Scheuner, Verfassungsschutz des Eigentums, 1954, S. 21 f.
97) Hamann-Lenz, GG, 3. Aufl., 1970, Art. 14, B 6; Schack, NJW 1963, S. 751 f.; Menger, VerwArch.
    Bd. 54, S. 209.
98) BGHZ 30, S. 347.

경우보다 더 강력한 족쇄를 지우고 있다.99) 후자의 경우에, 예를 들어 매입채권과 결합된 부가가치세(Umsatzsteuer)의 경우에 - 여기서 통상 주어지는 조세의 매수인에 대한 전가가능성(Überwälzbarkeit)을 한번은 완전히 거부하는 경우에 - 또는 비독립적 근로에서 발생하는 이윤에 결부된 근로소득세(Lohnsteuer)의 경우에, 국가는 그러한 권리와 관련한 조세를 형성함에 있어서 국가에 의해서 이미 인정된 권리로서 나중에 가서야 조세상의 부담을 지게된 권리들에 대한 경우보다 더 광범위하지만 정당성은 더 떨어지는 그런 처분권한(Dispositionsbefugnis)을 가진다. 매매가격 또는 임금에 과세를 하는 경우에 여기서 과세된 채권은 처음부터, 거의 그 발생과 함께, 조세적 부담을 지게 된다. 게다가 어떤 물건 또는 노동급부의 가격은 절대적으로 결정될 수 있는 것은 아니다. 이로부터 나타난 재산권보호의 제한은 특별한 조세법적 종류가 아니고 따라서 이러한 재산권보호의 제한에 대해 조세법의 영역에서는 특별한 수용개념과 고유한 구조가 허용되지 않는 방법으로 창시된다는 비난을 제기할 수 없다. 그러한 반론의 오류는 이미 입법자가 어느 정도까지는 특별한 공익이 있는 한 (마치 이러한 특별한 공익이 과세에 있어서 존재하는 바와 같이) 일반적으로 수용으로 분류될 수 없는, 가격규정 및 임금규정도 발령할 수 있다는 사실을 통해서 명확해진다. 아직은 공고해지지 않은 임금 또는 매매가격과 같은 채권에 대한 입법자의 무제한적 개입은 다른 기본법상의 규정들, 특히 기본법 제12조100)에 의한 제한에 의해서 완전히 포기되었고, 또한 여기서 주장된 견해에 따라서도 허용되지 않는다. 왜냐하면 실무상 결국 그러한 아직 확정되지 않은 주관적 권리에 대한 기본법 제14조의 적용불가능성이라는 결과를 초래하기 때문이다. 재산권보호의 범위와 관련하여 우리가 내린, 주관적 재산가치 있는 권리 내에서의 구분(Differenzierung)을 하는 입장에서는, 종종 주관적 권리의 과실과 수익(Früchte und Erträge)의 과세가 비록 이러한 과실과 수익에 다시금 주관적 권리의 성격이 귀속된다 할지라도 넓은 범위에서 허용되긴 하지만 동시에 1차적 주관적 권리의 원본에 대한 침해는, 예를 들어 설립되고 시행중인 영업운영에 있어서의 권리의 원본에 대한 침해는 허용되지 않는다는 것을 강조하는 경우에도 알 수 있다. 물론 이 경우 재산권의 보호는 과실과 수익을 생산하는 주관적 권리의 원본에 대한, 어차피 그렇지 않아도 드문 침해의 범위를 넘어설 수 있을 것이다. 즉 이러한 주관적 권리가 '단순한 권리(nudum ius)'로 퇴화되지 않아야 한다면 이러한 권리에는 수익의 창출(Erwirtschaftung von Erträgen)이라는 형태의 용익(Nutzbarmachung)을 위한 권리도 관련되어야만 한다.101) 비록 재산권의 용익기능의 보호가 존속보장(Bestandsgarantie)의 보호의 정도에

---

99) Selmer, Steuerinterventionismus, S. 319; Kirchhof, Besteuerungsgewalt, S. 38; Imboden, Staat und Recht, S. 544.
100) 각주번역생략.

이르는 것은 아닐지라도 재산권의 사적유용성(Privatnützigkeit)은 이러한 권리에 본질 내재적이다.102) 게다가 이러한 재산권의 용익기능을 조세법적으로 중단시키게 된다면 1차적 권리의 원본에 대한 중대한 침해는 피할 수 없을 것이다; 따라서 예를 들어서 사업수익에 대한 박탈적 과세(Wegbesteuerung)는 동시에 그 사업에 매우 현저한 가치감소로 이어질 수 있다.103) 더 나아가 그러한 사업수익에 대한 조세적 침해가 있는 경우에 재산권자는 필수적으로 발생하는 복구에 필요한 예비금(Rücklagen)을 만들 수가 없다.104) 재산권자로부터 과세이후에도 남게 되는 수익이 얼마이어야 하는지는 물론 기본법 제14조에서 일반적으로 도출할 수는 없다. 이는 이미 재산권의 사회적 구속으로 보는, 허용되는 과세의 정도가 구체적인 경제적 상황, 특히 국가의 재정수요에 좌우되기 때문이다. 따라서 후자의 경우, 예컨대 위기상황에서는 조세라는 나사(Steuerschraube)가 평상시 허용되는 경우보다 더욱 강력하게 조여질 수 있다105); 이런 상황에서는 아마도 단기간으로 봤을 때 심지어 재산가치 있는 권리의 원본에 대한 침해도 재산권적 시각에서 여전히 허용될 수도 있을 것이다. 더 나아가 재산권으로부터 나오는 이득이 영으로 축소되는 것의 원인이 오로지 과세에 있는지 또는 추가적으로 다른 원인이 있는지가 중요하다. 따라서 예컨대 안정적인 통화가치가 유지되는 경제시대에 자본이득에서 나오는 이자에 100% 과세를 하는 것은 확실히 위헌일 것이다. 우리가 현재 모든 나라들에게서 관찰할 수 있는 인플레이션율과 결합된 조세에 의해서 자본이윤의 소모(Aufzehrung)는 과세와 관련하여 아직은 동일한 방식으로 위헌이라는 판단을 유발하지는 않는다.106)107)108)109) 사회적 구속과 수용 간의 구분에 대해서 특히 관련된 주관적 권리에 있어서 재산권적 관점이 명확하게 지배하고 있느냐(예를 들어 은행에 있어서 금전) 또는 이를 넘어서 재산권에 있어서 인격의 발현을 위한 다른 기능도 귀속되는가(예를 들어 경우에 따라서 토지소유권)라는 구별이 중요할 것이다.

---

101) Faehling, Die Eigentumsgewährleistung, S. 114; Klein, StW 1966, Sp. 485 f.; Vogel, Jahrbuch S. 233; Rüfner, DVBl 1970, S. 882; Selmer, Steuerinterventionismus, S. 334 ff.;

102) Rüfner, DVBl 1970, S. 882; Selmer, Steuerinterventionismus, S. 326; Friauf, JurA 1970, S. 317; Kirchhof, Besteuerungsgewalt, S. 86; Herzog, Evangelisches Staatslexikon, Sp. 378; W. Lindacher, Verfassungsrechtliche Grundlagen und Grenzen des Einsatzes finanzwissenschaftlicher Mittel zum Zwecke der Konjunkturgestaltung, Diss. Würzburg, 1963, S. 60.

103) Vgl. auch Papier, AöR Bd. 98, S. 557.

104) Friauf, JurA 1970, S. 316; Meessen, DÖV 1973, S. 815.

105) Lindacher, Verfassungsrechtliche Grundlagen, S. 61.

106) Vgl. z. B. Kirchhof, Besteuerungsgewalt, S. 39; Rüfner, DVBl. 1970, S. 885; Selmer, Steuerinterventionismus, S. 331.

107) Papier, Der Staat 1972, S. 506; vgl. acuh BFH, NJW 1974, S. 2330 (2335).

108) Hettlagem VVDStRL Bd. 14, S. 2 (9); a. A. Papier, AöR Bd. 98, S. 528 (533 ff.).

109) 각주번역생략.

첫 번째 경우에는 조세채무자에게 있어서 그의 자본이 그에게 재정적으로 더 유리한 다른 방식으로 관리하는 것이 기대될 수 있는 한 광범위한 범위에서 수익의 감소가 허용될 것이다. 조세상의 부담으로부터 발생하는 이러한 사용의 압력 은 예컨대 획일적인 건축토지세(Baulandsteuer)의 경우에 있어서보다 보통은 문제가 덜하다.110) 고려해야할 것으로 간주되는 것은 시민에게 부과된 금전납부의무가 특별한 방식으로 결합된 목적이 있는 지의 여부이다. 금전납부의무가 예컨대 그러한 금전납부의무가 부과된 시민의 사업에 대한 타인의 재산참여에 기여하는 경우라면 이와 연결된 사업자의 재산권의 소모와 경제적인 재편성(Umschichtung)을 강제적으로 하는 것은 동일한 총액이 일반국가예산으로 유입되는 것에 비해서 더 심각한 헌법적 문제111)를 가지고 있다. 이 경우 한번은 무시되어야 할 것은 처음 언급된 납부의무의 부과가 개념상으로 이미 조세의 범위를 벗어났다는 사실이다. 어쨌든 기본법 제15조에서도 증명된 바와 같이 이런 방식으로의 재산권의 경제적 재분배는 배제된다.112) 여기서 제시된 기준에 따라 조세법률의 재산권보장에 대한 일치여부를 판단함에 있어서 당연히 개별적 조세에 기준을 맞추어야 하는 것이 아니라,113) 예를 들어 사업자의 경우에 소득세, 영업세, 재산세, 거래세 등의 경우처럼 조세들이 오로지 위에서 언급된 특정 재산가치 있는 권리에 대한 관련성만을 가지고 있는 한, 전체로서의 모든 조세의 경제적 효과가 기준이 되어야 할 것이다.114) 조세가 오로지 재산권의 과실만 감소시키는지 또는 공고화된 권리의 원본까지 침해하는지의 상황이 중요한 경우에 조세구성요건의 기술적 형성은 결정적인 역할을 하지 못할 것이다.115) 재산세(Vermögenssteuer)는 재산가치 있는 권리의 원본을 아직은 침해할 필요가 없고 오히려 그 세액의 정도에 따라서 아마도 이러한 권리의 수익으로부터 지불될 수 있을 것이다. 또한 조세채무자가 예를 들어 일회의 재산세를 내는 경우에 단기간 자신의 재산을 강제적으로 사용해야 하는 경우에 무조건적으로 결정적인 것이 될 수는 없다116); 그러한 통계적 관찰방법의 경우에 고려되지 않은 사항은 조세채무자가 자신의 권리로부터 이후에 얻은 수

110) Friauf, Stbjb 1971/72, S. 425 ff.; Kröger, NJW 1974, S. 2305 ff.; Papier, AöR Bd. 98, S. 528 ff.; v. Wallis, DStR 1975, S. 271 ff.; Spanner, DStR 1975, S. 475 ff.; BVerfG, HFR 1969, S. 347; BFH 89, S. 429 ff.; BFH, NJW 1974, S. 2330 ff.
111) Friauf, StBjb 1971/72, S. 449
112) Selmer, Steuerinterventionismus, S. 322.
113) Selmer, Steuerinterventionismus, S. 320 ff; F. Klein, Vermögensbildung und Eigentumsgarantie, 1974, bes. S. 51 ff.; Weber, in: Die Grundrechte Bd. II, S. 365; Rüfner, DVBl 1970, S. 887; v. Heynitz, DVBl 1975, S. 478; Kirchhof,Besteuerungsgewalt, S. 42; Meessen, DÖV 1973, S. 816/17.
114) Papier, Der Staat 1972, S. 504; Bockelberg, BB 1973, S. 669 (674).
115) Vgl. auch Papier, Der Staat 1972, S. 509; Lindacher, Verfassungsrechtliche Grundlagen, S. 62 f., Fn. 261; BFH, NJW 1974, S. 2334.
116) Imboden, Staat und Recht, S. 543; Leisner, Verfassungsrechtliche Grenzen, S. 37.

익을 통해서 그러한 손실을 완전히 보상할 뿐만 아니라 아마도 이득을 획득할 수도 있다는 사실이다. 마지막으로 고려해야할 사항은 어느 범위에서 조세채무자가 조세채무를 경제적으로 전가할 수 있는가 하는 점이다. 이 경우 이러한 전가가능성(Überwälzbarkeit)은 근대 재정학[117]에서 오늘날 전반적으로 인정되고 있는 것인데, 거래세의 경우와 같이 간접세의 경우에서만 인정되는 것은 아니라는 사실이다. 더 나아가 재산권적 기본권의 침해의 정도를 판단하는 데에 있어서 당연히 과세율의 정도(die Höhe des Besteuerungssatzes) 뿐만 아니라 과세되는 액수의 감소가능성, 예컨대 조세법상 공제가능성(Absetzungsmöglichkeiten)의 형성에 있어서의 가능성도 척도가 된다.

(2) 수용과 재산권의 사회적 구속의 구분이 규범의 전형적인(typischen) 효력에 의해서인가 또는 개별적인 경우(im Einzelfall)의 그 효과에 의해서인가?

국가의 과세에 대한 재산권의 보호에 대한 판단에 맥락이 있는 원칙적인 문제는 지금까지 우리가 고려했던 것에는 들어있지 않았다. 이것은 조세의 재산권적 기본권에 의해 보호되는 지위에 대한 효력의 판단에 있어서 규범의 전형적인 효력, 즉 거의 정상적인 경우에 맞추어야 하는가[118] 또는 개별적인 경우에 조세의 구체적인 결과에 맞출것인가[119] 하는 문제이다. 여기서 지지를 받고 있는 기본법 제14조의 활성화를 바탕에 두고 개별적 고찰방법이 보여지는 것으로 여겨진다. 기본법 제14조는 주관적 권리로서 어떤 추상적 재산권을 보호하는 것이 아니라, 조세채무자의 구체적인 재산가치 있는 권리를 보호하고 있다. 따라서 조세의 효력에 대한 판단을 위해서는 각각의 조세법률에 의해 영향을 받는 구체적 재산가치 있는 권리가 기준이 되어야만 한다. 기본법 제19조 제2항을 위해 요구되는 개별적 평가(individualisierende Bewertung)[120]는 기본법 제14조와 관련하여 동일한 효력을 요구한다. 규범의 구체적인 개별사례에서의 효력을 지향한 고찰방법에서 전향하게 될 경우는 오로지 조세법규범에 의해서 주관적인 재산권적 기본권이 아니라 단지 재산권의 제도보장(die Insititutsgarantie des Eigentums)만이 관련되는 경우에만 요청될 것이다. 그러나 이러한 일부 문헌에서 주장된 견해의 오류에 대해서는 우리가 이미 위에서 지적하였다; 게다가 Selmer[121]는 이러한 견해의 한 주장자로서 과세를 통해 주관적 재산권적 기본권에 영향을 끼쳤다고 간주하는 경우에 여기서 요구된 개별적 고찰방법은 피할

---

117) G. Schmölders, Allgemeine Steuerlehre, 3. Aufl., 1958, S. 200.
118) Benda/Kreuzer, DStZ 1973, S. 53; Walter Vogel, BK Art. 105, Rnr. 144; Papier, Der Staat 1972, S. 503; Rüfner, DVBl 1970, S. 883; Selmer, Steuerinterventionismus, S. 247; BVerfGE 30, 292 (312 ff.).
119) Faehling, Eigentumsgewährleistung als Schranke der Besteuerung; Friauf, BB 1967, S. 1347.
120) E. Stein, Lehrbuch des Staatsrechts, 3. Aufl., 1973, S. 260.
121) Vgl. Selmer, Steuerinterventionismus, S. 314; vgl. Selmer, DÖV 1972, S. 551 (554).

수 없게 된다고 덧붙였다. 이러한 방식은 과세의 일반성의 원칙은 포기된다거나, 더 추상적으로 표현하여 법률구조를 고려하지 않았다는 반론은 양자가 재산권보호의 헌법적 보장에 의하여 한계를 가지고 있기 때문에 나로서는 공감이 가질 않는다. 게다가 개별적인 경우의 조세의 효력에 맞추는 경우에도 조세가 수용적으로 작용하는 사례는 상대적으로 드문 경우일 것이다. 즉 우리가 요구하는 개별적 시각이 의미하는 바가 확실히 아닌 것은 예컨대 조세채무자의 사업적 무능(unternehmerischen Unfähigkeit)으로부터 발생하는 그러한 효력에 대해서 국가가 보장해야 한다는 해석이다.[122] 오히려 사업자가 합리적이고 경제적인 행위를 한 경우에는 조세의 효력을 받아들일 수 있고 따라서 이윤이 발생가능한 사업의 운영이 보장된다면, 여기서 주장된 구상(Konzeption)에 따르더라도 과세에 수용은 존재하지 않는다. 그러나 개별적인 경우에 일반적 추상적 규범이 수용적으로 작용을 하더라도 이것이 규범의 일반적 무효라는 결과가 된다고 말하기에는 아직 이르다. 왜냐하면, 일부가 주장하는 것처럼,[123] 개별적인 경우에 규범의 무효는 존재하지 않기 때문이다. 이러한 매우 형식적인, 그 연원이 개념법학에 숨겨져 있는, 논증방식에 대해서 확인될 수 있는 내용은, 합헌적 해석이라는 법형상(Rechtsfigur der verfassungskonformen Auslegung)의 형성과 확대라는 결과에 이른 유사한 사고로부터 도출될 수 있는 가능성이 매우 높은 것임에 틀림없는 것은 규범의 무효는 규범이 수용적으로 작용하고 있는 사례형성의 경우로 제한하고 그 외에는 언제나 규범을 적용하는 것이다. 기본법에 의해 의도된, 특히 민주주의원칙과 기본법 제20조 제2항에 근거를 둔 입법부와 사법부의 기능분리로부터 도출되는 것은 입법자의 의사를 헌법과 합치되는 한에서 존중해야 할 사법부의 의무이다. 오로지 입법우의 법률과 헌법간의 규범충돌(Normenkollision)이 나타나는 경우에만 그 법률은 기본법의 단면의 범위에서 상위의 헌법의 효력청구권에 굴복해야만 한다. 또한 목적론적(teleologischen) 관점에서 고찰하는 경우에도 정당화 될 수 없는 결과에 이르는 경우로서 어떤 규범이 정상적인 경우에는 헌법에 일치하고 오로지 입법자로서는 종종 예견불가능한 비전형적인 사례(Konstellationen)에서만 기본권보장과 불합치하는 그러한 사례에서 입법자에 의해 내려진 전체[124]규율을 위헌으로 간주하는 경우이다. 게다가 여기서 지지받은 해법이 결단코 의미하지 않는 바는, 주장된 바와 같이,[125] 일반적 추상적 규범이 오로지 개별적인 경우에 대해서만 효력이 없어진다는 것이다. 오히려 그 규범의 유효성(Gültigkeit)이 탈락하는 경우는 처음부터 특정이 불가능한, 있다할지라도 아주 드문 경우

---

122) Faehling, Eigentumsgewährleistung, S. 122 f.
123) 각주번역생략.
124) Tipke-Kruse, RAO, Bd. I, 7. Aufl. 1975, §131, Rnr. 10 (e, c, aa)
125) Seetzen, NJW 1974, S. 1222 (1226).

이겠지만, 그 규범의 적용이 개별적인 경우의 특별한 상황때문에 기본권침해라는 결과를 가지게 될 그러한 모든 사례의 경우이다. 그러한 규범의 일부무효의 주장에 대해 반대한다면 어느 범위까지 규범을 유지할 수 있는지에 대한 법기술적인 우연성(Zufälligkeiten)을 결정해야 한다. 예컨대 어떤 규범이 f라는 법효과를 각각 분리된 구성요건인 a, b, c에 의존하고, 이 경우 구성요건인 b의 입안이 위헌인 경우에 구성요건 b와 관련하여 규범의 일부무효가 되어야 하고 그 밖에 그 규범은 유지되는 것에는 논쟁의 여지가 없다. 그러나 입법자가 구성요건상 b와 c로 서술된 개념들 대신에 양자를 포괄하는 개념인 d를 선택하였다면 실제적으로 다르게 적용되어야 하는 것인가? 다시 말해서 이 경우에는 그 규범이 아무 제한 없이 위헌이라는 판단을 받게 되어야만 하는가? 그러한 견해를 인정하기 어려운 점은 연방헌법재판소에 의해서도 승인되었다. 따라서 이미 연방헌법재판소에 의해서 매우 광범위하게 다뤄지고 있는 합헌적 해석이라는 법형상은 그 특성상 종종 부분무효의 인정(die Befürwortung einer Teilnichtigkeit)이라는 결과를 초래한다. 게다가 연방헌법재판소[126]는 구성요건에서 개념적으로 분리되지 않는 것으로 증명된 구성요건요소의 경우에 법효과의 발생을 배제하지 않는 한 그 규범 또한 부분무효라고 선언하였다. 물론 법률이 헌법의 효력순위에 의해서 부분적으로 폐지되는 범위에서는 기본법 제100조가 고려되어야만 한다. 형식을 갖춘 기본법 제정이후의 규범의 부분적 폐기(Verwerfung)은 모든 법원에서가 아니라 오로지 연방헌법재판소 및 지방헌법재판소에 의해서만 가능하다. 더 나아가 기본법 제100조에서는 동시에 형식을 갖춘 기본법 제정이후의 법률의 부분적 위헌성의 확인과 관련하여 행정의 제한(Beschränkung der Verwaltung)이 도출된다. 그러나 형식을 갖춘 법률에 대한 행정의 심사권한 및 폐기권한(Prüfungs- und Verwerfungsbefugnis der Verwaltung)이라는 어려운 주제에 대한 상세한 고찰은 여기서 행하는 연구의 범위에서는 필요치 않다. 다시 말해서 적용을 하는 경우에 개별적인 경우 기본권침해를 일으키는 조세법률에 대해서 조세행정의 심사권한 및 폐기권한의 문제가 발생하지 않는다. 이에 대해서 입법자는 이미 국세기본법 제131조의 제정으로 조세법률의 적용 시 개별적인 경우에만 기본권침해를 일으키는 경우에 그 조세의 전부 또는 일부를 면제 또는 상환을 허용하기 위해서 사전배려(Vorsorge)를 해 놓았다.[127] 종종 국세기본법 제131조는 개입주의에 의한 조세법률에 대해서는 적용되지 않는다는 견해가 주장된다. 그 이유로서 그러한 조세를 통해 입법자가 추구하는 유도목적을, 조세행정이 시민에 영향을 주기위해서 입법자가 의도적으로 설정한 가혹함(Härten)을 조세규범에서 제거하는 방법으로 무산시킬 수

---

126) Vgl. BVerfGE 30, S. 1 (32); 19, S. 330 (331, 342).
127) Seetzen, NJW 1974, S. 1225.

있기 때문이라 한다. 규범에 전형적으로(typischerweise) 결합된 가혹함이 조세행정에 의해서 완화되어서는 안된다고 하는 한 이러한 견해에 동의할 수 있음은 확실하다. 왜냐하면 완화가능하다고 한다면 조세행정이 입법자의 의사를 전도시키기 때문이다.128) 국세기본법 제131조129)는 이러한 경우에 내용상 적용이 불가능하다. 왜냐하면 불형평(Unbilligkeit)이라는 구성요건에는 오로지 개별적인 경우에 가혹한 사례가 발생하는 것만을130) 포섭하기 때문이고 이로써 규범이 전형적으로(typischerweise) 기본권을 침해하는 사례에서는 합헌적 해석이라는 방법으로 국세기본법 제131조가 관여될 수 없기 때문이다. 그러나 국세기본법 제131조의 비적용이 더 이상 정당화될 수 없는 경우로서 그 규범이 오로지 비전형적이고, 입법자에 의해서 종종 전혀 예상 불가능한, 하물며 의도된 것은 더더욱 아닌, 개별적 시민에 대한 사례구성의 경우 이미 합헌성과는 동떨어진 효과를 불러일으키는 경우이다. 그러한 특별한 사실관계가 존재하고 그에 관해 조세채무자가 객관적 입증부담(die objektive Beweislast)를 부담해야 하는 한,131) 합헌적 해석이라는 방법으로 국세기본법 제131조의 적용의 필연성이 나타나며, 이 경우 조세행정이 조세를 전부 또는 일부를 면제할지의 여부가 조세행정의 재량이 아니라 오히려 의무에 있다.132) 따라서 국세기본법 제131조를 재량규정으로 형성하는 것으로 인한 의문점을 표시한 Friauf133)의 지적이 앞의 맥락과 관련한 이 규정의 활성화에 대해서는 불필요하다. 판례는134) 이미 반복해서 합헌적 해석이라는 Topos하에서 Kann－규정은 Muß－규정으로 전환된다고 하였다. 끝으로 조세규범의 수용적 성격을 조세규범의 전형적 효력에 비추어 측정하고자 하는 견해의 주장자들에 의해서, 특별히 가혹한 사례의 경우에 기본법 제14조의 관점하에서(sub specie) 국세기본법 제131조의 적용을 옹호하는 견해135)가 있다. 이 경우 물론 이러한 논증이 그 바탕이 되는 Doktrin과, 즉 정상적인 사례에 맞춰진, 수용과 재산권의 사회적 구속 또는 제한 간의 유형적 구분(typisierenden Abgrenzung)과 일치되기 어려운 한에서 모순이 나타난다.

2) 재산권보호를 공법적 배상(Ersatzleistungen)체계에의 － 특히 수용유사적 침해 (enteignungsgleichen Eingriffs)의 적용영역에의 확대에 따른 효력

재산권보호의 확장을 지지하는 것은 아마도 공법적 보상의 체계 내에서의 확대라는

128) Friauf, BB 1967, S. 1349; Selmer, Steuerinterventionismus, S. 291.
129) (BT－Drucks. 7/4292)
130) Tipke－Kruse, RAO, Bd. I, Rnr. 4 zu § 131.
131) Tipke－Kruse, RAO, Bd. II, Rnr. 15 zu § 96 FGO.
132) Seetzen, NJW 1974, S. 1225; Selmer, Steuerinterventionismus, S. 290; BVerfGE 16, S. 147 (177).
133) Vgl. *Friauf*, BB 1967, S. 1349 f. u. ders., VVDStRL Bd. 27, S. 1 (9 f.).
134) Vgl. z. B. BVerwGE 18, S. 247.
135) Vgl. Vogel/Walter, BK, Art. 105, Rnr. 144.

결과도 가지게 된다. 최근에 자주 논의된 문제인 규범적 불법에서의 직무책임의 문제에
는 적용되지 않는다.[136] 왜냐하면 규범적 불법에서의 직무책임을 원칙적으로 허용하는
것으로 인정하는 한, 과세의 재산권관련성이 결여된 경우에도 기본법 제2조 제1항에서 포
괄적으로 보호되는 일반적 행동의 자유(allgmeinen Handlungsfreiheit)의 조세법률에 의한 영
향(Tangierung)[137]에 비추어 규범적 불법에서의 직무책임이 경우에 따라서는 판례에서 발
전시킨 수용유사침해라는 법형상(Rechtsfigur des enteignungsgleichen Eingriffs)과 관련하여 작
동할 수 있기 때문이다. 물론 통상적으로 조세입법에 대한 재산권보장의 활성화에 찬동
하는 사람들에 있어서 이러한 방향으로의 결론은 찾기가 쉽지 않다. 이러한 지지자들은
과세에 있어서 기본법 제14조 제1항과 제2항의 재산권보장이 적용가능하다고 간주하기
는 하나 기본법 제14조 제3항에 근거를 두고 있는 보상구성요건은 그렇지 않다고 간주하
고 있다.[138] 즉 보상구성요건의 세법에의 확장은 이 경우에 조세채권자가 과세를 통해서
유입되는 것을 보상이라는 다른 손으로 바로 다시 되돌려주어야만 하는 한 의미가 없다
고 한다.[139] 이러한 표면적으로 설득력있는 논증은 물론 조금 더 자세히 관찰해보면 전
적으로 다툼의 여지가 있는 것으로 보인다. 즉 이러한 논증은 오로지 수용적 조세입법의
금지(das Verbot einer enteignenden Steuergesetzgebung)만을 정당화시킬 뿐이고, 그러나 정당화
될 수 없는데, 왜냐하면 그럼에도 불구하고 발생된 수용의 경우에 자신의 재산적 기본권
이 침해된 자의 보상은 항상 배제되어야만 하기 때문이다. 이는 구체적 재산가치 있는
권리에 대해서 과세로 인해서 발생한 간접적 기본권침해에 대한 기본권보호의 축소를 의
미할 것이고 그러한 경우에 부분적으로 (비록 드문 경우이긴 하겠지만) 예나 지금이나 실체적
정당성이 결여된 기본권보호의 사각지대(eine offene Flanke des Grundrechtsschutzes)라고 표시
될 것이다.[140] 여하튼 이것은 판례에 의해서 발전된 수용유사침해라는 법형상이 도그마
적인 실마리로서 수용유사침해에 기여하는 기본법 제14조로부터 멀리 떨어지고[141] 이제
는 위법한 국가작용에 연결된 공법적 배상체계에서 독자적인 기능을 가지게 된 이후에도
마찬가지이다.[142] 오늘날 대다수가 인정한, 수용유사침해로 인한 청구권이 존재하는 경

---

136) Vgl. 여기에 대해서 상세한 자료가 있는 것으로 *Schenke*, DVBl 1975, S. 121 ff; *Haverkate*, NJW
    1973, S. 441 ff; *Schack*, DÖV 1971, S. 446 ff.
137) 각주번역생략.
138) Vgl. z. B. *Papier*, AöR, Bd. 98, S. 540; Klein, DÖV, 1973, S. 439; *Friauf*, JurA 1970, S. 319;
    Vogel/Walter, BK, Art. 105, Rnr. 142; 이와는 달리 기본법 제14조 제3항의 적용가능성에 대해 찬성
    하는 입장으로 *Kloepfer*, AöR, Bd. 97, S. 271 u. StW 1972, S. 180; *Maunz/Dürig/Herzog*, GG, Bd.
    I, 3. Aufl., Art. 14, Rnr. 48; *Leisner*, Verfassungsrechtliche Grenzen, S. 81 f.
139) 각주번역생략.
140) 각주번역생략.
141) Vgl. Heidenhain, Amtshaftung und Entschädigung aus enteignungsgleichem Eingriff, 1965, passim.

우에 재산권적 기본권에 대한 침해의 정당화가 일반의 공익(Wohl der Allgemeinheit)(vgl. Art. 14 III S. 1 GG)이라는 관점하에서 이미 개념상 배제되기 때문에, 마찬가지로 조세의 수용적 침해의 경우에 수용유사침해로 인한 청구권을 인정하는 것을 배제할 수가 없다.[143] 게다가 수용적 과세의 경우에 보상청구권을 인정한다면 국가가 받아낸 금액이 바로 다시 보상으로서 상환될 것이라고는 절대로 보지 않는다. 만약 - 우리가 인정하지 않았던 것인데 - 조세채무자의 재산을 수용된 법적 지위(enteignete Rechtsposition)로서 간주하는 경우에는 이것이 올바르다 할 것이다; 그러나 여기서 계쟁된 구상(Konzeption)에 따르면 과세법률에 의해서 조세구성요건이 연결되는 구체적 재산가치 있는 권리가 관련이 된다. 그러나 기본법 제14조 제3항에 따라 원칙적으로 구체적 재산가치 있는 권리와 대체가 되어야 하는 공공의 가치(gemeiner Wert)는 결코 조세채무의 정도와 일치할 필요가 없고 이보다 높을 수도 있고 낮을 수도 있을 것이다.[144][145] 문헌상 재산권 침해적 과세를 보상청구권과 연결시키는 것을 반대하는 경우에 그 내면에는 - 비록 언급되진 않았다 할지라도 - 그러한 구조의 결과로서 시민의 국가에 대한 보상청구권의 범람이 생길 수 있다는 우려를 추측할 수 있다. 따라서 예컨대 조세채무자에 대한 조세부과처분(Steuerbescheid)이 위법한 경우 조세채무자는 이 조세부과처분이 존속력(bestandskräftig)이 있게 만들 수 있고, 권리구제기간이 도과한 이후에 기납부된 조세를 수용유사침해의 관점하에서 상환을 요구할 수 있을 것이다. 이로써 법적안정성에 기여하는 기간은 무의미하게 될 것이다. 연방통상법원의 판례에 따르면 물론 재산권적 기본권에 대한 모든 위법한 침해는,[146] 비록 그 침해가 적법한 경우에는 오로지 재산권의 사회적 구속인 경우라 할지라도, 오로지 국가의 고권행위의 위법성으로 인해서 근거가 마련된 특별희생이라는 이유로 당사자인 시민에 대해서 수용유사침해로 자리매김해야하고 따라서 보상청구권을 발생시켜야 한다. 이러한 판례를 조세채무자의 재산권에 대한 조세적 침해에 대입시켜 본다면, 연방헌법재판소법 제79조와 같은 일반 법률규정들이 헌법상 불명확한 문제상황에 빠져드는 것으로 보인다.[147] 지금 암시한 결과가 실제로 재산권을 위법하게 간섭하는 조세법적 침해에 대한 수용유사침해의 대입과 결합되어 있다면, 비록 이러한 근거제시가 문제시되지 않다고 할지라도, 재산권의 보장을 조세상의 침해로 확장하는 것은 헌법정책상 그리고 법정책상 실상 비싼 댓가를 치루게 되는 것이다. 그러나 이는 적절하지 않다. 비록 재산권을 간섭

---

142) 각주번역생략.
143) Klein, StW 1966, Sp. 471.
144) 각주번역생략.
145) 각주번역생략.
146) 각주번역생략.
147) Selmer, Steuerinterventionismus, S. 334 f.

하는 위법한 조세채무의 부과를 수용유사침해로 자리매김할 수 있다 할지라도, 기본법 제14조를 유추하여 보상청구권을 인정하는 것은 대부분 배제된다. 이 조문에 상응하여 적용하는 것은 오로지, 적법한 수용적 침해의 경우에서처럼, 당사자가 자신의 재산가치 있는 권리에 대한 침해와 이로 인해 발생한 손해를 방어할 가능성이 없는 경우에만 상당한 것으로 인정이 된다.[148][149] 조세채무자는 기본법에 위배되는 조세채무의 부과에 대해서 조세부과처분(Steuerbescheid)의 취소청구를 통해 방어할 수 있고 따라서 재산권적 기본권에 대한 침해를 normaliter 제거할 수 있고 불리한 결과를 막을 수 있기 때문에 기본법 제14조의 규율과 비교가능한 이해관계가 결여되어 있다. 따라서 수용유사침해로부터 발생하는 청구권은 통상 배제된다.[150] 이러한 관점에서는 연방헌법재판소법 제79조 제2항의 규정에 대해서도 의문을 가지고 있으며, 특히 기본법 제14조에 대한 위반을 통해 근거가 마련된 규범적 불법(normative Unrecht)의 경우에, 조세법률이 적법한 경우에도 특별희생(Sonderopfer)의 근거를 만들어주지 못하는 한, 수용유사침해로 인한 책임을 처음부터 고려되지 않는다. 즉 다른 논문[151]에서 상세하게 보여준 바와 같이, 그러한 결집된 불법(massiertes Unrecht)에 대해서는 - 규범적 불법처럼 - 연방통상법원[152]에 의해 위법한 개별불법(rechtswidrigem Einzelunrecht)때문에 발전된 침해의 위법성과 이로 인해 발생한 특별희생의 동일시(Gleichsetzung)가 원칙상 대입될 수 없다. 도그마적 단절 없이 수용유사침해라는 법형상이 합리적인 척도까지 다시 줄어들 가능성이 보이는 그러한 여기서 제시된 바탕이 되는 견해를 거부한다 할지라도 어쨌든 대부분의 경우에는 상이하게 지지되고 있는 민법 제838조 제3항[153]의 상응한 적용을 통하는 경우이거나 민법 제254조[154]의 경우에 의하거나 결과는 동일할 것이다. 이러한 해결은 물론 나에게 있어서 여기서 주장된 것에 대해서 불리한 점을 가지고 있는 것으로 보인다. 그 불리한 점으로서 그 하나는 이미 문제시 되고 있는 것으로서 이러한 규정들이 이를 통해 규율되는 이해상황에 의해서 어쨌거나 우리가 조사하고 있는, 특히 민법 제838조 제3항이라는 특별규정의 경우에는 문제시 되고 있는 사례에 대입될 수 있는가 하는 점이다; 다른 하나는 그러나 그러한 일반 법률규정이 어쨌거나 헌법에서 창설된 보상청구권의 한계가 도출될 수 있는가 하는 점으로 나타난다.

---

148) 각주번역생략.

149) Vgl. *Schenke*, DVBl 1975, S. 122.

150) 각주번역생략.

151) *Schenke*, DVBl 1975, S. 122.

152) Vgl. BGHZ 32, S. 208.

153) *Haas*, System der öffentlich-rechtlichen Entschädigungspflichten, 1955, S. 61; Konow, DÖV 1966, S. 327 ff.

154) *Bender*, Staatshaftungsrecht, 2. Aufl., 1974, S. 7 (Rnr. 16) und S. 194 (Rnr. 770); BGHZ 56, S. 57.

{故 류지태 교수 10주기 추모논문집 간행위원회}

고　문 : 김연태, 민홍기, 박정훈, 이동학, 한견우
위원장 : 문병효, 정탁교
위　원 : 박종수, 서보국, 정경근, 김정곤, 임현, 김지훈,
　　　　박종준, 계인국, 김재선, 이재훈

故 淸江 류지태 선생 10주기 기념 현대 행정법의 이해

초판발행　　　2018년 3월 23일

지은이　　　　故 류지태 교수 10주기 추모논문집 간행위원회
펴낸이　　　　안종만

편　집　　　　한두희
기획/마케팅　　조성호
표지디자인　　김연서
제　작　　　　우인도·고철민

펴낸곳　　　　(주)박영사
　　　　　　　서울특별시 종로구 새문안로3길 36, 1601
　　　　　　　등록　1959. 3. 11. 제300-1959-1호(倫)

전　화　　　　02)733-6771
f a x　　　　 02)736-4818
e-mail　　　　pys@pybook.co.kr
homepage　　www.pybook.co.kr
ISBN　　　　 979-11-303-3183-6　93360

copyright©故 류지태 교수 10주기 추모논문집 간행위원회, 2018, Printed in Korea

* 잘못된 책은 바꿔드립니다. 본서의 무단복제행위를 금합니다.
* 저자와 협의하여 인지첩부를 생략합니다.

정　가　　　　54,000원